Microsoft Office 2021 – Das Handbuch

Rainer G. Haselier und Klaus Fahnenstich

beschäftigen sich seit mehr als 25 Jahren intensiv und hauptberuflich mit der Wissensvermittlung rund um Computer und Software. Ihre Erfahrungen aus praxisorientierten Schulungen von Office-Anwendern sind inzwischen in weit über 100 Buchveröffentlichungen eingeflossen. Damit gehören sie zu den erfolgreichsten Computerbuchautoren im deutschsprachigen Raum.

Rainer G. Haselier
Klaus Fahnenstich

Microsoft Office 2021 – Das Handbuch

Für alle Editionen inklusive Microsoft 365

Rainer G. Haselier • Klaus Fahnenstich

Lektorat: Sandra Bollenbacher
Lektoratsassistenz: Anja Weimer, Julia Griebel
Korrektorat: Frauke Wilkens, München
Satz: Ingenieurbüro Fahnenstich und Haselier IT Services Aachen
Herstellung: Stefanie Weidner
Umschlaggestaltung: Michael Oreal, *www.oreal.de*
Coverfoto: © franckreporter, Stock-Fotografie-ID:157731053
Druckerei: BELTZ Grafische Betriebe, Bad Langensalza

Bibliografische Information der Deutschen Nationalbibliothek
Die Deutsche Nationalbibliothek verzeichnet diese Publikation in der Deutschen Nationalbibliografie; detaillierte bibliografische Daten sind im Internet über *http://dnb.d-nb.de* abrufbar.

ISBN:
Print 978-3-96009-181-3
PDF 978-3-96010-588-6
ePub 978-3-96010-589-3
mobi 978-3-96010-590-9

1. Auflage 2022

Wieblinger Weg 17
69123 Heidelberg

Dieses Buch erscheint in Kooperation mit O'Reilly Media, Inc. unter dem Imprint »O'REILLY«. O'REILLY ist ein Markenzeichen und eine eingetragene Marke von O'Reilly Media, Inc. und wird mit Einwilligung des Eigentümers verwendet.

Hinweis:
Der Umwelt zuliebe verzichten wir auf die Einschweißfolie.

Schreiben Sie uns:
Falls Sie Anregungen, Wünsche und Kommentare haben, lassen Sie es uns wissen: *kommentar@oreilly.de*.

5 4 3 2 1 0

Inhaltsverzeichnis

Inhaltsverzeichnis

Beispieldateien herunterladen

Die im Buch vorgestellten Beispiele und Übungsdateien können Sie kostenlos von der Webseite des Buches auf Ihren Computer herunterladen. Sie finden die Seite unter der Adresse:

http://www.oreilly.de/office-2021-handbuch

Die Dateien befinden sich in einer gewöhnlichen ZIP-Datei, die Sie nach dem Herunterladen durch einen Doppelklick öffnen können. Am besten kopieren Sie die Beispieldateien in einen eigenen Unterordner unterhalb Ihres Ordners *Dieser PC/Dokumente*.

Teil A
Die Office-Editionen im Überblick

Kapitel 1
Die neue Office-Generation

In der Vergangenheit lag der Fokus bei den Office-Updates stets auf immer mehr und immer ausgefeilteren Funktionen. Dieser Trend ist jedoch schon seit geraumer Zeit ausgereizt, denn die Office-Programme sind mittlerweile so umfangreich, dass schlicht und ergreifend kaum noch neue Funktionen benötigt werden. Und so fällt auch von Mal zu Mal die Liste der »Top-Neuerungen« immer dürftiger und banaler aus. Manchmal können einem die Marketingexperten von Microsoft schon fast leidtun in ihren Bemühungen, die mageren Neuigkeiten als beeindruckende Innovationen zu verkaufen.

Office im Wandel

Aktuell lauten die Schlagworte der IT-Landschaft eher soziale Vernetzung, mobiles Arbeiten und natürlich die allgegenwärtige Cloud. Und so richtet auch Microsoft seit einigen Jahren die Produkte der Office-Familie immer mehr in diese Richtung aus. Office ist mittlerweile eng mit der Cloud verzahnt, läuft auf nahezu jedem mobilen Gerät und ist in soziale Netzwerke eingebunden.

Wenn wir von einer Office-Familie sprechen, meinen wir damit, dass es nun nicht mehr lediglich ein Softwarepaket gibt, das alle diese Funktionen und Features enthält, sondern dass es sich vielmehr um eine ganze Gruppe von Softwarelösungen handelt, die jeweils verschiedene Bereiche der neuen Softwarelandschaft abdecken. Geeint werden sie durch eine nahezu identische Bedieneroberfläche, sodass sich Anwender immer auf vertrautem Boden bewegen.

Office at your fingertips

Auf der Computermesse Comdex, die bis 2003 jährlich in Las Vegas stattfand, stellte Bill Gates im Jahr 1990 in seiner Keynote seine Vision der digitalen Zukunft vor und nannte sie »Information at your fingertips«. Er sah voraus, dass wir dank mobiler Geräte schon bald jederzeit auf jede beliebige Information zugreifen können würden. Und das zu einer Zeit, als das Internet noch eher in den Babysöckchen als in den Kinderschuhen steckte.

Eine ähnliche Entwicklung nimmt zurzeit der Vertrieb von Software. Noch vor wenigen Jahren war es normal, dass Softwareprogramme in mehr oder weniger schicken Pappschachteln verkauft wurden. Mit der rasanten Entwicklung des Internets hat sich die Art und Weise, wie Software vermarktet und verkauft wird, binnen kurzer Zeit dramatisch verändert. Dass Software online gekauft und sofort heruntergeladen wird, ist mittlerweile absolut üblich und aus dem Bereich der Tablets und Smartphones ohnehin nicht mehr wegzudenken.

Microsoft greift diesen Trend ebenfalls auf und bietet seine Software auf nahezu allen Plattformen an, mit denen Sie als Anwender in Berührung kommen: »Office at your fingertips«. So lässt sich Office nicht nur auf PCs und Macs installieren, sondern auch auf Tablets und Smartphones. Zwar bieten nicht alle Varianten den gleichen Befehlsumfang, doch die grundlegenden Funktionen sind immer enthalten. Und mit Office Online können Sie Office sogar im Browser nutzen. So lassen sich Office-Dokumente auch auf einem Linuxrechner bearbeiten.

Mieten statt kaufen

Ebenso wie viele andere große Softwarehersteller stellt Microsoft sein Vertriebsmodell seit einiger Zeit auf Softwareabonnements um. Sie als Kunde zahlen dann keinen einmaligen Kaufpreis mehr, sondern müssen stattdessen einen monatlichen Obolus entrichten. Das hat für Sie auf den ersten Blick zwei Vorteile:

- Ihre Kosten verteilen sich über einen längeren Zeitraum.
- Microsoft garantiert Ihnen, dass Sie immer die aktuellste Office-Version nutzen können.

Dem steht natürlich der entscheidende Nachteil gegenüber, dass Sie die Software nur so lange nutzen dürfen, wie Ihr Abonnement besteht. Sobald Sie das Abo kündigen, dürfen (und können) Sie die Office-Installation nur noch zum Anzeigen von Dokumenten verwenden.

Der Grund dafür, dass etliche Hersteller auf solche Mietmodelle umsteigen, ist wohl vor allem darin zu suchen, dass viele Anwender von sich aus gar keine Veranlassung sehen, regelmäßig auf eine neue Softwareversion umzusteigen. Denn – wie eingangs schon erwähnt – wirklich neue Funktionen hat kaum ein Update zu bieten. Außerdem ist ein Update nicht nur mit Kosten verbunden, sondern auch mit einem erheblichen Zeitaufwand. Da ist ein Mietmodell mit seiner zwangsläufig engen Kundenbindung für den Hersteller mit Sicherheit lukrativer.

Roaming: Ihr Office-Profil folgt Ihnen

Die Anzahl der PCs (Desktop und Notebooks), Tablets und Smartphones, die weltweit genutzt werden, beträgt mehrere Milliarden. Besonders die Anzahl von Tablets und Smartphones hat rasant zugenommen. Microsoft zufolge nutzen bereits 75 Prozent aller Anwender zwei Geräte, über die Hälfte besitzen sogar drei oder mehr Geräte. Kein Wunder, denn viele Anwender haben neben ihrem Desktop-PC ein Notebook, und auch Tablet und Smartphone gehören für die meisten von uns schon längst zur Grundausstattung des digitalen Lebens.

Wenn auf all diesen Geräten Microsoft Office läuft, macht das in der Praxis natürlich nur dann wirklich Sinn, wenn sich Office auf den verschiedenen Geräten auch gleich präsentiert. Im Idealfall muss es möglich sein, ein Dokument, das man soeben am Notebook erstellt hat, direkt danach auf einem Tablet oder zur Not auf einem Smartphone weiterzubearbeiten.

Und mit Office ist tatsächlich genau das möglich: Sobald Sie sich mit einem Microsoft-Konto bei Office angemeldet haben, können Sie Ihre Dokumente auf OneDrive, dem Onlinespeicher von Microsoft, ablegen. Gleichzeitig synchronisiert sich Office automatisch mit Ihrem Onlineprofil. Wenn Sie sich dann auf einem anderen Gerät, wie z. B. dem gerade erwähnten Tablet, an Ihrem Konto anmelden, »weiß« Office sofort, an welchen Dokumenten Sie zuletzt gearbeitet haben und zeigt diese in der Liste der zuletzt geöffneten Dateien an.

OneDrive – der Onlinespeicher von Microsoft

OneDrive, das bis Februar 2014 noch SkyDrive hieß, ist der Onlinespeicher von Microsoft, der mit Angeboten wie iCloud, Dropbox, Google Drive usw. konkurriert. Wenn Sie sich bei OneDrive anmelden und hierfür ein Microsoft-Konto anlegen, erhalten Sie aktuell (also Ende 2021) 5 GB kostenlosen Speicher, den Sie bei Bedarf aufstocken können.

Zusammen mit Microsoft 365 und den darin enthaltenen Office-Apps ist OneDrive das Herzstück der modernen Office-Philosophie: Es ist die zentrale Anlaufstelle für alle Daten, die Sie auf Ihren Geräten synchron halten wollen oder anderen zur Verfügung stellen möchten. Auch das Roaming, also das Mitwandern Ihres Office-Profils, läuft über diesen Onlinespeicher. In Kombination mit Microsoft 365 erhalten Sie je Benutzer sogar 1 TB OneDrive-Speicher.

Das wirft natürlich die Frage nach der Sicherheit und dem Schutz der dort gespeicherten Daten auf. Diese Frage ist jedoch nicht leicht zu beantworten. Um die reine Sicherheit Ihrer Daten müssen Sie sich wenig Sorgen machen. Microsoft betreibt seine Rechenzentren georedundant, d. h., Ihre Daten werden zeitgleich an räumlich weit auseinanderliegenden Orten gespeichert. In Europa sind dies derzeit (Ende 2021) die Rechenzentren in Dublin, Helsinki, Stavanger, Oslo, Wien, Marseille, Paris und Amsterdam. Die deutschen Rechenzentren befinden sich in Berlin und Frankfurt. Trotzdem sollten Sie natürlich von wichtigen Daten ein lokales Backup anlegen.

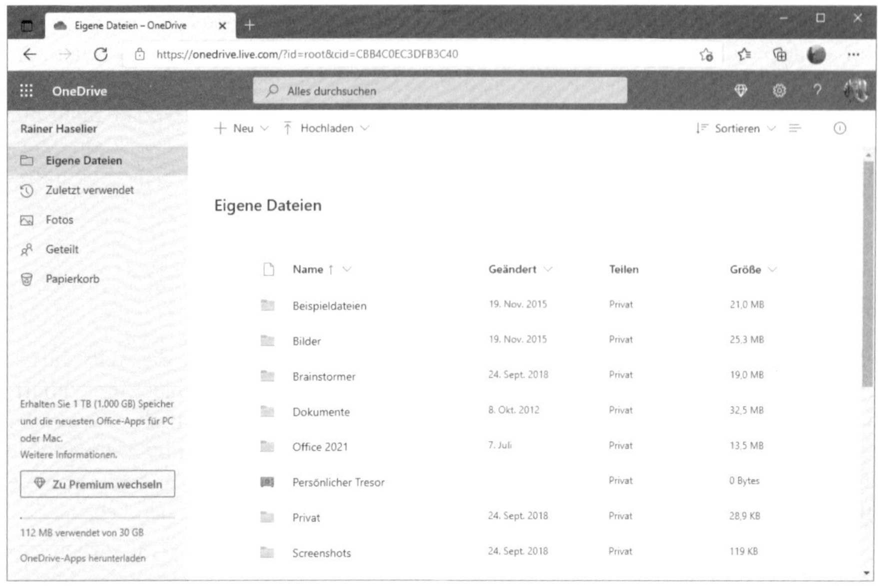

Abbildung 1.1: Die Startseite von OneDrive

Beim Datenschutz, also dem Zugriff auf Ihre Daten durch Dritte, sieht die Welt schon anders aus. Da Microsoft dem amerikanischen Patriot Act unterliegt, muss die Firma den amerikanischen Behörden auf Anfrage den Zugriff auf Ihre Daten ermöglichen. Das gilt unabhängig vom Standort der Daten! Das heißt, wenn eine Firma, die Onlinespeicher anbietet, zu einem amerikanischen Konzern gehört, können amerikanische Behörden »bei Bedarf« auf Ihre Daten zugreifen. Allerdings versuchen Microsoft und andere amerikanische Konzerne aktuell, sich gegen diese Gesetzeslage zur Wehr zu setzen, da sie (zu Recht) um ihre Geschäfte in Europa fürchten, falls sie den Schutz der Kundendaten nicht zu 100 % gewährleisten können.

Wenn Sie sich über dieses Thema näher informieren möchten, finden Sie auf der Seite *https://www.microsoft.com/de-de/trust-center* umfangreiches Material, in dem Microsoft auf die unterschiedlichen Aspekte des Datenschutzes und der Datensicherheit ausführlich eingeht.

Office 2021, Office 365 und Microsoft 365

Ob die Marketingabteilung von Microsoft mit der Namensgebung von Office 365 und Microsoft 365 Volltreffer gelandet hat, mag dahingestellt sein. Sie hätte es uns Kunden vielleicht ein bisschen einfacher machen können. Die Namensähnlichkeit zwischen Office und dem früher Office 365 genannten Abonnement täuscht nämlich leicht darüber hinweg, dass man hier unter Umständen Äpfel mit Birnen vergleicht. Zunächst einmal ist Office 2021 die aktuelle Version des Office-Pakets, wie wir es seit vielen Jahren kennen. Office 365 war hingegen in erster Linie eine Onlineplattform, auf der man, neben vielen anderen Möglichkeiten, gemeinsam an Dokumenten arbeiten kann. Jetzt enthält Microsoft 365 die Apps der Office-Familie, plus Onlinespeicher von 1 TB sowie Exchange-Postfächer, deren Größe von der jeweiligen Edition abhängt.

So weit, so klar.

Für beide Produktfamilien, also für Office 2021 und Microsoft 365, bietet Microsoft jeweils eine Fülle von Kauf- und Mietoptionen an. Und hier fängt dann das Verwirrspiel an. Es ist nämlich z. B. möglich, ein Abonnement für Microsoft 365 zu erwerben, das auch Lizenzen für Office 2021 enthält. Das kann den Eindruck erwecken, dass Office 2021 grundsätzlich in Microsoft 365 enthalten ist. Dem ist jedoch nicht so. Ein Teil der Microsoft 365-Editionen erlaubt lediglich die Nutzung der Office-Web-Apps.

Die Office-Apps, die Sie im Rahmen eines Microsoft 365-Abonnements verwenden, werden kontinuierlich weiterentwickelt und mit neuen Features versehen. Office 2021 enthält also eine Teilmenge der Features, die Microsoft nach dem Erscheinen von Office 2021 in Microsoft 365 integriert hat. Anders ausgedrückt: Der Funktionsumfang von Microsoft 365 ist größer als der von Office 2021. Bei Office 2021 handelt es sich um eine LTSC-Version (Long-Term Servicing Channel); dies bedeutet, dass sich der Funktionsumfang nicht ändert, also keine neuen Features hinzugefügt werden. Updates zu Office 2021 enthalten lediglich Fehlerbehebungen.

Die Editionen von Office 2021

Microsoft Office 2021 ist wie gewohnt in mehreren Editionen erhältlich, die jeweils aus den Kernprodukten Word, Excel und PowerPoint bestehen. Dazu kommen je nach Edition verschiedene andere Anwendungen wie Outlook, Publisher und Access. So kann jeder, vom Einzelanwender bis zum Großunternehmen, ein auf seine Bedürfnisse maßgeschneidertes Office einsetzen.

Diese Flexibilität wird noch dadurch gesteigert, dass Sie beim Erwerb von Office grundsätzlich (noch?) die Wahl zwischen Kaufen und Mieten haben. Und je nachdem, für welche Option Sie sich entscheiden, stehen Ihnen noch weitere Office-Editionen zur Verfügung.

Wir haben in diesem Buch den Schwerpunkt auf die nicht kommerziellen Lizenzen gelegt. Wenn Sie Office 2021 in einer Firma, einer Bildungseinrichtung oder einer Behörde einführen wollen, sollten Sie sich unbedingt an einen Microsoft-Partner wenden, der sich auf diese Szenarien spezialisiert hat.

Übrigens wird Office seit der letzten Version ohne Datenträger verkauft. Die Packungen enthalten lediglich eine sogenannte Product Key Card, auf der sich eine Seriennummer (Product Key) befindet, die Sie zum Aktivieren von Office 2021 benötigen. Das heißt, im Normalfall müssen Sie die Software herunterladen. In Zeiten schneller Internetverbindungen sollte das für die meisten von Ihnen kein Problem sein. Bei Bedarf können Sie aber auch gegen Aufpreis einen Datenträger erwerben.

Einzellizenz kaufen

Endanwender haben Office bisher entweder direkt beim Kauf eines neuen Rechners als vorinstalliertes Programm erworben oder eine separate Einzellizenz (Dauerlizenz) gekauft. Dies ist auch bei Office 2021 nicht anders und Sie können wie gewohnt zwischen drei Editionen wählen. Eine Übersicht über die Editionen für Endanwender und die in ihnen enthaltenen Programme finden Sie in der folgenden Tabelle.

Produkt Edition	Word	Excel	PowerPoint	Outlook	Publisher	Access
Home and Student	✓	✓	✓			
Home and Business	✓	✓	✓	✓		
Professional	✓	✓	✓	✓	✓	✓

Tabelle 1.1: Diese Desktop-Editionen von Microsoft Office 2021 sind als Einzellizenzen erhältlich.

Die Editionen können Sie im Handel als Einzelprodukt beziehen und Office 2021 damit auf einem Gerät installieren.

Die Programme der Office-Familie sind teilweise auch einzeln zu erwerben, was jedoch in der Regel finanziell wenig Sinn macht. So sind beispielsweise für PowerPoint als Einzelprodukt bereits 135 Euro fällig. Bei den hier genannten Preisen handelt es sich um Listenpreise von Microsoft, die Preise im Handel sind erfahrungsgemäß ca. 10 % günstiger.

Hinweis Auch Office 2021 Home & Business darf nur auf einem Gerät installiert werden Bis zur Version 2010 erlaubte die Home & Business-Edition von Office die gleichzeitige Installation auf einem Desktop-PC und einem mobilen Gerät. Wer also am Arbeitsplatz einen Desktop-PC stehen hatte und zusätzlich ein Notebook besaß, konnte Office durch den Kauf einer Lizenz auf beiden Geräten installieren. Dies ist seit Office Home & Business 2013 nicht mehr möglich!

Für den kommerziellen Gebrauch existieren noch weitere Editionen, die jedoch nur im Rahmen eines Volumenlizenzprogramms vertrieben werden. Diese Lizenzprogramme richten sich vor allem an größere Unternehmen und verfügen z. B. über vereinfachte Methoden der Installation.

Produkt Edition	Word	Excel	PowerPoint	Outlook	Publisher	Access	InfoPath	SharePoint Workspace
Standard	✓	✓	✓	✓	✓			
Professional Plus	✓	✓	✓	✓	✓	✓	✓	✓

Tabelle 1.2: Diese Editionen sind nur über Volumenlizenzprogramme erhältlich.

Die Anwendungen Visio sowie Project sind in keiner Office-Edition enthalten und müssen daher gegebenenfalls separat erworben werden.

Office 2021 im Abo erwerben

Wie wir bereits weiter vorn kurz erwähnt haben, können Sie Office auch im Rahmen eines Abonnements von Microsoft 365 erwerben. Die Laufzeit des Abos beträgt dabei entweder einen Monat oder ein Jahr. Bei diesem Modell wird die Software nur gemietet, d. h., sobald Sie das Abo kündigen, erlischt auch Ihre Lizenz.

Microsoft bietet mehrere Editionen von Microsoft 365 an und trennt dabei zwischen privater und kommerzieller Nutzung. Die einzelnen Abonnements unterscheiden sich dann noch durch die in ihnen enthaltenen Programme und Zusatzleistungen (wie z. B. E-Mail-Postfächer oder die Größe des Onlinespeichers auf OneDrive).

Wirklich übersichtlich ist dieses Portfolio nicht, aber für Privatanwender hat Microsoft ein interessantes Paket geschnürt, mit dem die meisten Anwender am besten fahren dürften. Es nennt sich Microsoft 365 Family und umfasst die Programme Word, Excel, PowerPoint, Outlook, OneNote und Skype. Für 10 Euro im Monat oder 99 Euro pro Jahr erhalten Sie eine Lizenz für sechs PCs bzw. Macs, die sich in Ihrem Haushalt befinden. Die Anzahl der Benutzer ist dabei auf sechs beschränkt. Zusätzlich dürfen Sie Office 2021 sogar noch auf mobilen Geräten nutzen (sechs Tablets plus sechs Smartphones) und jeder Benutzer erhält 1 TB OneDrive-Speicherplatz. Mit diesem Abo sollte sich so ziemlich jeder Haushalt komplett mit Office ausstatten lassen.

Systemvoraussetzungen

Die von Microsoft empfohlenen Systemanforderungen für die verschiedenen Office-Editionen finden Sie auf der Website von Microsoft Office *(http://office.microsoft.com)*. Bitte beachten Sie, dass es sich dabei in der Regel um die absoluten Minimalanforderungen handelt. Die wohl wichtigste Voraussetzung ist das richtige Betriebssystem: Damit Sie Office 2021 installieren können, benötigen Sie einen PC, auf dem Windows 10 ausgeführt wird.

Office Online

Auch bei der hohen Verbreitung von Microsoft Office werden Sie gelegentlich an einem Rechner sitzen (z. B. im Internetcafé), auf dem keine bzw. keine aktuelle Version von Office installiert ist. Wenn Sie Ihre Dokumente auf OneDrive gespeichert haben, stellt das für Sie kein Problem dar. Mit den aktuellen Web-Apps von Word, Excel und PowerPoint können Sie Ihre Dokumente nämlich direkt im Browser öffnen und bearbeiten (siehe Abbildung 1.2 auf der folgenden Seite). Die Onlineversionen von Office bieten zwar nicht den gleichen Funktionsumfang wie die Desktopversionen, aber die wichtigsten Aufgaben lassen sich mit ihnen problemlos erledigen.

Office auf mobilen Geräten

Während die Absatzzahlen für PCs stagnieren bzw. sogar spürbar schrumpfen, steigen die Verkaufszahlen von mobilen Geräten rapide an. Pro Jahr werden aktuell »nur« etwa 300 Millionen PCs, jedoch 1,5 Milliarden Smartphones und ähnlich viele Tablet-Computer verkauft. Wenn man zudem berücksichtigt, dass zurzeit knapp 2 Milliarden Menschen ein Smartphone besitzen, wird deutlich, dass die meisten Menschen sich beinahe jährlich ein neues Smartphone kaufen, während ein neuer PC von den meisten Anwendern sicherlich erst nach einigen Jahren in Erwägung gezogen wird. Smartphones und Tablets haben also eine enorme Marktdurchdringung und befinden sich in der Regel auf einem aktuellen Stand.

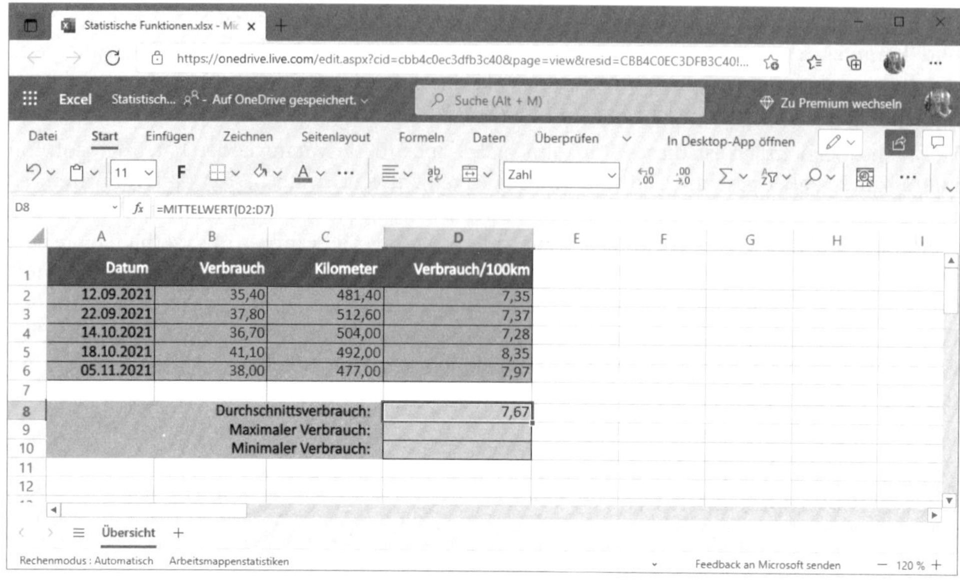

Abbildung 1.2: Bearbeiten eines Excel-Dokuments im Browser

Und mit ihrer technischen Ausstattung sind mobile Geräte vielleicht nicht gerade dafür prädestiniert, um auf ihnen eine Doktorarbeit zu verfassen, aber der technische Vorsprung der PCs schrumpft von Jahr zu Jahr.

Daher wundert es nicht, dass Microsoft seit einiger Zeit die Office-Apps Word, Excel und PowerPoint auch in mobilen Versionen anbietet, die sowohl für iOS als auch für Android zur Verfügung stehen. Falls Sie ein Abonnement für Microsoft 365 abgeschlossen haben, wie z. B. Microsoft 365 Family, können Sie den vollen Funktionsumfang der mobilen Apps zusätzlich zu den Desktop-Apps auf sechs Tablets und sechs Smartphones nutzen.

Damit Sie von allen Geräten aus auf Ihre Dokumente zugreifen können, empfiehlt es sich, diese auf OneDrive zu speichern.

Microsoft 365 – Ihr Office in der Cloud

Bei Microsoft 365 handelt es sich um eine internetbasierte Plattform, die viele verschiedene Dienste und Funktionen anbietet. Die Grundidee hinter Microsoft 365 ist es, einer Gruppe von Menschen das gemeinsame Arbeiten so komfortabel wie möglich zu machen. Dazu gehört die Kommunikation über E-Mail und Skype, Terminabsprachen über gemeinsam genutzte Kalender und das gemeinsame (auch gleichzeitige!) Bearbeiten von Dokumenten.

Natürlich gehören in dieses Szenario auch die Programme der Office 2021-Familie; sie sind sogar sehr eng mit ihm verwoben. Aber es handelt sich dennoch um zwei eigenständige Produkte, die jedes für sich ihre Existenzberechtigung haben.

Vielleicht kann man sich Microsoft 365 am ehesten als virtuelles Büro vorstellen, das seine komplette Infrastruktur 365 Tage an jedem Ort der Welt (mit Internetzugang) zur Verfügung stellt. Mit diesem Bild im Hinterkopf kann man auch gut nachvollziehen, dass Microsoft 365 nicht zu einem festen Preis gekauft werden kann, sondern nur als Abonnement. Denn es fallen ja neben den reinen Softwarelizenzen tatsächlich auch laufende Kosten beim Anbieter an. Schließlich müssen für die Computer, auf denen die Dienste von Microsoft 365 laufen, große Rechenzentren gebaut und betrieben werden. Die Daten werden dabei sogar georedundant in mehreren Rechenzentren gespeichert, damit Sie als Kunde beim Ausfall eines Rechenzentrums ohne Datenverlust nahtlos weiterarbeiten können.

Die Editionen von Microsoft 365

Wie wir weiter oben schon erwähnt haben, wird Microsoft 365 grundsätzlich nur als Abo vertrieben. Microsoft bietet Microsoft 365 hauptsächlich für Unternehmen und Organisationen an und hat dazu eine Fülle von sogenannten »Plänen« entworfen, die die Größe der Unternehmen bzw. die geplante Nutzung der in Microsoft 365 angebotenen Dienste berücksichtigen. Wir beschränken uns an dieser Stelle auf die beiden nicht kommerziellen Editionen von Microsoft 365.

Microsoft 365 Family
Für 10 Euro im Monat bzw. 99 Euro im Jahr bietet Microsoft 365 Family folgende Leistungen für Privatanwender an:

- Microsoft 365 Family umfasst folgende Programme: Word, Excel, PowerPoint, Outlook, OneNote, OneDrive sowie Skype.
- Sie dürfen Office auf sechs Computern (PC oder Mac), sechs Smartphones und sechs Tablets eines Haushalts in der jeweils aktuellen Version installieren.
- Sie erhalten für maximal sechs Benutzer jeweils 1 TB Speicherplatz auf OneDrive.
- Sie erhalten je 60 Freiminuten im Monat für Skype für bis zu sechs Benutzer.

Wenn man von einer durchschnittlichen Haushaltsgröße in Deutschland von zurzeit zwei Personen ausgeht, mag dieses Angebot nicht allzu verlockend klingen. (Im 19. Jahrhundert hätte das noch anders ausgesehen: Damals lag dieser Wert noch knapp unter sechs.) Für Familien mit Kindern ist diese Edition unserer Meinung nach aber wirklich ein gutes Angebot.

Microsoft 365 Single
Für monatlich 7 Euro beziehungsweise 69 Euro im Jahr erhalten Sie als Privatanwender folgende Leistungen:

- Microsoft 365 Single umfasst dieselben Programme wie Microsoft 365 Family.
- Sie dürfen Office auf einem Computer (PC oder Mac), einem Smartphone und einem Tablet in der jeweils aktuellen Version installieren.
- Sie erhalten 1 TB Speicherplatz auf OneDrive.
- Sie erhalten 60 Freiminuten im Monat für Skype.

Tipp 30 Tage kostenlos testen Sie können Microsoft 365 Family für 30 Tage kostenlos testen. Wenn Sie das Testabo während des Testzeitraums nicht kündigen, verlängert es sich automatisch in ein kostenpflichtiges Abo. Damit dies reibungslos funktioniert, müssen Sie bereits für das Testabo eine Zahlungsverbindung angeben (Kreditkarte), was sicher nicht nach jedermanns Geschmack ist. Nähere Hinweise finden Sie unter *www.office.com*.

Microsoft 365 für Unternehmen

Wenn Sie sich für die kommerziellen Editionen interessieren, sollten Sie die aktuellen Informationen auf der Website von Microsoft lesen *(www.office.com)*. Die dort angebotenen Lizenzvarianten sind zwar auf den ersten Blick etwas erdrückend, aber laut Microsoft »so einfach wie noch nie«. Nein, Scherz beiseite: Wenn Sie Office für eine größere Organisation lizenzieren wollen, müssen Sie sich intensiv mit dem Thema beschäftigen, damit Sie die für Sie optimale Lösung finden. Bei einem Unternehmen mit 100 oder mehr Mitarbeitern sollten Sie in Erwägung ziehen, sich von einem externen Dienstleister beraten zu lassen, der sich auf dieses Thema spezialisiert hat.

Neue Funktionen in Office 2016, 2019 und 2021

In diesem Abschnitt stellen wir Ihnen die interessantesten Funktionen von Office vor, die in den Versionen 2016 bis 2021 neu eingeführt oder erweitert wurden. Wir beschränken uns dabei auf diejenigen Funktionen, die das Attribut »Neu« auch wirklich verdienen. Die offizielle Liste von Microsoft ist natürlich wesentlich länger. Sie finden diese Aufstellung über die Supportseite von Microsoft Office *https://support.office.com,* indem Sie dort auf den Link *Neuerungen in Office* klicken.

In diesem Abschnitt stellen wir einige der Highlights vor, die Sie entweder in allen oder nur in bestimmten Office-Apps verwenden können.

Was möchten Sie tun? (neu in Office 2016)

Im Menüband der Office-Apps taucht seit Office 2016 eine kleine Glühbirne auf, neben der in einem Textfeld die Frage »*Was möchten Sie tun?*« angezeigt wird. Hierbei handelt es sich um eine neue Hilfefunktion in Office, die Ihnen mehrere Formen der Unterstützung anbietet:

- direkte Lösung eines aktuellen Problems bzw. einer aktuellen Aufgabe
- Nachschlagen des Problems in der Onlinehilfe
- Recherchieren eines Themas im Internet

Dazu berücksichtigt Office den aktuellen Kontext, in dem Sie Ihre Frage stellen. Wenn Sie z. B. in Excel die Zelle unterhalb einer Zahlenkolonne markieren und dann in das Textfeld der Glühbirne **Mittelwert** eintippen, bietet Ihnen Excel u. a. an, die richtige Formel direkt in die Zelle einzutragen.

Abbildung 1.3: Die Hilfefunktion bietet nicht nur Informationen, sondern auch konkrete Lösungen an.

Intelligente Suche/Recherchieren (neu in Office 2016)

Eine weitere Alternative, die Excel Ihnen zur Beantwortung einer Frage anbietet, nennt sich »Intelligente Suche« und sie verbirgt sich hinter dem Befehl *Weitere Suchergebnisse für …* (unten im Auswahlmenü in Abbildung 1.3). Auch diese Funktion berücksichtigt den aktuellen Kontext und analysiert dazu z. B. die Textstelle, an der sich gerade die Einfügemarke befindet. Bei seiner Antwort greift Office auf die Ergebnisse der Bing-Suche sowie auf die Inhalte der Onlinehilfe zurück.

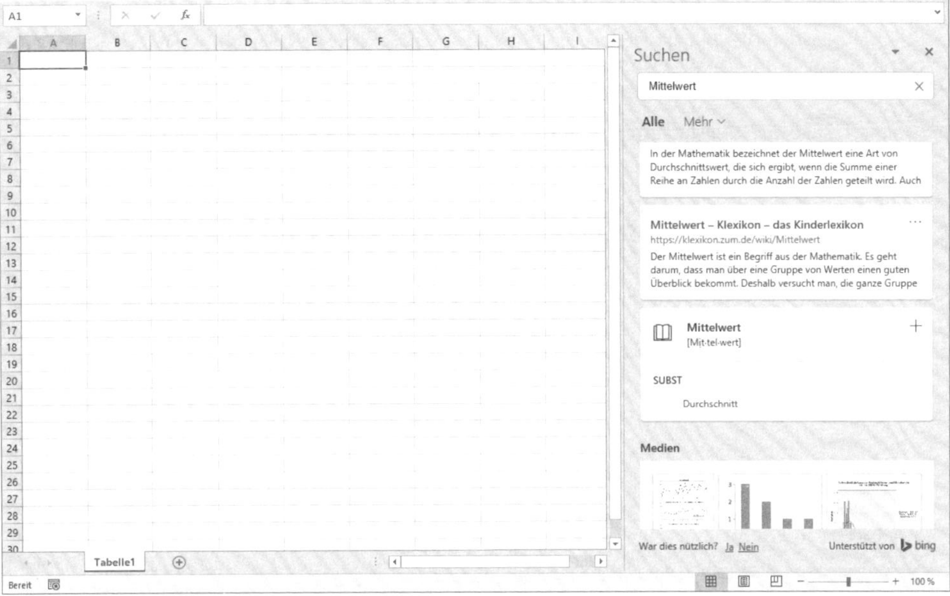

Abbildung 1.4: Die Intelligente Suche recherchiert für Sie im Internet.

In früheren Office-Versionen hieß der Aufgabenbereich, in dem die Ergebnisse angezeigt werden, noch *Intelligentes Nachschlagen*. In Office 2021 heißt er einfach *Suchen*. Mehr Informationen hierzu finden Sie in Anhang B.

Freihandeingabe (verbessert in Office 2019)

Alle Office-Apps enthalten nun die neue Registerkarte *Zeichnen*, auf der Sie die Werkzeuge für die Freihand-/Stifteingabe finden. Mit den Werkzeugen können Sie per Freihandeingabe Anmerkungen erstellen, Text hervorheben oder Formen zeichnen. Je nachdem, welches Gerät Sie verwenden, können Sie zur Freihandeingabe die Maus, den Finger oder einen digitalen Stift verwenden. Falls die Registerkarte *Zeichnen* nicht angezeigt wird, gehen Sie so vor, wie in Kapitel 2 im Abschnitt *Die Registerkarte »Entwicklertools«* beschrieben; schalten Sie jedoch in diesem Fall im Dialogfeld das Kontrollkästchen vor *Zeichnen* ein.

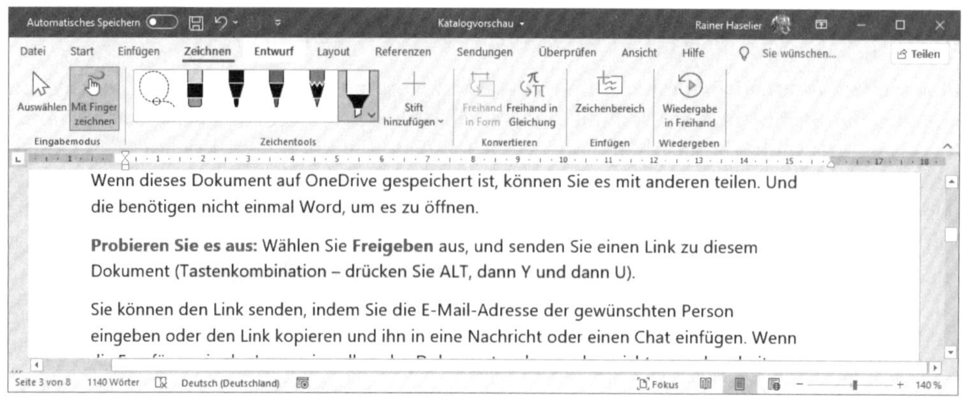

Abbildung 1.5: Auf der Registerkarte Zeichnen *wurde der Textmarker ausgewählt.*

Piktogramme (neu in Office 2019, erweitert in Office 2021)

Seit Office 2019 finden Sie auf der Registerkarte *Einfügen* in der Gruppe *Illustrationen* den Befehl *Piktogramme*. Wenn Sie diese Schaltfläche anklicken, zeigt die Office-App das Dialogfeld *Piktogramme einfügen* an (siehe Abbildung 1.6).

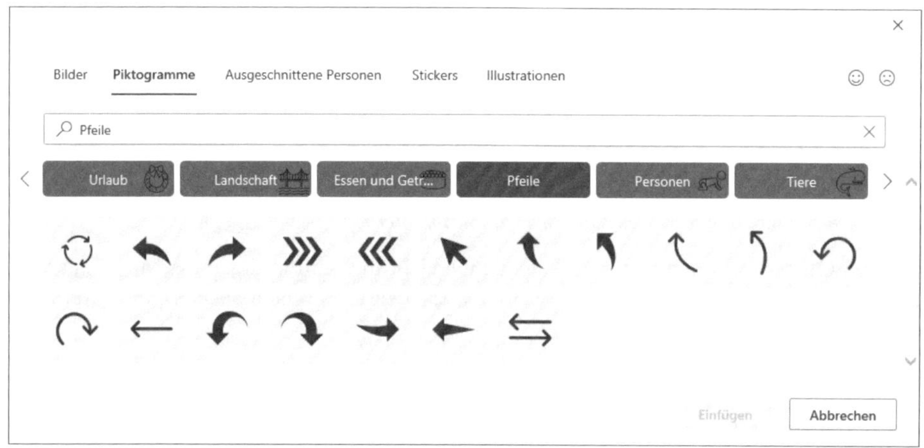

Abbildung 1.6: Das Dialogfeld zum Einfügen von Piktogrammen

Die Piktogramme sind in verschiedenen Kategorien zusammengefasst und ergänzen die Formen, die seit längerer Zeit in Office zur Verfügung stehen. Bei den Piktogrammen handelt es sich um Vektorgrafiken, die Sie ohne Qualitätsverluste skalieren können; außerdem lassen sie sich wie Formen drehen und einfärben.

Neu in Office 2021 sind die Optionen *Bilder*, *Ausgeschnittene Personen, Stickers* sowie *Illustrationen*, die Sie oben im Dialogfeld sehen. Mit dem Tab *Bilder* können Sie Bilder aus einer Archivbibliothek einfügen. Dies entspricht dem Befehl *Einfügen | Illustrationen | Bilder | Archivbilder*. Wenn Sie auf *Ausgeschnittene Personen* klicken, sehen Sie eine Auswahl von Bildern mit Personen auf einem transparenten Hintergrund (daher »ausgeschnitten«), die Sie in Ihre Office-Dokumente einfügen können. Beachten Sie, dass Sie auch mehrere Bilder gleichzeitig einfügen können: einfach die gewünschten Miniaturbilder anklicken und dann auf *Einfügen* klicken. Hinter *Einfügen* wird die Anzahl der markierten Bilder angezeigt.

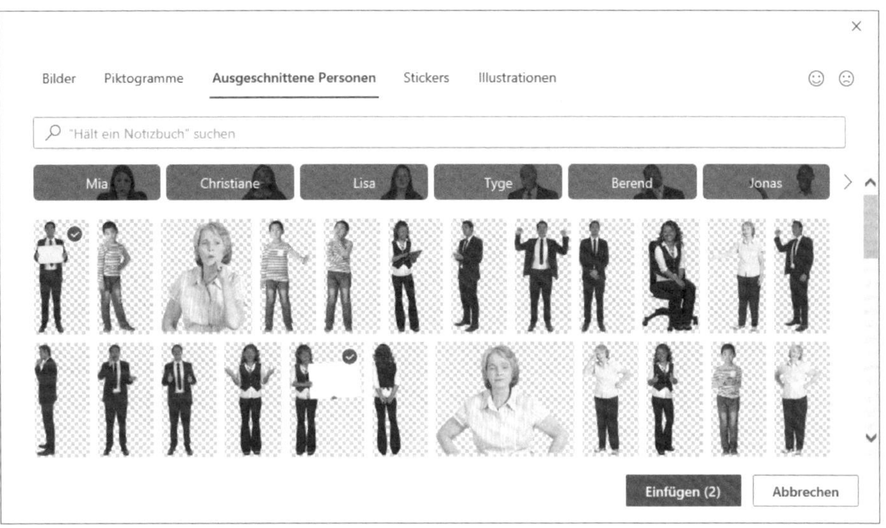

Abbildung 1.7: Bilder von Personen auf einem transparenten Hintergrund

3D-Modelle (neu in Office 2019)

Word, Excel und PowerPoint unterstützen das Einfügen von 3D-Modellen. Verwenden Sie hierfür auf der Registerkarte *Einfügen* in der Gruppe *Illustrationen* die Schaltfläche *3D-Modelle*. Sie können sowohl 3D-Modelle aus einer lokalen Datei als auch 3D-Modelle aus einer Onlinebibliothek einfügen.

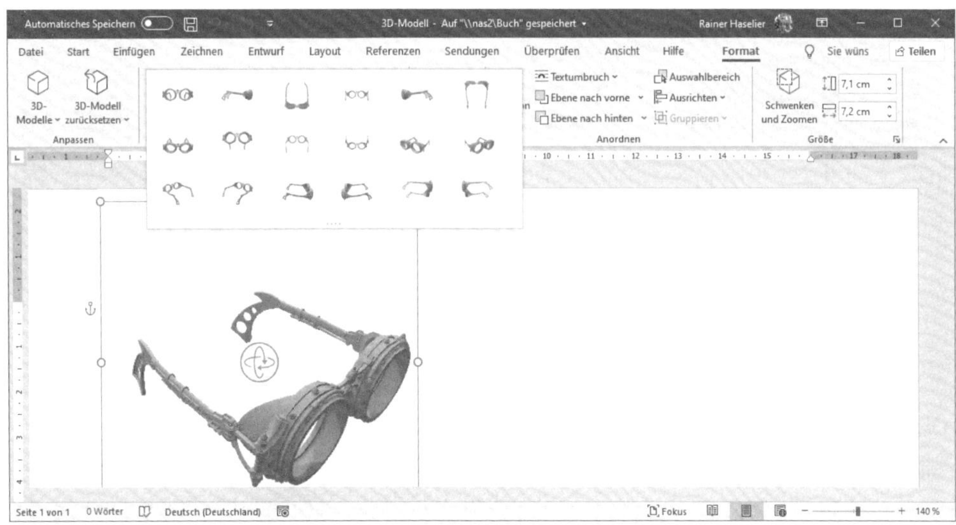

Abbildung 1.8: Ein 3D-Modell in einem Word-Dokument

Nachdem Sie ein 3D-Modell eingefügt und das Modell markiert haben, zeigt die Office-App die kontextbezogene Registerkarte *Tools für 3D-Modelle/Format* an. Dort finden Sie u. a. den Katalog *3D-Modellansichten* (siehe Abbildung 1.8), der eine Reihe vordefinierter Ansichten enthält. Sie können beispielsweise schnell die Frontalansicht oder die Top-down-Ansicht auswählen.

In der Mitte der 3D-Grafik befindet sich das 3D-Steuerelement. Verwenden Sie es, um Ihr 3D-Modell in jede Richtung zu drehen und zu kippen. Klicken Sie das 3D-Steuerelement an, halten Sie die Maustaste gedrückt und drehen Sie das Modell in die gewünschte Richtung.

Übersetzer (verbessert in Office 2019)

Bereits in Office 2016 gab es die Möglichkeit, direkt aus einem Dokument heraus Texte übersetzen zu lassen. Mit Office 2019 wurde diese Funktion verbessert; sie nutzt die sogenannten intelligenten Dienste, die Teil der Microsoft-Strategie sind, die gesamte Office-Suite um Features zu erweitern, die künstliche Intelligenz nutzen. Die Übersetzungsfunktion nutzt den Microsoft Translator-Dienst, der sich in der Cloud befindet.

Um den Übersetzer zu verwenden, markieren Sie in Word, Excel und PowerPoint den Text, den Sie übersetzen wollen. Öffnen Sie dann die Registerkarte *Überprüfen*, klicken Sie auf *Sprache* und dann auf *Auswahl übersetzen* (Word) bzw. *Übersetzen* (Excel, PowerPoint). Die App öffnet den Aufgabenbereich *Übersetzer*, in dem oben der markierte Text nebst der erkannten Sprache angezeigt wird. Im unteren Bereich des Aufgabenbereichs *Übersetzer* sehen Sie die Übersetzung (siehe Abbildung 1.9).

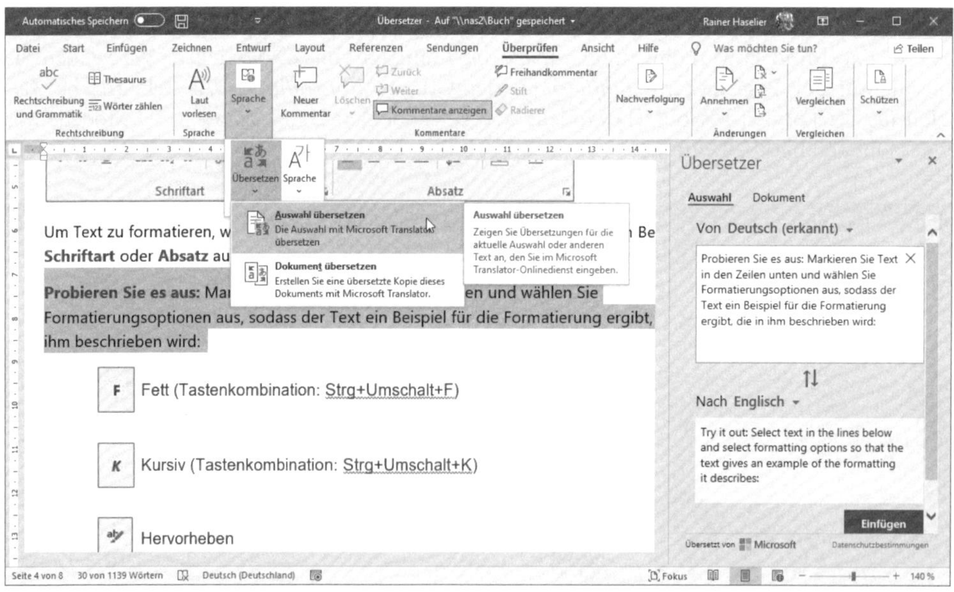

Abbildung 1.9: Der Aufgabenbereich Übersetzer

Falls die Originalsprache falsch erkannt oder Sie den Text in eine andere Sprache übersetzen lassen wollen, klicken Sie auf den Pfeil neben *Von* bzw. *Nach* und wählen dann in der Dropdownliste die gewünschte Sprache aus.

Wenn Sie den im Dokument markierten Text durch den übersetzten Text ersetzen lassen wollen, klicken Sie im Aufgabenbereich *Übersetzer* auf die Schaltfläche *Einfügen*.

In Word können Sie auch das gesamte Dokument übersetzen lassen. Öffnen Sie dazu die Registerkarte *Überprüfen*, klicken Sie auf *Sprache* und dann auf *Dokument übersetzen*. Das gesamte Dokument wird daraufhin übersetzt. Nachdem die Übersetzung fertig ist, öffnet Word ein neues Fenster mit dem übersetzten Dokument.

Sechs neue Diagrammtypen (neu in Excel 2016)

Excel 2016 kann mit sechs neuen Diagrammtypen aufwarten, die Ihnen dabei helfen können, Ihr Zahlenmaterial zu visualisieren: Treemap, Sunburst, Wasserfall, Histogramm, Pareto und Kastengrafik. Um die Wirkung der neuen Diagramme kennenzulernen, markieren Sie am besten eine Tabelle und wählen auf der Registerkarte *Einfügen* in der Gruppe *Diagramme* die Schaltfläche *Empfohlene Diagramme*. Wenn Sie dann im angezeigten Dialogfeld zur Registerkarte *Alle Diagramme* wechseln, können Sie sich eine konkrete Vorschau der verschiedenen Diagrammtypen für die von Ihnen markierten Daten anzeigen lassen.

Trichter- und Kartendiagramme (neu in Excel 2019)

In Excel 2019 wurden zwei neue Diagrammarten eingeführt: Trichterdiagramme und Kartendiagramme. Trichterdiagramme stellen Werte über mehrere Phasen eines Prozesses dar. So können Sie mit Trichterdiagrammen beispielsweise die Entwicklung einer Verkaufspipeline darstellen. Hierbei werden die Werte normalerweise schrittweise kleiner; daher ähneln die Balken einem Trichter (siehe Abbildung 1.10).

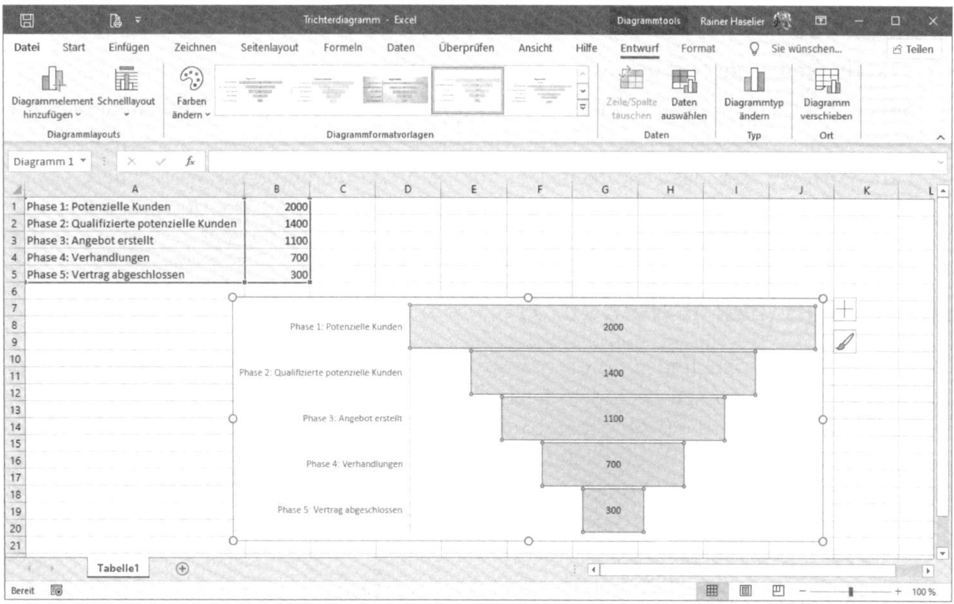

Abbildung 1.10: Darstellung einer Verkaufspipeline als Trichterdiagramm

Mit Kartendiagrammen können Sie zweidimensionale Karten erstellen und so Werte vergleichen und Kategorien in geografischen Regionen anzeigen. Verwenden Sie Kartendiagramme, wenn Ihre Daten geografische Regionen umfassen, z. B. Länder/Regionen, Bundesländer, Verwaltungsbezirke oder Postleitzahlen.

Plastischer Reader und laut vorlesen (Word 2019, Word 2021)

Mit dem sogenannten plastischen Reader (in Word 2019 Lerntools genannt) lässt sich der Text eines Word-Dokuments so darstellen, dass er besser lesbar ist. Der Reader ist für Leseanfänger, Sprachenlernende und Personen mit Leseschwierigkeiten ein nützliches Hilfsmittel. Um auf diese Tools zuzugreifen, öffnen Sie die Registerkarte *Ansicht* und klicken in der Gruppe *Plastisch* auf *Plastischer Reader*. Word blendet dann die Registerkarte *Plastischer Reader* ein.

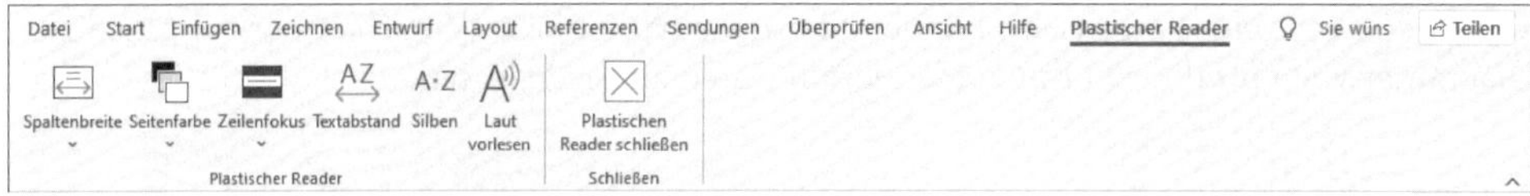

Abbildung 1.11: Die Registerkarte Plastischer Reader

Hier stehen Ihnen die folgenden Befehle zur Verfügung:

- **Spaltenbreite** ändert die Zeilenlänge, um den Fokus und das Verständnis zu verbessern.
- **Seitenfarbe** ändert den Seitenhintergrund auf dem Bildschirm und erleichtert so das Erfassen des Textes bei weniger Augenbelastung.
- **Zeilenfokus (neu in Word 2021)** lenkt die Aufmerksamkeit auf eine, drei oder fünf Zeilen, indem die gewählte Anzahl Zeilen hervorgehoben und der Rest abgedunkelt dargestellt wird.
- **Textabstand** vergrößert den Abstand zwischen Wörtern, Zeichen und Zeilen.
- **Silben** zeigt Trennzeichen zwischen Silben an, um Worterkennung und Aussprache zu verbessern.
- **Laut vorlesen** liest das Dokument laut vor, während die einzelnen Wörter hervorgehoben werden. Sie finden den Befehl *Laut vorlesen* auf der Registerkarte *Überprüfen*.

Fokusmodus (neu in Word 2021)

In der Word-Statusleiste finden Sie die Schaltfläche *Fokus*, mit der Sie den Fokusmodus aktivieren können. (Sie können auch den Befehl *Ansicht* | *Plastisch* | *Fokus* verwenden.) Im Fokusmodus blendet Word das Menüband aus; es sind lediglich das Lineal (falls es vorher eingeblendet war) und die Bildlaufleisten sichtbar. Word belegt den gesamten Bildschirm. Außerdem wird der Hintergrund um das Dokument herum schwarz eingefärbt. Diese Ansicht soll dabei helfen, sich besser auf die Inhalte des Dokuments zu konzentrieren, da alle Ablenkungen ausgeblendet werden.

Sie beenden den Fokusmodus durch Drücken der Esc-Taste.

Kapitel 2
Die Benutzeroberfläche von Office

Dieses Kapitel stellt Ihnen die wichtigsten Elemente der Benutzeroberfläche von Office 2021 bzw. der aktuellen Office-Apps aus Microsoft 365 vor. Der Schwerpunkt liegt hierbei darauf, Ihnen die neue Bedienungsphilosophie nahezubringen und Ihnen so den Einstieg in oder den Umstieg auf Office 2021 zu erleichtern.

Falls Sie bereits mit einer der Office-Versionen 2007 bis Office 2019 gearbeitet haben, können Sie dieses Kapitel nur kurz überfliegen oder auch ganz überspringen, da sich gegenüber diesen Versionen an der grundsätzlichen Bedienung von Office nichts geändert hat.

Das Menüband

Mit Office 2007 hat sich Microsoft bei den Office-Anwendungen von der Menüleiste, wie sie auch heute noch beispielsweise vom Windows-Editor verwendet wird, und den diversen Symbolleisten verabschiedet. Stattdessen befindet sich nun am oberen Rand der Programmfenster das neue Menüband, das in Office 2007 übrigens noch Multifunktionsleiste hieß. Auf ihm sind die Funktionen der einzelnen Programme zu logischen Gruppen zusammengefasst und über verschiedene Registerkarten erreichbar. Die einzelnen Registerkarten enthalten jeweils die Befehle, die zu einer bestimmten Aktivität gehören, die Sie beim Erstellen eines Dokuments, einer Arbeitsmappe oder einer Präsentation durchführen. Um eine Registerkarte zu öffnen, klicken Sie einfach auf ihren Namen.

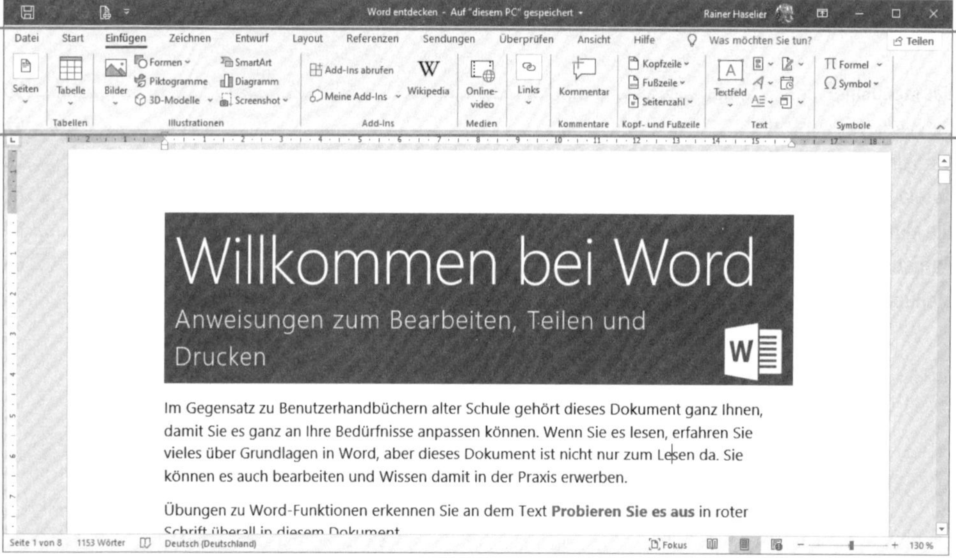

Abbildung 2.1: Die Benutzeroberfläche von Office 2021 (hier als Beispiel Word) verwendet anstelle der früher üblichen Menü- und Symbolleisten das sogenannte Menüband. Dort stehen die meisten Funktionen – nach Aktivitäten gruppiert – auf mehreren Registerkarten zur Verfügung.

Dieses Konzept hat den unbestreitbaren Vorteil, dass Sie für den jeweiligen Arbeitsschritt immer optimal viele Befehle im direkten Zugriff haben. Wenn Sie z. B. etwas in Ihr Dokument einfügen möchten, wechseln Sie zur Registerkarte *Einfügen* und finden dort alle benötigten Funktionen. So können Sie ohne langes Suchen die aktuell wichtigsten Befehle komfortabel auswählen und das ständige Aufklappen von Menüs und Untermenüs gehört der Vergangenheit an.

Tipp Registerkarte mit Scrollrad wechseln Wenn Sie eine Maus mit einem Scrollrad verwenden, können Sie zwischen den verschiedenen Registerkarten wechseln, indem Sie den Mauszeiger auf das Menüband bewegen und dann am Scrollrad drehen.

Die Registerkarten enthalten mehrere *Befehlsgruppen*, die eine Aufgabe in Teilaufgaben zerlegen. So finden Sie auf der Registerkarte *Start* beispielsweise die Befehlsgruppen *Zwischenablage, Schriftart* und *Absatz*. Die Namen der Gruppen werden am unteren Rand des Menübands angezeigt.

Die Befehlsgruppen wiederum enthalten *Befehlsschaltflächen*, wie Sie sie von den früheren Symbolleisten her kennen. Einige der Befehlsschaltflächen führen einen Befehl sofort aus, wie die Schaltflächen *Ausschneiden* und *Kopieren* aus der Gruppe *Zwischenablage;* bei anderen (diese sind mit einem kleinen Pfeil gekennzeichnet) wird zuerst ein Menü geöffnet, in dem weitere Befehle angeboten werden, aus denen Sie dann den gewünschten Befehl auswählen können.

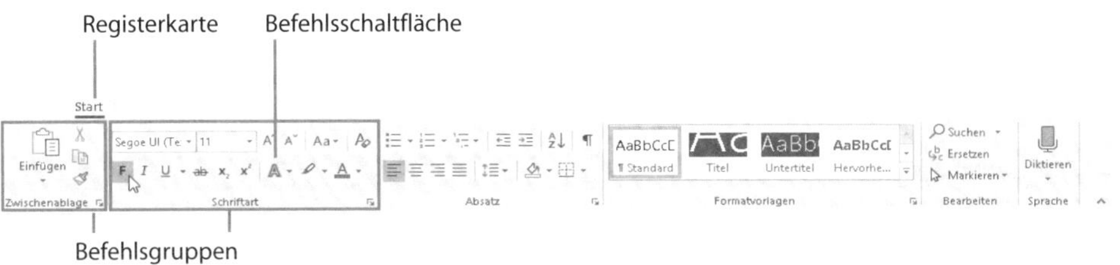

Abbildung 2.2: Die grundlegenden Elemente des Menübands

Wenn Sie das Programmfenster vergrößern oder verkleinern, ändert Office automatisch die Größe einzelner Schaltflächen, um möglichst alle Elemente der Registerkarte darstellen zu können. Bei akutem Platzmangel reduziert Office zur Not einzelne Gruppen zu Schaltflächen, in deren Ausklappmenüs Sie dann alle Befehle der Gruppe aufrufen können.

Wenn in einer Gruppe nicht sämtliche relevanten Funktionen in Form von Befehlsschaltflächen enthalten sind, wird neben dem Namen der Befehlsgruppe eine kleine Schaltfläche angezeigt, die von den Office-Machern auf den Namen *Startprogramm für ein Dialogfeld* getauft wurde. Wenn Sie den Mauszeiger auf eine solche Schaltfläche bewegen, zeigt die Office-App Informationen zum Dialogfeld an, in Abbildung 2.3 exemplarisch für das Dialogfeld *Schriftart* gezeigt.

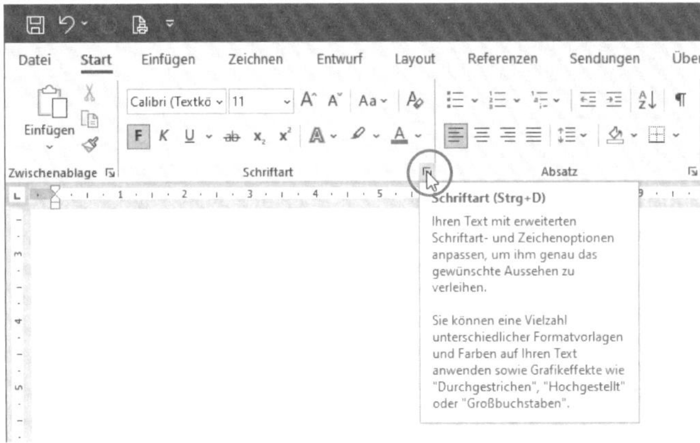

Abbildung 2.3: Über die kleine Schaltfläche neben einigen Befehlsgruppennamen können Sie ein Dialogfeld oder einen Aufgabenbereich öffnen, in dem Sie weitere Befehle oder Optionen für die Befehlsgruppe finden.

Falls bei Ihnen keine QuickInfo oder nur eine QuickInfo ohne Dialogfeldvorschau angezeigt wird, wenn Sie mit dem Mauszeiger auf eine Schaltfläche *Startprogramm für ein Dialogfeld* zeigen, können Sie die Funktion mit folgenden Schritten aktivieren:

1. Klicken Sie auf die Registerkarte *Datei*.
2. Klicken Sie auf *Optionen*, um das Optionen-Dialogfeld der Anwendung anzuzeigen.
3. Wählen Sie in der Kategorie *Allgemein* im Listenfeld *QuickInfo-Format* die Einstellung *Featurebeschreibungen in QuickInfos anzeigen*.
4. Schließen Sie das Dialogfeld mit *OK*.

Einige der Startprogramme für ein Dialogfeld rufen kein Dialogfeld auf, sondern öffnen einen Aufgabenbereich. Dies ist beispielsweise bei der Gruppe *Zwischenablage* der Fall. Den betreffenden Aufgabenbereich sehen Sie in der folgenden Abbildung. Weitere Informationen zu Aufgabenbereichen finden Sie weiter hinten in diesem Kapitel ab Seite 64.

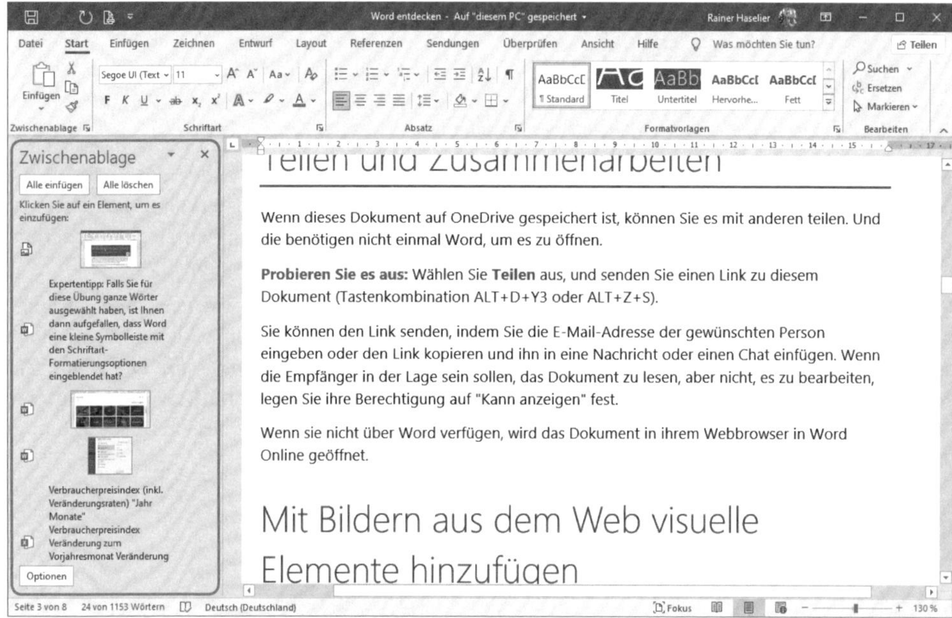

Abbildung 2.4: Der Aufgabenbereich der Zwischenablage

Außerdem können Sie das Menüband individuell anpassen und beispielsweise neue Registerkarten mit eigenen Befehlsgruppen erstellen, in die Sie dann die gewünschten Befehle einfügen. Dieses Thema behandeln wir am Ende dieses Kapitels im Abschnitt »Menüband anpassen« ab Seite 66.

Kontextbezogene Registerkarten

Neben den normalen Registerkarten verfügt jedes Programm auch über spezielle Registerkarten, die nur in bestimmten Situationen auftauchen und als *kontextbezogene* Registerkarten bezeichnet werden. Sie haben das Ziel, Ihnen immer nur diejenigen Befehle anzuzeigen, die Sie in einem bestimmten Arbeitsschritt konkret benötigen.

Wenn Sie beispielsweise über die Registerkarte *Einfügen* eine neue Tabelle in Ihr Dokument eingefügt haben und sich die Einfügemarke in der Tabelle befindet, werden die *Tabellentools* eingeblendet, die aus den beiden Registerkarten *Layout* und *Entwurf* bestehen, mit deren Werkzeugen Sie den Aufbau der Tabelle und ihr Aussehen bearbeiten können.

Eine andere kontextbezogene Registerkarte mit dem Namen *Format* wird für die *Bildtools* eingeblendet, wenn Sie ein Bild oder eine Grafik markiert haben, wie Sie es in der folgenden Abbildung sehen.

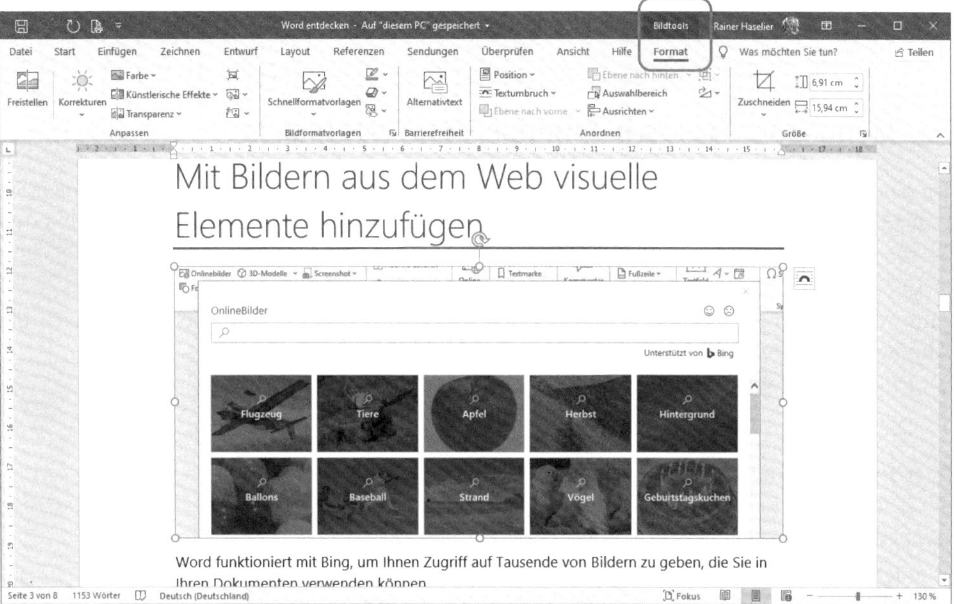

Abbildung 2.5: Kontextbezogene Registerkarten werden eingeblendet, wenn sich die Einfügemarke in einem bestimmten Elementtyp (wie einer Tabelle, einer Abbildung, einer SmartArt usw.) befindet.

Die kontextbezogene Registerkarten werden automatisch wieder ausgeblendet, sobald Sie die Einfügemarke vom Element wegbewegen, für das sie eingeblendet wurden.

Tipp Normalerweise bleibt beim Einblenden einer kontextbezogenen Registerkarte im Menüband zunächst die aktuelle Registerkarte aktiv. Wenn Sie jedoch ein Objekt, also z. B. ein Bild oder eine SmartArt, mit einem Doppelklick markieren, wechselt Office direkt zu der zugehörigen kontextbezogenen Registerkarte.

Die Registerkarte »Entwicklertools«

Eine weitere Registerkarte mit dem Namen *Entwicklertools* ist standardmäßig nicht eingeblendet. Diese Registerkarte enthält die Werkzeuge, um Makros zu bearbeiten, den Visual Basic-Editor der Office-Anwendung zu starten und dort Code zu erstellen und zu bearbeiten u.v.m. Sie können die Registerkarte einblenden, indem Sie im Menüband auf *Datei* und dann auf der linken Seite der Backstage-Ansicht auf *Optionen* klicken. Wechseln Sie im Dialogfeld *[Programmname]-Optionen* in die Kategorie *Menüband anpassen* und schalten Sie in der Liste rechts im Fenster das Kontrollkästchen vor *Entwicklertools* ein.

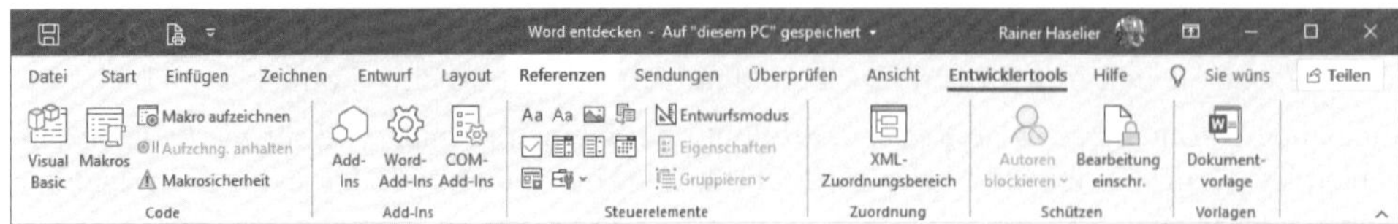

Abbildung 2.6: Die Registerkarte Entwicklertools *von Word enthält u. a. die Befehle zum Erstellen von Makros und Formularen.*

Das Menüband: Klassisch, minimiert und vereinfacht

Da das Menüband einen relativ großen Teil des Programmfensters beansprucht, können Sie es bei Bedarf minimieren, um mehr Platz auf dem Bildschirm frei zu machen. Im minimierten Modus sind nur noch die Namen der Registerkarten auf dem Bildschirm zu sehen (was dann fast wieder so aussieht wie die Menüleiste in den früheren Versionen).

Zum Minimieren des Menübands haben Sie gleich mehrere Möglichkeiten, wobei sich die Aktionen immer nur auf das aktuelle Programmfenster auswirken:

- Klicken Sie auf den kleinen Pfeil an der rechten Seite des Menübands.
- Doppelklicken Sie auf den Namen der aktuell angezeigten Registerkarte.
- Drücken Sie Strg+F1.

Wollen Sie das Menüband wieder anzeigen, drücken Sie entweder erneut Strg+F1 oder Sie doppelklicken auf eine beliebige Registerkarte.

Wenn Sie bei minimiertem Menüband eine Registerkarte anzeigen wollen, klicken Sie einfach auf ihren Namen. Die Registerkarte wird dann eingeblendet und legt sich dabei über das Dokument. Jetzt können Sie die Schaltflächen der Registerkarte wie gewohnt bedienen. Sobald Sie in Ihr Dokument klicken, zieht sich die Registerkarte wieder vom Bildschirm zurück.

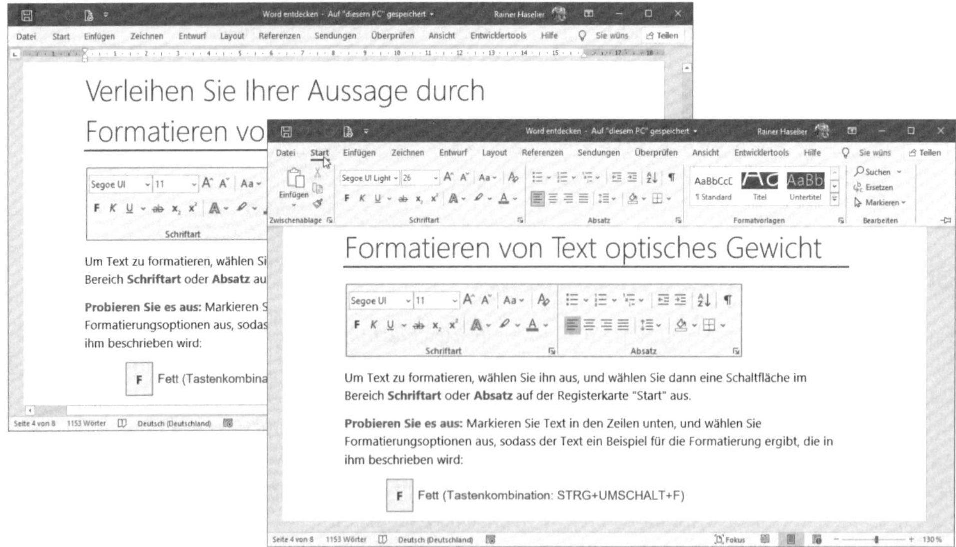

Abbildung 2.7: Bei minimiertem Menüband legen sich die Registerkarten beim Anzeigen über das Dokument.

In Outlook gibt es als weitere Option das sogenannte vereinfachte Menüband. Hierbei bleiben die Tabs/Registerkarten sichtbar und unterhalb der Registerkarten werden die wichtigsten Befehle als eine Art Symbolleiste, die in der Höhe nur wenig Platz beansprucht, angezeigt. Mit der Schaltfläche mit den drei Auslassungspunkten können Sie weitere Befehle aufrufen, die im vereinfachten Menüband nicht angezeigt werden.

Das Menüband automatisch ausblenden

Wenn Ihnen der Arbeitsbereich trotz minimierten Menübands immer noch zu klein ist, können Sie das Menüband auch komplett ausblenden. Diese Funktion richtet sich vor allem an die Nutzer von Tablets, mit ihren doch recht kleinen Displays. Aber auch auf einem normalen Monitor kann es durchaus Sinn machen, den Bildschirm vollständig für die Darstellung des Dokuments zu nutzen.

1. Klicken Sie oben rechts im Programmfenster auf die Schaltfläche *Menüband-Anzeigeoptionen.*

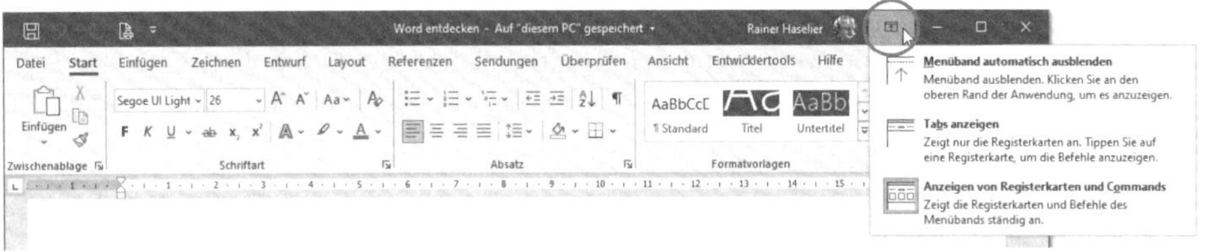

Abbildung 2.8: Über diese Schaltfläche können Sie die Anzeige des Menübands steuern.

2. Wählen Sie im Auswahlmenü den Befehl *Menüband automatisch ausblenden.* Das Programm schaltet dann in den Vollbildmodus, in dem neben dem Menüband auch die Titelleiste und die Statusleiste ausgeblendet werden.

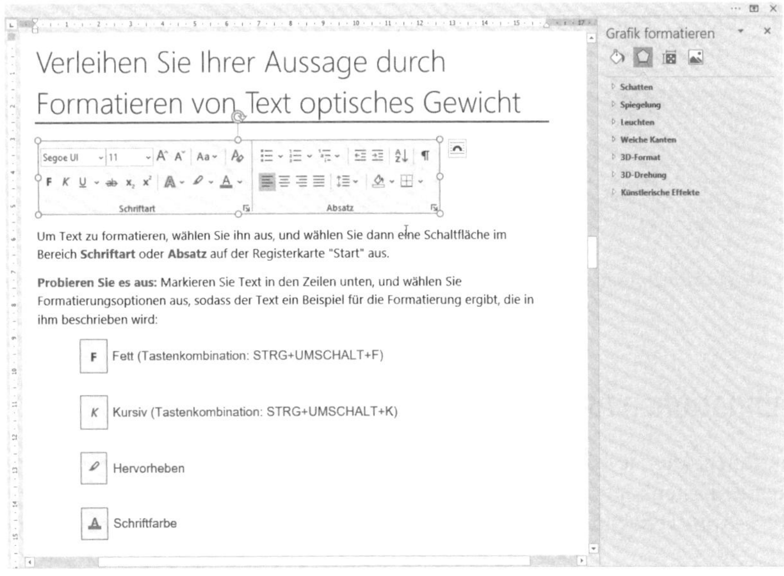

Abbildung 2.9: Auch bei ausgeblendetem Menüband können Sie ein Dokument weiterhin bearbeiten.

3. Um einen Befehl im Menüband aufzurufen, klicken Sie am oberen Bildschirmrand. Dadurch werden neben dem Menüband auch die Titelleiste und die Statusleiste eingeblendet. Sobald Sie wieder in Ihr Dokument klicken, verschwinden die Elemente wieder.
4. Wenn Sie diesen Anzeigemodus verlassen wollen, klicken Sie die Schaltfläche *Menüband-Anzeigeoptionen* erneut an und wählen einen der beiden unteren Befehle.

Das Menüband mit der Tastatur bedienen

Auch wenn es sich anbietet, das Menüband mit der Maus zu bedienen, ist es ebenso möglich, alle Befehle des Menübands mit der Tastatur auszulösen. Sie können sowohl zwischen den verschiedenen Registerkarten wechseln als auch die Schaltflächen und andere Bedienelemente auf den Registerkarten mit der Tastatur aktivieren.

Um Ihnen die Verwendung der Tastenkombinationen zu erleichtern, werden die sogenannten Zugriffstasten in Form von Tastaturtipps auf dem Menüband angezeigt, nachdem Sie die Alt-Taste gedrückt (und wieder losgelassen) haben:

1. Nach dem ersten Drücken der Alt-Taste werden zunächst die Tasten angezeigt, die Sie drücken müssen, um entweder eine der Schaltflächen in der Symbolleiste für den Schnellzugriff (diese Symbolleiste stellen wir ab Seite 58 vor) oder eine der Registerkarten auszuwählen.

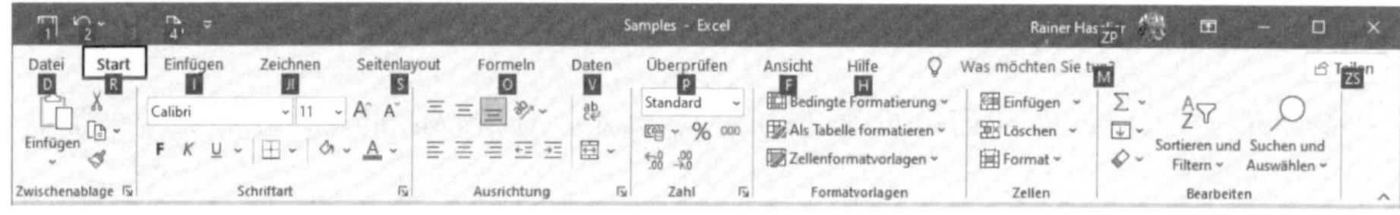

Abbildung 2.10: Tastaturtipps nach dem ersten Drücken der Alt*-Taste*

2. Nach Auswahl einer Registerkarte werden dann die Tasten angezeigt, die Sie drücken müssen, um eine der Befehlsschaltflächen auszuwählen. (Für die nächste Bildschirmabbildung wurde die Taste I gedrückt.)

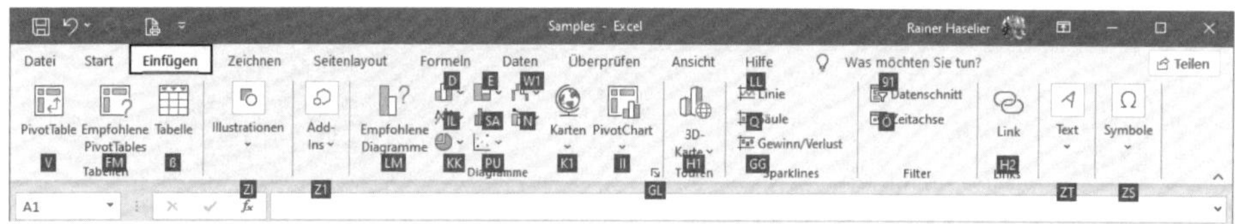

Abbildung 2.11: Tastaturtipps, nachdem mit Alt, I *zur Registerkarte* Einfügen *gewechselt wurde*

Tastenkombinationen für alle Office-Apps

Programmfunktionen, die Sie häufig benötigen, lassen sich am schnellsten aufrufen, indem Sie die betreffende Tastenkombination drücken. Die wichtigsten Tastenkombinationen, die Sie in allen Office-Apps verwenden können, finden Sie in der Tabelle auf der folgenden Seite.

Bereich	Funktion	Tastenkombination
Datei-Operationen	Öffnen	Strg + O
	Speichern	Strg + S
	Drucken	Strg + P
	Aktuelles Fenster schließen	Alt + F4
Formatierung	Fett	⇧ + Strg + F
	Kursiv	~("pÐÓÖg + K
	Unterstrichen	⇧ + Strg + U
	Linksbündig	Strg + L
	Zentriert	Strg + E
	Rechtsbündig	Strg + R
	Blocksatz	Strg + B
	Format kopieren	⇧ + Strg + C
	Format übertragen	⇧ + Strg + V
Bearbeiten	Ausschneiden	Strg + X
	Kopieren	Strg + C
	Einfügen	Strg + V
	Suchen	Strg + F
	Ersetzen	Strg + H
	Wiederholen	Strg + Y oder F4
	Rückgängig	Strg + Z
	Alles markieren	Strg + A
Überprüfen	Rechtschreibung	F7
	Thesaurus	⇧ + F7

Tabelle 2.1: Wichtige Tastenkombinationen für Office

Die Backstage-Ansicht

Wenn Sie links im Menüband auf *Datei* klicken, gelangen Sie in die sogenannte Backstage-Ansicht. Hier finden Sie alle Befehle, die das Dokument als Ganzes betreffen, also Aufgaben wie Öffnen, Speichern und Drucken.

Die Backstage-Ansicht enthält auf der linken Seite ein Navigationsmenü, über dessen Befehle Sie die verschiedenen Seiten der Backstage-Ansicht erreichen. Einige der Befehle, wie z. B. *Schließen* oder *Speichern* führen allerdings auch sofort eine Aktion aus.

Wenn Sie z. B. auf *Informationen* klicken, wird eine Seite angezeigt, auf der Sie das Dokument schützen und prüfen können. Beispielsweise hilft der Dokumentinspektor, Informationen aus dem Dokument zu entfernen, von denen Sie nicht möchten, dass sie beispielsweise der Empfänger des Dokuments sehen kann. Auch das Erstellen einer PDF-Datei für den Adobe Reader kann direkt aus den Office-Anwendungen heraus erledigt werden, indem Sie links im Navigationsbereich auf *Exportieren* klicken. Mit dem Befehl *Startseite* können Sie jederzeit zur Startseite wechseln, die auch nach dem Start der jeweiligen App angezeigt wird.

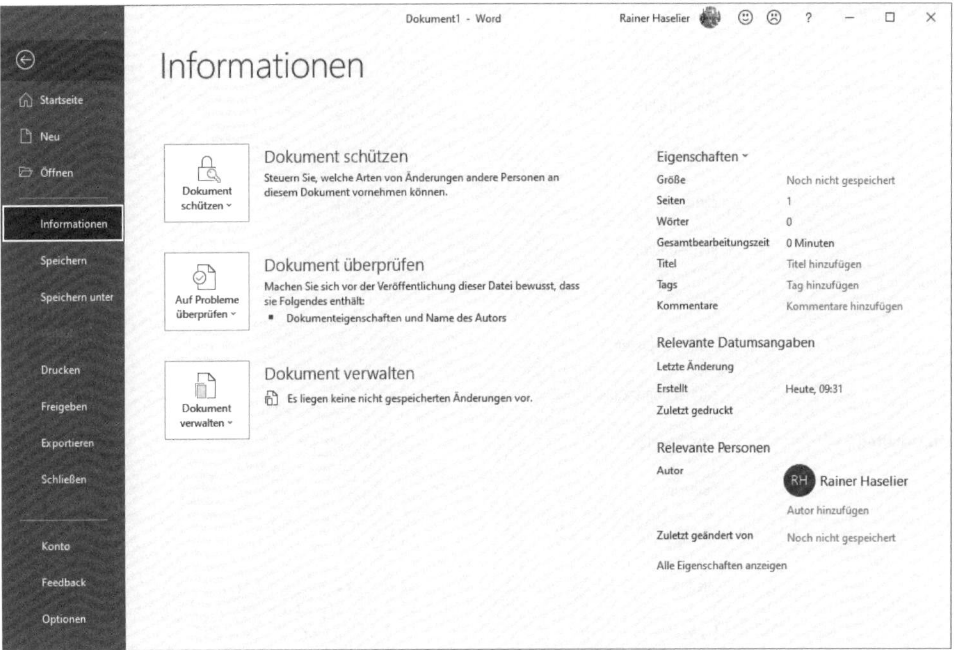

Abbildung 2.12: Wenn Sie nach dem Anklicken von Datei *zur Seite* Informationen *wechseln, sieht die Backstage-Ansicht folgendermaßen aus.*

Weiterführende Informationen zu den verschiedenen Funktionen, die Ihnen in der Backstage-Ansicht zur Verfügung stehen, finden Sie in den folgenden Kapiteln:

- Wie Sie in den verschiedenen Office-Programmen ein neues Dokument erstellen, erfahren Sie in Kapitel 3.
- Die Befehle für das Erstellen, Öffnen und Speichern von Dateien werden in Kapitel 4 vorgestellt. Dort erfahren Sie auch, wie Sie ein PDF-Dokument erstellen können.
- Kapitel 7 beschreibt, wie Sie Dokumente ausdrucken.

Die Symbolleiste für den Schnellzugriff

Standardmäßig wird links in der Titelleiste die Symbolleiste für den Schnellzugriff angezeigt. In dieser Symbolleiste befinden sich Tools, die häufig verwendet werden und die nicht direkt einer der Registerkarten zugeordnet werden können, wie beispielsweise der Befehl *Rückgän-*

gig oder der Befehl *Wiederholen*. Außerdem können Sie die Symbolleiste für den Schnellzugriff an Ihre Anforderungen anpassen, indem Sie Schaltflächen hinzufügen oder entfernen.

Schaltflächen hinzufügen und entfernen

Sie können die Symbolleiste für den Schnellzugriff anpassen und dort die Werkzeuge einfügen, die Sie besonders häufig benötigen. Schaltflächen, die Sie in die Symbolleiste für den Schnellzugriff eingefügt haben, brauchen Sie dann nicht mehr in den Befehlsgruppen der Registerkarten zu suchen.

Das Einfügen einer neuen Schaltfläche in die Symbolleiste ist denkbar einfach. Alle Befehlsschaltflächen, die Sie auf den verschiedenen Registerkarten finden, besitzen ein Kontextmenü, in dem sich der Befehl *Zu Symbolleiste für den Schnellzugriff hinzufügen* befindet. Klicken Sie die Schaltfläche, die Sie in die Symbolleiste einfügen wollen, mit der rechten Maustaste an und wählen Sie diesen Befehl aus.

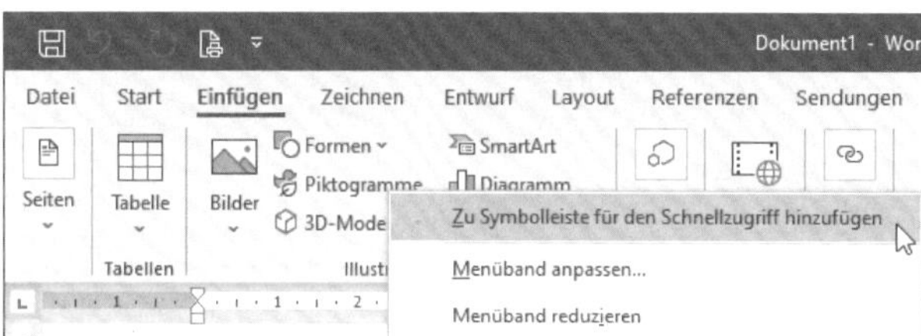

Abbildung 2.13: Alle Befehlsschaltflächen besitzen in ihrem Kontextmenü den Befehl Zu Symbolleiste für den Schnellzugriff hinzufügen.

Alternativ können Sie mit der Pfeilschaltfläche am rechten Rand der Symbolleiste ein Auswahlmenü öffnen, in dem Sie einige wichtige Befehle wie *Öffnen* oder *Schnelldruck* finden.

Abbildung 2.14: Im Ausklappmenü der Symbolleiste finden Sie eine Auswahl häufig benutzter Befehle.

Leider besitzen die Befehle in der Backstage-Ansicht kein Kontextmenü, mit dem Sie sie in die Symbolleiste für den Schnellzugriff aufnehmen könnten. Für solche Fälle müssen Sie daher etwas anders vorgehen:

1. Klicken Sie auf *Datei*, um die Backstage-Ansicht zu öffnen und klicken Sie auf *Optionen*.
2. Wählen Sie im Dialogfeld *Optionen* die Kategorie *Symbolleiste für den Schnellzugriff* aus.

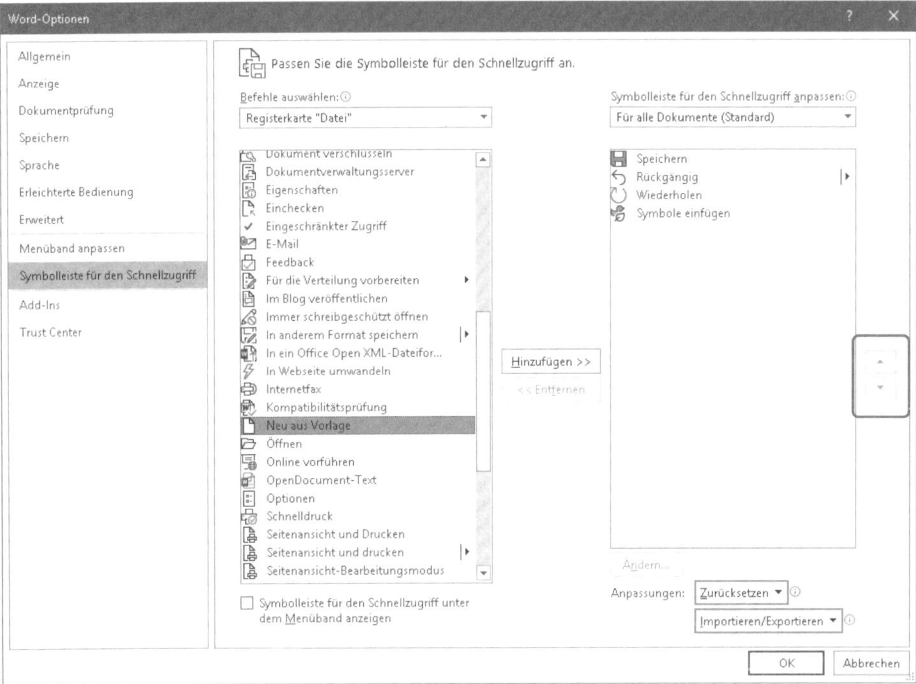

Abbildung 2.15: Auf der Seite Symbolleiste für den Schnellzugriff *können Sie die Symbolleiste für den Schnellzugriff konfigurieren.*

3. Öffnen Sie das Listenfeld *Befehle auswählen* und klicken Sie auf *Registerkarte "Datei"*. Wenn Sie lediglich die Befehle sehen möchten, die nicht im Menüband enthalten sind, wählen Sie den Eintrag *Nicht im Menüband enthaltene Befehle*. Die vollständige Liste aller Befehle erhalten Sie über die Auswahl *Alle Befehle*.
4. Öffnen Sie das Listenfeld *Symbolleiste für den Schnellzugriff anpassen* und legen Sie fest, ob die angepasste Symbolleiste für alle Dokumente oder nur für das zurzeit geöffnete Dokument zur Verfügung stehen soll.
5. Scrollen Sie in der linken Liste, bis Sie den Befehl sehen, den Sie in die Symbolleiste für den Schnellzugriff einfügen wollen, markieren Sie ihn und klicken Sie dann auf *Hinzufügen* (siehe Abbildung 2.15). Der Befehl befindet sich anschließend am Ende der rechten Liste. Bei Bedarf können Sie ihn mit den beiden Pfeilschaltflächen verschieben, um die Schaltflächen in eine für Sie praktikable Reihenfolge zu bringen.
6. Wiederholen Sie den letzten Schritt für alle Befehle, die Sie in die Symbolleiste für den Schnellzugriff aufnehmen wollen.
7. Klicken Sie auf *OK*, um das Dialogfeld wieder zu schließen.

Trennzeichen einfügen

In der Symbolleiste für den Schnellzugriff werden die Schaltflächen in der Reihenfolge angezeigt, in der Sie sie dort eingefügt haben. Wenn Sie ein wenig Struktur in der Symbolleiste bevorzugen, können Sie die Reihenfolge der Schaltflächen verändern, sie zu logischen Gruppen zusammenfassen und die einzelnen Gruppen durch Trennzeichen voneinander abheben.

Gehen Sie dazu wie folgt vor:

1. Klicken Sie die Pfeilschaltfläche der Symbolleiste für den Schnellzugriff an und wählen Sie dann in ihrem Menü *Weitere Befehle*. Das Optionen-Dialogfeld wird angezeigt und die Seite *Symbolleiste für den Schnellzugriff* ist bereits geöffnet.
2. Wählen Sie zunächst rechts oben in der Liste *Symbolleiste für den Schnellzugriff anpassen*, ob die Änderungen nur für das aktuelle oder für alle Dokumente gelten sollen.
3. Markieren Sie in der Befehlsliste den Eintrag <*Trennzeichen*> (er befindet sich am Anfang der Liste) und klicken Sie auf *Hinzufügen*. Wiederholen Sie diesen Schritt, bis die Liste auf der rechten Seite die benötigte Anzahl an Trennzeichen enthält.

   Sie können die Befehle auch mit einem Doppelklick in die Liste übernehmen. Wenn Sie in der rechten Liste auf einen Befehl doppelklicken, wird er aus der Liste entfernt.
4. Markieren Sie in der Liste auf der rechten Seite den Befehl, den Sie an eine neue Position verschieben wollen.
5. Klicken Sie die Schaltfläche *Nach oben* bzw. *Nach unten* an, die Sie rechts neben der Liste sehen, bis der Befehl an der gewünschten Position steht.
6. Wiederholen Sie die beiden letzten Schritte, bis die Symbolleiste nach Ihren Vorstellungen aufgebaut ist. Anschließend können Sie das Dialogfeld mit *OK* schließen.

Abbildung 2.16: Die Schaltflächen der Symbolleiste lassen sich mit Trennstrichen gruppieren.

Schaltflächen aus der Symbolleiste entfernen

Um eine Schaltfläche wieder aus der Symbolleiste für den Schnellzugriff zu entfernen, klicken Sie sie in der Symbolleiste mit der rechten Maustaste an und wählen im Kontextmenü den Befehl *Aus Symbolleiste für den Schnellzugriff entfernen*.

Position der Symbolleiste ändern

Die Symbolleiste für den Schnellzugriff lässt sich leider nicht frei auf dem Bildschirm verschieben oder an einem der Fensterränder anheften. Sie besitzt nur zwei mögliche Positionen: entweder links in der Titelleiste oder unterhalb des Menübands. Zum Verkürzen der Wege, die Sie mit der Maus vom Dokument aus zurücklegen müssen, um eine der Schaltflächen zu erreichen, öffnen Sie mit einem Rechtsklick das Kontextmenü der Symbolleiste und wählen dort den Befehl *Unter dem Menüband anzeigen*. Das Ergebnis zeigt die folgende Abbildung.

Abbildung 2.17: Die Symbolleiste für den Schnellzugriff wird unterhalb des Menübands angezeigt.

Wirklich überzeugen kann die Lösung oben in der Abbildung nicht, denn sie ist doch mit einem erheblichen Platzverlust für den Dokumentbereich verbunden, wenn das Menüband komplett sichtbar ist. Falls Sie jedoch lediglich die Registerkarten des Menübands anzeigen lassen, wie unten in der Abbildung gezeigt, erhalten Sie mehr Platz für die Bearbeitung Ihrer Dokumente und können gleichzeitig mit kleinen Mausbewegungen die Befehle verwenden, die Sie der Schaltfläche hinzugefügt haben.

Wenn Sie die Darstellung wieder in den ursprünglichen Zustand zurückversetzen wollen, klicken Sie die Symbolleiste für den Schnellzugriff erneut mit der rechten Maustaste an und wählen diesmal den Befehl *Über dem Menüband anzeigen*.

Kataloge und die Livevorschau

Um Ihnen das Formatieren Ihrer Dokumente, Arbeitsmappen und Präsentationen zu erleichtern, stehen Ihnen an vielen Stellen des Menübands sogenannte Kataloge zur Verfügung, in denen die Formatierungsoptionen als kleine Grafiken dargestellt werden. Sie finden die Kataloge beispielsweise bei den Tabellenformatvorlagen, bei den Designs, den Rändern, der Positionierung von grafischen Elementen, bei den SmartArts und natürlich auch bei den WordArt-Objekten.

Wenn ein Katalog nur wenige Einträge enthält, werden diese als Bestandteil der Befehlsgruppe im Menüband angezeigt. Umfangreiche Kataloge werden als Dropdownkatalog angezeigt, in dem Sie dann Ihre Auswahl treffen können. Sie können damit auf einen Blick sehen, welche Farbkombinationen, Formatierungen, Farbschemata, Übergänge oder Diagrammtypen angeboten werden.

Besonders nützlich sind die Kataloge in Kombination mit der sogenannten Livevorschau. Wenn dieses Feature aktiviert ist, können Sie den Mauszeiger über die Optionen des Katalogs bewegen, und zwar ohne zu klicken. Die Livevorschau zeigt dann die Auswirkung der Option direkt im Dokument an. Der Befehl wird erst definitiv angewendet, wenn Sie eine der Optionen anklicken. So können Sie einfach, bequem und schnell ausprobieren, wie sich eine bestimmte Formatierungsoption auswirken würde. Ein Beispiel für einen Katalog und für die Livevorschau sehen Sie in der folgenden Abbildung, in der eine Grafik mit dem Katalog *Schnellformatvorlagen* formatiert wird.

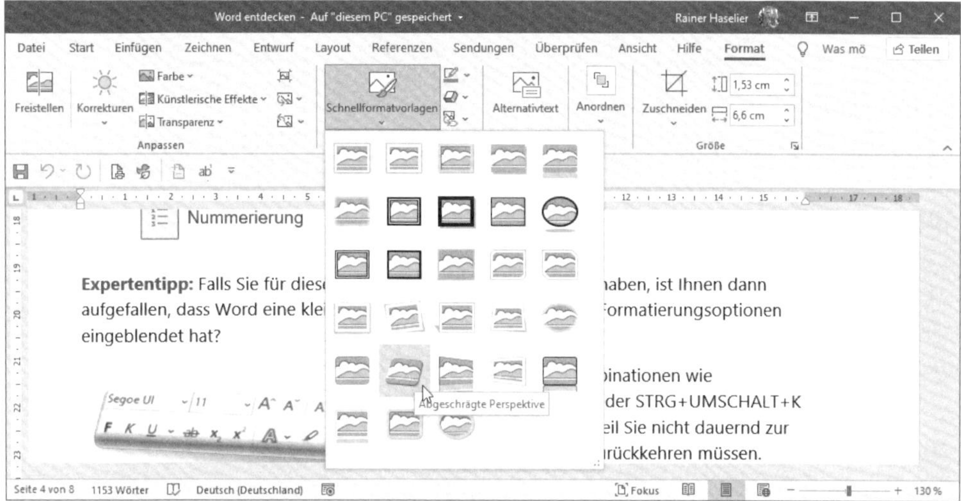

Abbildung 2.18: Mit Katalogen können Sie sich einfacher für eine der Formatierungsoptionen entscheiden.

Auch die Livevorschau kann abgeschaltet werden, was Sie wahrscheinlich aber nur dann machen werden, wenn Sie Office auf einem älteren, langsamen Computer einsetzen. Falls Sie die Livevorschau nicht verwenden möchten, klicken Sie auf die Registerkarte *Datei* und dann auf *Optionen*. Wechseln Sie im Dialogfeld zur Kategorie *Allgemein* und schalten Sie das Kontrollkästchen *Livevorschau aktivieren* aus.

Die Minisymbolleiste

Wenn Sie in einem Word-Dokument, in einer Excel-Arbeitsmappe oder auf einer PowerPoint-Folie Text markieren, blenden diese Programme automatisch eine kleine Symbolleiste ein, die als Minisymbolleiste bezeichnet wird. In dieser Symbolleiste finden Sie Befehlsschaltflächen, mit denen Sie die Schriftart, die Schriftattribute, die Textausrichtung, die Textfarbe, Einzugsebenen sowie Aufzählungen und Nummerierungen festlegen können. Die angebotenen Schaltflächen sind je nach Office-App etwas unterschiedlich.

Welche Befehle die Minisymbolleiste jeweils anbietet, hängt davon ab, was genau Sie im Dokument markiert haben. Wenn Sie z. B. eine Tabellenzelle markiert haben, wird die Minisymbolleiste um zwei Schaltflächen zum Einfügen und Löschen von Tabellenzellen ergänzt (siehe Abbildung 2.20).

Abbildung 2.19: Diese Minisymbolleiste zeigt Word an, wenn Sie einen Text markieren.

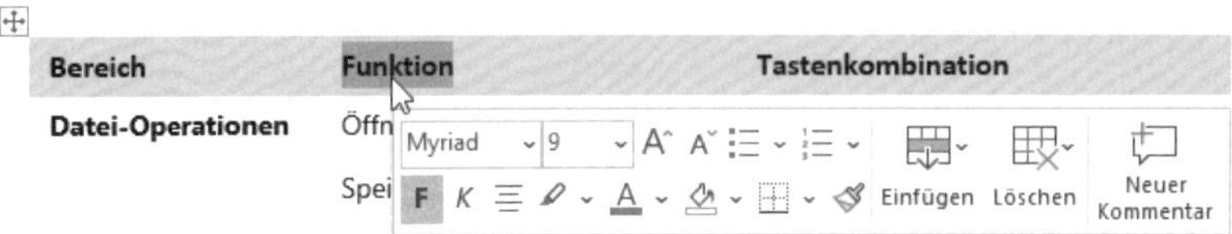

Abbildung 2.20: Bei Tabellen sieht die Minisymbolleiste etwas anders aus.

Kontextsymbole

Eine kleine aber feine Neuerung seit Office 2013 sind die Symbole bzw. Schaltflächen, die neben einem markierten Objekt (z. B. einem Bild oder einem Diagramm) angezeigt werden. Über diese Symbole erreichen Sie häufig benutzte Funktionen für den jeweiligen Objekttyp und können sich so den Wechsel zur passenden Registerkarte sparen.

Abbildung 2.21: Markierte Objekte erhalten ein oder mehrere Symbole, über die Sie die wichtigsten Funktionen für das markierte Objekt erreichen.

Aufgabenbereiche

In Microsoft Office ist ein Aufgabenbereich ein Fensterbereich, mit dessen Befehlen sich bestimmte Aufgaben erledigen lassen. So gibt es z. B. Aufgabenbereiche zum Erstellen von Texteffekten und zum Formatieren von Diagrammen.

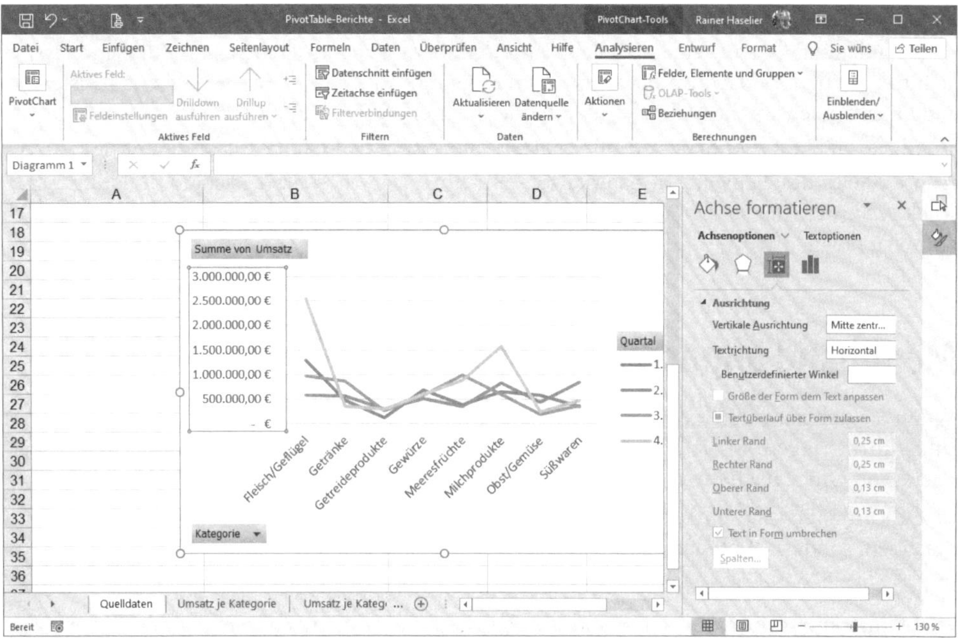

Abbildung 2.22: Aufgabenbereich zum Formatieren eines Diagramms; an der rechten Seite des Fensters sehen Sie die Registerkarten, die eingeblendet werden, wenn Sie gleichzeitig mehrere Bereiche öffnen.

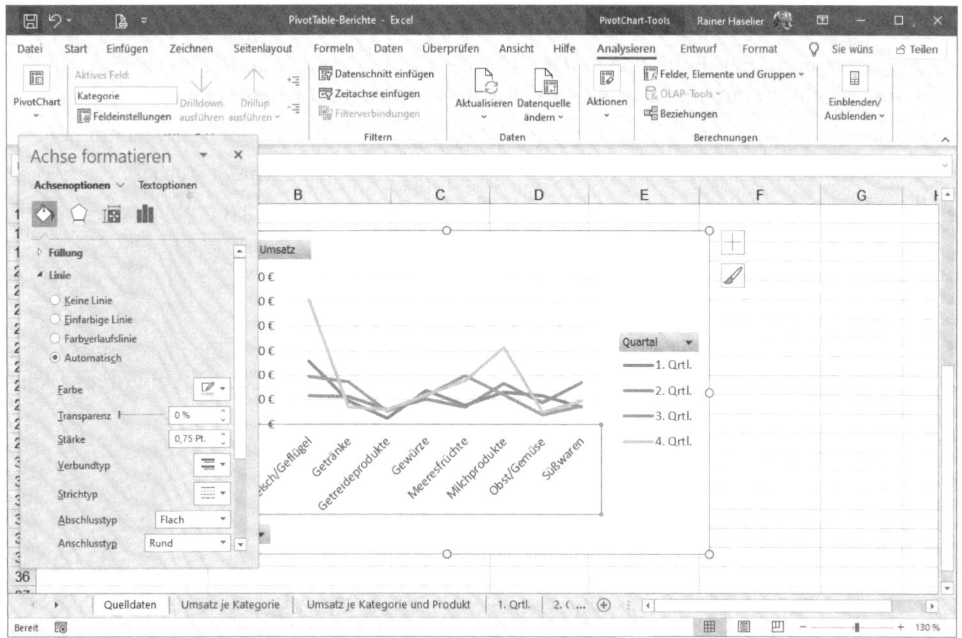

Abbildung 2.23: Aufgabenbereiche lassen sich vom Programmfenster lösen.

Wenn Sie möchten, können Sie einen Aufgabenbereich auch aus seinem Programmfenster lösen, indem Sie ihn an seiner Titelleiste aus dem Fenster herausziehen. Anschließend lässt er sich frei auf dem Bildschirm bewegen. Zum erneuten Andocken bewegen Sie das Fenster des Aufgabenbereichs in die Nähe des linken oder rechten Programmfensterrandes.

Wenn Sie mehrere Aufgabenbereiche gleichzeitig öffnen, blenden die Office-Apps an der rechten Seite des Fensters Registerkarten ein, um Platz zu sparen (siehe Abbildung 2.22). Klicken Sie eine der seitlichen Registerkarten an, um den betreffenden Aufgabenbereich nach vorne zu holen.

Menüband anpassen

Wenn Sie sich zum ersten Mal mit Microsoft Office beschäftigen, können Sie diesen Abschnitt ruhig überspringen. Er richtet sich eher an fortgeschrittene Anwender, die die Bedieneroberfläche von Office nach ihren Wünschen gestalten wollen.

In Office können Sie nicht nur, wie vorhin gezeigt, die Symbolleiste für den Schnellzugriff anpassen, sondern auch das Menüband.

Office unterscheidet zwischen drei verschiedenen Typen von Registerkarten:

- **Hauptregisterkarten** Dies sind die Registerkarten, die nach dem Öffnen der Anwendung sichtbar sind, also die Registerkarten *Start, Einfügen, Ansicht* usw.
- **Registerkarten für Tools** Dies sind die kontextbezogenen Registerkarten, die im Menüband eingeblendet werden, wenn Sie bestimmte Objekte wie eine Tabelle oder eine Grafik ausgewählt haben. Beispiele für diesen Typ Registerkarte *sind Tabellentools/Layout, Diagrammtools/Entwurf* oder *Bildtools/Format.*
- **Benutzerdefinierte Registerkarten** Hierbei handelt es sich im Registerkarten, die Sie selbst erstellt und in die Sie benutzerdefinierte Gruppen und Befehle eingefügt haben.

Die vorhandenen Anpassungsmöglichkeiten hängen immer vom Typ der Registerkarte ab:

- **Ein-/ausblenden** Alle Registerkarten können ein- und ausgeblendet werden.
- **Umbenennen** Alle Registerkarten und alle Befehlsgruppen können umbenannt werden.
- **Entfernen** Alle Befehlsgruppen können entfernt werden; es lassen sich jedoch nur benutzerdefinierte Registerkarten entfernen. Befehle können nur aus benutzerdefinierten Gruppen entfernt werden.
- **Einfügen von Registerkarten und Gruppen** Registerkarten können sowohl in das Menüband als auch in die Registerkarten für Tools eingefügt werden. Befehlsgruppen können in alle Arten von Registerkarten eingefügt werden.

Die folgenden Abschnitte erläutern, wie Sie beim Anpassen des Menübands vorgehen.

Registerkarten und Gruppen einfügen

Um eine neue Registerkarte oder Gruppe einzufügen, gehen Sie folgendermaßen vor:

1. Klicken Sie auf die Registerkarte *Datei* und dann auf *Optionen.*
2. Wechseln Sie im Dialogfeld *[Programmname]-Optionen* zur Seite *Menüband anpassen.*
3. Öffnen Sie die Liste *Menüband anpassen* und wählen Sie aus, welche Registerkarten angezeigt werden sollen.

4. Wenn Sie eine neue Gruppe erstellen wollen, klicken Sie auf das Pluszeichen der betreffenden Registerkarte, damit die vorhandenen Gruppen angezeigt werden.
5. Markieren Sie die Registerkarte, unterhalb derer Sie eine neue Registerkarte einfügen wollen. Wollen Sie eine neue Befehlsgruppe einfügen, markieren Sie die Gruppe, unterhalb derer die neue Gruppe eingefügt werden soll.
6. Klicken Sie auf *Neue Registerkarte* bzw. auf *Neue Gruppe*.

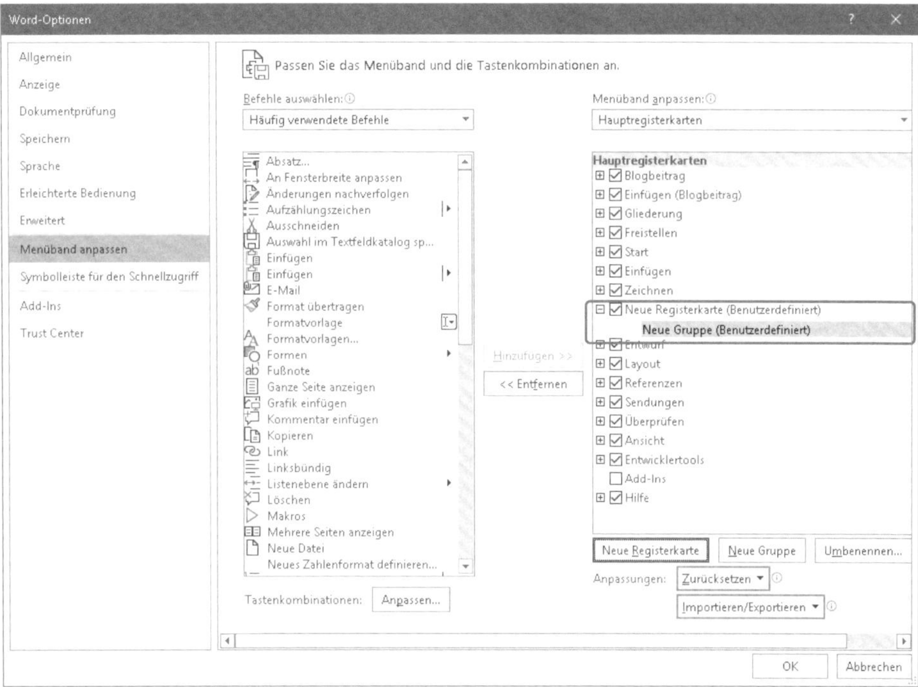

Abbildung 2.24: Wenn Sie eine neue Registerkarte einfügen, wird auch automatisch eine neue Befehlsgruppe auf der Registerkarte erstellt.

Registerkarte oder Gruppe umbenennen

Gehen Sie wie folgt vor, um den Namen einer Registerkarte oder einer Gruppe zu ändern:

1. Klicken Sie auf die Registerkarte *Datei* und anschließend auf *Optionen*. Öffnen Sie im Dialogfeld *[Programmname]-Optionen* die Seite *Menüband anpassen*.
2. Markieren Sie die Registerkarte bzw. die Befehlsgruppe, die Sie umbenennen möchten.
3. Klicken Sie auf *Umbenennen*.
4. Geben Sie im Dialogfeld *Umbenennen* den neuen Namen ein. Bei Befehlsgruppen müssen Sie zusätzlich ein Symbol auswählen, das angezeigt wird, falls auf der Registerkarte nicht genügend Platz für die Schaltflächen der neuen Gruppe vorhanden ist. Anschließend können Sie das Dialogfeld mit *OK* schließen.

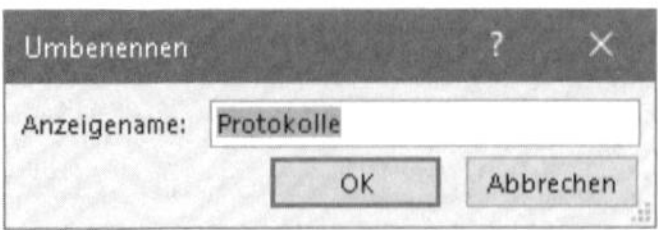

Abbildung 2.25: Die Namen von Registerkarten können beliebig geändert werden.

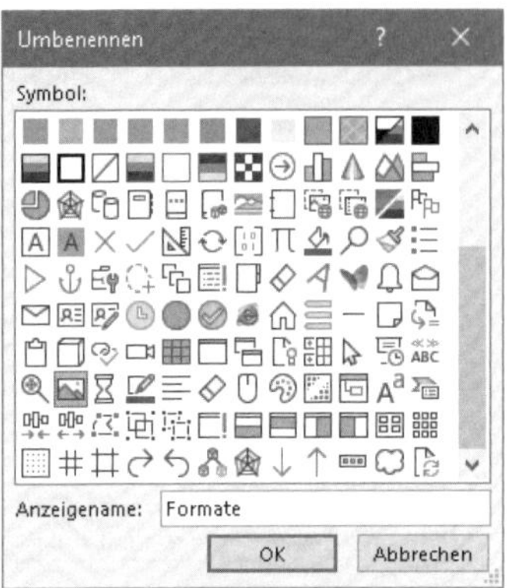

Abbildung 2.26: Befehlsgruppen muss auch ein Symbol zugewiesen werden.

5. Klicken Sie auf *OK*, damit die Änderungen im Menüband angezeigt werden. Hierdurch wird auch das Dialogfeld *[Programmname]-Optionen* geschlossen.

Befehle in eine Gruppe einfügen

Neue Befehle lassen sich nur in benutzerdefinierte Gruppen einfügen, und zwar unabhängig davon, ob sich diese auf Standardregisterkarten oder auf benutzerdefinierten Registerkarten befinden.

Gehen Sie dazu wie folgt vor:

1. Klicken Sie auf die Registerkarte *Datei* und anschließend auf *Optionen*. Öffnen Sie im Dialogfeld *[Programmname]-Optionen* die Seite *Menüband anpassen*.
2. Markieren Sie in der rechten Liste die Gruppe, in die Sie einen Befehl einfügen möchten.
3. Öffnen Sie links oben das Listenfeld *Befehle auswählen* und wählen Sie aus, welche Befehle in der linken Liste angezeigt werden sollen, z. B. *Hauptregisterkarten*, *Alle Befehle* oder *Nicht im Menüband enthaltene Befehle* (siehe Abbildung 2.27).
4. Markieren Sie den gewünschten Befehl und klicken Sie auf *Hinzufügen*. Leider können Sie die Befehle nicht per Doppelklick übertragen; das geht nur bei der Symbolleiste für den Schnellzugriff (siehe Abschnitt »Schaltflächen hinzufügen und entfernen« ab Seite 59).
5. Um die Reihenfolge der Befehle innerhalb der Gruppe zu ändern, können Sie die Befehle einfach mit der Maus an ihre neue Position schieben. Alternativ können Sie auch die beiden Pfeilschaltflächen verwenden.
6. Klicken Sie auf *OK*, damit die Änderungen im Menüband angezeigt werden. Hierdurch wird auch das Dialogfeld *[Programmname]-Optionen* geschlossen.

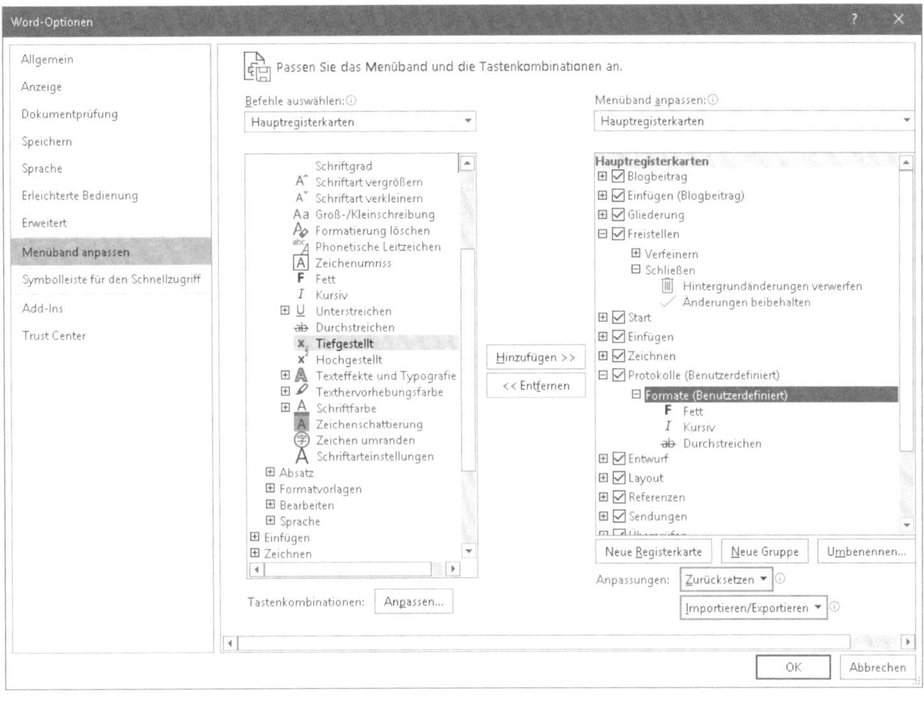

Abbildung 2.27: Wählen Sie hier die gewünschte Befehlsliste aus.

Symbolbeschriftungen anzeigen/verbergen

Neue Befehle, die Sie in eine Gruppe eingefügt haben, werden automatisch angeordnet, ähnlich wie Sie es von den Standardgruppen her gewohnt sind. Sie können jedoch festlegen, ob in der benutzerdefinierten Gruppe nur die Symbole der Befehle oder zusätzlich auch deren Beschriftungen angezeigt werden. Gehen Sie hierzu wie folgt vor:

1. Klicken Sie auf die Registerkarte *Datei* und anschließend auf Optionen. Öffnen Sie im Dialogfeld *[Programmname]-Optionen* die Seite *Menüband anpassen.*
2. Markieren Sie in der Liste unterhalb von *Menüband anpassen* die benutzerdefinierte Gruppe, die Sie bearbeiten möchten.
3. Klicken Sie den Gruppennamen mit der rechten Maustaste an, um sein Kontextmenü zu öffnen.
4. Schalten Sie die Option *Befehlsbezeichnungen ausblenden* ein, wenn nur die Symbole angezeigt werden sollen. Anderenfalls schalten Sie diese Option aus.

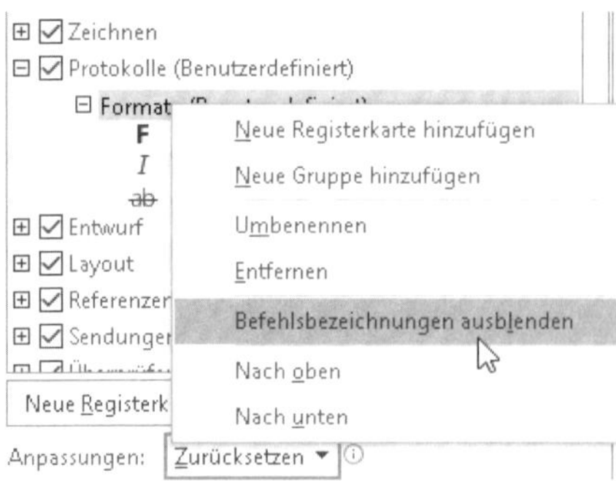

Abbildung 2.28: Wählen Sie hier, ob die Befehlsnamen angezeigt werden sollen oder nicht

5. Klicken Sie auf *OK*, damit die Änderungen im Menüband angezeigt werden. Hierdurch wird auch das Dialogfeld *[Programmname]-Optionen* geschlossen.

Name und/oder Symbol eines Befehls ändern

Sie können den Namen eines Befehls, der sich in einer benutzerdefinierten Gruppe befindet, ändern und optional auch ein anderes Symbol für den Befehl auswählen. Gehen Sie hierzu folgendermaßen vor:

1. Klicken Sie auf die Registerkarte *Datei* und anschließend auf *Optionen*. Öffnen Sie im Dialogfeld *[Programmname]-Optionen* die Seite *Menüband anpassen*.
2. Markieren Sie in einer benutzerdefinierten Gruppe den Befehl, dessen Namen bzw. Symbol Sie ändern möchten.
3. Klicken Sie auf *Umbenennen*.

Abbildung 2.29: In diesem Dialogfeld können Sie sowohl den Namen als auch das Symbol eines Befehls ändern.

4. Geben Sie in das Feld *Anzeigename* den neuen Namen ein.
5. Wenn Sie auch das Symbol ändern wollen, klicken Sie eines der angezeigten Symbole an. Leider ist die Auswahl an Symbolen ziemlich bescheiden und es ist auch nicht möglich, eigene Symboldateien zu öffnen bzw. eigene Symbole zu erstellen. Frühere Office-Versionen waren an dieser Stelle deutlich besser ausgestattet.
6. Klicken Sie auf *OK*, um das Dialogfeld *Umbenennen* zu schließen.
7. Klicken Sie im Dialogfeld *[Programmname]-Optionen* auf *OK*, damit die vorgenommenen Änderungen im Menüband angezeigt werden.

Registerkarte ausblenden/einblenden

Alle Arten von Registerkarten können ausgeblendet werden; ausgeblendete Registerkarten werden nicht im Menüband angezeigt. Gehen Sie folgendermaßen vor, um eine Registerkarte auszublenden bzw. um eine ausgeblendete Registerkarte wieder einzublenden:

1. Klicken Sie auf die Registerkarte *Datei* und dann auf *Optionen*. Öffnen Sie im Dialogfeld *[Programmname]-Optionen* die Seite *Menüband anpassen*.
2. Deaktivieren Sie das Kontrollkästchen neben der Registerkarte, die Sie ausblenden möchten, oder aktivieren Sie das Kontrollkästchen, um eine ausgeblendete Registerkarte wieder einzublenden.

Gesamtes Menüband oder einzelne Registerkarte zurücksetzen

Ihre Änderungen am Menüband können Sie entweder vollständig oder nur für eine einzelne Registerkarte zurücknehmen. Wenn Sie alle Registerkarten im Menüband wiederherstellen lassen, wird auch die Symbolleiste für den Schnellzugriff in ihren ursprünglichen Zustand versetzt.

1. Klicken Sie auf die Registerkarte *Datei* und anschließend auf *Optionen*. Öffnen Sie im Dialogfeld *[Programmname]-Optionen* die Seite *Menüband anpassen*.
2. Wenn Sie nur eine der Standardregisterkarte zurücksetzen wollen, markieren Sie diese in der rechten Liste.
3. Klicken Sie auf *Zurücksetzen*.
4. Klicken Sie auf *Nur ausgewählte Registerkarte des Menübands zurücksetzen,* um nur diese eine Registerkarte zurückzusetzen. Oder klicken Sie auf *Alle Anpassungen zurücksetzen,* wenn Sie alle Änderungen am Menüband und auch alle Änderungen an der Symbolleiste für den Schnellzugriff zurücksetzen wollen. Falls der obere Befehl nicht aktiviert ist, haben Sie an der ausgewählten Registerkarte keine Änderung vorgenommen.
5. Klicken Sie im Dialogfeld *[Programmname]-Optionen* auf *OK*, damit die Änderungen im Menüband angezeigt werden. Hierdurch wird auch das Dialogfeld *[Programmname]-Optionen* geschlossen.

Teil B

Office-Dokumente erstellen

Kapitel 3

Neue Office-Dokumente erstellen

Die Befehle zum Arbeiten mit Dokumentdateien, die in Office 2003 über das *Datei*-Menü und in Office 2007 über die *Office-Schaltfläche* erreichbar waren, befinden sich seit Office 2010 in der Backstage-Ansicht, die Sie durch Anklicken der Registerkarte *Datei* öffnen.

Leere Office-Dokumente erstellen

Um unmittelbar nach dem Programmstart von Word, Excel und PowerPoint ein neues, leeres Office-Dokument zu erstellen, führen Sie die folgenden Schritte durch.

Leeres Dokument über den Startbildschirm erstellen

1. Starten Sie die App, in der Sie ein neues Dokument erstellen wollen.

   Word, Excel und PowerPoint zeigen standardmäßig den Startbildschirm an. Über den Startbildschirm können Sie neue Dokumente erstellen und schnell eines der zuletzt verwendeten Dokumente öffnen.

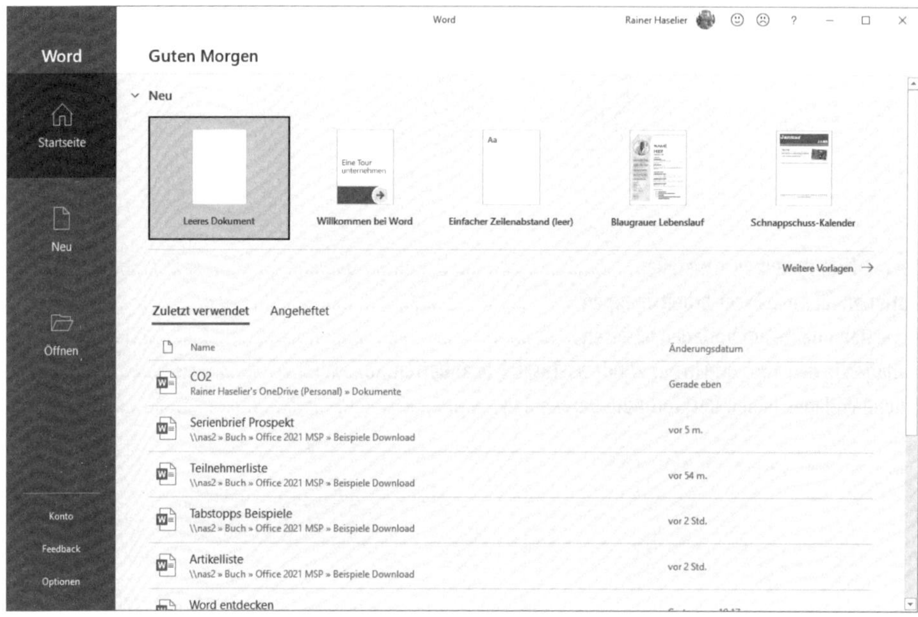

Abbildung 3.1: Standardmäßig wird nach dem Starten von Word, Excel und PowerPoint automatisch der Startbildschirm angezeigt.

2. Klicken Sie im rechten Bereich des Startbildschirms auf *Leeres Dokument* (Word), *Leere Arbeitsmappe* (Excel) oder *Leere Präsentation* (PowerPoint).

   Das neue Dokument wird erstellt und Sie können mit der Bearbeitung beginnen.

Den Startbildschirm in den Desktop-Apps deaktivieren

Der Startbildschirm ist ein nettes neues Feature der Office-Desktop-Apps; dennoch kann es sein, dass Sie es bevorzugen, wenn nach dem Start direkt das Fenster der App mit einem leeren Dokument angezeigt wird, und nicht zuerst der Startbildschirm.

Der Startbildschirm lässt sich in allen Office-Desktop-Apps deaktivieren. In Word, Excel und PowerPoint können Sie dies in den Programmoptionen einstellen; Sie müssen dies für jede Anwendung einzeln tun. Bei den anderen Desktop-Apps kann der Startbildschirm nur durch Ändern eines Wertes in der Windows-Registrierungsdatenbank abgeschaltet werden.

Führen Sie folgende Schritte durch, um den Startbildschirm in Word, Excel oder PowerPoint zu deaktivieren:

1. Klicken Sie auf die Registerkarte *Datei*, um die Backstage-Ansicht zu öffnen.
2. Klicken Sie in der Backstage-Ansicht auf *Optionen*.
3. Öffnen Sie im Dialogfeld *Optionen* die Kategorie *Allgemein*.
4. Schalten Sie im Bereich *Startoptionen* das Kontrollkästchen *Startbildschirm beim Start dieser Anwendung anzeigen* aus.

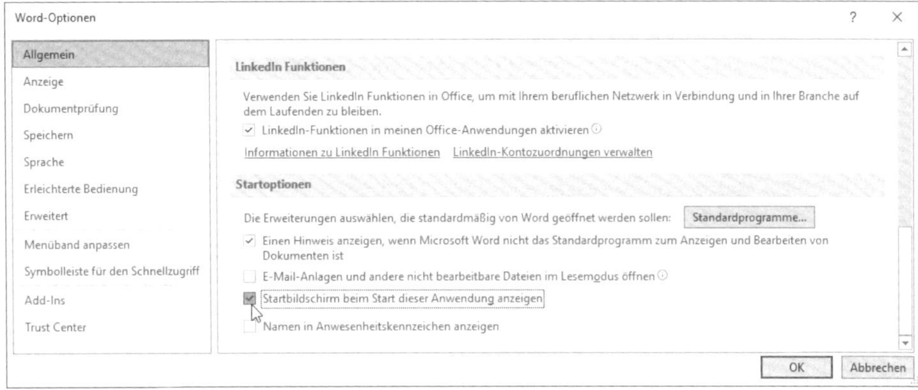

Abbildung 3.2: Deaktivieren des Startbildschirms in Word, Excel und PowerPoint

Profitipp: Anzeige des Startbildschirms für alle Office-Desktop-Apps konfigurieren

Falls Sie den Startbildschirm für alle Office-Desktop-Apps (also auch für Access, Visio usw.) abschalten wollen, können Sie dies durch Änderung eines Wertes in der Windows-Registrierungsdatenbank erreichen. Seien Sie bitte vorsichtig, wenn Sie die folgenden Schritte durchführen, um Probleme mit der Registrierungsdatenbank zu vermeiden.

1. Halten Sie die Windows-Taste gedrückt und drücken Sie R, um das Dialogfeld *Ausführen* zu öffnen.
2. Geben Sie **regedit** ein und klicken Sie auf *OK*, um den Registrierungs-Editor zu öffnen.

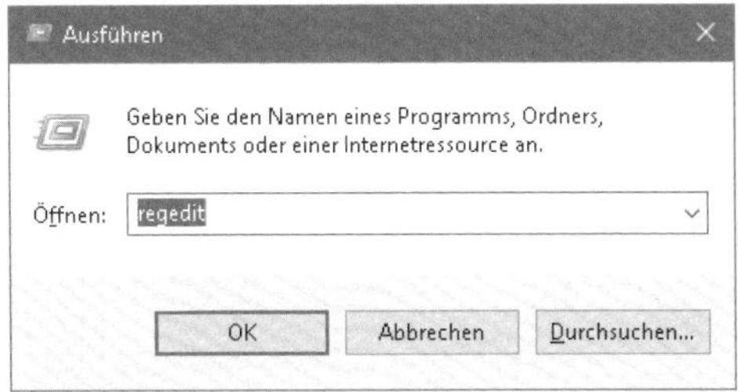

Abbildung 3.3: Den Registrierungs-Editor starten

3. Öffnen Sie den Knoten HKEY_CURRENT_USER\Software\Microsoft\Office\16.0\Common\General und suchen Sie nach dem Schlüssel *DisableBootToOfficeStart*.

Falls dieser Schlüssel nicht vorhanden ist, klicken Sie mit der rechten Maustaste in den rechten Bereich des Fensters. Wählen Sie im Kontextmenü *Neu* und dann *DWORD-Wert (32-Bit)*. Geben Sie als Namen für den neuen Schlüssel **DisableBootToOfficeStart** ein.

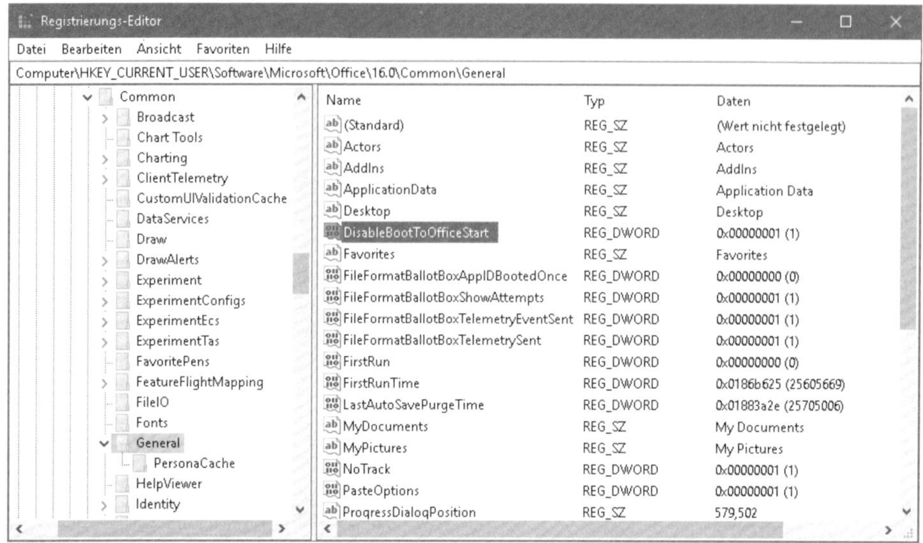

Abbildung 3.4: Den Startbildschirm für alle Office-Desktop-Apps konfigurieren

4. Doppelklicken Sie auf den Schlüssel *DisableBootToOfficeStart*, um den Wert zu bearbeiten.
5. Ändern Sie den Wert von 0 auf 1, um den Startbildschirm in allen Office-Anwendungen abzuschalten, oder ändern Sie den Wert von 1 auf 0, um den Startbildschirm wieder anzeigen zu lassen.

Leeres Word-, Excel- oder PowerPoint-Dokument in der Backstage-Ansicht erstellen

Wenn die App, mit der Sie ein neues Dokument erstellen wollen, bereits geöffnet ist, verwenden Sie in der Backstage-Ansicht die Option *Neu*.

1. Klicken Sie im Menüband auf die Registerkarte *Datei*.

   Der Startbildschirm der Backstage-Ansicht wird geöffnet.
2. Klicken Sie links in der Backstage-Ansicht auf *Neu*.

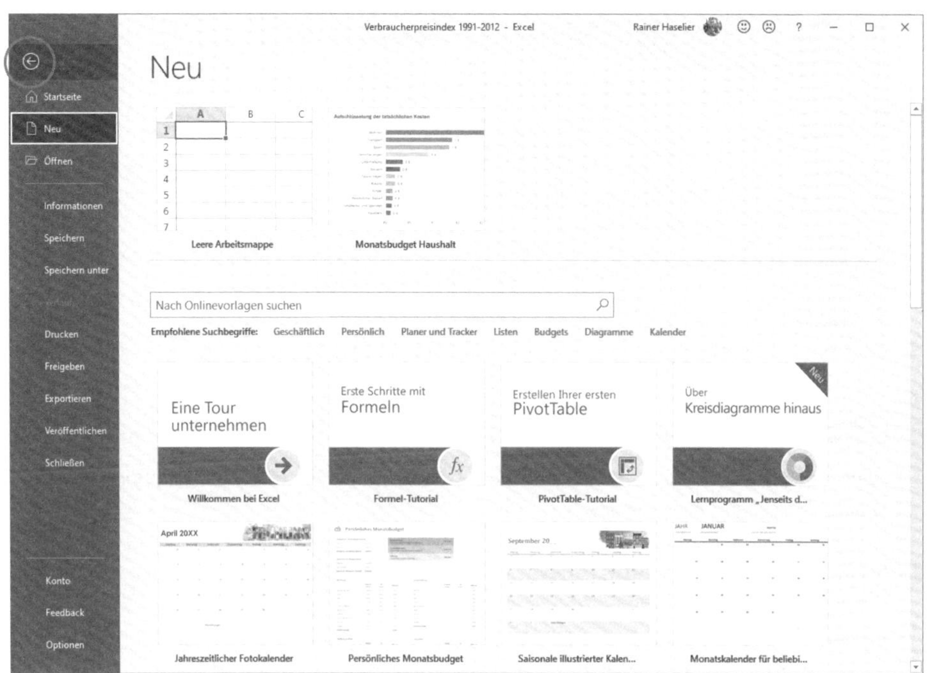

Abbildung 3.5: Im Bereich Neu *können Sie neue Office-Dokumente erstellen. Oben sehen Sie das Symbol zum Erstellen leerer Dokumente und rechts daneben die Symbole der zuletzt verwendeten Vorlagen. Im unteren Bereich der Ansicht* Neu *stehen die weiteren Vorlagen der jeweiligen App.*

3. Klicken Sie im Bereich *Neu* je nach Anwendung auf *Leeres Dokument, Leere Arbeitsmappe* oder *Leere Präsentation.*

   Das neue Dokument wird erstellt und die Backstage-Ansicht geschlossen. Es ist nicht erforderlich, das Dokument zu speichern, bevor Sie mit der Bearbeitung beginnen.

Optionen für neue Excel-Arbeitsmappen

Eine Besonderheit bei Excel besteht darin, dass Sie in den Excel-Optionen verschiedene Einstellungen vornehmen können, die sich auf neue Arbeitsmappen auswirken. Um diese Möglichkeiten zu nutzen, führen Sie folgende Schritte durch:

1. Klicken Sie im Menüband von Excel auf *Datei* und dann auf *Optionen.*

   Das Dialogfeld *Excel-Optionen* wird geöffnet.

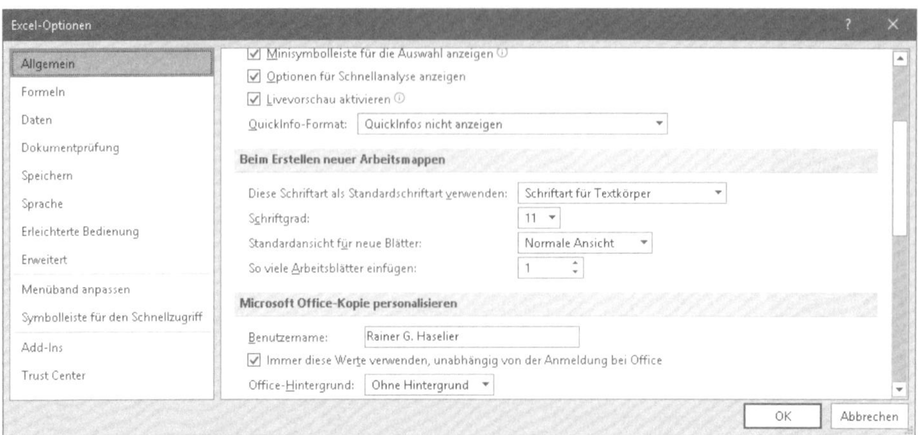

Abbildung 3.6: Für neu erstellte Arbeitsmappen können Sie im Dialogfeld Excel-Optionen *verschiedene Standardeinstellungen vornehmen.*

2. Stellen Sie in der Kategorie *Allgemein* im Abschnitt *Beim Erstellen neuer Arbeitsmappen* die gewünschten Optionen ein:

   - **Diese Schriftart als Standardschriftart verwenden/Schriftgrad** Standardmäßig verwendet Excel die Schriftart für Textkörper mit Schriftgrad 11 (wird als Schriftart Calibri mit Schriftgrad 11 angezeigt, wenn Sie Daten in ein Arbeitsblatt, eine Kopf- oder Fußzeile oder ein Textfeld eingeben).

     Die Standardschriftart und der Schriftgrad können jedoch für alle von Ihnen neu erstellten Arbeitsmappen geändert werden, indem Sie im Feld *Diese Schriftart als Standardschriftart verwenden* die gewünschte Schriftart und im Feld *Schriftgrad* den gewünschten Schriftgrad auswählen.

     Um die neue Standardschriftart und den neuen Schriftgrad zu verwenden, müssen Sie Excel neu starten. Die neue Standardschriftart und der neue Schriftgrad werden nur in neuen Arbeitsmappen verwendet, die Sie nach dem Neustart von Excel erstellen; bereits vorhandene Arbeitsmappen sind nicht betroffen. Um die neue Standardschriftart zu verwenden, können Sie jedoch Arbeitsblätter aus einer vorhandenen Arbeitsmappe in eine neue Arbeitsmappe verschieben.

   - **Standardansicht für neue Blätter** Excel-Arbeitsblätter können in der normalen Ansicht, der Umbruchvorschau und der Ansicht *Seitenlayout* angezeigt werden. Im Listenfeld *Standardansicht für neue Blätter* legen Sie fest, welche Ansicht die Arbeitsblätter einer neuen Arbeitsmappe haben sollen.

   - **So viele Arbeitsblätter einfügen** Standardmäßig enthält eine neue leere Excel-Arbeitsmappe nur ein Arbeitsblatt. Sie können die Anzahl der Arbeitsblätter, die standardmäßig in einer neuen Arbeitsmappe angezeigt werden, ändern, indem Sie hier einen anderen Wert eingeben. Die maximale Anzahl von Arbeitsblättern beträgt 255.

3. Klicken Sie auf *OK*, um die Änderungen zu übernehmen.

Neue Dokumente auf Vorlagen basieren

Zum Erstellen neuer Dokumente können Sie auch eine der zahlreichen fertigen Vorlagen verwenden. Bei den Office-Apps für Windows-Desktop können Sie hierzu die Vorlagen verwenden, die sich nach der Installation der Programme auf Ihrem Computer befinden. Außerdem haben Sie Zugriff auf zahlreiche weitere Onlinevorlagen.

Word, Excel und PowerPoint: Vorinstallierte Vorlagen verwenden

Wenn Word, Excel oder PowerPoint bereits gestartet ist, können Sie die folgenden Schritte durchführen, um ein neues Dokument zu erstellen:

1. Klicken Sie im Menüband auf die Registerkarte *Datei* und dann auf *Neu*.
2. Blättern Sie durch die Vorlagen, um sich einen Überblick zu verschaffen, und wählen Sie die Beispielvorlage aus, die Sie als Grundlage für das neue Dokument verwenden wollen.

   Die Word-Vorlagen sind für verschiedene Arten geschäftlicher und privater Dokumente geeignet und unterscheiden sich durch die verschiedenen Designs (siehe Abbildung 3.7).

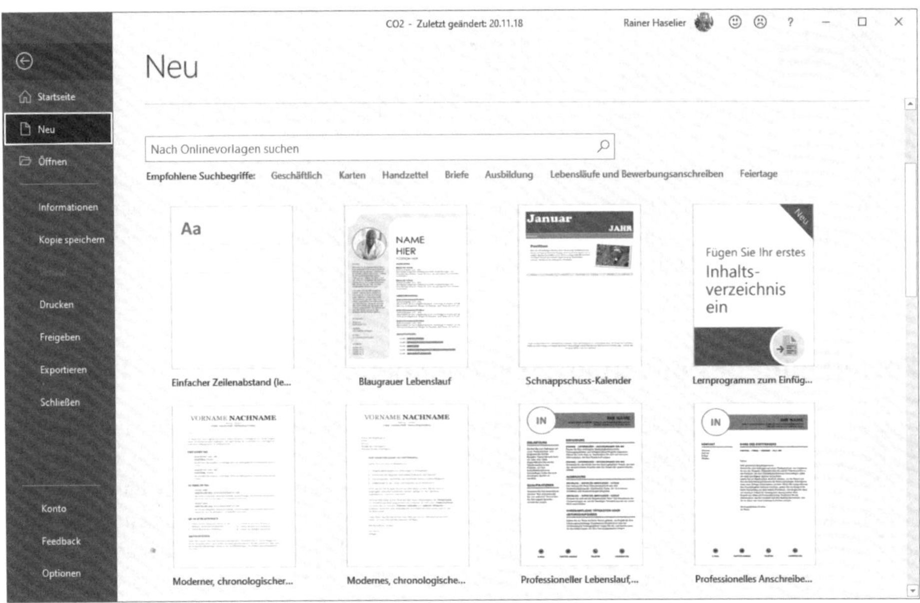

Abbildung 3.7: Je nach Anwendung finden Sie unterschiedliche Beispielvorlagen, auf denen Sie ein neues Dokument basieren lassen können; hier einige der Word-Vorlagen.

Excel enthält Vorlagen für das Erstellen allgemeiner Arbeitsmappen (Hypothekendarlehen, Gewinn-und-Verlust-Rechnung, Umsatzbericht, Kalender).

Um schnell alle Vorlagen einer bestimmten Kategorie zu sehen, klicken Sie neben *Empfohlene Suchbegriffe* auf den Namen einer der Kategorien. Abbildung 3.8 auf der folgenden Seite zeigt exemplarisch die Vorlagen der Kategorie *Planer und Tracker*. Mit einem Klick auf *Zurück* gelangen Sie zurück zur Hauptseite des Bereichs *Neu*.

Abbildung 3.8: Einige der Excel-Vorlagen der Kategorie Planer und Tracker

Die Vorlagen von PowerPoint unterscheiden sich durch das Design, auf dem sie basieren. Die verschiedenen Folientypen, die Sie in die Präsentation einfügen können, sind bei den verschiedenen Vorlagen identisch. Weitere Informationen zu den Vorlagen für PowerPoint finden Sie im folgenden Abschnitt.

PowerPoint: Designvarianten verwenden

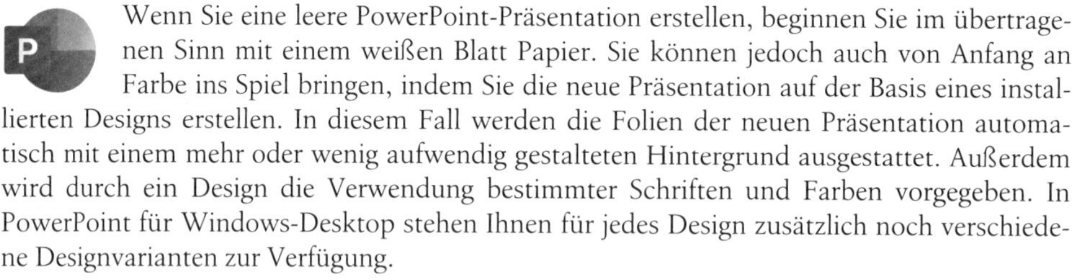

Wenn Sie eine leere PowerPoint-Präsentation erstellen, beginnen Sie im übertragenen Sinn mit einem weißen Blatt Papier. Sie können jedoch auch von Anfang an Farbe ins Spiel bringen, indem Sie die neue Präsentation auf der Basis eines installierten Designs erstellen. In diesem Fall werden die Folien der neuen Präsentation automatisch mit einem mehr oder wenig aufwendig gestalteten Hintergrund ausgestattet. Außerdem wird durch ein Design die Verwendung bestimmter Schriften und Farben vorgegeben. In PowerPoint für Windows-Desktop stehen Ihnen für jedes Design zusätzlich noch verschiedene Designvarianten zur Verfügung.

1. Wählen Sie die Registerkarte *Datei* und dann *Neu*. Wählen Sie auf der Seite *Neu* eines der angezeigten Designs aus.

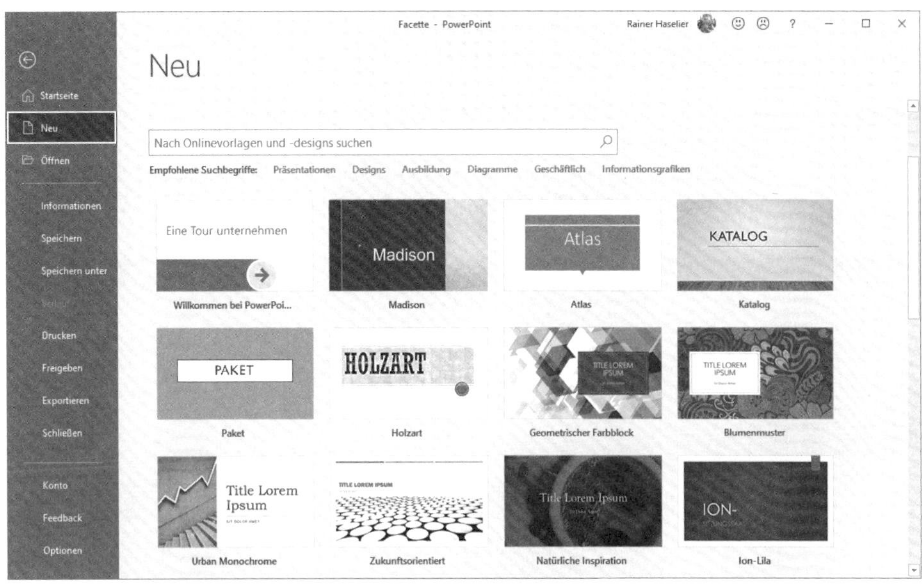

Abbildung 3.9: Bei PowerPoint wählen Sie beim Erstellen einer neuen Vorlage ein Design aus.

2. Nach der Auswahl eines Designs zeigt PowerPoint das folgende Fenster an:

Abbildung 3.10: Im Vorschaufenster können Sie durch die anderen PowerPoint-Designs blättern, indem Sie die Pfeile an der linken bzw. rechten Seite anklicken.

3. Um das ausgewählte Design anzuwenden und eine neue Präsentation zu erstellen, klicken Sie auf *Erstellen.*

Die neue Präsentation enthält ebenfalls eine Folie für den Titel bzw. den Untertitel, die jedoch bereits mit einem gestalteten Hintergrund ausgestattet ist. Natürlich können Sie den Hintergrund der Folie auch nachträglich ändern. Wie Sie später noch sehen werden, lässt sich ebenso das Design der Präsentation mit wenigen Mausklicks austauschen. Mit der Entscheidung für ein Design müssen Sie sich also nicht verbindlich festlegen.

Genau genommen ist einer Präsentation sogar immer ein Design zugewiesen. Denn auch eine leere Präsentation besitzt ein Design, und zwar das Design *Larissa*.

Wichtig Die Trennung von Inhalt und Gestaltung ist ein wichtiges Prinzip von PowerPoint-Präsentationen, das Ihnen immer wieder begegnen wird. Wenn Sie dieses Prinzip konsequent umsetzen, werden Ihre Präsentationen optimal flexibel. Weitere Informationen über die Verwendung von Designs finden Sie in den Kapiteln zu PowerPoint in diesem Buch.

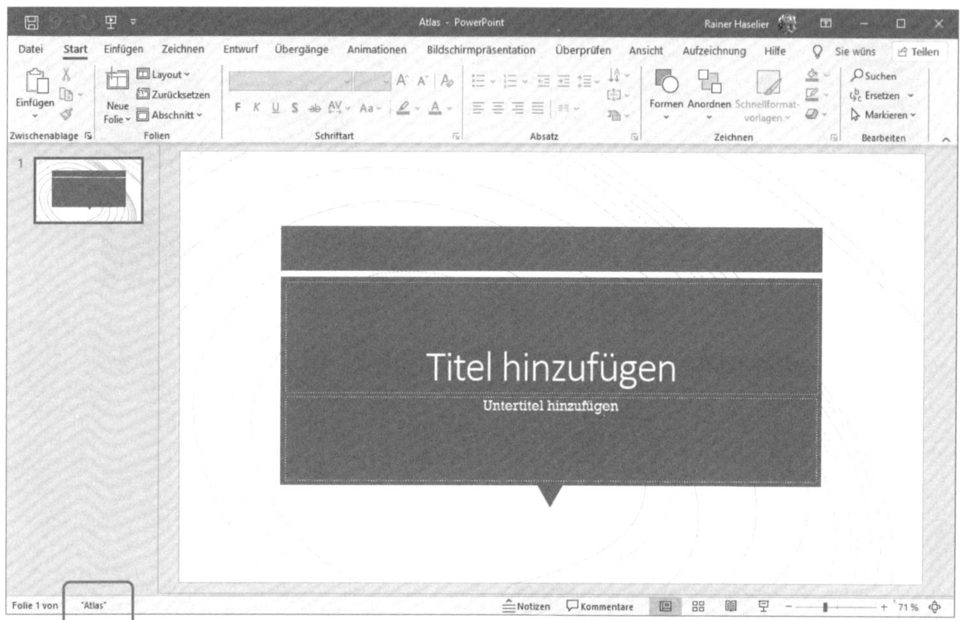

Abbildung 3.11: PowerPoint zeigt in der Statusleiste den Namen des verwendeten Designs an. Wenn dort das verwendete Design nicht angezeigt wird, klicken Sie die Statusleiste mit der rechten Maustaste an und wählen im Menü Statusleiste anpassen *den Befehl* Design.

Onlinevorlagen verwenden

Auf der Microsoft-Website *https://templates.office.com/de-DE* finden Sie eine Vielzahl weiterer Vorlagen. In den Desktop-Apps können Sie das Suchfeld mit der Beschriftung *Nach Onlinevorlagen suchen* verwenden, um nach weiteren Vorlagen zu suchen. Geben Sie den Suchbegriff in das Suchfeld ein oder klicken Sie zum schnellen Zugriff auf beliebte Vorlagen auf eines der Stichwörter unter dem Suchfeld.

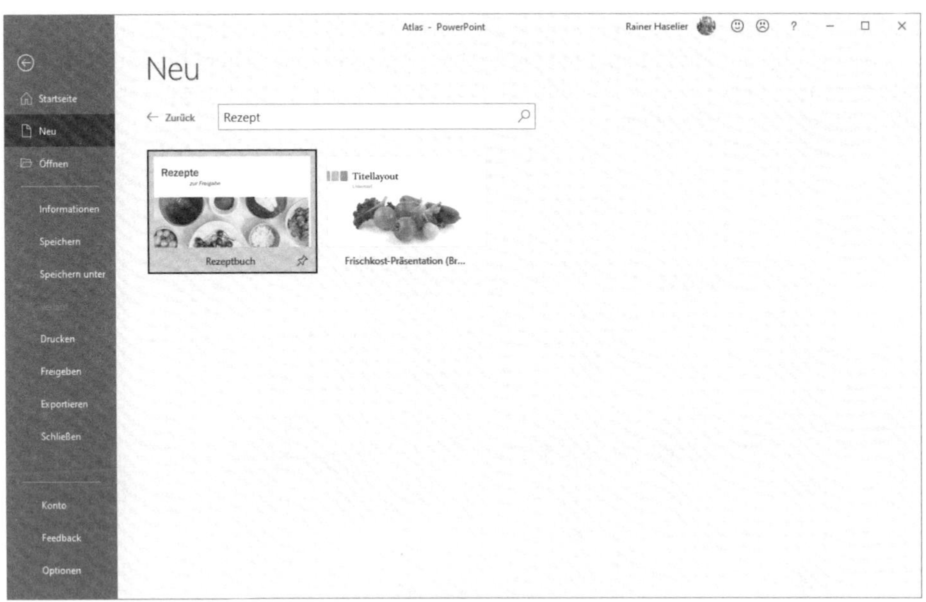

Abbildung 3.12: Suchen Sie online nach weiteren PowerPoint-Vorlagen, hier wurde als Suchbegriff Rezept *eingegeben.*

Wenn die App Onlinevorlagen finden kann, die mit Ihrem Suchbegriff übereinstimmen, sehen Sie eine Liste ähnlich der in der folgenden Abbildung.

Abbildung 3.13: Mit der Schaltfläche Zurück *links vom Suchfeld kehren Sie zur Seite mit den vorinstallierten Vorlagen zurück.*

Wenn Sie in der Liste mit den Suchergebnissen eine Vorlage sehen, die geeignet erscheint, klicken Sie die Miniaturansicht an, um eine größere Vorschau und weitere Informationen zur Vorlage zu sehen (siehe folgende Abbildung). Um ein neues Dokument mit dieser Vorlage zu erstellen, klicken Sie auf *Erstellen*.

Abbildung 3.14: Mit der Schaltfläche Erstellen *wird die Vorlage heruntergeladen und dann das Dokument erstellt.*

Vorlagen in den Apps und in der Windows-Taskleiste anheften

Falls Sie bestimmte Vorlagen regelmäßig verwenden, können Sie diese Vorlagen in der Liste *Neu* der Backstage-Ansicht oder an das Programmsymbol in der Windows-Taskleiste anheften. Auf diesem Weg lassen sich neue Dokumente mit diesen Vorlagen schneller erstellen.

Führen Sie in der Desktop-App folgende Schritte durch, um eine Vorlage an die Seite *Neu* der Backstage-Ansicht anzuheften:

1. Klicken Sie auf die Registerkarte *Datei* und dann auf *Neu*.
2. Führen Sie auf der Seite *Neu* einen Bildlauf zu der Vorlage durch, die Sie anheften möchten.
3. Zeigen Sie auf die gewünschte Vorlage und klicken Sie auf das Heftzweckensymbol, das unter der Miniaturansicht in der Liste der Vorlagen angezeigt wird.

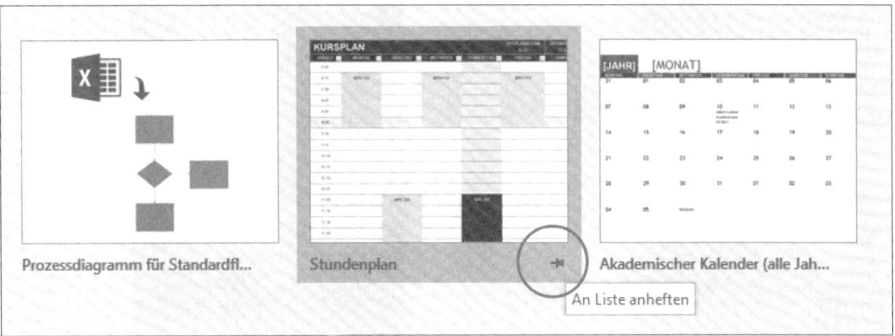

Abbildung 3.15: Klicken Sie das Heftzweckensymbol an, um eine Vorlage an die Liste anzuheften.

Angeheftete Vorlagen werden immer am Anfang der Liste mit den Vorlagen angezeigt. Doppelklicken Sie auf die Miniaturansicht der angehefteten Vorlage, um schnell ein neues Dokument basierend auf dieser Vorlage anzulegen. Wenn Sie eine Vorlage aus der Liste der zuletzt verwendeten Vorlagen entfernen wollen (diese Liste erzeugen die Apps automatisch), klicken Sie die Miniaturansicht mit der rechten Maustaste an und wählen im Kontextmenü *Aus Liste entfernen* (siehe Abbildung 3.16).

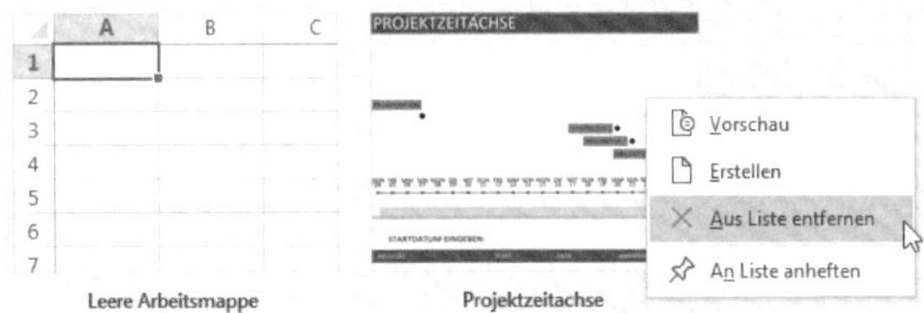

Abbildung 3.16: So entfernen Sie eine Vorlage aus der Liste der zuletzt verwendeten Vorlagen.

Ein noch schnelleres Verfahren zum Erstellen eines neuen Dokuments, das auf einer bestimmten Vorlage basiert, besteht darin, die Vorlage an das Menü der Programmschaltfläche in der Windows-Taskleiste anzuheften. Gehen Sie hierzu folgendermaßen vor:

1. Erstellen Sie im betreffenden Programm ein neues Dokument, das auf der Vorlage basiert, die Sie an das Programmsymbol in der Taskleiste anheften wollen.
2. Speichern Sie die Datei.
3. Klicken Sie das Programmsymbol in der Taskleiste mit der rechten Maustaste an. Das Kontextmenü wird geöffnet und die in Schritt 1 verwendete Vorlage wird in der Liste *Zuletzt verwendet* angezeigt (siehe links in Abbildung 3.17 auf der folgenden Seite).
4. Klicken Sie den Namen der Vorlage mit der rechten Maustaste an und wählen Sie im Kontextmenü den Befehl *An diese Liste anheften.* Die ausgewählte Vorlage wird im Bereich *Angeheftet* des Kontextmenüs des Programmsymbols angezeigt (siehe rechts in Abbildung 3.17 auf der nächsten Seite).

Um ein neues Dokument zu erstellen, das auf der angehefteten Vorlage basiert, klicken Sie zuerst das Programmsymbol in der Taskleiste mit der rechten und anschließend den Namen der Vorlage mit der linken Maustaste an.

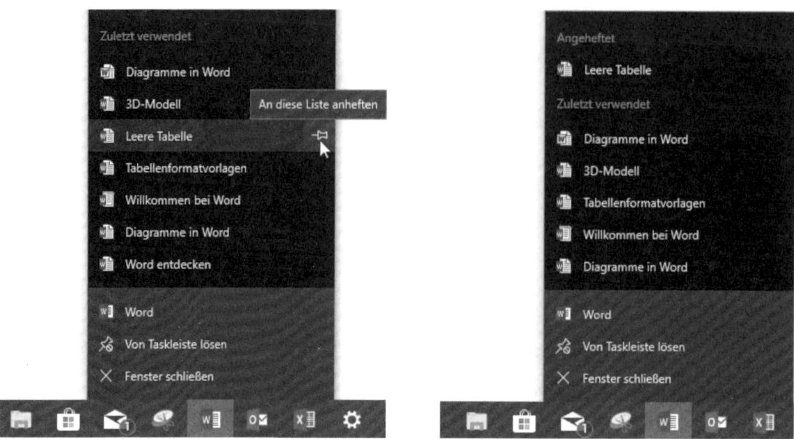

Abbildung 3.17: Sie können häufig benötigte Vorlagen an das Programmsymbol in der Taskleiste anheften.

Eigene Vorlagen in den Desktop-Apps verwenden

Wie Sie im Verlauf dieses Buches noch sehen werden, können Sie in Word, Excel und PowerPoint eigene Vorlagen erstellen, speichern und sich so das Erstellen wiederkehrender Dokumenttypen vereinfachen. Eigene benutzerdefinierte Vorlagen tauchen weder im Startbildschirm noch auf der Seite *Neu* der Backstage-Ansicht automatisch auf, nachdem Sie sie gespeichert haben. Die folgenden Abschnitte verraten Ihnen, wie Sie die Office-Apps konfigurieren, um schnell auf Ihre eigenen Vorlagen zugreifen zu können.

Eigene Vorlagen auf der Seite »Neu« der Backstage-Ansicht anzeigen

Damit Ihre eigenen Vorlagen auf der Seite *Neu* der Backstage-Ansicht angezeigt werden, müssen Sie die betreffende App darüber informieren, wo sich die benutzerdefinierten Vorlagen befinden. Der Speicherort der benutzerdefinierten Vorlagen müssen Sie mit den folgenden Schritte für jedes der Programme (Word, Excel und PowerPoint) durchführen, in dem Sie über die Seite *Neu* auf Ihre eigenen Vorlagen zugreifen wollen.

1. Starten Sie das betreffende Programm, klicken Sie auf die Registerkarte *Datei* und dann auf *Optionen*.
2. Wählen Sie im Dialogfeld *<Programmname>-Optionen* die Kategorie *Speichern*.
3. Geben Sie im Feld *Standardspeicherort für persönliche Vorlagen* den kompletten Pfad des Ordners ein, in dem Sie Ihre eigenen Vorlagen abspeichern.

   Word, Excel und PowerPoint verwenden beim Speichern von Vorlagen standardmäßig den Ordner *C:\Users\<Benutzername>\Documents\Benutzerdefinierte Office-Vorlagen*.

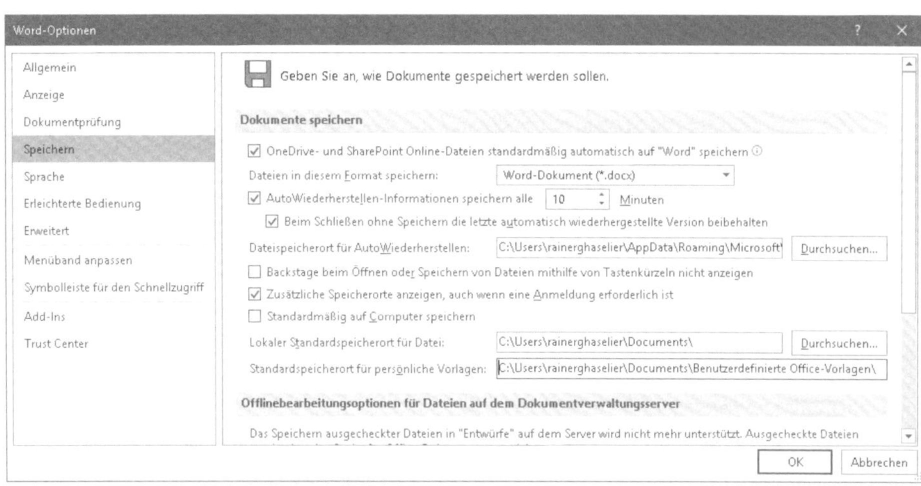

Abbildung 3.18: Im Feld Standardspeicherort für persönliche Vorlagen *legen Sie den Ordner fest, in dem Word, Excel und PowerPoint nach Ihren eigenen Vorlagen suchen sollen.*

4. Klicken Sie auf *OK*.

Nachdem Sie in den Optionen einen Speicherort für persönliche Vorlagen eingetragen haben, werden in der Backstage-Ansicht *Neu* unterhalb des Suchfeldes die Kategorien *Office* und *Persönlich* angezeigt. Klicken Sie auf *Persönlich*, um eine Liste der persönlichen Vorlagen zu sehen, und klicken Sie auf *Office*, um die Liste mit den Standardvorlagen anzuzeigen (siehe Abbildung 3.19).

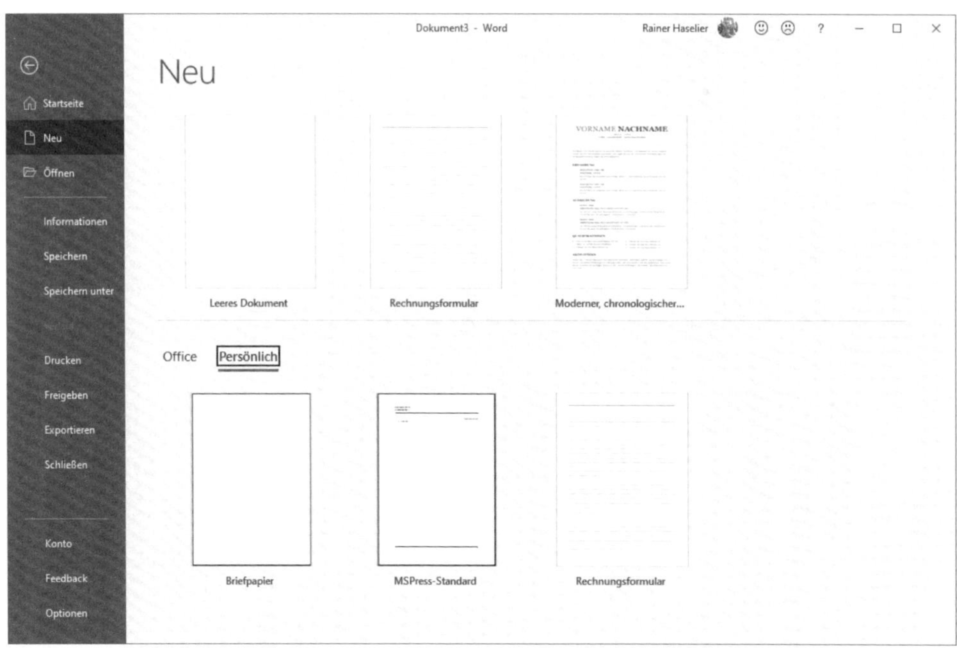

Abbildung 3.19: Unter Persönlich *auf der Seite* Neu *finden Sie Ihre selbst erstellten Vorlagen.*

Tipp

Damit in der Ansicht *Neu* für Ihre eigenen Vorlagen eine Miniaturansicht angezeigt wird, müssen Sie beim Speichern der Vorlage das Kontrollkäschen *Miniatur speichern* einschalten. Sie finden dies im Dialogfeld *Speichern unter* von Word und Excel.

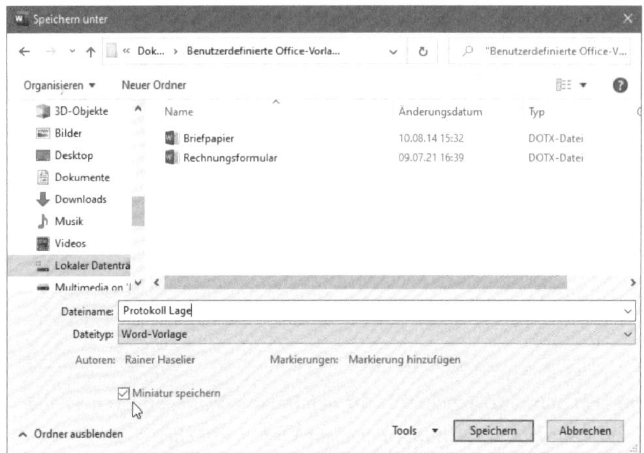

Mit dem Speichern von Dokumenten befasst sich ausführlich Kapitel 4.

Kapitel 4

Office-Dokumente speichern und öffnen

Besonders für alle Anwender, die Office nicht nur auf ihrem Desktoprechner, sondern auch auf einem mobilen Gerät (Tablet oder Smartphone) oder die Office Online-Apps im Browser nutzen, ist es wichtig, möglichst von überall aus auf die gleichen Dokumente zugreifen zu können. Das Stichwort lautet hier: Speichern in der Cloud.

Falls Sie Microsoft 365 verwenden, dann steht Ihnen im Rahmen des Abonnements 1 TB Speicherplatz auf OneDrive, dem Microsoft-Cloudspeicher, zur Verfügung. Falls Sie Office 2021 verwenden, können Sie ein kostenloses Microsoft-Konto erstellen, mit dem Sie 5 GB Speicherplatz auf OneDrive nutzen können. Das Speichern auf OneDrive ist dann nützlich, wenn Sie anderen Personen einen Link senden wollen, mit dem sie Ihr Office-Dokument entweder nur lesen oder auch bearbeiten können. Word und Excel erlauben das gemeinsame Arbeiten an Dateien; Voraussetzung hierfür ist, dass das Dokument auf OneDrive gespeichert wurde. Alle Details zum Freigeben von Office-Dateien und zu deren gemeinsamer Bearbeitung finden Sie in Kapitel 38, »Dokumente im Team bearbeiten«.

Tipp Wenn Sie Ihre Dokumente auf OneDrive speichern, können Sie diese auch mit den mobilen Office-Apps für iOS und Android öffnen. Um mit den mobilen Office-Apps für IOS und Android Office-Dokumente bearbeiten zu können, benötigen Sie ein Abonnement für Microsoft 365.

In diesem Kapitel lernen Sie die Befehle der Registerkarte *Datei* kennen, mit denen Sie Dokumente speichern, öffnen und als PDF-Datei veröffentlichen können.

Speichern und Öffnen in den Office-Apps

Mit dem Bearbeiten der verschiedenen Office-Dokumente befassen sich die speziell auf die jeweilige Anwendung zugeschnittenen Teile dieses Buches. Für diesen Abschnitt gehen wir einmal davon aus, dass Sie mit der Bearbeitung Ihres Dokuments fertig sind und es speichern wollen bzw. dass Sie ein bereits vorhandenes Dokument öffnen wollen, um es zu bearbeiten.

Falls Sie das Office-Dokument nicht auf Ihrem Computer oder in Ihrem Netzwerk, sondern in der Cloud speichern wollen, laden Sie zuerst den Windows-Client Ihres Cloudanbieters (beispielsweise Dropbox oder MagentaCloud) herunter, installieren ihn und richten ihn ein. Die meisten Cloudspeicherdienste funktionieren so, dass sie einen bestimmten Ordner auf Ihrem Computer mit dem Cloudspeicher synchronisieren: Sie speichern das Office-Dokument in einen lokalen Ordner und der Client Ihres Cloudanbieters kümmert sich dann im Hintergrund darum, dass das Dokument mit der Cloud synchronisiert wird.

Falls Sie Ihr Dokument in der Microsoft-Cloud auf OneDrive speichern oder von dort öffnen wollen, melden Sie sich in der Office-App mit Ihrem Microsoft-Konto an.

OneDrive erfordert ein Microsoft-Konto

Um Dokumente auf OneDrive speichern zu können, benötigen Sie ein sogenanntes Microsoft-Konto. Hierbei kann es sich um Ihre Windows Live ID, Ihr Microsoft Messenger-Konto, Ihren Zugang zu Outlook.com oder Hotmail oder auch um Ihr Xbox-Konto handeln. Vor dem erstmaligen Speichern auf OneDrive müssen Sie sich bei Office anmelden; verwenden Sie hierzu Ihr Microsoft-Konto. Falls Sie noch kein Microsoft-Konto besitzen, können Sie sich im Rahmen der Anmeldung registrieren.

1. Führen Sie eine der folgenden Aktionen durch:
   - Klicken Sie in einer beliebigen Office-App ganz rechts im Menüband auf *Anmelden*. Wenn Sie dort statt *Anmelden* Ihren Benutzernamen für das Microsoft-Konto sehen, sind Sie bereits angemeldet.
   - Klicken Sie auf *Datei* und dann auf *Konto*. Klicken Sie in der Backstage-Ansicht *Konto* auf *Anmelden*. Die Office-Anwendung zeigt das Anmeldefenster an.

Abbildung 4.1: Die Anmeldung mit einem Microsoft-Konto ist die Voraussetzung für das Speichern auf OneDrive

2. Geben Sie die E-Mail-Adresse Ihres Microsoft-Kontos ein. Falls Sie noch kein Microsoft-Konto besitzen, geben Sie die E-Mail-Adresse ein, die Sie für Ihr Microsoft-Konto verwenden wollen.
3. Klicken Sie auf *Weiter*.
4. Führen Sie eine der folgenden Aktionen durch:
   - Falls für die eingegebene E-Mail-Adresse ein Microsoft-Konto gefunden wurde, wird im Fenster *Anmelden* das Feld *Kennwort* eingeblendet. Geben Sie Ihr Kennwort ein und klicken Sie auf *Anmelden*, um Office mit Ihrem Microsoft-Konto zu verknüpfen.
   - Falls für die eingegebene E-Mail-Adresse kein Microsoft-Konto gefunden wurde, wird ein entsprechender Hinweis eingeblendet. Klicken Sie dann auf *Registrieren* und erstellen Sie ein neues Microsoft-Konto.

Nach der erfolgreichen Anmeldung mit einem Microsoft-Konto sieht die Backstage-Ansicht *Konto* so aus, wie es Abbildung 4.2 zeigt. Im Abschnitt *Verbundene Dienste* wird automatisch Ihr OneDrive-Speicherort ausgegeben.

Außerdem wird oben rechts im Fenster Ihr Anmeldename und, falls vorhanden, Ihr Profilfoto angezeigt. Sie können Ihren Anmeldenamen, der auch im Menüband sichtbar ist, jederzeit anklicken, um die Einstellungen zu Ihrem Microsoft-Konto zu bearbeiten oder um sich mit einem anderen Konto anzumelden.

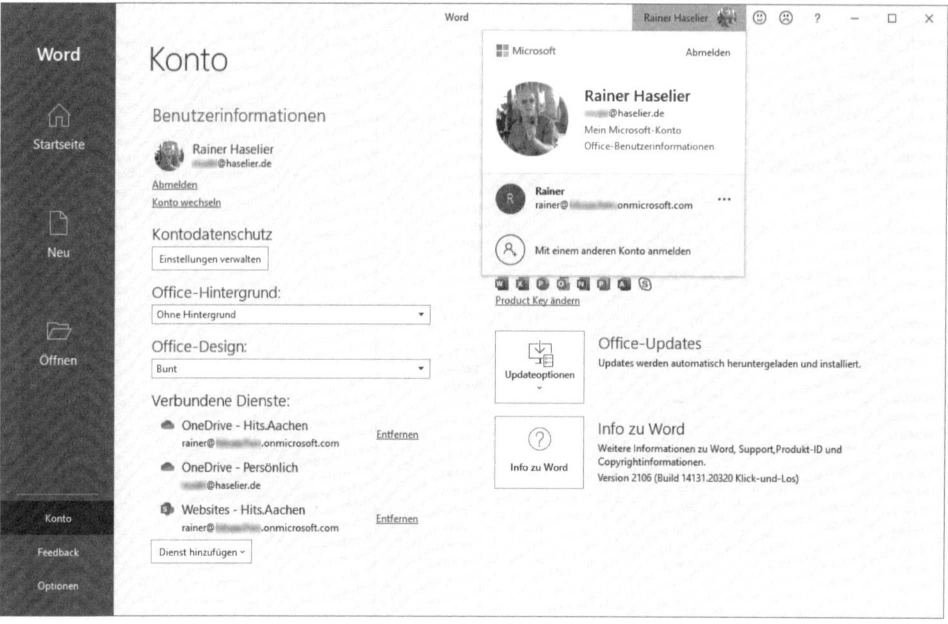

Abbildung 4.2: So sieht die Backstage-Ansicht Konto *aus, wenn Sie sich in Office mit Ihrem Microsoft-Konto angemeldet haben.*

Dokument speichern

Führen Sie die folgenden Schritte durch, um ein neues Dokument zu speichern oder um ein geöffnetes Dokument unter einem anderen Namen zu speichern.

1. Klicken Sie auf die Registerkarte *Datei* und dann auf *Speichern unter* oder drücken Sie die Tastenkombination Strg+S. Die Backstage-Ansicht *Speichern unter* wird geöffnet.

   Auf der linken Seite sehen Sie die verschiedenen Speicherorte (hier *OneDrive* und *Dieser PC*) und rechts daneben die zuletzt verwendeten Ordner, die Sie im jeweiligen Speicherort benutzt haben.

2. Führen Sie eine der folgenden Aktionen aus:
   - Wenn Sie das Dokument auf OneDrive speichern wollen, klicken Sie in der Liste der Speicherorte auf *OneDrive*.
   - Wenn Sie das Dokument auf Ihrem PC, in einem freigegebenen Netzwerkordner oder in einem anderen Onlinespeicherdienst speichern wollen, klicken Sie in der Liste der Speicherorte auf *Dieser PC*.

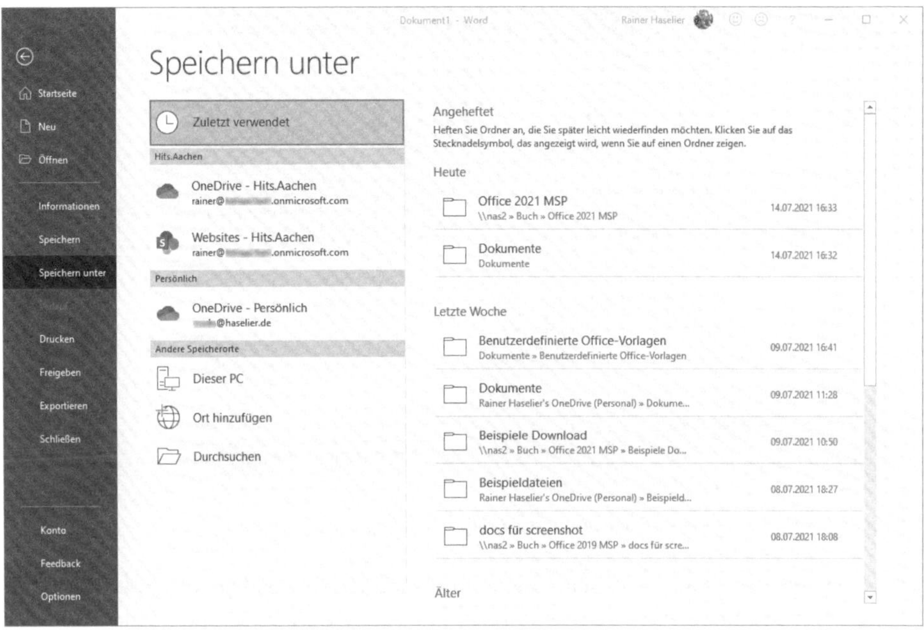

Abbildung 4.3: Nach der Auswahl von Speichern unter *wird standardmäßig die gleichnamige Backstage-Ansicht geöffnet.*

3. Führen Sie eine der folgenden Aktionen aus:
   - Wenn der gewünschte Ordner im Bereich *Zuletzt verwendete Ordner* angezeigt wird, klicken Sie den betreffenden Eintrag an. Das Dialogfeld *Speichern unter* wird geöffnet (siehe Abbildung auf der nächsten Seite). Der gewählte Ordner ist voreingestellt.
   - Wenn der gewünschte Ordner **nicht** auf der rechten Seite im Bereich *Zuletzt verwendete Ordner* angezeigt wird, klicken Sie auf *Durchsuchen*. Das Dialogfeld *Speichern unter* wird geöffnet. Standardmäßig wird der Ordner *Dokumente* geöffnet. (Sie können den Standardspeicherort ändern; wie das geht, erfahren Sie ab Seite 107.)

     Wechseln Sie zu dem Ordner, in dem Sie das Dokument speichern wollen. Der Ordner kann sich auch auf einem Netzlaufwerk befinden oder es kann einer der Cloudspeicherdienste sein, die Sie verwenden und für die Sie die betreffende Windows-App zur Synchronisation zwischen Ihrem Computer und dem Clouddienst installiert haben.

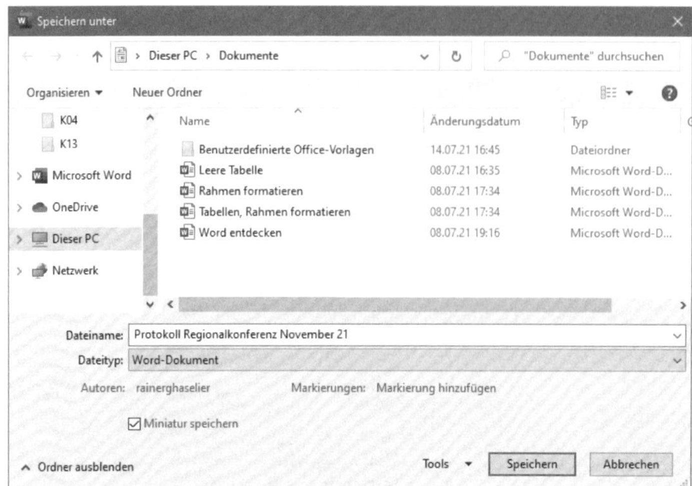

Abbildung 4.4: Das eigentliche Speichern erfolgt im Dialogfeld Speichern unter.

4. Wenn Sie das Dokument gemeinsam mit anderen verwenden, die noch eine Office-Version vor Office 2007 einsetzen, öffnen Sie die Liste *Dateityp* und wählen eine der folgenden Optionen aus: *Word 97-2003-Dokument, Excel 97-2003-Arbeitsmappe* bzw. *PowerPoint 97-2003-Präsentation*. Hierdurch wird das Dokument im Dateiformat der vorherigen Office-Versionen gespeichert. (Weitere Informationen zum Dateiformat ab Office 2007 finden Sie im Abschnitt ab Seite 111.)

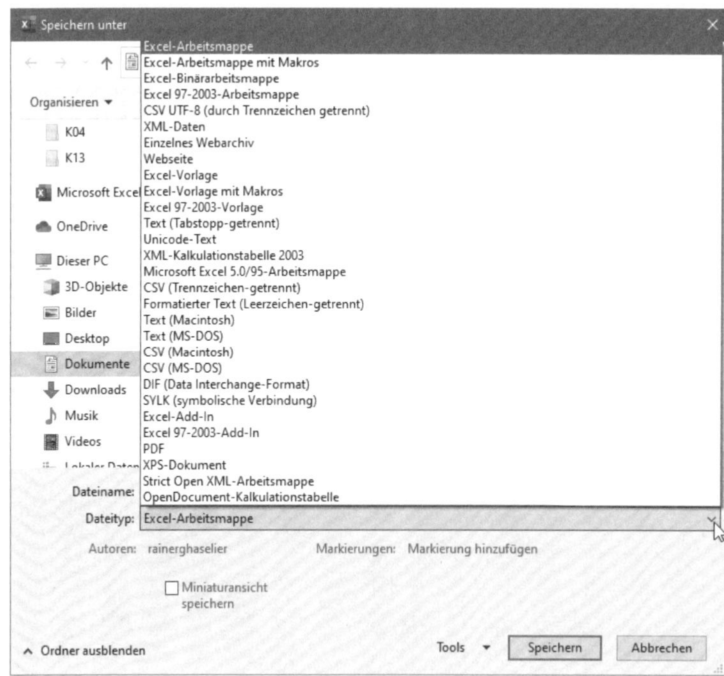

Abbildung 4.5: Legen Sie in der Liste Dateityp *das Dateiformat fest, in dem das Dokument (hier exemplarisch eine Excel-Arbeitsmappe) gespeichert werden soll.*

5. Geben Sie in das Feld *Dateiname* den Namen ein, unter dem Sie das Dokument speichern wollen.
6. Klicken Sie auf *Speichern.*

Das Dokument wird gespeichert und in der Titelleiste der Anwendung wird der Dateiname des Dokuments angezeigt.

Tipp In der aktuellen Version zeigen die Apps in der Titelleiste nicht nur den Dateinamen an, sondern auch den Speicherort.

Dateityp ändern

Sie können den Dateityp nicht nur beim Speichern, sondern auch über eine weitere Funktion der Office-Anwendungen ändern. Klicken Sie dazu auf die Registerkarte *Datei* und dann auf *Exportieren.* Klicken Sie anschließend auf *Dateityp ändern.* Wählen Sie nun in der Liste auf der rechten Seite der Backstage-Ansicht den gewünschten Dateityp aus und klicken Sie dann auf *Speichern unter.* Die Office-Anwendung öffnet das Dialogfeld *Speichern unter.* Geben Sie dort den gewünschten Dateinamen ein und klicken Sie abschließend auf *Speichern.*

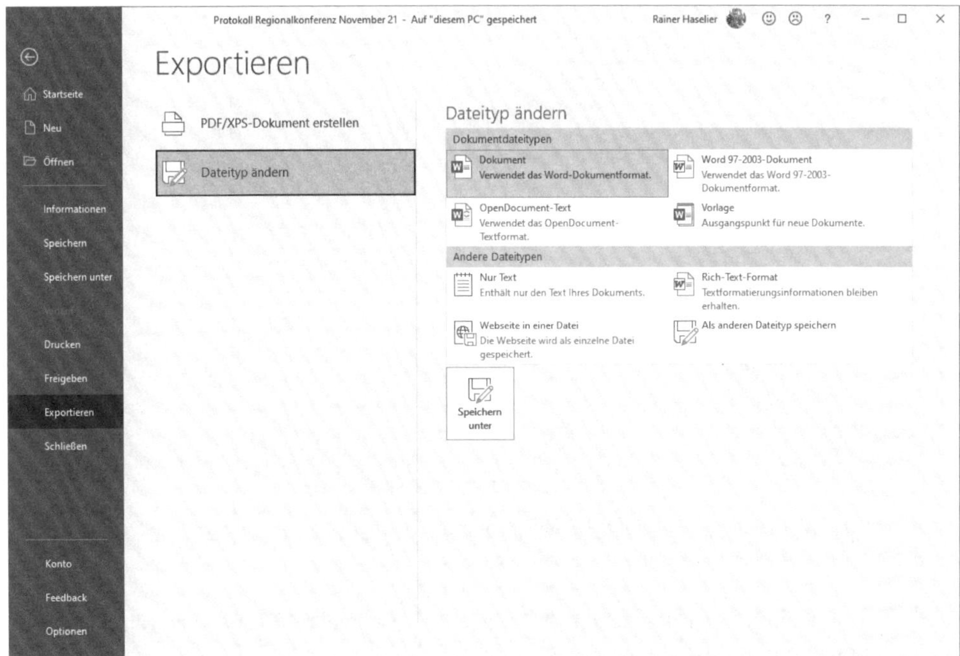

Abbildung 4.6: Auf der Seite Exportieren *der Backstage-Ansicht können Sie den Dateityp eines Dokuments ändern.*

Bitte beachten Sie, dass bei dieser Vorgehensweise ein Duplikat einer bereits vorhandenen Datei erstellt wird.

Speichern mit System – eigene Unterordner

Wenn Sie sich die Abbildung des Dialogfeldes *Speichern unter* etwas näher anschauen, sehen Sie unterhalb der Titelleiste die Navigationsleiste, in der der Name des aktuellen Ordners angezeigt wird. Die Vorgabe zum Speichern ist bei Windows der Ordner mit Ihren eigenen Dokumenten. Dieser Ordner wird automatisch von Windows für jeden Benutzer bereitgestellt, für den auf dem Computer ein Benutzerkonto erstellt wurde.

Wenn Sie nur wenige Dateien speichern, ist das Speichern im Ordner *Dokumente* kein Problem. Wenn es jedoch mehr Dateien werden, bietet es sich an, im Ordner *Dokumente* weitere Unterordner anzulegen und so z. B. die Dokumente in eigenen Projektordnern abzulegen.

So erstellen Sie einen neuen Ordner und verwenden diesen zum Speichern eines Dokuments:

1. Klicken Sie auf die Registerkarte *Datei* und dann auf *Speichern unter*.
2. Wählen Sie einen der Speicherorte aus und klicken Sie auf *Durchsuchen*.
3. Klicken Sie im Dialogfeld *Speichern unter* auf die Schaltfläche *Neuer Ordner*. Ein neuer Ordner mit dem Namen *Neuer Ordner* wird erstellt. Die Einfügemarke steht im Namen des Ordners.

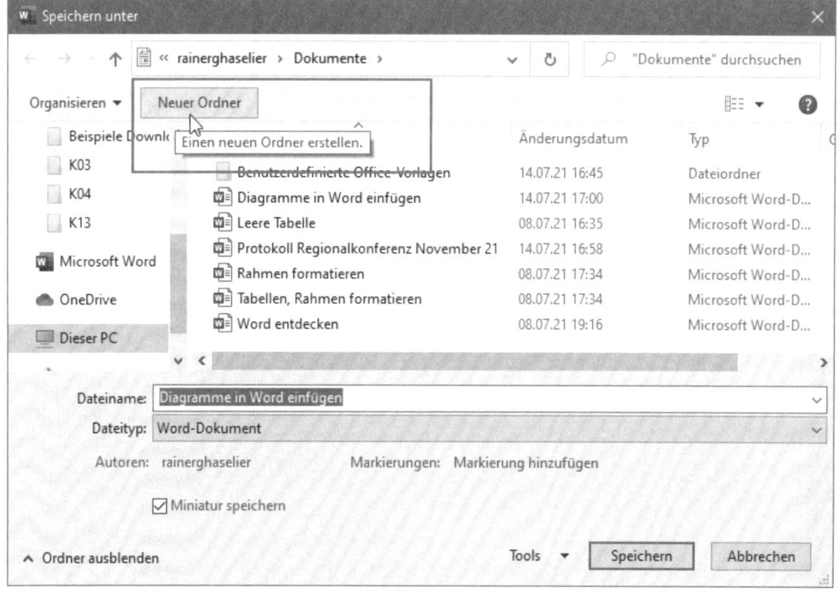

Abbildung 4.7: Erstellen Sie über das Dialogfeld Speichern unter *neue Ordner, um Ihre Dokumentenablage übersichtlicher zu organisieren.*

4. Geben Sie den Namen des neuen Ordners ein (z. B. **Privat**, **Beruf**, **Verträge** oder wie auch immer Sie Ihre Dokumente strukturieren) und drücken Sie dann die ↵-Taste. Der Ordner wird umbenannt und es wird automatisch zu dem neuen Ordner gewechselt.
5. Geben Sie in das Feld *Dateiname* den Namen für das Dokument ein und klicken Sie dann auf *Speichern*.

Liste »Schnellzugriff« verwenden

In der Navigationsleiste auf der linken Seite der Dialogfelder *Öffnen* und *Speichern unter* sehen Sie die Liste *Schnellzugriff* sowie verschiedene Standardspeicherorte. Mit den Links in dieser Leiste können Sie schnell zwischen verschiedenen Speicherorten wechseln.

- **Desktop** Wenn Sie eine Datei auf dem Windows-Desktop speichern wollen, klicken Sie auf diesen Link.
- **Dokumente** Ein Klick auf diesen Link führt Sie zu Ihrem persönlichen Ordner *Dokumente*.
- **Dieser PC** Klicken Sie auf diesen Link, um schnell eine Liste aller mit Ihrem Computer verbundenen Datenträger zu erhalten. Doppelklicken Sie dann auf den gewünschten Datenträger und navigieren Sie zu dem Ordner, in dem Sie das Dokument speichern bzw. aus dem heraus Sie es öffnen wollen.

Sie können die Liste *Schnellzugriff* um eigene Ordner, die Sie häufig verwenden, erweitern. Auf diese Weise lassen sich diese Ordner schnell öffnen, und zwar auch dann, wenn Sie für das Speichern und Öffnen die Backstage-Ansicht deaktivieren (siehe hierzu den nächsten Abschnitt). Gehen Sie dazu folgendermaßen vor:

1. Öffnen Sie mit einem der oben beschriebenen Verfahren das Dialogfeld *Speichern unter*.
2. Wechseln Sie zu dem Ordner, den Sie in die Liste *Schnellzugriff* einfügen wollen.

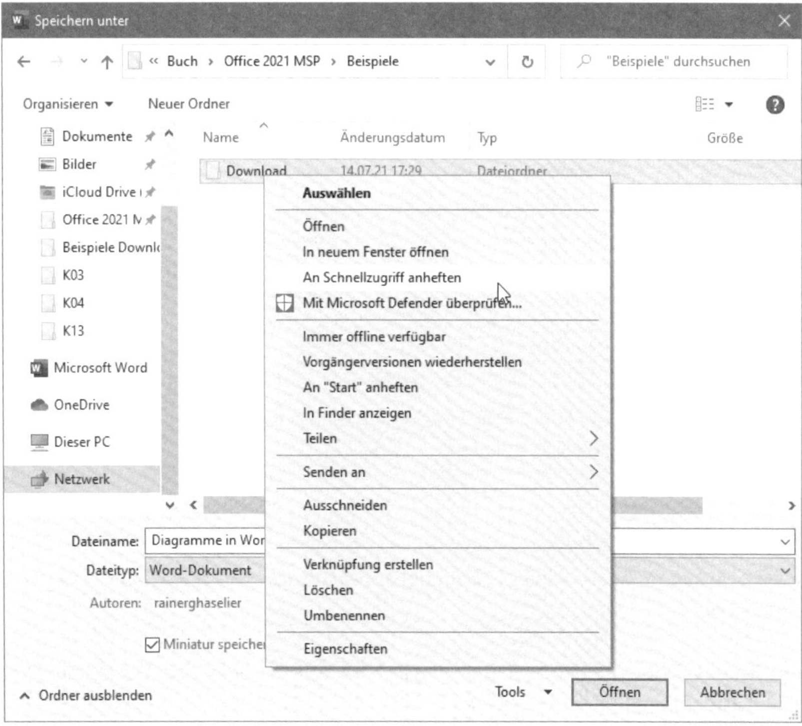

Abbildung 4.8: Die Liste Schnellzugriff *können Sie anpassen.*

3. Klicken Sie den gewünschten Ordner mit der rechten Maustaste an und wählen Sie *An Schnellzugriff anheften*.

Um einen Speicherort wieder aus der Liste *Schnellzugriff* zu entfernen, klicken Sie dessen Namen mit der rechten Maustaste an und wählen *Von Schnellzugriff lösen.*

Anzeige der Backstage-Ansicht beim Speichern und Öffnen abschalten

Wenn Sie in einer der Office-Apps auf der Registerkarte *Datei* den Befehl *Speichern unter* wählen oder Strg+S drücken, wird standardmäßig die Backstage-Ansicht geöffnet, damit Sie festlegen können, ob die Datei auf OneDrive bzw. einem anderen Webspeicherort oder auf Ihrem Computer/in Ihrem Netzwerk gespeichert werden soll. Falls Sie Ihre Dateien immer auf Ihrem Computer/in Ihrem Netzwerk speichern, können Sie die Office-Anwendungen so konfigurieren, dass die Backstage-Ansicht nicht angezeigt wird, sondern sofort das Dialogfeld *Speichern unter*. Somit können Sie einen überflüssigen Schritt überspringen.

Gehen Sie folgendermaßen vor, um beim Speichern eines neuen Dokuments sofort das Dialogfeld *Speichern unter* zu erhalten:

1. Klicken Sie auf die Registerkarte *Datei* und dann auf *Optionen.*
2. Klicken Sie links im Dialogfeld auf die Kategorie *Speichern.*

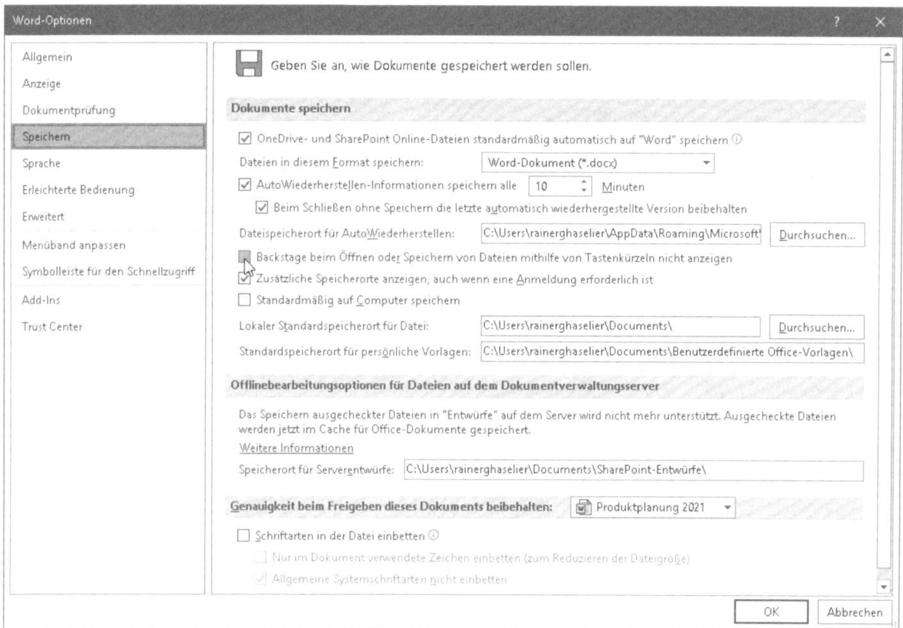

Abbildung 4.9: Schalten Sie die Anzeige der Backstage-Ansicht ab, wenn Sie standardmäßig auf Ihrem Computer speichern.

3. Aktivieren Sie das Kontrollkästchen *Backstage beim Öffnen oder Speichern von Dateien mithilfe von Tastenkürzeln nicht anzeigen.*

   Diese Änderung wirkt sich nicht nur auf die Verwendung von Tastenkürzeln aus, sondern auch dann, wenn Sie in der Symbolleiste für den Schnellzugriff oder auf der Registerkarte *Datei* auf *Speichern* klicken.

4. Klicken Sie auf *OK.*

Änderungen, die Sie an dieser Option in einer der Office-Apps durchführen, wirken sich automatisch auch auf die anderen Office-Apps aus. Wenn Sie – wie hier beschrieben in den Word-Optionen – die Anzeige der Backstage-Ansicht deaktivieren, wird sie auch in Excel und PowerPoint beim Speichern und Öffnen nicht mehr angezeigt.

Dokument öffnen

Wenn Sie an einem Dokument, einer Arbeitsmappe oder einer Präsentation weiterarbeiten möchten, das/die Sie bereits einmal gespeichert haben, müssen Sie es/sie zuerst wieder auf den Bildschirm holen; dieser Vorgang wird Öffnen genannt.

1. Klicken Sie auf die Registerkarte *Datei* und dann auf *Öffnen* oder drücken Sie die Tastenkombination Strg+O.

   Word, PowerPoint und Excel zeigen standardmäßig die Backstage-Ansicht *Öffnen* an. Auf der linken Seite sehen Sie die verschiedenen Speicherorte, die Sie eingerichtet haben. Standardmäßig ist dort die Option *Zuletzt verwendet* ausgewählt. Rechts daneben werden die zuletzt verwendeten Dokumente aufgeführt.

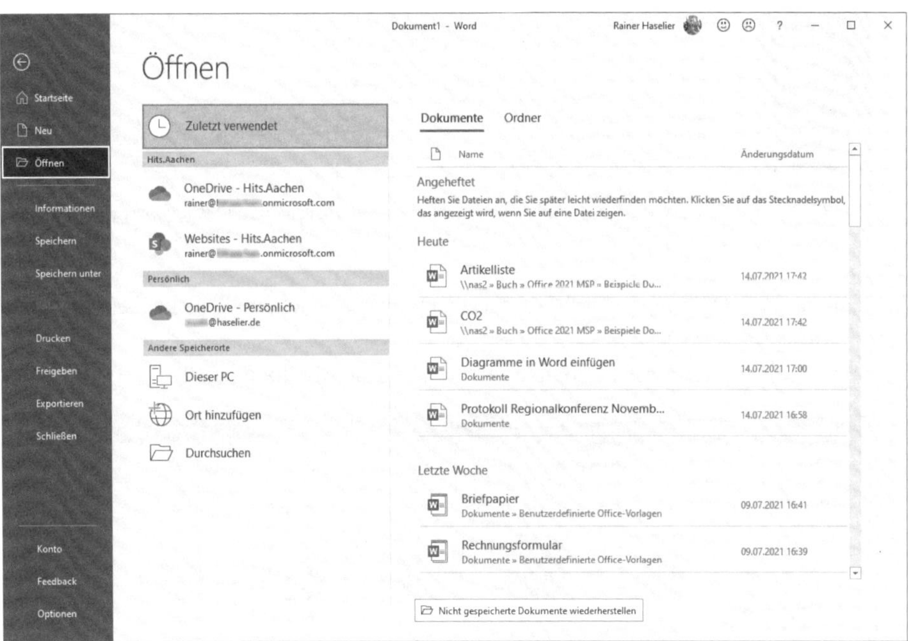

Abbildung 4.10: Wenn Sie Öffnen *wählen, wird standardmäßig die gleichnamige Backstage-Ansicht angezeigt.*

2. Führen Sie eine der folgenden Aktionen aus:

   - Wenn das gewünschte Dokument im Bereich der zuletzt verwendeten Dokumente angezeigt wird, klicken Sie es an. Word, PowerPoint und Excel öffnen das Dokument. Sie können mit der Bearbeitung des Dokuments beginnen und brauchen keine weiteren Schritte durchzuführen.

- Klicken Sie rechts in der Backstage-Ansicht auf *Ordner*, um eine Liste der zuletzt verwendeten Ordner zu sehen. Klicken Sie in der Liste der zuletzt verwendeten Ordner den Ordner an, der das Dokument enthält, das Sie öffnen wollen. Klicken Sie dann das Dokument an, das Sie öffnen wollen. Sie können mit der Bearbeitung des Dokuments beginnen und brauchen keine weiteren Schritte durchzuführen.

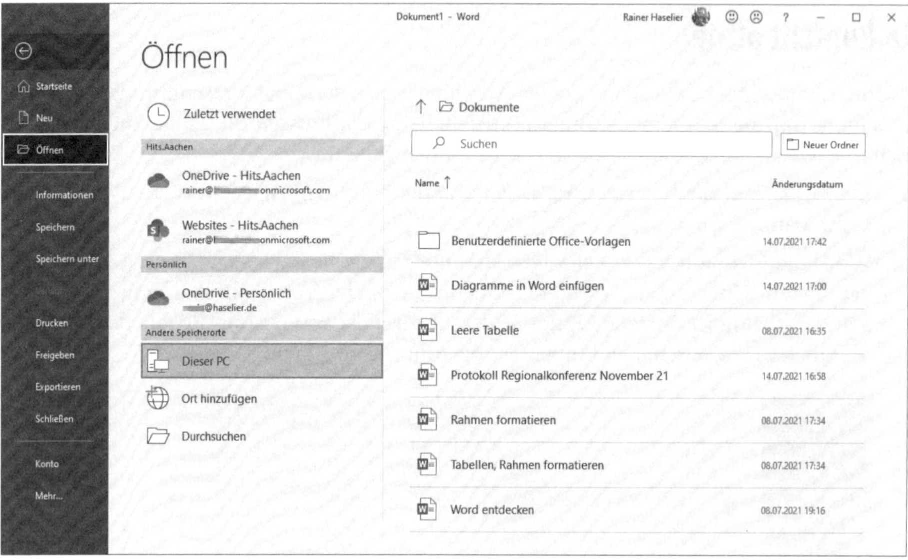

Abbildung 4.11: Die Backstage-Ansicht Öffnen *zeigt die im ausgewählten Speicherort vorhandenen Ordner und Dateien an.*

3. Falls Sie das Dokument über die Backstage-Ansicht nicht finden, klicken Sie links auf *Durchsuchen*.

   Die Office-App zeigt das Dialogfeld *Öffnen* an (siehe Abbildung 4.12).

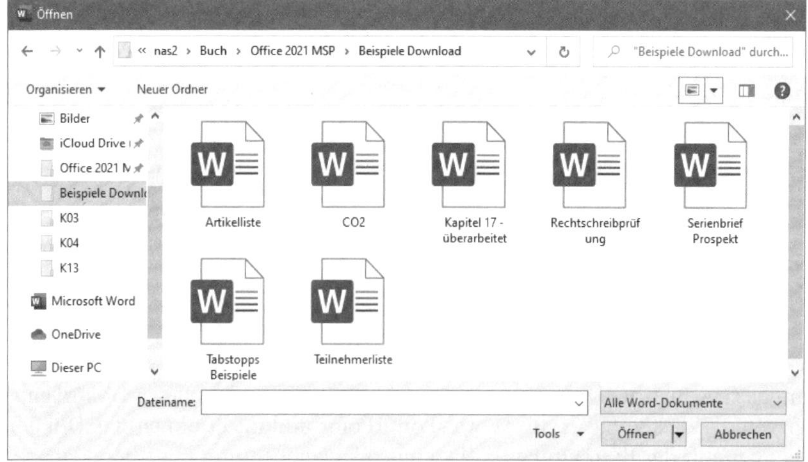

Abbildung 4.12: Im Dialogfeld Öffnen *wählen Sie die zu öffnende Datei aus.*

4. Falls sich das Dokument im angezeigten Ordner befindet, doppelklicken Sie auf den Namen, um es zu öffnen. Ansonsten klicken Sie im Dialogfeld den Namen eines der Unterordner an, um diesen zu öffnen. Oder verwenden Sie die Navigationsleiste im oberen Bereich oder die Liste Schnellzugriff, um zu dem Laufwerk/Ordner zu wechseln, in dem sich das Dokument befindet.
5. Doppelklicken Sie auf den Namen der Datei, um sie zu öffnen.

Tipp Wenn Ihnen die neue Standardsequenz zum Öffnen von Dateien, die die Backstage-Ansicht verwendet, zu umständlich ist und Sie lieber sofort das Dialogfeld *Öffnen* sehen wollen, lesen Sie den Abschnitt »Anzeige der Backstage-Ansicht beim Speichern und Öffnen abschalten« auf Seite 100.

Dokument schreibgeschützt oder als Kopie öffnen

Sie können im Dialogfeld *Öffnen* über die Schaltfläche *Öffnen* weitere Optionen verwenden und beispielsweise festlegen, dass Sie eine Kopie des Dokuments erstellen oder das Dokument mit Schreibschutz öffnen wollen.

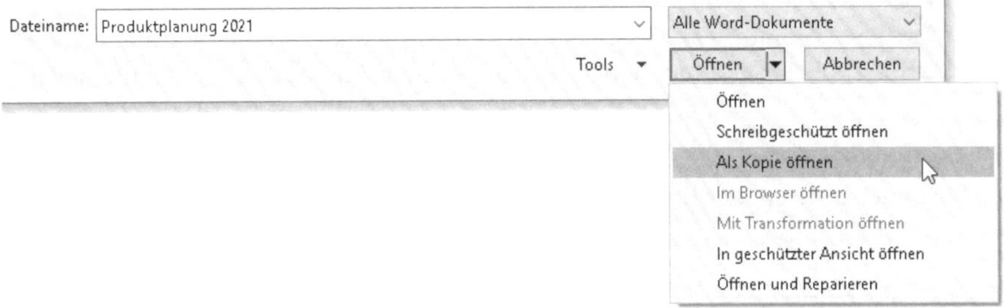

Abbildung 4.13: Office-Dokumente lassen sich auch schreibgeschützt oder als Kopie öffnen.

Markieren Sie zunächst die gewünschte Datei, klicken Sie auf den Pfeil neben *Öffnen* und wählen Sie dann einen der folgenden Befehle aus:

- **Schreibgeschützt öffnen** Wenn Sie nur schnell etwas in dem Dokument nachschauen und sicherstellen wollen, dass Sie keine Änderungen an dem Dokument vornehmen können, wählen Sie diesen Befehl. In der Titelleiste des Fensters wird dann hinter dem Namen der Datei der Text *(Schreibgeschützt)* angezeigt.
- **Als Kopie öffnen** Wenn Sie diesen Befehl wählen, wird ein Duplikat der ursprünglichen Datei erstellt und es wird das Duplikat angezeigt. Wenn Sie an dem Dokument Änderungen vornehmen, werden sie in dieser Kopie gespeichert. Die erstellte Kopie erhält automatisch einen neuen Dateinamen. Standardmäßig wird dem existierenden Namen der Text *Kopie (1) von* vorangestellt.

Tipp In Office 2007 sowie 2010 befand sich in der Backstage-Ansicht *Neu* der Link *Neu aus vorhandenem*. Sie konnten dort diese Option verwenden, um ein neues Dokument zu erstellen, das weitestgehend mit einem bereits vorhandenen übereinstimmt. Diese Option steht seit Office 2016 nicht mehr zur Verfügung. Verwenden Sie stattdessen den Befehl *Als Kopie öffnen* und speichern Sie die geöffnete Datei unter einem neuen Namen.

Zuletzt verwendete Dokumente und Ordner

Über die Registerkarte *Datei* und die Liste *Zuletzt verwendet* der Backstage-Ansicht *Öffnen* haben Sie direkten Zugriff auf die zuletzt bearbeiteten Dokumente. Um eines dieser Dokumente zu öffnen, reicht es aus, dessen Namen anzuklicken. Sie können ein Dokument auch dauerhaft in dieser Liste belassen, indem Sie mit der Maus auf den Eintrag zeigen und dann das Heftzweckensymbol an der rechten Seite des Dateinamens anklicken (siehe Abbildung 4.14).

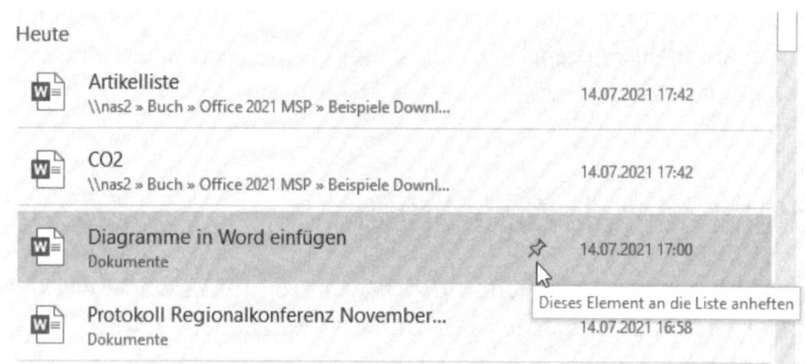

Abbildung 4.14: Eine Datei an die Liste Zuletzt verwendet *anheften*

Word, Excel und PowerPoint merken sich standardmäßig die letzten 50 Dokumente sowie die letzten 50 Ordner, die Sie geöffnet haben. Wenn Sie diese Anzahl ändern möchten, gehen Sie so vor:

1. Klicken Sie auf die Registerkarte *Datei* und dann auf *Optionen.*
2. Klicken Sie in der Liste auf der linken Seite auf *Erweitert.*
3. Scrollen Sie in der Liste auf der rechten Seite, bis der Abschnitt *Anzeigen* sichtbar ist.

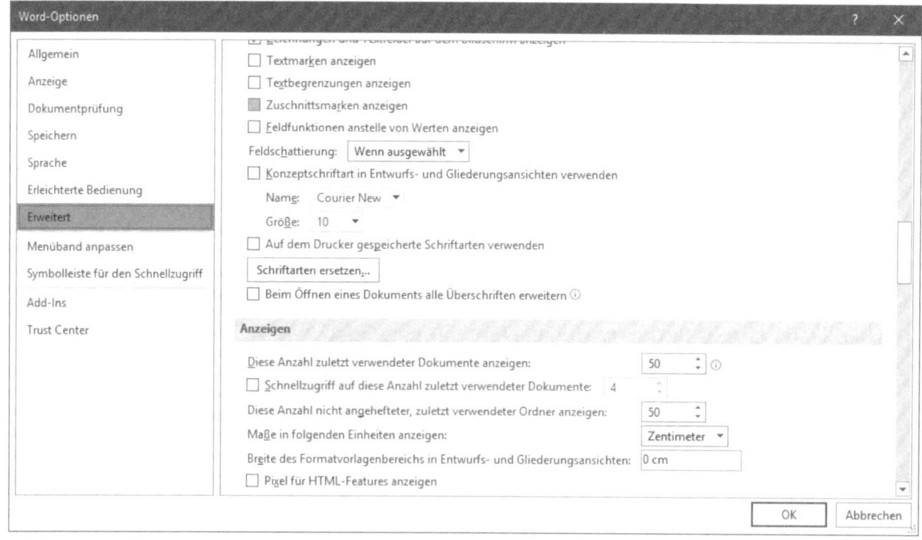

Abbildung 4.15: Im Abschnitt Anzeigen *konfigurieren Sie die Zuletzt-verwendet-Listen.*

4. Legen Sie im Feld *Diese Anzahl zuletzt verwendeter Dokumente anzeigen* die gewünschte Anzahl fest. Wenn Sie dieses Feature abschalten möchten, geben Sie hier eine Null ein.

5. Legen Sie im Feld *Diese Anzahl nicht angehefteter, zuletzt verwendeter Ordner anzeigen* die gewünschte Anzahl fest. Wenn Sie dieses Feature abschalten möchten, geben Sie hier eine Null ein.
6. Klicken Sie auf *OK*.

Speicheroptionen konfigurieren

Word, Excel und PowerPoint stellen Ihnen unterschiedliche Möglichkeiten zur Verfügung, um bei einem versehentlichen Überschreiben einer Datei oder bei einem Programmabsturz die vorherige Version der Datei wiederherstellen zu können. In Word und Excel können Sie dazu das Erstellen einer Sicherungskopie aktivieren; in allen drei Programmen können Sie in einem konfigurierbaren Intervall Informationen zur Dokumentwiederherstellung speichern lassen.

Sicherungskopie in Word erstellen lassen

Word kann automatisch eine Sicherungskopie Ihrer Dokumente erstellen. Wenn diese Option aktiviert ist, wird die letzte Version des Dokuments unter dem Namen *Sicherungskopie von (Originalname)* und die aktuelle Version unter dem von Ihnen vergebenen Namen gespeichert. Sollte einmal mit der aktuellen Version des Dokuments etwas schiefgehen, können Sie auf die Sicherungskopie zurückgreifen.

Gehen Sie so vor, um in Word das automatische Erstellen von Sicherungskopien zu aktivieren:

1. Klicken Sie auf die Registerkarte *Datei* und dann auf *Optionen*.
2. Klicken Sie in der Liste auf der linken Seite auf *Erweitert*.
3. Scrollen Sie auf der rechten Seite bis zum Abschnitt *Speichern*.

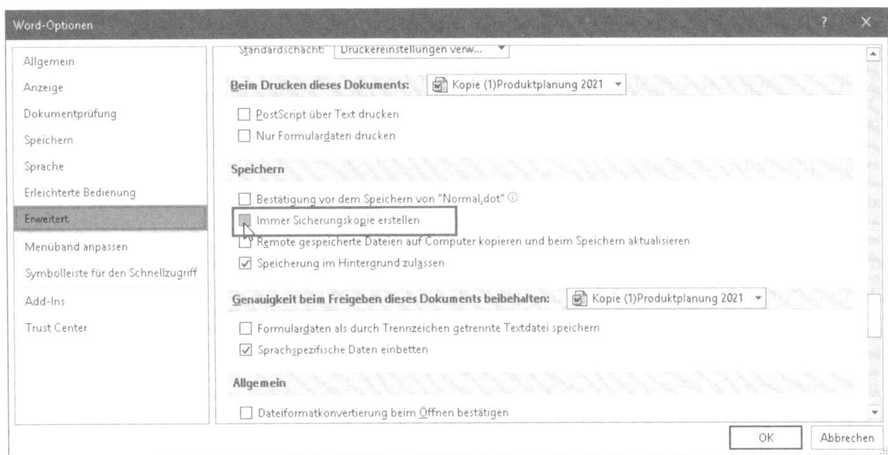

Abbildung 4.16: Aktivieren Sie das automatische Erstellen von Sicherungskopien für Word-Dokumente.

4. Schalten Sie das Kontrollkästchen *Immer Sicherungskopie erstellen* ein.
5. Klicken Sie auf *OK*.

In Zukunft legt Word nun von jeder Datei eine Sicherungskopie an. Diese Dateien besitzen übrigens die Erweiterung *.wbk (Word Backup Document)* und befinden sich im gleichen Ordner wie das Originaldokument. Wenn Sie eine Sicherungsdatei öffnen wollen, müssen Sie im Dialogfeld *Öffnen* die Liste *Dateityp* öffnen und dort den Eintrag *Alle Dateien* auswählen.

Sicherungskopie in Excel erstellen lassen

Auch Excel kann automatisch eine Sicherungskopie von Arbeitsmappen erstellen. Wenn Sie diese Option eingeschaltet haben, wird die letzte Version der Arbeitsmappe unter dem Namen *Sicherungskopie von (Originalname)* und die aktuelle Version unter dem von Ihnen vergebenen Namen gespeichert.

Im Unterschied zu Word ist es in Excel leider nicht möglich, das Erstellen einer Sicherungskopie genererell einzuschalten. Sie müssen daher für jede Arbeitsmappe, für die eine Sicherungskopie erstellt werden soll, die folgenden Schritte ausführen:

1. Klicken Sie auf die Registerkarte *Datei* und dann auf *Speichern unter.*
2. Klicken Sie im Dialogfeld *Speichern unter* auf *Tools* und dann auf *Allgemeine Optionen.*

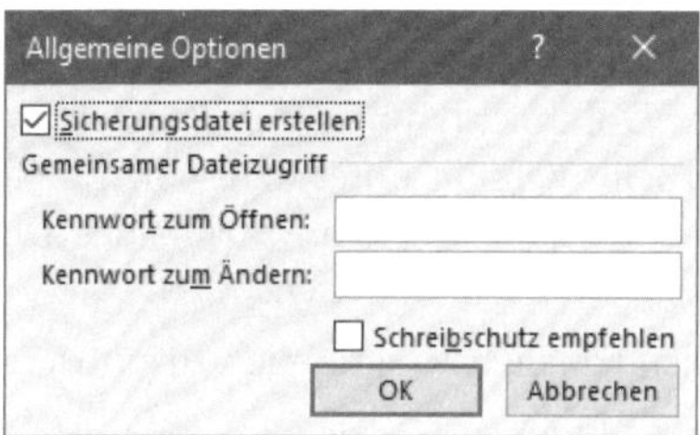

Abbildung 4.17: Aktivieren Sie hier das automatische Erstellen von Sicherungskopien für die aktuelle Excel-Arbeitsmappe.

3. Schalten Sie im Dialogfeld *Allgemeine Optionen* das Kontrollkästchen *Sicherungsdatei erstellen* ein.
4. Klicken Sie auf *OK*, um zum Dialogfeld *Speichern unter* zurückzukehren.
5. Geben Sie einen Dateinamen ein und klicken Sie dann auf *Speichern,* um die Arbeitsmappe zu speichern.

In Zukunft legt Excel von dieser Datei eine Sicherungskopie an. Diese Datei besitzt übrigens die Erweiterung *.xlk* und befindet sich im gleichen Ordner wie das Originaldokument. Wenn Sie eine Sicherungsdatei öffnen wollen, können Sie im Dialogfeld *Öffnen* die Liste *Dateityp* öffnen und dort den Eintrag *Sicherungsdateien* auswählen, um die Sicherungskopien schneller zu finden.

Die AutoWiederherstellen-Funktion

Wenn Sie an einem Office-Dokument arbeiten, sollten Sie dieses in regelmäßigen Abständen speichern. Denn selbst wenn moderne Computer und Programme mittlerweile sehr zuverlässig sind, können auch die Office-Programme jederzeit unvermittelt »abstürzen« oder der Rechner kann durch einen Defekt oder einen Stromausfall schlagartig ausfallen. Und wenn dann der letzte Speichervorgang lange zurückliegt, haben Sie unter Umständen viel Zeit verloren.

Um den Datenverlust in solchen Situationen zu minimieren, gibt es in Excel, Word und PowerPoint die sogenannte *AutoWiederherstellen*-Funktion. Wenn diese Funktion aktiviert ist, speichert die betreffende Anwendung in regelmäßigen Abständen die geöffneten Dokumente. Falls es dann zu einem Programmabsturz kommt, kann beim nächsten Start das Dokument wiederhergestellt werden, sodass nur wenige Minuten Arbeit verloren gehen.

So können Sie die *AutoWiederherstellen*-Funktion konfigurieren:

1. Klicken Sie auf die Registerkarte *Datei*.
2. Klicken Sie in der Backstage-Ansicht auf *Optionen*.
3. Klicken Sie in der Liste auf der linken Seite des Dialogfeldes *[Programmname]-Optionen* auf *Speichern*.
4. Schalten Sie das Kontrollkästchen *AutoWiederherstellen-Informationen speichern* ein.
5. Geben Sie in das Feld *Minuten* das Intervall ein, in dem die AutoWiederherstellen-Informationen gespeichert werden sollen, und klicken Sie dann auf *OK*.

Standardspeicherort und Standardformat festlegen

Wenn Sie *Speichern unter* oder *Öffnen* wählen und ein Dokument auf Ihrem Computer speichern bzw. öffnen wollen, zeigen die Dialogfelder standardmäßig den Ordner *Dokumente* an. Wenn Sie Ihre Dokumente regelmäßig in einem anderen Ordner speichern oder aus einem anderen Ordner öffnen, können Sie diese Vorgabe ändern. Sie brauchen dann in den Dialogfeldern *Speichern unter* und *Öffnen* nicht mehr manuell zu diesem Ordner zu wechseln.

Außerdem können Sie das Standarddateiformat einstellen, das zum Speichern der Dokumente verwendet werden soll. Das Standarddateiformat wird automatisch im Dialogfeld *Speichern unter* eingestellt, wenn Sie das Speichern über die Taste F12 initiieren.

1. Starten Sie die Office-App, für die Sie das Standarddateiformat und den Standardspeicherort festlegen wollen.
2. Klicken Sie auf die Registerkarte *Datei* und dann auf *Optionen*.
3. Klicken Sie in der Liste auf der linken Seite auf *Speichern*.

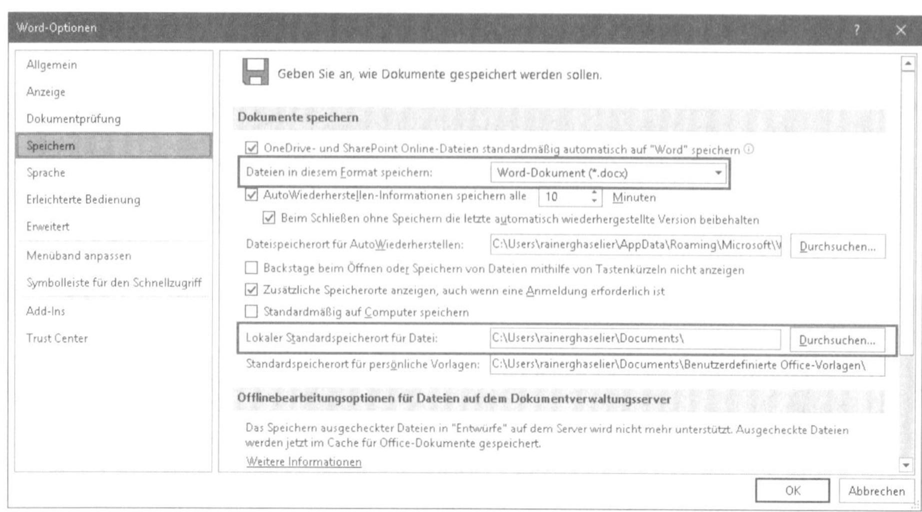

Abbildung 4.18: Legen Sie hier das Standarddateiformat und den Standardspeicherort für Word-Dokumente fest.

4. Öffnen Sie die Liste *Dateien in diesem Format speichern* und legen Sie dann das Standarddateiformat fest.
5. Klicken Sie bei Excel und PowerPoint in das Feld *Lokaler Standardspeicherort für Datei* und geben Sie den kompletten Pfadnamen des Ordners ein, den Sie als Standardspeicherort verwenden wollen.

   Bei Word können Sie auf *Durchsuchen* klicken, um das Dialogfeld *Speicherort ändern* anzeigen zu lassen und dort den Ordner auszuwählen.
6. Klicken Sie jeweils auf *OK*, um die geöffneten Dialogfelder zu schließen.

Dokumenteigenschaften in Office verwenden

In den Office-Dokumenten können Sie neben dem Dateinamen weitere Informationen aufnehmen, die Ihnen dabei helfen können, ein bestimmtes Dokument wiederzufinden. Diese Informationen, die Dokumenteigenschaften genannt werden, befinden sich in derselben Datei wie das Dokument. Neben Eigenschaften, die Sie selbst definieren und festlegen können, gehören zu den Dokumenteigenschaften statistische Informationen, wie die Anzahl der Seiten im Dokument, das Datum der letzten Speicherung usw., die vom jeweiligen Office-Programm automatisch erstellt werden.

Dokumenteigenschaften erstellen

Es gibt verschiedene Möglichkeiten, die Eigenschaften eines Dokuments zu erstellen und zu verändern. Ein Weg ist die Verwendung der Backstage-Ansicht *Informationen*. Klicken Sie dazu auf die Registerkarte *Datei* und dann auf *Informationen*.

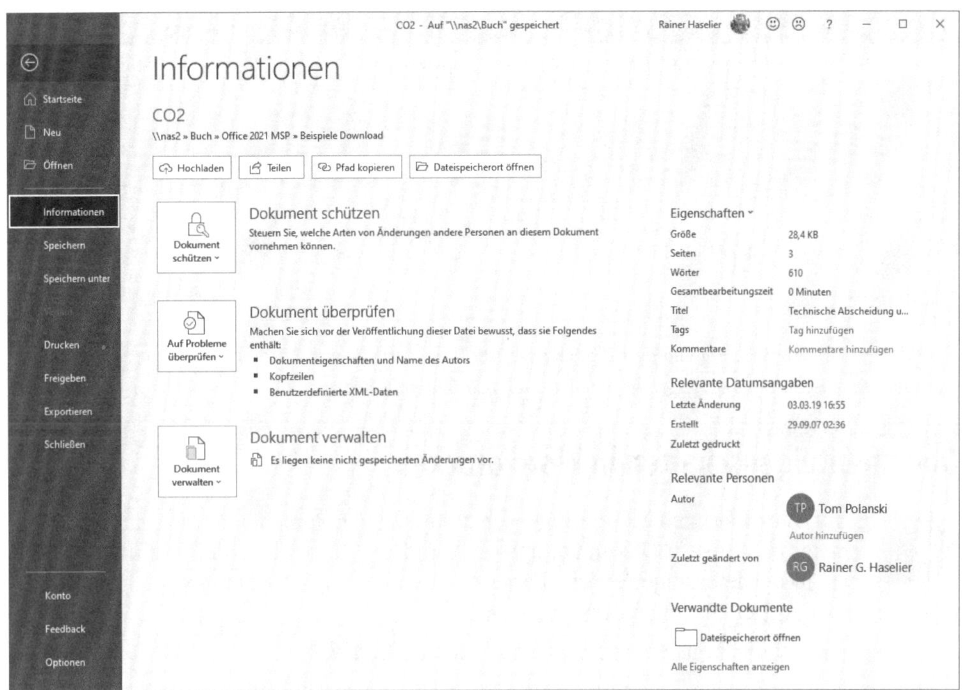

Abbildung 4.19: Auf der rechten Seite der Backstage-Ansicht Informationen *werden die Dokumenteigenschaften angezeigt, die Sie dort auch verändern können.*

Die Dokumenteigenschaften werden auf der rechten Seite der Backstage-Ansicht angezeigt. Klicken Sie eines der Felder an, die mit einem Rahmen markiert werden, wenn Sie den Mauszeiger darauf bewegen, und legen Sie die betreffenden Eigenschaften fest.

Tipp

Beachten Sie die Schaltflächen, die unterhalb des Dateinamens angezeigt werden:

- Mit der Schaltfläche *Hochladen* können Sie das Dokument, das auf Ihrem PC oder in Ihrem Netzwerk gespeichert ist, nach OneDrive hochladen.
- Mit der Schaltfläche *Teilen* können Sie das Dokument für andere freigeben und es als E-Mail-Anlage versenden (siehe Kapitel 38).
- Mit der Schaltfläche *Pfad kopieren* können Sie den vollständigen Pfad der Datei in die Zwischenablage kopieren und danach an einer anderen Stelle einfügen.
- Mit der Schaltfläche *Dateispeicherort öffnen* starten Sie den Windows-Explorer, in dem der Ordner angezeigt wird, in dem das Dokument gespeichert ist.

Alternativ können Sie die Dokumenteigenschaften auch während des Speicherns festlegen (siehe Abbildung auf der nächsten Seite). Klicken Sie dazu unten im Dialogfeld *Speichern unter* auf *Ordner ausblenden.*

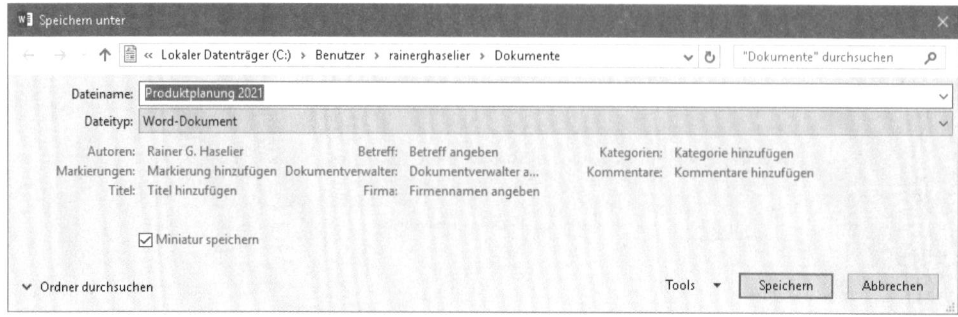

Abbildung 4.20: Wenn Sie im Dialogfeld Speichern unter *auf* Ordner ausblenden *klicken, werden die Dokumenteigenschaften angezeigt, die Sie hier auch bearbeiten können.*

Dokumenteigenschaften in Word drucken

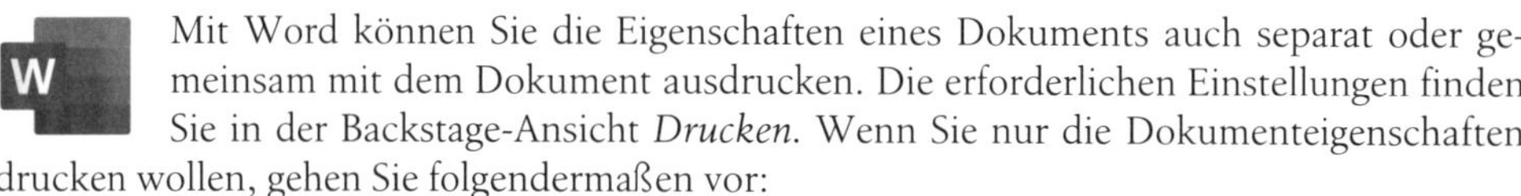

Mit Word können Sie die Eigenschaften eines Dokuments auch separat oder gemeinsam mit dem Dokument ausdrucken. Die erforderlichen Einstellungen finden Sie in der Backstage-Ansicht *Drucken*. Wenn Sie nur die Dokumenteigenschaften drucken wollen, gehen Sie folgendermaßen vor:

1. Klicken Sie auf die Registerkarte *Datei* und dann auf *Drucken*.
2. Öffnen Sie im Bereich *Einstellungen* die Liste *Druckauswahl* und klicken Sie auf *Dokumentinformationen*.

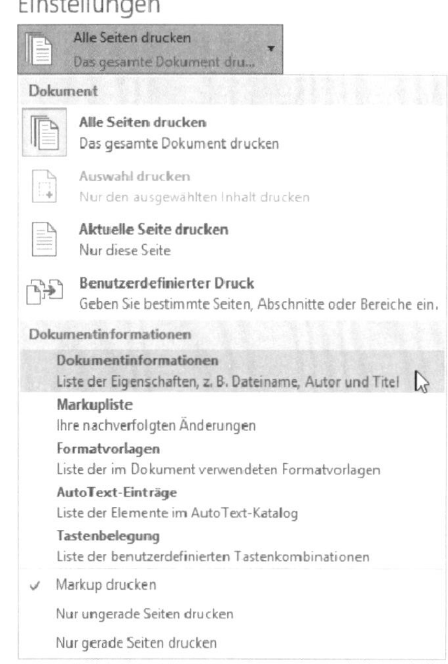

Abbildung 4.21: Hier legen Sie fest, dass nur die Dokumenteigenschaften ausgedruckt werden sollen.

3. Stellen Sie weitere Druckoptionen ein und klicken Sie dann auf *Drucken*.

Wenn Sie das Dokument gemeinsam mit den Dokumenteigenschaften ausdrucken lassen wollen, gehen Sie wie folgt vor:

1. Klicken Sie auf die Registerkarte *Datei* und dann auf *Optionen.*
2. Wechseln Sie im Dialogfeld *Word-Optionen* zur Kategorie *Anzeige.*
3. Schalten Sie im Abschnitt *Druckoptionen* das Kontrollkästchen *Dokumenteigenschaften drucken* ein. Die Dokumenteigenschaften werden dann auf einer eigenen Seite gedruckt und die aktuellen Werte z. B. für die statistischen Angaben ausgegeben.

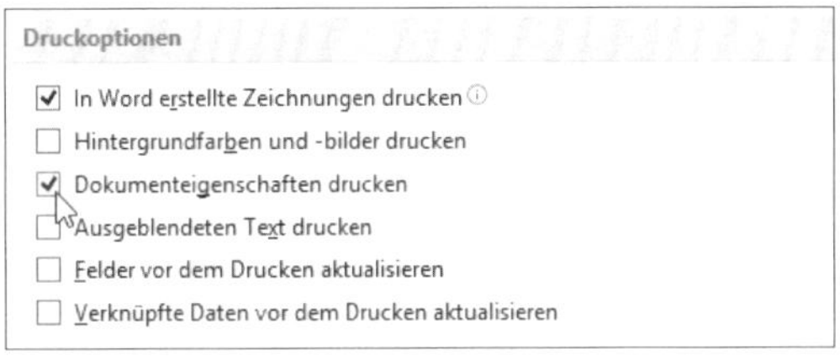

Druckoptionen
In Word erstellte Zeichnungen drucken
Hintergrundfarben und -bilder drucken
Dokumenteigenschaften drucken
Ausgeblendeten Text drucken
Felder vor dem Drucken aktualisieren
Verknüpfte Daten vor dem Drucken aktualisieren

Abbildung 4.22: Wenn Sie diese Option einschalten, werden die Dokumenteigenschaften auf einer eigenen Seite gemeinsam mit dem Dokument ausgedruckt.

4. Klicken Sie auf *OK,* um das Dialogfeld *Word-Optionen* zu schließen.
5. Klicken Sie auf die Registerkarte *Datei* und dann auf *Drucken.* Stellen Sie, falls gewünscht, die Druckoptionen ein und klicken Sie dann auf *Drucken.*

Tipp Beachten Sie, dass das Kontrollkästchen *Dokumenteigenschaften drucken* nur dann aktiviert bzw. deaktiviert werden kann, wenn im Listenfeld *Drucken* der Backstage-Ansicht *Drucken* die Option *Dokument* ausgewählt ist.

Das Office-Dateiformat

Seit der Office-Version 2007 besitzen Word, Excel und PowerPoint ein neues Dateiformat, das auf XML basiert und der Spezifikation OpenXML entspricht. Dieses Dateiformat ist eigentlich eine ZIP-komprimierte Datei, in deren Struktur sich weitere Dateien und Unterordner befinden, in denen die verschiedenen Elemente abgelegt sind, die den Dokumentinhalt beschreiben, sowie die Dokumenteigenschaften und andere Merkmale. Durch die Komprimierung sind Office-Dokumente, die das neue Dateiformat verwenden, kleiner als in den vorhergehenden Versionen.

Kompatibilitätsmodus

Wenn Sie in Word, Excel und PowerPoint eine Datei öffnen, die in einem der Formate der Vorgängerversionen gespeichert wurde, wird die Datei automatisch im sogenannten Kompatibilitätsmodus geöffnet, was auch in der Titelleiste des Fensters angegeben wird. Wenn Sie ein Dokument im alten Format öffnen, stehen Ihnen jedoch nicht alle Formatierungsmerkmale und Funktionen zur Verfügung, die die neue Version des Programms bietet. Durch die Verwendung des Kompatibilitätsmodus wird sichergestellt, dass die Datei nach der Bearbeitung weiterhin von Anwendern geöffnet werden kann, die die ältere Version des jeweiligen Programms verwenden.

Konvertieren in das aktuelle Dateiformat

Wenn Sie ein Dokument in einem der älteren Formate geöffnet haben, können Sie es in den Desktop-Apps in das neue Format konvertieren:

1. Klicken Sie auf die Registerkarte *Datei* und dann auf *Informationen.*

Abbildung 4.23: In der Backstage-Ansicht Informationen *können Sie Dateien in das aktuelle Office-Dateiformat konvertieren.*

2. Klicken Sie auf *Konvertieren.* Die Office-App zeigt das folgende Meldungsfeld an:

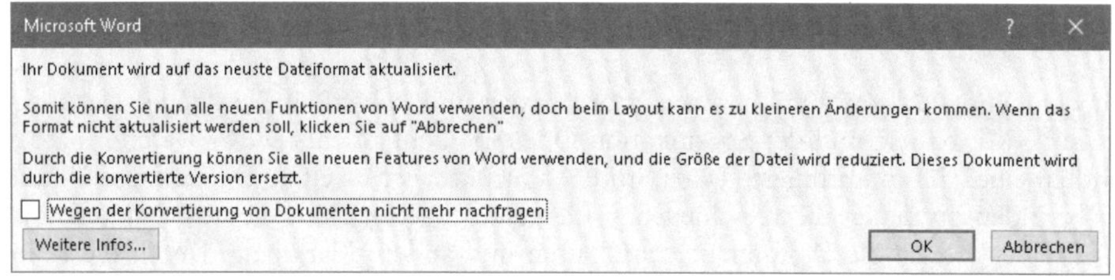

Abbildung 4.24: Dieser Warnhinweis wird beim Konvertieren in das neue Dateiformat angezeigt.

Der entscheidende Satz in diesem Meldungsfeld ist: »... doch beim Layout kann es zu kleineren Änderungen kommen.« Bei einfachen Dokumenten wird die Konvertierung meistens gut über die Bühne gehen, wenn die Dokumente komplexer sind und die fortgeschritteneren Funktionen der alten Versionen verwenden, kann die Konvertierung aber schon mal schiefgehen.

Wenn Sie Dokumente in das neue Format konvertieren, sollten Sie nach der Konvertierung auf die Registerkarte *Datei* klicken, den Befehl *Speichern unter* wählen und in das Feld *Dateiname* einen neuen Dateinamen eingeben, um so, falls es erforderlich sein sollte, wieder auf die ursprüngliche, intakte Dateiversion im alten Dateiformat zurückgreifen zu können.

Dokument im XPS- oder PDF-Format erstellen

Seit der Office-Version 2007 können Sie mit den Apps Dokumente im Portable Document Format (PDF) speichern. PDF ist ein Format, das von Adobe entwickelt wurde und das Aussehen des Dokuments beibehält – einschließlich Schriftarten, Grafiken und Formatierung –, sodass das Dokument unabhängig vom Ausgabegerät immer gleich angezeigt wird.

Neben dem PDF-Format unterstützen die Office-Anwendungen auch das Erstellen von XPS-Dateien. Ein XPS-Dokument ist ebenfalls eine plattformunabhängige Datei, die seitenweise die endgültige Darstellung eines Dokuments so speichert, wie es ausgedruckt wird. XPS wurde von Microsoft entwickelt und besitzt Ähnlichkeiten mit PDF, jedoch basiert XPS auf XML. Eine XPS-Datei ist übrigens wie das neue Standarddateiformat von Word eine ZIP-komprimierte Datei, in der sich weitere Dateien und Unterordner befinden, die die eigentlichen Informationen zu den Seiten des Dokuments beinhalten.

Führen Sie folgende Schritte durch, um ein Dokument als PDF- oder XPS-Datei zu speichern:

1. Klicken Sie auf die Registerkarte *Datei* und dann auf *Exportieren*.
2. Klicken Sie auf der linken Seite auf *PDF/XPS-Dokument erstellen* und dann auf der rechten Seite auf die Schaltfläche *PDF/XPS-Dokument erstellen*.

   Das Dialogfeld *Als PDF oder XPS veröffentlichen* wird geöffnet (siehe Abbildung 4.25).
3. Geben Sie in das Feld *Dateiname* den Namen der exportierten Datei ein. Die Office-Programme verwenden standardmäßig den Namen der ursprünglichen Office-Datei.
4. Öffnen Sie die Liste *Dateityp* und legen Sie fest, ob Sie ein PDF- oder ein XPS-Dokument erstellen wollen.

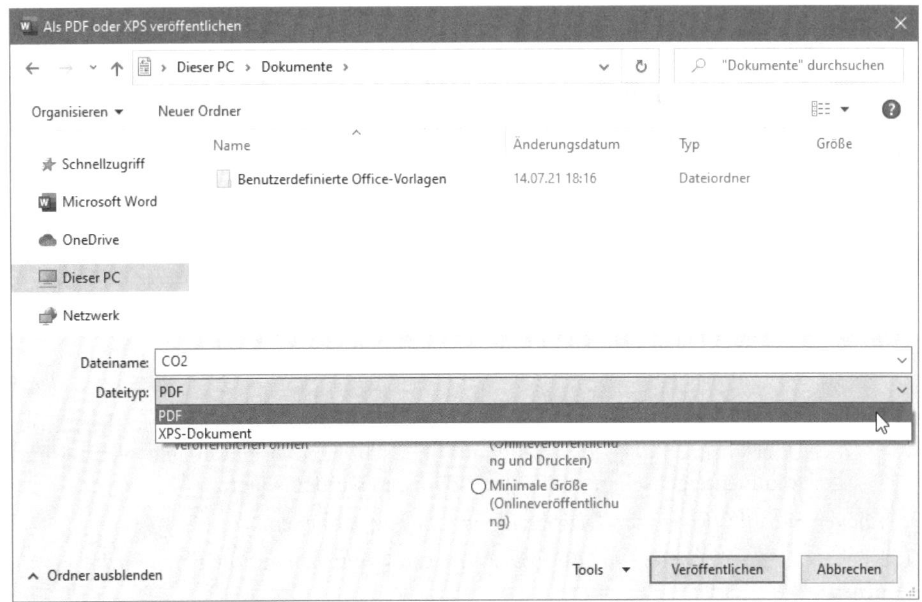

Abbildung 4.25: Im Dialogfeld Als PDF oder XPS veröffentlichen *legen Sie den Dateityp, den Dateinamen und weitere Exporteinstellungen fest.*

5. Schalten Sie das Kontrollkästchen *Datei nach dem Veröffentlichen öffnen* ein, wenn Sie sich die erzeugte Datei ansehen wollen. (Der Ausdruck »veröffentlichen« ist hier etwas verwirrend; denken Sie sich an seiner Stelle einfach den Begriff »erstellen«.)
6. PDF- und XPS-Dateien können entweder für den Druck oder für eine schnelle Bildschirmdarstellung optimiert werden. Wenn Sie bei *Optimieren für* die Option *Minimale Größe (Onlineveröffentlichung)* auswählen, wird die Datei kleiner, jedoch ist die Qualität des Ausdrucks nicht so gut.
7. Klicken Sie die Schaltfläche *Optionen* an, um weitere Optionen für das Erstellen einzustellen.
8. Die Optionen sind bei den beiden Formaten leicht unterschiedlich. Das Dialogfeld für PDF-Dateien zeigt die Grafik auf der linken Seite in Abbildung 4.26, das für XPS-Dateien sehen Sie auf der rechten Seite.

   Nehmen Sie weitere Einstellungen vor:

   - Legen Sie wie beim Drucken unter *Seitenbereich* fest, ob alle, nur die aktuelle oder ob bestimmte Seiten des Dokuments exportiert werden sollen.
   - Legen Sie im Bereich *Was veröffentlichen* fest, ob nur das Dokument oder auch die im Dokument enthaltenen Markups (Kommentare) exportiert werden sollen.

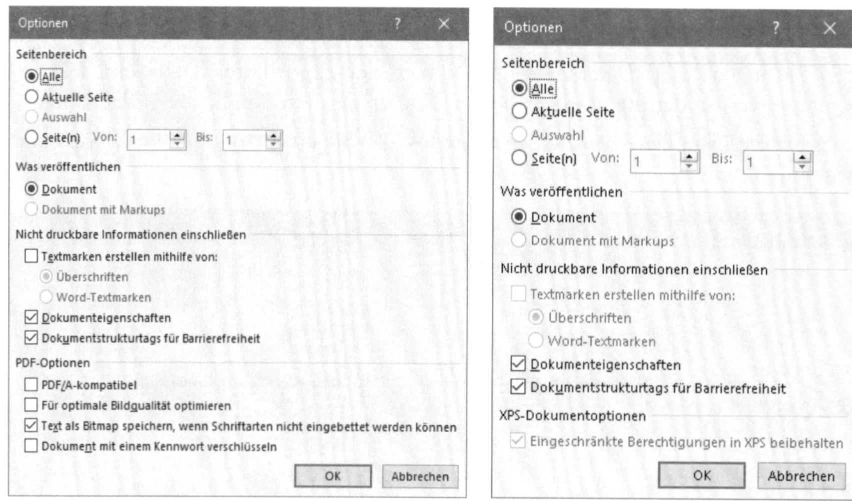

Abbildung 4.26: Links sehen Sie die Optionen beim Erstellen einer PDF-Datei und rechts diejenigen, die für XPS-Dokumente zur Verfügung stehen.

   - Im Bereich *Nicht druckbare Informationen einschließen* können Sie festlegen, ob aus den Überschriften des Dokuments automatisch Textmarken erstellt werden und ob die Dokumenteigenschaften mit eingeschlossen werden sollen.

9. Klicken Sie auf *OK*, um das Dialogfeld *Optionen* zu schließen.
10. Klicken Sie im Dialogfeld *Als PDF oder XPS veröffentlichen* auf die Schaltfläche *Veröffentlichen.*

Nach einer kurzen Wartezeit ist die PDF- bzw. die XPS-Datei erstellt. Wenn Sie das Kontrollkästchen *Datei nach dem Veröffentlichen öffnen* eingeschaltet haben, wird die Datei im entsprechenden Viewer angezeigt.

Kapitel 5

Standardbearbeitungsaktionen in Office-Dokumenten

Einer der Vorteile, die die Office-Suite mit sich bringt, sind die großen Gemeinsamkeiten der einzelnen Programme. Wichtige Standardaktionen funktionieren bei allen Programmen fast identisch. Diesem lobenswerten Konzept wollen wir uns anschließen und stellen Ihnen in diesem Kapitel die wichtigsten programmübergreifenden Bearbeitungsaktionen nur ein Mal vor und nicht doppelt oder dreifach. Trotz aller Gemeinsamkeiten gibt es bei einigen Befehlen kleine Details, in denen sich die einzelnen Apps unterscheiden. Wir werden auf solche Besonderheiten dann beim jeweiligen Programm eingehen.

Elemente kopieren und verschieben

Zwei der Basisfunktionen beim Bearbeiten von Dokumenten sind das Kopieren und das Verschieben von Elementen. Bei diesen Elementen kann es sich um Text, um Grafiken, um Zellen in Excel usw. handeln. Der einfachste und schnellste Weg zum Verschieben und Kopieren ist die Verwendung der Kontextmenüs oder der Tastenkombinationen.

Einfaches Kopieren in vier Schritten

1. Markieren Sie den Text, die Grafik usw., den/die Sie kopieren wollen. Verwenden Sie zum Markieren die Tastatur, die Maus oder die entsprechenden Gesten, falls Sie einen Touchscreen nutzen.
2. Führen Sie eine der folgenden Aktionen durch:
   - Klicken Sie die Markierung mit der rechten Maustaste an und wählen Sie im Kontextmenü *Kopieren*.
   - Klicken Sie auf der Registerkarte *Start* in der Gruppe *Zwischenablage* auf *Kopieren*.
   - Drücken Sie die Tastenkombination Strg+C.

   Eine Kopie der Markierung wird in der Zwischenablage abgelegt.
3. Setzen Sie den Cursor/die Einfügemarke an die Zielstelle. Verwenden Sie hierfür die Maus oder die Tastatur.
4. Führen Sie eine der folgenden Aktionen durch:
   - Klicken Sie die Einfügestelle mit der rechten Maustaste an und wählen Sie im Kontextmenü *Einfügen*.
   - Klicken Sie auf der Registerkarte *Start* in der Gruppe *Zwischenablage* auf *Einfügen*.
   - Drücken Sie die Tastenkombination Strg+V.

   Das in Schritt 2 kopierte Element wird an der Position der Einfügemarke eingefügt.

Einfaches Verschieben in vier Schritten

1. Markieren Sie den Text, die Grafik usw., den/die Sie kopieren wollen. Verwenden Sie zum Markieren die Tastatur oder die Maus.
2. Führen Sie eine der folgenden Aktionen durch:
   - Klicken Sie die Markierung mit der rechten Maustaste an und wählen Sie im Kontextmenü *Ausschneiden*.
   - Klicken Sie auf der Registerkarte *Start* in der Gruppe *Zwischenablage* auf *Ausschneiden*.
   - Drücken Sie die Tastenkombination Strg+X.

   Die Auswahl wird gelöscht und in der Zwischenablage abgelegt.
3. Setzen Sie den Cursor/die Einfügemarke an die Zielstelle. Verwenden Sie hierfür die Maus oder die Tastatur.

4. Führen Sie eine der folgenden Aktionen durch:
   - Klicken Sie die Einfügestelle mit der rechten Maustaste an und wählen Sie im Kontextmenü *Einfügen*.
   - Klicken Sie auf der Registerkarte *Start* in der Gruppe *Zwischenablage* auf *Einfügen*.
   - Drücken Sie die Tastenkombination Strg+V.

   Das in Schritt 2 ausgeschnittene Element wird an der Position der Einfügemarke eingefügt.

Hinweis Bitte beachten Sie, dass sich die Einfügestelle nicht unbedingt in demselben Dokument befinden muss, in dem Sie die Markierung kopiert bzw. ausgeschnitten haben. Die Einfügestelle kann sich auch in einem anderen Dokument des gleichen Typs (also beispielsweise Kopieren/Verschieben von Word nach Word) befinden oder in einem Dokument, das Sie mit einer anderen Office-App erstellen. In diesem Fall wechseln Sie vor dem Einfügen zu der anderen App.

Einfügeoptionen verwenden

Mit den sogenannten Einfügeoptionen legen Sie fest, welche Formatierungen des Elements beim Kopieren bzw. Verschieben erhalten bleiben sollen und ob eventuell Änderungen vorgenommen werden sollen. Die Möglichkeiten, die Ihnen zur Verfügung stehen, sind je nach App ein wenig anders. In Word und Excel können Sie das Format entweder direkt beim Einfügen oder auch nach dem Einfügen festlegen. In PowerPoint legen Sie das Format direkt beim Einfügen fest.

Um beim Einfügen das gewünschte Format festzulegen, führen Sie eine der folgenden Aktionen durch:

- Klicken Sie auf der Registerkarte *Start* auf den Pfeil der Schaltfläche *Einfügen*, also den unteren Bereich der Schaltfläche. Klicken Sie dann die gewünschte Einfügeoption an.
- Klicken Sie die Einfügestelle mit der rechten Maustaste an. Wählen Sie im Kontextmenü im Bereich *Einfügeoptionen* das Format aus, mit dem das Element eingefügt werden soll. Hier werden die gleichen Einfügeoptionen angezeigt, die Sie sehen, wenn Sie im Menüband den Pfeil der Schaltfläche *Einfügen* anklicken.

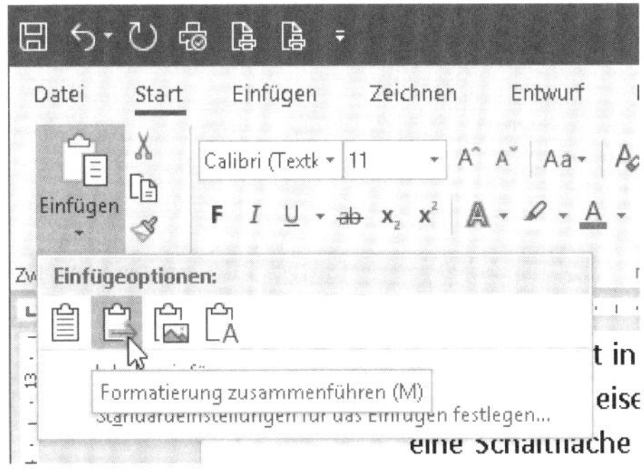

Abbildung 5.1: Über die Einfügeoptionen im Menüband wählen Sie beim Einfügen das Format aus, in dem das Element eingefügt werden soll.

Wenn Sie ein Element eingefügt haben, beispielsweise mit der Tastenkombination Strg+V, wird unterhalb des eingefügten Elements die Schaltfläche *Einfügeoptionen* angezeigt. Sie können diese Schaltfläche verwenden, um das Format des eingefügten Elements zu verändern. Dies ist auch mehrfach möglich; Sie können also mit den verschiedenen Optionen experimentieren.

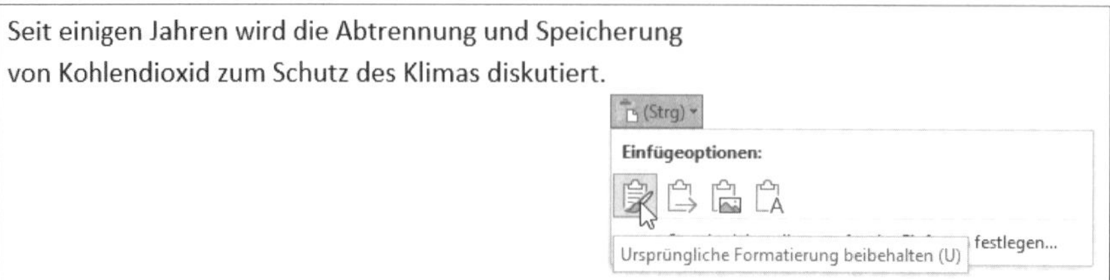

Abbildung 5.2: Die Schaltfläche Einfügeoptionen *erlaubt Ihnen ebenfalls, das einzufügende Format auszuwählen.*

Die Einfügeoptionen unterscheiden sich leicht nach den verschiedenen Anwendungen und danach, ob Sie Text, Grafiken, Folienelemente (PowerPoint) oder Zellen mit/ohne Formeln (Excel) in die Zwischenablage kopiert haben. Hier eine Übersicht der wichtigsten Optionen und ihrer Bedeutung:

- **Ursprüngliche Formatierung beibehalten** Mit dieser Option wird das Erscheinungsbild des Originaltexts beibehalten.
- **Formatierung zusammenführen** Mit dieser Option wird die Formatierung so geändert, dass sie mit dem Text davor und dahinter übereinstimmt.
- **Nur den Text übernehmen** Mit dieser Option wird die gesamte ursprüngliche Formatierung aus dem Text entfernt.
- **Zieldesign verwenden und Arbeitsmappe einbetten/verknüpfen** Mit dieser Option wird die Formatierung des eingefügten Elements, z. B. eines Diagramms, an das Design angepasst, das im Zieldokument verwendet wird. Das Element kann eingefügt oder verknüpft werden.
- **Grafik** Fügt das Element aus der Zwischenablage als Grafik ein; bei dem Element kann es sich auch um eine in Excel erstellte Tabelle oder ein Diagramm handeln.

Beim Kopieren und Einfügen zwischen Excel-Arbeitsmappen stehen Ihnen weitere Einfügeoptionen zur Verfügung (siehe Abbildung 5.3). Sie beziehen sich vor allem darauf, ob Formeln oder ob lediglich die Werte kopiert werden sollen. Hier eine Auswahl der Optionen:

- **Werte** Diese Option erscheint nur, wenn die eingefügten Daten Formeln enthalten. Wenn Sie diese Option wählen, werden alle Formeln entfernt und es werden nur die resultierenden Werte eingefügt.
- **Formeln** Diese Option erscheint, wenn die eingefügten Daten Formeln enthalten. Wenn Sie diese Option wählen, werden die Formeln kopiert.
- **Werte und Zahlenformate** Die Formatierung der numerischen Werte und der Datumsangaben bleibt erhalten; die Textformatierung wird entfernt. Außerdem werden die Formeln entfernt und nur die Formelergebnisse eingefügt.
- **Werte und Quellformatierung** Diese Option entfernt alle Formeln (es werden nur die Werte eingefügt); alle Formatierungen bleiben jedoch erhalten.

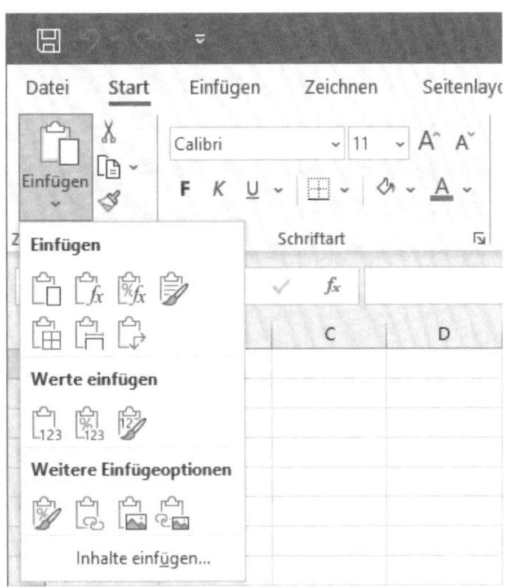

Abbildung 5.3: Beim Kopieren und Einfügen innerhalb von Excel stehen Ihnen weitere, speziell auf Excel-Tabellen zugeschnittene Einfügeoptionen zur Verfügung.

- **Transponieren** Diese Option ist nützlich, wenn Sie die Spalten/Zeilen vertauschen wollen. Wenn Sie *Transponieren* wählen, wird die eingefügte Tabelle um 90 Grad gedreht: Aus den kopierten Zeilen werden Spalten und aus den kopierten Spalten die Zeilen des eingefügten Tabellenbereichs.

Einfügeoptionen konfigurieren

Wenn die Schaltfläche *Einfügeoptionen* nicht bei jedem Einfügen von Inhalt angezeigt werden soll oder falls Sie die Schaltfläche *Einfügeoptionen* nicht sehen, können Sie die betreffende Option aus- bzw. einschalten:

1. Klicken Sie auf die Registerkarte *Datei* und dann auf *Optionen.*
2. Klicken Sie im Dialogfeld *Optionen* auf die Kategorie *Erweitert.*
3. Aktivieren oder deaktivieren Sie im Abschnitt *Ausschneiden, Kopieren und Einfügen* das Kontrollkästchen *Schaltfläche für Einfügeoptionen anzeigen, wenn Inhalt eingefügt wird,* um die Schaltfläche *Einfügeoptionen* ein- bzw. auszublenden.

Wenn Sie in Word ein Element aus der Zwischenablage einfügen und dabei auf den oberen Teil der Schaltfläche *Einfügen* klicken bzw. die Tastenkombination Strg + V drücken, verwendet Word eine Standardeinfügeoption.

Sie können festlegen, wie der jeweilige Inhalt standardmäßig eingefügt werden soll:

1. Klicken Sie auf der Registerkarte *Start* auf den Pfeil der Schaltfläche *Einfügen.*
2. Klicken Sie auf *Standardoptionen für das Einfügen festlegen.* Word öffnet das Dialogfeld *Word-Optionen* und zeigt den Abschnitt *Ausschneiden, Kopieren und Einfügen* der Kategorie *Erweitert* an (siehe Abbildung auf der nächsten Seite).
3. Wählen Sie in den folgenden Feldern die gewünschte Einstellung aus:
   - *Einfügen innerhalb desselben Dokuments*
   - *Einfügen zwischen zwei Dokumenten*

Office-Dokumente erstellen

- *Einfügen zwischen Dokumenten, wenn Formatvorlagendefinitionen nicht übereinstimmen*
- *Einfügen aus anderen Programmen*

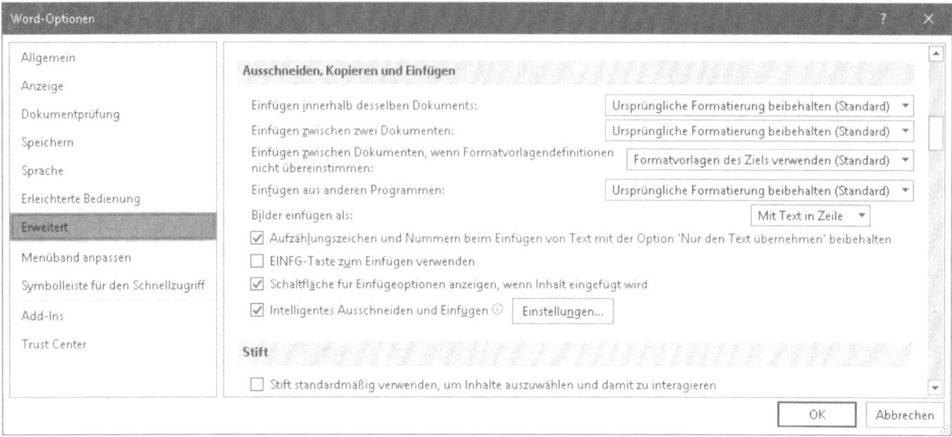

Abbildung 5.4: In Word können Sie das Standardverhalten beim Einfügen konfigurieren.

Den Aufgabenbereich »Zwischenablage« verwenden

In allen Office-Apps können Sie die Office-Zwischenablage verwenden. Anders als in der normalen Zwischenablage, in der sich immer nur das zuletzt kopierte oder ausgeschnittene Element befindet, funktioniert die Office-Zwischenablage so ähnlich wie eine Pinnwand: Sie können dort etwas anheften, um es später wieder zu entnehmen. In der Office-Zwischenablage können bis zu 24 Elemente abgelegt werden.

Den Inhalt der Office-Zwischenablage können Sie sich ansehen, indem Sie den Aufgabenbereich *Zwischenablage* öffnen. Klicken Sie dazu auf der Registerkarte *Start* in der Gruppe *Zwischenablage* auf das *Startprogramm für ein Dialogfeld* (siehe Abbildung 5.5).

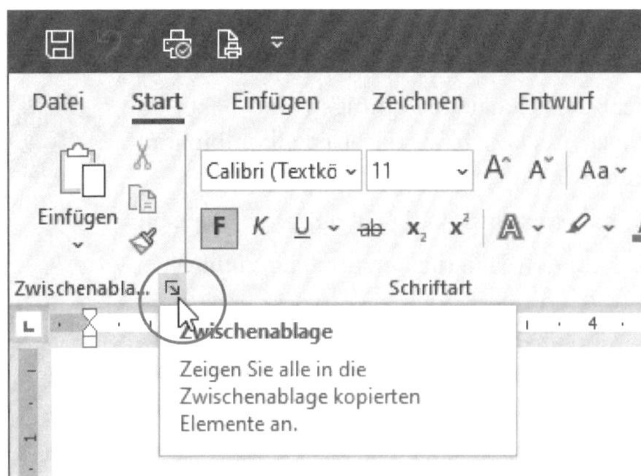

Abbildung 5.5: Die Office-Zwischenablage anzeigen lassen

Um ein beliebiges Element aus der Office-Zwischenablage einzufügen, führen Sie folgende Schritte durch:

1. Schalten Sie, wenn sie nicht sichtbar ist, die Office-Zwischenablage ein.
2. Klicken Sie auf den Pfeil neben dem Element, das Sie einfügen wollen.
3. Klicken Sie auf *Einfügen.*

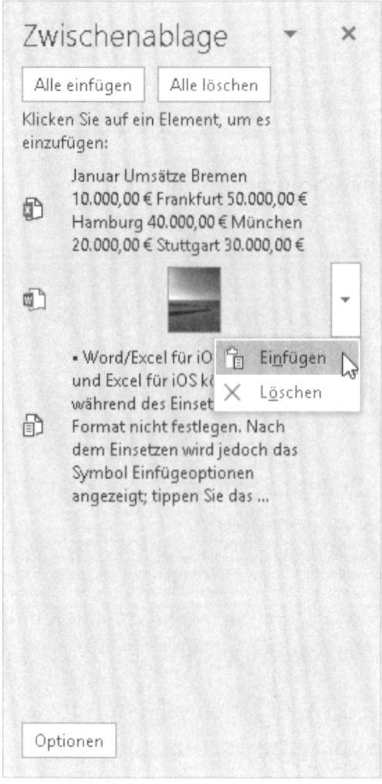

Abbildung 5.6: Der Aufgabenbereich Zwischenablage *mit Elementen aus verschiedenen Office-Apps*

Rechtschreibprüfung verwenden

Die Rechtschreibreform gibt Ihnen bei einigen Wörtern zwar ungeahnte Möglichkeiten (z.B. »Stängel« statt »Stengel«), aber an einige Regeln müssen Sie sich doch noch halten. Hier hilft die automatische Rechtschreibprüfung in Word und PowerPoint, die den Text bereits beim Eintippen überprüft und Fehler mit einer roten Wellenlinie kennzeichnet.

Gefundene Fehler in Word und PowerPoint korrigieren

Wenn Sie ein Wort, das mit einer roten Wellenlinie gekennzeichnet wurde, korrigieren möchten, gehen Sie folgendermaßen vor:

1. Klicken Sie das Wort mit der rechten Maustaste an. Es öffnet sich ein kleines Menü, in dem oben die Vorschläge der Rechtschreibprüfung stehen (wenn eines der Programme, die die automatische Rechtschreibprüfung unterstützen, welche zu bieten hat).

2. Klicken Sie den richtigen Vorschlag an, um das fehlerhafte Wort durch das korrekte zu ersetzen.

Abbildung 5.7: Fehler werden mit einer roten Wellenlinie gekennzeichnet. Über das Kontextmenü können Sie Fehler, die die automatische Rechtschreibprüfung gefunden hat, schnell korrigieren.

Wenn die automatische Rechtschreibprüfung aktiv ist, wird in der Statusleiste ein kleines Buchsymbol angezeigt, an dem Sie erkennen können, ob derzeit eine Prüfung stattfindet oder nicht und ob im Dokument Fehler gefunden wurden.

Was tun bei korrekt geschriebenen Wörtern, die die Rechtschreibprüfung aber nicht kennt?

In dem Kontextmenü, das Sie in Abbildung 5.7 sehen, wird zwar häufig die richtige Schreibweise angezeigt, aber es kommt auch vor, dass unbekannte Wörter, wie Eigennamen oder Fachbegriffe, als falsch geschrieben markiert werden. In solchen Fällen können Sie den Befehl *Alle ignorieren* benutzen. Das Programm geht dann für den restlichen Text davon aus, dass das Wort richtig geschrieben ist.

Wollen Sie, dass das Wort generell nicht mehr angemahnt wird, wählen Sie im Kontextmenü den Befehl *Zum Wörterbuch hinzufügen*. Es wird dann in das *Benutzerwörterbuch* aufgenommen und in Zukunft immer akzeptiert.

Automatische Rechtschreibprüfung in Word und PowerPoint einschalten

Sollte die automatische Rechtschreibprüfung nicht eingeschaltet sein, gehen Sie in Word und PowerPoint so vor:

1. Klicken Sie auf die Registerkarte *Datei* und dann auf *Optionen*.
2. Wechseln Sie zur Kategorie *Dokumentprüfung*.

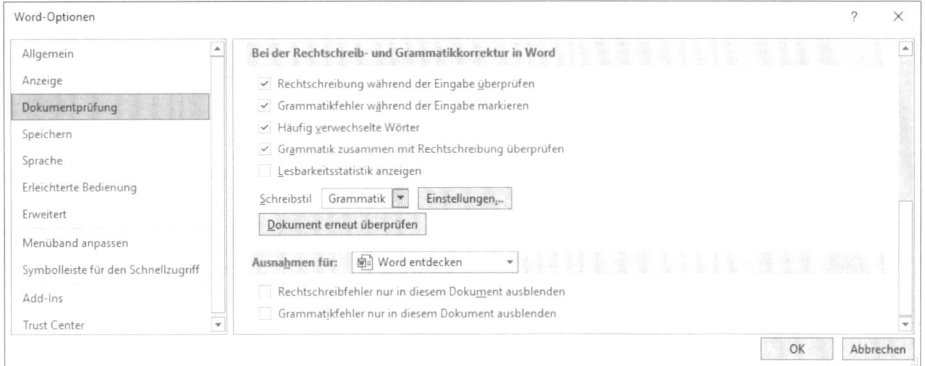

Abbildung 5.8: In diesem Bereich des Dialogfeldes aktivieren Sie die automatische Rechtschreibprüfung in Word und PowerPoint; hier exemplarisch das Dialogfeld Word-Optionen.

3. Schalten Sie das Kontrollkästchen *Rechtschreibung während der Eingabe überprüfen* ein.
4. Schließen Sie das Dialogfeld mit *OK*.

Rechtschreibprüfung in Excel

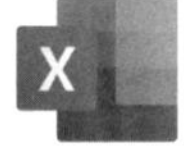

Auch Excel besitzt eine Rechtschreibprüfung, jedoch müssen Sie sie manuell aufrufen. Um die manuelle Rechtschreibprüfung zu starten, wechseln Sie zur Registerkarte *Überprüfen* und klicken in der Gruppe *Rechtschreibung* auf *Rechtschreibung*. (Die manuelle Rechtschreibprüfung können Sie in Word und PowerPoint genauso aufrufen.) Das Dialogfeld *Rechtschreibung* wird angezeigt. Es sieht bei den verschiedenen Office-Programmen etwas unterschiedlich aus. Die wichtigsten Schaltflächen sind jedoch identisch.

Abbildung 5.9: Das Dialogfeld für die manuelle Rechtschreibprüfung

- Mit *Einmal ignorieren* wird der Fehler an dieser Stelle im Dokument ignoriert, *Alle ignorieren* übergeht ihn für das gesamte Dokument.
- Wenn Sie auf *Ändern* klicken, wird der Fehler durch das Wort in der Liste *Vorschläge* korrigiert. Wenn dort mehrere Wörter stehen, markieren Sie das richtige. Durch einen Klick auf *Immer ändern* wird der Fehler im gesamten Dokument entsprechend korrigiert.
- Mit der Schaltfläche *Zum Wörterbuch hinzufügen* wird das Wort in das Benutzerwörterbuch aufgenommen und in Zukunft immer akzeptiert.

Tipp

Für Standardfehler eignet sich die AutoKorrektur besser Wenn die Rechtschreibprüfung einen Fehler gefunden hat, der Ihnen häufiger unterläuft – z. B. einen Buchstabendreher –, sollten Sie das Wort der AutoKorrektur übergeben. Wenn Sie das Wort dann beim nächsten Mal wieder falsch schreiben, wird es direkt bei der Eingabe durch die richtige Schreibweise ersetzt.

Korrekturhilfen für weitere Sprachen

Wenn Sie mit Office Dokumente in unterschiedlichen Sprachen erstellen, können Sie kostenlos die Korrekturhilfen für zusätzliche Sprachen installieren. Sie können die folgenden Schritte in einem beliebigen Office-Programm durchführen. Korrekturhilfen, die Sie in einer Anwendung hinzufügen, stehen automatisch in allen Anwendungen zur Verfügung.

1. Klicken Sie auf die Registerkarte *Datei* und dann auf *Optionen.*
2. Wechseln Sie zur Kategorie *Sprache.*
3. Klicken Sie im Bereich *Office-Erstellungssprache und -Korrekturhilfen* auf *Sprache hinzufügen.*
4. Wählen Sie die gewünschte Sprache aus, schalten Sie ggf. das Kontrollkästchen *Korrekturhilfen abrufen ein* und klicken Sie auf *Hinzufügen.*

   Die Office-Anwendung öffnet daraufhin die Microsoft-Website, von der Sie das Setup-Programm für die Korrekturhilfen herunterladen können.

6. Klicken Sie auf *Download*, laden Sie das Setup-Programm für die Korrekturhilfen herunter und starten Sie es. Während der Installation der Korrekturhilfen werden Sie möglicherweise aufgefordert, die Office-Apps zu beenden.

Abbildung 5.10: Sie können Korrekturhilfen für weitere Sprachen kostenlos herunterladen und dann in den Office-Programmen verwenden.

5. Starten Sie nach Abschluss der Installation die Office-Anwendung erneut. Nach einem Neustart des Programms steht die Sprache zur Verfügung.

Sprache für markierten Text festlegen

Die Rechtschreibprüfung vergleicht den Text mit Wörterbüchern, die für die verschiedensten Sprachen zur Verfügung stehen. In Word wird die Sprache des Textes, in dem sich die Einfügemarke befindet, in der Statusleiste neben dem Buchsymbol angezeigt.

Word versucht automatisch zu erkennen, welche Sprache der Text in Ihrem Dokument besitzt. Sie können in Word die automatische Spracherkennung komplett abschalten. In Word und PowerPoint können Sie manuell festlegen, welche Sprache ein bestimmter Textbereich hat.

Um für eine Textstelle die Sprache festzulegen, gehen Sie so vor:

1. Markieren Sie den Text, dem Sie eine bestimmte Sprache zuweisen wollen.
2. Klicken Sie in der Statusleiste auf die Schaltfläche mit der aktuellen Sprache. (Wenn Sie die Statusleiste so konfiguriert haben, dass dieses Element nicht angezeigt wird, öffnen Sie die Registerkarte *Überprüfen* und klicken in der Gruppe *Sprache* auf die Schaltfläche *Sprache* und dann auf *Sprache für die Korrekturhilfen festlegen.)*
3. Wählen Sie in der Liste eine Sprache aus. Für die Sprachen, vor deren Name das Symbol *ABC* erscheint, sind die entsprechenden Wörterbücher installiert.
4. Schalten Sie das Kontrollkästchen *Sprache automatisch erkennen* aus, wenn Sie in Word die automatische Spracherkennung deaktivieren wollen.
5. Schließen Sie das Dialogfeld mit *OK*.

AutoKorrektur verwenden

Wenn Sie viel am Computer schreiben, haben Sie wahrscheinlich auch schon bemerkt, dass Ihnen immer wieder die gleichen Tippfehler unterlaufen. Da wird aus »ist« ständig ein »its« und aus »bereits« das weltmännische »bereist«. Sehr beliebt sind auch Wörter mit zwei großen Anfangsbuchstaben – unwiderlegbarer Beweis, dass sich einer Ihrer Finger mal wieder zu lange auf der ⇧-Taste ausgeruht hat.

Solche Fehler können alle Office-Apps bereits während der Texteingabe mit der AutoKorrektur-Funktion beheben. Das heißt, wenn die AutoKorrektur-Funktion eingeschaltet ist, wird beispielsweise aus einem »serh« automatisch ein »sehr«. Probieren Sie es einmal in Word aus:

1. Klicken Sie auf die Registerkarte *Datei,* dann auf *Neu* und schließlich auf *Leeres Dokument,* um ein Dokument zu erstellen, mit dem Sie die Fähigkeiten der AutoKorrektur testen können.
2. Geben Sie folgenden Text ein: **Geben Sie einen Doppelpunkt (:) ein.**
   Word ändert die Zeichen :) automatisch in ☺.
3. Zeigen Sie mit der Maus auf das Symbol ☺.
   Unter dem Symbol erscheint ein kleiner blauer Rahmen.
4. Zeigen Sie mit der Maus auf den Rahmen. Word zeigt unter dem Wort eine Schaltfläche an.

Abbildung 5.11: Die automatisch vorgenommenen Änderungen sind an dem kleinen blauen Rahmen unter dem Smiley zu erkennen.

5. Klicken Sie auf die Schaltfläche *AutoKorrektur-Optionen.* Es öffnet sich ein Menü, mit dem Sie das Verhalten der AutoKorrektur steuern können.

Abbildung 5.12: Das Menü mit den AutoKorrektur-Optionen

6. Sie können nun die von Word vorgenommene Änderung einmalig rückgängig machen oder festlegen, dass Word diese Schreibweise in Zukunft nicht mehr automatisch korrigiert.

Sonderfälle von der AutoKorrektur ausnehmen

So praktisch die AutoKorrektur-Funktion ist – es gibt auch Fälle, bei denen ihr Eingreifen stört. Dies betrifft vor allem Abkürzungen und Wörter mit unüblichen Groß-/Kleinschreibungen.

1. Geben Sie folgenden Text ein: **Die Abgasuntersuchungen (AUs) werden …**
   Word korrigiert »AUs« automatisch in »Aus«.
2. Zeigen Sie mit der Maus auf das Wort »Aus«. Unter dem Wort erscheint ein kleiner blauer Rahmen.
3. Bewegen Sie die Maus in die Nähe des Rahmens und klicken Sie auf die dadurch angezeigte Schaltfläche *AutoKorrektur-Optionen*.
4. Wählen Sie im Menü den Befehl *Automatische Korrektur von "Aus" deaktivieren*, damit die Änderung rückgängig gemacht wird.
5. Klicken Sie erneut auf die Schaltfläche *AutoKorrektur-Optionen* und wählen Sie diesmal *AutoKorrektur-Optionen steuern*. Das Dialogfeld *AutoKorrektur* wird angezeigt.
6. Klicken Sie auf die Schaltfläche *Ausnahmen*.
7. Wechseln Sie zur Registerkarte *WOrtanfang GRoß*.

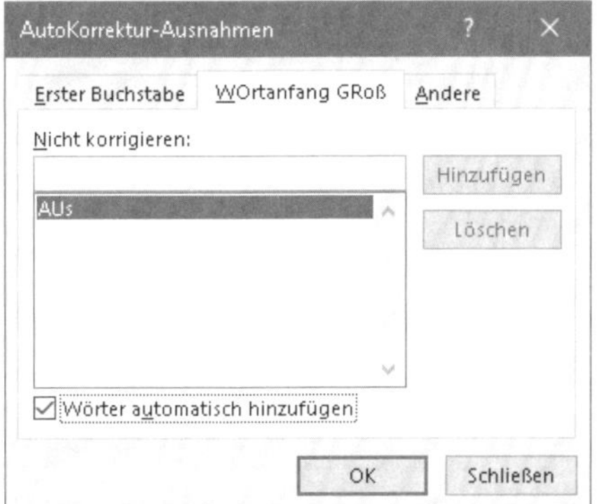

Abbildung 5.13: Das Wort AUs wurde in die Liste der Ausnahmen aufgenommen.

Diese Liste können Sie beliebig erweitern. Wenn Sie in einem Office-Programm einen neuen Eintrag erstellen, wird dieser automatisch auch in den anderen Programmen verwendet.

Neue AutoKorrektur-Einträge erstellen

Im Dialogfeld *AutoKorrektur* können Sie sehen, dass die Office-Apps mit den gängigen Flüchtigkeitsfehlern bereits vertraut sind. Trotzdem werden Sie dieser Liste früher oder später auch eigene Einträge hinzufügen wollen. Sie können die AutoKorrektur auch verwenden, um längere Texte, Namen, Grußformeln in einer Abkürzung unterzubringen. Wenn Sie beispielsweise als Korrektur für *mfg* die Grußformel *Mit freundlichen Grüßen* festlegen, ersetzen die Office-Programme *mfg* automatisch durch den gewünschten Text. Neben dem reinen Text kann ein AutoKorrektur-Eintrag auch Formatierungsmerkmale enthalten.

Angenommen, Sie wollen für Ihren Namen einen AutoKorrektur-Eintrag erstellen und erreichen, dass der Name immer in kursiver Schrift erscheint. Dazu gehen Sie am besten so vor:

1. Geben Sie in das Dokument Ihren Namen ein. Formatieren Sie ihn so, wie er ausgegeben werden soll, und markieren Sie ihn.
2. Klicken Sie auf die Registerkarte *Datei* und dann auf *Optionen*.
3. Wechseln Sie im Dialogfeld zur Kategorie *Dokumentprüfung* und klicken Sie auf *AutoKorrektur-Optionen*. Das Dialogfeld *AutoKorrektur* wird angezeigt.
4. Geben Sie im Feld *Ersetzen* den Text ein, auf den die AutoKorrektur-Funktion reagieren soll (also die falsche Version bzw. das Kürzel).
5. Im Feld *Durch* wird bereits der Text angezeigt, den Sie in Schritt 1 eingegeben und markiert haben. Wenn Sie einen neuen Eintrag erstellen und vorher keinen Text markiert haben, können Sie in das Feld *Durch* den Text eintragen, den die AutoKorrektur anstelle des falschen Textes einfügen soll.
6. Legen Sie mit den Optionsfeldern *Nur Text* und *Formatierten Text* fest, ob beim automatischen Korrigieren nur der Text oder der Text einschließlich der Formatierungen in das Dokument eingefügt werden soll.

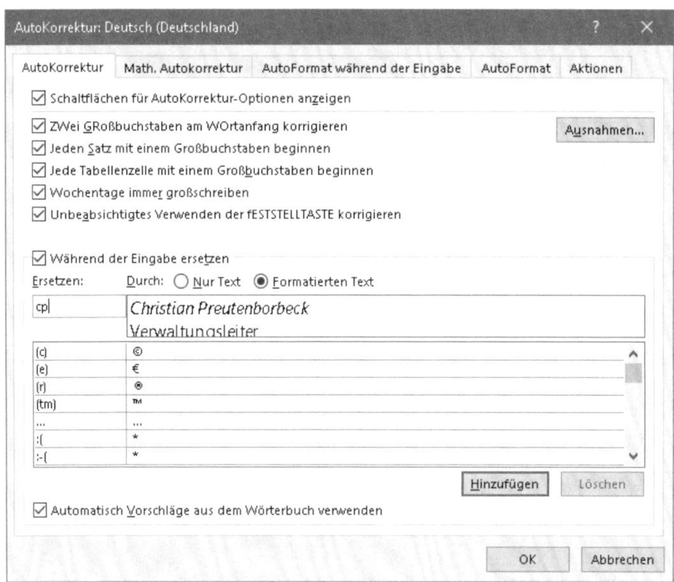

Abbildung 5.14: In diesem Dialogfeld können Sie die AutoKorrektur um eigene Einträge ergänzen; ein AutoKorrektur-Eintrag kann auch mehrere Zeilen umfassen.

7. Klicken Sie auf *Hinzufügen*, um den neuen Eintrag in die Liste aufzunehmen.
8. Schließen Sie das Dialogfeld mit *OK*.

Tipp

AutoKorrekturregeln für Mathematik Seit Office 2007 können Sie auch mathematische Symbole von der AutoKorrektur in Ihr Dokument einfügen lassen, indem Sie das entsprechende Kürzel eingeben. So erhalten Sie beispielsweise nach Eingabe von \Pi das Zeichen Π. Die AutoKorrekturregeln für Mathematik sind normalerweise nur beim Erstellen von Formeln und Gleichungen aktiv. Wenn Sie diese Funktion auch in normalem Text verwenden wollen, wechseln Sie zur Registerkarte *Math. Autokorrektur* und schalten dort das Kontrollkästchen *Mathematische AutoKorrekturregeln in nicht mathematischen Bereichen verwenden* ein.

Thesaurus verwenden

In Word, Excel und PowerPoint steht Ihnen ein Thesaurus zur Verfügung, der Ihnen dabei helfen kann, Ihre Dokumente attraktiv, abwechslungsreich, fesselnd und interessant zu gestalten und Wörter ausfindig zu machen, die einen Sachverhalt anschaulich wiedergeben.

Sie können ein beliebiges Wort im Thesaurus nachschlagen oder aus dem Text, den Sie schreiben, eines an den Thesaurus übergeben. Probieren Sie es aus und schreiben Sie an eine beliebige Stelle in einem Dokument das Wort *Geschehen*.

Öffnen Sie anschließend durch Klicken mit der rechten Maustaste auf das Wort das Kontextmenü und wählen Sie den Befehl *Synonyme*. In einem weiteren Menü werden Ihnen (sofern vorhanden) Vorschläge für ein alternatives Wort unterbreitet. Ist eines dabei, das Sie verwenden wollen, klicken Sie es einfach an.

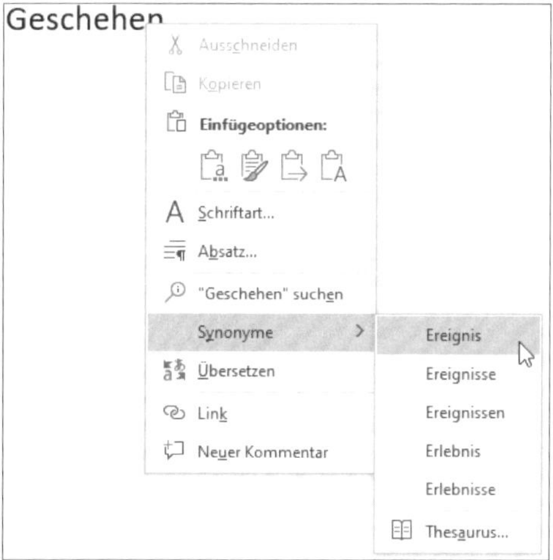

Abbildung 5.15: Die Synonyme werden im Kontextmenü angezeigt.

Den Aufgabenbereich »Thesaurus« nutzen

Sie können auch den Aufgabenbereich *Thesaurus* verwenden, wenn Sie weitere Auswahlmöglichkeiten haben wollen. Sie öffnen diesen Aufgabenbereich entweder mit dem Befehl *Thesaurus* aus dem Kontextmenü, das Sie in der vorigen Abbildung sehen, oder indem Sie auf der Registerkarte *Überprüfen* in der Gruppe *Rechtschreibung* auf die Schaltfläche *Thesaurus* klicken. Am schnellsten geht es mit der Tastenkombination ⇧+F7.

Wenn Sie kein Wort markiert haben, geht Word davon aus, dass Sie das Wort nachschlagen wollen, das die Einfügemarke enthält oder unmittelbar neben ihr steht. Im oberen Bereich des Aufgabenbereichs (siehe Abbildung auf der nächsten Seite) sehen Sie das Suchenfeld, in dem immer das Wort steht, das zurzeit nachgeschlagen wird. In unserem Beispiel enthält das Feld den Eintrag *Geschehen*.

Das scheinbar so schlichte Wort »Geschehen« ist in Wirklichkeit sehr vielseitig. Es hat nämlich diverse Bedeutungen und kann als Substantiv oder als Verb verstanden werden. Die Wortart der verschiedenen Begriffe wird dabei in Klammern angegeben.

Abbildung 5.16: Der Aufgabenbereich Thesaurus

Sie können weitere Synonyme recherchieren, indem Sie im Listenfeld einen der Begriffe anklicken. Das angeklickte Wort wird in das Suchenfeld übernommen und anschließend werden dessen Synonyme oder Antonyme angezeigt.

Um einen der Begriffe in das Dokument einfügen zu lassen, klicken Sie auf die Pfeilschaltfläche, die eingeblendet wird, wenn der Mauszeiger sich auf dem Wort befindet. Klicken Sie anschließend im Dropdownmenü auf *Einfügen.*

Wenn Sie sich beim Nachschlagen eines Wortes in den Untiefen des Thesaurus verirrt haben (und das geht sehr schnell), können Sie die Schaltfläche *Zurück* verwenden, die neben dem Suchenfeld angezeigt wird, um zum vorherigen Wort zu wechseln.

Wenn Sie Synonymwörterbücher für weitere Sprachen benötigen, können Sie diese kostenlos von der Microsoft-Website herunterladen und installieren (siehe Seite 124). Um eines dieser Synonymwörterbücher zu verwenden, weisen Sie dem Text die gewünschte Sprache zu, wie Sie es bei der Rechtschreibprüfung gesehen haben (siehe hierzu Seite 125).

Silbentrennung

Auch wenn es sich für PowerPoint anbieten würde (häufig werden in Aufzählungen Texte verwendet, die länger sind als eine Zeile), so stellt nur Word eine automatische Silbentrennung zur Verfügung. Um in PowerPoint Wörter zu trennen, geben Sie an den betreffenden Stellen mit der Taste [-] einen Trennstrich ein.

In Word können Sie die Silbentrennung automatisch vornehmen lassen; dies ist besonders dann nützlich,

- wenn Sie Absätze im Blocksatz formatieren und dadurch große Lücken zwischen den Wörtern in den einzelnen Zeilen erhalten oder
- bei linksbündigen Absätzen einen zu stark ausgezackten Seitenrand (den sogenannten Flatterrand) erhalten.

Automatische Silbentrennung in Word verwenden

Um die automatische Silbentrennung zu verwenden, gehen Sie folgendermaßen vor:

1. Wechseln Sie zur Registerkarte *Layout*.

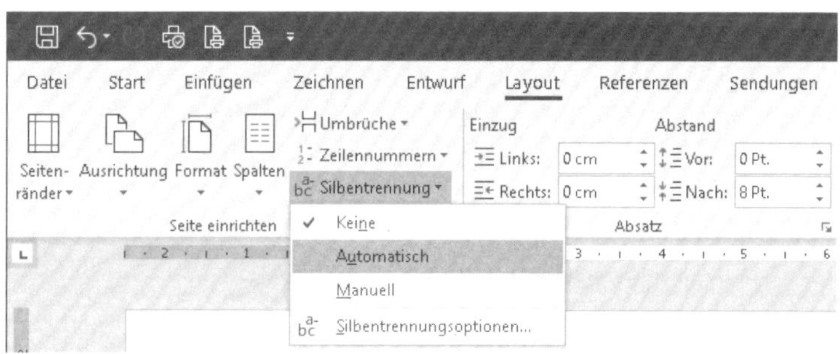

Abbildung 5.17: Einschalten der automatischen Silbentrennung

2. Klicken Sie in der Gruppe *Seite einrichten* zuerst auf *Silbentrennung* und dann auf *Automatisch*.

Mit diesem Befehl werden immer sogenannte bedingte Trennzeichen in den Text aufgenommen. Dies hat den Vorteil, dass die Trennstriche auch nur dann gedruckt werden, wenn sie zur Silbentrennung und zur Anpassung des rechten Absatzrandes erforderlich sind. Das Einschalten der automatischen Silbentrennung gilt immer für das gesamte Dokument.

Die automatische Silbentrennung von Word verwendet die sogenannten Korrekturhilfen und zwar für alle Bearbeitungssprachen, die Sie installiert haben. Achten Sie daher darauf, dass der Text des Dokuments mit der richtigen Sprache formatiert ist. Wenn Sie ein Dokument erstellen, in dem mehrsprachiger Text vorkommt, weisen Sie den betreffenden Textbereichen die jeweilige Sprache zu (siehe Seite 125); dann funktioniert die Silbentrennung für das gesamte Dokument.

Achtung Falls Sie für ein Dokument die automatische Silbentrennung eingeschaltet haben und es einen oder mehrere Absätze im Dokument gibt, in denen anscheinend nicht getrennt wird, kann dies daran liegen, dass für diese Absätze die Silbentrennung ausgeschaltet wurde.

Sie können dies überprüfen, indem Sie die Einfügemarke in den nicht getrennten Absatz setzen. Wechseln Sie dann zur Registerkarte *Start* oder *Layout* und klicken Sie in der Gruppe *Absatz* auf das *Startprogramm für ein Dialogfeld*. Wechseln Sie im Dialogfeld *Absatz* zur Registerkarte *Zeilen- und Seitenumbruch* (siehe Abbildung auf der nächsten Seite).

Prüfen Sie, ob das Kontrollkästchen *Keine Silbentrennung* eingeschaltet ist; wenn ja, schalten Sie es aus, damit auch dieser Absatz automatisch von Word getrennt wird.

Manuelle Silbentrennung verwenden

Wenn Sie die automatische Silbentrennung nicht benutzen und die Trennvorschläge bestätigen wollen, können Sie die manuelle Silbentrennung verwenden. Word zeigt Ihnen dann jedes Wort zur Überprüfung an und Sie können entscheiden, ob und wo dieses Wort getrennt werden soll.

1. Wenn Sie die manuelle Silbentrennung im gesamten Dokument vornehmen wollen, achten Sie darauf, dass kein Text markiert ist. Wenn Sie nur einen Teil des Dokuments manuell trennen lassen wollen, markieren Sie die betreffenden Textstellen.
2. Wechseln Sie zur Registerkarte *Layout* und klicken Sie in der Gruppe *Seite einrichten* zuerst auf *Silbentrennung* und dann auf *Manuell.*

   Word zeigt das Dialogfeld *Manuelle Silbentrennung* mit möglichen Trennstellen an. Im Textfeld *Trennvorschlag* sieht das am Beispiel des Wortes »manuelle« wie folgt aus:

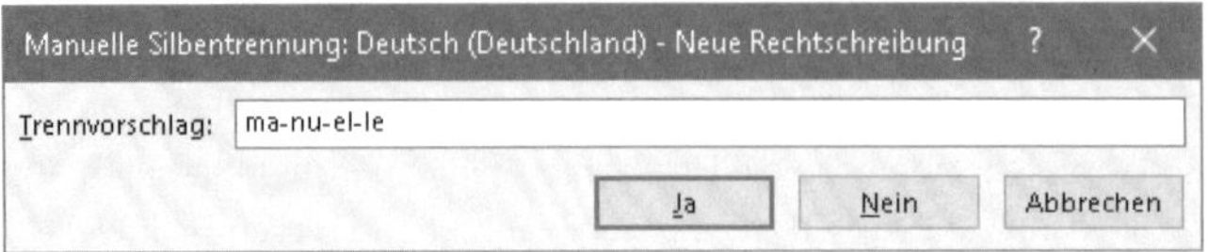

Abbildung 5.18: Anzeige der Trennvorschläge bei der manuellen Silbentrennung

Die Trennhilfe teilt das Wort in einzelne Silben auf und zeigt alle erlaubten Trennstellen mit einem Trennstrich an. Eventuell sehen Sie zwischen zwei Buchstaben einen senkrechten grauen Strich. Damit wird der Teil des Wortes gekennzeichnet, der maximal in die alte Zeile hineinpasst. Der Trennstrich, den Word Ihnen vorschlägt, liegt immer links von dieser Marke und ist dunkel hinterlegt.

3. Sie können den Trennvorschlag übernehmen, indem Sie die Schaltfläche *Ja* auswählen, oder ihn ändern, indem Sie mit den Tasten ← und → die Trennstelle verschieben und dann auf *Ja* klicken.

   Wenn Sie die Trennstelle rechts neben die graue Linie verschieben, wird das Wort zwar nicht getrennt, jedoch fügt Word einen optionalen Trennstrich ein, der automatisch verwendet wird, wenn sich durch Bearbeiten von Text oder Ändern der Einzüge sowie Ränder der Zeilenumbruch verändert.

4. Sie können die Schaltfläche *Abbrechen* verwenden, wenn Sie die Trennhilfe beenden wollen. Trennstriche, die Sie bereits eingegeben haben, werden dadurch nicht entfernt. Sie können jedoch alle eingefügten Trennstriche wieder entfernen, wenn Sie sofort nach dem Beenden der Trennhilfe die Schaltfläche *Rückgängig* in der Symbolleiste für den Schnellzugriff anklicken bzw. die Tastenkombination Strg+Z drücken.

Optionen für die Silbentrennung einstellen

Sowohl für die automatische als auch für die manuelle Silbentrennung können Sie verschiedene Optionen einstellen. Gehen Sie dazu folgendermaßen vor:

1. Wechseln Sie zur Registerkarte *Layout*.
2. Klicken Sie in der Gruppe *Seite einrichten* zuerst auf *Silbentrennung* und dann auf *Silbentrennungsoptionen*. Das Dialogfeld *Silbentrennung* wird angezeigt (siehe Abbildung 5.19).

   Mit dem Kontrollkästchen *Automatische Silbentrennung* können Sie die automatische Silbentrennung für das gesamte Dokument (wenn kein Text markiert ist) bzw. für die markierte Textstelle ein- bzw. ausschalten. Dieses Kontrollkästchen hat die gleiche Funktion wie der Befehl *Automatisch* im Menü der Schaltfläche *Silbentrennung* auf der Registerkarte *Layout*.

   Mit der Schaltfläche *Manuell* können Sie die manuelle Silbentrennung starten. Diese Schaltfläche hat die gleiche Funktion wie der Befehl *Manuell* im Menü der Schaltfläche *Silbentrennung* auf der Registerkarte *Layout*.

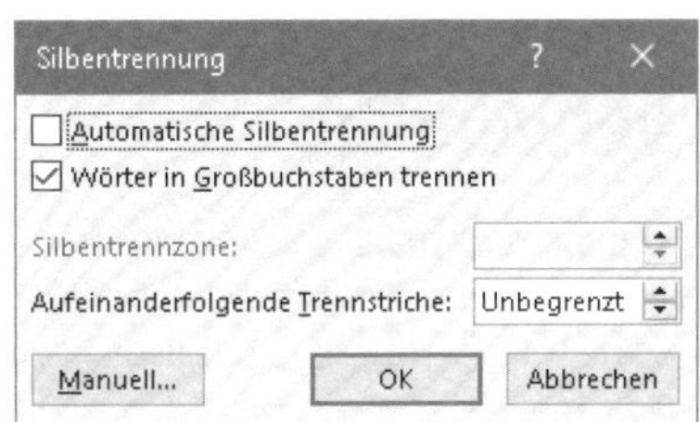

Abbildung 5.19: Einstellen der Optionen für die Silbentrennung

3. Stellen Sie weitere Optionen für die Silbentrennung ein.

- **Wörter in Großbuchstaben trennen** Mit dem Kontrollkästchen *Wörter in Großbuchstaben trennen* können Sie festlegen, ob Wörter, die vollständig aus Großbuchstaben bestehen, auch getrennt werden sollen. Standardmäßig ist dieses Kontrollkästchen eingeschaltet. Wenn Sie nicht wollen, dass Abkürzungen, Länder- oder Eigennamen, die ganz aus Großbuchstaben bestehen, getrennt werden, schalten Sie dieses Kontrollkästchen aus.
- **Silbentrennzone** Mit dem Wert, der im Textfeld *Silbentrennzone* eingetragen ist, können Sie steuern, wann in einer Zeile getrennt wird und wann nicht. Der Standardwert in diesem Feld beträgt 0,75 cm. Wenn Word in einer Zeile mit Blocksatz einen Leerraum entdeckt, der größer ist als dieser Wert, oder wenn bei Flattersatz der Leerraum am Ende der Zeile bis zum rechten Einzug größer ist als dieser Wert, versucht Word, das erste Wort der folgenden Zeile mit in die aktuelle Zeile aufzunehmen und es zu trennen.

  Wenn Sie diesen Wert vergrößern, wird die Anzahl der Trennstriche reduziert, jedoch wird der rechte Rand ausgezackter. Wenn Sie den Wert verkleinern, erhöht sich die Anzahl der Trennstellen, jedoch wird der Text am rechten Rand ausgeglichener, wenn die Absätze linksbündig formatiert sind. Haben Sie als Absatzmerkmal den Blocksatz verwendet, werden die Leerräume zwischen den einzelnen Wörtern schmaler.

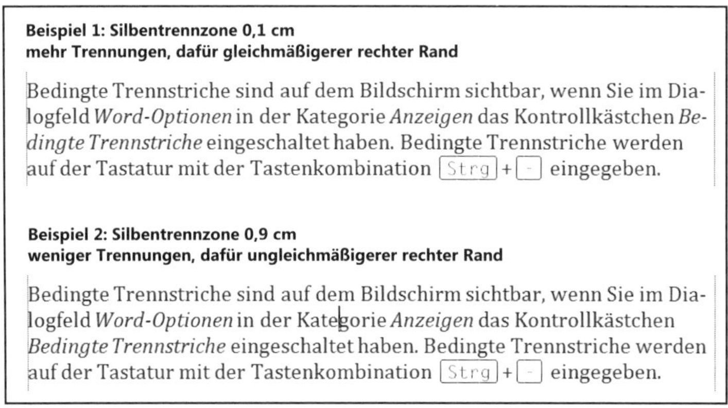

Abbildung 5.20: Auswirkung des Wertes für die Silbentrennzone

- **Aufeinanderfolgende Trennstriche** In diesem Feld können Sie die maximale Anzahl von Textzeilen eingeben, die mit einem Trennstrich enden dürfen.

Ansichten und die Zoomfunktion verwenden

In Word, PowerPoint und Excel können Sie die Datei, die Sie derzeit bearbeiten, in verschiedenen Ansichten darstellen lassen. Die am häufigsten benutzten Ansichten stehen Ihnen direkt über Schaltflächen am rechten Rand der Statusleiste zur Verfügung; sie korrespondieren mit den Befehlen, die Sie auf der Registerkarte *Ansicht* in der Gruppe *Ansichten*, *Arbeitsmappenansichten* bzw. *Präsentationsansichten* finden.

Eine kleine Besonderheit stellt PowerPoint dar; hier finden Sie in der Statusleiste noch die Schaltfläche *Bildschirmpräsentation*, die Sie im Menüband über die gleichnamige Registerkarte und nicht über die Registerkarte *Ansicht* starten. In Word gibt es den zusätzlichen Fokusmodus.

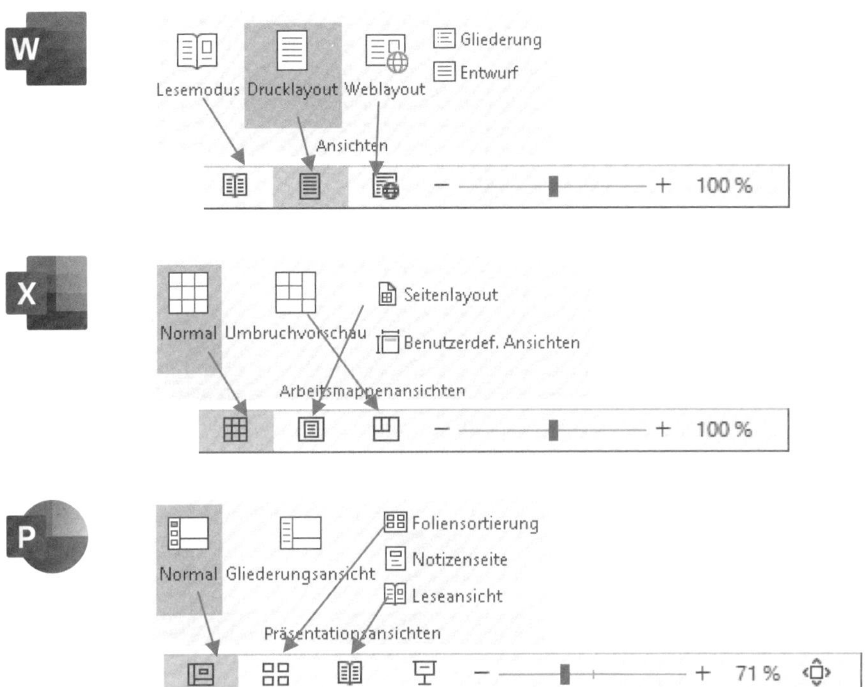

Abbildung 5.21: Zwischen Ansichten wechseln in Word, Excel und PowerPoint

- **Normal** Verwenden Sie in Excel und PowerPoint die Ansicht *Normal*, um die Arbeitsmappe bzw. Präsentation zu bearbeiten.
- **Drucklayout/Seitenlayout** Zur Bearbeitung von Word-Dokumenten verwenden Sie die Ansicht *Drucklayout*: Hier wird das Dokument auf dem Bildschirm so dargestellt, wie es gedruckt wird. In Excel steht Ihnen dieses Feature ebenfalls zur Verfügung; diese Ansicht heißt dort *Seitenlayout*. Verwenden Sie sie in Excel, um komfortabel die Kopf- und Fußzeilen zu bearbeiten und um die Seitenränder zu ändern. In Excel wird das Arbeitsblatt in der Ansicht *Seitenlayout* nicht so angezeigt, wie es gedruckt wird, da die definierten Druckbereiche und eine eventuelle Skalierung nicht berücksichtigt werden.
- **Lesemodus/Leseansicht** Der Lesemodus von Word und PowerPoint eignet sich dann, wenn Sie keine Änderungen am Dokument bzw. der Präsentation vornehmen, sondern sich lediglich über dessen/deren Inhalt informieren wollen. Speziell in Word wird das Dokument so angezeigt, dass es optimal, und zwar auch auf kleineren Displays wie einem Windows-Tablet gelesen werden kann.
- **Weblayout** Verwenden Sie die Word-Ansicht *Weblayout,* wenn Sie mit Word HTML-Dokumente erstellen wollen. Der Text wird hierbei immer auf die Breite des Fensters angepasst; außerdem werden, wie bei Webseiten, keine Seitenumbrüche und Druckränder angezeigt.
- **Umbruchvorschau** Diese spezielle Excel-Ansicht dient dazu, die Seitenumbrüche zu kontrollieren und zu verändern. Weitere Informationen hierzu finden Sie in Kapitel 25.
- **Foliensortierung** Diese spezielle PowerPoint-Ansicht dient dazu, die verschiedenen Folien einer Präsentation in die richtige Reihenfolge zu bringen. Weitere Informationen zur Foliensortierung finden Sie in Kapitel 26.

Tipp In Word gibt es als weitere Ansicht den Fokusmodus. Im Fokusmodus wird das Menüband ausgeblendet und der Arbeitsbereich von Word abgedunkelt, damit Sie sich voll auf den Inhalt Ihres Dokuments fokussieren können. Sie aktivieren den Fokusmodus mit der Schaltfläche *Fokus* in der Statusleiste oder dem Befehl *Ansicht/Plastisch/Fokus*. Sie beenden den Fokusmodus durch Drücken der Taste [Esc].

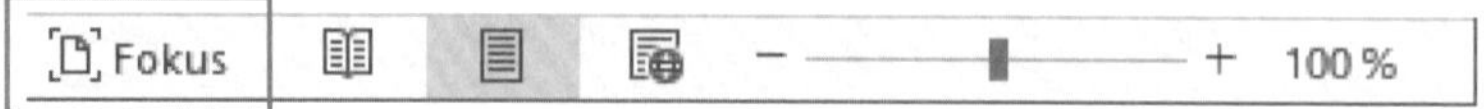

Zoomen

Ganz rechts in der Statusleiste finden Sie in Word, PowerPoint und Excel den *Zoom*-Schieberegler, mit dem Sie den Zoomfaktor festlegen, mit dem der Inhalt Ihres Dokuments angezeigt werden soll. Ziehen Sie den Regler, bis Sie genug von Ihrem Dokument sehen. Der aktuelle Zoomfaktor wird neben dem Schieberegler angezeigt. Klicken Sie den Zoomfaktor an, um das Dialogfeld *Zoom* zu öffnen.

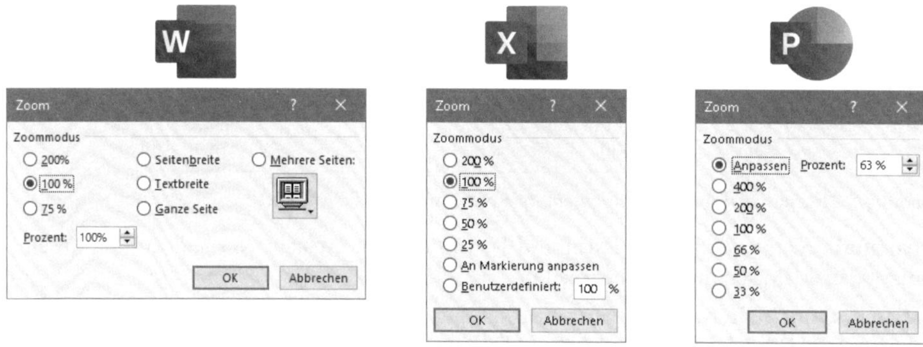

Abbildung 5.22: Das Dialogfeld Zoom *in Word, Excel und PowerPoint*

Sie können in allen Dialogfeldern verschiedene vordefinierte Zoomfaktoren auswählen. Nützlich sind auch die Optionen, die den Zoomfaktor automatisch an die Größe des Programmfensters anpassen.

- **Word** Verwenden Sie in Word die Optionen *Seitenbreite* (inkl. der Seitenränder), *Textbreite* oder *Ganze Seite*. Für das Schreiben und Bearbeiten des Dokumentinhalts bieten sich *Seitenbreite* und *Textbreite* an. Um einen Überblick über das Layout der Seite zu erhalten, verwenden Sie *Ganze Seite*. Diese drei Optionen funktionieren am besten in der Ansicht *Drucklayout*.
- **Excel** Markieren Sie den Zellbereich, den Sie gerade bearbeiten, und wählen Sie *An Markierung anpassen*. Excel stellt dann den Zoomfaktor so ein, dass der markierte Bereich den Arbeitsbereich von Excel ausfüllt. Diese Option funktioniert am besten in der Ansicht *Normal*.
- **PowerPoint** Verwenden Sie die Option *Anpassen*, damit PowerPoint den Zoomfaktor so einstellt, dass die gesamte Folie im Arbeitsbereich sichtbar ist.

Wie auch bei der Auswahl der Ansicht stehen Ihnen diese und weitere Optionen in der Gruppe *Zoom* auf der Registerkarte *Ansicht* zur Verfügung. Die *Zoom*-Schaltfläche in den folgenden Abbildungen öffnet das gleichnamige Dialogfeld.

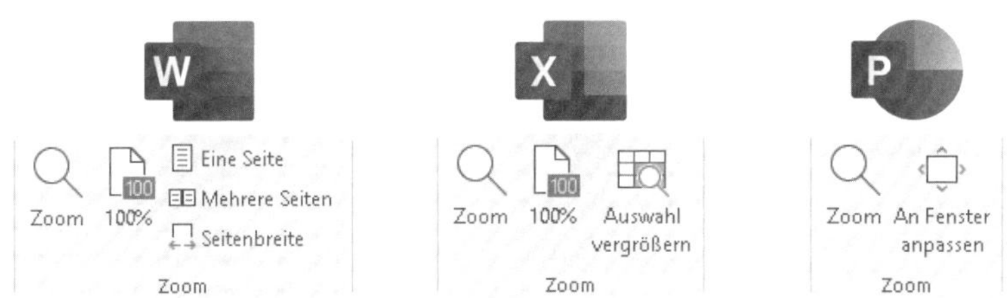

Abbildung 5.23: Die Gruppe Zoom *auf der Registerkarte* Ansicht *in Word, Excel und PowerPoint*

Schnelles Formatieren mit Designs

Seit Office 2007 vereinfachen Designs das Formatieren von Dokumenten, und zwar gleichgültig, ob Sie Word, Excel oder PowerPoint verwenden. Ein Design besteht aus einem Satz von Schriftarten, Farben und Effekten, die so zusammengestellt sind, dass sie gut zueinander passen. Designs werden in eigenen Dateien gespeichert (mit der Endung .thmx), besitzen einen Namen und es stehen Ihnen in Word, Excel und PowerPoint die gleichen Designs zur Verfügung.

Immer wenn Sie ein neues Office-Dokument erstellen, ist dem Dokument automatisch ein Design zugewiesen. Alle Elemente innerhalb des Dokuments (Texte, Tabellen, Diagramme, Folientitel usw.) sind mit dem Design verknüpft. Wenn Sie dem Dokument ein anderes Design zuweisen, passen sich alle Elemente im Dokument automatisch an das neue Design an. Dies macht es sehr einfach, das Aussehen und die Anmutung des Dokuments zu ändern, ohne dass Sie dabei jedes einzelne Dokumentelement getrennt formatieren müssen.

Designs zuweisen

Probieren Sie das Formatieren mit Designs in der folgenden kleinen Übung selbst aus. Das Ziel der Übung besteht nicht darin, alle kleinen Details zu erklären, die beim Einsatz von Designs wichtig sind (Designs werden ausführlicher in Kapitel 34 beschrieben), sondern es geht darum, an einem Beispiel deutlich zu machen, wie Designs prinzipiell funktionieren.

1. Erstellen Sie in Word, Excel oder PowerPoint ein neues Dokument und verwenden Sie dazu eine der fertigen Vorlagen (siehe hierzu auch Kapitel 3). Achten Sie darauf, eine Vorlage zu verwenden, in der sich bereits Platzhalter bzw. Beispieltexte befinden.

Hinweis In PowerPoint wählen Sie beim Erstellen einer neuen Präsentation immer auch ein Design aus. Die Präsentationsvorlagen auf *https://templates.office.com/de-DE* enthalten meist neue Designs, die nicht zum Standardlieferumfang von Office gehören. Dies stellt kein Problem dar, sondern vergrößert Ihre Formatierungsmöglichkeiten mit Designs: Sie können das in der Präsentation enthaltene Design in einer Datei speichern und dann dieses Design auch in Word oder Excel verwenden. Mehr zu diesem Thema finden Sie in Kapitel 34.

2. Überprüfen Sie zunächst, welches Design das Dokument verwendet. Führen Sie je nach Office-Programm eine der folgenden Aktionen durch:

- **Word** Öffnen Sie die Registerkarte *Entwurf*. Diese Registerkarte enthält die wichtigsten Befehle zum Dokumentformatieren, die sich in früheren Office-Versionen auf der Registerkarte *Seitenlayout* befanden.

  Zeigen Sie in der Gruppe *Dokumentformatierung* auf die Schaltfläche *Designs*. In einer QuickInfo wird angezeigt, welches Design das Word-Dokument aktuell verwendet.
- **Excel** Öffnen Sie die Registerkarte *Seitenlayout*. Zeigen Sie in der Gruppe *Designs* auf die Schaltfläche *Designs*. In einer QuickInfo wird angezeigt, welches Design die Excel-Arbeitsmappe verwendet.
- **PowerPoint** Werfen Sie einen Blick auf die Statusleiste von PowerPoint. Standardmäßig wird dort der Name des zugewiesenen Designs angezeigt. Falls Sie den Namen dort nicht sehen, klicken Sie die Statusleiste mit der rechten Maustaste an und wählen *Design*, damit der Name des Designs in der Statusleiste erscheint.

3. Weisen Sie dem Dokument nun ein anderes Design zu und beobachten Sie in der Livevorschau, wie sich dabei die Formatierung des gesamten Dokuments ändert. Führen Sie je nach Office-Programm eine der folgenden Aktionen durch:
   - **Word** Klicken Sie auf der Registerkarte *Entwurf* in der Gruppe *Dokumentformatierung* auf *Designs*. Zeigen Sie mit der Maus auf die verschiedenen Designs, die im Katalog angezeigt werden. Wenn Sie ein Design gefunden haben, das Ihnen gefällt, klicken Sie es an.
   - **Excel** Klicken Sie auf der Registerkarte *Seitenlayout* in der Gruppe *Designs* auf die Schaltfläche *Designs*. Zeigen Sie mit der Maus auf die verschiedenen Designs, die im Katalog angezeigt werden. Klicken Sie ein Design an, um es auszuwählen.
   - **PowerPoint** Klicken Sie auf der Registerkarte *Entwurf* im Katalog *Design* auf die Schaltfläche *Weitere*. Zeigen Sie mit der Maus auf die verschiedenen Designs, die im erweiterten Katalog angezeigt werden. Wenn Sie ein Design gefunden haben, das Ihnen gefällt, klicken Sie es an.

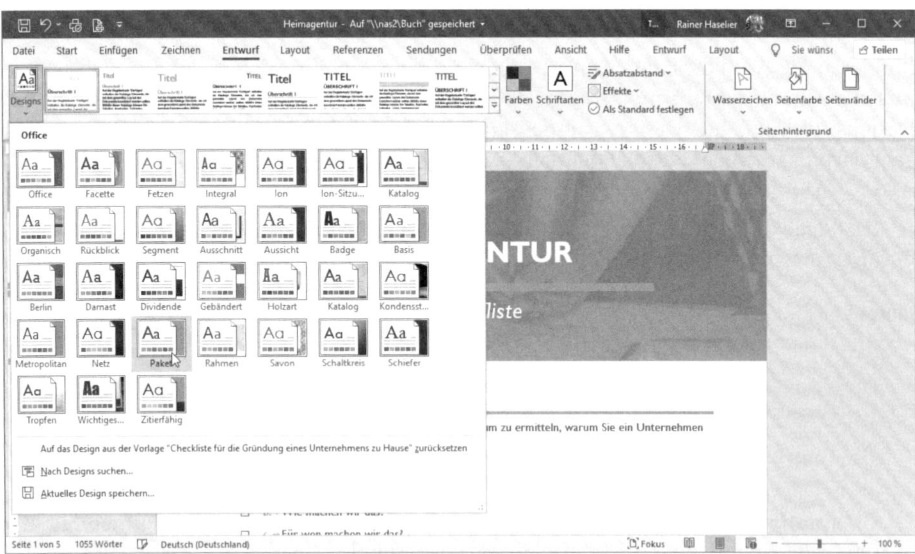

Abbildung 5.24: Auswahl eines anderen Designs im Designkatalog, hier am Beispiel von Word

4. In jedem Design sind zwei verschiedene Schriftarten definiert. Eine Schriftart für Überschriften und eine Schriftart für den Textkörper. Welche Schriftart für Überschriften und für den Textkörper verwendet wird, können Sie nachschauen, indem Sie in allen drei Programmen auf der Registerkarte *Start* in der Gruppe *Schriftart* die Liste mit den Schriftarten öffnen. Die beiden Designschriftarten stehen oben in der Liste.

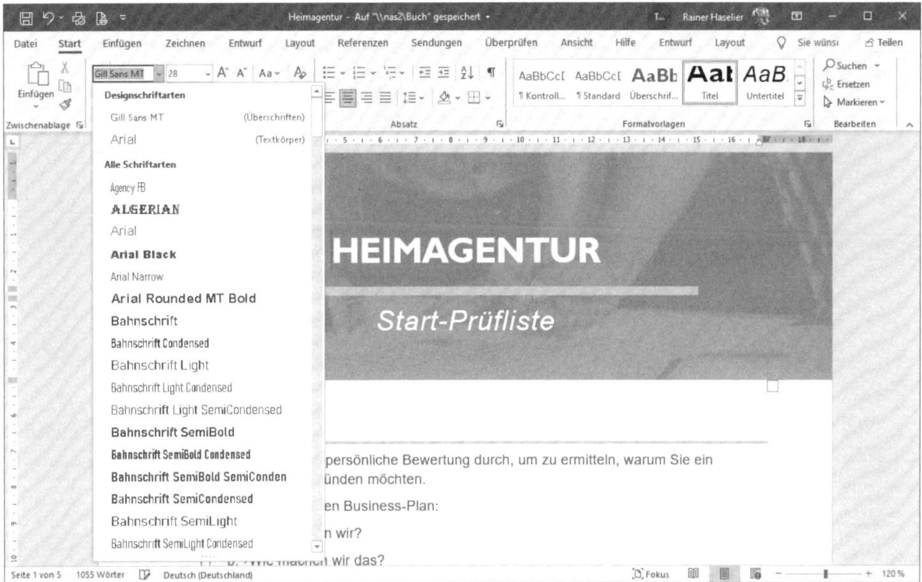

Abbildung 5.25: In jedem Design ist sowohl eine Schriftart für die Überschriften als auch eine für den Textkörper definiert.

Weisen Sie dem Dokument verschiedene Designs zu und sehen Sie sich an, welche Schriftarten im Design festgelegt sind.

Die Information über die verwendeten Designschriftarten ist wichtig, wenn Sie Ihr Dokument designkonform formatieren wollen. Bei einer designkonformen Formatierung verwenden Sie nur die Designschriftarten. Sie können gleichzeitig beliebige andere Schriftmerkmale der Gruppe *Schriftart* verwenden. Wenn Sie dann das Design des Dokuments ändern, passen sich alle Schriftartformatierungen an die neuen Schriftarten des Designs an und die zusätzlich formatierten Zeichenmerkmale bleiben erhalten.

5. Word-Dokumente und Excel-Arbeitsmappen formatieren Sie am schnellsten und einheitlich, indem Sie Formatvorlagen verwenden.
   - In Word finden Sie die Formatvorlagen auf der Registerkarte *Start* in der Gruppe *Formatvorlagen* und die Formatvorlagensätze (eine Gruppe von Formatvorlagen) auf der Registerkarte *Entwurf* in der Gruppe *Dokumentformatierung*.
   - In Excel klicken Sie auf der Registerkarte *Start* in der Gruppe *Formatvorlagen* auf *Zellenformatvorlagen*.

Probieren Sie auch bei den Formatvorlagen aus, was passiert, wenn Sie das Design ändern. Öffnen Sie dazu nach dem Zuweisen des neuen Designs den Formatvorlagenkatalog. Sie können dann gut erkennen, dass sich die Schriftmerkmale geändert haben. Als Beispiel sehen Sie in der Abbildung auf der folgenden Seite den Formatvorlagenkatalog von Word für zwei verschiedene Designs: auf der linken Seite mit den Merkmalen des Designs *Holzart* und rechts mit denen des Designs *Ion*.

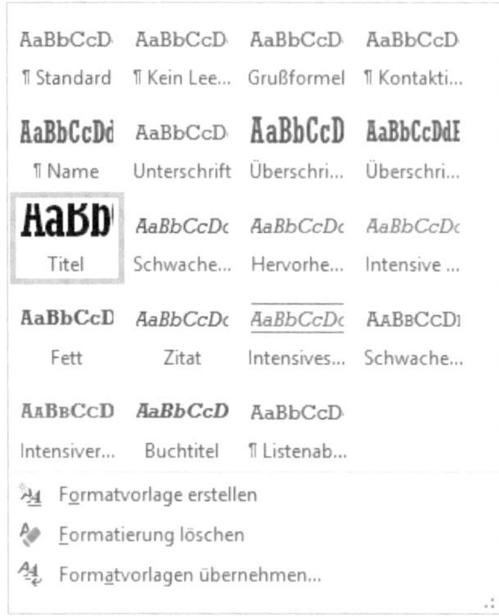

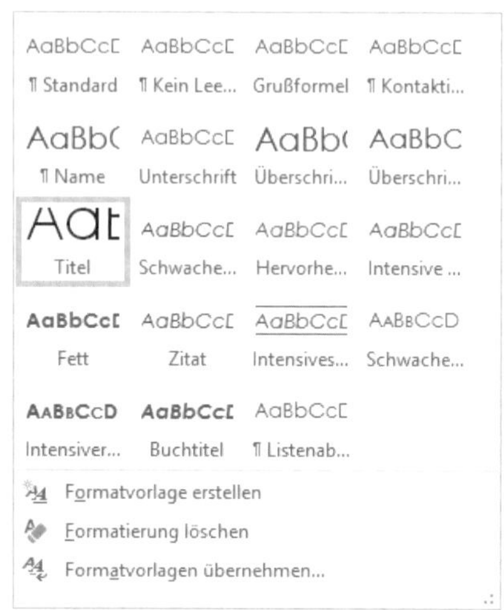

Abbildung 5.26: Die Formatvorlagen verwenden ebenfalls die grundlegenden Formatierungseigenschaften, die im Design festgelegt sind.

Wenn Sie zur Formatierung Ihres Word-Dokuments und Ihrer Excel-Arbeitsmappen die Formatvorlagen verwenden, können Sie zu jedem Zeitpunkt ein anderes Design auswählen. Die mit den Formatvorlagen formatierten Absätze und Excel-Zellen übernehmen dann automatisch die im Design festgelegten Attribute und Schriften.

Das Gleiche gilt übrigens auch für die zahlreichen Effekte, die Sie den verschiedenen grafischen Elementen (Fotos, Diagramme, WordArt usw.) und den Hintergründen in PowerPoint zuweisen, da die Effektmerkmale (und bei PowerPoint-Designs auch die Hintergründe) ebenfalls im Design gespeichert sind.

Designfarben verwenden

Das Zuweisen eines anderen Designs ist die umfassendste Änderung, die Sie an einem Dokument vornehmen können, da hierdurch sowohl die Schriftarten als auch die Designfarben und die Designeffekte geändert werden. Sie können jedoch auch lediglich eines der drei Elemente ändern. Angenommen, Sie ändern nur die Designfarben für das Dokument, dann bleiben die Schriftarten, Effekte und in PowerPoint die Hintergründe so erhalten, wie sie im Design definiert wurden.

1. Führen Sie eine der folgenden Aktionen durch, um die Designfarben zu ändern:
   - **Word** Klicken Sie auf der Registerkarte *Entwurf* in der Gruppe *Dokumentformatierung* auf *Farben*.
   - **Excel** Klicken Sie auf der Registerkarte *Seitenlayout* in der Gruppe *Designs* auf *Farben*.
   - **PowerPoint** Klicken Sie auf der Registerkarte *Entwurf* im Katalog *Varianten* auf die Schaltfläche *Weitere*. Zeigen Sie mit der Maus auf *Farben*.

   Der Katalog mit den Designfarben wird geöffnet.

2. Bewegen Sie die Maus über die verschiedenen Designfarben, um in der Livevorschau die Änderungen zu überprüfen. Klicken Sie den gewünschten Designfarbensatz an, um ihn dem Dokument zuzuweisen.

Abbildung 5.27: Auswahl eines anderen Designfarbensatzes

Ein Designfarbensatz besteht aus insgesamt zwölf Farbfeldern. Vier Farben werden für den Text und den Hintergrund verwendet. Mit hellen Farben erstellter Text ist auf dunklem Hintergrund immer gut lesbar. Mit dunklen Farben erstellter Text ist immer auf hellem Hintergrund gut zu lesen. Die nächsten sechs Farben sind Akzentfarben, die über den vier potenziellen Hintergrundfarben immer gut erkennbar sind. Die letzten zwei Farben werden für Links und besuchte Links verwendet.

Die Farbfelder, die Sie in Abbildung 5.27 neben den Designnamen sehen, stellen die sechs Akzentfarben und die Linkfarben dar.

Nachdem Sie einen neuen Designfarbensatz ausgewählt haben, passen sich die Farbauswahlkataloge, die Sie auf verschiedenen Registerkarten finden, automatisch an den neuen Satz an. Farbauswahlkataloge finden Sie beispielsweise auf *Start/Schriftart/Schriftfarbe*, *Start/Schriftart/Füllfarbe*, *Diagrammtools/Format/Formenarten/Fülleffekt* und *Diagrammtools/Format/Formenarten/Füllkontur*, um nur einige zu nennen.

Die obere Zeile zeigt die zehn Grundfarben an. Im ersten und dritten Farbfeld sehen Sie die beiden Farben für den Hintergrund (einmal hell, einmal dunkel) und im zweiten und vierten Farbfeld die Textfarbe (einmal für einen hellen und einmal für einen dunklen Hintergrund). In den letzten sechs Feldern sehen Sie die verschiedenen Akzentfarben, die für Hervorhebungen usw. benutzt werden. Die fünf unteren Zeilen sind Schattierungen/Helligkeitsstufen der Grundfarbe aus der ersten Zeile.

Wenn Sie zum Ändern der Farben nur die Designfarben verwenden (und keine der Standardfarben oder der weiteren Farben), formatieren Sie die Farben designkonform. Elemente, deren Farben designkonform formatiert wurden, ändern ihre Farbe automatisch, wenn Sie ein anderes Design oder einen anderen Designfarbensatz zuweisen. Die Office-Programme speichern dazu nicht die tatsächliche Farbe ab, sondern welches der Elemente aus dem Designfarbensatz zur Formatierung verwendet wurde, z. B. Text 2, heller 40 %, wie Sie es in Abbildung 5.28 sehen.

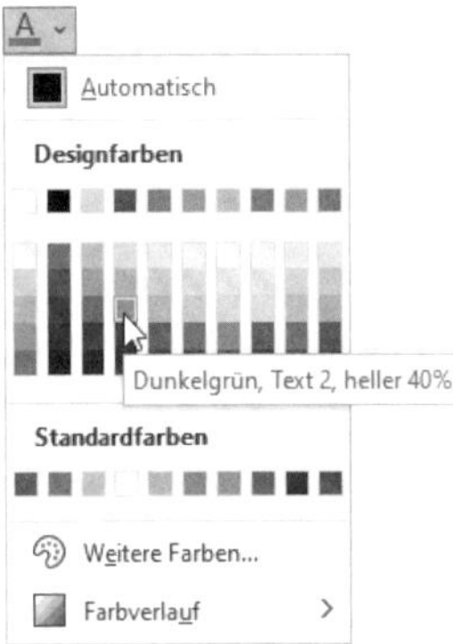

Abbildung 5.28: Die Farbauswahlkataloge zeigen die Farben des aktuellen Designs bzw. des derzeit ausgewählten Designfarbensatzes an.

Designschriftarten verwenden

Lassen Sie uns zum Schluss dieser Einführung in das Formatieren mit Designs noch einen Blick auf die Designschriftarten werfen. Wie bei den Designfarben können Sie Ihrem Dokument auch lediglich einen anderen Designschriftartensatz zuweisen; die Designfarben und Effekte bleiben dann unverändert.

1. Führen Sie eine der folgenden Aktionen durch, um die Designschriftarten zu ändern:
   - **Word** Klicken Sie auf der Registerkarte *Entwurf* in der Gruppe *Dokumentformatierung* auf *Schriftarten*.
   - **Excel** Klicken Sie auf der Registerkarte *Seitenlayout* in der Gruppe *Designs* auf *Schriftarten*.
   - **PowerPoint** Klicken Sie auf der Registerkarte *Entwurf* im Katalog *Varianten* auf die Schaltfläche *Weitere* und wählen Sie *Schriftarten*.

   Der Katalog mit den Designschriftarten wird geöffnet (siehe Abbildung 5.29).

   In der Liste sehen Sie neben jedem Eintrag den Namen (erste Zeile), die Schriftart für die Überschriften (zweite Zeile) und die Schriftart für den Textkörper (dritte Zeile).

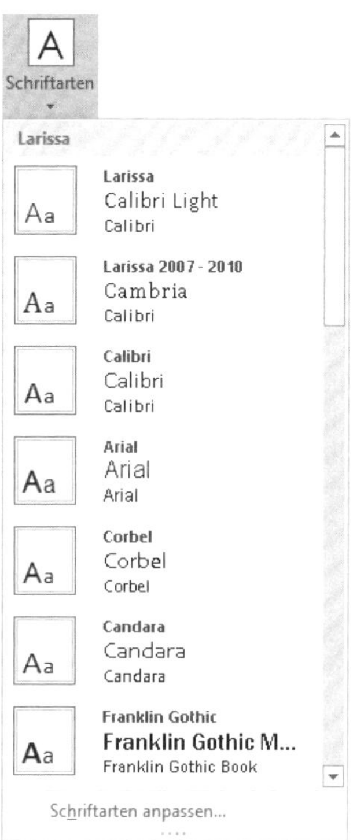

Abbildung 5.29: Der Katalog zur Auswahl eines anderen Designschriftartensatzes

2. Bewegen Sie die Maus über die verschiedenen Designschriftarten, um in der Livevorschau die Änderungen zu überprüfen. Klicken Sie den gewünschten Designschriftartensatz an, um ihn dem Dokument zuzuweisen.

Für den Bereich der Schriftartformatierung gilt das Gleiche, was in diesem Abschnitt bereits mehrmals erwähnt wurde: Um die Schriftartformatierung designkonform vorzunehmen, verwenden Sie in der Schriftartenliste, die Sie über *Start/Schriftart/Schriftart* öffnen, lediglich die beiden Einträge, die ganz oben in der Liste unter *Designschriftarten* aufgeführt sind. Word, Excel und PowerPoint merken sich dann nur, dass Sie die Überschriften- bzw. die Textkörperschriftart benutzt haben. Wenn Sie dem Dokument, der Arbeitsmappe bzw. der Präsentation ein anderes Design zuweisen, übernehmen alle Stellen, die Sie mit den Designschriftarten formatiert haben, automatisch die Schriftarten, die im neu zugewiesenen Design festgelegt sind.

Zeichenformatierung

Mit den Designs und den Designschriftarten (siehe vorigen Abschnitt) werden lediglich die Schriftarten und die Schriftfarben festgelegt. Darüber hinaus können Sie noch festlegen, wie groß die Schrift sein soll, und Sie können zahlreiche Schriftattribute festlegen. Die am häufigsten verwendeten Optionen für die Zeichenformatierung finden Sie auf der Registerkarte *Start* in der Gruppe *Schriftart*.

Zeichenformatierungen beziehen sich immer auf einzelne Buchstaben oder mehrere aufeinanderfolgende Buchstaben, denen ein gemeinsames Zeichenattribut zugewiesen werden soll.

- **Erst formatieren, dann Text eingeben** Sie können die Zeichenformatierung vornehmen, während Sie den Text eingeben, und mit den Schaltflächen der Gruppe *Schriftart* oder den entsprechenden Tastenkombinationen die Merkmale festlegen, die der Text erhalten soll, den Sie **nachfolgend** eingeben. Um eines der Zeichenmerkmale wieder aufzuheben, klicken Sie die betreffende Schaltfläche erneut an oder drücken ein weiteres Mal die Tastenkombination.
- **Erst Text eingeben, dann formatieren** Sie können Text auch nachträglich formatieren. Markieren Sie dazu die Textpassage, die formatiert werden soll, und verwenden Sie dann entweder die Tastenkombinationen oder die Schaltflächen, um die Formatierungen vorzunehmen. Wichtig ist, sich zu merken, dass sich die Zeichenformatierung immer nur auf den markierten Text bezieht.

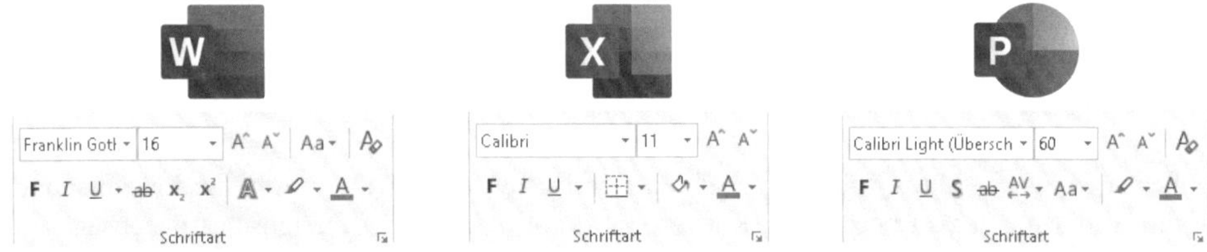

Abbildung 5.30: Die Gruppe Schriftart *der Registerkarte* Start *in Word, Excel und PowerPoint*

In allen Programmen können Sie die Schriftart festlegen und mit der Liste rechts davon den Schriftgrad einstellen. Beachten Sie die Hinweise zur designkonformen Schriftartauswahl aus dem vorigen Abschnitt, wenn Sie in der Lage sein wollen, durch Zuweisen eines anderen Designs das Aussehen des gesamten Dokuments zu verändern.

Viele der Schaltflächen zum Formatieren finden Sie auch in der Minisymbolleiste, die eingeblendet wird, wenn Sie Text markieren und dann den Mauszeiger auf die Markierung bewegen oder wenn Sie in Word, Excel und PowerPoint die Markierung bzw. Zelle mit der rechten Maustaste anklicken (im letzteren Fall zeigen die drei Programme außer der Minisymbolleiste zusätzlich das Kontextmenü an). Die Minisymbolleiste enthält weniger Schaltflächen zur Zeichenformatierung: Sie können hier aber u. a. die Schriftart und die Schriftgröße ändern und die Schriftmerkmale *Fett* und *Kursiv* zuweisen.

Abbildung 5.31: Die Minisymbolleiste

Tabelle 5.1 enthält eine Übersicht zu den anderen Attributen, die Sie in der Gruppe *Schriftart* einstellen können. In der Spalte *Tastenkombination* ist angegeben, in welchen der drei Programme die Tastenkombination verwendet werden kann.

Schaltfläche	Tastenkombination	Beschreibung
A	Strg+< (W, P)	Verkleinern des Schriftgrades um eine Stufe
A	⇧+Strg+< (W, P)	Vergrößern des Schriftgrades um eine Stufe
U	⇧+Strg+U (W, E, P)	Durchgehend unterstreichen (ein/aus)
U Weitere Unterstreichungen... Unterstreichungsfarbe	⇧+Strg+D (W)	Doppelt unterstreichen (ein/aus)
	⇧+Strg+W (W)	Wortweise unterstreichen (ein/aus)
F	⇧+Strg+F (W, E, P)	Fett (ein/aus)
K	⇧+Strg+K (W, E, P)	Kursiv (ein/aus)
x_2	Strg+# (W)	Tiefgestellt (ein/aus)
x^2	Strg++ (W)	Hochgestellt (ein/aus)
	⇧+Strg+G (W)	Großbuchstaben (ein/aus)
Aa Ersten Buchstaben im Satz großschreiben. kleinbuchstaben GROSSBUCHSTABEN Ersten Buchstaben Im Wort Großschreiben gROSS-/kLEINSCHREIBUNG umkehren	⇧+Strg+Q (W, P)	Groß-/Kleinschreibung ändern
	⇧+Strg+Q	Kapitälchen (ein/aus)
	⇧+Strg+H	Ausgeblendet (ein/aus)
A	–	Schriftfarbe ändern

Tabelle 5.1: Wichtige Schaltflächen und Tastenkombinationen zur Zeichenformatierung

Zahlreiche weitere Optionen, mit denen Sie vor allem weitere Texteffekte und Einstellungen für den Zeichenabstand vornehmen können, finden Sie im Dialogfeld *Schriftart* (siehe Abbildung auf der nächsten Seite). Dieses Dialogfeld öffnen Sie, indem Sie auf der Registerkarte *Start* in der Gruppe *Schriftart* auf das *Startprogramm für ein Dialogfeld* klicken oder indem Sie in Word die Tastenkombination Strg+D drücken.

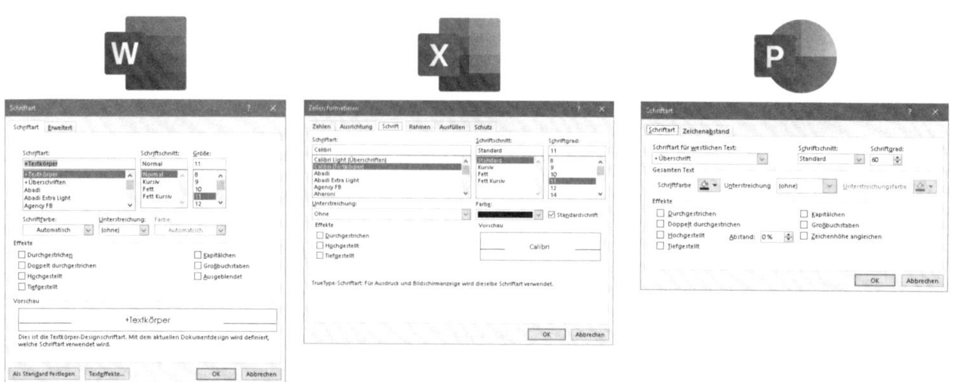

Abbildung 5.32: Das Dialogfeld Schriftart *(Word, PowerPoint) bzw.* Zellen formatieren *(Excel)*

Befehle rückgängig machen und wiederholen

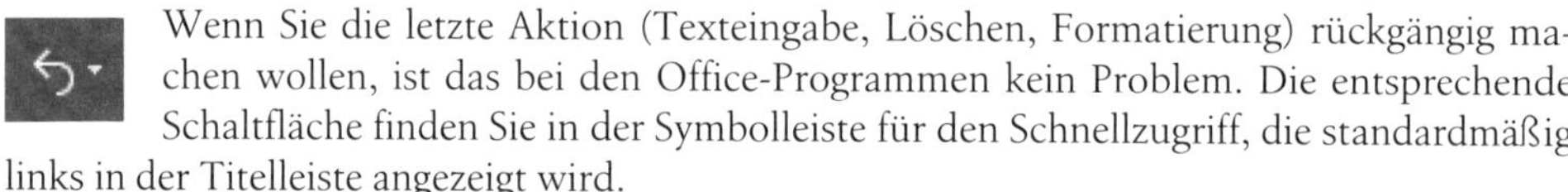

Wenn Sie die letzte Aktion (Texteingabe, Löschen, Formatierung) rückgängig machen wollen, ist das bei den Office-Programmen kein Problem. Die entsprechende Schaltfläche finden Sie in der Symbolleiste für den Schnellzugriff, die standardmäßig links in der Titelleiste angezeigt wird.

Um den letzten Schritt rückgängig zu machen, klicken Sie auf die Schaltfläche *Rückgängig*. Wenn die Schaltfläche inaktiv ist, kann der letzte Schritt nicht rückgängig gemacht werden. Sie können auch die Tastenkombination Strg+Z verwenden.

Sie können in den Office-Apps auch auf den Pfeil rechts an der Schaltfläche *Rückgängig* klicken. Die App zeigt dann eine Liste mit allen Schritten an, die Sie rückgängig machen können. Markieren Sie mit gedrückter Maustaste die gewünschten Schritte und lassen Sie die Maustaste dann los.

Abbildung 5.33: Das Menü der Schaltfläche Rückgängig *enthält eine Liste der letzten Bearbeitungsschritte.*

In der Symbolleiste für den Schnellzugriff finden Sie standardmäßig noch die Schaltfläche *Wiederholen*, mit der Sie die letzte Aktion erneut ausführen lassen können. Das Wiederholen lässt sich auch mit der Tastenkombination Strg+Y auslösen.

Kapitel 6

Excel-Tabellen in Word und PowerPoint verwenden

Einer der Vorteile des Programmpakets Microsoft Office besteht darin, dass Sie für jede Aufgabe das jeweils beste Tool verwenden können. Auch wenn die in Word und PowerPoint integrierten Tabellenfunktionen (siehe Kapitel 36) viele Features bieten, kann es vorkommen, dass Sie in einem Word-Dokument oder in einer PowerPoint-Präsentation eine Tabelle benötigen, die die ausgefeilteren Kalkulations- und Rechenmöglichkeiten von Excel erfordert.

Um in Word und PowerPoint eine Excel-Tabelle zu verwenden, stehen Ihnen verschiedene Möglichkeiten zur Verfügung:

- **Neue Excel-Tabelle als Objekt einfügen** Verwenden Sie diese Option für das Einfügen einer neuen Tabelle. Die eingefügte Excel-Tabelle wird in der gleichen Datei wie das Word-Dokument bzw. die PowerPoint-Präsentation gespeichert. Beim Einfügen und späteren Bearbeiten der Excel-Tabelle stehen Ihnen alle Excel-Features zur Verfügung.
- **Daten aus Excel-Tabelle als Kopie einfügen** Verwenden Sie diese Option, wenn die Excel-Tabelle bereits vorhanden ist. Nach dem Einfügen als Kopie besteht keine Verbindung/Verknüpfung mehr zur ursprünglichen Excel-Arbeitsmappe, aus der die Daten stammen. Die Excel-Tabelle wird als Text eingefügt und Sie können sie mit den Formatierungswerkzeugen von Word bzw. PowerPoint formatieren und bearbeiten. Falls sich die Daten in der Excel-Tabelle ändern, müssen Sie die Tabelle erneut einfügen.
- **Daten aus Excel-Tabelle verknüpft einfügen** Wenn Sie Daten aus einer bereits vorhandenen Arbeitsmappe verknüpft einfügen, besteht eine Verbindung/Verknüpfung zwischen der in Word bzw. PowerPoint eingefügten Excel-Tabelle und der Quelldatei, aus der diese Tabelle stammt. Sie können die in Word bzw. PowerPoint eingefügte Tabelle aktualisieren lassen, wenn sich die Daten in der Excel-Arbeitsmappe ändern.
- **Daten aus Excel-Tabelle als Bild einfügen** Das Einfügen einer Excel-Tabelle als Bild bietet sich vor allem bei sehr breiten Excel-Tabellen an, die Sie in ein Word-Dokument einfügen, dessen Seitenausrichtung auf Hochformat eingestellt ist. Wenn Sie die Excel-Tabelle als Bild einfügen, lässt sich die Tabelle um 90 Grad drehen, sodass sie im Querformat angezeigt wird.

Dieses Kapitel stellt Ihnen alle vier Varianten vor, mit denen Sie eine Excel-Tabelle in einem Word-Dokument oder in einer PowerPoint-Präsentation verwenden können.

Neue Excel-Tabelle als Objekt einfügen

Dieser Abschnitt beschreibt, wie Sie in ein Word-Dokument oder eine PowerPoint-Präsentation eine neue Excel-Tabelle als Objekt einfügen. Bei diesem Verfahren wird die Excel-Tabelle in derselben Datei gespeichert, in der sich auch die anderen Daten des Dokuments/der Präsentation befinden. Dies macht es einfacher, das Dokument weiterzugeben und gemeinsam mit anderen zu verwenden. Die Verwendung eines eingefügten Objekts hat außerdem den Vorteil, dass die Bearbeitung des Objekts innerhalb von Word bzw. PowerPoint stattfinden kann.

Der Nachteil bei diesem Verfahren ist, dass es keine Verknüpfung zu der ursprünglichen Excel-Datei gibt. Hierdurch können die Daten innerhalb des Excel-Objekts nicht mehr aktualisiert werden, wenn die Daten in der ursprünglichen Excel-Datei geändert werden.

So fügen Sie eine Excel-Tabelle als Objekt in ein Word-Dokument bzw. eine PowerPoint-Präsentation ein:

1. Setzen Sie in Word die Einfügemarke an die Stelle im Dokument, an der Sie die Excel-Tabelle einfügen wollen. In PowerPoint wechseln Sie zu der Folie, auf der Sie die Tabelle einfügen wollen.
2. Wechseln Sie zur Registerkarte *Einfügen*, klicken Sie auf die Schaltfläche *Tabelle* und dann auf *Excel-Kalkulationstabelle*.

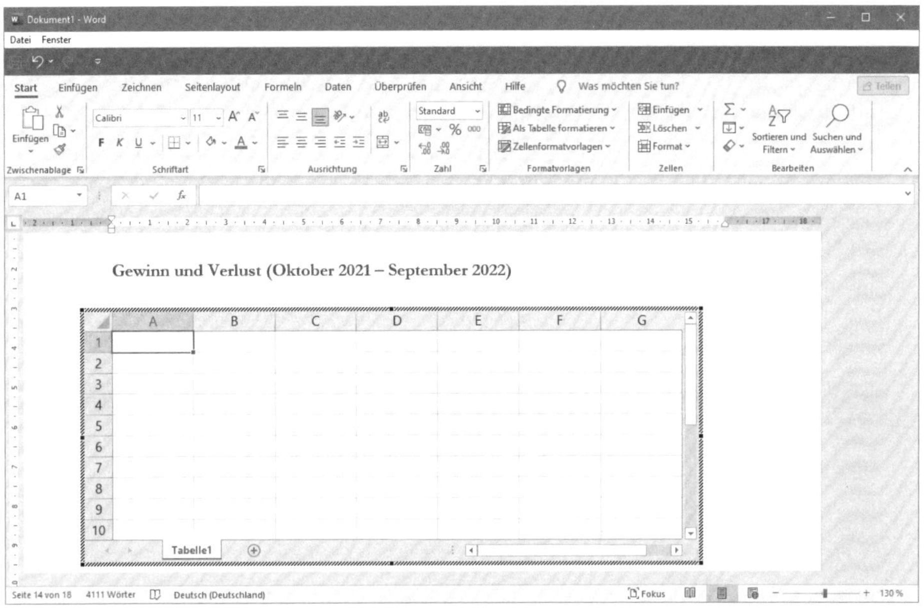

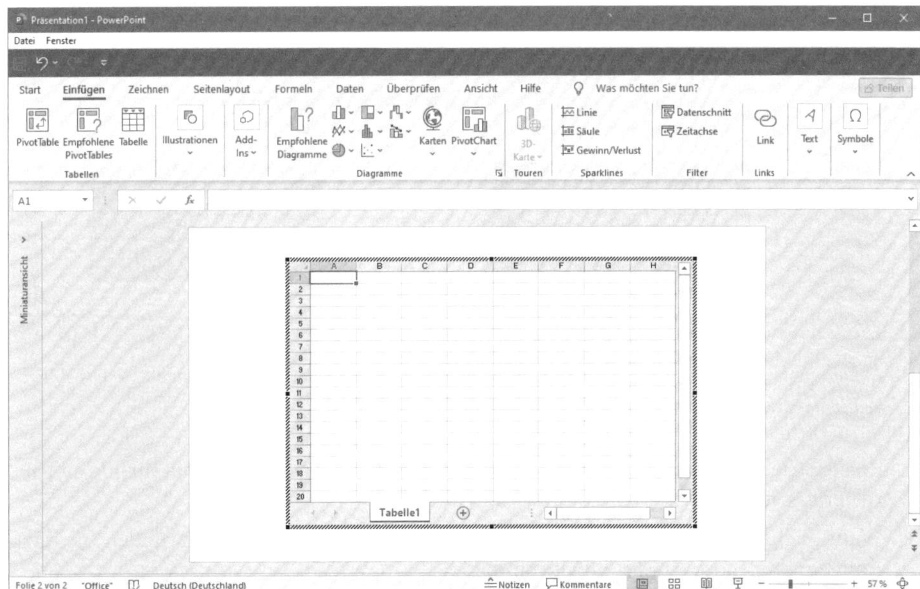

Abbildung 6.1: Im Word-Dokument bzw. der PowerPoint-Präsentation ist der Arbeitsbereich der Excel-Tabelle sichtbar. Während Sie die Excel-Tabelle bearbeiten, wird innerhalb des Word- bzw. PowerPoint-Fensters das Menüband von Excel eingeblendet.

In dem Word-Dokument bzw. der PowerPoint-Präsentation wird eine Excel-Tabelle mit den vertrauten Zeilen- und Spaltenköpfen angezeigt. Sie können das Excel-Arbeitsblatt innerhalb des Word-Dokuments bzw. der PowerPoint-Präsentation bearbeiten.

Beachten Sie, dass in der Titelleiste »Word« bzw. »PowerPoint« steht und auch die Statusleiste von Word/PowerPoint angezeigt wird. Das angezeigte Menüband stammt jedoch von Excel. Im Menüband ist die Registerkarte *Datei* nicht sichtbar, stattdessen sehen Sie unterhalb der Titelleiste das von früheren Office-Versionen bekannte *Datei*-Menü.

3. Erstellen Sie die Tabelle auf dem Arbeitsblatt, wie Sie es von Excel gewohnt sind. Achten Sie darauf, dass die Tabelle oben links in der Zelle A1 beginnt.
4. Passen Sie die Größe des Arbeitsblatts an die fertige Tabelle an, indem Sie die rechte untere Ecke des schraffierten Rahmens verschieben. Achten Sie darauf, dass im schraffierten Rahmen nur der Teil der Tabelle sichtbar ist, der auch im Word-Dokument bzw. der PowerPoint-Präsentation zu sehen sein soll. Anderenfalls kann es passieren, dass auch leere Tabellenzellen angezeigt werden, was nicht so schön aussieht (siehe Abbildung 6.2).

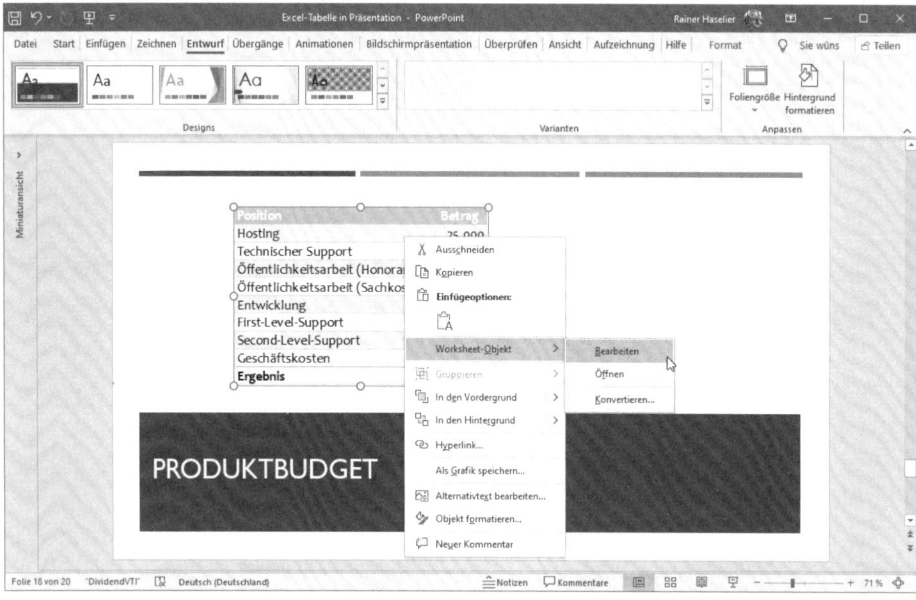

Abbildung 6.2: Über das Kontextmenü des Arbeitsblatt-Objekts lässt sich die eingefügte Excel-Tabelle bearbeiten.

5. Klicken Sie außerhalb des Excel-Objekts, um den Bearbeitungsmodus für Excel-Tabellen zu verlassen.
6. Wenn Sie die Tabelle noch vergrößern oder verkleinern wollen, verwenden Sie dazu die Anfasser an den Ecken des Objektrahmens.

In PowerPoint wird die Excel-Tabelle als frei verschiebbares Objekt eingefügt. Dies macht es einfach, die Tabelle an die gewünschte Position zu verschieben.

In Word wird der eingefügten Excel-Tabelle die Umbruchart *Mit Text in Zeile* zugewiesen. Die Tabelle wandert daher automatisch mit, wenn Sie vor oder nach der Tabelle im Word-Dokument Text ergänzen oder löschen. Um auch in Word die Tabelle frei positionieren zu können, markieren Sie das Tabellenobjekt, wechseln zur Registerkarte *Seitenlayout* und klicken in der Gruppe *Anordnen* auf *Zeilenumbruch* und dann auf *Passend* oder eine der anderen Optionen, die wir ausführlich in Kapitel 35 beschreiben.

Wollen Sie die Excel-Tabelle erneut bearbeiten, gelangen Sie mit einem Doppelklick in den Bearbeitungsmodus. Alternativ klicken Sie die Excel-Tabelle mit der rechten Maustaste an und zeigen dann im Kontextmenü auf *Worksheet-Objekt* (siehe Abbildung 6.2).

- Klicken Sie auf *Bearbeiten,* wenn Sie die Excel-Tabelle wiederum innerhalb des Word-Dokuments/der PowerPoint-Präsentation bearbeiten wollen. Für diese Aktion können Sie alternativ auch auf die eingefügte Excel-Tabelle doppelklicken. Nachdem Sie die Bearbeitung in Excel abgeschlossen haben, klicken Sie an eine beliebige Stelle außerhalb der Excel-Tabelle; die Bearbeitung der Excel-Tabelle wird beendet und Sie kehren zum Word-Dokument/zur PowerPoint-Präsentation zurück.
- Klicken Sie auf *Öffnen,* um das Excel-Objekt im normalen Programmfenster von Excel zu bearbeiten. Solange das eingefügte Tabellenobjekt in Excel geöffnet ist, wird es im Word-Dokument/der PowerPoint-Präsentation schraffiert angezeigt. Wenn Sie mit der Bearbeitung fertig sind, öffnen Sie in Excel die Registerkarte *Datei* und klicken auf *Schließen.* Die Excel-Tabelle im Zieldokument wird aktualisiert und Sie kehren zum Word-Dokument bzw. zur PowerPoint-Präsentation zurück.

Tipp Damit die eingefügte Tabelle sich optisch gut an das Word-Dokument bzw. die PowerPoint-Präsentation anpasst, ist es empfehlenswert, zur Formatierung in Word/PowerPoint und Excel das gleiche Office-Design zu verwenden. Sie erreichen so, dass die verwendeten Schriftarten und Farben gut zueinander passen und das gesamte Dokument/die gesamte Präsentation wie aus einem Guss wirkt.

Daten aus vorhandener Excel-Tabelle als Kopie einfügen

Wenn Sie in den Desktop-Apps bereits eine Tabelle mit Excel erstellt haben und diese in ein Word-Dokument/eine Präsentation einfügen wollen, gehen Sie folgendermaßen vor:

1. Starten Sie Excel und öffnen Sie dort die Arbeitsmappe, in der sich die betreffende Tabelle befindet (z. B. die Übungsdatei *Businessplan).*

2. Markieren Sie in Excel den Bereich, den Sie in das Word-Dokument bzw. in Ihre Folie einfügen wollen.
3. Klicken Sie auf der Registerkarte *Start* in der Gruppe *Zwischenablage* auf *Kopieren.*
4. Wechseln Sie zu Word bzw. PowerPoint. Setzen Sie in Word die Einfügemarke an die Stelle, an der die Excel-Tabelle eingefügt werden soll. In PowerPoint öffnen Sie die Folie, auf der die Excel-Tabelle eingefügt werden soll.
5. Klicken Sie auf der Registerkarte *Start* in der Gruppe *Zwischenablage* auf den Pfeil der Schaltfläche *Einfügen.*

   Im Menü der Schaltfläche können Sie wählen, in welchem Format die Daten eingefügt werden sollen. Bewegen Sie dazu einfach die Maus auf die angebotenen Eingabeoptionen. Im Word-Dokument bzw. der PowerPoint-Präsentation sehen Sie dann eine Vorschau der einzufügenden Daten.

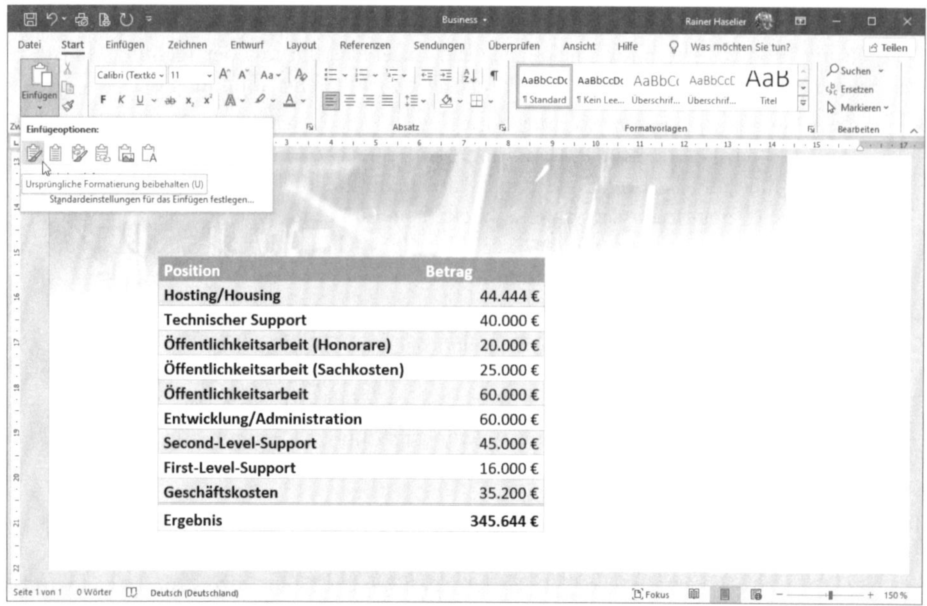

Abbildung 6.3: Im Menü der Schaltfläche Einfügen *legen Sie fest, in welchem Format die Daten eingefügt werden sollen.*

6. Wählen Sie eine der folgenden Optionen, um die Tabelle nicht verknüpft einzufügen:
   - **Ursprüngliche Formatierung beibehalten** Fügt die Excel-Tabelle statisch ein und übernimmt die Formatierungen, wie sie in Excel vorgenommen wurden. Nach dem Einfügen können Sie die Formatierungsbefehle von Word bzw. PowerPoint verwenden, um die Optik der Tabelle anzupassen.
   - **Zielformatvorlagen verwenden** Fügt die Excel-Tabelle statisch ein. Die Tabelle wird als einfache Tabelle mit Rahmenlinien formatiert; außerdem wird beim Einfügen berücksichtigt, welches Office-Design derzeit für das Dokument bzw. die Präsentation ausgewählt ist. Auch bei dieser Option können Sie nach dem Einfügen die Formatierungsbefehle von Word bzw. PowerPoint verwenden, um die Optik der Tabelle anzupassen.
   - **Grafik** Fügt die Tabelle als Grafik ein, deren Größe verändert werden kann. Bei dieser Option können die Tabellendaten selbst nicht mehr verändert werden.
   - **Nur den Text übernehmen** Wenn Sie diese Option verwenden, werden die Excel-Daten nicht als Tabelle eingefügt, sondern die Inhalte der einzelnen Excel-Zellen durch Tabstopps voneinander getrennt. Sie können anschließend Tabstopps verwenden, um die Tabelle wie gewünscht zu formatieren.
   - **Einbetten** Wenn Sie diese Option verwenden, wird ein Arbeitsblattobjekt in die Folie eingefügt. Dieses Objekt ist eine Kopie der zuvor in Excel markierten Daten. Das eingebettete Objekt können Sie in Excel bearbeiten, indem Sie darauf doppelklicken. (Diese Option steht nur in PowerPoint zur Verfügung.)

Gleichgültig, welche der Optionen Sie verwenden: Nach dem Einfügen besteht keine Verbindung mehr zwischen der ursprünglichen und der eingefügten Tabelle. Wenn Sie die Daten der Tabelle im originalen Arbeitsblatt verändern, hat dies auf die Tabelle in Ihrem Dokument bzw. Ihrer Präsentation keinerlei Auswirkung.

Daten aus vorhandener Excel-Tabelle verknüpft einfügen

Wenn Sie möchten, dass die Excel-Tabelle in Ihrem Dokument bzw. Ihrer Präsentation automatisch die Änderung an der zugrunde liegenden Excel-Arbeitsmappe übernehmen kann, müssen Sie sie verknüpft einfügen. Leider verhalten sich Word und PowerPoint beim Einfügen einer Verknüpfung zu einer Excel-Arbeitsmappe nicht identisch. Daher sind nachfolgend die Schritte für beide Programme getrennt aufgeführt.

Achtung Seit Office 2007 haben viele Office-Anwender Probleme, eine in Word oder PowerPoint als Verknüpfung eingefügte Excel-Tabelle nach dem Einfügen zu öffnen und zu bearbeiten. Außerdem wird häufig das verknüpfte Excel-Objekt nicht automatisch aktualisiert; stattdessen werden die unterschiedlichsten Fehlermeldungen angezeigt. Das gleiche Problem trat auch in allen Nachfolgeversionen einschließlich Office 2021 auf. Für die Office-Version 2010 hat Microsoft bestätigt, dass das Problem mit dem neuen Dateiformat zusammenhängt, das mit Office 2007 eingeführt wurde. Damit die in diesem Abschnitt beschriebenen Verfahren zuverlässig funktionieren, müssen Sie die Excel-Arbeitsmappe im Format Excel 97-2003 speichern, bevor Sie die Verknüpfung einfügen. Informationen zum Ändern des Dateityps finden Sie in Kapitel 4.

Excel-Tabelle verknüpft in Word einfügen

1. Starten Sie Excel und öffnen Sie dort die Arbeitsmappe, in der sich die betreffende Tabelle befindet. Stellen Sie sicher, dass die Arbeitsmappe im Format *Excel 97-2003-Arbeitsmappe* gespeichert ist (siehe den Achtung-Kasten oben auf dieser Seite).
2. Markieren Sie in Excel den Bereich, den Sie in das Word-Dokument einfügen wollen.
3. Klicken Sie auf der Registerkarte *Start* in der Gruppe *Zwischenablage* auf *Kopieren.*
4. Wechseln Sie zu Word und setzen Sie die Einfügemarke an die Stelle, an der die Excel-Tabelle eingefügt werden soll.
5. Klicken Sie auf der Registerkarte *Start* in der Gruppe *Zwischenablage* auf den Pfeil der Schaltfläche *Einfügen.*

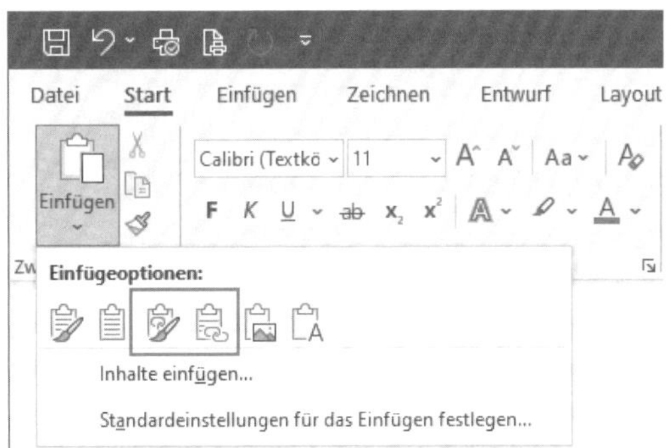

Abbildung 6.4: Im Menü der Schaltfläche Einfügen *erkennen Sie die Optionen zum verknüpften Einfügen am Verknüpfungszeichen* ∞.

6. Wählen Sie im Menü der Schaltfläche *Einfügen* eine der folgenden Optionen aus:
   - **Verknüpfen und ursprüngliche Formatierung beibehalten** Wenn Sie diese Option auswählen, übernimmt die eingefügte Tabelle die Formatierungsmerkmale, wie sie in Excel zugewiesen wurden. Zudem wird im Word-Dokument bzw. der PowerPoint-Präsentation gespeichert, aus welcher Excel-Datei die Daten stammen. Wenn die Daten in Excel geändert werden, kann die Tabelle in Word bzw. PowerPoint aktualisiert werden.
   - **Verknüpfen und Zielformatvorlagen verwenden** Dieser Befehl entspricht der obigen Option, nur dass Sie die Formatierung der Tabelle anpassen können. Wenn die Daten in der Excel-Tabelle geändert werden, können sie aufgrund der Verknüpfung aktualisiert werden.

Wenn Sie das Dokument dann schließen und anschließend erneut öffnen, zeigt Word ein Dialogfeld an, in dem Sie darauf hingewiesen werden, dass das Dokument Verknüpfungen enthält. Mit einem Klick auf die Schaltfläche *Ja* können Sie nun die Aktualisierung der Daten veranlassen.

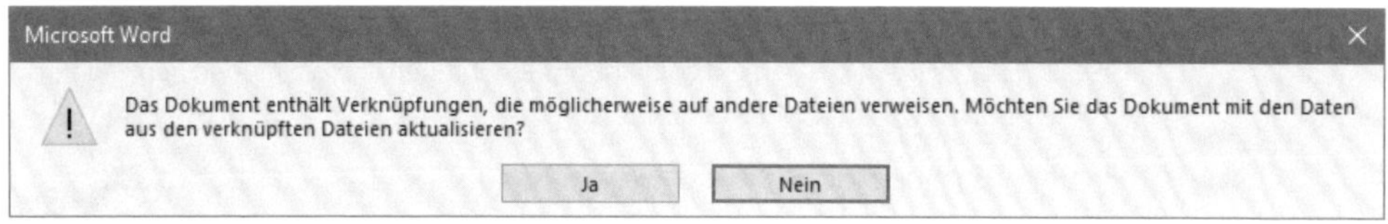

Abbildung 6.5: Word weist Sie auf die Verknüpfung hin.

Bitte beachten Sie, dass Word kein Meldungsfenster anzeigt, wenn die Datei, auf die verwiesen wird, nicht gefunden werden kann. Stattdessen sehen Sie an der Stelle im Dokument, an der die Verknüpfung eingefügt wurde, eine Fehlermeldung, wie es folgende Abbildung zeigt.

In diesem Fall müssen Sie die Verknüpfung bearbeiten und Word mitteilen, wo sich die Excel-Arbeitsmappe nun befindet. Gehen Sie dazu so vor wie im Abschnitt »Verknüpfung bearbeiten« ab Seite 157 beschrieben.

Abbildung 6.6: Word kann die Quelldatei, auf die verwiesen wird, nicht mehr finden: Die Verknüpfung ist nicht mehr gültig.

Excel-Tabelle verknüpft in PowerPoint einfügen

Wenn Sie möchten, dass die Excel-Tabelle in Ihrer Präsentation eine Änderung an der zugrunde liegenden Excel-Arbeitsmappe automatisch übernehmen kann, müssen Sie sie verknüpft einfügen:

1. Führen Sie die im letzten Abschnitt beschriebenen Schritte 1 bis 4 aus. Achten Sie vor allem darauf, die Arbeitsmappe im Format *Excel 97-2003-Arbeitsmappe* zu speichern.
2. Klicken Sie auf der Registerkarte *Start* auf den unteren Teil der Schaltfläche *Einfügen*, um das zugehörige Menü anzuzeigen, und wählen Sie im Menü der Schaltfläche den Befehl *Inhalte einfügen*.
3. Schalten Sie im dadurch angezeigten Dialogfeld die Option *Verknüpfung einfügen* ein.

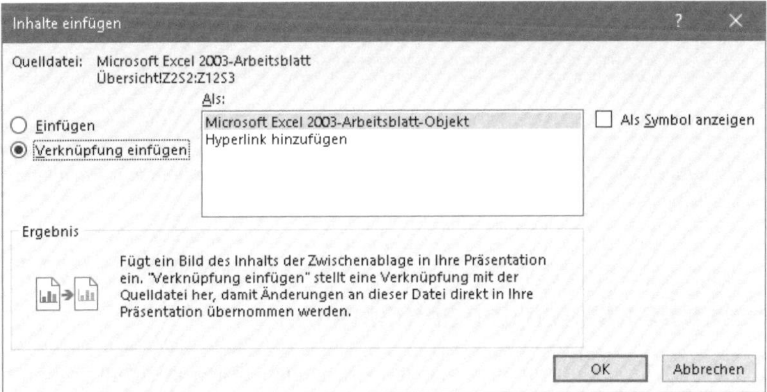

Abbildung 6.7: In diesem Dialogfeld legen Sie fest, dass die Tabelle verknüpft eingefügt werden soll.

4. Klicken Sie auf *OK*, um den markierten Bereich des Arbeitsblatts auf der Folie einzufügen.

Wenn Sie die Präsentation dann schließen und anschließend erneut öffnen, zeigt PowerPoint möglicherweise ein Dialogfeld an, in dem Sie darauf hingewiesen werden, dass die Präsentation Verknüpfungen enthält.

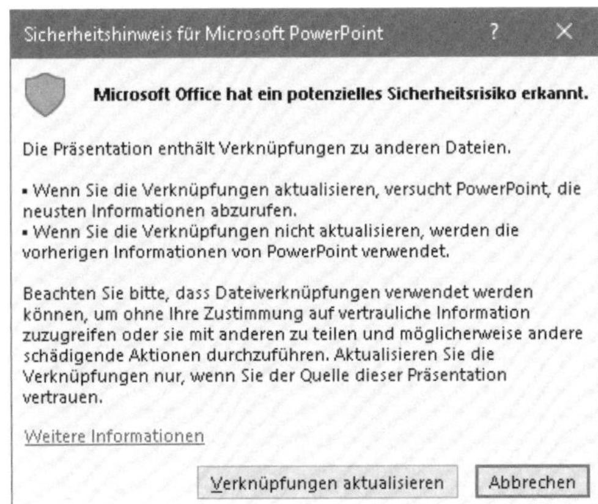

Abbildung 6.8: PowerPoint weist Sie auf die Verknüpfung hin.

Wenn sich die Excel-Datei, zu der die Verknüpfung besteht, auf Ihrem eigenen Computer befindet, wird der Warnhinweis nicht angezeigt, da Excel diese Speicherorte automatisch als vertrauenswürdig einstuft. Befindet sich die Excel-Datei aber beispielsweise auf einem Netzlaufwerk, das im Excel-Trustcenter nicht zu den vertrauenswürdigen Speicherorten hinzugefügt wurde, zeigt Excel den Warnhinweis an. Falls Sie sicher sind, dass Sie der Verknüpfung vertrauen können, veranlasst ein Klick auf die Schaltfläche *Verknüpfungen aktualisieren* die Aktualisierung der Daten.

Falls PowerPoint eine der verknüpften Dateien nicht finden kann, sehen Sie ein Meldungsfenster mit Tipps zum Lösen des Problems. In diesem Fall müssen Sie die Verknüpfung bearbeiten und PowerPoint mitteilen, wo sich die Excel-Arbeitsmappe nun befindet. Gehen Sie dazu wie im Abschnitt »Verknüpfung bearbeiten« ab Seite 157 beschrieben vor.

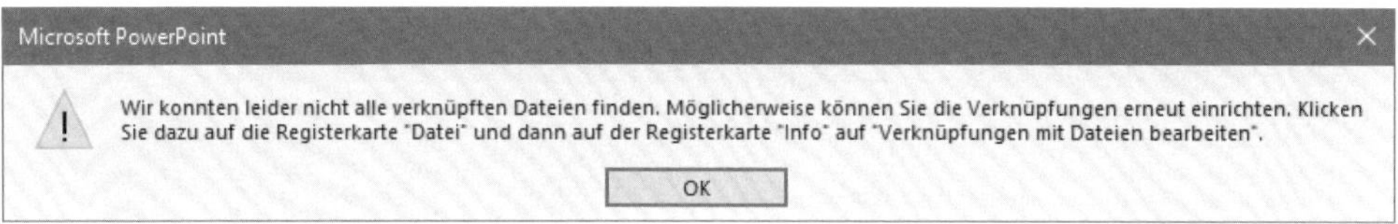

Abbildung 6.9: PowerPoint weist Sie darauf hin, dass die verknüpfte Datei nicht gefunden werden kann, und gibt Hinweise, wie Sie das Problem lösen können.

Verknüpfte Daten bearbeiten und aktualisieren

Wenn Sie eine Excel-Tabelle verknüpft eingefügt haben, stehen Ihnen im Kontextmenü der eingefügten Tabelle Befehle zur Verfügung, um von Word bzw. PowerPoint aus das Bearbeiten der Excel-Tabelle zu initiieren, um die eingefügte Tabelle zu aktualisieren, wenn die Tabelle in Excel geändert wurde, und um die Verknüpfungseigenschaften anzusehen und zu ändern.

1. Klicken Sie die eingefügte Tabelle mit der rechten Maustaste an, um das Kontextmenü zu öffnen, das Sie in der folgenden Abbildung sehen.

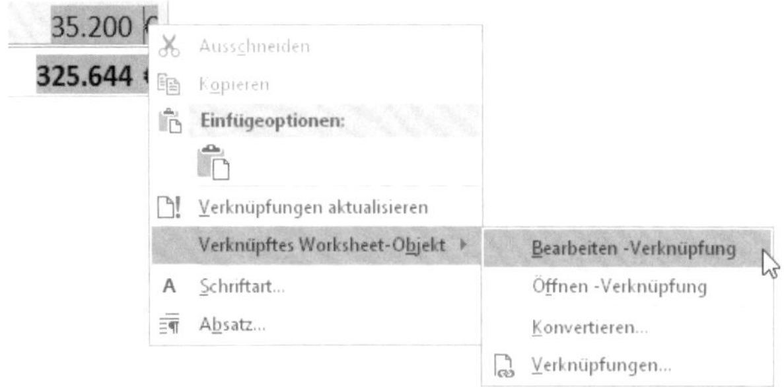

Abbildung 6.10: In Word finden Sie im Kontextmenü der Tabelle die Befehle zum Aktualisieren und Bearbeiten der verknüpften Tabelle.

Abbildung 6.11: Dies sind die Befehle, mit denen Sie in PowerPoint die verknüpfte Tabelle aktualisieren und bearbeiten können.

2. Wählen Sie einen der folgenden Befehle:
   - **Verknüpfungen aktualisieren** Klicken Sie diesen Befehl an, wenn Sie wissen, dass die Excel-Tabelle geändert wurde und die eingefügte Tabelle aktualisiert werden soll. Standardmäßig aktualisieren Word und PowerPoint die Verknüpfungen automatisch, wenn Sie das Dokument öffnen. Sie können die Verknüpfung auch aktualisieren, indem Sie die Tabelle markieren und dann die Taste F9 drücken.
   - **Verknüpftes Worksheet-Objekt/Bearbeiten, Öffnen** Klicken Sie einen dieser Befehle an, wenn Sie die Excel-Arbeitsmappe, aus der die eingefügte Tabelle stammt, in Excel bearbeiten wollen. Klicken Sie in Excel auf die Registerkarte *Datei* und dann auf den Befehl *Schließen*, wenn Sie mit der Bearbeitung fertig sind, und lassen Sie anschließend in Word die verknüpfte Tabelle aktualisieren.
   - **Verknüpftes Worksheet-Objekt/Verknüpfungen** Wählen Sie diesen Befehl, um das Dialogfeld *Verknüpfungen* anzeigen zu lassen. In dem Dialogfeld können Sie u. a. anderem die Datenquelle der Verknüpfung ansehen und ändern, festlegen, ob die Daten manuell oder automatisch aktualisiert werden sollen, und bestimmen, ob die Formatierung nach der Aktualisierung erhalten bleiben soll oder nicht.

Bitte beachten Sie den Achtung-Hinweis auf Seite 153. Das Bearbeiten, Öffnen und Aktualisieren funktioniert nur dann zuverlässig, wenn die Excel-Arbeitsmappe vor dem Einfügen der Verknüpfung im Format *Excel 97-2003-Arbeitsmappe* gespeichert wurde.

Verknüpfung bearbeiten

Wenn das Dokument, auf das sich eine Verknüpfung bezieht, umbenannt oder in ein anderes Verzeichnis verschoben wurde, können Word bzw. PowerPoint natürlich nicht mehr auf die Originaldaten zugreifen. In diesem Fall müssen Sie Word bzw. PowerPoint den neuen Speicherort des Dokuments mitteilen.

1. Öffnen Sie das Dokument/die Präsentation, das/die die defekte Verknüpfung enthält.
2. Klicken Sie auf die Registerkarte *Datei* und dann auf *Informationen*.
3. Klicken Sie im Bereich *Verwandte Dokumente* auf den Befehl *Verknüpfungen mit Dateien bearbeiten*.

   Dieser Befehl befindet sich unten rechts und ist nur vorhanden, wenn das aktuelle Dokument bzw. die aktuelle Präsentation mindestens eine Verknüpfung enthält.

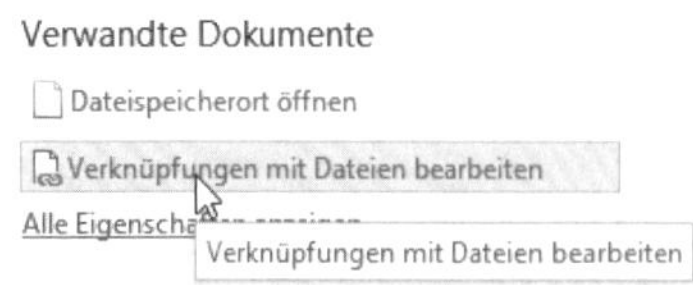

Abbildung 6.12: Der Bereich Verwandte Dokumente *wird angezeigt, wenn die Datei Verknüpfungen enthält.*

Das Dialogfeld *Links* wird geöffnet; Word und PowerPoint verwenden leicht unterschiedliche Varianten dieses Dialogfeldes.

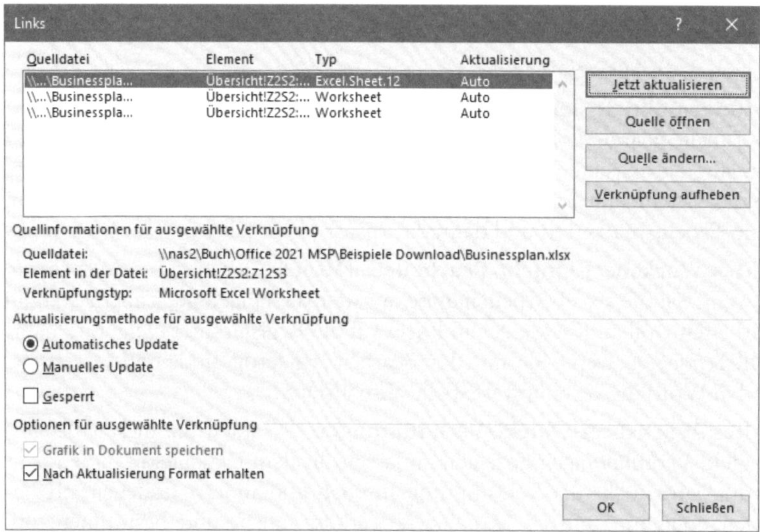

Abbildung 6.13: Das Dialogfeld Links *in Word*

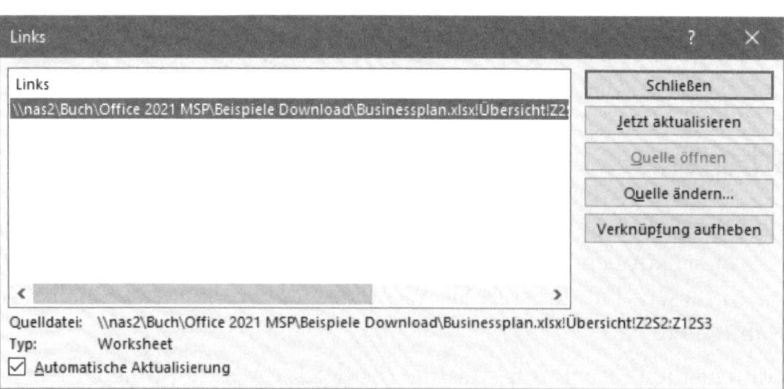

Abbildung 6.14: Das Dialogfeld Links *in PowerPoint*

4. Markieren Sie die betreffende Verknüpfung und klicken Sie auf *Quelle ändern*. Das Dialogfeld *Quelle ändern* wird geöffnet.
5. Wechseln Sie zu dem Ordner, in dem sich die Quelldatei befindet, wählen Sie sie aus und klicken Sie auf *OK*.

6. Prüfen Sie im Dialogfeld *Links* mit einem Klick auf die Schaltfläche *Jetzt aktualisieren,* ob die geänderte Verknüpfung funktionsfähig ist.
7. Schließen Sie das Dialogfeld *Links*.

Excel-Tabelle in Word im Querformat einfügen

Excel-Arbeitsmappen enthalten oft Tabellen mit vielen Spalten; hier kann es passieren, dass eine eingefügte Excel-Tabelle in einem Word-Dokument, das das Hochformat verwendet, nicht gut dargestellt wird. Wenn Sie diese Tabelle im Querformat einfügen wollen, besteht der einfachste Weg darin, die Tabelle bereits in Excel als Grafik zu kopieren. Nach dem Einfügen können Sie die Zeichentools von Word verwenden, um die Tabelle um 90 Grad zu drehen.

Wenn Sie eine Excel-Tabelle in Word als Grafik einfügen, handelt es sich um eine statische Verknüpfung; d.h., wenn sich die Excel-Daten ändern, müssen Sie die Grafik erneut einfügen. Möglicherweise ist es aber auch gewünscht, dass die Excel-Daten nicht geändert werden können.

Führen Sie folgende Schritte durch, um eine Excel-Tabelle im Querformat in ein Word-Dokument einzufügen:

1. Formatieren Sie in Excel den Bereich, den Sie in Word verwenden wollen, so, wie er in Word erscheinen soll.
2. Markieren Sie in Excel den Bereich des Arbeitsblatts, den Sie in Word einfügen wollen.
3. Öffnen Sie die Registerkarte *Start* und klicken Sie in der Gruppe *Zwischenablage* auf den Pfeil der Schaltfläche *Kopieren*. Wählen Sie im Menü den Befehl *Als Bild kopieren*.

A1 | Übernachtungen Touristen in den Niederlanden 2011

Übernachtungen Touristen in den Niederlanden 2011

Zeitraum	Aus den Niederlanden	Aus dem Ausland	Gesamt	Verteilung
Jan 11	1.037.700	589.000	1.626.700	5,30%
Feb 11	1.086.900	598.400	1.685.300	5,50%
Mrz 11	1.269.100	758.600	2.027.700	6,61%
Apr 11	1.646.800	1.231.200	2.878.000	9,38%
Mai 11	2.016.700	988.800	3.005.500	9,80%
Jun 11	2.140.800	1.164.500	3.305.300	10,78%
Jul 11	1.992.100	1.210.200	3.202.300	10,44%
Aug 11	2.175.200	1.244.000	3.419.200	11,15%
Sep 11	1.806.400	1.040.500	2.846.900	9,28%
Okt 11	1.750.200	1.027.700	2.777.900	9,06%
Nov 11	1.286.900	830.900	2.117.800	6,91%
Dez 11	1.158.500	615.500	1.774.000	5,78%
Summen	19.367.300	11.299.300	30.666.600	100%

Daten | Tabelle1

Abbildung 6.15: Breite Tabellen lassen sich in Word am besten als Grafik einfügen.

4. Übernehmen Sie die Optionen *Wie angezeigt* und *Bild*. Sie erhalten so die besten Ergebnisse.

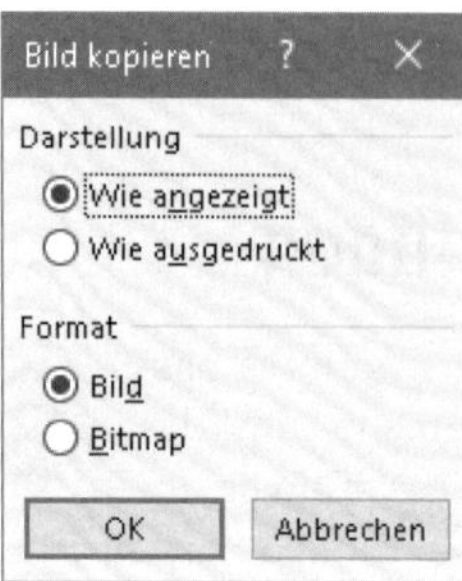

Abbildung 6.16: Wenn Sie die Option Bild *wählen, wird die Excel-Tabelle als Windows-Metadatei kopiert.*

5. Wechseln Sie zum Word-Dokument, setzen Sie die Einfügemarke an die Stelle, an der die Tabelle eingefügt werden soll, und klicken Sie auf der Registerkarte *Start* in der Gruppe *Zwischenablage* auf *Einfügen*. Die Excel-Tabelle wird als Grafik eingefügt.
6. Klicken Sie die eingefügte Grafik an und verwenden Sie den Drehpunkt, um die Grafik um 90 Grad zu drehen.

Hinweis Weitere Informationen zu den zahlreichen Tools für Bilder und Grafiken finden Sie in Kapitel 35 dieses Handbuchs.

Kapitel 7
Office-Dokumente drucken

In diesem Kapitel finden Sie die programmübergreifenden Informationen zum Drucken von Office-Dokumenten. Den Befehl zum Drucken finden Sie in der Backstage-Ansicht *Drucken*, die Sie über die Registerkarte *Datei* öffnen.

Außerdem erfahren Sie in diesem Kapitel, wie Sie den Befehl *Schnelldruck* in die Symbolleiste für den Schnellzugriff einfügen und wie Sie weitere Ansichten zur Druckvorschau reaktivieren, die in den Office-Apps im Verborgenen auf ihren Einsatz warten.

Dokument drucken

In älteren Office-Versionen wurde zum Drucken das gleichnamige Dialogfeld verwendet. Seit Office 2010 sind alle Funktionen, die Sie zum Drucken benötigen, in der Backstage-Ansicht *Drucken* zusammengefasst. Die Backstage-Ansicht *Drucken* ist eine Kombination aus der alten Seitenansicht und dem Dialogfeld *Drucken*, die in früheren Versionen verwendet wurden. In der Backstage-Ansicht *Drucken* können Sie verschiedene Druckparameter einstellen, Änderungen an der Seiteneinrichtung vornehmen und das Dokument in der Seitenansicht prüfen.

Führen Sie folgende Schritte durch, um die Backstage-Ansicht für das Drucken zu verwenden:

1. Klicken Sie auf die Registerkarte *Datei* und dann auf *Drucken* oder drücken Sie die Tastenkombination Strg+P.

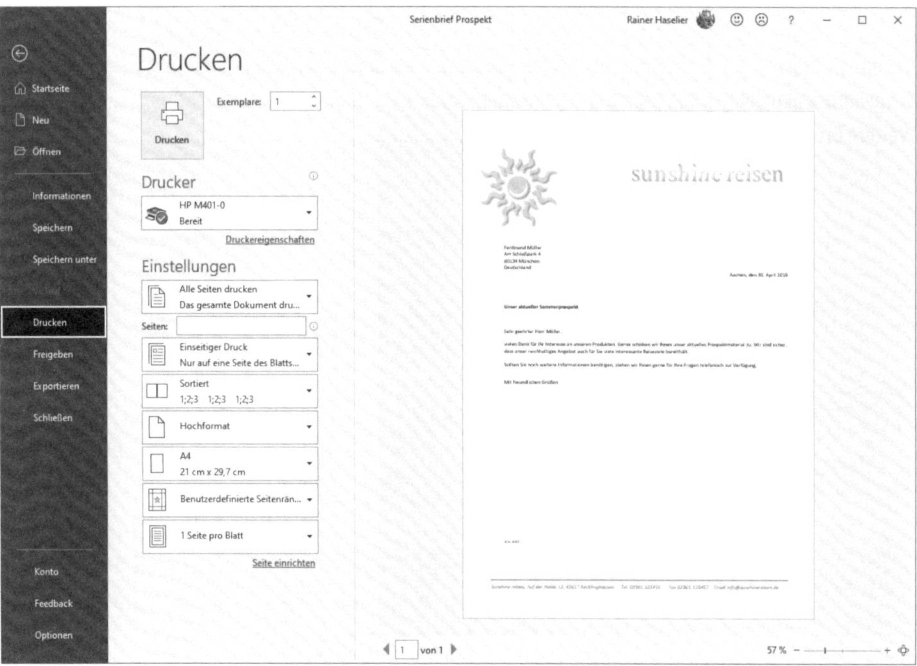

Abbildung 7.1: Die Backstage-Ansicht Drucken *von Word*

- Auf der rechten Seite des Fensters sehen Sie die Druckvorschau Ihres Dokuments. Sie können die Bildlaufleiste und das Feld mit der Nummer der aktuellen Seite sowie die Pfeilschaltflächen rechts und links davon verwenden, um durch das Dokument zu blättern und so andere Seiten bzw. Folien anzeigen zu lassen.
- In Word und PowerPoint finden Sie unterhalb der Seitenansicht einen Zoomregler – ——+——+———— +, mit dem Sie den Vergrößerungsfaktor des Dokuments stufenlos einstellen können.

- Der aktuelle Zoomfaktor wird neben dem Zoomregler angezeigt. Wenn Sie den Faktor anklicken, wird das Dialogfeld *Zoom* geöffnet, das Sie aus Kapitel 5 kennen.
- In Word, Excel und PowerPoint können Sie die Schaltfläche *Auf Seite zoomen* verwenden; der Zoomfaktor wird dann so eingestellt, dass Sie die gesamte Dokumentseite (Word) bzw. die gesamte Folie (PowerPoint) oder den Druckbereich der aktuellen Seite (Excel) vollständig sehen.
- Eine Besonderheit weist Excel mit der Schaltfläche *Seitenränder anzeigen* auf. Wenn Sie sie anklicken, werden in der Druckvorschau Linien eingeblendet, die die verschiedenen Seitenrandbereiche darstellen. Sie können diese Linien ziehen, um die Seitenränder zu ändern.

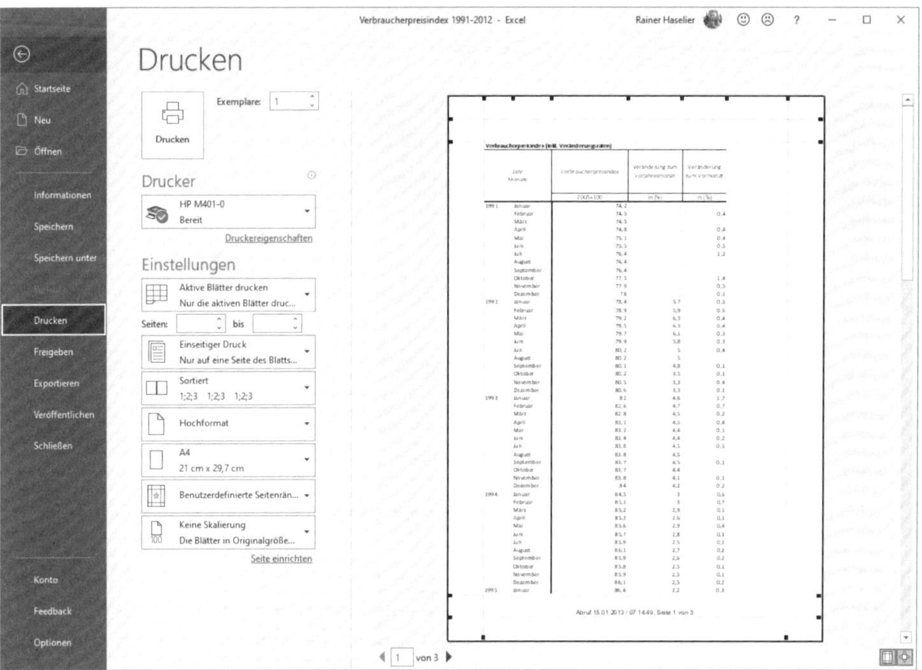

Abbildung 7.2: Einstellen der Seitenränder in Excel

Im Bereich *Drucken* können Sie auf der linken Seite verschiedene Druckparameter einstellen. Ein Teil der Einstellmöglichkeiten ist in allen drei Anwendungen identisch, andere wiederum sind programmspezifisch (siehe Abbildung 7.3).

2. **Anzahl der Ausdrucke festlegen** Im Feld *Exemplare* legen Sie fest, wie viele Kopien gedruckt und ob diese sortiert ausgedruckt werden sollen. Wenn im Abschnitt *Einstellungen* die Option *Sortiert* ausgewählt ist, werden zunächst alle Seiten des Dokuments gedruckt und erst danach eine weitere Kopie.

Abbildung 7.3: Die gemeinsamen und unterschiedlichen Einstellungen zum Drucken in Word, Excel und PowerPoint

3. **Drucker auswählen** In der Liste *Drucker* können Sie, sofern Sie mehr als einen Drucker installiert haben, den Drucker auswählen, auf dem die Ausgabe erfolgen soll. Mit dem Link *Druckereigenschaften* können Sie das *Eigenschaften*-Dialogfeld des ausgewählten Druckers aufrufen und dort weitere Einstellungen vornehmen.
4. **Seiten/Folien/Tabellen festlegen, die gedruckt werden sollen** Im Bereich *Einstellungen* können Sie festlegen, was ausgedruckt werden soll. Bei Word legen Sie die Seiten fest, bei PowerPoint die Folien und bei Excel können Sie einstellen, welche Tabellen oder ob die gesamte Arbeitsmappe gedruckt werden soll.
5. **Weitere Druckoptionen ändern** Mit den weiteren Optionen des Bereichs *Einstellungen* können Sie weitere Druckparameter einstellen. Die Optionen, die Ihnen zur Verfügung stehen, unterscheiden sich je nach Anwendung ein wenig. Bei Word können Sie hier die Seiteneinrichtung ändern, bei Excel legen Sie fest, wie der Ausdruck skaliert werden soll, und bei PowerPoint stellen Sie ein, ob die Ausgabe farbig erfolgen soll oder nicht.
6. Klicken Sie auf *Drucken,* nachdem Sie die gewünschten Einstellungen vorgenommen haben.

Schnelldruck aktivieren

Um schnell eine Seite auszudrucken, ist die Verwendung der Backstage-Ansicht vielleicht ein wenig umständlich, da diese Aktion mehrere Mausklicks erfordert. Sie können jedoch in Word, Excel und PowerPoint die Schaltfläche *Schnelldruck* in die Symbolleiste für den Schnellzugriff einfügen. *Schnelldruck* druckt Ihr Dokument mit den eingestellten Standardwerten auf dem Standarddrucker bzw. dem zuletzt im Programm verwendeten Drucker aus.

1. Klicken Sie in der Symbolleiste für den Schnellzugriff auf die Schaltfläche *Symbolleiste für den Schnellzugriff anpassen.*

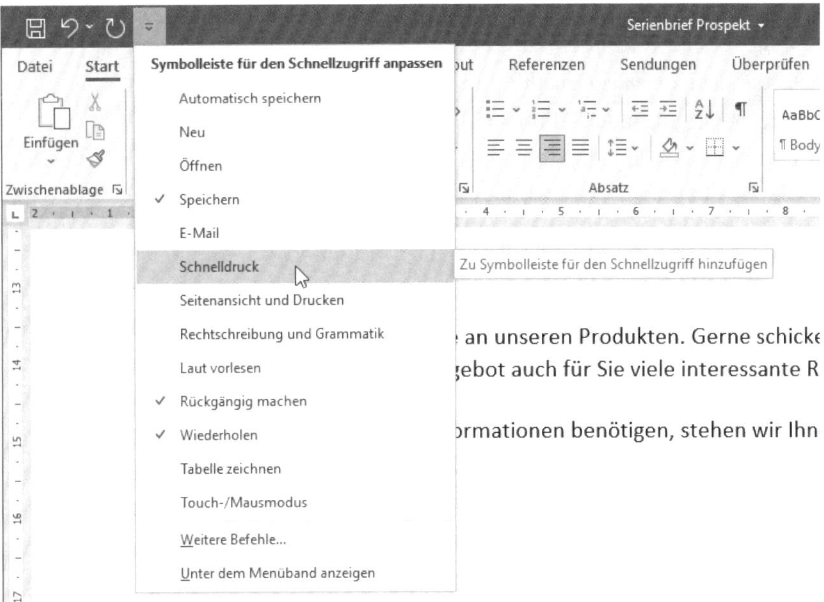

Abbildung 7.4: Schnelldruck-*Schaltfläche in die Symbolleiste für den Schnellzugriff aufnehmen*

2. Klicken Sie auf *Schnelldruck.*

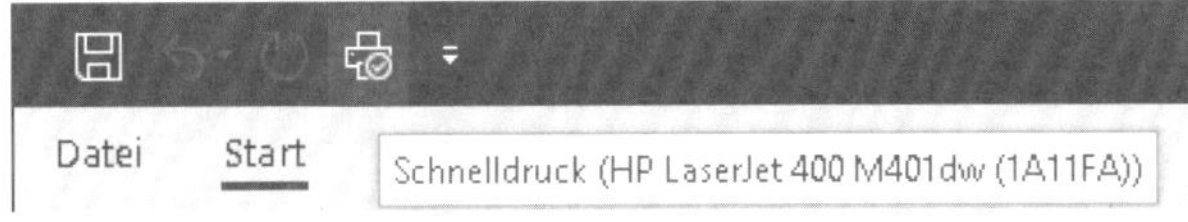

Abbildung 7.5: In der QuickInfo der Schaltfläche Schnelldruck *sehen Sie, welcher Drucker verwendet wird.*

Tipp Um die Backstage-Ansicht *Drucken* mit einem Klick öffnen zu können, fügen Sie zusätzlich die Schaltfläche *Seitenansicht und Drucken* in die Symbolleiste für den Schnellzugriff ein.

Weitere Druckvorschau-Ansichten

In alten Office-Versionen (bis zur Version 2003) standen in Word und in Excel weitere Seitenansichten zur Verfügung, die wegen der Backstage-Ansicht nun im Verborgenen schlummern. Sie können diese Seitenansichten aktivieren, indem Sie die betreffenden Befehle z. B. in die Symbolleiste für den Schnellzugriff einfügen.

Führen Sie dazu folgende Schritte durch:

1. Klicken Sie in der Symbolleiste für den Schnellzugriff auf die Schaltfläche *Symbolleiste für den Schnellzugriff anpassen.*
2. Klicken Sie auf *Weitere Befehle.* Das Dialogfeld *Word-Optionen* bzw. *Excel-Optionen* wird angezeigt; die Kategorie *Symbolleiste für den Schnellzugriff* ist bereits geöffnet.
3. Öffnen Sie die Liste *Befehle auswählen* und wählen Sie *Alle Befehle.*
4. Führen Sie eine der folgenden Aktionen durch:
   - **Word** Suchen Sie in der Liste mit den Befehlen nach *Seitenansicht-Bearbeitungsmodus* und markieren Sie diesen Befehl.
   - **Excel** Suchen Sie in der Liste mit den Befehlen nach *Seitenansicht im Vollbildmodus* und markieren Sie diesen Befehl.

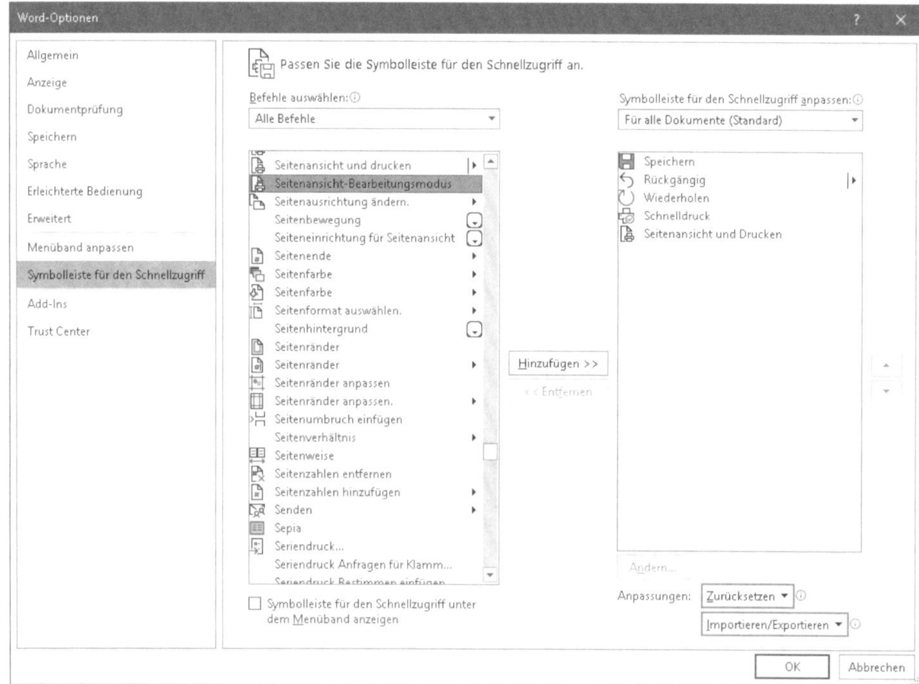

Abbildung 7.6: Die alte Seitenansicht von Word (und Excel) können Sie auch in der aktuellen Office-Version verwenden.

5. Klicken Sie auf *Hinzufügen* und dann auf *OK.*

Mit diesen Schaltflächen können Sie sich in Word und Excel schnell einen Überblick darüber verschaffen, wie das Dokument bzw. die Arbeitsmappe gedruckt aussieht.

Im Seitenansicht-Bearbeitungsmodus von Word finden Sie u. a. die Schaltfläche *Um eine Seite verkleinern*. Wenn Sie etwa ein achtseitiges Dokument erstellt haben, bei dem sich auf der letzten Seite nur wenige Zeilen befinden, können Sie die Schaltfläche *Um eine Seite verkleinern* anklicken. Word versucht dann das Dokument um eine Seite zu kürzen, indem es die Schriftgröße und die Zeilenabstände leicht verringert.

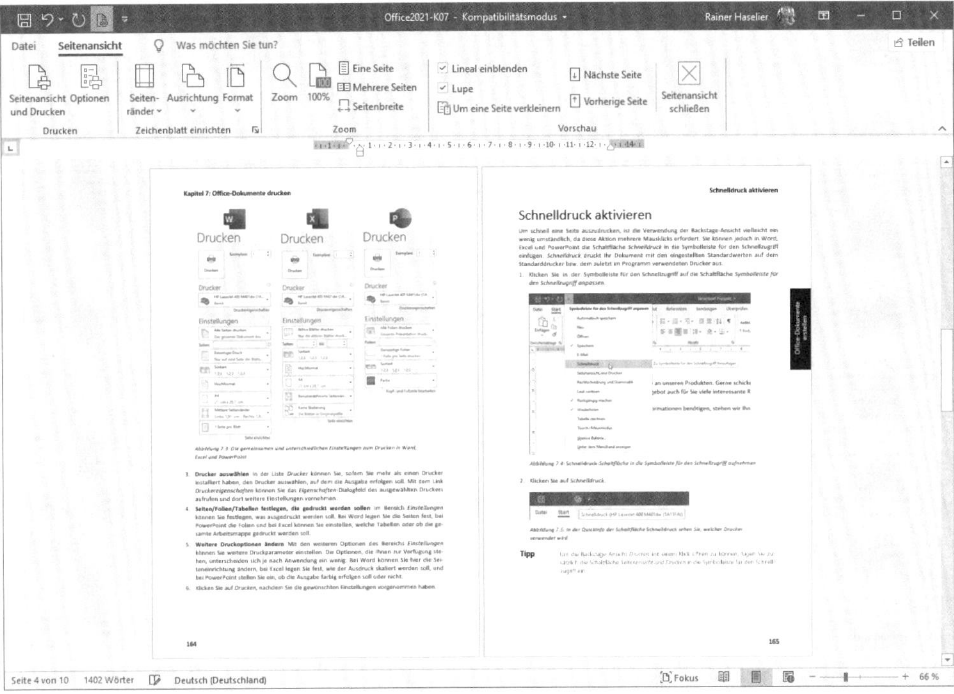

Abbildung 7.7: In der Seitenansicht von Word finden Sie den Befehl Um eine Seite verkleinern.

In dieser Seitenansicht hat der Mauszeiger eine doppelte Funktion, die Sie in der Gruppe *Vorschau* mit dem Kontrollkästchen *Lupe* steuern können. Wenn das Kontrollkästchen eingeschaltet ist, können Sie eine beliebige Stelle anklicken, die dann vergrößert dargestellt wird. Ein weiterer Klick verkleinert die Darstellung wieder. Die Form des Mauszeigers zeigt die Funktion an, die ausgelöst wird. Wenn Sie das Kontrollkästchen *Lupe* ausschalten, verhält sich der Mauszeiger wie in den anderen Dokumentansichten und Sie können Text oder andere Elemente markieren oder mit einem Klick die Einfügemarke verschieben.

In Excel ist diese Seitenansicht sehr nützlich, da Sie so mit einem Klick sehen können, wie die Arbeitsmappe gedruckt aussieht. Die Seitenlayoutansicht beispielsweise berücksichtigt bei der Darstellung nicht, ob Sie Druckbereiche definiert haben. Diese werden zwar hervorgehoben dargestellt, jedoch werden die Zellbereiche, die nicht gedruckt werden sollen, nicht ausgeblendet. Dies ist in der Seitenansicht anders; hier sehen Sie schnell, ob die Seiten auch tatsächlich so gedruckt werden, wie Sie es beabsichtigen.

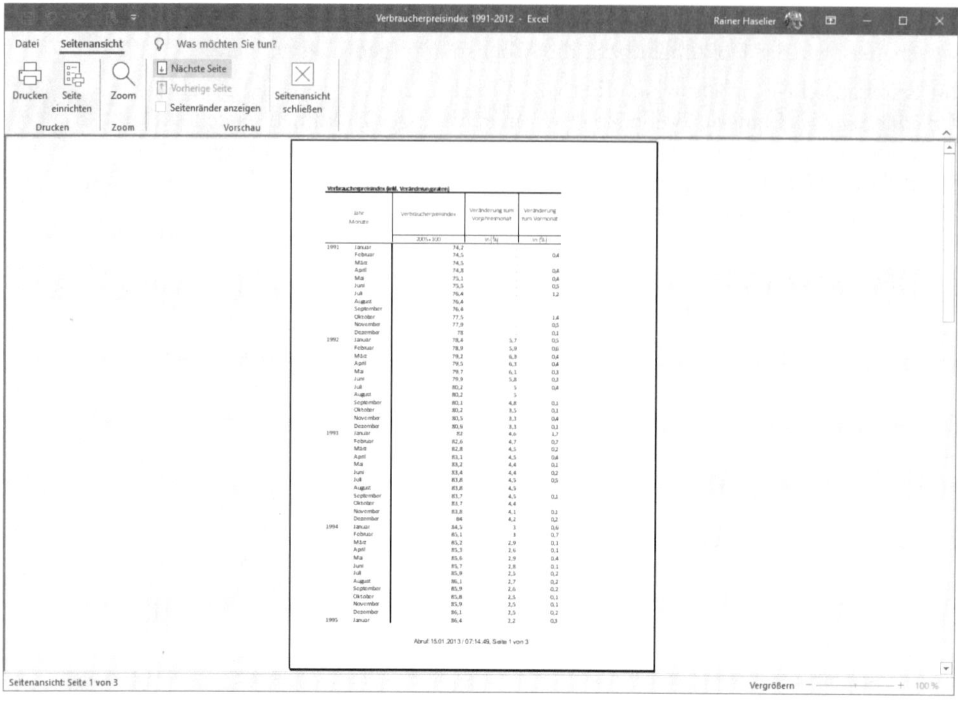

Abbildung 7.8: In der Excel-Seitenansicht werden immer die definierten Druckbereiche berücksichtigt.

Wie in der Backstage-Ansicht *Drucken* können Sie auch in der Seitenansicht die Seitenränder und Spaltenbreiten einstellen, indem Sie in der Gruppe *Vorschau* das Kontrollkästchen *Seitenränder anzeigen* einschalten. Verschieben Sie dann die Linien, die die Seitenränder bzw. Spaltenbegrenzungen darstellen, mit der Maus.

Um von der Seitenansicht aus direkt zu drucken, klicken Sie in Word auf *Seitenansicht und Drucken* und in Excel auf *Drucken*. In Word wird dann die Backstage-Ansicht *Drucken* und in Excel das Dialogfeld *Drucken* geöffnet.

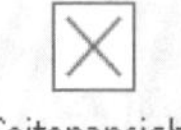

Um die Seitenansicht zu verlassen und zur normalen Ansicht zurückzukehren, klicken Sie auf *Seitenansicht schließen*.

Teil C
Word

Kapitel 8

Erste Schritte mit Word

In diesem Kapitel lernen Sie wichtige Grundlagen für die Arbeit mit Word kennen. Die hier vorgestellten Befehle befinden sich alle auf der Registerkarte *Start*. Dazu gehören neben der reinen Texteingabe und dem Umgang mit der Zwischenablage vor allem das Markieren und einfache Formatierungsaufgaben. Abgerundet wird das Kapitel durch das Thema »Suchen und Ersetzen von Text«.

Neues Dokument erstellen und speichern

Da wir uns in Kapitel 3 schon ausführlich damit beschäftigt haben, wie Sie ein neues Office-Dokument erstellen, wollen wir die verschiedenen Möglichkeiten an dieser Stelle nur noch einmal stichpunktartig aufzählen:

- Um in Word ein neues Dokument zu erstellen, klicken Sie auf die Registerkarte *Datei* und wählen in der Backstage-Ansicht die Seite *Neu*. Sie können dann eine der angebotenen Vorlagen auswählen.
- Ein neues leeres Dokument erhalten Sie am schnellsten mit dem Shortcut Strg+N.
- Anstelle der auf dem PC installierten Vorlagen können Sie auch Onlinevorlagen verwenden. Sie können diese Vorlagen kostenlos aus dem Internet herunterladen.
- Außerdem ist es möglich, ein bestehendes Dokument als Grundlage zu verwenden. Öffnen Sie dazu das Dokument mit *Datei/Öffnen* und speichern Sie es dann direkt mit *Datei/Speichern unter* mit einem anderen Namen ab.

Hinweise zum Öffnen und Speichern eines Dokuments finden Sie in Kapitel 4. Dort erfahren Sie auch, wie Sie Ihre Dokumente auf einem Onlinespeicher ablegen.

Text eingeben

Nachdem Sie ein neues Dokument angelegt und gespeichert haben, geben Sie Ihren Text ein. Dabei brauchen Sie am Ende einer Zeile jedoch *nicht* die Taste für die Zeilenschaltung ↵ zu drücken, da Word automatisch für den Zeilenumbruch sorgt. Es prüft, ob das Wort, das Sie gerade eingetippt haben, noch in die aktuelle Zeile passt. Wenn nicht, wird es von Word automatisch in die nächste Zeile verschoben. Drücken Sie die ↵-Taste also nur, wenn Sie einen neuen Absatz erstellen wollen.

Sie fragen sich vielleicht, was dies für Vorteile mit sich bringt. Lassen Sie uns einige aufzählen:

- Wenn Sie den Text später überarbeiten und z.B. in einer Zeile Text ergänzen, kann Word den Zeilenumbruch automatisch anpassen. Wenn Sie stattdessen am Ende einer Zeile immer ↵ drücken würden, müssten Sie den Zeilenumbruch manuell anpassen.
- Das Verwenden des automatischen Zeilenumbruchs erleichtert die Formatierung. In Word können Sie Absätzen Aufzählungszeichen, Nummerierungen usw. zuweisen. Mehr zur Formatierung von Absätzen finden Sie weiter hinten in diesem Kapitel.

Wenn Sie innerhalb eines Absatzes einen Zeilenumbruch erzwingen wollen, drücken Sie die Tastenkombination ⇧+↵.

Einzelne Zeichen löschen

Wenn Sie beim Tippen merken, dass Sie sich vertippt haben, können Sie das falsche Zeichen einfach löschen:

- Drücken Sie die Taste ←. Das Zeichen *links* von der Einfügemarke wird gelöscht. Wenn Sie mehrere Zeichen löschen wollen, dann halten Sie die Taste ← gedrückt.
- Um das Zeichen *rechts* von der Einfügemarke zu löschen, drücken Sie Entf.

Löschen größerer Textpassagen

Wenn Sie längere Textabschnitte löschen möchten, ist die Verwendung der Tasten ← und Entf zu umständlich. In diesem Fall gehen Sie besser so vor:

1. Markieren Sie den betreffenden Text. Die unterschiedlichen Techniken zum Markieren beschreiben wir weiter unten in diesem Kapitel ab Seite 176.
2. Drücken Sie die Taste Entf.

Text im Einfüge- und Überschreibmodus ergänzen

Wenn Sie einen Text nachträglich ändern wollen, setzen Sie einfach die Einfügemarke an die gewünschte Stelle und geben den neuen Text ein. Der bereits vorhandene Text rutscht dann automatisch nach rechts und macht Platz für die neuen Zeichen. Dieses Verhalten wird als *Einfügemodus* bezeichnet.

Word kennt jedoch auch den so genannten *Überschreibmodus*. In dieser Betriebsart werden die bereits vorhandenen Zeichen durch den neuen Text überschrieben, d.h. jedes neue Zeichen, das Sie eintippen, ersetzt ein vorhandenes.

Um zwischen den Betriebsarten hin- und herzuschalten, konfigurieren Sie am besten die Statusleiste so, dass dort der aktuelle Modus angezeigt wird. Klicken Sie dazu die Statuszeile mit der rechten Maustaste an und schalten im Kontextmenü den Befehl *Überschreiben* an. Dadurch erscheint eine Schaltfläche in der Statusleiste, mit der Sie zwischen den beiden Modi wechseln können.

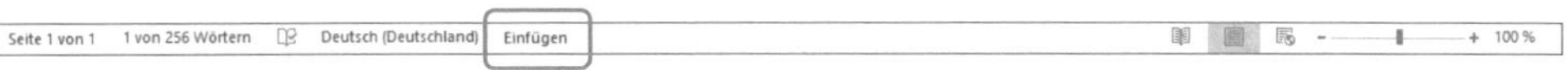

Abbildung 8.1: Anzeigen und Umschalten zwischen Einfüge- und Überschreibmodus

Hinweis Überschreibmodus per Einfg umschalten In älteren Word-Versionen konnten Sie durch Drücken von Einfg zwischen dem Überschreib- und dem Einfügemodus umschalten. Da dies bei vielen Anwendern zu Irritationen geführt hat, wurde diese Möglichkeit seit Word 2007 deaktiviert. Wenn Sie diese Funktion auch in der aktuellen Word-Version nutzen möchten, können Sie in den Word-Optionen auf der Seite *Erweitert* in der Gruppe *Bearbeitungsoptionen* die Option *EINFG-Taste zum Steuern des Überschreibmodus verwenden* einschalten.

Bewegen im Dokument

Im Word-Fenster sehen Sie einen blinkenden senkrechten Strich. Dieser Strich wird Einfügemarke genannt und kennzeichnet die Stelle, an der eingetippter Text erscheint. Um Text an einer anderen Stelle des Dokuments einzugeben, müssen Sie zuerst die Einfügemarke an die gewünschte Position verschieben. Dazu können Sie die gewünschte Stelle entweder mit der Maus anklicken oder Sie benutzen die Pfeil- oder Cursortasten der Tastatur, um die Einfügemarke dorthin zu bewegen.

Um die Einfügemarke zu verschieben …	… verwenden Sie folgende Tasten
Absatz nach oben	Strg + ↑
Absatz nach unten	Strg + ↓
Anfang des Dokuments	Strg + Pos1
Ende des Dokuments	Strg + Ende
Eine Fensterseite nach oben	Bild ↑
Eine Fensterseite nach unten	Bild ↓
Ein Wort nach links	Strg + ←
Ein Wort nach rechts	Strg + →
Ein Zeichen nach links	←
Ein Zeichen nach rechts	→
Eine Zeile nach oben	↑
Eine Zeile nach unten	↓
Anfang der aktuellen Zeile	Pos1
Ende der aktuellen Zeile	Ende

Tabelle 8.1: Tasten zum Bewegen der Einfügemarke im Dokument

Tipp

Text automatisch scrollen Eine Funktion, die in ähnlicher Form auch im Internet-Explorer Verwendung findet, ist der automatische Bildlauf. Dabei wird das Dokument mit gleich bleibender Geschwindigkeit nach oben oder unten über den Bildschirm bewegt.

Zum Einschalten der Funktion drücken Sie das Mausrad. Word zeigt dann einen Mauszeiger mit einem Doppelpfeil an. Befindet sich der Zeiger in der oberen Hälfte der Bildschirmseite, bewegt sich das Dokument nach unten, d.h. Sie wandern in Richtung Dokumentanfang. Soll sich der Text nach oben bewegen, schieben Sie das Dreieck in die untere Hälfte der Seite.

Die Geschwindigkeit der Bewegung steuern Sie ebenfalls durch die Position des Mauszeigers: Je weiter Sie den Pfeil vom Mittelpunkt entfernen, desto schneller scrollt Word das Dokument. Zum Beenden des Modus drücken Sie eine beliebige Taste auf der Tastatur oder der Maus.

Sollte sich der automatische Bildlauf bei Ihnen nicht mit dem Mausrad aktivieren lassen, können Sie stattdessen den Befehl *Autoscroll* in die Symbolleiste für den Schnellzugriff aufnehmen. Wie Sie dazu vorgehen, beschreiben wir im Abschnitt »Die Symbolleiste für den Schnellzugriff« in Kapitel 2.

Überschriften reduzieren und erweitern

Ein sehr schönes Feature von Word, das mit Word 2013 eingeführt wurde, ist die Möglichkeit, den Text einer Überschrift ein- und auszublenden. So können Sie beim Bearbeiten langer Dokumente Textbereiche ausblenden, die Sie momentan nicht interessieren. Das erleichtert die Orientierung in umfangreichen Dokumenten ungemein.

Wenn Sie schon mit Word gearbeitet haben, kennen Sie dieses Prinzip sicher schon aus der Gliederungsansicht. Word geht jetzt jedoch noch einen ganzen Schritt weiter. Zum einen funktioniert das Ein- und Ausklappen auch in der Drucklayoutansicht (sie hieß früher Seitenlayoutansicht), die Sie normalerweise zum Bearbeiten eines Textes verwenden. Zum anderen ist es jetzt sogar möglich, für einzelne Absätze festzulegen, dass sie beim Öffnen des Dokuments zunächst unsichtbar sind. Der Leser kann sich dann zunächst auf die Essenz des Textes konzentrieren und bestimmte Hintergrundinformationen oder detailliertere Ausführungen erst bei Bedarf einblenden.

Die Handhabung der Funktion ist denkbar einfach: Sobald Sie den Mauszeiger auf eine Überschrift bewegen, zeigt Word vor dem Absatz ein kleines Dreieck an, mit dem sich die untergeordneten Texte ein- und ausklappen lassen.

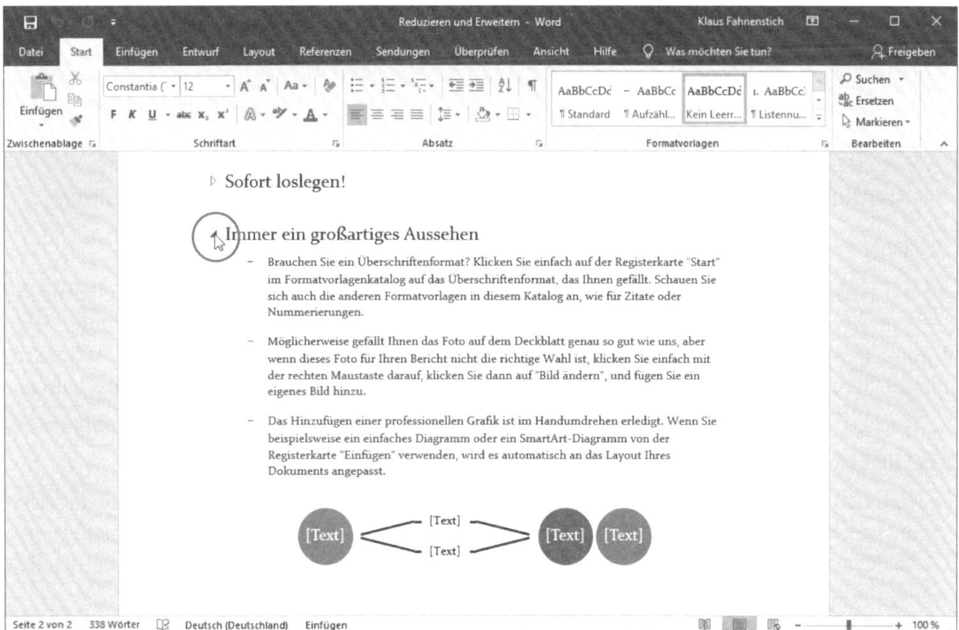

Abbildung 8.2: Mit Word können Sie den untergeordneten Text einer Überschrift ein- und ausblenden.

In der obigen Abbildung wurden die Textkörper der Überschrift »Sofort loslegen« reduziert, um sich ganz auf die Bearbeitung des Abschnitts »Immer ein großartiges Aussehen« konzentrieren zu können.

Formatierungszeichen anzeigen

Vielleicht sehen Sie auf Ihrem Bildschirm »merkwürdige« Zeichen, die Sie niemals bewusst eingetippt haben, und fragen sich, welche Bedeutung sie besitzen. Diese Zeichen werden Formatierungszeichen genannt und mit ihrer Hilfe können Sie u.a. erkennen, wo Sie statt einem zwei Leerzeichen zwischen zwei Wörtern eingetippt oder mit der ↵-Taste einen neuen Absatz erstellt haben.

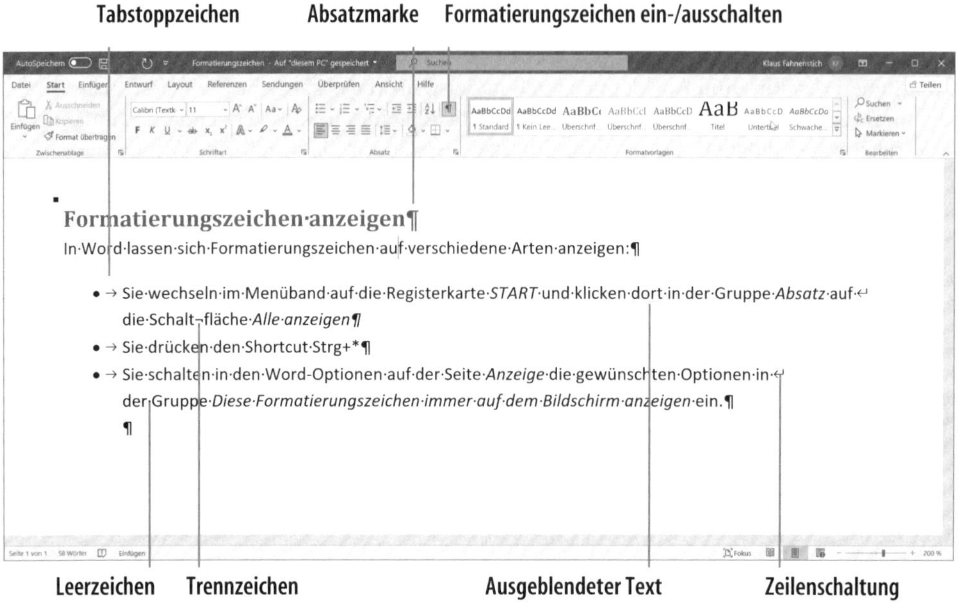

Tabstoppzeichen Absatzmarke Formatierungszeichen ein-/ausschalten

Leerzeichen Trennzeichen Ausgeblendeter Text Zeilenschaltung

Abbildung 8.3: Die verschiedenen Formatierungszeichen

Ob die Formatierungszeichen angezeigt werden oder nicht, können Sie mit der Schaltfläche *Alle Anzeigen* steuern, die sich auf der Registerkarte *Start* befindet (siehe Abbildung 8.3). Wenn Sie nur eine bestimmte Auswahl der Formatierungszeichen sichtbar machten möchten, müssen Sie zuvor im Dialogfeld *Word-Optionen,* die gewünschten Optionsfelder einschalten:

1. Klicken Sie auf *Datei,* um in die Backstage-Ansicht zu gelangen, und dort auf *Optionen.*
2. Zeigen Sie im Dialogfeld *Word-Optionen* die Seite *Anzeige* an.
3. Nehmen Sie im Abschnitt *Diese Formatierungszeichen immer auf dem Bildschirm anzeigen* die betreffenden Einstellungen vor. Beachten Sie, dass Sie die Option *Alle Formatierungszeichen anzeigen* ausschalten müssen, wenn Sie nur einen Teil der Formatierungszeichen anzeigen möchten.

Markieren

Wenn Sie eine längere Textpassage formatieren wollen, müssen Sie diesen Bereich zuerst markieren. Dazu können Sie sowohl die Maus als auch die Tastatur verwenden, wobei beide Techniken ihre Vor- und Nachteile haben. Natürlich können Sie auch auf einem Gerät mit Touch-Bedienung einen Text markieren, allerdings sind hier die Möglichkeiten doch recht bescheiden.

Mit der Maus markieren: Die Markierungsleiste

Um eine Textstelle mit der Maus zu markieren, zeigen Sie auf den Anfang des zu markierenden Bereichs und ziehen die Markierung dann mit gedrückter Maustaste auf. Sobald die Markierung mehr als ein Wort umfasst, erweitert Word sie immer um ganze Wörter. Wenn Sie dieses Verhalten stört, können Sie es über die Option *Automatisch ganze Wörter markieren* deaktivieren. Sie finden sie im Dialogfeld *Word-Optionen* auf der Seite *Erweitert* in der Gruppe *Bearbeitungsoptionen.*

Zum Markieren größerer Textbereiche verwenden Sie am besten die Markierungsleiste. Dabei handelt es sich um einen unsichtbaren Bereich links neben dem Text, den Sie daran erkennen, dass der Mauszeiger dort nicht wie gewohnt nach links, sondern nach rechts zeigt.

Um dies zu markieren ...	... gehen Sie so vor
ein Wort	Doppelklicken Sie auf das Wort.
eine Zeile	Klicken Sie vor der gewünschten Zeile in die Markierungsleiste.
mehrere Zeilen	Setzen Sie den Mauszeiger in der Markierungsleiste vor die erste zu markierende Zeile, drücken Sie die Maustaste und ziehen Sie mit gedrückter Maustaste die Markierung entweder nach oben oder nach unten auf.
einen Absatz	Setzen Sie den Mauszeiger in der Markierungsleiste vor den zu markierenden Absatz und *doppelklicken* Sie dann mit der Maustaste. Alternativ können Sie einen Dreifachklick auf dem Absatz ausführen.
mehrere Absätze	Setzen Sie den Mauszeiger in der Markierungsleiste vor den ersten zu markierenden Absatz, *doppelklicken* Sie und ziehen Sie mit gedrückter Maustaste die Markierung entweder nach oben oder nach unten auf.
das gesamte Dokument	Führen Sie einen Dreifachklick in der Markierungsleiste aus.

Tabelle 8.2: Markieren mit der Maus

Profitipp: Mehrere Absätze mit der Maus markieren

Wenn Sie mehrere Absätze mit der Maus markieren wollen, kann es schnell passieren, dass Sie über das Ziel »hinausschießen«. Word nimmt dann einen Bildlauf vor und Sie müssen erst wieder umständlich die richtige Textstelle suchen. So kommen Sie schneller zum Ziel:

1. Setzen Sie die Einfügemarke an den Anfang des zu markierenden Bereichs.
2. Drücken Sie F8 oder halten Sie alternativ die ⇧-Taste fest.
3. Führen Sie einen Bildlauf zum anderen Ende des Bereichs durch, den Sie markieren wollen.
4. Klicken Sie die Textposition an, um die Markierung bis dort zu erweitern.
5. Falls Sie in Schritt 2 F8 gedrückt haben, müssen Sie jetzt noch Esc drücken, um den Erweiterungsmodus wieder zu verlassen.

Nicht zusammenhängenden Text markieren

Sie können mit der Maus auch Text markieren, der nicht direkt nebeneinandersteht. Gehen Sie dazu folgendermaßen vor:

1. Drücken Sie die Strg-Taste und halten Sie sie gedrückt.
2. Markieren Sie Wörter, Zeilen und Absätze so, wie es in der obigen Tabelle beschrieben ist.
3. Lassen Sie die Strg-Taste wieder los.

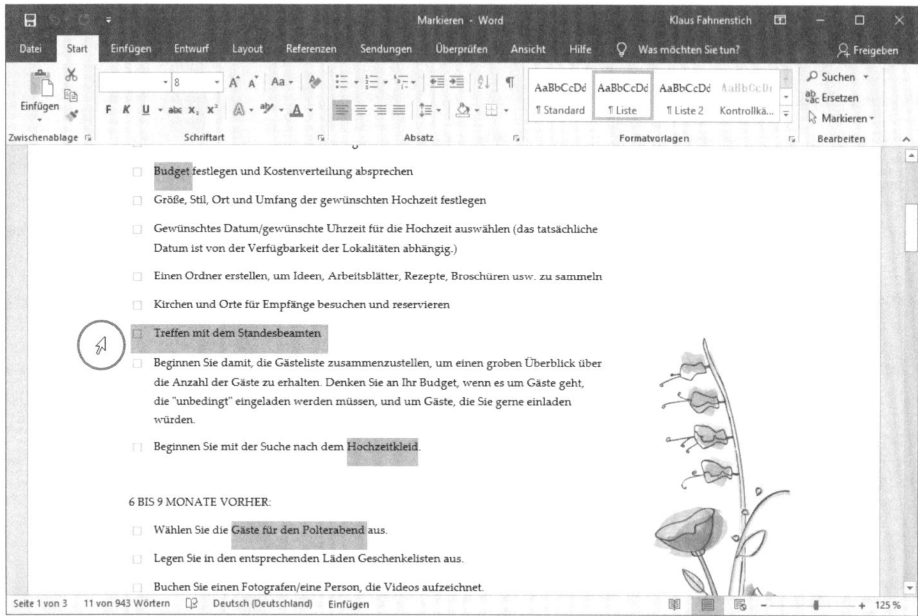

Abbildung 8.4: Beispiel für eine Mehrfachauswahl

Mit der Tastatur markieren

Einzelne Zeichen und kurze Passagen lassen sich in der Regel schneller per Tastatur markieren, da Sie die Hände beim Schreiben sowieso schon auf der Tastatur liegen haben. Die Vorgehensweise ist dabei immer die gleiche:

1. Drücken Sie die ⇧-Taste und halten Sie sie gedrückt.
2. Erweitern Sie die Markierung mit den Cursortasten, die Sie auch zum Bewegen der Einfügemarke verwenden (siehe Abschnitt »Bewegen im Dokument« auf Seite 173).

Sie können sich diesen Vorgang bildlich so vorstellen: Durch das Festhalten der ⇧-Taste wird die Einfügemarke an der aktuellen Position eingefroren. Wenn Sie dann die Cursortasten drücken, wird die Markierung von der Einfügemarke aus erweitert, und zwar in die Richtung, die Sie mit den Tasten angeben. Wenn Sie beispielsweise die ⇧-Taste gemeinsam mit Strg+→ drücken, dann erweitert Word die Markierung bis zum nächsten Wort.

Per Fingereingabe markieren

Das Markieren per Fingereingabe ist bei weitem nicht so komfortabel wie mit der Maus oder der Tastatur, denn Sie können grundsätzlich nur eine zusammenhängende Textpassage markieren.

Gehen Sie dazu folgendermaßen vor:

1. Tippen Sie auf den Anfang der zu markierenden Passage. Word zeigt dann den Auswahlziehpunkt an.
2. Ziehen Sie den Auswahlziehpunkt mit dem Finger, um die Markierung aufzuziehen.

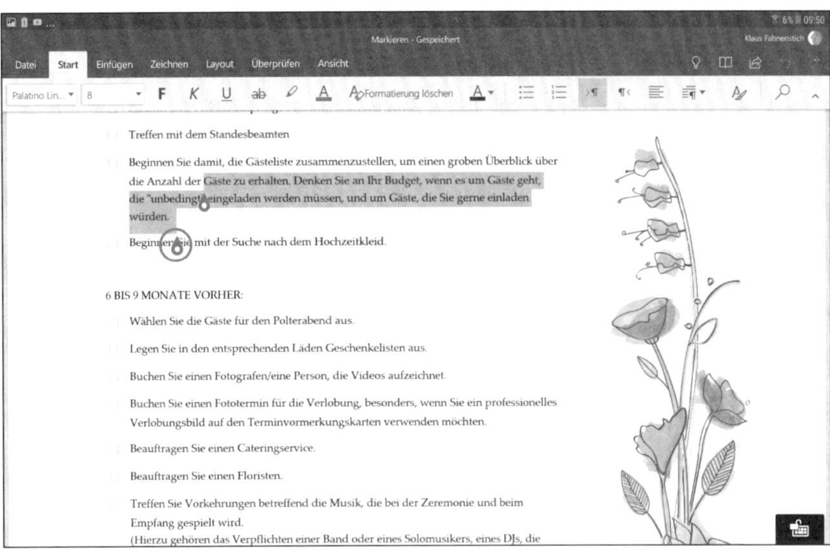

Abbildung 8.5: Markieren per Fingereingabe

Um nur ein einzelnes Wort zu markieren, können Sie auch einfach darauf doppeltippen. Auf einigen Geräten können Sie per Dreifach-Tippen einen ganzen Absatz markieren.

Text mit ähnlicher Formatierung markieren

Neben den in den letzten Abschnitten beschriebenen Standardtechniken zum Markieren, gibt es in Word noch eine besondere Funktion, die in bestimmten Situationen sehr praktisch sein kann. Und zwar können Sie mit ihrer Hilfe sämtlichen Text markieren, der einer vorgegebenen Formatierung ähnelt. Um zum Beispiel alle kursiven Wörter eines Dokuments in Kapitälchen zu formatieren, gehen Sie so vor:

1. Markieren Sie ein kursiv formatiertes Wort.
2. Wechseln Sie auf die Registerkarte *Start* und klicken Sie ganz rechts auf die Schalfläche *Markieren*. In dem Menü der Schaltfläche wählen Sie den Befehl *Text mit ähnlicher Formatierung markieren*.
3. Word hat nun automatisch alle Textstellen markiert, die eine ähnliche Formatierung wie der von Ihnen zuvor markierte Text besitzen. Jetzt können Sie diesen Textstellen mit einem einzigen Befehl eine neue Formatierung zuweisen.

Symbole und Sonderzeichen einfügen

Viele der Schriftarten, die auf Ihrem Computer installiert sind, enthalten Sonderzeichen, die auf den Tasten Ihrer Tastatur nicht enthalten sind. Mit den *WingDings*- und *WebDings*-Zeichensätzen, die zu Windows gehören, steht Ihnen zum Beispiel eine ganze Palette von nützlichen Ornamenten, Kreuzen und Pfeilen zur Verfügung.

Diese Symbole lassen sich ganz einfach über ein Ausklappmenü bzw. ein spezielles Dialogfeld in ein Dokument aufnehmen:

1. Positionieren Sie die Einfügemarke an der Stelle, an der Sie das Symbol einfügen wollen und wechseln Sie auf die Registerkarte *Einfügen*.
2. Klicken Sie ganz rechts in der Gruppe *Symbole* auf die Schaltfläche *Symbol*. Dadurch klappt ein kleines Auswahlmenü herunter, in dem sich die zuletzt von Ihnen eingefügten Symbole (bzw. eine Vorauswahl) befinden. Wenn Sie das gesuchte Symbol hier entdecken, können Sie es einfach anklicken und sind bereits am Ziel.

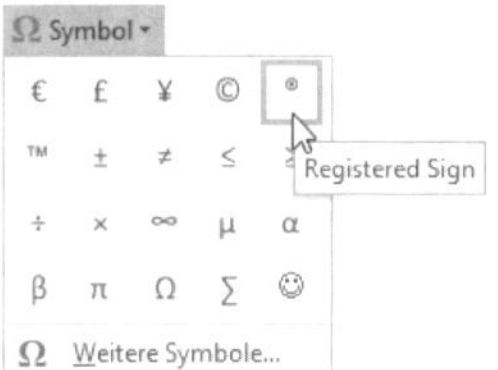

Abbildung 8.6: Häufig benutzte Symbole können direkt ausgewählt werden.

3. Ist das gesuchte Symbol hier nicht aufgeführt, klicken Sie unterhalb der Liste auf *Weitere Symbole*. Das Dialogfeld *Symbol* wird angezeigt.

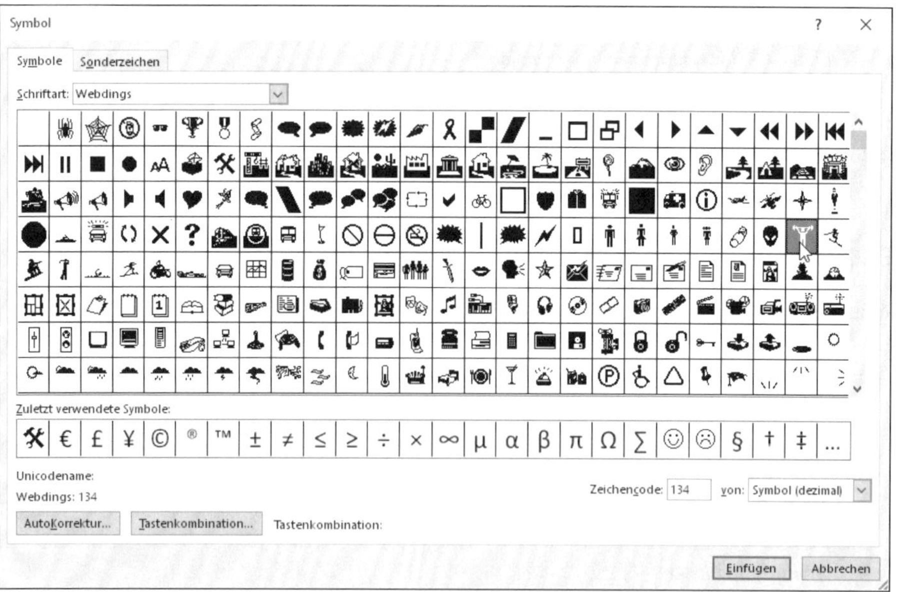

Abbildung 8.7: Mit diesem Dialogfeld können Sie Sonderzeichen einfügen.

4. Klicken Sie – falls nötig – auf die Registerkarte *Symbole*.
5. Öffnen Sie die Liste *Schriftart* und wählen Sie die Schrift aus, die Sie verwenden wollen.
6. Doppelklicken Sie auf das Zeichen, das Sie einfügen möchten.
7. Wenn Sie alle Sonderzeichen eingefügt haben, klicken Sie auf *Schließen*.

Tipp

Tastenkombinationen für Sonderzeichen Ein Großteil der Zeichen, die auf der Registerkarte *Sonderzeichen* aufgeführt sind, können auch über eine eigene Tastenkombination eingefügt werden. Interessant sind hier zum Beispiel geschützte Trennstriche oder geschützte Leerzeichen. Die betreffenden Tastenkombinationen sind neben den Sonderzeichen auf der Registerkarte aufgeführt.

Bausteine erstellen und einfügen

Unter Bausteinen können Sie sich kleine »Dokumenthäppchen« vorstellen, die Sie nach Belieben in Ihre Dokumente einfügen können. Im einfachsten Fall besteht ein Baustein aus einem einzelnen Wort, es kann sich aber auch um eine längere Textpassage, eine Tabelle oder sogar um eine aufwendig gestaltete Seite handeln. Bausteine begegnen Ihnen zum Beispiel, wenn Sie auf der Registerkarte *Einfügen* ein Deckblatt einfügen. Und auch die vorgefertigten Kopf- und Fußzeilen sind nichts anderes als Bausteine.

Wenn Sie bereits mit früheren Versionen von Word gearbeitet haben, werden Sie vermutlich denken: »Ach so, das sind die alten AutoTexte«. Damit liegen Sie nicht ganz falsch, denn die Bausteine von Word sind gewissermaßen eine Weiterentwicklung der damaligen AutoTexte. Ein entscheidender Unterschied ist dabei die Art und Weise, wie Bausteine verwaltet und abgespeichert werden. Während AutoTexte in früheren Versionen nur mithilfe von Formatvorlagen organisiert werden konnten, lassen sich Bausteine bei Word in verschiedenen Katalogen speichern, die jeweils in mehrere Kategorien unterteilt werden können.

Am einfachsten lässt sich dieses Prinzip an einem kleinen Beispiel verstehen. Mit den folgenden Schritten werden Sie den Text »Sehr geehrte Damen und Herren,« als Baustein in dem Katalog *Schnellbausteine* ablegen. Anschließend zeigen wir dann, wie Sie den Baustein in Ihr Dokument einfügen können.

1. Erstellen Sie ein neues Dokument.
2. Geben Sie den Text »Sehr geehrte Damen und Herren,« ein und drücken Sie anschließend die ↵-Taste.
3. Markieren Sie den soeben eingegebenen Absatz (zum Beispiel, indem Sie wie auf Seite 177 beschrieben mit der Maus in die Markierungsleiste klicken).
4. Zeigen Sie die Registerkarte *Einfügen* an und klicken Sie in der Gruppe *Text* auf die Schaltfläche *Schnellbausteine durchsuchen*. Dadurch klappt ein Menü auf, in dem Sie den letzten Befehl *Auswahl im Schnellbaustein-Katalog speichern* wählen. Mit diesem Befehl rufen Sie das Dialogfeld *Neuen Baustein erstellen* auf.

Im Dialogfeld sehen Sie, dass der neue Baustein im Katalog *Schnellbausteine* und dort in der Kategorie *Allgemein* erstellt wird. Mit dem Listenfeld *Speichern in* wird festgelegt, in welcher Dokumentvorlage er gespeichert werden soll.

5. Geben Sie dem neuen Baustein einen Namen und fügen Sie eine kurze Beschreibung ein. Alle anderen Felder lassen Sie unverändert.

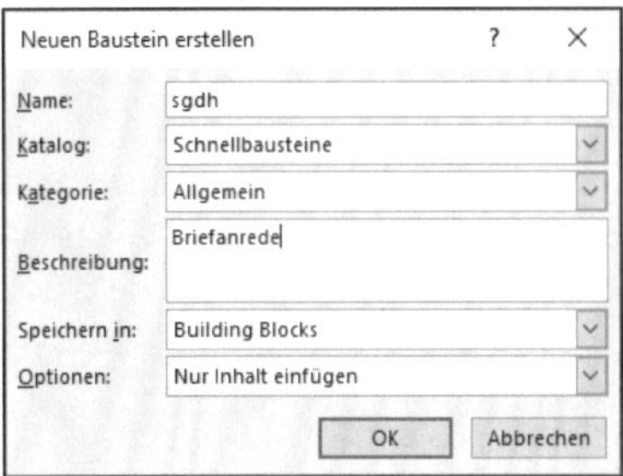

Abbildung 8.8: Der markierte Text wird im Katalog Schnellbausteine gespeichert.

6. Klicken Sie auf *OK*, um den Baustein zu erstellen.

   Im letzten Schritt soll der neue Baustein testweise in das Dokument eingefügt werden. Da Sie ihn im Katalog *Schnellbausteine* abgelegt haben, können Sie ihn konsequenterweise über die gleichnamige Schaltfläche erreichen.

7. Klicken Sie also in der Registerkarte *Einfügen* wieder auf die Schaltfläche *Schnellbausteine durchsuchen*. Wie Sie sehen, ist das Menü der Schaltfläche um einen Eintrag für den neuen Baustein erweitert worden.

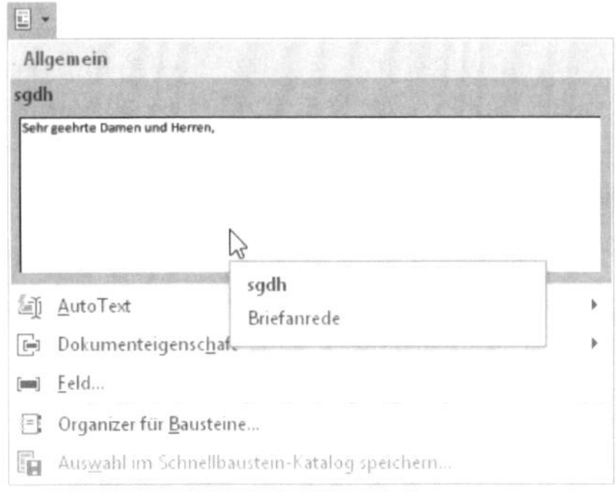

Abbildung 8.9: Der neue Schnellbaustein

8. Klicken Sie den neuen Eintrag an, um den Schnellbaustein einzufügen.

Tipp

Schnellbausteine per Tastatur einfügen Wenn Sie den Namen eines Bausteins kennen, können Sie den Baustein einfügen, indem Sie seinen Namen eintippen und direkt danach die Taste F3 drücken.

Der Organizer für Bausteine

Alle Bausteine, die Sie in Ihre Dokumente einfügen können, werden an einer zentralen Stelle, dem so genannten *Organizer für Bausteine* verwaltet. Dort können Sie sich nun davon überzeugen, dass sich der neue Baustein im richtigen Katalog befindet. Zum Aufrufen des Organizers klicken Sie in der Registerkarte *Einfügen* auf *Schnellbausteine durchsuchen* und wählen den Befehl *Organizer für Bausteine.*

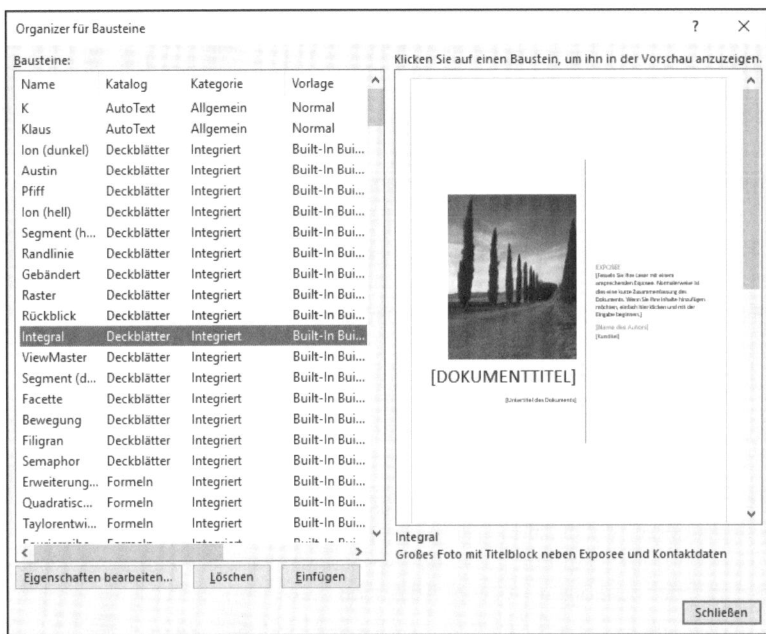

Abbildung 8.10: Im Organizer für Bausteine lässt sich erkennen, in welchen Katalogen und Kategorien die verschiedenen Bausteine organisiert sind.

In diesem Dialogfeld können Sie die Bausteine verwalten, um sie zum Beispiel anderen Katalogen oder Kategorien zuzuordnen oder um nicht mehr benötigte Bausteine zu löschen.

Deckblätter einfügen

Wie Sie in Abbildung 8.10 sehen, enthält Word bereits ein gutes Dutzend Deckblätter, die Sie für Ihre Dokumente verwenden können. Diese Deckblätter sind zum Teil sehr aufwändig gestaltet und lassen sich bei Bedarf leicht anpassen. Das Einfügen eines Deckblatts ist schnell erledigt:

1. Öffnen Sie das Dokument, das ein Deckblatt erhalten soll.
2. Zeigen Sie die Registerkarte *Einfügen* an und klicken Sie in der ersten Gruppe auf *Deckblatt.* Word zeigt dann ein Menü mit den Vorschaubildern der vorhandenen Deckblätter an.
3. Wenn Sie ein Deckblatt auswählen, fügt Word es als erste Seite in Ihr Dokument ein.
4. Klicken Sie die Platzhalter des Deckblatts an und tragen Sie die gewünschten Informationen wie Datum, Titel des Dokuments usw. ein.

Absätze formatieren

In Kapitel 5 haben Sie bereits die Grundlagen der Zeichenformatierung kennen gelernt (ab Seite 143). Die nächst größeren Einheiten, die sich mit Word formatieren lassen, sind Absätze. Bevor wir uns jedoch auf die Feinheiten der Absatzformatierung stürzen, ist es wichtig, den Begriff »Absatz« genauer unter die Lupe zu nehmen und Ihnen das Word-Verständnis eines Absatzes zu erläutern.

Die Absatzmarke

Für Word ist ein Absatz alles (sogar eine leere Zeile), was mit einer Absatzmarke endet. Die Absatzmarke wird von Ihnen in den Text eingefügt, wenn Sie die ↵-Taste drücken. Wie Sie dieses Zeichen sichtbar machen können, haben wir bereits weiter vorne in diesem Kapitel auf Seite 174 beschrieben.

Die Absatzmarke selbst ist Teil des Absatzes. An ihr hängen alle Formatierungsmerkmale, die Sie dem Absatz zugewiesen haben. Das heißt, wenn Sie die Absatzmarke löschen, verliert der Absatz seine Formatierungen. Er wird dann mit dem nachfolgenden Absatz verbunden und übernimmt dessen Formatierung.

Absätze markieren

Bei der Vorstellung der Zeichenformatierung haben wir gesagt, dass Sie *alle Zeichen* markieren müssen, die Sie formatieren wollen. Bei Absätzen verhält es sich etwas anders. Eine Absatzformatierung wirkt sich immer auf den gesamten Absatz aus. Es reicht daher aus, wenn sich die Einfügemarke an einer beliebigen Stelle im Absatz befindet.

Wenn Sie mehrere Absätze gleichzeitig formatieren wollen, müssen Sie lediglich darauf achten, dass alle Absätze einen Teil der Markierung enthalten (Hinweise zum Markieren finden Sie ab Seite 176).

Die Varianten der Absatzformatierung

Ähnlich wie bei der Zeichenformatierung, führen auch bei der Formatierung von Absätzen mehrere, unterschiedliche Wege zum Ziel:

- Die Schaltflächen der Registerkarte *Start* aus der Gruppe *Absatz*
- Die Schnellformatvorlagen der Registerkarte *Start* aus der Gruppe *Formatvorlagen*
- Das Dialogfeld *Absatz*
- Verschiedene Tastenkombinationen
- Ergänzend können Sie das Lineal verwenden, mit dessen Hilfe die Einzüge eines Absatzes verändert werden und Tabulatoren gesetzt werden können. Das Lineal lässt sich auf der Registerkarte *Ansicht* mit der Option *Lineal* ein- und ausschalten.
- Absatzformatierungen können genau wie Zeichenformatierungen mit der Pinsel-Schaltfläche übertragen werden. Die Vorgehensweise entspricht dabei dem im Abschnitt »Formatierungen löschen und übertragen« beschriebenen Verfahren (Seite 190).

Absätze mit der Registerkarte »Start« formatieren

Auf der Registerkarte *Start* befinden sich in der Gruppe *Absatz* ein gutes Dutzend Schaltflächen, mit denen Sie den Großteil der Absatzformatierung vornehmen können.

Abbildung 8.11: Die Schaltflächen zur Absatzformatierung befinden sich in der Gruppe Absatz.

Mit diesen Schaltflächen können Sie folgende Aufgaben erledigen:

- Erstellen von Listen mit Aufzählungen
- Den Einzug eines Absatzes ändern, d.h. ihn ein- oder auszurücken
- Absätze linksbündig, zentriert, rechtsbündig und im Blocksatz ausrichten

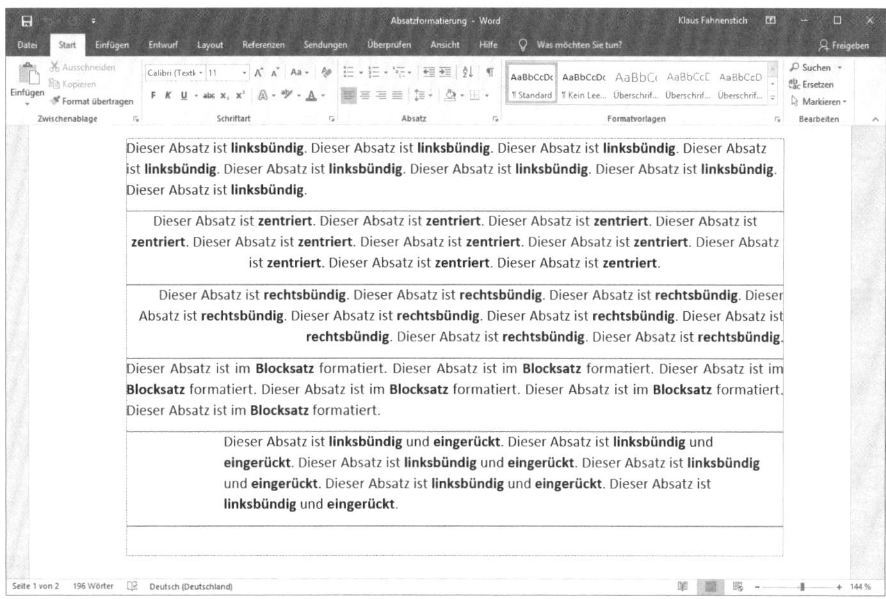

Abbildung 8.12: Beispiele für Ausrichtung und Einzug von Absätzen. Für dieses Bild haben wir die Option Datei/Optionen/Erweitert/Dokumentinhalt anzeigen/Textbegrenzungen anzeigen *eingeschaltet.*

- Den Abstand der Zeilen in einem Absatz ändern
- Absätze farblich hinterlegen
- Absätze mit Linien und Rahmen hervorheben

Absatzformatierungen mit Shortcuts

Die folgende Tabelle führt die wichtigsten Shortcuts auf, die Sie zur Absatzformatierung einsetzen können.

Tastenkombination	Beschreibung
Strg+L	Wechselt zwischen linksbündiger Formatierung und Blocksatz
Strg+R	Wechselt zwischen rechtsbündiger Formatierung und Blocksatz
Strg+E	Wechselt zwischen zentrierter und linksbündiger Formatierung
Strg+B	Wechselt zwischen Blocksatz und linksbündiger Formatierung
Strg+M	Versieht den Absatz mit einem linken Einzug
⇧+Strg+M	Mit dieser Tastenkombination können Sie den linken Einzug eines Absatzes wieder stufenweise verkleinern
Strg+T	Erzeugt einen hängenden Einzug. Alle Zeilen – mit Ausnahme der ersten – werden von Word bis zum nächsten Tabstopp bewegt
⇧+Strg+T	Verkleinert den hängenden Einzug wieder
Strg+1	Einfacher Zeilenabstand (12 pt = 1 ze)
Strg+2	Doppelter Zeilenabstand (24 pt = 2 ze)
Strg+5	Eineinhalbfacher Zeilenabstand (18 pt = 1,5 ze)
Strg+0 (Null)	Öffnet bzw. schließt Leerraum (12 pt = 1 ze) vor dem Absatz

Tabelle 8.3: Wichtige Tastenkombinationen für die Formatierung von Absätzen

Aufzählungen und Nummerierungen

Ein wichtiges Textelement, das in vielen Dokumenten vorkommt, sind nummerierte Listen und Aufzählungen, die mit einem Sonderzeichen (wie dem Punkt, den wir in diesem Buch verwenden) eingeleitet werden. Wie Sie weiter oben in Abbildung 8.11 sehen können, stehen Ihnen für diese Zwecke in der Registerkarte *Start* drei Schaltflächen zur Verfügung, mit denen diese Formatierungen schnell und unkompliziert vorgenommen werden können.

1. Markieren Sie die Absätze, die ein Aufzählungszeichen erhalten sollen.
2. Klicken Sie in der Registerkarte *Start* auf den kleinen Pfeil der Schaltfläche *Aufzählungszeichen,* um das Menü der Schaltfläche aufzuklappen.

Wie Sie im folgenden Bild sehen, sind die Aufzählungszeichen in Gruppen unterteilt. In der ersten Gruppe befinden sich die Zeichen, die Sie zuletzt verwendet haben. Diese Gruppe wird natürlich nur angezeigt, falls Sie nach dem Starten von Word bereits mit der Funktion gearbeitet haben. Die Gruppe *Aufzählungszeichenbibliothek* ist immer in diesem Menü vorhanden und enthält die Standardauswahl, die Ihnen von Word zur Verfügung gestellt wird. Wenn das Dokument bereits Aufzählungszeichen enthält, tauchen diese in der Gruppe *Dokumentaufzählungszeichen* in dem Menü auf.

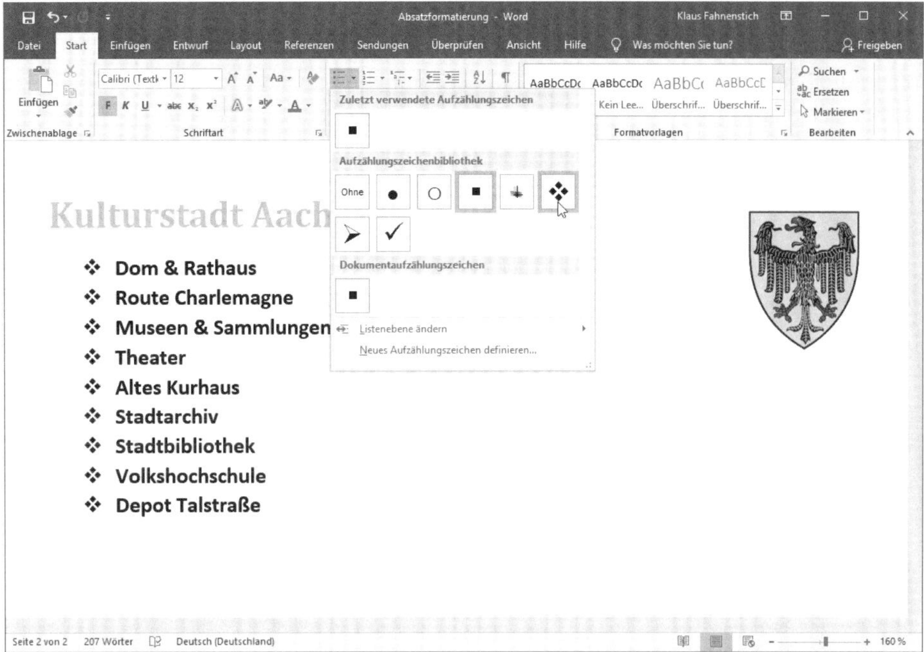

Abbildung 8.13: Liste mit Aufzählungszeichen versehen

3. Fahren Sie mit der Maus über die angebotenen Zeichen. Sie können die Wirkung der Zeichen direkt im Dokument beobachten.
4. Wenn Sie sich für ein Zeichen entschieden haben, klicken Sie es an.
5. Um einer Liste einen weiteren Eintrag hinzuzufügen, setzen Sie die Einfügemarke an das Ende des letzten Absatzes und drücken dort die [↵]-Taste. Der neue Absatz erhält automatisch das gleiche Aufzählungszeichen.
6. Nachdem Sie den letzten Punkt der Liste eingegeben haben, drücken Sie die [↵]-Taste, um einen neuen Absatz zu erstellen, und dann zweimal die Taste [←] (oberhalb der [↵]-Taste), um so die Aufzählung zu beenden.

Nummerierte Listen erstellen

Das Erstellen von Listen, deren Absätze nummeriert sind, funktioniert vom Prinzip her genau so wie das Erstellen von Absätzen mit Aufzählungszeichen:

1. Geben Sie den ersten Absatz der Liste ein. Drücken Sie am Ende des Absatzes [↵].
2. Setzen Sie die Einfügemarke wieder in den Absatz und öffnen Sie das Menü der Schaltfläche *Nummerierung*. (Das ist die zweite Schaltfläche der Gruppe.)
3. Wählen Sie eine der angebotenen Nummerierungen aus.
4. Setzen Sie die Einfügemarke an das Ende des Absatzes und drücken Sie die [↵]-Taste, wenn Sie die Liste fortsetzen wollen.
5. Zum Beenden der Liste, erstellen Sie wieder mit [↵] einen neuen Absatz und drücken dann direkt zweimal die Taste [←] (oberhalb der [↵]-Taste).

Nummerierung mit einer anderen Zahl beginnen

Wenn die Nummerierung nicht mit 1, sondern mit einer anderen Zahl beginnen soll, gehen Sie folgendermaßen vor:

1. Klicken Sie den Absatz, dessen Nummerierung Sie ändern möchten, mit der rechten Maustaste an und wählen Sie im angezeigten Kontextmenü den Befehl *Nummerierungswert festlegen.*

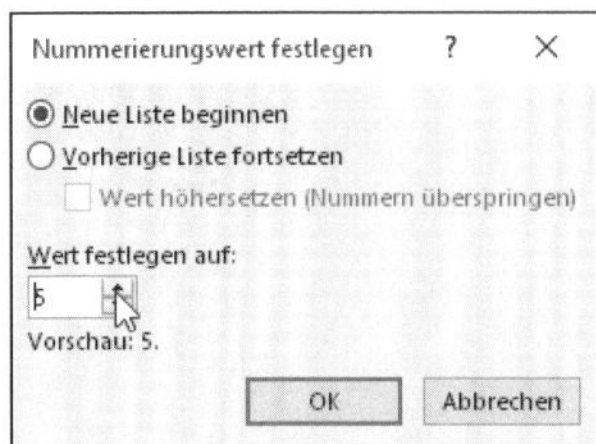

Abbildung 8.14: So legen Sie den Startwert einer nummerierten Liste fest.

2. Stellen Sie den gewünschten Wert im Dialogfeld ein und klicken Sie auf *OK.*

Aufzählung/Nummerierung entfernen

Um die Aufzählungszeichen zu entfernen, gehen Sie so vor:

1. Markieren Sie die Absätze der Liste, bei denen Sie das Aufzählungszeichen entfernen wollen.
2. Klicken Sie auf die Schaltfläche *Aufzählungszeichen.*

Rahmen und Linien

Mit Rahmen und Linien können Sie Überschriften oder Kopfzeilen vom Rest des Textes abheben und das Augenmerk des Lesers auf wichtige Stellen lenken. Wenn Sie keine großen Ansprüche an Form und Farbe stellen, lassen sich die Linien am schnellsten über eine Schaltfläche der Registerkarte *Start* einfügen:

1. Setzen Sie die Einfügemarke in den Absatz, den Sie mit einer Linie versehen wollen. Möchten Sie mehrere Absätze mit einem gemeinsamen Rahmen versehen, markieren Sie die gewünschten Absätze.
2. Wechseln Sie auf die Registerkarte *Start* und klicken Sie in der Gruppe *Absatz* in der unteren Reihe den kleinen Pfeil der letzten Schaltfläche an.
3. Mit den Befehlen des dadurch ausgeklappten Menüs können Sie nun die gewünschte(n) Linie(n) einschalten. Unter Umständen müssen Sie dazu das Menü mehrmals aufrufen.
4. Wenn Sie die Art der Linie oder ihre Farbe verändern möchten, müssen Sie das Dialogfeld *Rahmen und Schattierung* benutzen. Sie erreichen es über den gleichnamigen Befehl, der sich ganz unten im Ausklappmenü der Schaltfläche befindet.

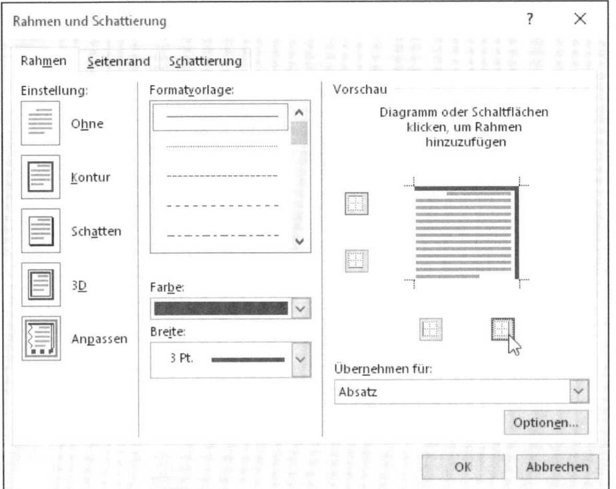

Abbildung 8.15: Mit diesem Dialogfeld können Sie die Darstellung der Linie ändern.

5. Stellen Sie zunächst im mittleren Bereich des Dialogs die Linienart, -farbe und -breite ein und klicken Sie dann rechts auf die Schaltflächen des Vorschaubereichs, um die betreffenden Linien einzuschalten.
6. Mit den Optionen der Registerkarte *Schattierung* können Sie den Rahmen bei Bedarf auch farbig hinterlegen.

Word

Formatieren mit Schnellformatvorlagen

In den letzten Abschnitten haben Sie gelernt, wie Sie einzelne Formatierungsmerkmale Ihrer Texte ändern können. In der Praxis ist diese Art der Formatierung jedoch oft zu mühselig und führt auch häufig dazu, dass Ihre Dokumente nicht einheitlich formatiert sind. Aus diesem Grund verwendet man beim Formatieren so genannte *Formatvorlagen,* die Sie sich im übertragenen Sinne als Schnittmuster oder als Schablonen für die Formatierung vorstellen können. Eine Formatvorlage definiert dazu gleich mehrere Formatierungsmerkmale, die Sie Ihrem Text dann auf einen Rutsch zuweisen können. So könnte zum Beispiel eine Formatvorlage, mit der Sie Ihre Überschriften formatieren, nicht nur Schriftart und -größe bestimmen, sondern auch dafür sorgen, dass die Überschrift mit einer farbigen Linie unterstrichen wird.

Wir haben diesem wichtigen Thema das Kapitel 9 gewidmet und wollen Ihnen hier zunächst nur kurz zeigen, wie Sie Ihre Texte mithilfe von Formatvorlagen gestalten können.

1. Erstellen Sie ein neues leeres Dokument.
2. Tippen Sie den Text **Dies ist eine Überschrift** ein.
3. Setzen Sie die Einfügemarke in das Wort »eine«, indem Sie es anklicken.
4. Wechseln Sie auf die Registerkarte *Start* und klappen Sie das Auswahlmenü in der Gruppe *Formatvorlagen* auf (siehe nächste Abbildung). Diese Formatvorlagen werden als *Schnellformatvorlagen* bezeichnet, da sie über das Auswahlmenü besonders schnell zu erreichen sind.

5. Bewegen Sie den Mauszeiger auf die verschiedenen Vorschaubilder und beobachten Sie im Dokument die Wirkung der jeweiligen Formatvorlage. Beachten Sie, dass einige der Formatvorlagen die Formatierung des gesamten Absatzes beeinflussen, andere hingegen lediglich das Wort »eine«, in dem sich die Einfügemarke befindet. Dies liegt daran, dass es in Word verschiedene Typen von Formatvorlagen gibt, die sich jeweils gezielt auf bestimmte Bestandteile eines Dokuments auswirken (Zeichen, Absätze, Tabellen, Listen).

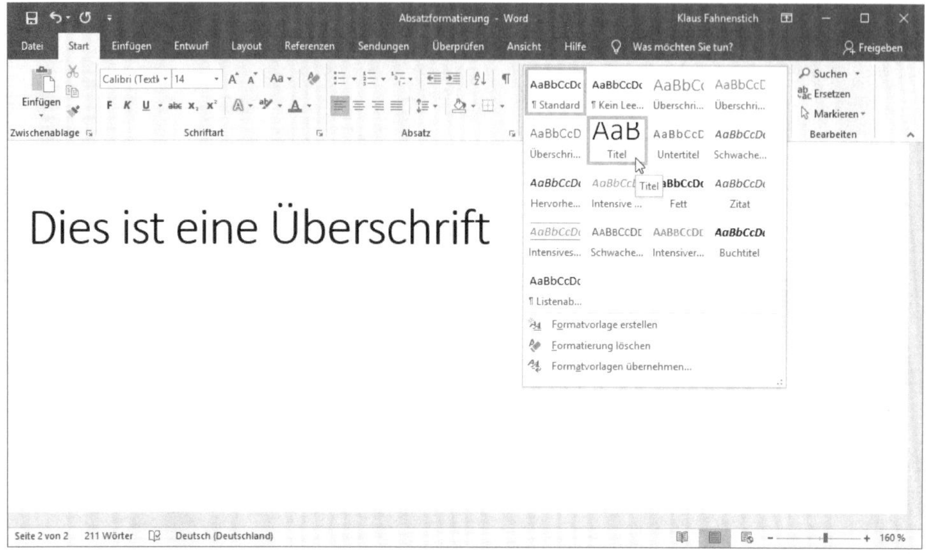

Abbildung 8.16: Formatierung per Schnellformatvorlage

6. Klicken Sie eines der Vorschaubilder an, um die Formatvorlage zuzuweisen.

Formatierungen löschen und übertragen

Wenn Sie eine Zeichenformatierung für mehrere Textpassagen verwenden wollen, ist es nicht erforderlich, die gleichen Formatierungsbefehle wieder und wieder zu verwenden. Stattdessen können Sie die Formatierung einfach auf eine andere Textstelle übertragen:

1. Markieren Sie den Text, dessen Formatierung Sie übertragen wollen.
2. Wechseln Sie im Menüband auf die Registerkarte *Start*.
3. Klicken Sie in der Gruppe *Zwischenablage* auf die Pinsel-Schaltfläche.
4. Streichen Sie mit dem Mauszeiger – der sich jetzt als Pinsel darstellt – über die Textstelle, die die gleiche Formatierung erhalten soll.

Um eine Formatierung auf mehrere Textstellen zu übertragen, doppelklicken Sie auf die Pinsel-Schaltfläche. Dadurch rastet die Schaltfläche gewissermaßen ein und Sie können anschließend beliebig viele Textstellen überstreichen. Um den Modus wieder zu verlassen, klicken Sie die Schaltfläche erneut an oder drücken die Taste Esc.

Texte suchen und ersetzen

Wenn Sie in einem umfangreichen Dokument nach einer bestimmten Textstelle suchen, hilft Ihnen die Suchfunktion von Word. Mit ihr können Sie gleich mehrere Aufgaben erledigen:

- Sie können der Reihe nach alle Fundstellen anzeigen, die den gesuchten Begriff enthalten.
- Sie können alle Vorkommen des Begriffs im Dokument markieren.
- Sie können alle Vorkommen des Begriffs im Dokument farbig hervorheben.

Bei allen Methoden lässt sich die Suche durch zusätzliche Kriterien präzisieren, indem Sie zum Beispiel festlegen, dass die Groß-/Kleinschreibung beachtet werden soll.

Die Standardsuche

Die Suchfunktion wurde bereits in Word 2010 erheblich verbessert. Dazu wurde der neue Aufgabenbereich *Navigation* geschaffen, der verschiedene Ansichten auf ein Dokument bietet und so eine schnelle Orientierung in umfangreichen Texten ermöglicht.

1. Wechseln Sie im Menüband auf die Registerkarte *Start* und klicken Sie dort in der Gruppe *Bearbeiten* auf die Schaltfläche *Suchen.* Alternativ drücken Sie den Shortcut Strg+F. Word zeigt dann links neben dem Dokument den Aufgabebereich *Navigation* an.
2. Geben Sie oben im Aufgabenbereich einen Suchbegriff ein. Wenn Sie den Begriff sehr langsam eintippen, werden Sie feststellen, dass Word die Suchergebnisse nach jedem neu eingegebenen Buchstaben aktualisiert. Dieses Feature nennt sich *Inkrementelle Suche.*

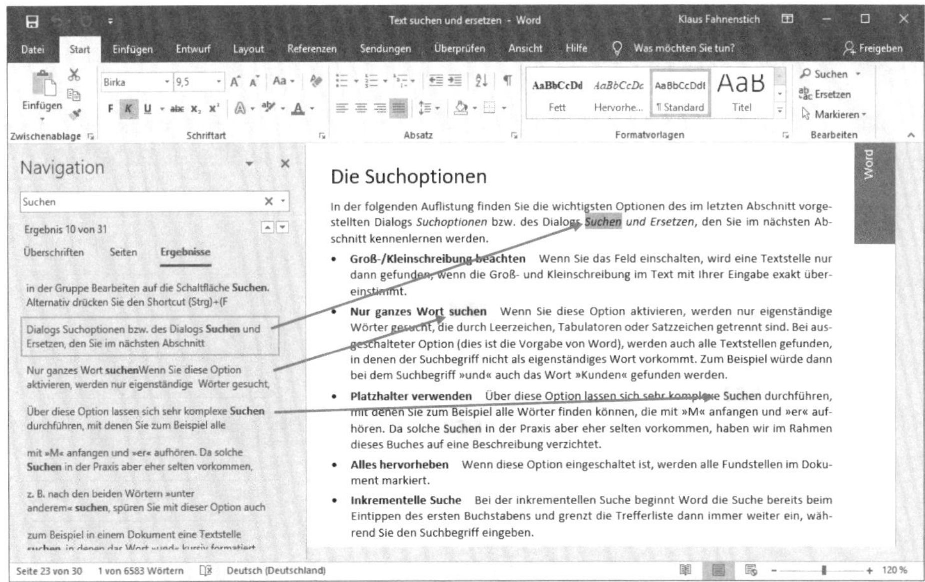

Abbildung 8.17: Gefundene Textstellen werden im Navigationsbereich aufgelistet und im Text markiert.

3. Wählen Sie im Navigationsbereich, ob in der Trefferliste *Überschriften, Seiten* oder *Ergebnisse* angezeigt werden sollen. In der Regel empfiehlt sich die Einstellung *Ergebnisse,* bei der Word für jede Fundstelle einen kurzen Textschnipsel anzeigt.
4. Markieren Sie einen der Treffer, damit Word die zugehörige Textstelle anzeigt. Wie Sie sehen, sind alle Vorkommen des Suchbegriffs im Dokument hervorgehoben.
5. Haben Sie die gesuchte Textstelle gefunden, können Sie die Suche durch einen Klick auf das Kreuz rechts neben dem Suchbegriff beenden oder den Navigationsbereich schließen.
6. Falls Ihre Suche jedoch zu viele Übereinstimmungen liefert, können Sie die Suche mithilfe von geeigneten Suchoptionen weiter präzisieren. Klicken Sie dazu rechts oben im Navigationsbereich auf die Pfeilschaltfläche und wählen Sie in ihrem Menü den Befehl *Optionen.*

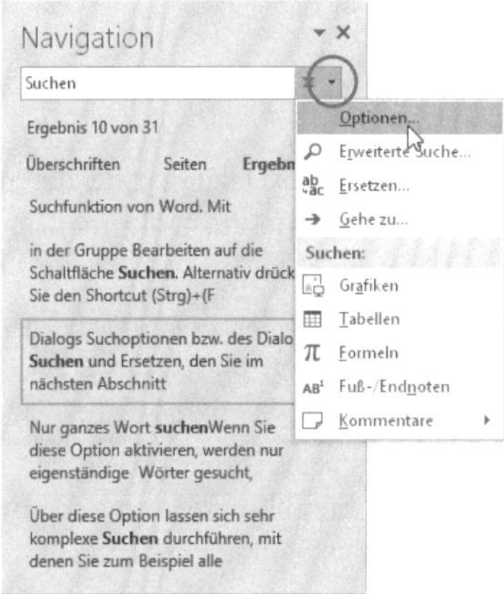

Abbildung 8.18: Erweiterte Optionen aufrufen

7. Aktivieren Sie im Dialogfeld die geeigneten Optionen. Gute Ergebnisse lassen sich oft bereits durch die Beachtung der Groß-/Kleinschreibung oder die Beschränkung auf ganze Wörter erzielen. Eine Beschreibung der Optionen finden Sie im nächsten Abschnitt.

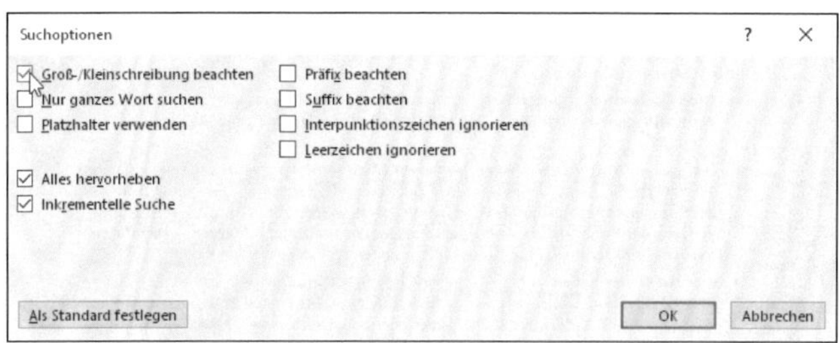

Abbildung 8.19: Hier können Sie Ihre Suche präzisieren.

Die Suchoptionen

In der folgenden Auflistung finden Sie die wichtigsten Optionen des im letzten Abschnitt vorgestellten Dialogs *Suchoptionen* bzw. des Dialogs *Suchen und Ersetzen*, den Sie im nächsten Abschnitt kennenlernen werden.

- **Groß-/Kleinschreibung beachten** Wenn Sie das Feld einschalten, wird eine Textstelle nur dann gefunden, wenn die Groß- und Kleinschreibung im Text mit Ihrer Eingabe exakt übereinstimmt.
- **Nur ganzes Wort suchen** Wenn Sie diese Option aktivieren, werden nur eigenständige Wörter gesucht, die durch Leerzeichen, Tabulatoren oder Satzzeichen getrennt sind. Bei ausgeschalteter Option (dies ist die Vorgabe von Word), werden auch alle Textstellen gefunden, in denen der Suchbegriff nicht als eigenständiges Wort vorkommt. Zum Beispiel würde dann bei dem Suchbegriff »und« auch das Wort »Kunden« gefunden werden.
- **Platzhalter verwenden** Über diese Option lassen sich sehr komplexe Suchen durchführen, mit denen Sie zum Beispiel alle Wörter finden können, die mit »M« anfangen und mit »er« aufhören. Da solche Suchen in der Praxis aber eher selten vorkommen, haben wir im Rahmen dieses Buches auf eine Beschreibung verzichtet.
- **Alles hervorheben** Wenn diese Option eingeschaltet ist, werden alle Fundstellen im Dokument markiert.
- **Inkrementelle Suche** Bei der inkrementellen Suche beginnt Word die Suche bereits beim Eintippen des ersten Buchstabens und grenzt die Trefferliste dann immer weiter ein, während Sie den Suchbegriff eingeben.
- **Präfix/Suffix beachten** Schalten Sie diese Option ein, um alle Textstellen zu finden, an denen der Suchbegriff am Wortanfang bzw. am Wortende steht.
- **Interpunktionszeichen ignorieren** Bei eingeschalteter Option werden Satzzeichen von Word nicht berücksichtigt. In diesem Fall würde der Suchbegriff »Dr Schuhmann« auch die Schreibweise »Dr. Schuhmann« finden.
- **Leerzeichen ignorieren** Diese Option ist bei der Suche nach Wortkombinationen sehr hilfreich. Wenn Sie z.B. nach den beiden Wörtern »unter anderem« suchen, spüren Sie mit dieser Option auch Textstellen auf, bei denen zwischen den Wörtern unbeabsichtigter Weise zwei Leerzeichen stehen.

Die erweiterte Suche

Es gibt in der Praxis durchaus Fälle, in denen Sie mit der Standardsuche nicht zum Ziel kommen. Wenn Sie zum Beispiel in einem Dokument eine Textstelle suchen, in denen das Wort »und« kursiv formatiert wurde, kommen Sie mit der Standardsuche nicht weit. In solchen Fällen müssen Sie zur erweiterten Suche greifen:

1. Zeigen Sie im Menüband die Registerkarte *Start* an und öffnen Sie das Menü der Schaltfläche *Suchen*. Wählen Sie dort den Befehl *Erweiterte Suche*.
2. Klicken Sie im erschienenen Dialogfeld gegebenenfalls auf die Schaltfläche *Erweitern*, damit die vollständige Fassung des Dialogfeldes angezeigt wird (wie in der nächsten Abbildung). Wie Sie sehen, kennen Sie viele der Optionen bereits aus der in den letzten Abschnitten vorgestellten Standardsuche.

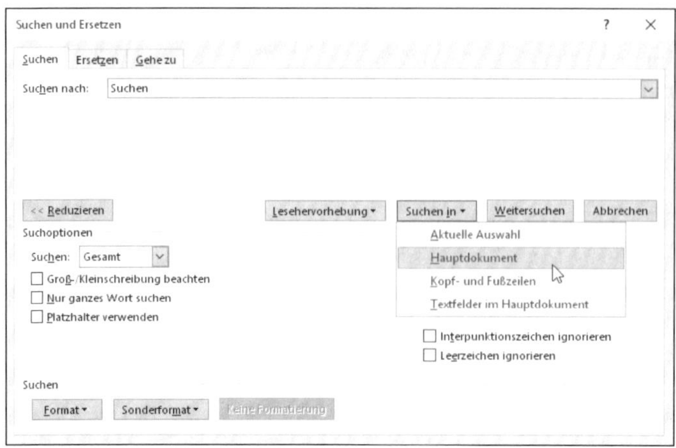

Abbildung 8.20: In der erweiterten Suche lässt sich z. B. der Suchbereich festlegen.

3. Legen Sie die Suchrichtung fest. Word sucht entweder nur in eine Richtung, und zwar ab der aktuellen Position der Einfügemarke nach oben oder unten, oder im gesamten Dokument.
4. Falls Ihr Dokument auch Kopf- und Fußzeilen enthält und/oder wenn Sie zuvor einen Textbereich markiert haben, können Sie nun auswählen, welchen Bereich des Dokuments Sie durchsuchen möchten.
5. Über die Schaltfläche *Format* können Sie angeben, nach welchen Formatierungsmerkmalen Sie suchen. Alternativ können Sie auch die Tastenkombinationen drücken, mit der sich die gesuchte Formatierung zuweisen lässt (also z. B. ⇧+Strg+K für kursive Schrift).
6. Die Schaltfläche *Sonderformat* zeigt eine Auswahl von Sonderzeichen an, nach denen Sie ebenfalls suchen können. Auf diese Weise können Sie zum Beispiel ein Tabstoppzeichen oder eine Absatzmarke in den Suchbegriff einbauen. So findet der Ausdruck »:^p« alle Doppelpunkte, die am Ende eines Absatzes stehen.
7. Klicken Sie auf *Weitersuchen,* um die erste bzw. die nächste Fundstelle anzuzeigen. Um alle Fundstellen auf einmal zu markieren, klicken Sie auf *Suchen.*
8. Um die Fundstellen farblich hervorzuheben, klicken Sie auf *Lesehervorhebung* und dann auf *Alles hervorheben.*
9. Sie können jederzeit zwischen Dialogfeld und Dokument wechseln. Sie können also z. B. die Bildlaufleisten verwenden, um sich die von der Suchfunktion markierten oder hervorgehobenen Textstellen anzusehen. Wenn Sie das Dialogfeld nicht mehr benötigen, beenden Sie es mit *Schließen.*

Text ersetzen

Genauso wie Sie nach Text suchen können, ist es auch möglich, den gefundenen Text durch einen neuen ersetzen zu lassen. Dazu verwenden Sie den Befehl *Ersetzen*, der sich ebenfalls in der Gruppe *Bearbeiten* auf der Registerkarte *Start* befindet. Wenn das Dialogfeld *Suchen und Ersetzen* bereits angezeigt wird, können Sie auch einfach im Dialogfeld die Registerkarte *Ersetzen* anklicken.

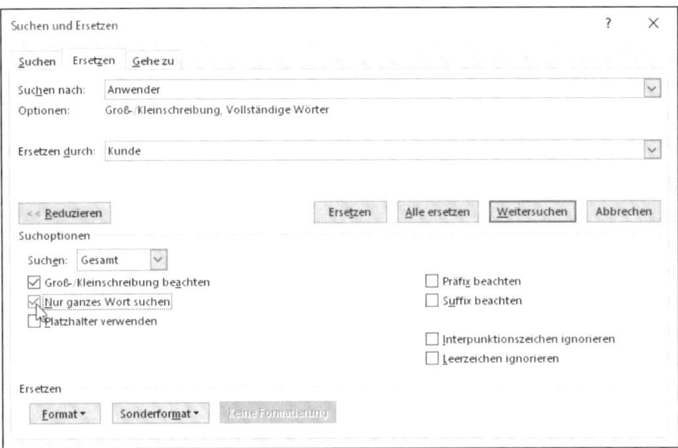

Abbildung 8.21: Die Registerkarte Ersetzen *mit eingeblendeten Suchoptionen*

Wie Sie sehen, unterscheidet sich die Registerkarte *Ersetzen* von der Registerkarte *Suchen* im Wesentlichen durch das Feld *Ersetzen durch*. In dieses Feld können Sie den Text eingeben, der anstelle des gefundenen in das Dokument aufgenommen werden soll. Wenn Sie dieses Feld leer lassen, wird der gefundene Text aus Ihrem Dokument entfernt.

Nachdem Sie alle Eingaben vorgenommen und die gewünschten Optionsfelder eingeschaltet haben, können Sie mit den folgenden Schaltflächen das Ersetzen starten:

- **Weitersuchen** Sucht das erste bzw. nächste Vorkommen des Suchtextes im Dokument. War die Suche erfolgreich, wird der Inhalt des Dateifensters so gescrollt, dass Sie die gefundene Textstelle lesen können.
- **Ersetzen** Ersetzt den gefundenen Text durch die neue Eingabe. Nachdem Word den markierten Text ersetzt hat, springt es automatisch zur nächsten Fundstelle. Wird der Suchbegriff nicht mehr gefunden, erscheint ein entsprechender Hinweis.
- **Alles ersetzen** Mit dieser Schaltfläche können Sie alle Vorkommen des Suchtextes im gesamten Dokument ersetzen. Benutzen Sie diese Schaltfläche nur, wenn Sie sich Ihrer Sache sicher sind und auf die individuelle Überprüfung der einzelnen Fundstellen verzichten wollen.

Kapitel 9
Formatvorlagen

In diesem Kapitel dreht sich alles um Formatvorlagen. Es gibt in Word wohl kaum eine zweite Funktion, deren Verständnis eine so wichtige Voraussetzung für ein effektives Arbeiten mit Word ist. Gleichzeitig investieren nur wenige Anwender die erforderliche Zeit, um das Konzept der Formatvorlagen zu verstehen und es gewinnbringend für sich einzusetzen.

Auch mit der neuen Version von Word wird es wohl leider nicht besser werden. Word signalisiert dem Anwender mehr denn je: »Ein Klick genügt« oder etwas bissiger formuliert: »Nicht denken, klicken!«. Diese Herangehensweise mag auf den ersten Blick verlockend klingen, aber wer je mit Software gearbeitet hat, die versucht, dem Anwender das Denken abzunehmen, kennt das verzweifelte Gefühl, das einen überkommt, wenn sich auf dem Bildschirm Dinge tun, die man weder versteht noch so gewollt hat.

Wir werden das Pferd daher gewissermaßen von hinten aufzäumen und Ihnen zunächst den Sinn und Zweck von Formatvorlagen erklären und erst anschließend auf ihre Anwendung eingehen.

Das Prinzip

Wenn Sie regelmäßig mit Word Dokumente erstellen, werden Sie schnell feststellen, dass Sie die gleichen Formatierungsbefehle immer wieder eingeben, um z. B. alle Überschriften auf die gleiche Art und Weise zu formatieren. Das ist nicht nur mühselig, sondern auch sehr unflexibel.

Formatvorlagen bieten eine Lösung für diese Situation, indem sie viele verschiedene Formatierungsmerkmale (wie Schriftart, Schriftauszeichnungen, Einzüge, Farbeinstellungen usw.) zu einer Art Rezept zusammenfassen. Wenn Sie beispielsweise alle Überschriften fett und zentriert formatieren wollen und außerdem eine Linie sowie Freiräume vor und nach dem Absatz einrichten möchten, können Sie genau *eine* Formatvorlage erstellen, die alle diese Formatierungsmerkmale in sich vereint.

Formatvorlagen sind schnell
Wenn Sie einmal eine Formatvorlage erstellt haben, können Sie sie beliebig oft anwenden und einer Textstelle alle in der Formatvorlage gespeicherten Formatierungsmerkmale mit dem berühmten einen Mausklick zuweisen.

Formatvorlagen sind präzise
So ist hundertprozentig garantiert, dass alle Formatierungen konsistent sind. Und falls Sie noch eine Korrektur an der Formatierung vornehmen wollen, können Sie sich auf eine einzige Stelle konzentrieren. Sie ändern einfach die Formatvorlage, die dann die neue Formatierung an die zugehörigen Textstellen »weiterreicht«.

Formatvorlagen sind flexibel
Dieser Mechanismus lässt sich fast beliebig perfektionieren. So können z.B. die Formatvorlagen eines Dokumentes so geschickt aufeinander aufgebaut werden, dass Sie mit einer einzigen Änderung die Schriftart im ganzen Dokument ändern können, und zwar unabhängig davon, in welcher Größe und Auszeichnung (fett, kursiv etc.) Sie die Schrift eingesetzt haben. Wenn Sie Kapitel 5 gelesen haben, in dem wir Dokumentdesigns und Designschriftarten vorgestellt haben, ahnen Sie vielleicht bereits, welches Komfortpotenzial sich hier verbirgt. Wir werden dieses wichtige Thema im weiteren Verlauf dieses Kapitels noch vertiefen.

Die verschiedenen Typen von Formatvorlagen

In Word gibt es mehrere Typen von Formatvorlagen, die sich darin unterscheiden, welche Formatierungsmerkmale in ihnen gespeichert werden können.

- **Zeichen** Speichern die Einstellungen, die Sie auf der Registerkarte *Start* in der Gruppe *Schriftart* finden. Mit Zeichenformatvorlagen können einzelne Wörter im Text durch eine Formatierung hervorgehoben werden (wie die Wörter *Start* und *Schriftart* in diesem Absatz).
- **Absatz** Enthält lediglich die Einstellungen, die Sie für Absätze vornehmen können. Hierzu gehören die Ausrichtung, Einzüge, Abstände, Tabulatoren, Umrandungen, Linien sowie Schattierungen und die Sprache. Dieser Formatvorlagentyp kann jedoch (vermutlich aus Kompatibilitätsgründen) ebenfalls Zeichenformatierungen speichern.

- **Verknüpft (Absatz und Zeichen)** kombiniert eine Zeichen- mit einer Absatzformatvorlage.
- **Tabellen-Formatvorlagen** enthalten neben den Zeichenformatierungen auch Merkmale wie Füllfarbe, Rahmenarten und die Ausrichtung des Textes innerhalb einer Tabellenzelle.
- **Listen-Formatvorlagen** dienen zur Formatierung von nummerierten Listen und Aufzählungen. Neben der Einrückung und der Schriftart können Sie auch das Aufzählungszeichen aus den verschiedenen Zeichensätzen definieren oder dafür eine Grafik nutzen.

Verwendung von Designschriftarten

In Kapitel 5 haben Sie gesehen, wie Sie die Darstellung eines Dokuments ändern können, indem Sie ein neues Design für das Dokument auswählen. Damit dieser »Trick« auch wirklich gelingen kann, müssen sämtliche Schriftformatierungen der Formatvorlage die Designschriftarten verwenden. Woran Sie diese Schriften erkennen, werden wir weiter hinten in diesem Kapitel noch erklären.

Schnellformatvorlagen

Schnellformatvorlagen sind im Grunde genommen nichts anderes als die soeben vorgestellten Formatvorlagen. Sie heben sich lediglich dadurch ab, dass sie in der Registerkarte *Start* in der Gruppe *Formatvorlagen* auftauchen. Dank ihrer exponierten Lage lassen sich diese Formatvorlagen beim Formatieren schneller erreichen und dieser Tatsache verdanken sie ihren Namenszusatz.

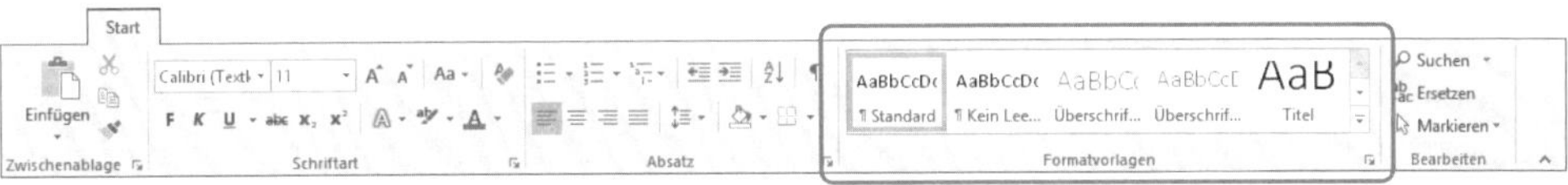

Abbildung 9.1: Die Schnellformatvorlagen in der Registerkarte Start

Um diesen Geschwindigkeitsvorsprung zu gewährleisten, verwendet Word zurzeit nur knapp zwei Dutzend Schnellformatvorlagen. Anderenfalls würden Sie zuviel Zeit damit verlieren, eine gewünschte Formatvorlage auf der Registerkarte zu finden. Bei der Auswahl der Formatvorlagen, die zu Schnellformatvorlagen »befördert« wurden, hat man versucht, ein möglichst breites Spektrum an Formatierungsaufgaben abzudecken.

Formatvorlagensätze

Es gibt noch eine weitere Hierarchieebene im Leben einer Formatvorlage: die so genannten Formatvorlagen*sätze*. Dabei handelt es sich einfach um verschiedene Gruppen von Schnellformatvorlagen, die jeweils einen eigenen Namen besitzen. Ihre besondere Wirkung entfalten die Formatvorlagensätze, wenn die in ihnen enthaltenen Formatvorlagen die gleichen Namen tragen. Dann wird es nämlich möglich, durch einfaches Wechseln des Formatvorlagensatzes einem Dokument ein vollständig anderes Aussehen zu geben.

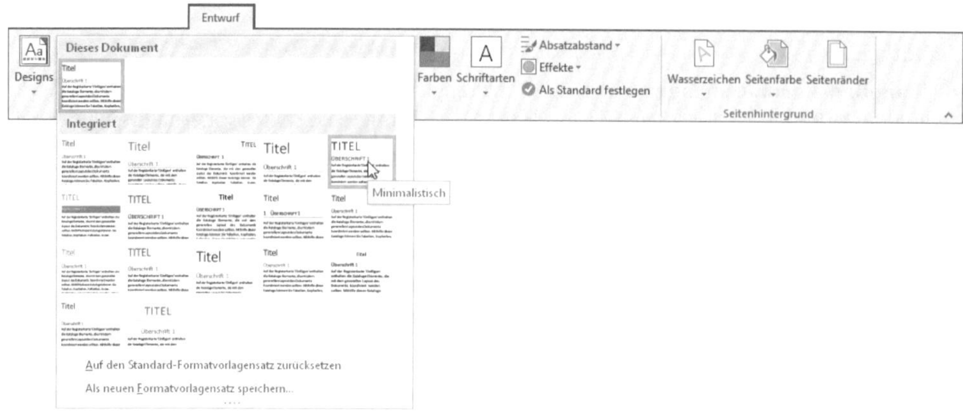

Abbildung 9.2: Durch den Wechsel des Formatvorlagensatzes auf der Registerkarte Entwurf *erhält ein Dokument augenblicklich ein völlig anderes Aussehen.*

Dokumentdesigns

An oberster Stelle dieser Hierarchie befinden sich die eben schon erwähnten Dokumentdesigns. In ihnen werden unter anderem die *Designschriftarten* und die *Designfarben* festgelegt. Wenn alle in einem Dokument verwendeten Formatvorlagen nur diese Schriftarten und Farben verwenden, wirkt sich eine Änderung bzw. ein Wechsel des Dokumentdesigns automatisch auf das gesamte Dokument aus.

Fluch oder Segen?

Nach dieser kurzen Einführung in das Thema Formatvorlagen haben Sie nun eine erste Vorstellung von der Leistungsfähigkeit dieses Konzepts. Sie haben sicher eine Ahnung davon bekommen, dass mit dieser Leistungsfähigkeit auch die Gefahr einhergeht, diesen Automatismus nicht in den Griff zu bekommen.

Unsere Empfehlung lautet daher: Wenden Sie zunächst nur die bereits vorhandenen Formatvorlagen an und beginnen Sie erst später, wenn Sie bereits etwas Erfahrung gesammelt haben, mit dem Erstellen eigener Formatvorlagen.

Formatvorlagen anwenden

Das Anwenden von Formatvorlagen ist denkbar unkompliziert. Beginnen wir mit dem einfachsten Fall, dem Anwenden einer Schnellformatvorlage. Mit den folgenden Schritten weisen Sie einem Absatz die Formatvorlage für eine Überschrift zu:

1. Setzen Sie die Einfügemarke in den betreffenden Absatz.
2. Zeigen Sie die Registerkarte *Start* an.
3. Öffnen Sie in der Gruppe *Formatvorlagen* den Katalog mit den Schnellformatvorlagen. Word zeigt die wichtigsten Merkmale der Formatvorlagen in kleinen Vorschaubildern an.

Abbildung 9.3: Anwenden einer Schnellformatvorlage

4. Bewegen Sie den Mauszeiger über die verschiedenen Einträge des Katalogs und beobachten Sie, wie sich die Formatierung des vorher ausgewählten Absatzes verändert.
5. Klicken Sie die gewünschte Formatvorlage an.

Schnellformatvorlagen mit der Minisymbolleiste zuweisen

Der im letzten Abschnitt beschriebene Weg über die Registerkarte *Start* ist in der Regel zu umständlich, da Sie dabei relativ lange Wege mit der Maus zurücklegen müssen. (Das gilt besonders dann, wenn die Registerkarte noch nicht angezeigt ist.) Schnellformatvorlagen lassen sich daher meistens besser über die Minisymbolleiste zuweisen. Zum Anzeigen der Minisymbolleiste klicken Sie entweder einen Absatz mit der rechten Maustaste an oder Sie markieren die gewünschte Textpassage, wodurch automatisch die Minisymbolleiste erscheint.

Abbildung 9.4: Aufruf des Katalogs über die Minisymbolleiste

Achtung Formatvorlagen überschreiben direkte Formatierungen Wenn ein Absatz bereits direkte Absatzformatierungen besitzt, gehen diese durch das Zuweisen einer Formatvorlage verloren. Sie können jedoch, nachdem Sie dem Absatz die Formatvorlage zugewiesen haben, noch beliebige Formatierungen vornehmen.

Formatieren mit dem Aufgabenbereich

Wenn sich eine von Ihnen gesuchte Formatvorlage nicht im Katalog der Schnellformatvorlagen befindet, verwenden Sie am besten den Aufgabenbereich *Formatvorlagen.* Um den Aufgabenbereich anzuzeigen, gehen Sie so vor:

1. Markieren Sie den Text, auf den Sie eine Formatvorlage anwenden wollen.
2. Zeigen Sie die Registerkarte *Start* an.
3. Klicken Sie in der Gruppe *Formatvorlagen* unten rechts auf das kleine Kästchen.

   Word blendet den Aufgabenbereich dann entweder rechts neben dem Dokument ein oder zeigt ihn als eigenes Fenster an. Um zwischen den beiden Darstellungsarten umzuschalten, führen Sie einen Doppelklick auf der Titelleiste des Aufgabenbereichs aus bzw. ziehen mit der Maus an seiner Titelleiste, um ihn vom Rand des Wordfensters zu lösen.

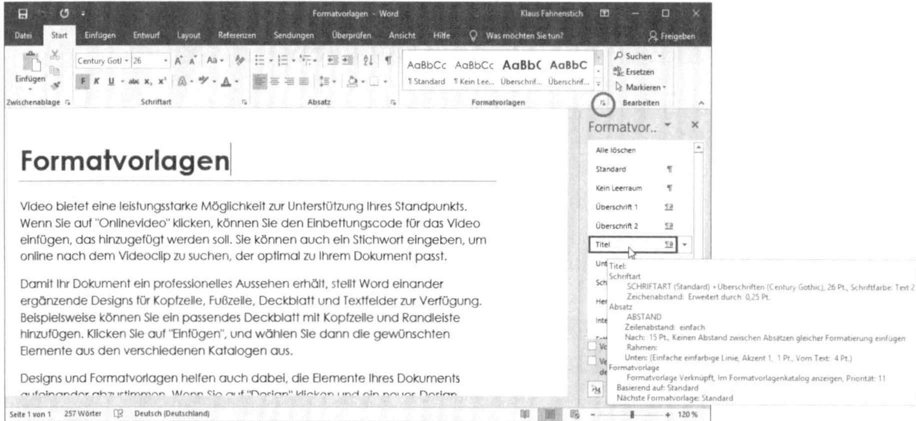

Abbildung 9.5: Im Aufgabenbereich können Sie alle Formatvorlagen erreichen.

4. Wenn Sie jetzt mit der Maus über die verschiedenen Einträge des Aufgabenbereichs fahren, werden Sie feststellen, dass Word hier keine Livevorschau anbietet.
5. Sie können jedoch unten im Aufgabenbereich die Option *Vorschau anzeigen* einschalten, damit Word zumindest im Aufgabenbereich die Namen der Formatvorlagen in ihrer jeweiligen Formatierung anzeigt.
6. Übernehmen Sie die Formatierung der gewünschte Formatvorlage auf den markierten Text, indem Sie die Formatvorlage in der Liste anklicken.

Tipp Aufgabenbereich per Shortcut aufrufen Sie können den Aufgabenbereich auch über einen Shortcut aufrufen. Allerdings bedarf es dazu einer gewissen Fingerfertigkeit, da Sie dabei insgesamt vier Tasten gleichzeitig drücken müssen: Alt+Strg+⇧+S. Schaffen Sie es mit einer Hand? :-)

Optionen des Aufgabenbereichs »Formatvorlagen«

Wenn Sie eine bestimmte Formatvorlage suchen, werden Sie unter Umständen auch im Aufgabenbereich *Formatvorlagen* nicht auf Anhieb fündig. Dies liegt daran, dass Word versucht, Sie mit möglichst wenig Informationen zu konfrontieren und Ihnen deshalb zunächst nur eine Teilauswahl der vorhandenen Formatvorlagen anzeigt.

Um die Auswahl der angezeigten Formatvorlagen zu ändern, gehen Sie so vor:

1. Klicken Sie unten rechts im Aufgabenbereich auf *Optionen.*
2. Wählen Sie im Listenfeld des Dialogs *Optionen für Formatvorlagenbereich* aus, welche Formatvorlagen im Aufgabenbereich angezeigt werden sollen. Zur Auswahl stehen hier: *Empfohlen, Verwendet, Im aktuellen Dokument* und *Alle Formatvorlagen.*

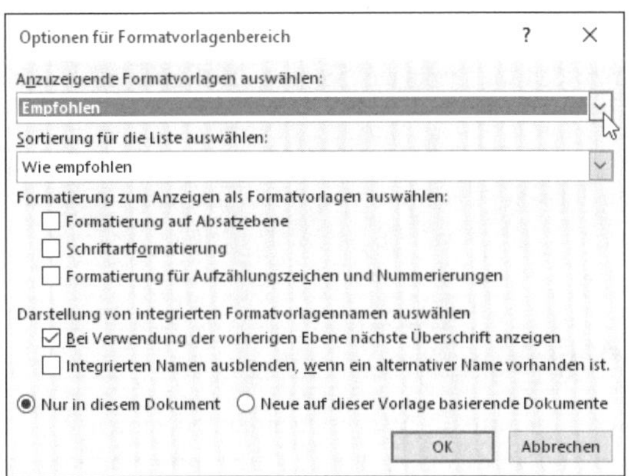

Abbildung 9.6: Die Optionen des Aufgabenbereichs

3. Sie können auch Einfluss auf die Sortierung der Formatvorlagen nehmen. Stellen Sie dazu im zweiten Listenfeld eine der Optionen *Alphabetisch, Wie empfohlen, Schriftart, Basierend auf* oder *Nach Typ* ein.
4. Wenn Sie die Option *Bei Verwendung der vorherigen Ebene nächste Überschrift anzeigen* einschalten, tauchen untergeordnete Überschriften erst dann in der Liste auf, wenn sie benötigt werden. Das heißt, die Formatvorlage *Überschrift 3* wird z. B. erst angezeigt, wenn Sie einem Absatz die Formatvorlage *Überschrift 2* zugewiesen haben.
5. Schließen Sie das Dialogfeld mit *OK.*

Der Aufgabenbereich »Formatvorlage übernehmen«

Es gibt noch einen weiteren Aufgabenbereich, der Sie bei der Arbeit mit Formatvorlagen unterstützt. Er nennt sich *Formatvorlagen übernehmen* und lässt sich folgendermaßen aufrufen bzw. verwenden:

1. Klicken Sie mit der rechten Maustaste in den Text, um die Minisymbolleiste anzuzeigen.
2. Öffnen Sie auf der Minisymbolleiste den Katalog der Schnellformatvorlagen (siehe Abbildung 9.4).
3. Rufen Sie im Ausklappmenü den Befehl *Formatvorlagen übernehmen* auf.

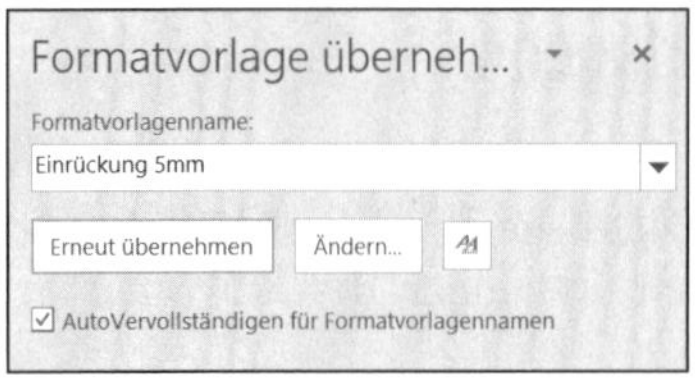

Abbildung 9.7: Klein, aber fein

4. Wählen Sie die gewünschte Formatvorlage aus.

Wenn im Aufgabenbereich die Option *AutoVervollständigen für Formatvorlagennamen* aktiviert ist, können Sie eine bestimmte Formatvorlage unter Umständen schneller finden, indem Sie ihren Namen in das Feld eintippen. Word zeigt die gesuchte Formatvorlage dann automatisch an, sobald Sie anhand Ihrer Eingabe eindeutig zu identifizieren ist. Um eine so ausgewählte Formatvorlage auf den Text anzuwenden, müssen Sie anschließend noch auf die Schaltfläche *Übernehmen* klicken.

Sehr praktisch ist auch die rechte der drei Schaltflächen. Mit ihr können Sie den Aufgabenbereich *Formatvorlagen,* den wir Ihnen im letzten Abschnitt vorgestellt haben, ein- und ausblenden.

Praktische Tipps für Formatvorlagen

- **Zeichenformatvorlagen funktionieren genauso** Wenn Sie einem einzelnen Wort eine Zeichenformatvorlage zuweisen wollen, reicht es aus, wenn sich die Einfügemarkierung in dem Wort befindet. Word formatiert dann automatisch das ganze Wort.
- **Einzelne Buchstaben** Wenn Sie nur einzelne Buchstaben innerhalb eines Wortes oder mehrere aufeinander folgende Wörter in einem Absatz formatieren wollen, müssen Sie sie vorher markieren.
- **Absatz auf Standardwerte der Formatvorlage setzen** Haben Sie einen Absatz, dem eine Formatvorlage zugewiesen ist, nachträglich formatiert, können Sie diese Änderungen jederzeit wieder rückgängig machen (dazu müssen Sie die gewünschten Zeichen vorher markieren):
  - Strg+Q entfernt die zusätzlichen Absatzformatierungen
  - Strg+Leertaste hebt die zusätzlichen Zeichenformatierungen auf.
- **Formatvorlage Standard** Mit dem Shortcut Strg+⇧+N weisen Sie einem Absatz die Formatvorlage *Standard* zu, die normalerweise alle Absätze besitzen, die nicht mit einer anderen Formatvorlage belegt wurden.
- **Überschriften formatieren** Die Formatvorlagen *Überschrift 1, Überschrift 2* und *Überschrift 3* können Sie mit den Shortcuts Alt+1, Alt+2 und Alt+3 zuweisen.
- **Aufzählungen formatieren** Mit der Tastenkombination Strg+⇧+L können Sie die Formatvorlage *Aufzählungszeichen* zuweisen, mit der sich Listen erstellen lassen.
- **Anzeige der Formatvorlagen auf dem Bildschirm** Beim Formatieren ist es manchmal nützlich, wenn man sofort sieht, mit welcher Formatvorlage ein Absatz formatiert ist. Wenn Sie den Aufgabenbereich *Formatierung anzeigen* einblenden und mit der Einfügemarke durch den Text wandern, wird die Anzeige im Aufgabenbereich ständig aktualisiert. Wie Sie den Aufgabenbereich anzeigen, erfahren Sie im nächsten Abschnitt.

Der Formatinspektor

Wenn Sie prüfen möchten, welche Formatierungsmerkmale ein markierter Text oder ein Absatz besitzt, können Sie den *Formatinspektor* aufrufen:

1. Zeigen Sie die Registerkarte *Start* an und klicken Sie in der Gruppe *Formatvorlagen* rechts unten auf die kleine Schaltfläche, um den Aufgabenbereich *Formatvorlagen* anzuzeigen.
2. Klicken Sie unten im Aufgabenbereich auf die mittlere Schaltfläche. Der Formatinspektor erscheint auf dem Bildschirm (siehe Abbildung 9.8 rechts).

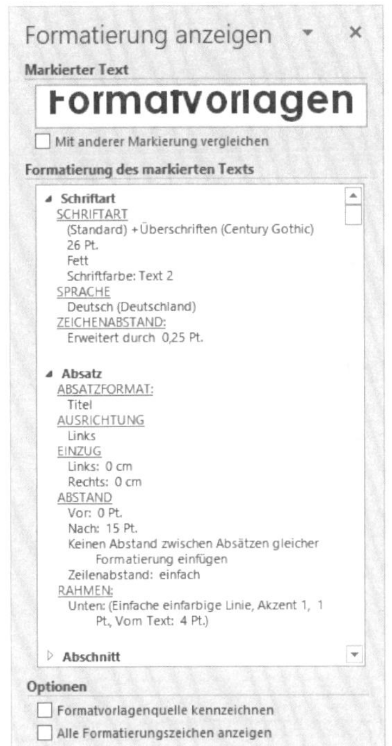

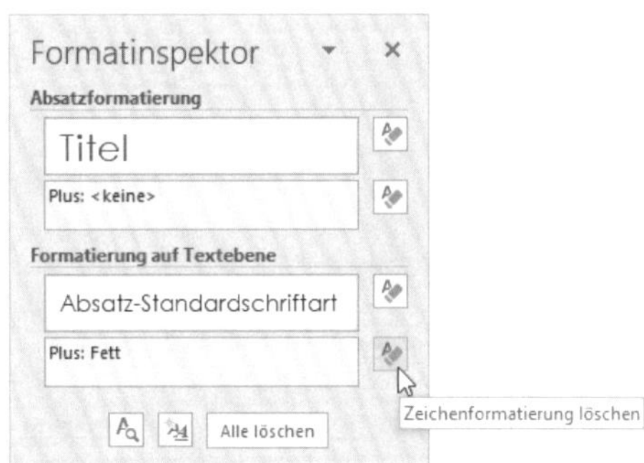

Abbildung 9.8: Die Aufgabenbereiche Formatinspektor *und* Formatierung anzeigen

Wie Sie im Bild sehen, liefert der Formatinspektor zum einen die Information, welche Zeichen- und welche Absatzformatvorlage verwendet wurde (im Beispiel *Absatz-Standardschriftart* und *Titel*). Darüber hinaus zeigt er die Formatierungsmerkmale an, mit denen der Absatz bzw. die Zeichen nach dem Zuweisen der Formatvorlage noch formatiert wurden.

3. Mit den vier Schaltflächen, die sich am rechten Fensterrand des Formatinspektors befinden, können Sie die zugehörige Formatierung entfernen. Wenn Sie zum Beispiel die oberste Schaltfläche anklicken, erhält der Text die Absatzformatvorlage *Standard*. Mit der untersten Schaltfläche könnten Sie gezielt die nachträgliche Zeichenformatierung *Fett* entfernen.
4. Über die linke Schaltfläche am unteren Fensterrand des Formatinspektors können Sie den im letzten Abschnitt erwähnten Aufgabenbereich *Formatierung anzeigen* einblenden, der Sie mit detaillierten Informationen über die Formatierung der aktuellen Textposition bzw. des markierten Textes versorgt (siehe Abbildung 9.8 links).

Formatvorlagen ändern

Wenn Sie eine Formatvorlage ändern möchten, weil Ihnen ein bestimmtes Formatierungsdetail nicht zusagt, gehen Sie dazu am einfachsten so vor:

1. Nehmen Sie die Änderungen an einem Absatz oder einem markierten Text vor, dem Sie zuvor die betreffende Formatvorlage zugewiesen haben.
2. Klicken Sie dann den Text bzw. die Markierung mit der rechten Maustaste an und klicken Sie in der dadurch angezeigten Minisymbolleite auf die Schaltfläche *Formatvorlagen,* um deren Auswahlkatalog zu öffnen. Im Katalog ist die betreffende Formatvorlage mit einem Rahmen gekennzeichnet.
3. Zeigen Sie mit einem Rechtsklick das Kontextmenü der Formatvorlage an und wählen Sie wie in der folgenden Abbildung zu sehen, den Befehl *XY aktualisieren, um der Auswahl zu entsprechen,* wobei *XY* der Name der Formatvorlage ist.

Abbildung 9.9: Übertragen der aktuellen Formatierung in die gewählte Formatvorlage

Word übernimmt dadurch die Änderungen in die Formatvorlage, wodurch sich automatisch auch alle Textstellen ändern, die mit dieser Formatvorlage formatiert worden sind.

Formatvorlagen direkt im Dialogfeld bearbeiten

Alternativ zu der im letzten Abschnitt beschriebenen Vorgehensweise können Sie die Eigenschaften einer Formatvorlage auch über ein Dialogfeld ändern. Klicken Sie dazu die gewünschte Formatvorlage entweder im Katalog der Schnellformatvorlagen oder im Aufgabenbereich *Formatvorlagen* mit der rechten Maustaste an und wählen Sie im Kontextmenü den Befehl *Ändern.*

Da das Dialogfeld *Formatvorlage ändern* dem Dialogfeld *Neue Formatvorlage von Formatierung erstellen* stark ähnelt, verzichten wir hier auf seine Beschreibung und verweisen Sie auf den nächsten Abschnitt.

Eigene Formatvorlagen erstellen

Wenn Sie die Formatierung eines Absatzes in eine neue Formatvorlage überführen wollen, können Sie mit allen Befehlen, die Sie bisher schon kennen gelernt haben, die Formatierung des Absatzes festlegen. Da eine Absatzformatvorlage immer die Formatierung des gesamten Absatzes beschreibt, kann pro Formatvorlage nur eine Schriftart, ein Schriftgrad und eine Form der Auszeichnung festgelegt werden. Einzelne Zeichen oder Wörter, die anders formatiert werden sollen, müssen von Hand mit den beschriebenen Verfahren zur Zeichenformatierung erstellt werden.

Hinweis Verwenden Sie Designschriftarten und -farben Beachten Sie bei der Formatierung von Schriftart und Farben, dass Sie nach Möglichkeit die Designschriftarten bzw. -farben verwenden. In den entsprechenden Auswahllisten stehen diese Einträge immer ganz oben.

Hier die einzelnen Schritte, die zum Kopieren einer Absatzformatierung in eine Formatvorlage erforderlich sind:

1. Formatieren Sie den Absatz so, dass er Ihren Vorstellungen von der zu erstellenden Formatvorlage entspricht.
2. Markieren Sie den Absatz.
3. Klicken Sie mit der rechten Maustaste in die Markierung, öffnen Sie auf der Minisymbolleiste das Menü der Schaltfläche *Formatvorlagen* und wählen den Befehl *Formatvorlage erstellen*. Es erscheint folgendes Dialogfeld:

Abbildung 9.10: Benennen der neuen Formatvorlage

4. Geben Sie einen Namen für die neue Formatvorlage ein und klicken Sie auf *OK*.

Formatvorlage neu definieren

Sie können auch Formatvorlagen definieren, ohne vorher einen Absatz entsprechend formatiert zu haben. In diesem Fall sind folgende Schritte notwendig:

1. Klicken Sie in der Registerkarte *Start* auf die kleine Schaltfläche, die sich in der rechten unteren Ecke der Gruppe *Formatvorlagen* befindet. Word zeigt dann den Aufgabenbereich *Formatvorlagen* an.
2. Klicken Sie im Aufgabenbereich unten links auf die Schaltfläche *Neue Formatvorlage*, die folgendes Dialogfeld anzeigt:

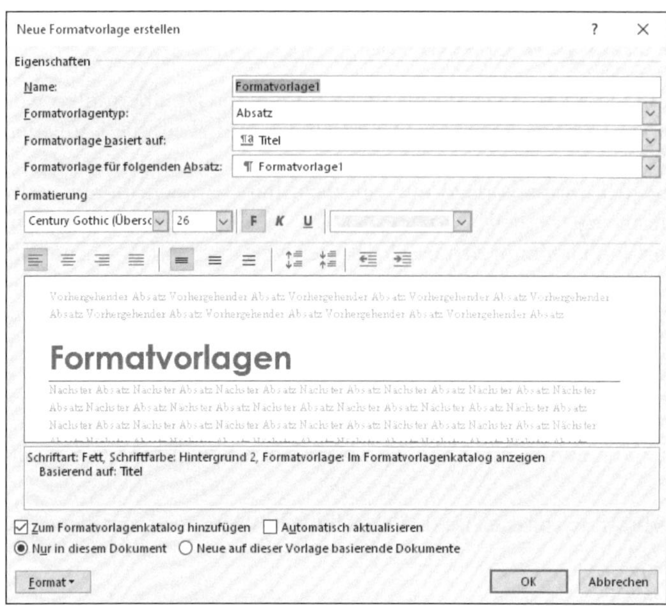

Abbildung 9.11: Hier können Sie alle Einstellungen für eine Formatvorlage vornehmen.

3. Tragen Sie in das Feld *Name* den Namen der neuen Formatvorlage ein.
4. Wählen Sie im nächsten Listenfeld den gewünschten *Formatvorlagentyp* aus. Die verschiedenen Formatvorlagentypen haben wir weiter vorne in diesem Kapitel ab Seite 198 beschrieben.
5. Im mittleren Bereich des Dialogfeldes legen Sie die Merkmale der Formatvorlage fest. Word bietet Ihnen hier in Abhängigkeit vom Typ der Formatvorlage die wichtigsten Formatierungsmöglichkeiten als Schaltflächen und Listen an. Sie können auch im unteren Bereich auf die Schaltfläche *Format* klicken, damit Word ein Menü mit den Merkmalen öffnet, die Sie der neuen Formatvorlage zuweisen können. Der Inhalt des Menüs ändert sich in Abhängigkeit vom gewählten Formatvorlagentyp.
6. Nachdem Sie die gewünschten Formatierungsmerkmale festgelegt haben, können Sie das Dialogfeld mit einem Klick auf *OK* beenden.

Formatvorlage der Dokumentvorlage hinzufügen

Wenn Sie in einem Dokument (keiner Vorlage) arbeiten und eine neue Formatvorlage erstellen, ist die neue Formatvorlage anschließend nur im aktuellen Dokument enthalten, nicht aber in der Dokumentvorlage, die dem Dokument zugrunde liegt. Wenn Sie die neu erstellte Formatvorlage in die Dokumentvorlage des Dokuments übernehmen wollen, müssen Sie im unteren Bereich des Dialogfeldes *Neue Formatvorlage erstellen* das Optionsfeld *Neue auf dieser Vorlage basierende Dokumente* einschalten. Falls sich das Feld bei Ihnen nicht aktivieren lässt, ist die Dokumentvorlage mit einem Schreibschutz versehen.

Formatvorlage auf bereits vorhandener basieren

Wenn Sie eine Formatvorlage definieren wollen, die sich nur in einigen Kleinigkeiten von einer schon bestehenden unterscheidet (z.B. bei Überschriften), können Sie die Formatierung der neuen Formatvorlage auf der vorhandenen aufbauen.

Stellen Sie die betreffende Formatvorlage einfach im Listenfeld *Formatvorlage basiert auf* ein. Word übernimmt dann alle Merkmale dieser Formatvorlage in die neue Formatvorlage und Sie müssen sich nur noch um die Formatierungsmerkmale kümmern, in denen sich die beiden Formatvorlagen unterscheiden.

Nächste Formatvorlage festlegen

Wenn Sie einen Absatz mit einer Formatvorlage formatiert haben und am Ende des Absatzes mit der [↵]-Taste einen neuen Absatz erstellen, erhält dieser normalerweise dieselbe Formatvorlage.

Sie können aber auch mit dem Listenfeld *Formatvorlage für folgenden Absatz* eine andere Formatvorlage festlegen. Diese Möglichkeit ist bei der Formatierung von vielen Dokumenten äußerst praktisch. Nehmen Sie als Beispiel den Text dieses Kapitels, bei dem nach einer Überschrift in der Regel immer die Standard-Formatvorlage verwendet wird.

Word

Formatvorlagen und Shortcuts

Beim Definieren von Formatvorlagen können Sie auch eine Tastenkombination festlegen, die Sie dann zum Zuweisen der Formatvorlage verwenden können. Gehen Sie dazu wie folgt vor:

1. Klicken Sie im Dialogfeld *Neue Formatvorlage erstellen* bzw. im Dialogfeld *Formatvorlage ändern* erst auf die Schaltfläche *Format* und dann auf *Tastenkombination.*
2. Drücken Sie die gewünschte Tastenkombination. Sie wird dann im Feld *Neue Tastenkombination* angezeigt.

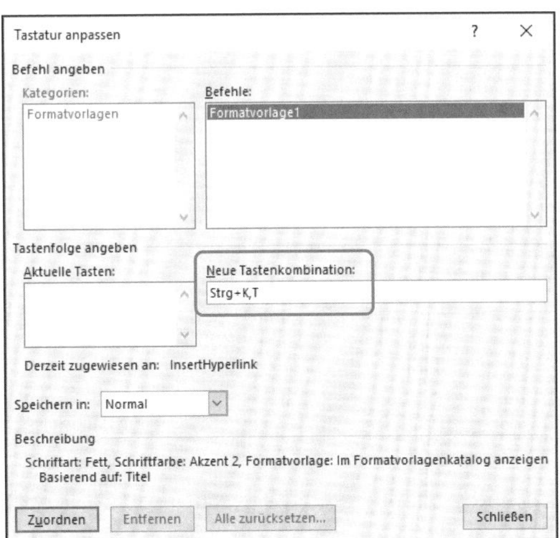

Abbildung 9.12: Tastenkombination für eine Formatvorlage festlegen

3. Unterhalb des Feldes *Aktuelle Tasten* zeigt Word die Formatvorlage oder den Word-Befehl an, dem die gedrückte Tastenkombination derzeit zugeordnet ist. Wenn Sie die Zuordnung nicht lösen wollen, müssen Sie eine andere Tastenkombination ausprobieren.
4. Klicken Sie auf die Schaltfläche *Zuordnen*, um die Tastenkombination der Formatvorlage dauerhaft zuzuordnen.

Formatvorlage löschen

Wenn Sie eine Formatvorlage nicht mehr benötigen, können Sie sie aus dem Dokument oder der Vorlage entfernen. Das ist jedoch nur mit den von Ihnen erstellten Formatvorlagen möglich; die internen Formatvorlagen von Word (z.B. *Überschrift 1* oder *Standard)* lassen sich nicht löschen.

Beim Löschen einer Formatvorlage wird den Absätzen, die mit dieser Formatvorlage formatiert waren, die Formatvorlage *Standard* zugewiesen.

1. Öffnen Sie das Dokument, das die zu löschende Formatvorlage enthält.
2. Zeigen Sie den Aufgabenbereich *Formatvorlagen* an.
3. Klicken Sie dort auf die Schaltfläche *Formatvorlagen verwalten.*
4. Wechseln Sie im Dialogfeld *Formatvorlagen verwalten* auf die Registerkarte *Bearbeiten,* falls diese nicht bereits angezeigt wird.

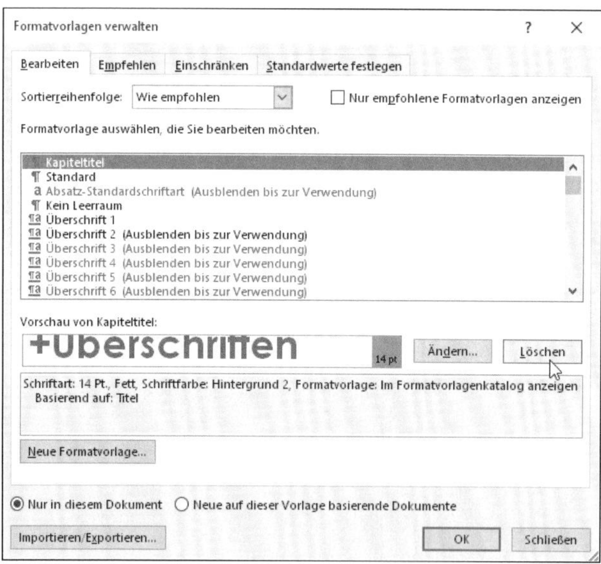

Abbildung 9.13: Löschen einer Formatvorlage

5. Markieren Sie die Formatvorlage in der Liste und ändern Sie dazu eventuell die Sortierreihenfolge der Liste, um die gesuchte Formatvorlage leichter finden zu können.
6. Klicken Sie auf die Schaltfläche *Löschen* und bestätigen Sie die Nachfrage von Word mit *Ja.*

Kapitel 10
Grafische Elemente und Textfelder

Auch wenn Word von Haus aus ein Textverarbeitungsprogramm ist, hat es viele interessante Funktionen für die Bildbearbeitung zu bieten. In diesem Kapitel zeigen wir Ihnen, wie Sie die verschiedenen grafischen Elemente, die in Word als *Illustrationen* bezeichnet werden, in ein Dokument einfügen und in den Text integrieren. Wir konzentrieren uns dabei auf die besondere Problematik beim Platzieren von Abbildungen in ein Textdokument.

Außerdem stellen wir Ihnen noch die Textfelder vor, mit denen Sie Text frei auf einer Seite positionieren können. Wie Sie im Verlauf dieses Kapitels feststellen werden, lassen sich mithilfe von Textfeldern sehr anspruchsvolle Seitenlayouts realisieren.

Weitere Funktionen und Techniken zum Thema »Illustrationen«, die auch für Excel und PowerPoint gelten, finden Sie in Kapitel 35.

Grafische Elemente einfügen

Die Befehle zum Einfügen der verschiedenen grafischen Elemente finden Sie auf der Registerkarte *Einfügen* in der Gruppe *Illustrationen*. Hier verbirgt sich seit Word 2019 noch ein echtes Highlight: Rechts neben der Schaltfläche *Piktogramme*, die ebenfalls mit Word 2019 eingeführt wurde, finden Sie die Schaltfläche *3D-Modelle*, mit der Sie fertige 3D-Modelle aus den verschiedensten Themenbereichen in Ihre Dokumente einfügen können. Die Objekte lassen sich anschließend frei »im Raum« drehen. Wir werden Ihnen dieses tolle Feature in Kapitel 35 im Detail vorstellen.

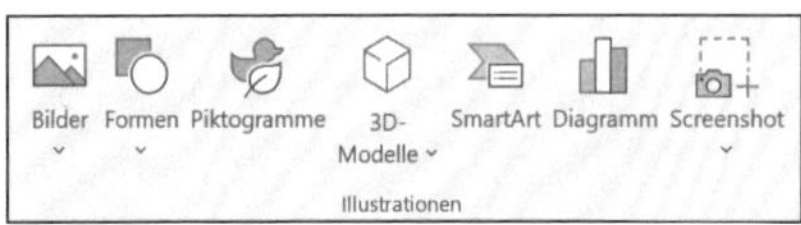

Abbildung 10.1: Über die Schaltflächen der Gruppe Illustrationen *können Sie die verschiedenen grafischen Elemente in Ihre Dokumente einfügen.*

Welche Bildquellen stehen Ihnen zur Verfügung?

Wenn Sie das Menü der Schaltfläche *Bilder* öffnen, sehen Sie, dass Word zwischen drei verschiedenen Bildquellen unterscheidet:

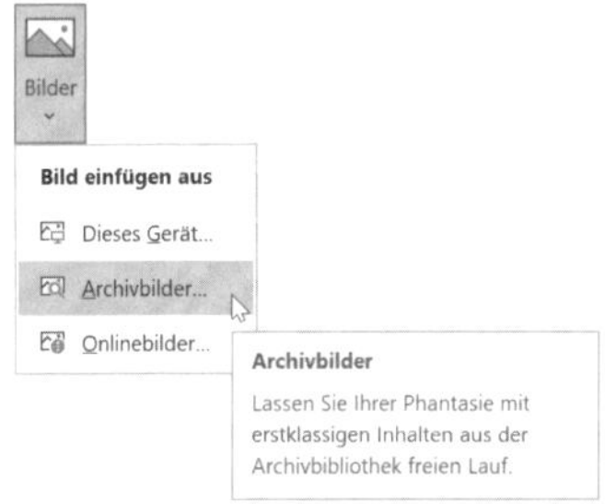

Abbildung 10.2: Aus diesen Bildquellen können Sie Bilder in Ihre Dokumente einfügen.

Lassen Sie uns kurz auf die einzelnen Quellen eingehen, bevor wir Ihnen im Anschluss zeigen, wie Sie ein Bild in Ihr Dokument einfügen können:

- **Dieses Gerät** Über diesen Befehl lassen sich Bilder einfügen, die auf Ihrem Gerät (im Normalfall ist das Ihr Computer) gespeichert sind, oder die Sie über eine Netzwerkverbindung erreichen können.
- **Archivbilder** Dieser Begriff ist eine denkbar unglückliche Übersetzung des englischen Befehls *Stock Images*. Dahinter verbirgt sich die Bilderdatenbank *Getty Images*, eine Sammlung von professionellen Fotos und Grafiken.
- **Onlinebilder** Mit diesem Befehl können Sie auf Ihren OneDrive-Laufwerken und im Internet nach geeigneten Bildern suchen. Bei der Internet-Recherche greift Word auf die Microsoft-Suchmaschine *Bing* zurück.

Onlinebilder einfügen

Um z.B. eine Onlinebild in Ihr Dokument einzufügen, gehen Sie so vor:

1. Setzen Sie die Einfügemarke an die Stelle, an der Sie das Bild einfügen wollen.
2. Klicken Sie in der Registerkarte *Einfügen* auf die Schaltfläche *Onlinebilder*. (Je nach Word-Version kann sich der Befehl alternativ auch im Menü der Schaltfläche *Bilder* befinden.)

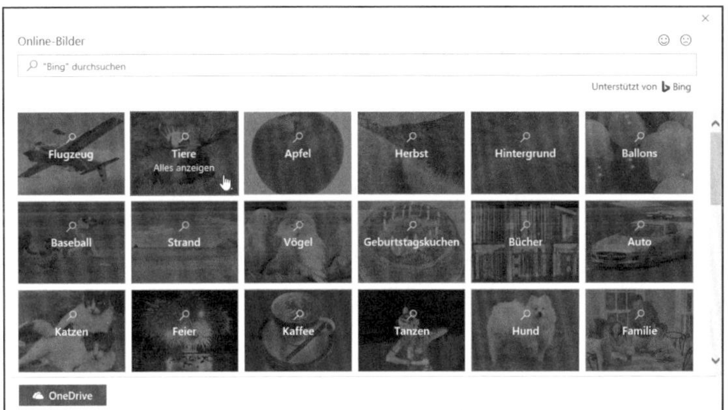

Abbildung 10.3: Einfügen eines Onlinebildes

3. Geben Sie oben in das Textfeld einen Suchbegriff ein, oder klicken Sie eines der Vorschaubilder an, mit denen Sie Bilder zu vorgegebenen Themen suchen können.

Abbildung 10.4: Bei Bedarf können Sie auch mehrere Bilder zum Einfügen auswählen

4. Haben Sie eine geeignete Grafik gefunden, doppelklicken Sie auf ihr Vorschaubild, um sie in das Dokument einzufügen. Beachten Sie bitte, dass die angezeigten Grafiken nicht automatisch kostenlos genutzt werden dürfen (siehe auch Markierung im Bild oben).

Wie Sie sehen, hat das eingefügte Bild den Text des Dokuments ziemlich rücksichtslos verdrängt. Haben Sie noch ein klein wenig Geduld. Im Abschnitt »Textumbruch einstellen« zeigen wir Ihnen, wie sich das Zusammenspiel von Text und Grafik optimieren lässt.

Bilder aus Datei einfügen

Unter einem Bild versteht Word eine Illustration, die als eigenständige Datei gespeichert ist (z.B. auf der Festplatte Ihres Rechners). Dabei kann es sich um ein digitales Foto, eine Bildschirmabbildung oder um eine Grafik handeln, die mit einem Bildverarbeitungsprogramm erstellt wurde.

Die Vorgehensweise beim Einfügen eines Bildes ähnelt dem im letzten Abschnitt beschriebenen Verfahren.

1. Setzen Sie den Cursor an die Stelle des Dokuments, an der das Bild eingefügt werden soll.
2. Klicken Sie in der Registerkarte *Einfügen* die Schaltfläche *Bilder* an. Word zeigt das Fenster *Grafik einfügen* an.

Abbildung 10.5: Auswahl des einzufügenden Bildes

3. Falls Sie nach Bildern eines bestimmten Typs suchen (z.B. TIF, BMP, GIF etc.), können Sie den gewünschten Typ über die Schaltfläche *Dateityp* voreinstellen (siehe Markierung in der letzten Abbildung). Das erleichtert die Suche, weil dann im Dialogfeld nur diese Dateien aufgelistet werden. EPS-Dateien lassen sich übrigens seit einigen Office-Versionen aus Sicherheitsgründen nicht mehr importieren! Auch früher noch mögliche Workarounds funktionieren seit Office 2019 nicht mehr.
4. Lassen Sie bei Bedarf mithilfe der Schaltfläche *Ansicht ändern* Vorschaubilder (Miniaturansichten) der Bilder im Dialogfeld anzeigen.
5. Wechseln Sie in den Ordner, in dem sich die Datei befindet, und markieren Sie sie.
6. Klicken Sie auf *Einfügen,* um das Bild in Ihr Dokument aufzunehmen.

Archivbilder (Stock Fotos) einfügen

Wie weiter oben bereits kurz erwähnt, verbirgt sich hinter dem irreführenden Begriff *Archivbilder* die Bilderdatenbank der US-amerikanischen Bildagentur *Getty Images,* die aktuell ca. 80 Millionen Bilder und etwa 30.000 Stunden Filmmaterial in ihrem Angebot hat.

Während der Großteil dieses Materials allerdings kostenpflichtig ist, steht Ihnen die von Microsoft angebotene Auswahl zur freien Verfügung. Wie Sie in der nächsten Abbildung erkennen können, ist das Bildmaterial in mehrere Rubriken unterteilt: Bilder, Piktogramme, Ausgeschnittene Personen, Stickers und Illustrationen.

Abbildung 10.6: Die sogenannten Archivbilder entstammen der Bilddatenbank Getty Images.

Um Ihre Suche weiter einzugrenzen, können Sie innerhalb dieser Rubriken einen Suchbegriff eingeben und zwischen verschiedenen Kategorien bzw. Gruppen wählen. Wirklich reibungslos funktionieren diese Suchwerkzeuge allerdings (noch) nicht. Es bleibt zu hoffen, dass Microsoft hier noch etwas nachbessert, damit sich dieses sehr professionelle Bildmaterial noch effektiver nutzen lässt.

Tipp Farbe der Illustrationen ändern Lassen Sie sich nicht davon irritieren, dass die angebotenen Illustrationen alle einen gelben Grundton besitzen: Die Farbe können Sie nach dem Einfügen problemlos ändern. Ausführliche Informationen zum Bearbeiten von Bildern und Illustrationen finden Sie weiter hinten in diesem Buch in Kapitel 35.

Bilder verknüpft einfügen

Wenn Sie möchten, dass sich spätere Änderungen an der Grafik automatisch auf das Dokument auswirken (z.B. bei einem Firmenlogo), müssen Sie die Grafik *verknüpft* einfügen. Gehen Sie dazu folgendermaßen vor:

1. Führen Sie die Schritte 1 bis 5 des vorigen Beispiels aus, um das Dialogfeld *Grafik einfügen* zu öffnen und die gesuchte Grafik auszuwählen.
2. Klicken Sie jetzt auf das kleine Dreieck der Schaltfläche *Einfügen,* um das Menü der Schaltfläche aufzuklappen.

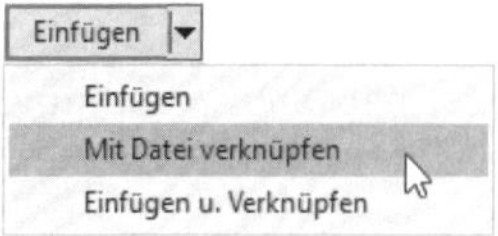

Abbildung 10.7: Grafiken verknüpft einfügen

Das Ausklappmenü enthält zwei Befehle zum verknüpften Einfügen von Grafiken:

- **Mit Datei verknüpfen** Wenn Sie die Grafik mit diesem Befehl einfügen, wird im Dokument lediglich eine Verknüpfung zu der Datei gespeichert, also die Information, wo sich die Datei der Grafik befindet. Das heißt, die Grafik wird zwar ganz normal im Dokument angezeigt, ist jedoch kein fester Bestandteil des Dokuments. Diese Variante hat den Vorteil, dass die Größe des Dokuments durch das Einfügen der Grafik kaum ansteigt. Allerdings ist damit der Nachteil verbunden, dass Sie zum Anzeigen und Bearbeiten des Dokuments Zugriff auf die Grafikdatei benötigen.
- **Einfügen u. Verknüpfen** Mit diesem Befehl wird zusätzlich zur Verknüpfung auch noch eine Kopie der Grafik im Dokument gespeichert. Das Dokument kann dadurch unabhängig von der Grafikdatei geöffnet und bearbeitet werden. Allerdings erkaufen Sie diesen Komfort durch eine unter Umständen deutlich höhere Dateigröße.

3. Wählen Sie im Menü den gewünschten Befehl, um die Grafik einzufügen.

Hinweis Verknüpfungen zu Grafiken werden immer aktualisiert Wenn Sie ein Dokument öffnen, in dem sich eine verknüpfte Grafik befindet, greift Word unabhängig von der Art der Verknüpfung immer auf die Originaldatei der Grafik zu. Das heißt, eine Änderung der Originaldatei wirkt sich auf jeden Fall auf das Dokument aus. Dieses Verhalten kann – im Gegensatz zu früheren Word-Versionen – nicht nachträglich beeinflusst werden.

Textumbruch einstellen

Mit dem reinen Einfügen einer Grafik ist die Arbeit in den seltensten Fällen getan. In aller Regel müssen Sie die Grafik anschließend noch skalieren und verschieben. Und auch das Zusammenspiel zwischen Grafik und Text kann sehr vielseitig gestaltet werden: Die Grafik kann vor oder hinter dem Text stehen oder sie kann auf verschiedene Arten vom Text umflossen werden.

Beim Zusammenspiel zwischen Text und Grafik unterscheidet man in Word grundsätzlich zwischen zwei Varianten:

- **Mit Text in Zeile** Die Grafik verhält sich in diesem Fall wie ein normales Zeichen. Diese Art der Positionierung eignet sich vor allem für kleine Grafiken, die in den Fließtext aufgenommen werden sollen.
- **Mit Textumbruch** Bei dieser Form der Positionierung fließt der Text um die Grafik herum. Die Grafik kann frei auf der Seite positioniert werden.

Im nächsten Beispiel werden Sie die beiden Verfahren kennen lernen. Dazu fügen wir ein Onlinebild in ein Dokument ein und werden die Position und den Textfluss Schritt für Schritt optimieren.

1. Öffnen bzw. erstellen Sie ein Dokument, in das Sie eine Grafik einfügen können.

2. Setzen Sie die Einfügemarke an den Beginn des Dokuments und fügen Sie eine Grafik ein. Das Ergebnis sollte ungefähr so aussehen, wie in der folgenden Abbildung.

Abbildung 10.8: Die eingefügte Grafik steht mit dem Text in einer Zeile.

Wie Sie in Abbildung 10.8 sehen können, hat die eingefügte Grafik den Text der ersten Zeile nach rechts geschoben; sie verhält sich also in etwa so, wie es ein sehr großer Buchstabe tun würde. Daher nennt man diese Art der Formatierung *Mit Text in Zeile.*

3. Markieren Sie die Grafik und klicken Sie dann auf das Symbol, das rechts neben der Grafik angezeigt wird (im Bild oben mit einem Rahmen gekennzeichnet).

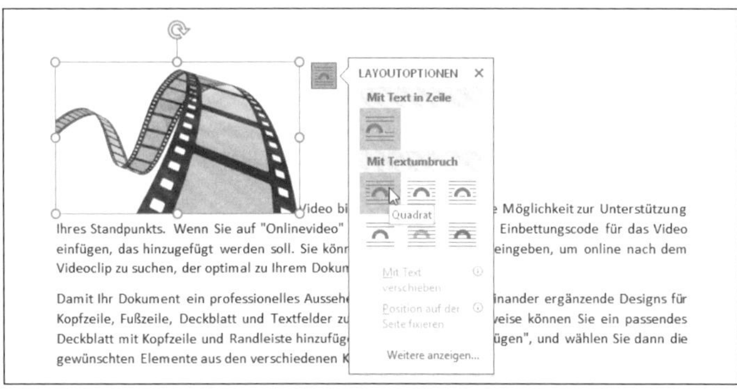

Abbildung 10.9: Auswahl der Umbruchart

4. Wählen Sie die Option *Quadrat*. Wie Sie sehen, steht die Grafik nun in der linken oberen Ecke der Seite. Der vorhandene Text spart diesen Bereich aus und fließt um ihn herum.

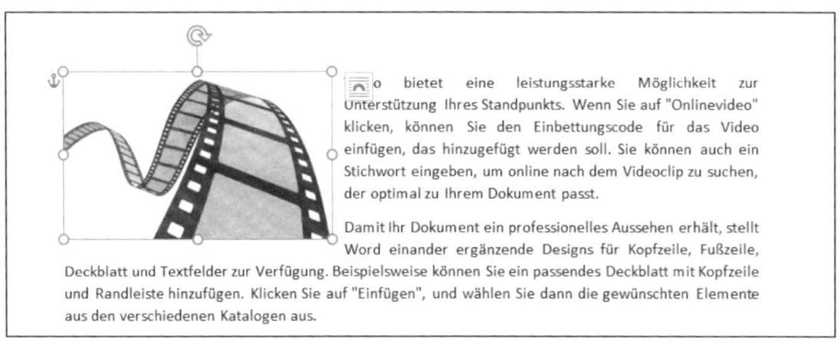

Abbildung 10.10: Die Grafik wird jetzt – mit einem kleinen Abstand – vom Text umflossen.

5. Um den Textfluss an die Kontur der Grafik anzupassen, klicken Sie erneut auf das Symbol neben der Grafik und wählen diesmal die Option *Transparent*.

Abbildung 10.11: Jetzt umfließt der Text die eingefügte Grafik.

Tipp

Transparente Farbe wählen Wenn der Text in der Umbruchsart *Transparent* nicht der Kontur der Grafik folgt, sind die weißen Flächen der Grafik nicht als transparente Bereiche angelegt. Dieses Problem können Sie jedoch ganz einfach direkt in Word lösen: Markieren Sie die Grafik, wechseln Sie auf die Registerkarte *Bildformat (bzw. Bildtools/Format),* wählen Sie dort den Befehl *Farbe/Transparente Farbe bestimmen* und klicken Sie dann in der Grafik auf eine weiße Fläche.

6. Falls Sie den Textfluss jetzt noch optimieren wollen, können Sie auf der Registerkarte *Bildformat* (bzw. *Bildtools/Format*) im Menü der Schaltfläche *Textumbruch* den Befehl *Rahmenpunkte bearbeiten* aufrufen. Dadurch wird die Grenzlinie sichtbar, die der Text nicht überschreiten kann. Durch Verschieben einzelner Punkte können Sie dann den Textfluss beliebig steuern.

Abbildung 10.12: Durch Anpassen der Rahmenlinie lässt sich der Textfluss perfektionieren.

7. Um einen störenden Rahmenpunkt zu löschen, klicken Sie ihn bei gedrückter Strg-Taste an.
8. Wenn Sie der Rahmenlinie noch weitere Punkte hinzufügen möchten, drücken Sie ebenfalls die Taste Strg und klicken die betreffenden Stellen dann an.

Abbildung 10.13: Links neben der Grafik steht nun kein Text mehr.

Bild auf der Seite verschieben

Bilder, deren Umbruchart nicht auf *Mit Text in Zeile* eingestellt ist, lassen sich einfach positionieren, indem Sie sie mit der Maus anklicken und an die gewünschte Position schieben. Da Bilder in der Praxis häufig am Rand einer Seite oder zentriert positioniert werden, hält Word eine Funktion bereit, mit der Sie Grafiken sehr leicht auf diese Standardpositionen verschieben können.

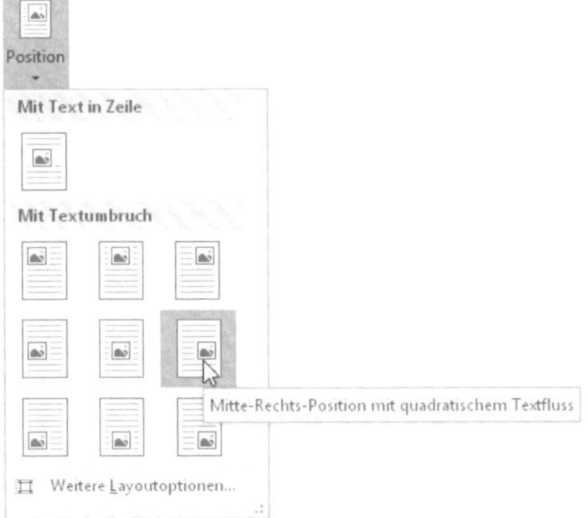

Abbildung 10.14: Die Standardpositionen einer Grafik lassen sich bequem per Menü zuweisen.

Um die Funktion zu nutzen, müssen Sie das Bild zunächst markieren. Anschließend wechseln Sie auf die Registerkarte *Bildformat* (bzw. *Bildtools/Format*) und klicken dort auf die Schaltfläche *Position*. Im Ausklappmenü der Schaltfläche können Sie dann die gewünschte Position auswählen, wobei Sie die angebotenen Varianten dank der Live-Vorschau ohne großen Aufwand ausprobieren können.

Über den Befehl *Weitere Layoutoptionen* der Schaltfläche *Position* können Sie das Dialogfeld *Layout* aufrufen. Interessant ist hier vor allem die Möglichkeit der absoluten Positionierung. Auf der Registerkarte *Position* können Sie exakt angeben, wo genau die Grafik auf der Seite stehen soll.

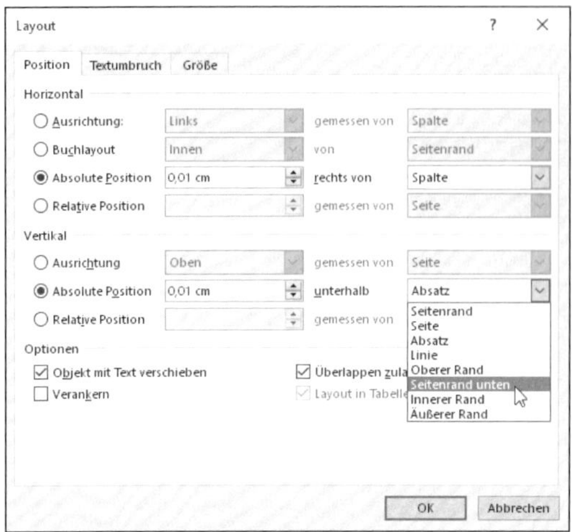

Abbildung 10.15: Sie können die Position einer Grafik auch mit absoluten Werten angeben.

Beim Bezugspunkt Ihrer Maßangaben haben Sie unter anderem die Wahl zwischen:

- **Seite** die Papierkante
- **Seitenrand** der im Seitenlayout eingestellte Seitenrand
- **Spalte** bei mehrspaltigen Texten der linke Rand der aktuellen Spalte
- **Zeichen** die Position des Zeichens, an dem die Grafik eingefügt wurde.

Die Begriffe *Innerer Rand* und *Äußerer Rand* beziehen sich auf ein gespiegeltes Layout (Bundsteg), da dort eine Angabe wie »Links« oder »Rechts« keinen Sinn machen würde.

Tipp

Grafiken hinter dem Text anklicken Wenn Sie eine Grafik hinter den Text gestellt haben, können Sie sie nicht mehr mit dem normalen Mauszeiger anklicken. Um eine solche Grafik markieren zu können, müssen Sie daher zuerst auf der Registerkarte *Start* die Schaltfläche *Markieren* anklicken und aus ihrem Menü den Befehl *Objekte auswählen* aufrufen. Anschließend lässt sich die Grafik wie gewohnt anklicken. Um diesen Markierungsmodus wieder zu verlassen, können Sie entweder den Befehl erneut aufrufen oder die Esc-Taste drücken.

Alternativ können Sie im Menü der Schaltfläche *Markieren* auch den Aufgabenbereich *Auswahlbereich* anzeigen, der sich ebenfalls zum Markieren von Grafiken eignet. Nähere Hinweise zu diesem Aufgabenbereich finden Sie in Kapitel 35.

Textfelder einfügen

Vereinfacht gesagt, handelt es sich bei Textfeldern um sogenannte *Formen,* die mit Text gefüllt werden können. Formen stehen in Word bzw. in Office in zahllosen Variationen zur Verfügung. Die Palette reicht dabei vom einfachen Rechteck bis hin zu Pfeilen, Sternen und Sprechblasen. Das Einfügen und Positionieren von Formen erklären wir ausführlich in Kapitel 35. Die dort beschriebenen Verfahren können Sie 1:1 auf Textfelder übertragen.

Falls Sie bisher noch nicht mit Word gearbeitet haben, sollten Sie diesen Abschnitt nur kurz überfliegen und dann direkt beim nächsten Kapitel weiterlesen. Sobald Sie eine gewisse Routine mit Word besitzen, können Sie immer noch auf dieses Thema zurückkommen.

Textfelder besitzen folgende wichtige Fähigkeiten bzw. Eigenschaften:

- sie können eine nahezu beliebige Gestalt annehmen (da sie Formen sind)
- sie können frei auf der Seite verschoben werden
- sie können vor bzw. hinter dem Haupttext des Dokuments stehen
- der Text kann von oben nach unten bzw. umgekehrt verlaufen
- sie können miteinander verkettet werden.

In diesem Abschnitt wollen wir Ihnen zunächst zeigen, wie Sie ein einfaches rechteckiges Textfeld erstellen. Anschließend werden wir auf die enge Verwandtschaft zu Formen eingehen und zeigen Ihnen dazu, wie Sie eine Form in ein Textfeld umwandeln. Zum Schluss werden wir Ihnen die fertigen Textfelder vorstellen, die Word in seinem Baustein-Katalog für Sie bereit hält.

Eigene Textfelder erstellen

Im folgenden Beispiel werden wir ein Textfeld erstellen, das Sie zum Beispiel in einer Briefvorlage für Fensterumschläge als Anschriftenfeld verwenden könnten. Indem Sie das Textfeld auf der Seite einmal richtig positionieren und es dann anschließend verankern, können Sie gewährleisten, dass die Anschrift des Empfängers unabhängig von dem eigentlichen Brieftext immer korrekt auf der Seite steht.

1. Erstellen Sie ein neues leeres Dokument.
2. Wenn Sie möchten, können Sie einen Blindtext erzeugen, indem Sie **=rand()** eintippen und dann ↵ drücken.
3. Wechseln Sie auf die Registerkarte *Einfügen* und klappen Sie das Menü der Schaltfläche *Textfeld* auf (in der Gruppe *Text*).
4. Wählen Sie unten im Menü den Befehl *Textfeld erstellen.* Das Menü verschwindet wieder und der Mauszeiger verändert sich zu einem Fadenkreuz.
5. Ziehen Sie mit der Maus einen Rahmen in der gewünschten Größe auf. Sobald Sie die Maustaste wieder loslassen, erscheint das Textfeld auf dem Bildschirm, der anschließend etwa so wie in der folgenden Abbildung aussehen sollte.

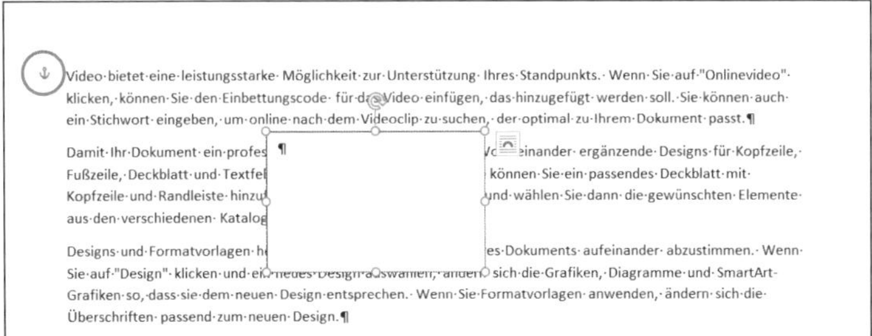

Abbildung 10.16: Das eingefügte Textfeld hat sich über den Haupttext des Dokuments gelegt.

Beachten Sie auch das Ankersymbol in Abbildung 10.16. Dieses Zeichen signalisiert, mit welchem Absatz das Textfeld verankert ist. Sollte bei Ihnen kein Anker zu sehen sein, müssen Sie auf der Registerkarte *Start* die Schaltfläche *Alle anzeigen* betätigen bzw. die Tastenkombination ⇧+Strg++ drücken.

6. Tippen Sie einen beliebigen Text in das Textfeld ein. Beobachten Sie, wie Word reagiert, wenn Sie zuviel Text eingeben. Sie werden feststellen, dass überschüssiger Text unten herausläuft.

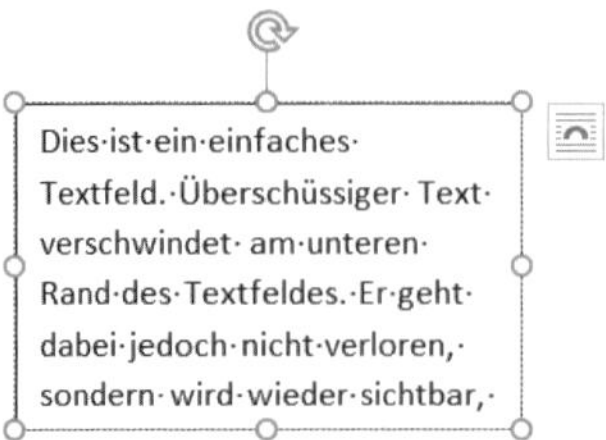

Abbildung 10.17: Überschüssiger Text verschwindet am unteren Rand des Textfeldes.

7. Innerhalb des Textfeldes können Sie zum Formatieren des Textes die gleichen Befehle verwenden wie im Haupttext des Dokuments. Das bezieht sich sowohl auf die Zeichen- als auch auf die Absatzformatierung.
8. Sie können dem Textfeld auch nachträglich eine andere Form geben. Wechseln Sie dazu auf die Registerkarte *Formformat* (bzw. *Zeichentools/Format*) und klicken Sie dort auf die Schaltfläche *Form bearbeiten* (in der Gruppe *Formen einfügen)*. Deren Menü enthält den Befehl *Form ändern* über dessen Formenkatalog Sie die neue Form auswählen können.
9. Falls die neue Form den Text nicht vollständig aufnehmen kann, können Sie die Größe des Textfeldes entweder manuell ändern oder Sie klicken in der Registerkarte *Formformat* (bzw. *Zeichentools/Format*) auf die kleine Schaltfläche in der rechten unteren Ecke der Gruppe *Formenarten* und wählen in dem so angezeigten Aufgabenbereich in der Rubrik *Formoptionen/Layout und Eigenschaften* die Option *Größe der Form dem Text anpassen.*

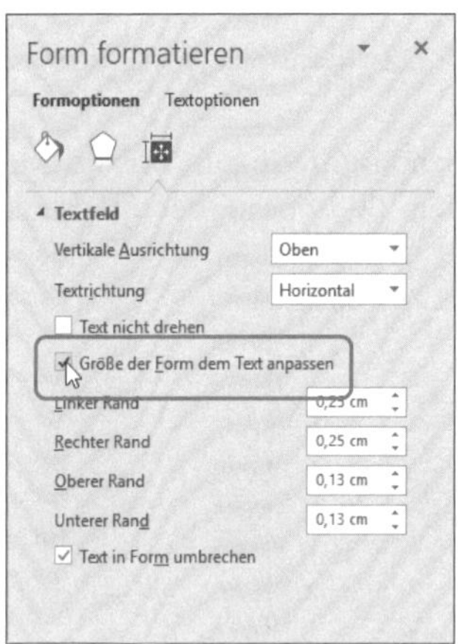

Abbildung 10.18: Ein Textfeld kann seine Größe auch automatisch an den enthaltenen Text anpassen.

Formen in Textfelder umwandeln

Im letzten Abschnitt haben Sie gesehen, wie sich die äußere Form eines Textfelds im Nachhinein verändern lässt. Sie können aber auch auf direkterem Weg ans Ziel gelangen:

1. Erstellen Sie eine Form in der gewünschten Größe. Wechseln Sie dazu auf die Registerkarte *Einfügen* und verwenden Sie den Auswahlkatalog der Schaltfläche *Formen.*
2. Um die Form jetzt in ein Textfeld umzuwandeln, klicken Sie die Form mit der rechten Maustaste an und wählen im Kontextmenü der Form den Befehl *Text hinzufügen.* Word zeigt dann innerhalb der Form eine blinkende Einfügemarke an und rahmt die Form mit einer gestrichelten Linie ein.

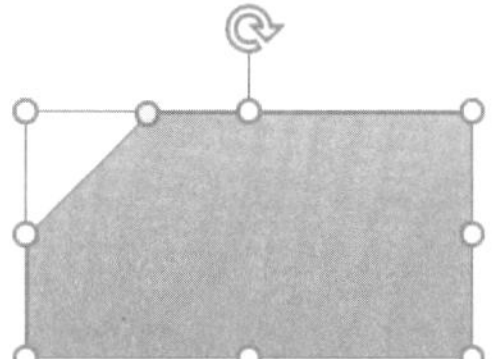

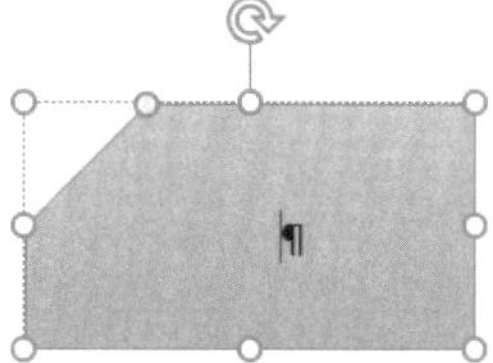

Abbildung 10.19: Textfelder werden im Gegensatz zu Formen von einer gestrichelten Linie eingerahmt.

Vorgefertigte Textfelder verwenden

Was Sie bisher von Textfeldern gesehen haben, war vielleicht noch nicht unbedingt dazu angetan, Sie zu beeindrucken. Das wird sich gleich ändern, denn nun werden Sie fertig formatierte Textfelder kennenlernen, mit denen Sie Ihre Dokumente ohne großen Aufwand aufwerten können. Und um die Wahrheit zu sagen: Wir waren selbst ehrlich davon beeindruckt, was sich mit etwas Raffinesse aus einem Textfeld alles zaubern lässt.

Die hier behandelten Textfelder gehören zu den Bausteinen aus dem Lieferumfang von Word.

1. Erstellen Sie ein neues leeres Dokument.
2. Wechseln Sie auf die Registerkarte *Einfügen* und öffnen Sie den Auswahlkatalog der Schaltfläche *Textfeld* (in der Gruppe *Text).*

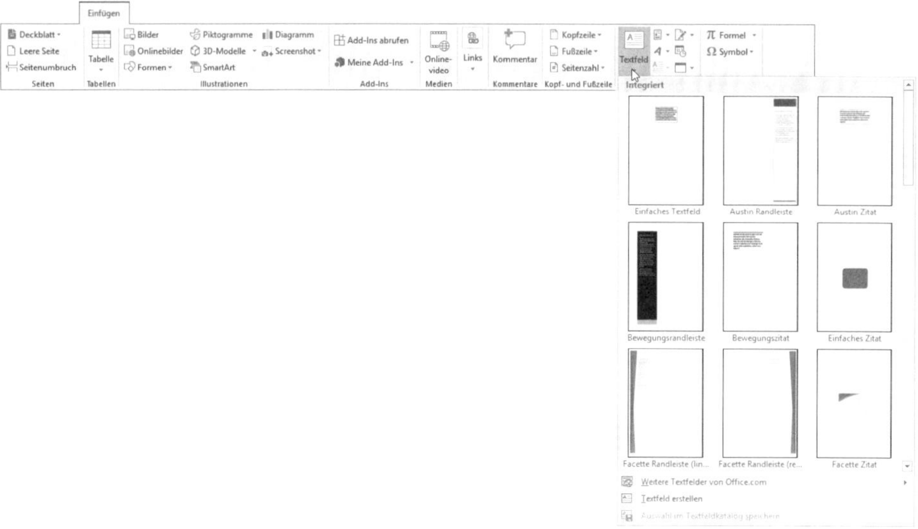

Abbildung 10.20: Der Auswahlkatalog für Textfelder enthält einige sehr trickreiche Textfelder.

3. Wählen Sie das Textfeld *Rückblick Randleiste* aus. Dieses Textfeld eignet sich gut, um das gestalterische Potential von Textfeldern zu zeigen.
4. Stellen Sie den Zoomfaktor des Word-Fensters so ein, dass Sie die Seite mit dem Textfeld, vollständig sehen können. Im nächsten Abschnitt gehen wir auf einzelne Aspekte dieses Textfeldes ein, um Ihnen an einem konkreten Beispiel einige der angewandten Kniffe vorzustellen.

Hinweis Eigene Textfelder in den Textfeldkatalog aufnehmen Natürlich können Sie den Textfeldkatalog, wie alle anderen Kataloge auch, um eigene Einträge erweitern. Markieren Sie dazu das Textfeld, das Sie der Auswahl hinzufügen möchten (auf den Rahmen klicken!) und wählen Sie im Menü der Schaltfläche *Textfeld* den Befehl *Auswahl im Textfeldkatalog speichern.*

Kleine Ursache, große Wirkung

Lassen Sie uns zunächst die Frage klären, wie der farbige linke Rand des Textfeldes entsteht, Denn wie sich anhand der Anfasser erkennen lässt, gehört diese Fläche offensichtlich nicht zum Textfeld. Doch der Schein trügt: Denn diese Fläche ist nichts anderes als der Schatten des Textfeldes!

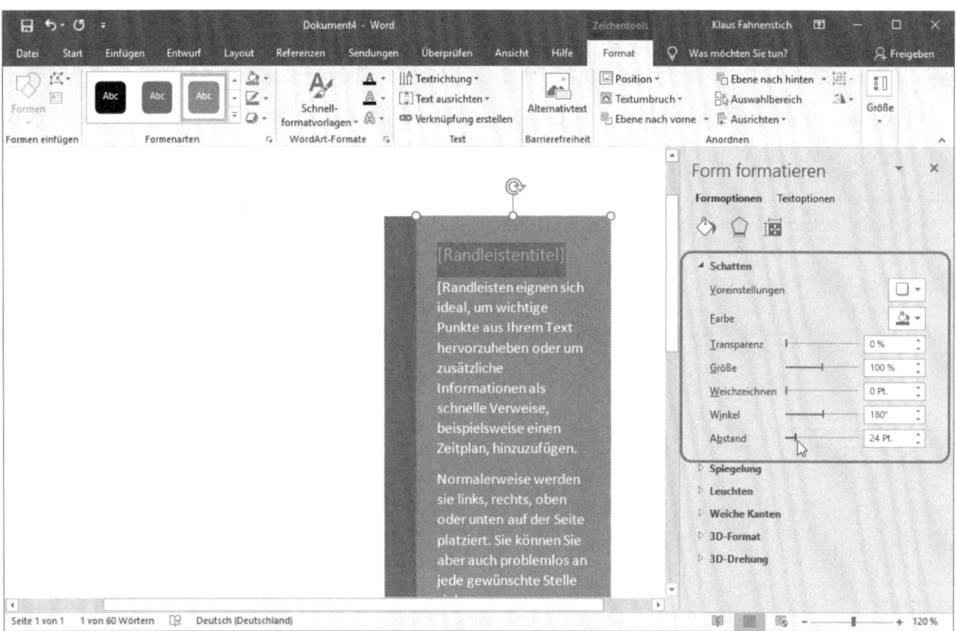

Abbildung 10.21: Gewusst wie: Die dicke Rahmenlinie auf der linken Seite ist eigentlich ein Schatten.

Und was glauben Sie, was passiert, wenn Sie die Seitenorientierung auf *Querformat* ändern? Nun, probieren Sie es aus (Registerkarte *Layout).* Sie werden feststellen, dass sich das Textfeld problemlos an das neue Seitenformat anpasst. Dahinter verbirgt sich die Möglichkeit, die Größe eines Objekts relativ zur Seitengröße angeben zu können. Das Textfeld ist in diesem Fall so eingestellt, dass es immer 37 % der Seitenbreite und 90 % der Seitenhöhe einnimmt.

Abbildung 10.22: Die Größe des Textfeldes passt sich automatisch an die Seitenorientierung an.

Textfelder formatieren

Textfelder lassen sich im Großen und Ganzen genau wie Formen formatieren. Das betrifft vor allem die farbliche Gestaltung, aber auch andere Einstellungen wie z. B. den Textumbruch. Wir werden daher in diesem Kapitel nur auf die Besonderheiten von Textfeldern eingehen und möchten Sie ansonsten auf die entsprechenden Abschnitte des Kapitels 35 verweisen.

Textfelder positionieren

Um Textfelder zu positionieren, können Sie zwischen folgenden Varianten wählen:

- Sie fassen das Textfeld mit der Maus an seiner gestrichelten Begrenzungslinie an und schieben es auf die gewünschte Position. Damit dieses Verfahren funktioniert, darf die Umbruchart für das Textfeld nicht auf der Option *Mit Text in Zeile* stehen.
- Auf der Registerkarte *Formformat* (bzw. *Zeichentools/Format*) befindet sich die Schaltfläche *Position*, mit der Sie das Textfeld auf eine der angebotenen Standardpositionen setzen können.
- Im Dialogfeld *Layout* sind alle Möglichkeiten zur Positionierung von Textfeldern vereint. Um dieses Dialogfeld aufzurufen, markieren Sie das Textfeld und wählen dann im Menü der Schaltfläche *Position* den Befehl *Weitere Layoutoptionen*.

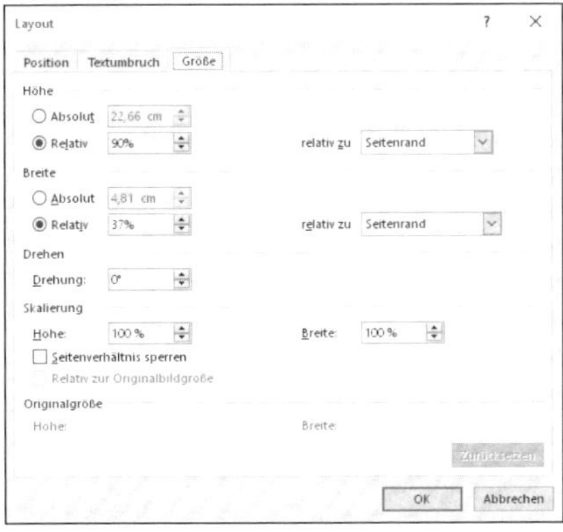

Abbildung 10.23: Das Dialogfeld Layout

Auf der Registerkarte *Größe* können Sie sowohl für die Höhe als auch für die Breite des Textfeldes festlegen, ob Sie einen absoluten Wert angeben möchten oder einen der angebotenen Bezugspunkte verwenden wollen. Wie Sie im letzten Abschnitt bei der Besprechung des eingefügten Textfeldes gesehen haben, ist vor allem die Angabe eines prozentualen Wertes interessant, da Sie dadurch unabhängig von der aktuellen Seitengröße sind.

Textrichtung und Ausrichtung

Wie bereits weiter oben erwähnt, kann der Text in einem Textfeld auch von oben nach unten und von unten nach oben laufen. Um die aktuelle Textrichtung für ein Textfeld zu ändern, gehen Sie folgendermaßen vor:

1. Markieren Sie das Textfeld und zeigen Sie die Registerkarte *Formformat* (bzw. *Zeichentools/Format*) an.
2. Wählen Sie im Ausklappmenü der Schaltfläche *Textrichtung* die gewünschte Textrichtung.

3. Neben der Richtung des Textes können Sie auch die vertikale bzw. horizontale (bei senkrecht stehendem Text) Ausrichtung ändern. Die entsprechenden Befehle finden Sie im Menü der Schaltfläche *Text ausrichten*, die sich ebenfalls auf der Registerkarte *Formformat* (bzw. *Zeichentools/Format*) befindet.

Zusammen mit den drei Textrichtungen, die in Textfeldern möglich sind, ergeben sich insgesamt neun verschiedene Variationen, die wir in der folgenden Abbildung gegenübergestellt haben.

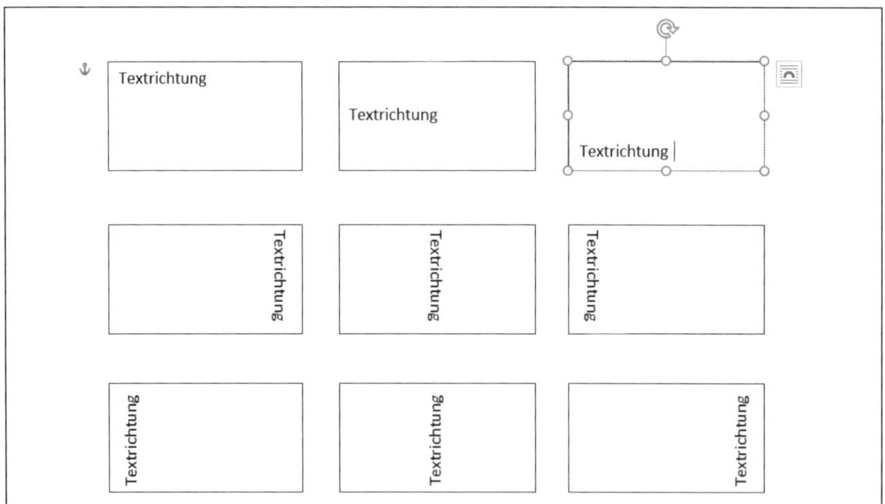

Abbildung 10.24: Der Text eines Textfeldes kann auf neun verschiedene Arten angeordnet werden.

Tipp

Richtig zentrieren Damit der Text korrekt im Textfeld platziert wird, sollten Sie unbedingt die Abstände vor dem ersten und nach dem letzten Absatz auf 0 setzen. Klicken Sie dazu die betreffenden Absätze mit der rechten Maustaste an und wählen Sie im Kontextmenü den Befehl *Absatz*. Anschließend stellen Sie im Dialogfeld *Absatz* die Felder *Vor* bzw. *Nach* auf den Wert 0.

Innerer Seitenrand

Bei einem Textfeld können Sie auch den Abstand zwischen dem Rahmen und dem von ihm eingeschlossenen Text einstellen. Zeigen Sie dazu den Aufgabenbereich *Form formatieren* an, indem Sie den Rahmen des Textfeldes mit der rechten Maustaste anklicken und im Kontextmenü den Befehl *Form formatieren* aufrufen. Dort finden Sie die benötigten Optionen unter *Textoptionen/Textfeld.*

Legenden

Legenden sind eine spezielle Form der Textfelder, mit denen Sie zum Beispiel Grafiken beschriften können. Vereinfacht gesagt, handelt es sich bei einer Legende um ein Textfeld, das mit einer Linie versehen ist. Für die Formatierungen von Legenden gelten daher bis auf wenige Ausnahmen die gleichen Regeln wie für Textfelder.

Um eine Legende einzufügen, gehen Sie folgendermaßen vor:

1. Zeigen Sie die Stelle im Dokument, die Sie mit einer Legende versehen wollen, auf dem Bildschirm an.
2. Wechseln Sie auf die Registerkarte *Einfügen.*
3. Öffnen Sie den Auswahlkatalog der Schaltfläche *Formen* (in der Gruppe *Illustrationen)* und wählen Sie eine der angebotenen Form-Varianten aus der Kategorie *Legenden*. Der Mauszeiger verändert sich dann zu einem Fadenkreuz.
4. Klicken Sie in dem Dokument an die Stelle, an der Sie die Legende platzieren wollen und ziehen Sie mit gedrückter Maustaste eine Form in der gewünschten Größe auf. Word verankert die Textform dann automatisch mit dem an dieser Position befindlichen Absatz.

   Wie wir weiter oben schon gesagt haben, passen sich Textfelder nicht automatisch an ihren Inhalt an; Sie müssen also entweder selbst für die richtige Größe sorgen oder die automatische Größenanpassung aktivieren (Abbildung 10.18).
5. Die Gestalt der Linie können Sie mithilfe ihrer Anfasser (der gelben Punkte) beliebig verändern. Ziehen Sie sie einfach mit der Maus an die gewünschte Position.
6. Geben Sie jetzt noch einen passenden Text ein, um die Legende fertig zu stellen.

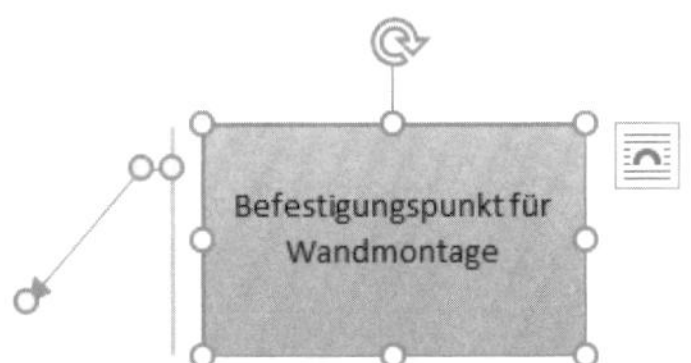

Abbildung 10.25: Die fertige Legende

Tipp Legende mit Pfeilspitze versehen Um die Linie einer Legende zu formatieren, wechseln Sie bei markierter Legende im Menüband auf die Registerkarte *Zeichentools/Format* und klicken dort auf die Schaltfläche *Formkontur* (in der Gruppe *Formenarten*). In ihrem Menü finden Sie den Befehl *Pfeile*, über den Sie die verschiedenen Pfeiltypen einstellen können.

Kapitel 11

Seitenlayout

In diesem Kapitel beschäftigen wir uns mit dem Seitenlayout. Sie erfahren, wie Sie die Ränder einer Seite einstellen, welche Möglichkeiten die Verwendung von Abschnitten bietet und wie Sie Kopf- und Fußzeilen einrichten. Im letzten Abschnitt zeigen wir Ihnen dann, wie Sie die Seiten Ihrer Dokumente mit einem Wasserzeichen versehen.

Diese Funktionen befinden sich hauptsächlich auf der Registerkarte *Layout*, die in früheren Versionen von Word noch *Seitenlayout* hieß. Wenn Sie bisher mit Word 2007 oder Word 2010 gearbeitet haben, werden Sie auf dieser Registerkarte einige Befehle vermissen. Aber keine Sorge: sie sind nicht verschwunden, sondern wurden lediglich auf die Registerkarte *Entwurf* verschoben. Diese Änderung macht durchaus Sinn, denn die betroffenen Befehle dienen eher der Formatierung, also der Gestaltung des Textes, und nicht dem Layout der Seite, bei dem es im Wesentlichen darum geht, wo die verschiedenen Textelemente auf einer Seite platziert werden.

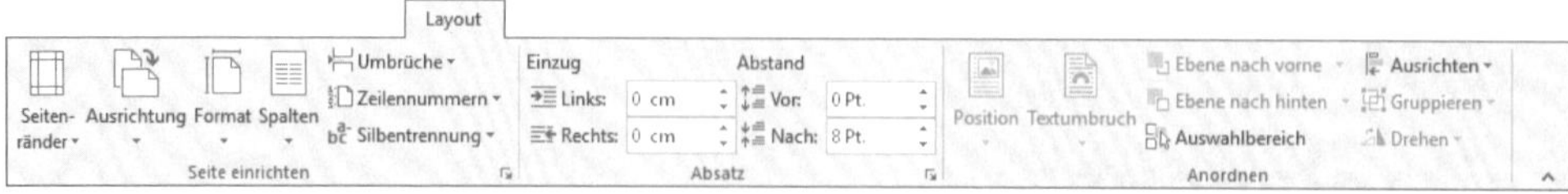

Abbildung 11.1: Die Registerkarte Layout

Seiteneinrichtung

Unter dem Begriff *Seiteneinrichtung* versteht man in Word alle Einstellungen, die das Layout der einzelnen Seiten betreffen. Dazu gehören in erster Linie die Papiergröße, ihre Orientierung (Hoch- oder Querformat) und die Breite der Seitenränder. Dazu kommen noch weitere Gestaltungsmerkmale wie zum Beispiel die Anzahl der Textspalten.

Zusätzlich wird das Seitenlayout auch von Funktionen wie der Silbentrennung beeinflusst, da es einen großen Unterschied beim Auffüllen der Textzeilen macht, ob Word in Ihrem Text automatische Trennungen vornimmt oder nicht.

Seitenränder einstellen

Durch das Einstellen der Seitenränder legen Sie den Bereich auf der Seite fest, der für den »normalen« Text zur Verfügung steht und auch als *Satzspiegel* bezeichnet wird. Unabhängig davon kann Word immer die gesamte Seite bedrucken.

Einzige Einschränkung ist der Drucker, der einen schmalen Streifen am Rand der Seite aus technischen Gründen nicht bedrucken kann. Seine Größe ist von Drucker zu Drucker verschieden und liegt in der Regel zwischen drei und zehn Millimetern. Word erfragt die Werte vom Druckertreiber und akzeptiert keine Seitenränder die unterhalb dieser Angaben liegen.

Im einfachsten Fall stellen Sie die Seitenränder über die Schaltfläche *Seitenränder* ein, in deren Menü Sie fünf Einstellungen finden, mit denen Sie in den meisten Fällen auskommen werden.

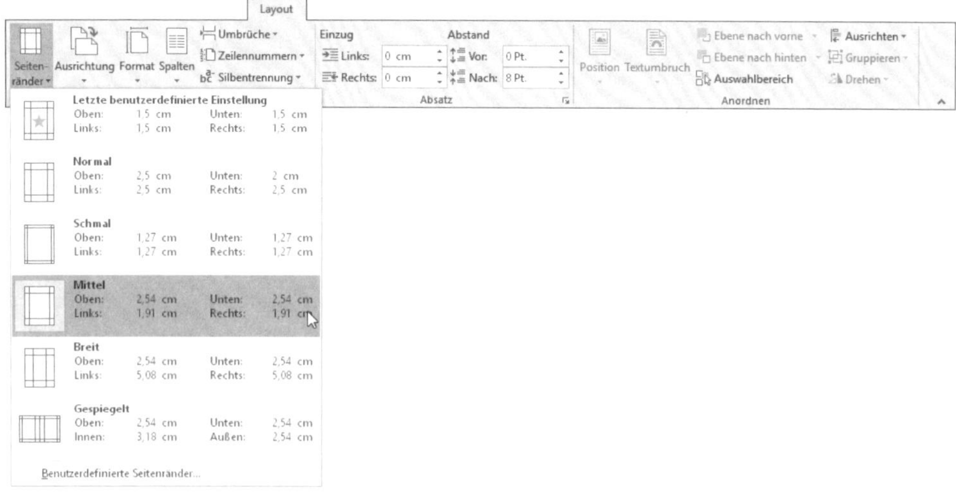

Abbildung 11.2: Die fünf vordefinierten Standardeinstellungen für die Seitenränder

Während sich die ersten vier Varianten nur durch die Breite der Ränder unterscheiden, erzeugt der letzte Eintrag ein Layout mit gespiegelten Seiten. In diesem Fall spricht man nicht mehr von einem *linken* und *rechten* Seitenrand, sondern von *Innen* und *Außen*. Diese Form der Seitenränder wird oft in Büchern verwendet.

Benutzerdefinierte Seitenränder

Wenn Sie die Seitenränder eines Dokuments auf andere Werte einstellen möchten, benötigen Sie dazu den Dialog *Seite einrichten* (siehe Abbildung 11.3). Sie erreichen ihn am schnellsten über die kleine quadratische Schaltfläche, die sich auf der Registerkarte *Layout* in der unteren rechten Ecke der Gruppe *Seite einrichten* befindet.

Negative Seitenränder

Eine Besonderheit weisen die beiden Felder *Oben* und *Unten* auf: Sie können hier sowohl einen positiven als auch einen negativen Wert eingeben. Bei positiven Werten passt Word den Seitenrand bei Kopf- und Fußzeilen automatisch so an, dass sich der Text und die Kopf- bzw. Fußzeile nicht überlappen können. Wenn Sie ein negatives Maß eingeben, wird der Seitenrand fest verankert und überschneidet sich ggf. mit der Kopf- oder Fußzeile. Oder anders ausgedrückt: positive Werte beziehen sich auf die Kopf-/Fußzeile, negative auf die Papierkante.

Bundsteg

Wenn Sie ein mehrseitiges Dokument heften oder binden wollen, können Sie am linken Rand einen speziellen Bereich definieren, der für die Bindung reserviert werden soll. Normalerweise liegt dieser Bereich an der linken Blattkante. Haben Sie jedoch ein Layout mit gespiegelten Seiten gewählt, wandert der Bundsteg an den inneren Rand (der dunkel schraffierte Bereich in Abbildung 11.3).

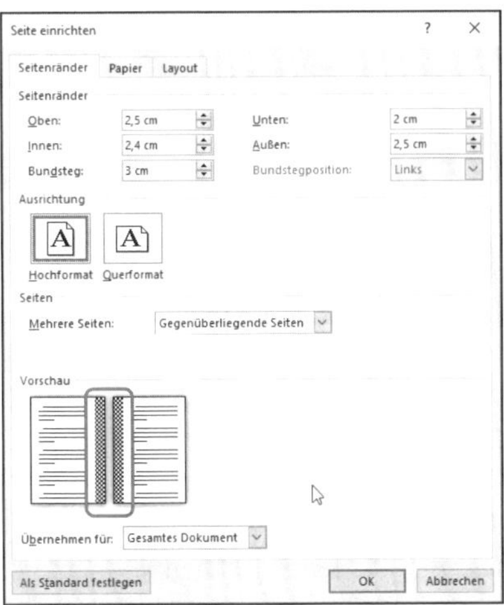

Abbildung 11.3: Das exakte Einstellen der Seitenränder ist nur im Dialogfeld möglich.

Hoch- und Querformat

Wenn Sie die Orientierung des Papiers ändern, also zwischen Hoch- und Querformat wechseln, müssen Sie beachten, dass Word dabei die Seitenränder »mitdreht«. So wird z.B. der obere Seitenrand zum rechten Seitenrand und der linke zum oberen.

Tipp Standardeinstellungen ändern Wenn Sie die Schaltfläche *Als Standard festlegen* wählen, werden die eingestellten Werte zu Vorgabewerten für alle neuen Dokumente, die auf der gleichen Dokumentvorlage basieren wie das aktive Dokument.

Seitenumbruch

In Abhängigkeit von den Papiermaßen und den eingestellten Seitenrändern berechnet Word beim Anzeigen und Drucken des Dokuments, wie viel Text auf eine Seite passt. Der Vorgang, in dem festgelegt wird, an welcher Stelle eine neue Seite beginnt, wird Paginierung genannt.

Beachten Sie, dass die Anzeige der Seitenwechsel in der Ansicht Drucklayout (sie hieß bis Word 2019 noch »Seitenlayout«) von verschiedenen Faktoren beeinflusst wird: Falls das Dokument zum Beispiel Indexeinträge enthält und die Anzeige von ausgeblendetem Text aktiviert ist, stimmen die auf dem Bildschirm angezeigten Umbrüche unter Umständen nicht mit dem späteren Druckergebnis überein.

Wenn Sie ganz sicher sein wollen, wo Word einen automatischen Seitenwechsel vornimmt, sollten Sie das Dokument in der Druckvorschau kontrollieren, die auch als Seitenansicht bezeichnet wird:

1. Klicken Sie auf *Datei* und gehen Sie dort auf die Seite *Drucken*. Diesen Befehl können Sie übrigens auch in die Symbolleiste für den Schnellzugriff aufnehmen, indem Sie rechts neben der Symbolleiste auf den kleinen Pfeil klicken und im Ausklappmenü den Befehl *Seitenansicht und Drucken* auswählen.
2. Um in dem Dokument zu blättern, können Sie entweder die Bildlaufleisten oder die kleinen Navigationsschaltflächen verwenden, die sich links unten im Vorschaubereich befinden.
3. Zum Verlassen der Backstage-Ansicht klicken Sie links oben auf die Pfeilschaltfläche.

Umbruch bei der Texteingabe festlegen

Sie können bereits bei der Texteingabe festlegen, an welchen Stellen beim Ausdruck eine neue Seite anfangen soll. Sie geben dazu die Tastenkombination Strg+↵ ein, um einen erzwungenen Seitenumbruch einzufügen. Unabhängig davon, ob auf der aktuellen Seite noch Platz für weiteren Text oder Grafiken ist, fängt an der Stelle des erzwungenen Seitenumbruchs eine neue Seite an.

Alternativ wechseln Sie im Menüband auf die Registerkarte *Layout* und klicken dort auf die Schaltfläche *Umbrüche*. Die Befehle ihres Menüs sind mit aussagekräftigen Symbolen und erläuterndem Text ausgestattet, sodass wir uns hier weitere Erklärungen sparen können.

Auf die Bedeutung von Abschnitten, die Sie ebenfalls über dieses Menü einfügen können, gehen wir im folgenden Abschnitt ein. Dort stellen wir auch ein ausführliches Beispiel vor.

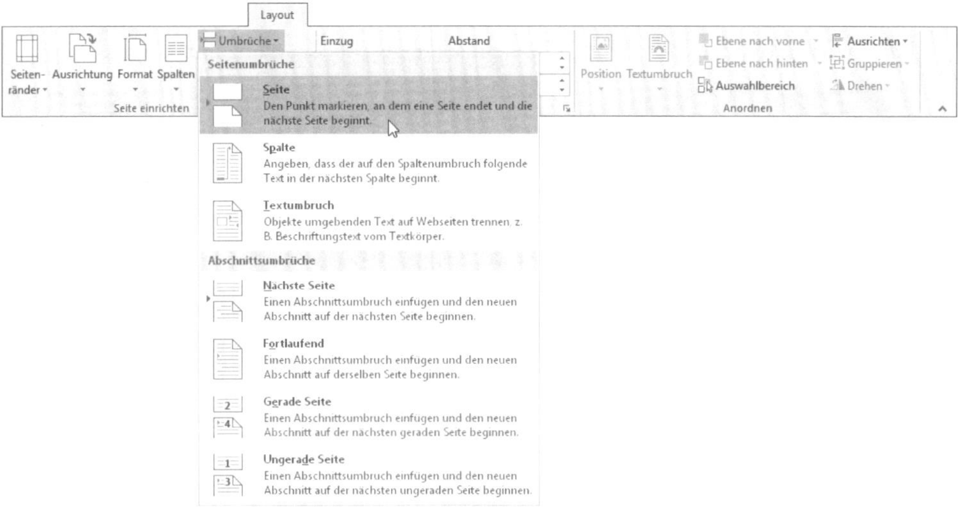

Abbildung 11.4: Menü zum Einfügen von manuellen Umbrüchen

Abschnitte

Jedes Word-Dokument besteht aus mindestens einem Abschnitt. Unter einem Abschnitt versteht man in Word einen zusammenhängenden Textbereich, der über ein gemeinsames Seitenlayout verfügt. Durch die Unterteilung eines Dokuments in mehrere Abschnitte wird es z. B. möglich, einzelne Seiten im Querformat zu bedrucken (etwa für breite Tabellen), während für den restlichen Text das Hochformat benutzt wird. Zum Erstellen eines neuen Abschnittes fügen Sie einfach einen sogenannten Abschnittsumbruch ein. Den dazu notwendigen Befehl finden Sie im Menüband auf der Registerkarte *Layout* (siehe Abbildung oben).

Ein anderes Beispiel, bei dem man mit Abschnitten arbeiten sollte, sind mehrspaltige Dokumente, die wir Ihnen nun vorstellen möchten.

Beispiel: Mehrspaltige Dokumente erstellen

Im folgenden Beispiel erstellen Sie zunächst ein Dokument, das eine Überschrift und einige Absätze mit normalem Text enthält. Anschließend werden die Textabsätze dreispaltig formatiert, wobei die Überschrift weiterhin die volle Breite des Satzspiegels nutzen soll.

1. Erstellen Sie ein neues leeres Dokument.
2. Geben Sie eine Überschrift ein. Drücken Sie die Tastenkombination Alt+1, um ihr das Format *Überschrift 1* zuzuweisen (alternativ über *Start/Formatvorlagen)*.
3. Anschließend geben Sie mehrere Absätze mit Text ein. Am schnellsten geht das, wenn Sie in einen leeren Absatz **=rand()** eingeben und die ↵-Taste drücken. Word fügt dann einen so genannten Blindtext ein.

4. Schalten Sie jetzt noch die Anzeige der Formatierungszeichen ein (auf der Registerkarte *Start* in der Gruppe *Absatz)*. Das Dokument sollte anschließend ungefähr so aussehen:

Abbildung 11.5: Die Ausgangssituation: Noch ist der Text einspaltig

5. Setzen Sie die Einfügemarke an den Anfang des ersten Textabsatzes.
6. Wechseln Sie im Menüband auf die Registerkarte *Layout* und klicken Sie dort in der Gruppe *Seite einrichten* auf die Schaltfläche *Spalten*. Es öffnet sich folgendes Menü:

Abbildung 11.6: Halt, so einfach geht es nicht!

7. Wenn Sie jetzt der Versuchung erliegen würden und einfach die Option *Drei* anklicken, wären Sie mit dem Ergebnis nicht zufrieden. In diesem Fall würde Word nämlich das gesamte (!) Dokument dreispaltig formatieren – also auch die Überschrift, die gemäß unserer Vorgabe einspaltig bleiben soll.
8. Rufen Sie stattdessen im Menü den Befehl *Mehr Spalten* auf.

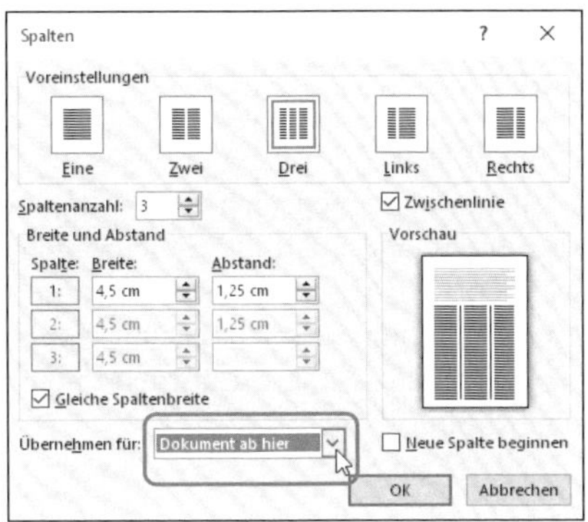

Abbildung 11.7: Mit diesem Dialogfeld haben Sie die Spalten unter Kontrolle.

9. Wählen Sie in der Gruppe *Voreinstellungen* die Option *Drei.*
10. Und jetzt kommt der entscheidende Punkt: Da die neue Spaltenanzahl nicht für das gesamte Dokument gelten soll, sondern erst ab der Position der Einfügemarke, wählen Sie im Listenfeld *Übernehmen für* die Option *Dokument ab hier* aus. (Der Standardwert des Listenfeldes lautet *Gesamtes Dokument.)*
11. Beenden Sie das Dialogfeld mit der *OK*-Schaltfläche.

Abbildung 11.8: Das gewünschte Ergebnis: einspaltige Überschrift, dreispaltiger Text

Wie Sie in Abbildung 11.8 sehen, hat Word an der Position der Einfügemarke einen *Abschnittswechsel* eingefügt, der auf dem Bildschirm als gepunktete Doppellinie dargestellt wird (deshalb sollten Sie in Schritt 4 die Anzeige der Formatierungszeichen einschalten).

Das Dokument besteht nun aus zwei Abschnitten:

- Abschnitt 1 enthält die Überschrift und ist einspaltig.
- Abschnitt 2 enthält den restlichen Text und ist dreispaltig.

Nach diesem Prinzip können Sie Dokumente erstellen, bei denen sich das Seitenlayout mehrmals ändert. Zu erwähnen sind in diesem Zusammenhang auch die Seitenzahlen, die ebenfalls ein Abschnittsmerkmal sind. Durch Verwenden von Abschnitten können Sie zum Beispiel die ersten Seiten eines Dokuments, wie etwa ein Inhaltsverzeichnis, mit römischer und die übrigen mit arabischer Seitennummerierung versehen. Nähere Informationen zum Thema Seitenzahlen finden Sie weiter hinten in diesem Kapitel ab Seite 237.

Anzeige der Abschnittsnummer in der Statusleiste

Dass ein Dokument aus mehreren Abschnitten besteht, lässt sich ohne die angezeigten Formatierungszeichen zunächst nicht erkennen. Sie können Word jedoch dazu bringen, dass es die Nummer des aktuellen Abschnitts – also des Abschnitts, in dem sich momentan die Einfügemarke befindet – in der Statusleiste anzeigt. Klicken Sie dazu die Statusleiste mit der rechten Maustaste an und wählen Sie im Kontextmenü den Befehl *Abschnitt.* Wenn Sie dann mit der Einfügemarke durch das Dokument wandern, sehen Sie, wie Word die Abschnittsnummer in der Statusleiste aktualisiert.

Spaltenumbrüche einfügen

Normalerweise füllt Word eine Spalte erst vollständig auf, bevor es die nächste Spalte beginnt. Dieses Verhalten können Sie durch das Einfügen von *Spaltenumbrüchen* beeinflussen. Setzen Sie dazu die Einfügemarke an die gewünschte Position und wählen Sie dann auf der Registerkarte *Layout* den Befehl *Umbrüche/Spalte.*

Spaltenausgleich

Am Ende eines mehrspaltigen Dokuments, zum Beispiel bei einem Stichwortverzeichnis, sollen die Spalten in der Regel gleichmäßig aufgefüllt werden. Bei einer halbvollen zweispaltigen Seite soll also die zweite Spalte nicht leer bleiben, sondern beide Spalten sollen zur Hälfte gefüllt werden. Diesen Effekt erreichen Sie mit den folgenden Schritten:

1. Setzen Sie die Einfügemarke an das Textende.
2. Wechseln Sie zur Registerkarte *Layout* und fügen Sie mit *Umbrüche/Fortlaufend* einen fortlaufenden Abschnittsumbruch ein. Fortlaufend bedeutet in diesem Zusammenhang, dass dabei kein Seitenwechsel stattfindet.

Word verteilt den vorhandenen Text nun so auf die vorhandenen Spalten, dass sie die gleiche Höhe erhalten (siehe Abbildung 11.9 auf der folgenden Seite).

Ob die Spalten dabei tatsächlich exakt gleich hoch werden, hängt von ihrem konkreten Inhalt ab. Eventuell müssen Sie noch etwas nachhelfen, um ein optimales Ergebnis zu erhalten (z.B. mit einem leeren Absatz, einer Zeilenschaltung oder einer kleinen Textkorrektur).

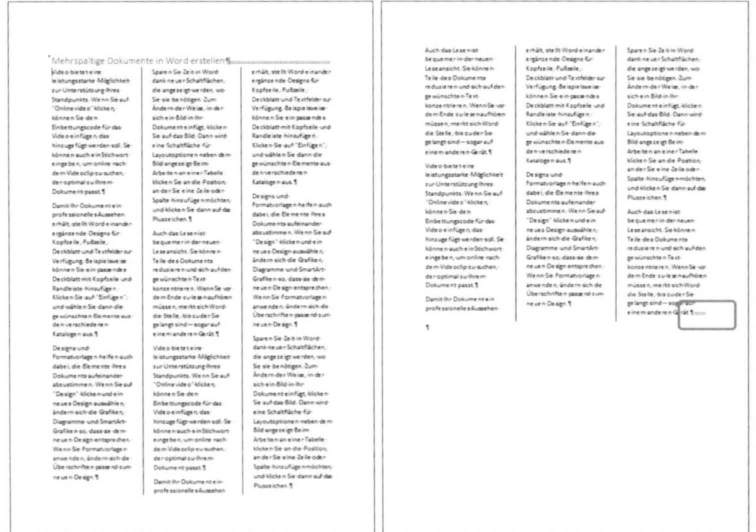

Abbildung 11.9: Auf der rechten Seite wurden die Spalten durch einen angehängten Abschnittsumbruch gleichmäßig gefüllt.

Zwischenlinien einfügen

Um zwischen den Spalten eine Trennlinie anzuzeigen, müssen Sie lediglich im Dialogfeld *Spalten* (siehe Abbildung 11.7) die Option *Zwischenlinie* einschalten. Die Länge der Linie passt sich automatisch an die Spalten an, das heißt, auch bei dem im letzten Abschnitt beschriebenen Spaltenausgleich stellen sich die Linien auf die passende Länge ein. Die Linie selbst, also Farbe, Strichart und Strichstärke, können Sie nicht verändern. Hier besteht bei Word leider immer noch Nachholbedarf.

Kopf- und Fußzeilen von der Stange

Unter Kopf- und Fußzeilen versteht man Bereiche am oberen und unteren Rand einer Seite, welche alle Informationen aufnehmen, die auf jeder Seite wiederholt werden sollen. Am häufigsten werden Kopf- und Fußzeilen natürlich für die Ausgabe der Seitenzahl benutzt. Wie Sie gleich sehen werden, können Sie mit Kopf- und Fußzeilen jedoch noch viel mehr anstellen.

Da sich der Inhalt einer Kopf- bzw. Fußzeile im Gegensatz zum restlichen Dokument auf jeder Seite wiederholen soll, wird er von Word separat verwaltet. Für Sie als Anwender hat das die Konsequenz, dass Sie in einen speziellen Modus umschalten müssen, wenn Sie Kopf- und Fußzeilen einfügen oder bearbeiten wollen.

Der damit verbundene Aufwand und auch das dahinterliegende Konzept wurden von vielen Benutzern als zu kompliziert empfunden. Aus diesem Grund haben die Entwickler von Microsoft diesen Bereich mit der Einführung von Word 2007 verbessert. Ihr Ziel war es, die Komplexität des Kopf- und Fußzeilenmechanismus vor dem Anwender zu verbergen und den Zeitaufwand für das Einfügen von Kopf- und Fußzeilen deutlich zu minimieren.

Kopf- und Fußzeilen einfügen

Das Einfügen einer Kopf- oder einer Fußzeile ist mit Word mit zwei, drei Mausklicks erledigt:

1. Wechseln Sie auf die Registerkarte *Einfügen* und klicken Sie auf die Schaltfläche *Kopfzeile* bzw. auf die Schaltfläche *Fußzeile*.
2. Wählen Sie eine der angebotenen Varianten aus. Beachten Sie, dass es von einigen Kopf- und Fußzeilen auch unterschiedliche Versionen für gerade und ungerade Seiten gibt. In diesem Buch enthalten zum Beispiel die Kopfzeilen der geraden Seiten (das sind immer die linken Seiten eines Buchs) die Nummer des jeweiligen Kapitels und seinen Namen, die Kopfzeilen der ungeraden (also der rechten) Seiten hingegen den Namen der aktuellen Überschrift der zweiten Ebene.

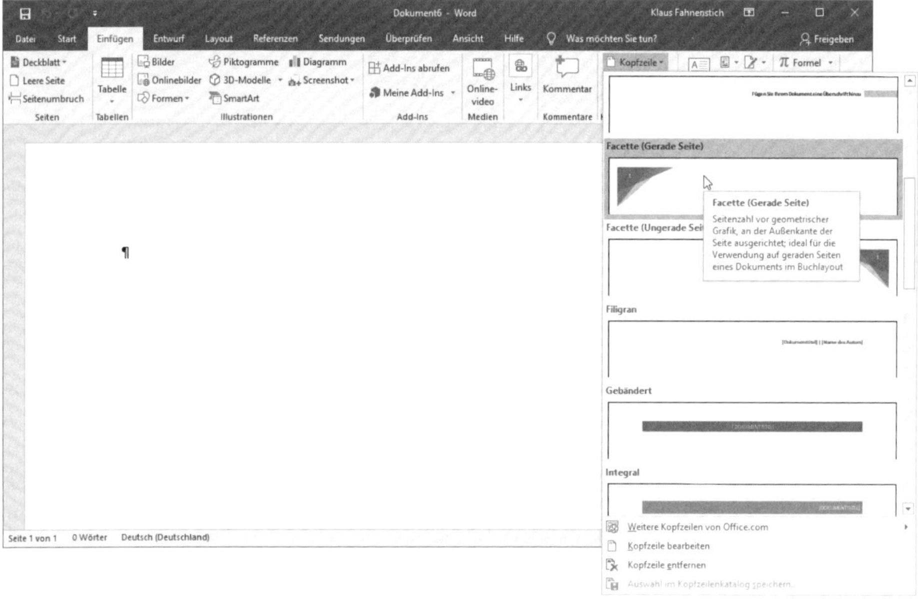

Abbildung 11.10: Das Einfügen von Kopf- und Fußzeilen kann kaum einfacher sein.

3. Wenn die Kopf- bzw. Fußzeile variable Elemente enthält, wie zum Beispiel den Titel des Dokuments oder eine Datumsanzeige, zeigt Word die eingefügte Kopf-/Fußzeile im Bearbeitungsmodus an. Klicken Sie dann die entsprechenden Platzhalter an und geben Sie den gewünschten Text ein.
4. Besonders elegant ist in Word die Eingabe eines Datums gelöst. In diesem Fall enthält die Kopf- bzw. Fußzeile ein spezielles Steuerelement, mit dem Sie das Datum auf einem kleinen Kalender auswählen können.

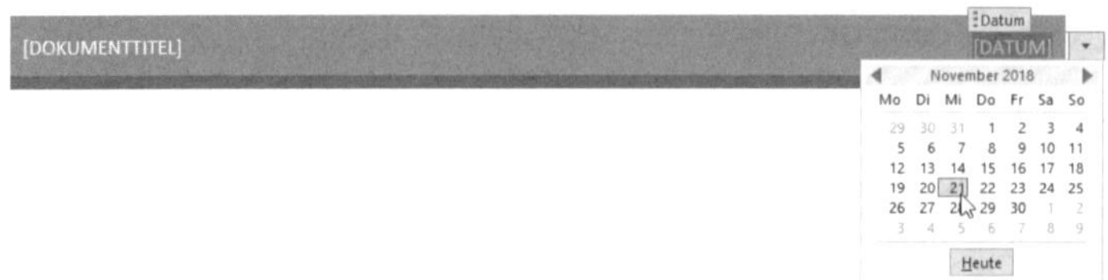

Abbildung 11.11: Datumswerte lassen sich bequem über einen kleinen Kalender eingeben.

5. Wenn Sie einzelne Elemente der Kopf- bzw. Fußzeile nicht benötigen, können Sie sie einfach löschen.
6. Um wieder zum normalen Dokumenttext zurückzukehren, klicken Sie in der Registerkarte *Entwurf* ganz rechts auf die Schaltfläche *Kopf- und Fußzeile schließen.* Alternativ können Sie auch in den normalen Dokumentbereich doppelklicken.

Word zeigt den Inhalt der Fuß- bzw. Kopfzeile dann etwas blasser an und verhindert ein direktes Anklicken. Wie Sie diese Bereiche bei Bedarf ändern können, zeigen wir weiter hinten in diesem Kapitel im Abschnitt »Kopf- und Fußzeilen bearbeiten« (ab Seite 241).

Seitenzahlen pur

Wenn Sie in Ihr Dokument keine aufwändigen Kopf- und Fußzeilen einfügen möchten, sondern lediglich die Seitenzahl ausgeben lassen wollen, gehen Sie besser folgendermaßen vor:

1. Klicken Sie in der Registerkarte *Einfügen* auf die Schaltfläche *Seitenzahl.*

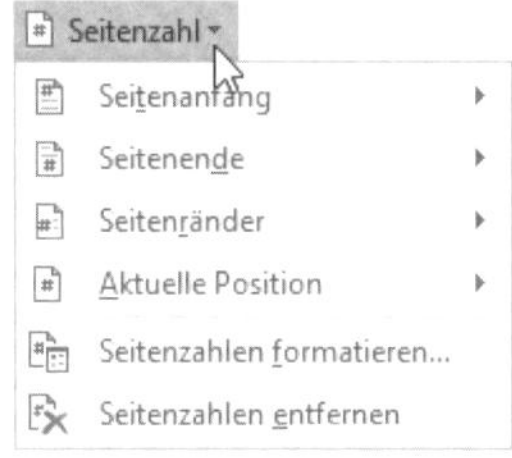

Abbildung 11.12: Einfügen der reinen Seitenzahl

2. Sie sehen nun ein kleines Auswahlmenü, in dem Sie sich zunächst entscheiden müssen, wo die Seitenzahl positioniert werden soll:

- **Seitenanfang** Die Seitenzahl erscheint oben auf der Seite.
- **Seitenende** Die Seitenzahl erscheint unten auf der Seite.
- **Seitenränder** Die Seitenzahl erscheint am linken bzw. rechten Rand.
- **Aktuelle Position** Die Seitenzahl wird an der aktuellen Position der Einfügemarke in den Text eingefügt. Falls dieser Befehl nicht auswählbar ist, befindet sich die Einfügemarke an einer Position, an der Sie keinen Text eingeben können. (Der Befehl hieß in früheren Versionen von Word *Seitenzahlen.*)

Wenn Sie sich für eine der ersten drei Varianten entscheiden, fügt Word die Seitenzahl in eine Kopf- bzw. Fußzeile ein, da nur so erreicht werden kann, dass die Seitenzahl auf jeder Seite ausgegeben wird.

3. Zeigen Sie mit der Maus auf einen der Befehle, damit das zugehörige Untermenü ausklappt. Im Menü sehen Sie dann verschiedene Variationen von Vorschaubildern des gewählten Bereichs (Seitenanfang, Seitenende etc.). Allerdings ist die Seitenzahl dort meistens nur als winzige graue Zahl zu erkennen, sodass Sie hier nicht viel mehr als eine grobe Vorstellung vom späteren Ergebnis bekommen.
4. Wählen Sie die gewünschte Variante aus.

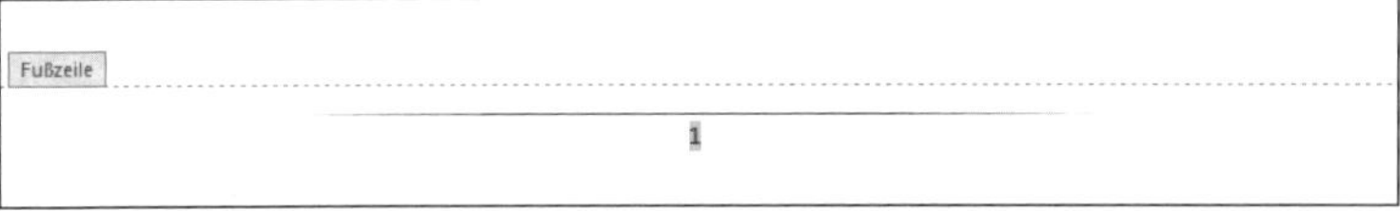

Abbildung 11.13: Einfache Seitenzahlausgabe in der Fußzeile

5. Bei den Varianten *Seitenanfang, Seitenende* und *Seitenränder* wechselt Word in den Bearbeitungsmodus für Kopf- bzw. Fußzeilen. Nehmen Sie bei Bedarf noch Änderungen an der Formatierung der Seitenzahl vor und klicken Sie dann in der Registerkarte *Kopf- und Fußzeile* (bzw. *Kopf- und Fußzeilentools/Format*) auf die Schaltfläche *Kopf- und Fußzeile schließen*, um zum normalen Dokumenttext zurückzukehren.

Achtung Durch Einfügen einer Seitenzahl an den Seitenanfang, das Seitenende oder in die Seitenränder werden bereits vorhandene Kopf- bzw. Fußzeilen aus dem Dokument entfernt.

Seitenzahlen formatieren

Normalerweise beginnt Word die Seitenzählung mit »1«. Bei umfangreichen Werken (wie zum Beispiel bei einem Buch oder einer Broschüre) kommt es allerdings häufig vor, dass der Text auf mehrere Dokumente aufgeteilt wird. In diesen Fällen müssen Sie in den einzelnen Dokumenten eine individuelle Startnummer für die Seitenzählung festlegen, damit das fertige Werk eine fortlaufende Nummerierung erhält.

Außerdem bietet Word verschiedene Formate für die Seitenzahl an. Sie können zwischen arabischen Ziffern (1, 2, 3), Kleinbuchstaben (a, b, c), Großbuchstaben (A, B, C), römischen Ziffern in Kleinschrift (i, ii, iii) und römischen Ziffern in Großschrift (I, II, III) wählen.

1. Wechseln Sie auf die Registerkarte *Einfügen.*
2. Klicken Sie dort auf die Schaltfläche *Seitenzahl* und wählen Sie in ihrem Menü den Befehl *Seitenzahlen formatieren.* Word zeigt dann das Dialogfeld *Seitenzahlenformat* an.

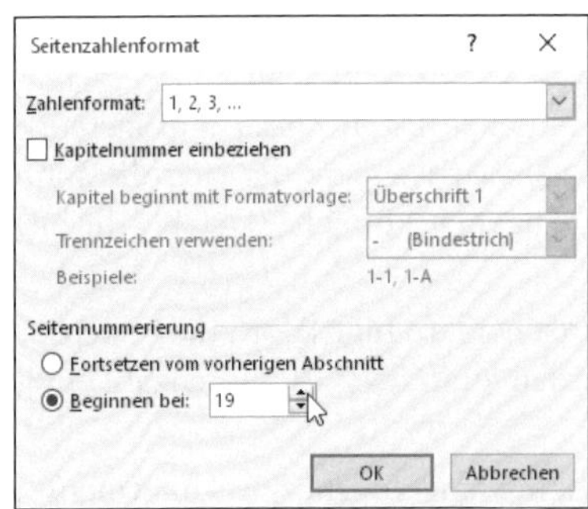

Abbildung 11.14: Formatieren der Seitenzahl

3. Wählen Sie das gewünschte Format aus der Liste *Zahlenformat* aus.

4. Wenn Sie die Überschriften mit den Formatvorlagen *Überschrift ...* formatiert und dann die Gliederungsnummerierungen verwendet haben, können Sie die Kapitelnummer in die Seitenzahl einbeziehen. Wählen Sie dann im Listenfeld *Kapitel beginnt mit Formatvorlage* die Überschriften-Formatvorlage. Das Listenfeld *Trennzeichen verwenden* enthält diverse Zeichen, die zwischen der Kapitelnummer und der Seitenzahl eingefügt werden können.
5. Legen Sie im Feld *Beginnen bei* die Startnummer für die Seitenzählung fest.
6. Schließen Sie das Dialogfeld mit *OK*.

Das Ändern des Startwertes für die Seitenzahl beeinflusst zunächst nicht die Ausgabe der Seitenzahl in der Statuszeile. Das heißt, die Seitenzählung in der Statusleiste beginnt nach wie vor bei 1. Sie können aber auch die tatsächliche Seitenzahl, also die Zahl, die auf der Seite gedruckt wird, in der Statuszeile ausgeben lassen. Klicken Sie dazu die Statuszeile mit der rechten Maustaste an und wählen Sie im Kontextmenü den Befehl *Formatierte Seitenzahl*.

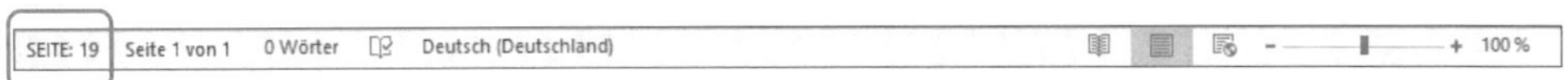

Abbildung 11.15: Ausgabe der formatierten Seitenzahl in der Statusleiste

Kopf- und Fußzeilen bearbeiten

In den bisherigen Abschnitten dieses Kapitels haben Sie gesehen, wie einfach es mit Word ist, eine Seitenzahl oder sogar eine komplette Kopf- bzw. Fußzeile in ein Word-Dokument aufzunehmen. In vielen Fällen werden Sie mit den Ergebnissen dieser »Fertiglösungen« zufrieden sein, aber es wird auch Situationen geben, in denen Sie eigene Kopf- und Fußzeilen erstellen müssen oder bereits vorhandene Kopf- und Fußzeilen ändern wollen.

Kopf-/Fußzeilenmodus aktivieren

Kopf- und Fußzeilen werden bei Word immer in der Ansicht *Drucklayout* eingegeben und bearbeitet. Am einfachsten gelangen Sie in diesen Modus, wenn Sie mit der Maus auf der gewünschten Kopf- bzw. Fußzeile doppelklicken. Alternativ klicken Sie auf der Registerkarte *Einfügen* die Schaltfläche *Kopfzeile* bzw. *Fußzeile* an und wählen in ihrem Menü den Befehl *Kopfzeile bearbeiten* bzw. *Fußzeile bearbeiten*. Falls Sie sich nicht in der Drucklayoutansicht befinden, wenn Sie den Befehl aufrufen, wird sie von Word automatisch aktiviert.

Im Kopf-/Fußzeilenmodus wird das Menüband um die Registerkarte *Kopf- und Fußzeile* (bzw. *Kopf- und Fußzeilentools/Entwurf*) ergänzt, mit der Sie alle wichtigen Befehle zur Bearbeitung von Kopf- und Fußzeilen im direkten Zugriff haben (siehe Abbildung auf der folgenden Seite).

Außerdem wird in diesem Modus der normale Dokumenttext abgeblendet und kann nicht bearbeitet werden. Sie können den Dokumenttext sogar ganz ausblenden. Das kann zum Beispiel sinnvoll sein, wenn er sich mit Teilen der Kopf- oder Fußzeile überlappt. Schalten Sie dazu auf der Registerkarte die Option *Dokumenttext anzeigen* aus.

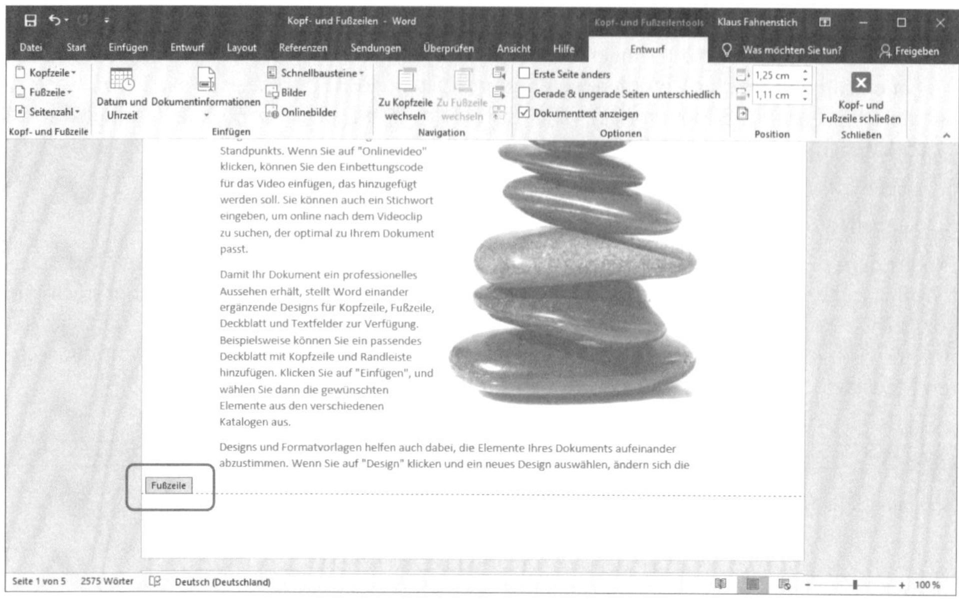

Abbildung 11.16: Der Bereich der Fußzeile liegt unterhalb der gestrichelten Linie.

Die verschiedenen Arten von Kopf- und Fußzeilen

An der gestrichelten Linie, die den Bereich der Kopf- bzw. der Fußzeile kennzeichnet, informiert Sie ein kleines Schildchen, um welche Kopf- oder Fußzeile es sich handelt. Word stellt Ihnen nämlich sechs verschiedene Arten von Kopf- und Fußzeilen zur Verfügung, die Sie nach Bedarf ein- und ausschalten können. Sie sollten daher im Vorfeld ein wenig planen, mit welchen Kopf- oder Fußzeilen Sie arbeiten wollen, bevor Sie mit dem Einfügen beginnen.

Welche und wieviele Kopf-/Fußzeilen in einem Dokument enthalten sind, steuern Sie über die beiden Optionen *Erste Seite anders* und *Gerade & ungerade Seiten unterschiedlich*, die sich auf der Registerkarte in der Gruppe *Optionen* befinden (siehe Bild oben):

- **Erste Seite anders** Bei vielen Arten von Dokumenten, beispielsweise bei Briefen, ist es so, dass die erste Kopf- oder Fußzeile anders aussehen muss. Ein typisches Beispiel dafür sind Briefe, bei denen die erste Seite meist keine Kopfzeile enthält.
- **Gerade & ungerade Seiten unterschiedlich** Bei vielen gebundenen Publikationen unterscheiden sich die Kopf- und Fußzeilen auf geraden (linken) und ungeraden (rechten) Seiten. Selbst wenn sich in der Fußzeile nur eine Seitenzahl befindet, wird sie in der Regel auf geraden Seiten am linken Seitenrand stehen und bei ungeraden am rechten.

Insgesamt können Sie also folgende sechs Kopf-/Fußzeilen für ein Dokument definieren:

- Eine Kopfzeile für die erste Seite eines Dokuments
- Eine Kopfzeile für alle geraden Seiten eines Dokuments
- Eine Kopfzeile für alle ungeraden Seiten eines Dokuments
- Eine Fußzeile für die erste Seite eines Dokuments
- Eine Fußzeile für alle geraden Seiten eines Dokuments
- Eine Fußzeile für alle ungeraden Seiten eines Dokuments

Position von Kopf- und Fußzeile

Mit den beiden Textfeldern der Gruppe *Position* können Sie die Kopf- und Fußzeile auf der Seite positionieren. Mit diesem Wert wird der Abstand zwischen der Papierkante bis zur Oberkante der Kopfzeile bzw. der Unterkante der Fußzeile festgelegt. Diese Einstellungen korrespondieren mit den Angaben auf dem Dialogfeld *Seite einrichten* (siehe Abbildung 11.3 auf der Seite 231), das Sie zum Beispiel mit einem Doppelklick auf den Kopf-/Fußzeilenbereich aufrufen können (dazu am besten in der Nähe der Papierkante doppelklicken).

Sie können stattdessen auch das vertikale Lineal verwenden. Zeigen Sie mit dem Mauszeiger auf die obere Markierung des weißen Bereichs, der den Kopf- bzw. Fußzeilenbereich angibt. Ziehen Sie dann mit gedrückter Maustaste den Bereich auf oder zu. Wenn Sie beim Ziehen die Alt-Taste gedrückt halten, werden die Maßangaben im Lineal angezeigt. So können Sie den Abstand der Kopf- bzw. Fußzeile unter Sichtbedingungen einstellen.

Beachten Sie, dass der Kopf- und Fußzeilenrahmen nur innerhalb des Bereichs bewegt werden kann, der aufgrund der eingestellten Seitenränder für die Kopf- bzw. Fußzeile freigestellt wird (siehe auch Seite 230).

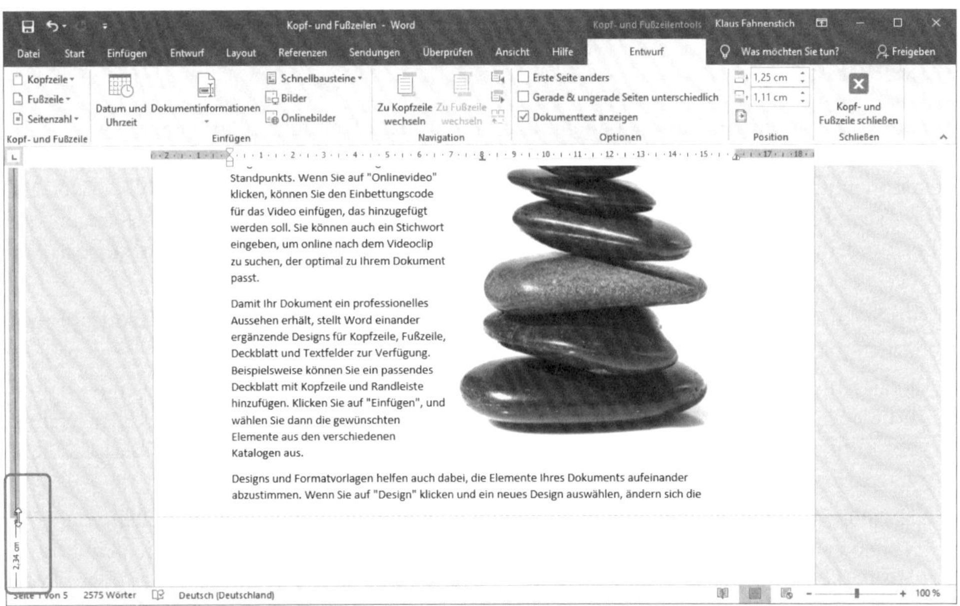

Abbildung 11.17: Einstellen der Kopf-/Fußzeilenposition mit dem vertikalen Lineal

Zwischen Kopf- und Fußzeilen navigieren

Wenn Sie sich im Bearbeitungsmodus für Kopf- und Fußzeilen befinden, können Sie sehr komfortabel zwischen den verschiedenen Kopf- und Fußzeilen hin- und herspringen, indem Sie auf der Registerkarte *Kopf- und Fußzeile* (bzw. *Kopf- und Fußzeilentools/Entwurf*) die Schaltflächen aus der Gruppe *Navigation* verwenden.

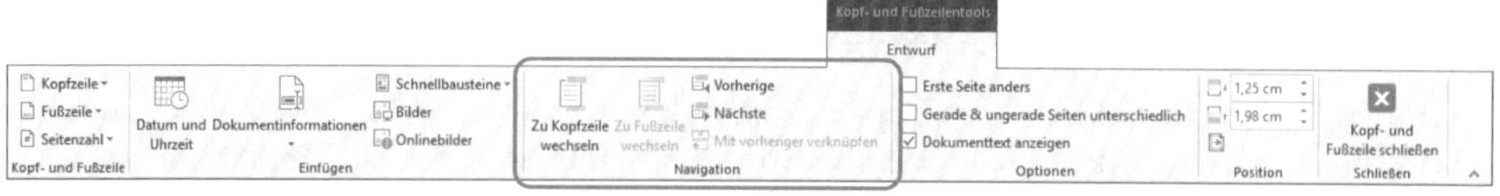

Abbildung 11.18: Mit den Schaltflächen der Gruppe Navigation *wechseln Sie zwischen den verschiedenen Kopf- und Fußzeilen eines Dokuments.*

Die ersten beiden Schaltflächen dienen dazu, innerhalb der gleichen Seite zwischen der Kopf- und Fußzeile zu wechseln. Mit den beiden Schaltflächen *Vorherige* und *Nächste* springen Sie zur vorigen bzw. nächsten Kopf-/Fußzeile.

Hinweis Hat Ihr Dokument genug Seiten? Damit Sie überhaupt zwischen den verschiedenen Kopf- und Fußzeilen springen können, müssen sich in Ihrem Dokument auch genügend Seiten befinden. Wenn Sie zum Beispiel ein neues Dokument erstellen und festlegen, dass gerade und ungerade Seiten unterschiedlich behandelt werden sollen, können Sie erst dann in die Kopfzeile für gerade Seiten gelangen, wenn Ihr Dokument mindestens zwei Seiten enthält.

Abschnitte

Weiter vorne in diesem Kapitel haben Sie erfahren, dass Dokumente in mehrere Abschnitte unterteilt werden können (siehe Seite 233). Dies ist zum Beispiel erforderlich, wenn Sie die Seitenorientierung (Hoch- und Querformat) in einem Dokument wechseln wollen oder einzelne Textabschnitte mehrspaltig gestaltet werden sollen. Auch die Formatierungen von Kopf- und Fußzeilen beziehen sich nicht direkt auf das Dokument, sondern auf den Abschnitt, in dem sich die jeweilige Kopf- oder Fußzeile befindet.

Wenn Sie also ein Dokument mit mehreren Abschnitten erstellen, hat das für die Kopf- und Fußzeilen folgende Konsequenzen:

- Jeder Abschnitt kann rein theoretisch sechs verschiedene Kopf- bzw. Fußzeilen enthalten. Damit Sie in diesem Wust nicht die Übersicht verlieren, zeigt Word neben dem Namen der Kopf- und Fußzeilen auch die Nummer des zugehörigen Abschnitts an (Beispiel: »Ungerade Kopfzeile -Abschnitt 2-«).
- Sie müssen entscheiden, ob die einzelnen Abschnitte die Kopf- und Fußzeilen von ihren Vorgängern übernehmen oder nicht. Diese Eigenschaft steuern Sie über die Schaltfläche *Mit vorheriger verknüpfen*, die sich auf der Registerkarte *Kopf- und Fußzeile* (bzw. *Kopf- und Fußzeilentools/Entwurf*) in der Gruppe *Navigation* befindet.

Datum und Uhrzeit einfügen

Da für Kopf- und Fußzeilen häufig Zeitangaben benötigt werden, wurde die Funktion zum Einfügen von Datum und Uhrzeit entsprechend komfortabel gestaltet.

Klicken Sie dazu nach dem Positionieren der Einfügemarke in der Registerkarte einfach auf die Schaltfläche *Datum und Uhrzeit*. Word zeigt dann ein Dialogfeld an, in dem Sie das gewünschte Zeitformat aus einer Liste wählen können.

Mit der Option *Automatisch aktualisieren* können Sie festlegen, ob Word die aktuelle Zeitangabe als normalen Text einfügt (Option ausgeschaltet) oder ob stattdessen ein Feld verwendet werden soll, das automatisch das jeweils aktuelle Datum anzeigt (Option eingeschaltet).

Hinweis Feldfunktion anzeigen Mit Feldern weisen Sie Word an, eine bestimmte Aktion auszuführen. Normalerweise zeigt Word das Ergebnis eines Feldes an (zum Beispiel das aktuelle Datum), sodass sich das Feld scheinbar nicht vom normalen Text unterscheidet. Sie können aber die dahinterliegende Feldfunktion anzeigen, indem Sie die Einfügemarke auf das Feldergebnis stellen und ⇧+F9 drücken. Im Falle des Datum-Feldes könnte die zugehörige Feldfunktion zum Beispiel so aussehen: { TIME \@ "d. MMMM yyyy" }

Um wieder das Ergebnis des Feldes anzuzeigen, drücken Sie erneut ⇧+F9.

Dateiname einfügen

In Kopf- und Fußzeilen wird neben der Seitenzahl und einem Datum häufig auch der Name der Datei ausgegeben. Das ist zum Beispiel sinnvoll, um das Dokument bei einer späteren Änderung auf dem Computer leichter wiederzufinden.

In früheren Versionen von Word war das noch ein ziemlich kompliziertes Unterfangen, da die dazu benötigen Felder noch manuell (bzw. über ein Dialogfeld) erstellt werden mussten.

Mittlerweile verhält sich Word an dieser Stelle zum Glück etwas komfortabler und hält auf der Registerkarte *Kopf- und Fußzeile* (bzw. *Kopf- und Fußzeilentools/Entwurf*) die Schaltfläche *Dokumentinformationen* bereit.

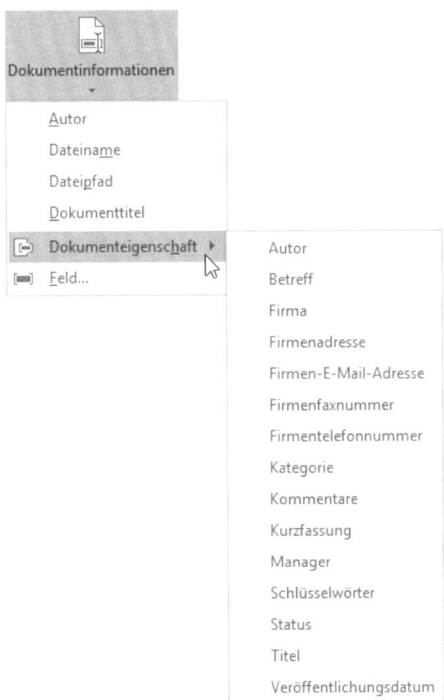

Abbildung 11.19: Neben dem Dateinamen können Sie auch diverse Dokumenteigenschaften einfügen.

Word

Überschriften in Kopfzeilen wiederholen

In diesem Buch enthält die Kopfzeile der rechten Seiten die jeweils aktuelle Überschrift der zweiten Gliederungsebene. Das heißt, die Kopfzeile sieht nicht auf allen Seiten gleich aus, sondern passt sich dem Inhalt des Dokuments an. Um eine solche Kopfzeile zu realisieren, müssen Sie in Word mit Feldern arbeiten, die Sie im vorletzten Abschnitt schon kurz kennengelernt haben (beim Einfügen eines Datums). In diesem konkreten Fall benötigen Sie das Feld *STYLEREF:*

1. Positionieren Sie die Einfügemarke.
2. Öffnen Sie auf der Registerkarte *Kopf- und Fußzeile* (bzw. *Kopf- und Fußzeilentools/Entwurf*) das Menü der Schaltfläche *Dokumentinformationen* und wählen Sie den Befehl *Feld.*
3. Stellen Sie die Kategorie *Verknüpfungen und Verweise* ein.
4. Markieren Sie in der Liste der Feldnamen den Eintrag *StyleRef.*
5. Wählen Sie den Namen der gewünschten Formatvorlage. In der Regel wird es sich dabei um eine der Überschriften-Formatvorlagen handeln.
6. Schalten Sie die Feldoption *Seite von unten nach oben durchsuchen* ein.

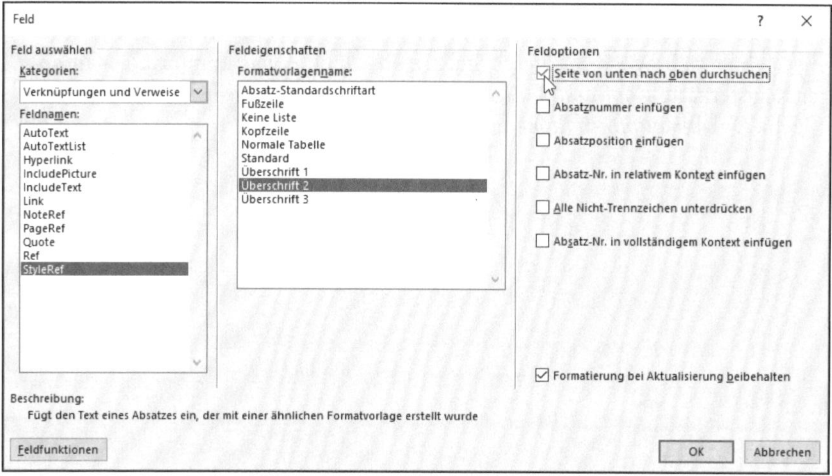

Abbildung 11.20: Einfügen eines Feldes, das die aktuelle Überschrift anzeigt

7. Klicken Sie auf *OK*, um das Feld einzufügen.

Inhalte von Kopf- und Fußzeilen positionieren

Wenn Sie ein Element in eine Kopf- oder Fußzeile eingefügt haben, zum Beispiel eine Seitenzahl, werden Sie den neuen Inhalt in der Regel noch innerhalb der Kopf-/Fußzeile positionieren wollen. Üblicherweise verwendet man für diese Aufgabe Tabulatoren und setzt die dazu benötigten Tabstopps mithilfe des Lineals. Es gibt jedoch noch eine etwas einfachere Möglichkeit, die mit einem kleinen Dialogfeld arbeitet:

1. Setzen Sie die Einfügemarke links neben das Element, das Sie positionieren möchten.
2. Klicken Sie in der Registerkarte *Kopf- und Fußzeile* (bzw. *Kopf- und Fußzeilentools/ Entwurf*) in der Gruppe *Position* auf die Schaltfläche *Ausrichtungstabstopp einfügen*. Es erscheint folgendes Dialogfeld:

Abbildung 11.21: Positionieren von Elementen in Kopf- und Fußzeilen

3. Wählen Sie mit den Optionen der Gruppe *Ausrichtung*, ob das Element links, zentriert oder rechts in der Kopf-/Fußzeile stehen soll.
4. Mit dem Listenfeld *Ausrichten relativ zu* legen Sie fest, ob sich die Angabe zur Ausrichtung auf den eingestellten Seitenrand oder den Einzug des Absatzes bezieht, in dem sich das Element befindet.
5. In der Gruppe *Füllzeichen* können Sie bestimmen, wie der Platz, um den das Element verschoben wird, gefüllt werden soll.
6. Klicken Sie auf *OK* und prüfen Sie, ob das Ergebnis Ihren Erwartungen entspricht.

Wasserzeichen

Als Wasserzeichen bezeichnet man einen hellen Text oder eine blasse Grafik, die auf jeder Seite eines Dokuments hinter dem Text liegt. Um diesen Effekt in früheren Word-Versionen zu erzeugen, wurden üblicherweise entsprechende Texte bzw. Grafiken in die Kopf- oder Fußzeile eingefügt. Der Kopf- und Fußzeilentrick hat in der Vergangenheit vor allem bei kurzen Dokumenten wunderbar funktioniert. Wenn allerdings ein Dokument mehrere Abschnitte besitzt, steigen Aufwand und Komplikationen für diese Art von Wasserzeichen stark an, da jeder Abschnitt eine eigene Kopfzeile hat.

Wasserzeichen einfügen

Seit Word 2007 brauchen Sie auf eventuell vorhandene Abschnitte keine Rücksicht mehr zu nehmen. Um ein Dokument mit einem Wasserzeichen zu versehen, nehmen Sie einfach folgende Schritte vor:

1. Öffnen Sie das betreffende Dokument.
2. Gehen Sie auf die Registerkarte *Entwurf* und klicken Sie in der Gruppe *Seitenhintergrund* auf die Schaltfläche *Wasserzeichen*. (Die Schaltfläche befand sich in Word 2007 und Word 2010 noch auf der Registerkarte *Seitenlayout*.)

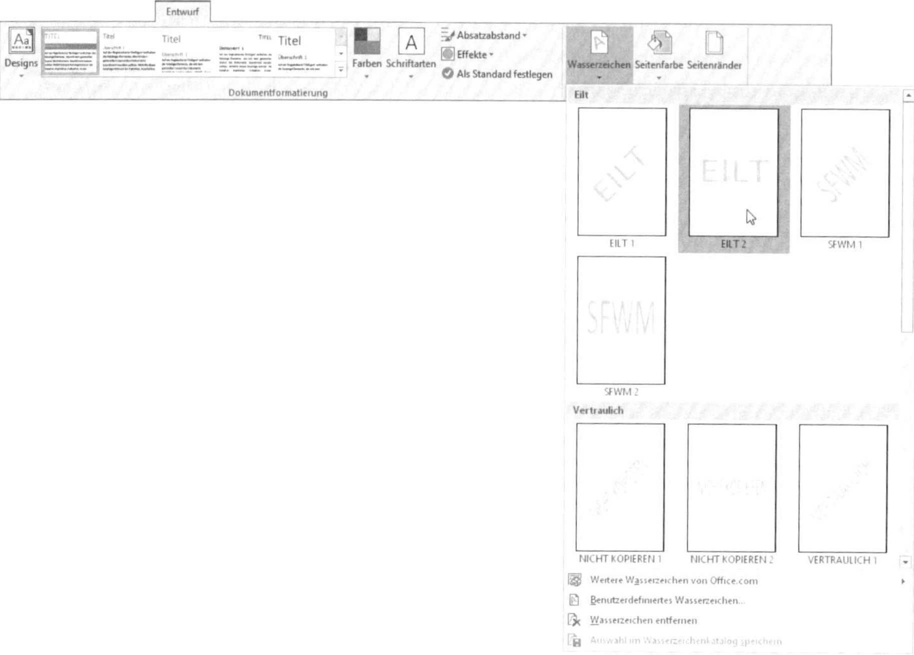

Abbildung 11.22: Der Katalog enthält die wichtigsten Standard-Wasserzeichen.

3. Wenn Sie in dem angebotenen Katalog nicht fündig werden, rufen Sie den Befehl *Benutzerdefiniertes Wasserzeichen* auf. Hier können Sie sowohl ein Bild als auch einen beliebigen Text als Wasserzeichen hinterlegen.

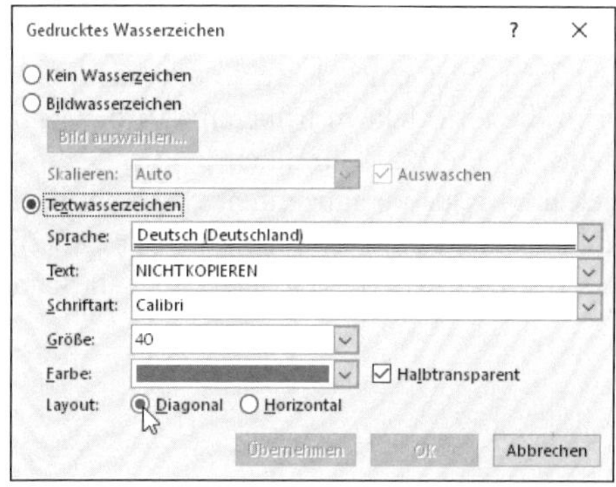

Abbildung 11.23: Mit diesem Dialogfeld können Sie eigene Wasserzeichen erstellen.

4. Wenn Sie das Wasserzeichen noch individueller gestalten möchten, wechseln Sie nach dem Einfügen des Wasserzeichens in den Fußzeilenmodus. Jetzt können Sie das Wasserzeichen, das in Word als WordArt realisiert ist, nach Belieben verändern.

Abbildung 11.24: Wasserzeichen sind nichts anderes als WordArt-Objekte, die seit Word 2013 nicht mehr als eigenständige Objekte eingefügt werden können. Doch wie heißt es so schön: Totgesagte leben länger.

Die vorgenommenen Änderungen werden automatisch auf allen Seiten übernommen.

Kapitel 12

Word-Dokumente drucken und versenden

In Kapitel 7 haben Sie gesehen, wie Sie Office-Dokumente drucken können. Dort wurden die allgemeinen Schritte zum Drucken beschrieben, die in den verschiedenen Office-Anwendungen identisch sind. Im ersten Abschnitt dieses Kapitels lernen Sie weitere, Word-spezifische Möglichkeiten und Optionen für das Drucken kennen.

Eine Möglichkeit der Veröffentlichung eines Word-Dokuments besteht darin, es im PDF-Format zu speichern. Diese Vorgehensweise ist in Kapitel 4 dieses Buches beschrieben. Sie können auch das Word-Dokument als Anlage zu einer E-Mail senden. Vor der Weitergabe können Sie das Dokument auf persönliche Informationen prüfen sowie diese entfernen und das Dokument mit einem Kennwort schützen.

Weitere Word-Druckoptionen

Wie in Kapitel 7 erläutert, verwenden alle Office-Apps zum Drucken die Backstage-Ansicht *Drucken*. Um die Backstage-Ansicht für das Drucken zu öffnen, klicken Sie auf die Registerkarte *Datei* und dann auf *Drucken*, oder drücken Sie die Tastenkombination Strg+P (das P steht für das englische *print*).

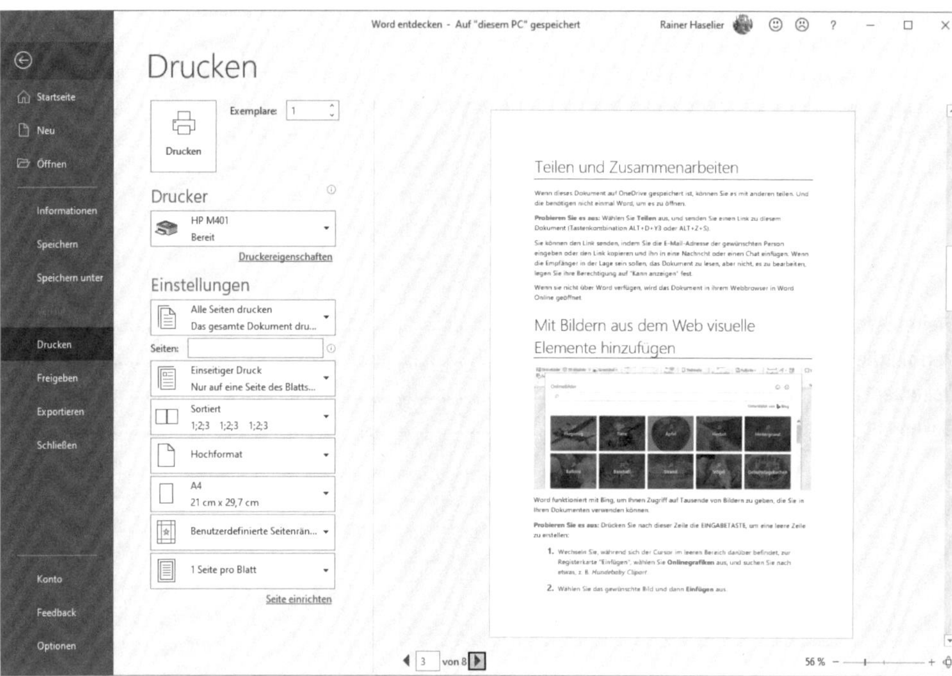

Abbildung 12.1: Die Backstage-Ansicht Drucken *in Word*

Im Bereich *Einstellungen* auf der linken Seite legen Sie in allen Office-Programmen die Anzahl der Exemplare fest und Sie wählen den Drucker aus. Außerdem können Sie hier verschiedene Seiteneinstellungen (Seitenmaße, Seitenränder, Ausrichtung) festlegen.

Einige Einstellungen sind Word-spezifisch. Diese stellen wir Ihnen nachfolgend vor.

- **Festlegen, was gedruckt werden soll** Mit dem obersten Listenfeld in der Gruppe *Einstellungen* können Sie festlegen, was gedruckt werden soll. Die Option *Alle Seiten drucken* druckt das gesamte Dokument; die Option *Aktuelle Seite drucken* druckt die Seite aus, in der sich die Einfügemarke befindet (was nicht unbedingt die Seite sein muss, die derzeit im Word-Fenster angezeigt wird).

  Wenn Sie nur bestimmte Seiten ausdrucken wollen, geben Sie die Seitenzahlen in das Feld *Seiten* ein; mehrere Seitenangaben trennen Sie durch Kommas. Wenn Sie bestimmte fortlaufende Seiten ausdrucken wollen, setzen Sie zwischen die Start- und die Endseitenzahl einen Bindestrich, wie z.B. **9-13**. Word stellt nach der Eingabe der Seitenzahlen diese Option automatisch auf *Benutzerdefinierter Druck* um.

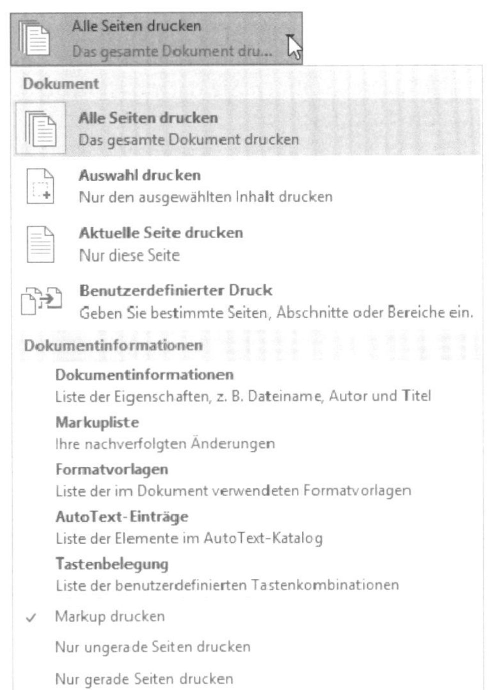

Abbildung 12.2: In diesem Menü legen Sie fest, was Word ausdrucken soll.

Die Option *Auswahl drucken* ist nur dann aktiv, wenn Sie vor dem Öffnen der Backstage-Ansicht im Dokument Text markiert haben. Verwenden Sie *Auswahl drucken,* wenn nur der markierte Teil des Dokuments gedruckt werden soll.

Ganz unten im Menü finden Sie noch die Optionen *Nur ungerade Seiten drucken* und *Nur gerade Seiten drucken.* Verwenden Sie diese Optionen, wenn Sie das Dokument doppelseitig ausdrucken wollen, Sie aber keinen Drucker besitzen, der mit einer Duplexeinheit ausgestattet ist. Drucken Sie zuerst die ungeraden Seiten, drehen Sie den Papierstapel um und drucken Sie dann die geraden Seiten. Dieses Verfahren ähnelt dem manuellen beidseitigen Druck.

- **Vorder- und Rückseite bedrucken** Manche Drucker unterstützen den Duplexmodus, bei dem ohne Ihr Zutun sowohl die Vorder- als auch die Rückseite des Papiers bedruckt werden. Falls Sie solch einen Drucker verwenden und den beidseitigen Druck nutzen wollen, klicken Sie die Schaltfläche *Einseitiger Druck* an und wählen *Beidseitiger Druck* aus.

  Wenn Sie einen Drucker verwenden, der den beidseitigen Druck von Hause aus nicht unterstützt, wählen Sie die Option *Beidseitiger manueller Druck* aus. Word druckt dann zuerst auf die Vorderseiten die Seiten mit ungerader Seitenanzahl und fordert Sie anschließend auf, das Papier wieder in den Drucker einzulegen, damit auf die Rückseiten die Seiten mit geraden Seitenzahlen gedruckt werden können. Achten Sie darauf, dass Ihnen dann die Option *Mehrere Seiten pro Blatt* (siehe nächster Punkt) nicht zur Verfügung steht.

- **Mehrere Seiten pro Blatt** Um Papier zu sparen, wenn Sie beispielsweise ein Dokument in der Konzeptversion ausdrucken, können Sie den Ausdruck von Word skalieren lassen, damit mehrere Dokument-Seiten auf ein Blatt passen. Öffnen Sie dazu das Menü *Seiten pro Blatt* und legen Sie die Anzahl der Seiten pro Blatt fest.

Abbildung 12.3: In diesem Menü legen Sie fest, wie viele Seiten pro Blatt gedruckt werden sollen.

Zwei weitere nützliche Einstellungen für das Drucken finden Sie im Dialogfeld *Word-Optionen*, und zwar im Abschnitt *Drucken* der Kategorie *Erweitert*.

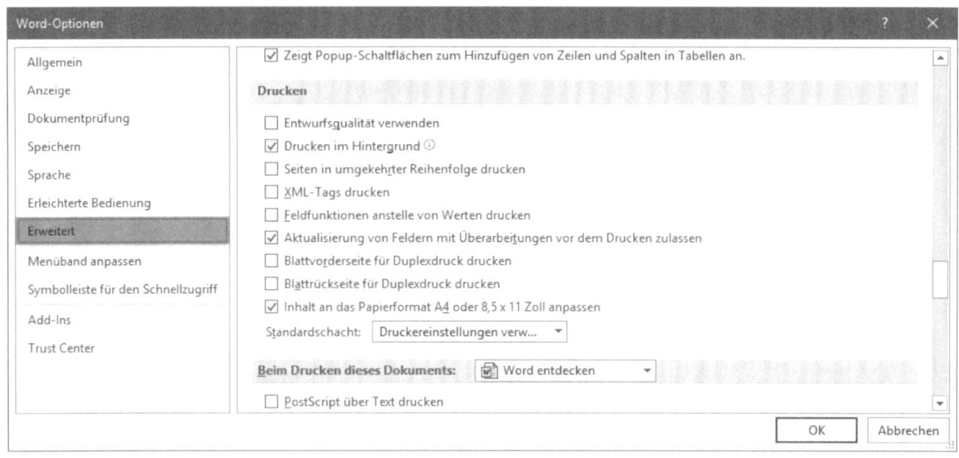

Abbildung 12.4: Im Dialogfeld Word-Optionen *stellen Sie weitere Druckoptionen ein.*

- **Drucken im Hintergrund** Diese Option ist standardmäßig eingeschaltet. In dieser Einstellung können Sie nach dem Starten des Druckvorgangs Ihre Arbeit in Word fortsetzen und Sie brauchen nicht zu warten, bis der Druckvorgang abgeschlossen ist. Ist diese Option ausgeschaltet, druckt Word zuerst das Dokument aus; erst wenn dieser Vorgang abgeschlossen ist, können Sie das aktuelle oder ein anderes Word-Dokument bearbeiten. Das Drucken im Hintergrund dauert etwas länger als das Drucken im Vordergrund.
- **Seiten in umgekehrter Reihenfolge drucken** Standardmäßig druckt Word die erste Seite eines Dokuments zuerst und dann die nachfolgenden Seiten. Sie können die Druckreihenfolge umkehren, indem Sie das Kontrollkästchen *Seiten in umgekehrter Reihenfolge drucken* einschalten. Diese Option ist nützlich, wenn bei Ihrem Drucker beim Drucken von mehreren Seiten die letzte Seite ganz oben liegt. Schalten Sie dann diese Option ein, damit die letzte Seite zuerst gedruckt wird; nach dem Druckvorgang liegen die Seiten in der richtigen Reihenfolge im Ausgabefach Ihres Druckers.

Bitte beachten Sie, dass die Druckeinstellungen des Dialogfeldes *Word-Optionen* nicht nur für das aktuelle Dokument, sondern allgemein gelten. Falls Sie beispielsweise das Drucken im Hintergrund nur zeitweise abschalten möchten, müssen Sie die Option wieder aktivieren.

Persönliche Informationen entfernen

Ein Aspekt, der von vielen Anwendern allerdings häufig übersehen wird, sind die vielen versteckten Informationen, die man durch das Versenden eines Office-Dokuments ungewollt aus der Hand gibt. Zu diesen – als Metadaten – bezeichneten Informationen gehören z. B. die Namen aller Personen, die das Dokument bearbeitet haben. Häufig lassen sich sogar mit geeigneten Programmen noch gelöschte Texte finden.

Die Lösung des Problems ist der sogenannte *Dokumentinspektor*. Dieses Tool durchsucht ein Dokument nach Metadaten sowie nach persönlichen Informationen und kann sie auf Wunsch entfernen. Wenn Sie planen, ein Dokument weiterzugeben, sollten Sie dieses Tool auf jeden Fall anwenden.

1. Klicken Sie auf die Registerkarte *Datei* und dann auf *Informationen.*

   Im Bereich *Dokument überprüfen* werden nach einem kurzen Moment Hinweise zu Informationen angezeigt, die sich in dem Dokument befinden.

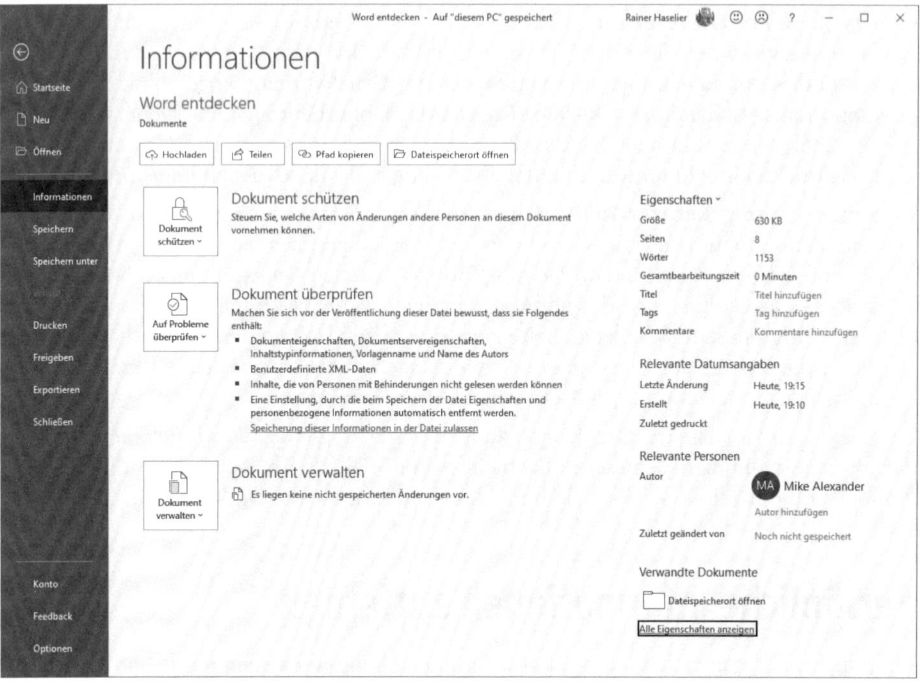

Abbildung 12.5: Bereits in der Backstage-Ansicht Informationen *sehen Sie, welche Informationen sich neben den Dokumentinhalten noch im Dokument befinden.*

2. Klicken Sie auf *Auf Probleme überprüfen* und dann auf *Dokument prüfen.*

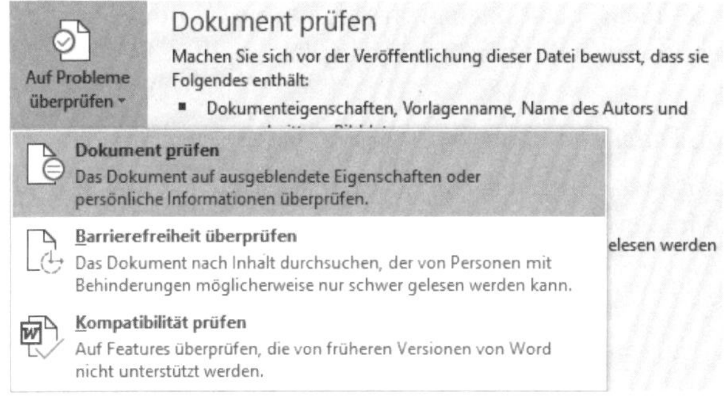

Abbildung 12.6: Das Menü der Schaltfläche Auf Probleme überprüfen

Word zeigt das Dialogfeld *Dokumentprüfung* an. Wie Sie in Abbildung 12.7 sehen, lässt sich der Umfang der Prüfung detailliert konfigurieren. Wie hoch Ihr Sicherheitsbedürfnis ist, müssen Sie letztendlich selbst einschätzen. Vielen Anwendern genügt es vielleicht schon, wenn ihre persönlichen Daten wie Name und Adresse aus den Dokumenten entfernt werden. Andere hingegen achten mit Argusaugen darauf, dass Dritte keinerlei persönliche Daten (wie z.B. Kommentare) zu Gesicht bekommen.

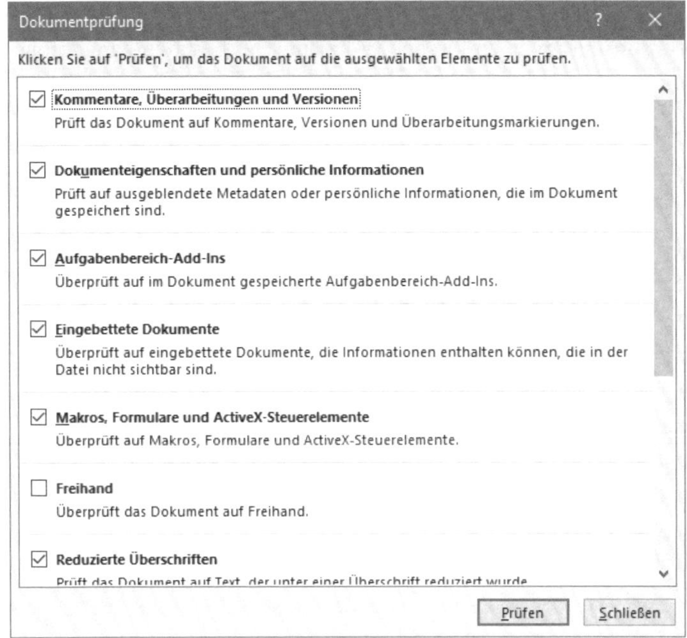

Abbildung 12.7: Der Dokumentinspektor

3. Wählen Sie die zu untersuchenden Bereiche des Dokuments aus und klicken Sie auf *Prüfen*, damit der Dokumentinspektor Ihr Word-Dokument analysiert.

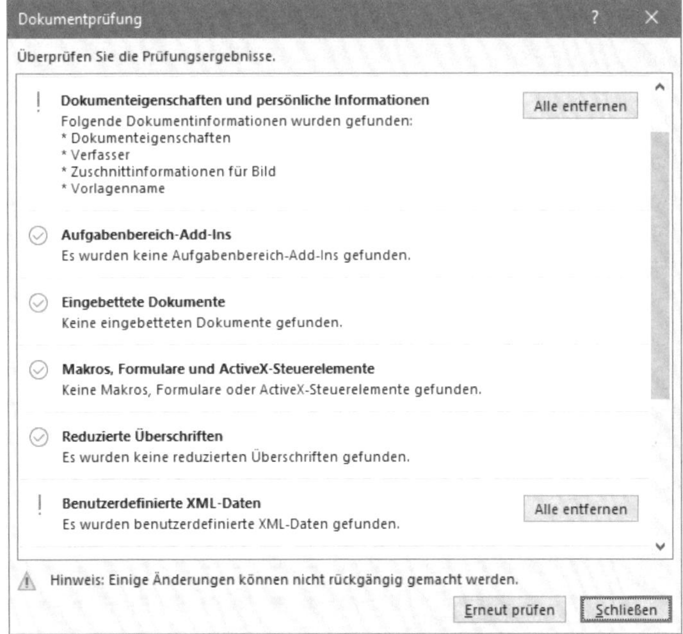

Abbildung 12.8: Bei der Prüfung wurden kritische Bereiche entdeckt.

4. Klicken Sie neben den Prüfungsergebnissen für alle gewünschten Bereiche auf *Alle entfernen*, um die kritischen Informationen zu löschen. Vorsicht: Der Löschvorgang erfolgt ohne vorherige Nachfrage!

Dokument mit Kennwort schützen

Wenn Sie sichergehen wollen, dass ein Dokument nur von autorisierten Personen geöffnet werden kann, können Sie es verschlüsseln. Zum Öffnen des Dokuments muss dann ein Kennwort eingegeben werden.

1. Klicken Sie auf die Registerkarte *Datei* und dann auf *Informationen.*
2. Klicken Sie in der Backstage-Ansicht auf *Dokument schützen* und dann auf *Mit Kennwort verschlüsseln.*
3. Das Dialogfeld *Dokument verschlüsseln* wird angezeigt und Sie werden zur Eingabe eines Kennworts aufgefordert. Dieses Kennwort wird benötigt, um das Dokument zu öffnen.

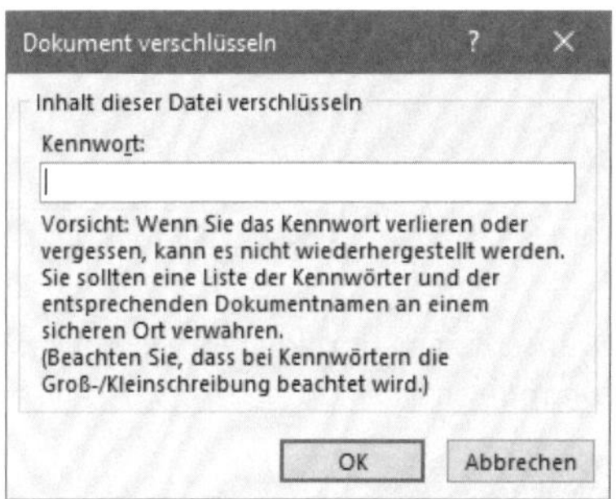

Abbildung 12.9: Kennworteingabe beim Speichern

4. Geben Sie ein Kennwort ein und klicken Sie auf *OK*. Es erscheint ein weiteres Dialogfeld, in dem Sie das soeben eingegebene Kennwort bestätigen müssen.
5. Geben Sie das Kennwort erneut ein. Damit wird kontrolliert, ob Sie sich beim ersten Eingeben des Kennworts nicht vertan haben. Klicken Sie abschließend auf *OK*.

Ein so gesichertes Dokument kann nur noch von jemand geöffnet werden, der im Besitz des richtigen Kennworts ist. (Das gilt auch für Sie selbst – vergessen Sie das Kennwort also nicht.) Zusätzlich bietet die Verschlüsselung einen weiteren Schutz gegen Datenspionage, da auch jemand, der die Datei mit einem Hex-Editor öffnet, keine lesbaren Inhalte vorfindet.

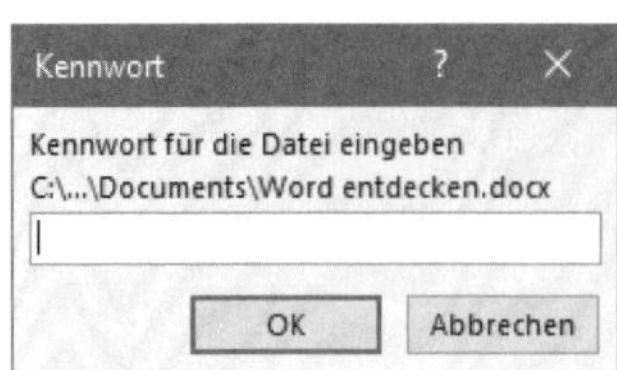

Abbildung 12.10: Öffnen eines verschlüsselten Dokuments

Wenn Sie die Verschlüsselung wieder aufheben möchten, rufen Sie den Befehl *Mit Kennwort verschlüsseln* erneut auf und löschen den Inhalt des Kennwortfeldes.

Dokument per Mail versenden

Zum Abschluss dieses Kapitels wollen wir noch zeigen, wie Sie ein Word-Dokument per Mail versenden können. Bitte beachten Sie die Hinweise zur Dokumentprüfung (siehe Seite 255), mit der Sie vor dem Versenden persönliche Informationen aus dem Dokument entfernen können. Wenn Sie sichergehen wollen, dass nur berechtigte Personen den Inhalt des Dokuments einsehen können, sollten Sie es mit einem Kennwort verschlüsseln (siehe Seite 258).

Führen Sie folgende Schritte durch, um ein Dokument per E-Mail zu senden:

1. Klicken Sie auf die Registerkarte *Datei* und dann auf *Freigeben.*

   In Word 2021 wird die Backstage-Ansicht *Freigeben* angezeigt (siehe Abbildung 12.11); in Word für Microsoft 365 sehen Sie das Fenster *Freigeben* (siehe Abbildung 12.12).

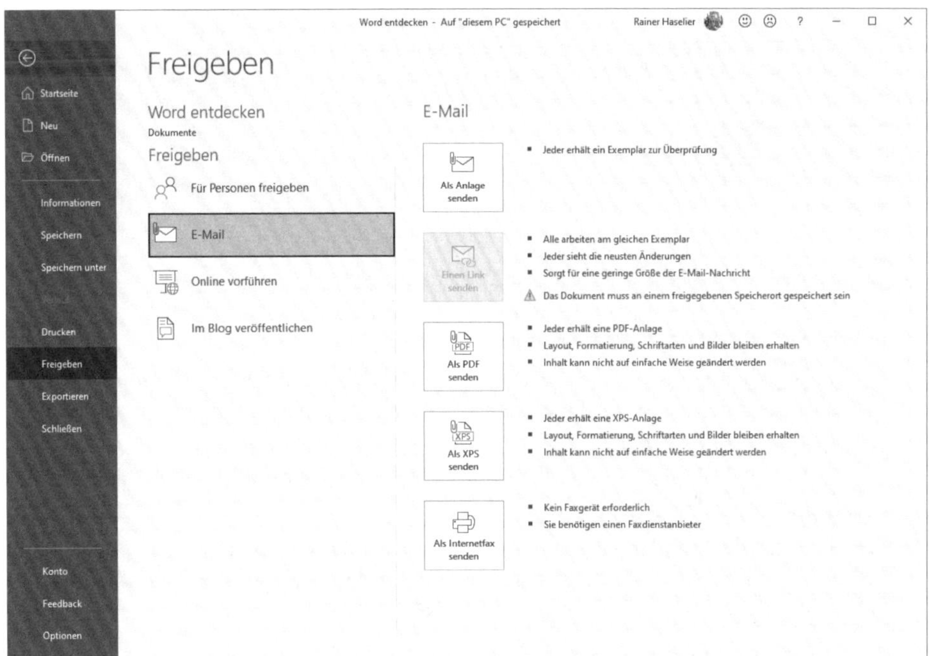

Abbildung 12.11: Sie können das Dokument in drei Dateiformaten als E-Mail-Anlage versenden.

2. Klicken Sie in der Backstage-Ansicht *Freigeben* von Word 2021 auf *E-Mail.*

Abbildung 12.12: Das Fenster Freigeben *in Word für Microsoft 365*

3. Führen Sie eine der folgenden Aktionen durch:
   - Klicken Sie auf *Als Anlage senden* (Word 2021) bzw. auf *Word-Dokument* (Microsoft 365), wenn Sie das Word-Dokument als Anlage zu einer E-Mail versenden wollen.
   - Klicken Sie auf *Als PDF senden* (Word 2021) bzw. auf *PDF* (Microsoft 365), wenn Sie das Word-Dokument in das PDF-Format konvertieren und die PDF-Datei als Anlage zu einer E-Mail versenden wollen.
4. Word startet Ihr Standard-E-Mail-Programm. Das Word-Dokument bzw. die PDF-Datei ist der E-Mail bereits als Anlage beigefügt. Legen Sie den/die Empfänger fest, schreiben Sie den Text der E-Mail und versenden Sie sie.

Kapitel 13
Tabellen mit Tabstopps erstellen

Sie können in Word auf verschiedene Arten Tabellen erstellen. Kapitel 6 in Teil B dieses Handbuchs beschreibt, wie Sie in Word eine Excel-Tabelle einfügen. Außerdem können Sie, wie Sie es vielleicht von einer Schreibmaschine her gewohnt sind, Tabulatoren verwenden; diese Möglichkeit beschreibt das aktuelle Kapitel. Als dritte Option steht Ihnen ein komfortables Tabellenfeature zur Verfügung, das einen ähnlichen Funktionsumfang hat wie das Tabellenfeature von PowerPoint und das in Kapitel 36 ausführlich vorgestellt wird.

Wann eignet sich welche Option am besten?

- **Tabellen mit Tabstopps erstellen** Verwenden Sie Tabellen mit Tabstopps für Tabellen mit wenig Zeilen, bei denen jeder Eintrag nur aus einer Zeile besteht, wie Preislisten, Teilnehmerlisten o. Ä. Der Einsatz von Tabellen mit Tabstopps bietet sich auch dann an, wenn Sie eine Liste aus einer Textdatei importieren, bei der die einzelnen Felder jeder Zeile durch einen Tabstopp getrennt sind.
- **Eingebundene Excel-Tabellen verwenden** Verwenden Sie eingebundene Excel-Tabellen, wenn Sie in der Tabelle Berechnungen durchführen wollen (z. B. Summenspalten), wenn die Tabelle vor allem Zahlen enthält oder wenn die zu verwendende Tabelle bereits in Excel vorliegt. Sie können zwar auch in Word-Tabellen Berechnungen durchführen; dies ist jedoch nicht so komfortabel wie in Excel und es stehen weniger Rechenfunktionen zur Verfügung als in Excel.
- **Tabellen mit dem Word-Tabellenfeature erstellen** Verwenden Sie das Word-Tabellenfeature für umfangreiche und komplizierte Tabellen, die vor allem Text enthalten. Diese Art von Word-Tabellen ist ähnlich wie Tabellen in Excel aus einzelnen Tabellenzellen aufgebaut. Längere Texte in einer Zelle stellen wegen des automatischen Zellenumbruchs kein Problem dar. Dank der Tabellenformatvorlagen, die Bestandteil des Dokumentdesigns sind, lassen sich Word-Tabellen einfach und ansprechend formatieren.

Schnellkurs: Tabstopps verwenden

Dieses Kapitel beginnt mit einem kleinen Schnellkurs, der Ihnen die Grundlagen für den Einsatz von Tabstopps an einem Beispiel vorstellt.

Die vorbereitete Word-Übungsdatei enthält lediglich eine Überschrift für eine Artikelliste. Die Artikelliste selbst liegt als Textdatei vor, die aus einem anderen Programm exportiert wurde (dies kann beispielsweise Access, Excel oder ein anderes Datenbankprogramm sein). Die erste Zeile der Textdatei enthält die Überschriften der Liste, alle weiteren Zeilen Informationen zu den verschiedenen Produkten. Die einzelnen Felder der Liste sind durch Tabstopps getrennt. Sie können die bereits vorhandenen Tabstopps verwenden, um die Liste ansprechend zu formatieren.

1. Öffnen Sie das Dokument *Artikelliste,* das sich im Ordner mit den Beispieldateien befindet, und setzen Sie die Einfügemarke hinter die Überschrift, die sich bereits im Dokument befindet.

2. Klicken Sie auf der Registerkarte *Start* in der Gruppe *Text* auf den Pfeil der Schaltfläche *Objekt* und wählen Sie dann *Text aus Datei.*
3. Wechseln Sie im Dialogfeld *Datei einfügen* in den Ordner mit den Beispieldateien dieses Buches. Achten Sie darauf, dass in der Liste *Dateitypen* der Eintrag *Alle Dateien* ausgewählt ist. Markieren Sie die Datei *Artikelliste, Tabstopp-getrennt* und klicken Sie auf *Einfügen.*

   Word zeigt das Dialogfeld *Dateikonvertierung* an. Im Dialogfeld *Dateikonvertierung* wählen Sie die Codierung aus, in der die Textdatei erstellt wurde.
4. Wählen Sie *Windows-Standard.* Im Feld *Vorschau* können Sie sehen, dass dann auch die Umlaute in den Artikelnamen (beispielsweise *Möhren*) richtig angezeigt werden.

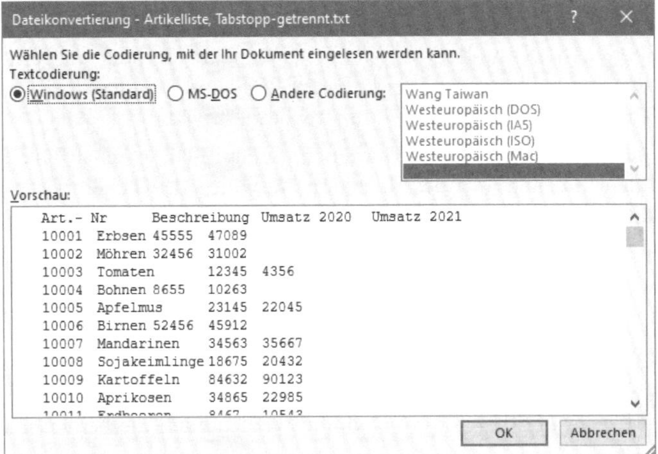
Dateikonvertierung - Artikelliste, Tabstopp-getrennt.txt

Wählen Sie die Codierung, mit der Ihr Dokument eingelesen werden kann.
Textcodierung:
Windows (Standard) MS-DOS Andere Codierung:
Wang Taiwan
Westeuropäisch (DOS)
Westeuropäisch (IA5)
Westeuropäisch (ISO)
Westeuropäisch (Mac)
Vorschau:

```
Art.- Nr      Beschreibung Umsatz 2020   Umsatz 2021
10001 Erbsen 45555  47089
10002 Möhren 32456  31002
10003 Tomaten       12345  4356
10004 Bohnen 8655   10263
10005 Apfelmus      23145  22045
10006 Birnen 52456  45912
10007 Mandarinen    34563  35667
10008 Sojakeimlinge 18675  20432
10009 Kartoffeln    84632  90123
10010 Aprikosen     34865  22985
```

OK Abbrechen

Abbildung 13.1: Wählen Sie hier die Codierung aus, mit der die Textdatei erstellt wurde.

5. Klicken Sie auf *OK*. Word importiert die Textdatei und zeigt sie im Fenster an.
6. Klicken Sie auf der Registerkarte *Start* in der Gruppe *Absatz* auf *Alle anzeigen*. Im Dokument werden nun die aus der Textdatei importierten Tabstopps mit dem Zeichen → dargestellt.
7. Wechseln Sie zur Registerkarte *Ansicht* und schalten Sie in der Gruppe *Anzeigen* das Kontrollkästchen *Lineal* ein, falls das Lineal nicht sichtbar ist. Das Lineal werden Sie verwenden, um die Position der Tabstopps festzulegen und die Liste übersichtlicher zu gestalten.

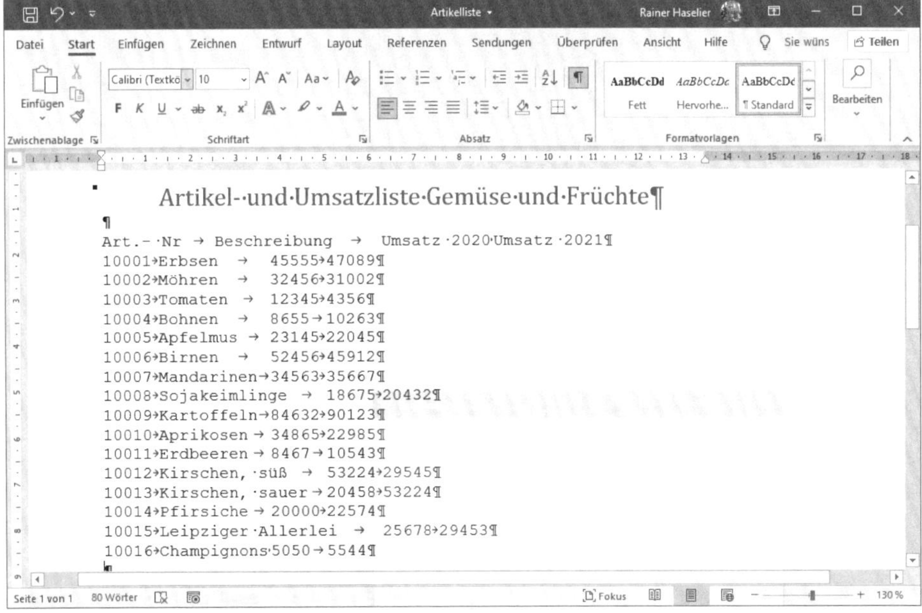

Abbildung 13.2: Die Textdatei wurde importiert und die darin enthaltenen Tabstopps sind im Word-Dokument sichtbar.

8. Markieren Sie die komplette Artikelliste und weisen Sie eine andere Schriftart zu.

   Die ersten beiden Spalten *(Art.-Nr* und *Beschreibung)* sollen linksbündig ausgerichtet werden. Die Zahlen in den letzten beiden Spalten (*Umsatz 2020* und *Umsatz 2021*) hingegen rechtsbündig, da dann die Einer, Zehner usw. untereinanderstehen.

9. Links im Lineal sehen Sie ein kleines Quadrat mit einem Symbol. Diese Schaltfläche können Sie verwenden, um den Typ des Tabstopps festzulegen. Klicken Sie, falls erforderlich, auf dieses Quadrat, bis Sie dort das Zeichen für linksbündige Tabstopps sehen.

10. Klicken Sie im Lineal bei 2 cm. Die zweite Spalte steht dadurch an der richtigen Position. Im Lineal sehen Sie das Symbol für den gesetzten Tabstopp.

11. Klicken Sie wieder auf das Quadrat an der linken Seite des Lineals, bis das Symbol für rechtsbündig ausgerichtete Tabstopps erscheint.

12. Klicken Sie im Lineal bei 7 cm und bei 10 cm. Dadurch werden auch die beiden letzten Spalten richtig angeordnet.

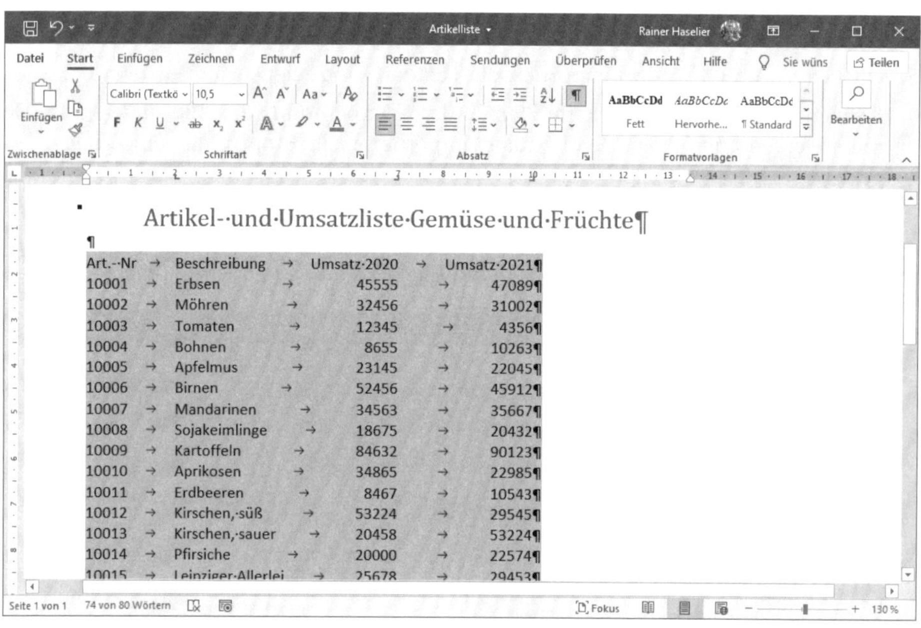

Abbildung 13.3: Nach dem Festlegen von drei Tabstopppositionen macht die Artikelliste einen aufgeräumten Eindruck.

Falls Sie einen Tabstopp versehentlich an eine falsche Position gesetzt haben, können Sie ihn löschen, indem Sie ihn aus dem Lineal herausziehen. Um die Position eines gesetzten Tabstopps zu verändern, klicken Sie im Lineal das Tabstoppsymbol an und ziehen es mit gedrückter Maustaste an die neue Position.

Tabstopps setzen

Beim Formatieren von Tabstopps legen Sie drei verschiedene Merkmale fest: die Position, die Ausrichtung und das Füllzeichen, das ausgegeben werden soll. Sie können Tabstopps entweder im Dialogfeld *Tabstopps* oder mit der Maus im Lineal setzen. Schalten Sie beim Setzen von Tabstopps am besten die Ansicht *Drucklayout* ein, damit Word den Text so zeigt, wie er später gedruckt wird. Sie können mit dem Kontrollkästchen *Tabstoppzeichen* in der Kategorie *Anzeigen* des Dialogfeldes *Word-Optionen* die Anzeige der Tabstoppzeichen einschalten, die dann auf dem Bildschirm mit dem Sonderzeichen → dargestellt werden.

Standardtabstopps und individuelle Tabstopps

Neben den Tabstopps, die Sie individuell festlegen können, besitzt das gesamte Dokument von vornherein Standardtabstopps, die in einem Abstand von 1,25 cm angeordnet sind. Die Standardtabstopps werden an der unteren Kante des Lineals durch kleine graue Striche symbolisiert. So können Sie den Wert für die Standardtabstopps ändern:

1. Wechseln Sie zur Registerkarte *Start*.
2. Klicken Sie in der Gruppe *Absatz* auf das *Startprogramm für ein Dialogfeld*. Klicken Sie dann im Dialogfeld *Absatz* auf die Schaltfläche *Tabstopps*.
3. Geben Sie in das Textfeld *Standardtabstopps* den gewünschten Wert ein.
4. Klicken Sie auf *OK*.

Word

Tabstoppmerkmale bestimmen

Um einzelne Tabstopps zu setzen und alle vorhandenen Optionen einstellen zu können, lassen Sie das Dialogfeld *Tabstopps* anzeigen (siehe Abbildung 13.5).

1. Markieren Sie zuerst die Absätze, für die Sie Tabstopps festlegen wollen. Wenn Sie die Tabstopps nur für einen Absatz einstellen wollen, reicht es aus, wenn sich die Einfügemarke in diesem Absatz befindet.
2. Wechseln Sie zur Registerkarte *Start* und klicken Sie in der Gruppe *Absatz* auf das *Startprogramm für ein Dialogfeld*. Klicken Sie dann im Dialogfeld *Absatz* auf die Schaltfläche *Tabstopps*.
3. Geben Sie in das Feld *Tabstoppposition* die gewünschte Position des Tabstopps ein. Der Wert, den Sie hier eingeben, ist der Abstand von der linken Absatzbegrenzung bis zum Tabstopp.
4. Nachdem Sie die Position festgelegt haben, können Sie die Ausrichtung des Tabstopps bestimmen. In der Gruppe *Ausrichtung* stehen Ihnen fünf Optionen zur Verfügung:
   - **Links** Wenn Sie einen links ausrichtenden Tabstopp verwenden, wird der linke Rand am Tabstopp ausgerichtet.
   - **Zentriert** Wenn Sie einen zentriert ausrichtenden Tabstopp verwenden, wird der Spaltentext am Tabstopp zentriert.
   - **Rechts** Wenn Sie einen rechts ausrichtenden Tabstopp verwenden, wird der rechte Rand des Spaltentextes am Tabstopp ausgerichtet.

- **Dezimal** Wenn Sie einen dezimalen Tabstopp verwenden, wird das Dezimaltrennzeichen am Tabstopp ausgerichtet. Enthält der Text kein Dezimaltrennzeichen, wird der Spaltentext rechtsbündig ausgerichtet.
- **Vertikale Linie** Wenn Sie einen vertikalen Tabstopp verwenden, zeichnet Word eine vertikale Linie an der Stelle, die der Position des Tabstopps entspricht.

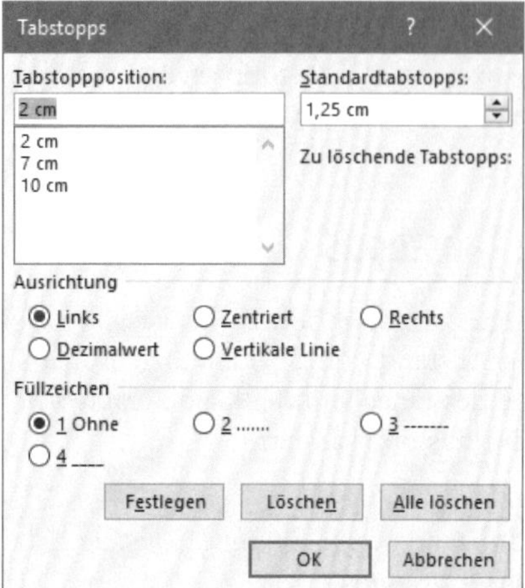

Abbildung 13.4: In diesem Dialogfeld können Sie alle Merkmale von Tabstopps einstellen.

Klicken Sie die gewünschte Ausrichtung an. Die folgende Abbildung zeigt Beispiele für die verschiedenen Ausrichtungen von Tabstopps.

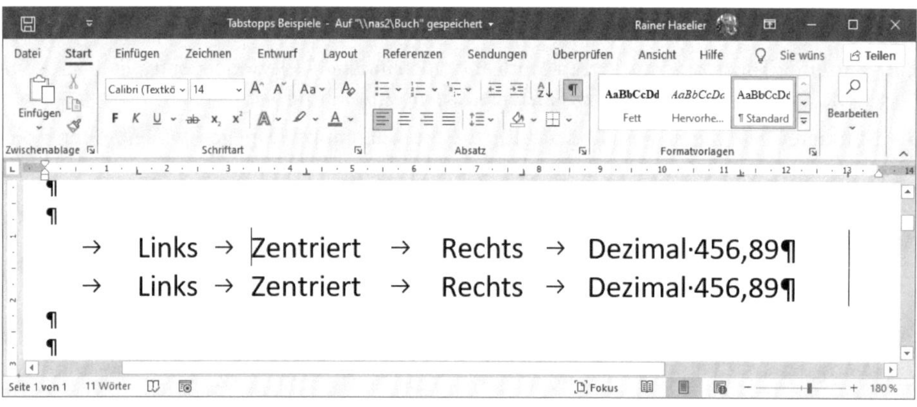

Abbildung 13.5: Tabstopps und deren Ausrichtung

5. Legen Sie nun fest, welches Füllzeichen verwendet werden soll.

   Der Raum, den das Tabstoppzeichen einnimmt, bleibt normalerweise leer. In der Gruppe *Füllzeichen* können Sie jedoch ein anderes Zeichen bestimmen, das diesen Raum einnehmen soll. Word stellt Ihnen den Punkt (.), den Trennstrich (-) und den Unterstrich (_) zur Verfügung. Wählen Sie das gewünschte Zeichen aus. Beispiele für die Verwendung von Füllzeichen sehen Sie in der folgenden Abbildung.

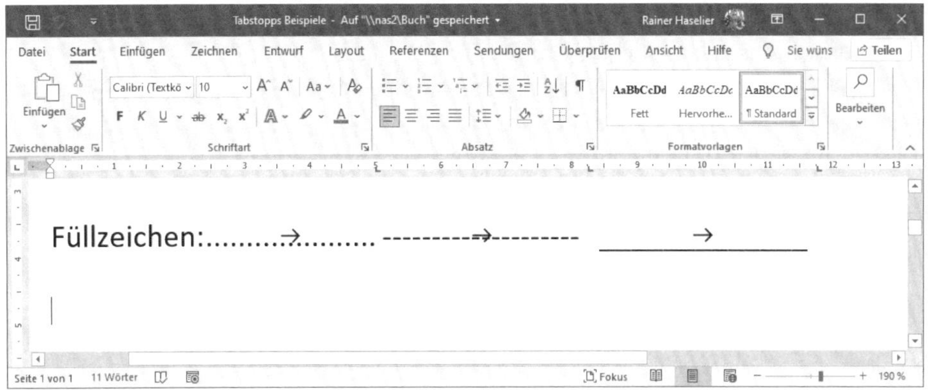

Abbildung 13.6: Tabstopps und ihre Füllzeichen

6. Um die für den Tabstopp festgelegten Merkmale zu aktivieren, klicken Sie auf *Festlegen.*
7. Wiederholen Sie die Schritte 3 bis 6 für alle weiteren Tabstopps, die Sie festlegen wollen.
8. Klicken Sie auf *OK,* um das Dialogfeld *Tabstopps* zu schließen.

Profitipp: Anzahl der Punkte als Füllzeichen bei Tabulatoren

Wenn Sie die Punkte als Füllzeichen verwenden (wie wir es auch im Inhaltsverzeichnis dieses Buches gemacht haben), können Sie die Anzahl der Punkte und deren Abstand nicht direkt, sondern nur indirekt über die Zeichenformatierung ändern. Gehen Sie dazu wie folgt vor:

1. Markieren Sie im Dokument das Tabstoppzeichen, damit die Punktlinie markiert wird.
2. Wechseln Sie zur Registerkarte *Start* und klicken Sie in der Gruppe *Schriftart* auf das *Startprogramm für ein Dialogfeld.*
3. Wechseln Sie im Dialogfeld *Schriftart* zur Registerkarte *Erweitert.*
4. Wählen Sie im Listenfeld *Abstand* den Eintrag *Erweitert,* wenn Sie den Abstand vergrößern und die Anzahl der Punkte verkleinern wollen, bzw. den Eintrag *Schmal,* wenn Sie den Abstand verkleinern und die Anzahl der Punkte erhöhen wollen.
5. Tragen Sie in das Feld *Von* (das besser mit *Um* beschriftet wäre) den Wert ein, um den der Zeichenabstand verkleinert bzw. vergrößert werden soll. Eventuell müssen Sie hier ein wenig probieren, bis Sie das gewünschte Ergebnis erhalten.

Tabstopps mit der Maus setzen

Sie können Tabstopps auch mit der Maus setzen, indem Sie im Lineal die Position anklicken, an der der Tabstopp gesetzt werden soll.

1. Schalten Sie das Lineal ein, sofern es nicht bereits sichtbar ist: Wechseln Sie zur Registerkarte *Ansicht* und schalten Sie in der Gruppe *Anzeigen* das Kontrollkästchen *Lineal* ein.
2. Setzen Sie die Einfügemarke in den Absatz, für den Sie Tabstopps setzen wollen. Wenn Sie Tabstopps für mehrere Absätze bestimmen wollen, erweitern Sie die Markierung, damit alle gewünschten Absätze einen Teil der Markierung enthalten.

3. Klicken Sie mit der Maus auf das kleine Quadrat links neben dem Lineal, bis das Symbol für die gewünschte Ausrichtung erscheint.
4. Klicken Sie auf die Stelle im Lineal, an der Sie einen Tabstopp einfügen wollen.

Klicken, um Tabstoppausrichtung zu ändern

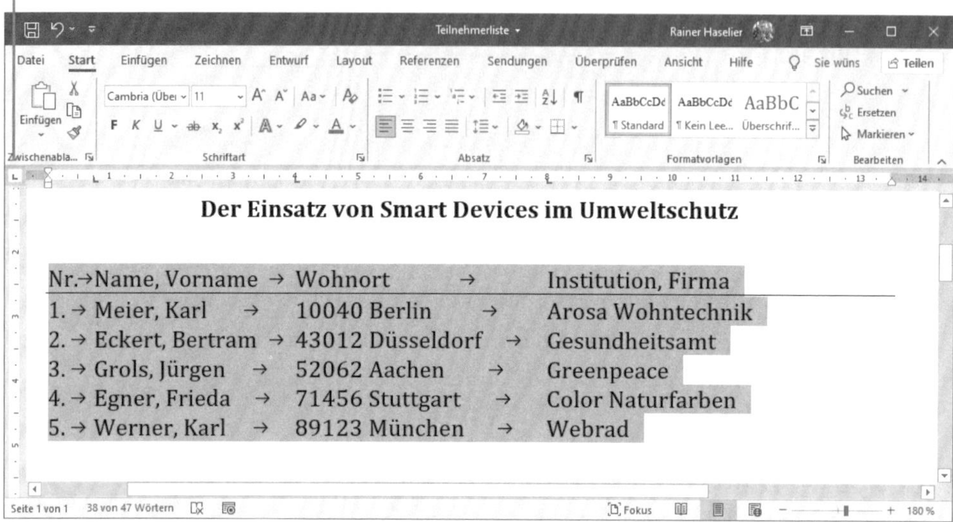

Abbildung 13.7: Ausrichtung der Tabstopps mit der Maus festlegen

Das Füllzeichen kann nicht mit der Maus im Lineal festgelegt werden. Um das Füllzeichen zu bestimmen, müssen Sie in einem zweiten Schritt das Dialogfeld *Tabstopps* verwenden:

1. Wechseln Sie zur Registerkarte *Start* und klicken Sie in der Gruppe *Absatz* auf das *Startprogramm für ein Dialogfeld.* Klicken Sie dann im Dialogfeld *Absatz* auf die Schaltfläche *Tabstopps.*
2. Wählen Sie im Feld *Tabstoppposition* den gewünschten Tabstopp aus. (In dieser Liste sehen Sie alle Tabstopps, die für den markierten Absatz bereits festgelegt wurden.)
3. Klicken Sie auf eines der Optionsfelder in der Gruppe *Füllzeichen.*
4. Klicken Sie auf *Festlegen.*
5. Schließen Sie das Dialogfeld mit *OK.*

Tabstopps löschen

Sie können Tabstopps, die Sie gesetzt haben, auch wieder entfernen. Hierbei können Sie einzelne Tabstopps oder alle Tabstopps in den markierten Absätzen löschen. Den Absätzen wird dann wieder der Standardtabstopp zugewiesen, der im Dialogfeld *Tabstopps* eingestellt werden kann.

Einzelne Tabstopps im Dialogfeld löschen

Führen Sie folgende Schritte durch, um einzelne Tabstopps zu löschen:

1. Setzen Sie die Einfügemarke in den Absatz, in dem Sie den Tabstopp löschen wollen. Wenn Sie Tabstopps in mehreren Absätzen löschen wollen, erweitern Sie die Markierung, damit alle gewünschten Absätze einen Teil der Markierung enthalten.
2. Wechseln Sie zur Registerkarte *Start* und klicken Sie in der Gruppe *Absatz* auf das *Startprogramm für ein Dialogfeld*. Klicken Sie dann im Dialogfeld *Absatz* auf die Schaltfläche *Tabstopps*.
3. Markieren Sie im Listenfeld *Tabstoppposition* den Tabstopp, den Sie löschen wollen.
4. Klicken Sie auf *Löschen*. Der Tabstopp wird daraufhin in die Liste *Zu löschende Tabstopps* aufgenommen.
5. Wiederholen Sie die beiden letzten Schritte für alle zu löschenden Tabstopps.
6. Drücken Sie die ↵-Taste oder klicken Sie auf *OK*.

Alle Tabstopps löschen

Sie können auch alle Tabstopps im Absatz oder den markierten Absätzen löschen:

1. Setzen Sie dazu die Einfügemarke wie gewohnt in den Absatz oder markieren Sie die Absätze, deren Tabstopps gelöscht werden sollen.
2. Wechseln Sie zur Registerkarte *Start* und klicken Sie in der Gruppe *Absatz* auf das *Startprogramm für ein Dialogfeld* und dann im Dialogfeld *Absatz* auf die Schaltfläche *Tabstopps*.
3. Klicken Sie im Dialogfeld auf die Schaltfläche *Alle löschen*.

Einzelne Tabstopps mit der Maus löschen

Einzelne Tabstopps können Sie mithilfe des Lineals und der Maus löschen:

1. Setzen Sie die Einfügemarke in den Absatz, in dem Sie einen Tabstopp löschen wollen. Wenn Sie Tabstopps in mehreren Absätzen löschen wollen, erweitern Sie die Markierung, damit alle gewünschten Absätze einen Teil der Markierung enthalten.
2. Schalten Sie das Lineal ein, sofern es nicht bereits sichtbar ist. Wechseln Sie dazu zur Registerkarte *Ansicht* und schalten Sie in der Gruppe *Anzeigen* das Kontrollkästchen *Lineal* ein.
3. Zeigen Sie mit der Maus auf das Tabstoppsymbol im Lineal und ziehen Sie es mit gedrückter Maustaste nach unten weg.

Tabstopps verschieben

Wenn Sie eine Tabelle mit Tabstopps eingerichtet haben und später weitere Einträge aufnehmen müssen, die länger sind als die bisherigen Einträge, kommt es oft vor, dass Sie einzelne Tabstopps an eine neue Position verschieben müssen, um den vielleicht in Unordnung geratenen Gesamteindruck der Tabelle zu restaurieren.

Tabstopps verschieben ohne Maus

Setzen Sie die Einfügemarke in den Absatz, in dem Sie einen Tabstopp neu positionieren wollen. Wenn Sie Tabstopps für mehrere Absätze verschieben wollen, erweitern Sie die Markierung, damit alle gewünschten Absätze einen Teil der Markierung enthalten. Sie müssen nun zuerst den alten Tabstopp löschen und dann einen neuen an der gewünschten Position setzen:

1. Wechseln Sie zur Registerkarte *Start* und klicken Sie in der Gruppe *Absatz* auf das *Startprogramm für ein Dialogfeld* und dann im Dialogfeld *Absatz* auf die Schaltfläche *Tabstopps*.
2. Markieren Sie im Feld *Tabstoppposition* den zu löschenden Tabstopp.
3. Klicken Sie auf *Löschen*.
4. Wenn das Textfeld *Tabstoppposition* nicht leer ist, drücken Sie `Entf` und geben dann die neue Tabstoppposition ein.
5. Klicken Sie auf *Festlegen* und schließen Sie das Dialogfeld mit *OK*.

Tabstopps mit der Maus verschieben

Mit der Maus funktioniert das Verschieben eines Tabstopps jedoch weitaus komfortabler.

1. Schalten Sie das Lineal ein, sofern es nicht bereits sichtbar ist. Wechseln Sie dazu zur Registerkarte *Ansicht* und schalten Sie in der Gruppe *Anzeigen* das Kontrollkästchen *Lineal* ein.
2. Verschieben Sie die Einfügemarke in den Absatz, für den Sie Tabstopps neu positionieren wollen. Wenn Sie Tabstopps für mehrere Absätze verschieben wollen, erweitern Sie die Markierung, damit alle gewünschten Absätze einen Teil der Markierung enthalten.

   Beachten Sie, dass im Lineal Tabstopps, die nicht für alle markierten Absätze gelten, grau angezeigt werden.
3. Zeigen Sie mit dem Mauszeiger auf das Tabstoppsymbol, das Sie neu positionieren wollen, und ziehen Sie es mit gedrückter Maustaste an die neue Position.

Hinweis Die Formatierung von Tabstopps erfolgt über das Dialogfeld *Tabstopps*, das Sie über das Dialogfeld *Absatz* aufrufen. Dieser Umstand weist bereits darauf hin, dass Tabstopps immer absatzweise zugeordnet und mit der Absatzmarke verbunden sind. Wenn Sie also die Absatzmarke hinter einem Absatz löschen, werden dabei gleichzeitig auch die Tabstoppeinstellungen für diesen Absatz gelöscht.

Kapitel 14
Serienbriefe erstellen

Die Seriendruckfunktionalität befindet sich bei Word auf einer eigenen Registerkarte mit dem Namen *Sendungen*. Dort finden Sie alle Befehle, die Sie für das Erstellen von Serienbriefen, Etiketten oder Serien-E-Mails benötigen. Die Befehle der Gruppe *Erstellen* verwenden Sie, um Etiketten und Umschläge zu erstellen.

Dieses Kapitel stellt Ihnen exemplarisch anhand eines Rundbriefs das Erstellen eines Serienbriefs vor. Der erste Abschnitt macht Sie zunächst mit einigen der Begriffe bekannt, die im Zusammenhang mit dem Seriendruck von Bedeutung sind, und beschreibt die prinzipiellen Schritte beim Erstellen eines Serienbriefs, die von der Reihenfolge der Befehlsgruppen auf der

Registerkarte *Sendungen* gut abgebildet werden. Die nachfolgenden Abschnitte stellen dann die einzelnen Schritte ausführlich vor.

Wenn Sie bereits in einer früheren Version mit der Seriendruckfunktion gearbeitet haben, reicht es aus, dieses Kapitel zu überfliegen (seit Word 2007 hat sich an dieser Funktion nichts geändert). Sollten Sie zum ersten Mal einen Serienbrief erstellen, gelangen Sie mit den Schritt-für-Schritt-Anleitungen dieses Kapitels schnell ans Ziel.

Grundlagenwissen für den Seriendruck

Beim Seriendruck, der im Englischen »mail merge« heißt, was so viel wie »Briefe zusammenführen« bedeutet, arbeiten Sie mit zwei verschiedenen Elementen: einem Hauptdokument und einer Datenquelle.

- Beim *Hauptdokument* handelt es sich um ein Word-Dokument, das neben dem Text, der in allen zu erstellenden Briefen enthalten sein soll, Platzhalter für variable Elemente enthält, die sich je nach Empfänger des Briefes ändern können. Sie können ein Hauptdokument komplett neu erstellen oder auch ein bestehendes Word-Dokument in ein Hauptdokument für den Seriendruck umwandeln lassen.
- Die variablen Elemente jedes einzelnen Briefes befinden sich in einer *Datenquelle*, bei der es sich in den meisten Anwendungsfällen des Seriendrucks um eine Adressenliste handelt. Sie können in Word beispielsweise die Outlook-Kontakte verwenden, damit Sie die Adressen, die in Outlook bereits vorliegen, nicht erneut eingeben müssen. Auch die Verwendung von anderen Datenformaten ist möglich.

Auf der Registerkarte *Sendungen* stehen Ihnen alle Werkzeuge zur Verfügung, die Sie zum Erstellen eines Serienbriefs benötigen. Die Anordnung der Befehlsgruppen und Befehle entspricht den einzelnen Schritten, die Sie beim Seriendruck erledigen müssen und die nachfolgend beschrieben werden.

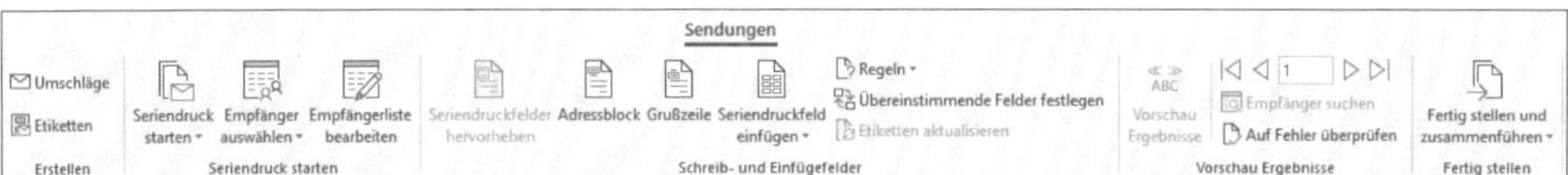

Abbildung 14.1: Die Registerkarte Sendungen *fasst alle Werkzeuge zusammen, die Sie zum Erstellen eines Serienbriefs benötigen.*

1. **Erstellen des Hauptdokuments** Im ersten Schritt erstellen Sie das Seriendruck-Hauptdokument. Das Hauptdokument enthält den Text und die Grafiken, die in allen Versionen des zusammengeführten Dokuments identisch sein sollen, wie beispielsweise die Absenderadresse, den eigentlichen Text des Briefes und die Grußformel.
2. **Verbinden des Hauptdokuments mit einer Datenquelle** Im nächsten Schritt legen Sie die Datenquelle fest, in der sich die variablen Elemente befinden, die beim Zusammenfügen in das Hauptdokument eingefügt werden sollen.
3. **Bearbeiten der Empfängerliste** Wenn Sie als Datenquelle beispielsweise die Outlook-Kontakte verwenden, erstellt Word eine Kopie der gesamten Daten des Kontakteordners. Wenn Sie den Serienbrief nicht an alle Personen der Adressliste senden wollen, können Sie die Liste in Word sortieren und filtern und so die tatsächlichen Empfänger des Serienbriefs festlegen.

4. **Einfügen der Platzhalter in das Hauptdokument** Damit Word weiß, an welchen Stellen im Hauptdokument beispielsweise die Adresse stehen soll, fügen Sie in das Hauptdokument Platzhalter ein, die festlegen, wo beim Zusammenführen welche Daten aus der Datenquelle eingefügt werden sollen. Diese Platzhalter werden auch Seriendruckfelder genannt.
5. **Prüfen in der Seriendruckvorschau** Lassen Sie sich anschließend in der Seriendruckvorschau anzeigen, wie die Ergebnisse des Zusammenführens aussehen. Dies entspricht in etwa der Druckvorschau, wie Sie sie bei normalen Word-Dokumenten verwenden; der Unterschied besteht darin, dass bei der Seriendruckvorschau zusätzlich die Platzhalter durch die tatsächlichen Daten der Datenquelle ersetzt werden.
6. **Zusammenführen und fertigstellen** Wenn Sie mit den Ergebnissen der Seriendruckvorschau zufrieden sind, können Sie die Briefe zusammenführen und ausdrucken lassen.

Hauptdokument einrichten

In der ersten Phase der Serienbrieferstellung erstellen Sie das Hauptdokument. Sie können hierfür ein neues Dokument erstellen oder ein bereits vorhandenes öffnen.

1. Wechseln Sie zur Registerkarte *Datei* und verwenden Sie dort den Befehl *Neu* oder *Öffnen*, um das Dokument zu erstellen bzw. zu laden, das Sie als Hauptdokument für den Seriendruck verwenden wollen.
2. Wenn Sie ein neues Dokument erstellen, geben Sie in das Dokument den Text ein, der in allen Versionen des zusammengeführten Dokuments enthalten sein soll. Sie können wie bei anderen Word-Dokumenten auch die Registerkarte *Einfügen* verwenden, um Tabellen, Bilder, Piktogramme und weitere Elemente in das Dokument einzufügen.
3. Öffnen Sie die Registerkarte *Sendungen* und klicken Sie in der Gruppe *Seriendruck starten* auf *Seriendruck starten.*
4. Wählen Sie im Menü den Dokumenttyp aus, den Sie erstellen möchten. Um einen Brief zu erstellen, klicken Sie hier auf *Briefe.*

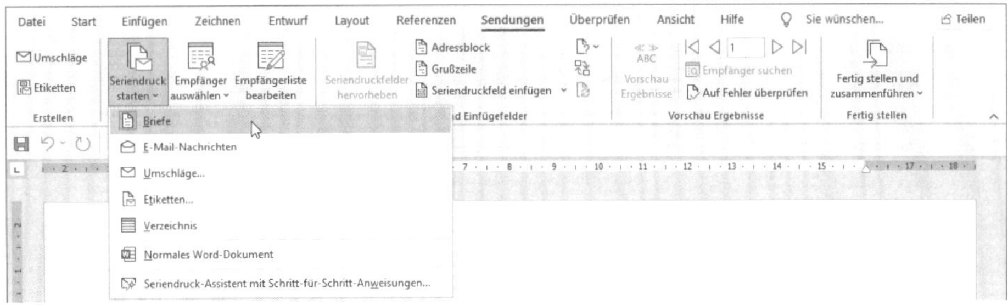

Abbildung 14.2: Klicken Sie auf die Schaltfläche Seriendruck starten, *um den Dokumenttyp festzulegen, den Sie erstellen wollen.*

Sie können mit der Seriendruckfunktion die folgenden Dokumenttypen erstellen:

- **Briefe** und **E-Mail-Nachrichten** Bei diesen beiden Optionen ist der Inhalt in allen Briefen oder E-Mails im Wesentlichen derselbe, aber Name, Adresse oder andere spezifische Daten hängen vom jeweiligen Empfänger ab.

- **Etiketten** Klicken Sie diesen Befehl an, damit Word das Dialogfeld *Etiketten einrichten* anzeigt. Dort können Sie den Hersteller und den Typ der Etiketten auswählen, die Sie bedrucken wollen. Word fügt hierfür dann eine Tabelle in das Dokument ein.

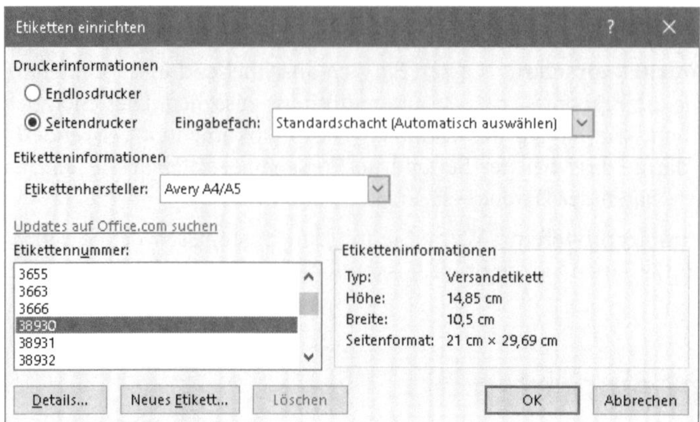

Abbildung 14.3: Wählen Sie für den Dokumenttyp Etiketten *in diesem Dialogfeld den Hersteller und den Typ der Etiketten aus.*

- **Umschläge** Wenn Sie den Befehl *Umschläge* anklicken, wird das Dialogfeld *Umschlagoptionen* angezeigt. Dort können Sie auf der Registerkarte *Umschlagoptionen* das *Umschlagformat* (beispielsweise DIN lang) auswählen und die Zeichenformatierungen festlegen. Bei den mit der Option *Umschläge* erstellten Seriendruckdokumenten ist die Absenderadresse auf allen Umschlägen identisch, die Empfängeradresse ist jedoch unterschiedlich. Die Absenderadresse geben Sie direkt in das Dokument ein, für die Empfängeradresse verwenden Sie Seriendruckfelder.

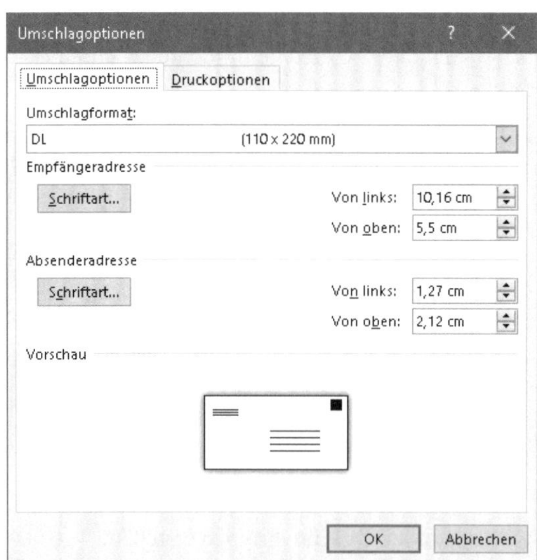

Abbildung 14.4: Im Dialogfeld Umschlagoptionen *wählen Sie das Format der Umschläge aus. Sie können auch die Position der Empfänger- und Absenderadresse ändern und die Zeichenformatierung für beide Elemente einstellen.*

- **Normales Word-Dokument** Wenn Sie die Option *Normales Word-Dokument* anklicken (die ausgewählt ist, bevor Sie den Dokumenttyp festlegen), können Sie aus einem Seriendruck-Hauptdokument wieder ein normales Word-Dokument machen. Die speziell für den Seriendruck erforderlichen Informationen (wie der Name der Datenquelle) werden dann aus dem Dokument entfernt.

Hinweis Den Aufgabenbereich *Seriendruck* verwenden Sie können für das Durchführen eines Seriendruckprojekts auch den Aufgabenbereich *Seriendruck* verwenden, der bereits in Word 2003 vorhanden war. Dieser Aufgabenbereich führt Sie Schritt für Schritt durch den Vorgang. Klicken Sie zum Verwenden des Aufgabenbereichs auf der Registerkarte *Sendungen* in der Gruppe *Seriendruck starten* auf *Seriendruck starten* und anschließend auf *Seriendruck-Assistent mit Schritt-für-Schritt-Anweisungen.* Dieses Kapitel beschreibt die Serienbrieferstellung anhand der Registerkarte *Sendungen.*

Fortsetzen eines Seriendruckprojekts

Wenn Sie die Arbeit an einem Seriendruckprojekt vorübergehend unterbrechen müssen, können Sie das Hauptdokument speichern und den Seriendruck zu einem späteren Zeitpunkt fortsetzen. Word speichert alle Informationen zum Seriendruck (wie den Namen der Datenquelle) gemeinsam mit dem Dokument, sodass Sie diese Informationen nicht erneut eingeben müssen. Um den Seriendruck fortzusetzen, öffnen Sie das Dokument wieder.

Während des Öffnens wird eine Meldung angezeigt, in der Sie aufgefordert werden, das Öffnen des Dokuments zu bestätigen. Daraufhin wird ein SQL-Befehl ausgeführt, durch den das Hauptdokument erneut mit der Datenquelle verbunden wird. Sie können dann die Registerkarte *Sendungen* anklicken und Ihre Arbeit fortsetzen.

Hauptdokument mit der Datenquelle verbinden

Im nächsten Schritt legen Sie fest, welche Datenquelle für das Hauptdokument verwendet werden soll.

1. Klicken Sie in der Gruppe *Seriendruck starten* auf die Schaltfläche *Empfänger auswählen.*

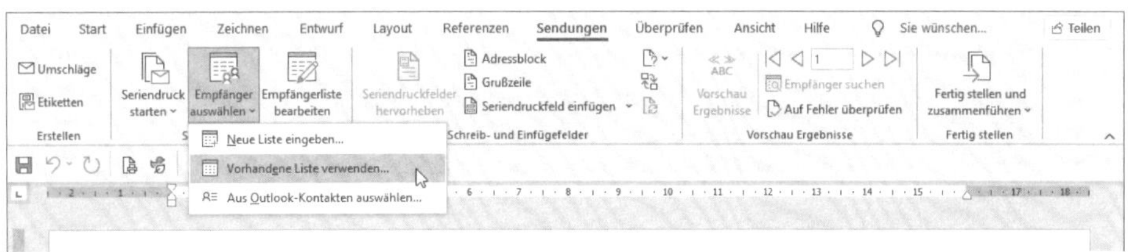

Abbildung 14.5: Klicken Sie in der Gruppe Seriendruck starten *auf* Empfänger auswählen *und legen Sie dann fest, woher die Daten kommen, die in dem Seriendruckprojekt verwendet werden.*

2. Wählen Sie eine der folgenden Optionen aus:
   - **Neue Liste eingeben** Wenn Sie bisher noch keine Datendatei erstellt haben, die Sie für den Seriendruck verwenden wollen, oder nur Word und nicht eine der Office-Suiten installiert haben, in denen auch Outlook enthalten ist, wählen Sie den Befehl

Word

Neue Liste eingeben aus. Word zeigt daraufhin ein Formular an, in dem Sie die Adressdaten eingeben können. Um einen weiteren Listeneintrag zu erstellen, klicken Sie die Schaltfläche *Neuer Eintrag* an.

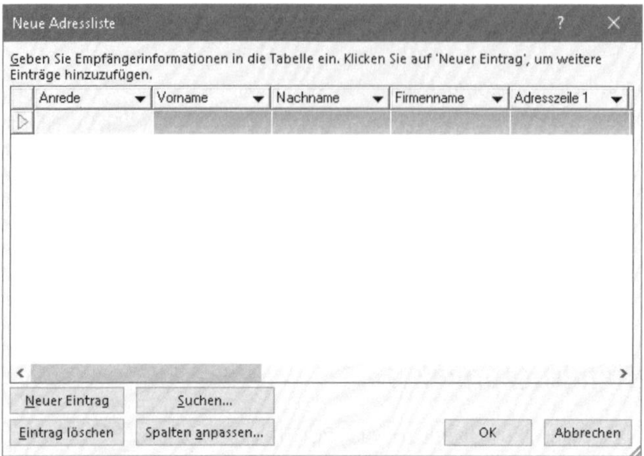

Abbildung 14.6: Geben Sie in dieses Formular die Adressdaten ein, die Sie für das Seriendruckprojekt benötigen.

Wenn Sie im Formular auf *OK* klicken, wird das Dialogfeld *Adressliste speichern* angezeigt. Geben Sie dort einen aussagekräftigen Namen für die Liste ein und klicken Sie dann auf *Speichern.* Die Adressliste wird im MDB-Format gespeichert, dem Dateiformat, das von Microsoft Access genutzt wird. Sie können diese Liste dann in anderen Seriendruckprojekten wiederverwenden.

- **Vorhandene Liste verwenden** Den Befehl *Vorhandene Liste verwenden* können Sie auswählen, wenn Sie bereits früher eine Office-Adressliste erstellt und gespeichert haben oder wenn die Daten in einem anderen Format vorliegen. Sie können in Word die unterschiedlichsten Formate (Word-Tabelle, Excel-Arbeitsblatt, Tabelle oder Abfrage in Access-Datenbank und viele weitere mehr) importieren und beim Seriendruck verwenden. Leider reicht in diesem Buch der Platz nicht aus, um all die verschiedenen Optionen vorzustellen.
- **Aus Outlook-Kontakten auswählen** Wenn Sie Ihre Adressen im Kontakteordner von Outlook verwalten, klicken Sie die Option *Aus Outlook-Kontakten auswählen* an.

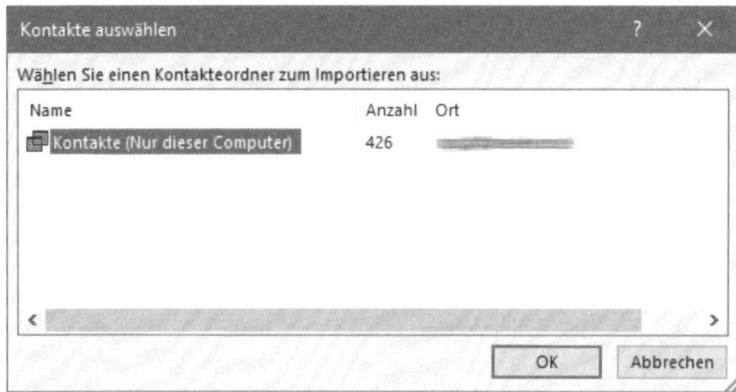

Abbildung 14.7: Wählen Sie in diesem Dialogfeld den Outlook-Kontakteordner aus, den Sie im aktuellen Seriendruckprojekt verwenden wollen.

Word zeigt daraufhin das Dialogfeld *Kontakte auswählen* an, in dem alle Kontakteordner aufgeführt werden, die in Ihrem Outlook-Profil vorhanden sind. Klicken Sie in der Liste zuerst die Kontakte an, die Sie verwenden wollen, und dann auf *OK*.

3. Nachdem Sie den gewünschten Kontakteordner ausgewählt haben, wird das Dialogfeld *Seriendruckempfänger* angezeigt. Dort können Sie die Empfängerliste bearbeiten und auswählen, wer den Serienbrief erhalten soll. Mehr hierzu finden Sie im folgenden Abschnitt.

Empfängerliste filtern und sortieren

Sie möchten nicht immer alle Datensätze, die in der Datenquelle vorhanden sind, auch tatsächlich mit dem Hauptdokument zusammenführen. Um festzulegen, wer das zusammengeführte Dokument erhalten soll, verwenden Sie das Dialogfeld *Seriendruckempfänger*.

1. Wenn nach der Auswahl der Datenquelle das Dialogfeld *Seriendruckempfänger* nicht automatisch angezeigt wird, klicken Sie in der Gruppe *Seriendruck starten* auf die Schaltfläche *Empfängerliste bearbeiten*.

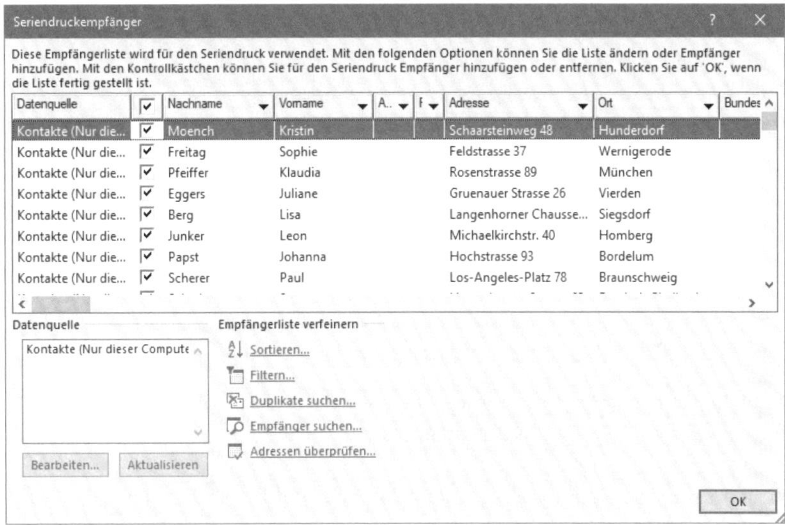

Abbildung 14.8: Im Dialogfeld Seriendruckempfänger *legen Sie fest, für welche Datensätze ein zusammengeführtes Dokument erstellt werden soll.*

2. Wenn Sie lediglich mit einer kurzen Adressliste arbeiten, können Sie die Empfänger auswählen, indem Sie die Kontrollkästchen neben den gewünschten Empfängern einschalten und die Kontrollkästchen neben den Einträgen deaktivieren, die Sie nicht in die Empfängerliste aufnehmen möchten.

Tipp Das Kontrollkästchen in der Überschrift der Liste verwenden Wenn Sie bereits wissen, dass Sie nur einige Datensätze in den Seriendruck aufnehmen möchten, können Sie das Kontrollkästchen in der Überschrift deaktivieren und dann gezielt die gewünschten Datensätze auswählen. Wenn Sie dagegen fast alle Datensätze aufnehmen möchten, aktivieren Sie das Kontrollkästchen in der Überschrift und deaktivieren dann die Kontrollkästchen für die Datensätze, die Sie ausschließen möchten.

3. Um die Liste nach einer bestimmten Spalte zu sortieren, klicken Sie auf die Spaltenüberschrift des Elements, nach dem Sie die Sortierung vornehmen möchten. Die Liste wird in aufsteigender alphabetischer Reihenfolge (A bis Z) sortiert. Klicken Sie erneut auf die Spaltenüberschrift, um die Liste in absteigender alphabetischer Reihenfolge zu sortieren (Z bis A).

   Sie können auch die Filterfunktionen verwenden, wenn die Liste Datensätze enthält, die nicht angezeigt werden bzw. nicht im Seriendruck enthalten sein sollen:
4. Klicken Sie unterhalb von *Empfängerliste verfeinern* auf *Filtern.*
5. Legen Sie auf der Registerkarte *Datensätze filtern* des Dialogfeldes *Filtern und sortieren* die Kriterien fest, die für den Filter verwendet werden sollen.

   Die Liste in Abbildung 14.8 enthält Adressen aus mehreren Ländern. Wenn Sie das Hauptdokument beispielsweise mit Adressen zusammenführen möchten, in denen Deutschland als Land/Region festgelegt ist, klicken Sie in der Liste *Feld* auf *Land/Region,* in der Liste *Vergleich* auf *Gleich* und geben dann in das Feld *Vergleichen mit* den Text **Deutschland** bzw. **DE** ein, je nachdem, wie Sie das Land in den Adressdaten eingegeben haben. Das sieht dann so aus, wie es die folgende Abbildung zeigt.

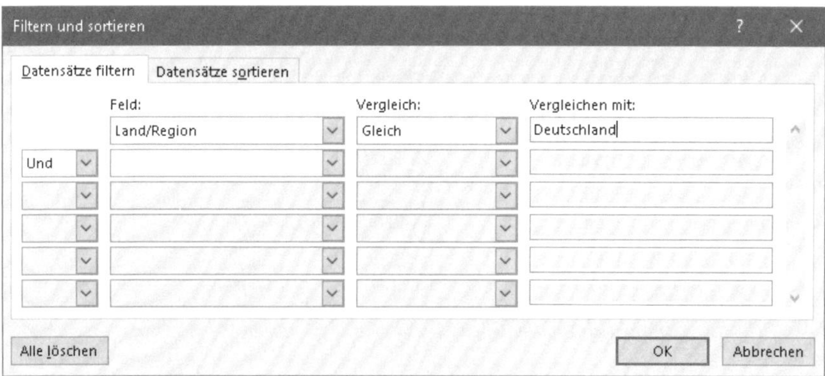

Abbildung 14.9: Auf der Registerkarte Datensätze filtern *können Sie Filterregeln festlegen und so bestimmte Personen aus der Empfängerliste ausschließen.*

6. Sie können den Filter weiter anpassen, indem Sie auf *Und* bzw. *Oder* klicken und dann weitere Kriterien angeben.
7. Schließen Sie das Dialogfeld *Seriendruckempfänger* mit einem Klick auf *OK.*

Sie können das Dialogfeld *Seriendruckempfänger* jederzeit erneut aufrufen, indem Sie die Schaltfläche *Empfängerliste bearbeiten* anklicken, falls Sie Änderungen an der Auswahl der Empfänger vornehmen möchten.

Platzhalter einfügen

Nachdem Sie das Gerüst des Hauptdokuments erstellt und die Seriendruckempfänger ausgewählt haben, können Sie sich nun an das Fertigstellen des Hauptdokuments machen und die Platzhalter einfügen. Dieser Abschnitt zeigt, wie Sie die Adresse in das Hauptdokument einfügen und wie Sie mit einer Regel eine geschlechtsabhängige Briefanrede (Sehr geehrter Herr, Sehr geehrte Frau) erstellen.

1. Setzen Sie die Einfügemarke im Hauptdokument an die Stelle, an der die Empfängeradresse stehen soll.
2. Klicken Sie auf der Registerkarte *Sendungen* in der Gruppe *Schreib- und Einfügefelder* auf *Adressblock*. Word zeigt das Dialogfeld *Adressblock einfügen* an (siehe Abbildung 14.10).

   Das Seriendruckfeld *Adressblock* ist ein zusammengesetzter Platzhalter, in dem mehrere Felder der Datenquelle miteinander kombiniert und zu einem Seriendruckfeld gruppiert werden. Das Seriendruckfeld *Adressblock* kombiniert u. a. die Felder *Vorname, Nachname, Adresse, Postleitzahl* und *Stadt.*

   Über das Dialogfeld *Adressblock einfügen* können Sie festlegen, welche Adresselemente im Adressblock enthalten sein sollen, und weitere Formatierungsmerkmale bestimmen.

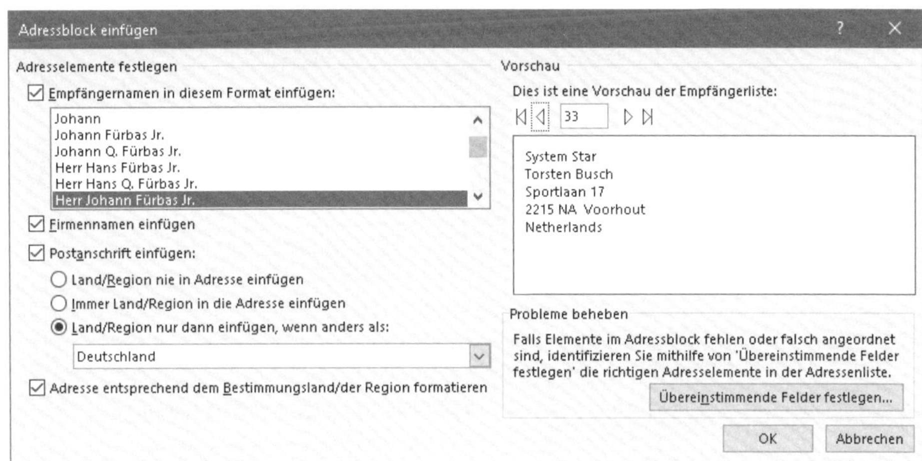

Abbildung 14.10: Im Dialogfeld Adressblock einfügen *können Sie die Adresselemente auswählen, die in der Adresse enthalten sein sollen, und einige Formateinstellungen vornehmen.*

3. Klicken Sie in der Liste *Empfängernamen in diesem Format einfügen* die Option an, die Sie verwenden wollen. Bei manchen der Formate werden der Vor- und der Nachname verwendet; andere wiederum verwenden nur den Nachnamen und ergänzen diesen dann mit *Herrn* und *Frau* oder *Familie.* Das Feld *Vorschau* zeigt eine Vorschau des ausgewählten Formats an.

Tipp

Andere Adresse im Vorschaufeld anzeigen lassen Das Feld *Vorschau* verwendet keine fiktiven, sondern die realen Adressen, die in der Datenquelle des aktuellen Seriendruckprojekts enthalten sind. Auch die Filter- und Sortieroptionen, die Sie eingestellt haben, werden berücksichtigt. Daher können Sie die Pfeilschaltflächen oberhalb des Vorschaufeldes verwenden, um eine andere Adresse der aktuellen Empfängerliste anzeigen zu lassen.

4. Wenn der Firmenname nicht in der Anschrift enthalten sein soll, schalten Sie das Kontrollkästchen *Firmennamen einfügen* aus. Anderenfalls lassen Sie es eingeschaltet.
5. Mit den Optionsfeldern unterhalb von *Postanschrift einfügen* können Sie festlegen, ob und wann das Empfängerland in die Adresse eingefügt werden soll.

6. Die Postanschrift besitzt in den verschiedenen Ländern ein anderes Format. Wenn Sie möchten, dass die Adresse so formatiert wird, wie es im Land des Empfängers Standard ist, lassen Sie das Kontrollkäschen *Adresse entsprechend dem Bestimmungsland/der Region formatieren* eingeschaltet.
7. Klicken Sie auf *OK*.

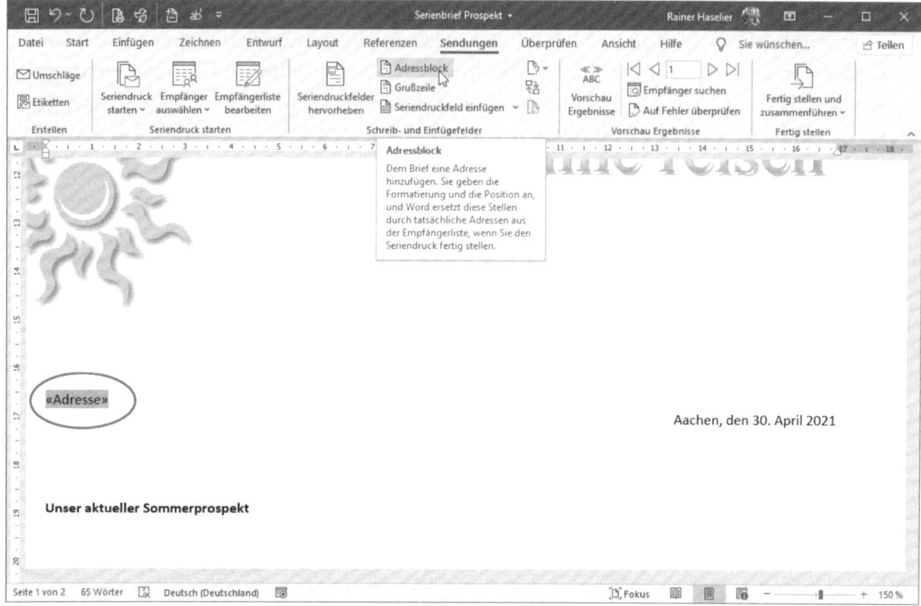

Abbildung 14.11: Der Platzhalter «Adresse» *wurde in das Hauptdokument eingefügt.*

In das Dokument wird der Platzhalter **«Adresse»** eingefügt. Die Platzhalter werden immer von den Zeichen «» eingeschlossen.

8. Klicken Sie in der Gruppe *Schreib- und Einfügefelder* auf *Seriendruckfelder hervorheben*. Das Seriendruckfeld **«Adresse»** wird nun grau unterlegt. So können Sie die Seriendruckfelder besser von dem normalen Text des Hauptdokuments unterscheiden.

Verwenden einer Regel

Neben dem kombinierten Seriendruckfeld *Adressblock* können Sie auch einzelne Felder der Datenquelle in das Hauptdokument einfügen. Außerdem ist es möglich, Regeln festzulegen und so den Vorgang des Zusammenführens genauer einzustellen. Dieser Abschnitt zeigt exemplarisch, wie das geht. Hierzu soll zwischen der Betreffzeile im Brief und dem eigentlichen Text eine persönliche Anrede (Sehr geehrte ...) eingefügt werden, die berücksichtigt, ob der Empfänger eine Frau oder ein Mann ist.

1. Setzen Sie die Einfügemarke im Hauptdokument an die Stelle, an der die Grußformel stehen soll.
2. Klicken Sie in der Gruppe *Schreib- und Einfügefelder* auf die Schaltfläche *Regeln* und dann auf *Wenn... Dann... Sonst...*

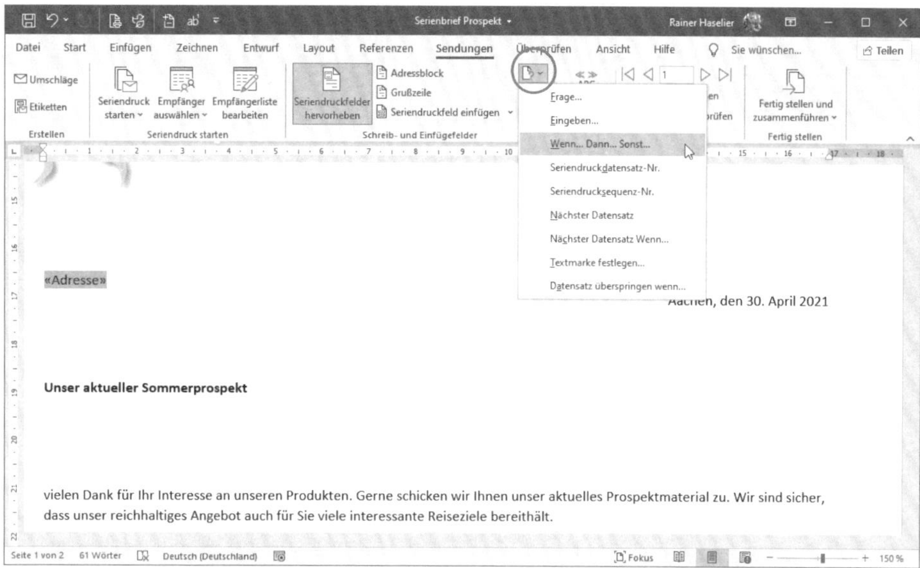

Abbildung 14.12: Über die Schaltfläche Regeln *können Sie beispielsweise Bedingungen festlegen, die das Zusammenführen beeinflussen.*

Im Dialogfeld *Bedingungsfeld einfügen: WENN* können Sie nun die Regel festlegen, die je nach Geschlecht des Empfängers entweder den Text *Sehr geehrte Frau* oder *Sehr geehrter Herr* beim Zusammenführen einfügt (siehe Abbildung 14.13).

3. Wählen Sie in der Liste *Feldname* den Eintrag *Geschlecht* und im Feld *Vergleich* den Eintrag *Gleich* aus.
4. Geben Sie in das Feld *Vergleichen mit* eine **1** ein, wenn Sie als Empfängerliste die Outlook-Kontakte verwenden. (Wenn Sie in Outlook als Geschlecht weiblich eintragen, speichert Outlook hierfür intern eine 1 ab, für männlich eine 2. Wenn Sie eine andere Datenquelle verwenden, müssen Sie hier den Text eingeben, anhand dessen weibliche Empfänger identifiziert werden können.)

Tipp Geschlecht für Outlook-Kontakt eintragen Damit die Bedingung wie oben beschrieben ausgewertet werden kann, muss in der Datenquelle das Feld *Geschlecht* enthalten sein. Um das Geschlecht für einen Outlook-Kontakt festzulegen, öffnen Sie den Kontakt, klicken auf der Registerkarte *Kontakt* auf *Alle Felder* und wählen dann in der Liste *Auswählen aus* den Eintrag *Persönliche Felder* aus. Das Feld *Geschlecht* befindet sich im oberen Bereich der Eingabemaske.

Word

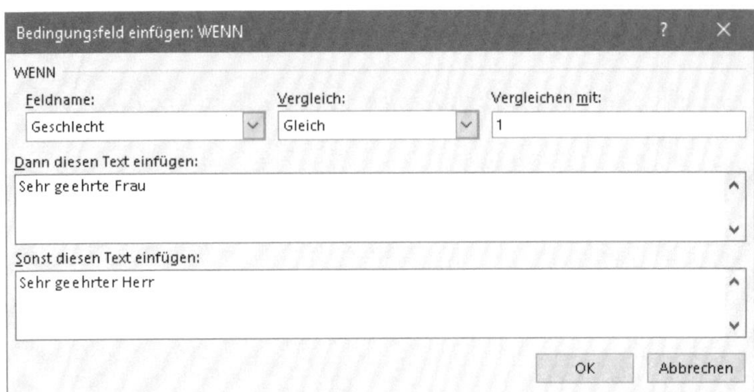

Abbildung 14.13: Legen Sie hier die Bedingung und die Texte fest, die in Abhängigkeit von der Auswertung der Bedingung eingefügt werden sollen.

5. Geben Sie in das Feld *Dann diesen Text einfügen* **Sehr geehrte Frau** und in das Feld *Sonst diesen Text einfügen* **Sehr geehrter Herr** ein. Schließen Sie das Dialogfeld mit *OK*. Word fügt die Regel in das Hauptdokument ein.
6. Jetzt fehlt in der Grußzeile lediglich noch der Nachname. Setzen Sie die Einfügemarke hinter die soeben eingefügte Regel, geben Sie ein Leerzeichen ein und klicken Sie dann in der Gruppe *Schreib- und Einfügefelder* auf den Pfeil der Schaltfläche *Seriendruckfeld einfügen*.

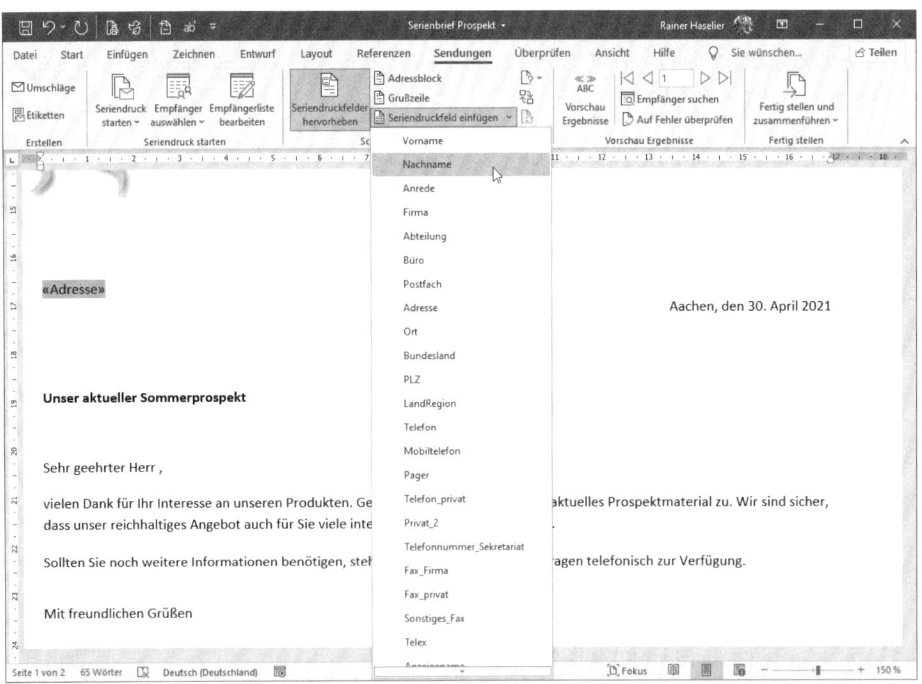

Abbildung 14.14: Mit dieser Liste können Sie alle Seriendruckfelder auswählen und in das Hauptdokument einfügen, die in der Datenquelle enthalten sind.

7. Klicken Sie auf *Nachname*.
8. Ergänzen Sie hinter dem Seriendruckfeld **«Nachname»** ein Komma.

Damit sind die Arbeiten am Hauptdokument für das Beispiel-Seriendruckprojekt abgeschlossen.

Hinweis Hervorheben der Regelfelder Standardmäßig werden die Regeln nicht hervorgehoben dargestellt, auch dann nicht, wenn Sie die Schaltfläche *Seriendruckfelder hervorheben* eingeschaltet haben. Damit die Regelfelder auf dem Bildschirm mit einer Schattierung angezeigt werden, klicken Sie auf die Registerkarte *Datei* und dann auf *Optionen*. Wechseln Sie im Dialogfeld *Word-Optionen* zur Seite *Erweitert* und scrollen Sie zur Gruppe *Dokumentinhalt anzeigen*. Öffnen Sie die Liste *Feldschattierung* und wählen Sie dort den Eintrag *Immer* aus.

Seriendruckvorschau verwenden

Um sich vor dem tatsächlichen Zusammenführen von Hauptdokument und Datenquelle die Ergebnisse auf dem Bildschirm anzusehen und so eventuelle Fehler erkennen und beheben zu können, verwenden Sie die Seriendruckvorschau.

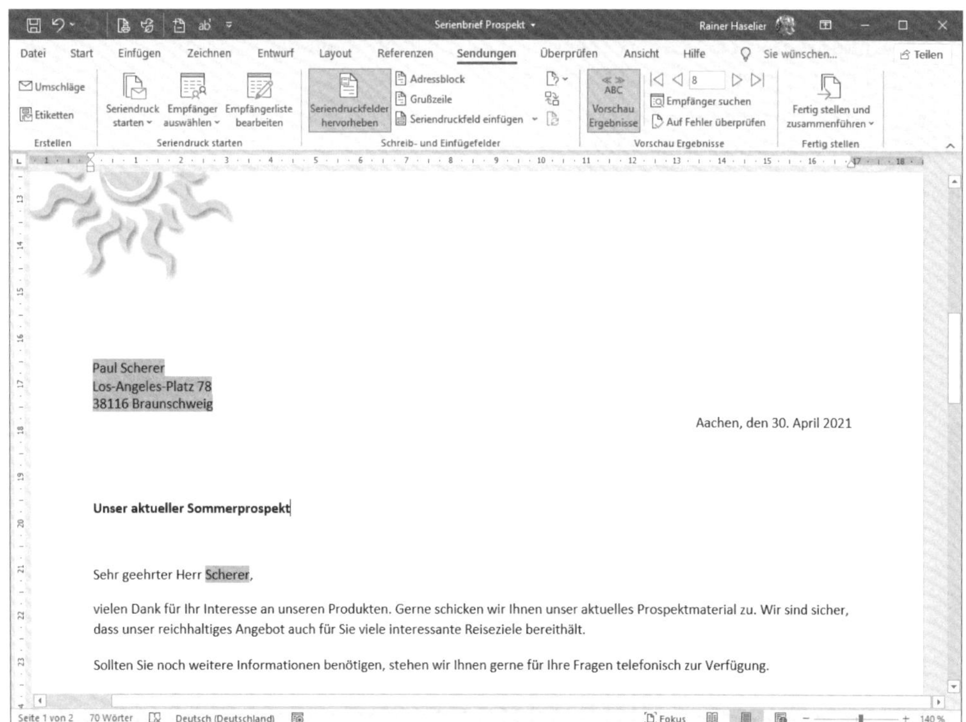

Abbildung 14.15: Die Seriendruckvorschau zeigt die Dokumente so an, wie sie beim Zusammenführen ausgedruckt würden.

Klicken Sie dazu in der Gruppe *Vorschau Ergebnisse* auf die gleichnamige Schaltfläche. Word zeigt dann das Dokument so an, wie es nach dem Zusammenführen ausgedruckt würde. Mit den Navigationsschaltflächen in der Gruppe *Vorschau Ergebnisse* können Sie sich alle Empfänger anzeigen lassen, die in der Adressliste enthalten sind.

Um zur Bearbeitung des Hauptdokuments zurückzukehren, klicken Sie die Schaltfläche *Vorschau Ergebnisse* ein weiteres Mal an.

Zusammenführen und drucken

Wenn die Seriendruckvorschau keine Probleme ergeben hat, können Sie im letzten Schritt das Hauptdokument mit der Datenquelle zusammenführen lassen.

1. Klicken Sie in der Gruppe *Fertig stellen* die Schaltfläche *Fertig stellen und zusammenführen* an. Ein kleines Menü wird geöffnet.
2. Wählen Sie eine der folgenden Optionen:
   - **Einzelne Dokumente bearbeiten** Klicken Sie diese Option an, wenn Word aus den zusammengeführten Daten ein neues Dokument erstellen soll. Sie können so die Dokumente einzeln bearbeiten und verwenden dann den normalen *Drucken*-Befehl, um die Dokumente auszudrucken.
   - **Dokumente drucken** Wählen Sie diesen Befehl, wenn die zusammengeführten Dokumente direkt ausgedruckt werden sollen.
   - **E-Mail-Nachrichten senden** Mit dieser Option können Sie das Seriendruckprojekt zusammenführen und per E-Mail versenden lassen.

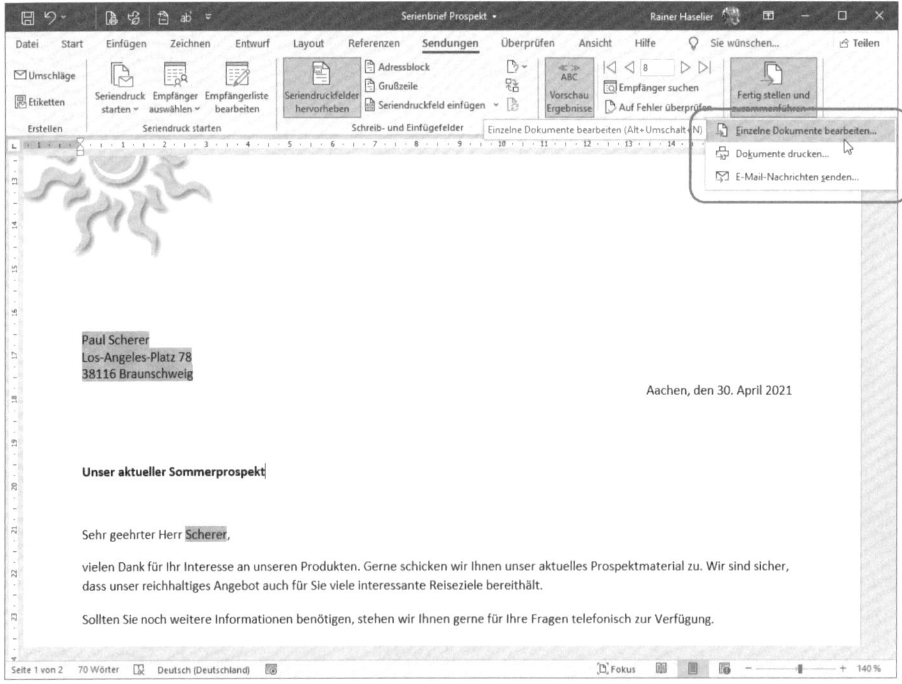

Abbildung 14.16: In dem kleinen Menü legen Sie fest, was als Nächstes getan werden soll.

3. Wenn Sie eine der ersten beiden Optionen ausgewählt haben, wird das Dialogfeld *Seriendruck in neues Dokument* angezeigt, in dem Sie die Datensätze auswählen können, die zusammengeführt werden sollen. Bei einem E-Mail-Seriendruckprojekt können Sie zusätzlich noch die Betreffzeile und das E-Mail-Format festlegen.

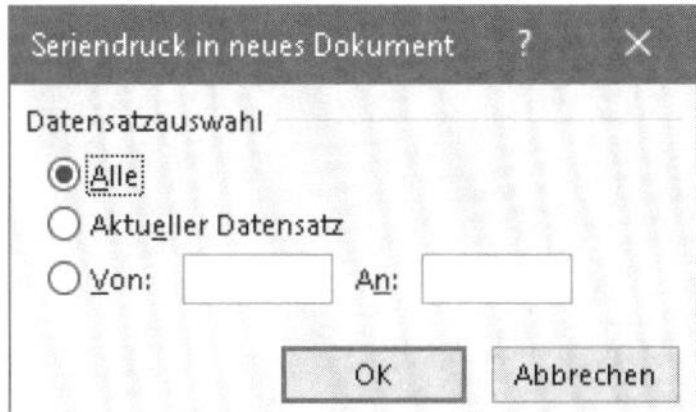

Abbildung 14.17: Hier können Sie die Datensätze auswählen, die zusammengeführt werden sollen.

4. Klicken Sie auf *OK*.

Kapitel 15

Eigene Vorlagen erstellen

Für alle, die projekt- oder firmenbezogene Dokumentvorlagen erstellen wollen, ist das Verständnis des dahinter stehenden Konzepts ein absolutes Muss. Leider schrecken immer noch zu viele Word-Anwender davor zurück, sich in das Konzept der Dokumentvorlagen einzuarbeiten. Dass sie dadurch Word mit angezogener Handbremse benutzen, ist ihnen dabei oft gar nicht bewusst.

Dieses Kapitel beschreibt daher an einem Beispiel Schritt für Schritt, wie Sie eine Dokumentvorlage erstellen und vermittelt im zweiten Teil das notwendige Wissen, das für die Planung und den optimalen Einsatz von Dokumentvorlagen erforderlich ist.

Eigene Vorlage erstellen

Das Erstellen einer Vorlage gleicht im Wesentlichen dem Erstellen eines »normalen« Dokuments. Sie können eine Vorlage formatieren wie ein Dokument, Grafiken einfügen, Bausteine erstellen, Seitenabmessungen eintragen, Kopf- und Fußzeilen definieren usw. Somit können Sie beim Erstellen einer Vorlage auch eine der drei folgenden Methoden verwenden:

- Erstellen Sie ein neues leeres Dokument.
- Verwenden Sie eine der Vorlagen, die zum Lieferumfang von Word gehören, als Grundlage für Ihre angepasste Vorlage.
- Basieren Sie Ihre Vorlage auf einem bestehenden Dokument.

Wir wollen in diesem Kapitel die dritte Variante wählen und haben ein Dokument vorbereitet, das ein Anschreiben für den Prospektversand eines Reisebüros enthält.

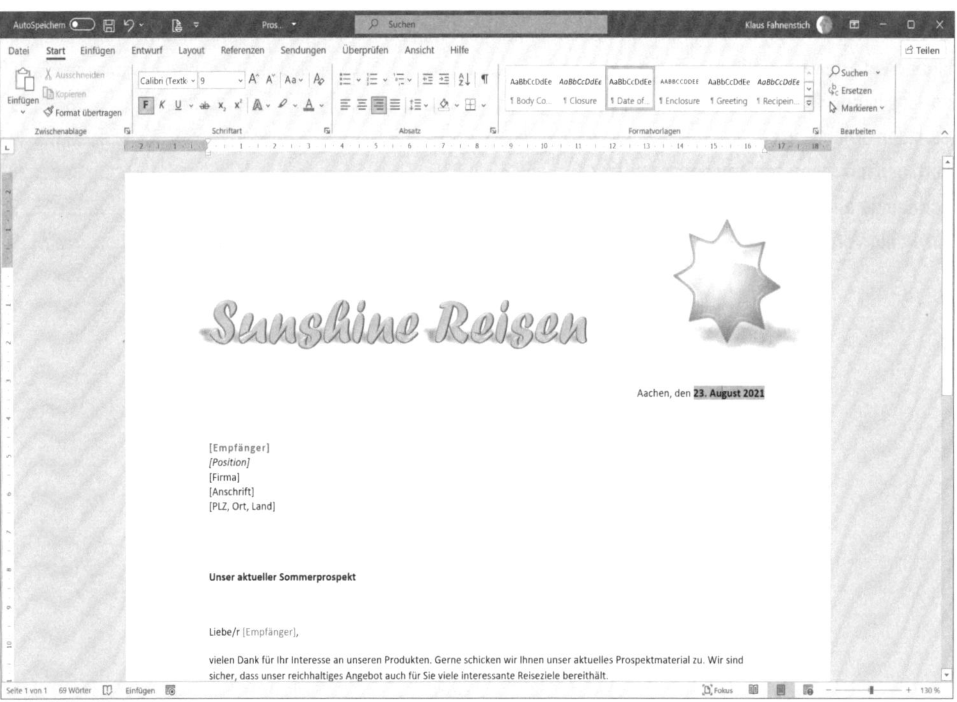

Abbildung 15.1: Das vorbereitete Dokument mit dem Anschreiben für einen Prospektversand

Im Laufe des Kapitels werden Sie das Dokument laden, einige Änderungen daran vornehmen, es als Vorlage speichern und abschließend diese Vorlage für ein neues Dokument verwenden.

1. Wechseln Sie in die Backstage-Ansicht und gehen Sie auf die Seite *Öffnen*.
2. Wechseln Sie in den Ordner, in den Sie die Beispieldateien für dieses Buch gespeichert haben.
3. Öffnen Sie die Datei mit dem Namen *Prospektanforderung, Start*.

Oben auf der Seite sehen Sie den auffällig formatierten Firmennamen und das Firmenlogo. Unterhalb des Logos wird ein Datum angezeigt, das später automatisch aktualisiert werden soll. Damit das funktioniert, haben wir die Feldfunktion *CREATEDATE* mit den entsprechenden Schaltern eingefügt. Die graue Schattierung zeigt an, dass es sich hierbei um ein Feld und nicht um normalen Text handelt; damit Felder so angezeigt werden, muss die Option *Erweitert/Dokumentinhalt anzeigen/Feldschattierung* auf *Immer* oder auf *Wenn ausgewählt* eingestellt sein.

Die Eingabefelder für die Empfängeranschrift sind *Inhaltssteuerelemente.* Zum Eingeben der Anschrift klicken Sie die Felder einfach der Reihe nach an und geben die jeweiligen Daten ein. Hinter dem Feld für den Empfängernamen verbirgt sich übrigens die Dokumenteigenschaft *Betreff.* Durch diesen kleinen Griff in die Trickkiste haben wir erreicht, dass eine Eingabe in dieses Feld automatisch in seinen Doppelgänger in der Anredezeile übernommen wird. Dieser Mechanismus funktioniert von Haus aus nämlich nur mit Dokumenteigenschaften.

Um die Vorlage noch etwas zu vervollständigen, wollen wir sie in den nächsten Schritten noch um ein weiteres Feld ergänzen. Mit ihm soll später beim Erstellen eines neuen Dokuments, das auf dieser Vorlage basiert, der Name des Benutzers aufgenommen werden, der in den Word-Optionen in der Rubrik *Allgemein* im Feld *Benutzername* eingetragen ist. Dadurch wird die Vorlage personalisiert, das heißt, sie kann von verschiedenen Benutzern verwendet werden, wobei jeder Benutzer ein individuelles Dokument erstellt, das seinen Namen enthält.

4. Scrollen Sie an das Ende des Dokuments und setzen Sie die Einfügemarke in den leeren Absatz unterhalb der Zeile »Mit freundlichen Grüßen«. Am besten schalten Sie dazu die Anzeige der Formatierungszeichen ein (entweder mit dem Shortcut Strg+* oder via Registerkarte *Start*/Gruppe *Absatz*/Schaltfläche *Alle anzeigen).*
5. Wechseln Sie auf die Registerkarte *Einfügen.*
6. Öffnen Sie das Menü der Schaltfläche *Schnellbausteine* und wählen Sie den Befehl *Feld.*
7. Wählen Sie in der Liste *Kategorien* den Eintrag *Benutzerinformationen* und markieren Sie dann in der Liste *Feldnamen* die Option *UserName.*

Word

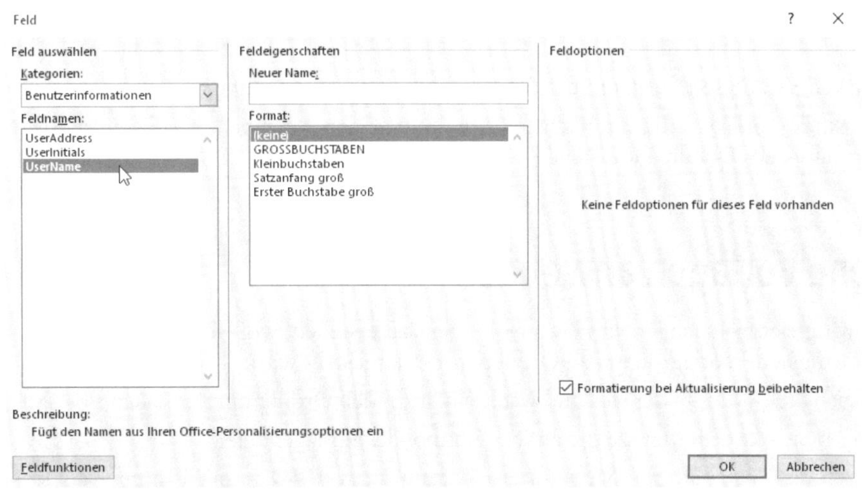

Abbildung 15.2: Einfügen des Benutzernamens

8. Klicken Sie auf *OK,* um das Feld einzufügen.

   Damit hat die Vorlage ihre endgültige Fassung erreicht und kann gespeichert werden.
9. Wechseln Sie dazu in die Backstage-Ansicht und klicken Sie auf der Seite *Speichern unter* auf *Durchsuchen.* Das Dialogfeld *Speichern unter* erscheint.

10. Stellen Sie im Dialogfeld als Dateityp *Word-Vorlage* ein. Word springt dann automatisch in den Ordner, der für das Speichern von benutzerdefinierten Vorlagen vorgesehen ist. Wenn Sie möchten, können Sie den Ordner jetzt wechseln, aber für einen ersten Test belassen wir es bei der Voreinstellung. Auf jeden Fall müssen Sie sich den Ordner merken, damit Sie ihn gleich wiederfinden.
11. Geben Sie einen Dateinamen für die Vorlage ein.
12. Schalten Sie die Option *Miniatur speichern* ein, falls sie nicht aktiviert sein sollte.

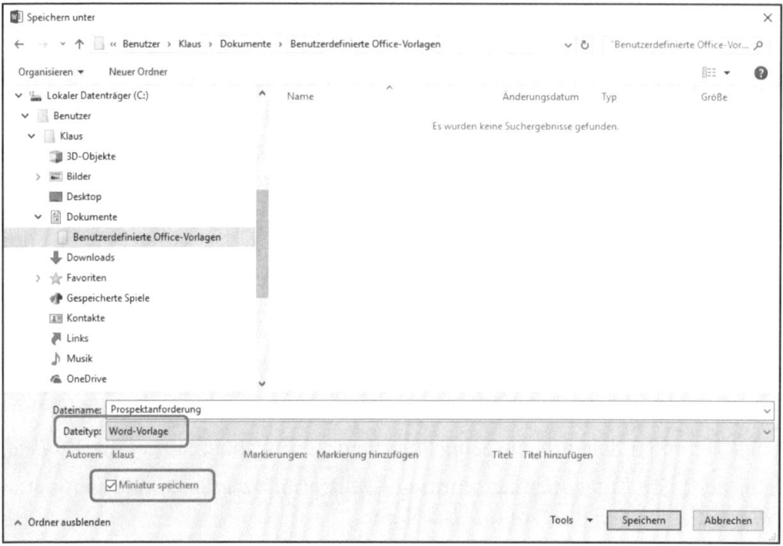

Abbildung 15.3: Speichern des Dokuments als Vorlage

13. Klicken Sie auf *Speichern*, um den Vorgang zu beenden und schließen Sie die Vorlage.

Damit ist die Vorlage fertig. Im nächsten Abschnitt zeigen wir Ihnen, wie Sie auf Basis dieser Vorlage ein neues Dokument erstellen können.

Eigene Vorlagen anwenden

Bevor wir gleich versuchen, ein neues Dokument zu erstellen, wollen wir uns zunächst ansehen, wie die neue Vorlage in einem Ordnerfenster dargestellt wird:

1. Öffnen Sie ein Ordnerfenster und wechseln Sie in den Ordner mit der neuen Vorlage.
2. Zeigen Sie mit dem Mauszeiger auf das Symbol der Vorlagendatei.

   Durch das Speichern der Miniaturansicht kann man der Datei nicht immer direkt ansehen, dass es sich bei ihr um eine Word-Vorlage handelt. Erst wenn Sie mit der Maus auf das Symbol zeigen, können Sie anhand des Tooltipps den Dateityp erkennen. Wenn Sie eine Vorlage ohne Miniaturansicht speichern, erhält sie ein Symbol, das einen Abreißblock darstellt (wie oben im Bild bei der Datei *Ohne Miniaturansicht)*.

   Falls Sie im Ordnerfenster für die Ansicht der Symbole eine der Einstellungen *Kleine Symbole, Liste* oder *Details* verwenden, tritt das Problem nicht auf, da in diesem Fall keine Miniaturansichten für die Dateien angezeigt werden.

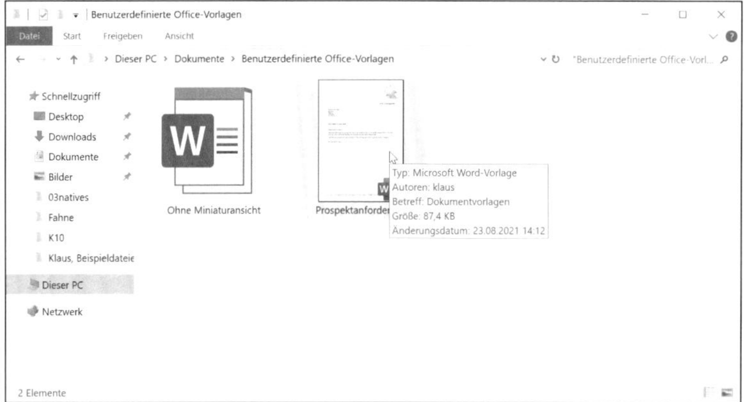

Abbildung 15.4: Darstellung von Vorlagen im Ordnerfenster

3. Klicken Sie das Symbol der Vorlage *Prospektanforderung* mit der rechten Maustaste an, um das Kontextmenü der Datei anzuzeigen.

   Wie Sie sehen, ist der Befehl *Neu* im Kontextmenü in fetter Schrift dargestellt. Das bedeutet, dass genau dieser Befehl ausgeführt wird, wenn Sie auf dem Symbol doppelklicken. Wenn Sie interessehalber das Kontextmenü eines normalen Word-Dokuments aufrufen, werden Sie feststellen, dass dort der Befehl *Öffnen* hervorgehoben wird.
4. Doppelklicken Sie auf dem Symbol der Vorlage.
5. Überprüfen Sie, ob im oberen Bereich das aktuelle Datum angezeigt wird.
6. Scrollen Sie nach unten und sehen Sie nach, ob unter der Grußformel Ihr Name erscheint.
7. Füllen Sie nun auch die Felder für die Adressangabe aus und überzeugen Sie sich davon, dass der Name des Empfängers wie versprochen automatisch in der Anredeformel übernommen wird. Nicht benötigte Adressfelder können Sie wie normalen Text löschen.
8. Speichern Sie das fertige Dokument.

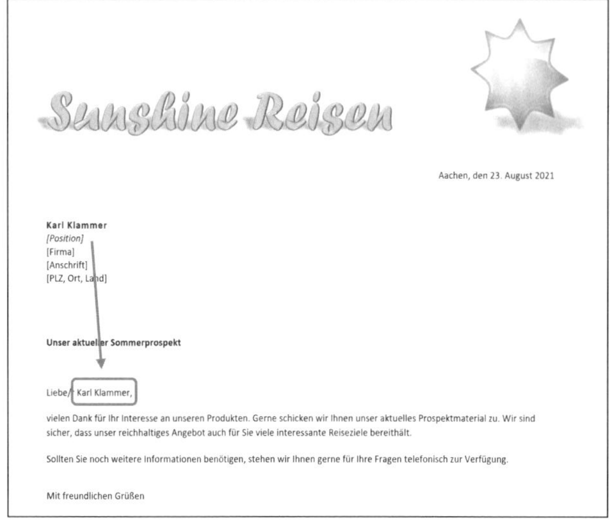

Abbildung 15.5: Die fertige Vorlage im Einsatz

Word

Vorlage in den Vorlagenordner kopieren

Die gerade vorgestellte Methode, um aus einer Vorlage ein neues Dokument zu erstellen, ist natürlich noch nicht der Weisheit letzter Schluss. Ein Anwender würde selbstverständlich erwarten, dass er die Vorlage in der Backstage-Ansicht auf der Seite *Neu* vorfindet.

Damit das funktioniert, müssen Sie Word unter Umständen noch explizit mitteilen, in welchem Ordner sich Ihre Vorlagen befinden. Am besten wählen Sie dazu den Ordner, den Word beim Speichern einer Vorlage von sich aus vorschlägt, Sie können aber auch jeden anderen Ordner auf Ihrem Computer nutzen.

Der Standardordner für Vorlagen ist allerdings gut versteckt und wird sogar – je nach aktueller Konfiguration Ihres Rechners – noch nicht einmal im Ordnerfenster angezeigt. Mit dem folgenden kleinen Trick kommen Sie dem Ordner jedoch schnell auf die Spur:

1. Erstellen Sie ein neues leeres Dokument und rufen Sie das Dialogfeld *Speichern unter* auf.
2. Wählen Sie den Dateityp *Word Vorlage*. Word wechselt automatisch in den richtigen Ordner.
3. Markieren Sie den Pfad des Ordners in der Adressleiste des Dialogfeldes und kopieren Sie ihn in die Zwischenablage (z. B. mit Rechtsklick und Kopieren).
4. Schließen Sie das Dialogfeld mit *Abbrechen*.
5. Öffnen Sie die Word-Optionen (Backstage-Ansicht/*Optionen*) und fügen Sie den kopierten Pfad auf der Seite *Speichern* in das Feld *Standardspeicherort für persönliche Vorlagen* ein.
6. Wenn Sie jetzt in der Backstage-Ansicht auf die Seite *Neu* gehen, tauchen dort die beiden neuen Einträge *Empfohlen* (bzw. Office) und *Persönlich* auf. Klicken Sie auf *Persönlich*, um Ihre neue Vorlage anzuzeigen.

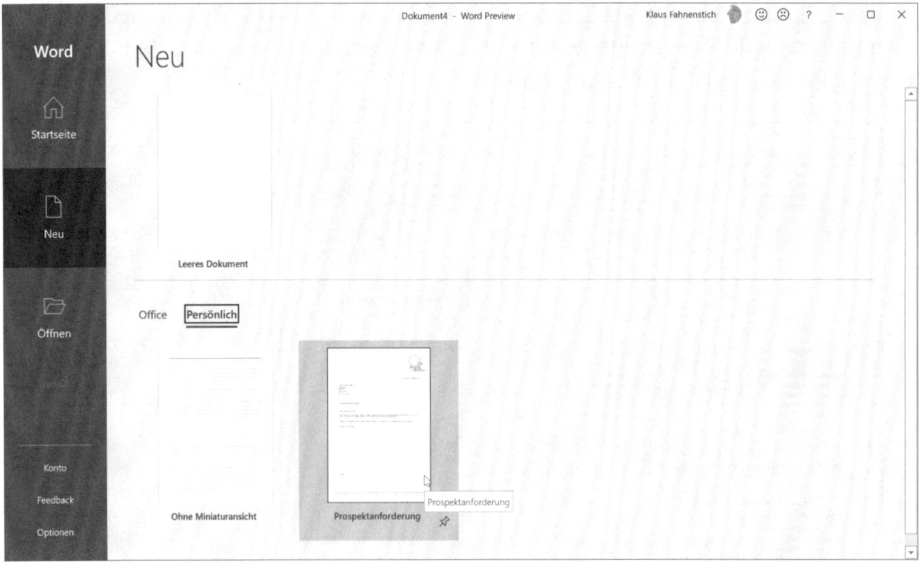

Abbildung 15.6: Die Vorlage lässt sich nun auf dem gewohnten Weg nutzen.

Vorlagen organisieren

Wenn Sie viele Vorlagen erstellt haben, kann es im Laufe der Zeit im Vorlagenordner etwas unübersichtlich werden. Doch auch hierfür gibt es eine Lösung: Wenn sich in den Vorlagenordnern weitere Ordner befinden, tauchen sie automatisch auf der Seite *Neu* auf (sofern sich in ihnen Vorlagen befinden!). Das gilt sowohl für den Vorlagenordner auf Ihrem Computer als auch für den Ordner mit den Arbeitsgruppenvorlagen, den wir Ihnen im nächsten Abschnitt vorstellen.

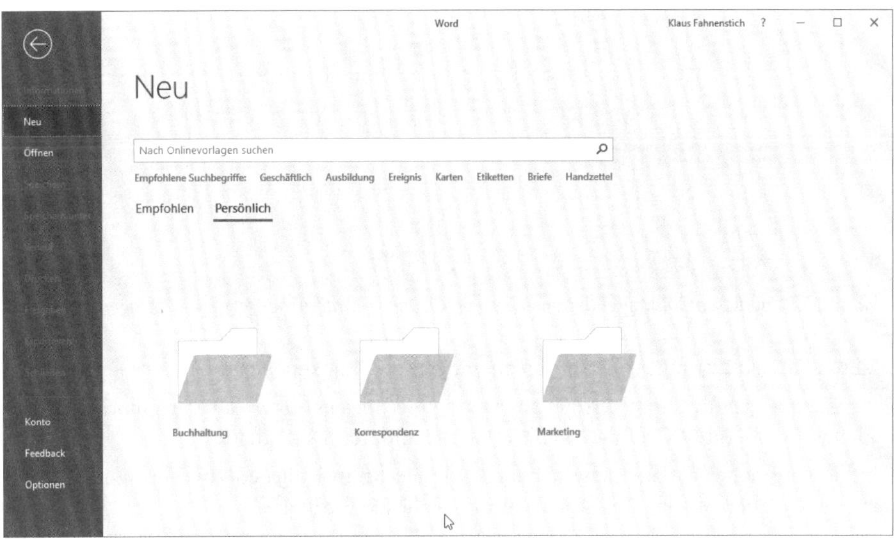

Abbildung 15.7: Unterordner werden nur angezeigt, wenn sie mindestens eine Vorlage enthalten.

Word

Vorlagen mit mehreren Anwendern nutzen

Word kennt zwei spezielle Ordner, in denen Sie Ihre Vorlagen ablegen können: den Ordner für Benutzervorlagen und den Ordner für die Arbeitsgruppenvorlagen. Der *Benutzer*-Ordner ist für Vorlagen gedacht, mit denen nur Sie allein arbeiten und befindet sich normalerweise auf dem eigenen PC. Diesen Ordner haben Sie im letzten Abschnitt kennengelernt.

Ist ein PC in einem Netzwerk eingebunden, existiert in der Regel auf dem Server ein Verzeichnis, in dem Vorlagen abgelegt sind, die von allen Mitarbeitern benutzt werden sollen. Dieses Verzeichnis wird in Word als *Arbeitsgruppen*-Ordner bezeichnet. Die gemeinsame Nutzung der Vorlagen hat den Vorteil, dass zum einen alle Mitarbeiter von den Komfortmerkmalen der Vorlagen profitieren können und dass alle Dokumente ein einheitliches Layout erhalten.

Damit Word den Arbeitsgruppen-Ordner verwendet, müssen Sie zunächst angeben, wo sich dieser Ordner befindet. Das erledigen Sie mit folgenden Schritten:

1. Öffnen Sie ein beliebiges Dokument oder erstellen Sie ein leeres Dokument.
2. Klicken Sie in der Backstage-Ansicht auf *Optionen* und wechseln Sie dort in die Kategorie *Erweitert*.

3. Dort finden Sie in der unteren Hälfte, in der Gruppe *Allgemein*, die Schaltfläche *Dateispeicherorte*. Klicken Sie diese Schaltfläche an, um das folgende Dialogfeld anzuzeigen. Diese Schaltfläche ist nur aktiv, wenn ein Dokument geladen ist!

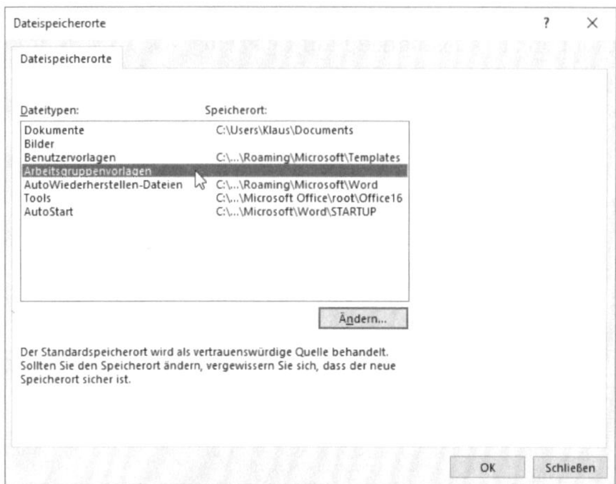

Abbildung 15.8: In diesem Dialogfeld können Sie den Ordner für die Arbeitsgruppenvorlagen festlegen.

4. Markieren Sie den Eintrag *Arbeitsgruppenvorlagen* und klicken Sie auf *Ändern*.
5. Zeigen Sie den gewünschten Ordner im Dialogfeld *Speicherort ändern* an, markieren ihn und klicken dann auf *OK*. Schließen Sie auch die anderen Dialogfelder.
6. Wenn Sie eine neue Vorlage erstellt haben, die Sie Ihren Kollegen zur Verfügung stellen wollen, verschieben Sie die Dokumentvorlage in diesen Ordner.
7. Rufen Sie in der Backstage-Ansicht die Seite *Neu* auf, um zu prüfen, ob die Ordner dort auftauchen. Hinweis: Word zeigt einen Ordner nur dann an, wenn sich darin auch tatsächlich eine Vorlage befindet.

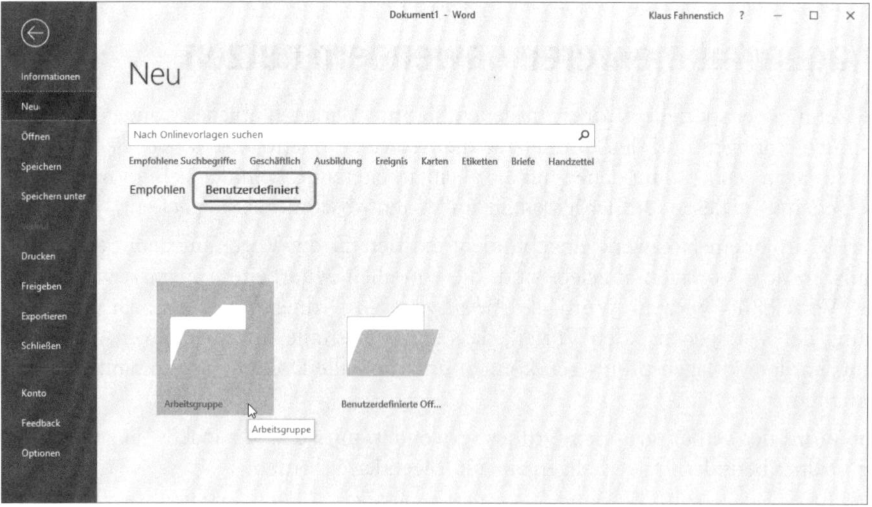

Abbildung 15.9: Die Seite Neu, *nachdem ein Verzeichnis für die Arbeitsgruppenvorlagen angegeben wurde*

Beachten Sie, dass in der Backstage-Ansicht auf der Seite *Neu* der Link *Persönlich* durch *Benutzerdefiniert* ersetzt wurde. Ein Klick auf den neuen Link zeigt zunächst zwei Ordner an: einen für die Arbeitsgruppenvorlagen und einen für die benutzerdefinierten Vorlagen. Um Ihren Anwendern an dieser Stelle die Orientierung zu erleichtern, sollten Sie dem Arbeitsgruppenordner einen entsprechend aussagekräftigen Namen geben.

Profitipp: Arbeitsgruppenvorlagen-Verzeichnis entfernen

Falls Sie die Verzeichnisangabe für die Arbeitsgruppenvorlagen wieder löschen wollen, haben wir eine schlechte Nachricht für Sie: Uns ist keine Methode bekannt, wie sich das direkt in Word erledigen lässt. Tricks von Vorgängerversionen funktionieren leider nicht mehr, so dass als einziger Ausweg nur die Windows-Registrierungsdatenbank, kurz Registry, bleibt.

1. Halten Sie die Windows-Taste gedrückt und drücken Sie R, um das Dialogfeld *Ausführen* anzuzeigen.
2. Geben Sie **regedit** ein und starten Sie den Registrierungs-Editor mit OK.
3. Navigieren Sie zum Schlüssel *HKEY_CURRENT_USER\Software\Microsoft\Office\16.0\Common\General.*
4. Doppelklicken Sie dort auf dem Wert *SharedTemplates.*

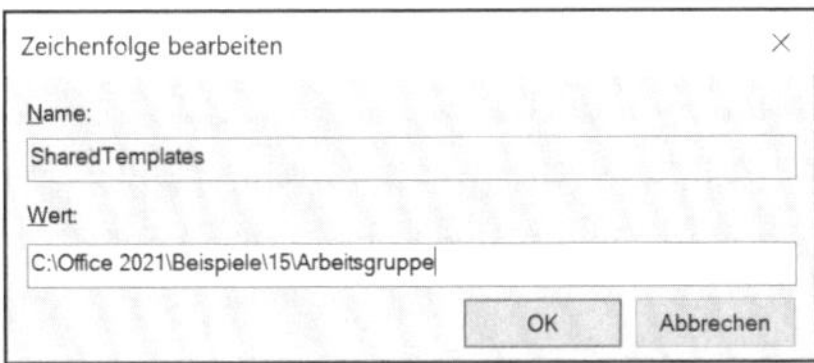

Abbildung 15.10: In diesem Wert speichert Word den Pfad zu den Arbeitsgruppenvorlagen.

5. Löschen Sie den Eintrag, klicken Sie auf *OK* und schließen Sie den Editor wieder.

Vorlage für alle Dokumente nutzbar machen

Jedes Dokument ist mit genau einer Vorlage verbunden. Sie können aber auch Vorlagen erstellen, die sich dann in allen Dokumenten verwenden lassen. Diese Art der Vorlagen nennt man globale Vorlagen. (Mehr zu diesem Thema finden Sie am Ende dieses Kapitels.)

Als Beispiel für eine Dokumentvorlage, die sich als globale Vorlage einsetzen lässt, haben wir die Datei *Sunshine Logos* vorbereitet. Die Vorlage enthält drei Schnellbausteine mit dem Firmenschriftzug des fiktiven Reisebüros *Sunshine* in verschiedenen Größen.

Und so stellen Sie diese Dokumentvorlage allen Dokumenten zur Verfügung:

1. Öffnen Sie das Dialogfeld *Word-Optionen* und wechseln Sie in die Kategorie *Add-Ins.*
2. Wählen Sie unten im Listenfeld *Verwalten* den Eintrag *Vorlagen* und klicken Sie dann auf die Schaltfläche *Los...*
3. Klicken Sie auf die Schaltfläche *Hinzufügen.*

4. Wechseln Sie in den Ordner, in dem sich die Beispieldateien zu diesem Buch befinden, markieren die Datei *Sunshine Logos* und klicken auf *OK*. Die Datei taucht dann in der Liste *Globale Dokumentvorlagen und Add-Ins* auf.

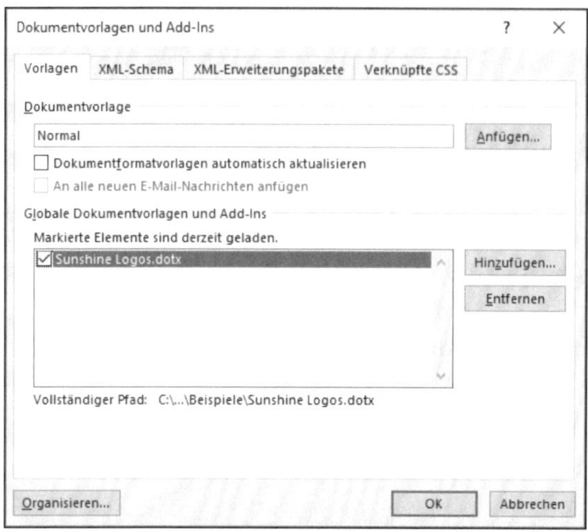

Abbildung 15.11: Mit diesem Dialogfeld können Sie globale Dokumentvorlagen laden.

5. Schließen Sie das Dialogfeld *Dokumentvorlagen und Add-Ins*.
6. Wechseln Sie auf die Registerkarte *Einfügen* und klicken Sie auf die Schaltfläche *Schnellbausteine*. Wie angekündigt, tauchen die drei Logos im Menü der Schaltfläche auf.
7. Beenden Sie Word und starten Sie es erneut.
8. Klicken Sie erneut auf die Schaltfläche *Schnellbausteine*. Und siehe da: Die Logos tauchen im Untermenü nicht mehr auf. Was ist passiert?
9. Rufen Sie das Dialogfeld *Dokumentvorlagen und Add-Ins* auf (wie in den Schritten 1 und 2 beschrieben). Aha: Das Kontrollkästchen vor *Sunshine Logos.dotx* ist ausgeschaltet!
10. Schalten Sie es erneut ein und überzeugen sich davon, dass die Schnellbausteine der Vorlage jetzt wieder im Menü der Schaltfläche *Schnellbausteine* auftauchen.

Wie Sie sehen, merkt Word sich zwar, welche Vorlagen Sie global geladen haben. Die globalen Vorlagen bleiben jedoch nur während der aktuellen Word-Sitzung geladen. Nach einem Word-Neustart müssen Sie das Laden wieder manuell einschalten.

Vorlagen automatisch laden

Es gibt aber noch eine andere Lösung, die Sie verwenden können, wenn Sie möchten, dass Word eine Dokumentvorlage bei jedem Starten automatisch lädt. Kopieren Sie dann die Vorlagen in den Autostart-Ordner von Word.

Den für Ihren Rechner gültigen AutoStart-Ordner können Sie im Dialogfeld *Speicherort für Dateien* ablesen. Wie Sie das Dialogfeld aufrufen, haben wir im Abschnitt »Vorlagen mit mehreren Anwendern nutzen« auf Seite 293 beschrieben.

Ein wenig Vorlagentheorie

Nachdem wir bisher vor allem die praktischen Dinge beim Einsatz von Vorlagen beschrieben haben, befasst sich dieser Abschnitt ein wenig mit der Theorie. Aber keine Angst: Auch hier finden Sie viele praktische Informationen, die den Einsatz der Dokumentvorlagen einfacher und komfortabler machen.

Word arbeitet mit zwei Arten von Dateien:

- Dokumente, die die Endungen *.docx* (ohne Makros) bzw. *.docm* (mit Makros) besitzen, wobei die Buchstaben »doc« als Kürzel für das englische ***doc**ument* stehen.
- Dokumentvorlagen, die Sie an der Dateinamenserweiterung *.dotx* (ohne Makros) und *.dotm* (mit Makros) erkennen; die Buchstaben »dot« stehen für das englische ***do**cument **t**emplate* (Dokumentschablone).

Grundsätzlich basiert jedes Word-Dokument auf einer Dokumentvorlage. Wenn Sie ein neues, leeres Dokument erstellen, benutzt Word automatisch die Vorlage *Normal.dotx*. Entscheiden Sie sich auf der Seite *Neu* hingegen für eine der anderen dort angebotenen Vorlagen, basiert das neue Dokument anschließend auf der von Ihnen ausgewählten Vorlagendatei.

Der Inhalt einer Dokumentvorlage

Dokumentvorlagen bilden quasi das Fundament neuer Dokumente und liefern im Idealfall sowohl das »Baumaterial« als auch die »Werkzeuge« frei Haus.

- **Standardtext und Grafiken** Wenn Sie ein neues Dokument beginnen, das auf einer Vorlage basiert, übernimmt Word alle Texte und Grafiken der Vorlage in das neue Dokument. Formatierungen, die Sie vorgenommen haben, bleiben dabei ebenfalls erhalten.
- **Standardformatierungen des Dokuments** Hierzu gehören benutzerdefinierte oder Standardformatvorlagen, die Sie selbst erstellt oder angepasst haben. Auch die Seitenabmessungen, Randeinstellungen und die Ausrichtung können in jeder Dokumentvorlage nach Bedarf eingestellt werden. Beim Erstellen eines Dokuments werden diese Formatierungseigenschaften von der Vorlage an das Dokument »vererbt« (dazu gleich mehr).
- **Bausteine** Beim Anlegen eines neuen Bausteins können Sie festlegen, ob der Baustein in der Vorlage gespeichert wird, auf der das aktuelle Dokument basiert, in der globalen Dokumentvorlage *Normal.dotx* oder in der speziellen Bausteinvorlage *Buildung Blocks.dotx*.
- **Makros** Mit Makros kann die Funktionalität einer Dokumentvorlage nahezu beliebig erweitert werden. Eine Sonderstellung kommt dem Makro *AutoNew()* zu, das beim Erstellen eines neuen Dokuments automatisch aufgerufen wird. Dieses Makro eignet sich zum Beispiel zum Aufruf benutzerdefinierter Dialogfelder, in die Anwender zentrale Daten eingeben können.
- **Tastenkombinationen** Die in Word enthaltenen Tastenkombinationen, die so genannten *Shortcuts,* lassen sich ergänzen bzw. ändern. Im Dialogfeld *Tastatur anpassen (Einfügen/Symbol/Weitere Symbole/Tastenkombination…)* legen Sie mit dem Listenfeld *Speichern in* die Vorlage fest, in der die vorgenommenen Änderungen gespeichert werden.

- **Anpassungen der Symbolleiste für den Schnellzugriff** Dokumentvorlagen können auch Einfluss auf die Symbolleiste für den Schnellzugriff nehmen. Dazu öffnen Sie die Vorlage, wechseln im Dialogfeld *Word-Optionen* in die Kategorie *Symbolleiste für den Schnellzugriff* und wählen zuerst im Listenfeld *Symbolleiste für den Schnellzugriff anpassen* den Namen der Vorlage aus. Anschließend können Sie die gewünschten Änderungen an der Symbolleiste vornehmen. Wenn Sie dann ein neues Dokument auf Basis dieser Vorlage erstellen, tauchen die zuvor in der Vorlage hinzugefügten Schaltflächen in der Symbolleiste für den Schnellzugriff auf.

Zusammenspiel von Word und Dokumentvorlagen

Um zu verstehen, wie sich Word, Dokumentvorlagen und Dokumente gegenseitig beeinflussen, muss man das Konzept kennen, das diese drei Elemente zu einer gemeinsamen Architektur verbindet. Dies lässt sich am besten an einem dreischichtigen Modell erläutern.

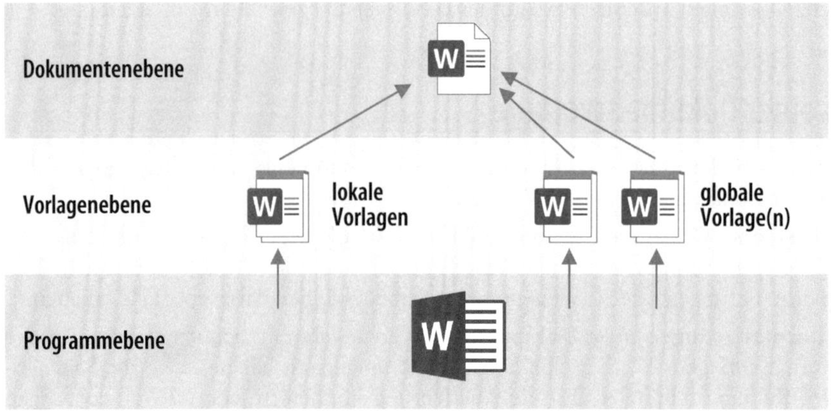

Abbildung 15.12: Dokumentvorlagen sind die Schnittstelle zwischen Word und Dokument.

Auf der untersten Ebene befindet sich Word selbst. Es enthält die verschiedenen Funktionen, die Sie nicht verändern können, die aber allen Vorlagen und Dokumenten zur Verfügung stehen.

Auf der mittleren Ebene sind die Dokumentvorlagen angesiedelt, wobei man hier zwischen der lokalen Vorlage und den globalen Vorlagen unterscheiden muss. Diese Zwischenebene ist die Schnittstelle zwischen Word und dem eigentlichen Dokument, in der bestimmt werden kann, wie sich Word dem Anwender bei der Bearbeitung eines Dokuments präsentiert. Auf der obersten Ebene liegt dann das eigentliche Dokument.

Lokale Dokumentvorlagen

Word unterscheidet zwischen lokalen und globalen Dokumentvorlagen. Die lokale Dokumentvorlage ist die Vorlage, die mit einem Dokument direkt verbunden ist. Diese Verbindung wird beim Erstellen des Dokuments festgelegt, sie kann aber jederzeit über das Dialogfeld *Dokumentvorlagen und Add-Ins* geändert werden (siehe Abschnitt »Dokumente mit anderen Vorlagen verbinden« auf Seite 300).

Die Einstellungen in der lokalen Dokumentvorlage werden von Word vorrangig behandelt. Wenn Sie zum Beispiel einem Word-Befehl in der lokalen Vorlage den Shortcut Strg+A und in einer globalen Vorlage dem gleichen Befehl den Shortcut Strg+B zugewiesen haben, müssen Sie in allen Dokumenten, die auf dieser lokalen Vorlage basieren, den Shortcut Strg+A benutzen, um den Befehl aufzurufen.

Wenn Sie zwischen zwei Dokumenten wechseln, die auf unterschiedlichen Vorlagen basieren, verwendet Word immer die Einstellungen (Shortcuts, Makros etc.) aus der jeweiligen lokalen Vorlage. Dadurch ist es möglich, das Verhalten von Word auf das gerade bearbeitete Dokument anzupassen.

So sucht Word nach der Normal.dotx

Die Reihenfolge, in der Word verschiedene Ordner nach der *Normal.dotx* durchsucht, lautet: Word-Programmordner, Ordner mit Benutzervorlagen, Ordner mit Arbeitsgruppenvorlagen. Sobald Word eine Version der Datei gefunden hat, bricht es die Suche ab. Konnte die Datei nicht gefunden werden, wird eine neue, leere *Normal.dotx mit* Standardwerten angelegt.

Globale Dokumentvorlagen

Im Gegensatz zu den lokalen Vorlagen, die sich immer auf ein bestimmtes Dokument beziehen, stehen globale Vorlagen allen Dokumenten zur Verfügung. So können Sie zum Beispiel eine Vorlage erstellen, die ein Makro enthält, das eine Grafik mit einem schattierten Rahmen versieht.

Wenn Sie für dieses Makro einen Shortcut vergeben und die Vorlage global laden, haben Sie Word – aus Sicht des Anwenders – um einen neuen Befehl ergänzt, der in allen Dokumenten zur Verfügung steht. Sie kennen diese Technik bereits aus dem Beispiel der Übungsdatei *Sunshine Logos,* in der einige Schnellbausteine enthalten waren (Seite 295).

Erstellen einer globalen Dokumentvorlage

Um aus einer *normalen* Vorlage eine globale Vorlage zu machen, braucht die Datei nicht verändert zu werden. Sie müssen Word lediglich mitteilen, dass es diese Vorlage als globale Vorlage behandeln soll. Das lässt sich auf zwei Wegen erreichen.

Kopieren Sie die Vorlage in den *AutoStart*-Ordner von Word. Alle Vorlagen, die sich in diesem Ordner befinden, werden beim Starten von Word automatisch geladen. Welchen Ordner Word als AutoStart-Ordner benutzt, können Sie im Dialogfeld Speicherort für Dateien einstellen (siehe Seite 294).

Dokumentvorlagen, die nur gelegentlich als globale Vorlage benötigt werden, sollten nur bei Bedarf geladen werden. Rufen Sie dazu das Dialogfeld *Dokumentvorlagen und Add-Ins* auf (siehe Seite 296), klicken Sie auf *Hinzufügen* und wechseln Sie in den Ordner, in dem sich die gewünschte Vorlage befindet. Dort können Sie sie mit einem Doppelklick in die Liste *Globale Dokumentvorlagen und Add-Ins* des Dialogfeldes übernehmen.

Die Vorlage wird jedoch nur während der aktuellen Word-Sitzung geladen. Wenn Sie das Dialogfeld beim nächsten Starten von Word erneut aufrufen, werden Sie feststellen, dass die Vorlage zwar noch in der Liste aufgeführt wird, jedoch nicht mehr aktiv ist. Um sie erneut zu laden, schalten Sie einfach das Optionsfeld vor dem Namen der Vorlage ein.

Dokumente mit anderen Vorlagen verbinden

Sie können einem Dokument auch jederzeit eine andere Vorlage zuweisen:

1. Öffnen Sie das betreffende Dokument.
2. Zeigen Sie das Dialogfeld *Word-Optionen* an und wechseln Sie zur Kategorie *Add-Ins.*
3. Wählen Sie im Listenfeld *Verwalten* den Eintrag *Vorlagen* und klicken Sie auf *Los...*
4. Klicken Sie im Dialogfeld *Dokumentvorlagen und Add-Ins* auf *Anfügen.*
5. Wählen Sie die gewünschte Vorlage und klicken Sie auf *Öffnen.*
6. Wenn Sie die Option *Dokumentformatvorlagen automatisch aktualisieren* einschalten, kopiert Word bei jedem Öffnen des Dokuments die Formatvorlagen aus der Vorlage in das Dokument. Das heißt, jede Änderung an den Formatvorlagen der Vorlage wirkt sich automatisch auf das Dokument aus. Vorsicht: Dieser Effekt kann auch unerwünscht sein, zum Beispiel bei Nummerierungen, deren Startwert manuell geändert wurde.

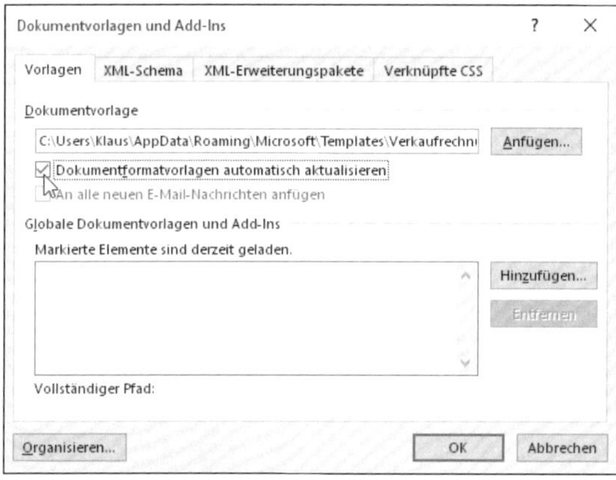

Abbildung 15.13 : Änderungen an den Formatvorlagen der Dokumentvorlage können automatisch übernommen werden.

Vorlagen organisieren

Beim Erstellen einer neuen Dokumentvorlage bietet es sich oft an, bereits in anderen Vorlagen vorhandene Formatvorlagen und Makros zu übernehmen. Zu diesem Zweck existiert in Word ein eigenes Dialogfeld, mit dem sich diese Elemente zwischen Dokumentvorlagen verschieben und kopieren lassen.

Das Kopieren funktioniert bei allen Elementen gleich:

1. Zeigen Sie das Dialogfeld *Word-Optionen* an *(Datei/Optionen).*
2. Wechseln Sie in die Kategorie *Add-Ins.*
3. Wählen Sie im Listenfeld *Verwalten* den Eintrag *Vorlagen* und klicken Sie auf *Los...*
4. Klicken Sie im Dialogfeld *Dokumentvorlagen und Add-Ins* auf *Organisieren.*
5. Wechseln Sie auf die Registerkarte, deren Elemente Sie bearbeiten wollen.

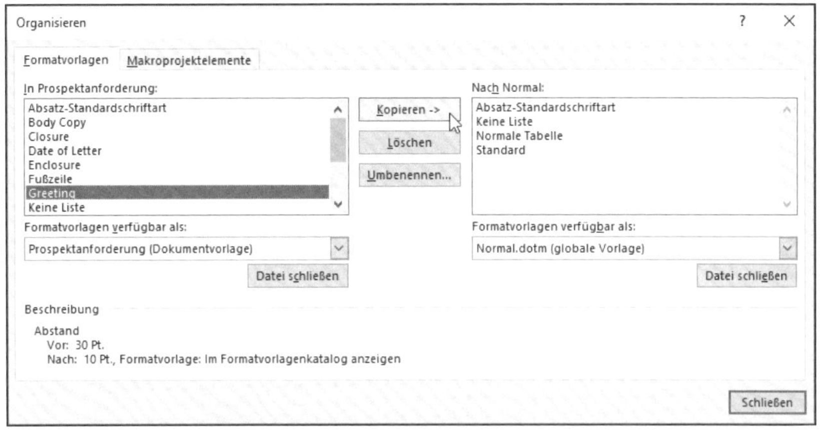

Abbildung 15.14: Mit diesem Dialogfeld lassen sich Formatvorlagen und Makros verwalten.

6. Öffnen Sie in der linken Liste (mit *Datei schließen* und anschließendem *Datei öffnen*) die Vorlage, aus der Sie kopieren wollen. Ist die Datei bereits in Word geöffnet, können Sie sie direkt aus dem Listenfeld ... *verfügbar als* wählen.
7. In der rechten Liste öffnen Sie die Zielvorlage.
8. Markieren Sie in der linken Liste die gewünschten Elemente und klicken Sie auf *Kopieren*.

Das Umbenennen und Löschen von Elementen funktioniert nach dem gleichen Prinzip. Zu beachten ist lediglich, dass die internen Formatvorlagen von Word nicht gelöscht werden können.

Tipp Das Dialogfeld *Organisieren* lässt sich auch noch auf einem anderen, etwas kürzeren Weg aufrufen: Zeigen Sie dazu zunächst den Aufgabenbereich *Formatvorlagen* durch Drücken von Alt+Strg+⇧+S an (geht auch mit einer Hand ;). Klicken Sie dann unten im Aufgabenbereich auf die Schaltfläche *Formatvorlagen verwalten* und im dadurch angezeigten Dialogfeld noch auf die Schaltfläche *Importieren/Exportieren*.

Kapitel 16
Word-Optionen

In diesem Kapitel stellen wir Ihnen die zahlreichen Einstellungsmöglichkeiten von Word vor, mit denen Sie das Verhalten von Word und die Bildschirmdarstellung der Dokumente an Ihre Wünsche und Bedürfnisse anpassen können. Wir beschränken uns dabei auf die Beschreibung der wichtigsten Optionen.

Die Palette reicht vom Ein- und Ausschalten des Warntons bis hin zur Wahl der verwendeten Maßeinheit. Schauen Sie sich die Optionen der Reihe nach an, da sich neben vielen banalen auch etliche wichtige Funktionen dahinter verstecken.

Um das Dialogfeld aufzurufen, mit dem Sie die Word-Optionen einsehen und bearbeiten können, wechseln Sie durch einen Klick auf *Datei* in die Backstage-Ansicht und wählen dort den Befehl *Optionen*. Word zeigt dann das Dialogfeld *Word-Optionen* an, in dem die verschiedenen Optionen thematisch in Gruppen zusammengefasst sind, sodass Sie sich relativ schnell darin orientieren können.

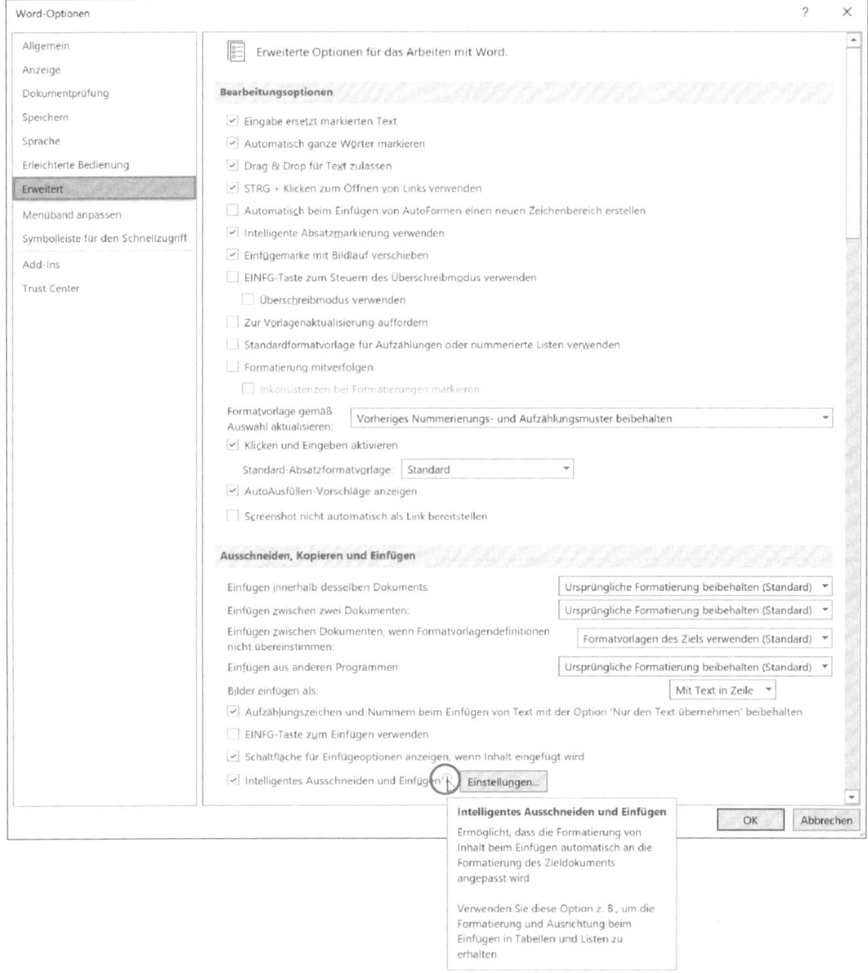

Abbildung 16.1: Die zahlreichen Optionen sind thematisch gegliedert. Wenn Sie mit dem Mauszeiger auf ein Info-Symbol zeigen, erscheint ein kurzer erklärender Text.

Allgemein

Minisymbolleiste Wenn Sie es als störend empfinden, dass Word jedes Mal die Minisymbolleiste einblendet, sobald Sie einen Text markieren, können Sie die Symbolleiste durch Ausschalten der Option vom Bildschirm verbannen. Da die Minisymbolleiste jedoch das Formatieren erheblich beschleunigt, macht das wohl in den seltensten Fällen wirklich Sinn.

Livevorschau Auch die Livevorschau lässt sich bei Bedarf deaktivieren. Da diese Funktion das Arbeiten mit Word erheblich erleichtert, sollten Sie dieses Feature nur dann ausschalten, wenn es Sie beim flüssigen Arbeiten mit Word behindert. Moderne Rechner sind mittlerweile allerdings so leistungsstark, dass die Performance durch die Livevorschau nicht spürbar beeinträchtigt wird. Anders sieht es auf Tablet-PCs aus, da deren Prozessoren deutlich schwächer sind.

Dokumentinhalte Diese Option korrespondiert mit dem in Word 2013 neu eingeführten Feature, dass der Umbruch des Textes beim Verschieben eines Objektes, z. B. einer Grafik, permanent aktualisiert wird. So können Sie sehr schnell die beste Position für ein Objekt ermitteln. Bei langsamen Tablet-Rechnern oder wenn Ihnen der Bildschirm dadurch zu unruhig wird, können Sie diese Funktion ausschalten.

QuickInfo-Format QuickInfos sind die kleinen Fenster, die Word automatisch anzeigt, wenn Sie den Mauszeiger über eine Schaltfläche halten. Mit dieser Option können Sie festlegen, ob überhaupt und wenn ja, in welcher Form Word diese QuickInfos anzeigen soll:

- **QuickInfos nicht anzeigen** Die automatische Anzeige wird unterbunden.
- **Featurebeschreibungen in QuickInfos nicht anzeigen** Wenn Sie diese Einstellung auswählen, zeigt Word lediglich den Namen der Schaltfläche an.
- **Featurebeschreibungen in QuickInfos anzeigen** Im QuickInfo erscheint zusätzlich zum Namen der Schaltfläche ein kurzer erläuternder Text. Falls zu diesem Thema in der Online-Hilfe eine eigene Seite existiert, wird zusätzlich der Text »Weitere Infos« angezeigt. Um die Hilfeseite aufzurufen, können Sie den Hinweis einfach anklicken.

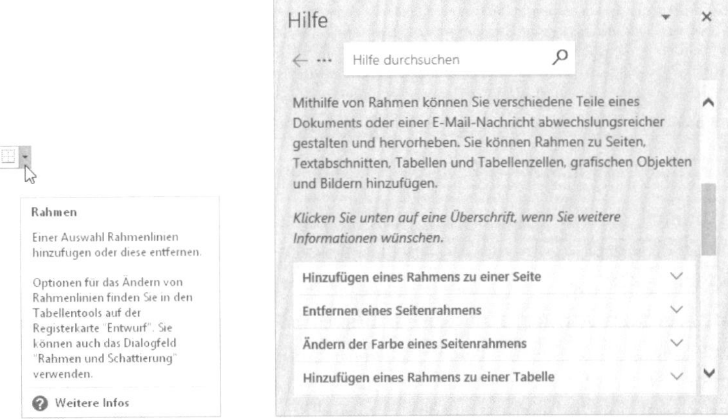

Abbildung 16.2: QuickInfo mit Featurebeschreibung und zugehöriger Onlinehilfe

Office-Hintergrund Hier können Sie eine Verzierung für die Fenster der Office-Programme wählen. Probieren Sie es einfach mal aus – vielleicht gefällt Ihnen so etwas ja.

Office-Design Mit dieser Option können Sie die Hintergrundfarbe des Menübandes und anderer Elemente der Programmfenster steuern. Im Großen und Ganzen beschränkt sich die Auswahl darauf, dass die Titelleiste entweder bei allen Office-Programmen grau oder weiß dargestellt wird oder aber die programmspezifische Farbe trägt (also bei Word blau, Excel grün, PowerPoint orangerot ist).

Anzeige

Leerraum zwischen Seiten in der Drucklayoutansicht anzeigen Diese Option ist normalerweise eingeschaltet und bewirkt, dass Word in der Drucklayout-Ansicht die Seiten vollständig anzeigt. Mit vollständig ist hier gemeint, dass auch die oberen und unteren Seitenränder auf dem Bildschirm sichtbar sind. Da diese Bereiche aber in aller Regel leer sind, wird wertvoller Platz auf dem Bildschirm verschwendet.

Wenn Sie die Option ausschalten, »schneidet« Word die weißen Ränder ab, sodass die Textbereiche der Seiten direkt aneinander stoßen.

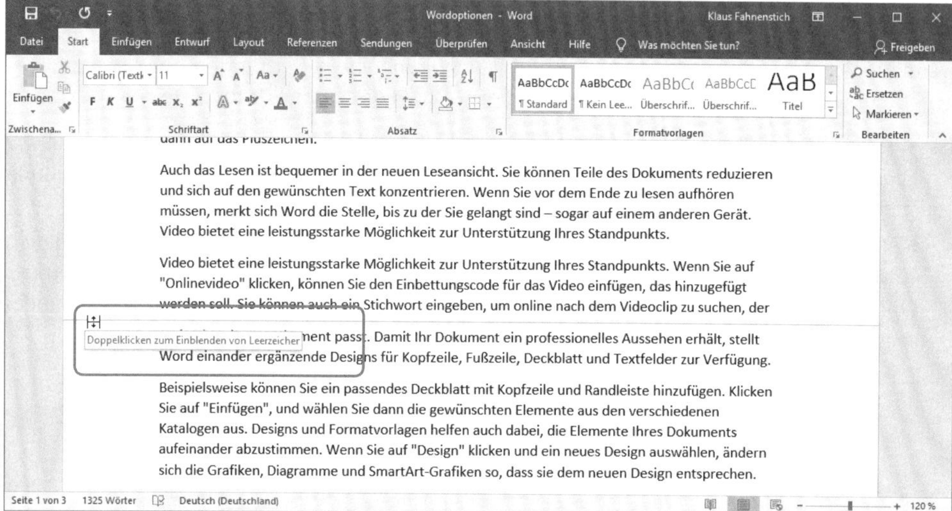

Abbildung 16.3: Word zeigt die leeren Randbereiche der beiden Seiten nicht mehr an.

Um zwischen den beiden Darstellungsarten hin- und herzuschalten, können Sie den Mauszeiger zwischen zwei Seiten positionieren, bis er die Form aus Abbildung 16.3 annimmt, und dort doppelklicken.

Diese Formatierungszeichen immer auf dem Bildschirm anzeigen Mit den Optionen dieser Gruppe können Sie festlegen, ob bestimmte Formatierungszeichen, unabhängig vom Status der Schaltfläche *Alle anzeigen* (Sie befindet sich auf der Registerkarte *Start* in der Gruppe *Absatz*.), immer auf dem Bildschirm angezeigt werden sollen.

In Word erstellte Zeichnungen drucken Wenn Sie diese Option ausschalten, werden in Word erstellte Zeichnungen (z.B. SmartArts) nicht ausgedruckt. Die Einstellung bietet sich an, wenn Sie einen schnellen Konzeptausdruck Ihres Dokuments benötigen.

Dokumentprüfung

In dieser Rubrik können Sie das Verhalten der Rechtschreib- und Grammatikprüfung steuern. Dieses Thema wird ausführlich in Kapitel 5 behandelt.

Speichern

AutoWiederherstellen-Informationen speichern Diese Option sollten Sie unbedingt eingeschaltet lassen. Word speichert dann in dem von Ihnen vorgegebenen Rhythmus nicht nur die gerade von Ihnen bearbeiteten Dokumente, sondern darüber hinaus auch Informationen über den aktuellen Zustand von Word selbst.

Wenn Word oder Ihr Rechner aus irgendeinem Grund abstürzen, lädt Word beim nächsten Programmstart nicht nur die zuletzt geöffneten Dateien, sondern versucht zusätzlich, die Bearbeitungssituation kurz vor dem Absturz zu rekonstruieren (wie z. B. die Anordnung der Fenster).

Schriftarten in der Datei einbetten Wenn Sie ein Dokument verschicken, werden Sie in aller Regel wünschen, dass es beim Empfänger genauso aussieht wie bei Ihnen. Damit dies gelingt, müssen auf dem Computer des Empfängers die im Dokument verwendeten Schriften installiert sein.

Wenn Sie die Option *Schriftarten in der Datei einbetten* einschalten, speichert Word die vom Dokument benötigten Schriften mit im Dokument ab. Beim Anzeigen des Dokuments werden die Schriften dann bei Bedarf automatisch installiert.

Da sich dadurch der Umfang des Dokuments zum Teil deutlich erhöht, können Sie mit der Option *Nur im Dokument verwendete Zeichen einbetten* das Speichern unbenutzter Zeichen vermeiden. Außerdem lässt sich über die Option *Allgemeine Systemschriftarten nicht einbetten* das unnötige Verschicken von Schriften, die mit hoher Wahrscheinlichkeit auf jedem Rechner zu finden sind, vermeiden.

Tipp Beachten Sie die Urheberrechte der Schriften Seit Jahr und Tag herrscht bei vielen Anwendern die Meinung vor, dass Schriften beliebig kopiert und weitergegeben werden dürfen. Diese Annahme ist jedoch falsch. Auch Schriften unterliegen dem Urheberrecht und der Hersteller einer Schrift kann somit genau festlegen, ob bzw. in welcher Art und Weise seine Schrift weitergegeben werden darf.

Sprache

Auf dieser Seite können Sie fremdsprachige Wörterbücher für die Rechtschreib- und Grammatikprüfung einrichten.

Außerdem lässt sich hier auch die Sprache der Bedieneroberfläche von Word ändern. In der Standardeinstellung übernimmt Word die für Windows eingestellte Sprache. Wenn Sie also einmal in die Verlegenheit kommen, auf einem fremdsprachlichen PC mit Word arbeiten zu müssen, wissen Sie nun, wie Sie sich helfen können

Erweitert

In diesem Bereich finden Sie eine Fülle von Optionen, mit denen Sie die verschiedensten Bereiche von Word beeinflussen können.

Eingabe ersetzt markierten Text Wenn diese Option eingeschaltet ist, wird ein markierter Text durch die Eingabe des nächsten Zeichens überschrieben. Dieses Verhalten löst bei Word-

Neulingen oft einen kleinen Schock aus, da sie den Zusammenhang zwischen Tastendruck und Löschen des markierten Textes nicht unmittelbar erkennen. Natürlich sind die gelöschten Daten nicht verloren und können über den Befehl *Rückgängig* wiederhergestellt werden.

Automatisch ganze Wörter markieren Bei aktivierter Option erleichtert Word das wortweise Markieren mit der Maus. Zum Markieren mehrerer Wörter brauchen Sie nur noch in das erste Wort zu klicken und können die Markierung dann wortweise aufziehen. Für das Markieren eines einzelnen Wortes hat diese Option keine Bedeutung, da Sie das am schnellsten über einen Doppelklick erledigen.

Drag & Drop für Text zulassen Mit diesem Optionsfeld können Sie das Umstellen von Text via Drag & Drop ein- bzw. ausschalten. Der Sinn dieser Flexibilität will nicht unbedingt einleuchten. Es mag einen triftigen Grund geben, wir kennen ihn leider nicht.

Automatisch beim Einfügen von AutoFormen einen neuen Zeichenbereich erstellen Zeichenbereiche sollen Sie beim Erstellen von Grafiken unterstützen, die aus mehreren Formen bestehen. Dieses Feature hat sich in der Praxis jedoch nie richtig durchsetzen können. Außerdem gibt es seit der Einführung der SmartArts in Word 2007 noch weniger Gründe als früher, aufwändige Grafiken mühselig mithilfe von Formen zu erstellen.

EINFG-Taste zum Steuern des Überschreibmodus verwenden Mit dieser Option können Sie ein altes Relikt aus der Mottenkiste von Word herausholen: den Überschreibmodus. In diesem Modus ersetzen neu eingegebene Zeichen den bereits vorhandenen Text.

Es mag zwar Situationen geben, in denen diese Funktion einen gewissen Nutzwert hat. In aller Regel führt es jedoch eher zu Irritationen, wenn Word scheinbar unvermittelt Text überschreibt, nur weil Sie als Anwender möglicherweise unbeabsichtigt die [Einfg]-Taste gedrückt haben.

Klicken und Eingeben aktivieren Wenn Sie den Mauszeiger bei eingeschalteter Option über die Seite bewegen, sehen Sie, dass an dem Mauszeiger das Symbol für die Textausrichtung (linksbündig, zentriert, rechtsbündig) klebt. Wenn Sie dann eine beliebige Stelle doppelt anklicken, setzt Word die Einfügemarke an diese Stelle und Sie können dort Ihren Text eingeben.

Diese Funktion eignet sich besonders für das Erstellen von zentrierten Überschriften, rechtsbündigen Datumsangaben in einem Brief oder um ein einzelnes Wort an einer bestimmten Stelle in das Dokument aufzunehmen. Die notwendigen Formatierungen (Einzüge, Tabulatoren, Textumbruch usw.) werden von Word eigenständig vorgenommen.

Intelligentes Ausschneiden und Einfügen Mit dieser Option können Sie eine der praktischsten Funktionen von Word ein- bzw. ausschalten. Bei aktivierter Option sorgt Word dafür, dass beim Umstellen von Text die Leerzeichen anschließend richtig gesetzt werden. Wenn Sie zum Beispiel ein Wort an das Satzende stellen, ist automatisch gewährleistet, dass vor dem Punkt kein Leerzeichen steht.

Da sich das Verhalten von Word im Laufe der verschiedenen Programmversionen etwas geändert hat, haben Sie hier zusätzlich noch die Möglichkeit, die genaue Wirkungsweise dieser Funktion zu steuern. Klicken Sie dazu auf die Schaltfläche *Einstellungen* und wählen Sie in dem angezeigten Dialogfeld Ihre bevorzugte Konfiguration.

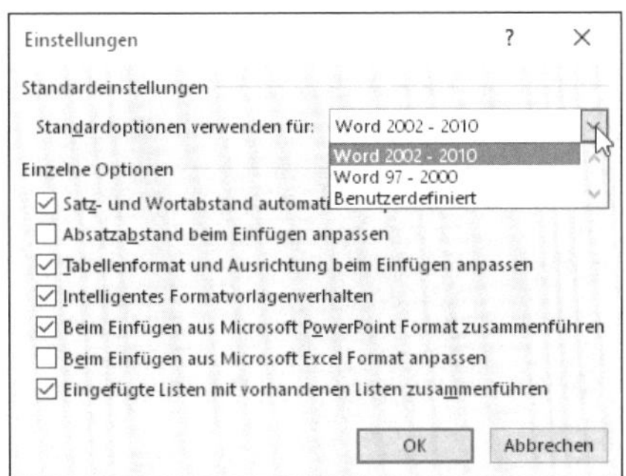

Abbildung 16.4: Konfiguration des Leerstellenausgleichs

Platzhalter für Grafiken anzeigen Wenn Sie diese Option einschalten, zeigt Word statt der Grafiken nur leere Rahmen an. Diese Option ist sinnvoll, um zum Beispiel einen schnelleren Bildlauf durchzuführen oder um bei einem Testausdruck Zeit und Tinte zu sparen.

Textanimationen anzeigen Diese Option werden Sie in Word vergeblich suchen. In früheren Versionen von Word (bis einschließlich Word 2003) war es noch möglich, Text mit Effekten zu versehen. So ließen sich z. B. funkelnde Buchstaben *(funkelnder Text)* oder wild blinkende Rahmen *(Las Vegas)* erzeugen. Diese Effekte werden seit Word 2007 nicht mehr unterstützt, ließen sich aber bis einschließlich Word 2010 noch anzeigen. Word 2013 hat dann endgültigen einen Schlussstrich unter dieses Feature gezogen.

Textbegrenzungen anzeigen Bei aktivierter Option macht Word die eingestellten Seitenränder durch eine dünne punktierte Linie auf dem Bildschirm sichtbar. Auf diese Weise können Sie zum Beispiel besser abschätzen, wie weit der Text eine Seite bereits gefüllt hat beziehungsweise wie viel Platz auf der Seite noch frei ist.

Beim Öffnen eines Dokuments alle Überschriften erweitern Seit Word 2013 können Sie den untergeordneten Text einer Überschrift nicht nur in der Gliederungsansicht, sondern auch im Lesemodus und in der Seitenlayoutansicht ein- und ausblenden. Ob ein Text beim Öffnen eines Dokuments angezeigt wird oder nicht, lässt sich über das Absatzformatmerkmal *Standardmäßig reduziert* steuern. So können Sie z. B. Hintergrundinformationen ausblenden, um den Leser nicht von vorneherein mit zu vielen Informationen zu überfluten. Wollen Sie jedoch, dass Word beim Öffnen eines Dokuments den Text generell vollständig anzeigt, schalten Sie diese Option ein.

Diese Anzahl zuletzt verwendeter Dokumente anzeigen Hier stellen Sie ein, wie viele Einträge die Seite *Zuletzt verwendet* im Backstage-Bereich maximal enthalten soll. Standardmäßig merkt sich Word die letzten 50 Dateien, was auch gleichzeitig der Maximalwert für diese Einstellung ist. Wenn Sie nicht möchten, dass jemand feststellen kann, an welchen Dokumenten Sie zuletzt gearbeitet haben, geben Sie hier eine Null ein.

Schnellzugriff auf diese Anzahl zuletzt verwendeter Dokumente Wenn Sie sich beim erneuten Öffnen eines Dokuments einen Mausklick sparen möchten, können Sie diese Option einschalten und einen Wert zwischen 1 und 50 einstellen. Word zeigt dann die zuletzt bearbeiteten Dokumente in der Menüleiste der Backstage-Ansicht an (siehe Abbildung 16.5 auf der nächsten Seite).

Abbildung 16.5: Schnellzugriff auf die zuletzt geöffneten Dokumente in der Backstage-Ansicht

Maße in folgenden Einheiten anzeigen Die im Listenfeld gewählte Maßeinheit wird von Word für das horizontale und das vertikale Lineal und für die meisten Maßangaben in Dialogfeldern verwendet. Einige Maßangaben, wie zum Beispiel die Abstände vor und nach einem Absatz, sind von der Einstellung unabhängig.

Dateiformatkonvertierung beim Öffnen bestätigen Sie können mit Word auch Texte bearbeiten, die mit anderen Programmen erstellt worden sind. Hinter dieser sich vielleicht banal anhörenden Aussage steckt ein Problem: Jeder Anbieter von Textverarbeitungsprogrammen verwendet in den Dateien, in denen die Texte abgespeichert werden, ein anderes Format. Damit Word z.B. ein mit OpenOffice erstelltes Dokument lesen und Sie das Dokument in Word bearbeiten können, muss das OpenOffice-Format zuerst in das Word-Format umgewandelt werden.

Word versucht beim Öffnen eines Fremdformates dessen Dateityp zu erkennen. Bei eingeschalteter Option haben Sie die Möglichkeit, Words Annahme über das Format zu überprüfen und evtl. korrigierend einzugreifen. Ist das Feld ausgeschaltet, findet die Konvertierung ohne Rückfrage statt.

Automatische Verknüpfungen beim Öffnen aktualisieren Diese Option wird für Sie wichtig, wenn Sie Objekte mit Ihren Dokumenten verknüpft haben. Bei eingeschaltetem Feld aktualisiert Word die Objekte automatisch beim Öffnen des Dokuments. Schalten Sie die Option aus, müssen Sie die Objekte manuell auf den neuesten Stand bringen.

Beide Varianten haben ihre Vor- und Nachteile: Aktivieren Sie das Optionsfeld, so ist zwar garantiert, dass sich die angezeigten Daten immer auf dem neuesten Stand befinden; das Öffnen der Dokumente dauert dann aber unter Umständen etwas länger.

Seitenumbruch im Hintergrund Bei eingeschalteter Option hält Word die Seitenwechsel Ihres Dokuments immer auf dem aktuellen Stand und nimmt dazu in bestimmten Zeitabständen selbstständig einen Seitenumbruch vor. Besonders bei langen Dokumenten kann Word dadurch spürbar langsamer werden.

Wenn Sie sich beim Aufruf des Dialogfeldes in der Drucklayoutansicht befunden haben, können Sie die Option nicht verändern. Das würde auch keinen Sinn machen, da diese Ansicht ja den Zweck hat, das Dokument möglichst so darzustellen, wie es später auf dem Papier aussieht.

Dokument so gestalten, als ob es erstellt wurde in Die Kompatibilitäts- bzw. Layoutoptionen von Word steuern die Art und Weise, wie Word ein Dokument auf dem Bildschirm darstellt bzw. ausdruckt. Das heißt, durch das Ein- oder Ausschalten bestimmter Optionen wird ein Word-Dokument nicht geändert. Es wird lediglich die Art der Darstellung beeinflusst. Diese Option ist jedoch nur sichtbar, wenn Sie ein Dokument geöffnet haben, das mit einer älteren Version von Word erstellt wurde.

Die meisten Optionen haben die Aufgabe, ein spezielles Verhalten älterer Word-Versionen nachzuahmen. Dadurch ist es in aller Regel möglich, Dokumente, die mit einer früheren Version von Word erstellt wurden, in der aktuellen Programmversion korrekt darzustellen.

Ohne Kompatibilitätsoptionen würde sich bei älteren Dokumenten häufig der Seitenumbruch ändern, da neue Word-Versionen auf ein- und dieselbe Formatierung unterschiedlich reagieren. Ein gutes Beispiel ist die Behandlung des Anfangs- und des Endeabstandes von Absätzen, die sich mit Word 2000 deutlich geändert hat.

Um ein Gefühl für die vielen kleinen Unterschiede im Verhalten der einzelnen Word-Versionen zu bekommen, können Sie interessehalber eine ältere Word-Version im Listenfeld einstellen und dann auf *Layoutoptionen* klicken. Im Dialogfeld taucht dann eine schier endlose Liste von Optionen auf. Aktivierte Optionen deuten darauf hin, dass Word sich in dem betreffenden Punkt anders verhält, als die im Listenfeld gewählte Word-Version.

Menüband anpassen

In dieser Rubrik können Sie die Registerkarten des Menübands konfigurieren. Ausführliche Informationen zu diesem Thema finden Sie in Kapitel 2.

Symbolleiste für den Schnellzugriff

Hier können Sie weitere Befehle in die Symbolleiste für den Schnellzugriff aufnehmen bzw. nicht benötigte Befehle aus ihr entfernen. Außerdem lässt sich hier die Reihenfolge der Schaltflächen auf der Symbolleiste verändern. Weitere Informationen zu diesem Thema finden Sie in Kapitel 2.

Add-Ins

In dieser Rubrik können Sie die Verwaltung der Add-Ins vornehmen, mit denen die Funktionalität von Word erweitert werden kann. Dieses Thema wird in diesem Buch nicht näher behandelt.

Trust Center

Im Sicherheitscenter, das in Word 2007 noch Vertrauensstellungscenter hieß und in Word 2010 als Sicherheitscenter firmierte, können Sie diverse Einstellungen vornehmen, die u.a. das Verhalten von Word gegenüber Dokumenten aus unbekannten Quellen beeinflussen. So können Sie zum Beispiel bestimmte Herausgeber und Speicherorte als vertrauenswürdig einstufen, damit Word Dokumente aus diesen Quellen ohne Nachfrage öffnet.

Von besonderem Interesse sind auch die *Datenschutzoptionen,* mit denen Sie zum Beispiel steuern können, in welchem Umfang Office auf das Internet zugreift, um nach Aktualisierungen zu suchen.

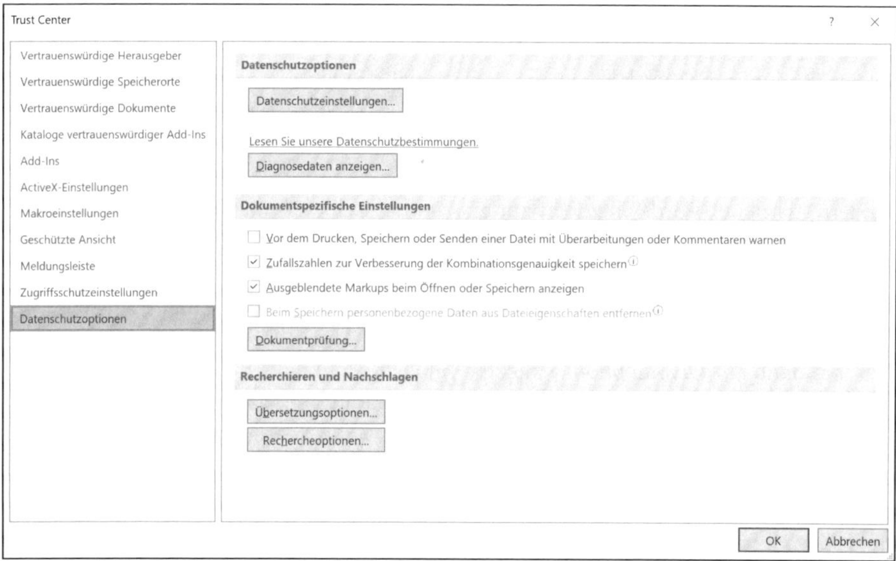

Abbildung 16.6: Die Datenschutzoptionen erreichen Sie über die Schaltfläche Einstellungen für das Trust Center *in der Rubrik* Microsoft Word-Trust Center.

Teil D
Excel

Kapitel 17

Erste Schritte mit Excel

In diesem Kapitel lernen Sie wichtige Grundlagen für die Arbeit mit Excel kennen. Wir zeigen Ihnen, wie Sie eine kleine Kalkulationstabelle anlegen und stellen Ihnen einige Tipps und Tricks vor, mit denen Sie sich die Dateneingabe erleichtern können.

Neue Arbeitsmappe erstellen

In der Regel werden Sie Ihre Arbeit in Excel mit einer leeren Arbeitsmappe beginnen. Sie können aber auch eine der installierten oder online verfügbaren Vorlagen nutzen, die eine breite Themenpalette anbieten und Ihnen viel Arbeit ersparen können. Wie Sie dazu vorgehen müssen, haben Sie bereits in Kapitel 3 gesehen. Falls Sie dieses Kapitel übersprungen haben und Excel das erste Office-Programm ist, mit dem Sie arbeiten, sollten Sie jetzt zurückblättern und sich die entsprechenden Abschnitte in Kapitel 3 kurz durchlesen. Wenn Sie bereits Erfahrungen mit anderen Programmen der Office-Familie besitzen, etwa mit Word oder PowerPoint, können Sie gleich durchstarten. Nichtsdestotrotz sollten Sie sich auch in diesem Fall die Kapitel 3 bis 7 bei nächster Gelegenheit »vornehmen«, da dort wichtige Themen besprochen werden, die alle Office-Programme betreffen.

Wichtige Eckdaten

In Excel können Arbeitsblätter deutlich größer werden als das in älteren Versionen der Fall war. Die wichtigsten Eckdaten haben wir an dieser Stelle aufgelistet:

- Ein Arbeitsblatt kann aus maximal 1.048.576 Zeilen (2^{20}) und 16.384 Spalten (2^{14}) bestehen. Das bedeutet gegenüber Excel 2003 (65.536 Spalten, 260 Zeilen) eine mehr als deutliche Steigerung.
- Gleichzeitig wurden die Beschränkungen bei der maximalen Anzahl von Formatierungen und Zellbezügen innerhalb einer Arbeitsmappe aufgehoben. Sie ist jetzt nur noch vom verfügbaren Arbeitsspeicher abhängig.
- Office 2019 und Office 2021 sind als 32- und als 64 Bit-Version erhältlich. Im Gegensatz zu früher empfiehlt Microsoft jetzt jedoch die Installation der 64-Bit-Variante und installiert diese auch standardmäßig. Solange Sie keine Makros oder Add-Ins aus der 32-Bit-Welt einsetzen, sollten Sie dieser Empfehlung folgen.
- Excel unterstützt nun auch Dualprozessorsysteme und Multithreading-Chipsätze und erlaubt so eine beschleunigte Berechnung der Arbeitsblätter.

Eine vollständige Liste der Spezifikationen finden Sie auf der Seite *http://support.office.com*, wenn Sie dort als Suchbegriff »Excel Spezifikationen« eingeben.

Daten eingeben und verändern

In diesem Abschnitt wollen wir zunächst eine einfache Tabelle erstellen, mit der sich die Betriebskosten eines Autos erfassen lassen. Die fertige Tabelle soll am Ende so aussehen wie in Abbildung 17.3.

1. Legen Sie eine neue, leere Arbeitsmappe an. Das geht am schnellsten mit Strg+N.
2. Speichern Sie die neue Arbeitsmappe und geben Sie ihr den Namen *Auto*.
3. Klicken Sie die Zelle an, in der Sie eine Eingabe vornehmen wollen (hier B2). Die angeklickte Zelle wird mit einem Rahmen, die als *Zellmarkierung* bezeichnet wird, hervorgehoben. Außerdem wird im *Namensfeld*, das sich links oben im Excel-Fenster befindet, die Adresse der Zelle bzw. ihr Name angezeigt.

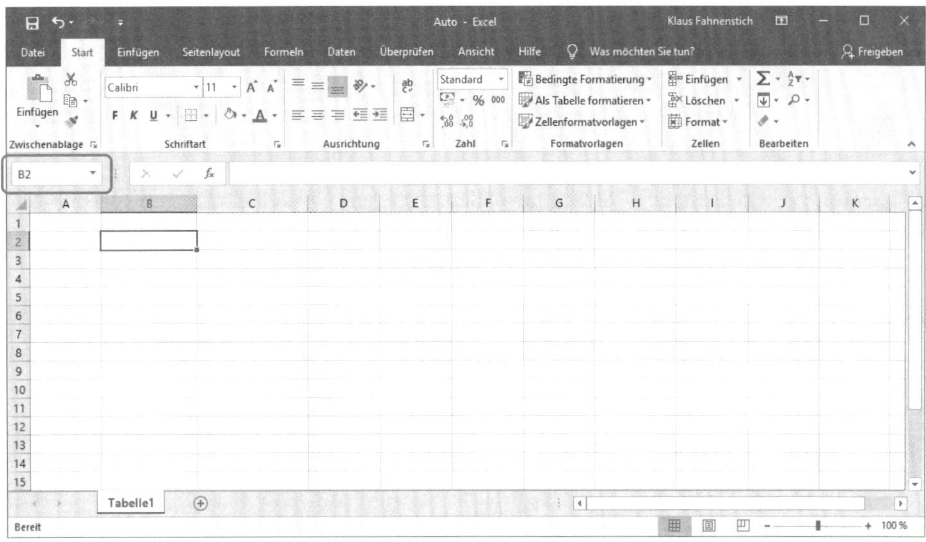

Abbildung 17.1: Die Koordinaten der angeklickten Zelle erscheinen im Namensfeld.

4. Tippen Sie nun den Text **Autokosten** ein, den wir später als Titel des Tabellenblatts verwenden wollen. Ihre Eingabe wird sowohl in der Zelle selbst als auch in der *Bearbeitungsleiste* sichtbar. Die Bearbeitungsleiste ist das lange weiße Feld rechts neben dem Namensfeld.

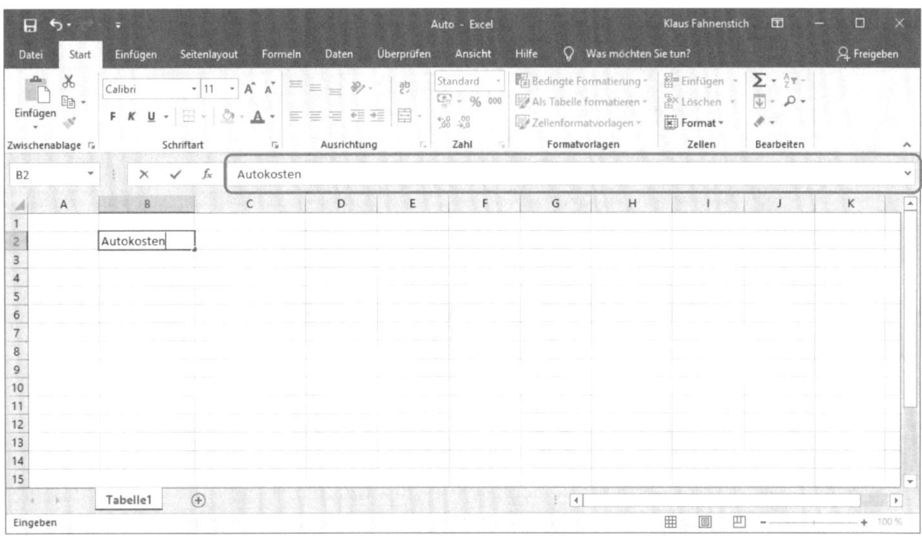

Abbildung 17.2: Der Inhalt der Zelle wird in der Bearbeitungsleiste angezeigt.

5. Schließen Sie die Eingabe mit der ↵-Taste ab. Dadurch springt die Markierung automatisch eine Zelle nach unten.

Tipp **Reaktion der Markierung auf die Eingabetaste** Wie die Markierung nach dem Drücken der Eingabetaste [↵] verschoben wird, können Sie im Dialogfeld *Excel-Optionen* steuern, das Sie in der Backstage-Ansicht über den Befehl *Optionen* erreichen. Die Option nennt sich *Markierung nach Drücken der Eingabetaste verschieben* und befindet sich ganz oben auf der Seite *Erweitert*.

6. Geben Sie den Rest der Tabelle nach dem gleichen Muster ein, indem Sie erst die gewünschte Zelle anklicken, dann den Text oder die Zahlen eingeben und zum Bestätigen [↵] drücken.

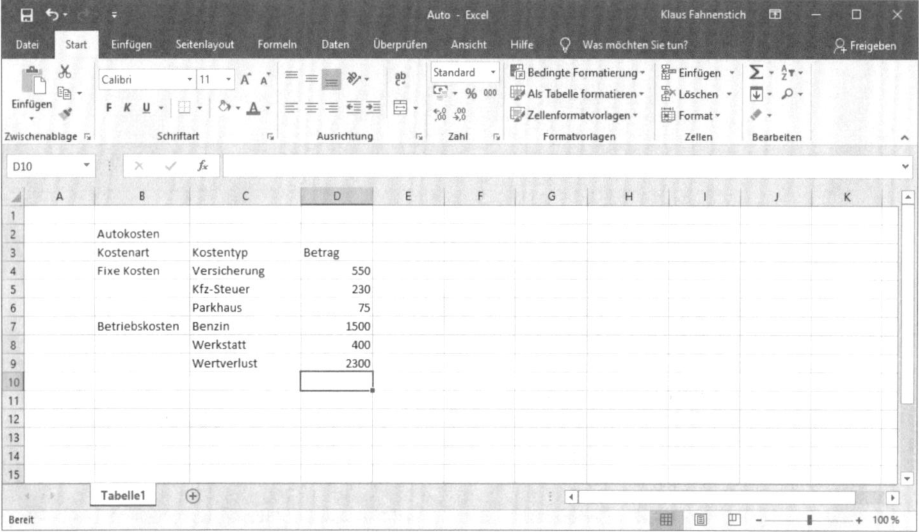

Abbildung 17.3: Die fertige Tabelle

Bewegen der Zellmarkierung mit der Tastatur

Wenn Sie Daten in ein Tabellenblatt eingeben, legen Sie am besten die Maus zur Seite und bewegen die Zellmarkierung mit den Pfeiltasten. Das geht in aller Regel deutlich schneller, da Sie dann nicht ständig zwischen Maus und Tastatur wechseln müssen.

Beim Bewegen der Zellmarkierung mit der Tastatur kommt der [Strg]-Taste eine ganz besondere Bedeutung zu. Mit ihr können Sie die Wirkung der Pfeiltasten sowie der Tasten [Pos1] und [End] folgendermaßen verändern:

- Wenn Sie [Strg] zusammen mit den Pfeiltasten drücken, springt die Markierung an den Anfang bzw. das Ende des aktuellen Bereichs, wobei mit Bereich eine zusammenhängende Gruppe ausgefüllter Zellen gemeint ist (siehe Abbildung 17.4 auf der nächsten Seite).
- [Strg]+[Pos1] springt zur Zelle A1.
- [Strg]+[End] springt in die rechte untere Ecke des vom Tabellenblatt momentan verwendeten Bereichs. Im Falle des Tabellenblatts aus Abbildung 17.4 würden Sie mit [Strg]+[End] also zur Zelle I15 springen. Würden Sie dann noch eine Zahl in die Zelle J2 eingeben, spränge die Zellmarkierung anschließend beim Drücken von [Strg]+[End] zur Zelle J15.

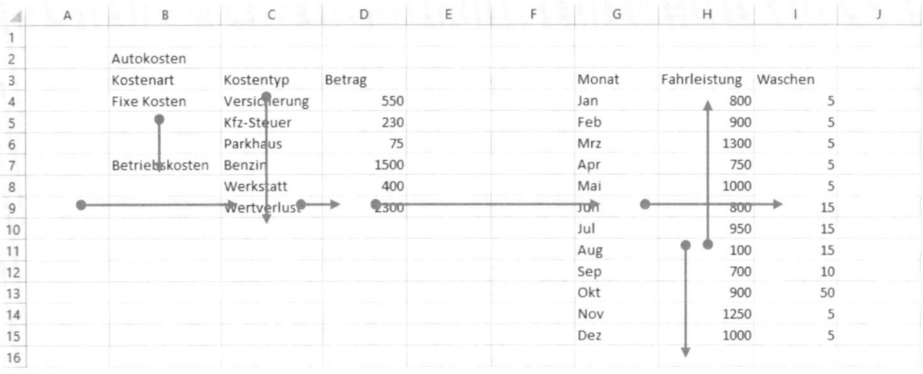

	A	B	C	D	E	F	G	H	I	J
1										
2		Autokosten								
3		Kostenart	Kostentyp	Betrag			Monat	Fahrleistung	Waschen	
4		Fixe Kosten	Versicherung	550			Jan	800	5	
5			Kfz-Steuer	230			Feb	900	5	
6			Parkhaus	75			Mrz	1300	5	
7		Betriebskosten	Benzin	1500			Apr	750	5	
8			Werkstatt	400			Mai	1000	5	
9			Wertverlust	2300			Jun	800	15	
10							Jul	950	15	
11							Aug	100	15	
12							Sep	700	10	
13							Okt	900	50	
14							Nov	1250	5	
15							Dez	1000	5	
16										

Abbildung 17.4: Bewegen der Zellmarkierung mit Strg *+Pfeiltaste*

In der folgenden Tabelle finden Sie eine Übersicht der wichtigsten Tasten, mit denen Sie die Zellmarkierung bewegen können.

Taste	Bewegen der Zellmarkierung
↵	eine Zelle nach unten (konfigurierbar über den Dialog *Excel-Optionen*)
⇆	eine Zelle nach rechts
←	eine Zelle nach links
→	eine Zelle nach rechts
↓	eine Zelle nach unten
↑	eine Zelle nach oben
Pos1	Springt zur ersten Zelle der aktuellen Zeile.
End	Aktiviert/beendet einen speziellen Modus, mit dem die Zellmarkierung über größere Strecken bewegt werden kann. Zu diesem Zweck setzen Sie jedoch besser die Strg-Taste ein (siehe folgender Abschnitt).

Tabelle 17.1: Bewegen der Zellmarkierung mit der Tastatur

Eingabefehler korrigieren

Wenn sich in einer Zelle ein Tippfehler eingeschlichen hat und Sie ihn korrigieren möchten oder wenn Sie einen Wert verändern wollen, gehen Sie so vor:

1. Doppelklicken Sie auf die Zelle, die Sie bearbeiten wollen, oder bewegen Sie die Zellmarkierung mit den Pfeiltasten auf die Zelle und drücken Sie dann die Taste F2. Auf einem mobilen Gerät tippen Sie die Zelle doppelt an. Excel befindet sich dann im Bearbeitungsmodus und zeigt den Inhalt der Zelle in der Bearbeitungsleiste an. In der Zelle selbst ist die blinkende Einfügemarke sichtbar.
2. Verschieben Sie die Einfügemarke an die Position, die Sie bearbeiten möchten.
3. Drücken Sie die Taste Entf, um das Zeichen *rechts* von der Einfügemarke zu löschen, oder die ←-Taste (oberhalb der ↵-Taste), um das Zeichen *links* von der Einfügemarke zu löschen.

4. Wenn Sie Zahlen oder Text ergänzen wollen, bewegen Sie die Einfügemarke mit den Pfeiltasten an die gewünschte Position und tippen den neuen Text direkt ein.
5. Wenn Sie die Bearbeitung der Zelle abgeschlossen haben, drücken Sie ↵ oder klicken Sie auf die Schaltfläche *Eingeben* (das Häkchen in der Bearbeitungsleiste).

Hinweis Beachten Sie, dass die Pfeiltasten eine doppelte Bedeutung haben Wenn der Bearbeitungsmodus für eine Zelle aktiv ist, bewegen Sie mit den Pfeiltasten die Einfügemarke innerhalb der Zelle. Ist der Bearbeitungsmodus nicht aktiv, dann bewegen Sie mit den Pfeiltasten die Zellmarkierung auf dem Tabellenblatt.

Erleichterungen bei der Eingabe

Nachdem Sie nun die Grundlagen für das Eingeben von Daten kennen gelernt haben, wollen wir Ihnen noch einige nützliche Merkmale von Excel vorstellen, die Ihnen die Dateneingabe erleichtern.

Wir beginnen mit der Funktion *AutoVervollständigen*, die Ihnen vielleicht sogar schon bei Ihren ersten Eingabeversuchen in Excel begegnet ist.

AutoVervollständigen verwenden

Die AutoVervollständigen-Funktion hilft Ihnen, wenn in einer Spalte die gleichen Inhalte mehrmals vorkommen. Wenn Sie einen Begriff eintippen, der in der Spalte bereits vorhanden ist, trägt Excel für Sie die restlichen Zeichen in die Zelle ein, sobald es den Begriff anhand Ihrer Eingabe erkannt hat. Sie können den Eingabevorschlag dann übernehmen, indem Sie die ↵-Taste drücken.

1. Geben Sie in untereinander liegenden Zellen einige Begriffe ein, etwa so wie in der folgenden Abbildung:

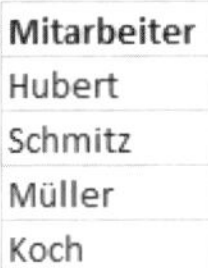

2. Geben Sie nun in die darunter liegende Zelle den Anfangsbuchstaben eines dieser Begriffe ein. Excel vervollständigt die Zeile automatisch mit einem passenden Eintrag:

Tipp

AutoVervollständigen funktioniert nicht Wenn das AutoVervollständigen nicht zu funktionieren scheint, ist die Funktion vermutlich deaktiviert. Klicken Sie dann in der Backstage-Ansicht auf *Optionen* und schalten Sie auf der Seite *Erweitert* die Option *AutoVervollständigen für Zellwerte aktivieren* ein.

3. Um den Vorschlag zu übernehmen, drücken Sie [↵], ansonsten schreiben Sie einfach weiter:

Sie können sich auch eine Auswahlliste anzeigen lassen, die alle Begriffe aufführt, die in der aktuellen Spalte bereits eingegeben wurden. Um die Auswahlliste zu verwenden, gehen Sie folgendermaßen vor:

1. Markieren Sie die Zelle, in der Sie eine Eingabe machen wollen, und drücken Sie die Tastenkombination [Alt]+[↓]. Alternativ klicken Sie die Zelle mit der rechten Maustaste an und wählen im so angezeigten Kontextmenü den Befehl *Dropdown-Auswahlliste:*

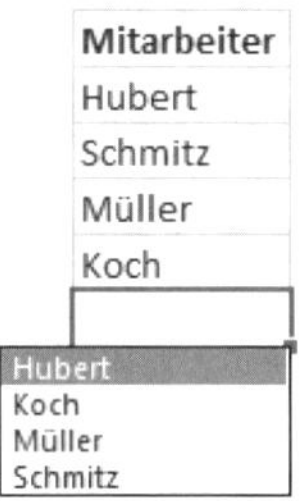

2. Wählen Sie den gewünschten Begriff mit den Pfeiltasten aus und übernehmen Sie ihn mit [↵] bzw. klicken Sie ihn einfach an, falls Sie die Liste mit der Maus geöffnet haben.

Listen verwenden – AutoAusfüllen

Eine Fähigkeit von Excel, die Ihnen viel Tipparbeit ersparen kann, ist das automatische Ausfüllen von Listen. Hierzu existieren verschiedene Varianten:

- Excel erkennt die Listen anhand der Daten, die sich bereits auf dem Tabellenblatt befinden.
- Excel kennt Listen für das Eingeben von Wochentagen und Monatsnamen; Jahreszahlen werden automatisch erweitert.
- Sie erstellen benutzerdefinierte Listen und können diese dann in Zellen automatisch ausfüllen lassen.

Die drei Varianten wollen wir in den folgenden Beispielen erläutern.

Textreihen

1. Legen Sie eine neue Arbeitsmappe an und füllen Sie sie so aus, wie in der nächsten Abbildung. Alternativ können Sie die Übungsdatei *AutoAusfüllen* öffnen, wenn Sie sich diese Tipparbeit ersparen möchten.

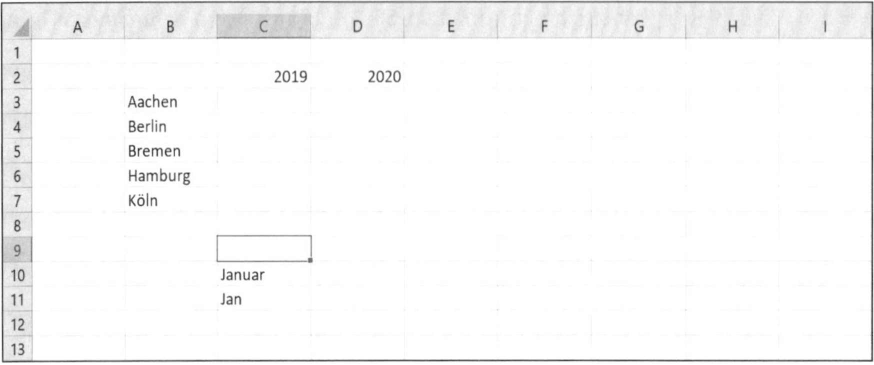

	A	B	C	D	E	F	G	H	I
1									
2			2019	2020					
3		Aachen							
4		Berlin							
5		Bremen							
6		Hamburg							
7		Köln							
8									
9									
10			Januar						
11			Jan						
12									
13									

Abbildung 17.5: Die für das Beispiel benötigten Testdaten

2. Markieren Sie die Städtenamen, indem Sie die oberste der Zellen anklicken und die Markierung dann mit gedrückter Maustaste nach unten aufziehen.

3. Zeigen Sie mit dem Mauszeiger auf das kleine Quadrat unten rechts an der Markierung. Der Mauszeiger wird dort zu einem Plus-Zeichen.
4. Ziehen Sie dann die Markierung mit gedrückter Maustaste um fünf Zellen nach unten. Während Sie die Markierung ziehen, sehen Sie in einem kleinen Popup-Fenster, welchen Wert Excel in die Zelle einfügt. In der folgenden Abbildung ist dieser Vorgang dargestellt.

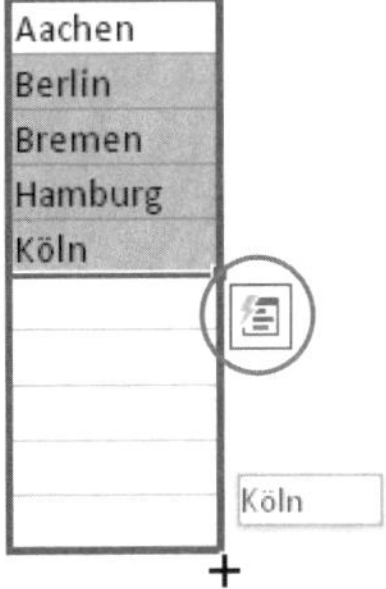

Das Symbol mit dem Blitz nennt sich übrigens *Schnellanalyse*. Dahinter verbirgt sich eine sehr interessante Funktion von Excel, die wir Ihnen in Kapitel 24 noch näher vorstellen werden.

5. Lassen Sie die Maustaste los. In den fünf neu markierten Zellen stehen nun die gleichen Städtenamen wie in den anfänglich markierten Zellen.

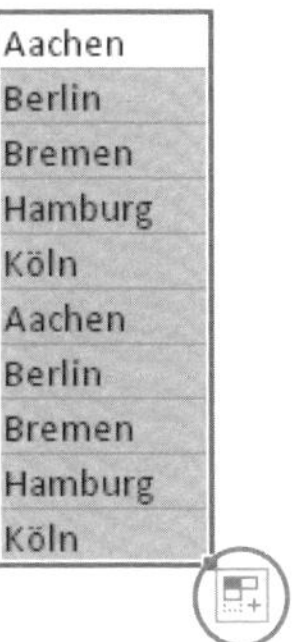

Auf die Schaltfläche, die Sie an der rechten unteren Ecke der Markierung sehen, gehen wir im weiteren Verlauf des Beispiels noch näher ein.

Zahlenfolgen

Mit dem gleichen Verfahren können Sie z.B. auch fortlaufende Jahreszahlen eingeben:

1. Markieren Sie die beiden Zellen, die die Jahreszahlen enthalten.

2. Zeigen Sie mit dem Mauszeiger auf das Quadrat unten rechts an der Markierung und ziehen Sie die Markierung mit gedrückter Maustaste nach rechts auf. Während Sie die Markierung ziehen, sehen Sie in einem kleinen Popup-Fenster, welchen Wert Excel in die Zelle einfügt.

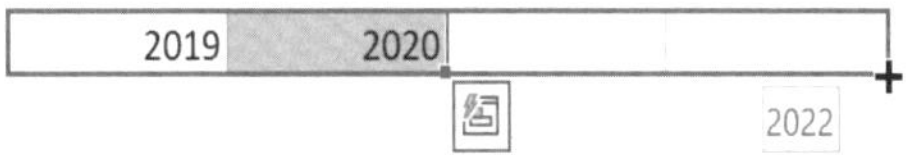

3. Sobald Sie die Maustaste loslassen, füllt Excel die Jahreszahlen richtig aus.

4. Klicken Sie nun auf die Schaltfläche *Auto-Ausfülloptionen*, die am Ende der Zahlenreihe erschienen ist. Dadurch öffnet sich das Menü der Schaltfläche.

Wie Sie sehen, ist im Menü die Option *Datenreihe ausfüllen* eingeschaltet. Dies ist die Standardaktion, die Excel beim Aufziehen einer Markierung vornimmt, in der sich eine Datenreihe befindet. In unserem Fall bestand die Datenreihe aus den beiden Zahlen 2019 und 2020.

5. Klicken Sie im Menü auf *Zellen kopieren*.

Jetzt hat Excel die aufgezogene Markierung gefüllt, indem es die ursprüngliche Markierung kopiert hat (wie vorhin bei den Städtenamen).

Monatsfolgen

Lassen Sie uns nun testen, wie Excel sich beim Ausfüllen von Monaten verhält:

1. Markieren Sie die beiden Zellen, in denen »Januar« bzw. »Jan« steht.

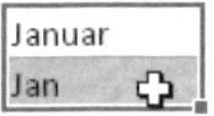

2. Ziehen Sie die Markierung in gewohnter Weise nach rechts auf.

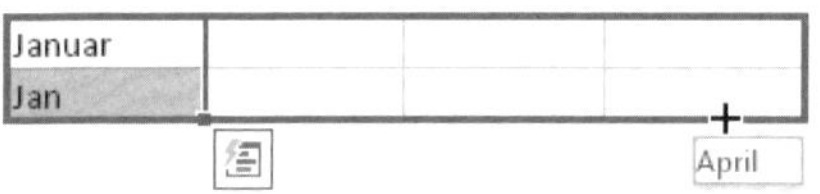

3. Lassen Sie die Maustaste los, wenn der gewünschte Monat erreicht ist. Excel füllt nun die Nachbarzellen mit den Monatsnamen auf und beachtet dabei sogar die abkürzende Schreibweise in der unteren Zeile.

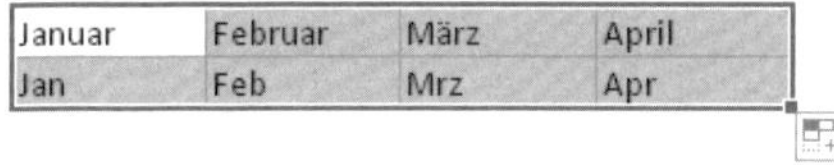

Excel holt sich die Daten offensichtlich aus einer Liste, die alle Monatsnamen enthält.

Datumsfolgen

Zum Schluss wollen wir Excel noch etwas auf die Probe stellen und eine Zelle erweitern, die sowohl eine Monats- als auch eine Jahresangabe enthält:

1. Geben Sie in eine Zelle *Jan 21* ein und ziehen Sie die Markierung anschließend nach rechts auf. Excel füllt die Zellen dann folgendermaßen aus:

2. Klicken Sie auf die Schaltfläche *Auto-Ausfülloptionen*.

3. Wählen Sie in dem Auswahlmenü die Option *Jahre ausfüllen*. Excel ändert den Inhalt der markierten Zelle dann wie folgt ab:

Beim Ausfüllen wurde also nicht mehr der Monat, sondern das Jahr fortgesetzt.

Eigene Listen zum AutoAusfüllen erstellen

Angenommen, Sie erstellen regelmäßig Arbeitsblätter, in denen die Namen der Abteilungen Ihrer Firma als Spaltenüberschrift verwendet werden. Wäre es in diesem Fall nicht außerordentlich praktisch, wenn Sie diese Abteilungsnamen mittels AutoAusfüllen in das Tabellenblatt eingeben könnten? Mit Excel ist das tatsächlich möglich, Sie müssen lediglich mit den folgenden Schritten eine benutzerdefinierte Liste anlegen:

1. Wechseln Sie in die Backstage-Ansicht und klicken Sie auf *Optionen*.
2. Klicken Sie in der Kategorie *Erweitert* auf die Schaltfläche *Benutzerdefinierte Liste bearbeiten* (sie ist relativ weit unten), um das folgende Dialogfeld anzuzeigen.

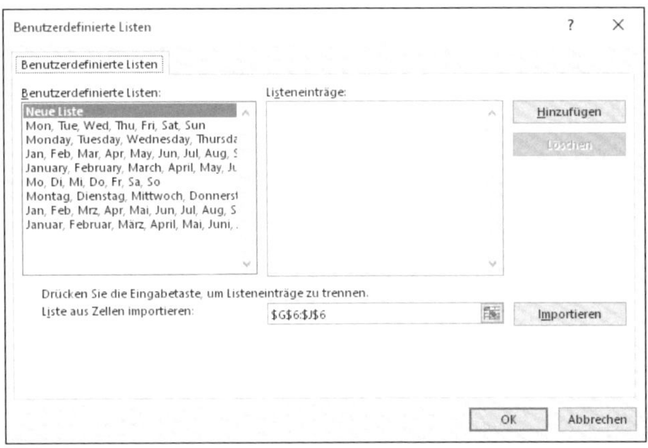

Abbildung 17.6: Excel kennt bereits Listen mit Monaten und Wochentagen.

Auf der linken Seite des Dialogfeldes sehen Sie u.a. die Liste für die Monatsnamen, die Sie im letzten Beispiel verwendet haben.

3. Klicken Sie in das Feld *Listeneinträge* und geben Sie dort die folgende Liste ein: **Einkauf, Personal, Verkauf, Forschung, Lager**.
4. Klicken Sie auf *Hinzufügen*. Die Liste erscheint dann im Feld *Benutzerdefinierte Listen.*
5. Schließen Sie beide Dialogfelder mit *OK*.
6. Testen Sie die von Ihnen erstellte Liste, indem Sie in eine Zelle das Wort »Einkauf« eintippen und anschließend die vier Nachbarzellen per AutoAusfüllen füllen.

Datenreihen erstellen

Um das Thema Ausfüllen abzurunden, wollen wir Ihnen noch den Befehl *Datenreihe* vorstellen, der sich im Ausklappmenü der Schaltfläche *Füllbereich* befindet (rechts auf der Registerkarte *Start* in der Gruppe *Bearbeiten)*. Er unterstützt Sie besonders flexibel beim Eingeben von Datenreihen. Um zum Beispiel eine Spalte zu erstellen, die die Zweierpotenzen von 1 bis 1024 enthält (also 1, 2, 4, 8, 16, ...), nehmen Sie diese Schritte vor:

1. Geben Sie die erste Zahl der Reihe ein und klicken Sie in der Bearbeitungsleiste auf die Schaltfläche *Eingeben* (das Häkchen). Damit Sie gleich im nächsten Schritt die Schaltfläche *Füllbereich* betätigen können, darf sich Excel nämlich nicht im Bearbeitungsmodus befinden, d.h. die Einfügemarke darf nicht in der Zelle blinken, in die Sie gerade die erste Zahl eingetragen haben.
2. Klicken Sie die Schaltfläche *Füllbereich* an und wählen Sie den Befehl *Datenreihe*. Excel zeigt dann das Dialogfeld *Reihe* an (siehe nächstes Bild).
3. Schalten Sie in der Gruppe *Reihe in* die Option *Spalten* ein.
4. Aktivieren Sie in der Gruppe *Typ* die Option *Geometrisch*. Dadurch erreichen Sie, dass die Datenreihe nicht durch eine Addition erzeugt wird, sondern durch Multiplikation. Der Wert, mit dem die einzelnen Zahlen multipliziert werden, um die jeweils nächste Zahl der Reihe zu finden, entnimmt Excel dem Feld *Inkrement*.
5. Geben Sie in das Textfeld *Inkrement* eine **2** ein.
6. Zum Schluss tragen Sie noch in das Textfeld *Endwert* die Zahl **1024** ein.

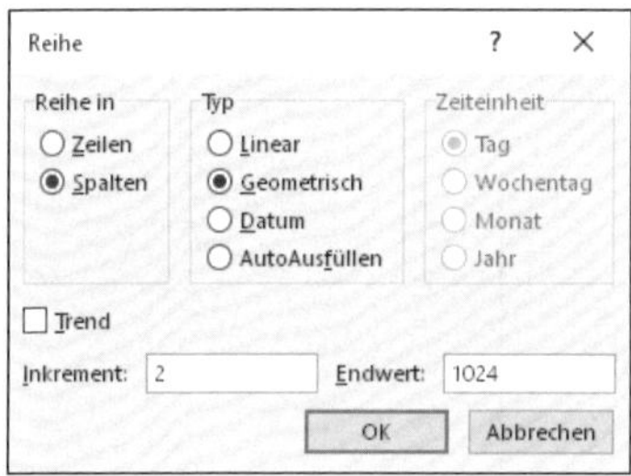

Abbildung 17.7: Mit dem Dialogfeld Reihe *lassen sich auch geometrische Folgen erstellen.*

7. Klicken Sie auf *OK*, damit Excel die gewünschte Datenreihe einträgt.

Einfache Berechnungen

Neben Text und Zahlen können die Zellen eines Excel-Tabellenblatts auch Formeln enthalten, was nicht wirklich verwundert, da Excel schließlich ein Tabellenkalkulationsprogramm ist. In diesem Abschnitt werden wir uns nun dem Eingeben von Formeln und dem Rechnen mit Excel widmen.

Die Vorgehensweise wollen wir anhand der Beispieltabelle *Autokosten* erläutern, die wir zu Beginn des Kapitels gemeinsam erstellt haben. Wir haben die Tabelle dazu noch ein wenig erweitert und im unteren Bereich den Text eingetragen, neben dem die Gesamtkosten pro Jahr und pro Monat ausgegeben werden sollen.

Sie finden die Tabelle auch in der Übungsdatei *Einfache Berechnungen* auf dem Tabellenblatt *Start*. Lassen Sie uns mit der Berechnung der Gesamtkosten beginnen.

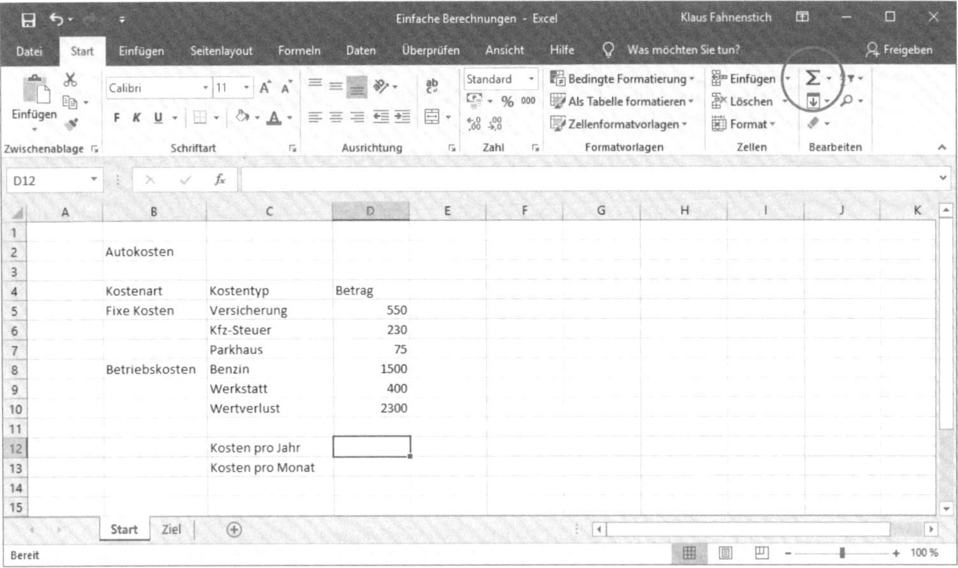

Abbildung 17.8: Dieses Tabellenblatt soll um zwei Formeln ergänzt werden.

1. Markieren Sie die Zelle D12, in der die errechneten Gesamtkosten erscheinen sollen.
2. Klicken Sie in der Registerkarte *Start* auf die Schaltfläche *Summe* (siehe Abbildung oben).

   In der Zelle D12 wird jetzt die Formel `=Summe(D5:D11)` angezeigt. Die Zellen, die mit dieser Formel addiert werden, sind mit einem gestrichelten Rahmen versehen. Excel hat also eigenständig erkannt, welche Zahlen des Tabellenblatts Sie addieren wollen.

Kostenart	Kostentyp	Betrag
Fixe Kosten	Versicherung	550
	Kfz-Steuer	230
	Parkhaus	75
Betriebskosten	Benzin	1500
	Werkstatt	400
	Wertverlust	2300
	Kosten pro Jahr	=SUMME(D5:D11)
	Kosten pro Monat	SUMME(Zahl1; [Zahl2]; ...)

Abbildung 17.9: Excel erkennt automatisch, welche Zahlen Sie addieren wollen.

3. Drücken Sie die [↵]-Taste, um die Formel wie angezeigt zu übernehmen. In der Zelle D12 werden nun wie gewünscht, die errechneten Gesamtkosten angezeigt.

Excel

	Kostenart	Kostentyp	Betrag
	Fixe Kosten	Versicherung	550
		Kfz-Steuer	230
		Parkhaus	75
	Betriebskosten	Benzin	1500
		Werkstatt	400
		Wertverlust	2300
		Kosten pro Jahr	5055
		Kosten pro Monat	

Abbildung 17.10: Excel hat die Summe korrekt berechnet.

Tipp

Der »Trick« mit der AutoSumme funktioniert so Wenn Sie Excel durch Anklicken der Schaltfläche *Summe* mitteilen, dass Sie eine Summe bilden wollen, prüft Excel zuerst, ob sich oberhalb der markierten Zelle Zahlen befinden. Wird Excel fündig, werden die betreffenden Zahlen für die Summenbildung berücksichtigt. Sobald Excel bei der Zahlensuche auf eine Zelle trifft, die einen Text enthält oder leer ist, wird die Suche beendet. In dem hier vorgestellten Beispiel stoppt Excel also an der Spaltenüberschrift.

Falls sich oberhalb einer Zelle keine Zahlen befinden, untersucht Excel die linken Nachbarzellen. Sollten auch hier keine Zahlen enthalten sein, streicht Excel die Segel und überlässt Ihnen das Ausfüllen der Summenformel.

Bestandteile der Summenformel

Formeln in Excel beginnen immer mit einem Gleichheitszeichen. Anhand des Gleichheitszeichens kann Excel Formeln von Text und Zahlen unterscheiden.

```
=SUMME(D5:D11)
```

Im obigen Beispiel wird bei der Berechnung der Gesamtkosten die Funktion SUMME verwendet. Diese Funktion gehört zu den zahlreichen Funktionen, mit denen Sie in Excel rechnen können. Die meisten Funktionen benötigen Parameter, die hinter dem Funktionsnamen in runden Klammern eingeschlossen werden. Die Funktion SUMME erwartet als Parameter den Zellbereich, für den die Summe gebildet werden soll. In unserem Beispiel lautet die Bereichsangabe **D5:D11**. Der Doppelpunkt bedeutet *bis*.

Automatische Neuberechnung

Der Vorteil eines Tabellenkalkulationsprogramms wie Excel besteht darin, dass die Summe automatisch neu berechnet wird, wenn Sie z.B. den Betrag für einen Kostenpunkt ändern. Probieren Sie es einmal aus, indem Sie einige der Werte ändern und beobachten, wie sich das Ergebnis in der Zelle mit der Summe anpasst.

Einfache Formeln ohne Funktionen

Sie können auch Formeln erstellen, die keine Funktion verwenden, sondern stattdessen z.B. eine der vier Grundrechenarten. Um dies zu verdeutlichen, sollen in Zelle D13 die Kosten je Monat berechnet werden.

Excel soll also die in der Zelle D12 berechneten Gesamtkosten durch 12 teilen:

1. Klicken Sie Zelle D13 an. Die Zelle wird mit der Zellmarkierung versehen.
2. Tippen Sie ein Gleichheitszeichen ein. Excel aktiviert den Bearbeitungsmodus für die Zelle.
3. Klicken Sie Zelle D12 an, in der sich die Gesamtkosten befinden. Dadurch wird hinter dem Gleichheitszeichen die Adresse der angeklickten Zelle eingetragen. Sie hätten die Adresse auch eintippen können, aber das Anklicken ist nicht nur schneller, sondern auch zuverlässiger.
4. Tippen Sie jetzt das Zeichen / ein. Der Schrägstrich ist der Divisionsoperator (nicht der Doppelpunkt, wie man berechtigterweise meinen könnte).
5. Geben Sie nun **12** ein und drücken dann [↵], um die Eingabe der Formel abzuschließen.

D13 | =D12/12

	A	B	C	D
1				
2		Autokosten		
3				
4		Kostenart	Kostentyp	Betrag
5		Fixe Kosten	Versicherung	550
6			Kfz-Steuer	230
7			Parkhaus	75
8		Betriebskosten	Benzin	1500
9			Werkstatt	400
10			Wertverlust	2300
11				
12			Kosten pro Jahr	5055
13			Kosten pro Monat	421,25
14				
15				

Start | Ziel

Abbildung 17.11: Dem Ergebnis liegt nach wie vor die eingegebene Formel zugrunde.

Excel führt die Berechnung durch und gibt das Ergebnis in Zelle D13 aus. Wenn Sie die Zelle D13 erneut anklicken und dann in die Bearbeitungsleiste schauen, sehen Sie, dass dort noch immer die eingegebene Formel angezeigt wird. Das Gleiche gilt natürlich auch für die Zelle mit der Summe.

Die hier vorgestellten Möglichkeiten zum Rechnen mit Excel können natürlich nur einen ersten Eindruck vermitteln. Mehr Informationen zu diesem Thema finden Sie in den Kapiteln 19 und 20.

Zeilen bzw. Spalten einfügen und löschen

Wenn Sie eine Tabelle nachträglich erweitern wollen, können Sie einzelne Zellen oder auch ganze Zeilen bzw. Spalten einfügen. Dadurch wird jedoch nicht die Größe des Arbeitsblattes geändert, sondern Excel schiebt beim Einfügen die »störenden« Zellen einfach entsprechend zur Seite.

Im folgenden Beispiel zeigen wir Ihnen, wie Sie eine Tabelle um eine weitere Zeile ergänzen können. Und zwar soll zwischen den beiden Zeilen, in denen die Benzin- und Werkstattkosten eingetragen sind, eine neue Zeile zur Erfassung der Kosten für Motoröl eingeschoben werden.

1. Erstellen Sie eine Tabelle, die dem hier abgebildeten Beispiel ähnelt oder öffnen Sie die Übungsdatei *Einfache Berechnungen,* die Sie im letzten Abschnitt kennen gelernt haben.

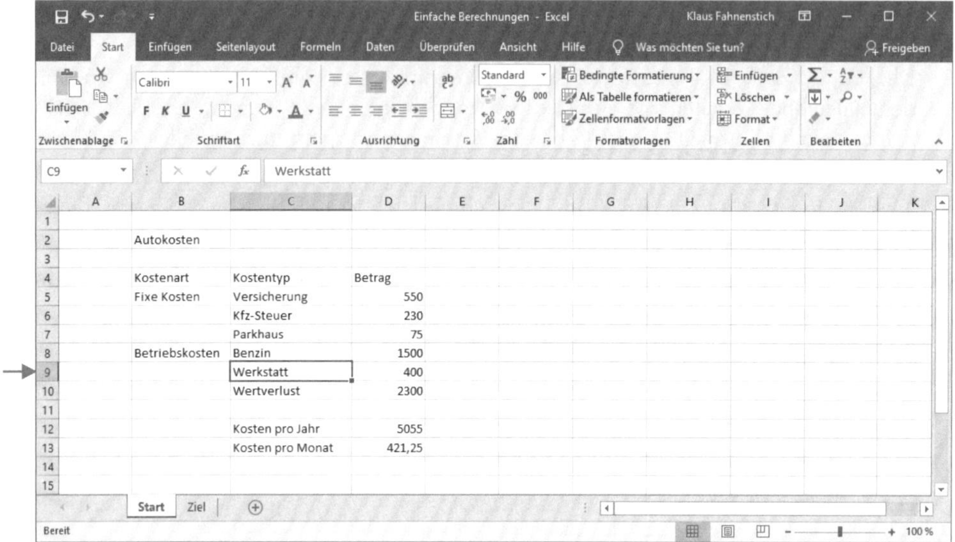

Abbildung 17.12: Zwischen Zeile 8 und Zeile 9 soll eine neue Zeile eingefügt werden.

2. Markieren Sie eine beliebige Zelle in der Zeile, die den neuen Eintrag aufnehmen soll. In diesem Beispiel ist dies die Zeile 9.
3. Wechseln Sie auf die Registerkarte *Start* und öffnen Sie in der Gruppe *Zellen* das Ausklappmenü der Schaltfläche *Einfügen.*

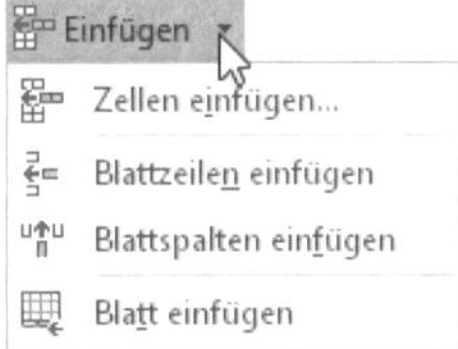

Abbildung 17.13: Neue Zeile einfügen

4. Wählen Sie den Befehl *Blattzeilen einfügen.*

   Excel schiebt nun den Inhalt aller Zellen, die sich in Zeile 9 oder darunter befinden, um eine Zeile nach unten. Bei diesem Vorgang werden alle Formeln, die sich auf die verschobenen Zellen beziehen, angepasst.

   In unserem Fall trifft das zum Beispiel auf die Formel zur Berechnung der Gesamtsumme zu. Wie Sie in Abbildung 17.9 sehen können, lautete die Formel vor dem Einfügen der leeren Zeile **SUMME(D5:D11)**. Das nächste Bild zeigt, dass sich die Bereichsangabe der Funktion SUMME verändert hat. Die geänderte Formel lautet nun **SUMME(D5:D12)**.

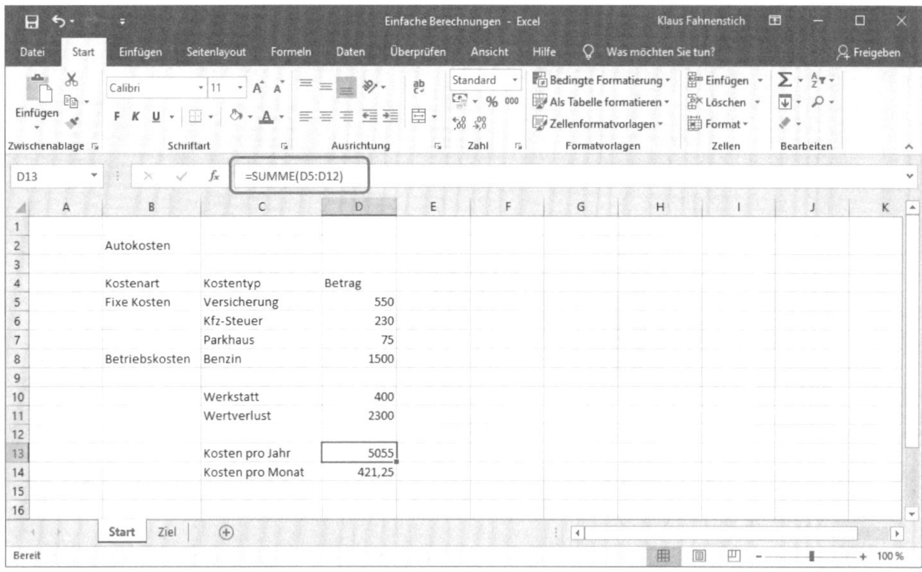

Abbildung 17.14: Zellbezüge werden beim Einfügen von Zellen automatisch angepasst.

5. Jetzt können Sie die Beschriftung **Motoröl** in die Zelle C9 und die zugehörigen Kosten in ihre Nachbarzelle eintragen.

Mehrere Zeilen/Spalten einfügen

Wenn Sie auf einen Rutsch gleich mehrere Zeilen oder Spalten einfügen wollen, müssen Sie lediglich vor dem Aufruf des Befehls *Einfügen/Blattzeilen* bzw. *Einfügen/Blattspalten* entsprechend viele Zellen markieren. Wenn Sie zum Beispiel in der letzten Übung nicht nur eine neue Zeile für »Motoröl«, sondern noch eine weitere für »Waschen« einfügen wollten, hätten Sie dazu zwei Zellen der Zeilen 9 und 10 markieren müssen.

Einzelne Zellen und Zellbereiche einfügen

Bis jetzt haben Sie immer nur ganze Zeilen oder Spalten in das Tabellenblatt eingefügt. Dies funktioniert in der Regel aber nur dann reibungslos, wenn das Arbeitsblatt lediglich eine einzelne Tabelle enthält. Ansonsten würden Sie durch das Einfügen einer vollständigen Zeile oder Spalte höchstwahrscheinlich andere Tabellen auf dem Blatt beschädigen.

In solchen Fällen können Sie auch einzelne Zellen oder einen bestimmten Zellbereich in ein Blatt einfügen. Im nächsten Beispiel sehen Sie wieder die bekannte Autokosten-Tabelle. Auf dem Tabellenblatt befindet sich jetzt aber noch eine zweite Tabelle, in der die Fahrleistung in den einzelnen Monaten eingetragen ist.

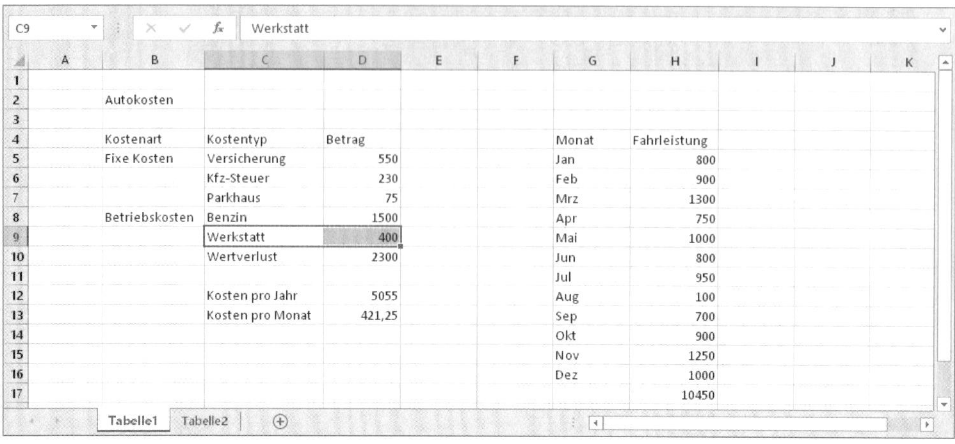

Abbildung 17.15: Dieses Tabellenblatt enthält zwei Tabellen.

1. Markieren Sie die beiden Zellen C9 und D9 (wie im obigen Bild).
2. Öffnen Sie auf der Registerkarte *Start* in der Gruppe *Zellen* das Ausklappmenü der Schaltfläche *Einfügen* und wählen Sie den Befehl *Zellen einfügen.*

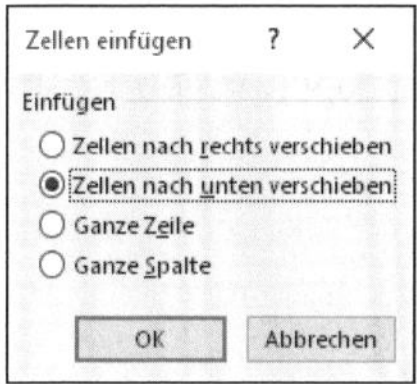

Abbildung 17.16: Einfügen von Zellbereichen

In diesem Dialogfeld legen Sie fest, wie Excel die markierten Zeilen verschieben soll, um Platz für die neuen Zellen zu schaffen. Wie Sie sehen, haben Sie die Wahl zwischen vier Varianten, deren Wirkungsweise die folgenden Bilder veranschaulichen sollen:

Benzin	1500			Apr	750	
		Werkstatt	400			Mai
Wertverlust	2300			Jun	800	

Benzin	1500			Apr	750	
				Mai	1000	
Werkstatt	400			Jun	800	

Benzin	1500			Apr	750	
Werkstatt	400			Mai	1000	

		Benzin	1500			Apr	750
		Werkstatt	400			Mai	1000
		Wertverlust	2300			Jun	800

Abbildung 17.17: Einfügen von Zellen (nach rechts, nach unten, ganze Zeile, ganze Spalte)

3. Offensichtlich benötigen Sie in diesem Fall die zweite Variante. Schalten Sie also die Option *Zellen nach unten verschieben* ein und klicken Sie auf *OK.*

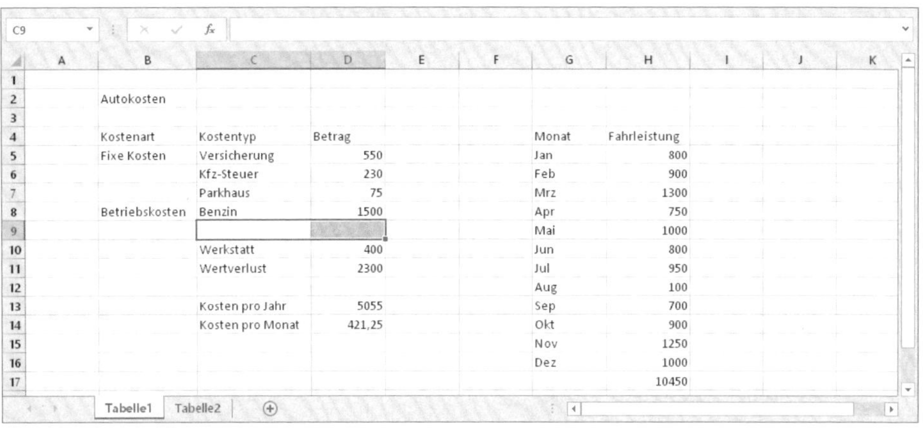

C9

	A	B	C	D	E	F	G	H	I	J	K
1											
2		Autokosten									
3											
4		Kostenart	Kostentyp	Betrag			Monat	Fahrleistung			
5		Fixe Kosten	Versicherung	550			Jan	800			
6			Kfz-Steuer	230			Feb	900			
7			Parkhaus	75			Mrz	1300			
8		Betriebskosten	Benzin	1500			Apr	750			
9							Mai	1000			
10			Werkstatt	400			Jun	800			
11			Wertverlust	2300			Jul	950			
12							Aug	100			
13			Kosten pro Jahr	5055			Sep	700			
14			Kosten pro Monat	421,25			Okt	900			
15							Nov	1250			
16							Dez	1000			
17								10450			

Tabelle1 Tabelle2

Abbildung 17.18: Das Einfügen der Zellen hat sich nur auf die linke Tabelle ausgewirkt.

Zellen löschen

Das Löschen von Zellen funktioniert im Prinzip genauso wie das Einfügen. Sie finden die dazu benötigte Schaltfläche *Löschen* auf der Registerkarte *Start* direkt unterhalb der Schaltfläche *Einfügen*. Die Schaltfläche ist ebenfalls mit einem Ausklappmenü versehen, dessen Befehle sich analog zu den soeben beschriebenen Befehlen der Schaltfläche *Einfügen* verhalten.

Blitzvorschau

Die sogenannte *Blitzvorschau* wurde mit Excel 2013 eingeführt. Sie ist sehr leistungsfähig, aber gelegentlich auch etwas unberechenbar. Denn beim Versuch, Ihre wahren Absichten zu erkennen, »denkt« sie manchmal nicht weit genug. ;)

Das folgende Beispiel geht davon aus, dass Sie eine Adressliste in Excel geöffnet haben, in der die Postleitzahlen und Ortsnamen zusammen in einer Zelle stehen. Ihre Aufgabe ist es nun, die beiden Angaben in separaten Zellen unterzubringen. Ein geübter Excel-Anwender würde dieses Problem mithilfe von Funktion lösen, aber dank Blitzvorschau können Sie sich diesen Aufwand ersparen.

	A	B	C	D	E	F	G
1							
2		PLZ_ORT	Plz	Ort			
3		45657 Recklinghausen					
4		52076 Aachen					
5		50667 Köln					
6		60599 Frankfurt					
7		01076 Dresden					
8		44135 Dortmund					
9		45045 Essen					
10							

Abbildung 17.19: Die Aufgabenstellung: Postleitzahl und Ortsname sollen in eigenen Spalten stehen.

1. Tragen Sie die erste Postleitzahl manuell in die dafür vorgesehene Spalte ein. In unserem Beispiel ist das die Zelle C3.
2. In der nächsten Zeile tippen Sie nur die erste Ziffer der Postleitzahl ein, hier also eine »5«. Nur Sekundenbruchteile später hat Excel erkannt, dass Sie die Postleitzahl extrahieren wollen, und füllt den Rest der Spalte für Sie aus. Nicht schlecht, oder?!

	A	B	C	D	E	F	G
1							
2		PLZ_ORT	Plz	Ort			
3		45657 Recklinghausen	45657				
4		52076 Aachen	52076				
5		50667 Köln	50667				
6		60599 Frankfurt	60599				
7		01076 Dresden	1076				
8		44135 Dortmund	44135				
9		45045 Essen	45045				
10							

Abbildung 17.20: Excel hat Ihre Absicht erkannt!

3. Um den Vorschlag zu übernehmen, müssten Sie jetzt nur noch ↵ drücken. Doch bevor Sie das tun, sollten Sie sich die automatisch ausgefüllten Zellen noch einmal etwas genauer ansehen. Richtig, die Postleitzahl von Dresden bereitet Excel mit ihrer führenden Null kleinere Schwierigkeiten. Hier müssen Sie noch etwas nachhelfen.
4. Machen Sie alle Änderungen, also auch Ihre erste Eingabe rückgängig.
5. Markieren Sie den Zellbereich, der für die Postleitzahlen vorgesehen ist.
6. Wechseln Sie auf die Registerkarte *Start* und wählen Sie in der Gruppe *Zahl* das Zahlenformat *Text* aus, das Sie ganz unten in der Auswahlliste finden. Damit weiß Excel, dass der Inhalt dieser Zellen nicht als Zahlen interpretiert werden soll, sondern als Text.
7. Wenn Sie nun die ersten beiden Schritte wiederholen, ist das Ergebnis perfekt:

	A	B	C	D	E	F	G
1							
2		PLZ_ORT	Plz	Ort			
3		45657 Recklinghausen	45657				
4		52076 Aachen	52076				
5		50667 Köln	50667				
6		60599 Frankfurt	60599				
7		01076 Dresden	01076				
8		44135 Dortmund	44135				
9		45045 Essen	45045				
10							

Abbildung 17.21: Jetzt stimmt auch die Postleitzahl von Dresden.

8. Zum Schluss füllen Sie noch nach dem gleichen Prinzip die Spalte mit den Ortsnamen.

	A	B	C	D	E	F	G
1							
2		PLZ_ORT	Plz	Ort			
3		45657 Recklinghausen	45657	Recklinghausen			
4		52076 Aachen	52076	Aachen			
5		50667 Köln	50667	Köln			
6		60599 Frankfurt	60599	Frankfurt			
7		01076 Dresden	01076	Dresden			
8		44135 Dortmund	44135	Dortmund			
9		45045 Essen	45045	Essen			
10							

Abbildung 17.22: Mission erfüllt!

Sie erreichen diese Funktion übrigens auch noch auf einem anderen Weg. Und zwar können Sie, statt wie in Schritt 2 mit der Eingabe der zweiten Zelle zu beginnen, auf der Registerkarte *Start* in der Gruppe *Bearbeiten* auf die Schaltfläche *Füllbereich* klicken. In deren Menü finden Sie dann ganz unten den Befehl *Blitzvorschau.*

Und natürlich darf für die Tastaturfans unter Ihnen auch der Shortcut nicht fehlen: Strg+E.

Illustrationen einfügen

Auch wenn Sie Excel in erster Linie dafür einsetzen werden, mit Zahlen und Formeln zu arbeiten, werden Sie gelegentlich eine Grafik in ein Arbeitsblatt einfügen wollen. Und Excel hat auch auf diesem Gebiet erstaunlich viel zu bieten. Das dürfte jedoch in erster Linie daran liegen, dass Excel an dieser Stelle von seinen beiden »Schwesterprogrammen« Word und PowerPoint profitiert, bei denen der Einsatz von Grafiken naturgemäß mehr im Mittelpunkt steht. Es war daher von Seiten der Entwickler kein spezieller Aufwand erforderlich, um Excel mit leistungsfähigen Grafikfunktionen auszustatten.

Die Befehle zum Einfügen der verschiedenen grafischen Elemente finden Sie auf der Registerkarte *Einfügen* in der Gruppe *Illustrationen.*

Abbildung 17.23: Über die Schaltflächen der Gruppe Illustrationen *können Sie die verschiedenen grafischen Elemente in Ihre Arbeitsmappen einfügen.*

Ausführliche Informationen zum Einfügen und Bearbeiten von Illustrationen finden Sie in Kapitel 35.

Kapitel 18

Tabellenblätter formatieren

In den Beispielen des letzten Kapitels haben wir uns ausschließlich auf das Einfügen von Texten und Zahlen konzentriert und uns nicht weiter um die Darstellung der Daten gekümmert. Aber natürlich gehört zu einer fertigen Tabelle auch eine ansprechende Optik, die zum Beispiel die Zeilen- und Spaltenbeschriftungen sowie die Ergebniszeilen hervorhebt.

Wie Sie gleich sehen werden, gibt es in Excel zahlreiche Möglichkeiten, das Layout einer Tabelle zu verbessern. Sie können Schriften formatieren, Rahmen zuweisen, Farben und Muster benutzen und die Ausrichtung der Zellinhalte auf vielfältige Weise ändern. Viele dieser Formatierungen müssen Sie nicht mühsam Stück für Stück von Hand erstellen, sondern können sie sehr komfortabel mit einem Mausklick aus Formatkatalogen zuweisen.

Aber auch, wenn Sie in Excel nahezu jedes Detail einer Tabelle individuell gestalten können, sollten Sie nicht vergessen, dass bei einer Tabellenkalkulation die Daten im Mittelpunkt des Interesses stehen und nicht die Farbe und Stärke einer Linie, mit der das Ergebnis einer Summenbildung unterstrichen wird.

Wir werden uns daher auf die Funktionen konzentrieren, mit denen Sie Ihren Tabellen ohne großen Aufwand eine professionelle Optik verleihen können. Auf Standardaufgaben der Zeichenformatierung, wie sie in jeder Textverarbeitung anfallen – z.B. Schriftart wählen, Schriftgröße ändern etc. – gehen wir hier nicht näher ein, da wir guten Gewissens davon ausgehen können, dass sie mittlerweile zum Grundrepertoire eines jeden Office-Anwenders gehören.

Formatieren mit Zellenformatvorlagen

Wenn Sie »mal eben« eine kleine Tabelle erstellen wollen, können Sie sie am einfachsten mithilfe der so genannten *Zellenformatvorlagen* gestalten. In diesen Vorlagen werden mehrere Formatierungseigenschaften zusammengefasst – zum Beispiel Schriftart, -größe und -farbe –, die dann einer gewünschten Zelle mit einem einzigen Befehl zugewiesen werden können.

Um Ihnen den Gebrauch und die Effektivität der Zellenformatvorlagen zu demonstrieren, wollen wir nun die Autokosten-Tabelle, die wir im letzten Kapitel erstellt haben, in eine ansprechende Form bringen.

1. Öffnen Sie die Übungsdatei *Zellenformatvorlagen* und zeigen Sie das Tabellenblatt *Autokosten* an.

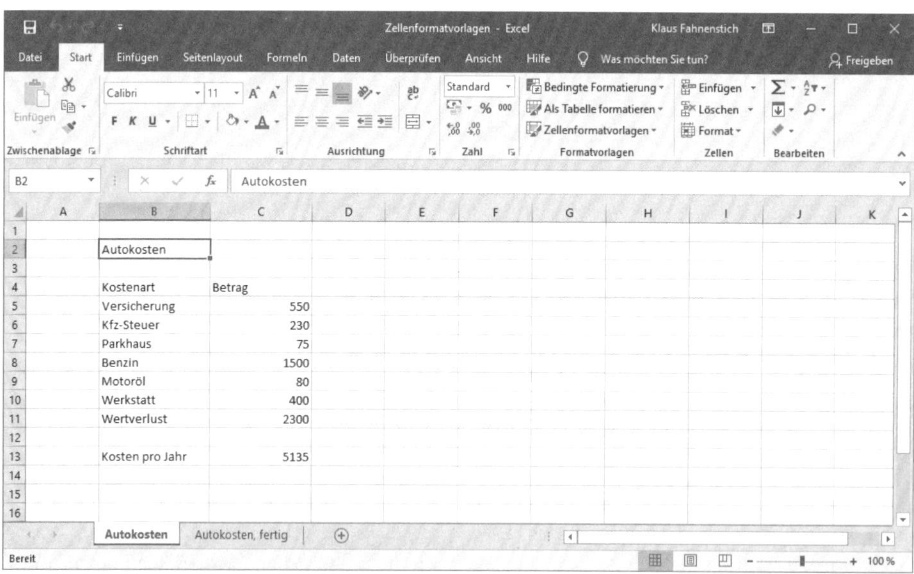

Abbildung 18.1: Die unformatierte Autokosten-Tabelle

2. Markieren Sie die Zelle, die den Titel der Tabelle enthält (hier B2).
3. Zeigen Sie die Registerkarte *Start* an und klicken Sie in der Gruppe *Formatvorlagen* auf die Schaltfläche *Zellenformatvorlagen.* Excel zeigt dann folgendes Ausklappmenü an, in dem verschiedene Formatierungsvarianten angeboten werden.

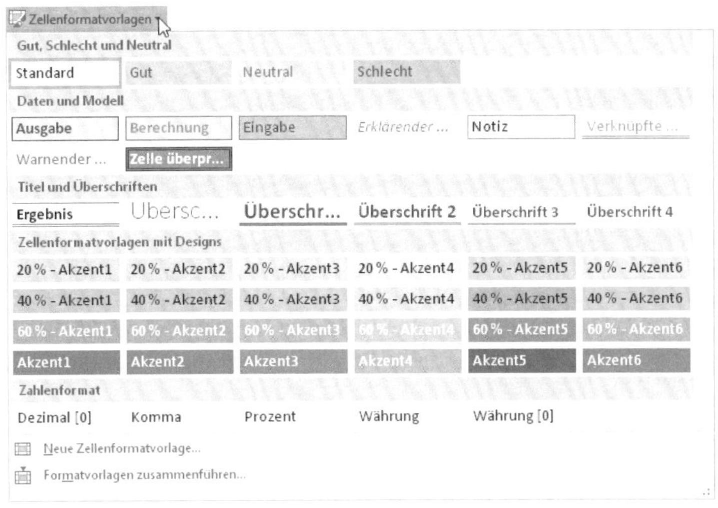

Abbildung 18.2: Der Auswahlkatalog der Zellenformatvorlagen

Wie Sie sehen, sind die Zellenformatvorlagen in verschiedene Gruppen eingeteilt:

- *Gut, Schlecht und Neutral*
- *Daten und Modell*
- *Titel und Überschriften*
- *Zellenformatvorlagen mit Designs*
- *Zahlenformat*

Hinweis Designs Die in den Zellenformatvorlagen verwendeten Farben und Schriftarten hängen vom jeweiligen Design ab, das der aktuellen Arbeitsmappe zugewiesen wurde. Designs spielen bei der Formatierung von Office-Dokumenten eine zentrale Rolle. Es ist daher wichtig, dass Sie das dahinter stehende Konzept verstehen, damit Sie später keine bösen Überraschungen erleben. Da auch die anderen Office-Programme mit Designs arbeiten, behandeln wir dieses Thema in Teil F des Buches in Kapitel 34.

4. Zeigen Sie mit der Maus auf eine der Vorlagen aus der Gruppe *Titel und Überschriften*. Excel zeigt die Wirkung der verschiedenen Vorlagen direkt im Tabellenblatt an. Wenn Sie sich für eine der Vorlagen entschieden haben, übernehmen Sie diese durch Anklicken.

   In einem zweiten Schritt sollen die Spaltenüberschriften formatiert werden:

5. Markieren Sie die beiden Spaltenüberschriften und klicken Sie erneut auf die Schaltfläche *Zellenformatvorlagen*, um den Auswahlkatalog anzuzeigen.
6. Wählen Sie einen Eintrag der Gruppe *Zellenformatvorlagen mit Designs*.

   Nun kommen die Geldbeträge an die Reihe:

7. Markieren Sie die Geldbeträge und weisen Sie ihnen die Zellenformatvorlage *Währung* zu. Die Zahlen werden dann mit zwei Nachkommastellen und einem Eurozeichen dargestellt.

   Zum Schluss soll noch das Ergebnis (also die Zelle C13) hervorgehoben werden.

8. Markieren Sie das Endergebnis und weisen Sie ihm die Zellenformatvorlage *Ergebnis* zu (aus der Gruppe *Titel und Überschriften*). Ihre Tabelle sollte dann in etwa so aussehen:

	A	B	C	D	E	F	G
1							
2		Autokosten					
3							
4		Kostentyp	Betrag				
5		Versicherung	550,00 €				
6		Kfz-Steuer	230,00 €				
7		Parkhaus	75,00 €				
8		Benzin	1.500,00 €				
9		Motoröl	80,00 €				
10		Werkstatt	400,00 €				
11		Wertverlust	2.300,00 €				
12							
13		Kosten pro Jahr	5.135,00 €				
14							

Abbildung 18.3: Die Tabelle wurde ausschließlich mit Zellenformatvorlagen formatiert.

Excel-Tabellen

Die Tabelle aus dem letzten Beispiel ist aus Sicht von Excel einfach ein beliebiger Bereich des Tabellenblatts, in dem etwas Text und einige Zahlen stehen. Das heißt, Excel weiß nichts über die Struktur der Daten und kann z. B. die Spaltenüberschriften nicht als solche erkennen.

Bereich in eine Excel-Tabelle umwandeln

Das lässt sich jedoch leicht ändern und anschließend stehen Ihnen weitaus komfortablere Funktionen für die Formatierung Ihrer Tabellen zur Verfügung als die im letzten Abschnitt vorgestellten Zellenformatvorlagen.

1. Markieren Sie den Bereich des Tabellenblatts, der Ihre Tabelle enthält.
2. Zeigen Sie die Registerkarte *Start* an und klicken Sie in der Gruppe *Formatvorlagen* auf die Schaltfläche *Als Tabelle formatieren*.

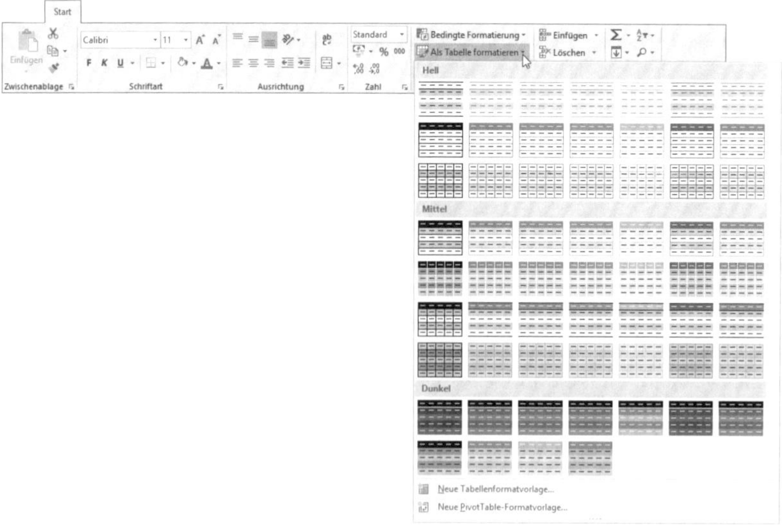

Abbildung 18.4: Der ausgewählte Bereich soll zu einer Excel-Tabelle werden.

3. Der geöffnete Auswahlkatalog enthält diverse Tabellenformatvorlagen, die sich in ihrer Helligkeit und in der Art und Weise, wie die Spalten und Zeilen der Tabelle betont werden, unterscheiden. Wählen Sie aus dem Katalog eine der angebotenen Tabellenformatvorlagen aus. Excel zeigt dann folgendes Dialogfeld an:

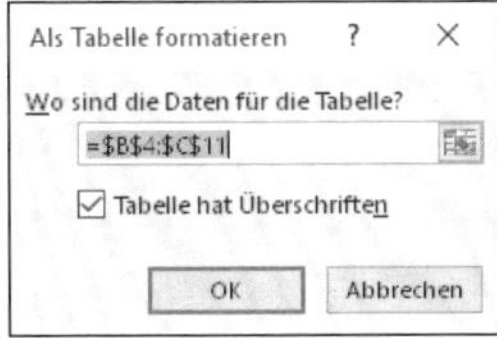

Abbildung 18.5: Bestätigung des zu formatierenden Bereichs

4. In diesem Dialogfeld können Sie zum einen den Bereich festlegen, der als Tabelle formatiert werden soll, und zum anderen angeben, ob die Tabelle Überschriften besitzt oder nicht.
5. In unserem Fall können Sie die Vorgabe übernehmen und den Dialog mit *OK* bestätigen.

   Den besonderen Status der neu erstellten Excel-Tabelle erkennen Sie unter anderem daran, dass im Menüband die neue Registerkarte *Tabellenentwurf* (in Office 2019 heißt sie *Tabellentools/Entwurf*) aufgetaucht ist, mit deren Befehlen Sie weitere Formatierungsaufgaben vornehmen können. Diese Registerkarte wird nur dann eingeblendet, wenn eine Zelle der Excel-Tabelle markiert ist (siehe Abbildung 18.6).
6. Schalten Sie auf der Registerkarte *Tabellenentwurf* (bzw. *Tabellentools/Entwurf*) in der Gruppe *Tabellenformatoptionen* die Option *Ergebniszeile* ein. Die Tabelle wird dann automatisch um eine Zeile erweitert, in der die Zahlen der Tabelle addiert und geeignet formatiert werden.
7. Schalten Sie die Option *Erste Spalte* ein, um die erste Spalte in fetter Schrift anzuzeigen.

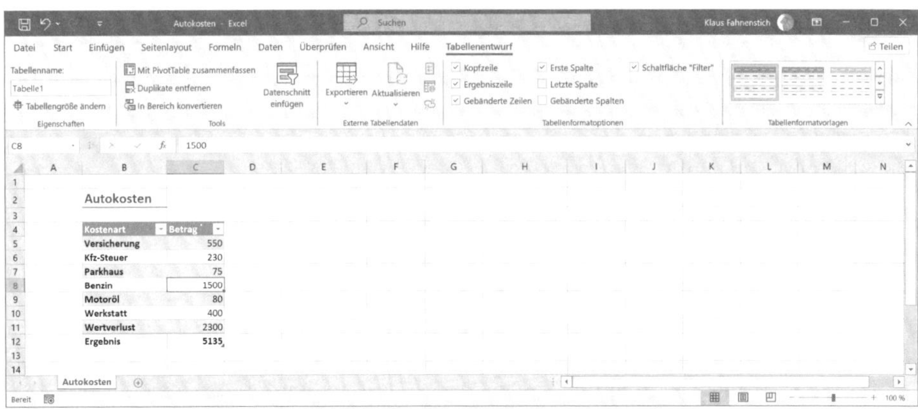

Abbildung 18.6: Die fertige Tabelle und die neue Registerkarte Tabellentwurf

Wenn Sie anschließend den Auswahlkatalog der Tabellenformatvorlagen anzeigen, werden Sie feststellen, dass bei den Vorlagen auch die hervorgehobene Darstellung der ersten Spalte berücksichtigt wird. Außerdem kommen Sie nun auch in den Genuss der Livevorschau.

Excel-Tabellen erweitern

Wenn Sie eine Excel-Tabelle erweitern oder verkleinern werden Sie merken, dass deren Formatierung nicht fest mit den einzelnen Zellen verbunden ist, sondern dynamisch angepasst wird. Im folgenden Bild wurde die linke Excel-Tabelle zweimal dupliziert und anschließend eine Zeile gelöscht bzw. eingefügt. Wie Sie sehen, wurde dadurch der automatische Farbwechsel der Tabellenzeilen nicht zerstört!

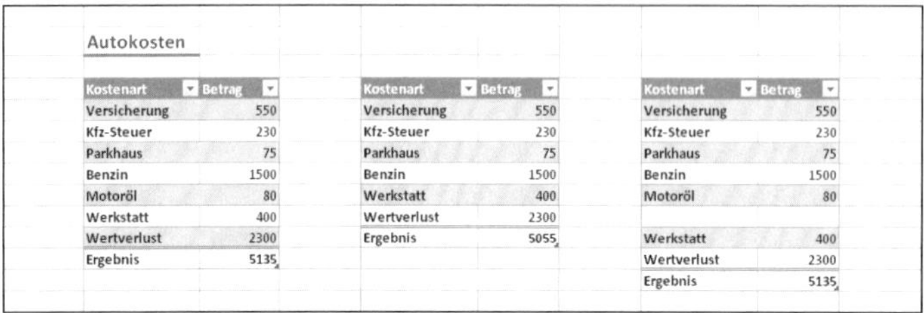

Autokosten

Kostenart	Betrag
Versicherung	550
Kfz-Steuer	230
Parkhaus	75
Benzin	1500
Motoröl	80
Werkstatt	400
Wertverlust	2300
Ergebnis	5135

Kostenart	Betrag
Versicherung	550
Kfz-Steuer	230
Parkhaus	75
Benzin	1500
Werkstatt	400
Wertverlust	2300
Ergebnis	5055

Kostenart	Betrag
Versicherung	550
Kfz-Steuer	230
Parkhaus	75
Benzin	1500
Motoröl	80
Werkstatt	400
Wertverlust	2300
Ergebnis	5135

Abbildung 18.7: Auch beim Löschen (mittlere Tabelle) oder beim Einfügen (rechte Tabelle) einer Zeile bleibt die alternierende Farbgebung in der Excel-Tabelle erhalten.

Die dazu benötigten Befehle erreichen Sie über das Kontextmenü der Excel-Tabelle:

- *Zeile/Spalte einfügen*
- *Zeile/Spalte löschen*

Beide Befehle besitzen ein kleines Untermenü mit dessen Befehlen Sie steuern können, wie sich die umgebenden Zellen beim Einfügen bzw. Löschen verhalten sollen.

Zeilenhöhe und Spaltenbreite ändern

Wenn Sie ein leeres Tabellenblatt vor sich haben, verwendet Excel Standardwerte für die Höhe der Zeilen und die Breite der Spalten. Doch vor allem die Spaltenbreiten werden in den seltensten Fällen für Ihre konkreten Tabellen geeignet sein. Nehmen Sie dann einfach mit der Maus die notwendigen Anpassungen vor.

Ändern der Zeilenhöhe

1. Bewegen Sie den Mauszeiger in den Zeilenkopf – das ist der Bereich am linken Fensterrand, in dem die Nummern der Zeilen stehen – und zeigen Sie auf die untere Linie der Zeile, deren Höhe Sie ändern möchten. Der Mauszeiger wird dort zu einem Doppelpfeil.
2. Drücken Sie die linke Maustaste und ziehen Sie die Maus nach oben bzw. unten, bis die Zeile die gewünschte Höhe besitzt. Die aktuelle Zeilenhöhe wird dabei in einem kleinen Fenster angezeigt.

Tipp Höhe mehrerer Zeilen ändern Um die Höhe mehrerer Zeilen mit der Maus zu ändern, markieren Sie zuerst die gewünschten Zeilen. Die Zeilen müssen nicht direkt untereinander stehen. Sie können auch nicht zusammenhängende Bereiche markieren, indem Sie während des Markierens Strg gedrückt halten. Wenn Sie dann die Höhe einer der markierten Zeilen ändern, übernimmt Excel diese Einstellung für alle markierten Zeilen.

Das Einstellen der Zeilenhöhe mit der Maus bietet sich allerdings nur an, wenn Sie lediglich einige wenige Zeilen ändern möchten und es Ihnen dabei nicht auf absolute Genauigkeit ankommt. Wenn Ihnen an einer exakten Einstellung der Zeilenhöhe gelegen ist, gehen Sie besser so vor:

1. Markieren Sie die betreffenden Zeilen.
2. Klicken Sie in der Registerkarte *Start* in der Gruppe *Zellen* auf die Schaltfläche *Format* und wählen Sie in deren Menü den Befehl *Zeilenhöhe.*

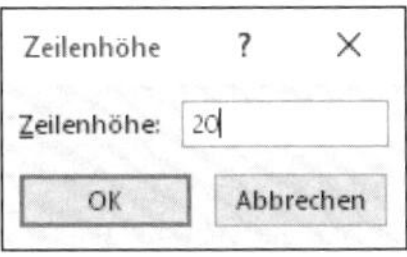

Abbildung 18.8: Festlegen der Zeilenhöhe per Dialogfeld

3. Tragen Sie die gewünschte Zeilenhöhe ein. Der Maximalwert ist 409 Punkt, was im Ausdruck einer Höhe von ca. 14 cm entspricht.

Eine weitere Möglichkeit ist das Einstellen der so genannten *Optimalen Zeilenhöhe.* Dabei stellt Excel die Höhe der Zeile selbstständig so ein, dass der aktuelle Zeileninhalt exakt in die Zeile hineinpasst. Gehen Sie dazu so vor:

1. Markieren Sie die betreffenden Zeilen.
2. Klicken Sie in der Registerkarte *Start* auf die Schaltfläche *Format* und wählen Sie in deren Menü den Befehl *Zeilenhöhe automatisch anpassen.*

Ändern der Spaltenbreite

Um die Breite einer Tabellenspalte zu ändern, können Sie die im letzten Abschnitt beschriebenen Verfahren analog benutzen. Das heißt, Sie können

- die Breite mit der Maus verändern, indem Sie den rechten Rand der Spaltenbeschriftung verschieben
- exakte Werte in ein Dialogfeld eintragen, das Sie über den Befehl *Format/Spaltenbreite* erreichen oder
- den Befehl *Format/Spaltenbreite automatisch anpassen* wählen, damit Excel die Spaltenbreite selbstständig so einstellt, dass der breiteste Eintrag in dieser Spalte vollständig angezeigt werden kann.

Spalten oder Zeilen ein- und ausblenden

Sie können auch einzelne Zeilen und Spalten (in denen sich beispielsweise Berechnungen befinden) »unsichtbar« machen. Dazu müssen Sie die betreffenden Zeilen bzw. Spalten mit den folgenden Schritten ausblenden:

1. Klicken Sie die Überschrift der Spalte oder der Zeile, die Sie ausblenden wollen, mit der rechten Maustaste an.
2. Wählen Sie im Kontextmenü den Befehl *Ausblenden.*

Abbildung 18.9: In diesem Tabellenblatt wurde die Spalte D ausgeblendet.

Sie erkennen die ausgeblendete Spalte zum einen an der fehlenden Spaltenbeschriftung und zum anderen an der doppelten Trennlinie im Spaltenkopf der beiden Nachbarspalten.

Um eine ausgeblendete Zeile oder Spalte wieder einzublenden, gibt es zwei Möglichkeiten. Wenn Sie mit der Maus gut zielen können und eine ruhige Hand haben, geht es mit diesem Verfahren am schnellsten:

1. Um eine Zeile wieder einzublenden, bewegen Sie den Mauszeiger im Zeilenkopf knapp unterhalb der gewünschten Zeile. Der Zeiger verändert sich zu einem Doppelpfeil. Bei Spalten zeigen Sie im Spaltenkopf analog knapp rechts neben die ausgeblendete Spalte.
2. Jetzt können Sie die Zeile/Spalte entweder mit der Maus auf ihre alte Höhe/Breite aufziehen oder Sie klicken mit der rechten Maustaste und wählen im Kontextmenü *Einblenden*.

Wenn Ihnen dieses Verfahren zu »fummelig« ist, gehen Sie besser so vor:

1. Markieren Sie im Zeilenkopf die beiden Zeilen, die sich ober- und unterhalb der ausgeblendeten Zeile befinden bzw. im Spaltenkopf die beiden Spalten, die sich rechts und links neben der ausgeblendeten Spalte befinden.
2. Klicken Sie die Markierung rechts an und wählen Sie den Befehl *Einblenden*.

Markieren auf Tabellenblättern

Wie bei allen Office-Programmen gilt auch für Excel, dass Sie den Bereich, den Sie formatieren wollen, zuerst markieren müssen. Die nachfolgende Tabelle beschreibt, wie Sie die Maus bzw. – auf einem touchfähigen Gerät - den Finger zum Markieren verwenden:

Bereich	Vorgehensweise
Eine Zelle	Klicken/Tippen Sie die Zelle an.
Eine Zeile	Klicken/Tippen Sie auf die Zeilenüberschrift.
Eine Spalte	Klicken/Tippen Sie auf die Spaltenüberschrift.
Gesamte Tabelle	Klicken/Tippen Sie auf die Schaltfläche *Alles markieren*. Sie befindet sich in der linken oberen Ecke des Tabellenblatts am Schnittpunkt der Zeilen- und der Spaltenüberschrift.
Einen rechteckigen Bereich	Markieren Sie die erste Zelle des Bereichs und ziehen Sie die Markierung dann bis zur letzten Zelle auf.
Mehrere Zellen, die nicht nebeneinander stehen	Klicken Sie die erste Zelle an. Drücken Sie die Strg-Taste und halten Sie sie gedrückt. Klicken Sie die weiteren Zellen an. Lassen Sie Strg los, wenn alle Zellen markiert sind. Auf mobilen Geräten sind Mehrfachmarkierungen nicht möglich.
Mehrere Spalten oder Zeilen, die nicht nebeneinanderstehen	Klicken Sie auf die erste Spalten- bzw. Zeilenüberschrift. Drücken Sie die Strg-Taste und halten Sie sie gedrückt. Klicken Sie nacheinander die Zeilen- bzw. Spaltenüberschriften der anderen Zeilen/Spalten an. Lassen Sie die Strg-Taste los, wenn alle Zeilen/Spalten markiert sind. Auf mobilen Geräten sind Mehrfachmarkierungen nicht möglich.

Tabelle 18.1: Markieren in Excel mit der Maus und auf touchfähigen Geräten

Zahlenformatierung im Detail

In Excel kann die Darstellung von Zahlenwerten auf verschiedene Arten geändert werden:

- Mit den Schaltflächen der Gruppe *Zahl* auf der Registerkarte *Start*, die sich auch auf der Minisymbolleiste befinden.
- Über die Zuweisung von vordefinierten Zahlenformaten wie *Standard, Währung, Buchhaltung, Bruch, Wissenschaft* usw.
- Durch das Erstellen von eigenen Zahlenformaten, deren Möglichkeiten weit über die vordefinierten Formate hinausgehen.

Diese Varianten werden in den folgenden Abschnitten ausführlich beschrieben.

Verwendung der Schaltflächen

Auf der Registerkarte *Start* befinden sich in der Gruppe *Zahl* einige Schaltflächen, mit denen Sie häufig benötigte Formatänderungen durch einen einzigen Mausklick vornehmen können. Dazu gehören zum Beispiel das Ein- oder Ausschalten von Tausenderpunkten und das Ändern der Nachkommastellen.

Eine kurze Beschreibung der Schaltflächen finden Sie in der folgenden Tabelle.

Schaltfläche	Name	Wirkung
	Buchhaltungszahlenformat	Stellt die Zahl als Geldbetrag dar und verwendet dazu das in Windows eingestellte Währungssymbol. Andere Währungssymbole sind über das Ausklappmenü der Schaltfläche erreichbar. Zusätzliche Informationen zu diesem Zahlenformat finden Sie im Abschnitt »Buchhaltungs- vs. Währungsformat« auf der Seite 348.
%	Prozentformat	Stellt die Zahl als Prozentzahl dar. Beispiel: 0,1 wird zu 10 %
000	1.000er-Trennzeichen	Gibt Tausenderpunkte aus, wodurch die Lesbarkeit von großen Zahlen verbessert wird. Zusätzlich erhält die Zahl auch noch zwei Nachkommastellen. So wird z.B. die Zahl 2500000 als 2.500.000,00 dargestellt.
	Dezimalstelle hinzufügen	Fügt der Zahl eine weitere Dezimalstelle hinzu. Aus 23,5 wird also 23,50.
	Dezimalstelle löschen	Entfernt eine Nachkommastelle und rundet dabei automatisch auf oder ab. Aus 23,5 wird also 24 und nicht 23!

Tabelle 18.2: Schaltfläche zum Ändern des Zahlenformats

Die in der Tabelle aufgeführten Schaltflächen sind auch auf der Minisymbolleiste erreichbar. Sie erscheint, wenn Sie eine einzelne Zelle oder einen markierten Zellbereich mit der rechten Maustaste anklicken.

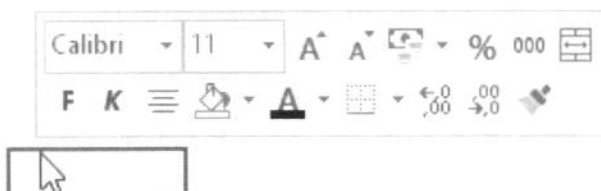

Abbildung 18.10: Die Minisymbolleiste lässt sich über einen Rechtsklick anzeigen.

Zahlenformate verwenden

Die Anzeige von Zellen, in denen Zahlen enthalten sind, wird bei Excel über sogenannte Zahlenformate gesteuert. Auch die Schaltflächen, die wir im Ihnen letzten Abschnitt vorgestellt haben, weisen den Zellen letztendlich solche Zahlenformate zu. Das Zahlenformat der aktuellen Zelle wird auf der Registerkarte *Start* in der Gruppe *Zahl* angezeigt. Falls gerade mehrere Zellen markiert sind, erscheint dort nur das Format der ersten Zelle innerhalb der Markierung.

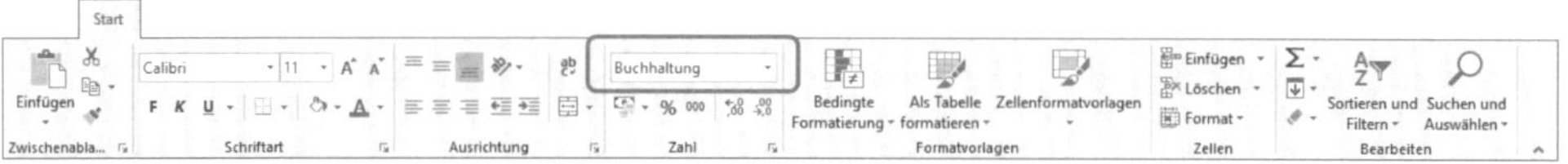

Abbildung 18.11: Hier wird das Zahlenformat der aktuellen Zelle angezeigt.

Excel enthält eine große Anzahl vordefinierter Zahlenformate und sollten diese nicht ausreichen, können Sie sogar eigene Formate, die sogenannten *benutzerdefinierten Zahlenformate,* definieren.

Um einer Zelle oder einem Bereich eines dieser Zahlenformate zuzuweisen, gehen Sie so vor:

1. Markieren Sie die Zelle oder den Zellbereich, die/den Sie formatieren wollen. Hinweise zum Markieren von Tabellenbereichen finden Sie weiter vorne in diesem Kapitel auf der Seite 344.
2. Zeigen Sie die Registerkarte *Start* an.
3. Öffnen Sie das Listenfeld *Zahlenformat* in der Gruppe *Zahl.* In der ausgeklappten Liste zeigt Excel eine Auswahl der gebräuchlichsten Zahlenformate an. Anstelle einer Livevorschau wird der Inhalt der markierten Zelle direkt im Menü in den jeweiligen Zahlenformaten dargestellt.

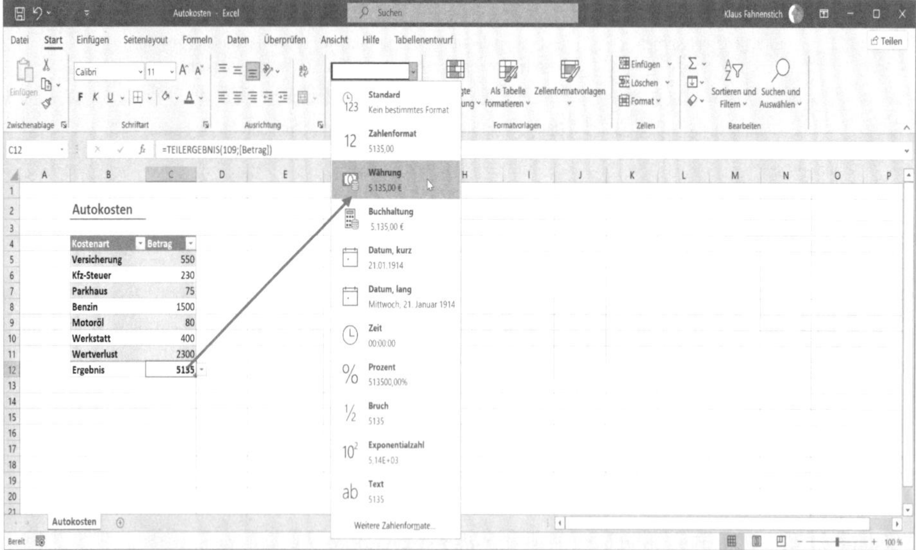

Abbildung 18.12: Die Auswahlliste für Zahlenformate enthält sogar eine Vorschau der aktuellen Zelle.

4. Wenn Sie in der Liste kein geeignetes Zahlenformat finden, wählen Sie den Befehl *Weitere Zahlenformate*. Dadurch wird das Dialogfeld *Zellen formatieren* angezeigt.

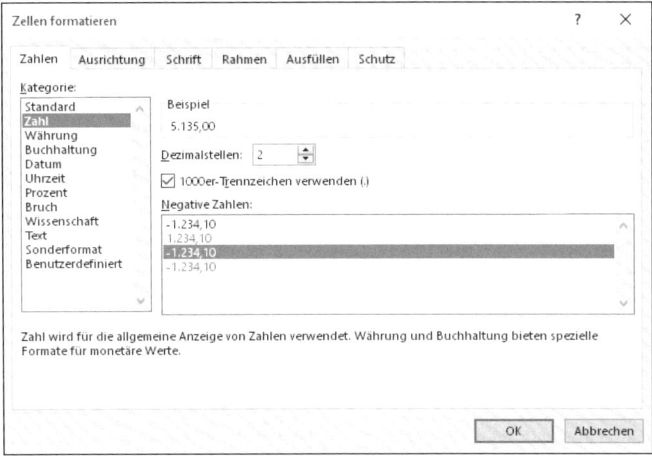

Abbildung 18.13: Die vordefinierten Zahlenformate von Excel

5. Wechseln Sie zur Registerkarte *Zahlen* und wählen Sie dort auf der linken Seite des Dialogfeldes eine *Kategorie* aus. (Eine Übersicht finden Sie in der folgenden Tabelle.)

   Je nach gewählter Kategorie erscheinen auf der rechten Seite des Dialogfeldes die verfügbaren Formate bzw. Einstellungsmöglichkeiten.

6. Ändern Sie bei Bedarf die Voreinstellungen des gewählten Formats und klicken Sie auf *OK*.

Kategorie	Beschreibung
Standard	Gibt den Inhalt der Zelle so aus, wie er eingegeben wurde.
Zahl	In dieser Kategorie können Sie festlegen, wie viele Dezimalstellen benutzt werden, ob Tausendertrennzeichen angezeigt werden und wie mögliche negative Werte aussehen sollen.
Währung	Formatiert die Zahl als Währung, wobei Sie das Währungssymbol auswählen und die Anzahl der Dezimalstellen festlegen können.
Buchhaltung	Ähnlich wie *Währung*. Weitere Hinweise finden Sie im Abschnitt »Buchhaltungs- vs. Währungsformat« im Anschluss an diese Tabelle.
Datum	Stellt diverse Anzeigeformate für Datumsangaben zur Verfügung.
Uhrzeit	Stellt verschiedene Anzeigeformate für Zeitangaben zur Verfügung.
Prozent	Multipliziert die Zahl mit 100 und gibt dahinter das Zeichen % aus.
Bruch	Stellt Dezimalzahlen als Bruch dar. Belegen Sie zum Beispiel die Zahl 1,5 mit dem Format *Als Achtel (4/8)*, steht in der Zelle anschließend *1 4/8*. Bei *Als Zehntel (3/10)* erhalten Sie die Ausgabe *1 5/10*.
Wissenschaft	Die Zahlen werden in der Exponentialschreibweise ausgegeben, wodurch große Zahlen verkürzt dargestellt werden. Zum Beispiel wird aus dem Wert 3.000.000,00 der Wert 3,00E+06.
Text	Zahlen werden als Text behandelt und standardmäßig linksbündig ausgerichtet.
Sonderformat	In dieser Kategorie stehen Ihnen u.a. Postleitzahlenformate, Sozialversicherungsnummern und ISBN-Nummern zur Verfügung. Davon, dass ISBN-Nummern seit 2006 in der Regel nicht mehr aus zehn, sondern aus dreizehn Ziffern bestehen, hat Microsoft offensichtlich noch nichts gehört.

Tabelle 18.3: Kategorien für die Zahlenformatierung

Buchhaltungs- vs. Währungsformat

Auch wenn es auf den ersten Blick so aussieht, als ob die beiden Zahlenformate *Buchhaltung* und *Währung* identisch sind, gibt es doch einige Unterschiede zwischen ihnen:

- Das Minuszeichen wird im Buchhaltungsformat am linken Rand der Zelle angezeigt, beim Währungsformat steht es hingegen direkt vor der Zahl.
- Die Null wird beim Buchhaltungsformat als waagerechter Strich dargestellt.
- Beim Buchhaltungsformat wird nach dem Währungssymbol noch ein Leerzeichen angezeigt, d.h. der Inhalt der Zelle ist am rechten Rand etwas eingerückt.

In der folgenden Abbildung sind diese Besonderheiten gut zu erkennen:

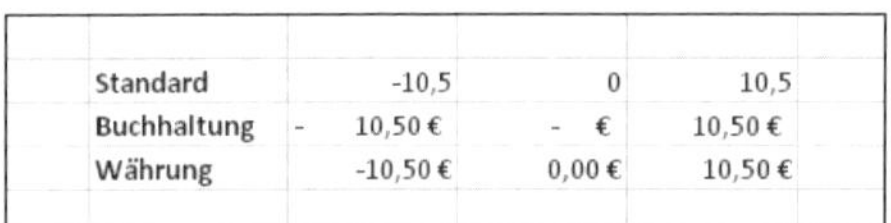

Standard	-10,5	0	10,5
Buchhaltung	- 10,50 €	- €	10,50 €
Währung	-10,50 €	0,00 €	10,50 €

Abbildung 18.14: Die Unterschiede zwischen Buchhaltungs- und Währungsformat

Eigene Zahlenformate erstellen

Wenn keines der vordefinierten Zahlenformate Ihren Anforderungen entspricht, können Sie auch ein eigenes Zahlenformat definieren. Nehmen wir einmal an, in Ihrer Firma verwenden Sie Artikelnummern, die aus neun Ziffern bestehen, wobei die ersten sechs jeweils 2er-Gruppen bilden und die Ziffern 7 bis 9 eine 3er-Gruppe. Die einzelnen Gruppen werden durch Punkte verbunden. Ein Beispiel dafür ist die Artikelnummer 33.44.96.231.

Um nun ein maßgeschneidertes Format für Ihre Artikelnummern zu erstellen, nehmen Sie folgende Schritte vor:

1. Markieren Sie die Zelle oder den Zellbereich, die/den Sie mit dem neuen Zahlenformat formatieren wollen.
2. Klicken Sie auf der Registerkarte *Start* in der Gruppe *Zahl* auf das kleine quadratische Kästchen, um das Dialogfeld *Zellen formatieren* anzuzeigen. Eindeutig schneller geht das mit der Tastenkombination [Strg]+[1].
3. Wählen Sie in der Liste *Kategorie* den Eintrag *Benutzerdefiniert.*
4. Nehmen Sie im Feld *Typ* folgende Eingabe vor:
   00"."00"."00"."000
   Eine ausführliche Erläuterung dieser Schreibweise folgt weiter unten im Abschnitt »Platzhalter in benutzerdefinierten Zahlenformaten« auf der Seite 350.

   Im Vorschaubereich des Dialogfeldes (der mit *Beispiel* beschriftete Rahmen) sehen Sie, dass die Zelle, in die wir zuvor die Zahl 334496231 eingegeben haben, in der gewünschten Art und Weise dargestellt wird.

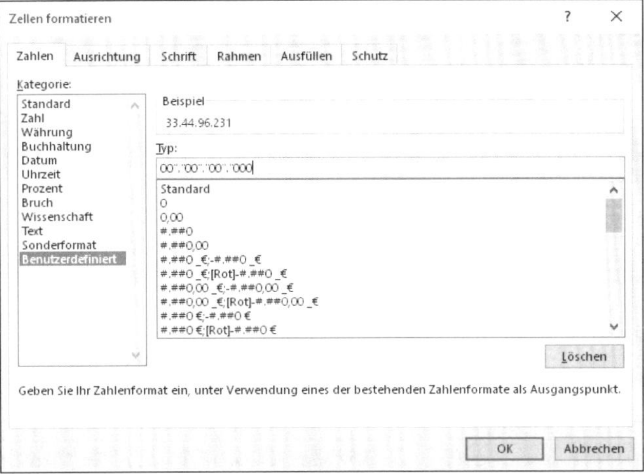

Abbildung 18.15: Erstellen eines benutzerdefinierten Zahlenformats für Artikelnummern

5. Klicken Sie auf *OK*, um das Format zuzuweisen.

Benutzerdefinierte Zahlenformate verwenden

Wenn Sie das neue Zahlenformat einer anderen Zelle zuweisen wollen, gehen Sie so vor:

1. Markieren Sie die betreffenden Zellen.
2. Drücken Sie Strg+1, um das Dialogfeld *Zellen formatieren* aufzurufen.
3. Wählen Sie in der linken Liste die Kategorie *Benutzerdefiniert*.
4. Jetzt können Sie in der Liste *Typ* das gewünschte Zahlenformat wählen.

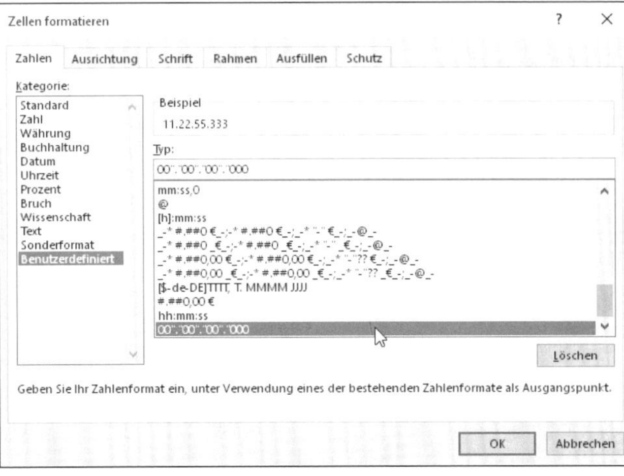

Abbildung 18.16: Excel merkt sich alle benutzerdefinierten Zahlenformate.

Platzhalter in benutzerdefinierten Zahlenformaten

Beim Festlegen eines benutzerdefinierten Zahlenformats geben Sie Platzhalter an, um das Aussehen der formatierten Zelle zu bestimmen. Im Beispiel mit der Artikelnummer aus dem letzten Abschnitt haben wir den Platzhalter 0 verwendet, mit dem festgelegt wird, dass an dieser Position auf jeden Fall eine Zahl ausgegeben werden soll.

Die Punkte zwischen den Zahlengruppen wurden in Anführungszeichen eingeschlossen, da Excel die Punkte ansonsten als Tausendertrennzeichen interpretiert hätte. Weitere wichtige Platzhalter, die auch *Formatcodes* genannt werden, finden Sie in der folgenden Tabelle:

Formatcode	Beschreibung
0 (Null)	Zeigt nichtsignifikante Nullen an, wenn eine Zahl weniger Stellen aufweist als Nullen im Format vorhanden sind.
#	Zeigt nur signifikante Ziffern an, nichtsignifikante Nullen werden ignoriert.
" "	Um Text zusammen mit Zahlen in einer Zelle anzuzeigen, setzen Sie den Text in Anführungszeichen (" ") oder setzen Sie vor ein einzelnes Zeichen einen umgekehrten Schrägstrich (\).
_ (Unterstrich)	Erzeugt ein Leerzeichen in der Breite eines Zeichens.
.	Um einen Punkt als 1.000er-Trennzeichen anzuzeigen oder Zahlen als Vielfache von Tausend anzugeben, fügen Sie einen Punkt ein.
*	Soll das auf eine Zahl folgende Zeichen zum Ausfüllen der Spalte wiederholt werden, nehmen Sie ein Sternchen (*) in das Zahlenformat auf.
[Schwarz], [Blau], [Zyan], [Grün], [Magenta], [Rot], [Weiß], [Gelb]	Mit diesen Codes wird die Farbe für einen Abschnitt des Formats festgelegt. Die Farbnamen müssen in eckigen Klammern eingegeben werden. Der Farbcode muss das erste Element im Abschnitt darstellen.
T	Tage als 1–31
TT	Tage als 01–31 (immer zweistellig)
TTT	Tage als So–Sa
TTTT	Tage als Sonntag–Samstag
M	Monate als 1–12
MM	Monate als 01–12 (immer zweistellig)
MMM	Monate als Jan–Dez
MMMM	Monate als Januar–Dezember
MMMMM	Monate mit dem ersten Buchstaben des Monats
JJ	Jahre als 00–99
JJJJ	Jahre als 1900–9999
h	Stunden als 0–23
hh	Stunden als 00–23 (immer zweistellig)
m	Minuten als 0–59
mm	Minuten als 00–59 (immer zweistellig)
s	Sekunden als 0–59
ss	Sekunden als 00–59 (immer zweistellig)

Tabelle 18.4: Formatcodes für benutzerdefinierte Zahlenformate

Zahlenformate mit Bedingungen

Die Formatierung einer Zelle kann auch von ihrem Inhalt abhängig gemacht werden. Sie können z.B. ein Zahlenformat definieren, das zwischen Singular und Plural unterscheidet. Nehmen wir an, Sie haben in einer Zelle Stunden eingegeben. Wenn die Zelle den Wert 1 erhält, soll *1 Stunde* angezeigt werden, ist die Zahl größer als 1, dann der Plural *Stunden*. Sie erreichen dies, indem Sie folgendes Format erstellen:

[=1] "1 Stunde"; 0 "Stunden"

Die Bedingung, die erfüllt sein muss, damit das Format vor dem Semikolon verwendet wird, ist in eckigen Klammern eingefasst. Wenn die Bedingung nicht zutrifft, wird das Format hinter dem Semikolon benutzt.

Bedingte Formatierung

Sinn und Zweck der bedingten Formatierung ist die optische Hervorhebung von Zahlen, die eine bestimmte Bedingung erfüllen. Auf diese Weise können Sie zum Beispiel Umsatzzahlen kennzeichnen, die eine vorgegebene Schwelle über- oder unterschreiten. Wichtige bzw. kritische Daten einer Tabelle lassen sich so auf einen Blick erfassen.

Im letzten Abschnitt haben wir schon kurz erwähnt, dass Zahlenformate mit einer Bedingung kombiniert werden können. Excel hat in diesem Bereich aber noch erheblich mehr zu bieten. In diesem Abschnitt werden wir uns nun eingehender mit diesem leistungsfähigen Feature beschäftigen.

Die Befehle für die bedingte Formatierung erreichen Sie zentral über die Schaltfläche *Bedingte Formatierung*, die sich auf der Registerkarte *Start* befindet.

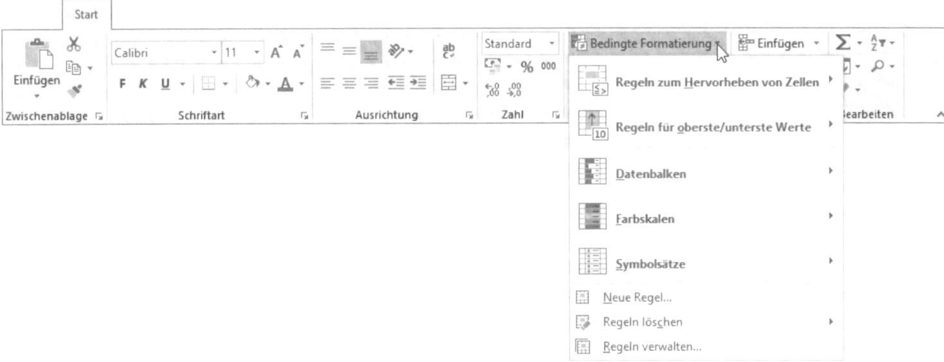

Abbildung 18.17: Das Auswahlmenü der Schaltfläche Bedingte Formatierung

Mit den Befehlen dieses Menüs können Sie den Zellen eines Tabellenblatts Regeln zuweisen, mit denen die Formatierung der Zellen gesteuert wird. Im Gegensatz zu früheren Versionen ist es seit Excel 2007 auch möglich, mehrere Regeln für eine Zelle zu definieren.

Über die ersten fünf Befehle können Sie vorgefertigte Regeln aufrufen, die nur noch minimal angepasst werden müssen. Wir stellen Ihnen die dazu notwendigen Schritte exemplarisch an drei Beispielen vor.

Beispiel 1: Regeln zum Hervorheben von Zellen

Im ersten Beispiel sollen in einer Umsatztabelle alle Umsatzzahlen, deren Wert unterhalb eines frei wählbaren Grenzwertes liegen, rot hinterlegt werden. Der Grenzwert soll dabei nicht fest in der Regel eingegeben werden, sondern aus einer bestimmten Zelle des Tabellenblatts ausgelesen werden. Auf diese Weise lässt sich der Grenzwert bei Bedarf schnell ändern, indem man einfach eine andere Zahl in die betreffende Zelle eintippt.

Ausgangspunkt für dieses und die beiden folgenden Beispiele ist das Tabellenblatt *Start*, das Sie in der Übungsdatei *Bedingte Formatierung* finden:

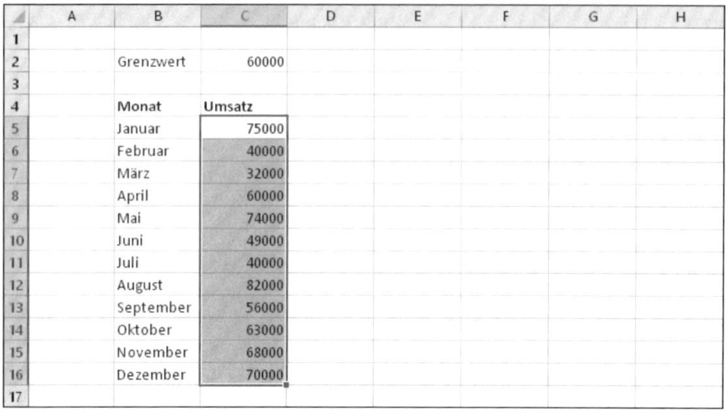

	A	B	C	D	E	F	G	H
1								
2		Grenzwert	60000					
3								
4		**Monat**	**Umsatz**					
5		Januar	75000					
6		Februar	40000					
7		März	32000					
8		April	60000					
9		Mai	74000					
10		Juni	49000					
11		Juli	40000					
12		August	82000					
13		September	56000					
14		Oktober	63000					
15		November	68000					
16		Dezember	70000					
17								

Abbildung 18.18: Alle Umsatzzahlen, die unterhalb des vorgegebenen Grenzwertes liegen, sollen rot hinterlegt werden. Der Grenzwert befindet sich in der Zelle C2.

1. Markieren Sie den gewünschten Zellbereich (siehe Bild oben).
2. Klicken Sie in der Registerkarte *Start* auf die Schaltfläche *Bedingte Formatierung*.

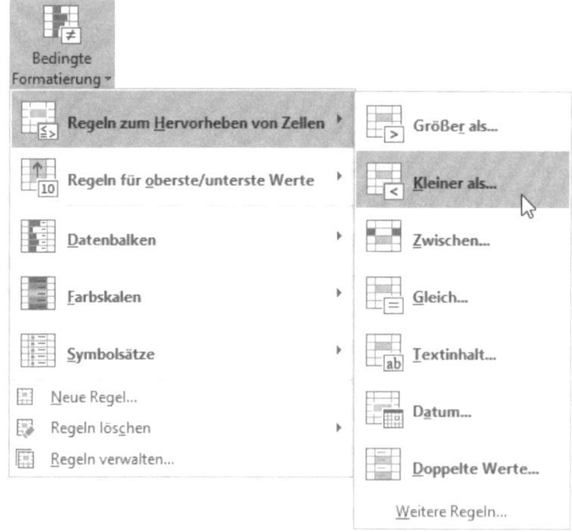

Abbildung 18.19: Das Zuweisen der Standardregeln ist sehr komfortabel gelöst.

3. Zeigen Sie im Menü der Schaltfläche auf den Befehl *Regeln zum Hervorheben von Zellen* und klicken Sie im Untermenü auf *Kleiner als*. Excel zeigt dann folgendes Dialogfeld an:

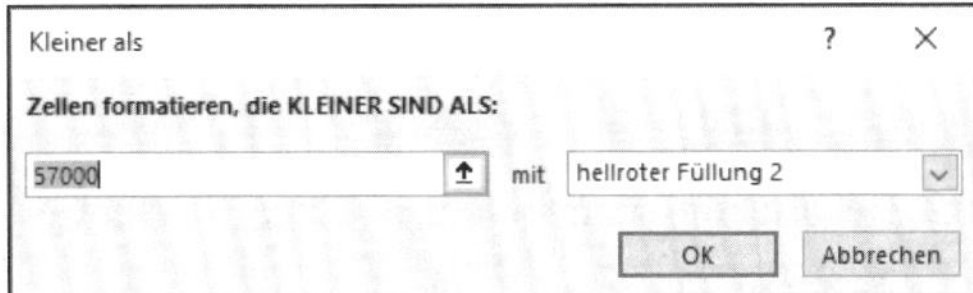

Abbildung 18.20: Dialogfeld zum Anpassen der neuen Regel

In diesem Dialogfeld geben Sie an, mit welchem Wert die Zahlen verglichen werden sollen und mit welcher Farbe die Zellen gefüllt werden sollen, deren Inhalt die Regel erfüllt, d.h. deren Inhalt kleiner als der angegebene Grenzwert ist.

4. Klicken Sie im Tabellenblatt auf die Zelle, in die Sie den Grenzwert eingeben wollen. In unserem Beispiel ist das die Zelle C2.
5. Wählen Sie im Listenfeld *mit* den Eintrag *hellroter Füllung*.

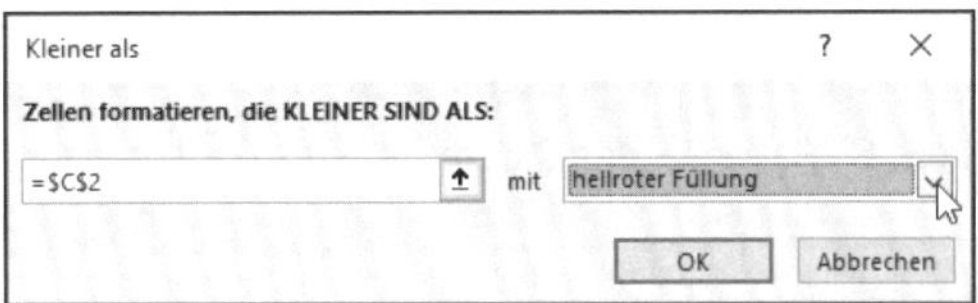

Abbildung 18.21: Das fertig ausgefüllte Dialogfeld

6. Klicken Sie auf *OK*, um die neue Regel zu erstellen.

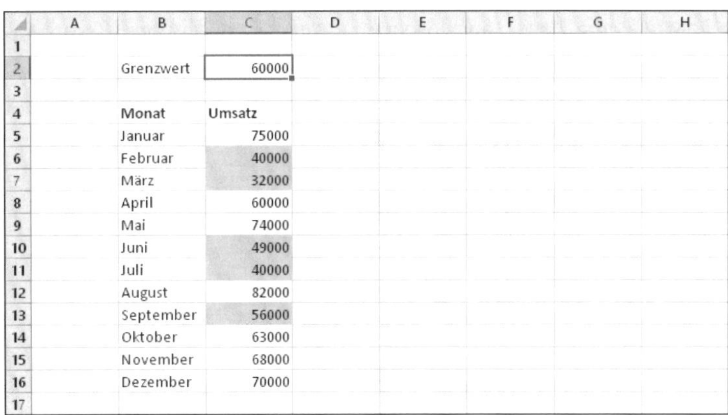

	A	B	C	D	E	F	G	H
1								
2		Grenzwert	60000					
3								
4		Monat	Umsatz					
5		Januar	75000					
6		Februar	40000					
7		März	32000					
8		April	60000					
9		Mai	74000					
10		Juni	49000					
11		Juli	40000					
12		August	82000					
13		September	56000					
14		Oktober	63000					
15		November	68000					
16		Dezember	70000					
17								

Abbildung 18.22: Die Zahlen der Umsatztabelle werden gemäß der Regel markiert.

7. Geben Sie einen anderen Grenzwert ein und prüfen Sie, ob die Formatierung der Umsatztabelle entsprechend angepasst wird.

Beispiel 2: Obere/untere Regeln

Im nächsten Beispiel sollen in einer Tabellenspalte alle Zellen hervorgehoben werden, deren Werte über dem Durchschnittswert aller Zahlen liegt.

1. Markieren Sie wieder zuerst den gewünschten Zellbereich.
2. Löschen Sie eventuell bereits vorhandene Regeln mit dem Befehl *Bedingte Formatierung/Regeln löschen/Regeln in ausgewählten Zellen löschen.*
3. Rufen Sie den Befehl *Bedingte Formatierung/Regeln für oberste/unterste Werte/Über dem Durchschnitt* auf.

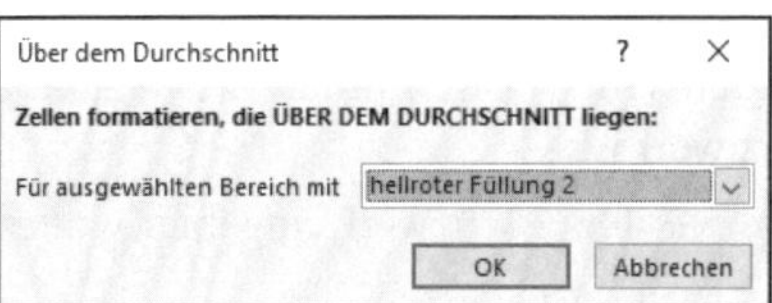

Abbildung 18.23: Hier brauchen Sie nur noch die Art der Füllung auszuwählen.

4. Wählen Sie die gewünschte Form der Hervorhebung und klicken Sie auf *OK.*
5. Ändern Sie einige Tabellenwerte und prüfen Sie, ob sich die Darstellung der Zellen anpasst.

Beispiel 3: Datenbalken, Farbskalen, Symbolsätze

Im letzten Beispiel werden wir eine der Standardregeln nachträglich bearbeiten, um in einer Umsatztabelle Datenbalken anstelle der Zahlen anzuzeigen.

1. Markieren Sie die gewünschten Zellen und löschen Sie gegebenenfalls bereits vorhandene Regeln (wie in Schritt 2 des letzten Beispiels).
2. Klicken Sie auf *Bedingte Formatierung* und zeigen Sie mit der Maus im ausgeklappten Menü auf den Befehl *Datenbalken.*

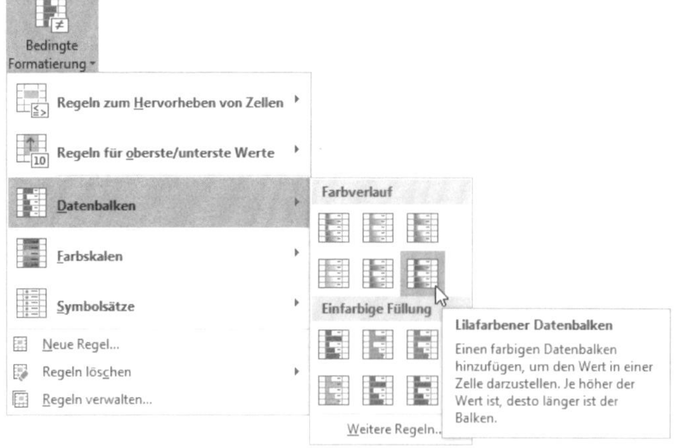

Abbildung 18.24: Hervorheben durch Datenbalken

3. Bewegen Sie den Mauszeiger über die Symbole des Untermenüs. Excel zeigt die Wirkung der Befehle als Livevorschau in der Tabelle an. Klicken Sie dann eine der Varianten an, um die Formatierung zuzuweisen.

	A	B	C	D	E	F	G	H
1								
2		Grenzwert	60000					
3								
4		**Monat**	**Umsatz**					
5		Januar	75000					
6		Februar	40000					
7		März	32000					
8		April	60000					
9		Mai	74000					
10		Juni	49000					
11		Juli	40000					
12		August	82000					
13		September	56000					
14		Oktober	63000					
15		November	68000					
16		Dezember	70000					
17								

Abbildung 18.25: Visualisierung der Umsatzdaten mithilfe von Datenbalken

Die Zellen werden nun mit einem Verlaufsbalken hinterlegt, dessen Länge proportional zum Wert der jeweiligen Zelle ist. Jetzt wollen wir die neue Regel noch nachbearbeiten, um die Anzeige der Zahlen zu unterdrücken.

4. Markieren Sie die Zellen wieder.
5. Klicken Sie in der Registerkarte *Start* auf *Bedingte Formatierung* und wählen Sie den Befehl *Regeln verwalten.*

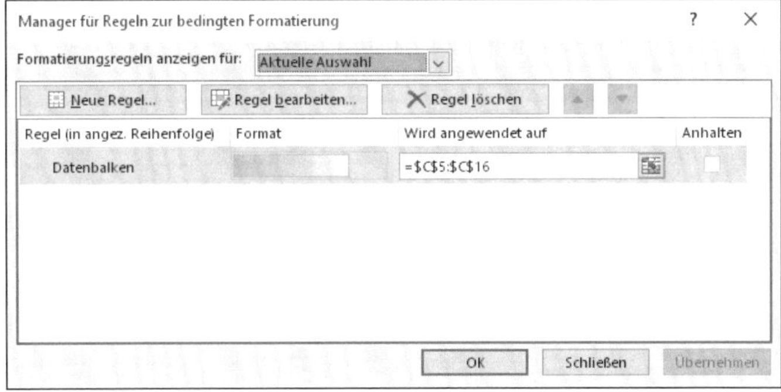

Abbildung 18.26: Manager zum Verwalten der Formatierungsregeln

In diesem Dialogfeld können Sie die Regeln eines Arbeitsblatts bzw. der aktuellen Auswahl verwalten. Wie Sie oben im Bild sehen, wurde der aktuellen Auswahl bisher erst eine Regel zugewiesen. Falls Sie mehrere Regeln kombinieren, können Sie in diesem Dialogfeld zum Beispiel die Reihenfolge ändern, in der die einzelnen Regeln angewendet werden. (Excel wendet die Regeln von unten nach oben an.)

6. Wählen Sie die Regel aus und klicken Sie dann auf *Regel bearbeiten.*

Die vielen Einstellungsmöglichkeiten des Dialogfeldes *Formatierungsregel bearbeiten* lassen erahnen, wie viel Zeit und Mühe Sie durch den Gebrauch der vorgegebenen Regeln sparen können. Wir wollen diese Thematik im Rahmen dieses Buches auch gar nicht weiter vertiefen, sondern nur einen kurzen Einblick in das Konzept der bedingten Formatierung geben.

Abbildung 18.27: Bearbeiten einer Regel

7. Schalten Sie die Option *Nur Balken anzeigen* ein und schließen Sie die beiden Dialogfelder mit *OK*. Die fertige Umsatztabelle hat nun folgende Form:

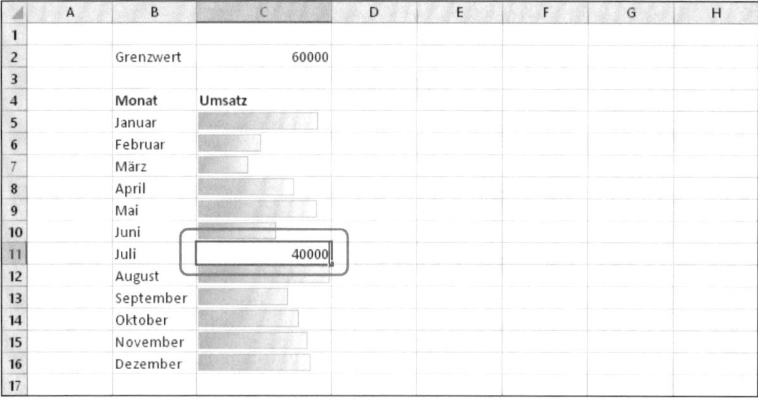

Abbildung 18.28: In der Umsatztabelle werden jetzt nur noch die Datenbalken angezeigt. Sie können die zugrundeliegenden Zahlen jedoch noch wie gewohnt bearbeiten.

Formatieren per Schnellanalyse

Nachdem Sie nun mehrere Möglichkeiten kennen gelernt haben, wie Sie Ihre Daten in Excel formatieren können, wollen wir Ihnen in diesem Abschnitt zeigen, was die in Excel 2013 eingeführte Schnellanalyse in diesem Bereich zu bieten hat. Mit dieser Funktion kommen Sie nämlich in der Regel wesentlich schneller zum Ziel, allerdings mit dem Nachteil, dass das Ergebnis wenig individuell und unflexibel ist. Die Vorgehensweise ist dabei denkbar einfach:

1. Markieren Sie einen Zellbereich, der einige Daten enthält, zum Beispiel die Umsatztabelle aus unserem letzten Beispiel (Übungsdatei *Bedingte Formatierung)*.
2. Klicken Sie auf das Symbol der Schnellanalyse, das automatisch an der unteren rechten Ecke der Markierung auftaucht.

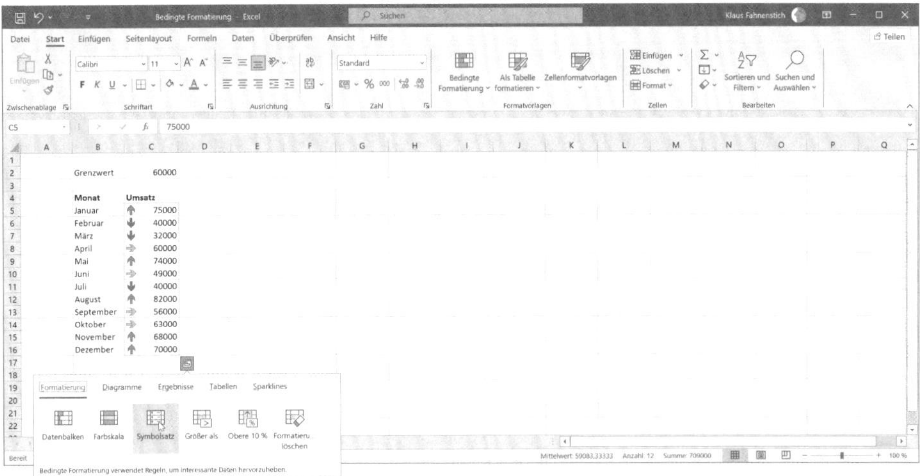

Abbildung 18.29: Aufruf der Schnellanalyse zur Formatierung

3. Wählen Sie im Fenster der Schnellanalyse den Bereich *Formatierung*, falls er nicht schon angezeigt wird, und fahren Sie dann mit der Maus über die Vorschläge der Schnellanalyse. Das Ergebnis können Sie dank Livevorschau direkt auf dem Tabellenblatt begutachten. Dadurch eignet sich die Schnellanalyse auch hervorragend dafür, sich »mal eben« einen Überblick über eine Tabelle zu verschaffen, ohne sie dazu tatsächlich zu formatieren.
4. Wenn Ihnen eine der Varianten zusagt, können Sie sie durch einfaches Anklicken auf Ihre markierten Zellen anwenden.

Falls Sie möchten, können Sie einem Zellbereich auch zwei Formatierungen zuweisen, indem Sie sie einfach nacheinander anwenden. Denn wie Sie nach dem Lesen des letzten Abschnitts wissen, handelt es sich hier um eine bedingte Formatierung, bei der genau das möglich ist.

Kapitel 19

Rechnen mit Excel: Formeln verwenden

Bis jetzt haben Sie lediglich mit der Summenfunktion von Excel Bekanntschaft gemacht. Da Excel natürlich einiges mehr zu bieten hat, steigen wir in diesem Kapitel etwas tiefer in die rechnerischen Fähigkeiten des Programms ein. Dabei geht es u. a. um die Operatoren, ohne die man in Excel nicht viel berechnen kann, und um das Ausfüllen von Formeln und Reihen.

Die grundlegenden Operatoren

Excel enthält eine Fülle von Operatoren, die in vier Gruppen unterteilt sind:

- arithmetische Operatoren (+, -, *, /, %, ^)
- Vergleichsoperatoren (=, <, >, > =, < =, < >) vergleichen zwei Werte und liefern als Ergebnis den Wahrheitswert *WAHR* oder *FALSCH*
- Bezugsoperatoren (:, ; und Leerzeichen) dienen zur Verknüpfung von Zellbereichen für die Durchführung von Berechnungen
- der Textoperator & verknüpft Texte aus verschiedenen Zellen

Die folgende Tabelle enthält alle Operatoren mit kurzen Beschreibungen.

Feld	Operator	Beschreibung
Arithmetisch	+	Addition
	–	Subtraktion
	/	Division
	*	Multiplikation
	%	Umrechnung Prozentwert in Dezimalbruch, also Division durch 100, z.B. ergibt = 4% den Dezimalwert 0,04
	^	potenzieren
Vergleich	<	kleiner als
	>	größer als
	=	gleich
	< =	kleiner gleich
	> =	größer gleich
	< >	ungleich
Text	&	verkettet Texte miteinander
Bezug	:	Bereichsoperator (B5:B15)
	;	Verbindungsoperator; mit ihm können mehrere Bezüge zu einem Bezug verbunden werden: =(SUMME(B5:B10;D5:D10))
	(Leerzeichen)	bildet eine Schnittmenge von Bereichen (A1:B3 A2:B4)

Tabelle 19.1: Grundlegende Operatoren in Excel

Formeln einfügen und bearbeiten

Die Schritte beim Eingeben einer Formel sind vom Prinzip her immer gleich:

1. Klicken Sie die Zelle an, in die Sie die Formel eingeben möchten. Alternativ bewegen Sie die Markierung mit den Pfeiltasten.

2. Geben Sie ein Gleichheitszeichen ein (=). Hierdurch weiß Excel, dass Sie eine Formel eingeben möchten.
3. Fügen Sie dann die Formel in gewohnter Schreibweise ein.

Hinweis Wenn Sie den Inhalt einer anderen Zelle in Ihre Formel »einbauen« wollen, geben Sie entweder den Namen der Zelle manuell in die Formel ein oder Sie klicken die gewünschte Zelle mit der Maus an. Excel trägt den Namen dann automatisch für Sie ein. Um die Formel fortzusetzen, geben Sie einfach den nächsten Operator ein.

4. Zum Abschließen der Formeleingabe drücken Sie die [↵]-Taste. Excel zeigt das Ergebnis der Formel sofort im Arbeitsblatt an.

Tipp Um die Formel nachträglich zu verändern, doppelklicken Sie entweder auf die Zelle oder drücken Sie bei markierter Zelle die Taste [F2]. Sie können dann die Formel in der Bearbeitungsleiste editieren.

Eingabewerte überprüfen

Wollen Sie sicherstellen, dass in einer Tabelle nur gültige Daten eingegeben werden, können Sie festlegen, welche Eingaben für die einzelnen Zellen oder Zellbereiche zulässig sind. Das ist z.B. für Zellen sinnvoll, die in Formeln bei einer Division als Divisor benutzt werden, um so zu verhindern, dass durch null dividiert wird.

1. Markieren Sie die Zelle(n), für die Sie eine Prüfung vornehmen wollen.
2. Wechseln Sie zur Registerkarte *Daten* und klicken Sie in der Gruppe *Datentools* auf die Schaltfläche *Datenüberprüfung*. Excel öffnet das gleichnamige Dialogfeld.

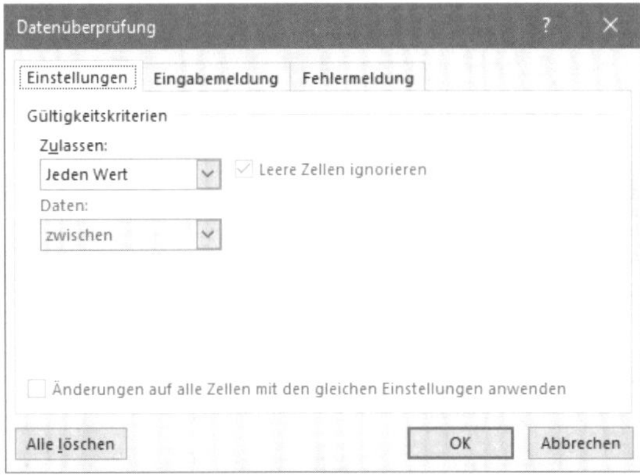

Abbildung 19.1: Für Eingaben, die in einer Zelle vorgenommen werden, können Sie in diesem Dialogfeld Gültigkeitsregeln definieren.

Auf der Registerkarte *Einstellungen* können Sie die geforderten Bedingungen eintragen. Um z.B. nur Werte zwischen 1 und 1000 zuzulassen, nehmen Sie diese Einstellungen vor:

3. Wählen Sie im Listenfeld *Zulassen* die Option *Ganze Zahl*.
4. Im zweiten Listenfeld *Daten* übernehmen Sie die Vorgabe *zwischen*.

5. Tragen Sie in die Felder *Minimum* und *Maximum* die Grenzwerte 1 und 1000 ein.

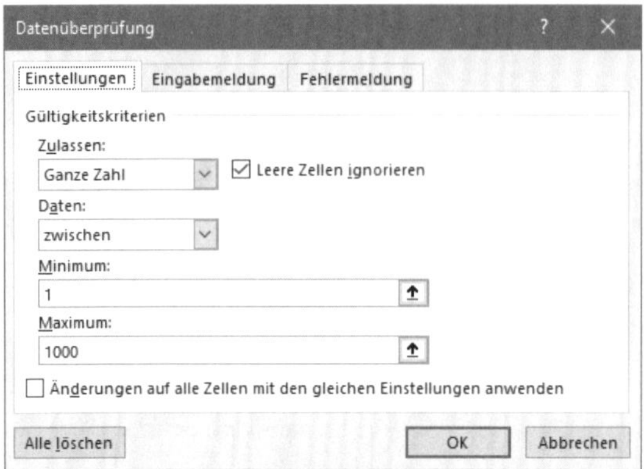

Abbildung 19.2: Die Grenzwerte wurden eingetragen

6. Auf den Registerkarten *Eingabemeldung* und *Fehlermeldung* können Sie jetzt noch die Meldungstexte eintragen, die Excel anzeigen soll, wenn die Zelle angewählt wird bzw. wenn jemand versucht, eine ungültige Zahl in die Zelle einzugeben.

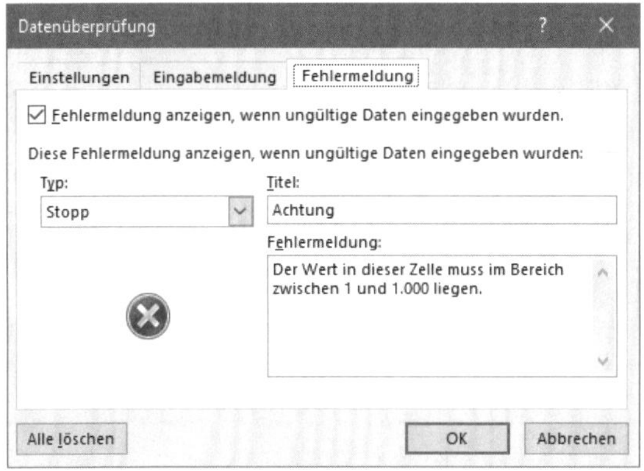

Abbildung 19.3: Auf der Registerkarte Fehlermeldung *legen Sie den Text fest, der angezeigt wird, wenn ungültige Daten eingegeben werden.*

Tipp Über das Listenfeld *Typ* können Sie als Symbol des Meldungsfensters auch ein »i« (Information) oder ein Ausrufezeichen (Warnung) einstellen.

7. Schließen Sie das Dialogfeld mit *OK* und geben Sie probeweise eine ungültige Zahl in die Zelle ein, um die Reaktion von Excel zu testen.

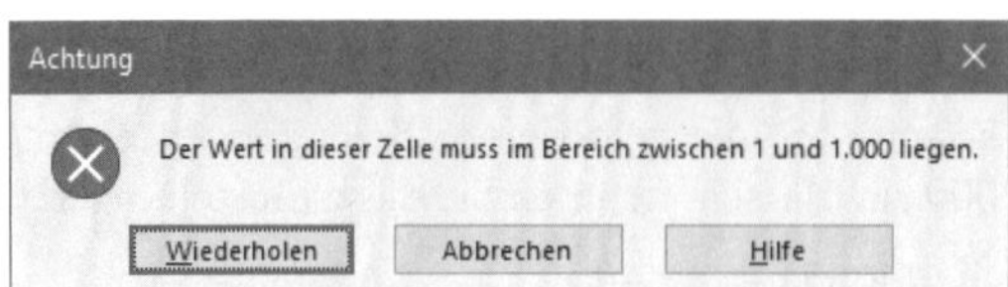

Abbildung 19.4: Dieses Meldungsfenster zeigt Excel an, wenn eine ungültige Eingabe vorgenommen wurde.

Tipp Dynamische Überprüfung: Wertebereiche aus dem Arbeitsblatt übernehmen Wenn sich der Wertebereich der erlaubten Eingaben ändern kann und sich der Minimum- oder Maximumwert in einer Tabellenzelle befindet, können Sie im Dialogfeld *Datenüberprüfung* die Adresse des entsprechenden Feldes in die Zelle übernehmen.

Formeln auf andere Zellen übertragen

Excel bietet die Möglichkeit, eine einmal eingegebene Formel *auszufüllen*, d. h. diese Formel auf andere Zellen zu übertragen, ohne sie neu einzugeben. Um diese Funktion zu demonstrieren, verwenden wir die Arbeitsmappe *Benzinverbrauch.xlsx*, mit der sich der Benzinverbrauch berechnen lässt.

E4

Benzinverbrauch berechnen

Datum	Verbrauch	Kilometer	l/100 km
12.09.21	40,1	478,3	
30.09.21	38,2	455,0	
16.10.21	39,0	499,0	
25.10.21	41,4	512,1	
13.11.21	36,9	522,8	

Benzinverbrauch

Abbildung 19.5: In dieser Tabelle soll in Spalte E der Benzinverbrauch pro 100 km berechnet werden

Um den Verbrauch für die verschiedenen Zeiträume, in denen getankt wurde, zu berechnen, würden Sie in diesem Beispiel so vorgehen:

1. Öffnen Sie die Übungsdatei *Benzinverbrauch.*
2. Markieren Sie Zelle E4, also die erste Zelle, in der der Verbrauch stehen soll.
3. Berechnen Sie den Benzinverbrauch des Wagens mit der Formel »getankte Menge * 100 / gefahrene Kilometer«. Geben Sie dazu folgende Formel ein: =**C4*100/D4**.

E4 =C4*100/D4

Benzinverbrauch berechnen

Datum	Verbrauch	Kilometer	l/100 km
12.09.21	40,1	478,3	8,4
30.09.21	38,2	455,0	
16.10.21	39,0	499,0	
25.10.21	41,4	512,1	
13.11.21	36,9	522,8	

Benzinverbrauch

Abbildung 19.6: Die Formel für den Benzinverbrauch wurde in die erste Tabellenzelle eingegeben.

4. Setzen Sie den Mauszeiger auf das kleine Quadrat – das sogenannte Ausfüllkästchen – unten rechts an der Zelle E4 (die Zelle mit der Formel) und ziehen Sie mit gedrückter Maustaste nach unten bis in die Zeile 8.
5. Wenn Sie die Maustaste loslassen, zeigt Excel eine Schaltfläche an.

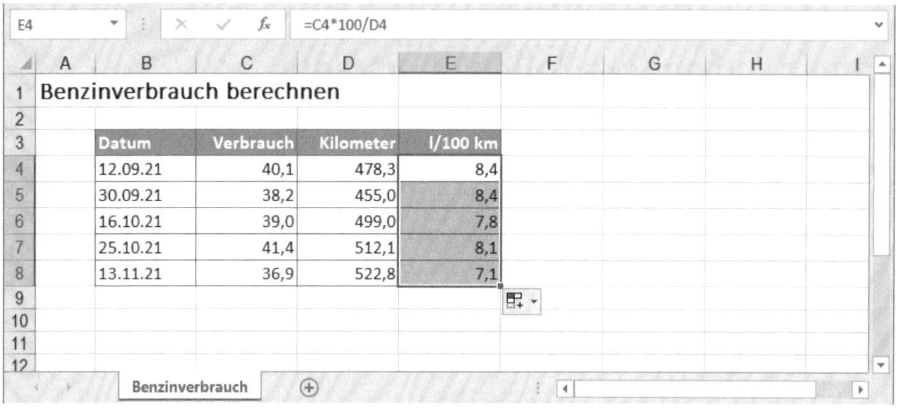

Abbildung 19.7: Excel zeigt die Schaltfläche Auto-Ausfülloptionen *an.*

Über die Schaltfläche *Auto-Ausfülloptionen* können Sie die soeben vorgenommene Aktion modifizieren.

6. Klicken Sie auf die Schaltfläche *Auto-Ausfülloptionen*, um das zugehörige Menü zu öffnen.

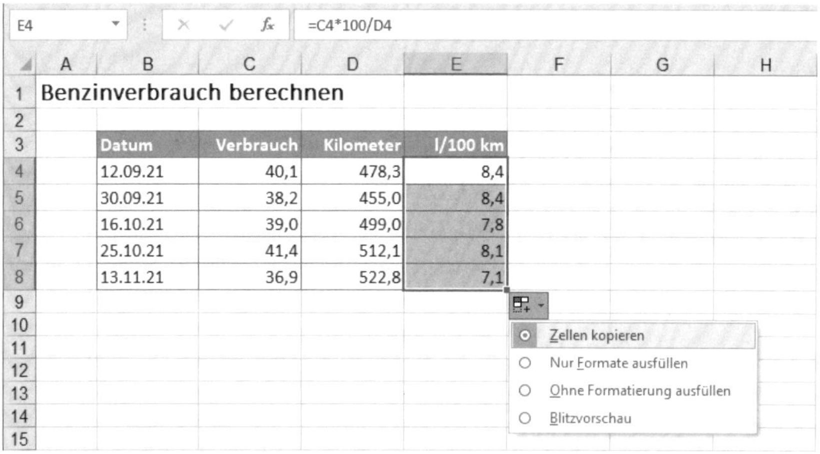

Abbildung 19.8: Im Menü der Schaltfläche finden Sie mehrere Varianten zum Ausfüllen.

Die Befehle des Menüs haben folgende Bedeutung:

- **Zellen kopieren** Dies ist die Aktion, die Excel durch das Aufziehen der Markierung vorgenommen hat. In unserem Beispiel hat Excel also die Formel der Zelle E4 in alle Zellen der aufgezogenen Markierung kopiert. Das ist natürlich auch die Aktion, die wir beabsichtigt hatten.
- **Nur Formate ausfüllen** Wenn Sie diesen Befehl wählen, macht Excel das Kopieren der Formel wieder rückgängig und überträgt nur das Format der Ausgangszelle.

- **Ohne Formatierung ausfüllen** Mit dieser Option erreichen Sie, dass Excel zwar den Inhalt der Ausgangszelle kopiert, dabei jedoch nicht ihre Formatierung übernimmt.
- **Blitzvorschau** Hierbei handelt es sich um ein Feature, das anhand bereits eingegebener Daten versucht, ein Muster zu erkennen, und dann automatisch die restlichen Daten eingibt. Für unser Beispiel ist die Blitzvorschau keine sinnvolle Option.

Da Excel bereits exakt das erledigt hat, was wir erwartet haben – nämlich das Kopieren der Formel –, können Sie die Schaltfläche *Auto-Ausfülloptionen* ignorieren.

Für die folgende Abbildung haben wir auf der Registerkarte *Formeln* in der Gruppe *Formelüberwachung* die Schaltfläche *Formeln anzeigen* angeklickt, damit Excel alle Formeln des Arbeitsblatts anzeigt, und nicht mehr die Ergebnisse der Formeln. Wie Sie beispielsweise in Zelle E8 sehen können, wurde aus C4 die Zellangabe C8 und aus D4 wurde D8.

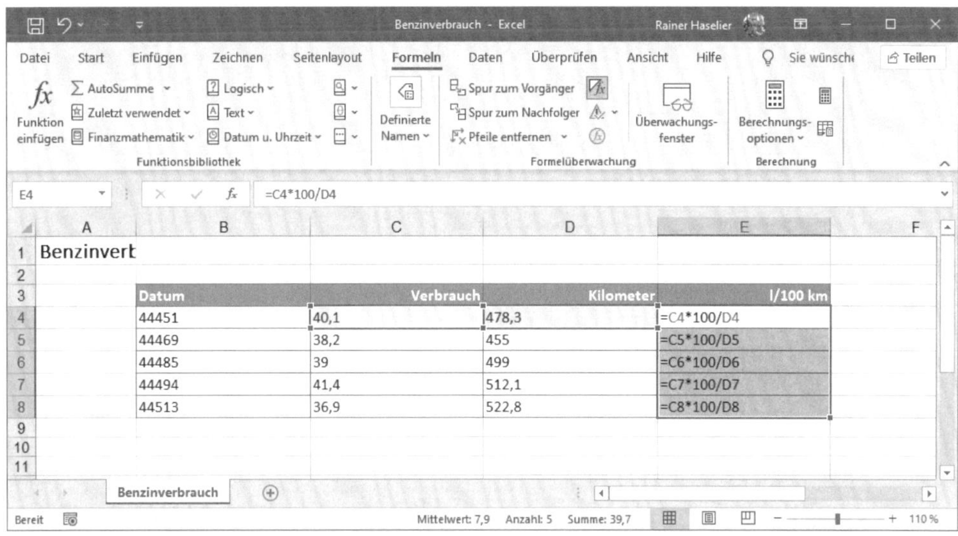

Abbildung 19.9: Excel hat die Formel beim Kopieren korrekt angepasst.

Dass Excel die Formel beim Kopieren problemlos anpassen konnte, liegt daran, dass die in ihr enthaltenen Bezüge relativ sind. Denn die Formeln beziehen sich ja bei allen Zellen auf die gleichen Nachbarzellen. Dass dies nicht immer funktioniert, zeigt das Beispiel im nächsten Abschnitt.

Relative und absolute Bezüge

Ein Bezug bezeichnet eine Zelle in einem Arbeitsblatt und teilt Excel mit, wo sich die in einer Formel zu verwendenden Daten befinden. Mithilfe von Bezügen können Sie Daten aus unterschiedlichen Teilen eines Arbeitsblatts in einer einzigen Formel verwenden.

Das Besondere an solchen Bezügen ist, dass sie von Excel automatisch angepasst werden, wenn sich die Lage der betreffenden Zellen verändert. Dieser Fall kann z.B. eintreten, wenn Sie in eine Tabelle neue Zeilen bzw. Spalten einfügen oder aus der Tabelle Zeilen bzw. Spalten löschen.

Im vorherigen Abschnitt haben Sie bereits gesehen, dass Excel die Zellbezüge beim automatischen Ausfüllen anpasst. Und auch wenn Sie den Inhalt einer Zelle manuell kopieren, findet diese Anpassung statt.

In manchen Fällen kann es aber notwendig werden, dass immer auf ein und dieselbe Zelle zugegriffen werden soll. In diesem Fall brauchen Sie einen *absoluten* Bezug.

Wir wollen diesen Unterschied an einem kleinen Beispiel verdeutlichen: Nehmen Sie an, Sie wollen wissen, welchen prozentualen Anteil die einzelnen Kostenarten an der Gesamtsumme der Autokosten pro Jahr ausmachen. Hierfür haben wir für Sie die Arbeitsmappe *Absolute Bezüge.xlsx* vorbereitet, die Sie in der folgenden Abbildung sehen.

	A	B	C	D
1	**Autokosten pro Jahr**			
2				
3	**Kostenart**	**Kostentyp**	**Betrag**	**Anteil**
4	Fixe Kosten	Versicherung	540,00 €	
5		Kfz-Steuer	250,00 €	
6		Anwohnerparken	30,00 €	
7	Betriebskosten	Kraftstoff	1.500,00 €	
8		Inspektion	480,00 €	
9		Wertverlust	2.200,00 €	
10		Waschen	12,00 €	
11				
12		Gesamtkosten	5.012,00 €	
13				

Abbildung 19.10: In dieser Tabelle soll in Spalte D der prozentuale Anteil der jeweiligen Kosten an den Gesamtkosten berechnet werden.

Um die prozentualen Anteile zu berechnen, gehen Sie folgendermaßen vor:

1. Öffnen Sie die Arbeitsmappe *Absolute Bezüge.*
2. Die prozentualen Anteile an den Gesamtkosten sollen in der Spalte D erscheinen. Markieren Sie daher die Zelle D4.
3. Geben Sie ein Gleichheitszeichen ein, um die Eingabe einer Formel einzuleiten.
4. Klicken Sie dann zuerst die linke Nachbarzelle (C4) an, geben Sie anschließend den Divisionsoperator / ein und klicken Sie zum Schluss auf die Zelle C12. In Zelle D4 steht nun *=C4/C12*.
5. Schließen Sie die Formel mit der ↵-Taste ab.
6. Wechseln Sie zur Registerkarte *Start* und klicken Sie in der Gruppe *Zahl* auf die Schaltfläche *Prozentformat*, um das Ergebnis der Formel als Prozentzahl darzustellen.
7. Wenn Sie jetzt die Formel durch Ziehen auf die darunterstehende Zelle kopieren, erhalten Sie jedoch eine Fehlermeldung, wie es Abbildung 19.11 zeigt.

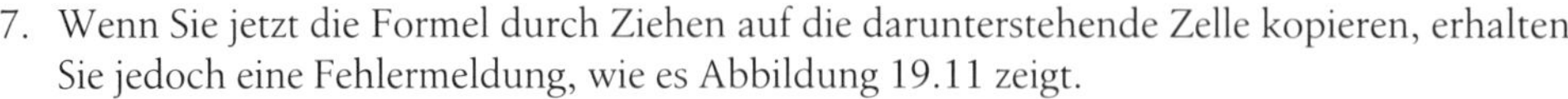

Die Ursache dieser Fehlermeldung erkennen Sie, wenn Sie die Zelle mit der Fehlermeldung markieren: In der Bearbeitungsleiste sehen Sie, dass die Formel hinter dieser Zelle *=C5/C13* lautet. Excel hat also beim Übertragen der Formel C4 in C5 und C12 in C13 verändert. Die Gesamtkosten stehen aber nach wie vor in Zelle C12. In Zelle C13 dagegen befindet sich kein Wert. Dies ist der Grund für die Fehlermeldung.

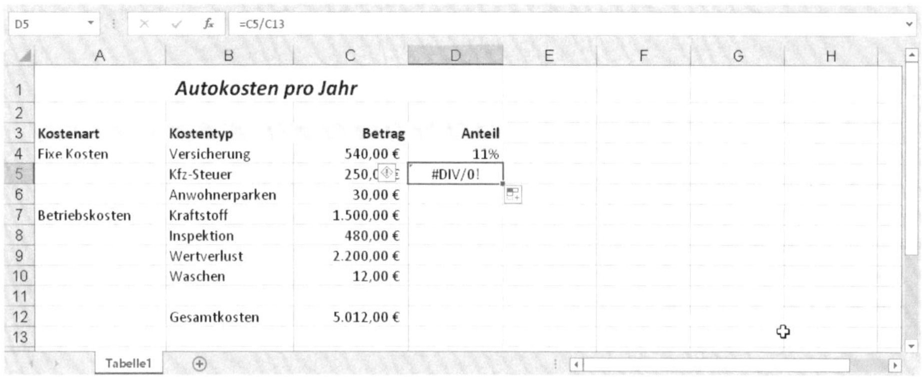

Abbildung 19.11: Beim Kopieren der Formel ist ein Fehler aufgetreten

Um hier Abhilfe zu schaffen, müssen Sie in der Formel in Zelle D4 die Zelle C12 als absoluten Bezug definieren, damit Excel beim Kopieren diesen Bezug nicht anpasst, sondern übernimmt. Gehen Sie dazu wie folgt vor:

8. Löschen Sie die fehlerhaft kopierte Formel in Zelle D5.
9. Markieren Sie die Ursprungsformel in Zelle D4 und drücken Sie F2. Sie können die Formel jetzt direkt in der Zelle bearbeiten.
10. Setzen Sie den Cursor innerhalb der Formel auf den Wert *C12*.
11. Drücken Sie F4. Die Formel verändert sich von *C4/C12* zu *=C4/$C$12*. Das bedeutet, dass dieser Ausdruck nun einen absoluten Bezug auf die Zelle C12 enthält. Der Bezug zur Zelle C4 ist weiterhin relativ.

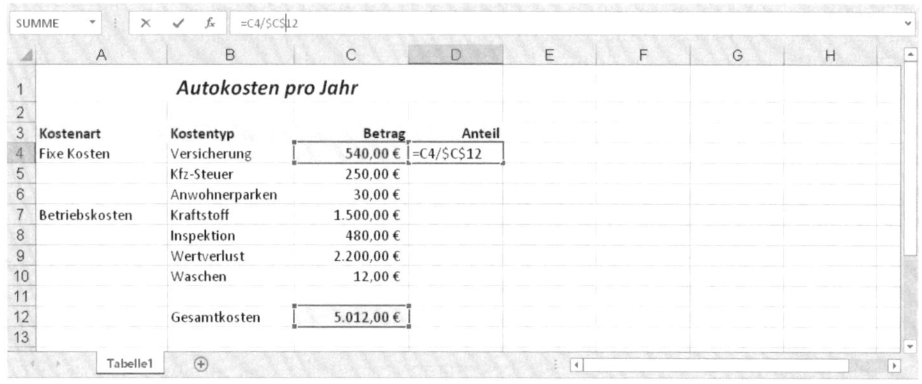

Abbildung 19.12: An den Dollarzeichen können Sie erkennen, dass die Formel nun einen absoluten Bezug auf Zelle C12 enthält.

12. Schließen Sie die Formel mit der ↵-Taste ab.

13. Markieren Sie Zelle D4 erneut und ziehen Sie die Markierung mit dem Ausfüllkästchen bis zur Zelle D10 auf.

    Wie Sie sehen, erscheint jetzt keine Fehlermeldung mehr. Die Formel in der Zelle D5 bezieht sich nun wie beabsichtigt auf die Zellen C12 und C5. Durch das Einfügen der $-Zeichen wurden aus dem relativen Bezug ein absoluter Bezug.

    Lassen Sie uns zum Schluss noch eine kleine Schönheitsoperation vornehmen, damit die »scheinbaren« Nullwerte richtig angezeigt werden.

14. Markieren Sie den Zellbereich D4 bis D10.
15. Wechseln Sie zur Registerkarte *Start* und klicken Sie in der Befehlsgruppe *Zahl* zweimal auf die Schaltfläche *Dezimalstelle hinzufügen*.

    Die fertige Tabelle sollte nun wie folgt aussehen:

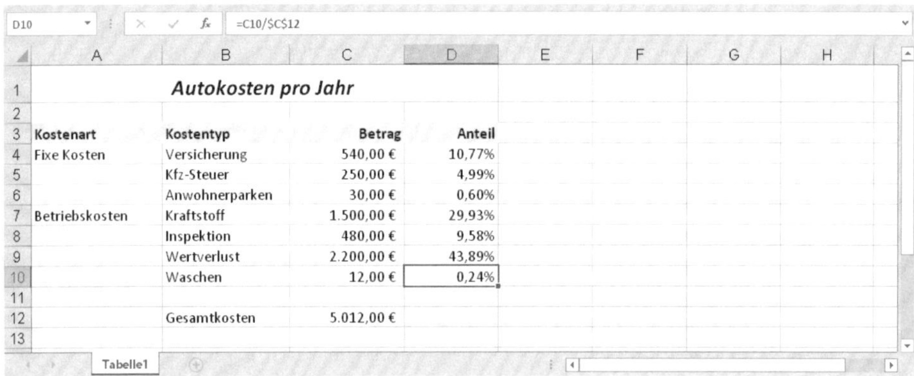

D10 =C10/$C$12

	A	B	C	D	E	F	G	H
1		Autokosten pro Jahr						
2								
3	Kostenart	Kostentyp	Betrag	Anteil				
4	Fixe Kosten	Versicherung	540,00 €	10,77%				
5		Kfz-Steuer	250,00 €	4,99%				
6		Anwohnerparken	30,00 €	0,60%				
7	Betriebskosten	Kraftstoff	1.500,00 €	29,93%				
8		Inspektion	480,00 €	9,58%				
9		Wertverlust	2.200,00 €	43,89%				
10		Waschen	12,00 €	0,24%				
11								
12		Gesamtkosten	5.012,00 €					
13								

Tabelle1

Abbildung 19.13: Die fertige Tabelle mit den prozentualen Angaben

Profitipp: Variation für absolute Bezüge

Möchten Sie unter Umständen nur die Spalte variieren, nicht aber die Zeile, können Sie auch nur ein $-Zeichen in die Formel einsetzen, z.B. *C$12*. Die Zeile bleibt dann erhalten, und die Spalte wird angepasst. Sie erreichen dies, indem Sie entweder die Taste F4 mehrmals drücken oder das Dollarzeichen manuell löschen bzw. eingeben.

Namen für Zellen/Zellbereiche verwenden

Sie können einzelne Zellen, Zellbereiche, Zeilen oder Spalten auch mit einem Namen versehen und dann diesen Namen statt des Zellbezugs in Formeln verwenden.

Die Vorteile bei der Verwendung von definierten Namen werden an einem Beispiel unmittelbar deutlich. Auch in dieser Beispielarbeitsmappe sollen die prozentualen Anteile der verschiedenen Kostenarten für einen Pkw berechnet werden.

1. Öffnen Sie die Übungsdatei *Namen verwenden.*
2. Markieren Sie die Zelle, der Sie einen Namen zuweisen wollen. In unserem Beispiel ist dies die Zelle C12, in der sich die Gesamtkosten befinden.

3. Klicken Sie in der Bearbeitungsleiste in das Namenfeld (dort steht die Zelladresse C12) und geben Sie dort **Gesamtkosten** ein.
4. Beenden Sie die Eingabe mit der [↵]-Taste.
5. Geben Sie in die Zelle D4 folgende Formel ein: **=C4/Gesamtkosten**

   Während Sie die Formel eintippen, öffnet sich ein Auswahlmenü (siehe Abbildung 19.14), in dem auch die Namen von benannten Zellen angezeigt werden. Klicken Sie den Eintrag *Gesamtkosten* an, um diesen Namen in die Formel zu übernehmen.

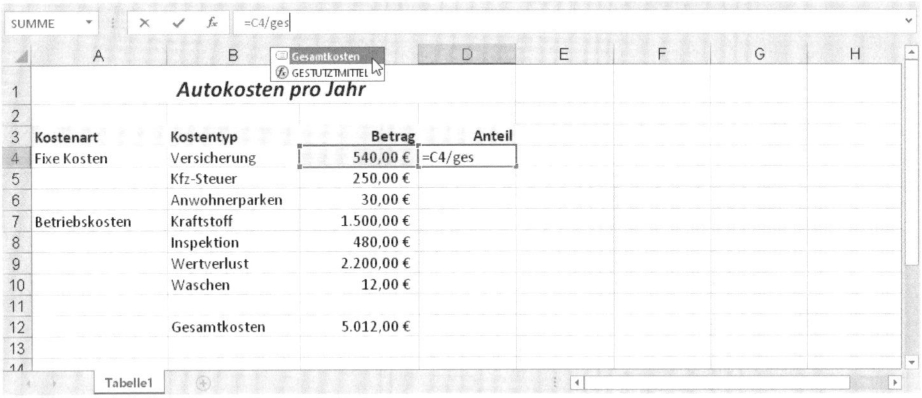

Abbildung 19.14: Die Namen von Zellen werden automatisch in einer Auswahlliste angeboten.

6. Füllen Sie die Zellen D5 bis D10 aus, indem Sie das Ausfüllkästchen von Zelle D4 nach unten aufziehen. Excel verwendet direkt den richtigen Zellbezug für die Gesamtkosten; der Name der Zelle C12 wirkt sich also genauso aus wie ein absoluter Bezug.

Der Einsatz von Namen für Zellen hat zwei entscheidende Vorteile: Das umständliche Eingeben von absoluten Bezügen entfällt und die Formeln werden durch die Verwendung von Namen deutlich verständlicher – natürlich vorausgesetzt, dass Sie auch »sprechende« Namen einsetzen und keine kryptischen Kürzel, die für Außenstehende nicht nachvollziehbar sind.

Zu benannten Zellen springen

In Excel haben Sie zwei Möglichkeiten, schnell zu den Zellen zu gelangen, denen Sie einen Namen zugewiesen haben:

- Mit dem Namenfeld oben links in der Bearbeitungsleiste: Klappen Sie mit dem kleinen Pfeil ganz einfach das Namenfeld auf und wählen Sie einen der vordefinierten Namen aus, dann springt der Zellcursor sofort auf die entsprechende Zelle.

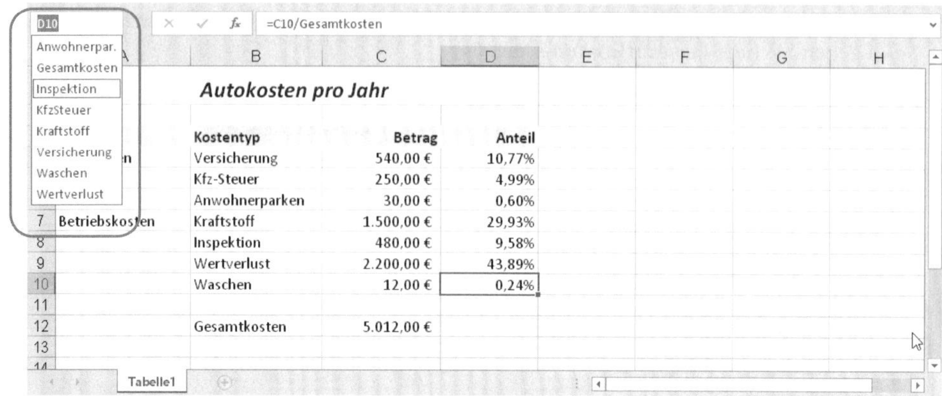

Abbildung 19.15: Benannte Zellen lassen sich über das Namenfeld ansteuern.

- Indem Sie auf der Registerkarte *Start* in der Gruppe *Bearbeiten* auf *Suchen und Auswählen* und dann auf *Gehe zu* klicken. In einem Dialogfeld wird Ihnen eine Auswahl von Namen angezeigt. Per Doppelklick springen Sie zur entsprechenden Zelle. Unter *Verweis* können Sie dort auch eine Zelladresse angeben.

Abbildung 19.16: Über das Dialogfeld Gehe zu *können Sie ebenfalls zu benannten Zellen springen.*

Den Namens-Manager verwenden

Um sich einen Überblick über alle in einer Arbeitsmappe enthaltenen Namen zu verschaffen, können Sie den Namens-Manager verwenden. Im Namens-Manager können Sie außerdem einen Namen löschen, einen definierten Namen umbenennen oder einem bereits definierten Namen eine andere Zelle bzw. einen anderen Zellbereich zuordnen.

1. Wechseln Sie zur Registerkarte *Formeln.*
2. Klicken Sie in der Gruppe *Definierte Namen* auf *Namens-Manager.*

   Namens-Manager

   Im Dialogfeld *Namens-Manager* werden standardmäßig alle in der aktuellen Arbeitsmappe definierten Namen angezeigt. Wenn Sie auf die Schaltfläche *Filter* klicken, können Sie die angezeigten Namen auf die aktuelle Arbeitsmappe, auf Namen mit oder ohne Fehler oder auf die Namen der Datentabellen einschränken.

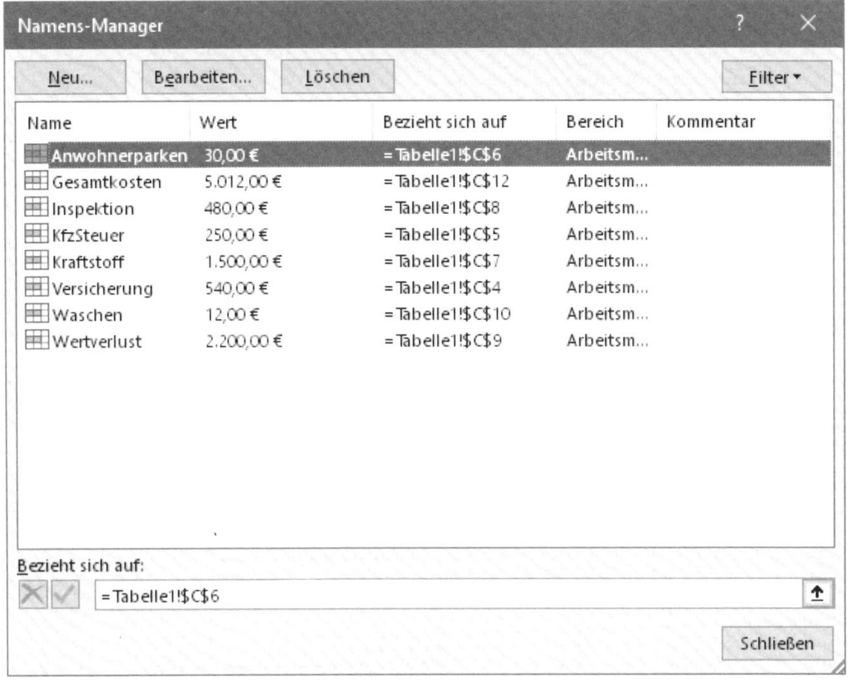

Abbildung 19.17: Im Dialogfeld Namens-Manager *können Sie die definierten Namen verwalten.*

3. Führen Sie, in Abhängigkeit davon, was Sie tun möchten, einen der folgenden Schritte durch:
   - **Definierten Namen löschen** Markieren Sie in der Liste den Namen, den Sie löschen möchten, und klicken Sie auf die Schaltfläche *Löschen*.
   - **Namen ändern** Markieren Sie in der Liste den Namen, den Sie umbenennen möchten, und klicken Sie auf die Schaltfläche *Bearbeiten*. Geben Sie in das Feld *Name* den neuen Namen ein und klicken Sie dann auf *OK*.

Abbildung 19.18: Im Dialogfeld Name bearbeiten *können Sie einen definierten Namen ändern.*

- **Ändern des dem Namen zugeordneten Zellbereichs** Markieren Sie in der Liste den Namen, den Sie mit einer anderen Zelle bzw. einem anderen Zellbereich verknüpfen möchten. Klicken Sie auf die Schaltfläche *Dialogfeld reduzieren* und wählen Sie im Arbeitsblatt die Zelle bzw. den Zellbereich aus, die/den Sie mit dem Namen verknüpfen wollen. Klicken Sie abschließend auf die Schaltfläche *Dialogfeld erweitern.*

4. Klicken Sie auf *OK,* um das Dialogfeld *Namens-Manager* zu schließen.

Die Formelüberwachung

Je größer Arbeitsblätter werden, desto unübersichtlicher werden sie auch. Damit Sie später noch die Möglichkeit haben, die Zusammenhänge zwischen einzelnen Zellen nachzuvollziehen, gibt es in Excel die sogenannte *Formelüberwachung.*

Gehen Sie z.B. folgendermaßen vor, um mit der Formelüberwachung festzustellen, welche Zellen für die Berechnungen in einer Formel verwendet wurden:

1. Markieren Sie zuerst die Zelle, deren Formel Sie untersuchen möchten.
2. Klicken Sie auf der Registerkarte *Formeln* in der Gruppe *Formelüberwachung* auf *Spur zum Vorgänger.*

   Auf dem Arbeitsblatt zeigt Excel nun mit blauen Markierungen an, welche Zellen in der Formel der markierten Zelle verwendet werden. In unserem Beispiel handelt es sich um alle Werte in Spalte G, da aus diesen in Zelle B3 der Mittelwert berechnet wird.

B3 =MITTELWERT(G3:G14)

	A	B	C	D	E	F	G
1							
2	Jahres-durchschnitt	Betrag		Zeitraum	Grundgebühr (netto)	Verbindungsgebühr (netto)	Summe (brutto)
3	2016	144,62 €		Jan 16	40,00 €	72,59 €	130,60 €
4	2017			Feb 16	40,00 €	35,88 €	88,02 €
5	2018			Mrz 16	40,00 €	111,19 €	175,38 €
6				Apr 16	40,00 €	82,28 €	141,84 €
7				Mai 16	40,00 €	145,92 €	215,67 €
8				Jun 16	40,00 €	86,26 €	146,46 €
9				Jul 16	40,00 €	59,98 €	115,98 €
10				Aug 16	40,00 €	74,98 €	133,38 €
11				Sep 16	40,00 €	79,47 €	138,59 €
12				Okt 16	40,00 €	26,71 €	77,38 €
13				Nov 16	40,00 €	153,53 €	224,49 €
14				Dez 16	40,00 €	87,23 €	147,59 €

Telefonkosten

Abbildung 19.19: Mit der Schaltfläche Spur zum Vorgänger *können Sie sich anzeigen lassen, welche Zellen sich auf den Wert in der aktuell ausgewählten Zelle auswirken.*

Wollen Sie wissen, ob eine bestimmte Zelle in anderen Formeln der Tabelle benutzt wird, gehen Sie folgendermaßen vor:

1. Markieren Sie die betreffende Zelle.
2. Klicken Sie auf der Registerkarte *Formeln* in der Gruppe *Formelüberwachung* auf *Spur zum Nachfolger.*
3. Wiederholen Sie den Befehl, um zu prüfen, ob weitere Verknüpfungen mit anderen Zellen bestehen. Excel trägt dann gegebenenfalls weitere Pfeile ein.

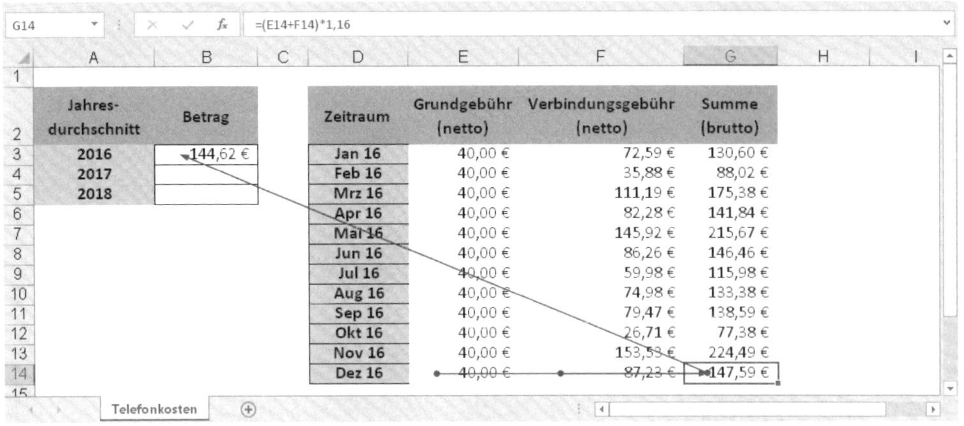
G14 =(E14+F14)*1,16

Jahres-durchschnitt	Betrag		Zeitraum	Grundgebühr (netto)	Verbindungsgebühr (netto)	Summe (brutto)
2016	144,62 €		Jan 16	40,00 €	72,59 €	130,60 €
2017			Feb 16	40,00 €	35,88 €	88,02 €
2018			Mrz 16	40,00 €	111,19 €	175,38 €
			Apr 16	40,00 €	82,28 €	141,84 €
			Mai 16	40,00 €	145,92 €	215,67 €
			Jun 16	40,00 €	86,26 €	146,46 €
			Jul 16	40,00 €	59,98 €	115,98 €
			Aug 16	40,00 €	74,98 €	133,38 €
			Sep 16	40,00 €	79,47 €	138,59 €
			Okt 16	40,00 €	26,71 €	77,38 €
			Nov 16	40,00 €	153,53 €	224,49 €
			Dez 16	40,00 €	87,23 €	147,59 €

Abbildung 19.20: Mit der Formelüberwachung lässt sich schnell feststellen, welche Zellen in eine Formel einfließen.

In Abbildung 19.20 ist zu sehen, dass die Zelle E14 zur Berechnung der Zelle G14 benötigt wird. Die Zelle G14 wiederum fließt in die Berechnung der Zelle B3 ein, sodass die Zelle E14 indirekt auch in der Formel der Zelle B3 enthalten ist.

Tipp Durch einen Doppelklick auf die Verbindungspfeile können Sie zwischen den Zellen hin und her springen. Dieser Trick ist besonders bei umfangreichen Arbeitsblättern nützlich.

Ein weiteres hilfreiches Feature der Formelüberwachung ist das Aufspüren von Fehlerursachen. Erhalten Sie in einer Zelle eine Fehlermeldung, können Sie auf den Pfeil der Schaltfläche *Fehlerüberprüfung* und dann im Menü auf *Spur zum Fehler* klicken, um dem Fehler auf die Schliche zu kommen.

Spurpfeile entfernen

Mit der Schaltfläche *Pfeile entfernen* (Gruppe *Formelüberwachung*) können Sie sämtliche Pfeile der Formelüberwachung wieder ausschalten. Wollen Sie nur die Pfeile einer bestimmten Zelle entfernen, klicken Sie auf den Pfeil der Schaltfläche *Pfeile entfernen* und benutzen dann den Befehl *Spur zum Vorgänger entfernen* bzw. *Spur zum Nachfolger entfernen.*

Der Formelüberwachungsmodus

Normalerweise zeigt Excel die Formel einer Zelle nur an, wenn Sie die Zelle markieren bzw. ihren Inhalt bearbeiten. Manchmal wäre es aber hilfreich, wenn man alle Formeln eines Arbeitsblatts sehen könnte. Zum Beispiel wenn Sie versuchen, den Aufbau eines Arbeitsblatts nachzuvollziehen, weil Sie es ergänzen oder korrigieren müssen.

Zum Glück hält Excel auch für solche Situationen eine Lösung bereit: Klicken Sie auf der Registerkarte *Formeln* in der Gruppe *Formelüberwachung* auf *Formeln anzeigen* (schneller geht es mit der Tastenkombination Strg+#). Excel zeigt dann alle Formeln auf dem Arbeitsblatt an und verbreitert dazu die Spalten der Tabelle, damit Sie die Formeln vollständig sehen können.

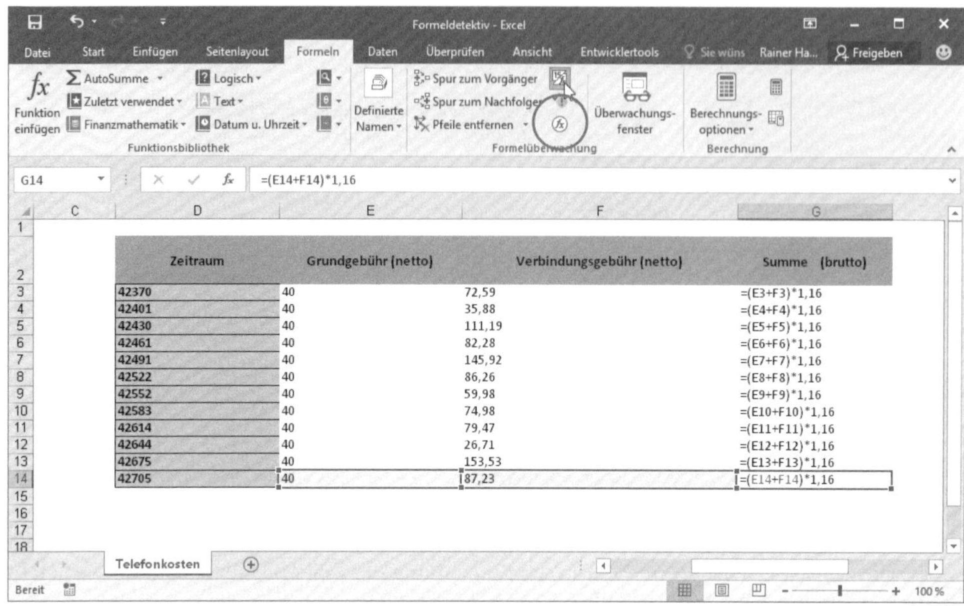

Abbildung 19.21: Im Formelüberwachungsmodus zeigt Excel die Formeln aller Zellen an.

Um den Modus wieder zu verlassen, drücken Sie erneut [Strg]+[#]. Excel zeigt das Arbeitsblatt dann wieder in der gewohnten Form an.

Das Überwachungsfenster

Eine sehr gute Möglichkeit, um den Inhalt einer Zelle im Blick zu behalten, ist das *Überwachungsfenster*. Zum Anzeigen des Fensters öffnen Sie die Registerkarte *Formeln* und klicken in der Gruppe *Formelüberwachung* auf *Überwachungsfenster*.

Excel blendet ein Fenster ein (siehe Abbildung 19.22), in dem Name, Herkunft, Wert und Formel der Zelle angezeigt werden. Mit den Schaltflächen *Überwachung hinzufügen* und *Überwachung löschen* können Sie weitere Zellen in das Fenster aufnehmen bzw. wieder daraus entfernen.

Tipp Wenn Sie im Überwachungsfenster auf einen Eintrag doppelklicken, springt Excel direkt zu der betreffenden Zelle.

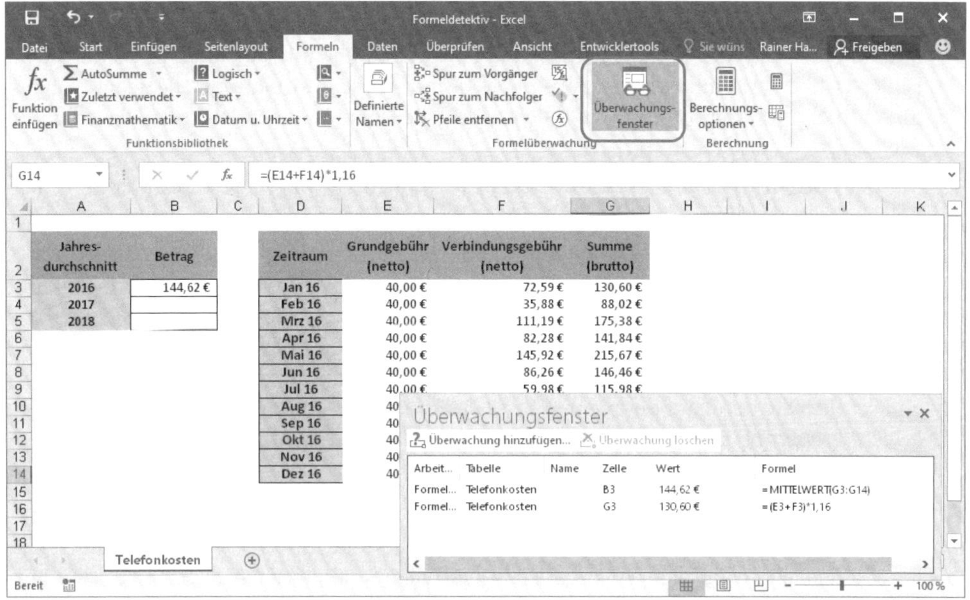

Abbildung 19.22: Im Überwachungsfenster haben Sie die Werte wichtiger Zellen immer im Blick. Sie können dort auch die Werte von Zellen ablesen, die sich auf anderen Arbeitsblättern befinden.

Fehlerüberprüfung

Auch wenn Excel jede Formel bereits bei ihrer Eingabe überprüft und nur formal richtige Eingaben zulässt, heißt das noch lange nicht, dass die Formel auch korrekt ausgewertet werden kann und das richtige Ergebnis liefert.

So ist z.B. die Formel = *B4* Mehrwertsteuer* zwar formal korrekt – wird also von Excel bei der Eingabe auf jeden Fall akzeptiert –, doch wenn keine Zelle mit dem Namen *Mehrwertsteuer* existiert, kann Excel die Formel nicht berechnen und gibt in der Zelle den Fehlerwert *#WERT!* aus. Eine Liste aller Fehlerwerte finden Sie in Tabelle 19.2.

Um Sie bei der Fehlersuche zu unterstützen, zeigt Excel neben der betreffenden Zelle ein Smarttag an, dessen Menü verschiedene Hilfsangebote enthält.

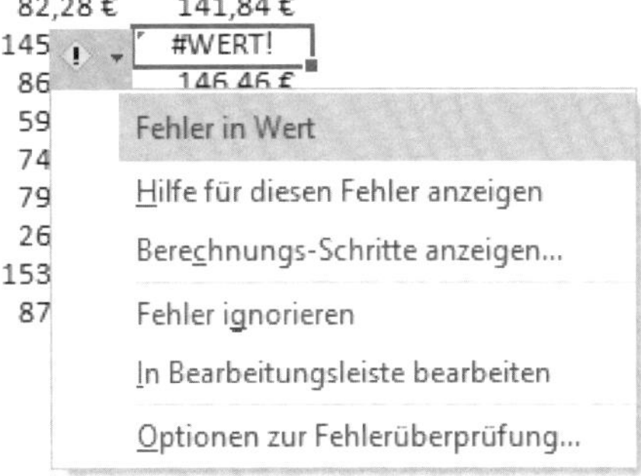

Abbildung 19.23: Smarttags unterstützen Sie bei der Fehlersuche.

Sie haben nun mehrere Möglichkeiten:

- Mit *Hilfe für diesen Fehler anzeigen* können Sie die Onlinehilfe aufrufen, in der zu jedem Fehlertyp Tipps für die Fehlersuche enthalten sind. Diese Informationen beziehen sich natürlich nicht konkret auf die von Ihnen eingegebene Formel, sondern nur allgemein auf den aufgetretenen Fehlertyp.
- Mit dem Befehl *Berechnungs-Schritte anzeigen* können Sie ein Fenster aufrufen, mit dem Sie die Formel schrittweise durchlaufen können. Dieses Fenster wird im nächsten Abschnitt »Formeln auswerten« ausführlich vorgestellt.
- Mit der Auswahl von *Fehler ignorieren* teilen Sie Excel mit, dass es den Fehler in Zukunft ignorieren soll. Dadurch verschwindet auch das Smarttag neben der Zelle. Damit Excel den Fehler wieder als solchen erkennt, klicken Sie zuerst auf die Registerkarte *Datei* und dann auf *Optionen*. Wählen Sie in der Liste auf der linken Seite die Kategorie *Formeln* aus und scrollen Sie dann auf der rechten Seite des Fensters nach unten, bis Sie den Abschnitt *Fehlerüberprüfung* sehen. Klicken Sie abschließend die Schaltfläche *Ignorierte Fehler zurücksetzen* an.
- Die Option *In Bearbeitungsleiste bearbeiten* erklärt sich von selbst.
- Der Befehl *Optionen zur Fehlerüberprüfung* zeigt die Kategorie *Formeln* des Dialogfeldes *Excel-Optionen* an, in dem Sie die Regeln einstellen können, nach denen Excel die Formeln Ihres Arbeitsblatts untersucht (siehe Abbildung 19.24).

Fehlerwert	Ursache
#NULL!	Tritt auf, wenn Sie den Schnittpunktoperator (Leerzeichen) auf zwei Bereiche anwenden, die keine Schnittmenge besitzen. Beispiel: =Summe(A1:C1 A3:C3)
#DIV/0!	In der Formel wird durch null dividiert. Dieser Fehler tritt häufig auf, wenn eine Zelle, auf die in der Formel Bezug genommen wird, noch keinen Wert enthält.
#WERT!	In der Formel wird ein falscher Datentyp verwendet. Beispiel: =2 + "drei"
#BEZUG!	Die Formel nimmt Bezug auf eine nicht existierende Zelle. Tritt z.B. auf, wenn sich die Formel auf eine Zelle bezieht, die sich in einem inzwischen gelöschten Arbeitsblatt befand.
#NAME?	In der Formel ist der Name einer Zelle enthalten, den Excel nicht kennt. Tritt auch auf, wenn Sie vergessen, dass Texte in Anführungszeichen eingefasst werden müssen. Beispiel: Falsch = A1 & mal , Richtig = A1 & " mal"
#ZAHL!	Ein Zahlenwert innerhalb der Formel hat entweder den falschen Typ oder er ist zu groß bzw. zu klein.
#NV	Der Wert #NV kann in eine Zelle eingegeben werden, um zu signalisieren, dass für die Zelle noch keine gültigen Daten vorliegen. Excel zeigt dann bei allen Formeln, in denen diese Zelle verwendet wird, ebenfalls den Wert #NV an. Damit vermeiden Sie, dass leere Zellen von Excel als 0 interpretiert und in Formeln akzeptiert werden, ohne eine Fehlermeldung anzuzeigen.
#####	Kennzeichnet, dass die Spalte zu schmal ist, um den Inhalt komplett darzustellen.

Tabelle 19.2: Fehlerwerte, mit denen Excel Hinweise bei fehlerhaften Formeln liefert

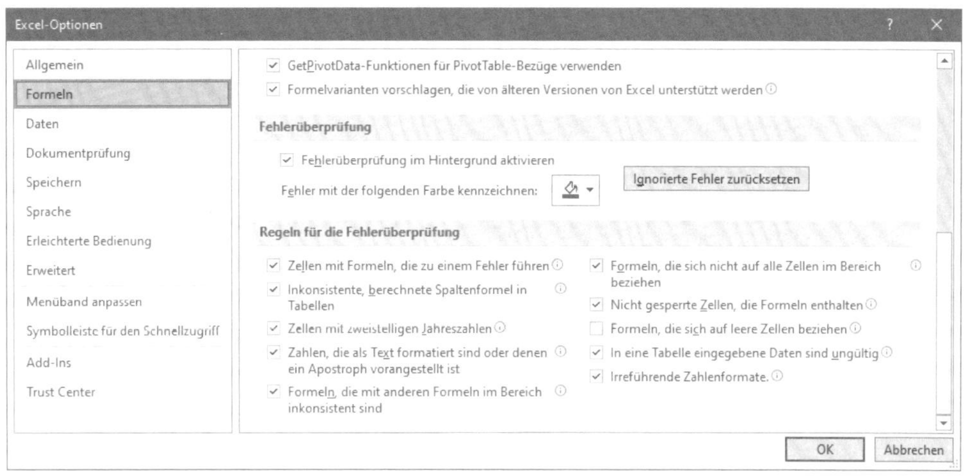

Abbildung 19.24: Hier wird die Fehlerüberprüfung konfiguriert.

Formeln auswerten

In der Praxis kommt es naturgemäß häufiger vor, dass man beim Eingeben einer Formel einen Fehler macht. Solange Excel darauf mit einer Fehlermeldung reagiert, ist die Gefahr schon halb gebannt. Viel kritischer sind jedoch Fehler in Zellen, die von Excel nicht mit einem Fehlerwert gekennzeichnet werden, sondern nach außen hin völlig »normal« wirken.

Wenn Sie beim Prüfen einer Tabelle bemerken, dass die berechneten Ergebnisse nicht schlüssig sind, haben Sie zwei Möglichkeiten, um dem Fehler auf die Schliche zu kommen:

- In einfachen Fällen reicht es aus, wenn Sie sich über die Schaltflächen der Gruppe *Formelüberwachung* auf der Registerkarte *Formeln* die Spuren zu den Vorgängerzellen anzeigen lassen. Auf diese Weise lassen sich z.B. falsche Bezüge sehr gut erkennen.
- In hartnäckigen Fällen kann es aber auch notwendig werden, die Formel Schritt für Schritt auszuwerten, um die fehlerhafte Stelle in der Formel zu finden. Diese Möglichkeit wollen wir Ihnen jetzt an einem einfachen Beispiel vorstellen.

Das Beispiel, das wir in diesem Abschnitt verwenden, enthält eine Aufstellung über den Kauf einiger Gläser.

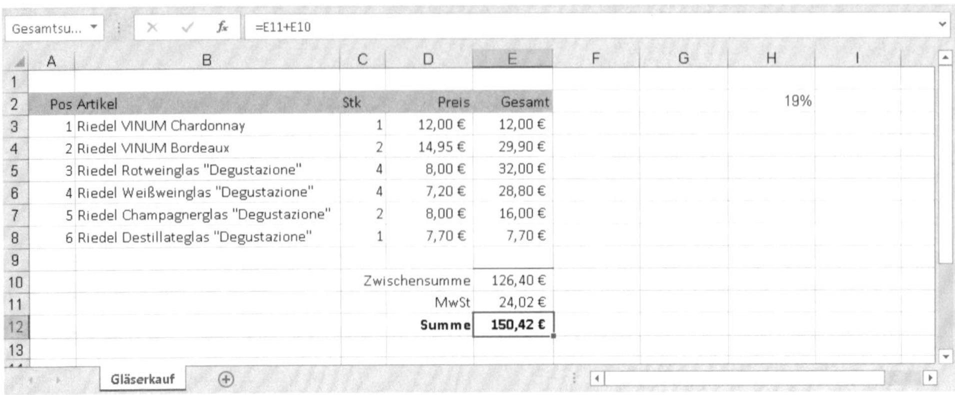

Abbildung 19.25: Die Formel zur Berechnung der Gesamtsumme soll überprüft werden.

Darin werden die Einzelpreise mit den Stückzahlen multipliziert, die Ergebnisse zu einer Zwischensumme aufaddiert und für diese die Mehrwertsteuer errechnet. Sie finden das Beispiel in der Übungsdatei *Formeln auswerten.xlsx*.

Um die Formel für die Gesamtsumme zu kontrollieren, gehen Sie so vor:

1. Klicken Sie die Zelle an, die die Formel enthält (hier E11).
2. Klicken Sie auf der Registerkarte *Formeln* in der Befehlsgruppe *Formelüberwachung* auf die Schaltfläche *Formelauswertung*. Excel zeigt das Dialogfeld *Formel auswerten* an.

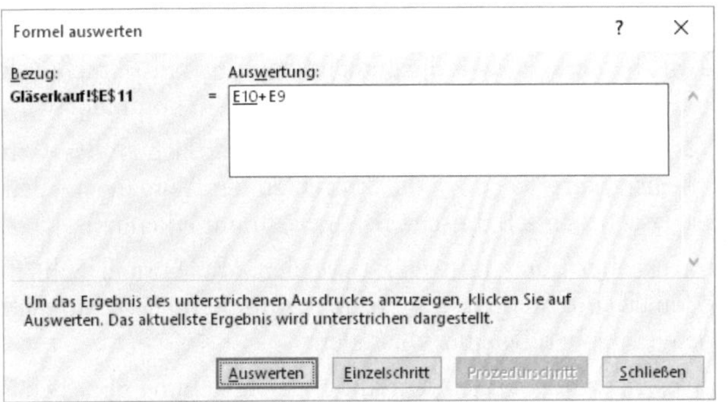

Abbildung 19.26: Excel zeigt die zu prüfende Formel an, die sich in der vorher im Arbeitsblatt ausgewählten Zelle befindet.

Im Dialogfeld *Formel auswerten* sehen Sie nun die Formel, die der markierten Zelle zugrunde liegt. Der erste Summand E10 ist dabei unterstrichen. Das bedeutet, dass Excel diesen Teil der Formel zuerst auswerten wird.

3. Klicken Sie auf *Auswerten*. Excel berechnet nun den Inhalt der Zelle E10 und trägt ihn in das Fenster ein. Außerdem ist nun der zweite Summand E9 unterstrichen.

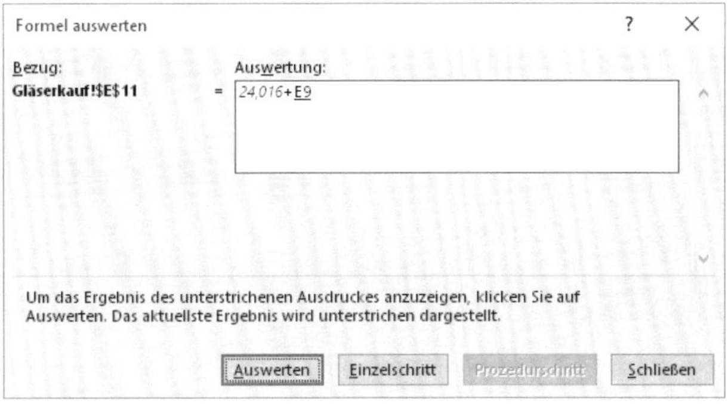

Abbildung 19.27: Der erste Summand (die Zelle E10) ist bereits ausgewertet.

4. Lassen Sie den zweiten Summanden berechnen, indem Sie erneut auf *Auswerten* klicken.
5. Ein dritter Klick auf *Auswerten* führt dann zum endgültigen Ergebnis.

Formeln vollständig auswerten

Die Formel *E10+E9* ist jedoch eigentlich komplexer, da die Zellen E10 und E9 ja ebenfalls Formeln enthalten. Dieser Tatsache wollen wir nun Rechnung tragen und der Formel bis in ihre letzte Verästelung folgen.

1. Klicken Sie im Dialogfeld *Formel auswerten* auf *Neu starten* oder rufen Sie das Fenster erneut auf, wenn Sie es zwischenzeitlich geschlossen haben.
2. Starten Sie die Auswertung dieses Mal mit der Schaltfläche *Einzelschritt*. Die Schaltfläche ist nur dann aktiv, wenn der auszuwertende Ausdruck aus einer Formel besteht. Im Fenster erscheint jetzt ein neues Feld, in dem die Formel der Zelle E10 angezeigt wird.

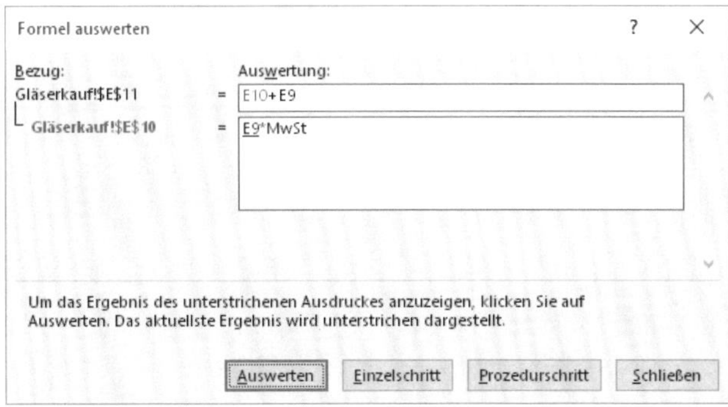

Abbildung 19.28: Excel zeigt den Aufbau der untergeordneten Formel in E11 an.

3. An der Tatsache, dass die Schaltfläche *Einzelschritt* immer noch aktiv ist, erkennen Sie, dass die Zelle E9 ebenfalls eine Formel enthält. Klicken Sie daher erneut auf *Einzelschritt*, um auch diesen Teil der Formel untersuchen zu können.

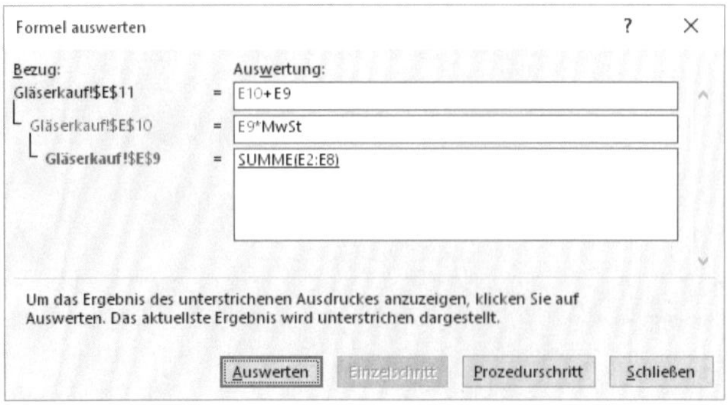

Abbildung 19.29: Die Zelle E10 enthält eine Summenberechnung.

4. Sie sind nun am »Ende« der Formeln angekommen. Klicken Sie jetzt entweder auf *Auswerten,* damit Excel das Ergebnis der Summe anzeigt, oder überspringen Sie diesen Schritt, indem Sie auf *Prozedurschritt* klicken. Excel fügt dann das Ergebnis der Summe direkt in die Formel *E9*MwSt* ein.
5. Wenn Excel den Ausdruck *MwSt* auswerten will, können Sie sich mit *Einzelschritt* anzeigen lassen, auf welche Zelle sich der Name *MwSt* bezieht (dies ist Zelle H1).
6. Durchlaufen Sie nun die Formel, bis Excel das Gesamtergebnis anzeigt.

An diesem kleinen Beispiel haben Sie vermutlich schon gemerkt, dass das Auswerten einer Formel hohe Konzentration erfordert. Im Grunde genommen entspricht diese Art der Fehlersuche dem Debuggen eines Programms, bei dem ebenfalls versucht wird, einen Fehler durch schrittweises Ausführen des Programms aufzuspüren.

Als Fazit lässt sich vielleicht sagen: Die Funktion *Formel auswerten* ist zwar recht unhandlich, führt aber in schwierigen Fällen fast immer zum Ziel.

Kapitel 20

Funktionen einfügen und das Schnellanalysetool verwenden

Excel kennt eine Vielzahl von nützlichen Funktionen, die Sie in Ihren Tabellen verwenden können. So gibt es neben den mathematischen Funktionen auch statistische und logische Funktionen, Datums- und Zeitfunktionen etc. Diese Funktionen scheinen oft sehr kompliziert zu sein, aber wie Sie gleich sehen werden, ist ihr Einsatz meistens recht einfach. Natürlich gibt es auch Funktionen, die für fachfremde Anwender undurchschaubar sind, wenn man etwa an die statistischen oder finanzmathematischen Funktionen denkt.

Funktionsergebnisse in der Statusleiste anzeigen

Wenn Sie für einige Zellen in Ihrem Arbeitsblatt schnell das Ergebnis einer Funktion sehen wollen, können Sie das Funktionsergebnis der am häufigsten verwendeten Standardfunktionen (Summe, Mittelwertberechnung, Anzahl der Zellen usw.) direkt in der Statusleiste von Excel anzeigen lassen. Dies spart Zeit, da Sie hierfür dann nicht mehr eine Formel eingeben, sich das Ergebnis, das Sie nur kurzzeitig benötigen, ansehen und dann die Formel wieder löschen müssen.

Markieren Sie lediglich die Zellen, für die die Funktion berechnet werden soll, und lesen Sie das Ergebnis in der Statusleiste ab.

So konfigurieren Sie, welche Funktionsergebnisse in der Statusleiste angezeigt werden:

1. Klicken Sie die Statusleiste mit der rechten Maustaste an, um das Kontextmenü zu öffnen.

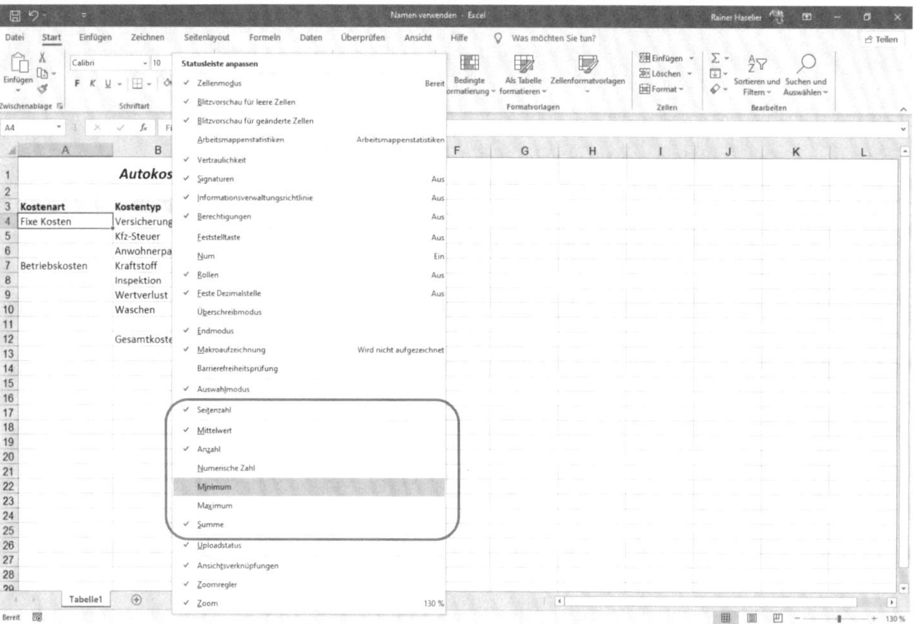

Abbildung 20.1: So legen Sie fest, welche Funktionsergebnisse in der Statusleiste angezeigt werden.

2. Klicken Sie die Namen der betreffenden Funktionen an. Ist das Funktionsergebnis derzeit sichtbar, wird es ausgeschaltet und umgekehrt. Den aktuellen Status können Sie am Häkchen vor dem Funktionsnamen ablesen.

Folgende Funktionsergebnisse können Sie in der Statusleiste anzeigen lassen:

- **Mittelwert** Berechnet das arithmetische Mittel der markierten Zellen. Entspricht der Funktion *MITTELWERT*.
- **Anzahl** Zeigt die Anzahl der markierten Zellen an. Entspricht der Funktion *ANZAHL2*.
- **Numerische Zahl** Zeigt die Anzahl der markierten Zellen an, in denen sich numerische Werte befinden. Entspricht der Funktion *ANZAHL*.

- **Minimum** Gibt den kleinsten Wert im markierten Zellbereich aus. Entspricht der Funktion *MIN*.
- **Maximum** Gibt den größten Wert im markierten Zellbereich aus. Entspricht der Funktion *MAX*.
- **Summe** Berechnet die Summe aller markierten Zellen, in denen sich numerische Werte befinden. Entspricht der Funktion *SUMME*.

Funktionen mit dem Funktionsassistenten einfügen

Excel bietet für fast alle Aufgaben die passende Funktion. Da es aber bei der Fülle der angebotenen Funktionen oft schwierig ist, die richtige Funktion zu finden, stellt Ihnen Excel mit dem Funktionsassistenten eine wertvolle Hilfe zur Verfügung, da Sie so schnell den Namen einer Funktion finden können. Der Funktionsassistent liefert zusätzlich Informationen zu den Parametern, die Sie an die Funktion übergeben müssen.

Probieren Sie den Funktionsassistenten mit der Beispieldatei *Funktionsassistent.xlsx* aus und führen Sie folgende Schritte durch:

1. Öffnen Sie die Beispieldatei *Funktionsassistent.xlsx* und markieren Sie Zelle D8; dies ist die Zelle, in der das Ergebnis der Funktion stehen soll.
2. Klicken Sie in der Bearbeitungsleiste auf die kleine Schaltfläche *Funktion einfügen* oder klicken Sie auf der Registerkarte *Formeln* in der Gruppe *Funktionsbibliothek* die Schaltfläche *Funktion einfügen* an.

   Excel öffnet das Dialogfeld *Funktion einfügen*, das Sie bei der Suche nach einer passenden Funktion unterstützt. Die angebotenen Funktionen sind in verschiedene Kategorien eingeteilt, die Sie über eine Liste auswählen können.

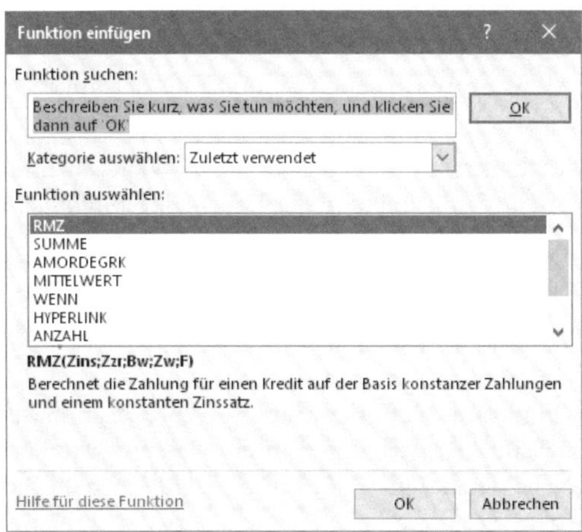

Abbildung 20.2: In diesem Dialogfeld können Sie aus den angebotenen Funktionen auswählen.

Der Clou des Assistenten verbirgt sich im Feld *Funktion suchen,* in dem Sie Ihre Wünsche umgangssprachlich formulieren können. Excel versucht dann zu erkennen, welche Funktion Sie benötigen, und macht entsprechende Vorschläge. Um die Fähigkeiten des Assistenten auszuloten, wollen wir eine Funktion suchen, die den Durchschnitt mehrerer Zahlen berechnen kann.

3. Geben Sie in das Feld *Funktion suchen* folgenden Text ein:
   Durchschnitt mehrerer Zellen
4. Klicken Sie auf *OK,* damit Excel nach einer passenden Funktion sucht.

   In der Liste *Kategorie auswählen* erscheint nun der neue Eintrag *Empfohlen* und im Listenfeld sehen Sie alle Funktionen, die mit der eingegebenen Suchanfrage in Zusammenhang stehen (siehe Abbildung 20.3).

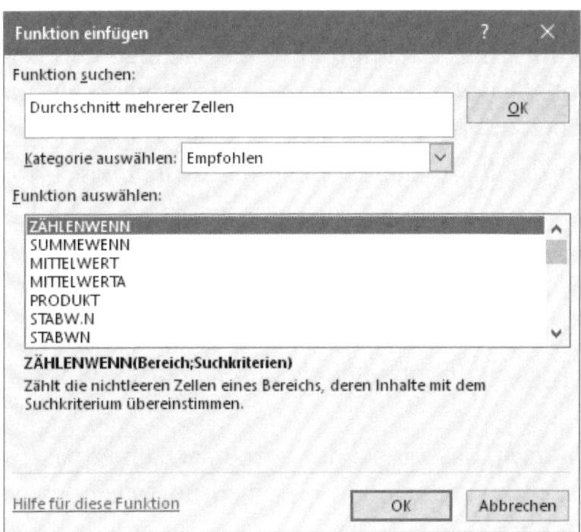

Abbildung 20.3: Excel führt einige Funktionen auf, die zu der gestellten Aufgabe passen.

5. Klicken Sie die Listeneinträge mit der Maus an und suchen Sie mithilfe der angezeigten Beschreibung die passende Funktion.
6. Wird die gewünschte Funktion nicht aufgeführt, können Sie mit einer weiteren Eingabe die Suche spezifizieren. Excel zeigt dann neue Funktionen in der Kategorie *Empfohlen* an.
7. Wenn Sie die geeignete Funktion gefunden haben, markieren Sie sie und klicken Sie dann *OK.* In unserem Beispiel benötigen Sie die Funktion *MITTELWERT.*

   Excel zeigt das Fenster *Funktionsargumente* an, in dem Sie eine ausführliche Hilfestellung beim Eingeben der Funktion erhalten.

   In Abbildung 20.4 sehen Sie, dass die Funktion *MITTELWERT* bis zu 255 numerische Argumente verarbeiten kann, die durch Semikola getrennt werden müssen. Das Fenster *Funktionsargumente* stellt zunächst zwei Felder bereit *(Zahl1* und *Zahl2).* Sobald Sie im unteren Feld eine Eingabe vornehmen, fügt Excel dem Fenster ein weiteres Feld hinzu.

   Im konkreten Fall hat Excel sogar schon bei *Zahl1* eine Bereichsangabe eingetragen, da es in diesen Zellen geeignete Daten vorgefunden hat.

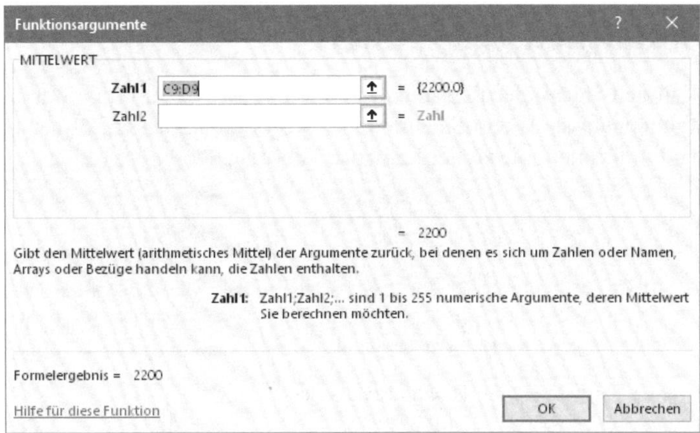

Abbildung 20.4: Dieses Fenster macht das Eingeben von Formeln fast zum Kinderspiel.

8. Wenn Sie die Vorgaben von Excel nicht übernehmen wollen, benutzen Sie die Schaltfläche *Dialogfeld reduzieren,* um das Fenster zu einer Leiste zu verkleinern. Markieren Sie dann auf dem Arbeitsblatt einen anderen Bereich und klappen Sie anschließend das Fenster *Funktionsargumente* mit der Schaltfläche *Dialogfeld wiederherstellen* wieder auf.
9. Nachdem die Argumente der Funktion ausgefüllt sind, klicken Sie auf *OK.*

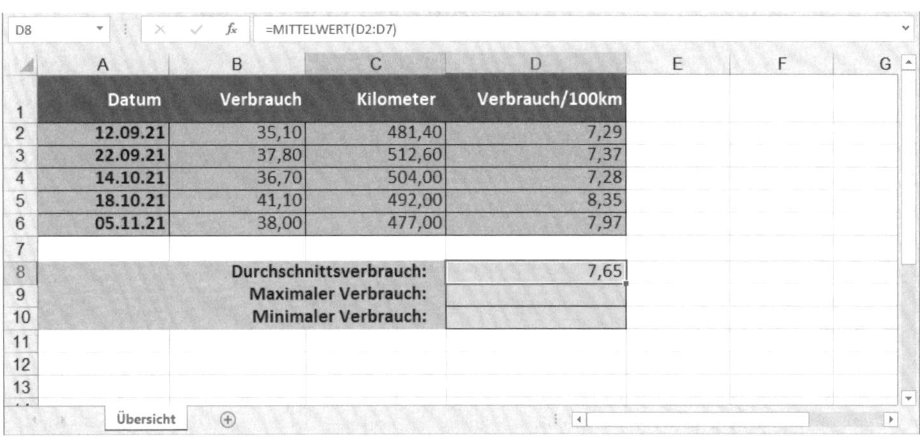

D8 =MITTELWERT(D2:D7)

	A	B	C	D	E	F	G
1	Datum	Verbrauch	Kilometer	Verbrauch/100km			
2	12.09.21	35,10	481,40	7,29			
3	22.09.21	37,80	512,60	7,37			
4	14.10.21	36,70	504,00	7,28			
5	18.10.21	41,10	492,00	8,35			
6	05.11.21	38,00	477,00	7,97			
7							
8		Durchschnittsverbrauch:		7,65			
9		Maximaler Verbrauch:					
10		Minimaler Verbrauch:					
11							
12							
13							

Übersicht

Abbildung 20.5: Excel hat die fertig ausgefüllte Funktion in die Bearbeitungsleiste eingetragen; die Funktionsargumente werden von runden Klammern eingeschlossen und die Zelle selbst zeigt das Ergebnis der Funktion an.

Die Funktionsbibliothek verwenden

Die Funktionsbibliothek finden Sie auf der Registerkarte *Formeln*. Die Excel-Funktionen sind dort in Kategorien zusammengefasst. Wenn Sie eine der Kategorien anklicken, öffnet Excel eine Auswahlliste mit den Funktionen, die zu der Kategorie gehören.

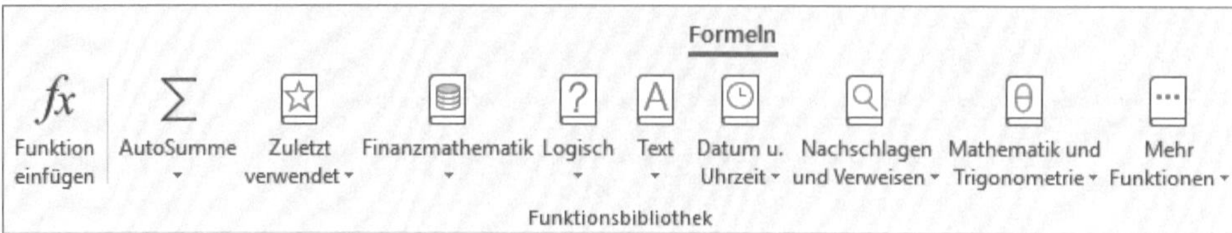

Abbildung 20.6: Die Registerkarte Formeln *mit der Funktionsbibliothek*

Wenn Sie die Schaltfläche *AutoSumme* links auf der Registerkarte anklicken, versucht Excel automatisch eine Berechnung für einen Zellbereich durchzuführen, der sich in der Nähe der aktiven Zelle befindet. Sie können im Menü dieser Schaltfläche zwischen den fünf am häufigsten verwendeten Funktionen auswählen.

Über das Menü der Schaltfläche *Zuletzt verwendet* öffnen Sie eine Liste, die die zuletzt von Ihnen verwendeten Funktionen enthält. Die Funktion, die Sie zuletzt verwendet haben, wird oben in die Liste eingefügt.

Profitipp: Auswahlliste für Funktionsnamen verwenden

Wenn Sie den Namen der gewünschten Funktion bereits kennen, können Sie ihn auch direkt in der Bearbeitungsleiste eingeben. Geben Sie zuerst ein Gleichheitszeichen ein und geben Sie dann die ersten Buchstaben des Funktionsnamens ein. Excel zeigt eine Auswahlliste an, wie sie die folgende Abbildung zeigt. Wählen Sie dann in der Liste den Namen der Funktion aus, die Sie verwenden möchten.

Abbildung 20.7: Excel zeigt diese Auswahlliste an, wenn Sie beginnen, den Namen der Funktion einzutippen.

Mathematische Funktionen

Excel bietet eine Vielzahl von Funktionen aus dem mathematischen Bereich an, mit deren Hilfe Sie nahezu alle Aufgaben lösen können. Wie Sie eine solche mathematische Funktion verwenden, werden wir Ihnen an einem Beispiel verdeutlichen, in dem die Funktion *RUNDEN* benutzt wird. Diese Funktion rundet einen Wert auf eine festgelegte Anzahl von Dezimalstellen. Im Beispiel soll der Benzinverbrauch pro 100 Kilometer auf zwei Dezimalstellen gerundet werden. Außerdem werden Sie hier sehen, wie Sie eine Funktion in eine bereits vorhandene Formel einsetzen. Wie Abbildung 20.8 zeigt, enthalten die Zellen B5 bis F5 bereits Formeln.

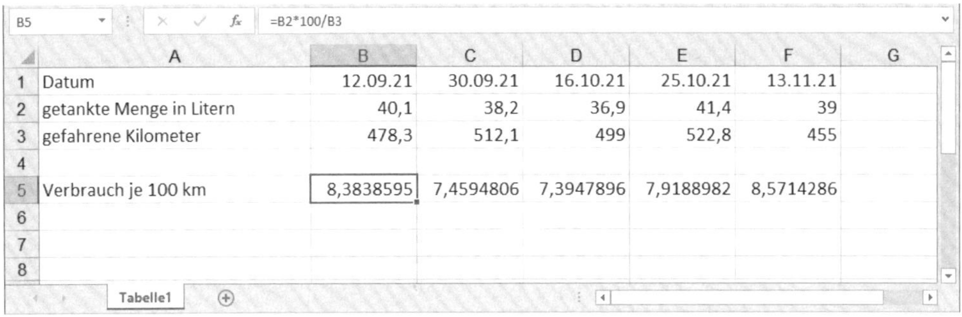

B5 | =B2*100/B3

	A	B	C	D	E	F	G
1	Datum	12.09.21	30.09.21	16.10.21	25.10.21	13.11.21	
2	getankte Menge in Litern	40,1	38,2	36,9	41,4	39	
3	gefahrene Kilometer	478,3	512,1	499	522,8	455	
4							
5	Verbrauch je 100 km	8,3838595	7,4594806	7,3947896	7,9188982	8,5714286	
6							
7							
8							

Tabelle1

Abbildung 20.8: Die Verbrauchswerte in dieser Tabelle sollen auf zwei Dezimalstellen gerundet werden.

Um die Funktion *RUNDEN* einzufügen, gehen Sie folgendermaßen vor:

1. Öffnen Sie die Übungsdatei *Runden.*
2. Markieren Sie die Zelle B5 und drücken Sie F2, um in den Bearbeitungsmodus zu wechseln.
3. Verschieben Sie die Einfügemarke mit den Pfeiltasten, sodass sie rechts neben dem Gleichheitszeichen steht. Dies ist erforderlich, weil Sie an dieser Stelle die Funktion einfügen wollen.
4. Tippen Sie **RUNDEN(** ein und geben Sie dabei auch die öffnende runde Klammer ein.

   Unterhalb der Bearbeitungsleiste wird ein kleines Fenster eingeblendet, das Informationen zur Funktion *RUNDEN* enthält. Sie können dort den Funktionsnamen anklicken und Excel öffnet die zugehörige Seite in der Excel-Hilfe.

MITTELWE... | =runden(B2*100/B3

	A	RUNDEN(**Zahl**; Anzahl_Stellen)	C	D	E	F	G
1	Datum	12.09.21	30.09.21	16.10.21	25.10.21	13.11.21	
2	getankte Menge in Litern	40,1	38,2	36,9	41,4	39	
3	gefahrene Kilometer	478,3	512,1	499	522,8	455	
4							
5	Verbrauch je 100 km	=runden(B2*100/B3		7,3947896	7,9188982	8,5714286	
6							
7							
8							

Tabelle1

Abbildung 20.9: In einer QuickInfo zeigt Excel Informationen über die Funktionsargumente an.

5. Setzen Sie die Einfügemarke an das Ende der Zelle, geben Sie dort ein Semikolon, anschließend die Zahl 2 und dann eine schließende runde Klammer ein.
6. Drücken Sie die ↵-Taste, um die Eingabe zu beenden. Das Ergebnis der Formel wird in Zelle B5 ausgegeben.
7. Übernehmen Sie die Formel aus Zelle B5 in die Zellen C5 bis F5.

In der folgenden Tabelle sind die wichtigsten mathematischen Funktionen, die Excel bietet, aufgeführt:

Funktion	Beschreibung
PRODUKT(Zahl1;Zahl2;...)	Berechnet das Produkt der in den Klammern stehenden Argumente (max. 14); als Argumente sind Zelladressen und Zahlen möglich.
WURZEL(Zahl)	Berechnet die Quadratwurzel einer Zahl; das Argument muss eine positive Zahl sein.
ABS(Zahl)	Bildet den Absolutwert einer Zahl, d. h., diese Funktion macht aus einer negativen eine positive Zahl.
SIN(Winkel) COS(Winkel) TAN(Winkel)	Berechnet den Sinus, Kosinus oder Tangens eines im Bogenmaß angegebenen Winkels (Bogenmaß: Winkelangabe in Grad mit Pi/180 multiplizieren); Excel bietet auch die Funktionen ARCSIN(Zahl), ARCCOS(Zahl) sowie ARCTAN(Zahl) an.
LN(Zahl)	Berechnet den natürlichen Logarithmus einer Zahl.
EXP(Zahl)	Umkehrfunktion zum natürlichen Logarithmus

Tabelle 20.1: Einige der mathematische Funktionen

Funktionen und Ergebnisse mit dem Schnellanalysetool einfügen

Seit Excel 2013 können Sie die sogenannte Schnellanalyse verwenden, um schnell Summenformeln oder andere Berechnungen für Datentabellen vorzunehmen. Ein kleines Beispiel zeigt einige der Möglichkeiten, die die Schnellanalyse bietet.

1. Öffnen Sie die Arbeitsmappe *Übernachtungen 2011 in NL,* die Sie in den Beispieldateien finden. Das Arbeitsblatt enthält die Anzahl der Übernachtungen von Touristen in den einzelnen Monaten des Jahres 2011. Eine Spalte enthält die Anzahl der Übernachtungen der ausländischen Gäste, eine weitere Spalte die Anzahl der Touristen, die aus den Niederlanden stammen.

   Sie werden die Schnellanalyse verwenden, um die Summen der einzelnen Monate und die Gesamtsummen zu berechnen. Außerdem werden Sie die prozentuale Verteilung der Übernachtungen nach Monat ermitteln.

2. Markieren Sie die Zellen mit der Anzahl der Übernachtungen, und zwar sowohl in der Spalte *Aus dem Ausland* als auch in der Spalte *Aus den Niederlanden.*

   Excel blendet die Schaltfläche *Schnellanalyse* ein.

3. Klicken Sie die Schaltfläche *Schnellanalyse* an und wechseln Sie im Schnellanalysetool zur Registerkarte *Ergebnisse.*

   Mit den Schaltflächen der Registerkarte *Ergebnisse* können Sie verschiedene Berechnungen an den markierten Zellen durchführen lassen (siehe Abbildung 20.10).

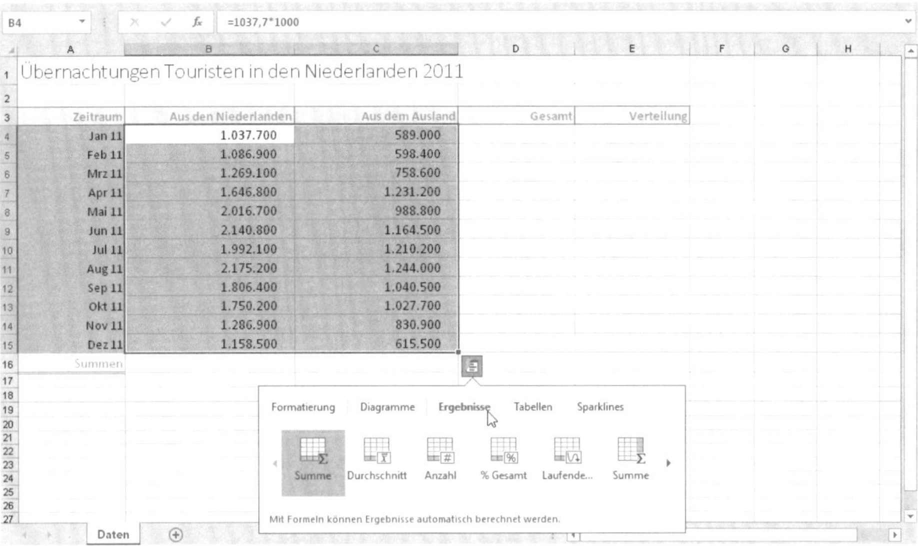

Zeitraum	Aus den Niederlanden	Aus dem Ausland	Gesamt	Verteilung
Jan 11	1.037.700	589.000		
Feb 11	1.086.900	598.400		
Mrz 11	1.269.100	758.600		
Apr 11	1.646.800	1.231.200		
Mai 11	2.016.700	988.800		
Jun 11	2.140.800	1.164.500		
Jul 11	1.992.100	1.210.200		
Aug 11	2.175.200	1.244.000		
Sep 11	1.806.400	1.040.500		
Okt 11	1.750.200	1.027.700		
Nov 11	1.286.900	830.900		
Dez 11	1.158.500	615.500		
Summen				

Abbildung 20.10: Mit der Summe-*Schaltfläche im Schnellanalysetool können Sie schnell die Summe der markierten Zellen berechnen und die betreffende Formel einfügen lassen.*

4. Zeigen Sie auf die Schaltfläche *Summe unterhalb*. Excel blendet die Summe der beiden Spalten in den beiden Zellen unterhalb der Markierung in der Livevorschau ein.

5. Klicken Sie auf *Summe unterhalb*. Excel fügt in die beiden Zellen unterhalb der Markierung die Summenformeln ein.
6. Klicken Sie erneut auf die Schaltfläche *Schnellanalyse*, öffnen Sie die Registerkarte *Ergebnisse* und zeigen Sie auf die Schaltfläche *Summe rechts*. Excel blendet die Summe der zwölf markierten Zeilen in der Spalte neben der Markierung in der Livevorschau ein.

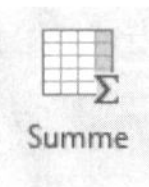

7. Klicken Sie auf *Summe rechts*. Excel fügt in die Spalte *Gesamt* die Summen für die einzelnen Monate ein.

   In einer letzten Aktion werden Sie die Spalte *Verteilung* füllen und dort die prozentuale Verteilung der Übernachtungen der einzelnen Monate eintragen lassen. So lässt sich schnell erkennen, welcher Monat der beliebteste bei den Touristen ist.

8. Markieren Sie die zwölf Zellen in der Spalte *Gesamt*.
9. Klicken Sie auf die Schaltfläche *Schnellanalyse*, öffnen Sie die Registerkarte *Ergebnisse* und klicken Sie auf die Pfeilschaltfläche rechts von den Schaltflächen, um weitere Features der Schnellanalyse zu sehen.
10. Klicken Sie auf die Schaltfläche *% Gesamt*. Excel fügt die prozentuale Verteilung in die Spalte *Verteilung* ein. Markieren Sie danach eine beliebige Zelle in der Spalte *Verteilung*, um sich die Formel anzusehen, die Excel eingefügt hat.

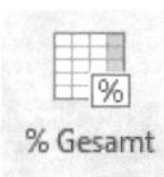

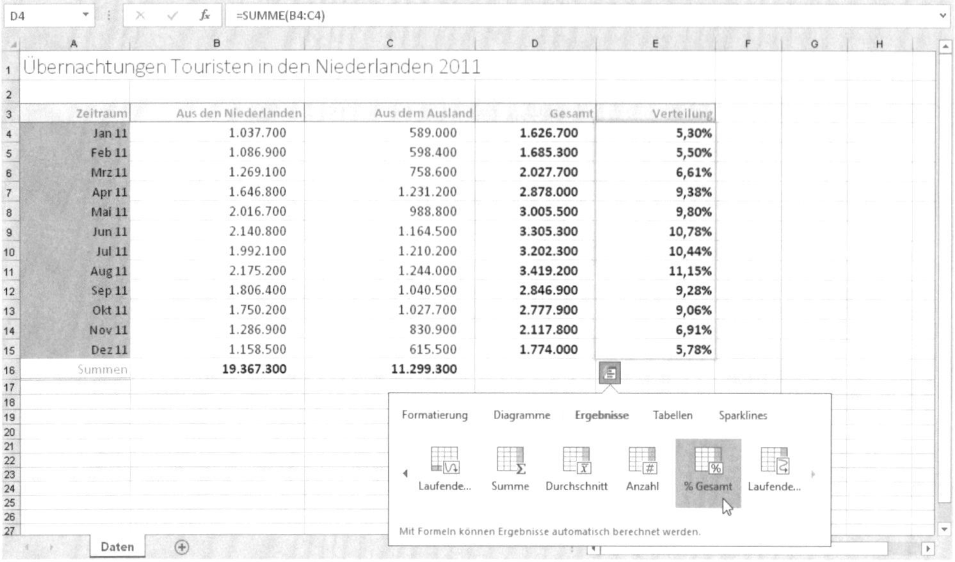

Übernachtungen Touristen in den Niederlanden 2011

Zeitraum	Aus den Niederlanden	Aus dem Ausland	Gesamt	Verteilung
Jan 11	1.037.700	589.000	**1.626.700**	**5,30%**
Feb 11	1.086.900	598.400	**1.685.300**	**5,50%**
Mrz 11	1.269.100	758.600	**2.027.700**	**6,61%**
Apr 11	1.646.800	1.231.200	**2.878.000**	**9,38%**
Mai 11	2.016.700	988.800	**3.005.500**	**9,80%**
Jun 11	2.140.800	1.164.500	**3.305.300**	**10,78%**
Jul 11	1.992.100	1.210.200	**3.202.300**	**10,44%**
Aug 11	2.175.200	1.244.000	**3.419.200**	**11,15%**
Sep 11	1.806.400	1.040.500	**2.846.900**	**9,28%**
Okt 11	1.750.200	1.027.700	**2.777.900**	**9,06%**
Nov 11	1.286.900	830.900	**2.117.800**	**6,91%**
Dez 11	1.158.500	615.500	**1.774.000**	**5,78%**
Summen	**19.367.300**	**11.299.300**		

Abbildung 20.11: Excel fügt die prozentuale Verteilung in der Spalte neben den markierten Zellen ein.

Datums- und Uhrzeitfunktionen

Mithilfe der Datums- und Uhrzeitfunktionen können Sie beispielsweise in einem Arbeitsblatt automatisch das aktuelle Datum und die Uhrzeit eintragen lassen. Wir werden dies einmal an einem Beispiel zeigen, in dem wir die Funktion *JETZT* verwenden.

1. Erstellen Sie eine leere Arbeitsmappe.
2. Geben Sie in Zelle A1 die Funktion **=JETZT()** ein. Excel zeigt dann in der Zelle das aktuelle Datum und die aktuelle Uhrzeit.
3. Warten Sie mindestens eine Minute und führen Sie eine der folgenden Aktionen durch:
   - Speichern Sie die Arbeitsmappe, schließen Sie sie und öffnen Sie die Arbeitsmappe erneut.
   - Öffnen Sie die Registerkarte *Formeln.* Klicken Sie in der Gruppe *Berechnung* auf *Blatt berechnen.*

Das Datum und die Uhrzeit werden aktualisiert, da die Funktion *JETZT* nicht das Erstelldatum und die Erstelluhrzeit, sondern immer das aktuelle Datum und die aktuelle Uhrzeit angibt.

Die Funktion DATUM

Excel bietet die Möglichkeit zu einer anderen sehr interessanten Berechnung mithilfe der Datums- und Uhrzeitfunktionen: Sie können auf ganz einfache Weise den Wochentag bestimmen, an dem Sie geboren wurden oder an dem Sie Ihren Freund/Ihre Freundin kennengelernt haben. Dazu benötigen Sie die Funktionen *DATUM* und *WOCHENTAG.*

Wie bereits erwähnt, können Sie die Funktionen von Excel über die Funktionsbibliothek der Registerkarte *Formeln* einfügen. Dort sind die Funktionen über Schaltflächen, die die Kategorie angeben, aufgeführt.

Gehen Sie folgendermaßen vor:

1. Setzen Sie die Zellmarkierung in eine freie Zelle.
2. Wechseln Sie zur Registerkarte *Formeln* und klicken Sie in der Funktionsbibliothek auf die Schaltfläche *Datum und Uhrzeit*. Excel zeigt die Datums- und Uhrzeitfunktionen in einem Menü an.

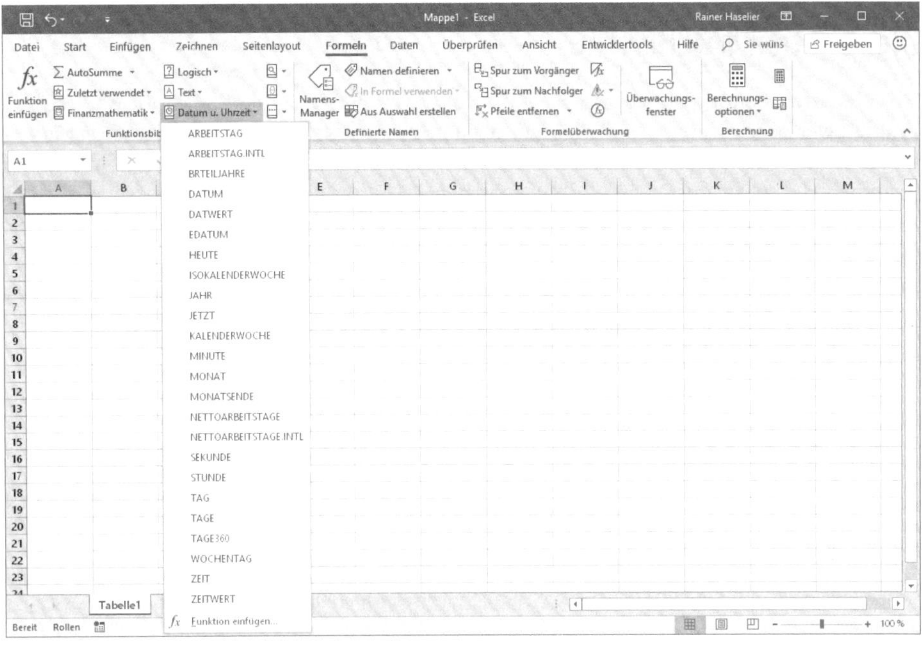

Abbildung 20.12: Das Menü der Funktionen für Datums- und Uhrzeitberechnungen

3. Klicken Sie auf *DATUM*. Diese Funktion gibt eine Zahl zurück, in der Excel-intern Datumswerte dargestellt werden. Excel öffnet das Dialogfeld *Funktionsargumente*.

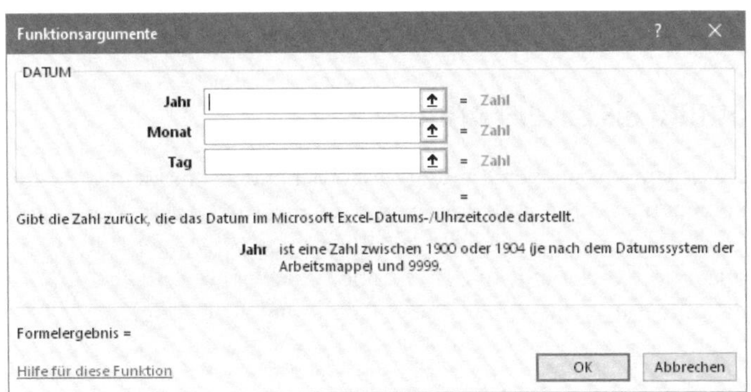

Abbildung 20.13: In diesem Dialogfeld geben Sie die Argumente für die Funktion DATUM ein.

4. Geben Sie in die drei Felder des Dialogfeldes *Funktionsargumente* das Datum ein, für das Sie den Wochentag berechnen wollen.
5. Klicken Sie auf *OK*, um die Eingabe der Funktion zu beenden.

Hinweis Datumswerte in Excel In Excel werden Datumswerte intern durch natürliche Zahlen dargestellt. Dabei beginnt die Zeitrechnung mit dem 1.1. des Jahres 1900. Dies entspricht der Zahl 1. Die Zeitrechnung endet mit dem 31.12. des Jahres 9999; dieses Datum wird durch die Zahl 2.958.465 dargestellt.

Die Funktion WOCHENTAG

Als Nächstes benötigen Sie die Funktion *WOCHENTAG*. Die Funktion *WOCHENTAG* besitzt zwei Argumente, von denen das zweite optional ist. Das erste Argument ist eine fortlaufende Zahl im Excel-internen Format für Datumswerte. Mit dem zweiten, optionalen Argument legen Sie fest, wie der Rückgabewert interpretiert werden soll. Wenn Sie dieses Argument weglassen oder die Zahl 1 übergeben, entspricht der Rückgabewert 1 dem Sonntag, der Wert 2 dem Montag usw. Der Wert 7 entspricht also dem Samstag.

Sie können diese Funktion mit der Funktion *DATUM* verschachteln und den Rückgabewert der Funktion *DATUM* als Argument der Funktion *WOCHENTAG* verwenden:

1. Klicken Sie in die Bearbeitungsleiste und geben Sie zwischen dem Gleichheitszeichen und der *DATUM*-Funktion **WOCHENTAG(** ein. Bitte vergessen Sie nicht die öffnende runde Klammer.

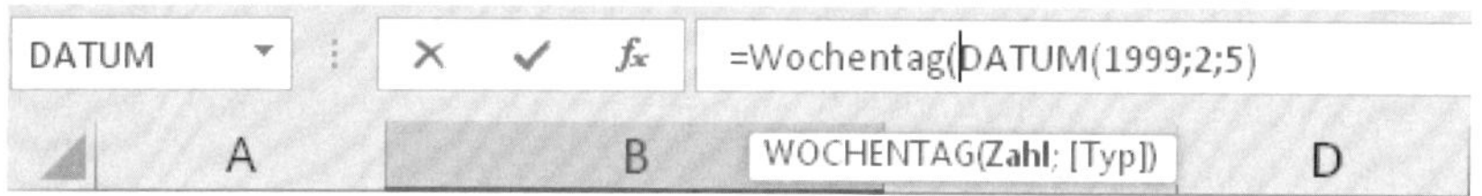

Abbildung 20.14: Funktionen können ineinander verschachtelt aufgerufen werden.

2. Geben Sie am Ende der Bearbeitungsleiste eine schließende Klammer ein und drücken Sie die ↵-Taste.
3. Um den Wochentag als Text lesen zu können, weisen Sie der Zelle abschließend noch das benutzerdefinierte Format *TTTT* zu. (Ausführliche Informationen zu benutzerdefinierten Zahlenformaten finden Sie in Kapitel 18 im Abschnitt »Eigene Zahlenformate erstellen«.)

Wochentagsberechnung als Excel-Formular

Im folgenden Beispiel verwenden wir zur Berechnung des Wochentags ein kleines Formular, in dem verschiedene Techniken, die Sie im vorigen und in diesem Kapitel kennengelernt haben, kombiniert werden. Öffnen Sie die Beispieldatei *Wochentag berechnen.xlsx*, wechseln Sie zur Registerkarte *Formeln* und klicken Sie in der Gruppe *Formelüberwachung* auf *Formeln anzeigen*. Das Arbeitsblatt sollte nun so aussehen, wie es Abbildung 20.15 zeigt.

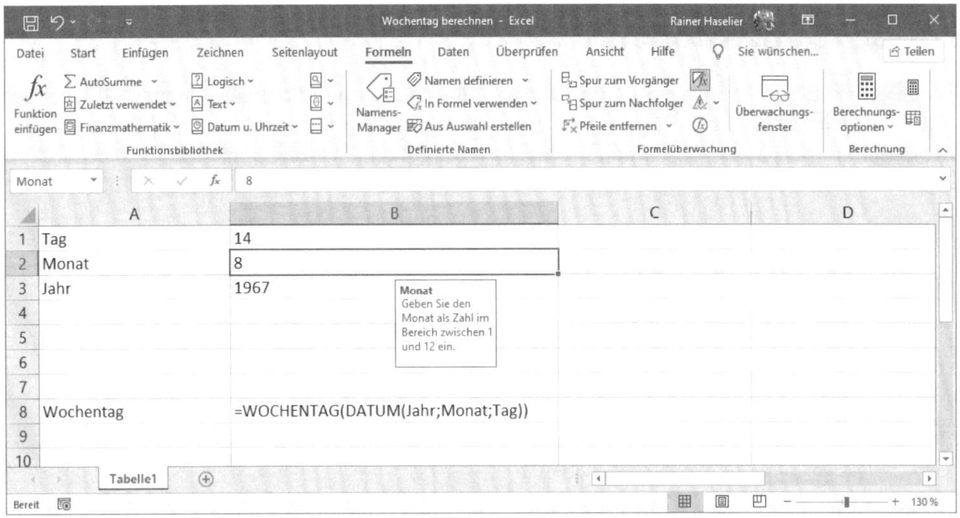

Abbildung 20.15: Ein Formular, das den Wochentag für ein Datum berechnet, das in drei Zellen des Arbeitsblatts eingegeben wird

Im Unterschied zu dem Beispiel aus dem vorherigen Abschnitt wird das Datum, für das der Wochentag ermittelt wird, nicht direkt in die Funktion eingegeben. Stattdessen werden drei Zellen des Arbeitsblatts als eine Art Eingabeformular verwendet.

Lassen Sie uns anschauen, welche Excel-Features in diesem Arbeitsblatt verwendet werden:

- **Namen für Bereiche** Für die Zellen B1 bis B3 wurden Namen vergeben (siehe Kapitel 19). In obiger Abbildung ist Zelle B2 markiert. Im Namensfeld an der linken Seite der Bearbeitungsleiste können Sie den Namen sehen, der zugewiesen wurde.
- **Eingabemeldung** Für die Zellen B1 bis B3 wurde eine Eingabemeldung festgelegt (siehe Kapitel 19). Wird eine dieser Zellen angeklickt, zeigt Excel eine QuickInfo an, die Hinweise zu den in dieser Zelle erlaubten Werten enthält.
- **Datenüberprüfung** Für die Zellen B1 bis B3 wurde die Datenüberprüfung konfiguriert (siehe Kapitel 19). In der Zelle für den Tag können Werte zwischen 1 und 31 eingegeben werden, in der Zelle für den Monat Werte zwischen 1 und 12 und im Feld für das Jahr Werte zwischen 1900 und 9999. Der Gültigkeitsbereich für das Jahr ergibt sich aus dem Wertebereich, in dem Excel Datumswerte verarbeiten kann.
- **Benutzerdefiniertes Zahlenformat** Wie auch im vorigen Beispiel wurde der Zelle B8 das benutzerdefinierte Zahlenformat *TTTT* zugewiesen. Hierdurch wird die Zahl, die von *WOCHENTAG* zurückgegeben wird, in den Namen des Wochentags konvertiert.
- **Funktionsargumente als Zellbezug** Die Funktion in Zelle B8 verwendet anders als viele der anderen Beispiele in diesem Kapitel für die Argumente keine Werte, sondern Zellbezüge. Hierdurch lässt sich im Arbeitsblatt einfach ein anderes Datum eingeben und Sie können so den Wochentag für die unterschiedlichsten Datumswerte berechnen. Durch die Verwendung von Namen statt der Zellbezüge (B1 usw.) ist außerdem besser ersichtlich, welche Zellen in der Funktion als Argumente dienen.

Probieren Sie aus, selbst die verschachtelte Funktion aus Zelle B8 in eine andere Zelle des Arbeitsblatts einzugeben.

Logische Funktionen

Wenn Sie eine Berechnung von einer bestimmten Bedingung abhängig machen wollen oder den Wahrheitsgehalt einer Bedingung ausgeben möchten, benötigen Sie eine Logikfunktion. Diese Funktionen liefern als Ergebnis entweder den Wert WAHR oder den Wert FALSCH. Eine Übersicht der wichtigsten logischen Funktionen finden Sie in der folgenden Tabelle:

Funktion	Beschreibung
FALSCH()	Liefert immer den Wert FALSCH.
NICHT(Wert)	Negiert den aktuellen Wahrheitswert; aus WAHR wird FALSCH und umgekehrt.
ODER(Wert1, Wert2, …)	Liefert WAHR, wenn eines der Argumente WAHR ist; nur wenn alle Argumente den Wahrheitswert FALSCH haben, liefert die ODER-Funktion den Wert FALSCH.
UND(Wert1, Wert2, …)	Gewissermaßen das Gegenstück zu ODER; liefert nur dann WAHR, wenn alle Argumente WAHR sind, in allen anderen Fällen ist das Ergebnis FALSCH.
WAHR()	Liefert immer den Wert WAHR.
WENN(Prüfung; Dann; Sonst)	Wertet die im Argument *Prüfung* angegebene Bedingung aus. Liefert die Bedingung den Wert WAHR, wird als Ergebnis der Wert des Arguments *Dann* zurückgegeben, anderenfalls der Wert des Arguments *Sonst*.

Tabelle 20.2: Die wichtigsten logischen Funktionen von Excel

Als Beispiel für die Verwendung der logischen Funktionen wollen wir in die Tabelle mit dem Benzinverbrauch pro 100 Kilometer vom Anfang des Kapitels einen Kommentar einfügen.

Dazu soll die Funktion *WENN(Prüfung; Dann_Wert; Sonst_Wert)* verwendet werden. Das Argument *Prüfung* enthält eine Bedingung. Ist sie erfüllt, wird der *Dann_Wert* ausgegeben, sonst der *Sonst_Wert*.

1. Öffnen Sie die Übungsdatei *Logische Funktionen.xlsx*.
2. Setzen Sie die Einfügemarke in Zelle B7.
3. Klicken Sie auf der Registerkarte *Formeln* in der Funktionsbibliothek auf die Schaltfläche *Logisch* und dann in deren Menü auf *WENN*.

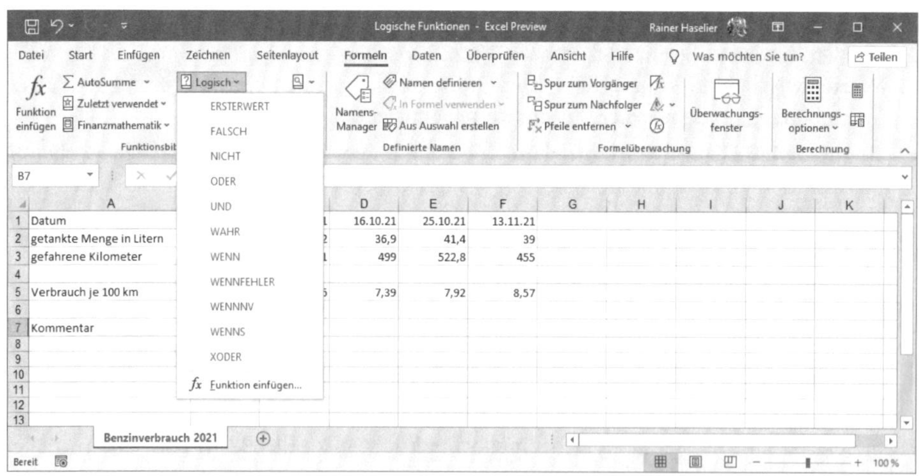

Abbildung 20.16: Auswahl einer logischen Funktion auf der Registerkarte Formeln

Excel zeigt das Dialogfeld *Funktionsargumente* an.

Sie wollen hier nun prüfen, ob der Wert in Zelle B5, also der Verbrauch des Wagens auf 100 Kilometer, größer oder kleiner als 8 Liter ist.

4. Geben Sie für das Argument *Wahrheitstest* die Bedingung **B5<8** ein. Damit prüfen Sie, ob der Inhalt der Zelle B5 kleiner als der Wert 8 ist.
5. Für das Argument *Wert_wenn_whar* geben Sie den Text **OK** ein, der in B7 erscheinen soll, wenn die Bedingung der *WENN*-Funktion erfüllt ist, also der Wert in Zelle B5 kleiner als 8 ist.
6. Für das Argument Feld *Wert_wenn_falsch* geben Sie den Text ein, der angezeigt werden soll, wenn die Bedingung nicht erfüllt wurde, nämlich **zu viel.**

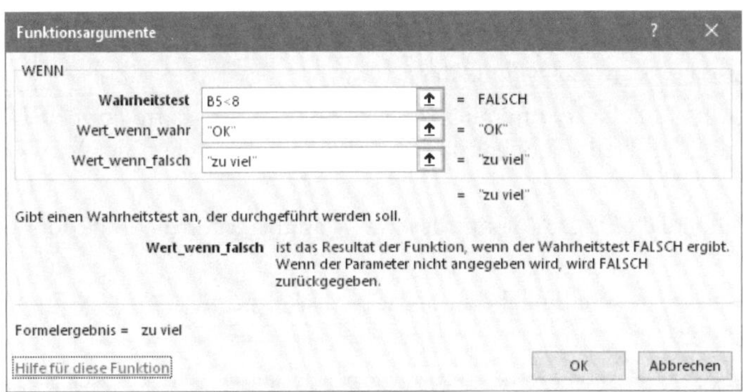

Abbildung 20.17: Die Parameter für die WENN-*Funktion wurden eingetragen.*

7. Schließen Sie das Dialogfeld mit *OK*.
8. Nun können Sie die Formel aus B7 noch nach rechts ausfüllen, indem Sie den Cursor auf das Ausfüllkästchen unten rechts in der Zelle setzen und mit gedrückter Maustaste nach rechts ziehen.

B7 | =WENN(B5<8;"OK";"zu viel")

	A	B	C	D	E	F	G
1	Datum	12.09.21	30.09.21	16.10.21	25.10.21	13.11.21	
2	getankte Menge in Litern	40,1	38,2	36,9	41,4	39	
3	gefahrene Kilometer	478,3	512,1	499	522,8	455	
4							
5	Verbrauch je 100 km	8,38	7,46	7,39	7,92	8,57	
6							
7	Kommentar	zu viel	OK	OK	OK	zu viel	
8							
9							

Abbildung 20.18: Zum Schluss wird die Funktion in die Nachbarspalten übertragen.

Tipp Wenn Sie im Dialogfeld *Funktionsargumente* reinen Text eingeben, setzt Excel diesen automatisch in Anführungszeichen. Dies können Sie auch in der Bearbeitungsleiste erkennen.

MIN und MAX – zwei weitere statistische Funktionen

Auch bezüglich statistischer Funktionen hat Excel einiges zu bieten, wobei ein großer Teil der angebotenen Funktionen für den Nichtstatistiker wohl eher unverständlich ist.

Zu Beginn dieses Kapitels, bei der Vorstellung des Funktionsassistenten, haben Sie mit der Funktion *MITTELWERT* bereits eine Statistikfunktion kennengelernt, mit der wir den durchschnittlichen Benzinverbrauch eines Autos berechnet haben.

Als weiteres einfaches Beispiel stellen wir Ihnen die Funktionen *MIN* und *MAX* vor, mit denen wir ermitteln wollen, was der größte und was der geringste Benzinverbrauch des Autos war. In der kleinen Tabelle der Übungsdatei ließe sich dieser Wert natürlich auch einfach ablesen; bei Tabellen mit vielen Werten wird das jedoch schnell unpraktikabel und fehleranfällig.

1. Öffnen Sie die Übungsdatei *Statistische Funktionen.xlsx.*
2. Setzen Sie den Cursor in die Zelle D9 und klicken Sie auf der Registerkarte *Formeln* in der Funktionsbibliothek auf den Pfeil der Schaltfläche *AutoSumme* und dann auf *Max* (siehe Abbildung 20.19).
3. Markieren Sie den Zellbereich D2:D6, damit dieser als Parameter für die Funktion *MAX* verwendet wird.
4. Drücken Sie die [↵]-Taste, um die Eingabe zu beenden. Das Ergebnis der *MAX*-Funktion wird in Zelle D9 angezeigt.

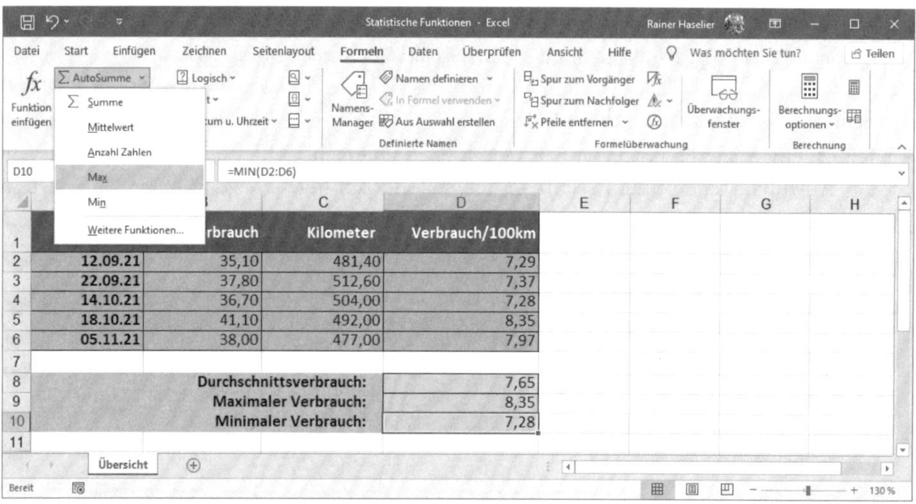

Abbildung 20.19: Die Funktionen MIN und MAX im Einsatz

5. Setzen Sie den Cursor in die Zelle D10 und klicken Sie auf der Registerkarte *Formeln* in der Funktionsbibliothek auf den Pfeil der Schaltfläche *AutoSumme* und dann auf *Min.*
6. Markieren Sie den Zellbereich D2:D6, damit dieser ebenfalls als Parameter für die Funktion *MIN* verwendet wird. In der Tabelle können Sie jetzt einfach erkennen, dass der geringste Verbrauch 7,28 Liter und der höchste Verbrauch 8,35 Liter betrug.

Kapitel 21
Tabellenblätter organisieren

Dieses Kapitel stellt Ihnen die grundlegenden Techniken für das Arbeiten mit mehreren Tabellenblättern wie Einfügen, Löschen, Verschieben und Kopieren von Tabellenblättern vor.

Außerdem erfahren Sie, wie Sie Tabellenblätter miteinander verknüpfen, um zum Beispiel die Ergebnisse mehrerer Blätter auf einem separaten Tabellenblatt zusammenzufassen. Natürlich lernen Sie dabei auch einige nützliche Tricks kennen, mit denen die Verwendung von Arbeitsmappen für Sie noch effizienter wird.

Zum Schluss beschäftigen wir uns mit dem Sicherheitskonzept von Excel. Hier erfahren Sie, wie Sie Ihre Arbeitsmappen vor unberechtigten Zugriffen bzw. Änderungen schützen können.

Zwischen Tabellenblättern wechseln

Am unteren Rand des Excel-Fensters befinden sich die so genannten Blattregisterkarten, in denen die Namen der einzelnen Tabellenblätter aufgeführt sind.

- Um mit der Maus auf ein anderes Tabellenblatt zu wechseln, klicken Sie die Registerkarte des Blatts im Blattregister an. Bei der Touchbedienung tippen Sie das gewünschte Blatt einfach kurz an.
- Wenn die Arbeitsmappe mehr Tabellenblätter enthält als gleichzeitig im Blattregister angezeigt werden können, verwenden Sie die Registerlaufpfeile, mit denen Sie den Inhalt des Blattregisters rollen können. Auf Geräten mit Touchbedienung fehlen diese Schaltflächen, Sie können das Blattregister einfach mit dem Finger hin- und herschieben. Wichtig ist dabei nur, dass Sie den Finger nicht längere Zeit auf einer Registerkarte ruhen lassen, bevor Sie ihn bewegen; Sie würden dann die Registerkarte innerhalb des Blattregisters verschieben (und nicht das Blattregister als Ganzes).

Schaltfläche	Wirkung
◂	Rollt den Inhalt des Blattregisters blattweise nach vorne
▸	Rollt den Inhalt des Blattregisters blattweise nach hinten
...	Rollt den Anfang/das Ende des Blattregisters in den Fensterausschnitt. Alternativ können Sie die Pfeilschaltflächen mit gedrückter Strg-Taste anklicken.

Tabelle 21.1: Die Schaltflächen im Blattregister

- Alternativ können Sie auch eine der beiden Pfeilschaltflächen mit der rechten Maustaste anklicken und dann das gewünschte Tabellenblatt aus einem Dialogfeld auswählen. Diese Methode eignet sich vor allem bei Arbeitsmappen mit sehr vielen Tabellenblättern.

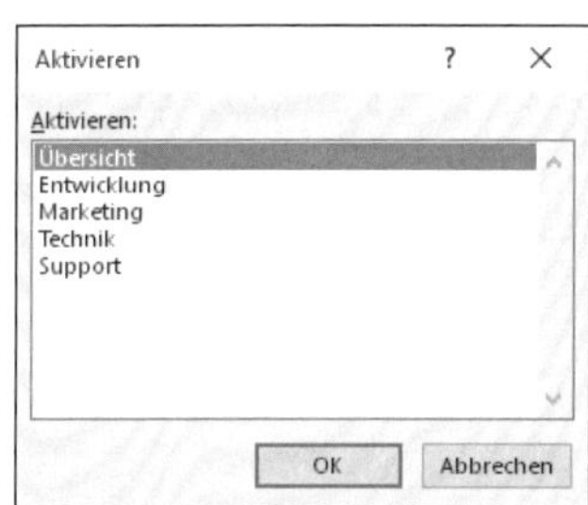

Abbildung 21.1: Anzuzeigendes Tabellenblatt auswählen

Tipp

Nicht alle Blattregister sind sichtbar Wenn nicht alle Blattregister sichtbar sind oder die Schrift abgeschnitten ist, zeigen Sie auf den Registerteiler (eine punktierte senkrechte Linie neben der waagerechten Bildlaufleiste). Der Mauszeiger wird dort zu einem Doppelpfeil. Ziehen Sie den Registerteiler nach rechts.

Tipp **Blattanzahl für neue Mappen festlegen** Im Gegensatz zu früheren Versionen von Excel besteht eine neue leere Arbeitsmappe zunächst nur aus einem Tabellenblatt. Diese Voreinstellung können Sie jedoch in den Excel-Optionen ändern. Geben Sie dazu einfach die gewünschte Blattanzahl in der Kategorie *Allgemein* unter der Option *So viele Arbeitsblätter einfügen* an.

Blätter einfügen und löschen

Wenn Sie lediglich ein neues Tabellenblatt einfügen wollen, klicken Sie im Blattregister auf das Pluszeichen. Das neue, leere Tabellenblatt wird dann rechts neben dem gerade angezeigten Blatt eingefügt.

Es gibt aber noch weitergehende Möglichkeiten:

1. Klicken Sie das Tabellenblattregister mit der rechten Maustaste an.
2. Wählen Sie im Kontextmenü den Befehl *Einfügen*. Excel zeigt das Dialogfeld *Einfügen* an.

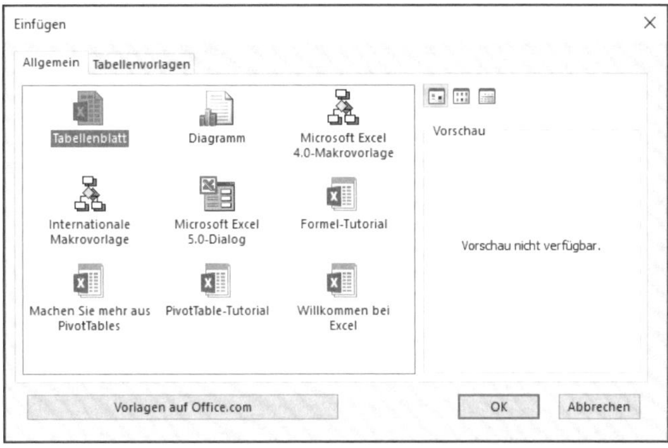

Abbildung 21.2: Neues Blatt in eine Arbeitsmappe einfügen

3. Klicken Sie auf *Tabellenblatt*, wenn das neue Blatt eine Tabelle sein soll, oder auf *Diagramm*, wenn es ein Diagramm erhalten soll. Auf der Registerkarte *Tabellenvorlagen* finden Sie einige vorbereitete Tabellenblätter. Gut gefallen hat uns z. B. die Vorlage *Persönliches Monatsbudget*.

Hinweis Alternativ können Sie auch über die Schaltfläche *Vorlagen auf Office.com* eine Internetseite von Microsoft aufrufen, auf der eine Fülle von Vorlagen – thematisch sortiert - zu den verschiedenen Office-Produkten angeboten wird. Vor dem (kostenlosen) Download können Sie sich eine Vorschau der Vorlagen ansehen.

4. Bestätigen Sie die Wahl mit *OK*, damit Excel das neue Blatt in die Arbeitsmappe einfügt.

Blätter einer Arbeitsmappe löschen

Das Löschen eines Blattes aus einer Arbeitsmappe ist denkbar einfach:

1. Klicken Sie im Blattregister die Registerkarte des zu löschenden Tabellenblattes mit der rechten Maustaste an.
2. Wählen Sie im Kontextmenü den Befehl *Löschen*. Excel zeigt dann das Dialogfeld aus dem nächsten Bild an – es erscheint allerdings nur, wenn auf dem Tabellenblatt mindestens eine Zelle Daten enthält; ein leeres Tabellenblatt wird also kommentarlos gelöscht:

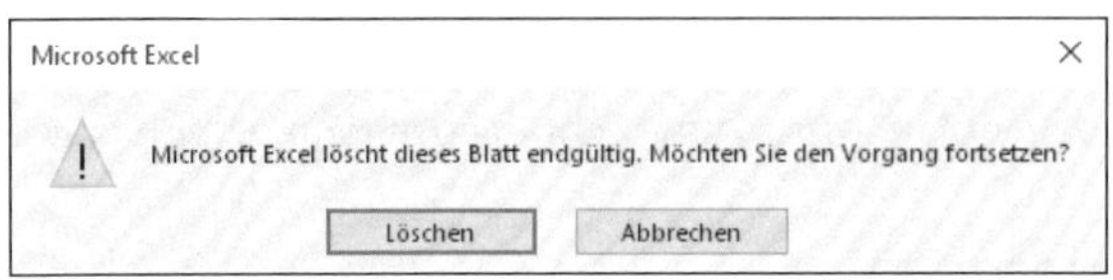

Abbildung 21.3: Falls das Blatt Daten enthält, müssen Sie den Löschvorgang bestätigen.

3. Klicken Sie auf *Löschen*.

Mehrere Blätter einer Arbeitsmappe löschen

Wenn Sie mehrere Tabellenblätter auf einmal löschen wollen, gehen Sie am besten so vor:

1. Klicken Sie die Registerkarte des ersten Tabellenblattes an, das Sie löschen möchten.
2. Drücken Sie die Taste `Strg` und halten Sie sie gedrückt.
3. Klicken Sie die weiteren Registerkarten an und lassen Sie dann die `Strg`-Taste los.
4. Wählen Sie nun wie oben beschrieben den Befehl *Löschen* aus dem Kontextmenü.

Tipp Wollen Sie mehrere, direkt hintereinander liegende Tabellenblätter markieren, klicken Sie das erste dieser Blätter an, drücken dann die Taste `⇧` und klicken anschließend mit weiterhin gedrückter Taste das letzte Blatt an.

Blätter verschieben oder kopieren

Die Reihenfolge der Tabellenblätter in der Arbeitsmappe können Sie nach Belieben ändern. Außerdem können Sie eine Kopie eines Arbeitsblattes erstellen:

1. Zeigen Sie das gewünschte Blatt an. Wenn Sie das Blatt kopieren wollen, drücken Sie anschließend noch die Taste `Strg` und halten sie gedrückt.
2. Ziehen Sie die Registerkarte des Blattes, das Sie kopieren oder verschieben möchten, mit der Maus an ihre neue Position.

   Während des Ziehens wird die neue Position des Tabellenblatts durch ein kleines schwarzes Dreieck angezeigt.

Abbildung 21.4: Das kleine Dreieck zeigt die neue Position an.

Wenn Sie das Tabellenblatt kopieren wollen, also die Strg-Taste gedrückt halten, erscheint zusätzlich ein Plus-Zeichen.

Abbildung 21.5: Beim Kopieren erscheint ein Pluszeichen.

3. Wenn sich das Dreieck an der gewünschten Position befindet, lassen Sie die Maustaste und die Strg-Taste wieder los.

Um mehrere Blätter zu kopieren oder zu verschieben, markieren Sie diese vorher, wie wir es im letzten Abschnitt beschrieben haben.

Namen und Registerfarbe ändern

Excel verwendet als Namen für Tabellenblätter standardmäßig die Bezeichnung *Tabelle*, gefolgt von einer Nummer. Sie können (und sollten) diese Namen ändern, damit sie den Inhalt des Tabellenblattes wiedergeben.

1. Klicken Sie im Blattregister die Registerkarte des Tabellenblattes, das Sie umbenennen wollen, mit der rechten Maustaste an und wählen Sie im Kontextmenü den Befehl *Umbenennen*. Der Text der Registerkarte wird dann invertiert ausgegeben. Die gleiche Wirkung hat ein Doppelklick auf den Namen des Tabellenblatts.
2. Tippen Sie den neuen Namen ein.

Abbildung 21.6: Der neue Name wird direkt auf der Registerkarte eingegeben.

3. Beenden Sie die Eingabe durch Drücken der ↵-Taste.

Ändern der Registerfarbe

Eine weitere Möglichkeit, um eine Arbeitsmappe übersichtlicher zu gestalten, besteht darin, die Farbe der Registerkarte zu ändern. Zum Beispiel können Sie so den Bearbeitungsstatus der einzelnen Tabellenblätter kennzeichnen, oder die Tabellenblätter farblich gruppieren.

1. Klicken Sie im Blattregister die Registerkarte des Tabellenblattes, dessen Farbe Sie ändern wollen, mit der rechten Maustaste an.
2. Zeigen Sie im Kontextmenü auf den Befehl *Registerfarbe*.

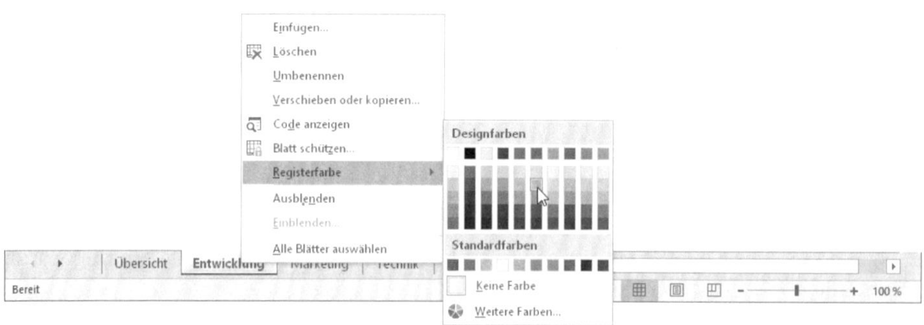

Abbildung 21.7: Wählen Sie nach Möglichkeit eine der Designfarben aus.

3. Wählen Sie im Untermenü die gewünschte Farbe aus. Falls Sie sich für eine der Designfarben entscheiden, kann sich die Registerfarbe nachträglich durch Zuweisen eines anderen Dokumentendesigns ändern. Wenn Sie das vermeiden wollen, müssen Sie eine der vorgegebenen Standardfarben wählen oder den Befehl *Weitere Farben* benutzen.

Die Farbmarkierung erscheint zunächst als Farbverlauf, da das Blatt aktiv ist. Sobald Sie auf ein anderes Blatt wechseln, wird die Registerkarte vollständig eingefärbt.

Tabellenblätter miteinander verknüpfen

Interessant ist der Einsatz von Arbeitsmappen dann, wenn Sie Daten eines Tabellenblattes mit Daten von anderen Tabellenblättern verknüpfen. Die Arbeitsmappe des folgenden Beispiels enthält eine einfache Einnahmen-/Ausgaben-Rechnung. Auf einem Tabellenblatt soll der Gewinn bzw. der Verlust berechnet werden, ein weiteres enthält die Aufstellung der Ausgaben und auf einem dritten Blatt sind die Einnahmen aufgeführt.

Die Summen der Ein- und Ausgaben sollen nun auf das Übersichtsblatt übertragen werden, um dort addiert werden zu können. Das fertige Tabellenblatt sehen Sie in der folgenden Abbildung.

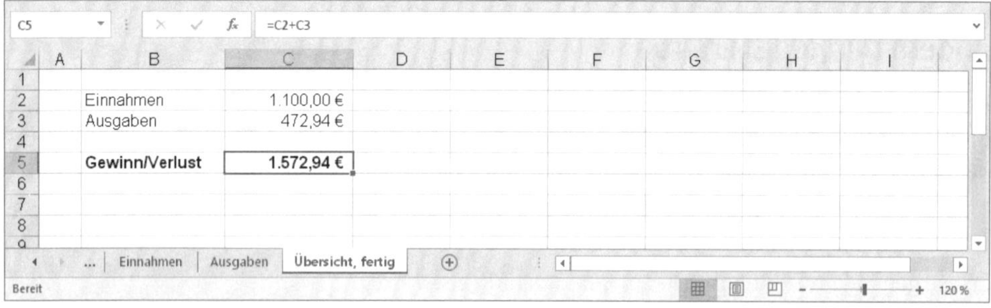

Abbildung 21.8: Im Tabellenblatt Übersicht *werden die ermittelten Einnahmen und Ausgaben addiert.*

1. Öffnen Sie die Übungsdatei *Einnahmen Ausgaben* und zeigen Sie das Blatt *Übersicht* an.
2. Markieren Sie die Zelle (hier C2), in die Sie die Summe der Einnahmen übernehmen wollen, die auf dem Tabellenblatt *Einnahmen* berechnet wurde.
3. Tippen Sie ein Gleichheitszeichen ein. Damit ist der Bearbeitungsmodus für die Zelle aktiviert.
4. Wechseln Sie auf das Blatt *Einnahmen* und klicken Sie dort die Zelle an, in der sich die Summe der Einnahmen befindet. In der Bearbeitungsleiste sehen Sie nun einen Eintrag der Form: *Tabelle1[[#Ergebnisse];[Betrag]]*

   Falls die Zahlen auf dem Tabellenblatt *Einnahmen* nicht als Tabelle formatiert wären, sähe der Inhalt der Bearbeitungsleiste etwas anders aus:
   Einnahmen!D6.
5. Klicken Sie in der Bearbeitungsleiste auf die Schaltfläche *Eingeben* (das ist das Häkchen) oder drücken Sie die ↵-Taste.

   Excel zeigt jetzt wieder das Tabellenblatt *Übersicht* an. In der Zelle C2 steht nun die Summe der Einnahmen. In der Bearbeitungsleiste sehen Sie, dass es sich dabei nicht um einen einfachen Wert handelt, sondern dass diese Zahl von einer andern Tabellenzelle übernommen wurde.
6. Tragen Sie auf dem Tabellenblatt *Übersicht* mit dem gleichen Verfahren die Summe der Ausgaben ein.
7. Berechnen Sie auf dem Tabellenblatt *Übersicht* den Gewinn bzw. Verlust. Das fertige Tabellenblatt *Übersicht* sollte nun so aussehen wie in Abbildung 21.8.

Zwischen verknüpften Zellen hin und her springen

Bei verknüpften Zellen kommt es relativ häufig vor, dass Sie »mal eben« nachsehen möchten, wie die Zahl, auf die Sie in der aktuellen Zelle verweisen, zustande gekommen ist. Gehen Sie dann am besten so vor:

1. Doppelklicken Sie auf die Zelle, deren Formel einen Bezug auf eine andere Zelle enthält.
2. Markieren Sie den gewünschten Zellbezug innerhalb der Zelle oder in der Bearbeitungszeile.
3. Drücken Sie die Taste F5. Das Dialogfeld *Gehe zu* erscheint.

Abbildung 21.9: Mit diesem Dialogfeld können Sie beliebige Zellen direkt anspringen.

Excel

Da Sie vor dem Aufruf des Dialogfeldes den Namen der Zielzelle markiert haben, ist diese Angabe bereits im Feld *Verweis* eingetragen.

4. Klicken Sie auf *OK*, damit Excel die gewünschte Zelle anzeigt. Excel wechselt auf das entsprechende Tabellenblatt und umgibt die Zelle mit einem gestrichelten Rahmen.
5. Jetzt können Sie die Zelle begutachten. Sie müssen jedoch daran denken, dass sich die Ausgangszelle zurzeit im Bearbeitungsmodus befindet.
6. Um zur Startzelle zurückzukehren, drücken Sie [Esc]. Dadurch beenden Sie den Bearbeitungsmodus der Zelle und gelangen so automatisch an den Anfangspunkt Ihrer Reise.

Das Sicherheitskonzept von Excel

Dem Wunsch, eine Excel-Datei vor dem Zugriff durch andere Benutzer zu schützen, liegen in aller Regel zwei Motive zugrunde: Entweder sollen unberechtigte Benutzer erst gar keinen Zugriff auf die Daten einer Arbeitsmappe erhalten oder die Arbeitmappe soll vor bestimmten Veränderungen durch nicht autorisierte Benutzer geschützt werden. Dazu kommen verschiedene Mischformen, in denen mehrere Zugriffsbeschränkungen kombiniert werden sollen.

Excel hält für diese Bedürfnisse eine breite Palette an Schutzmechanismen bereit, auf die wir in diesem Abschnitt näher eingehen wollen. Das Sicherheitskonzept von Excel unterscheidet dabei zwischen dem Schutz der Arbeitsmappe und der in ihr enthaltenen Arbeitsblätter.

Damit Sie bei aller Vielfalt nicht die Übersicht verlieren, stellen wir Ihnen erst das Konzept als Ganzes vor und gehen anschließend im Detail auf die einzelnen Teilbereiche ein.

Sicherheit auf Arbeitsmappenebene

Für eine Arbeitsmappe können Sie folgende Bereiche schützen bzw. einschränken:

- Das Öffnen und Bearbeiten einer Arbeitsmappe. Es stehen drei Varianten zur Verfügung:
  - Das Öffnen ist nur mit einem Kennwort möglich. Zusätzlich wird die Arbeitsmappe verschlüsselt.
  - Zum Bearbeiten bzw. Speichern ist ein Kennwort erforderlich.
  - Beim Öffnen wird das Aktivieren des Schreibschutzes lediglich empfohlen. Der Benutzer kann die Arbeitsmappe aber auch ohne Schreibschutz öffnen.
- Die Struktur und die Anordnung der Fenster. Durch das Schützen der Struktur wird z.B. verhindert, dass Anwender einzelne Arbeitsblätter der Arbeitsmappe verschieben, löschen oder umbenennen können. Die Fensteranordnung bezieht sich auf die Größe und auf die Position der Arbeitsblatt-Fenster innerhalb des Excel-Fensters.
- Zusätzlich können Sie eine Arbeitsmappe noch als *abgeschlossen* kennzeichnen. Die Arbeitsmappe kann dann nicht mehr bearbeitet werden. Da diese Eigenschaft jedoch nicht durch ein Kennwort abgesichert werden kann, handelt es sich dabei nicht um eine Schutzfunktion, sondern eher um eine Statusinformation.

Falls die Arbeitsmappe zur Bearbeitung durch mehrere Benutzer freigegeben ist, kann verhindert werden, dass ein Benutzer das Änderungsprotokoll löscht, in dem alle vorgenommenen Änderungen gespeichert werden.

Sicherheit auf Arbeitsblattebene

Unabhängig von den Schutzeinstellungen der Arbeitsmappen (außer bei freigegebenen Arbeitsmappen!) kann der Zugriff auf die einzelnen Zellen bzw. Objekte der Arbeitsblätter eingeschränkt werden. Dieser Schutzmechanismus arbeitet zweistufig:

- Der Schutz wird auf der Ebene des Arbeitsblattes ein- und ausgeschaltet. Das heißt, in einer Arbeitsmappe können einzelne Arbeitsblätter geschützt, andere ungeschützt sein. Außerdem wird dabei auch festgelegt, welche Einschränkungen für das Arbeitsblatt gelten sollen. Möglich sind zum Beispiel ein Schreibschutz oder ein Schutz vor dem Löschen von Zeilen und Spalten.
- Auf der untersten Ebene wird bestimmt, auf welche Zellen der gewählte Blattschutz wirken soll. Das heißt, damit sich der Blattschutz überhaupt auf eine Zelle auswirken kann, muss die Zelle entsprechend formatiert sein. Um es gleich vorwegzunehmen: Das ist bei den Zellen eines neuen Tabellenblatts zum Glück die Voreinstellung.

Die Wahl eines guten Kennworts

Einige Schutzfunktionen müssen, andere können optional mit einem Kennwort gesichert werden. Bei der Wahl eines Kennworts sollten Sie folgende Punkte bedenken:

- Excel berücksichtigt bei Kennwörtern die Groß- und Kleinschreibung. Das heißt, die Kennwörter *Geheim* und *geheim* sind verschieden.
- Apropos geheim: Vermeiden Sie Kennwörter, die leicht zu erraten sind. Dazu gehören zum Beispiel Namen und Begriffe aus Ihrem privaten bzw. beruflichen Umfeld, Reiseziele oder Kennwörter wie *12345*, *Geheim*, *Password* etc. Ein gutes Kennwort sollte sich in keinem Lexikon finden lassen. Wie wäre es zum Beispiel mit *DirdGwinnl* (»Die ich rief, die Geister, werd ich nun nicht los« aus dem Zauberlehrling) oder *DsiniaTUbskawz* (»Da steh ich nun, ich armer Tor! Und bin so klug als wie zuvor« aus Faust)?
- Verwenden Sie in Ihren Kennwörtern keine Umlaute oder Buchstaben mit Akzent, wenn es notwendig sein könnte, das Dokument auch auf einem Macintosh oder einem Computer mit einem fremdsprachlichen Tastaturlayout zu öffnen (z. B. im Urlaub).
- Wählen Sie ein möglichst langes Kennwort, mit mindestens acht Zeichen. Die Länge eines Kennworts gibt mehr Sicherheit als seine Komplexität.
- Notieren Sie Ihre Kennwörter nach Möglichkeit nicht. Falls Sie es doch machen, dann legen Sie den Zettel bitte nicht unter die Tastatur und hängen Sie ihn auch nicht an die nächste Pinnwand! Nutzen Sie besser einen elektronischen »Password-Safe«.
- Gehen Sie nicht davon aus, dass Ihre Daten durch Vergeben eines Kennwortes hundertprozentig sicher sind. Bis jetzt ist noch jeder Schutz früher oder später geknackt worden. Spätestens mit der Verfügbarkeit der Quantencomputer werden viele – heute als sicher geltende – Kennwörter wirkungslos werden.
- Auch wenn wir gerade gesagt haben, dass sich jeder Kopierschutz aushebeln lässt: Verlassen Sie sich nicht darauf! Wenn Sie wirklich einmal das Kennwort für eine Arbeitsmappe mit wichtigen Daten vergessen, würde es Sie mit Sicherheit Zeit und Geld kosten, um das Kennwort zu rekonstruieren (falls es dann im konkreten Einzelfall überhaupt möglich ist).

Arbeitsmappen schützen

In diesem Abschnitt stellen wir Ihnen nun die Verfahren vor, mit denen Sie Ihre Arbeitsmappen vor ungewollten Änderungen schützen können:

- Arbeitsmappe als final kennzeichnen (früher als »abschließen« bezeichnet)
- Arbeitsmappe verschlüsseln
- Arbeitsmappe mit einem Schreibschutz versehen.

Arbeitsmappen als final kennzeichnen

Wenn Sie den Anwendern einer Arbeitsmappe signalisieren möchten, dass es sich um die endgültige Version der Mappe handelt, an der keine Änderungen mehr vorgenommen werden sollen, können Sie die Arbeitsmappe als final kennzeichnen. Dieser Vorgang wurde in früheren Versionen von Excel noch etwas missverständlich als *abschließen* bezeichnet.

1. Wechseln Sie in die Backstage-Ansicht und gehen Sie dort auf die Seite *Informationen.*
2. Klicken Sie hier auf die Schaltfläche *Arbeitsmappe schützen* und wählen Sie in ihrem Menü den Befehl *Als final kennzeichnen* (bzw. *Als abgeschlossen kennzeichnen*). Falls der Befehl nicht aktiv ist, prüfen Sie bitte, ob auf dem Tabellenblatt z. B. ein Diagramm markiert ist.
3. Bestätigen Sie die nächste Meldung mit *OK.* Die Arbeitsmappe wird gespeichert und als final gekennzeichnet. Anschließend erscheint eine weitere Meldung mit Informationen über den neuen Status der Mappe.
4. Klicken Sie auf *OK,* um die Meldung zu schließen.

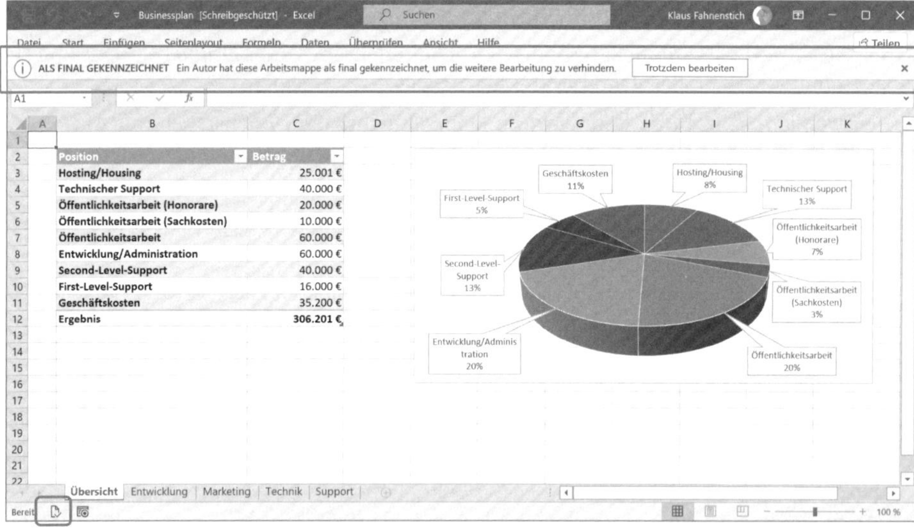

Abbildung 21.10: Abgeschlossene Arbeitsmappen können nicht mehr bearbeitet werden.

Dass eine Arbeitsmappe als final gekennzeichnet ist, erkennen Sie an mehreren Merkmalen:

- Das Menüband ist minimiert und nahezu alle Befehle des Menübands sind deaktiviert.
- Unterhalb des Menübands wird eine entsprechende Meldung angezeigt.
- In der Statusleiste taucht ein kleines Symbol auf (siehe Abbildung 21.10).

Um die Arbeitsmappe wieder bearbeiten zu können, klicken Sie entweder in der Meldung auf *Trotzdem bearbeiten* oder Sie rufen den Befehl zum Kennzeichnen der Arbeitsmappe als final erneut auf.

Arbeitsmappen verschlüsseln

Wie bereits im Abschnitt »Sicherheit auf Arbeitsmappenebene« kurz erwähnt, erhalten Sie die größtmögliche Sicherheit für Ihre Daten, wenn Sie die komplette Arbeitsmappe schützen. Eine so gesicherte Arbeitsmappe kann nur noch von jemand geöffnet werden, der im Besitz des richtigen Kennwortes ist. (Das gilt auch für Sie selbst – vergessen Sie Ihr Kennwort also nicht.) Zusätzlich bietet die Verschlüsselung Schutz gegen Datenspionage, da auch jemand, der die Datei mit einem Hex-Editor öffnet, keine lesbaren Inhalte vorfindet.

Es gibt aber auch eine wichtige Einschränkung: Ein so geschütztes Dokument lässt sich nicht mehr mit der Online-Version von Excel (also in einem Browser) bearbeiten.

Um diesen Schutzmechanismus zu aktivieren, nehmen Sie folgende Schritte vor:

1. Wechseln Sie in der Backstage-Ansicht auf die Seite *Informationen,* klicken Sie dort auf *Arbeitsmappe schützen* und wählen Sie im Menü der Schaltfläche den Befehl *Mit Kennwort verschlüsseln.*
2. Es erscheint ein Dialogfeld, das Sie zur Eingabe eines Kennworts auffordert. Dieses Kennwort benötigen Sie, um die Arbeitsmappe später öffnen zu können.

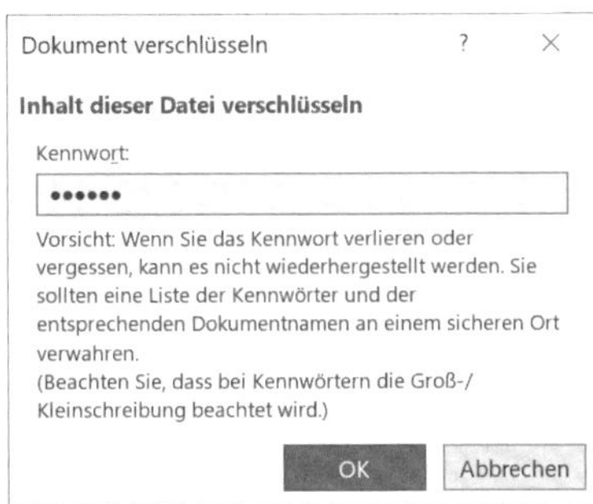

Abbildung 21.11: Kennwort für die verschlüsselte Arbeitsmappe vergeben

3. Geben Sie ein Kennwort ein und klicken Sie auf *OK.* (Beachten Sie bei der Wahl des Kennworts unsere Hinweise aus dem Abschnitt »Die Wahl eines guten Kennworts« auf Seite 405.) Es erscheint ein weiteres Dialogfeld, in dem Sie das soeben eingegebene Kennwort bestätigen müssen.
4. Tippen Sie das Kennwort erneut ein. Damit wird kontrolliert, ob Sie sich beim ersten Eingeben des Kennwortes unbemerkt vertippt haben.

Wenn Sie die Verschlüsselung wieder rückgängig machen möchten, rufen Sie einfach den Befehl *Mit Kennwort verschlüsseln* erneut auf und löschen den Inhalt des Kennwortfeldes.

Arbeitsmappe mit einem Schreibschutz versehen

Wenn Sie zwar das Öffnen einer Arbeitsmappe ohne Kennwort zulassen wollen, jedoch andererseits verhindern möchten, dass jemand an der Arbeitsmappe Änderungen vornimmt, müssen Sie sie mit einem Schreibschutz versehen.

Um diesen Schutz zu aktivieren, ist es erforderlich, dass Sie das Dokument speichern:

1. Wechseln Sie in der Backstage-Ansicht auf die Seite *Speichern unter* und wählen Sie den Ort aus, an dem Sie Ihr Dokument speichern möchten. Excel zeigt dann das Dialogfeld *Speichern unter* an.
2. Klicken Sie unten im Dialogfeld auf die Schaltfläche *Tools* und wählen Sie in deren Ausklappmenü den Befehl *Allgemeine Optionen*. Dadurch erscheint ein weiteres Dialogfeld:

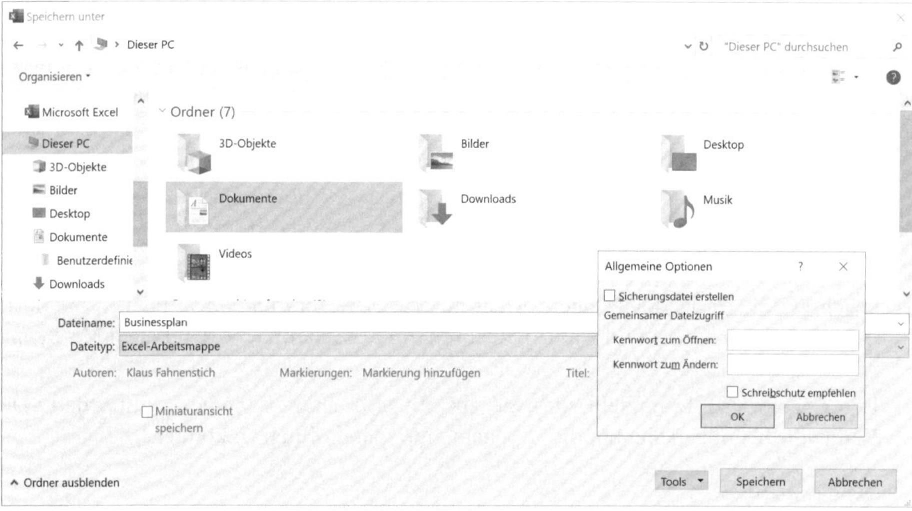

Abbildung 21.12: Arbeitsmappen können mit einem Schreibschutz versehen werden.

Die Felder im Dialogfeld *Allgemeine Optionen* haben folgende Bedeutung:

- **Kennwort zum Öffnen** Wenn Sie hier eine Eingabe vornehmen, hat das die gleiche Wirkung wie der im letzten Abschnitt vorgestellte Befehl *Mit Kennwort verschlüsseln*.
- **Kennwort zum Ändern** Geben Sie hier ein Kennwort ein, um die Arbeitsmappe mit einem Schreibschutz zu versehen. Die Arbeitsmappe kann dann anschließend zwar ohne Kennwort geöffnet werden, jedoch nur im Schreibschutz-Modus. Benutzer, die an der Arbeitsmappe Änderungen vornehmen wollen, benötigen dazu das richtige Kennwort.
- **Schreibschutz empfehlen** Bei Arbeitsmappen, für die kein erhöhtes Sicherheitsbedürfnis besteht, kann es auch ausreichend sein, wenn Sie nur die Option *Schreibschutz empfehlen* einschalten. Ein Benutzer wird dann beim Öffnen der Arbeitsmappe in einer Meldung darauf hingewiesen, dass er diese Datei nach Möglichkeit schreibgeschützt öffnen sollte. Er kann den Schreibschutz aber bei Bedarf deaktivieren. Wir empfehlen Ihnen, die Arbeitsmappe stattdessen als final zu kennzeichnen (siehe Seite 406).

3. Nehmen Sie im Feld *Kennwort zum Ändern* eine Eingabe vor, um die Arbeitsmappe mit einem Schreibschutz zu versehen und klicken Sie auf *OK*.
4. Bestätigen Sie das Kennwort im nächsten Dialogfeld und klicken Sie dann auf *Speichern*.

Wenn Sie den Schreibschutz zu einem späteren Zeitpunkt wieder entfernen wollen, müssen Sie das Dialogfeld *Allgemeine Optionen* erneut aufrufen und das Kennwort löschen. Anschließend müssen Sie das Dokument speichern.

Öffnen einer geschützten Arbeitsmappe

Beim Öffnen einer geschützten Arbeitsmappe werden Sie, je nach benutzten Sicherheitsmerkmalen, mit folgenden Dialogfeldern konfrontiert:

- Falls Sie die Arbeitsmappe verschlüsselt bzw. ein Kennwort zum Öffnen der Arbeitsmappe vergeben haben, taucht das folgende kleine Fenster auf dem Bildschirm auf, in dem Sie das geforderte Kennwort eingeben müssen.

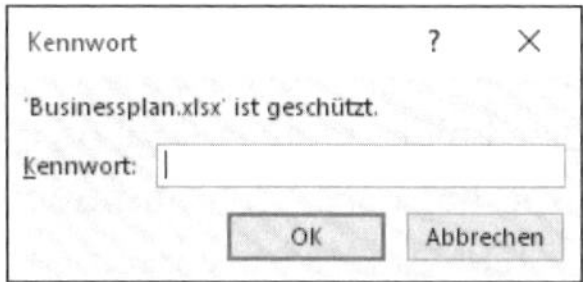

Abbildung 21.13: Die Arbeitsmappe lässt sich nur mit Kennwort öffnen.

- Wurde die Arbeitsmappe mit einem kennwortgeschützten Schreibschutz versehen, erscheint ein Fenster, mit dem Sie entweder den Schreibschutz per Kennworteingabe aufheben oder die Arbeitsmappe mit der Schaltfläche *Schreibschutz* im schreibgeschützten Modus öffnen können.

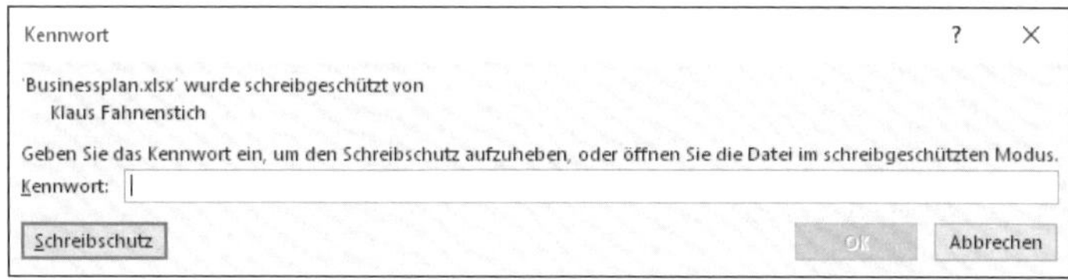

Abbildung 21.14: Der Schreibschutz kann per Kennwort aufgehoben werden.

- Ist die Arbeitsmappe nur mit einer Schreibschutz-Empfehlung versehen, zeigt Excel eine Meldung an, dass die Arbeitsmappe wahlweise mit oder ohne Schreibschutz geöffnet werden kann.

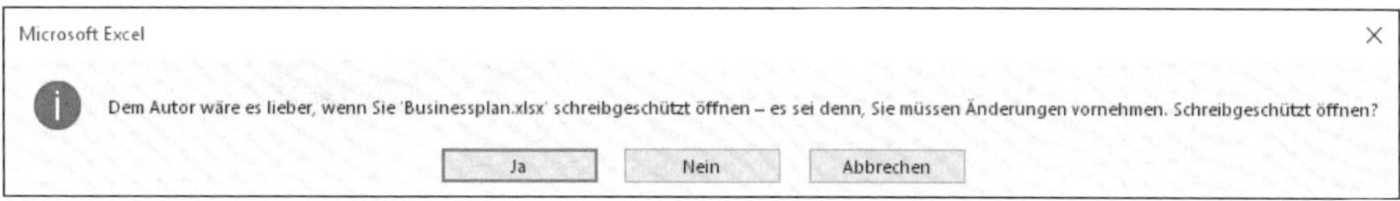

Abbildung 21.15: Hier haben Sie die freie Wahl.

Struktur einer Arbeitsmappe schützen

Indem Sie den Aufbau einer Arbeitsmappe schützen, können Sie z.B. verhindern, dass ein Benutzer ein Tabellenblatt löschen oder einfügen kann.

1. Zeigen Sie die Registerkarte *Überprüfen* an.
2. Klicken Sie in der Gruppe *Schützen* auf *Arbeitsmappe schützen.*

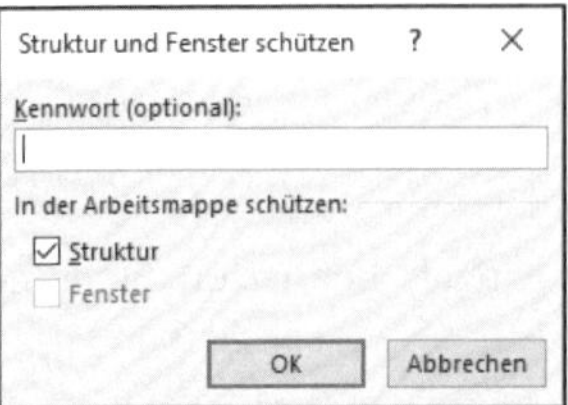

Abbildung 21.16: Struktur der Arbeitsmappe schützen

3. Schalten Sie die Option *Struktur* ein, wenn Sie verhindern wollen, dass Blätter verschoben, gelöscht, ausgeblendet, eingeblendet, umbenannt oder eingefügt werden können.

   Die Option *Fenster* ist generell deaktiviert, da es seit Excel 2013 nicht mehr möglich ist, die einzelnen Blätter einer Arbeitsmappe als separate Fenster innerhalb des Programmfensters anzuzeigen. Warum diese Option dann überhaupt im Dialogfeld auftaucht, wissen wir leider auch nicht.
4. Um zu verhindern, dass unberechtigte Benutzer den Schutz der Arbeitsmappe wieder aufheben können, vergeben Sie noch ein Kennwort.

Wenn Sie eine derart geschützte Mappe öffnen, erkennen Sie die eingeschränkten Bearbeitungsmöglichkeiten an den inaktiven Befehlen im Kontextmenü der Blattregister.

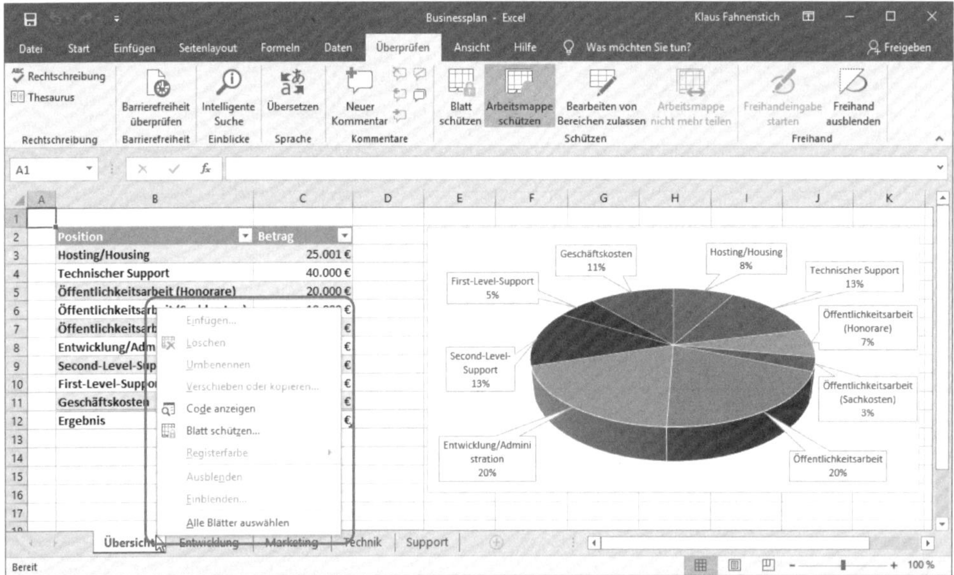

Abbildung 21.17: Die Struktur dieser Arbeitsmappe ist geschützt und lässt sich daher nicht ändern.

Arbeitsmappen geschützt freigeben

Natürlich ist es mit Excel auch möglich, mit mehreren Benutzern an einer Arbeitsmappe zu arbeiten. Dazu müssen Sie eine Freigabe für die Arbeitsmappe einrichten und können dabei festlegen, wer das Dokument nur ansehen darf und wer es auch bearbeiten kann. Wir stellen Ihnen diese Funktion ausführlich in Kapitel 38, »Dokumente im Team bearbeiten«, vor.

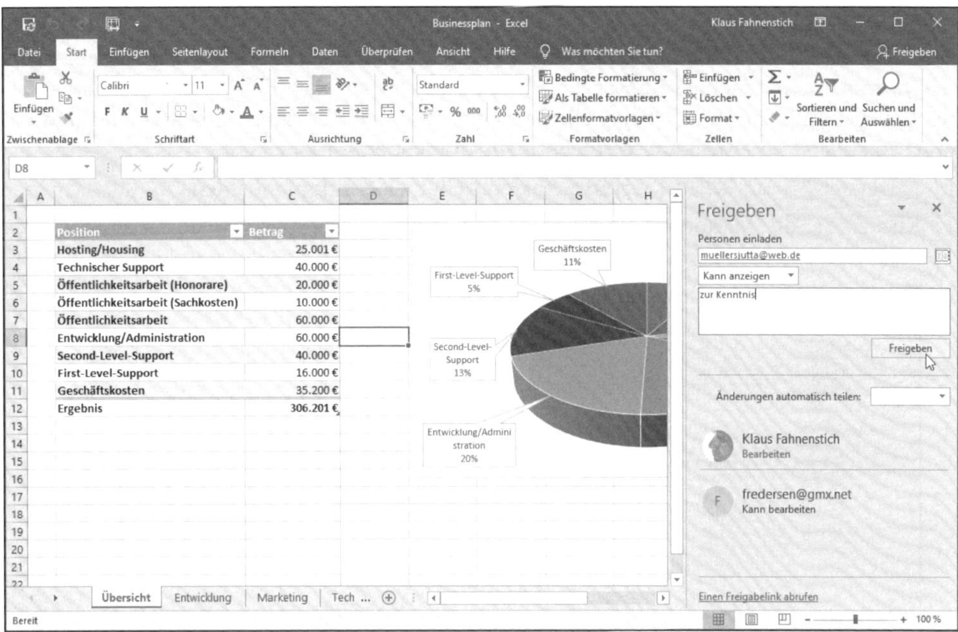

Abbildung 21.18: Die Arbeitsmappe ist für die gemeinsame Bearbeitung freigegeben.

Hinweis Die früher für diesen Zweck vorgesehene Funktion »Arbeitsmappen schützen und freigeben« wurde aus der aktuellen Version von Excel entfernt. Sie lässt sich zwar wieder ohne großen Aufwand ans Tageslicht holen (etwa indem man den Befehl *Arbeitsmappe teilen (Legacy)* in die Symbolleiste für den Schnellzugriff aufnimmt), aber die alte Funktionalität ist mit derart vielen Einschränkungen verbunden, dass ihr Einsatz wenig Sinn macht. So lassen sich zum Beispiel keine Arbeitsmappen freigeben, die eine Excel-Tabelle enthalten.

Arbeitsblätter schützen

Wenn Sie nicht möchten, dass die Inhalte eines der Arbeitsblätter einer Arbeitsmappe geändert werden können, können Sie das Blatt mit einem Kennwort vor unbefugtem Zugriff sichern. Dieser Schutz erfolgt unabhängig von den Schutzfunktionen der Arbeitsmappe, die wir in den vorangegangenen Abschnitten behandelt haben.

Wie wir bereits im Abschnitt »Sicherheit auf Arbeitsblattebene« auf Seite 405 kurz erwähnt haben, müssen Sie den Blattschutz in zwei Schritten konfigurieren bzw. aktivieren. Zuerst legen Sie fest, welche Zellen des Blattes überhaupt geschützt werden sollen. Erst danach aktivieren Sie den Blattschutz.

Zellen für den Blattschutz vorbereiten

Standardmäßig sind alle Zellen eines Arbeitsblattes so eingestellt, dass sie bei aktiviertem Blattschutz gesperrt sind. Diese Voreinstellung macht auch Sinn, da Sie dadurch mit wenig Aufwand die größtmögliche Sicherheit erhalten.

Normalerweise wird der Blattschutz für Tabellenblätter verwendet, auf denen einige Zellen für die Dateneingabe freigegeben sind und der Rest des Blattes für den Benutzer gesperrt ist. So lässt sich zum einen vermeiden, dass ein Anwender versehentlich Formeln verändert oder löscht, und zum anderen lassen sich wichtige Formeln vor dem Anwender verbergen.

Da Excel, wie gesagt, alle Zellen standardmäßig so einstellt, dass sie bei aktiviertem Blattschutz gesperrt sind, geht es im Regelfall darum, dass Sie vor dem Einschalten des Blattschutzes festlegen müssen, in welchen Zellen anschließend noch Eingaben gestattet sind und bei welchen Zellen Excel die hinterlegten Formeln ausblenden soll.

1. Markieren Sie die Zelle(n), deren Schutzeinstellung Sie ändern möchten.
2. Klicken Sie die Markierung mit der rechten Maustaste an und wählen Sie im Kontextmenü den Befehl *Zellen formatieren*. Alternativ drücken Sie den Shortcut Strg+1.
3. Wechseln Sie im angezeigten Dialogfeld auf die Registerkarte *Schutz*.

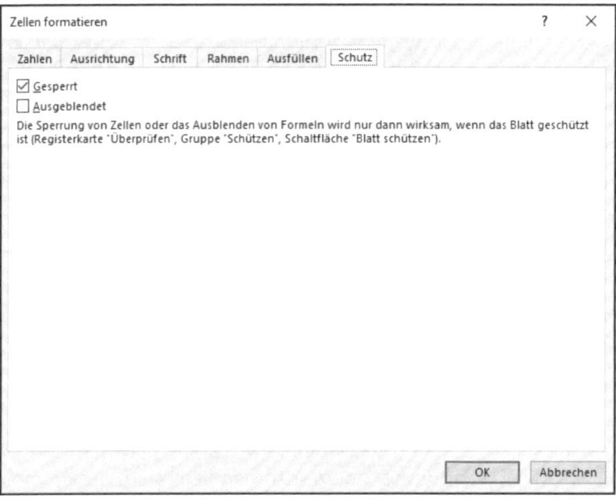

Abbildung 21.19: Zellen können gesperrt und ausgeblendet werden.

4. Schalten Sie die Option *Gesperrt* ein, wenn die markierte(n) Zelle(n) bei aktiviertem Blattschutz gesperrt sein soll(en). Wenn der Anwender in der Zelle Eingaben vornehmen soll, müssen Sie die Option also ausschalten.
5. Schalten Sie die Option *Ausgeblendet* ein, wenn die hinterlegten Formeln der Zelle(n) in einem geschützten Blatt nicht angezeigt werden sollen. Der Benutzer sieht dann nur noch das Ergebnis der Zelle, kann aber nicht erkennen, wie es berechnet wurde.
6. Schließen Sie das Dialogfeld mit *OK*.

Blattschutz aktivieren

Wenn alle Zellen des zu schützenden Arbeitsblattes mit den richtigen Schutz-Eigenschaften formatiert sind, können Sie den Blattschutz aktivieren.

1. Markieren Sie im Blattregister das Tabellenblatt, das Sie schützen wollen.
2. Wechseln Sie auf die Registerkarte *Überprüfen* und klicken Sie in der Gruppe *Schützen* auf die Schaltfläche *Blatt schützen*.

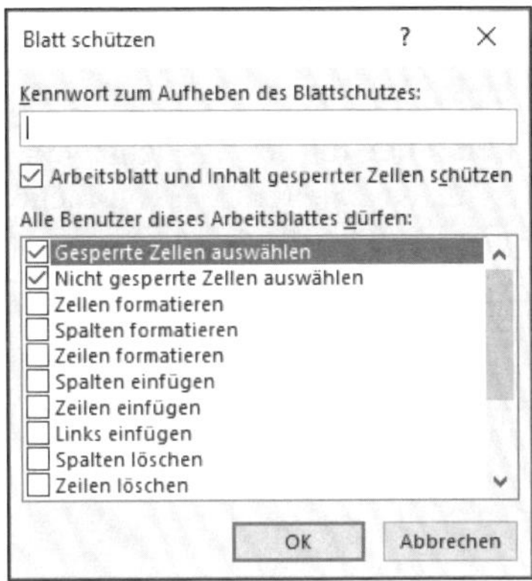

Abbildung 21.20: Der Blattschutz kann sehr detailliert eingestellt werden.

Im Dialogfeld *Blatt schützen* können Sie sehr feinkörnig einstellen, welche Operationen Sie auf dem Blatt zulassen bzw. verhindern wollen. In der Voreinstellung lassen sich gesperrte Zellen zwar auswählen, aber nicht ändern.

3. Geben Sie in das Feld *Kennwort zum Aufheben des Blattschutzes* ein Kennwort ein, denn ohne die Eingabe eines Kennwortes kann jeder Benutzer den Blattschutz problemlos wieder deaktivieren (was in der Regel wohl nicht gewollt ist).
4. Nehmen Sie die gewünschten Einstellungen vor und klicken Sie auf *OK*.
5. Geben Sie das Kennwort erneut ein, um zu gewährleisten, dass Sie sich bei der ersten Eingabe nicht vertippt haben. Nachdem Sie das Fenster mit *OK* geschlossen haben, ist der Blattschutz aktiv.
6. Prüfen Sie den Blattschutz, indem Sie versuchen, eine gesperrte Zelle zu verändern. Excel sollte dann mit folgender Meldung reagieren:

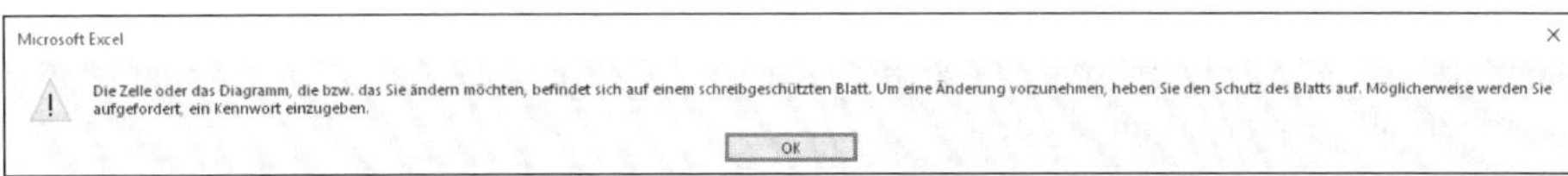

Abbildung 21.21: Fehlermeldung beim Versuch, ein geschütztes Blatt zu bearbeiten.

Schutz wieder aufheben

Wenn Sie den Blattschutz aufheben möchten, klicken Sie auf der Registerkarte *Überprüfen* auf die Schaltfläche *Blattschutz aufheben* und geben das dazu notwendige Kennwort ein.

Profitipp: Gleichzeitige Eingabe in Tabellenblätter

Wenn Sie eine Arbeitsmappe erstellen, deren einzelne Tabellenblätter die gleiche Struktur aufweisen sollen, können Sie die Struktur und Daten auch in mehrere Tabellenblätter gleichzeitig eingeben. Als Beispiel haben wir eine Übungsdatei vorbereitet, die die PKW-Kosten über mehrere Jahre verfolgen soll.

1. Öffnen Sie die Übungsdatei *Gleichzeitige Eingabe in mehrere Arbeitsblätter*.
2. Markieren Sie alle Tabellenblätter der Arbeitsmappe, indem Sie die Strg-Taste drücken und alle Registerkarten nacheinander anklicken.
3. Klicken Sie in Zelle B4 und geben Sie dort den Text **Versicherung** ein. Beachten Sie den Hinweis von Excel in der Titelzeile des Fensters, dass zurzeit eine Gruppe von mehreren Arbeitsblättern bearbeitet wird.

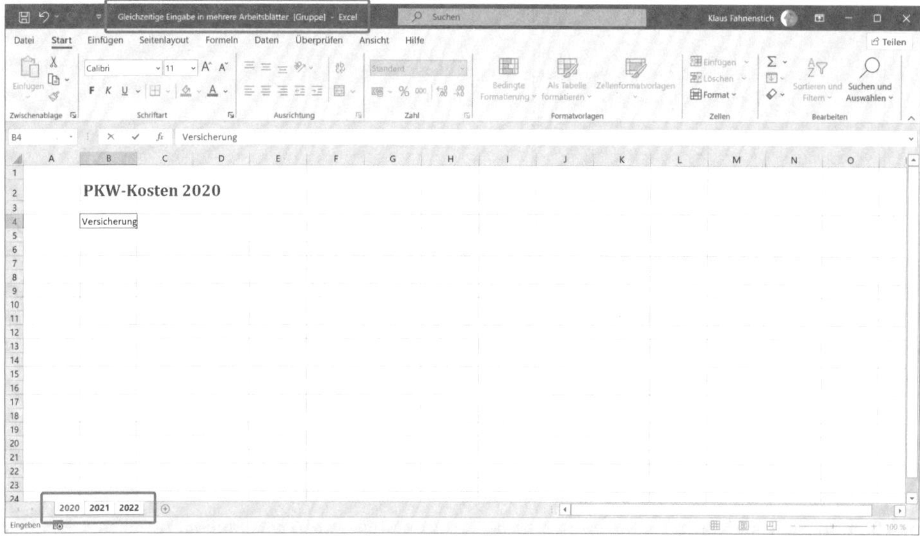

Abbildung 21.22: Gleichzeitige Eingabe in mehreren Arbeitsblättern

4. Wechseln Sie auf die Blätter *2021* und *2022* und prüfen Sie, ob dort die Eingabe, die Sie auf Blatt *2020* vorgenommen haben, angekommen ist.

Auf diese Weise können nicht nur Texte, sondern auch Zahlen und Formeln gleichzeitig in die markierten Tabellenblätter eingegeben werden. Auch eine gemeinsame Formatierung von mehreren Blättern ist so möglich.

Kapitel 22

Daten mit Pivot-Tabellen auswerten

In Kapitel 18 haben Sie gesehen, wie Sie eine normale Excel-Tabelle in eine Datentabelle umwandeln und dann die komfortablen Möglichkeiten zum Sortieren und Filtern der Daten nutzen können. Das Sortieren und Filtern stellen dabei eher einfache und grundlegende Funktionen bei der Auswertung von Daten dar. In diesem Kapitel lernen Sie die Pivot-Tabellen kennen, mit denen Ihnen weit fortgeschrittene Möglichkeiten zur Datenanalyse zur Verfügung stehen. Pivot-Tabellen bieten so viele Facetten und Möglichkeiten, dass man ihnen ohne Probleme ein eigenes Buch widmen kann. Dieses Kapitel kann daher lediglich eine Einführung in das Thema bieten; gleichzeitig soll Sie diese Einführung ermuntern, sich intensiver mit dem Thema PivotTables zu beschäftigen, und zwar auch dann, wenn Sie lediglich die einfachen Analysewerkzeuge verwenden wollen, die dieses Kapitel beschreibt.

Grundlagen

Pivot-Tabellen werden verwendet, um Daten auszuwerten. Vermutlich denken Sie, wenn Sie den Begriff Pivot-Tabellen hören, dass eine Pivot-Tabelle irgendwelche Daten enthält. Dem ist aber nicht so. Bei einer Pivot-Tabelle handelt es sich lediglich um eine *Darstellung*, einer *Auswertung* von Daten, die irgendwo anders gespeichert sind. Der Speicherort der Daten, die ausgewertet werden, kann eine Datenbank oder auch ein anderes Excel-Arbeitsblatt sein. Statt Pivot-Tabelle wird auch der Begriff PivotTable-Bericht verwendet. An dem Wort Bericht lässt sich besser erkennen, dass hier Daten zusammengefasst, analysiert und ausgewertet werden.

Hinweis Neben den PivotTable-Berichten, bei denen die Auswertung der Daten in Form einer Tabelle erfolgt, können Sie in Excel auch PivotChart-Berichte erstellen. Bei diesen erfolgt die Auswertung der Daten in einem Diagramm. Sie finden gegen Ende dieses Kapitels ein Beispiel, das beschreibt, wie Sie aus einem PivotTable-Bericht einen PivotChart-Bericht erstellen.

Quelldaten

Die Daten, die mit einem PivotTable-Bericht ausgewertet werden, werden Quelldaten genannt. Im einfachsten Fall handelt es sich dabei um eine Excel-Liste bzw. eine Excel-Tabelle, die folgende Voraussetzungen erfüllen muss:

- Die Liste benötigt eine Kopfzeile, in der sich Spaltennamen befinden.
- Die Liste darf keine leeren Spalten oder Zeilen enthalten.
- Die Inhalte einer Spalte müssen gleichartig sein. Damit ist gemeint, dass z. B. in einer Spalte, die Datumswerte enthält, keine Zellen mit Zahlen oder Texten auftauchen dürfen.
- Die Quelldaten dürfen keine Zwischensummen enthalten, die mit dem Befehl *Teilergebnisse* der Registerkarte *Daten* erstellt wurden. Zum Entfernen solcher Zwischensummen rufen Sie den Befehl *Teilergebnisse* auf und klicken in seinem Dialogfenster auf die Schaltfläche *Alle entfernen.*

Alternativ können die Daten auch aus einer externen Datenquelle stammen; dies kann beispielsweise ein SQL-Server oder eine Access-Datenbank sein. Wenn Sie externe Daten in einer PivotTable auswerten, erstellt Excel im sogenannten Pivot-Cache eine Kopie der Daten. Hierdurch wird die Excel-Arbeitsmappe größer und gleichzeitig benötigt Excel auch mehr Platz im Arbeitsspeicher Ihres Computers. Daher sollten Sie darauf achten, dass die verwendeten Quelldaten keine überflüssigen Informationen enthalten. Wenn Sie z. B. nur an den Umsatzzahlen eines bestimmten Jahres interessiert sind, sollten Sie beim Zugriff auf eine externe Datenquelle dafür sorgen, dass auch nur diese Daten in die Arbeitsmappe eingelesen werden.

Das Beispiel

In diesem Kapitel verwenden wir für die Quelldaten ein Beispiel, das in früheren Excel-Versionen auf Office.com als Vorlage zur Verfügung stand. Sie finden das Beispiel in der Arbeitsmappe *PivotTable-Berichte.xlsx* in den Begleitdateien zu diesem Buch.

Öffnen Sie die Arbeitsmappe und schauen Sie sich die Quelldaten auf dem Arbeitsblatt *Quelldaten* an. Dieses Blatt enthält die Umsatzdaten eines fiktiven Großhändlers für Lebensmittel. Diese Tabelle enthält die folgenden Spalten:

- **Kategorie** Die verkauften Produkte sind in verschiedenen Kategorien eingeteilt (Getränke, Gewürze, Süßwaren usw.).
- **Produkt** Name des verkauften Produkts
- **Umsatz** Umsatz, der mit dem Produkt in einem Quartal getätigt wurde
- **Quartal** Quartal, in dem der Umsatz erzielt wurde

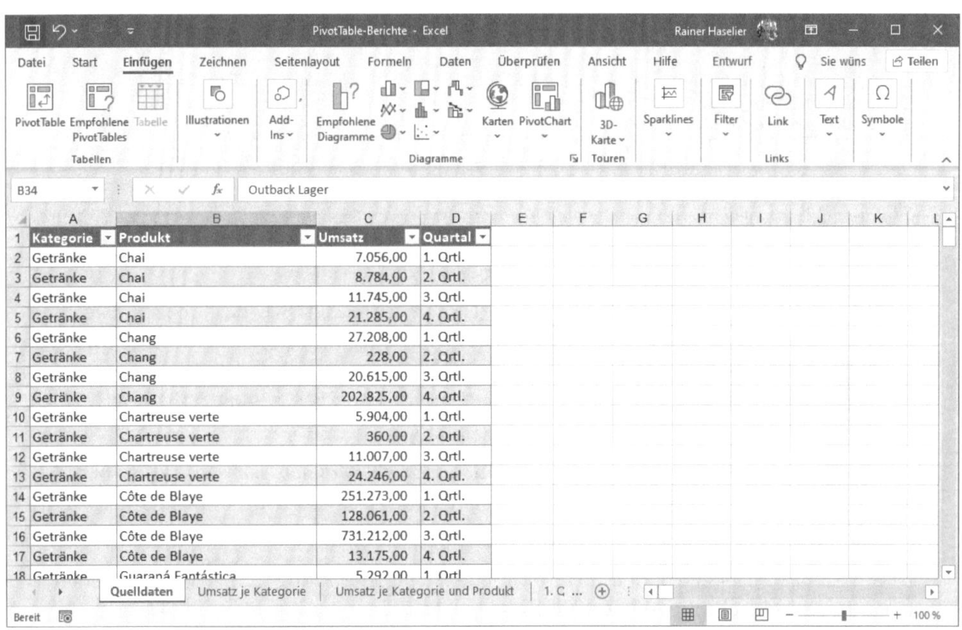

Abbildung 22.1: An diese Quelldaten werden Sie im Laufe dieses Kapitels verschiedene Fragen stellen, und Antworten enthalten.

Bei der Auswertung dieser Daten sind z. B. folgende Fragestellungen denkbar:

- Wie hoch ist der Gesamtumsatz?
- Wie hoch ist der Gesamtumsatz in den einzelnen Quartalen?
- Wie hoch ist der Umsatz in den einzelnen Kategorien und bei den einzelnen Produkten?
- Mit welchen Produkten wurden die höchsten/niedrigsten Umsätze erzielt?

All diese und weitere Fragen werden Sie im Laufe dieses Kapitels mit PivotTable-Berichten beantworten können.

PivotTable-Bericht einfügen

Um einen neuen PivotTable-Bericht zu erstellen, führen Sie die folgenden Schritte durch:

1. Öffnen Sie das Arbeitsblatt mit den Quelldaten und setzen Sie die Zellmarkierung in eine beliebige Stelle der Tabelle.
2. Öffnen Sie die Registerkarte *Einfügen* und klicken Sie in der Gruppe *Tabellen* auf *PivotTable*.

   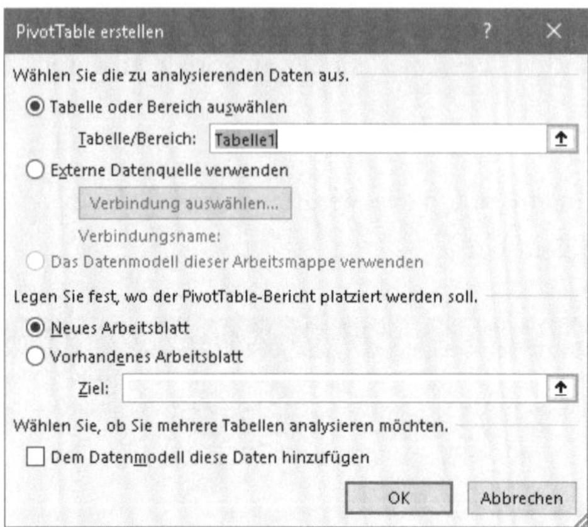

   Abbildung 22.2: Legen Sie fest, woher die Quelldaten stammen und wo Excel die neue PivotTable erstellen soll

   Da die Liste in der Beispieldatei als Excel-Tabelle formatiert wurde, erkennt Excel automatisch, über welchen Zellbereich die Tabelle verläuft, und zeigt diese Tabelle im Bereich *Tabelle oder Bereich auswählen* an. Falls Excel den Bereich nicht erkennt oder Sie eine andere Tabelle verwenden wollen, legen Sie den gewünschten Bereich im Feld *Tabelle/Bereich* fest.

   Im Abschnitt *Legen Sie fest, wo der PivotTable-Bericht platziert werden soll* ist bereits die Option *Neues Arbeitsblatt* ausgewählt; dies ist genau das, was wir hier brauchen.
3. Klicken Sie auf *OK*, um den PivotTable-Bericht zu erstellen.

   Excel erstellt den neuen, noch leeren Bericht (siehe Abbildung 22.3). Wie Sie sehen, hat sich auf dem Bildschirm einiges getan:

   - Zunächst einmal sind zwei neue Registerkarten aufgetaucht. Auf ihnen finden Sie die Befehle, um den neuen PivotTable-Bericht zu vervollständigen bzw. zu bearbeiten.
   - Das neue Arbeitsblatt enthält einen Platzhalter für die PivotTable.
   - Rechts neben dem Arbeitsblatt sehen Sie die sogenannte *Feldliste,* in der die vier Spaltenüberschriften der Quelldaten enthalten sind. Mithilfe dieser Felder können Sie steuern, wie die Daten der Umsatztabelle ausgewertet werden sollen.

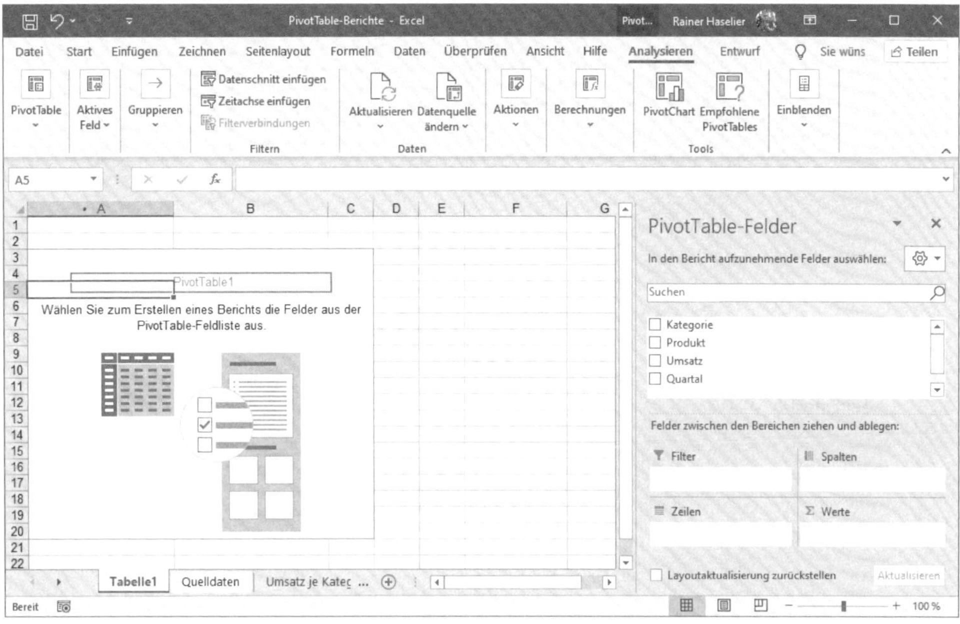

Abbildung 22.3: Der noch leere PivotTable-Bericht mit der Feldliste an der rechten Seite des Excel-Fensters

PivotTable-Feldliste

Die Feldliste an der rechten Seite ist gewissermaßen die Schaltzentrale für Ihre PivotTable-Berichte, mit der Sie die Felder der Datenquelle organisieren können. Zusätzlich hat sie die Aufgabe, Ihnen die aktuelle Struktur des Berichts in kompakter und übersichtlicher Form anzuzeigen.

Die Feldliste wird normalerweise automatisch angezeigt, sobald Sie einen PivotTable-Bericht markieren. Sie können ihre Sichtbarkeit aber auch mit der Schaltfläche *Feldliste* steuern, die sich auf der Registerkarte *PivotTable-Tools/Analysieren* in der Gruppe *Einblenden* befindet. Außerdem können Sie die Feldliste vom rechten Fensterrand abdocken und alternativ am linken Fensterrand andocken oder frei auf dem Bildschirm positionieren.

Die Abschnitte der Feldliste

In der Standarddarstellung, wie sie auch in Abbildung 22.4 zu sehen ist, enthält die Feldliste zwei Abschnitte, die durch eine waagerechte Linie getrennt sind. Im oberen Abschnitt befinden sich die Felder, die mit den Spaltenbeschriftungen der Quelldaten identisch sind. Der untere Abschnitt enthält vier verschiedene Bereiche, aus denen ein PivotTable-Bericht bestehen kann.

Abbildung 22.4: Die Feldliste besteht aus zwei Abschnitten für Felder und Bereiche. Über die Schaltfläche oben rechts können Sie die Anordnung der Felder und Bereiche ändern.

Die vier Bereiche der Feldliste

Wie Sie gleich noch sehen werden, können Sie die Darstellung und Auswertung der Daten steuern, indem Sie die Felder aus dem oberen Abschnitt der Feldliste in die vier darunterliegenden Bereiche ziehen. Da das Verständnis dieser Bereiche für das Erstellen von PivotTable-Berichten von großer Bedeutung ist, wollen wir Ihnen die Bereiche kurz vorstellen, bevor wir gleich im nächsten Abschnitt den begonnenen PivotTable-Bericht fertigstellen. Für die vier Bereiche werden ab und zu auch die Begriffe in Klammern verwendet.

- **FILTER (Berichtsfilter, Seitenfelder)** In diesem Bereich können Sie ein oder mehrere Felder festlegen, nach denen die Daten gefiltert werden sollen. Der PivotTable-Bericht wird dadurch mit entsprechenden Listenfeldern ausgestattet, mit denen Sie die Filterbedingung einstellen können.
- **ZEILEN (Zeilenbeschriftung, Zeilenfelder)** Die Felder dieses Bereichs bilden die Zeilen des Berichts. Wenn Sie z. B. das Feld *Kategorie* in diesen Bereich ziehen, enthält der PivotTable-Bericht für jede Kategorie eine eigene Zeile.
- **SPALTEN (Spaltenbeschriftung, Spaltenfelder)** Felder, die Sie in diesen Bereich ziehen, bilden die Spalten des Berichts. Würden Sie in unserem Beispiel das Feld *Quartal* in diesen Bereich ziehen, erhielte der PivotTable-Bericht vier Spalten für die verschiedenen Quartale.
- **WERTE (Datenfelder)** In diesem Bereich legen Sie fest, welche Daten in dem Bericht berechnet werden sollen. Im Falle unserer Umsatztabelle sind diese Informationen natürlich im Feld *Umsatz* enthalten.

Nach diesem Abstecher in die Theorie wollen wir nun endlich wieder zur Tat schreiten, denn an praktischen Beispielen lassen sich PivotTable-Berichte am besten erklären.

PivotTables: Datenanalyse mit Klicks und Drag&Drop

In diesem Abschnitt werden Sie verschiedene PivotTable-Berichte erstellen, mit denen Sie Antworten auf die Fragen erhalten, die Sie an die Quelldaten stellen können. In der Beispieldatei für dieses Kapitel finden Sie verschiedene Arbeitsblätter, die jeweils einen der nachfolgend beschriebenen Berichte enthalten.

Am besten vollziehen Sie die beschriebenen Schritte an einem eigenen Bericht nach. Sie brauchen nicht mehrere Berichte zu erstellen, da sich, wie Sie gleich sehen werden, mit ein paar Drag&Drop-Aktionen vorhandene Pivot-Tabellen einfach ändern und erweitern lassen.

Wie hoch ist der Gesamtumsatz?

Wir wollen den PivotTable-Bericht nun schrittweise vervollständigen und bearbeiten. Die erste Frage an die Quelldaten ist: Wie hoch ist der Gesamtumsatz? So erhalten Sie Antwort:

1. Ziehen Sie in der Feldliste das Feld *Umsatz* in den Bereich *WERTE*.

   Alternativ können Sie auch einfach das Kontrollkästchen des Feldes einschalten. Excel erkennt dann, dass dieses Feld sich am besten für den Bereich *WERTE* eignet.

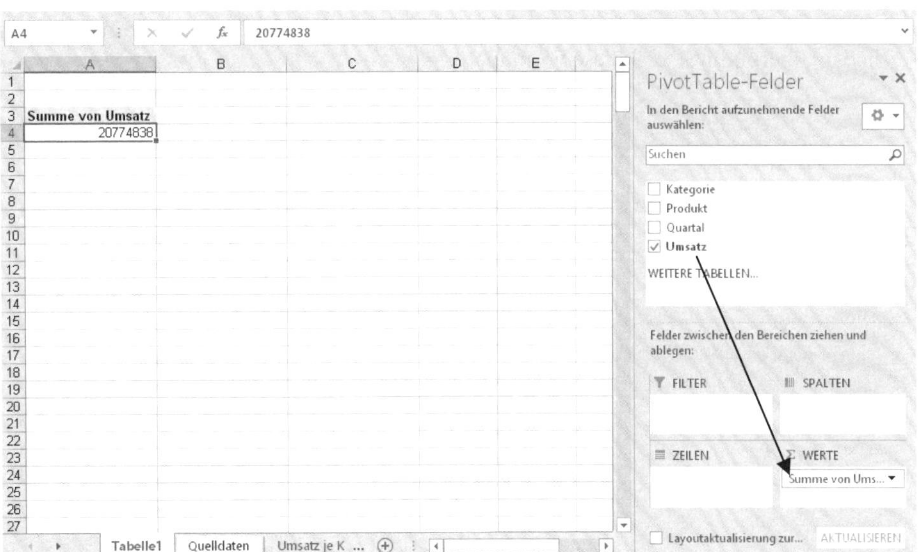

Abbildung 22.5: Das Feld Umsatz *wurde in den Bereich* WERTE *gezogen.*

Im Bereich *WERTE* befindet sich jetzt eine Schaltfläche *Summe von Umsatz*. Damit wird signalisiert, dass die Werte, die sich in der Spalte *Umsatz* der Quelldaten befinden, summiert werden. Wie Sie später noch sehen werden, können Sie in PivotTable-Berichten auch andere Berechnungen durchführen.

Richten Sie Ihr Augenmerk aber bitte zunächst auf das Arbeitsblatt. Hier befindet sich nun bereits ein fertiger PivotTable-Bericht – der natürlich noch sehr primitiv ist. Wie Sie in Abbildung 22.5 sehen, liefert er nur eine einzige Zahl. Bei dieser Zahl handelt es sich um die Summe aller Umsätze, d. h., der Bericht addiert einfach alle Zahlen, die er in der Spalte *Umsatz* der Tabelle mit den Quelldaten findet.

2. Formatieren Sie diese Zahl im Buchhaltungsformat (z. B., indem Sie die Zelle mit der rechten Maustaste anklicken und dann in der angezeigten Minisymbolleiste auf die Schaltfläche mit dem Geldschein klicken). Passen Sie gegebenenfalls die Spaltenbreite an, damit die Summe korrekt dargestellt wird.

Wie hoch ist der Umsatz je Kategorie?

»Den Bericht aus dem vorigen Abschnitt kann ich doch auch einfach mit einer Summenformel berechnen!«, werden Sie vielleicht sagen. Richtig, haben Sie bitte noch etwas Geduld.

Im nächsten Schritt wollen wir nicht nur den Gesamtumsatz anzeigen, sondern wir wollen auch wissen, wie viel Umsatz wir mit den verschiedenen Produktkategorien gemacht haben. Führen Sie folgende Schritte durch:

1. Ziehen Sie das Feld *Kategorie* in den Bereich *ZEILEN*.

   Wie Sie in Abbildung 22.6 sehen, enthält der PivotTable-Bericht nun für jede Kategorie eine eigene Zeile, in der der Umsatz ausgegeben wird, den die Produkte der jeweiligen Kategorie zusammen erzielt haben. Außerdem wird unten am Bericht eine Ergebniszeile angezeigt, in der Sie die Summe sehen, die Sie aus dem vorigen Abschnitt schon kennen.

   Da Sie die Summe im vorigen Abschnitt bereits mit dem Buchhaltungsformat formatiert haben, übernimmt Excel diese Formatierung.

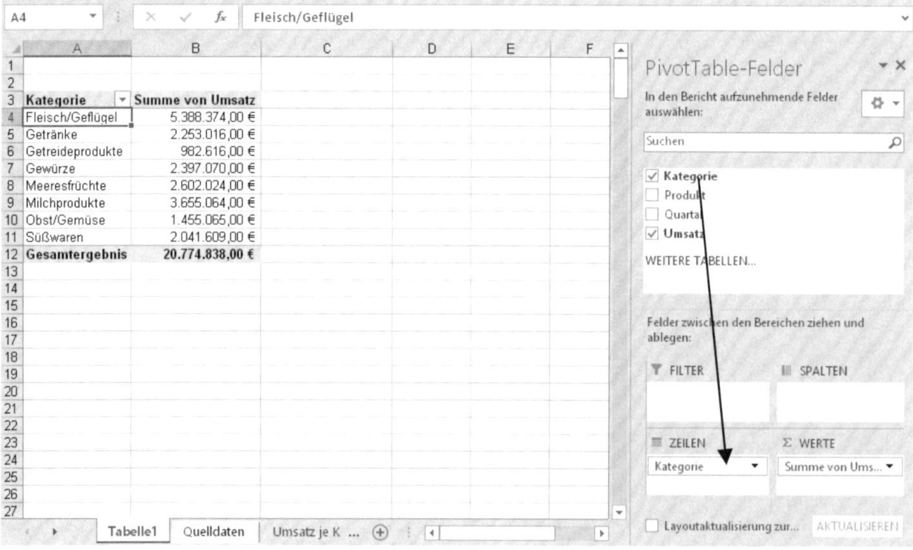

Abbildung 22.6: Die Umsätze sind jetzt nach Kategorien gruppiert.

Beachten Sie, dass sich in der Zelle, die die Spaltenüberschrift *Kategorie* enthält, auch eine kleine Schaltfläche befindet. Mit ihr können Sie z.B. die Sortierung der Kategorien ändern oder einzelne Kategorien aus dem Bericht entfernen.

2. Klicken Sie auf die Schaltfläche neben der Spaltenüberschrift *Kategorie* und lassen Sie die Kategorien alphabetisch absteigend sortieren.

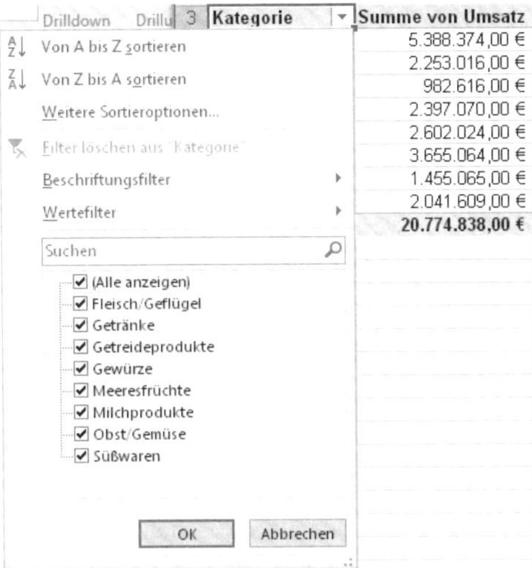

Abbildung 22.7: Die Kategorien lassen sich nicht nur sortieren, sondern auch filtern und getrennt ein- und ausblenden.

Sie kennen diese Filter- und Sortiermöglichkeiten bereits von den Excel-Datentabellen aus Kapitel 18.

Hinweis An diesem kleinen Beispiel wird deutlich, warum Pivot-Tabellen auch Drehtabellen genannt werden. In den Quelldaten war *Kategorie* eine Spaltenüberschrift; durch das Ziehen dieses Feldes in den Bereich *ZEILEN* wurde diese Spalte sozusagen gedreht.

Wie hoch ist der Umsatz der einzelnen Produkte in den Kategorien?

Indem Sie im vorigen Abschnitt das Feld *Kategorie* in den Bereich *ZEILEN* gezogen haben und da im Bereich *WERTE* als Aggregatfunktion *Summe von Umsatz* eingestellt ist, haben Sie alle Umsatzdaten nach der Produktkategorie gruppiert. Sie können in PivotTables aber nicht nur nach einer, sondern auch nach mehreren Spalten gruppieren.

So erhalten Sie den Umsatz der einzelnen Produkte, jedoch nach den Produktkategorien gruppiert:

1. Ziehen Sie das Feld *Produkt* in den Bereich *ZEILEN*. Achten Sie darauf, dass *Produkt* unterhalb von *Kategorie* steht (siehe Abbildung auf der nächsten Seite).

   Durch die Reihenfolge, in der Sie die Felder in einem der Bereiche ablegen, stellen Sie die Hierarchie ein, in der die Daten angezeigt werden.

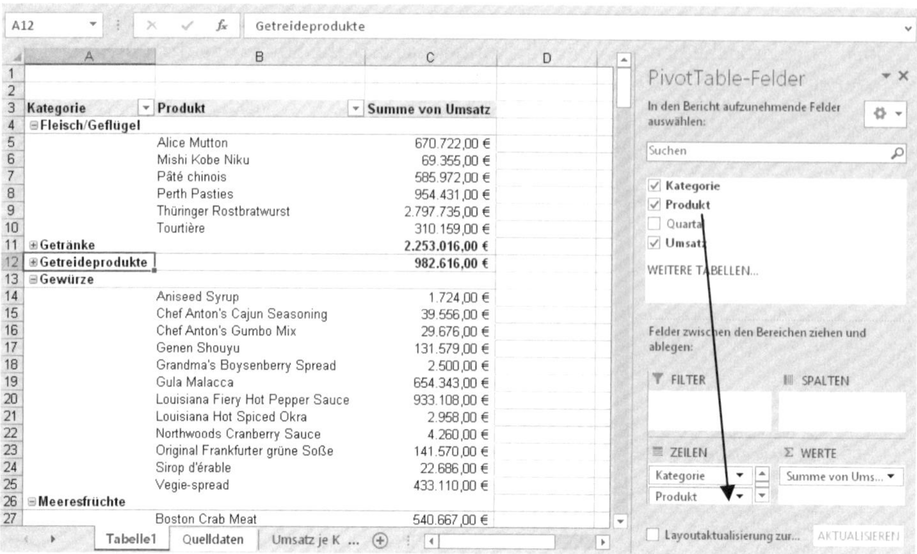

Kategorie	Produkt	Summe von Umsatz
⊟Fleisch/Geflügel		
	Alice Mutton	670.722,00 €
	Mishi Kobe Niku	69.355,00 €
	Pâté chinois	585.972,00 €
	Perth Pasties	954.431,00 €
	Thüringer Rostbratwurst	2.797.735,00 €
	Tourtière	310.159,00 €
⊞Getränke		2.253.016,00 €
⊞Getreideprodukte		982.616,00 €
⊟Gewürze		
	Aniseed Syrup	1.724,00 €
	Chef Anton's Cajun Seasoning	39.556,00 €
	Chef Anton's Gumbo Mix	29.676,00 €
	Genen Shouyu	131.579,00 €
	Grandma's Boysenberry Spread	2.500,00 €
	Gula Malacca	654.343,00 €
	Louisiana Fiery Hot Pepper Sauce	933.108,00 €
	Louisiana Hot Spiced Okra	2.958,00 €
	Northwoods Cranberry Sauce	4.260,00 €
	Original Frankfurter grüne Soße	141.570,00 €
	Sirop d'érable	22.686,00 €
	Vegie-spread	433.110,00 €
⊟Meeresfrüchte		
	Boston Crab Meat	540.667,00 €

Abbildung 22.8: Die Produkte stellen eine Unterteilung der Kategorien dar.

2. Klicken Sie auf der Registerkarte *PivotTable-Tools/Entwurf* auf die Schaltfläche *Berichtslayout* und wählen Sie nacheinander die ersten drei Befehle aus, mit denen Sie die Darstellungsart ändern können:
   - **Kurzformat** In diesem Format werden die verschiedenen Gliederungsebenen nicht in getrennten Spalten, sondern durch Einrückungen dargestellt. Der Bericht wird dadurch etwas kompakter (schmaler).
   - **Gliederungsformat** Ein geeignetes Format, um z. B. die Struktur eines PivotTable-Berichts zu bearbeiten.
   - **Tabellenformat** Dieses Format bietet sich an, wenn Sie Teile eines PivotTable-Berichts auf ein anderes Arbeitsblatt kopieren möchten.

   Durch das Einfügen eines weiteren Feldes in den Bereich *ZEILEN* ist der PivotTable-Bericht deutlich umfangreicher geworden, da die Umsatzzahlen jetzt nach zwei verschiedenen Kriterien aufgeschlüsselt werden (Kategorie und Produkt).
3. Sie können die Detailtiefe der Tabelle für einzelne Kategorien reduzieren, indem Sie auf das kleine Minuszeichen vor dem Kategoriennamen klicken.

Hinweis Falls diese Schaltfläche nicht sichtbar sein sollte, klicken Sie auf der Registerkarte *PivotTable-Tools/Analysieren* in der Gruppe *Einblenden* auf die Schaltfläche *Schaltflächen +/-*.

Wie hoch ist der Umsatz in einem bestimmten Quartal?

Sie haben bereits die Schaltfläche neben den Spaltenüberschriften kennengelernt, mit der Sie nach einem Feld filtern können, das bereits im Bericht angezeigt wird. Neben dieser Filtermöglichkeit stellen Ihnen die PivotTables auch einen sogenannten Berichtsfilter zur Verfügung. Bei einem Berichtsfilter handelt es sich in den meisten Fällen um ein Feld der Quelldaten, das derzeit nicht im Bericht verwendet wird.

Nach den Schritten im vorigen Abschnitt haben wir lediglich das Feld *Quartal* noch nicht im Bericht verwendet. Lassen Sie uns dieses Feld als Berichtsfilter einsetzen.

1. Ziehen Sie das Feld *Quartal* in den Bereich *FILTER*.

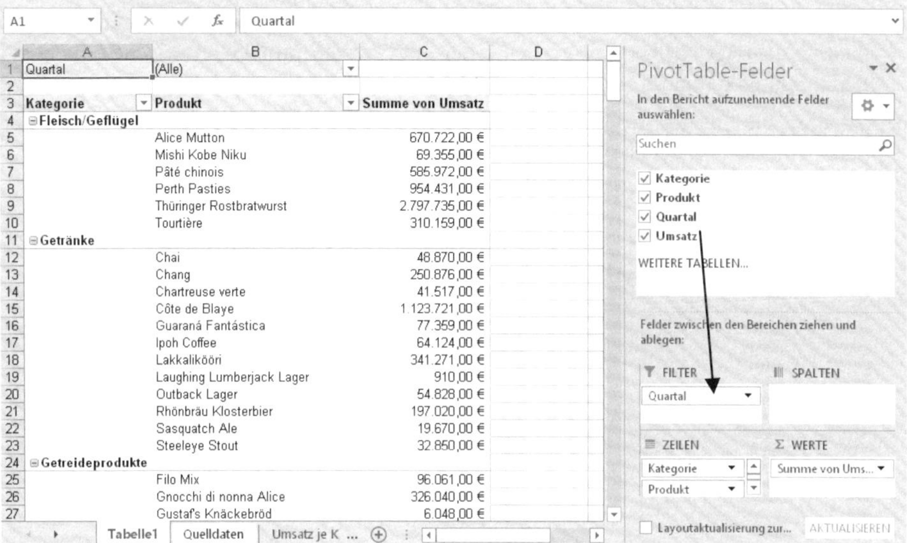

Abbildung 22.9: Oberhalb des Berichts sehen Sie den Berichtsfilter.

Excel fügt oberhalb des PivotTable-Berichts das Listenfeld *Quartal* ein. Standardmäßig ist kein Filter aktiv, was Sie an der Auswahl *(Alle)* im Filterdropdown (Zelle B1) erkennen können.

2. Öffnen Sie das Listenfeld mit einem Klick auf die kleine Pfeilschaltfläche.
3. Wählen Sie das Quartal aus, dessen Umsätze im Bericht angezeigt werden sollen. Um mehrere Quartale auszuwählen, müssen Sie vorher das Kontrollkästchen *Mehrere Elemente auswählen* einschalten.

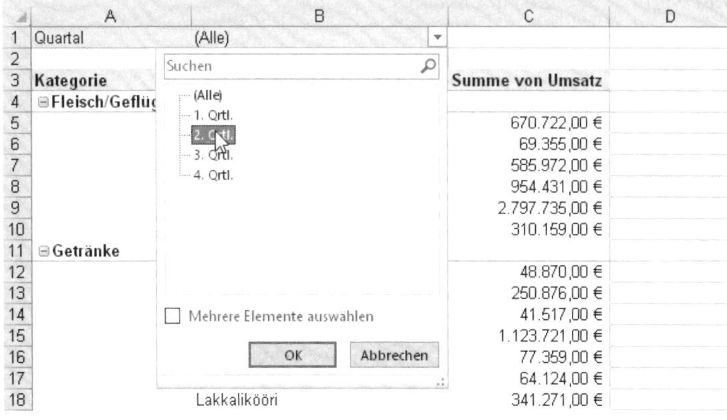

Abbildung 22.10: Hier stellen Sie die Filterbedingung ein.

4. Klicken Sie auf *OK*, um die gewünschten Daten im Bericht anzuzeigen.

Sie können in einem PivotTable-Bericht nicht nur einen Berichtsfilter verwenden, sondern auch mehrere. Im obigen Beispiel haben wir ein Feld für den Filter verwendet, das bisher noch nicht im Bericht verwendet wurde. Sie können jedoch auch anhand eines Feldes filtern, das sich bereits in einem der anderen Berichtsbereiche befindet.

5. Zeigen Sie im oberen Bereich der Feldliste auf das Feld *Produkt* und klicken Sie auf den Pfeil. Excel zeigt das Fenster mit den Filter- und Sortieroptionen an, wie Sie es bereits vom Berichtsfilter kennen.
6. Schalten Sie das Kontrollkästchen *Alle anzeigen* aus. Schalten Sie vor den Produkten, deren Umsätze Sie sehen wollen, die Kontrollkästchen ein.

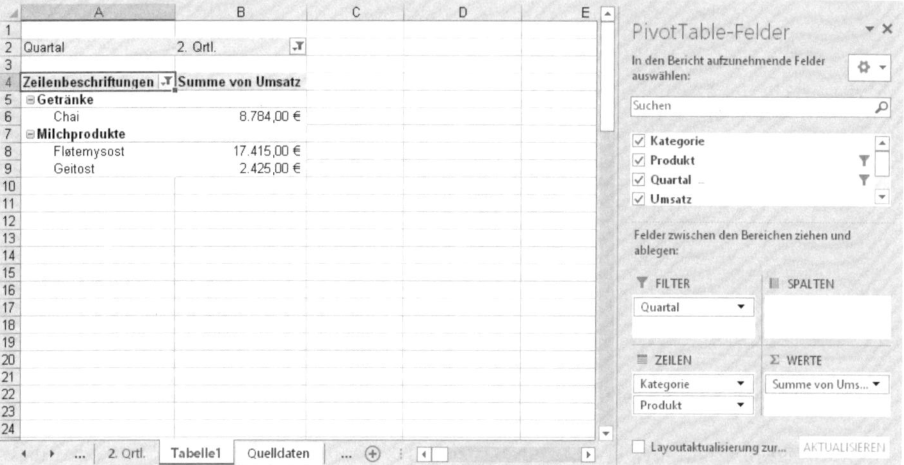

Abbildung 22.11: Der Bericht wurde nach zwei Feldern gefiltert.

In der Feldliste wird neben den Feldnamen *Produkt* und *Quartal* ein Trichtersymbol angezeigt. Anhand dieses Symbols können Sie schnell erkennen, welche Felder gefiltert wurden.

7. Zeigen Sie ein weiteres Mal im oberen Bereich der Feldliste auf das Feld *Produkt,* klicken Sie auf den Pfeil und wählen Sie *Filter löschen aus "Produkt"*.

Wie hoch sind die Umsätze nach Kategorien für alle Quartale?

Das Feld *Quartal* haben wir bisher lediglich als Berichtsfilter eingesetzt. Außerdem haben wir noch keines der Felder in den Bereich *SPALTEN* gezogen. Angenommen, wir wollen einen Bericht erstellen, der die Umsätze nach Kategorien und nach den vier Quartalen anzeigt. In solch einem Bericht würden die Kategorien wie bisher in den Zeilen angegeben; die Quartale würden am besten als Spaltenüberschrift verwendet. Wie bekommen Sie das hin? Indem Sie das Feld *Quartal* in den Bereich *SPALTEN* verschieben.

Die Ausgangssituation für die folgenden Schritte ist der PivotTable-Bericht, wie er in Abbildung 22.11 zu sehen ist.

1. Klicken Sie im Bereich *ZEILEN* auf das Feld *Produkt* und ziehen Sie es aus der Feldliste heraus. So können Sie einfach ein Feld aus der Berichtsdefinition entfernen.
2. Ziehen Sie das Feld *Quartal* aus dem Bereich *FILTER* in den Bereich *SPALTEN*. Der Bericht sollte jetzt ungefähr so aussehen, wie es Abbildung 22.12 zeigt.

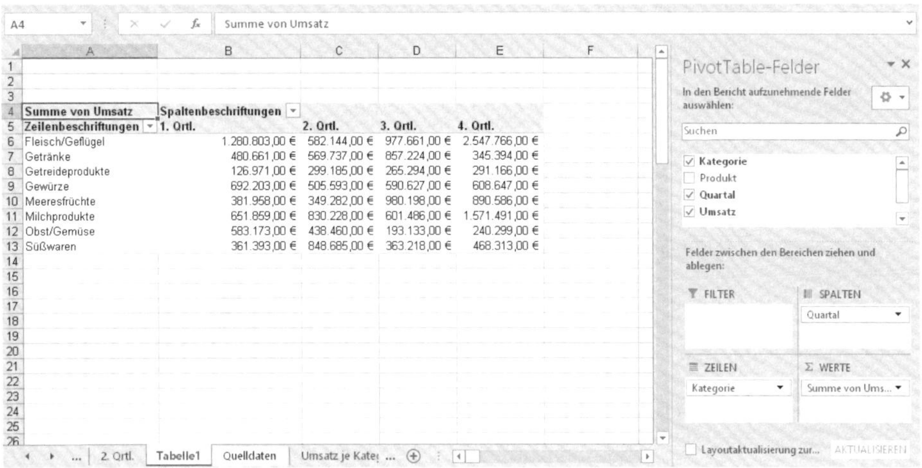

Abbildung 22.12: Die Umsatzzahlen werden jetzt nicht nur nach Kategorien, sondern auch nach Quartalen aufgeschlüsselt.

Der Bericht wurde um vier Spalten erweitert, da die Ausgangstabelle in der Spalte *Quartal* insgesamt vier verschiedene Werte enthält. Dieser Vorgang verläuft analog zur Auflistung der verschiedenen Kategorien.

Die Zahlen in diesem Bericht werden nach folgendem Verfahren berechnet: Um z.B. das Ergebnis für die Zelle B13 zu ermitteln, werden alle Umsatzzahlen der Quelldaten addiert, die in der Spalte *Kategorie* den Wert »Süßwaren« und in der Spalte *Quartal* den Wert »1. Qrtl.« enthalten.

In Abbildung 22.12 sehen Sie lediglich die Umsätze an den Schnittpunkten von Kategorie und Quartal. Sie können sich auch die Ergebnisse (Summe) für jede Zeile und für jede Spalte anzeigen lassen.

3. Klicken Sie auf der Registerkarte *PivotTable-Tools/Entwurf* in der Gruppe *Layout* auf *Gesamtergebnisse* (siehe Abbildung 22.13).
4. Legen Sie fest, wofür Excel die Gesamtergebnisse berechnen soll (gar nicht, nur für Zeilen, nur für Spalten, für Zeilen und Spalten).

   PivotTable-Berichte lassen sich am einfachsten mit Formatvorlagen formatieren.
5. Klicken Sie auf der Registerkarte *PivotTable-Tools/Entwurf* in der Gruppe *PivotTable-Formate* auf die Schaltfläche *Weitere*, um den Formatvorlagenkatalog zu öffnen.
6. Wählen Sie eine der angebotenen Formatvorlagen aus.
7. Verwenden Sie die Kontrollkästchen in der Gruppe *Optionen für PivotTable-Formate*, um festzulegen, welche Elemente des Berichts von der Formatierung betroffen sein sollen. Excel zeigt die Wirkung Ihrer Einstellung direkt im Bericht an.

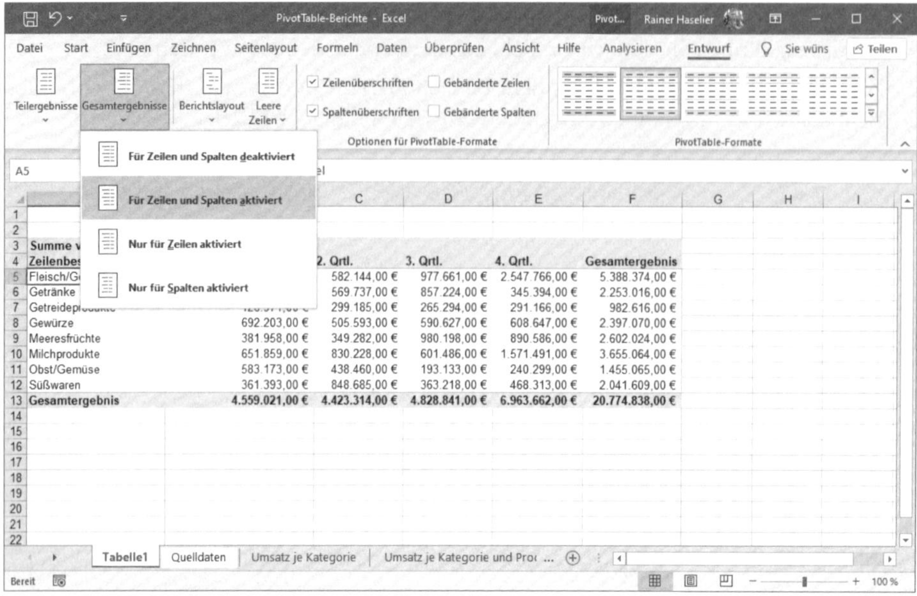

Abbildung 22.13: Hier legen Sie fest, welche Gesamtergebnisse Excel anzeigen soll.

Was sind die drei umsatzstärksten Produkte in den Kategorien Getränke, Milchprodukte und Süßwaren?

Neben den einfachen Berichtsfiltern, die Sie im Abschnitt »Wie hoch ist der Umsatz in einem bestimmten Quartal?« auf Seite 424 kennengelernt haben, lassen sich in PivotTable-Berichten weitaus komplexere Filterbedingungen verwenden.

Um Ihnen einen kleinen Eindruck von der Leistungsfähigkeit der Filterfunktion zu geben, wollen wir den Beispielbericht so abändern, dass er nur noch die drei umsatzstärksten Produkte der Kategorien *Getränke, Milchprodukte* und *Süßwaren* anzeigt. Dazu müssen wir in einem ersten Schritt zunächst die gewünschten Kategorien herausfiltern:

1. Richten Sie den PivotTable-Bericht so ein, wie es Abbildung 22.14 zeigt.
2. Markieren Sie die drei Kategorien *Getränke, Milchprodukte* und *Süßwaren.*

   Halten Sie dazu die `Strg`-Taste gedrückt und klicken Sie die betreffenden Zellen nacheinander an. (Der Vorgang ist in Abbildung 22.14 in dem durch den Rahmen hervorgehobenen Bereich zu erkennen.)
3. Klicken Sie mit der rechten Maustaste auf eine der markierten Zellen und wählen Sie im Kontextmenü den Befehl *Filter/Nur ausgewählte Elemente beibehalten.* Dadurch werden die übrigen Kategorien ausgeblendet und der Bericht enthält anschließend nur noch die gewünschten Kategorien.

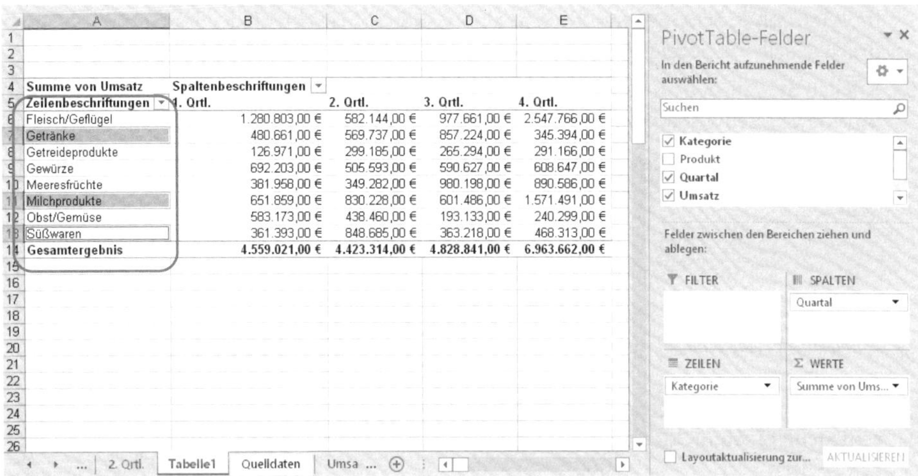

Summe von Umsatz	Spaltenbeschriftungen			
Zeilenbeschriftungen	1. Qrtl.	2. Qrtl.	3. Qrtl.	4. Qrtl.
Fleisch/Geflügel	1.280.803,00 €	582.144,00 €	977.661,00 €	2.547.766,00 €
Getränke	480.661,00 €	569.737,00 €	857.224,00 €	345.394,00 €
Getreideprodukte	126.971,00 €	299.185,00 €	265.294,00 €	291.166,00 €
Gewürze	692.203,00 €	505.593,00 €	590.627,00 €	608.647,00 €
Meeresfrüchte	381.958,00 €	349.282,00 €	980.198,00 €	890.586,00 €
Milchprodukte	651.859,00 €	830.228,00 €	601.486,00 €	1.571.491,00 €
Obst/Gemüse	583.173,00 €	438.460,00 €	193.133,00 €	240.299,00 €
Süßwaren	361.393,00 €	848.685,00 €	363.218,00 €	468.313,00 €
Gesamtergebnis	4.559.021,00 €	4.423.314,00 €	4.828.841,00 €	6.963.662,00 €

Abbildung 22.14: Die Ausgangssituation vor dem Filtern des Berichts

4. Klicken Sie im Bericht eine der Kategorien mit der rechten Maustaste an. Wählen Sie *Erweitern/Gesamtes Feld erweitern*. Excel zeigt das Dialogfeld *Detail einblen*den an.

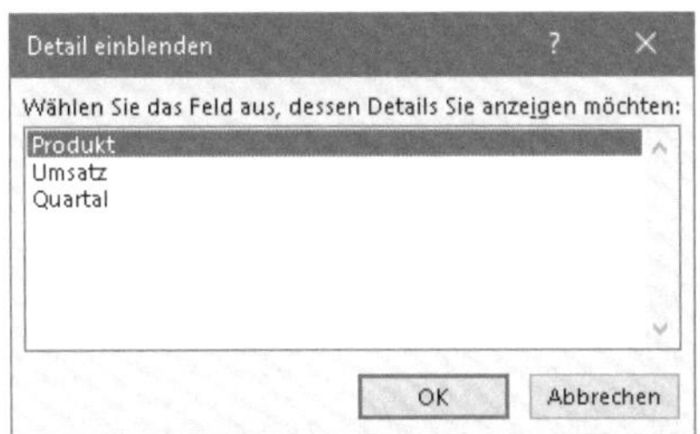

Abbildung 22.15: Wählen Sie das Feld aus, dessen Details dem Bericht hinzugefügt werden sollen.

5. Wählen Sie *Produkt* und klicken Sie auf *OK*. Dadurch werden im Bericht alle Produkte der drei Kategorien eingeblendet.

Summe von Umsatz	Spaltenbeschriftungen			
Zeilenbeschriftungen	1. Qrtl.	2. Qrtl.	3. Qrtl.	4. Qrtl.
⊟Getränke	**480.661,00 €**	**569.737,00 €**	**857.224,00 €**	**345.394,00 €**
Chai	7.056,00 €	8.784,00 €	11.745,00 €	21.285,00 €
Chang	27.208,00 €	228,00 €	20.615,00 €	202.825,00 €
Chartreuse verte	5.904,00 €	360,00 €	11.007,00 €	24.246,00 €
Côte de Blaye	251.273,00 €	128.061,00 €	731.212,00 €	13.175,00 €
Guaraná Fantástica	5.292,00 €	46.755,00 €	21.937,00 €	3.375,00 €
Ipoh Coffee	13.984,00 €	44.965,00 €	1.196,00 €	3.979,00 €
Lakkalikööri	114.192,00 €	177.408,00 €	32.616,00 €	17.055,00 €
Laughing Lumberjack Lager		518,00 €	350,00 €	42,00 €
Outback Lager	15.084,00 €	384,00 €	12.525,00 €	26.835,00 €
Rhönbräu Klosterbier	21.452,00 €	150.892,00 €	12.338,00 €	12.338,00 €
Sasquatch Ale	1.792,00 €	10.374,00 €		7.504,00 €
Steeleye Stout	17.424,00 €	1.008,00 €	1.683,00 €	12.735,00 €
⊞Milchprodukte	**651.859,00 €**	**830.228,00 €**	**601.486,00 €**	**1.571.491,00 €**
⊞Süßwaren	**361.393,00 €**	**848.685,00 €**	**363.218,00 €**	**468.313,00 €**
Gesamtergebnis	**1.493.913,00 €**	**2.248.650,00 €**	**1.821.928,00 €**	**2.385.198,00 €**

2. Qrtl. | Tabelle1 | Quelldaten | Umsatz je Kategorie

Abbildung 22.16: Die Produktdetails für die Kategorie Getränke *sind eingeblendet.*

Excel

Im nächsten Schritt werden Sie jetzt dafür sorgen, dass aus jeder Kategorie nur noch die drei Topseller angezeigt werden.

6. Klicken Sie mit der rechten Maustaste einen beliebigen Produktnamen an und wählen Sie im Kontextmenü den Befehl *Filter/Top 10.*

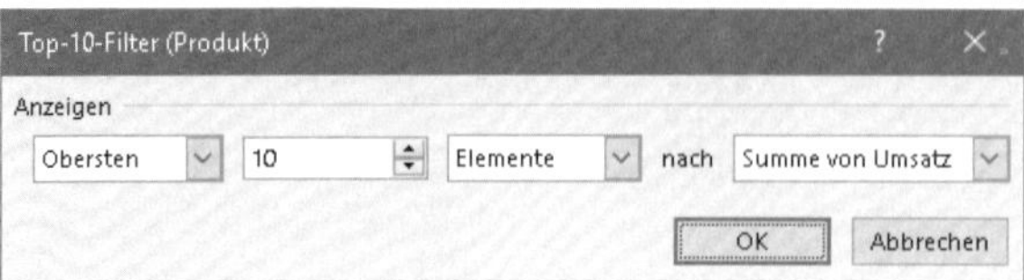

Abbildung 22.17: Konfiguration des Top-10-Filters

7. Ändern Sie im Dialogfeld den Vorgabewert von 10 auf 3. Öffnen Sie auch kurz die verschiedenen Listenfelder, um sich einen Überblick über die Möglichkeiten dieses Filters zu verschaffen.
8. Nach einem Klick auf *OK* hat der Bericht die eingangs geforderte Form (siehe Abbildung 22.18).
9. Damit Sie den Umsatz der einzelnen Produkte sehen können, klicken Sie auf der Registerkarte *PivotTable-Tools/Entwurf* auf *Gesamtergebnisse* und dann auf *Nur für Zeilen aktiviert.*

A14 | Süßwaren

Summe von Umsatz	Spaltenbeschriftungen				
Zeilenbeschriftungen	**1. Qrtl.**	**2. Qrtl.**	**3. Qrtl.**	**4. Qrtl.**	**Gesamtergebnis**
⊟ Getränke	**392.673,00 €**	**305.697,00 €**	**784.443,00 €**	**233.055,00 €**	**1.715.868,00 €**
Chang	27.208,00 €	228,00 €	20.615,00 €	202.825,00 €	250.876,00 €
Côte de Blaye	251.273,00 €	128.061,00 €	731.212,00 €	13.175,00 €	1.123.721,00 €
Lakkalikööri	114.192,00 €	177.408,00 €	32.616,00 €	17.055,00 €	341.271,00 €
⊟ Milchprodukte	**227.399,00 €**	**676.762,00 €**	**197.254,00 €**	**1.529.787,00 €**	**2.631.202,00 €**
Gorgonzola Telino	487,00 €	299.312,00 €	145.875,00 €	268.187,00 €	713.861,00 €
Queso Cabrales	135.744,00 €	302.925,00 €	504,00 €	65.625,00 €	504.798,00 €
Raclette Courdavault	91.168,00 €	74.525,00 €	50.875,00 €	1.195.975,00 €	1.412.543,00 €
⊟ Süßwaren	**224.060,00 €**	**731.892,00 €**	**279.337,00 €**	**443.615,00 €**	**1.678.904,00 €**
Gumbär Gummibärchen	50.796,00 €	12.492,00 €	206.117,00 €	283.568,00 €	552.973,00 €
Pavlova	168.536,00 €	264.608,00 €	18.497,00 €	99.901,00 €	551.542,00 €
Tarte au sucre	4.728,00 €	454.792,00 €	54.723,00 €	60.146,00 €	574.389,00 €

2. Qrtl. | Tabelle1 | Quelldaten | Umsatz je Kategorie

Abbildung 22.18: Jetzt werden in jeder Kategorie nur die drei Topseller angezeigt.

Drilldown: Welche Daten führen zu diesen Ergebnissen?

Wie Sie in den letzten Abschnitten gesehen haben, dient ein PivotTable-Bericht vor allem dazu, große Datenmengen zusammenzufassen. Aus dieser Vogelperspektive können Sie sich zwar sehr gut einen schnellen Überblick verschaffen, aber gelegentlich werden Sie auch wissen wollen, aus welchen Einzelwerten sich eine bestimmte Zahl des PivotTable-Berichts zusammensetzt (Drilldown).

Eine andere denkbare Anforderung an einen PivotTable-Bericht könnte lauten: »Zeige mir alle Verkäufe einer bestimmten Produktgruppe für einen vorgegebenen Zeitraum.« Auch diese Anfrage läuft darauf hinaus, eine bestimmte Teilmenge der Quelldaten aus dem Bericht zu extrahieren.

Sie werden vielleicht überrascht sein, aber die Lösung ist in beiden Fällen nur einen Doppelklick entfernt. Denn wenn Sie in einem PivotTable-Bericht auf einer Zelle des Datenbereichs doppelklicken, ergänzt Excel die Arbeitsmappe um ein neues Arbeitsblatt, auf dem sich eine Tabelle mit den zugehörigen Detaildaten der angeklickten Zelle befindet.

In Abbildung 22.19 sehen Sie z. B. die Detaildaten für die Zelle B13 aus Abbildung 22.12 (Umsatz in der Kategorie Süßwaren für das erste Quartal).

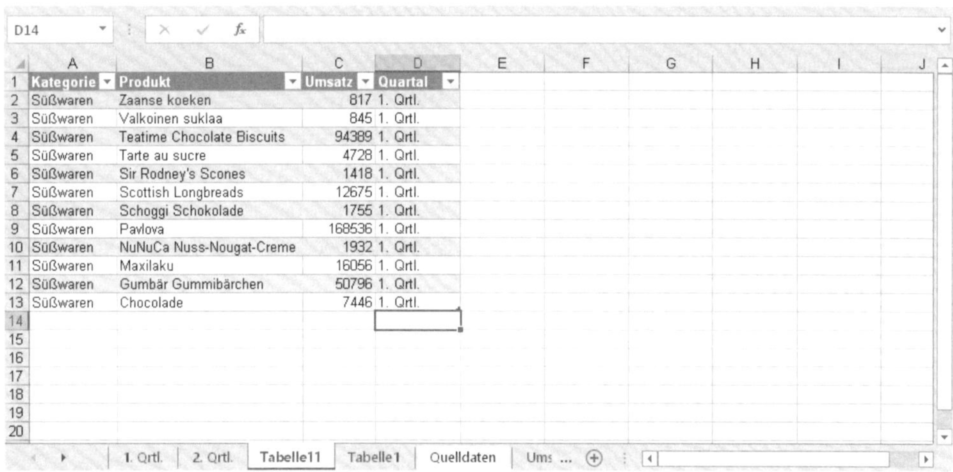

Kategorie	Produkt	Umsatz	Quartal
Süßwaren	Zaanse koeken	817	1. Qrtl.
Süßwaren	Valkoinen suklaa	845	1. Qrtl.
Süßwaren	Teatime Chocolate Biscuits	94389	1. Qrtl.
Süßwaren	Tarte au sucre	4728	1. Qrtl.
Süßwaren	Sir Rodney's Scones	1418	1. Qrtl.
Süßwaren	Scottish Longbreads	12675	1. Qrtl.
Süßwaren	Schoggi Schokolade	1755	1. Qrtl.
Süßwaren	Pavlova	168536	1. Qrtl.
Süßwaren	NuNuCa Nuss-Nougat-Creme	1932	1. Qrtl.
Süßwaren	Maxilaku	16056	1. Qrtl.
Süßwaren	Gumbär Gummibärchen	50796	1. Qrtl.
Süßwaren	Chocolade	7446	1. Qrtl.

Abbildung 22.19: Durch einen Doppelklick auf ein Datenfeld lassen sich dessen Detaildaten als separate Excel-Tabelle extrahieren.

Bei den Detaildaten handelt es sich um eine Kopie der betreffenden Quelldaten, d. h., das neue Arbeitsblatt hat keine Verbindung zum PivotTable-Bericht und dessen Quelldaten.

PivotCharts: Tabelle als Diagramm darstellen

Nachdem Sie nun wissen, wie Sie einen ansprechenden PivotTable-Bericht erstellen können, wollen wir Ihnen noch kurz zeigen, wie sich daraus ein Diagramm, also ein PivotChart-Bericht, erzeugen lässt. Da wir in diesem Buch dem Thema »Diagramme« ein eigenes Kapitel (siehe Kapitel 24) gewidmet haben, werden wir uns hier auf die Beschreibung der grundsätzlichen Vorgehensweise beschränken.

1. Markieren Sie eine Zelle des PivotTable-Berichts.
2. Wechseln Sie zur Registerkarte *PivotTable-Tools/Analysieren.*
3. Klicken Sie in der Gruppe *Tools* auf die Schaltfläche *PivotChart.* Excel zeigt das Dialogfeld *Diagramm einfügen* an, in dem die angebotenen Diagrammtypen in mehreren Kategorien organisiert sind.

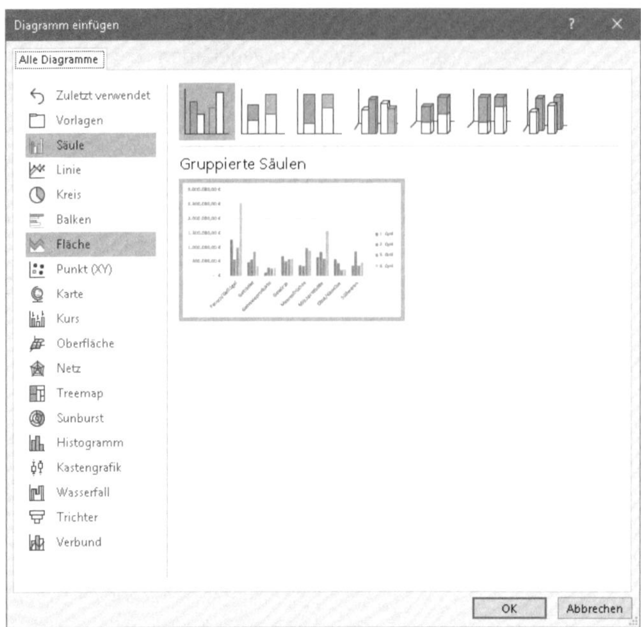

Abbildung 22.20: Die Wahl des geeigneten Diagrammtyps hängt von der Struktur des PivotTable-Berichts ab.

4. Wählen Sie den gewünschten Diagrammtyp aus und klicken Sie auf *OK*. Der PivotChart-Bericht wird standardmäßig auf dem aktuellen Arbeitsblatt eingefügt.

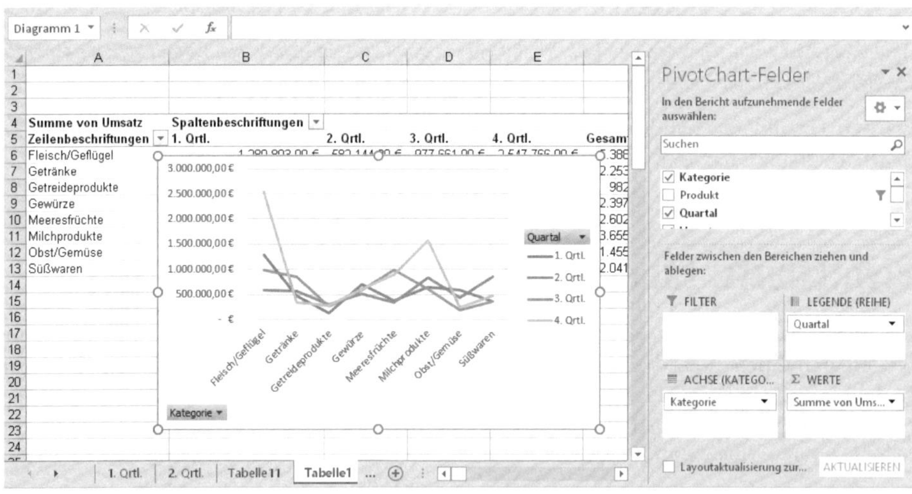

Abbildung 22.21: Das Diagramm ist mit dem PivotTable-Bericht verbunden

Rechts neben dem Diagramm ist das neue Fenster *PivotChart-Felder* erschienen. In ihm können Sie, ähnlich wie beim PivotTable-Bericht, das dem Diagramm zugrunde liegende Zahlenmaterial durch Setzen von Filterbedingungen usw. kontrollieren. Jede Änderung, die Sie hier vornehmen, wirkt sich auch auf den PivotTable-Bericht aus – und umgekehrt!

Kapitel 23

Arbeitsblätter verknüpfen und konsolidieren

Häufig ergibt sich das Problem, Daten auszuwerten, die sich in unterschiedlichen Arbeitsblättern befinden. Wie Sie Werte in verschiedenen Arbeitsblättern oder in unterschiedlichen Abeitsmappen miteinander verknüpfen können, ist Thema dieses Kapitels. Wie Sie eine einfache Verknüpfung erstellen, ist in Kapitel 21, »Tabellenblätter organisieren« beschrieben. In diesem Kapitel soll das Thema vertieft werden. Außerdem erfahren Sie hier, wie sich Daten konsolidieren, d. h. verdichten lassen.

Arbeitsblätter verknüpfen

Zu Anfang ein einfaches Beispiel für die Verknüpfung von Daten, die sich in unterschiedlichen Arbeitsblättern in der gleichen Arbeitsmappe befinden.

Wir haben dazu die Arbeitsmappe *Preise,* die sich in den Beispieldateien befindet, in zwei Fenstern geöffnet. Hierzu haben wir auf der Registerkarte *Ansicht* in der Gruppe *Fenster* zuerst die Schaltfläche *Neues Fenster* angeklickt. Excel öffnet daraufhin ein weiteres Fenster, in dem die derzeit geöffnete Arbeitsmappe geladen ist. Anschließend haben wir auf der Registerkarte *Ansicht* in der Gruppe *Fenster* die Schaltfläche *Alle anordnen* angeklickt. Excel zeigt dann das Dialogfeld *Fenster anordnen* an. Dort können Sie festlegen, ob die Fenster beispielsweise unter- oder nebeneinander positioniert werden sollen. Die verschiedenen Fenster, in denen die gleiche Arbeitsmappe geöffnet ist, sind mit *Preise:1* und *Preise:2* beschriftet.

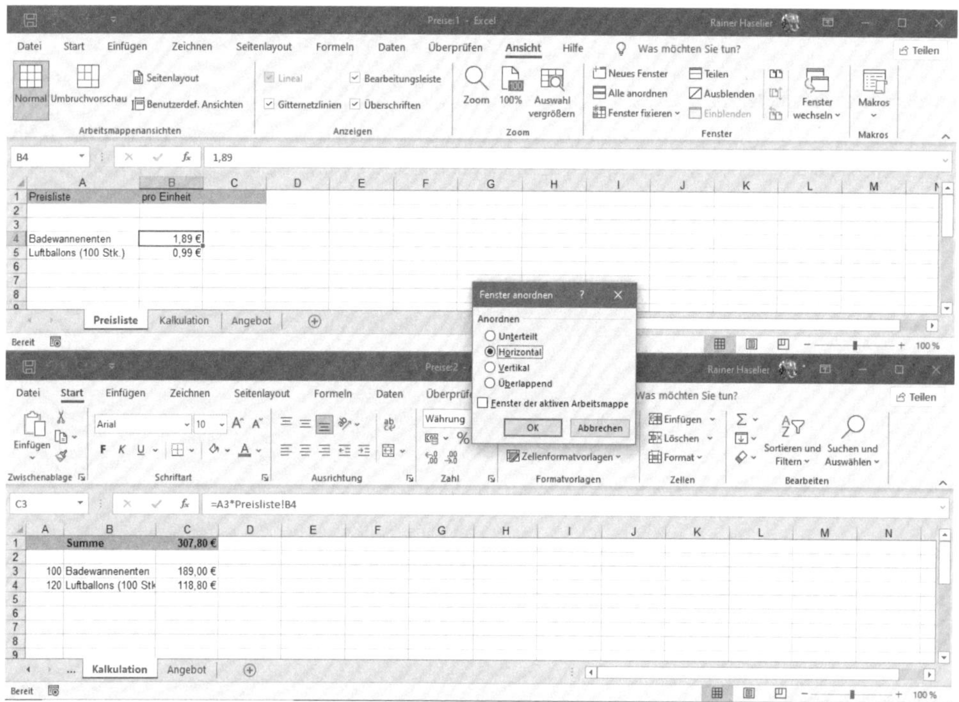

Abbildung 23.1: Zwei Arbeitsblätter in der gleichen Arbeitsmappe sind miteinander verknüpft.

Im oberen Fenster sehen Sie im Arbeitsblatt *Preisliste* eine kleine Preisliste. In der unteren Tabelle wurde eine Kalkulation erstellt, die den Text und die Preise aus der Preisliste verwendet. In Zelle C3 der Kalkulation steht die Formel: `=A3*Preisliste!B4`

`A3` bezeichnet die Stückzahl der Kalkulation, während die Referenz `Preisliste!B4` auf den Stückpreis im Arbeitsblatt *Preisliste* verweist. Der Name des Arbeitsblatts und die Zelladresse werden durch ein Ausrufezeichen getrennt.

Das dritte Arbeitsblatt mit dem Namen *Angebot* enthält den Entwurf für ein Angebotsschreiben. In das Angebotsschreiben wurde ein Verweis auf die Gesamtsumme der Kalkulation eingefügt: `=Kalkulation!C1`

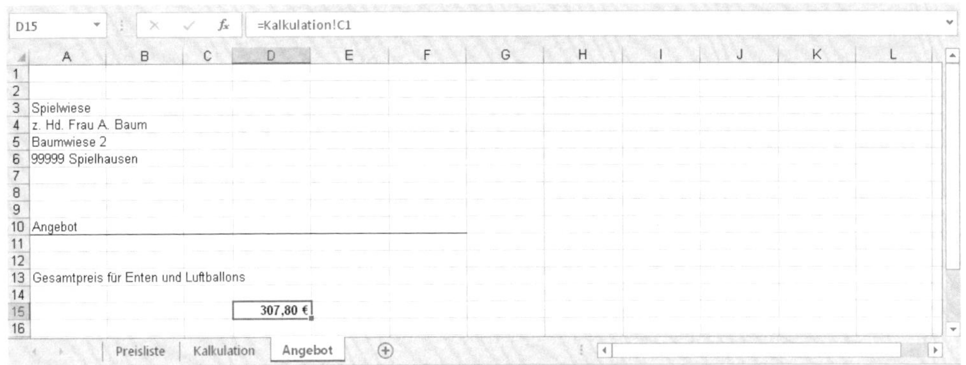

Abbildung 23.2: Das Arbeitsblatt Angebot *mit einem Verweis auf das Arbeitsblatt* Kalkulation

Verweis auf Zelle in anderer Arbeitsmappe

In Excel können Sie auch Verknüpfungen zu Zellen und Zellbereichen einfügen, die sich in einer anderen Arbeitsmappe befinden. Angenommen, das Arbeitsblatt mit dem Angebot befindet sich in einer anderen Arbeitsmappe. Dann müsste der Verweis auf Zelle C1 des Arbeitsblatts *Kalkulation* der Arbeitsmappe *Preise* folgendermaßen heißen:

```
=[Preise.xlsx]Kalkulation!$C$1
```

Der Name der Arbeitsmappe wird in eckigen Klammern eingeschlossen; danach folgen der Name des Arbeitsblatts sowie der Zellbezug; beide werden durch ein Ausrufezeichen miteinander verknüpft.

Möchten Sie den Verweis nicht mit der Hand eintragen, weil Sie Tippfehler befürchten oder eventuell auch nicht mehr so genau wissen, wie die Angabe richtig heißen muss, gehen Sie am besten folgendermaßen vor:

1. Klicken Sie die Zelle in der Arbeitsmappe an, auf die verwiesen werden soll (hier: C1 im Arbeitsblatt *Kalkulation* in der Arbeitsmappe *Preise*).
2. Kopieren Sie sie mit Strg+C in die Zwischenablage.
3. Wechseln Sie zu der Arbeitsmappe, in die der Verweis eingefügt werden soll. Verwenden Sie hierzu auf der Registerkarte *Ansicht* in der Befehlsgruppe *Fenster* die Schaltfläche *Fenster wechseln.*
4. Markieren Sie die Zelle, in die der Verweis eingefügt werden soll.
5. Klicken Sie auf der Registerkarte *Start* in der Gruppe *Zwischenablage* auf den Pfeil der Schaltfläche *Einfügen* und wählen Sie im Menü den Befehl *Inhalte einfügen.* Das gleichnamige Dialogfeld wird angezeigt.

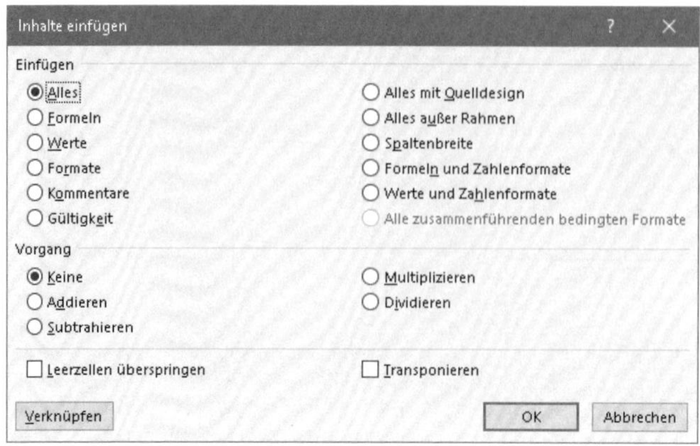

Abbildung 23.3: In diesem Dialogfeld können Sie genau festlegen, was eingefügt werden und ob eine Verknüpfung zu den Quelldateien erhalten bleiben soll.

6. Wählen Sie im Dialogfeld *Inhalte einfügen* die Option *Alles* oder *Alles außer Rahmen* (wenn Sie die Formatierung der Zelle nicht mit einfügen möchten).
7. Klicken Sie dann auf die Schaltfläche *Verknüpfen*.

Der Verweis wird von Excel als Verknüpfung eingefügt und sieht erwartungsgemäß folgendermaßen aus:

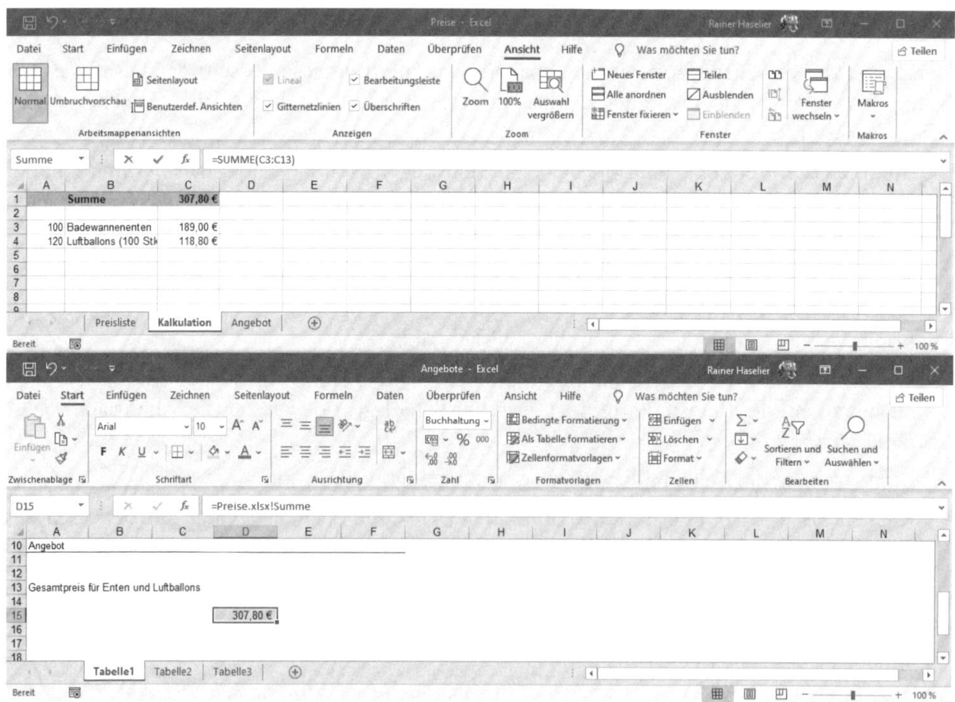

Abbildung 23.4: Die Arbeitsmappe Angebote.xlsx *(unten) enthält einen Verweis auf Zelle C1 des Arbeitsblatts* Kalkulation *der Arbeitsmappe* Preise.xlsx. *Dieser Zelle wurde der Name* Summe *zugewiesen.*

Tipp Verweise auf benannte Zellen In der Regel werden Sie bei Verknüpfungen auf absolute Adressen verweisen. Deshalb ist es durchaus sinnvoll, Zellen mit Namen zu versehen, um dann auf Namen verweisen zu können. Wurde beispielsweise Zelle C1 des Arbeitsblatts *Kalkulation* mit *Summe* benannt (Registerkarte *Formeln*, Befehlsgruppe *Definierte Namen*, Schaltfläche *Namen definieren*), können Sie einfacher mit `=Preise.xlsx!Summe` auf diese Zelle verweisen. Die Benennung des Arbeitsblatts ist hierbei nicht notwendig, da Namen in einer Arbeitsmappe eindeutig sein müssen, d. h., es darf keine zwei Zellen mit gleichem Namen geben.

Verweise auf nicht geladene Arbeitsmappen

Die Verweise zwischen Arbeitsmappen können sich auch auf nicht geladene Blätter beziehen. Dazu muss allerdings der volle Pfadname der Datei angegeben werden. In der Formel wird der Dateiname dann in einfache Anführungszeichen eingeschlossen, wie z. B.:

```
='C:\Users\rainerghaselier\Documents\Preise.xlsx'!Summe
```

Haben Sie Zelle C1 nicht mit dem Namen *Summe* benannt, so finden Sie in der Bearbeitungsleiste:

```
='C:\Users\rainerghaselier\Documents\Preise.xlsx'!$C$1
```

Wenn Sie eine Arbeitsmappe laden, in der sich Verweise auf andere Arbeitsmappen befinden, zeigt Excel unterhalb des Menübands eine Sicherheitswarnung an, die Sie darauf aufmerksam macht, dass die automatische Aktualisierung deaktiviert wurde.

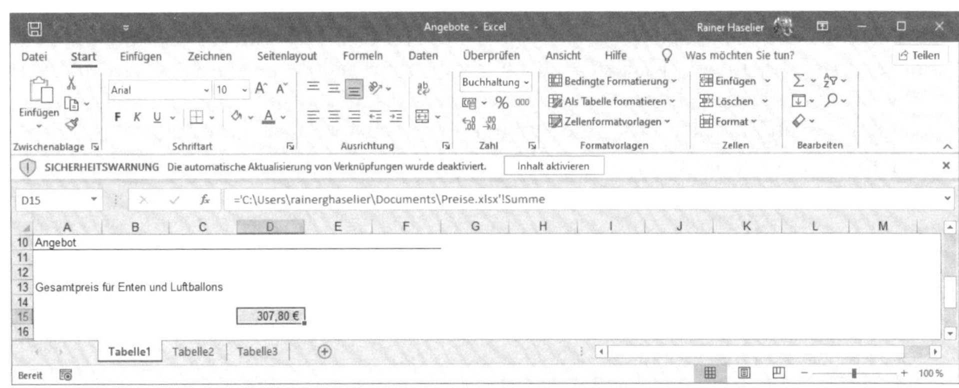

Abbildung 23.5: Beim Öffnen einer Datei, die Verknüpfungen zu anderen Arbeitsmappen enthält, zeigt Excel diese Sicherheitswarnung an.

Klicken Sie auf die Schaltfläche *Inhalt aktivieren*, damit die aktuellen Werte aus den im Verweis angegebenen Dateien verwendet werden.

Verknüpfte Dateien laden

In einem eigenen Dialogfeld können Sie sich alle Verknüpfungen ansehen, verknüpfte Dateien laden und eine andere Datei als Quelle der Verknüpfung festlegen. Klicken Sie auf die Registerkarte *Datei* und dann auf *Informationen*. Klicken Sie anschließend im rechten Bereich der Backstage-Ansicht auf *Verknüpfungen mit Dateien bearbeiten*. Excel zeigt das Dialogfeld *Verknüpfungen bearbeiten* an (siehe Abbildung 23.6).

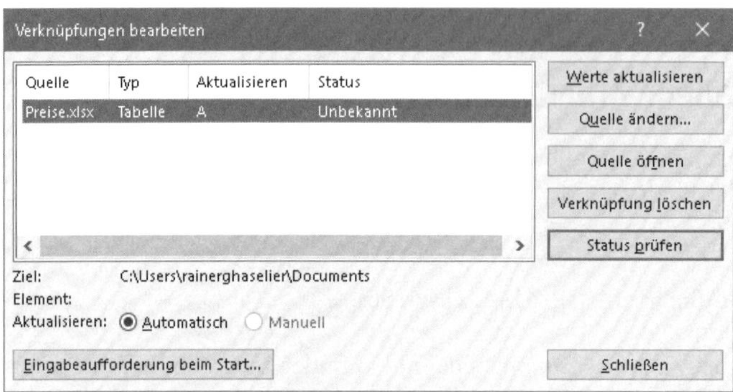

Abbildung 23.6: Dieses Dialogfeld zeigt alle Verknüpfungen in der geöffneten Arbeitsmappe an.

- **Werte aktualisieren** *Werte aktualisieren* bringt die Werte der Verknüpfung auf den neuesten Stand, ohne die verknüpfte Datei zu öffnen. Hierbei ist allerdings zu beachten, dass Verbindungen in eine nicht geöffnete Datei etwas mehr Zeit beim Neuberechnen und Aktualisieren benötigen.
- **Quelle ändern** Die Schaltfläche *Quelle ändern* ermöglicht Ihnen, die Bezugsdatei auszutauschen. Als Beispiel könnten wir annehmen, es gelte ab heute eine neue Preisliste und Sie müssen daher alle Verweise auf die alte Preisliste *Preise* in Verweise auf die neue Liste, *Preise_10*, ändern. Klicken Sie dazu einfach die Schaltfläche *Quelle ändern* an. Excel zeigt dann ein Dialogfeld an, in dem Sie die neue Tabelle auswählen können. In der gesamten Ausgangstabelle werden die Verknüpfungen entsprechend geändert.
- **Quelle öffnen** Mithilfe der Schaltfläche *Quelle öffnen* können Sie eine ausgewählte Datei laden.
- **Eingabeaufforderung beim Start** Sie können außerdem festlegen, wie Excel reagieren soll, wenn eine Datei mit externen Verknüpfungen geladen wird. Klicken Sie dazu auf die Schaltfläche *Eingabeaufforderung beim Start*. Hier können Sie entscheiden, ob eine Warnung angezeigt werden soll oder ob keine Warnung aktiviert wird, ob automatisch aktualisiert werden soll oder nicht.

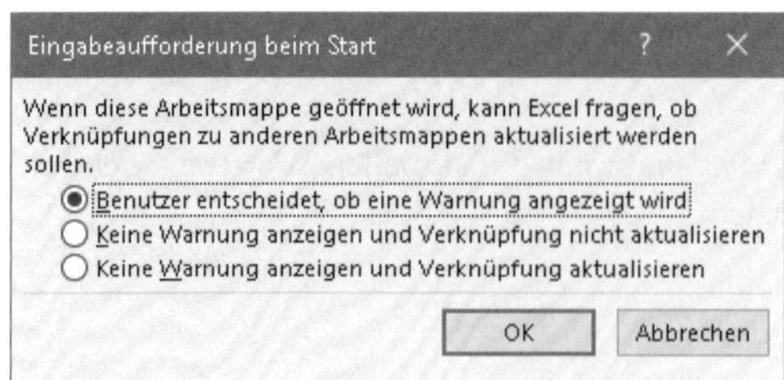

Abbildung 23.7: Hier legen Sie fest, was mit externen Verknüpfungen geschehen soll.

Verknüpfungen in Funktionen

Angenommen, Sie haben die Umsatzzahlen von verschiedenen Filialen für die Monate Januar bis März monatsweise in drei Arbeitsblättern in einer Arbeitsmappe eingetragen und möchten nun eine Übersicht der einzelnen Monate erstellen (siehe Abbildung 23.8).

Dann könnten Sie entweder in jedem Arbeitsblatt die Umsätze addieren und auf der Übersicht einen Verweis auf die Zelle mit der Summe einfügen. Oder Sie errechnen die Summe direkt auf dem Übersichtsblatt. Das können Sie im Prinzip mit der folgenden Formel:

```
=Januar!B5+Januar!B6+Januar!B7+Januar!B8+Januar!B9
```

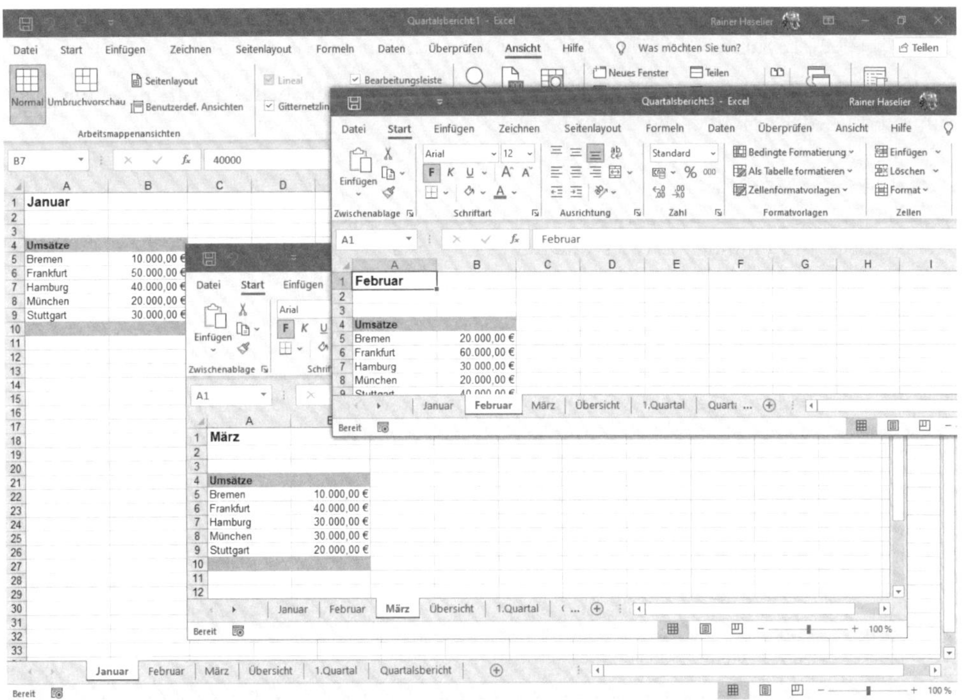

Abbildung 23.8: Anhand der Monatszahlen der einzelnen Filialen soll der Gesamtumsatz pro Monat berechnet und in einem Übersichtsblatt eingetragen werden.

Je mehr Zellen addiert werden sollen, umso mühsamer ist es aber, diese Formel zu erstellen. Einfacher ist es, die Summenfunktion zu verwenden, und das geht so:

1. Fügen Sie in dem Arbeitsblatt, auf dem die Umsatzübersicht stehen soll, in die gewünschte Zelle die Summenfunktion ein, indem Sie auf der Registerkarte *Formeln* in der Gruppe *Funktionsbibliothek* die Schaltfläche *AutoSumme* anklicken.
2. Wechseln Sie zum Arbeitsblatt *Januar* und markieren Sie die entsprechenden Zellen (nämlich B5 bis B9).
3. Bestätigen Sie die Formel durch Drücken der ↵-Taste.

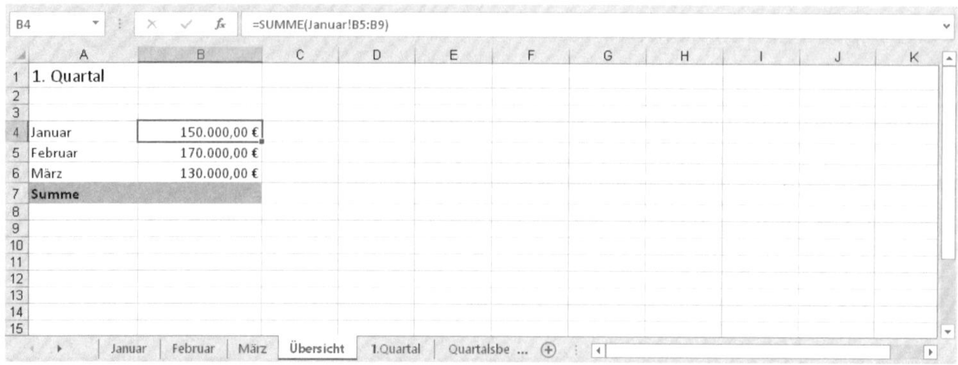

Abbildung 23.9: Die Summenfunktion enthält einen Verweis auf ein anderes Arbeitsblatt.

In die Summenfunktion wurde so der Verweis auf das Arbeitsblatt *Januar* aufgenommen. Summiert werden soll über die Zellen B5 bis B9:

```
=SUMME(Januar!B5:B9)
```

Möchten Sie die Summe in einer anderen Arbeitsmappe erstellen, wird zusätzlich in der Summenfunktion der Name der Arbeitsmappe eingefügt, wie in:

```
=SUMME([Quartalsbericht.xlsx]Januar!B5:B9)
```

Tipp Benannte Bereiche Auch hierbei ist das Arbeiten mit benannten Bereichen optimal. So können Sie beispielsweise im Arbeitsblatt *März* den Bereich, der addiert werden soll – also B5 bis B9 –, mit einem Namen versehen, wie *WerteMärz*. Im Arbeitsblatt *Übersicht* wird dann in die entsprechende Zelle nur `=SUMME(WerteMärz)` eingetragen, um die Summe über alle Werte im Bereich *WerteMärz* zu berechnen.

3D-Bezüge

Mithilfe der in den vorangegangenen Abschnitten beschriebenen Verknüpfungsmethoden können Sie Formeln erstellen, deren Bezüge sich auch auf andere Arbeitsblätter erstrecken. Eine spezielle Art der Verknüpfung über eine Reihe von Arbeitsblättern hinweg ist der 3D-Bezug.

Als Beispiel verwenden wir wieder die Arbeitsmappe *Quartalsbericht.xlsx* (siehe Abbildung 23.10), in der die Umsatzzahlen der Monate Januar bis März für verschiedene Filialen enthalten sind. In einem neuen Arbeitsblatt mit dem Namen *1.Quartal* soll nun für jede Stadt über alle drei Arbeitsblätter *Januar* bis *März* die Summe berechnet werden.

Das funktioniert im Prinzip mit der Formel

```
=Januar!B5+Februar!B5+März!B5
```

Diese Art der Schreibweise ist ebenso mühsam wie fehlerträchtig. Einfacher lässt sich diese Aufgabe mit einem 3D-Bezug lösen. Hierbei wird die dritte Dimension genutzt, nämlich die hintereinanderliegenden Arbeitsblätter.

Die Formel für die Summe kann so einfach als

```
=SUMME(Januar:März!B5)
```

geschrieben werden. Durch den Doppelpunkt werden alle Arbeitsblätter, die zwischen *Januar* und *März* liegen, in die Berechnung mit eingeschlossen.

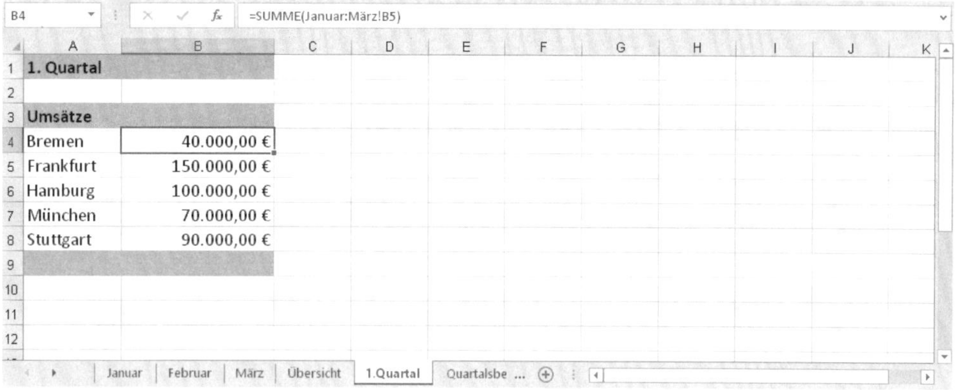

B4 | =SUMME(Januar:März!B5)

	A	B
1	**1. Quartal**	
2		
3	**Umsätze**	
4	Bremen	40.000,00 €
5	Frankfurt	150.000,00 €
6	Hamburg	100.000,00 €
7	München	70.000,00 €
8	Stuttgart	90.000,00 €
9		
10		
11		
12		

Januar | Februar | März | Übersicht | 1.Quartal | Quartalsbe ...

Abbildung 23.10: Die Funktion SUMME *verwendet einen 3D-Bezug.*

Daten konsolidieren

Eine weitere Methode für die Auswertung und Verdichtung von Daten ist die Konsolidierung. Sie können damit auch über mehrere Arbeitsblätter hinweg schnell Summen-, Mittelwert- und statistische Berechnungen durchführen.

Excel unterscheidet die Konsolidierung nach Position oder nach Rubrik. Daten nach Position zu konsolidieren setzt voraus, dass die zusammenzufassenden Daten zwar in mehreren Arbeitsblättern verteilt sein können, aber immer in der gleichen Reihenfolge und immer an der gleichen Position angeordnet sein müssen. Verwenden Sie Daten mit identischen Zeilen- und Spaltenbeschriftungen, lassen sich diese Daten mit übereinstimmenden Beschriftungen nach Rubriken zusammenfassen. Im Folgenden stellen wir Ihnen in jeweils einem Beispiel eine Konsolidierung nach Position und eine nach Rubriken vor.

Konsolidieren nach Position

Ihnen liegen drei Arbeitsblätter mit den Umsatzerlösen der Monate Januar, Februar und März in der Arbeitsmappe *Quartalsbericht.xlsx* vor, die alle drei gleich aufgebaut sind. In einer vierten Tabelle möchten Sie als Quartalsbericht die Umsatzsummen der Monate addieren. (Ebenso könnten Sie den Mittelwert oder den Maximalwert bestimmen.)

Sie könnten dieses Problem, wie in den vorangegangenen Abschnitten gezeigt, durch eine Verknüpfung lösen. Tragen Sie dazu in die Additionsformel die entsprechenden Verweise ein. Bei drei verknüpften Blättern ist dieser Vorgang noch überschaubar, aber bei sechs, sieben oder mehr Verknüpfungen werden die Formeln lang und unhandlich. Insbesondere sind die Rechenanweisungen nicht änderungsfreundlich, denn Sie müssen z.B. bei der Hinzunahme einer weiteren Verknüpfung alle Formeln anpassen. Mit der Konsolidierungsfunktion bietet Excel Ihnen eine elegante und bequeme Möglichkeit, Anwendungen wie Quartalsberichte zu erstellen.

Fügen Sie für den Bericht ein neues Arbeitsblatt ein. Positionieren Sie den Cursor an der Stelle, an der Sie die konsolidierten Werte einfügen möchten, und rufen Sie dann das Konsolidierungsdialogfeld auf, indem Sie auf der Registerkarte *Daten* in der Befehlsgruppe *Datentools* die Schaltfläche *Konsolidieren* anklicken.

Links oben im daraufhin angezeigten Dialogfeld sehen Sie die mathematischen Funktionen, die Sie beim Konsolidieren von Daten verwenden können. Für unser Beispiel sollte dort *Summe* selektiert sein.

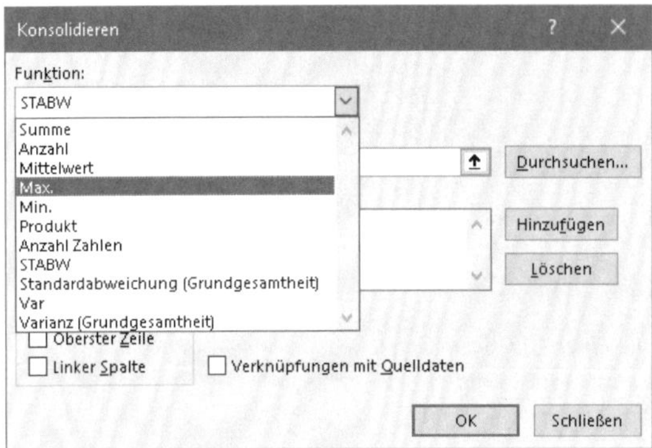

Abbildung 23.11: In der Liste Funktion *sehen Sie die Funktionen, die Sie beim Konsolidieren der Daten verwenden können.*

Im Feld *Verweis* (siehe Abbildung 23.12) werden die Verweise auf die zu konsolidierende Tabelle aufgenommen. Über die Schaltfläche *Hinzufügen* werden diese Bezüge dann nacheinander in die Liste, die mit *Vorhandene Verweise* betitelt ist, eingetragen.

Im Beispiel werden in den Bereich *Vorhandene Verweise* die Umsatzzahlen der einzelnen Monate aufgenommen. Die einzelnen Ursprungsbezugsbereiche werden, bildlich gesprochen, übereinandergelegt und addiert. Zusätzlich ist ausgewählt, dass die Beschriftung aus der linken Spalte stammen soll.

Im Dialogfeld in Abbildung 23.12 wurde zudem festgelegt, dass die konsolidierten Daten mit den ursprünglichen verknüpft werden sollen. Mithilfe von verknüpften Konsolidierungen ist es möglich, eine Verbindung zwischen der Ausgangs- und der Konsolidierungstabelle herzustellen, sodass bei Änderungen der Werte in den Quellbereichen automatisch die konsolidierten Daten aktualisiert werden.

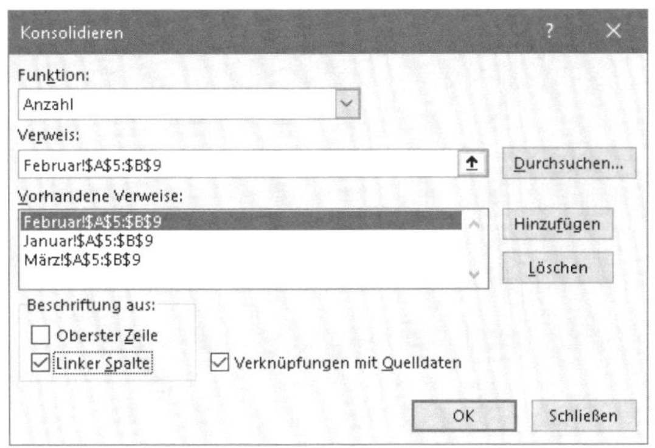

Abbildung 23.12: Die Daten, die zur Konsolidierung verwendet werden sollen, werden hier festgelegt.

Gleichzeitig mit den Verknüpfungen wird Ihr Konsolidierungsarbeitsblatt gegliedert. Durch die Gliederung werden die Zwischenergebnisse versteckt. Zu jedem Ergebnis fügt Excel den Namen der Ursprungsdatei hinzu. In Abbildung 23.13 ist ein so verknüpftes und gegliedertes Blatt zu sehen, wobei für eine Zeile auch die Gliederungsdetails zu sehen sind.

	A	B	C
4	Bremen		40.000,00 €
5		Quartalsbericht	60.000,00 €
6		Quartalsbericht	50.000,00 €
7		Quartalsbericht	40.000,00 €
8	Frankfurt		150.000,00 €
12	Hamburg		100.000,00 €
16	München		70.000,00 €
20	Stuttgart		90.000,00 €

Abbildung 23.13: Der konsolidierte Quartalsbericht ist fertig

Tipp Verknüpfung mit Quelldaten Wenn Sie die Quelldaten nicht verknüpfen, erhalten Sie im Arbeitsblatt mit den konsolidierten Daten nur die Ergebnisse der Konsolidierung. Möchten Sie eine Änderung der Ursprungsdaten in die Konsolidierung einbeziehen, müssen Sie erneut konsolidieren.

Konsolidieren nach Rubriken

Als Beispiel für die Konsolidierung nach Rubriken verwenden wir eine Arbeitsmappe mit dem Namen *Verkauf.xlsx* (siehe Abbildung 23.14). Wie Sie links im Fenster in der Spalte *Artikelnummer* erkennen können, sind einige der Artikel mehrfach aufgeführt. Mithilfe der Konsolidierungsfunktion ist es möglich, die Summen für die einzelnen Artikelnummern zu berechnen. Übrigens kann Excel eine Konsolidierung auch innerhalb ein- und desselben Arbeitsblatts durchführen.

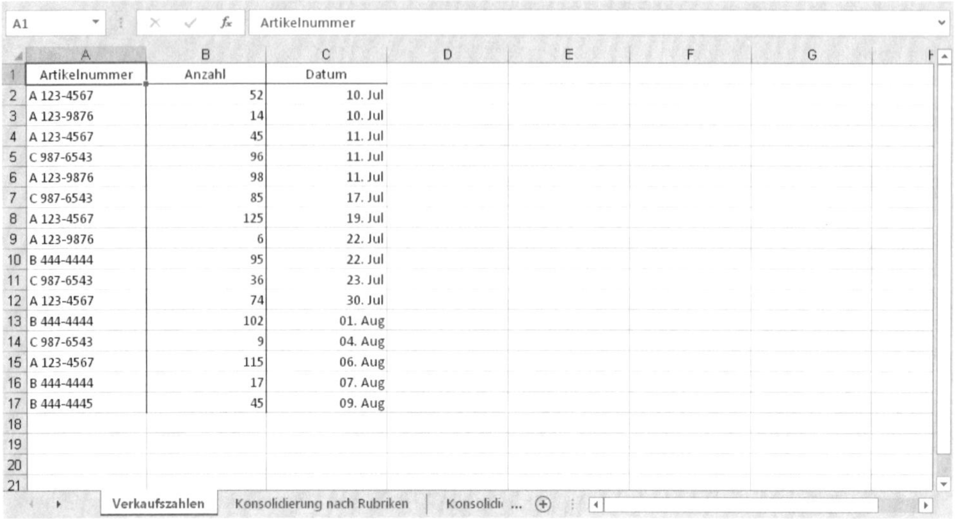

Artikelnummer	Anzahl	Datum
A 123-4567	52	10. Jul
A 123-9876	14	10. Jul
A 123-4567	45	11. Jul
C 987-6543	96	11. Jul
A 123-9876	98	11. Jul
C 987-6543	85	17. Jul
A 123-4567	125	19. Jul
A 123-9876	6	22. Jul
B 444-4444	95	22. Jul
C 987-6543	36	23. Jul
A 123-4567	74	30. Jul
B 444-4444	102	01. Aug
C 987-6543	9	04. Aug
A 123-4567	115	06. Aug
B 444-4444	17	07. Aug
B 444-4445	45	09. Aug

Abbildung 23.14: Diese Artikelliste soll konsolidiert werden.

Um diese Liste zu konsolidieren, gehen Sie folgendermaßen vor: Wechseln Sie zum Arbeitsblatt *Konsolidierung nach Rubriken,* setzen Sie die Einfügemarke in Zelle A1 und klicken Sie auf der Registerkarte *Daten* in der Gruppe *Datentools* auf *Konsolidieren*. Das Dialogfeld *Konsolidieren* wird geöffnet (siehe Abbildung 23.15).

Als Verweis legen Sie dann den Tabellenbereich A2:B17 des Arbeitsblatts *Verkaufszahlen* fest. Klicken Sie zusätzlich in der Gruppe *Beschriftung aus* das Kontrollkästchen *Linker Spalte* an. Dadurch wird Excel angewiesen, die Werte anhand der Beschriftungen in der linken Spalte des Bezugsbereichs zu unterscheiden. Ansonsten werden nur Werte konsolidiert, die innerhalb der Bereiche relativ die gleichen Adressen haben.

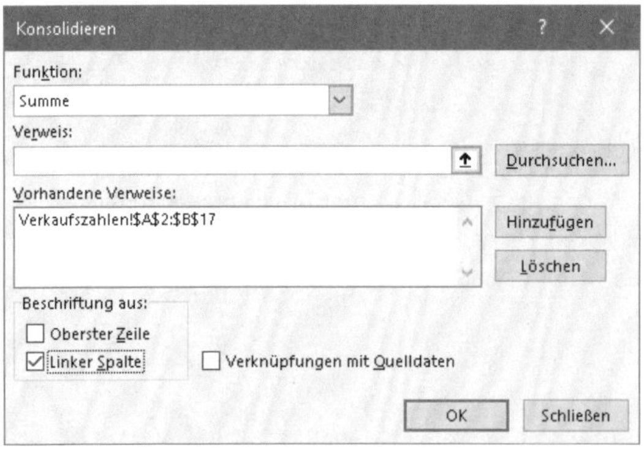

Abbildung 23.15: Mit diesen Einstellungen wird die Artikelliste nach Rubriken konsolidiert.

Excel konsolidiert die Ausgangsdaten und summiert über die Artikelnummern. Das Ergebnis ist in der folgenden Abbildung dargestellt.

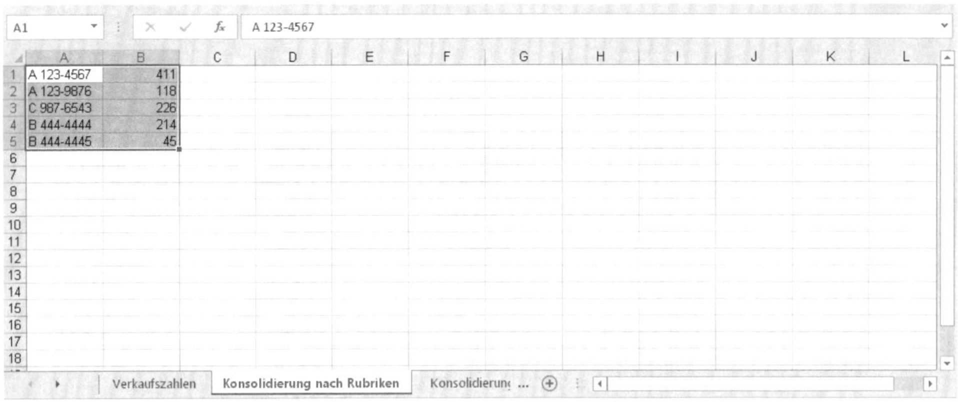

Abbildung 23.16: Die Verkaufszahlen wurden nach Artikelnummern konsolidiert.

Platzhalter verwenden

Bei der Angabe der Rubriken gibt es noch weitere Möglichkeiten. Sie können mehrere Rubrikenarten durch die Angabe von Platzhaltersymbolen, wie * und ?, zusammenfassen. Ein Sternchen steht für beliebig viele Zeichen, ein Fragezeichen für ein beliebiges Zeichen.

In der folgenden Abbildung ist wieder die Verkaufstabelle zu sehen, jedoch wurden die Rubriken für die Konsolidierung geändert. Die Zeilen sind jetzt mit A*, B* und C* vorbesetzt. Der Stern als Platzhaltersymbol steht für beliebig viele Zeichen. In unserem Fall werden alle Rubriken, deren erstes Zeichen mit dem ersten Zeichen der Zeilenbeschriftung übereinstimmt, konsolidiert.

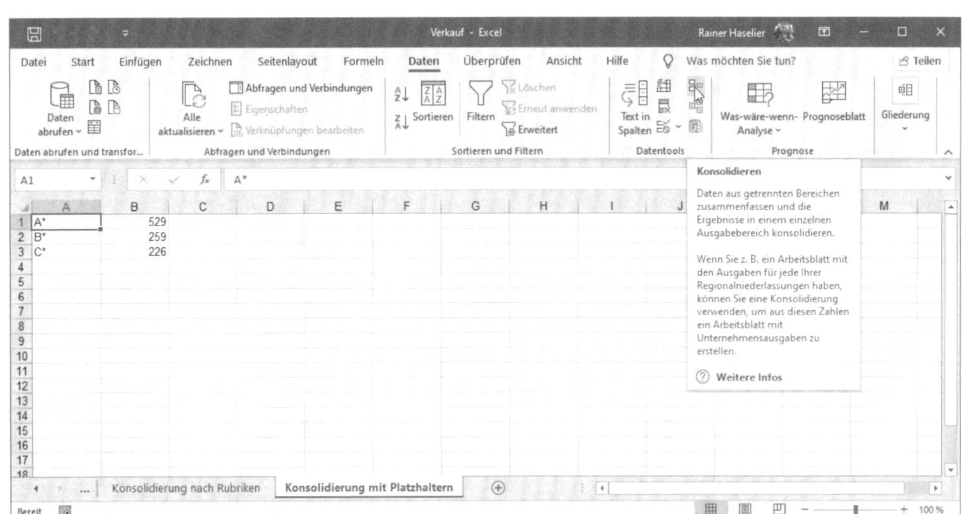

Abbildung 23.17: Beispiel für die Konsolidierung mit Platzhaltersymbolen

Markieren Sie vor der Konsolidierung die drei Zellen und rufen Sie dann erst das Dialogfeld zum Konsolidieren auf.

Kapitel 24

Diagramme erstellen

Die Präsentation von Daten als Diagramme gehört ganz klar zu den Kernkompetenzen von Excel und das Angebot an Funktionen ist entsprechend umfangreich. Schon seit Excel 2007 lassen sich in Excel Diagramme in absolut professioneller Qualität erzeugen. Seitdem haben sich die Entwickler von Microsoft darauf konzentriert, das Erstellen von Diagrammen möglichst zu vereinfachen. Denn gerade im Hinblick auf die Unterstützung von Geräten mit touchfähigen Displays bestand hier noch Nachholbedarf. Zu viele Aufgaben beim Formatieren eines Diagramms waren wenig intuitiv und über zu viele Registerkarten verteilt.

Mit Excel 2013 wurde das Erstellen von Diagrammen dann nochmals deutlich unkomplizierter und wie Sie im Verlaufe des Kapitels sehen werden, sind die Programmierer von Excel ihrem Ziel ein großes Stück näher gekommen.

In diesem Kapitel werden wir Ihnen zunächst zeigen, wie Sie »mal eben« ein Diagramm erzeugen und es anschließend nach Ihren Wünschen verändern. Dabei werden Sie nicht ein einziges Mal das Menüband nutzen.

Im zweiten Teil des Kapitels stellen wir Ihnen die Registerkarten zur Diagrammbearbeitung vor und gehen dabei auch auf einige Spezialthemen ein.

Schnellanalyse

Die sogenannte Schnellanalyse wurde in Excel 2013 eingeführt. Ihr Symbol ist Ihnen vermutlich schon des Öfteren begegnet und vielleicht haben Sie auch schon ein wenig mit diesem Feature experimentiert, zum Beispiel beim Formatieren einer Tabelle. In diesem Abschnitt zeigen wir Ihnen zunächst, wie Sie mithilfe der Schnellanalyse aus den Daten einer Tabelle mit minimalem Zeitaufwand ein Diagramm erstellen. Wir haben dazu eine Arbeitsmappe mit einer kleinen dreispaltigen Tabelle vorbereitet.

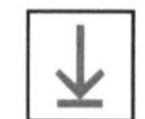

1. Öffnen Sie die Übungsdatei *Schnellanalyse*.
2. Markieren Sie die beiden ersten Spalten der Tabelle (also den Bereich B2:C6). Dadurch erscheint unten rechts an der Markierung das Symbol der Schnellanalyse.
3. Klicken Sie das Symbol an und wechseln Sie auf die Seite *Diagramme*.

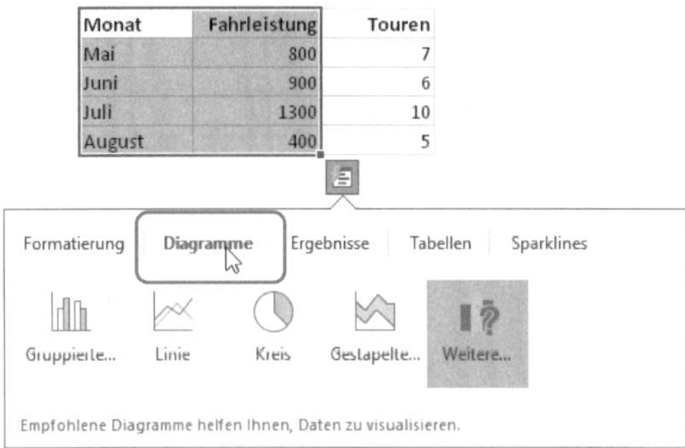

Abbildung 24.1: Excel hat die Daten analysiert und macht dazu passende Diagrammvorschläge.

Bei den Vorschlägen der Schnellanalyse handelt es sich übrigens nicht um ein Standardrepertoire. Wenn Sie zum Beispiel auch die rechte Spalte der Tabelle markiert hätten, würde die Schnellanalyse kein Kreisdiagramm mehr vorschlagen, da sich mit dieser Diagrammart nur eine Tabellenspalte (Datenreihe) darstellen lässt.

4. Fahren Sie mit der Maus über die Symbole, um eine Livevorschau anzuzeigen.

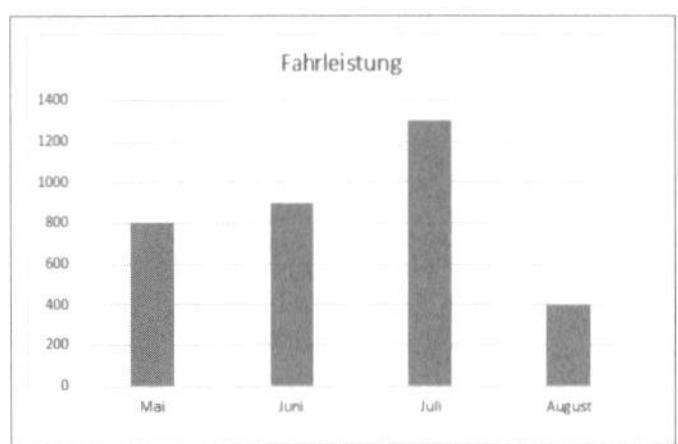

Abbildung 24.2: Livevorschau für den Diagrammtyp Gruppierte Säulen

5. Wählen Sie einen der angebotenen Diagrammtypen aus. Excel fügt das neue Diagramm dann direkt auf dem aktuellen Arbeitsblatt ein.

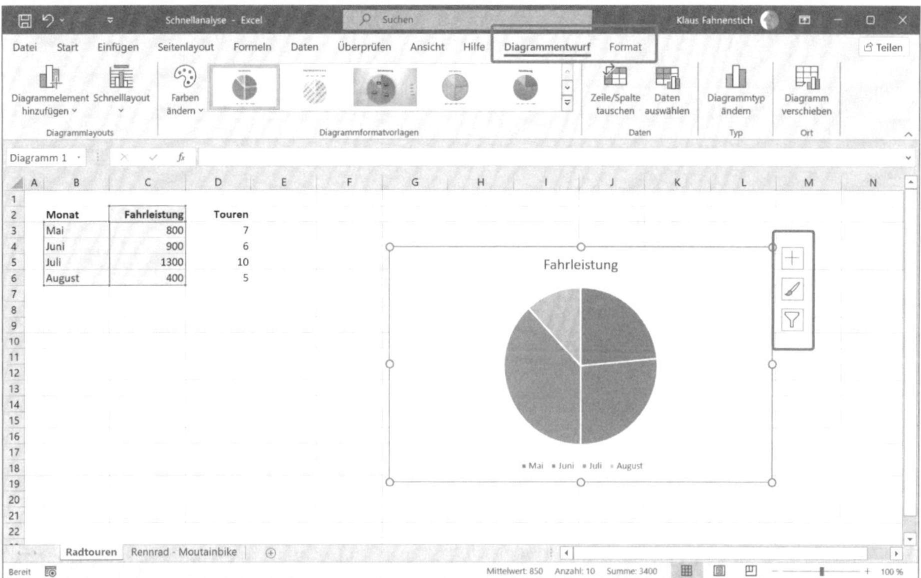

Abbildung 24.3: Das neue Diagramm in der von Excel gelieferten Rohfassung.

Beachten Sie auch die drei Symbole rechts neben dem Diagramm. Sie erlauben eine sehr komfortable Bearbeitung der Diagramme. Wir werden Ihnen diese wichtigen Funktionen gleich im nächsten Abschnitt vorstellen.

6. Schieben Sie das Diagramm an eine geeignete Position auf dem Blatt. Am besten fassen Sie dazu den Rahmen des Diagramms an. Mit dessen Anfassern lässt sich das Diagramm natürlich auch vergrößern oder verkleinern. Sie können das Diagramm auch auf ein anderes Arbeitsblatt verschieben. Wie das funktioniert beschreiben wir auf der Seite 455.

Damit ist das Diagramm im Grunde genommen schon fertig. Wir wollen trotzdem noch an seinem Layout und seinem Aussehen feilen, denn Excel besitzt sehr effektive Funktionen, mit denen Sie ein Diagramm in wenigen Augenblicken optisch enorm aufwerten können.

Hinweis Diagrammtyp Sie können den Diagrammtyp auch im Nachhinein noch ändern, falls Sie sich später für eine andere Form der Darstellung entscheiden. Die dazu notwendigen Schritte beschreiben wir im Abschnitt »Diagrammtyp ändern« ab Seite 454.

Hinweis Zwischen dem Diagramm und den Daten, auf denen es basiert, besteht eine dauerhafte Verbindung. Wenn Sie die Daten ändern, wird das Diagramm automatisch angepasst.

Diagrammformatvorlagen zuweisen

Nachdem Sie den Typ des Diagramms festgelegt haben, können Sie seine farbliche Gestaltung ändern. Dies lässt sich am einfachsten und schnellsten über das Symbol *Diagrammformatvorlagen* erledigen, das automatisch neben einem markierten Diagramm angezeigt wird.

Wenn Sie das Symbol anklicken, erscheint ein Fenster mit einer Liste von Formatierungsvarianten für das gewählte Diagramm. Die einzelnen Varianten unterscheiden sich dabei nicht nur durch die benutzten grafischen Effekte, sondern auch durch die Anzahl und Position von Beschriftungsfeldern und Legenden.

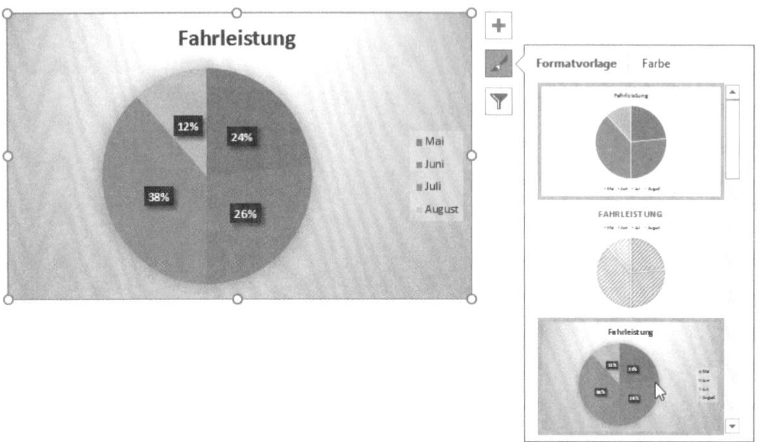

Abbildung 24.4: Diagrammformatvorlagen haben nicht nur Einfluss auf Farben und Effekte, sondern auch auf Legenden und Beschriftungsfelder.

Auf der Seite *Farbe* haben Sie die Auswahl zwischen mehreren Farbpaletten. Dabei wird grundsätzlich unterschieden, ob die einzelnen Daten durch verschiedene Farben dargestellt werden (farbige Paletten) oder nur durch die Intensität des gewählten Farbtons (monochrome Paletten).

Hinweis Diagrammformatvorlagen mit dem Menüband zuweisen Die Funktionen des Symbols *Diagrammformatvorlagen* finden Sie 1:1 auf der Registerkarte *Diagrammentwurf* (bzw. in Office 2019 *Diagrammtools/Entwurf*) in der Gruppe *Diagrammformatvorlagen.*

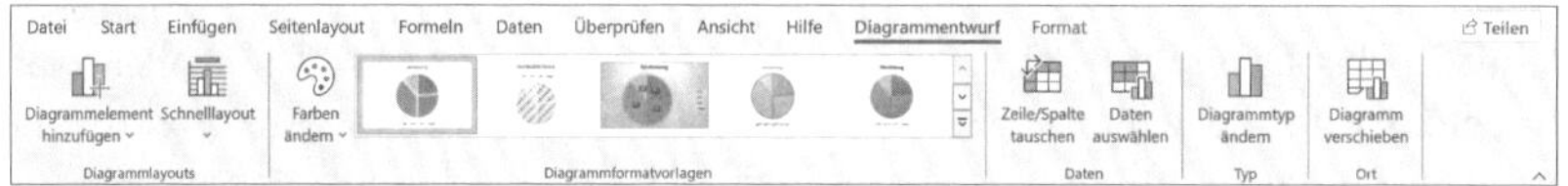

Diagrammelemente ein- und ausblenden

Ein Diagramm besteht je nach Typ aus verschiedenen Elementen. So können zum Beispiel alle Diagramme einen Titel und eine Legende besitzen. Andere Elemente, wie Achsen oder Trendlinien machen jedoch nur bei bestimmten Diagrammtypen Sinn und werden von Excel auch nur dort angeboten.

Zum Ein- und Ausblenden solcher Elemente verwenden Sie das oberste der drei Symbole, die neben einem markierten Diagramm erscheinen (das Pluszeichen). Sein Fenster enthält eine Liste aller für den jeweiligen Diagrammtyp erlaubten Elemente. Bei einigen Elementen können Sie über ein Untermenü noch weitere Optionen auswählen (siehe Abbildung 24.5). Der kleine Pfeil erscheint übrigens erst, wenn Sie mit dem Mauszeiger auf den Befehl zeigen.

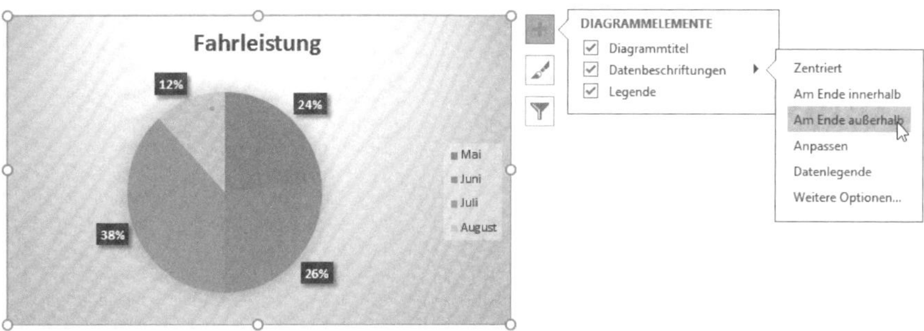

Abbildung 24.5: Diagrammelemente wie Titel oder Legenden lassen sich über das Symbol Diagrammelemente *nicht nur ein- und ausschalten, sondern auch positionieren.*

Hinweis Diagrammelemente mit dem Menüband zuweisen Auch diese Funktion finden Sie auf der Registerkarte *Diagrammentwurf* (bzw. in Office 2019 *Diagrammtools/Entwurf*). Dort sind die einzelnen Optionen mit kleinen Grafiken bebildert.

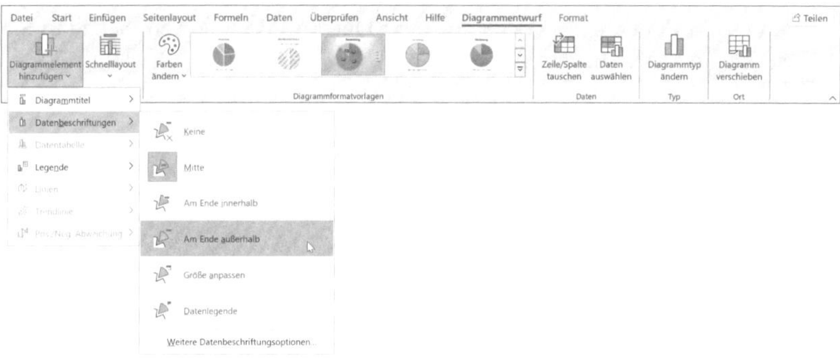

Weitergehende Informationen finden Sie im Abschnitt »Beschriftung ändern« ab Seite 456.

Diagrammfilter anwenden

Mit der Schaltfläche *Diagrammfilter* (dem Trichtersymbol) können Sie steuern, welche Daten aus der zugrunde liegenden Tabelle in das Diagramm aufgenommen werden sollen. Mit dieser Funktion können Sie zum Beispiel einzelne Datenwerte aus dem Diagramm entfernen oder eine andere Datenreihe (Tabellenspalte) darstellen.

Für das nächste Beispiel verwenden wir wieder die Tabelle aus der Datei *Schnellanalyse*.

1. Öffnen Sie die Übungsdatei *Schnellanalyse* und zeigen Sie das Blatt *Rennrad – Mountainbike* an.

2. Markieren Sie alle Spalten der Tabelle (also den Bereich B2:D6).
3. Erstellen Sie mithilfe der Schnellanalyse ein Diagramm aus gestapelten Säulen. Das Ergebnis sollte in etwa so aussehen, wie in der nächsten Abbildung. Zum Ändern des Titels klicken Sie diesen einfach an und überschreiben den Vorgabetext von Excel.
4. Klicken Sie auf die Schaltfläche *Diagrammfilter* und bewegen Sie den Mauszeiger im dadurch angezeigten Fenster über die einzelnen Einträge. Excel hebt dann den entsprechenden Bereich des Diagramms hervor, indem die anderen Bereiche aufgehellt werden.

Excel

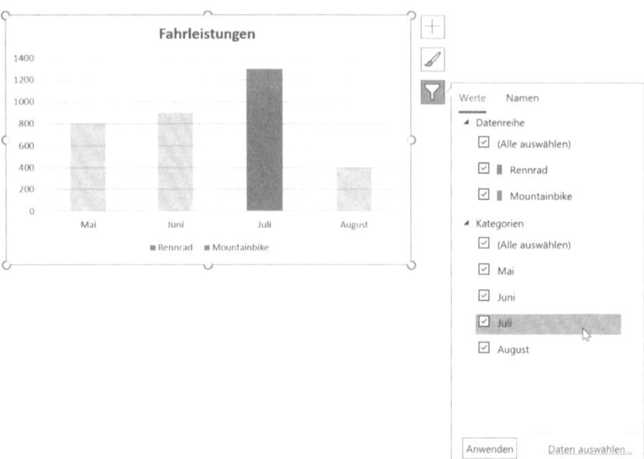

Abbildung 24.6: Aus diesem Diagramm sollen einzelne Daten ausgeblendet werden.

5. Jetzt können Sie durch Ein- bzw. Ausschalten der entsprechenden Optionen einzelne Spalten und Zeilen der Tabelle aus dem Diagramm entfernen. Schalten Sie z. B. die Kategorie *Juli* aus und klicken Sie unten im Fenster auf *Anwenden,* damit Excel das Diagramm aktualisiert.

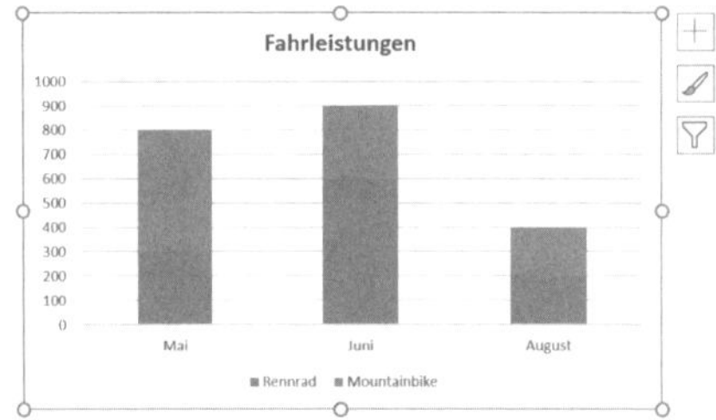

Abbildung 24.7: Die Daten für den Monat Juli wurden aus dem Diagramm entfernt.

Diagramme über das Menüband einfügen

Der traditionelle Weg beim Erstellen eines Diagramms führt natürlich über das Menüband. Ähnlich wie beim Einsatz der weiter vorne beschriebenen Schnellanalyse beschränkt sich Ihre Aufgabe auch hier im Wesentlichen auf das Markieren der zugrunde liegenden Daten und der Wahl eines geeigneten Diagrammtyps. In einem zweiten Schritt können Sie dann das Diagramm optimieren, indem Sie zum Beispiel Formatierungsmerkmale ändern, Achsen hinzufügen oder entfernen usw.

1. Öffnen Sie die Übungsdatei *Kreisdiagramm* und zeigen Sie das erste Arbeitsblatt an, auf dem sich eine kleine Tabelle befindet. 
2. Markieren Sie den Zellbereich, in dem sich die Daten befinden, aus denen Sie ein Diagramm erstellen wollen. Beachten Sie, dass Sie dabei nicht nur die Zahlenwerte, sondern auch die zugehörigen Beschriftungen auswählen. Falls die Daten als Excel-Tabelle vorliegen (wie in unserer Übungsdatei), genügt es, eine beliebige Zelle der Tabelle anzuklicken.

3. Wechseln Sie auf die Registerkarte *Einfügen*. Hier finden Sie in der Gruppe *Diagramme* mehrere Schaltflächen, mit denen Sie die verschiedenen Diagrammtypen einfügen können. In den Ausklappmenüs der Schaltflächen werden die möglichen Varianten des jeweiligen Typs angezeigt. Dort können Sie z.B. zwischen einer zwei- oder einer dreidimensionalen Darstellung wählen. Für jeden Diagrammtyp wird zudem ein Hilfetext eingeblendet, der Ihnen Hinweise gibt, für welchen Einsatzzweck der jeweilige Typ besonders geeignet ist (siehe Abbildung 24.8).
4. Falls Sie sich nicht sicher sind, welcher Diagrammtyp für Ihre Daten am besten geeignet ist, können Sie auf die Schalfläche *Empfohlene Diagramme* klicken. Excel zeigt dann das Dialogfeld *Diagramm einfügen* an und schlägt Ihnen die gleichen Diagramme vor, die auch die Schnellanalyse anbieten würde.

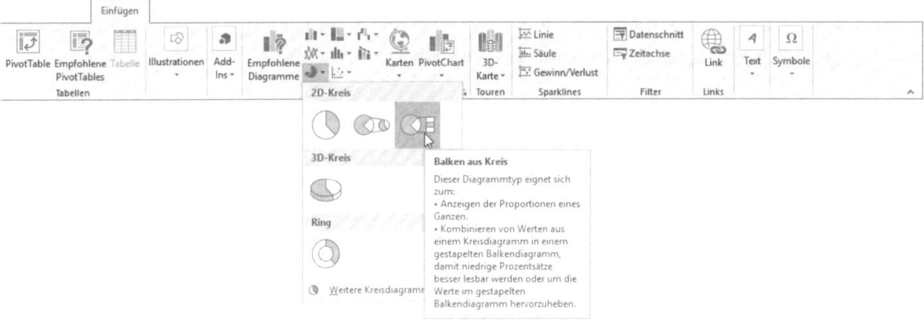

Abbildung 24.8: Für jeden Diagrammtyp existieren mehrere Varianten.

5. Wenn Sie lieber eine Liste mit sämtlichen Diagrammtypen sehen wollen, klicken Sie auf die kleine quadratische Schaltfläche rechts unten in der Gruppe *Diagramme*. Dadurch wird ebenfalls das Dialogfeld *Diagramm einfügen* aufgerufen. Wechseln Sie dort auf die Registerkarte *Alle Diagramme*, falls sie nicht direkt angezeigt wird.

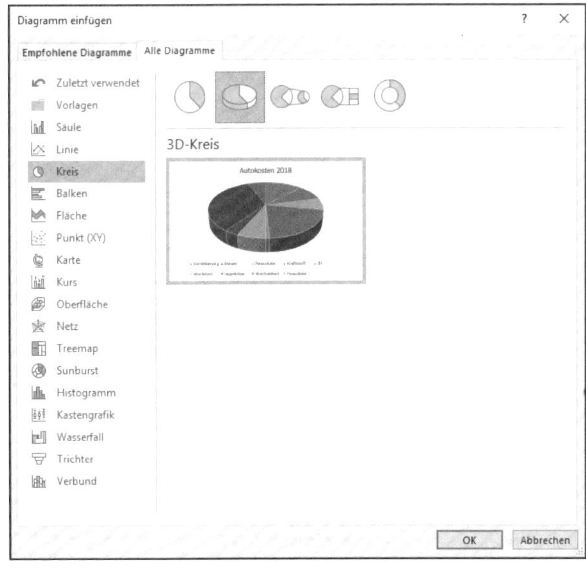

Abbildung 24.9: In diesem Dialog werden alle Diagrammtypen angezeigt.

6. Um die Vorschaubilder zu vergrößern, zeigen Sie einfach mit der Maus darauf.
7. Wählen Sie einen Diagrammtyp aus und klicken Sie dann auf *OK*, damit Excel das Diagramm auf dem aktuellen Arbeitsblatt einfügt. Wie Sie ein Diagramm auf ein separates Blatt verschieben können, zeigen wir weiter unten im Abschnitt »Diagramm auf ein anderes Arbeitsblatt verschieben« auf Seite 455.

Diagrammtyp ändern

Der Typ eines Diagramms lässt sich jederzeit ändern. So können Sie zum Beispiel problemlos aus einem Kreisdiagramm ein Balkendiagramm machen. Die Vorgehensweise ist denkbar einfach: Markieren Sie das Diagramm, klicken Sie auf der Registerkarte *Diagrammentwurf* (bzw. *Diagrammtools/Entwurf*) in der Gruppe *Typ* auf die Schaltfläche *Diagrammtyp ändern* und wählen Sie im angezeigten Dialog einen neuen Diagrammtyp aus.

Tipp Minibug: Diagrammformatvorlagen werden nicht aktualisiert Wenn Sie die Änderung des Diagrammtyps direkt wieder rückgängig machen, werden die Diagrammformatvorlagen auf der Registerkarte *Diagrammentwurf* nicht aktualisiert. Klicken Sie dann einfach ein anderes Diagramm an oder schließen Sie die Datei und öffnen sie erneut.

Schnelllayout

Jedes Excel-Diagramm besteht aus verschiedenen Elementen wie zum Beispiel einem Titel, einer Legende, Beschriftungen usw. Wie Sie im weiteren Verlauf des Kapitels noch sehen werden, können Sie jedes dieser Elemente separat verändern. Oft ist dies jedoch gar nicht nötig, denn Excel bietet Ihnen mit den so genannten *Schnelllayouts* (früher *Diagrammlayouts*), eine ganze Palette fertiger Alternativdarstellungen an.

Um ein Schnelllayout anzuwenden, gehen Sie folgendermaßen vor:

1. Markieren Sie das Diagramm und wechseln Sie auf die Registerkarte *Diagrammentwurf* (bzw. *Diagrammtools/Entwurf*).
2. Klicken Sie auf die Schaltfläche *Schnelllayout*.

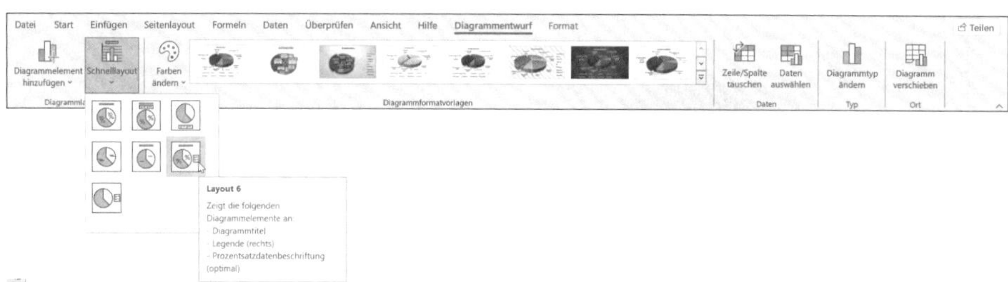

Abbildung 24.10: Art und Umfang der Layoutvorschläge hängen vom aktuellen Diagrammtyp ab.

3. Wählen Sie eines der angebotenen Layouts aus. Excel unterstützt Sie bei der Auswahl wie gewohnt durch eine Livevorschau, sodass Sie die Wirkung der einzelnen Layouts schnell und komfortabel begutachten können.

Diagramm auf ein anderes Arbeitsblatt verschieben

Wenn Sie möchten, können Sie ein Diagramm auch auf ein anderes bzw. auf ein neues Arbeitsblatt verschieben. Gehen Sie dazu folgendermaßen vor:

1. Markieren Sie das Diagramm und klicken Sie in der Registerkarte *Diagrammentwurf* auf die Schaltfläche *Diagramm verschieben*. Excel zeigt dann das gleichnamige Dialogfeld an, in dem Sie auswählen können, ob für das Diagramm ein neues Blatt angelegt werden soll oder ob es auf ein anderes Blatt der Arbeitsmappe verschoben werden soll.

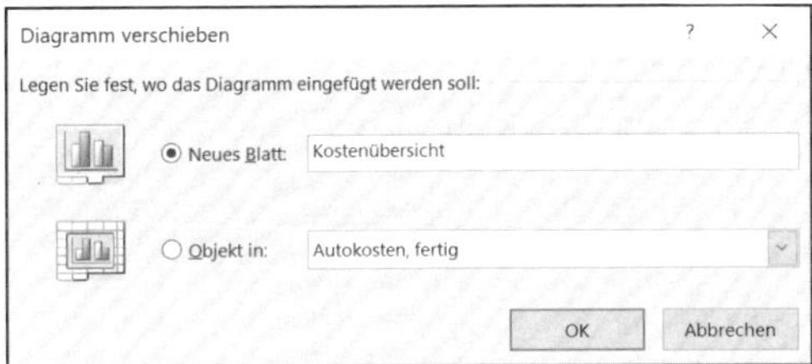

Abbildung 24.11: Verschieben eines Diagramms auf ein anderes/neues Arbeitsblatt

2. Nehmen Sie die gewünschten Einstellungen vor und bestätigen sie mit *OK*.

Tipp Diagramme mithilfe der Zwischenablage verschieben Um ein Diagramm auf ein anderes bzw. neues Arbeitsblatt zu verschieben, können Sie es auch alternativ mit Strg+X ausschneiden und auf dem neuen Blatt wieder mit Strg+V einfügen. Die Verbindung zu den Daten bleibt bei diesem Vorgang erhalten.

Diagrammelemente auswählen

Wie wir bereits weiter oben gesagt haben, können Sie viele der Bestandteile, aus denen ein Diagramm zusammengesetzt ist, nachträglich ändern oder ihre Formatierung auf andere Merkmale einstellen. Vor dem Formatieren müssen Sie natürlich zuerst das entsprechende Diagrammelement markieren. Dazu haben Sie zwei Möglichkeiten:

- Sie klicken das gewünschte Element direkt im Diagramm an. Dieses Verfahren eignet sich jedoch nicht für alle Teile eines Diagramms, da einige Elemente nur schwer mit der Maus zu treffen sind.
- Alternativ verwenden Sie die Registerkarte *Format* (bzw. in Office 2019 *Diagrammtools/Format*), deren Gruppe *Aktuelle Auswahl* ein Listenfeld enthält, mit dem Sie die Elemente auswählen können.
- Auch die verschiedenen Aufgabenbereiche bieten entsprechende Auswahllisten an.

Wenn ein Element im Diagramm mehrfach auftritt, werden in der Regel zunächst alle Vorkommen markiert. Das ist zum Beispiel bei Datenbeschriftungen oder auch bei Datenreihen der Fall. Wollen Sie nur ein bestimmtes Element markieren, müssen Sie es anschließend noch einmal explizit anklicken.

Beispiel: Tortenstück herausziehen

Ein typischer Anwendungsfall, bei dem Sie ein einzelnes Element aus einer Gruppe markieren müssen, ist das Herausziehen eines Segments aus einem Kreisdiagramm:

1. Klicken Sie das gewünschte Diagramm an und wählen Sie auf der Registerkarte *Format* in der Gruppe *Aktuelle Auswahl* den Eintrag *Reihe "xy"*. Danach sind alle Segmente des Kreises markiert.
2. Klicken Sie das gewünschte Segment direkt im Diagramm an und achten Sie dabei darauf, dass Sie nicht in der Nähe einer eventuell vorhandenen Datenbeschriftung klicken. Anschließend ist nur noch das eine Segment markiert.
3. Ziehen Sie das markierte Segment mit der Maus ein Stück aus dem Kreis.

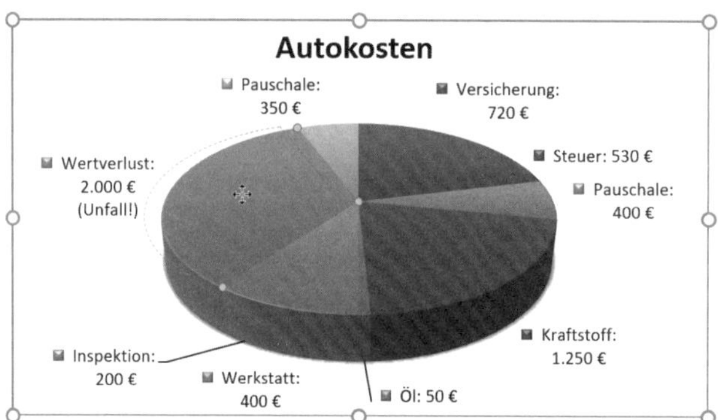

Abbildung 24.12: Einzelne Elemente können nur im Diagramm markiert werden.

Beschriftung ändern

In jedem Diagramm sind diverse Beschriftungen enthalten, die Sie individuell positionieren und formatieren können. Weiter vorne in diesem Kapitel (in Abschnitt »Diagrammelemente ein- und ausblenden« auf Seite 450) haben Sie bereits erfahren, wie Sie diese Elemente hinzufügen und entfernen können. Auf den folgenden Seiten gehen wir noch etwas näher auf dieses Thema ein und zeigen Ihnen, wie Sie die verschiedenen Beschriftungselemente manuell nachbearbeiten können.

Position des Diagrammtitels ändern

Wenn das Diagramm bereits einen Titel enthält, können Sie ihn jederzeit mit der Maus verschieben oder ihn mit der `Entf`-Taste löschen. Wie sich dabei der Rest des Diagramms verhält, hängt davon ab, ob der Titel das Diagramm überlagert oder ob er sich den Diagrammbereich, also den Rahmen, in dem das Diagramm eingefasst ist, teilt.

Über das Auswahlmenü der Schaltfläche *Diagrammelemente* (das Pluszeichen neben dem Diagramm) können Sie zwischen den beiden Darstellungsarten wechseln. Um die folgenden Befehle zu erreichen, müssen Sie im Auswahlmenü erst mit der Maus auf den Befehl *Diagrammtitel* zeigen:

- **Über Diagramm** Titel und Diagramm können sich nicht überlappen, sondern müssen den Platz innerhalb des Rahmens aufteilen. Wenn Sie den Titel vergrößern (zum Beispiel indem Sie Text ergänzen oder die Schrift vergrößern), wird das Diagramm automatisch verkleinert.
- **Zentrierte Überlagerung** Der Titel kann das Diagramm überlappen. Die Größe des Diagramms ist dadurch unabhängig von der Größe des Titels.

Achsentitel bearbeiten

Die meisten Diagrammtypen in Excel besitzen Achsen. Excel bezeichnet die horizontale (waagerechte) Achse eines Diagramms auch als *Kategorienachse* (früher: Rubrikenachse) und die vertikale (senkrechte) Achse als *Wertachse* (früher: Größenachse). Jede Achse kann neben ihrer Beschriftung auch einen Titel besitzen, dessen Sichtbarkeit und Positionierung mit der Schaltfläche *Diagrammelemente* gesteuert wird.

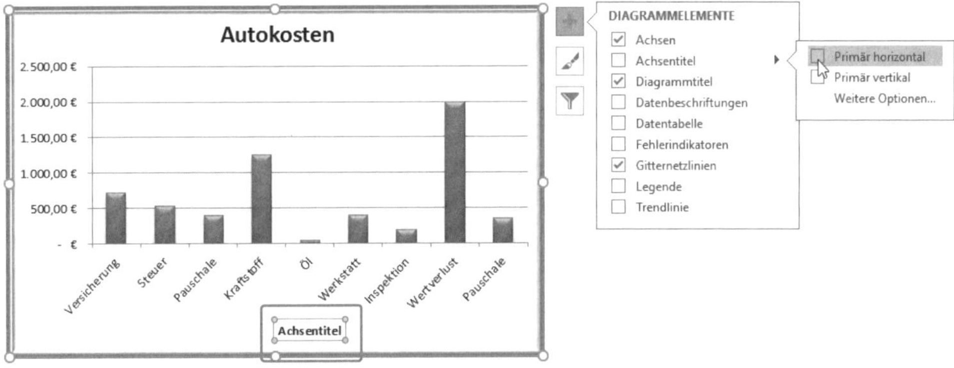

Abbildung 24.13: Einstellen eines Titels für eine horizontale (waagerechte) Achse

Hinweis Primär- und Sekundärachse In mehreren Ausklappmenüs der Schaltfläche *Diagrammelemente* taucht der Begriff der Primärachse auf. Die Verwendung dieses Begriffs ist unserer Meinung nach bei Standarddiagrammen überflüssig. Denn von einer Primärachse zu sprechen macht eigentlich erst dann Sinn, wenn das Diagramm auch eine Sekundärachse besitzt. Bei einer Sekundärachse handelt es sich um eine zusätzliche Achse, auf der die Werte einer Datenreihe angezeigt werden können, die einen abweichenden Datentyp oder einen anderen Maßstab als die übrigen Datenreihen besitzen.

Legende

Häufig sind die Daten eines Diagramms nicht direkt beschriftet, sondern es gibt eine Legende, in der die Bedeutung der verschiedenen Farben erläutert ist. Ihre Position steuern Sie über das Untermenü des Befehls *Legende*, der sich unten im Fenster der Schaltfläche *Diagrammelemente* befindet. Ähnlich wie beim Diagrammtitel können Sie auch bei der Legende entscheiden, ob sie das Diagramm überlagern darf oder nicht (über *Weitere Optionen*).

Neben der Position können Sie aber auch die Größe der Legende beeinflussen. Ziehen Sie dazu einfach den Rahmen der Legende auf das gewünschte Format. Excel passt dann die

Anordnung der einzelnen Elemente an den neuen Rahmen an und ändert dabei sowohl die Schriftgröße als auch die Zeilen- und Spaltenanzahl.

Vorsicht: Wenn Sie den Rahmen zu klein machen, zeigt Excel die Elemente der Legende nicht mehr vollständig an (siehe Abbildung 24.14). Sie erhalten dabei keinen Warnhinweis!

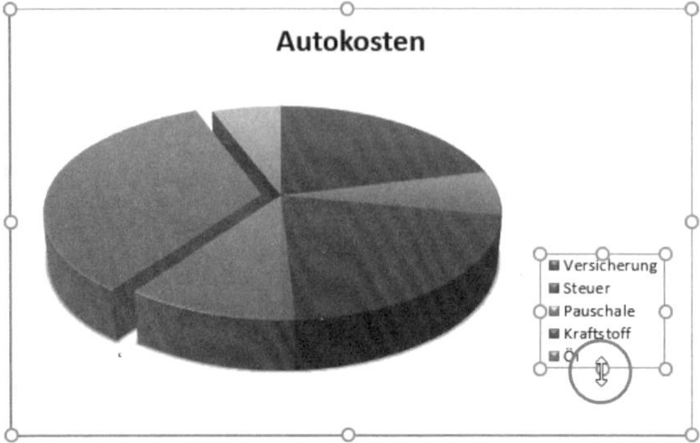

Abbildung 24.14: Vorsicht: Wenn Sie die Legende zu klein machen, werden nicht alle Kategorien angezeigt!

Datenbeschriftungen

Wenn in einem Diagramm die einzelnen Werte einer Datenreihe angezeigt werden, wird dies als *Datenbeschriftung* bezeichnet. Die optimale Positionierung dieser Beschriftungen hängt nicht nur vom Typ des Diagramms ab, sondern auch von seiner farblichen Darstellung. Wenn Sie zum Beispiel beim Tortendiagramm aus dem obigen Bild die Beschriftung auf den einzelnen Segmenten anzeigen lassen würden, wären sie – besonders auf den dunklen Flächen – nur schwer lesbar. In diesem Fall wäre es sicher sinnvoller, die Werte außerhalb der Grafik zu positionieren.

1. Markieren Sie das Diagramm und klicken Sie auf die Schaltfläche *Diagrammelemente*.
2. Wählen Sie im Untermenü des Befehls *Datenbeschriftungen* die Variante *Am Ende außerhalb*.
3. Falls Excel nicht alle Elemente optimal positionieren konnte, klicken Sie die Elemente an und ziehen sie dann mit der Maus an die gewünschte Stelle.

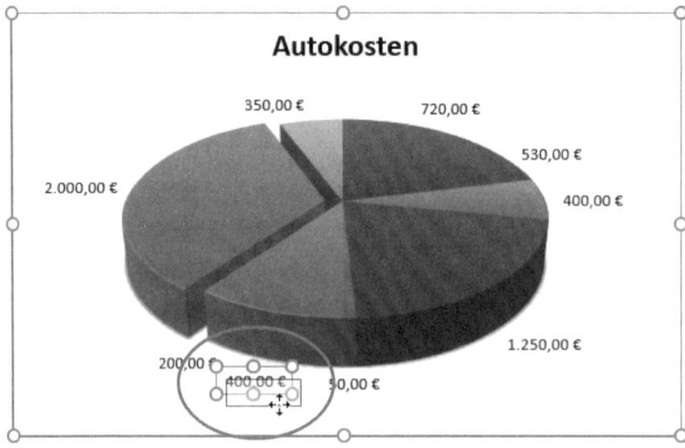

Abbildung 24.15: Eventuell müssen Sie einzelne Beschriftungen etwas verschieben.

Neben der Position der Datenbeschriftung können Sie auch ihren Inhalt steuern:

1. Wählen Sie das gewünschte Diagramm aus und achten Sie darauf, dass entweder kein Datenbeschriftungselement markiert ist oder aber alle.
2. Klicken Sie auf die Schaltfläche *Diagrammelemente* und wählen Sie im Menü des Befehls *Datenbeschriftungen* den Befehl *Weitere Optionen*. Excel zeigt einen Aufgabenbereich an.

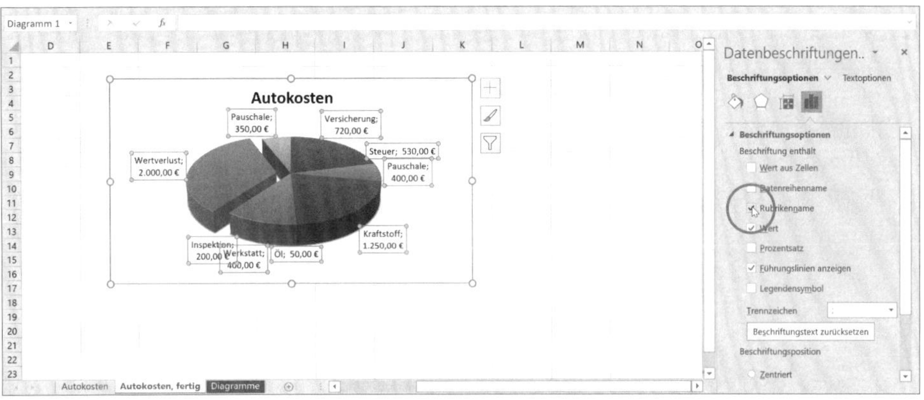

Abbildung 24.16: Hier können Sie den Inhalt der Datenbeschriftung steuern.

3. Mit den Einstellungen der Gruppe *Beschriftungsoptionen* können Sie bestimmen, welche Informationen in die Beschriftung aufgenommen werden. Im abgebildeten Beispiel soll nicht nur der Wert, sondern auch der Name der Rubrik (früher: Kategorie) erscheinen.
4. Bei Bedarf können Sie auch das Legendensymbol mit in die Beschriftung aufnehmen. Ob dies der Übersichtlichkeit zugute kommt, lässt sich nicht allgemein sagen, sondern hängt vom konkreten Diagramm ab.
5. Wenn Sie für die Beschriftung mehrere Elemente ausgewählt haben, können Sie mit dem Listenfeld *Trennzeichen* festlegen, wie die einzelnen Elemente voneinander getrennt werden sollen. Sie sind dabei nicht auf das Angebot des Listenfeldes beschränkt, sondern können auch eigene Zeichen (auch mehrere) in das Feld eintragen. Hinweis: Sie müssen Ihre Eingabe mit [↵] bestätigen, damit sie von Excel erkannt und übernommen wird.

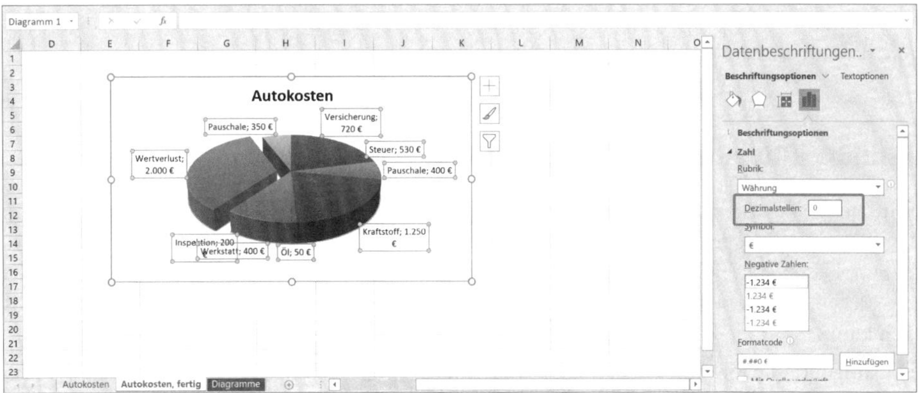

Abbildung 24.17: Entfernen der Nachkommastellen

6. Die nächste Gruppe ist für die Positionierung der Beschriftungen verantwortlich und korrespondiert mit den Befehlen der Schaltfläche *Diagrammelemente*.
7. Falls Ihre Beschriftung zuviel Raum im Diagramm beansprucht, können Sie unter Umständen etwas Platz schaffen, indem Sie das Zahlenformat ändern und zum Beispiel auf die Anzeige von Nachkommastellen verzichten. Öffnen Sie dazu im Aufgabenbereich die Rubrik *Zahl*.
8. Wählen Sie die Rubrik *Währung* und geben Sie im Feld *Dezimalstellen* eine Null ein (siehe Abbildung 24.17 auf der vorherigen Seite).
9. Eventuell müssen Sie in einzelnen Beschriftungsrahmen noch manuelle Zeilenumbrüche einfügen. Dazu klicken Sie ein bereits markiertes Beschriftungsfeld erneut an, bis der Rahmen zu einer gestrichelten Linie wird. Jetzt können Sie die Beschriftung wie einen normalen Text bearbeiten (und sogar formatieren).

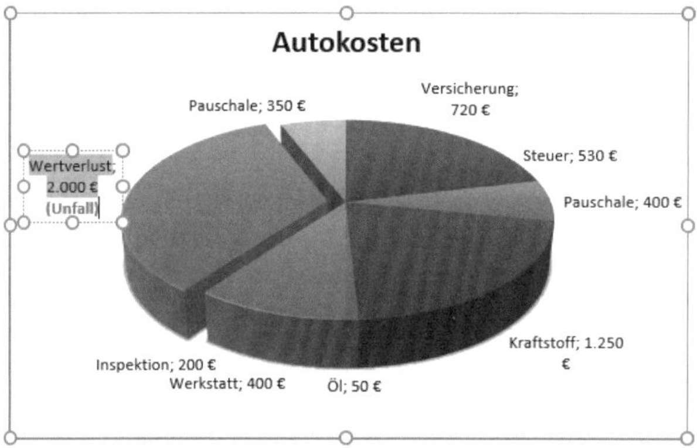

Abbildung 24.18: Der Text der Datenbeschriftung lässt sich auch direkt editieren.

Achsen bearbeiten

Seit Excel 2007 ist die Bezeichnung der Diagrammachsen endlich auch für Anwender nachvollziehbar, die sich nicht tagtäglich mit Excel beschäftigen. Sie werden nun schlicht *horizontale Achse, vertikale Achse* und *Tiefenachse* genannt.

Primär- und Sekundärachsen

Für leichte Verwirrung sorgt höchstens noch der Begriff *Primärachsen,* mit dem die normalen Diagrammachsen gemeint sind. Wie wir weiter vorne in diesem Kapitel schon kurz erwähnt haben, lassen sich Diagramme mit zusätzlichen Achsen – den so genannten *Sekundärachsen* – ausstatten, auf denen für einzelne Datenreihen eine separate Skalierung vorgenommen werden kann.

Das folgende Diagramm enthält z.B. neben den beiden Datenreihen *Hardware* und *Software*, deren Werte Geldbeträge darstellen, noch die Datenreihe *Stunden.* In dieser Form ist das Diagramm allerdings noch nicht zu gebrauchen, da sich für die Datenreihe *Stunden* nirgendwo ablesen lässt, wie groß die jeweiligen Werte sind.

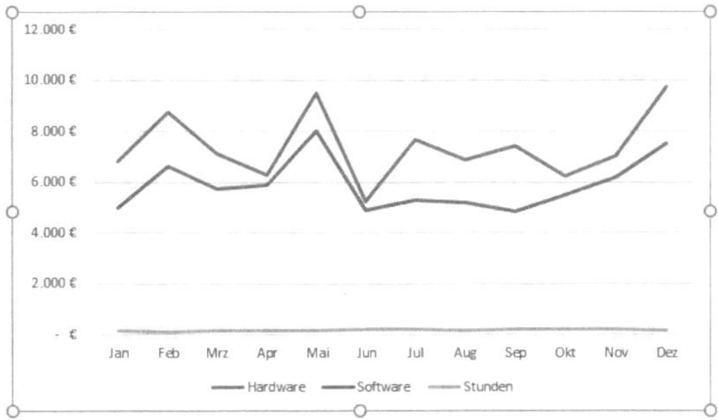

Abbildung 24.19: Die Werte der Datenreihen besitzen unterschiedliche Einheiten (Euro und Stunden).

Um das Diagramm mit einer Sekundärachse auszustatten, gehen Sie wie folgt vor:

1. Öffnen Sie die Übungsdatei *Sekundärachse* und zeigen Sie das Arbeitsblatt *Start* an. 
2. Markieren Sie das Diagramm und zeigen Sie die Registerkarte *Format* an.
3. Wählen Sie in der Gruppe *Aktuelle Auswahl* den Eintrag *Reihe "Stunden"*.

Abbildung 24.20: Auswählen der gewünschten Datenreihe des Diagramms

4. Klicken Sie dann in der Gruppe *Aktuelle Auswahl* auf *Auswahl formatieren*. Excel zeigt den Aufgabenbereich *Datenreihen formatieren* an.
5. Schalten Sie in der Rubrik *Reihenoptionen* die Option *Sekundärachse* ein.
6. Klicken Sie im Aufgabenbereich auf das Eimer-Symbol und wechseln Sie dann auf die Seite *Markierung*. Jetzt können Sie bei den *Markierungsoptionen* eine Einstellung wählen, die sich von denen der anderen Datenreihen unterscheidet.

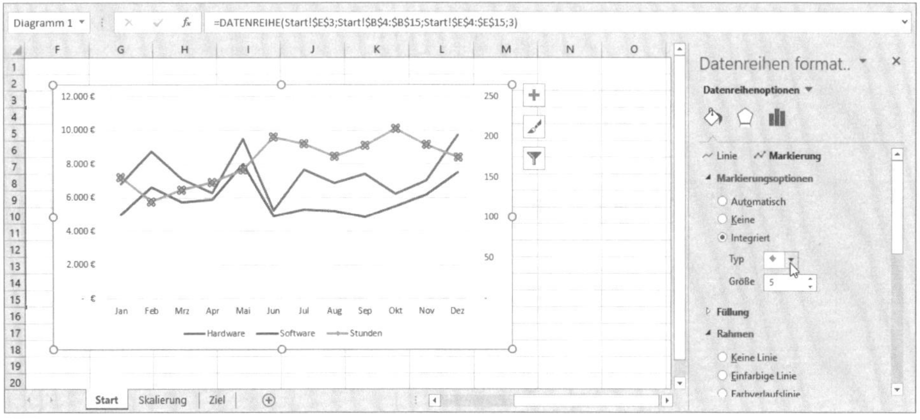

Abbildung 24.21: Darstellung der Datenpunkte wählen

7. Versehen Sie die Sekundärachse mit einem Titel, indem Sie die Schaltfläche *Diagrammelemente* (das Plus-Symbol neben dem Diagramm) anklicken und die Option *Achsentitel/ Sekundär vertikal* einschalten.
8. Klicken Sie den neuen Achsentitel an und ändern Sie seinen Text sinnvoll ab.

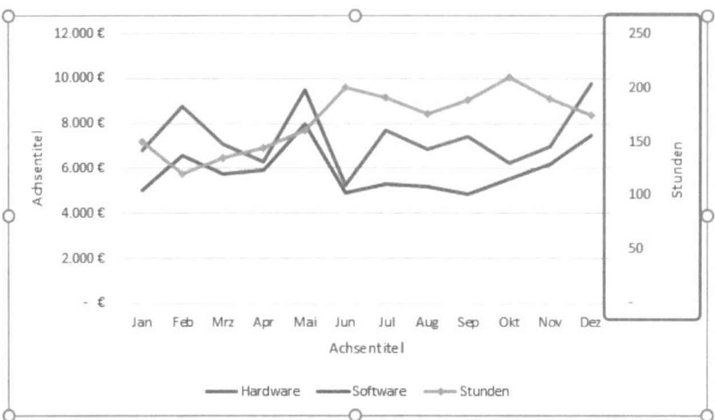

Abbildung 24.22: Die Stunden werden auf der neuen Sekundärachse ausgegeben.

Skalierung der Achsen ändern

Die automatische Skalierung der Achsen lässt sich nachträglich ändern, wobei Sie nahezu alle Aspekte beeinflussen können. Egal ob Sie den Maximalwert ändern, ob Sie den Nullpunkt verschieben oder eine logarithmische Skalierung wünschen – Excel macht's möglich.

1. Markieren Sie das Diagramm, klicken Sie auf die Schaltfläche *Diagrammelemente* (das Pluszeichen) und wählen Sie im angezeigten Fenster den Befehl *Achsen/Weitere Optionen.* Excel zeigt dann den Aufgabenbereich *Achse formatieren* an.
2. Klicken Sie oben im Aufgabenbereich auf den Pfeil neben *Achsenoptionen* und wählen Sie im Ausklappmenü die gewünschte Achse aus (hier *Sekundär Vertikal (Wert) Achse).*
3. Jetzt müssen Sie gegebenenfalls noch auf die Seite *Achsenoptionen* wechseln, indem Sie das Symbol mit den drei Balken anklicken. Der Aufgabenbereich sieht nun wie folgt aus:

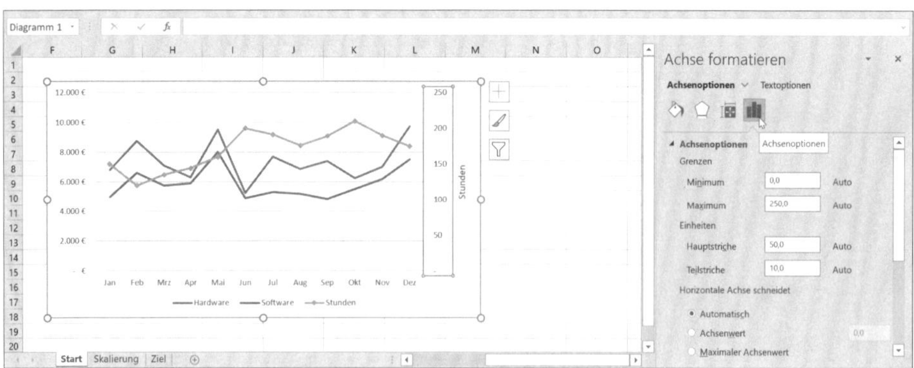

Abbildung 24.23: Ändern der automatischen Skalierung

4. Nehmen Sie die gewünschten Änderungen im Dialogfeld vor. Ihre Einstellungen wirken sich direkt auf das Diagramm aus!
5. Schließen Sie den Aufgabenbereich wieder.

Im nächsten Bild sehen Sie das Diagramm aus Abbildung 24.22, bei dem wir die Skalierung der Sekundärachse geändert haben, damit die Linie der Datenreihe *Stunden* etwas nach unten rutscht. Diese Fassung des Diagramms finden Sie in der Übungsdatei *Sekundärachse* auf dem Arbeitsblatt *Skalierung*.

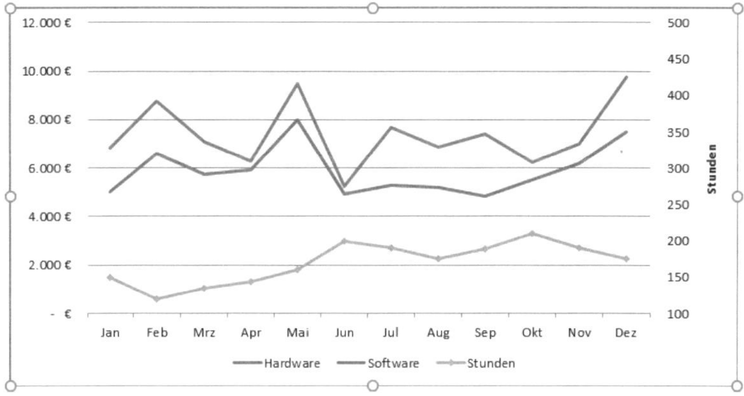

Abbildung 24.24: Die Sekundärachse besitzt nun die vorgegebene Skalierung.

Tipp Den Aufgabenbereich *Achse formatieren* können Sie auch aufrufen, indem Sie die gewünschte Achse mit der rechten Maustaste anklicken und in ihrem Kontextmenü den Befehl *Achse formatieren* wählen. Falls der Aufgabenbereich bereits angezeigt wird, wechseln Sie am schnellsten auf die passende Seite, indem Sie das gewünschte Element im Diagramm anklicken.

Gitternetzlinien

Gitternetzlinien können nicht nur Tabellen, sondern auch Diagramme übersichtlicher machen, denn mit ihrer Hilfe lassen sich die Werte der Datenpunkte leichter ablesen. Excel unterscheidet dabei für jede Achse zwischen dem *Hauptgitter* und dem feiner unterteilten *Hilfsgitter*.

Um für ein Diagramm festzulegen, ob und wie viele senkrechte und/oder waagerechte Gitternetzlinien angezeigt werden, gehen Sie folgendermaßen vor:

1. Markieren Sie das betreffende Diagramm.
2. Klicken Sie auf die Schaltfläche *Diagrammelemente* und schalten Sie im Untermenü des Befehls *Gitternetzlinien* die gewünschten Gitternetzlinien ein bzw. aus.
3. Wollen Sie auch die Darstellung der Linien ändern, wählen Sie im Untermenü den Befehl *Weitere Optionen*. Excel zeigt dann den Aufgabenbereich *Hauptgitternetz formatieren* an.
4. Klicken Sie oben im Aufgabenbereich neben *Hauptgitternetz-Optionen* auf den Pfeil und wählen Sie die gewünschte Gitternetzlinie aus. Beachten Sie dabei, dass die horizontalen (waagerechten) Linien zu den vertikalen (senkrechten) Achsen gehören und umgekehrt.

In der nachfolgenden Abbildung werden also die senkrechten Hauptgitternetzlinien gewählt.

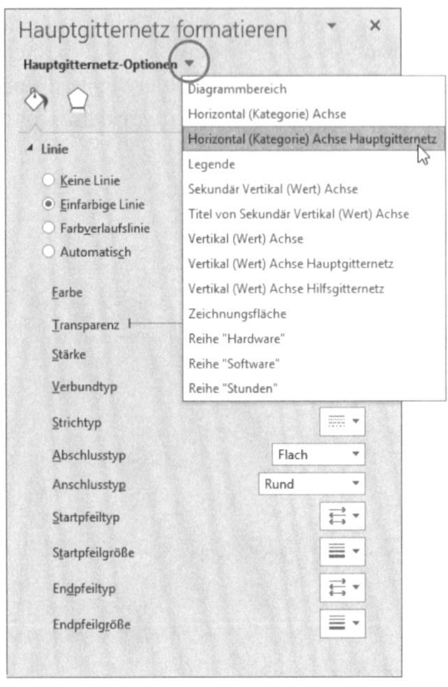

Abbildung 24.25: Auswahl des gewünschten Gitternetzes

5. Nun können Sie im Aufgabenbereich diverse Einstellungen für die Linien des Gitternetzes vornehmen. Die Änderungen werden wie gewohnt direkt umgesetzt.
6. Wenn Sie noch das Gitternetz anderer Achsen bearbeiten möchten, können Sie die betreffenden Linien auch direkt im Diagramm anklicken. Im Aufgabenbereich werden dann die Optionen des ausgewählten Gitternetzes angezeigt.
7. Schließen Sie den Aufgabenbereich, wenn Sie mit dem Ergebnis zufrieden sind.

   Die im folgenden Bild dargestellte Endfassung des Diagramms finden Sie in der Übungsdatei *Sekundärachse* auf dem Arbeitsblatt *Ziel.*

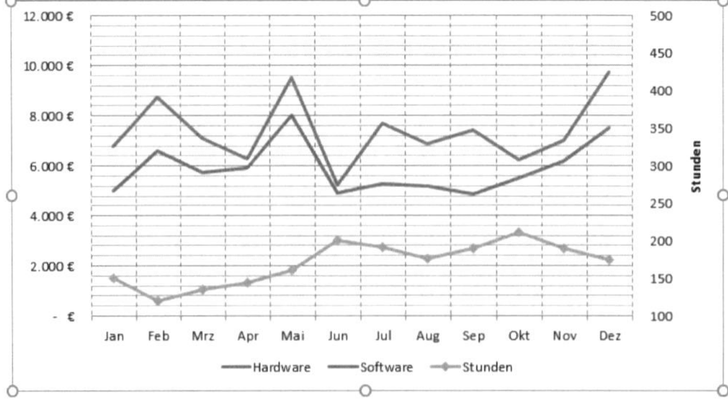

Abbildung 24.26: Das Diagramm wurde um ein Gitternetz für die horizontale Achse ergänzt. Um dieses Gitternetz nicht zu sehr in den Vordergrund treten zu lassen, sind seine Linien gestrichelt.

Die Registerkarte »Format«

Auf der Registerkarte *Format* (bzw. in Office 2019 *Diagrammtools/Format*) finden Sie diverse Funktionen, mit denen Sie die Form und Farbgebung aller Diagrammelemente aufpolieren können: Farbverläufe, 3D-Effekte, Schatten, Beleuchtung, Kantengestaltung etc.

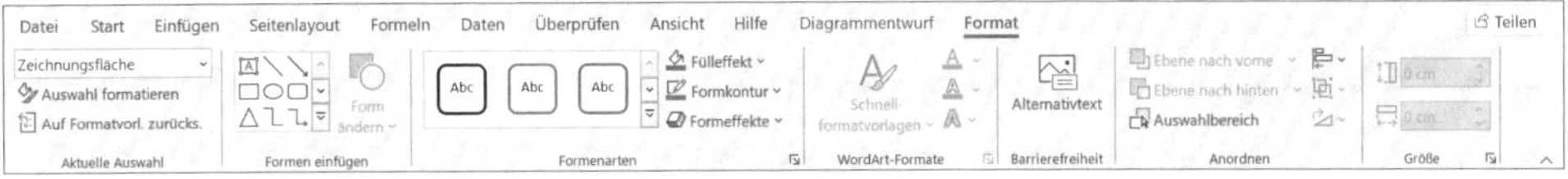

Abbildung 24.27: Die Registerkarte Format *für Diagramme*

Diese Vielfalt birgt natürlich auch die Gefahr, sich zu verzetteln. Ob sich die Zeit, die Sie benötigen, um Ihr Diagramm mit optischen Finessen auszustatten, am Ende des Tages wirklich lohnt, müssen Sie letztendlich selbst entscheiden.

Am Beispiel eines Diagramms, das mit einem ansprechenden Rahmen versehen werden soll, wollen wir die Vorgehensweise beim Formatieren eines Diagrammelements kurz skizzieren:

1. Öffnen Sie die Übungsdatei *Diagramme formatieren* und zeigen Sie das Arbeitsblatt *Start* an.

2. Markieren Sie das Diagramm und holen Sie die Registerkarte *Format* nach vorne.
3. Wählen Sie den Diagrammbereich aus, indem Sie ihn direkt im Diagramm anklicken (das ist der Hintergrund des Diagramms) oder auf der Registerkarte im Listenfeld der Gruppe *Aktuelle Auswahl* einstellen.
4. Öffnen Sie den Auswahlkatalog der Gruppe *Formenarten* und wählen Sie eine Variante aus der ersten Reihe, die mit Ihrem Diagramm harmoniert.

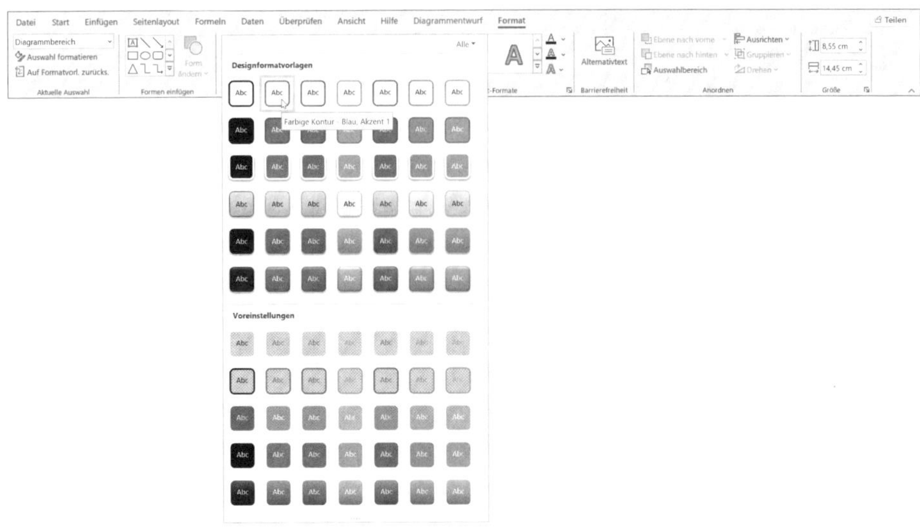

Abbildung 24.28: Die Formen der ersten Reihe besitzen keine Füllung.

5. Klicken Sie anschließend noch auf die Schaltfläche *Formeffekte* und ändern Sie die Art der Abschrägung für den Rahmen.

Abbildung 24.29: Ändern der Abschrägung

6. Wenn Sie den Rahmen noch etwas dicker machen wollen, klicken Sie auf *Formkontur* und wählen dort die gewünschte Strichstärke aus.

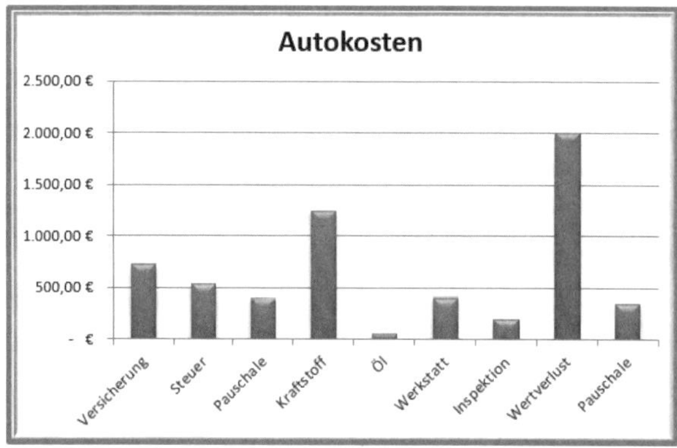

Abbildung 24.30: Der fertige Rahmen des Diagramms

Sparklines einfügen

In diesem Abschnitt wollen wir Ihnen noch ein sehr interessantes Feature von Excel vorstellen, die sogenannten *Sparklines*. Dabei handelt es sich um kleine Trendlinien oder auch Säulendiagramme, die sich innerhalb einer einzigen Zelle befinden und in der Praxis auch als Microcharts bezeichnet werden. Diese Funktion gibt es seit Excel 2010.

Das folgende Beispiel zeigt, wie Sie eine Tabelle mit solchen Sparklines ausstatten:

1. Öffnen Sie die Übungsdatei *Sparklines*.
2. Markieren Sie in der Tabelle die vier Datenspalten inklusive ihrer Ergebniszeile (also den Bereich C3:F20).
3. Wechseln Sie im Menüband auf die Registerkarte *Einfügen* und klicken Sie in der Gruppe *Sparklines* auf die Schaltfläche *Linie*. Excel zeigt dann das Dialogfeld *Sparklines erstellen* an.
4. Markieren Sie den Zellbereich, der für die Sparklines vorgesehen ist. In unserem Beispiel ist das die rechte Tabellenspalte, also der Bereich G3:G20. Excel trägt die Bereichsangabe automatisch in das Dialogfeld ein.

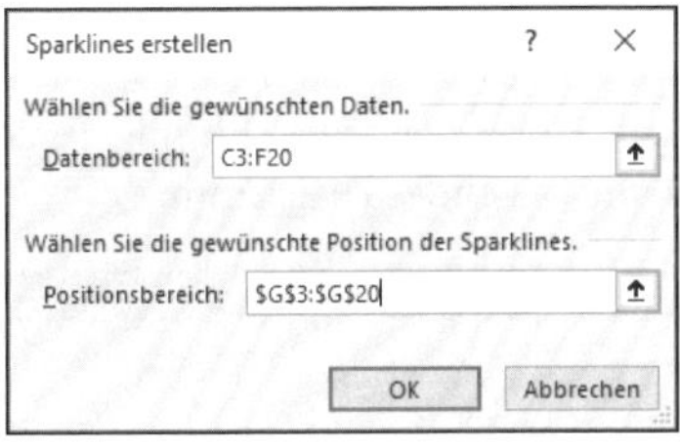

Abbildung 24.31: Festlegen des Datenbereichs und der Position für die Sparklines

5. Klicken Sie auf *OK*, damit Excel die gewünschten Sparklines erzeugt. Zusätzlich blendet Excel die Registerkarte *Sparkline* (bzw. *Sparklinetools/Entwurf*) ein, mit deren Funktionen Sie den Aufbau und die Darstellung der Sparklines modifizieren können.
6. Schalten Sie zum Beispiel auf der Registerkarte in der Gruppe *Anzeigen* die Option *Höchstpunkt* ein und nehmen Sie bei Bedarf weitere Formatierungen vor. Das Ergebnis sollte anschließend so aussehen, wie im nächsten Bild.

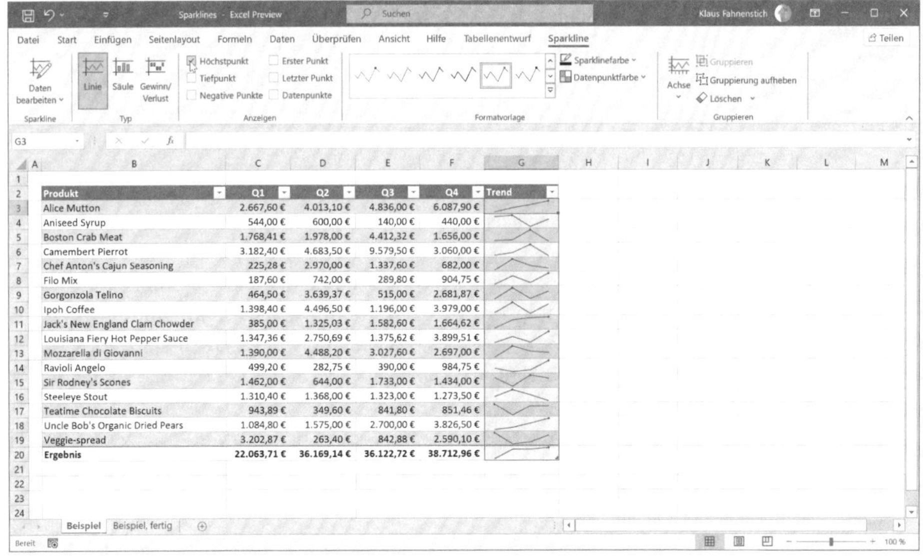

Produkt	Q1	Q2	Q3	Q4	Trend
Alice Mutton	2.667,60 €	4.013,10 €	4.836,00 €	6.087,90 €	
Aniseed Syrup	544,00 €	600,00 €	140,00 €	440,00 €	
Boston Crab Meat	1.768,41 €	1.978,00 €	4.412,32 €	1.656,00 €	
Camembert Pierrot	3.182,40 €	4.683,50 €	9.579,50 €	3.060,00 €	
Chef Anton's Cajun Seasoning	225,28 €	2.970,00 €	1.337,60 €	682,00 €	
Filo Mix	187,60 €	742,00 €	289,80 €	904,75 €	
Gorgonzola Telino	464,50 €	3.639,37 €	515,00 €	2.681,87 €	
Ipoh Coffee	1.398,40 €	4.496,50 €	1.196,00 €	3.979,00 €	
Jack's New England Clam Chowder	385,00 €	1.325,03 €	1.582,60 €	1.664,62 €	
Louisiana Fiery Hot Pepper Sauce	1.347,36 €	2.750,69 €	1.375,62 €	3.899,51 €	
Mozzarella di Giovanni	1.390,00 €	4.488,20 €	3.027,60 €	2.697,00 €	
Ravioli Angelo	499,20 €	282,75 €	390,00 €	984,75 €	
Sir Rodney's Scones	1.462,00 €	644,00 €	1.733,00 €	1.434,00 €	
Steeleye Stout	1.310,40 €	1.368,00 €	1.323,00 €	1.273,50 €	
Teatime Chocolate Biscuits	943,89 €	349,60 €	841,80 €	851,46 €	
Uncle Bob's Organic Dried Pears	1.084,80 €	1.575,00 €	2.700,00 €	3.826,50 €	
Veggie-spread	3.202,87 €	263,40 €	842,88 €	2.590,10 €	
Ergebnis	**22.063,71 €**	**36.169,14 €**	**36.122,72 €**	**38.712,96 €**	

Abbildung 24.32: Mit Sparklines lassen sich zum Beispiel Tabellenzeilen mit Trendlinien ausstatten.

Kartendiagramme erstellen

Zum Abschluss dieses Kapitel wollen wir Ihnen noch einen Diagrammtyp vorstellen, der mit Excel 2019 neu eingeführt wurde: Kartendiagramme. Diejenigen unter Ihnen, die mit Office 365 arbeiten, sind diesem Feature bereits Ende 2016 das erste Mal begegnet.

Die Kartendiagramme von Excel machen die Darstellung von Daten, die einen geographischen Bezug haben, zum Kinderspiel. Am besten probieren Sie die Funktion gleich an einem kleinen Beispiel aus:

1. Öffnen Sie die Übungsdatei *Standorte Europa*.
2. Markieren Sie eine beliebige Zelle in der Tabelle.
3. Wechseln Sie im Menüband auf die Registerkarte *Einfügen* und klicken Sie in der Gruppe *Diagramme* auf die Schaltfläche *Karten*. Wählen Sie im Untermenü den Eintrag *Flächenkartogramm*. Excel erstellt dann aus den Daten der Tabelle folgendes Diagramm:

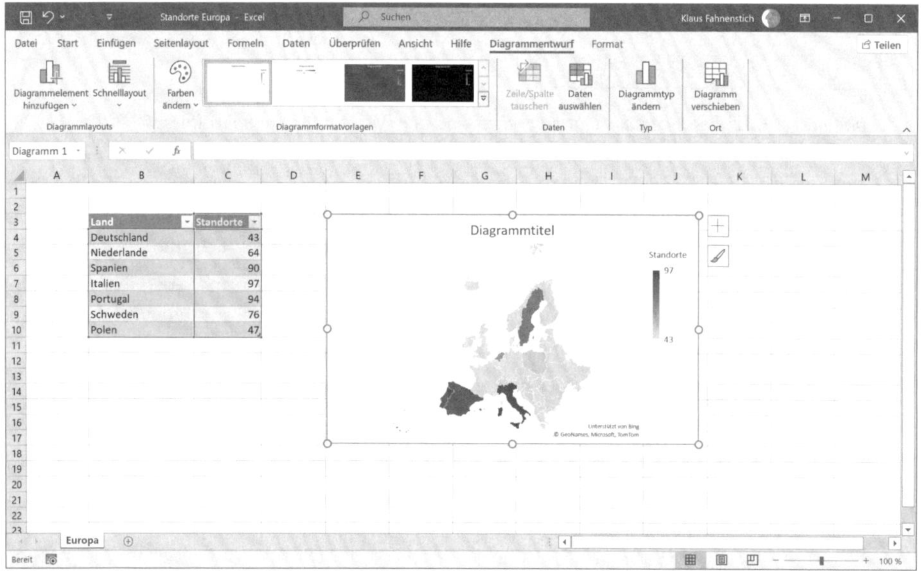

Abbildung 24.33: Das eingefügte Kartendiagramm stellt die Daten auf einer Europakarte dar.

Damit dieser »Trick« funktioniert, benötigt Excel einen Internetzugang. Denn die dazu notwendigen geographischen Daten bringt Excel nicht von Haus aus mit, sondern greift dazu auf den Kartendienst von Bing zurück, was Sie auch unten rechts an der Copyright-Meldung erkennen können. Die Erlaubnis dazu müssen Sie Excel explizit über die Schaltfläche *Zustimmen* erteilen.

4. Die Zahlen der Tabelle werden übrigens von einer Zufallsfunktion berechnet. Sobald Sie eine Neuberechnung der Formeln auslösen (z. B. mit F9) ermittelt Excel neue Werte für die Tabelle, die sich sofort im Diagramm widerspiegeln.

Tipp Achten Sie auf Tippfehler Schreibfehler in Ländernamen führen in aller Regel dazu, dass die betreffenden Daten kommentarlos ignoriert werden. Der Kartendienst versucht zwar, die Länder zu »erraten«, ist dabei aber nicht sehr erfolgreich.

Kartendiagramme bearbeiten

Im nächsten Beispiel wollen wir uns die Formatierungsmöglichkeiten dieses Diagrammtyps näher ansehen. Wir haben dazu eine Karte vorbereitet, die die Standorte eines fiktiven Unternehmens nach Bundesländern aufschlüsselt.

1. Öffnen Sie die Übungsdatei *Standorte Deutschland*. Die Datei enthält eine Tabelle mit allen Bundesländern Deutschlands in der Schreibweise, die vom Bing Kartendienst erkannt wird. Im Diagramm haben wir bereits den Titel und den Namen der Datenreihe geändert.
2. Doppelklicken Sie auf das Diagramm, um den Arbeitsbereich *Datenreihen formatieren* einzublenden. Die Reaktion von Excel kann dabei etwas verzögert erfolgen – seien Sie also nicht zu ungeduldig.

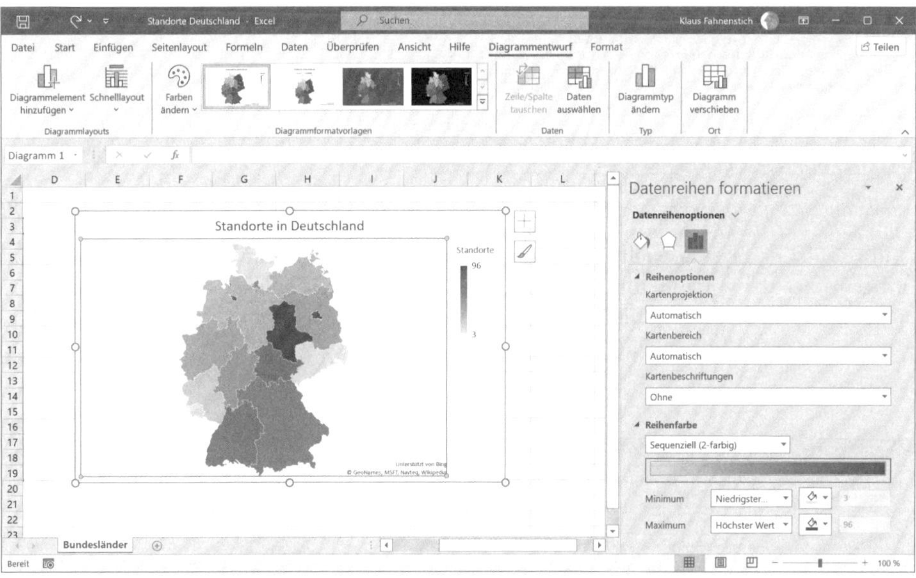

Abbildung 24.34: Arbeitsbereich zum Ändern der Kartendarstellung

3. Interessant ist hier vor allem die Option *Kartenbereich*. Mit ihr können Sie steuern, ob sich der Kartenausschnitt auf diejenigen Gebiete beschränkt, für die Sie Daten vorliegen haben oder ob die Daten auf einer größeren Karte dargestellt werden sollen.
4. In der Gruppe *Reihenfarbe* können Sie die Farbgebung der Karte steuern. Die Möglichkeiten sind hier leider recht übersichtlich, aber Sie können zum Beispiel durch die Wahl einer anderen Farbe für die Option *Maximum* eine deutlichere Hervorhebung der Maximalwerte erreichen.
5. Klicken Sie die Karte mit der rechten Maustaste an und wählen Sie im Kontextmenü den Befehl *Datenbeschriftungen hinzufügen*. Sie werden dabei allerdings feststellen, dass aus Platzgründen bei flächenmäßig kleinen Bundesländern keine Werte angezeigt werden. Leider ist es auch nicht möglich, die Datenbeschriftung – ähnlich wie bei Tortendiagrammen – mit der Maus zu verschieben. Hier müssen Sie im Einzelfall entscheiden, ob eine unvollständige Datenbeschriftung sinnvoll ist, oder ob dadurch im Gegenteil wichtige Details verloren gehen.

Verwendung von Postleitzahlen

Mit den neuen Kartendiagrammen lassen sich sogar Tabellen darstellen, deren Daten mit Postleitzahlen verknüpft sind. Bei unseren Tests haben wir festgestellt, dass Excel durchaus mit Tabellen arbeiten kann, die aus mehreren Tausend Zeilen bestehen. Falls Sie mit einer 32-Bit-Version von Microsoft Office arbeiten, könnte dabei durchaus folgende Fehlermeldung auf Ihrem Bildschirm auftauchen:

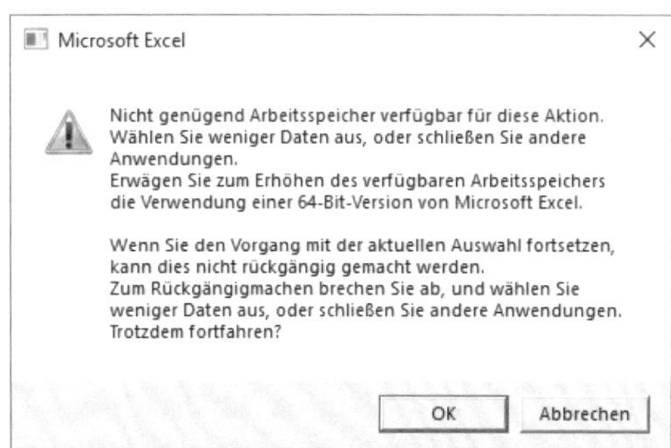

Abbildung 24.35: Kartendiagramme sind speicherhungrig; es empfiehlt sich eine 64-Bit-Version von Office.

Und es gibt noch eine wichtige Einschränkung: Ungültige oder unbekannte Postleitzahlen bringen Excel bzw. den dahinter stehenden Kartendienst schnell ins Straucheln. Auch Postleitzahlen von Postfächern und Großkunden bereiten dem Dienst offensichtlich Probleme.

Doch sobald man diese Hürden umschifft hat, kann sich das Ergebnis auf jeden Fall sehen lassen:

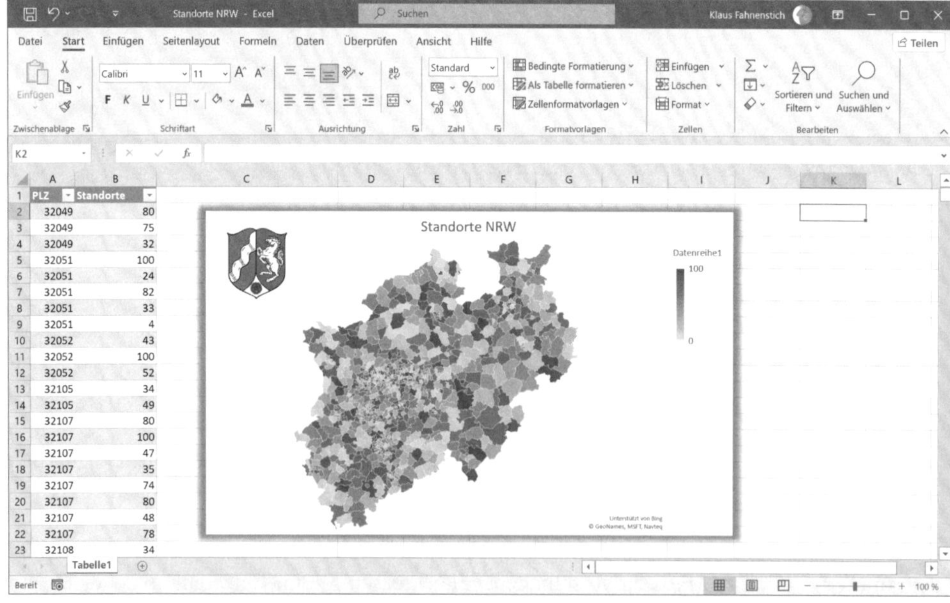

Abbildung 24.36: Daten lassen sich auch nach Postleitzahlen graphisch aufbereiten.

Kapitel 25
Arbeitsmappen drucken

Nachdem Sie die Bearbeitung einer Excel-Arbeitsmappe abgeschlossen haben, besteht der letzte Schritt oft darin, sie anderen verfügbar zu machen. In vielen Fällen werden Sie die gewünschten Arbeitsblätter und Daten ausdrucken. Dieses Kapitel zeigt, wie Sie festlegen, welche Bereiche eines Arbeitsblatts ausgedruckt werden sollen, wie Sie eine Kopf- und/oder Fußzeile definieren und wie Sie die verschiedenen Druckoptionen konfigurieren.

Sie können Ihre Arbeitsblätter auch in eine PDF-Datei »drucken«, die mit Adobe Acrobat Reader gelesen werden kann. Dies eignet sich besonders gut für das Weiterleiten einer Arbeitsmappe als E-Mail-Anlage oder die Veröffentlichung auf einer Website. Wie Sie eine PDF-Datei erstellen, ist ausführlich in Kapitel 7 beschrieben.

Druckbereich festlegen

Wenn Sie die Registerkarte *Datei* anklicken und dann den Befehl *Drucken* auswählen, druckt Excel standardmäßig das gesamte Arbeitsblatt aus. Bei kleinen Tabellen, die bequem auf einer Seite Platz finden, ist das auch nicht weiter störend. Anders sieht es jedoch bei umfangreichen Kalkulationen aus oder wenn Sie ganz gezielt nur einen bestimmten Teil einer Tabelle ausdrucken möchten.

In diesen Fällen können Sie einen sogenannten *Druckbereich* festlegen, mit dem Sie Excel mitteilen, welcher Bereich des Arbeitsblatts ausgedruckt werden soll:

1. Markieren Sie im Arbeitsblatt den zu druckenden Bereich.
2. Wechseln Sie zur Registerkarte *Seitenlayout.*
3. Klicken Sie in der Befehlsgruppe *Seite einrichten* auf *Druckbereich* und dann auf *Druckbereich festlegen.*

Der Druckbereich wird im Arbeitsblatt mit einer dünnen Linie versehen.

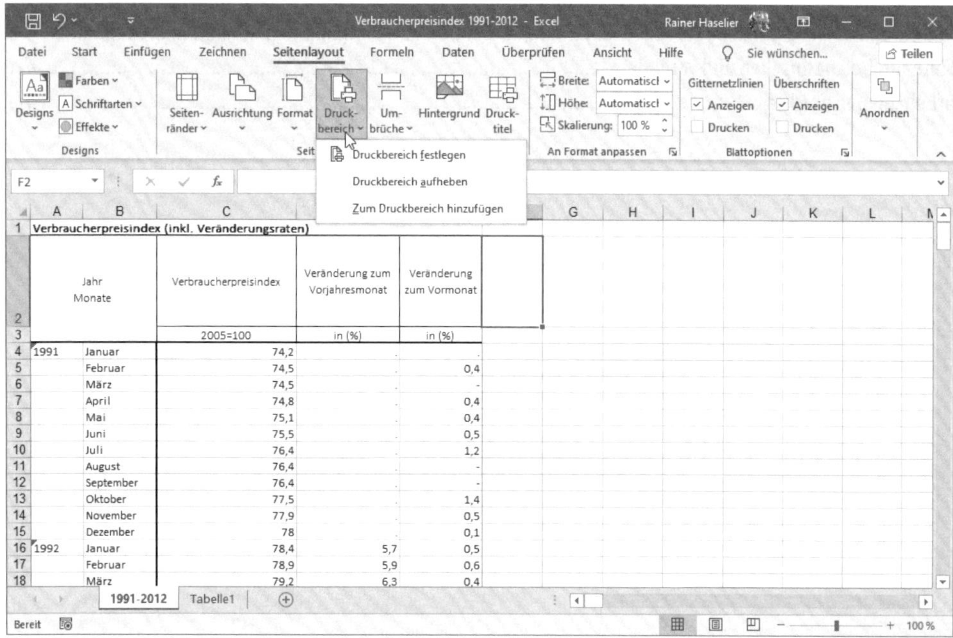

Abbildung 25.1: Die dünne Linie kennzeichnet den Druckbereich.

Wenn Sie mehr als einen Zellbereich drucken möchten, können Sie einen bereits vorhandenen Druckbereich erweitern. Angenommen, Sie wollen vom Arbeitsblatt in Abbildung 25.1, das Daten zur Entwicklung der Verbraucherpreise in den Jahren 1991 bis 2012 enthält, lediglich die Indizes der Jahre 2000 und 2010 ausdrucken:

1. Markieren Sie im Arbeitsblatt zuerst den Zellbereich mit den Daten des Jahres 2000 und legen Sie diesen als Druckbereich fest.
2. Markieren Sie anschließend den Zellbereich mit den Daten des Jahres 2010.
3. Wechseln Sie zur Registerkarte *Seitenlayout.*

4. Klicken Sie in der Befehlsgruppe *Seite einrichten* auf *Druckbereich* und dann auf *Zum Druckbereich hinzufügen.*

Tipp Mehrfachauswahl als Druckbereich definieren Sie können beim Markieren des Druckbereichs auch die Strg-Taste gedrückt halten, wenn Sie einen Druckbereich definieren wollen, der aus mehreren Zellbereichen besteht. Excel druckt dann die markierten Zellbereiche jeweils auf einer eigenen Seite aus.

Um den Druckbereich zu entfernen, legen Sie entweder einen neuen Druckbereich fest oder Sie klicken auf der Registerkarte *Seitenlayout* in der Gruppe *Seite einrichten* zuerst auf *Druckbereich* und dann auf *Druckbereich aufheben.*

Seitenabmessungen und Ränder einstellen

Wenn Sie Ihre Excel-Tabelle auf A4-Papier im Hochformat mit den Standardwerten ausdrucken wollen, können Sie das Ausdrucken direkt nach dem Festlegen des Druckbereichs starten. Falls Sie jedoch mehr Kontrolle darüber haben wollen, wie das Arbeitsblatt auf dem Papier erscheint, können Sie alle Einstellungen wie das Papierformat, die Seitenränder und die Ausrichtung in der Gruppe *Seite einrichten* der Registerkarte *Seitenlayout* vornehmen:

- **Seitenränder** Wenn Sie auf der Registerkarte *Seitenlayout* in der Befehlsgruppe *Seite einrichten* auf *Seitenränder* klicken, zeigt Excel ein kleines Auswahlmenü an, in dem drei verschiedene Randeinstellungen zur Auswahl stehen. Sie können dort zwischen normalen, breiten und schmalen Seitenrändern wählen (siehe Abbildung 25.2). Die Werte der Randeinstellungen für die drei Standardoptionen werden ebenfalls im Menü angezeigt.

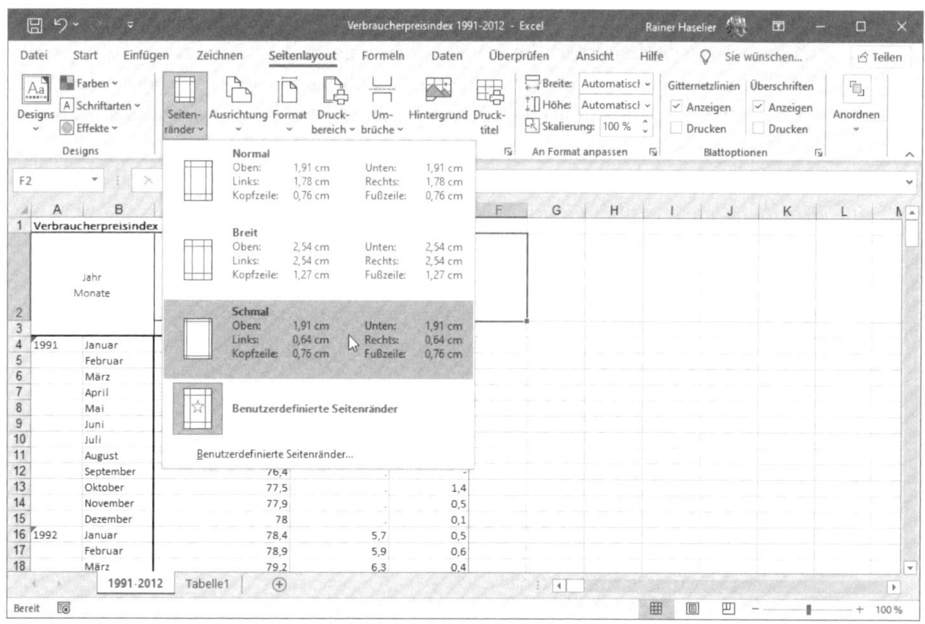

Abbildung 25.2: Die drei Standardeinstellungen für die Ränder finden Sie im Menü der Schaltfläche Seitenränder.

Excel

Sollte keine der Einstellungen Ihren Anforderungen entsprechen, klicken Sie im unteren Bereich des Menüs auf *Benutzerdefinierte Seitenränder*. Excel zeigt dann die Registerkarte *Seitenränder* des Dialogfeldes *Seite einrichten* an (siehe Abbildung 25.3); dort können Sie die gewünschten Werte eintragen.

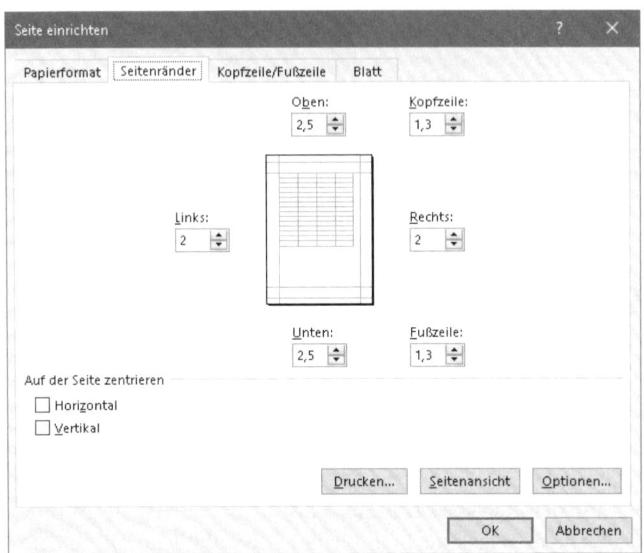

Abbildung 25.3: Auf der Registerkarte Seitenränder *des Dialogfeldes* Seite einrichten *können Sie alle vier Ränder exakt einstellen.*

Die beiden Kontrollkästchen *Horizontal* und *Vertikal* im unteren Bereich des Dialogfeldes ermöglichen es, das Arbeitsblatt innerhalb der eingestellten Ränder zu zentrieren. Das kleine Vorschaubild spiegelt die aktivierten Einstellungen wider. Ist beim Aufruf dieser Registerkarte ein Diagramm markiert, sehen Sie anstelle des Arbeitsblatts ein Diagramm in der Mitte des Dialogfeldes.

- **Ausrichtung** Hinter der Schaltfläche *Ausrichtung* (Registerkarte *Seitenlayout*, Gruppe *Seite einrichten*) verbirgt sich ein kleines Menü, über das Sie einfach zwischen Hoch- und Querformat wechseln können, indem Sie den betreffenden Befehl anklicken.
- **Format** Wenn Sie die Schaltfläche *Format* (Registerkarte *Seitenlayout*, Gruppe *Seite einrichten*) anklicken, zeigt Excel ein Menü an, in dem verschiedene Standardpapierformate aufgeführt sind. Wählen Sie dort die Papiergröße aus, die Sie verwenden.

Hinweis Krumme Werte bei Standardseitenrändern Vielleicht wundern Sie sich über die krummen Werte für die Seitenränder, die im Menü der Schaltfläche *Seitenlayout/Seitenränder* angezeigt werden. Hier kann man erkennen, dass Office von einem amerikanischen Unternehmen entwickelt wurde. Bei der Option *Breit* beispielsweise sind alle vier Seitenränder genau 1 Zoll (entspricht 2,54 cm) und der Wert für die Kopf- und Fußzeile ist 0,5 Zoll (= 1,27 cm). Diese US-Standardwerte werden in der deutschen Version von Excel lediglich umgerechnet und nicht angepasst.

Tabelleninhalt an Seitengröße anpassen

Mit den Befehlen der Gruppe *An Format anpassen* auf der Registerkarte *Seitenlayout* können Sie festlegen, ob das Arbeitsblatt beim Ausdrucken verkleinert oder vergrößert wird. Im Feld *Skalierung* können Sie einen Prozentwert eintragen: Ist er größer als 100 %, wird die Ausgabe vergrößert, ist er kleiner als 100 %, wird die Ausgabe verkleinert. Alternativ können Sie in den Listenfeldern *Breite* und *Höhe* eintragen, auf wie vielen Seiten Ihre Tabelle angeordnet werden soll. Excel kümmert sich dann um die Berechnung der passenden Skalierung.

Drucktitel festlegen und weitere Optionen einstellen

Für den Ausdruck können Sie Zeilen oder Spalten Ihres Arbeitsblatts festlegen, die auf jeder Seite oben (= Wiederholungszeilen) bzw. links (= Wiederholungsspalten) wiederholt werden. Für die Beispieltabelle mit der Entwicklung des Verbraucherpreisindex bietet es sich an, die Zeilen 2 und 3 als Drucktitel oben in der Tabelle zu verwenden. (Den Text, der derzeit in Zeile 1 steht, werden wir weiter hinten im Kapitel in die Kopfzeile einfügen.) Um einen Drucktitel festzulegen, geben Sie ihn entweder manuell ein oder wählen ihn im Arbeitsblatt aus:

1. Klicken Sie auf der Registerkarte *Seitenlayout* in der Gruppe *Seite einrichten* auf *Drucktitel*. Excel öffnet die Registerkarte *Blatt* des Dialogfeldes *Seite einrichten*.
2. Klicken Sie auf die kleine Schaltfläche neben dem Feld *Wiederholungszeilen oben*. Das Dialogfeld verkleinert sich zu einer Zeile. 
3. Wählen Sie mit der Maus den gewünschten Bereich aus.

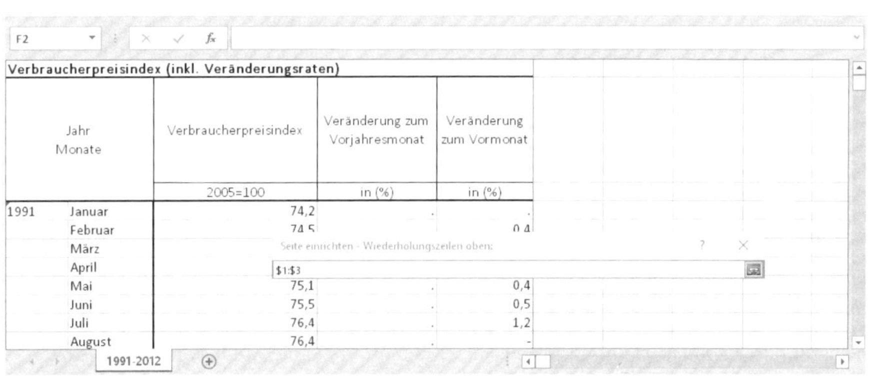

Abbildung 25.4: Sie können den Drucktitel für Ihr Arbeitsblatt interaktiv festlegen.

4. Klappen Sie das Dialogfeld durch erneutes Anklicken der Schaltfläche wieder auf. Nun sehen Sie die gewählten Zeilen oder Spalten in den Eingabefeldern *Wiederholungszeilen oben* bzw. *Wiederholungsspalten links* (siehe Abbildung 25.5).

Tipp Sie können für den Drucktitel mehrere Zellen markieren, die nicht nebeneinanderliegen. Halten Sie dazu beim Markieren die Strg-Taste gedrückt.

Auf der Registerkarte *Blatt* des Dialogfeldes *Seite einrichten* (siehe Abbildung 25.5) können Sie noch die folgenden Einstellungen vornehmen:

- Das Kontrollkästchen *Gitternetzlinien* steuert, ob die Linien der Tabelle beim Drucken mit ausgegeben werden sollen oder nicht.
- Mit der Option *Zeilen- und Spaltenüberschriften* können Sie die jeweiligen Überschriften bei Bedarf ein- oder ausschalten.
- Um eine farbige Tabelle im Schwarz-Weiß-Modus auszudrucken, schalten Sie die Option *Schwarzweißdruck* ein.
- Wenn Sie einzelne Zellen mit Kommentaren versehen haben und diese mit ausdrucken wollen, können Sie in der Liste *Kommentare* festlegen, ob sie an der Originalstelle oder am Ende des Blattes gedruckt werden sollen.
- Wenn Sie die Option *Entwurfsqualität* einschalten, geht der Ausdruck schneller vonstatten, die Qualität ist dafür aber nicht so gut.

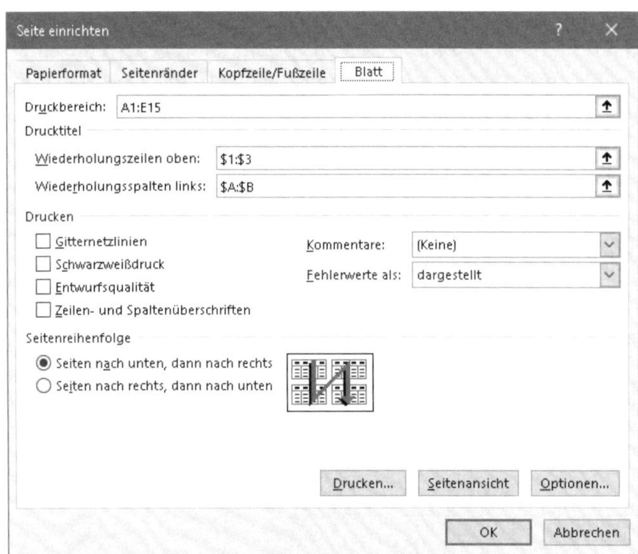

Abbildung 25.5: Der ausgewählte Drucktitel wurde übernommen. Im Bereich Drucken *der Registerkarte* Blatt *können Sie weitere Druckoptionen einstellen.*

- Im Listenfeld *Fehlerwerte als* können Sie zwischen verschiedenen Darstellungsarten wählen, die Excel für Zellen verwendet, die Fehler enthalten.
- Wenn Ihr Arbeitsblatt so umfangreich ist, dass Sie es auf mehreren Seiten ausdrucken müssen, können Sie mit den Optionen der Gruppe *Seitenreihenfolge* festlegen, ob Excel das Arbeitsblatt spalten- oder zeilenweise abarbeiten soll. Die gewählte Einstellung wird durch eine kleine Grafik veranschaulicht.

Inhalt von Kopfzeile/Fußzeile festlegen

Die Inhalte, die in der Kopf- bzw. Fußzeile ausgegeben werden sollen, legen Sie am schnellsten und einfachsten in der Ansicht *Seitenlayout* fest. Um diese zu aktivieren, klicken Sie in der Statusleiste von Excel auf die Schaltfläche *Seitenlayout* oder Sie wechseln zur Registerkarte *Ansicht* und klicken dort in der Gruppe *Arbeitsmappenansichten* auf *Seitenlayout*. Excel zeigt die Tabelle dann so an, wie sie auch ausgedruckt würde.

Wenn Sie noch keine Kopf- oder Fußzeile festgelegt haben, sehen Sie auf der Seite im Bereich der Kopf- bzw. Fußzeile die Meldung *Kopfzeile hinzuzufügen* bzw. *Fußzeile hinzuzufügen*. Wenn Sie diese Meldung anklicken, blendet Excel die kontextbezogene Registerkarte *Kopf- und Fußzeilentools/Entwurf* ein, die Sie in Abbildung 25.6 sehen.

Wenn Sie in der Gruppe *Kopf- und Fußzeile* die Schaltfläche *Kopfzeile* oder die Schaltfläche *Fußzeile* anklicken, zeigt Excel eine Auswahlliste mit einer Fülle verschiedener Beschriftungsmöglichkeiten an, mit denen Sie den bedruckten Seiten verschiedene Standardkopf- und/oder -fußzeilen hinzufügen können.

Wenn keine dieser Optionen dem entspricht, was Sie benötigen, verwenden Sie die Schaltflächen in der Gruppe *Kopf- und Fußzeilenelemente*, um die verschiedenen Platzhalter (für die Nummer der aktuellen Seite, die Gesamtanzahl der Seiten usw.) einzufügen. Weiteren Text, den Sie in die Kopf- oder Fußzeile einfügen wollen, geben Sie einfach in den Kopfzeilen- oder Fußzeilenbereich der Seite ein.

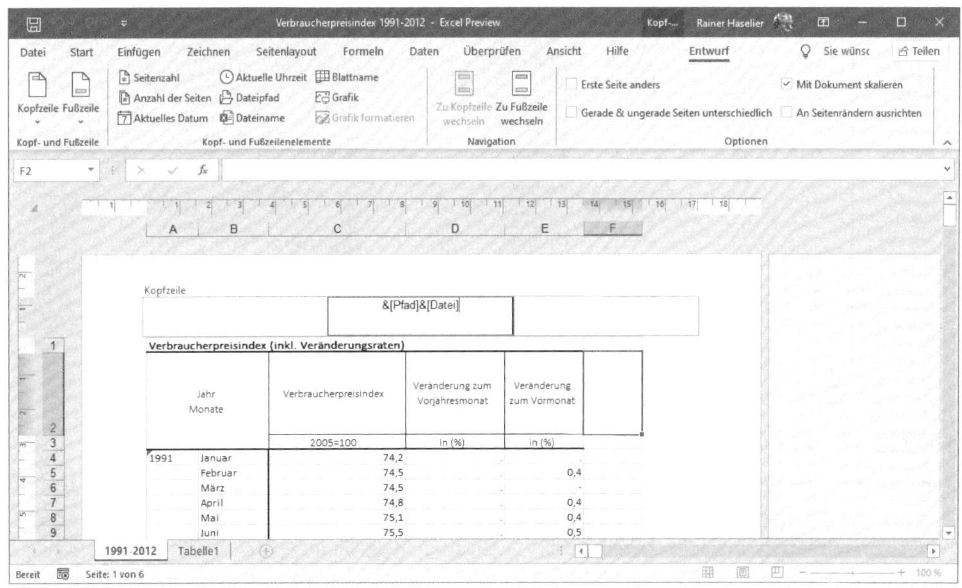

Abbildung 25.6: Über die Registerkarte Kopf- und Fußzeilentools/Entwurf *lassen sich individuelle Kopf- und Fußzeilen erstellen*

Seitenumbrüche ansehen und verändern

Wollen Sie ein größeres Arbeitsblatt ausdrucken, kann es wichtig sein, vorher zu wissen, an welchen Stellen Excel einen Seitenumbruch einfügt, und die eingefügten Seitenumbrüche auch verändern zu können. Dies erledigen Sie am besten in der *Umbruchvorschau*, die Sie entweder mit der gleichnamigen Schaltfläche in der Statusleiste aktivieren oder indem Sie auf der Registerkarte *Ansicht* in der Gruppe *Arbeitsmappenansichten* auf *Umbruchvorschau* klicken.

Sie sehen dann eine Ansicht Ihres Arbeitsblatts, auf dem die Umbrüche als blau gestrichelte Linien angezeigt werden (siehe Abbildung 25.7). In grauer Schrift wird eingeblendet, um welche Seite es sich jeweils handelt. Eventuell müssen Sie die Darstellung noch mit dem Zoomregler in der Statusleiste verkleinern, damit die einzelnen Seiten vollständig angezeigt werden können. Anschließend können Sie mit der Maus sowohl die Seitenumbrüche als auch die Ränder verschieben. Während des Ziehens können Sie den aktuellen Wert für den Rand in der Statusleiste ablesen.

Wenn Sie die Seitenumbrüche nach Ihren Vorstellungen geändert haben, können Sie durch Anklicken der Schaltfläche *Normal* in der Statusleiste wieder zur Normalansicht zurückkehren.

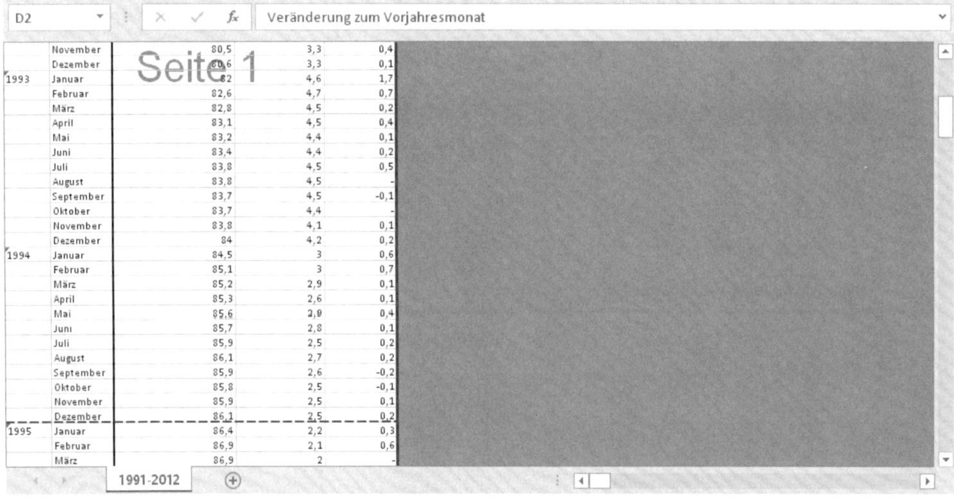

	November	80,5	3,3	0,4
	Dezember	80,6	3,3	0,1
1993	Januar	82	4,6	1,7
	Februar	82,6	4,7	0,7
	März	82,8	4,5	0,2
	April	83,1	4,5	0,4
	Mai	83,2	4,4	0,1
	Juni	83,4	4,4	0,2
	Juli	83,8	4,5	0,5
	August	83,8	4,5	-
	September	83,7	4,5	-0,1
	Oktober	83,7	4,4	-
	November	83,8	4,1	0,1
	Dezember	84	4,2	0,2
1994	Januar	84,5	3	0,6
	Februar	85,1	3	0,7
	März	85,2	2,9	0,1
	April	85,3	2,6	0,1
	Mai	85,6	2,9	0,4
	Juni	85,7	2,8	0,1
	Juli	85,9	2,5	0,2
	August	86,1	2,7	0,2
	September	85,9	2,6	-0,2
	Oktober	85,8	2,5	-0,1
	November	85,9	2,5	0,1
	Dezember	86,1	2,5	0,2
1995	Januar	86,4	2,2	0,3
	Februar	86,9	2,1	0,6
	März	86,9	2	-

Abbildung 25.7: In dieser Ansicht lassen sich die Seitenumbrüche bei Bedarf optimal korrigieren.

Tipp Seitenumbruch manuell festlegen Sie können einen Seitenumbruch manuell festlegen, indem Sie den Cursor in die Zelle unter bzw. neben dem gewünschten Umbruch setzen und auf der Registerkarte *Seitenlayout* in der Gruppe *Seite einrichten* auf *Umbrüche* und dann auf *Seitenumbruch einfügen* klicken. Die Linie eines manuellen Seitenumbruchs ist etwas dicker als die eines automatischen. Zum Löschen eines manuellen Umbruchs setzen Sie den Cursor in eine Zelle unter bzw. rechts neben dem Umbruch und klicken auf *Umbrüche/Seitenumbrüche entfernen*.

Arbeitsmappe drucken

Um eine Arbeitsmappe auszudrucken, klicken Sie auf die Registerkarte *Datei* und dann auf *Drucken*. Excel öffnet die Backstage-Ansicht *Drucken*. (Alternativ können Sie auch die Tastenkombination Strg+P drücken.)

Tipp

Schnelldruck einrichten Um eine Arbeitsmappe in den Standardeinstellungen mit einem einzigen Mausklick zu drucken, können Sie die Schaltfläche *Schnelldruck* in die Symbolleiste für den Schnellzugriff einfügen. Klicken Sie hierzu an der rechten Seite der Symbolleiste für den Schnellzugriff auf den kleinen Pfeil und schalten Sie dann im Menü die Option *Schnelldruck* ein.

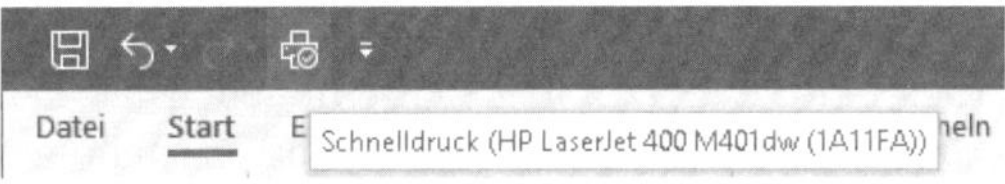

Wenn Sie mit der Maus auf die Schaltfläche *Schnelldruck* zeigen, zeigt Excel in einer QuickInfo den Drucker an, auf dem der Ausdruck erfolgt.

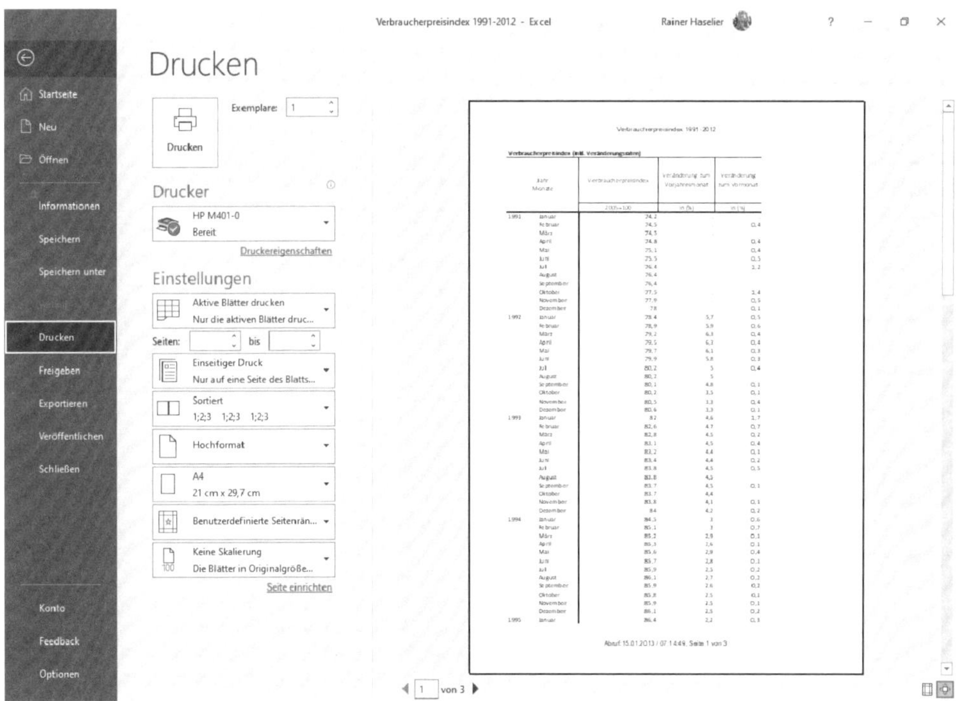

Abbildung 25.8: In der Backstage-Ansicht Drucken *finden Sie die Seitenansicht, zahlreiche Einstellmöglichkeiten für das Drucken und die wichtigsten Optionen für die Seiteneinrichtung.*

In der Backstage-Ansicht können Sie eine oder mehrere der folgenden Aktionen durchführen:

- **Drucker auswählen** Klicken Sie im Bereich *Drucker* auf die Schaltfläche mit dem aktuellen Drucker, um den Drucker auszuwählen, auf dem die Ausgabe erfolgen soll.

- **Anzahl der Druckexemplare festlegen** Im Feld *Exemplare* legen Sie fest, wie viele Kopien gedruckt werden sollen und ob diese sortiert ausgedruckt werden sollen. Wenn die Option *Sortiert* eingeschaltet ist, werden zunächst alle Seiten der Mappe gedruckt und danach eine weitere Kopie.
- **Seiten festlegen, die gedruckt werden sollen** Im Bereich *Einstellungen* legen Sie fest, ob die aktiven Tabellen, die gesamte Arbeitsmappe oder nur die markierte Auswahl gedruckt werden soll. Wenn Sie nur bestimmte Seiten ausdrucken wollen, geben Sie die gewünschten Seitenzahlen in die Felder *Seiten* und *bis* im Bereich *Einstellungen* ein.
- **Seiteneinrichtung** Mit den weiteren Dropdownmenüs haben Sie Zugriff auf einige der Optionen, die Ihnen auch auf der Registerkarte *Seitenlayout* zur Verfügung stehen. Sie können hier die Seitenausrichtung, das Seitenformat, die Seitenränder und die Skalierung einstellen.
- **Seitenansicht** Auf der rechten Seite der Backstage-Ansicht sehen Sie die Seitenansicht, die Ihnen die Arbeitsmappe so zeigt, wie sie mit den aktuellen Einstellungen ausgedruckt wird. Sie können mit den Pfeilschaltflächen am unteren Rand zwischen den verschiedenen Seiten blättern.

Klicken Sie auf die Schaltfläche *Drucken,* wenn alle Einstellungen wie gewünscht vorgenommen wurden und Sie die Tabelle/Arbeitsmappe wie in der Seitenansicht gezeigt, ausdrucken wollen.

Teil E
PowerPoint

Kapitel 26

Erste Schritte mit PowerPoint

In diesem Kapitel geben wir Ihnen einen kurzen Überblick über Microsoft PowerPoint. Sie erfahren, wie Sie eine neue Präsentation anlegen und lernen die verschiedenen Ansichten kennen, in denen Sie eine Präsentation bearbeiten bzw. präsentieren können. Anschließend zeigen wir Ihnen, wie Sie eine Präsentation um weitere Folien ergänzen, und wie Sie Folien kopieren oder verschieben können.

Im letzten Abschnitt stellen wir Ihnen dann die so genannten *Platzhalter* vor, die Ihnen dabei helfen, den Folien Ihrer Präsentation ein einheitliches Layout zu geben.

Neue Präsentation erstellen

In Kapitel 3 haben wir Sie bereits mit den wichtigsten Grundlagen vertraut gemacht, wie in Office neue Dokumente erstellt werden. Dabei verhält sich jedes Programm naturgemäß etwas anders. Im konkreten Fall von PowerPoint stehen Ihnen folgende Möglichkeiten offen:

- Sie können vollkommen leere Präsentationen erstellen (ohne Folien und ohne Designs).
- Sie können von Anfang an Farbe ins Spiel bringen, indem Sie die neue Präsentation auf der Basis eines Designs erstellen. In diesem Fall werden die Folien der neuen Präsentation automatisch mit einem mehr oder wenig aufwändig gestalteten Hintergrund ausgestattet. Außerdem wird durch ein Design die Verwendung bestimmter Schriften und Farben vorgegeben.
- Sie können online nach Vorlagen suchen, die in der Regel bereits einige Folien enthalten. Diese weisen in vielen Fällen sogar bereits themenbezogene Inhalte auf.
- Sie können eine vorhandene Präsentation als Ausgangspunkt nutzen. Das bietet sich vor allem dann an, wenn Sie häufig Präsentationen erstellen müssen, die sich nur leicht unterscheiden (z. B. Quartalsberichte, Jahresrückschauen usw.).

Je nachdem, ob Sie PowerPoint bereits gestartet haben oder nicht, führen all diese Wege entweder über den Startbildschirm oder die Backstage-Ansicht von PowerPoint.

In diesem Kapitel wollen wir uns auf die Vorlagen-Variante beschränken und Ihnen dabei kurz zeigen, wie Sie nach geeigneten Vorlagen suchen können. Eine ausführliche Beschreibung der übrigen Varianten und interessante Hintergrundinformationen zur Konfiguration des Startbildschirms und der Backstage-Ansicht finden Sie in Kapitel 3.

Beispielvorlagen verwenden

Microsoft bietet online einen Pool mit mehreren Tausend Vorlagen an, die Sie als Ausgangspunkt für Ihre Präsentation benutzen dürfen. Diese Vorlagen enthalten bereits etliche Folien, so dass sich ein Großteil Ihrer Arbeit auf das Bearbeiten der reinen Inhalte, also vor allem der Texte und Grafiken, beschränkt.

Während in früheren Versionen von PowerPoint ein Teil dieser Vorlage bei der Installation auf Ihren Rechner kopiert wurde, benötigen Sie mittlerweile auf jeden Fall einen Internetzugang, um auf die Vorlagen zugreifen zu können.

Die Verwendung dieser Vorlagen ist denkbar einfach:

1. Starten Sie PowerPoint. Falls Sie PowerPoint bereits gestartet haben, wechseln Sie mit einem Klick auf *Datei* in die Backstage-Ansicht und gehen dort auf die Seite *Neu*.
2. Geben Sie oben im Suchfeld einen Begriff ein, der Ihre zu erstellende Präsentation am treffendsten beschreibt und drücken Sie dann die Eingabetaste. Alternativ können Sie auch einen der empfohlenen Suchbegriffe anklicken.

   Sie sehen nun die Vorschaubilder aller Vorlagen, die zu dem von Ihnen eingegebenen Suchbegriff gefunden wurden. Leider zeigt PowerPoint in seinen aktuellen Versionen keine Kategorienliste mehr an. Mit ihr ließ sich früher (bis einschließlich PowerPoint 2016) die Treffermenge weiter einschränken. Warum Microsoft dieses nützliche Feature entfernt hat, wissen wir leider nicht.

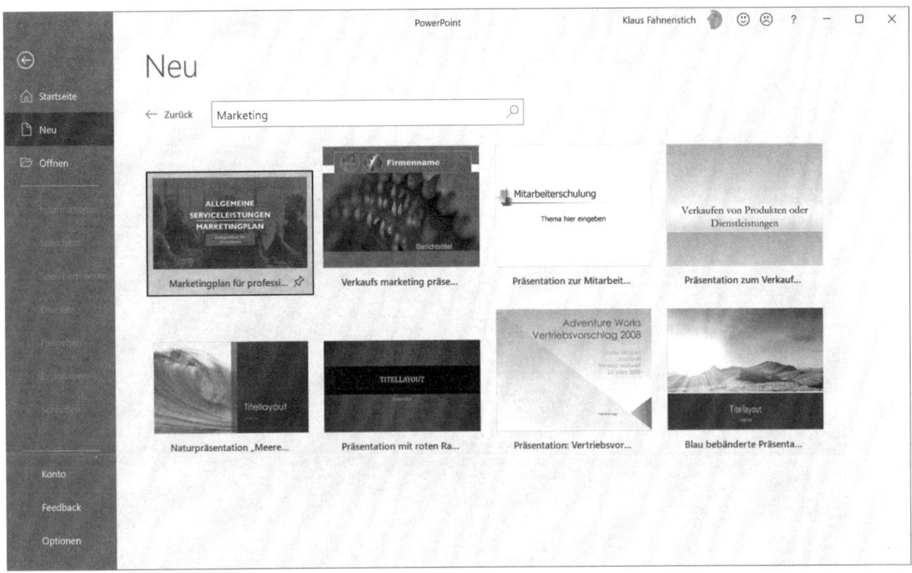

Abbildung 26.1: Beispielvorlagen zum Thema Marketing

3. Klicken Sie eine der Miniaturgrafiken an, um eine Vorschau zu sehen. Die Vorschau liefert Ihnen nicht nur einen ersten Eindruck über die Qualität und Eignung der Folien, sondern zeigt Ihnen auch, wer die Präsentation zur Verfügung gestellt hat.

Abbildung 26.2: In der Vorschauanzeige können Sie die Folien der Vorlage durchblättern.

4. Haben Sie sich für eine Vorlage entschieden, klicken Sie im Vorschaubereich auf *Erstellen*, damit PowerPoint den Downloadvorgang beginnt.
5. Speichern Sie die neue Präsentation.

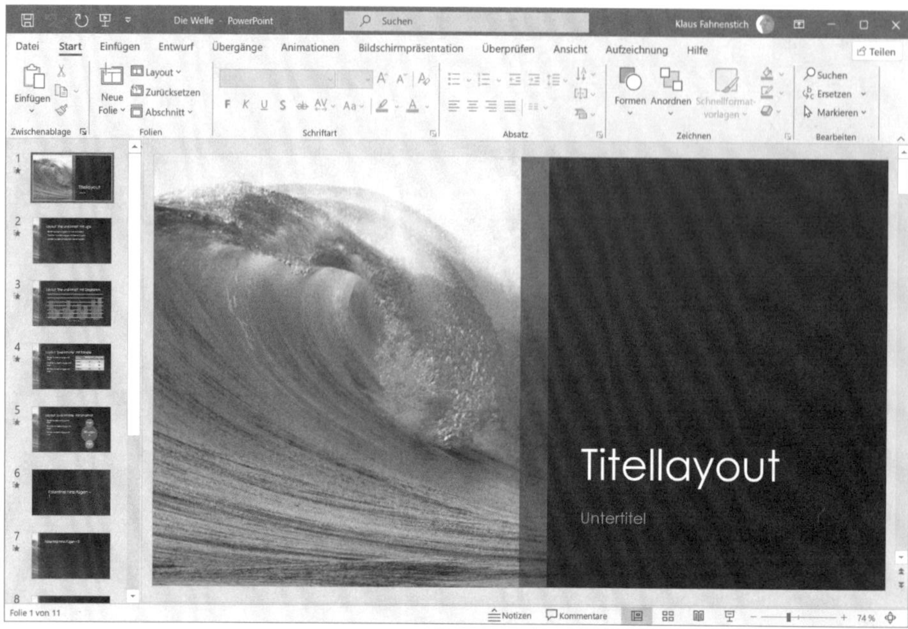

Abbildung 26.3: Die Folien enthalten häufig Beispiele für Diagramme und Grafiken.

Natürlich sollten Sie im Zeitalter der Plagiatsjäger vor allem bei beruflichen Präsentationen darauf achten, dass Sie die Beispielvorlagen nicht eins zu eins übernehmen. Oft reicht schon das Zuweisen eines anderen Designs oder das Hinzufügen oder Entfernen einzelner grafischer Elemente, um der Präsentation eine individuelle Gestaltung zu geben.

Tipp Es lohnt sich, die Beispielvorlagen der Reihe nach zu erstellen und in der Leseansicht zu betrachten. Auf diese Weise können Sie die vielen optischen Effekte, Animationen und Folienübergänge ohne großen Aufwand entdecken.

Die Ansichten einer Präsentation

PowerPoint kann eine Präsentation in verschiedenen Ansichten anzeigen, die jeweils für bestimmte Arbeitsschritte vorgesehen sind:

- Normalansicht
- Gliederungsansicht
- Foliensortierungsansicht
- Notizenseitenansicht
- Leseansicht
- Bildschirmpräsentationsansicht

Am schnellsten schalten Sie zwischen den Ansichten hin und her, indem Sie die Schaltflächen in der Statusleiste verwenden, die sich links neben dem Zoomregler befinden. Sollten diese Schaltflächen nicht sichtbar sein, können Sie sie über das Kontextmenü der Statusleiste mit dem Befehl *Ansichtssymbole anzeigen* einblenden. Alternativ können Sie auf der Registerkarte *Ansicht* die Schaltflächen der Gruppe *Präsentationsansichten* verwenden.

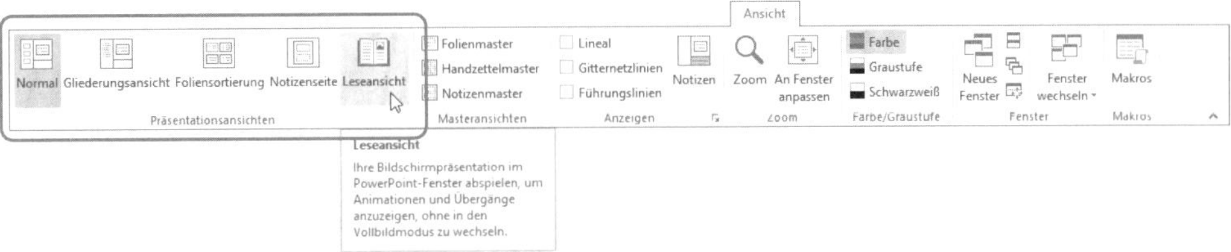

Abbildung 26.4: PowerPoint kann eine Präsentation in verschiedenen Ansichten darstellen.

Die Ansicht »Normal«

Die Normalansicht ist die Standardansicht, in der Sie die Folien Ihrer Präsentation bearbeiten. In dieser Ansicht ist der Bildschirm in drei Bereiche unterteilt:

- Folienbereich
- Miniaturansichten
- Notizenfeld

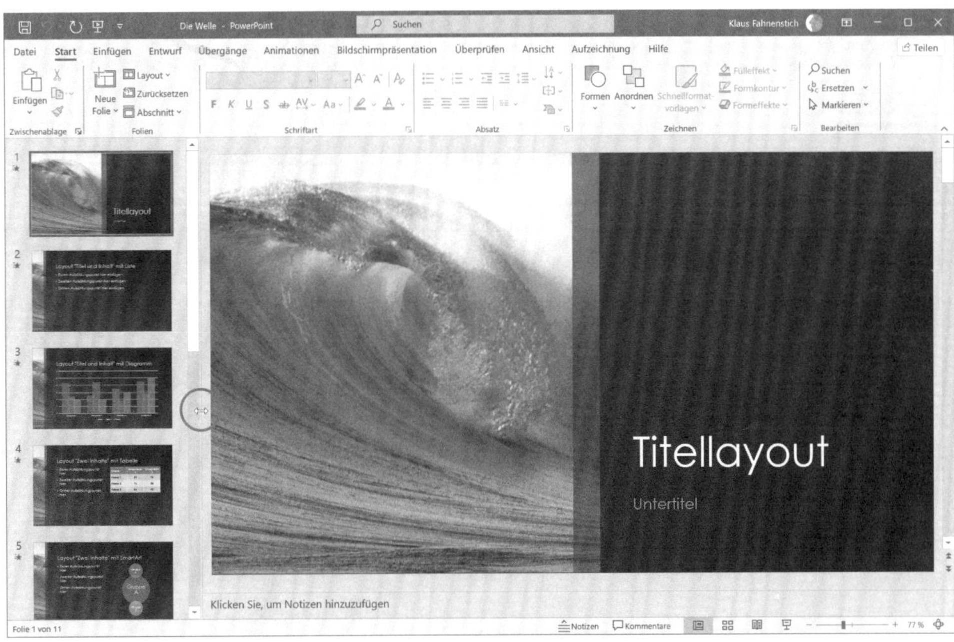

Abbildung 26.5: Die Größe der drei Bereiche lässt sich je nach Bedarf individuell einstellen.

Den größten Raum nimmt der Folienbereich ein, in dem Sie die Folien Ihrer Präsentation erstellen bzw. gestalten und zum Beispiel Texte, Bilder oder Diagramme einfügen. Sie können die Größe der Bereiche je nach Bedarf einstellen, indem Sie deren Begrenzungslinien mit der Maus verschieben. Bewegen Sie dazu den Mauszeiger über die Begrenzungslinien zwischen den Bereichen, bis sich die Pfeilspitze in einen Doppelpfeil verwandelt und verschieben Sie die Linie dann mit gedrückter Maustaste, bis die Bereiche die gewünschte Größe besitzen (siehe Abbildung 26.5).

Links neben dem Folienbereich sehen Sie die Miniaturansichten der Folien. Wenn Sie eine der Miniaturansichten anklicken, wird die zugehörige Folie im Folienbereich angezeigt. Sie können diesen Bereich aber auch nutzen, um die Reihenfolge der Folien umzustellen.

Unterhalb des Folienbereichs sehen Sie einen Bereich mit der Aufforderung »Klicken Sie, um Notizen hinzuzufügen«. Mit dieser grammatikalisch ausgefeilten Formulierung ist gemeint, dass Sie hier Anmerkungen bzw. Notizen eintragen können, die auf der Folie nicht erscheinen sollen, die Sie jedoch beim Vortragen als Gedankenstütze parat haben möchten. Diesen Bereich können Sie durch einen Klick in der Statusleiste auf *Notizen* ein- und ausschalten.

Die Gliederungsansicht

Die Gliederungsansicht unterscheidet sich von der Normalansicht im Wesentlichen dadurch, dass im linken Bereich anstelle der Miniaturansichten, eine Übersicht über den auf den Folien enthaltenen Text der Präsentation angezeigt wird. Durch einen Doppelklick auf ein Foliensymbol können Sie den gesamten Text einer Folie ein- oder ausblenden. In diesem Modus können Sie sich ganz auf den Text der Präsentation konzentrieren und werden nicht durch die graphische Gestaltung der Folien abgelenkt.

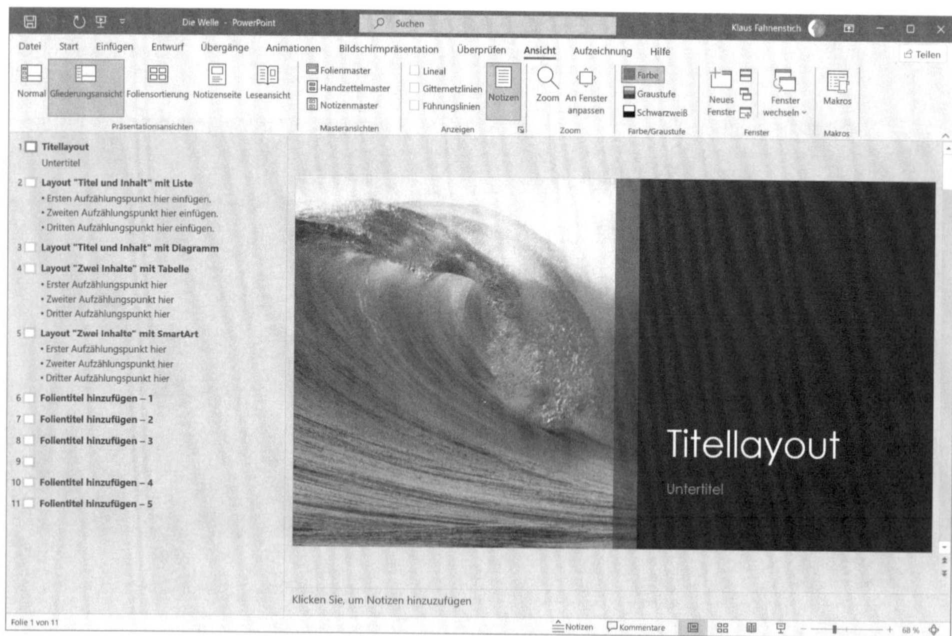

Abbildung 26.6: Die Gliederungsansicht gibt einen guten Überblick über die Textstruktur.

Die Ansicht »Foliensortierung«

In der Foliensortierungsansicht werden die Folien der Präsentation als kleine Vorschaubilder im Arbeitsbereich angezeigt. Auf diese Weise können Sie sich sehr schnell einen Überblick über eine Präsentation verschaffen und einzelne Folien bequem mit der Maus umstellen oder aus der Präsentation löschen. Außerdem können Sie sich in dieser Ansicht auch die Animationen anzeigen lassen, die Sie für die einzelnen Folienübergänge definiert haben.

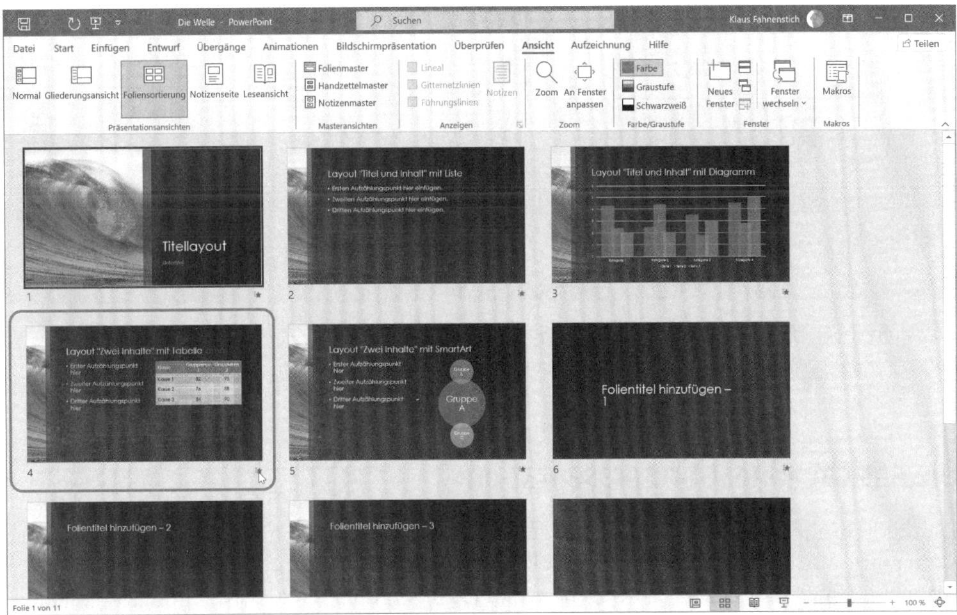

Abbildung 26.7: Die Foliensortierungsansicht eignet sich zum Umstellen von Folien. Darüber hinaus bietet sie auch eine Vorschaufunktion auf die eingerichteten Folienübergänge (siehe Markierung).

Die Ansicht »Notizenseite«

Wenn Sie für eine Folie Anmerkungen in das Notizenfeld eingegeben haben, können Sie diese gemeinsam auf einer Seite ausdrucken. Wie diese Seite im Ausdruck aussehen wird, zeigt PowerPoint in der Notizenansicht auf dem Bildschirm an. Diese Ansicht ist jedoch keine reine Vorschaufunktion, sondern erlaubt auch eine Bearbeitung der Notizen.

Die Ansicht »Leseansicht«

In der Leseansicht zeigt PowerPoint die Präsentation im aktuellen Fenster an, also nicht auf dem gesamten Bildschirm. Das hört sich zunächst nicht besonders spektakulär an, ist jedoch im Alltag enorm praktisch. Sie können so zum Beispiel eine Präsentation, die Sie als Vorlage verwenden, in der Leseansicht anzeigen, während Sie gleichzeitig an einer anderen Präsentation arbeiten.

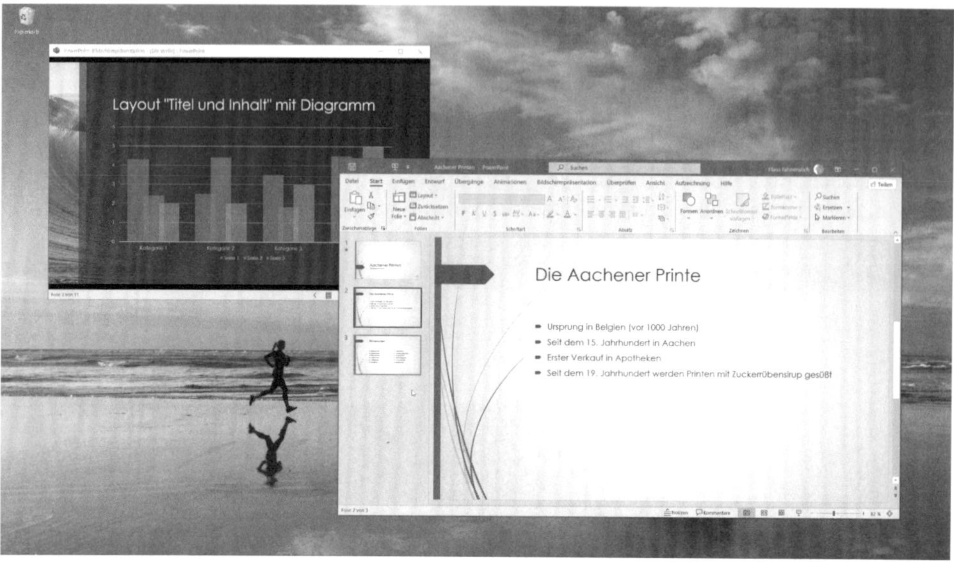

Abbildung 26.8: In der Leseansicht spielt PowerPoint die Präsentation in einem eigenen Fenster ab (oben links). Parallel dazu können auch noch andere Präsentationen geöffnet und bearbeitet werden.

Die Ansicht »Bildschirmpräsentation«

Die Bildschirmpräsentation ist der Modus, in dem eine Präsentation direkt am Computer vorgeführt, also zum Beispiel mit einem Beamer auf eine Leinwand projiziert wird. In dieser Ansicht nehmen die Folien – im Gegensatz zur eben vorgestellten Leseansicht – den gesamten Bildschirm ein, das heißt, Windows tritt in diesem Modus optisch vollständig in den Hintergrund.

In der Bildschirmpräsentation wechseln Sie mit einfachem Mausklick – oder etwas zeitgemäßer und eleganter mit einem Knopfdruck auf Ihrer drahtlosen Fernbedienung – zur nächsten Folie. Um zurückzublättern oder um eine bestimmte Folie der Präsentation anzuzeigen, können Sie ein Kontextmenü aufrufen, in dem noch verschiedene andere Befehle enthalten sind, die Sie beim Vortragen Ihrer Präsentation einsetzen können. Wir gehen auf diese Möglichkeiten in Kapitel 32 noch ausführlich ein.

Die Statusleiste

Auch die Statusleiste, die sich am unteren Rand des PowerPoint-Fensters befindet, kann mit einigen interessanten Funktionen aufwarten. Außerdem können Sie die Statusleiste über ein Kontextmenü konfigurieren, das sich öffnet, wenn Sie die Leiste mit der rechten Maustaste anklicken. Standardmäßig sind jedoch, bis auf die Anzeige des in der Präsentation verwendeten Designs und dem Status der Barrierefreiheitsprüfung, alle Informationsfelder bzw. Schaltflächen aktiviert, sodass hier zunächst kein Handlungsbedarf für Sie besteht.

Neue Folien einfügen

Eine PowerPoint-Präsentation setzt sich aus einzelnen Folien zusammen, die vergleichbar den Seiten eines Dokuments nach und nach ergänzt werden. Wie Sie weiter hinten in diesem Kapitel noch sehen werden, können Sie dazu auch Folien aus bereits vorhandenen Präsentationen übernehmen oder sogar eine Gliederung als Ausgangsbasis verwenden. Im einfachsten Fall haben Sie, wie im letzten Abschnitt beschrieben, eine neue leere Präsentation begonnen und wollen die Präsentation um eine weitere, leere Folie ergänzen.

1. Wechseln Sie auf dem Menüband zur Registerkarte *Start.*
2. Zeigen Sie mit der Maus in der Gruppe *Folien* auf die Schaltfläche *Neue Folie.* Dadurch wird erkennbar, dass die Schaltfläche aus zwei Bereichen besteht.

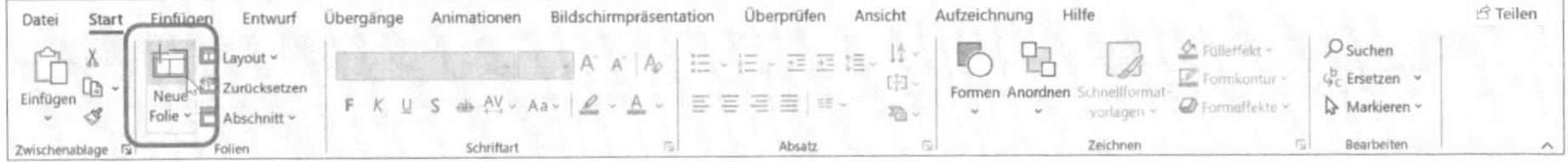

Abbildung 26.9: Die Schaltfläche Neue Folie *ist zweigeteilt.*

3. Klicken Sie auf den oberen Bereich der Schaltfläche. PowerPoint fügt dann direkt eine leere Folie in Ihre Präsentation ein.

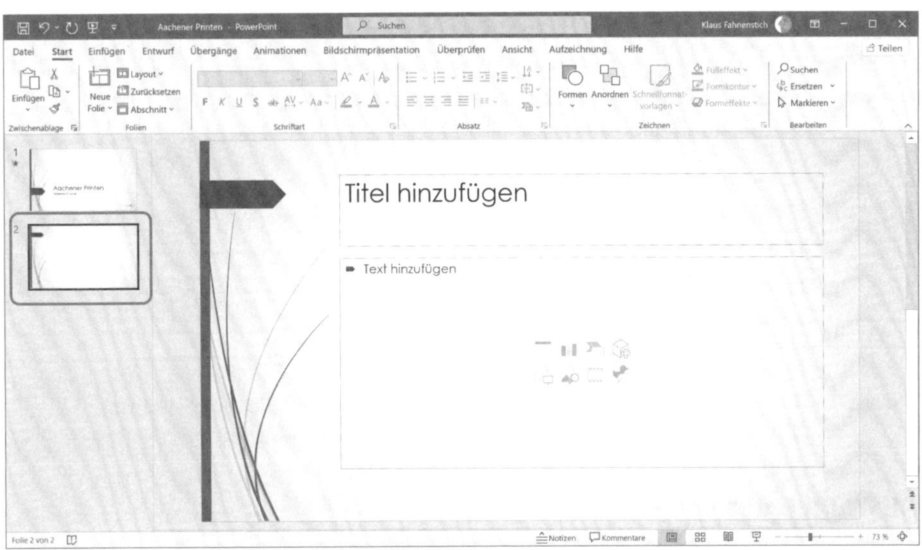

Abbildung 26.10: Die Folie wurde durch Anklicken der oberen Hälfte der Schaltfläche Neue Folie *eingefügt.*

Wenn Sie nun am linken Fensterrand die Miniaturansicht der neuen Folie betrachten, sehen Sie, dass dort eine leere Folie dargestellt wird. Im Folienbereich besitzt die Folie hingegen zwei Rahmen, die den Text »*Titel hinzufügen*« bzw. »*Text hinzufügen*« sowie sechs kleine Symbole enthalten. Bei diesen beiden Rahmen handelt es sich um sogenannte *Platzhalter,* die erst noch mit Inhalt gefüllt werden müssen.

Die Aufgabe dieser Platzhalter ist es, den Folien einer Präsentation eine einheitliche Struktur zu geben. Dadurch wird gewährleistet, dass sich die Zuschauer beim Vorführen der Präsentation ganz auf die inhaltlichen Aspekte der Folien konzentrieren können und nicht bei jeder Folie mit einer neuen Anordnung von Texten und Bildern konfrontiert werden. Wir werden auf Platzhalter weiter hinten in diesem Kapitel noch näher eingehen. Für das aktuelle Beispiel benötigen Sie keine weiteren Hintergrundinformationen zu diesem Thema.

4. Klicken Sie den oberen Platzhalter mit der Maus an und geben Sie den Titel der neuen Folie ein. Der Vorgabetext »*Titel hinzufügen*« verschwindet automatisch, sobald Sie den Platzhalter anklicken.
5. Füllen Sie auf die gleiche Art und Weise auch den zweiten Platzhalter mit etwas Text. Wie Sie sehen, wird dieser Text automatisch als Aufzählung formatiert, ohne dass Sie dazu einen einzigen Mausklick investieren müssen.

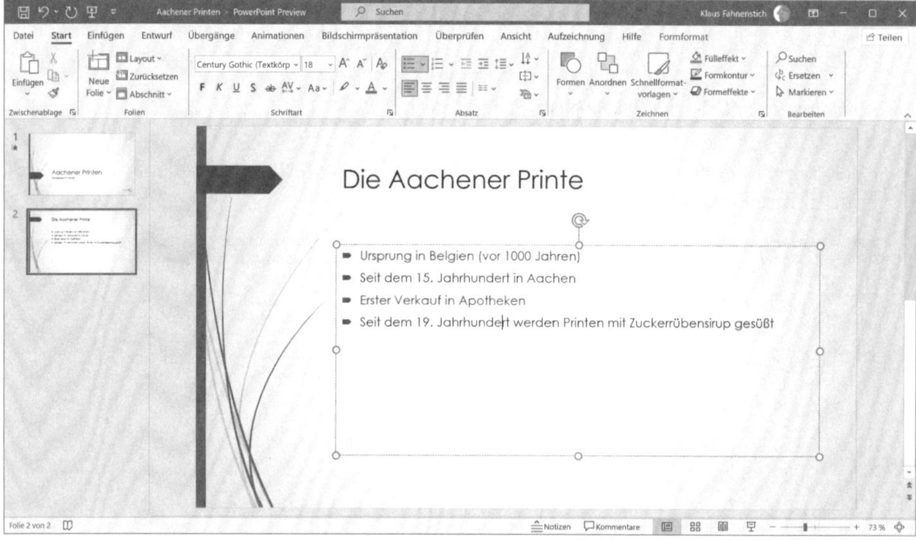

Abbildung 26.11: Der eingegebene Text wird automatisch formatiert.

Hinweis Wie Sie den Text einer Folie formatieren, beschreiben wir detailliert in Kapitel 27.

Auswahl eines Layouts

Dieser Formatierungsservice ist ein Verdienst des *Layouts*, das dieser Folie zugrunde liegt. Layouts sind ein zentraler Bestandteil einer Präsentation und wir werden dieses Thema in Kapitel 30 »Arbeiten mit Vorlagen« noch ausführlich behandeln. Für den Moment genügt es zu wissen, dass allen Folien einer Präsentation ein Layout zugrunde liegt, das den Typ und die Anordnung der Platzhalter vorgibt.

Lassen Sie uns nun einen Blick auf die verschiedenen Layouts werfen, die Sie für die Folien Ihrer Präsentation verwenden können.

1. Klicken Sie erneut auf die Schaltfläche *Neue Folie*, dieses Mal jedoch auf den unteren Teil der Schaltfläche (also auf die Beschriftung).

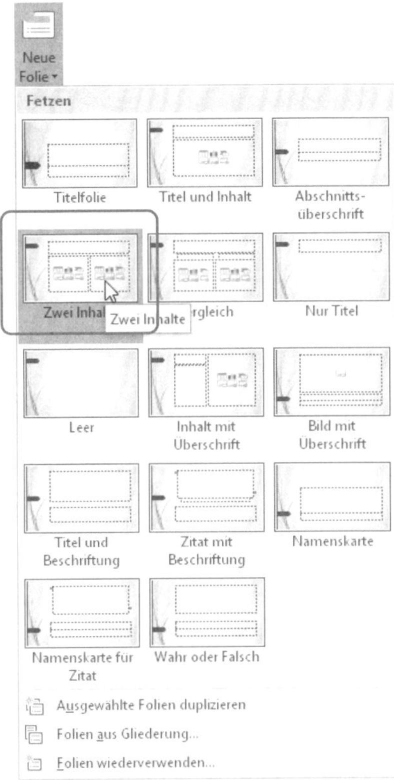

Abbildung 26.12: Im Menü der Schaltfläche Neue Folie *können Sie zwischen verschiedenen Layouts wählen.*

In dem dadurch ausgeklappten Menü der Schaltfläche *Neue Folie* bietet Ihnen PowerPoint verschiedene Layouts an, die sich in Anzahl und Art der verwendeten Platzhalter unterscheiden. Im obigen Bild sehen Sie zum Beispiel in der ersten Reihe das Layout *Titel und Inhalt*, das beim Einfügen der ersten Folie (in Schritt 3 des letzten Abschnitts) automatisch verwendet wurde. Wie viele Layouts in diesem Menü enthalten sind und wie diese aufgebaut sind, hängt von der verwendeten Vorlage bzw. dem verwendeten Design ab.

2. Prüfen Sie, welches Layout sich für den Inhalt der neuen Folie am besten eignet und klicken Sie sein Vorschaubild an.
3. Ersetzen Sie die Platzhalter der neuen Folie durch die gewünschten Inhalte.

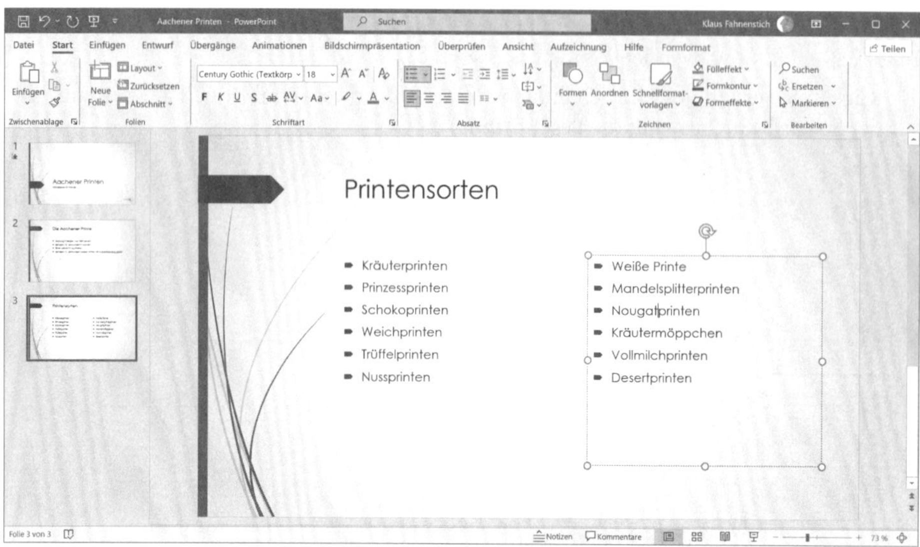

Abbildung 26.13: Für die dritte Folie wurde das Layout Zwei Inhalte *gewählt.*

Layout nachträglich austauschen

Wenn sich das für eine Folie ausgewählte Layout im Nachhinein als ungeeignet erweist, ist das weiter kein Problem, denn Sie können das Layout einer Folie jederzeit austauschen. Der bereits auf der Folie vorhandene Inhalt wird dabei automatisch auf die Platzhalter verteilt, die im neuen Folienlayout enthalten sind, oder als frei platzierbares Objekt eingefügt, falls es keine passenden Platzhalter gibt.

1. Zeigen Sie die gewünschte Folie an, indem Sie links ihre Miniaturvorschau anklicken.
2. Wechseln Sie auf die Registerkarte *Start*.
3. Klicken Sie in der Gruppe *Folien* auf die Schaltfläche *Layout*. Im Menü der Schaltfläche finden Sie die gleiche Auswahl an Layouts, wie Sie sie bereits von der Schaltfläche *Neue Folie* her kennen (siehe Abbildung 26.12).
4. Wählen Sie ein neues Layout für die Folie aus.

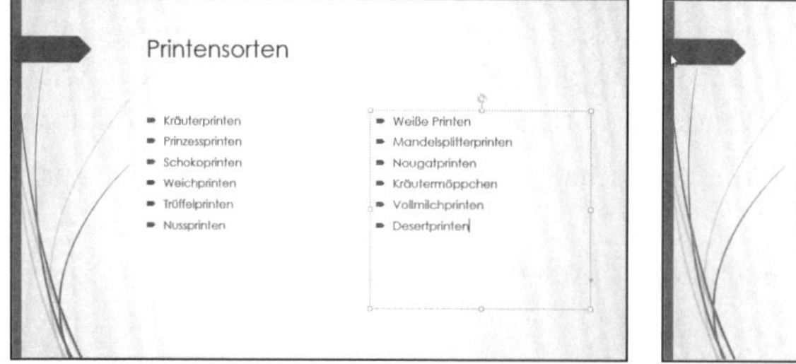

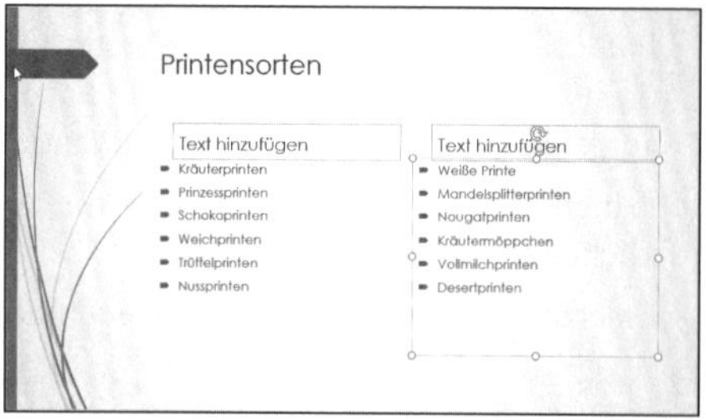

Abbildung 26.14: Die rechte Folie erscheint mit dem neuen Layout, die Inhalte bleiben erhalten.

Folien aus Präsentationen übernehmen

Wenn Sie häufiger Präsentationen zu ähnlichen Themen erstellen, werden Sie besonders aussagekräftige Folien mehrfach verwenden wollen. PowerPoint bietet eine sehr komfortable Methode, Folien aus existierenden Präsentationen einzubauen.

1. Zeigen Sie zuerst die Folie an, hinter der Sie die Folie einfügen wollen.
2. Öffnen Sie dann auf der Registerkarte *Start* das Menü der Schaltfläche *Neue Folie* und wählen Sie dort den Befehl *Folien wiederverwenden*. PowerPoint zeigt dann den gleichnamigen Aufgabenbereich an. In diesem Aufgabenbereich können Sie entweder die Folien einer sogenannten *Folienbibliothek* oder einer normalen PowerPoint-Datei anzeigen. Da zum Aufbau einer Folienbibliothek der Microsoft Office SharePoint-Server benötigt wird, beschränken wir uns hier auf das Wiederverwenden von Folien aus Präsentationsdateien.

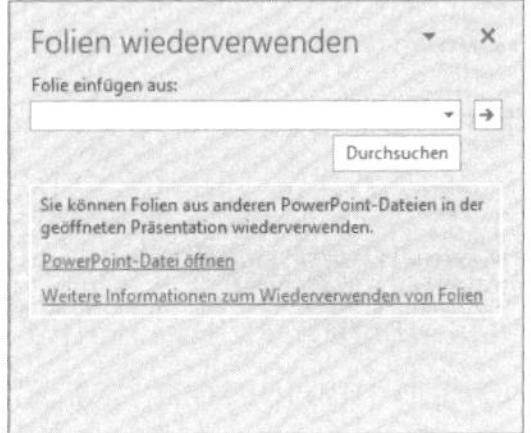

Abbildung 26.15: Der Aufgabenbereich Folien wiederverwenden

3. Klicken Sie im Aufgabenbereich auf *PowerPoint-Datei öffnen*. Alternativ klicken Sie auf die Schaltfläche *Durchsuchen*.
4. Wechseln Sie im Dialogfeld *Durchsuchen* in den Ordner, in dem sich die gewünschte Präsentation befindet, und öffnen Sie sie durch Doppelklick. Die Folien der geöffneten Präsentation werden als Miniaturbilder im Aufgabenbereich angezeigt.

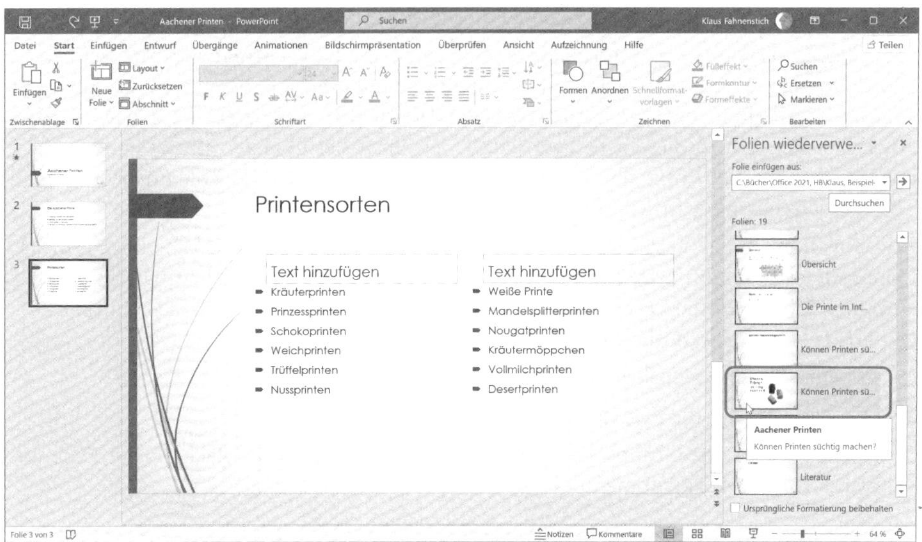

Abbildung 26.16: Die Folien der geöffneten Präsentation im Aufgabenbereich

5. Normalerweise werden eingefügte Folien an das Design der aktuellen Präsentation angepasst. Soll die Folie unverändert in die aktuelle Präsentation übernommen werden, schalten Sie unten im Aufgabenbereich die Option *Ursprüngliche Formatierung beibehalten* ein.
6. Klicken Sie die Folie(n) an, die Sie in Ihre Präsentation einfügen wollen.

Das Kontextmenü des Aufgabenbereichs

Wenn Sie im Aufgabenbereich *Folien wiederverwenden* eines der Miniaturbilder mit der rechten Maustaste anklicken, erscheint ein Kontextmenü, mit dessen Befehlen Sie folgende Aktionen ausführen können:

- **Folie einfügen** Fügt die Folie, die Sie mit der rechten Maustaste angeklickt haben, in die Präsentation ein. Dieser Befehl ist in diesem Kontextmenü eigentlich überflüssig, da Sie die Folie schneller durch einfaches Anklicken der Miniaturansicht einfügen können.
- **Alle Folien einfügen** Fügt alle im Aufgabenbereich angezeigten Folien ein.
- **Design für alle Folien übernehmen** Wendet das Design (nicht das Layout) der im Aufgabenbereich geöffneten Präsentation auf alle Folien Ihrer Präsentation an.
- **Design für ausgewählte Folien übernehmen** Wendet das Design der im Aufgabenbereich geöffneten Präsentation nur auf die zuvor im Folienbereich markierten Folien an. Wie Sie mehrere Folien einer Präsentation markieren können, erfahren Sie gleich im Abschnitt »Folien markieren« auf Seite 498.

Folien aus Gliederungen erstellen

Mit PowerPoint können Sie sogar ein Textdokument als Grundlage für Ihre Präsentationen verwenden. Diese Möglichkeit bietet sich zum Beispiel an, wenn Sie den Inhalt einer technischen Dokumentation als PowerPoint-Präsentation aufbereiten wollen.

Die Gliederung kann als unformatierte Textdatei, im RTF-Format, als Webseite oder als Word-Dokument vorliegen. Die besten Ergebnisse erhalten Sie, wenn Sie mit einem Word-Dokument arbeiten, das die Formatvorlagen *Überschrift 1, Überschrift 2* usw. verwendet. PowerPoint erstellt in diesem Fall für jede Überschrift der obersten Ebene eine eigene Folie und übernimmt den Text der untergeordneten Überschriften als Folientext. Der restliche Text des Dokuments wird von PowerPoint nicht berücksichtigt.

Wir wollen Ihnen das Verfahren an einem Beispiel demonstrieren und haben dazu die Übungsdatei *Überschrift.docx* benutzt, die Sie in Abbildung 26.17 sehen. Die für die einzelnen Überschriften verwendeten Formatvorlagen haben wir mit den Abkürzungen *Ü1, Ü2* und *Ü3* kenntlich gemacht.

1. Erstellen Sie eine neue leere Präsentation.
2. Wechseln Sie auf die Registerkarte *Start.*
3. Klicken Sie in der Gruppe *Folien* die untere Hälfte der Schaltfläche *Neue Folie* an und wählen Sie im Ausklappmenü den Befehl *Folien aus Gliederung.*

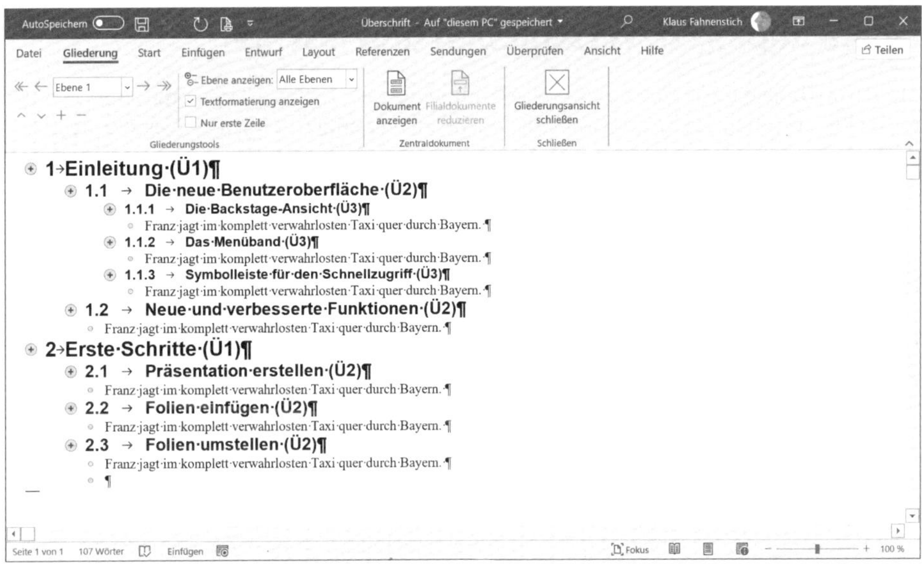

Abbildung 26.17: Aus diesem Word-Dokument sollen PowerPoint-Folien erstellt werden.

4. Navigieren Sie im Dialogfeld *Gliederung einfügen* zu dem Ordner, der das Word-Dokument mit der Gliederung enthält und öffnen Sie das Dokument. PowerPoint analysiert dann den Inhalt der Datei und fügt die entsprechenden Folien in die Präsentation ein.

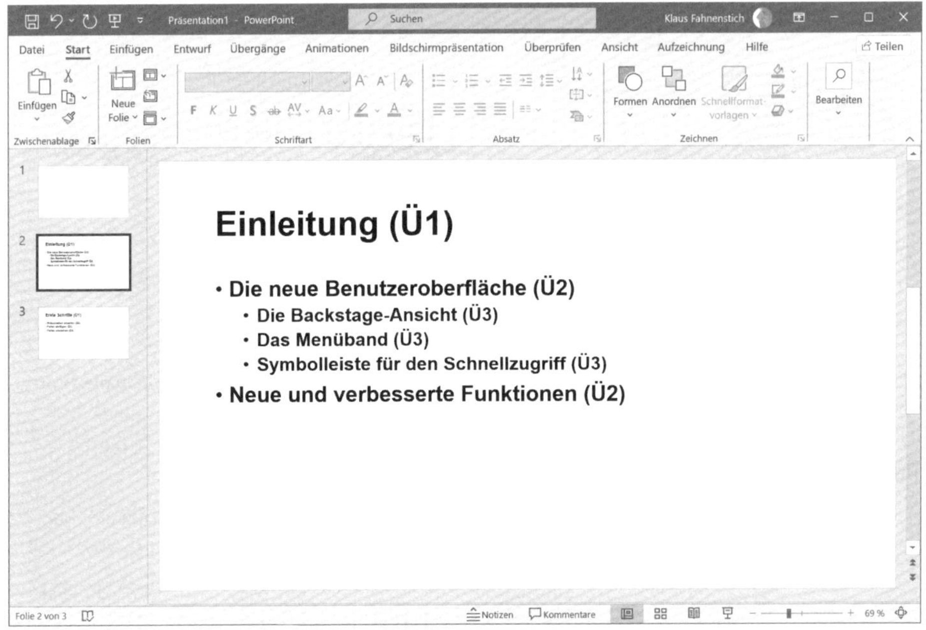

Abbildung 26.18: Diese Folien wurden aus der Gliederung erzeugt.

Folien kopieren, verschieben und löschen

Zu den wichtigsten Vorgängen in PowerPoint gehört es, Folien zu kopieren, um sie an anderer Stelle, eventuell leicht abgewandelt, wiederzuverwenden, Folien zu verschieben, um die Reihenfolge in einer Präsentation zu verändern, oder Folien zu löschen, wenn sie nicht mehr gebraucht werden. Für all diese Vorgänge werden Folien zunächst markiert.

Folien markieren

Folien werden markiert, um sie kopieren, löschen oder verschieben zu können. Sie können dazu den Gliederungsbereich der Normalansicht oder die Foliensortierungsansicht verwenden. Das Verfahren ist in beiden Fällen dasselbe.

1. Wenn Ihre Präsentation nur wenige Folien enthält, können Sie in der Normalansicht bleiben und die Folien links im Folienbereich markieren. Bei umfangreichen Präsentationen sollten Sie besser in die Foliensortierungsansicht wechseln.
2. Markieren Sie eine Folie, die Sie kopieren möchten, durch Anklicken. PowerPoint hebt die Folie dann mit einem Rahmen hervor.

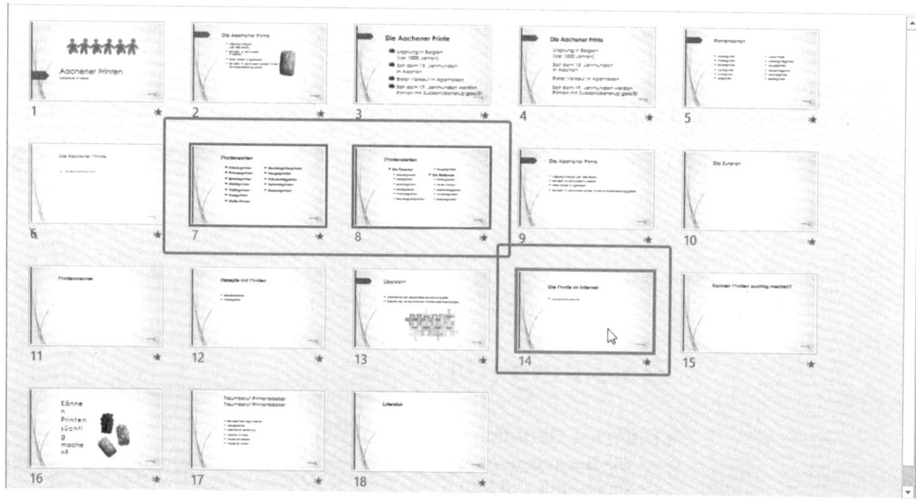

Abbildung 26.19: In dieser Präsentation wurden die Folien 7, 8 und 14 markiert, indem die Folien bei gedrückter Strg*-Taste einzeln angeklickt wurden.*

Tipp

So markieren Sie mehrere Folien:

- Bei mehreren aufeinander folgenden Folien klicken Sie die erste Folie an, halten die ⇧-Taste gedrückt und klicken dann auf die letzte Folie, die markiert werden soll.
- Liegen die Folien nicht nebeneinander, halten Sie die Strg-Taste gedrückt und klicken dann alle Folien an, die Sie auswählen möchten.

Wenn Sie die Markierung einer Folie wieder aufheben wollen, klicken Sie die Folie einfach ein zweites Mal an.

Folien kopieren und duplizieren

Folien, die Sie mit geringen Änderungen mehrmals verwenden möchten, können Sie einfach kopieren bzw. duplizieren. Am einfachsten geht das in der Foliensortierungsansicht, da Sie dort die beste Übersicht über Ihre Präsentation haben.

1. Klicken Sie rechts unten in der Statusleiste auf die Schaltfläche *Foliensortierung*, um zur Foliensortierungsansicht zu wechseln.
2. Markieren Sie mit dem im letzten Abschnitt beschriebenen Verfahren eine oder mehrere Folien, die Sie kopieren möchten.
3. Wechseln Sie zur Registerkarte *Start* und öffnen Sie das Menü der Schaltfläche *Folie einfügen.*
4. Wählen Sie im Menü den Befehl *Ausgewählte Folien duplizieren.* PowerPoint fügt dann eine Kopie aller markierten Folien unmittelbar hinter der letzten markierten Folie ein.

Wenn Sie die Kopie bzw. die Kopien gezielter positionieren möchten – an eine andere Stelle oder in eine andere Präsentation – können Sie so vorgehen:

1. Markieren Sie die zu kopierenden Folien wie oben beschrieben.
2. Klicken Sie auf der Registerkarte *Start* auf die Schaltfläche *Kopieren.* Alternativ können Sie eine der markierten Folien mit der rechten Maustaste anklicken und im angezeigten Kontextmenü den Befehl *Kopieren* wählen. Und selbstverständlich funktioniert auch hier der gewohnte Shortcut Strg+C.
3. Klicken Sie auf die Folie, hinter der Sie die Kopie einfügen wollen, und klicken Sie in der Registerkarte *Start* auf *Einfügen.* Auch hier können Sie das Kontextmenü verwenden bzw. den Shortcut Strg+V. PowerPoint fügt die Kopien dann an der gewünschten Stelle ein.

Es gibt auch noch eine weitere schnellere Methode, die Sie eventuell schon vom Kopieren von Dateien oder Ordnern kennen:

1. Wechseln Sie in die Foliensortierungsansicht und markieren Sie die gewünschten Folien.
2. Drücken Sie die Strg-Taste und bewegen Sie den Mauszeiger zu der Stelle, an der Sie die duplizierten Folien einfügen möchten. Durch das Drücken der Strg-Taste wird der Mauszeiger mit einem kleinen Pluszeichen versehen. Außerdem zeigt PowerPoint auf der Folie, die Sie verschieben, an, wie viele Folien Sie zuvor markiert haben.
3. Das Treffen der richtigen Position ist nicht ganz einfach, da PowerPoint während der Mausbewegung die Folien ständig in Echtzeit verschiebt – behalten Sie Ihr Ziel also gut im Auge. Sobald Sie die Maustaste loslassen, werden die neuen Folien platziert.

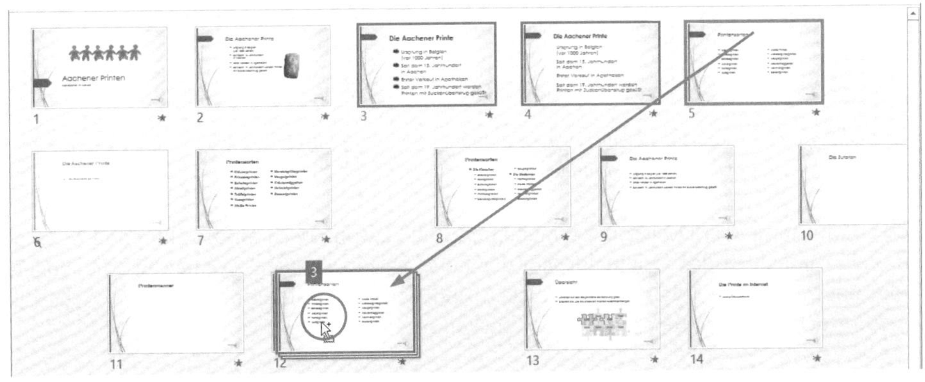

Abbildung 26.20: Drücken Sie beim Verschieben von Folien die Taste Strg, um Kopien zu erstellen.

PowerPoint

Die Zwischenablage

Wenn Sie bereits mit Windows-Programmen gearbeitet haben, wissen Sie wahrscheinlich, dass es eine sogenannte *Zwischenablage* gibt, die ähnlich wie eine Pinnwand funktioniert. Sie können dort etwas anheften, um es später wieder abzunehmen. In den Schrittfolgen des letzten Abschnitts haben Sie die Zwischenablage sogar schon verwendet, nämlich durch die Befehle *Kopieren* (= anheften) und *Einfügen* (= abnehmen).

In der Office-Zwischenablage können bis zu 24 Elemente abgelegt werden. Mit dem Befehl *Einfügen* wird jedoch immer das Element in Ihre Präsentation eingefügt, das Sie als letztes in die Zwischenablage aufgenommen haben. Wenn Sie ein anderes Element aus der Zwischenablage einfügen möchten, müssen Sie den Aufgabenbereich *Zwischenablage* verwenden:

1. Wechseln Sie auf die Registerkarte *Start* und klicken Sie dort in der Gruppe *Zwischenablage* auf das kleine Kästchen in der rechten unteren Ecke der Gruppe. PowerPoint blendet dann den Aufgabenbereich *Zwischenablage* ein (siehe nächstes Bild).
2. Markieren Sie die Folie, hinter der Sie eine Folie aus der Zwischenablage einfügen wollen.
3. Klicken Sie das Vorschaubild der einzufügenden Folie im Aufgabenbereich *Zwischenablage* an. PowerPoint fügt die Folie an der gewünschten Position in Ihre Präsentation ein.

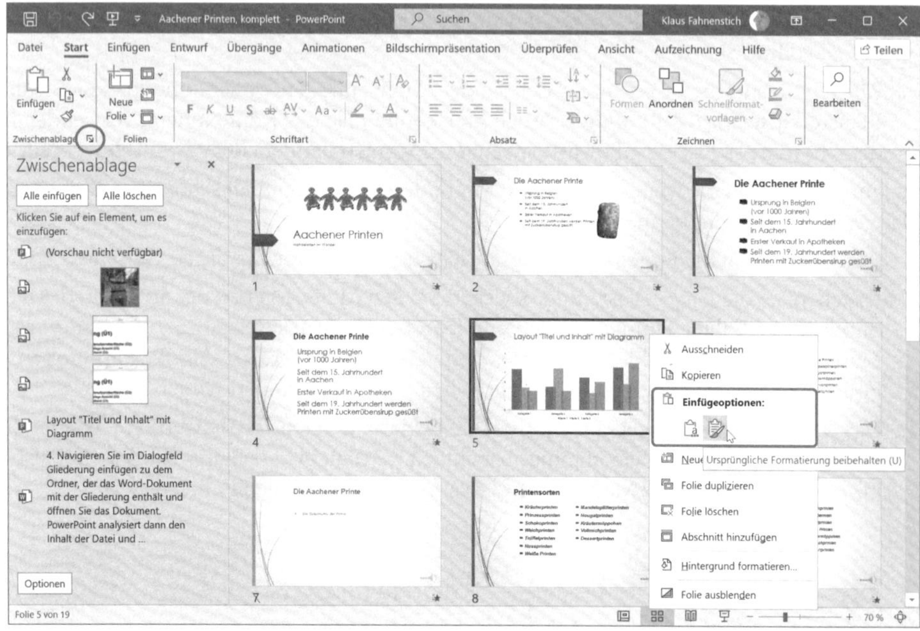

Abbildung 26.21: Im Aufgabenbereich Zwischenablage *sind mehrere Folien enthalten, die auch aus verschiedenen Präsentationen stammen können.*

PowerPoint passt das Design der eingefügten Folie automatisch an die aktuelle Präsentation an. Falls Sie jedoch das Originaldesign der Folie erhalten wollen, können Sie die eingefügte Folie mit der rechten Maustaste anklicken und dann im Kontextmenü auf die Schaltfläche *Ursprüngliche Formatierung beibehalten* klicken (siehe Bild oben).

Folien verschieben

Wenn sich die Gliederung einer Präsentation ändert, ist es wichtig, Folien problemlos an eine andere Stelle bewegen zu können. Dies ist sowohl in der Normalansicht als auch in der Foliensortierungsansicht möglich. In der Normalansicht gehen Sie so vor:

1. Markieren Sie in der Miniaturansicht eine oder mehrere Folien, die Sie verschieben möchten.
2. Klicken Sie erneut auf die markierte(n) Folie(n), halten Sie die Maustaste gedrückt und ziehen Sie die Folie(n) an die gewünschte Stelle.

Bei sehr umfangreichen Präsentationen, ist das Verschieben von Folien in der Foliensortierungsansicht vorzuziehen, denn hier können wesentlich mehr Folien auf einmal angezeigt werden.

Folien löschen

Folien, die Sie nicht mehr benötigen, löschen Sie einfach aus der Präsentation. Markieren Sie dazu die betreffenden Folien und drücken dann Entf.

Folien durch Abschnitte organisieren

In PowerPoint können Sie die Folien einer umfangreichen Präsentation in Abschnitte unterteilen. Dadurch wird die Orientierung in der Präsentation sowohl bei der Bearbeitung als auch später während der Bildschirmpräsentation enorm erleichtert. Und auch, um sich einen schnellen Überblick über eine Präsentation zu verschaffen, sind Abschnitte eine große Hilfe.

Abschnitte einfügen

Um einen Abschnitt einzufügen, gehen Sie folgendermaßen vor:

1. Zeigen Sie in der Normalansicht diejenige Folie an, mit der der Abschnitt beginnen soll.
2. Klicken Sie in der Registerkarte *Start* auf die Schaltfläche *Abschnitt* und wählen Sie dann in ihrem Menü den Befehl *Abschnitt hinzufügen*. Links in der Folienübersicht taucht nun vor der aktuellen Folie die Überschrift *Abschnitt ohne Titel* auf. Außerdem wird ein kleines Dialogfeld angezeigt, in dem Sie einen Namen für den Abschnitt angeben können.
3. Tragen Sie in dem angezeigten Dialogfeld einen Namen ein und klicken Sie auf *OK*.

Hinweis Eventuell zeigt PowerPoint beim Einfügen des Abschnitts einen kleinen Infokasten an (siehe Bild auf der nächsten Seite), der einen Hinweis darauf enthält, dass Sie auf Folien auch einen Link auf diesen Abschnitt einfügen können. Damit ist die Zoom-Funktion von PowerPoint gemeint, auf die wir weiter hinten in Kapitel 31 noch näher eingehen werden.

4. Fügen Sie nun auf die gleiche Art und Weise weitere Abschnitte ein, um die Folien Ihrer Präsentation in inhaltlich zusammenhängenden Gruppen zu organisieren.

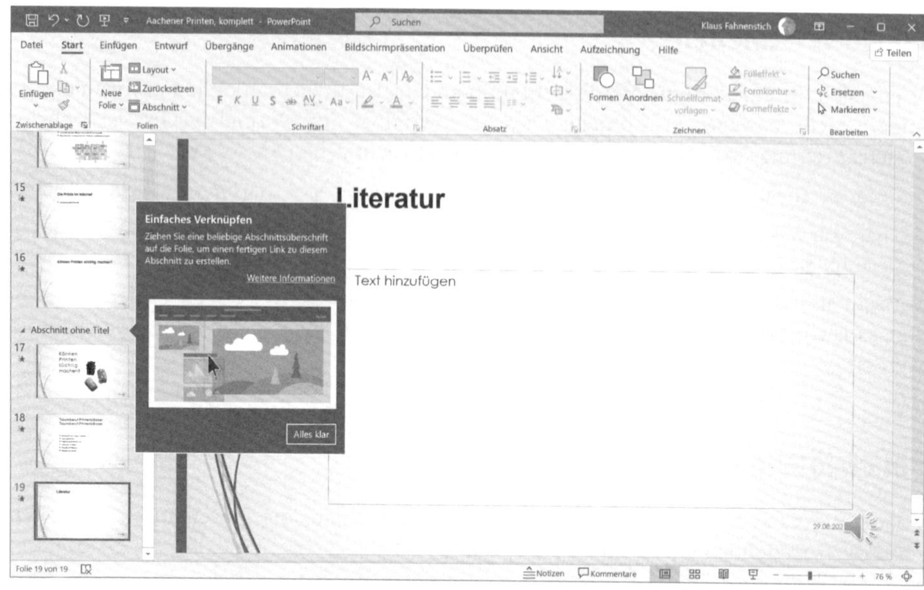

Abbildung 26.22: Abschnitte lassen sich am einfachsten über ihr Kontextmenü bearbeiten. Ein Rechtsklick auf einen leeren Folien-Zwischenraum erlaubt das Einfügen eines neuen Abschnitts.

Folien organisieren

Wenn Sie die Folien Ihrer Präsentation in mehreren Abschnitten organisiert haben, können Sie sich nicht nur sehr schnell einen Überblick über Ihre Präsentation verschaffen, sondern auch die Anordnung der Folien sehr komfortabel ändern.

1. Zeigen Sie die Präsentation in der Normal- oder in der Foliensortierungsansicht an.
2. Klicken Sie in der Titelleiste eines Abschnitts auf das kleine Dreieck, um die zugehörigen Folien ein- bzw. auszublenden.
3. Um alle Folien ein- oder auszublenden, klicken Sie einen der Abschnitte mit der rechten Maustaste an und wählen im Kontextmenü *Alle erweitern* bzw. *Alle reduzieren.*
4. Das Umstellen von Folien ist nun denkbar einfach: Ziehen Sie den entsprechenden Abschnitt einfach mit der Maus an die gewünschte neue Position (siehe Abbildung).

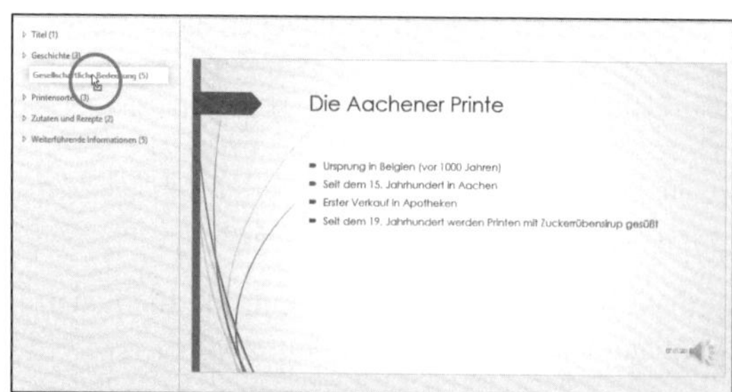

Abbildung 26.23: Die Folien eines Abschnitts lassen sich bequem als Einheit verschieben.

Abschnitte entfernen

Die Befehle zum Löschen eines Abschnitts finden Sie in dessen Kontextmenü. Sie können dabei wählen, ob Sie lediglich den Abschnitt selbst oder zusätzlich auch seine Folien entfernen möchten.

Hinweis Die Abschnitte einer Präsentation besitzen – im Unterschied zu den Abschnitten eines Word-Dokuments – keine Formatierungsdaten. Das Entfernen eines Abschnitts hat daher keinerlei Einfluss auf den Inhalt und die Formatierung der zugehörigen Folien.

Arbeiten mit Platzhaltern

Die meisten Folien enthalten Textblöcke mit einer Aufzählung von Argumenten. Wie Sie im Abschnitt »Auswahl eines Layouts« auf Seite 492 bereits erfahren haben, arbeitet PowerPoint mit Folienlayouts, die Platzhalter für ganzseitigen oder zweispaltigen Text oder für Text kombiniert mit anderen Objekten – wie Diagrammen oder Bildern – enthalten. Sie brauchen in einem Textplatzhalter lediglich mit der Maus zu klicken und können den vorgegebenen Text durch Ihren eigenen ersetzen.

Platzhalter auswählen und markieren

Die Platzhalter, die PowerPoint in seinen Folienlayouts anbietet, können ganz nach Wunsch vergrößert, verkleinert oder verschoben werden. Dazu ist es hilfreich zu wissen, in welchem Zustand sich ein Platzhalter befindet:

- Solange noch kein Text in den Platzhalter eingegeben ist und er nicht aktiviert ist, erscheint sein Rand als einfache gestrichelte Linie (siehe nächstes Bild, Fall 1).
- Ein nicht ausgewählter Platzhalter, der bereits Text enthält, besitzt keine erkennbare Randlinie (siehe nächstes Bild, Fall 2).
- Wenn Sie in einen Platzhalter klicken, tauchen an seinen Ecken und Seiten mehrere Anfasser in Form von kleinen Kreisen und Quadraten auf (siehe nächstes Bild, Fall 3).
- Wenn Sie auf den Rand des Platzhalters klicken, wird der Rand zu einer durchgezogenen Linie. Nun ist der ganze Platzhalter ausgewählt.

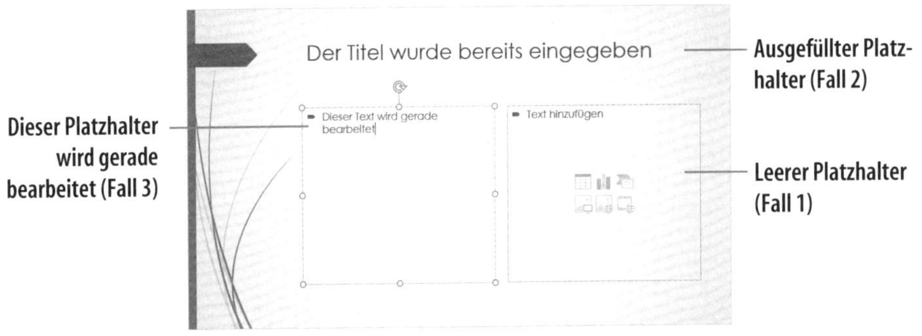

Abbildung 26.24: Der Rand eines Platzhalters gibt Aufschluss über seinen aktuellen Status.

PowerPoint

Ist der Platzhalter ausgewählt, sehen Sie außerdem an allen Ecken und Seiten kleine weiße Kreise bzw. Quadrate – das sind Anfasspunkte, an denen der Platzhalter vergrößert oder verkleinert werden kann. Dies gilt übrigens auch für alle anderen PowerPoint-Objekte, die Sie in späteren Kapiteln kennen lernen werden.

Platzhalter verschieben

Befindet sich der Platzhalter nicht an der gewünschten Position, können Sie ihn mit den folgenden Schritten verschieben:

1. Klicken Sie in den Platzhalter, damit Sie seine Randlinie erkennen.
2. Bewegen Sie die Maus über den Rand des Platzhalters. An der Spitze des Mauszeigers erscheint dann ein kleiner vierfacher Pfeil.
3. Drücken Sie die linke Maustaste und halten Sie sie gedrückt, um den Platzhalter zu verschieben. Weitere Hinweise zum Verschieben und Ausrichten von Objekten finden Sie weiter hinten in diesem Buch in Kapitel 35.

Profitipp: Automatische Ausrichtung am Raster verhindern

Beim Verschieben des Platzhalters werden Sie feststellen, dass sich sein Rahmen nicht stufenlos bewegen lässt, sondern nur in kleinen Sprüngen. Dies liegt daran, dass PowerPoint den Platzhalter beim Verschieben an den Linien eines unsichtbaren Rasters ausrichtet, die als *Gitternetzlinien* bezeichnet werden (nicht zu verwechseln mit den Gitternetzlinien in einem Diagramm!).

Sie können diese Funktion jedoch temporär deaktivieren, indem Sie beim Verschieben des Platzhalters die Taste Alt drücken. Der Platzhalter lässt sich dann stufenlos bewegen.

Weitere Informationen zu diesem Thema finden Sie in Kapitel 35.

Größe eines Platzhalters ändern

Ist der Platzhalter zu groß oder zu klein, verwenden Sie die Anfasspunkte, um seine Größe zu verändern:

1. Wählen Sie den Platzhalter aus, indem Sie auf den Rand klicken. Dadurch erscheinen an den vier Eckpunkten sowie an den Längsseiten insgesamt acht Anfasspunkte.
2. Bewegen Sie die Maus über einen der acht Anfasspunkte. Der Mauszeiger verwandelt sich dort in einen Doppelpfeil.
3. Halten Sie die Maustaste gedrückt und ziehen Sie die Maus in die gewünschte Richtung, bis der Platzhalter die gewünschte Größe besitzt. Während dieses Vorgangs zeigt PowerPoint die geänderte Größe durch eine halbtransparente Darstellung an. Auch hier können Sie die Taste Alt drücken, damit sich die Linie stufenlos bewegen lässt.

Platzhalter drehen

Wenn Sie einen Platzhalter anklicken, erhält er neben seinen acht Anfassern noch einen kreisförmigen Pfeil, der knapp oberhalb seines Rahmens angezeigt wird. An diesem Pfeil können Sie den Platzhalter auf der Folie drehen. Für Platzhalter, die Text enthalten, ist dies vielleicht nicht unbedingt sinnvoll, aber eine leicht gekippte Grafik kann einer Folie durchaus das »gewisse Etwas« verleihen.

1. Klicken Sie den gewünschten Platzhalter an.
2. Ziehen Sie den Pfeil mit der Maus und führen Sie dabei eine kreisförmige Bewegung aus, um den Platzhalter zu drehen. Wenn Sie zusätzlich die ⇧-Taste drücken, dreht sich die Form in 15°-Schritten.

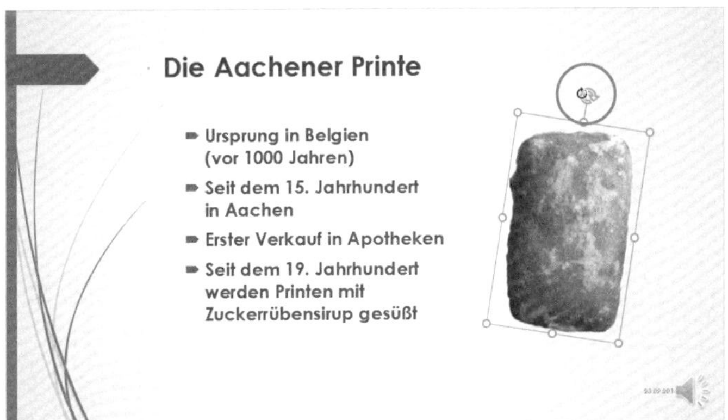

Abbildung 26.25: Mit dem kreisförmigen Pfeil können Sie einen Platzhalter drehen.

Platzhalter und Illustrationen

Wie Sie in Abbildung 26.25 sehen, können Platzhalter nicht nur Texte, sondern auch grafische Elemente wie Bilder, Formen oder Diagramme aufnehmen. Diese Objekte werden in Microsoft Office allgemein als *Illustrationen* bezeichnet. Da sich der Umgang mit Illustrationen in den einzelnen Programmen des Office-Pakets stark ähnelt, beschreiben wir die entsprechenden Funktionen in einem eigenen Buchteil (Teil F, Kapitel 34 und 35). Natürlich gehen wir dort auch auf die spezifischen Besonderheiten der einzelnen Programme ein.

Originalzustand des Platzhalters wiederherstellen

Manchmal wurde ein Platzhalter vergrößert, verkleinert oder verschoben und später stellt sich heraus, dass der ursprüngliche Ort doch passender gewesen wäre. Sie können den Originalzustand aller Platzhalter der betreffenden Folie dann wie folgt wiederherstellen:

1. Wechseln Sie auf die Registerkarte *Start*.
2. Klicken Sie in der Befehlsgruppe *Folien* auf die Schaltfläche *Zurücksetzen*.

Alle Platzhalter und alle anderen Elemente, die Teil des Layouts sind, werden auf die ursprüngliche Größe und Position zurückgesetzt.

Kapitel 27

Text eingeben und formatieren

In diesem Kapitel erfahren Sie, wie Sie Text eingeben und so formatieren, dass er mit dem Erscheinungsbild der Präsentation harmoniert. Entdecken Sie hier außerdem, wie Sie Ihren Vortrag durch Aufzählungen und nummerierte Listen strukturieren und wie Sie den Text durch Anpassung der Zeilenabstände optimal auf einer Folie verteilen.

Text eingeben

Im letzten Kapitel haben Sie gesehen, dass eine neue Folie in PowerPoint nicht gänzlich leer ist, sondern bereits verschiedene Platzhalter enthält. Diese Platzhalter sind u.a. für die Aufnahme von Text vorgesehen und besitzen bereits bestimmte Formatierungseigenschaften. So wird zum Beispiel die Schrift in einem Platzhalter, der für den Folientitel vorgesehen ist, automatisch größer dargestellt als in den Platzhaltern für den übrigen Folientext. Das Praktische an diesem Prinzip ist, dass Sie sich in aller Regel nicht mit der Formatierung des Textes beschäftigen müssen, sondern sich ganz auf die inhaltlichen Aspekte konzentrieren können.

Wir wollen die Vorgehensweise an einem Beispiel kurz durchspielen und dabei auf einige Besonderheiten hinweisen:

1. Erstellen Sie eine neue Präsentation auf Basis eines der installierten Designs. Hier noch einmal zur Erinnerung die erforderlichen Schritte in Kurzform: *Datei, Neu,* Design auswählen, *Erstellen.*
2. Klicken Sie den oberen Platzhalter an, der den Titel der Präsentation aufnehmen soll. Der Vorgabetext verschwindet und in dem Platzhalter blinkt die Einfügemarke.
3. Geben Sie nun einen Titel ein, der sich über mehr als zwei Zeilen erstreckt. PowerPoint wird dann automatisch die Schriftgröße reduzieren, damit der Text den durch den Platzhalter vorgegebenen Bereich nicht überschreitet.

Abbildung 27.1: PowerPoint passt die Schriftgröße im Platzhalter bei Bedarf automatisch an. Dieses Verhalten lässt sich über ein Smarttag (siehe Markierung) steuern.

In dem Moment, in dem PowerPoint die Schriftgröße ändert, erscheint links neben dem Platzhalter ein kleines Symbol, das *Smarttag* genannt wird. Mit ihm können Sie die automatische Anpassung der Schriftgröße kontrollieren.

4. Klicken Sie das Symbol an. Es erscheint ein kleines Menü, mit dem Sie die Änderung der Schriftgröße rückgängig machen können.

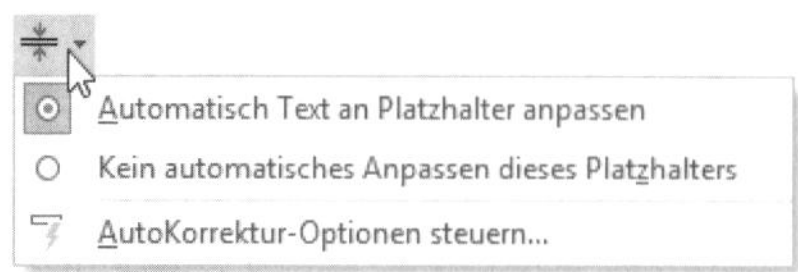

Abbildung 27.2 Menü der Smarttag-Schaltfläche

5. Schalten Sie die Option *Kein automatisches Anpassen dieses Platzhalters* ein. Die Schrift erhält dadurch ihre ursprüngliche Größe, sie füllt aber den Platzhalter nicht mehr optimal aus.

Abbildung 27.3: Der Titel belegt in der ursprünglichen Schriftgröße drei Zeilen.

6. Klicken Sie die Smarttag-Schaltfläche erneut an und aktivieren Sie wieder die Option *Automatisch Text an Platzhalter anpassen.*
7. Geben Sie anschließend in den zweiten Platzhalter einen Untertitel ein.

Listenebenen

Die Folien einer PowerPoint-Präsentation bestehen in der Regel aus einem Titel und einer Liste von mehreren Schlagworten oder kurzen Statements. Da Listen so häufig benötigt werden, lassen sie sich sehr komfortabel erstellen:

1. Fügen Sie Ihrer Präsentation eine neue Folie hinzu, indem Sie auf der Registerkarte *Start* auf den oberen Teil der Schaltfläche *Neue Folie* klicken.
2. Geben Sie einen Titel für die Folie ein.
3. Klicken Sie den zweiten Platzhalter an und geben Sie dort mehrere Begriffe ein. Drücken Sie nach jedem Begriff die ↵-Taste, um einen neuen Spiegelpunkt zu beginnen. Das Ergebnis sollte dann ungefähr so aussehen:

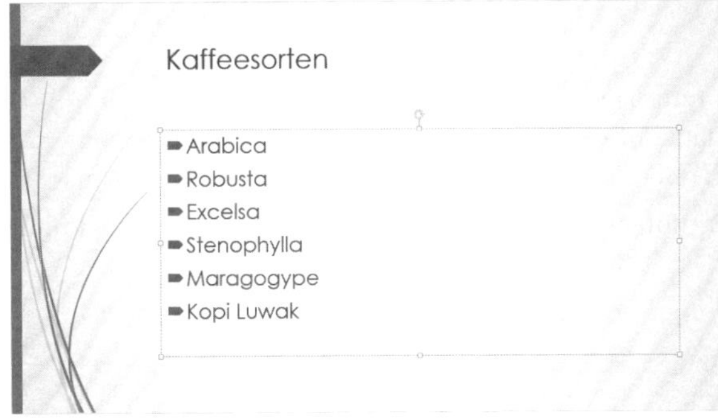

Abbildung 27.4: Die meisten Folien enthalten eine Liste.

PowerPoint

Bisher hat die Liste erst eine einzige Ebene, d.h. alle Spiegelpunkte stehen gleichberechtigt untereinander. Wenn Sie jedoch zu den einzelnen Begriffen noch weitere Detailinformationen einfügen wollen, benötigen Sie eine zweite Ebene.

4. Zeigen Sie mit der Maus hinter den zweiten Listeneintrag und klicken Sie die Folie dort an. Dadurch erscheint die Einfügemarke.
5. Drücken Sie die [↵]-Taste, um einen neuen Listeneintrag zu erstellen. Der neue Eintrag hat zunächst die gleiche Ebene wie der erste Eintrag.
6. Klicken Sie jetzt in der Registerkarte *Start* auf die Schaltfläche *Listenebene erhöhen.* PowerPoint stuft den neuen Listeneintrag dann um eine Ebene nach oben, was Sie unschwer an der Einrückung der Zeile erkennen können. 
7. Geben Sie den gewünschten Text für den neuen Listeneintrag ein. Wenn Sie anschließend die [↵]-Taste drücken, können Sie einen weiteren Eintrag auf der gleichen Ebene erstellen. Wiederholen Sie diesen Schritt bei Bedarf.

Abbildung 27.5: Liste mit zwei Ebenen

8. Um einen Eintrag wieder um eine Ebene zurückzustufen, klicken Sie auf *Listenebene verringern.* 

Tipp Mit [⇆] stufen Sie einen Absatz eine Ebene nach oben und mit [⇧]+[⇆] eine Ebene nach unten. Die Einfügemarke muss sich dazu am Anfang des Absatzes befinden.

Mehrspaltige Texte

Wenn eine Liste aus vielen kurzen Einträgen besteht, bietet es sich in der Regel an, die Liste mehrspaltig zu formatieren. Der Platz auf der Folie wird dadurch besser ausgenutzt, sodass der Schriftgrad größer werden kann und die Folie einen ausgewogeneren Eindruck macht.

1. Erstellen Sie eine Folie mit einer umfangreichen Liste, ähnlich wie es in der Abbildung auf der folgenden Seite zu sehen ist.

Abbildung 27.6: Mit einer einspaltigen Liste ist diese Folie unbrauchbar.

2. Klicken Sie die Liste an, um den zugehörigen Platzhalter zu markieren.
3. Klicken Sie in der Registerkarte *Start* auf die Schaltfläche *Spalten* und wählen Sie im Auswahlmenü die Option *Zwei Spalten*. PowerPoint verteilt den Inhalt der Liste dann wie gewünscht auf zwei Spalten und verwendet dazu eine deutlich größere Schriftart.

Abbildung 27.7: In der zweispaltigen Darstellung ist der Text gut lesbar.

Text ausrichten

Ein Text kann innerhalb seines Platzhalters auf verschiedene Arten ausgerichtet werden. Zunächst lässt sich der Text, wie Sie es auch von der Textverarbeitung her gewohnt sind, linksbündig, zentriert, rechtsbündig oder im Blocksatz formatieren. Die entsprechenden Schaltflächen finden Sie auf der Registerkarte *Start* in der Gruppe *Absatz*. Falls Sie lieber mit Tastenkombinationen arbeiten, werden Sie in der nächsten Tabelle fündig.

Tastenkombination	Beschreibung
Strg + L	Formatiert den Absatz linksbündig.
Strg + R	Formatiert den Absatz rechtsbündig.
Strg + E	Zentriert den Absatz horizontal auf der Seite.

Tabelle 27.1 Tastenkombinationen für die horizontale Ausrichtung von Absätzen

Vertikale Ausrichtung von Text

Neben der horizontalen Ausrichtung können Sie in PowerPoint auch die vertikale Ausrichtung festlegen. Wenn Sie mit Word arbeiten, kennen Sie diese Art der Formatierung vielleicht bereits aus der Arbeit mit Tabellen oder Textfeldern.

Um die vertikale Ausrichtung eines Textes in seinem Platzhalter zu ändern, gehen Sie folgendermaßen vor:

1. Klicken Sie in den Text des Platzhalters, um den Platzhalter zu markieren.
2. Wechseln Sie auf die Registerkarte *Start* und klicken Sie in der Gruppe *Absatz* auf die Schaltfläche *Text ausrichten.*

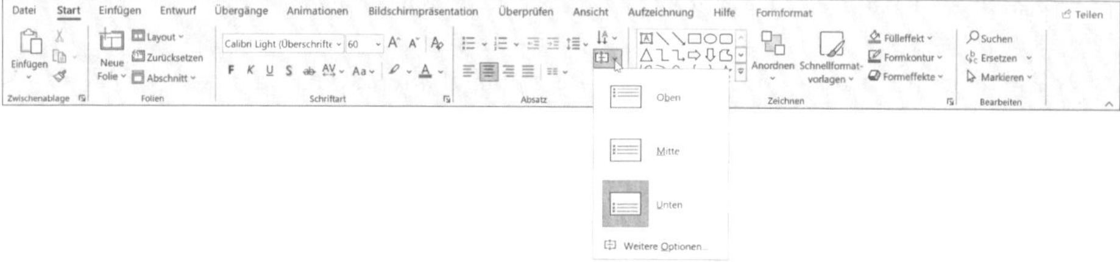

Abbildung 27.8: Hier ändern Sie die vertikale Ausrichtung des Textes im Platzhalter.

3. Wählen Sie eine der drei Optionen *Oben, Mitte* und *Unten* aus.

Zeilenabstand ändern

Zu manchen Themen einer Präsentation fällt Ihnen mehr ein als zu anderen – damit bei Letzteren die Folien nicht zu leer wirken, hilft PowerPoint dabei, die Argumente auf der Seite zu verteilen:

1. Markieren Sie den gesamten Textplatzhalter, damit alle Zeilenabstände gleichmäßig angepasst werden. Dazu klicken Sie zuerst auf den Text, sodass der Platzhalter angezeigt wird, und dann auf die gestrichelte Linie des Platzhalters. Der Platzhalter ist richtig markiert, wenn die Linie durchgezogen ist.
2. Wechseln Sie auf die Registerkarte *Start* und klicken Sie in der Gruppe *Absatz* auf die Schaltfläche *Zeilenabstand.* 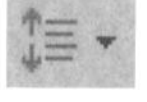

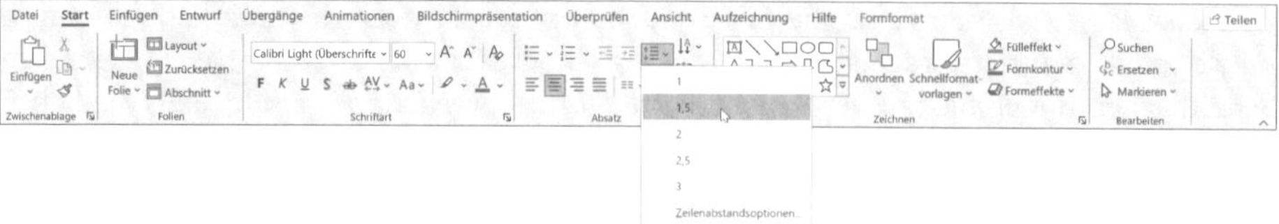

Abbildung 27.9: Auswahl eines vordefinierten Zeilenabstandes

3. Wählen Sie im Menü der Schaltfläche den gewünschten Zeilenabstand aus. Wenn Sie den Zeilenabstand auf einen Wert einstellen wollen, der nicht im Menü angeboten wird, rufen Sie den Befehl *Zeilenabstandsoptionen* auf.

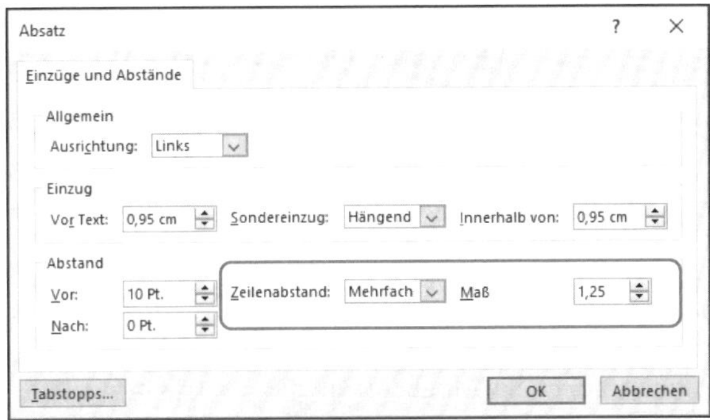

Abbildung 27.10: Eingabe eines individuellen Zeilenabstandes

4. Stellen Sie dann im Listenfeld *Zeilenabstand* die Option *Mehrfach* ein und geben Sie den gewünschten Wert für den Zeilenabstand rechts daneben im Feld *Maß* ein.

Textrichtung ändern

Standardmäßig folgt der Text in einem Platzhalter der normalen Leserichtung, also von links nach rechts. Mit PowerPoint ist es aber auch möglich, den Text innerhalb des Platzhalters so zu drehen, dass er anschließend von oben nach unten bzw. von unten nach oben verläuft.

1. Passen Sie zunächst die Form und Größe des betreffenden Platzhalters an, damit er den Text in der gewünschten Textrichtung aufnehmen kann.
2. Öffnen Sie auf der Registerkarte *Start* das Menü der Schaltfläche *Textrichtung*.

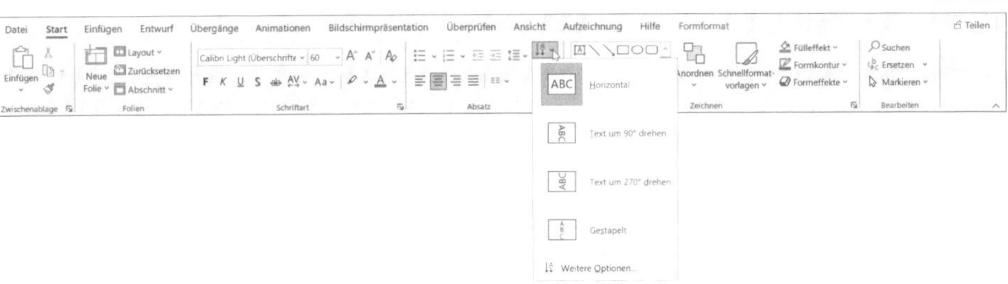

Abbildung 27.11: Texte in Platzhaltern können um 90° gedreht oder gestapelt werden.

3. Wählen Sie die gewünschte Textrichtung.
4. Passen Sie bei Bedarf die Größe und/oder die Position des Platzhalters an.

Abbildung 27.12: Beispiele für die möglichen Textrichtungen

Beachten Sie in diesem Zusammenhang auch die Möglichkeit, die Textrichtung über das Drehen des Platzhalters zu beeinflussen.

Text markieren

Die Textbearbeitung und -formatierung funktioniert in PowerPoint ganz ähnlich, wie Sie es vielleicht aus Word kennen. Der größte Unterschied ist, dass es in PowerPoint keine längeren Texte über mehrere Seiten bzw. Folien gibt, sondern nur kurze Abschnitte, die in den Platzhaltern einzelner Folien Platz finden.

Um einen Text formatieren zu können, müssen Sie zunächst wissen, wie er markiert wird. Die folgende Tabelle zeigt, wie Sie dabei am schnellsten zum Ziel kommen.

Markieren Sie …	Gehen Sie so vor …
ein Wort	Doppelklicken Sie auf das Wort.
einen Absatz	Führen Sie einen Dreifachklick auf dem Absatz aus.
einen Absatz einer Aufzählung	Klicken Sie mit der Maus auf das Aufzählungszeichen.
mehrere hintereinander stehende Wörter oder Zeilen	Klicken Sie an den Beginn der Markierung, halten Sie die Maustaste gedrückt und ziehen Sie den Mauszeiger bis zum Ende des zu markierenden Bereichs. Lassen Sie dort die Maustaste los.
den gesamten Text innerhalb eines Platzhalters	Drücken Sie Strg+A oder klicken Sie in der Registerkarte *Start* auf *Markieren* und dann auf *Alles markieren*.

Tabelle 27.2: Markieren von Text

Sie erkennen markierten Text jeweils daran, dass er invers bzw. hinterlegt dargestellt wird. Änderungen, die Sie z.B. an der Zeichenformatierung vornehmen, beziehen sich dann immer nur auf diesen ausgewählten Text.

Wenn Sie einen gesamten Textplatzhalter durch Klicken auf den Rand auswählen, werden ebenfalls alle Formatierungen, die Sie jetzt zuweisen, auf den gesamten Text innerhalb des Platzhalters angewendet. In diesem Fall wird der ausgewählte Text nicht besonders hervorgehoben.

Mit der Tastatur markieren

Einzelne Zeichen und kurze Passagen lassen sich in der Regel am schnellsten mit der Tastatur markieren, da Sie die Hände beim Schreiben sowieso schon auf der Tastatur liegen haben. Die Vorgehensweise ist dabei immer die gleiche:

1. Drücken Sie die ⇧-Taste und halten Sie sie gedrückt.
2. Erweitern Sie die Markierung mit den Cursortasten, die Sie auch zum Bewegen der Einfügemarke verwenden.

Sie können sich diesen Vorgang bildlich so vorstellen: Durch das Festhalten der ⇧-Taste wird die Einfügemarke an der aktuellen Position eingefroren. Wenn Sie dann die Cursortasten drücken, wird die Markierung von der Einfügemarke aus erweitert, und zwar in die Richtung, die Sie mit den Tasten angeben. Wenn Sie beispielsweise die ⇧-Taste gemeinsam mit Strg+→ drücken, dann erweitert PowerPoint die Markierung bis zum nächsten Wort.

Nicht zusammenhängenden Text markieren

Sie können mit der Maus auch mehrere Textstellen markieren, die nicht direkt nebeneinander stehen. Gehen Sie dazu folgendermaßen vor:

1. Drücken Sie die Strg-Taste und halten Sie sie gedrückt.
2. Markieren Sie Wörter, Zeilen und Absätze mit den oben beschriebenen Techniken.
3. Lassen Sie die Strg-Taste wieder los.

Abbildung 27.13: Beispiel für eine Mehrfachauswahl (durch Drücken der Strg-Taste)

Zeichen formatieren

Die Veränderungen, die Sie an der Schrift vornehmen, werden als *Zeichenformatierung* bezeichnet. Dazu gehören z.B. die Größe der Schrift oder ihre Auszeichnung (fett, kursiv, unterstrichen etc.). Das Zuweisen von Formaten kann auf verschiedene Weisen erfolgen:

- Mit den Schaltflächen der Registerkarte *Start*
- Mit den Schaltflächen der Minisymbolleiste
- Über das Dialogfeld *Schriftart*
- Mit den korrespondierenden Tastenkombinationen

PowerPoint

Alle diese Varianten haben ihre Vor- und Nachteile:

- Die Verwendung der Schaltflächen ist sehr intuitiv, nachdem Sie einmal ihre Bedeutung kennen. Der Nachteil besteht darin, dass Sie auf diese Weise nicht alle Zeichenmerkmale zuweisen können. Außerdem müssen Sie bei dieser Variante mit der Maus lange Wege zurücklegen.
- Die Minisymbolleiste verkürzt zwar die Wege mit der Maus, aber sie taucht leider nicht immer zuverlässig auf dem Bildschirm auf.
- Das Dialogfeld *Schriftart* enthält alle Optionen für die Zeichenformatierung. Allerdings erfordert sein Einsatz ebenfalls etwas mehr »Mausarbeit«.
- Besonders schnell ist die Formatierung mithilfe der Tastenkombinationen, da Sie hierfür die Hände nicht von der Tastatur nehmen müssen. Der Nachteil ist natürlich, dass Sie die Tastenkombinationen zuerst erlernen müssen.

Für alle Varianten gilt die Regel: *Erst markieren, dann formatieren* (siehe auch Seite 514).

Formatieren mit der Registerkarte »Start«

In den allermeisten Fällen beschränkt sich die Formatierung von Text auf das Wählen einer geeigneten Schriftart und -größe sowie auf einige wenige Attribute wie fett, kursiv oder unterstrichen. Die dazu benötigten Schaltflächen finden Sie auf der Registerkarte *Start* in der Gruppe *Schriftart.*

Abbildung 27.14: Die Gruppe Schriftart *enthält die Schaltflächen zur Zeichenformatierung.*

Die Bedeutung der Schaltflächen können Sie der nachfolgenden Tabelle entnehmen.

Schaltfläche	Beschreibung
Century Gothic	In der Liste sind alle Schriftarten aufgeführt, die auf Ihrem Rechner installiert sind. Die Schriften sind dabei in drei Gruppen aufgeteilt: • *Designschriftarten* Die beiden Schriften, die durch das Design definiert sind, das der Präsentation zugrunde liegt (je eine Schriftart für die Überschriften und die Textkörper). • *Zuletzt verwendete Schriftarten* Schriftarten, die Sie zuletzt mit diesem Listenfeld zugewiesen haben. • *Alle Schriftarten* Sämtliche installierte Schriftarten. Zum Auswählen einer Schriftart klicken Sie den Namen einfach in der Liste an. Sie können auch – wie bei Kombinationsfeldern üblich – die Anfangsbuchstaben der gewünschten Schriftart in das Feld eingeben. PowerPoint springt dann automatisch zum ersten passenden Eintrag in der Liste.
36	Mit diesem Kombinationsfeld können Sie die Größe der Zeichen, den so genannten Schriftgrad, einstellen. Auch hier können Sie einen Wert aus der Liste wählen oder ihn ins Textfeld eintippen und dann ↵ drücken.
A A	Mit den Schaltflächen *Schriftgrad vergrößern* bzw. *Schriftgrad verkleinern* können Sie markierten Text schrittweise vergrößern bzw. verkleinern.
	Macht alle Formatierungen rückgängig.

Schaltfläche	Beschreibung
F	Formatiert den markierten Text in fetter Schrift.
K	Formatiert den markierten Text in kursiver Schrift.
U	Unterstreicht den markierten Text.
S	Hinterlegt den markierten Text mit einem Schatten.
abc	Streicht den markierten Text durch.
AV	Ändert den Abstand der einzelnen Zeichen voneinander. Diese Funktion können Sie zum Beispiel verwenden, um die Breite einer Überschrift etwas zu verringern, damit sie vollständig in eine Zeile passt.
Aa	Ändert die Groß-/Kleinschreibung des markierten Textes.
ab	Kennzeichnet den Text nach Art eines Textmarkers.
A	Die Schaltfläche weist bei einfachem Klick die Schriftfarbe zu, mit der das darauf abgebildete »A« unterstrichen ist. Klicken Sie auf den Pfeil, um ein Menü mit weiteren Farben zu öffnen, aus denen Sie auswählen können.

Tabelle 27.2: Die Schaltflächen zur Zeichenformatierung

Formatieren mit der Minisymbolleiste

Sicher ist Ihnen beim Markieren schon einmal aufgefallen, dass neben einer Markierung ein blasses Fenster auftaucht, dessen Farben immer kräftiger werden, wenn Sie mit dem Mauszeiger in seine Nähe kommen. Bei diesem Fenster handelt es sich um eine *Minisymbolleiste*. Auf ihr bietet Ihnen PowerPoint eine Auswahl von Funktionen an, die Sie im aktuellen Kontext am häufigsten benötigen werden. Die Bedeutung der Schaltflächen ist mit denen auf der Registerkarte *Start* identisch.

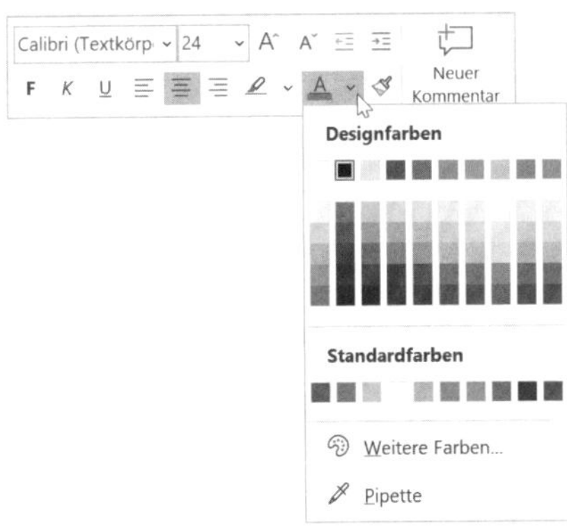

Abbildung 27.15: Die Minisymbolleiste bietet die gängigsten Formatierungen an (hier: Textfarbe ändern).

Tipp Minisymbolleiste anzeigen Falls die Minisymbolleiste nicht automatisch auf dem Bildschirm erscheint, können Sie sie anzeigen, indem Sie mit der rechten Maustaste in eine Markierung klicken. Allerdings erscheint dadurch auch ein Kontextmenü, das Sie jedoch ignorieren können.

Das Dialogfeld »Schriftart«

Wenn Sie alle in PowerPoint vorhandenen Möglichkeiten für die Zeichenformatierung übersichtlich anzeigen oder bearbeiten möchten, rufen Sie am besten das Dialogfeld *Schriftart* auf. Sie erreichen das Dialogfeld auf folgenden Wegen:

- Klicken Sie in der Registerkarte *Start* auf die kleine quadratische Schaltfläche, die sich rechts unten in der Befehlsgruppe *Schriftart* befindet.
- Drücken Sie die Tastenkombination ⇧+Strg+A.

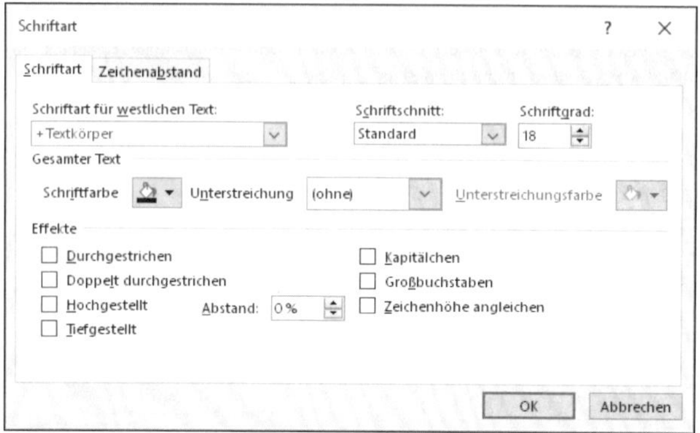

Abbildung 27.16: Das Dialogfeld Schriftart

Mit diesem Dialogfeld können Sie folgende erweiterte Zeichenformatierungen durchführen:

- Linienart und Farbe einer Unterstreichung wählen
- Doppelte Durchstreichungen
- Hoch- und Tiefstellungen (z.B. wie in »$E = mc^2$« oder »H_2O«)
- Kapitälchen (BEISPIEL)
- Zeichenhöhe anpassen; alle Buchstaben erhalten die gleiche Höhe und stehen auf einer Linie (BeiSPiel)
- Einstellen des Zeichenabstandes (siehe nächster Abschnitt).

Zeichenabstand einstellen

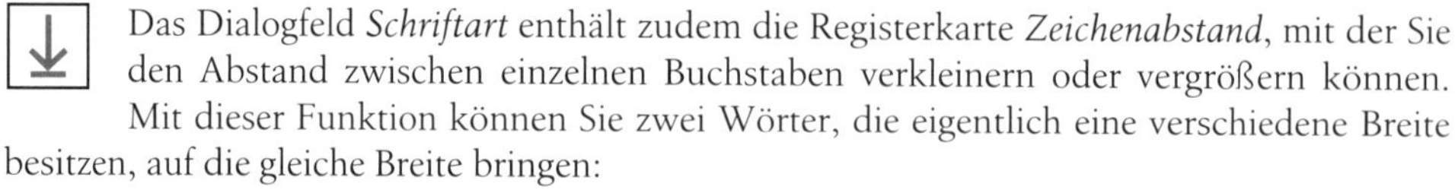

Das Dialogfeld *Schriftart* enthält zudem die Registerkarte *Zeichenabstand*, mit der Sie den Abstand zwischen einzelnen Buchstaben verkleinern oder vergrößern können. Mit dieser Funktion können Sie zwei Wörter, die eigentlich eine verschiedene Breite besitzen, auf die gleiche Breite bringen:

1. Öffnen Sie die Übungsdatei *Zeichenabstand* und zeigen Sie die zweite Folie an.
2. Markieren Sie den Text, für den Sie den Zeichenabstand ändern möchten.
3. Klicken Sie in der Registerkarte *Start* auf die Schaltfläche *Zeichenabstand* und wählen Sie in ihrem Menü einen der angebotenen Abstände aus (z.B. *Sehr Weit*). 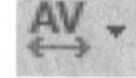

Abbildung 27.17: Die Wörter der Folie sollen auf eine einheitliche Breite gebracht werden.

4. Da der Text anschließend höchstwahrscheinlich noch nicht exakt die gewünschte Breite besitzt, müssen Sie jetzt noch eine Korrektur vornehmen. Klicken Sie daher erneut auf die Schaltfläche *Zeichenabstand* und wählen Sie diesmal den Befehl *Weitere Abstände*. PowerPoint zeigt das Dialogfeld *Schriftart* mit der Registerkarte *Zeichenabstand* an.
5. Ändern Sie den Wert im Feld *Innerhalb von*, um den Abstand der einzelnen Zeichen etwas zu vergrößern bzw. zu verkleinern.

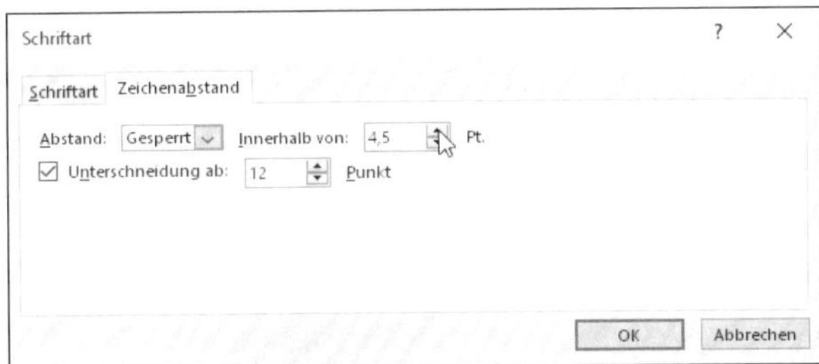

Abbildung 27.18: Justieren des Zeichenabstandes

6. Klicken Sie auf *OK*, um die Änderung zuzuweisen. Prüfen Sie die Wirkung Ihrer Einstellung und nehmen Sie, falls nötig, eine weitere Justierung vor.
7. Wiederholen Sie die Schritte 2 bis 6, um auch die übrigen Wörter auf die gleiche Breite zu bringen. Das Ergebnis sollte anschließend ungefähr wie in der folgenden Abbildung aussehen.

Abbildung 27.19: Jetzt besitzen alle vier Wörter die gleiche Breite.

PowerPoint

Unterschneidung

Der typographische Begriff *Unterschneidung*, auch *Kerning* genannt, meint, dass der Abstand zwischen bestimmten Buchstabenpaaren individuell angepasst wird. Diese Technik hängt mit der besonderen Form einzelner Buchstaben zusammen. Zum Beispiel besitzt der Buchstabe T eine relativ große Weite, obwohl sie nur für den oberen Strich des Buchstabens benötigt wird. Die vertikale Linie, der Stamm des T ist schmal. Um ein ausgewogeneres Schriftbild zu erreichen, das nicht durch einen zu großen weißen Raum zwischen den Buchstaben gestört wird, verringert man in solchen Fällen den Abstand zum nächsten Buchstaben. Dieser Eingriff ist jedoch nur bei großen Schriftgraden sinnvoll; bei einer normalen Lesegröße ist eine Unterschneidung nicht erforderlich.

Hinweis Der Begriff Unterschneidung stammt aus der Zeit vor dem elektronischen Satz, als zum Setzen noch Bleibuchstaben verwendet wurden, bei denen jeder Buchstabe auf einer eigenen Letter vorhanden war. Bemerkte der Setzer, vor allem beim Setzen von Überschriften in großen Punktgrößen, dass zwei aufeinander folgende Buchstaben zur Gruppe der kritischen Buchstabenpaare gehörten, wurde(n) die Letter(n) zurechtgeschnitten, um so den Buchstabenabstand optimal zu gestalten.

PowerPoint nimmt standardmäßig ab einer Schriftgröße von 12 Punkt eine Unterschneidung vor. Diesen Schwellenwert können Sie im Dialogfeld *Schriftart* auf der Registerkarte *Zeichenabstand* ändern oder die Automatik durch Ausschalten der Option *Unterschneidung* komplett deaktivieren.

Auf der nächsten Beispielfolie haben wir für die zweite Version der Titelzeile die automatische Unterschneidung ausgeschaltet. Der Effekt ist beim Buchstabenpaar »Tr« deutlich zu erkennen.

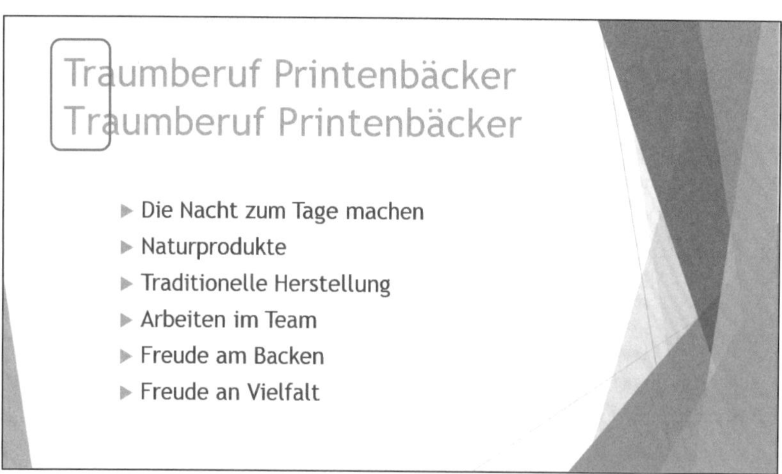

Abbildung 27.20: Titel mit (oben) und ohne (unten) Unterschneidung

Wenn Sie das Beispiel nachvollziehen möchten, können Sie dazu die zweite Folie der Übungsdatei *Unterschneidung* verwenden.

Zeichenformatierungen mit Shortcuts

Am schnellsten geht die Zeichenformatierung mithilfe von Shortcuts von der Hand. Die folgende Tabelle führt die wichtigsten Shortcuts auf, die Sie zur Zeichenformatierung benutzen können.

Tastenkombination	Beschreibung
⇧+Strg+A	Das Dialogfeld *Schriftart* anzeigen.
⇧+Strg+U	durchgehend unterstreichen (ein/aus)
⇧+Strg+F	fett (ein/aus)
⇧+Strg+K	kursiv (ein/aus)
Strg++	tieferstellen (ein/aus)
⇧+Strg++	höherstellen (ein/aus)
⇧+Strg+Z	auf Standardformat zurücksetzen

Tabelle 27.3: Tastenkombinationen für die Zeichenformatierung

Formatierungen löschen und übertragen

Wenn Sie eine Zeichenformatierung für mehrere Textstellen verwenden wollen, ist es nicht erforderlich, die gleichen Formatierungsbefehle wieder und wieder zu verwenden. Stattdessen können Sie eine bereits vorhandene Formatierung einfach auf eine andere Stelle übertragen:

1. Markieren Sie den Text, dessen Formatierung Sie übertragen wollen.
2. Klicken Sie auf der Registerkarte *Start* in der Gruppe *Zwischenablage* auf die Pinsel-Schaltfläche. Falls Sie die Formatierung für mehrere Textstellen übernehmen wollen, führen Sie einen Doppelklick auf der Schaltfläche aus.
3. Streichen Sie mit dem Mauszeiger über die Textstelle(n), die die gleiche Formatierung erhalten soll(en).
4. Falls Sie in Schritt 3 die Pinsel-Schaltfläche mit einem Doppelklick aktiviert haben, müssen Sie zum Schluss entweder die Schaltfläche erneut anklicken oder Esc drücken, um den Übertragungsmodus zu beenden.

Aufzählungen und nummerierte Listen

Da die meisten Folien Aufzählungen von Argumenten o.ä. enthalten, ist dies die Standardeinstellung für Textplatzhalter in PowerPoint. Dazu haben Sie die Qual der Wahl aus einer Fülle von Aufzählungszeichen und Nummerierungsvarianten.

Aufzählungen

Wenn Ihnen die Aufzählungszeichen einer Liste nicht gefallen, können Sie sie mit folgenden Schritten gegen andere Zeichen bzw. Symbole austauschen:

1. Öffnen Sie die Übungsdatei *Aufzählungen* und zeigen Sie die zweite Folie an.
2. Markieren Sie den Text, den Sie mit Aufzählungszeichen versehen möchten – in diesem Fall also den gesamten Textplatzhalter. Hinweise zum Markieren von Text finden Sie weiter vorne in diesem Kapitel ab Seite 514.
3. Klicken Sie auf der Registerkarte *Start* in der Gruppe *Absatz* auf den kleinen Pfeil der Schaltfläche *Aufzählungszeichen*.

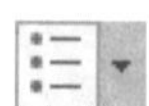

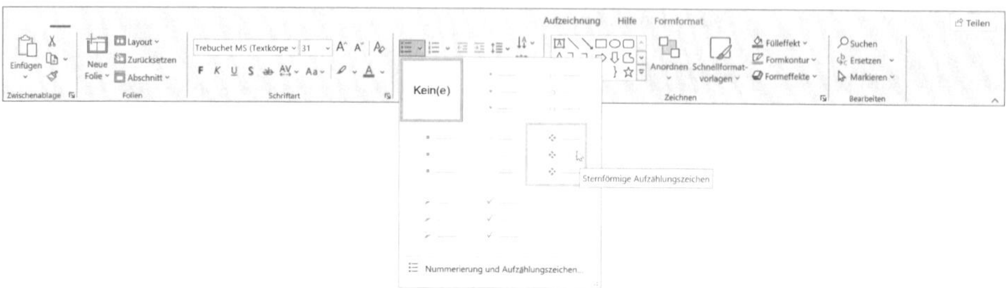

Abbildung 27.21: Auswahlkatalog mit Aufzählungszeichen (PowerPoint zeigt bei diesem Katalog eine Livevorschau an. Zeigen Sie dazu einfach mit dem Mauszeiger auf die verschiedenen Symbole.)

4. Wenn Ihnen keines der angebotenen Zeichen gefällt, klicken Sie unterhalb des Katalogs auf den Befehl *Nummerierung und Aufzählungszeichen*.

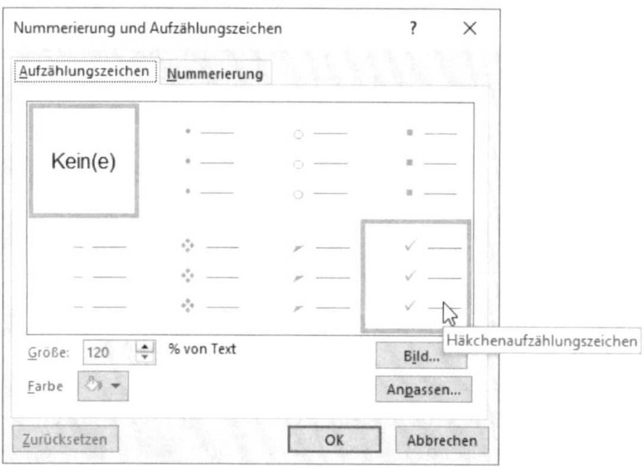

Abbildung 27.22: Über dieses Dialogfeld erreichen Sie weitere Aufzählungszeichen.

5. In diesem Dialogfeld können Sie nicht nur die Größe und die Farbe der Aufzählungszeichen ändern, sondern auch beliebige andere Symbole auswählen.
6. Klicken Sie dazu auf die Schaltfläche *Bild*. Dadurch erscheint das Fenster *Bilder einfügen*, mit dem Sie nicht nur eine Datei von Ihrem Computer als Aufzählungszeichen wählen können, sondern auch Ihrem OneDrive-Speicherplatz oder das komplette Web per Bing-Bildersuche nach geeigneten Bildern durchforsten können. Sehr gut als Aufzählungszeichen eignen sich auch die Symbole der mit Excel 2019 eingeführten Symbolbibliothek, die Piktogramme zu den verschiedensten Themenbereichen enthält.

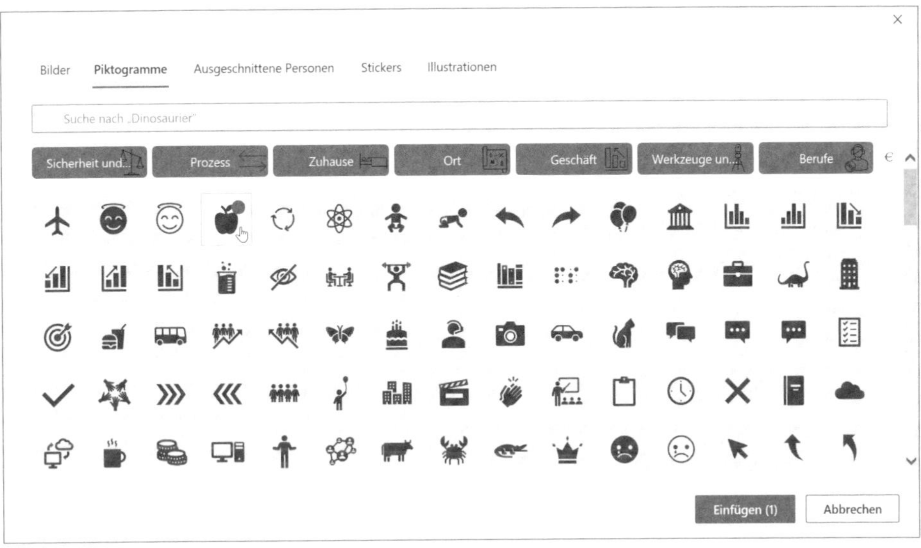

Abbildung 27.23: In der umfangreichen Symbolbibliothek von Office werden Sie sicher fündig.

Hinweis Lizenzrechte Die Bing-Bildersuche zeigt standardmäßig nur Bilder an, die der Creative Common Lizenz unterstellt sind. Dieser Filter lässt sich deaktivieren, indem Sie in der Trefferliste die Option *Nur Creative Commons* ausschalten.

Im Verzeichnis mit den Übungsdateien zu diesem Kapitel finden Sie eine kleine Grafik, mit der Sie dieses Beispiel nachvollziehen können.

7. Wenn Sie ein geeignetes Bild bzw. Symbol gefunden haben, markieren Sie es und klicken auf *Einfügen*. Anschließend befindet sich das Bild als neues Aufzählungszeichen im Auswahlmenü der Schaltfläche *Aufzählungszeichen*.
8. Wählen Sie das neue Aufzählungszeichen und klicken Sie auf *OK*.

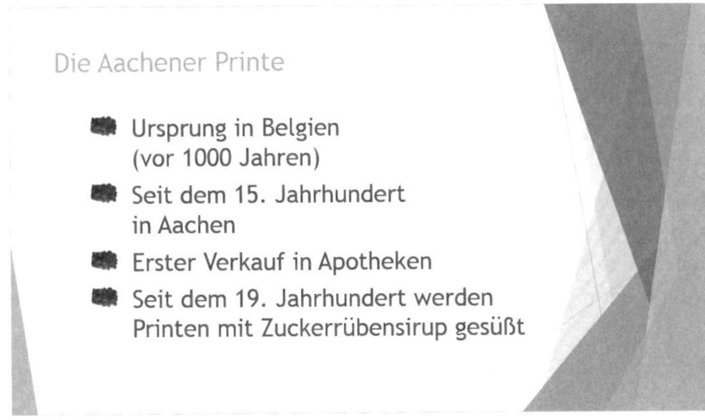

Abbildung 27.24: Für diese Folie wurde eine Grafik als Aufzählungszeichen verwendet.

PowerPoint

Symbole als Aufzählungszeichen verwenden

Falls Sie anstelle eines Bildes ein Zeichen verwenden möchten, von dem Sie wissen, dass es in einer der installierten Schriften enthalten ist, gehen Sie so vor:

1. Öffnen Sie das Dialogfeld *Nummerierung und Aufzählungszeichen* wie im letzten Abschnitt beschrieben.
2. Klicken Sie auf die Schaltfläche *Anpassen*.
3. Wählen Sie in der Liste *Schriftart* die Schriftart aus, in der das gewünschte Zeichen enthalten ist.

Tipp In der uns vorliegenden Version von Microsoft Office verhielt sich dieses Dialogfeld etwas störrisch: Es ließ sich keine Schriftart auswählen. Falls dieser Effekt bei Ihnen auch auftritt, können Sie sich mit folgendem Trick behelfen: Geben Sie den Namen der gewünschten Schriftart in das Auswahlfeld ein und drücken Sie die [↵]-Taste. Das Dialogfeld schließt sich dadurch. Doch wenn Sie es jetzt erneut durch einen Klick auf *Anpassen* öffnen, ist die gewünschte Schriftart ausgewählt.

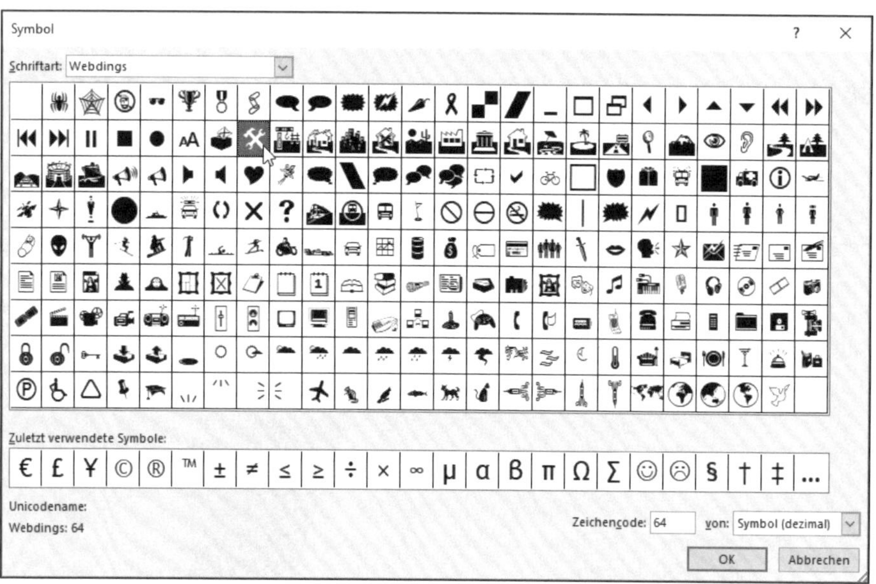

Abbildung 27.25: Sie können auch ein beliebiges Zeichen einer Schriftart wählen.

4. Wählen Sie das Zeichen, das Sie als Aufzählungszeichen verwenden möchten, durch Anklicken aus. Sie gelangen dann wieder in das Dialogfeld *Nummerierung und Aufzählungszeichen*.
5. Schließen Sie das Dialogfeld mit *OK*, um die Aufzählung durch das gewählte Aufzählungszeichen zu gliedern.

Nummerierte Listen

Neben Listen, die Argumente nur optisch voneinander abtrennen, werden häufig auch nummerierte Listen verwendet. Diese setzen Sie so ein:

1. Markieren Sie den Text, der durch Zahlen gegliedert werden soll. Hinweise zum Markieren finden Sie weiter vorne in diesem Kapitel ab Seite 514.
2. Klicken Sie auf der Registerkarte *Start* in der Gruppe *Absatz* auf den kleinen Pfeil der Schaltfläche *Nummerierung*.

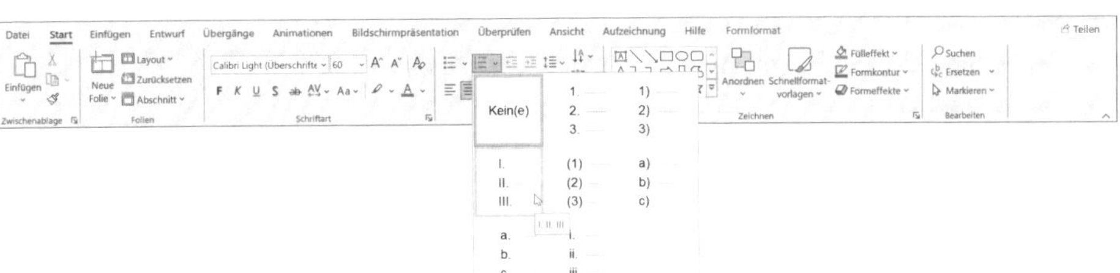

Abbildung 27.26: Auswahlkatalog zum Erstellen von nummerierten Listen

3. Bewegen Sie den Mauszeiger auf die Vorschaubilder des Auswahlkatalogs. PowerPoint zeigt die Wirkung der jeweiligen Option in einer Livevorschau direkt auf Ihrer Folie an.
4. Falls eine der vorgeschlagenen Nummerierungen Ihren Vorstellungen entspricht, wählen Sie diese durch Anklicken aus.
5. Wollen Sie jedoch die Größe oder die Farbe der Zeichen ändern oder soll die Nummerierung mit einer anderen Zahl als 1 beginnen, klicken Sie stattdessen unterhalb des Auswahlkatalogs auf den Befehl *Aufzählungszeichen und Nummerierung*, wodurch das gleichnamige Dialogfeld auf dem Bildschirm erscheint.

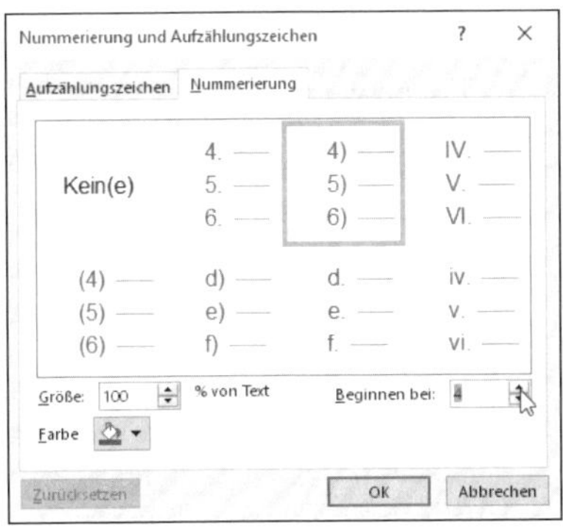

Abbildung 27.27: Hier können Sie weitere Einstellungen für eine nummerierte Liste vornehmen.

6. Wählen Sie das gewünschte Format für die Nummerierung aus.
7. Soll die Nummerierung mit einer anderen Zahl als 1 beginnen, geben Sie diese im Feld *Beginnen bei* ein.
8. Schließen Sie das Dialogfeld mit *OK*, um die Einstellungen zu übernehmen.

Suchen und Ersetzen

Wenn Sie in einer Präsentation nach einer bestimmten Textstelle suchen, hilft Ihnen die Suchfunktion von PowerPoint, mit der Sie der Reihe nach alle Fundstellen anzeigen können, die den gesuchten Begriff enthalten. Die Suche lässt sich durch zusätzliche Kriterien präzisieren, indem Sie zum Beispiel festlegen, dass die Groß-/Kleinschreibung beachtet werden soll.

1. Wechseln Sie im Menüband auf die Registerkarte *Start.*
2. Klicken Sie in der Gruppe *Bearbeiten* auf die Schaltfläche *Suchen.* PowerPoint zeigt dann das Dialogfeld *Suchen* an.
3. Geben Sie den Suchbegriff in das Feld *Suchen nach* ein.

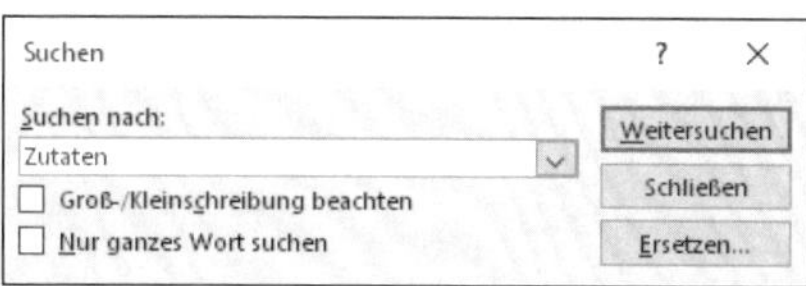

Abbildung 27.28: Das Dialogfeld Suchen

4. Stellen Sie bei Bedarf weitere Suchoptionen ein, um die Suche zu verfeinern:
   - **Groß-/Kleinschreibung beachten** Wenn Sie das Feld einschalten, wird eine Textstelle nur dann gefunden, wenn die Groß- und Kleinschreibung im Text mit Ihrer Eingabe im Textfeld *Suchen nach* exakt übereinstimmt.
   - **Nur ganzes Wort suchen** Wenn Sie diese Option aktivieren, werden nur eigenständige Wörter gesucht, die durch Leerzeichen, Tabulatoren oder Satzzeichen getrennt sind. Bei ausgeschalteter Option (dies ist die Vorgabe von PowerPoint) werden auch alle Textstellen gefunden, in denen der Suchbegriff nicht als eigenständiges Wort vorkommt. Zum Beispiel würde dann bei dem Suchbegriff »und« auch das Wort »Kunden« gefunden werden.
5. Klicken Sie auf *Weitersuchen,* um die erste bzw. die nächste Fundstelle anzuzeigen.
6. Sie können jederzeit zwischen dem Dialogfeld und den Folien wechseln.
7. Wenn Sie das Dialogfeld nicht mehr benötigen, beenden Sie es mit *Schließen.*

Text ersetzen

Genauso wie Sie nach Text suchen können, ist es auch möglich, den gefundenen Text durch einen neuen ersetzen zu lassen. Dazu verwenden Sie den Befehl *Ersetzen*, der sich ebenfalls in der Gruppe *Bearbeiten* auf der Registerkarte *Start* befindet. Wenn das Dialogfeld *Suchen* bereits angezeigt wird, können Sie dort auch einfach die Schaltfläche *Ersetzen* anklicken.

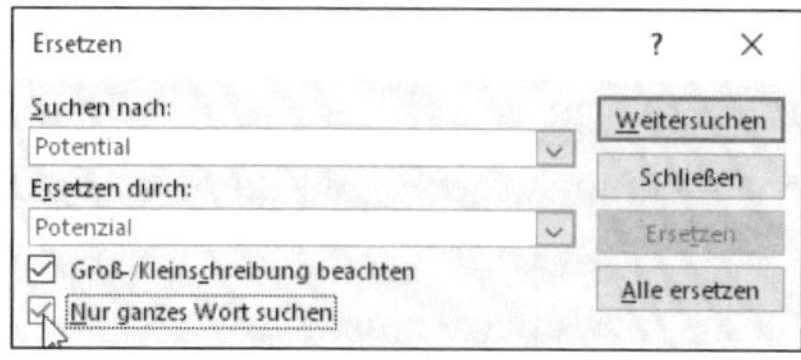

Abbildung 27.29: Das Dialogfeld Ersetzen

Wie Sie sehen, unterscheidet sich das Dialogfeld *Ersetzen* von dem Dialogfeld *Suchen* im Wesentlichen durch das Feld *Ersetzen durch.* In dieses Feld können Sie den Text eingeben, der anstelle des gefundenen in die Folie aufgenommen werden soll. Wenn Sie dieses Feld leer lassen, wird der gefundene Text aus der Präsentation entfernt.

Nachdem Sie alle Eingaben vorgenommen und die gewünschten Optionsfelder eingeschaltet haben, können Sie mit den folgenden Schaltflächen das Ersetzen starten:

- **Weitersuchen** Sucht das erste bzw. nächste Vorkommen des Suchtextes in der Präsentation. War die Suche erfolgreich, zeigt PowerPoint die entsprechende Folie im Arbeitsbereich an, sodass Sie die gefundene Textstelle lesen können.
- **Ersetzen** Ersetzt den gefundenen Text durch die neue Eingabe. Nachdem PowerPoint den markierten Text ersetzt hat, springt es automatisch zur nächsten Fundstelle. Wird der Suchbegriff nicht mehr gefunden, erscheint ein entsprechender Hinweis.
- **Alle ersetzen** Mit dieser Schaltfläche können Sie alle Vorkommen des Suchtextes in der gesamten Präsentation ersetzen. Benutzen Sie diese Schaltfläche nur, wenn Sie sich Ihrer Sache sicher sind und auf die individuelle Überprüfung der einzelnen Fundstellen verzichten wollen.

Schriftarten ersetzen

Genau wie in Word können Sie auch in PowerPoint Textformatierungen ersetzen. Allerdings sind die Möglichkeiten in PowerPoint recht bescheiden. Das einzige Schriftmerkmal, das Sie per Suchen und Ersetzen austauschen können, ist die Schriftart:

1. Wechseln Sie im Menüband auf die Registerkarte *Start.*
2. Klicken Sie in der Gruppe *Bearbeiten* auf den kleinen Pfeil der Schaltfläche *Ersetzen* und wählen Sie im Menü der Schaltfläche den Befehl *Schriftarten ersetzen.* PowerPoint zeigt dann das Dialogfeld *Schriftart ersetzen* an.

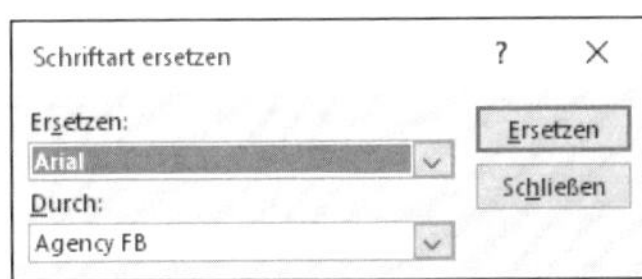

Abbildung 27.30: Das Dialogfeld Schriftart ersetzen

3. Wählen Sie im Listenfeld *Ersetzen* die Schriftart aus, die Sie ersetzen möchten. In der Liste werden nur diejenigen Schriften aufgeführt, die in der Präsentation auch tatsächlich verwendet werden.
4. Stellen Sie im Listenfeld *Durch* die neue Schrift ein. Hier haben Sie die Auswahl aus allen auf Ihrem Rechner installierten Schriften.
5. Klicken Sie auf *Ersetzen,* um die gewünschte Schrift auszutauschen. Achtung: Der Ersetzungsvorgang betrifft die gesamte Präsentation und lässt sich nicht auf einen markierten Textbereich beschränken.

Kapitel 28

Die Gliederungsansicht

Wenn Sie eine neue Präsentation erstellen, werden Sie den Text für Ihre Folien in den seltensten Fällen fertig im Kopf haben. Vielmehr wird es in aller Regel so sein, dass Sie zunächst ein grobes Konzept für die Präsentation entwerfen, das Sie dann nach und nach mit Inhalten füllen. Da es in dieser Phase regelmäßig vorkommt, dass Sie Folien umstellen oder neue Folien einfügen, ist die normale Folienansicht für diese Zwecke zu unhandlich. Solche Aufgaben erledigen Sie besser in der Gliederungsansicht, in der Sie sich voll auf den Text und seine Struktur konzentrieren können.

Arbeiten in der Gliederungsansicht

Um in die Gliederungsansicht zu gelangen, wechseln Sie entweder auf die Registerkarte *Ansicht* und klicken dort in der Gruppe *Präsentationsansichten* auf die Schaltfläche *Gliederungsansicht* oder Sie klicken unten rechts in der Statusleiste auf die Schaltfläche *Normal*. Diese Schaltfläche schaltet zwischen der Normal- und der Gliederungsansicht hin und her.

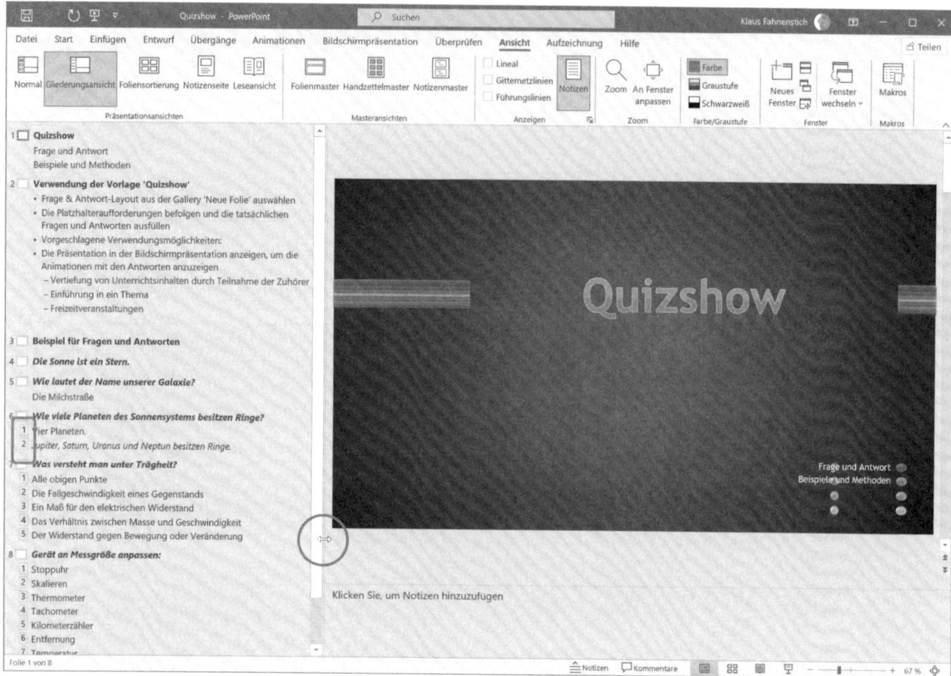

Abbildung 28.1: Wenn Sie den Text Ihrer Präsentation in der Gliederungsansicht bearbeiten wollen, sollten Sie den Gliederungsbereich verbreitern.

Wenn Ihre Präsentation bereits einige Folien enthält, erkennen Sie, dass die Titel der einzelnen Folien in der Gliederungsansicht mit einem kleinen Kästchen gekennzeichnet sind. Mit diesen Symbolen können Sie zum Beispiel eine Folie ganz einfach mit der Maus innerhalb der Präsentation verschieben.

Falls eine Folie zusätzlich zum Titel noch mehrere Textplatzhalter besitzt, werden diese in der Gliederungsansicht mit einem kleinen Zahlensymbol gekennzeichnet.

Leider ist es in PowerPoint nicht möglich, die Anzeige im Gliederungsausschnitt zu vergrößern, denn der Zoomregler der Statusleiste wirkt ausschließlich auf den Folienbereich. Daher sind vor allem Texte, die sich in der zweiten oder dritten Ebene einer Aufzählung befinden, nur schlecht zu erkennen. Wir werden Ihnen aber gleich im nächsten Abschnitt noch eine Möglichkeit vorstellen, wie Sie die Lesbarkeit des Textes in der Gliederungsansicht verbessern können.

Text bearbeiten und formatieren

Um den Text einer Folie zu bearbeiten, klicken Sie die entsprechende Textstelle im Gliederungsbereich an und nehmen dort die gewünschte Änderung vor. PowerPoint zeigt die Folie automatisch im Folienbereich an, sodass Sie direkt sehen, wie sich die Folie verändert.

In der Gliederungsansicht können Sie auch die üblichen Textformatierungen durchführen. Einfache Formatierungen wie fette oder kursive Darstellung werden im Gliederungsbereich angezeigt. Andere Merkmale, wie zum Beispiel Farbe und Schatten, bleiben hingegen unberücksichtigt.

Textformatierung anzeigen

PowerPoint verwendet normalerweise in der Gliederungsansicht für alle Folientitel eine einheitliche Darstellung. Auch für den restlichen Folientext wird nur eine Schrift und eine feste Schriftgröße verwendet. So können Sie die Titel und Texte der Folien eindeutig voneinander unterscheiden und die Struktur der Präsentation lässt sich gut erfassen.

Sie können aber auch die tatsächliche Formatierung der Folientexte im Gliederungsbereich sichtbar machen:

1. Öffnen Sie die Übungsdatei *Quizshow*.
2. Wechseln Sie in die Gliederungsansicht.
3. Klicken Sie den Gliederungsbereich mit der rechten Maustaste an und wählen Sie im angezeigten Kontextmenü den Befehl *Textformatierung anzeigen*. Dieser Befehl wirkt wie ein Schalter, das heißt, wenn Sie die Textformatierungen wieder anzeigen wollen, rufen Sie ihn einfach erneut auf.

Tipp Falls der Befehl keine Wirkung zeigen sollte, wechseln Sie bitte einmal in die Normalansicht und direkt wieder in die Gliederungsansicht zurück. Jetzt sollte die Textformatierung im Gliederungsbereich korrekt dargestellt werden.

Wenn Sie sich in Abbildung 28.2 die verschiedenen Folientitel ansehen, werden Sie feststellen, dass sie sehr unterschiedlich formatiert sind. Auf einigen Folien ist sogar der Folientext in einem größeren Schriftgrad formatiert als der zugehörige Folientitel (wie z. B. auf den Folien 5 und 6). Da sich das Auge unwillkürlich an den Schriftgrößen orientiert, ist es daher in dieser Ansicht relativ schwierig, die tatsächliche Struktur der Präsentation zu erfassen.

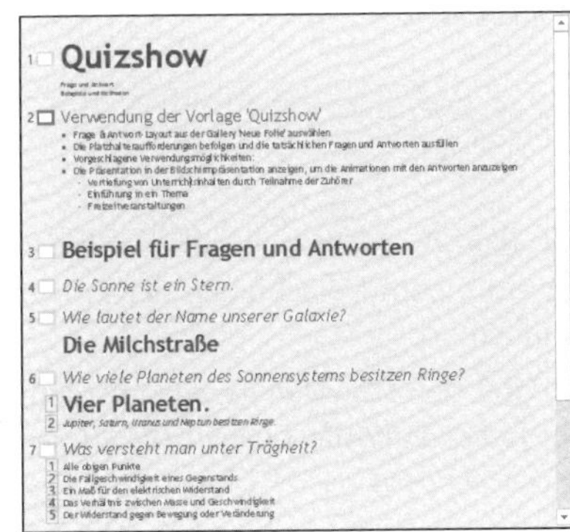

Abbildung 28.2: Die Darstellung der Textformatierungen wirkt schnell unübersichtlich.

PowerPoint

Gliederung erweitern und reduzieren

Wenn Sie schon einmal mit der Gliederungsfunktion von Microsoft Word gearbeitet haben, wissen Sie, dass man dort die Anzahl der angezeigten Gliederungsebenen einstellen kann. Auf diese Weise können Sie exakt festlegen, wie detailliert die Gliederung des Dokuments angezeigt werden soll.

Auch PowerPoint kann in der Gliederungsansicht mit einem ähnlichen Feature aufwarten. Allerdings haben Sie hier lediglich die Wahl zwischen der reduzierten Anzeige, in der nur die Folientitel angezeigt werden, und der erweiterten Darstellung, in der der vollständige Folientext erscheint.

1. Klicken Sie den Text der gewünschten Folie mit der rechten Maustaste an.
2. Zeigen Sie im Kontextmenü auf den Befehl *Gliederung reduzieren* bzw. *Gliederung erweitern*. Im dadurch ausgeklappten Untermenü können Sie wählen, ob sich der Befehl lediglich auf die aktuelle Folie oder auf die gesamte Präsentation auswirken soll.

Tastenkombination	Wirkung
Alt+⇧+1	Zeigt nur die oberste Überschriftenebene an (die Titel).
Alt+⇧++	Zeigt den untergeordneten Text einer Überschrift an.
Alt+⇧+-	Blendet den untergeordneten Text einer Überschrift aus.

Tabelle 28.1: Tastenkombinationen zum Ein- und Ausblenden von untergeordnetem Text

Folien einfügen, löschen und umstellen

Zum Einfügen und Löschen von Folien können Sie in der Gliederungsansicht die gleichen Techniken verwenden, die wir in Kapitel 26 für den Folienbereich vorgestellt haben:

- Mit der Schaltfläche *Neue Folie* auf der Registerkarte *Start*
- Über die Zwischenablage
- Über die Befehle *Neue Folie* und *Folie löschen* aus dem Kontextmenü, das erscheint, wenn Sie den Text in der Gliederungsansicht rechts anklicken.

Wesentlich interessanter ist jedoch das Verschieben einzelner Absätze und ganzer Folien, das sich in der Gliederungsansicht sehr effektiv und komfortabel erledigen lässt.

Vollständige Folien verschieben

Wir hatten weiter oben in diesem Kapitel bereits erwähnt, dass die kleinen Symbole mit denen die Folientitel im Gliederungsbereich gekennzeichnet sind, zum Verschieben der Folien benötigt werden. Die Vorgehensweise ist dabei denkbar einfach:

1. Reduzieren Sie die Gliederung, sodass nur noch die Titel der Folien angezeigt werden. Verwenden Sie dazu entweder den Befehl *Gliederung reduzieren/Alle Ebenen reduzieren* aus dem Kontextmenü oder drücken Sie den Shortcut Alt+⇧+1.
2. Zeigen Sie mit der Maus auf das Symbol der Folie, die Sie verschieben wollen. Der Mauszeiger verändert sich dort zu einem Vierfachpfeil.

3. Ziehen Sie das Symbol nun mit gedrückter Maustaste nach oben oder unten. Beachten Sie die graue waagerechte Linie. Diese Linie kennzeichnet die Position, an der die Folie eingeordnet wird, sobald Sie die Maustaste loslassen. Falls die Linie bei Ihnen nicht angezeigt wird, bewegen Sie den Mauszeiger etwas nach rechts auf den Text.

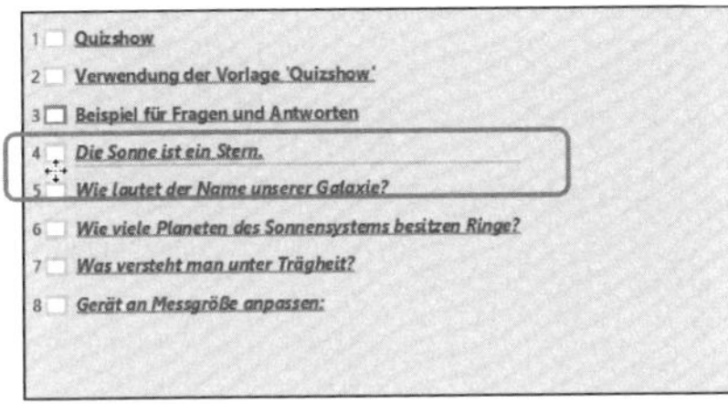

Abbildung 28.3: Folie innerhalb der Präsentation verschieben

Einzelne Absätze verschieben

Etwas kniffliger, aber in bestimmten Situationen außerordentlich praktisch, ist das Umstellen einzelner Absätze. Dazu können Sie im einfachsten Fall den gewünschten Absatz markieren und mit den Tastenkombinationen der folgenden Tabelle nach oben oder unten verschieben.

Tastenkombination	Wirkung
Alt + ⇧ + ↑	Verschiebt die markierten Absätze nach oben.
Alt + ⇧ + ↓	Verschiebt die markierten Absätze nach unten.

Tabelle 28.2: Tastenkombinationen zum Verschieben von Absätzen

Natürlich lassen sich Absätze auch mit der Maus verschieben. Im nächsten Beispiel soll ein Spiegelpunkt einer Aufzählung unter Verwendung der Maus auf die nächste Folie geschoben werden. Die Ausgangssituation sehen Sie in Abbildung 28.4. Wie gut das hier beschriebene Verfahren funktioniert, hängt wesentlich vom Layout der beteiligten Folien ab.

1. Öffnen Sie die Beispieldatei *Absatz verschieben* und wechseln Sie in die Gliederungsansicht.

2. Erweitern Sie die Gliederung so, dass alle Texte angezeigt werden. Rufen Sie dazu im Kontextmenü *Gliederung erweitern/Alle Ebenen erweitern* auf.

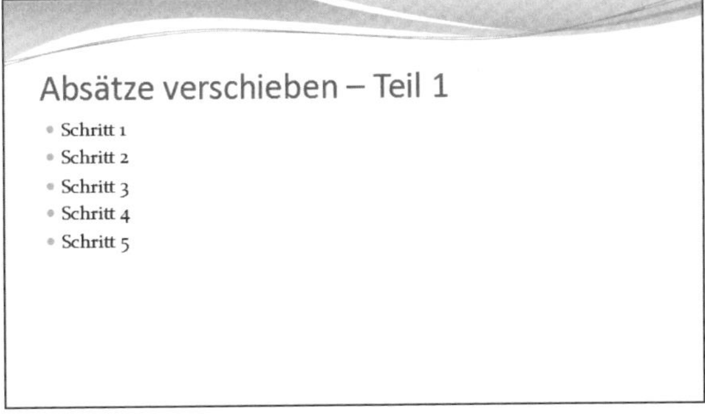

Abbildung 28.4: Der Absatz »Schritt 5« soll auf die nächste Folie verschoben werden.

3. Zeigen Sie im Gliederungsbereich mit dem Mauszeiger auf den Spiegelpunkt des Absatzes, den Sie verschieben wollen. Der Zeiger wird dort zu einem Vierfachpfeil.
4. Drücken Sie die Maustaste und ziehen Sie die Maus nach unten. PowerPoint zeigt eine waagerechte Linie an. Erscheint eine senkrechte Linie, haben Sie die Maus zuerst nach links oder rechts bewegt. Drücken Sie dann Esc und starten Sie einen neuen Versuch.

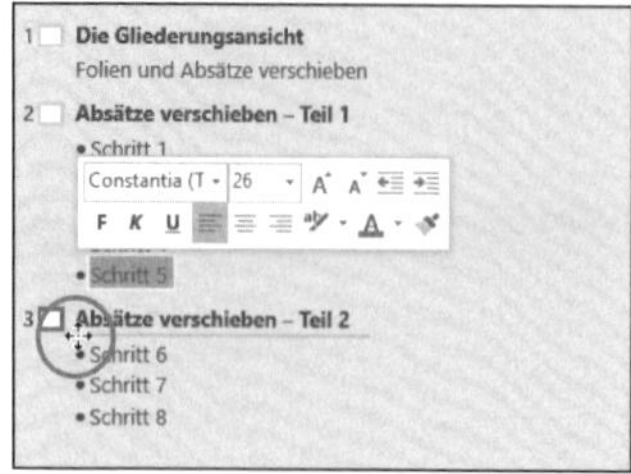

Abbildung 28.5: Absatz auf eine andere Folie schieben

5. Lassen Sie die Maustaste los, sobald die Linie die gewünschte Einfügeposition erreicht hat.

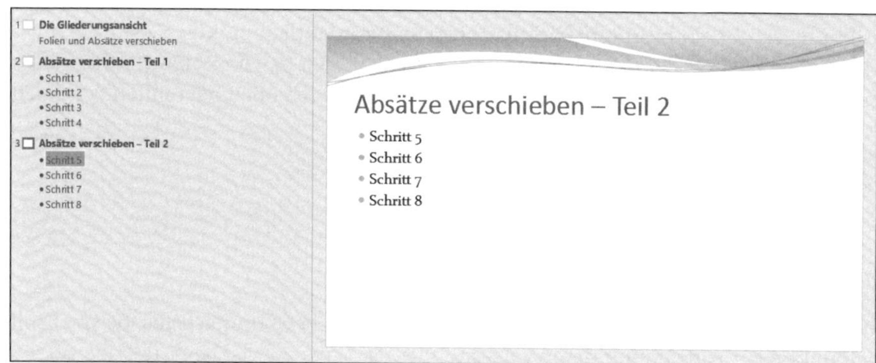

Abbildung 28.6: Der Absatz »Schritt 5« befindet sich nun auf der nächsten Folie.

Wenn Sie das Beispiel nachvollzogen haben, werden Sie gemerkt haben, dass man dafür eine ruhige Maushand braucht. Erschwerend kommt noch die Minisymbolleiste hinzu, die beim Verschieben eines Absatzes nach oben die Sicht auf den Text und die waagerechte Linie versperrt. Wem dies zu lästig ist, der kann auch auf die Befehle *Nach oben* und *Nach unten* des Kontextmenüs oder auf die Tastenkombinationen aus Tabelle 28.2 zurückgreifen.

Absätze höher- und tieferstufen

In Kapitel 27 haben Sie erfahren, dass bei Aufzählungen die Einrückung der einzelnen Spiegelpunkte durch ihre Listenebene gesteuert wird. Die Ebene können Sie in der Gliederungsansicht nachträglich ändern, indem Sie die Spiegelpunkte mit der Maus nach links oder rechts schieben. Dabei ist es auch möglich, lange Aufzählungen auf mehrere Folien zu verteilen, wie es das nächste Beispiel zeigt:

1. Öffnen Sie die Übungsdatei *Höher- und Tieferstufen* und wechseln Sie in die Gliederungsansicht.
2. Klicken Sie den Text im Gliederungsbereich mit der rechten Maustaste an und wählen Sie im Kontextmenü den Befehl *Gliederung erweitern/Alle Ebenen erweitern.*
3. Klicken Sie mit der Maus auf den gewünschten Spiegelpunkt und halten Sie die Maustaste gedrückt. PowerPoint markiert den zugehörigen Text und alle untergeordneten Absätze des Punktes.

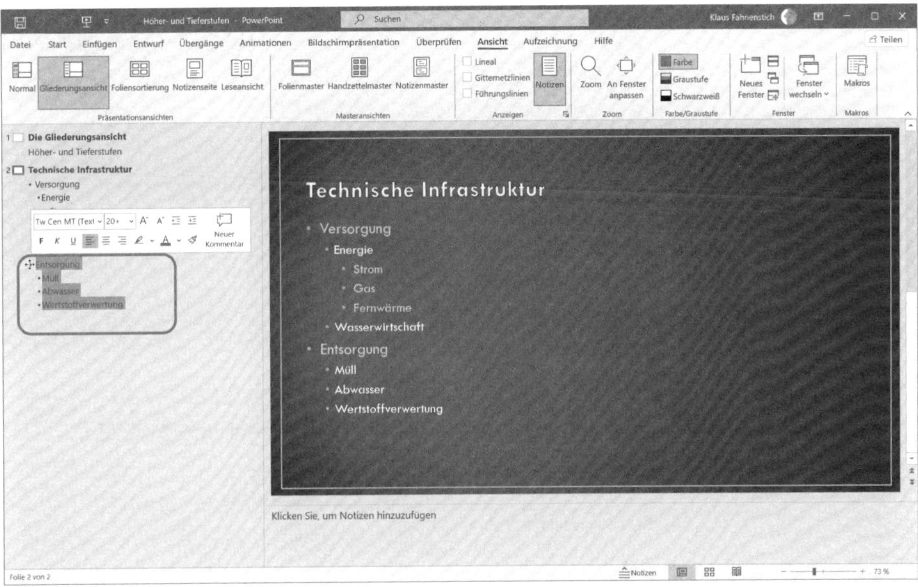

Abbildung 28.7: Der Spiegelpunkt »Entsorgung« soll höhergestuft werden.

4. Bewegen Sie die Maus soweit nach links, dass die senkrechte Linie zwischen der Foliennummerierung und den Foliensymbolen steht.

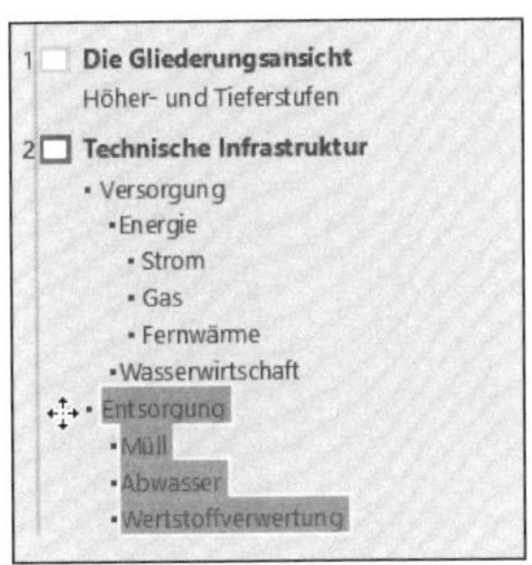

Abbildung 28.8: Höherstufen eines Absatzes

5. Lassen Sie die Maustaste los.

PowerPoint

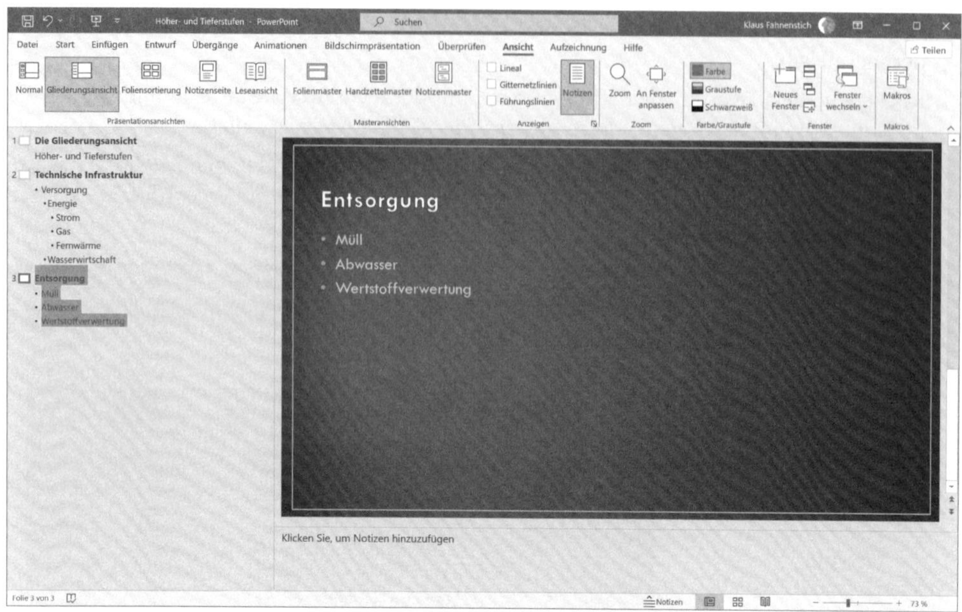

Abbildung 28.9: Der Aufzählungspunkt wurde zum Folientitel hochgestuft.

Natürlich können Sie auch auf das Kontextmenü oder auf Shortcuts zurückgreifen.

Tastenkombination	Wirkung
Alt + ⇧ + ←	Stuft einen Absatz eine Ebene nach oben.
Alt + ⇧ + →	Stuft einen Absatz eine Ebene nach unten.

Tabelle 28.3: Tastenkombinationen zum Höher- und Tieferstufen eines Absatzes

Kapitel 29

Präsentationen drucken

PowerPoint

In diesem Kapitel dreht sich alles ums Drucken, denn hier hat PowerPoint einiges zu bieten: Sie können Folien einfach, wie sie sind, auf Papier oder Folie drucken; Sie können Notizenseiten als Vortragsmanuskript oder Handzettel zum Verteilen an das Publikum drucken. Bei den Handzetteln ist vor allem die Möglichkeit interessant, mehrere Folien auf ein Blatt zu drucken.

Folien drucken

Nicht immer werden Sie Ihre Präsentationen nur als Bildschirmpräsentation vorführen – vielleicht sollen sie als PDF-Dokument bereitgestellt oder einfach auf Papier ausgedruckt werden. Wie wir in Kapitel 7 bereits erwähnt haben, gibt es in PowerPoint zwei Möglichkeiten, den Druckvorgang zu starten:

- Über die Backstage-Ansicht *Drucken* (die Sie auch mit dem Shortcut Strg+P erreichen)
- und über den Befehl *Schnelldruck*.

Im Normalfall werden Sie die erste Variante verwenden, weil Sie nur hier den Drucker auswählen und verschiedene Druckoptionen einstellen können:

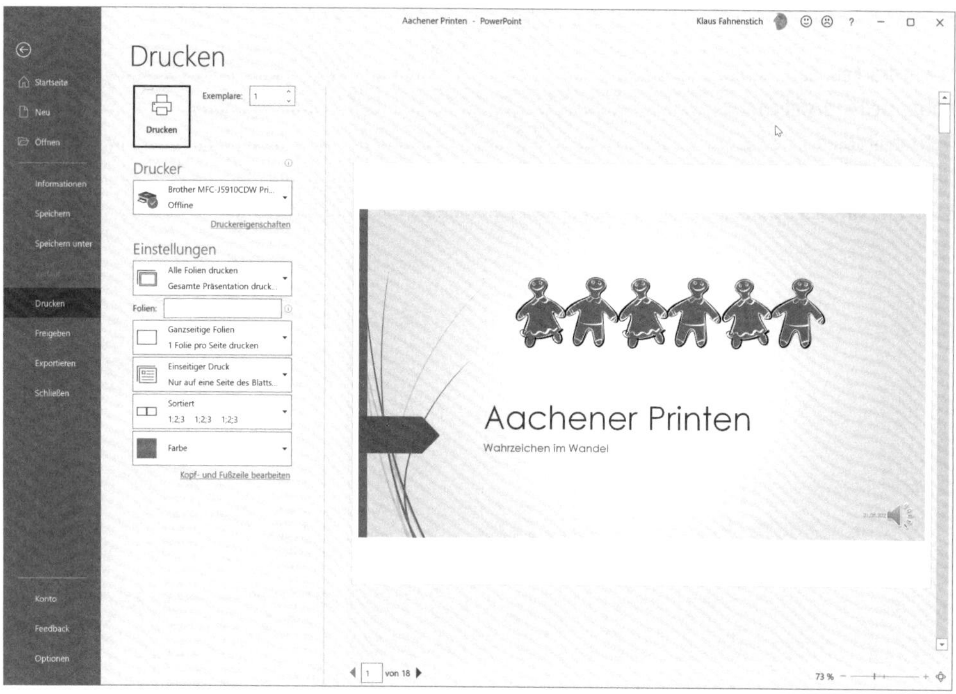

Abbildung 29.1: Einstellen der Druckoptionen in der Backstage-Ansicht Drucken

- **Exemplare** Geben Sie hier an, wie viele Kopien gedruckt werden sollen. Wie die Ausdrucke dabei sortiert werden, beschreiben wir weiter unten.
- **Drucker** Hier geben Sie an, an welchen Drucker die Druckdaten geschickt werden. Wenn Sie diese Einstellung ändern möchten, wählen Sie den gewünschten Drucker aus dem Listenfeld aus.

  Über den Link *Druckereigenschaften* erreichen Sie ein Dialogfeld, in dem Sie spezielle Einstellungen für den gewählten Drucker vornehmen können. Welche Möglichkeiten Ihr Drucker hier anbietet, entnehmen Sie bitte der Druckerdokumentation.

- **Einstellungen** Mit den Auswahllisten dieser Gruppe legen Sie u. a. fest, welche Bereiche der Präsentation Sie drucken möchten und welches Papierformat dazu verwendet werden soll.
  - Im ersten Menü bestimmen Sie, welche Folien der Präsentation gedruckt werden:
    - Alle Folien
    - Nur die ausgewählten Folien
    - Nur die aktuelle (also die momentan angezeigte) Folie
    - Nur bestimmte Folien, deren Nummern Sie in das Feld unterhalb der Auswahlliste eintippen können
    - Nur die Folien eines bestimmten Abschnitts (siehe Kapitel 26)
    - Nur die Folien einer bestimmten zielgruppenorientierten Präsentation
    - Folien, die während der Präsentation ausgeblendet bleiben, können auf Wunsch dennoch mit ausgedruckt werden, indem Sie den Befehl *Ausgeblendete Folien drucken* einschalten.
  - Im zweiten Menü geben Sie an, was gedruckt wird:
    - Folien, Notizenseiten, Gliederung
    - Verschiedene Formen von Handzetteln
    - Den Befehl *Folienrahmen* sollten Sie vor allem dann einschalten, wenn Ihre Folien einen hellen oder sogar einen weißen Hintergrund besitzen.
    - Mit dem Befehl *Auf Seitenformat skalieren* können Sie den Platz auf dem Papier optimal nutzen.
    - Standardmäßig haben die mit PowerPoint erzeugten Druckdateien eine Auflösung von 150 dpi, was für den normalen Einsatz einer PowerPoint-Präsentation auch völlig ausreichend ist. Bei Bedarf können Sie die Auflösung auf 300 dpi verdoppeln, indem Sie den Befehl *Hohe Qualität* einschalten. Der Unterschied ist zum Beispiel bei Farbverläufen gut zu erkennen.

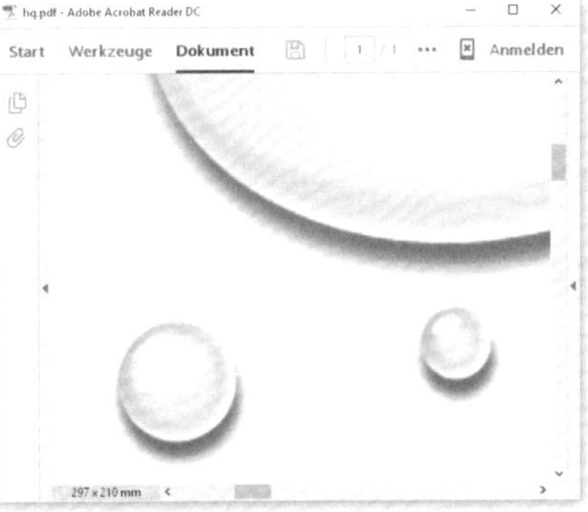

Abbildung 29.2: Farbverläufe mit normaler (links) und hoher (rechts) Druckqualität

- Wenn Ihre Präsentation Kommentare oder Freihandeingaben (siehe Kapitel 32) enthält, können Sie diese über den Befehl *Kommentare und Freihandeingaben* mit ausdrucken.

- Im dritten Menü steuern Sie die Druckreihenfolge, falls Sie mehrere Exemplare drucken. Bei der ersten Option druckt PowerPoint alle Seiten eines Exemplars, bevor es mit dem nächsten Exemplar beginnt. Dadurch sind die ausgedruckten Seiten zwar direkt sortiert, der Druckvorgang dauert jedoch länger, da PowerPoint jede Seite mehrmals an den Drucker schicken muss. Bei der zweiten Variante werden zunächst alle Kopien der ersten Seite gedruckt, dann die der zweiten usw. Dieses Verfahren ist bei vielen Druckern deutlich schneller.
- Im vorletzten Menü können Sie entscheiden, ob PowerPoint den Ausdruck im Hoch- oder im Querformat vornimmt. Dank der Vorschaufunktion können Sie sofort beurteilen, welche Einstellung für Ihren konkreten Druckauftrag am sinnvollsten ist. Dieses Menü erscheint nur beim Drucken von Handzetteln und Gliederungen.
- Wenn Sie einen Schwarzweiß-Drucker benutzen, können Sie im letzten Menü noch zwischen *Farbe, Graustufen* oder *Reines Schwarzweiß* wählen.

So drucken Sie eine Präsentation

1. Wechseln Sie mit *Datei/Drucken* oder mit Strg+P in die Backstage-Ansicht.
2. Nehmen Sie alle notwendigen Einstellungen vor.
3. Starten Sie den Druckvorgang mit einem Klick auf *Drucken*.

Schnelldruck

Beim Schnelldruck gibt PowerPoint die Folien ohne Nachfrage kommentarlos auf dem Standard-Drucker aus. Das heißt, Sie können den Druckvorgang hier nicht beeinflussen. Die Funktion ist vor allem dafür gedacht, einen Druckvorgang ohne großen Aufwand erneut auszulösen, wenn Sie zum Beispiel beim ersten Ausdruck feststellen, dass Sie noch eine Kleinigkeit an der Folie ändern müssen. Da Sie in diesem Fall bereits alle notwendigen Druckeinstellungen vorgenommen haben, können Sie sich den erneuten Aufruf der Backstage-Ansicht *Drucken* ersparen.

Bevor Sie den Befehl *Schnelldruck* nutzen können, müssen Sie ihn erst in die Symbolleiste für den Schnellzugriff aufnehmen. Klicken Sie dazu auf den kleinen Pfeil am Ende der Symbolleiste und wählen dann den Befehl *Schnelldruck* aus dem Aufklappmenü.

Abbildung 29.3: Befehl Schnelldruck *in die Symbolleiste aufnehmen*

Notizenseiten erstellen

In Ihrer Präsentation möchten Sie möglichst präzise auf den Punkt kommen und nur die wichtigsten Informationen übersichtlich und verständlich darstellen. Was also tun Sie, wenn Sie während des Vortrags zusätzliche Informationen zur Hand haben möchten?

Ganz einfach: Fügen Sie zu Ihren Folien Notizenseiten hinzu, auf denen Sie Erläuterungen zu jeder Folie eingeben. Dazu können zum Beispiel detailliertes Zahlenmaterial und ergänzende Informationen gehören, die Sie in Ihrem Vortrag nicht erwähnen wollen, die Sie aber für eventuelle Nachfragen gerne parat haben. Diese Notizenseiten können Sie ausdrucken und zum Beispiel für Ihre Vorbereitung auf Ihren Vortrag nutzen.

Kurze Notizen geben Sie direkt im Notizenfeld der Normalansicht ein. Falls dieser Bereich auf Ihrem Bildschirm nicht sichtbar ist, ziehen Sie einfach die waagerechte Begrenzungslinie, die direkt oberhalb der Statusleiste liegt, ein Stück nach oben.

Den Inhalt des Notizenfeldes können Sie mit den üblichen Funktionen formatieren, um zum Beispiel wichtige Stichwörter optisch hervorzuheben.

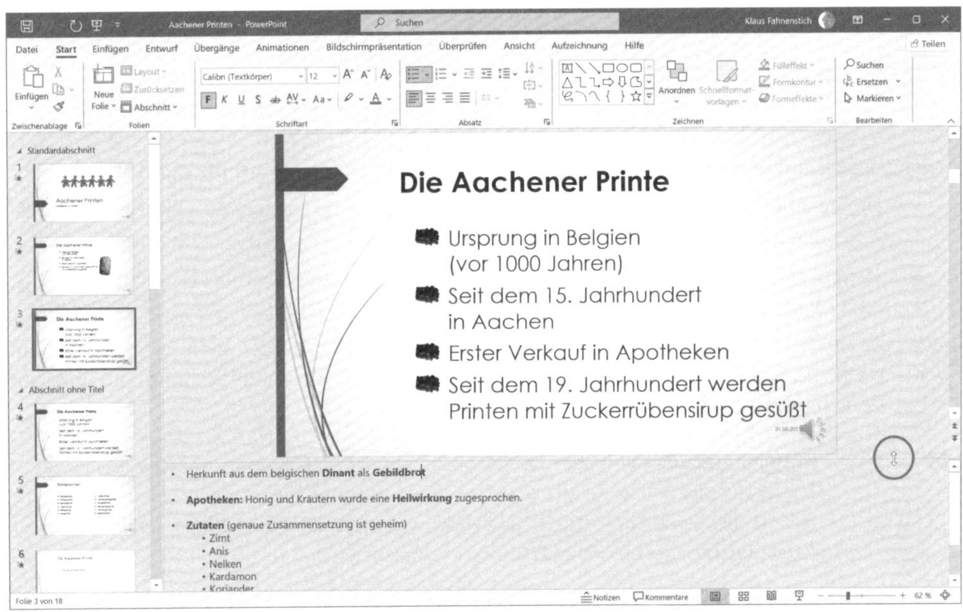

Abbildung 29.4: Kurze Notizen geben Sie direkt im Notizenfeld der Normalansicht ein. Um die Größe des Notizenfeldes zu ändern, verschieben Sie die Begrenzungslinie.

Soll der Notizenbereich den gesamten Vortragstext zu jeder Folie aufnehmen, ist der Platz im Notizenfeld zu knapp und zu unübersichtlich. In diesem Fall wechseln Sie besser in die Notizenansicht. Dort finden Sie auch alle Funktionen, die Ihnen bereits aus der Arbeit mit Textfolien bekannt sind.

1. Wechseln Sie auf die Registerkarte *Ansicht* und klicken Sie dort in der Gruppe *Präsentationsansichten* auf die Schaltfläche *Notizenseite*. Das Standardlayout einer Notizenseite besteht aus einer Vorschau auf die Folie, die den oberen Bereich einnimmt, und dem Raum für Notizen in einem darunter positionierten Textfeld.

2. Klicken Sie das Vorschaubild der Folie an und richten Sie Position oder Größe mithilfe der Anfasser aus – zum Beispiel, wenn Sie mehr Platz für Text benötigen.

   Am Anfang ist es verwirrend, dass es nicht möglich ist, den Folieninhalt an dieser Stelle zu bearbeiten; es geht aber tatsächlich nicht – Sie müssen dazu zunächst in die Normalansicht zurückkehren.

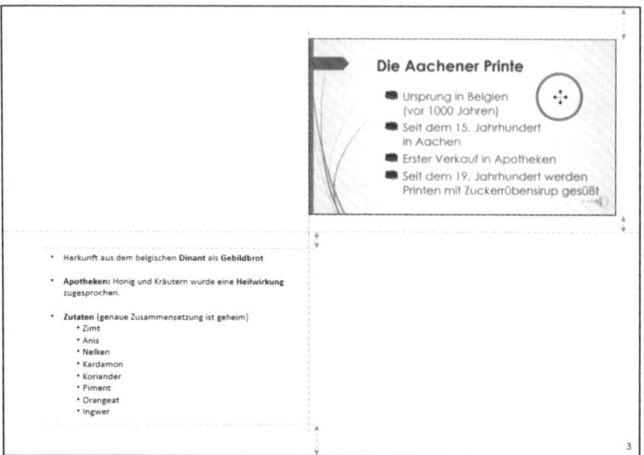

Abbildung 29.5: Das Vorschaubild auf der Notizenseite können Sie verkleinern und verschieben.

3. Klicken Sie auf den Rand des Textfelds und positionieren Sie es mithilfe der Anfasser.
4. Stellen Sie mit den Bedienelementen der Statusleiste eine geeignete Vergrößerung ein, damit Sie den Text vernünftig bearbeiten können.
5. Navigieren Sie mit den Bildlaufleisten durch die Präsentation, um den Vortragstext für weitere Folien einzugeben.
6. Wenn Sie die Arbeit an den Vortragsnotizen abgeschlossen haben, kehren Sie mit einem Klick auf die Schaltfläche *Normal* zu den Folien zurück. Alternativ können Sie auch auf das Vorschaubild der Folie doppelklicken.

Tipp Einstellungen für alle Notizenseiten: Wenn Sie die Aufteilung von Folienvorschau und Textfeld für alle Notizenseiten ändern möchten, brauchen Sie das nicht auf jeder Folie einzeln zu tun. Lesen Sie hierzu in Kapitel 30, wie Sie die Masteransichten verwenden, um Änderungen an der gesamten Präsentation vorzunehmen.

Notizen drucken

Um Notizenseiten auszudrucken, gehen Sie folgendermaßen vor:

1. Wechseln Sie mit *Datei/Drucken* oder mit Strg+P in die Backstage-Ansicht *Drucken*.
2. Legen Sie den Drucker fest, auf dem die Notizenseiten ausgedruckt werden sollen.
3. Geben Sie den Druckbereich an. Standardmäßig ist hier *Alle Folien drucken* ausgewählt.
4. In der zweiten Auswahlliste der Gruppe *Einstellungen* wählen Sie *Notizenseiten*.
5. Klicken Sie auf *Drucken*, um den Druckvorgang zu starten.

Handzettel drucken

Handzettel sind Ausdrucke der Folien einer Präsentation, die ans Publikum verteilt werden. Dabei können Sie entscheiden, ob Sie nur eine oder mehrere Folien auf einer Seite ausdrucken möchten.

Als besonders vorteilhaft hat sich der Ausdruck von je zwei Folien auf ein Blatt erwiesen: Für eine Bildschirmpräsentation ist in der Regel eine Schriftgröße sinnvoll, die auf Papier in halber Größe noch gut lesbar ist; außerdem ergeben zwei Folien im Querformat ein Blatt Papier im Hochformat, das so bequem betrachtet oder auch abgeheftet werden kann.

So drucken Sie Handzettel:

1. Wechseln Sie mit *Datei/Drucken* oder mit Strg+P in die Backstage-Ansicht *Drucken*.
2. Geben Sie an, wie viele Exemplare der Präsentation Sie ausdrucken möchten.
3. Legen Sie den Drucker fest, auf dem die Handzettel ausgedruckt werden sollen.
4. Geben Sie den Druckbereich an, d. h. den Bereich der Präsentation, der gedruckt werden soll.
5. In der zweiten Auswahlliste wählen Sie eines der angebotenen Handzettel-Layouts. Beachten Sie, dass PowerPoint zwischen vertikaler und horizontaler Reihenfolge unterscheiden kann.

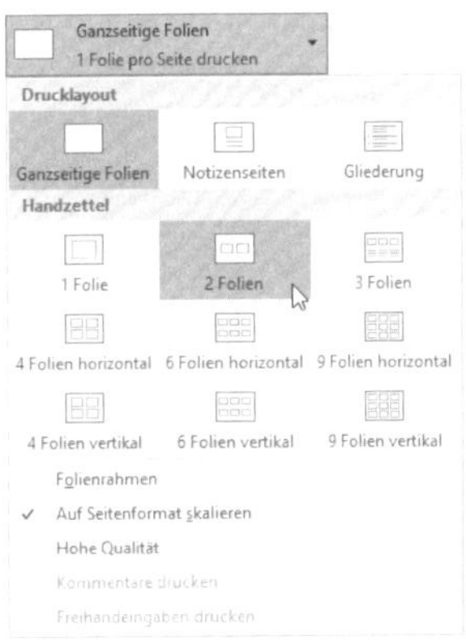

Abbildung 29.6: Layout-Varianten für Handzettel

6. Stellen Sie die gewünschte Sortierreihenfolge ein. Wenn Sie sich nicht die Mühe machen möchten, später von Hand eine größere Anzahl Handzettel in die richtige Reihenfolge zu bringen, wählen Sie hier die erste Option.
7. Klicken Sie auf *Drucken*, um den Druckvorgang zu starten.

Kopf- und Fußzeilen

Wenn Sie auf den ausgedruckten Seiten eine Seitennummer, einen Copyright-Hinweis oder Ähnliches aufnehmen wollen, können Sie in der Backstage-Ansicht *Drucken* eine entsprechende Kopf- bzw. Fußzeile konfigurieren. Gehen Sie dazu folgendermaßen vor:

1. Wechseln Sie mit *Datei/Drucken* oder mit Strg+P in die Backstage-Ansicht *Drucken*.
2. Klicken Sie in der Gruppe *Einstellungen* ganz unten auf *Kopf- und Fußzeile bearbeiten*. PowerPoint zeigt dann das Dialogfeld aus Abbildung 29.7 an.

Hinweis Dieses Dialogfeld erreichen Sie auch, indem Sie auf der Registerkarte *Einfügen* in der Gruppe *Text* auf die Schaltfläche *Kopf- und Fußzeile* klicken.

3. Wechseln Sie auf eine der beiden Registerkarten *Folie* und *Notizen und Handzettel*, je nachdem, wofür Sie die Kopf- und Fußzeilen erstellen wollen.

Abbildung 29.7: Dialogfeld zum Einrichten von Kopf- und Fußzeile

4. Schalten Sie die gewünschten Optionen ein und nehmen Sie gegebenenfalls weitere Feineinstellungen vor. Im Vorschaubereich des Dialogfeldes werden die aktivierten Elemente mit einem fetten Rahmen dargestellt, sodass Sie ihre Platzierung gut erkennen können. Falls Sie das Datum ausgeben lassen, achten Sie darauf, dass die richtige Sprache ausgewählt ist, damit PowerPoint ein für Ihr Publikum geeignetes Datumsformat verwendet.
5. Falls Sie Sonderzeichen in ein Textfeld aufnehmen wollen (wie das Copyright-Zeichen in der obigen Abbildung), können Sie sie vorher mit einem anderen Programm (z.B. Word) in die Zwischenablage kopieren und dann mit Strg+V in das Dialogfeld einfügen.
6. Klicken Sie auf *Für alle übernehmen* bzw. *Übernehmen*, um die vorgenommenen Einstellungen auf alle Folien bzw. nur auf die aktuelle Folie anzuwenden.

Kapitel 30
Arbeiten mit Vorlagen

Dieses Kapitel beschäftigt sich mit Funktionen und Formatierungsmerkmalen, die sich auf alle Folien einer Präsentation auswirken. Denn ein konsistentes Erscheinungsbild ist eines der wichtigsten Kriterien für die professionelle Wirkung Ihrer Präsentationen.

Zunächst zeigen wir Ihnen, wie Sie den Hintergrund der Folien einheitlich gestalten können. Anschließend lernen Sie, wie Sie mithilfe so genannter *Mastereinstellungen* Text und andere Elemente homogen formatieren und positionieren.

Aufbauend auf diesen Grundlagen können Sie leicht eigene Vorlagen erstellen, die Sie immer wieder als Ausgangsposition für neue Präsentationen verwenden können.

Zum Schluss dieses Kapitels erfahren Sie noch, wie Sie das Layout der Notizenseiten und Handzettel festlegen und wie Sie die Folien einer Präsentation mit Kopf- und Fußzeilen ausstatten.

Bitte beachten Sie in diesem Zusammenhang auch Kapitel 34, in dem wir das Konzept der Dokument-Designs vorstellen, das neben PowerPoint auch Word und Excel betrifft.

Folienhintergrund bearbeiten

Unabhängig vom aktuellen Design einer Präsentation können Sie für einzelne oder für alle Folien die Hintergrundfarbe verändern. Wir zeigen dies hier an einem Beispiel, in dem der Folienhintergrund der gesamten Präsentation einen Farbverlauf erhält.

1. Wechseln Sie auf die Registerkarte *Entwurf*.
2. Öffnen Sie den Auswahlkatalog der Gruppe *Varianten* und wählen Sie dort den Befehl *Hintergrundformate*.
3. Zeigen Sie mit der Maus auf die Vorschaubilder des Auswahlmenüs, damit PowerPoint den jeweiligen Hintergrund für die aktuelle Folie anzeigt.

Abbildung 30.1: Zuweisen eines neuen Folienhintergrundes

4. Klicken Sie das gewünschte Hintergrundformat an, um es zu übernehmen. PowerPoint wendet das ausgewählte Hintergrundformat dann auf alle Folien der Präsentation an.

Falls Sie den Hintergrund lediglich für eine einzelne Folie ändern wollen oder wenn Ihnen die angebotene Auswahl an Hintergrundformaten nicht zusagt, müssen Sie den Weg über den Befehl *Hintergrund formatieren* gehen.

Nehmen Sie in diesem Fall folgende Schritte vor:

1. Zeigen Sie die gewünschte Folie an.
2. Klicken Sie die Folie mit der rechten Maustaste an und wählen Sie in ihrem Kontextmenü den Befehl *Hintergrund formatieren*. (Sie finden den Befehl auch auf der Registerkarte *Entwurf* in der Gruppe *Anpassen*.) Dadurch wird rechts im Fenster der Aufgabenbereich *Hintergrund formatieren* eingeblendet, auf dem Sie verschiedene Einstellungen vornehmen können.

Abbildung 30.2: Auswahl eines voreingestellten Farbverlaufs

Die Varianten, die PowerPoint für die Gestaltung der Folienhintergründe anbietet, erstrecken sich von einfarbigen Hintergründen über graduierte Verläufe bis hin zu Texturen, hinterlegten Grafiken und diversen künstlerischen Effekten. Am besten experimentieren Sie in einer ruhigen Stunde mit diesem Aufgabenbereich, um seine Möglichkeiten auszuloten. Weitere Hinweise finden Sie in Kapitel 35, in dem wir uns mit dem Bearbeiten von Illustrationen beschäftigen.

3. Nehmen Sie die gewünschten Einstellungen für den Folienhintergrund vor.
4. Wenn alle Folien der Präsentation den neuen Hintergrund erhalten sollen, klicken Sie unten im Aufgabenbereich auf die Schaltfläche *Auf alle anwenden.*
5. Anschließend können Sie den Aufgabenbereich wieder ausblenden, indem Sie oben rechts auf seine Schließen-Schaltfläche klicken.

Der Folienmaster

Wie gehen Sie vor, wenn Sie zum Beispiel auf allen Folien der Präsentation Ihr Firmenlogo platzieren möchten? Versuchen Sie nicht, jede einzelne Folie zu bearbeiten, das wäre viel zu umständlich.

In PowerPoint gibt es den so genannten *Folienmaster*, auf dem alle Formatierungen, Hintergrundgrafiken und sämtliche Elemente, die auf allen Folien übereinstimmen sollen, eingerichtet werden. Um den Folienmaster bearbeiten zu können, müssen Sie in eine spezielle Ansicht wechseln:

1. Wechseln Sie auf die Registerkarte *Ansicht* und klicken Sie in der Gruppe *Masteransichten* auf die Schaltfläche *Folienmaster*. PowerPoint wechselt in die Folienmasteransicht und blendet im Menüband die zugehörige Registerkarte ein.

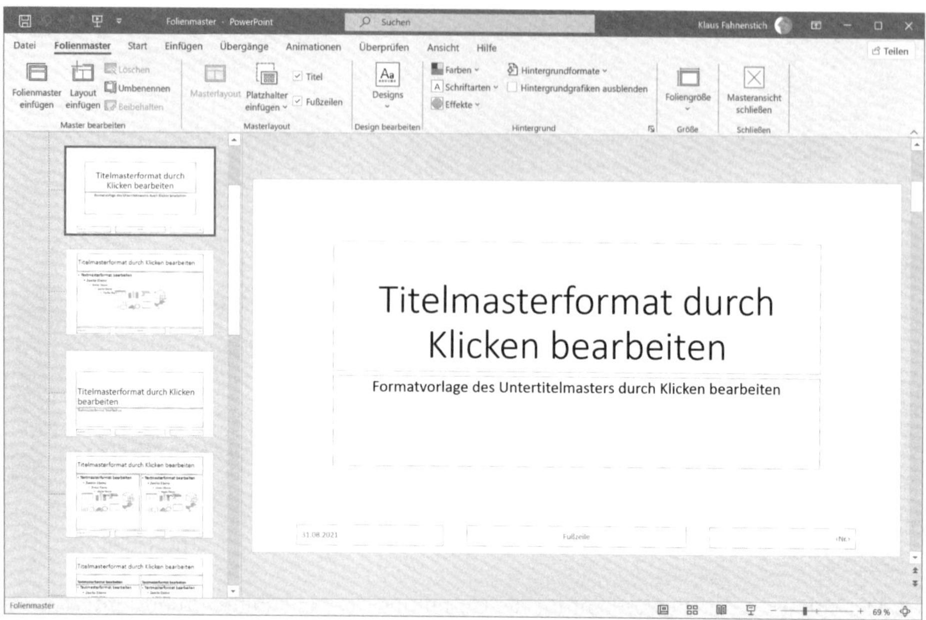

Abbildung 30.3: Die Folienmasteransicht

Wie Sie in der obigen Abbildung erkennen können, enthält der Folienmaster einen Platzhalter für den Folientitel und für weiteren Text, sowie einige optionale Elemente in der Fußzeile, die zwar in dieser Ansicht angezeigt, aber standardmäßig nicht auf den Folien ausgeben werden: Datum und Uhrzeit, Fußzeilentext sowie die Foliennummer. Wie diese Elemente aktiviert werden, erfahren Sie im Abschnitt »Kopf- und Fußzeilen« ab Seite 553.

2. Halten Sie die ⇧-Taste gedrückt und klicken Sie nacheinander sämtliche Textplatzhalter an, die dieselbe Schriftart bzw. Formatierung erhalten sollen, und weisen diese in einem Arbeitsgang zu.
3. Verändern Sie Position, Ausrichtung und Absatzformate der Überschrift- und Textplatzhalter, wie Sie es bereits während der Arbeit mit Textfolien kennen gelernt haben.

Tipp Schriftgröße im Textplatzhalter bearbeiten Vielleicht haben Sie bemerkt, dass die Schriftgrößen für Absätze nachgeordneter Ebenen immer kleiner werden. Um dieses Phänomen beizubehalten, markieren Sie den Textplatzhalter und verändern die Schriftgröße mithilfe der Schaltflächen *Schriftgrad verkleinern* bzw. *Schriftgrad vergrößern*. (Sie befinden sich auf der Registerkarte *Start* in der Gruppe *Schriftart*.)

4. Fügen Sie Illustrationen oder eigene Bilder als Hintergrundgrafiken ein.
5. Klicken Sie auf der Registerkarte *Folienmaster* auf die Schaltfläche *Masteransicht schließen*, um in die Präsentation zurückzukehren.

Tipp Textplatzhalter auf dem Folienmaster Beachten Sie bitte, dass die Textplatzhalter des Folienmasters lediglich der Formatierung dienen und etwa eingegebener Text nicht auf den Folien angezeigt wird. Wenn Sie Text einfügen möchten, der auf allen Folien erscheinen soll, verwenden Sie Textfelder oder benutzen Sie das Dialogfeld *Kopf- und Fußzeilen*, das im Abschnitt »Kopf- und Fußzeilen« ab Seite 553 vorgestellt wird.

Eigene Layouts erstellen

In Kapitel 26 haben Sie erfahren, dass Sie beim Einfügen einer neuen Folie zwischen mehreren Layouts wählen können, um der Folie eine geeignete Struktur zu geben. Ein solches Layout besteht aus einer Kombination folgender Elemente bzw. Formatierungen:

- Hintergrundobjekt
- Hintergrundfüllbereich
- Titelplatzhalter und Untertitelplatzhalter
- Platzhalter für Textkörper (inkl. Grafik, Diagramme etc.)
- Kopf- und Fußzeilen
- Platzhalterformatierung

Innerhalb einer Präsentation sind Layouts dem Folienmaster zugeordnet, was Sie in Abbildung 30.3 gut erkennen können. Die verschiedenen Layouts tauchen dort im linken Fensterbereich unterhalb des Folienmasters auf und sind durch eine dünne gestrichelte Linie mit ihm verbunden.

Sie können einem Folienmaster aber auch eigene Layouts zuweisen, um so Ihre individuellen Anforderungen an die Gestaltung von Folien zu berücksichtigen. Im folgenden Beispiel erstellen wir ein Layout, auf dem sich ein Bild-Platzhalter befindet, der bereits mit einer bestimmten Formatierung versehen ist.

1. Öffnen Sie die gewünschte Präsentation und zeigen Sie den Folienmaster an, indem Sie auf der Registerkarte *Ansicht* auf die Schaltfläche *Folienmaster* klicken.
2. Markieren Sie im linken Fensterbereich das unterste Layout und klicken Sie dann auf der Registerkarte *Folienmaster* in der Gruppe *Master bearbeiten* auf die Schaltfläche *Layout einfügen*. PowerPoint fügt dann ein neues, leeres Layout ein.
3. Klicken Sie in der Gruppe *Masterlayout* auf die untere Hälfte der Schaltfläche *Platzhalter einfügen* und wählen Sie einen Platzhaltertyp aus.

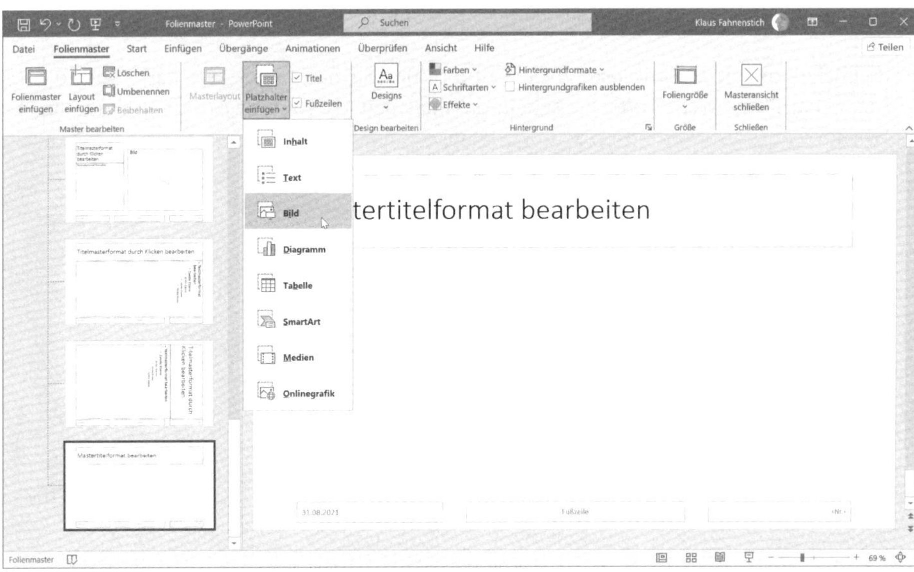

Abbildung 30.4: Einfügen eines Platzhalters in das neue, noch leere Layout

4. Ziehen Sie auf der Folie einen Rahmen in der gewünschten Form und Größe auf. Positionieren Sie den Rahmen und versehen Sie ihn mit einigen Formatierungen.
5. Klicken Sie den Platzhalter mit der rechten Maustaste an und wählen Sie im Kontextmenü den Befehl *Text bearbeiten*. Jetzt können Sie den Vorgabetext des Platzhalters verändern.
6. Ändern Sie gegebenenfalls auch den Platzhalter für den Folientitel. Das Ergebnis könnte anschließend so aussehen wie in der nächsten Abbildung.
7. Klicken Sie das Vorschaubild des neuen Layouts mit der rechten Maustaste an und wählen Sie im Kontextmenü den Befehl *Layout umbenennen*.
8. Tragen Sie einen sinnvollen Namen für das Layout ein und klicken Sie auf *Umbenennen*.

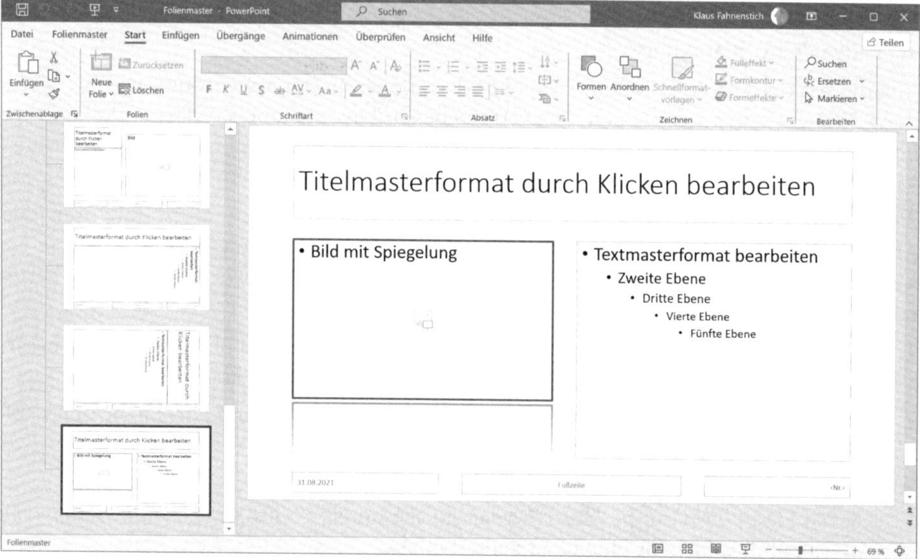

Abbildung 30.5: Das Layout enthält nun einen Bild-Platzhalter mit einem Spiegelungseffekt.

9. Schließen Sie die Folienmasteransicht und öffnen Sie auf der Registerkarte *Start* das Menü der Schaltfläche *Neue Folie*. Sie sehen, dass das neue Layout im Ausklappmenü angeboten wird.

Abbildung 30.6: Das neue Layout kann zum Erstellen von Folien benutzt werden.

Eigene Vorlagen erstellen

Wenn Sie viel Zeit und Mühe auf das Design und die Layouts einer Präsentation verwendet haben, können Sie sie als Vorlage speichern. Eine solche Vorlage steht dann als Muster für weitere Präsentationen zur Verfügung.

1. Öffnen Sie die Präsentation, die Sie als neue Vorlage speichern möchten.
2. Löschen Sie alle Folien. Die Vorlage soll nur als Muster dienen, jedoch keine Folien enthalten. Das erledigen Sie am besten in der Gliederungs- oder der Foliensortierungsansicht.
3. Wechseln Sie in die Backstage-Ansicht und rufen Sie dort den Befehl *Speichern unter* auf.
4. Entscheiden Sie, wo Sie die Vorlage speichern möchten.
5. Wählen Sie im Dialogfeld *Speichern unter* als Dateityp *PowerPoint-Vorlage*. PowerPoint wechselt dann in das Verzeichnis, in dem Vorlagen gespeichert werden.
6. Tragen Sie einen Dateinamen ein und klicken Sie auf *Speichern*.

Eigene Vorlagen verwenden

Normalerweise schlägt Ihnen PowerPoint beim Erstellen einer neuen Präsentation nur die Vorlagen von Office.com vor. Damit Sie auch Ihre eigenen Vorlagen angeboten bekommen, müssen Sie PowerPoint zunächst etwas unter die Arme greifen:

1. Notieren Sie sich den Pfad des Ordners, in dem Sie Ihre Vorlage gespeichert haben.
2. Wechseln Sie in die Backstage-Ansicht und klicken Sie auf *Optionen*.
3. Zeigen Sie im Dialogfeld *PowerPoint-Optionen* die Kategorie *Speichern* an.
4. Tragen Sie den Pfad des Vorlagenordners in das Feld *Standardspeicherort für persönliche Vorlagen* ein und schließen Sie das Dialogfeld mit *OK*.
5. Wechseln Sie in der Backstage-Ansicht auf die Seite *Neu*.
6. Auf der Seite befindet sich nun eine neue Zeile mit den beiden Links *Office* und *Persönlich*. Klicken Sie auf *Persönlich*, damit PowerPoint Ihre neue Vorlage anzeigt.

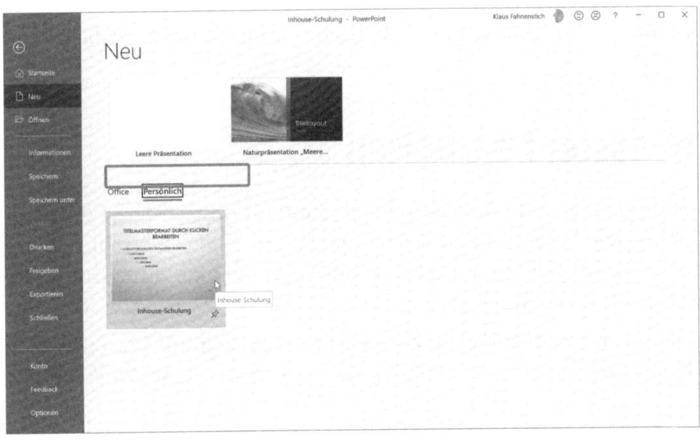

Abbildung 30.7: Verwenden von selbst erstellten Vorlagen

7. Wählen Sie die Vorlage und klicken Sie wie gewohnt im Vorschaufenster auf *Erstellen*.

Den Notizenmaster bearbeiten

Neben dem Folienmaster gibt es in PowerPoint noch den Notizenmaster. Er dient dazu, das Layout Ihrer Notizenseiten zu gestalten und die Größe der Folie sowie des Textplatzhalters für den Vortragstext zu gestalten.

1. Wählen Sie auf der Registerkarte *Ansicht* den Befehl *Notizenmaster*.

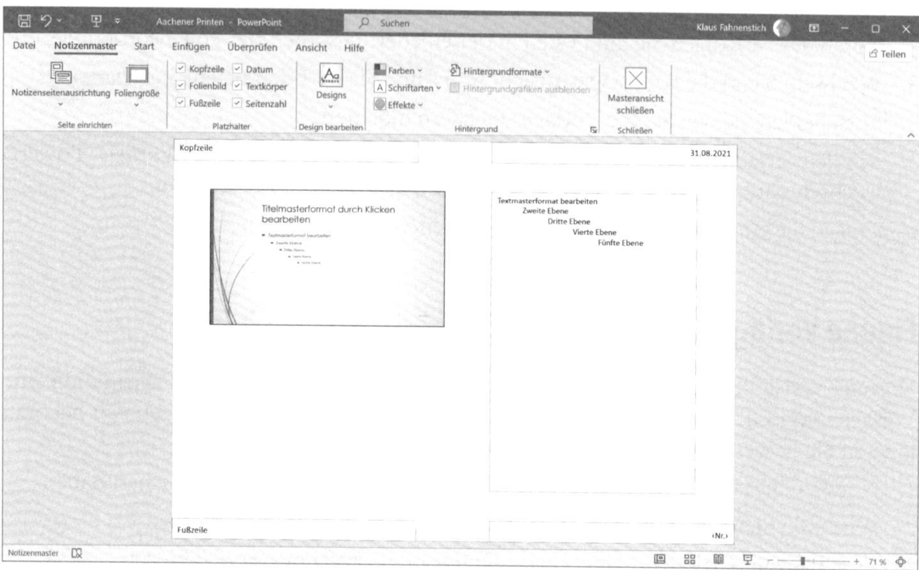

Abbildung 30.8: Der Notizenmaster (die Seitenorientierung wurde auf Querformat umgestellt)

2. Klicken Sie das Bild der Folie an und skalieren oder verschieben Sie es nach Bedarf.
3. Formatieren Sie Schriftart, Schriftgröße und Ausrichtung der Textplatzhalter. Auch für Kopf- und Fußzeilen werden hier nur die Formatierungen festgelegt. Um ihren Inhalt kümmern wir uns im Abschnitt »Kopf- und Fußzeilen« auf Seite 553.
4. Schließen Sie die Ansicht durch Anklicken der Schaltfläche *Masteransicht schließen*.

Den Handzettelmaster bearbeiten

Im Handzettelmaster bestimmen Sie, wie Handzettel aussehen, für die mehrere Folien auf ein Blatt gedruckt werden. Wie viele Folien in der Masteransicht auf einem Blatt zu sehen sind, hängt von der aktuellen Druckeinstellung ab (siehe Kapitel 29). Für die Einrichtung in der Masteransicht spielt dies jedoch keine Rolle.

Die Gestaltungsmöglichkeiten im Handzettelmaster beschränken sich auf die Formatierung der Textplatzhalter für Kopf- und Fußzeilen. Gehen Sie dazu folgendermaßen vor:

1. Klicken Sie auf der Registerkarte *Ansicht* auf *Handzettelmaster*.

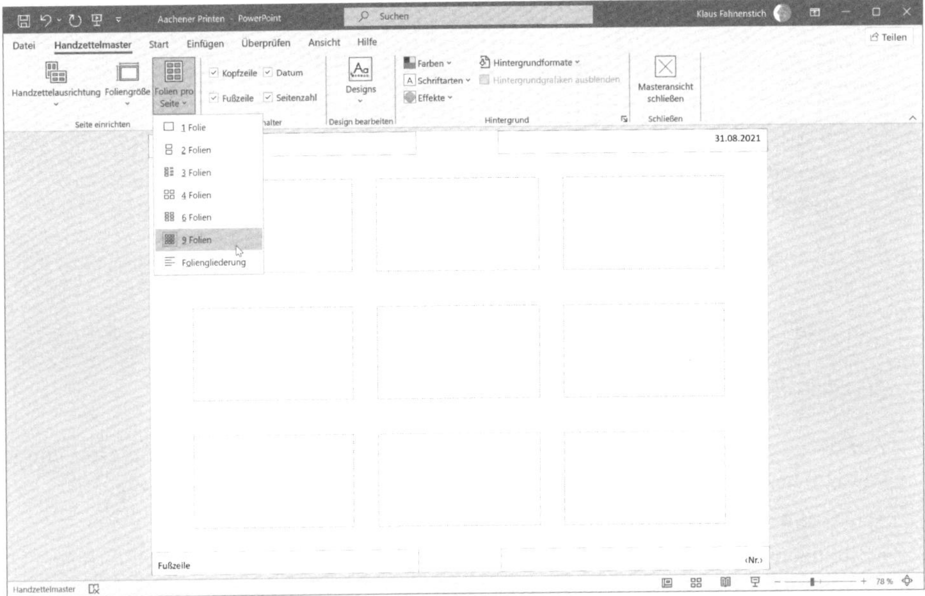

Abbildung 30.9: Der Handzettelmaster

2. Stellen Sie im Menü der Schaltfläche *Folien pro Seite* ein, wie viele Folien auf eine Seite gedruckt werden sollen.
3. Falls Sie Kopf- und Fußzeilen benutzen möchten, bearbeiten Sie deren Format und Position nach Wunsch. Wie Sie ihren Inhalt verändern, zeigen wir Ihnen im nächsten Abschnitt »Kopf- und Fußzeilen«.
4. Mit einem Klick auf die Schaltfläche *Masteransicht schließen* kehren Sie zur Präsentation zurück.

Kopf- und Fußzeilen

PowerPoint bietet die Möglichkeit, auf jeder Folie, sowie auf Notizenseiten und Handzetteln, Seitenzahlen, das Datum oder eine benutzerdefinierte Fußzeile anzuzeigen.

Fußzeilen auf Folien

Auf allen Folien wiederkehrende Elemente wie die Angabe des Datums, die Foliennummer oder eine Fußzeile können folgendermaßen integriert werden:

1. Klicken Sie auf der Registerkarte *Einfügen* in der Gruppe *Text* auf die Schaltfläche *Kopf- und Fußzeile*. 

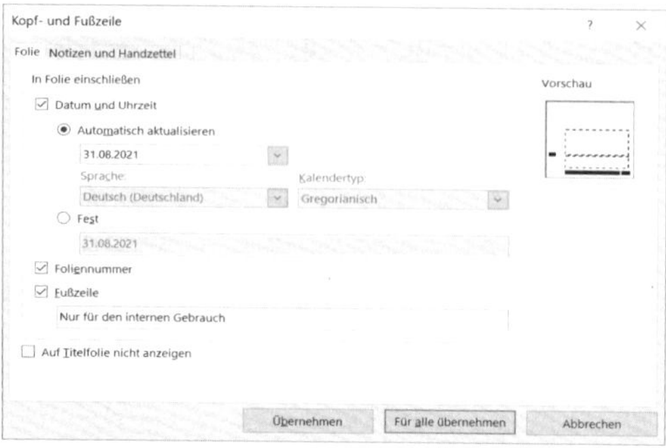

Abbildung 30.10: Konfigurieren der Kopf- und Fußzeile

Auf der Registerkarte *Folie* können drei Standardelemente in den Folienmaster eingefügt werden, indem Sie die entsprechenden Kontrollkästchen aktivieren:

- Datum und Uhrzeit
- Foliennummer
- Fußzeile

2. Wenn gewünscht, aktivieren Sie die Option *Datum und Uhrzeit*.
   - Wählen Sie *Automatisch aktualisieren*, wird immer das aktuelle Datum angezeigt und zwar in einem Format, das Sie aus dem Listenfeld auswählen. Achten Sie auch auf die korrekte Einstellung für die Sprache.
   - Die Option *Fest* bezeichnet ein festes Datum, beispielsweise den Präsentationstermin, den Sie von Hand eingeben.
3. Bei Bedarf aktivieren Sie die Option *Foliennummer*; diese wird standardmäßig rechts unten auf der Folie eingeblendet.
4. Soll eine benutzerdefinierte *Fußzeile*, zum Beispiel der Präsentationstitel oder eine Copyright-Meldung, erscheinen, aktivieren Sie das Kontrollkästchen und geben den gewünschten Text in das Textfeld ein.
5. Wenn diese Standardelemente auf der Titelfolie nicht zu sehen sein sollen, aktivieren Sie das Kontrollkästchen *Auf Titelfolie nicht anzeigen*.
6. Klicken Sie auf die Schaltfläche *Für alle übernehmen*, um die ausgewählten Elemente in der gesamten Präsentation anzuzeigen, oder auf *Übernehmen*, um die Elemente nur in die aktuelle Folie einzufügen.

Kopf- und Fußzeilen bei Notizenseiten oder Handzetteln

Für Notizenseiten und Handzettel geben Sie Kopf- und Fußzeilen entsprechend an. Holen Sie im Dialogfeld *Kopf- und Fußzeilen* die Registerkarte *Notizen und Handzettel* nach vorne.

Hier gibt es ein zusätzliches Element, die Kopfzeile. Aktivieren Sie sämtliche Kontrollkästchen, die Sie benötigen, tragen Sie die entsprechenden Texte in die Textfelder ein und verlassen Sie das Dialogfeld dann mit einem Klick auf die Schaltfläche *Für alle übernehmen*.

Kopf- und Fußzeilen auf Folien ändern

In der Regel werden die beschriebenen Elemente alle unten auf der Folie als Fußzeile eingefügt. Diese Position können Sie natürlich ändern.

1. Aktivieren Sie die Folienmasteransicht.

   In der Masteransicht sehen Sie die Textplatzhalter für die Fußzeilenelemente. Alle drei sind im Folienmaster immer vorhanden, unabhängig davon, ob Sie sie, wie oben beschrieben, aktiviert haben oder nicht. In der Präsentation werden später nur die aktivierten Elemente angezeigt. Sie können nun alle Arten der Textformatierung vornehmen und die Position der Elemente ändern.
2. Falls sich die nachfolgenden Änderungen nur auf ein bestimmtes Layout auswirken sollen, markieren Sie dies im linken Fensterbereich.
3. Wählen Sie die Platzhalter aus und weisen Sie ihnen die gewünschten Formate zu.
4. Verschieben Sie die Platzhalter oder vergrößern/verkleinern Sie sie an ihren Anfassern.
5. Wenn es besser zum Folienlayout passt, können Sie sie auch am oberen Folienrand als Kopfzeile positionieren.
6. Klicken Sie danach auf der Registerkarte *Folienmaster* auf *Masteransicht schließen*, um zur Präsentation zurückzukehren.

Abbildung 30.11: In der Folienmasteransicht können Sie die Position und die Formatierung der Kopf- und Fußzeilen bearbeiten.

PowerPoint

Kapitel 31
Folienübergänge und Animationen

Wenn Sie Ihre Präsentation vorführen, sorgen animierte Übergänge und sich schrittweise aufbauende Folien mit Text- und Objektanimationen für Spannung. Lernen Sie in diesem Kapitel, wie Sie damit Ihren Präsentationen den letzten professionellen Schliff verleihen.

Folienübergänge festlegen

Wenn Sie Ihre Folien als Bildschirmpräsentation vorführen, sorgen animierte Übergänge für einen optisch angenehmen Wechsel zwischen den Folien. PowerPoint enthält eine große Zahl animierter Folienübergänge, die bequem auf der Registerkarte *Übergänge* konfiguriert werden können.

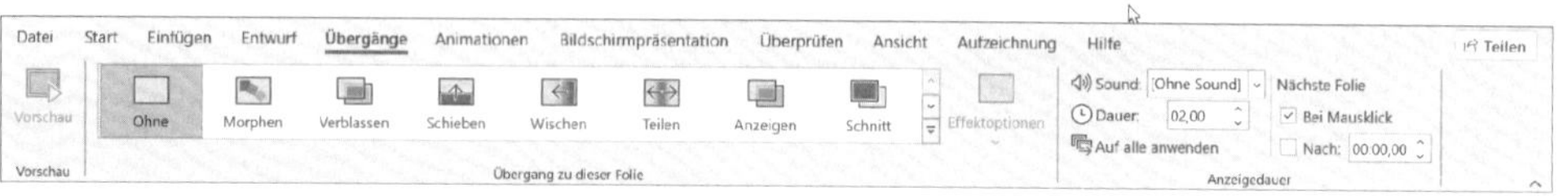

Abbildung 31.1: Die Registerkarte Übergänge

Um einen animierten Folienübergang zu erzeugen, gehen Sie folgendermaßen vor:

1. Zeigen Sie die einzublendende Folie an und wechseln Sie auf die Registerkarte *Übergänge*.
2. Öffnen Sie den Auswahlkatalog der Gruppe *Übergang zu dieser Folie*.

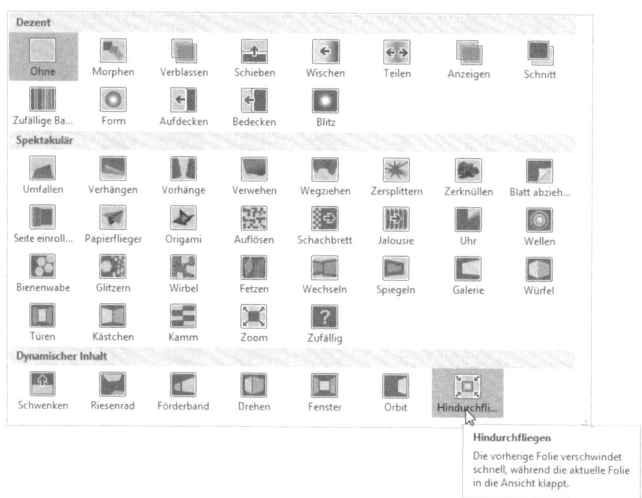

Abbildung 31.2: Auswahl eines animierten Folienübergangs

3. Wählen Sie einen der zahlreichen Folienübergänge aus.

Hinweis Der Folienübergang wird stets für die aktuelle bzw. für die im Gliederungsbereich ausgewählte(n) Folie(n) übernommen.

4. Im Listenfeld *Sound* können Sie ein Begleitgeräusch bestimmen. Wählen Sie entweder einen der angebotenen Sounds aus der Liste aus oder klicken Sie auf den Befehl *Anderer Sound*, um eine beliebige Klangdatei zu verwenden. PowerPoint unterstützt allerdings nach wie vor lediglich das WAV-Format!

Tipp Sound wiederholen Wenn der Sound nur relativ kurz ist, können Sie im Menü der Schaltfläche *Sound* den Befehl *Wiederholen bis zum nächsten Sound* aktivieren. PowerPoint wiederholt den Sound dann für die Dauer des Folienübergangs. Die Qualität des Ergebnisses hängt natürlich von der Art des gewählten Sounds ab. Bei einfachen Geräuschen empfiehlt sich das in der Regel nicht, da die Wiederholung zu stark auffällt.

5. Im Feld *Dauer* können Sie die Geschwindigkeit des Folienübergangs exakt vorgeben. Während ältere PowerPoint-Versionen nur die drei Varianten *Langsam, Mittel* oder *Schnell* kannten, können Sie nun einen Wert ab 0,01 Sekunden bis hin zu einem ganzen Tag (!?) vorgeben. Damit lassen sich zum Beispiel sehr schöne Zeitlupeneffekte erzeugen.
6. Bestimmen Sie, wann eine Folie gewechselt werden soll, indem Sie die Kontrollkästchen *Bei Mausklick* und/oder *Nach* einschalten. Wenn Sie beide Möglichkeiten aktivieren, erfolgt der Wechsel automatisch, falls Sie nicht innerhalb der vorgegebenen Zeit manuell mit der Maus weitergeschaltet haben.
7. Klicken Sie links in der Registerkarte auf *Vorschau,* damit PowerPoint den gewählten Übergang abspielt. Um den Effekt im Vollbildmodus zu testen, klicken Sie in der Statusleiste auf *Bildschirmpräsentation.* Die Präsentation startet dann mit der aktuellen Folie.
8. Gefällt Ihnen ein Effekt so gut, dass Sie ihn auf die gesamte Präsentation anwenden möchten, klicken Sie in der Registerkarte *Übergänge* auf die Schaltfläche *Auf alle anwenden.*

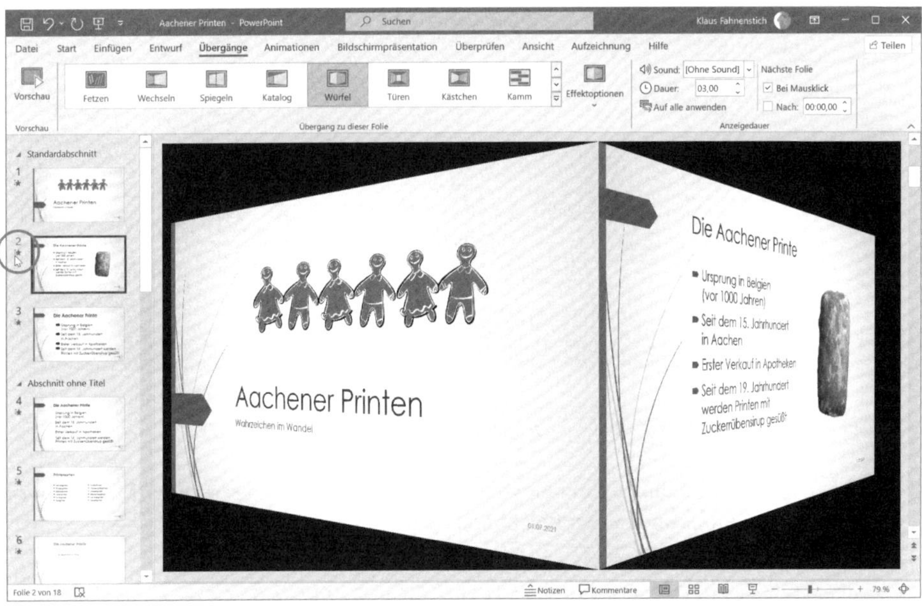

Abbildung 31.3: Vorschau eines Folienübergangs

Links im Gliederungsbereich sehen Sie, dass Folien, für die ein Übergang definiert wurde, mit einem Sternchen markiert sind. Ein Klick darauf zeigt eine Vorschau des Effekts.

Morphen

Mit PowerPoint 2019 wurde ein neuer Übergangstyp für Folien eingeführt, dem Microsoft den Namen *Morphen* gegeben hat. Und auch wenn diese Namenswahl ein wenig an Hochstapelei grenzt, lassen sich mit der neuen Funktion doch sehr ansprechende Folienübergänge erzeugen. Hochstapelei deshalb, da es sich hierbei nicht um Morphen im klassischen Sinne handelt: Die Folien werden nicht als Ganzes durch Verzerrung oder Überblendung ineinander überführt, sondern durch das Bewegen und Verformen einzelner Objekte. Der Clou hierbei ist, dass sich mit minimalem Aufwand sehr professionelle Effekte erzielen lassen.

Die generelle Vorgehensweise ist schnell erklärt: Sie erstellen zunächst eine Folie mit mehreren Objekten. Anschließend duplizieren Sie die Folie und verschieben oder verändern auf dem Duplikat einige Objekte. Zum guten Schluss fügen Sie der zweiten Folie einen Übergang vom Typ *Morphen* hinzu und sind fertig.

Lassen Sie uns diese Technik an einem kleinen Beispiel vorstellen:

1. Öffnen Sie die Übungsdatei *Morphen*. Die Präsentation enthält eine Folie, auf der sich ein Textfeld und drei grafische Objekte befinden (zwei Linien und ein Kreis).

Abbildung 31.4: Diese Folie wird das Ziel des Morphing-Übergangs werden.

2. Duplizieren Sie die Folie, indem Sie ihre Miniaturansicht mit der rechten Maustaste anklicken und im Kontextmenü den Befehl *Folie duplizieren* auswählen.
3. Markieren Sie die erste der beiden Folien.
4. Stellen Sie den Zoomfaktor von PowerPoint auf einen kleineren Wert ein, sodass die Folie den Folienbereich nicht mehr vollständig ausfüllt (wie in der folgenden Abbildung auf der nächsten Seite).
5. Schieben Sie das Textfeld aus der Folie und drehen Sie es um etwa 90°.
6. Bewegen Sie auch die übrigen Objekte in den Bereich außerhalb der Folie.
7. Wechseln Sie nun zur zweiten Folie und zeigen Sie die Registerkarte *Übergänge* an. Wenn Sie jetzt in der Registerkarte den Übergang *Morphen* anklicken, zeigt PowerPoint direkt eine Vorschau des Folienwechsels an (siehe Abbildung unten auf der nächsten Seite).

Wie Sie im weiteren Verlauf des Kapitels noch sehen werden, lassen sich solche Folienübergänge auch durch gezielte Animation einzelner Objekte erzeugen. Dabei lässt sich sogar das Timing der einzelnen Effekte individuell steuern. Allerdings benötigen Sie dazu ein Vielfaches an Zeit und dieser Aufwand dürfte wohl nur in den seltensten Fällen gerechtfertigt sein.

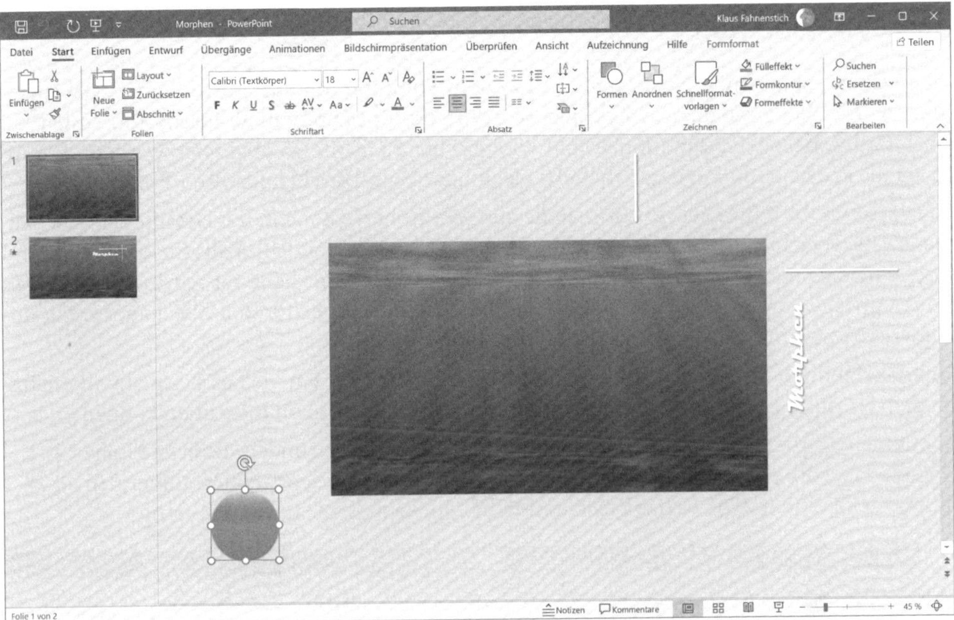

Abbildung 31.5: Diese Folie wird der Startpunkt für den Morphing-Übergang werden.

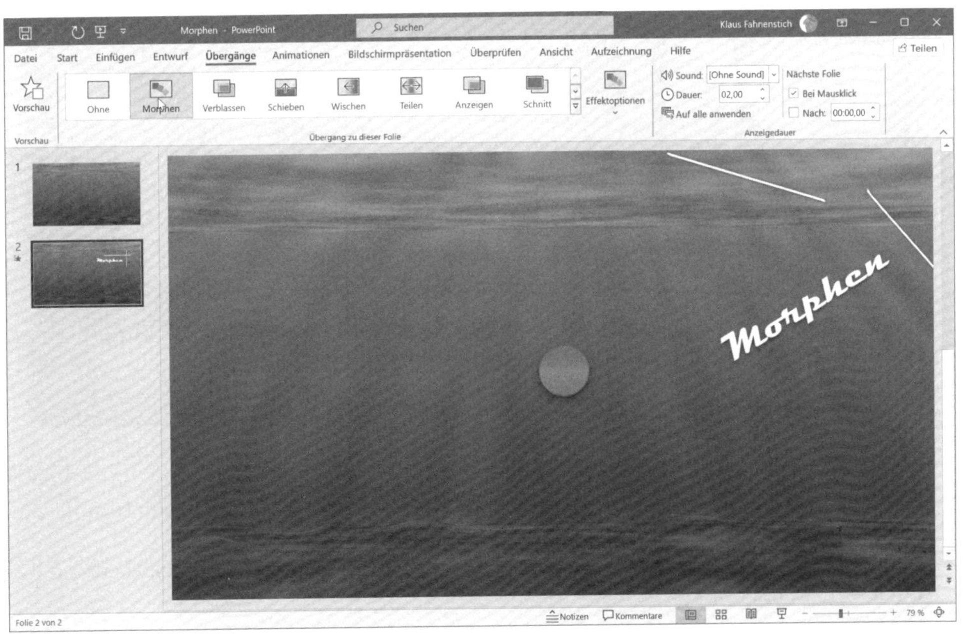

Abbildung 31.6: Die Vorschau des Folienübergangs Morphen

Wenn Sie die Möglichkeiten dieser Funktion noch weiter ausloten wollen, sollten Sie im Internet nach entsprechenden Videos suchen, von denen etwa auf YouTube eine reichliche Auswahl zu finden ist. Sehr gut haben uns z. B. die Tutorials von *One Skill* gefallen.

Die Zoom-Funktion

Eine weitere, spannende Neuerung ist die Zoom-Funktion, die mit PowerPoint 2019 eingeführt wurde. Sie ermöglicht eine völlig neue Art der Präsentation: Während die Folien bei einer traditionellen Präsentation in chronologischer Reihenfolge angezeigt werden, erlaubt Ihnen die Zoom-Funktion deutlich mehr Flexibilität beim Durchlaufen Ihrer Präsentation.

So lassen sich zum Beispiel von einer Folie aus »Abstecher« zu mehreren Detailfolien machen, die jeweils verschiedene Aspekte eines zentralen Themas behandeln. Falls Sie dann während Ihres Vortrags merken, dass eine der Detailfolien aktuell nicht benötigt wird und den Fluss Ihres Vortrags nur unnötig stören würde, können Sie diese Folie für den Zuschauer völlig unbemerkt überspringen bzw. auslassen.

Um die Handhabung dieser Funktion zu erläutern, haben wir ein kleines Beispiel vorbereitet, an dem Sie die grundlegenden Schritte beim Einsatz der Zoom-Funktion üben können:

1. Öffnen Sie die Übungsdatei *Zoom*, in der sich drei Folien befinden. Die erste Folie soll dabei als Hauptfolie dienen, von der aus die beiden anderen Folien aufgerufen werden können. (Die fertige Präsentation finden Sie in der Datei *Zoom, fertig.*)

Abbildung 31.7: Von dieser Folie aus wollen wir in die zweite und die dritte Folie zoomen können.

2. Zeigen Sie die erste Folie der Präsentation an und wechseln Sie im Menüband auf die Registerkarte *Einfügen.*
3. Klicken Sie in der Gruppe *Links* auf die Schaltfläche *Zoom* und wählen Sie in ihrem Menü den Befehl *Folienzoom* (siehe Abbildung oben). PowerPoint zeigt dann ein Fenster an, aus dem Sie eine oder mehre Folien auswählen können.

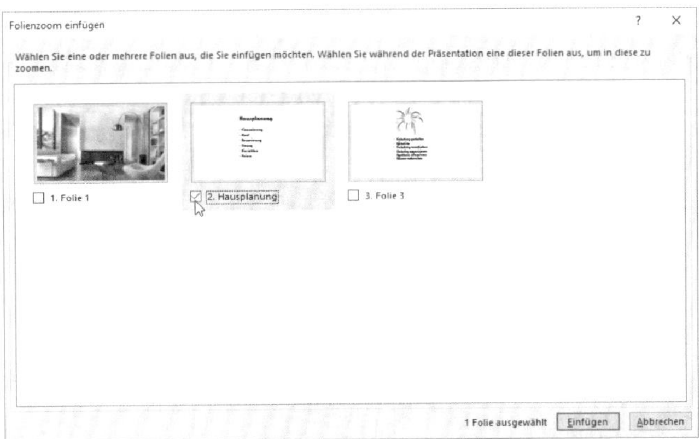

Abbildung 31.8: Auswahl der Folie(n), in die gezoomt werden soll

4. Wählen Sie die zweite Folie aus und klicken Sie auf *Einfügen*. PowerPoint platziert dann auf der ersten Folie eine Miniaturansicht der zweiten Folie.

Abbildung 31.9: Miniaturansicht der zu zoomenden Folie

5. Um das Vorschaubild der zweiten Folie besser in die Folie zu integrieren, wollen wir seinen Hintergrund transparent machen. Klicken Sie es dazu mit der rechten Maustaste an und schalten Sie im Kontextmenü den Befehl *Zoomhintergrund* ein.
6. Anschließend vergrößern Sie das Vorschaubild noch etwas und verschieben es dann so auf der Folie, dass der Eindruck entsteht, die Folie würde auf die Zimmerwand projiziert.

Abbildung 31.10: Die zweite Folie ist nun perfekt in das Bild integriert.

7. Im letzten Schritt müssen Sie PowerPoint noch mitteilen, dass Sie nach dem Hineinzoomen in die zweite Folie wieder zur Ausgangsfolie zurückkehren möchten. Markieren Sie dazu (auf der ersten Folie) das Vorschaubild der zweiten Folie und schalten Sie auf der Registerkarte *Zoom* (bzw. *Zoomtools/Format*) die Option *Zurück zum Zoom* ein. Die Option befindet sich ganz links auf der Registerkarte.
8. Starten Sie nun die Präsentation und klicken Sie auf das Vorschaubild der zweiten Folie. PowerPoint zoomt dann in die Folie hinein, sodass ihr Inhalt bildschirmfüllend angezeigt wird. Falls Ihre Folie Animationen enthält (siehe nächster Abschnitt) können sie in der Zoom-Ansicht wie gewohnt bedient bzw. ausgelöst werden.

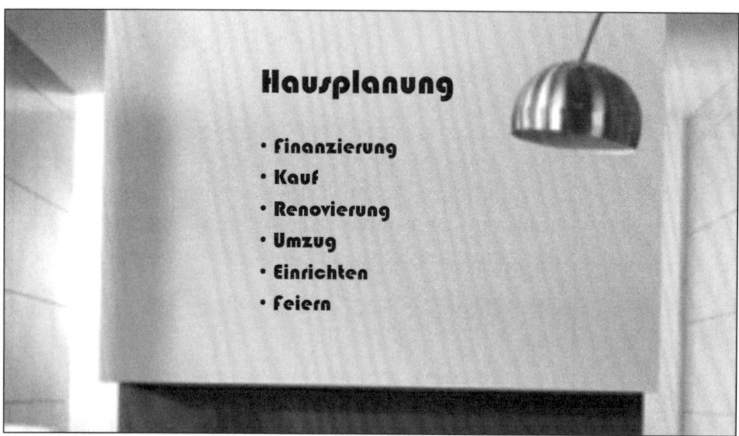

Abbildung 31.11: PowerPoint hat die zweite Folie durch Zoomen in den Vordergrund geholt.

9. Mit einem zweiten Mausklick gelangen Sie wieder zur Ausgangssituation zurück.

In der endgültigen Fassung dieser Übungsdatei haben wir den Zoom-Link für die dritte Folie rechts im Regal auf einem Buch platziert. Beachten Sie, dass wir das Cover des Originalbuchs mit einer Freihandform abgedeckt haben, deren Füllfarbe wir mithilfe der Pipette (im Ausklappmenü der Schaltfläche *Fülleffekt)* dem Hintergrund angepasst haben.

Animationen

Mit PowerPoint können Sie jedoch nicht nur die Art und Weise beeinflussen, wie eine Folie als Ganzes eingeblendet wird. Es ist auch möglich, den Inhalten der Folie, also zum Beispiel den einzelnen Texten und Grafiken, individuelle Effekte zuzuweisen. Sie haben sicher schon einmal eine PowerPoint-Präsentation gesehen, bei der die Spiegelpunkte einer Aufzählung vom Vortragenden per Mausklick »eingeflogen« wurden.

Animationen sind jedoch nicht auf das Erscheinen eines Objekts beschränkt, sondern können auch zu anderen Gelegenheiten ausgelöst werden:

- Die Eingangsanimation, mit der ein Objekt auf der Folie erscheint
- Die Hervorhebung eines Objekts zu einem späteren Zeitpunkt (z. B. wenn der Punkt im Vortrag konkret angesprochen wird)
- Das animierte Entfernen eines Objekts von einer Folie
- Das Bewegen eines Objekts entlang eines vordefinierten Animationspfades.

Anspruchsvolle animierte Bildschirmpräsentationen zu erstellen, gehört zu den fortgeschritteneren Techniken in PowerPoint. Um dieses Vorhaben zu erleichtern, unterscheidet PowerPoint zwischen »normalen« und »erweiterten« Animationen:

- Normale Animationen bestehen aus einem einzigen Effekt und werden durch einige wenige Grundeinstellungen konfiguriert.
- Erweiterte Animationen bestehen in der Regel aus mehreren Effekten, deren Zusammenspiel Sie bis ins kleinste Detail steuern können.

Im weiteren Verlauf dieses Kapitel werden wir Sie Schritt für Schritt in die Thematik einführen und dabei die Komplexität der Beispiele nach und nach steigern.

Einzelne Objekte animieren

Wir beginnen mit einer einfachen Eingangsanimation, bei der der Folientitel von oben eingeflogen werden soll.

1. Zeigen Sie die gewünschte Folie an. Die Folie sollte einen Titel und einen mit mehreren Absätzen ausgefüllten Textplatzhalter besitzen.
2. Markieren Sie den Folientitel.
3. Wechseln Sie auf die Registerkarte *Animationen* und öffnen Sie in der Gruppe *Animation* die Liste der Effekte. Die Effekte dieser Liste sind in die vier Gruppen *Eingang, Hervorhebung* (früher *Betont*), *Ausgang* und *Animationspfade* unterteilt, die wir weiter oben bereits erwähnt haben.

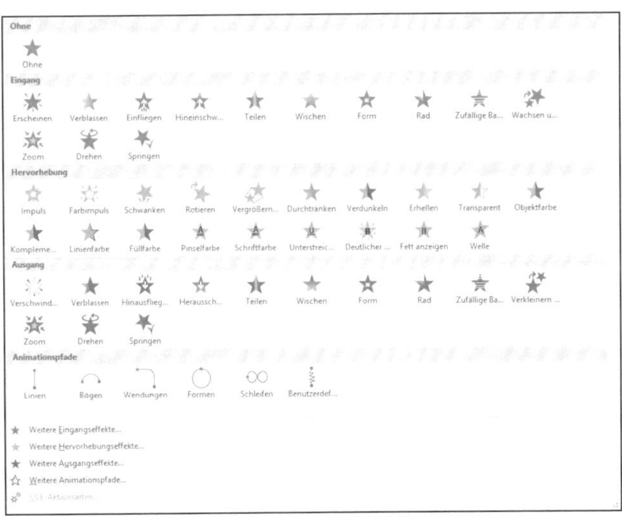

Abbildung 31.12: PowerPoint kennt vier verschiedene Typen von Animationseffekten.

4. Bei diesen Effekten handelt es sich jedoch lediglich um eine Vorauswahl! Um alle Effekte einer Gruppe zu sehen, müssen Sie unten im Menü den entsprechenden *Weitere*-Befehl aufrufen.

PowerPoint

Abbildung 31.13: Die vollständige Liste der Eingangseffekte

5. Wählen Sie den Effekt *Einfliegen.* (Sie finden ihn oben in der Liste.)
6. Öffnen Sie nun die Liste *Effektoptionen* (siehe nächste Abbildung) und legen Sie fest, dass der Titel von oben nach unten bewegt werden soll.

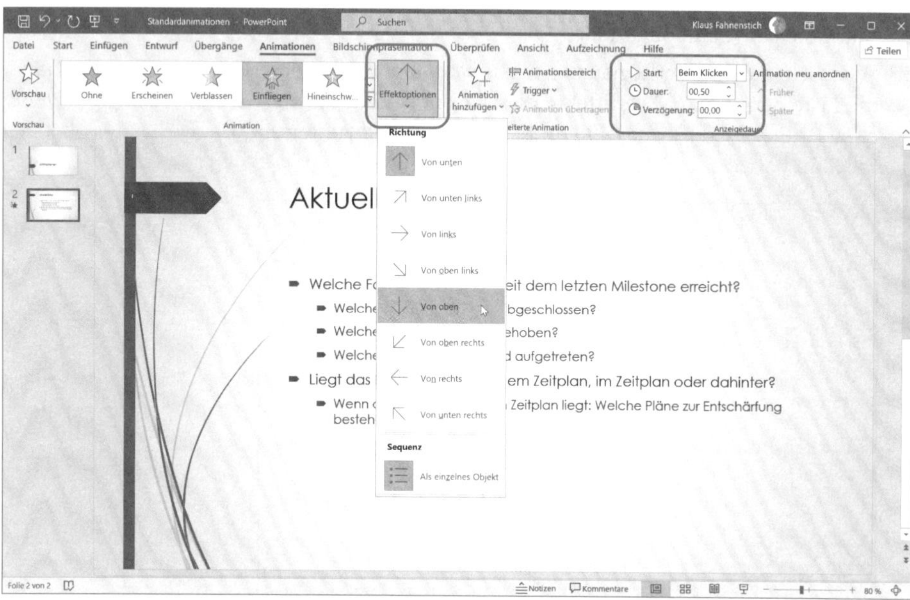

Abbildung 31.14: Einstellen von Effektoptionen, Dauer und Startverhalten

7. Wenn Sie die Geschwindigkeit der Bewegung ändern möchten, ändern Sie auf der Registerkarte *Animationen* den Wert des Feldes *Dauer.*
8. Jetzt muss nur noch die Frage geklärt werden, wann bzw. wodurch der Effekt ausgelöst werden soll. Normalerweise werden Effekte durch einen Mausklick gestartet. In unserem Fall ist es jedoch sinnvoller, dass der Effekt zeitgleich mit dem Anzeigen der Folie beginnt. Dies erreichen Sie, indem Sie im Feld *Start* den Eintrag *Mit Vorherigen* auswählen.
9. Testen Sie die Effekte auf jeden Fall, indem Sie die Bildschirmpräsentation starten, da die Vorschaufunktion (die erste Schaltfläche der Registerkarte *Animationen)* nicht berücksichtigt, dass die einzelnen Animationen per Mausklick ausgelöst werden müssen.

Mehrere Objekte auf einer Folie animieren

Im nächsten Schritt soll nun ein zweites Objekt auf der Folie animiert werden. In diesem Beispiel werden Sie weitere Effektoptionen kennenlernen und erfahren, wie Sie die Ablauffolge der einzelnen Animationen erkennen können.

1. Markieren Sie den Textplatzhalter auf der Folie.
2. Weisen Sie ihm den Eingangseffekt *Zoom* zu.
3. Wenn Sie das Menü der Schaltfläche *Effektoptionen* öffnen, werden Sie feststellen, dass die Liste nun völlig anders aussieht als beim ersten Beispiel. Dies liegt nicht nur an dem unterschiedlichen Effekt, sondern hängt auch damit zusammen, dass der Textplatzhalter mehrere Absätze enthält.
4. Leider gibt es in PowerPoint keine Livevorschau für diesen Befehl mehr, sodass Sie die Optionen der Reihe nach zuweisen müssen, um ihre Wirkung auf der Folie beobachten zu können. Beachten Sie vor allem die drei verschiedenen Sequenztypen. Wählen Sie anschließend die Option *Nach Absatz*.

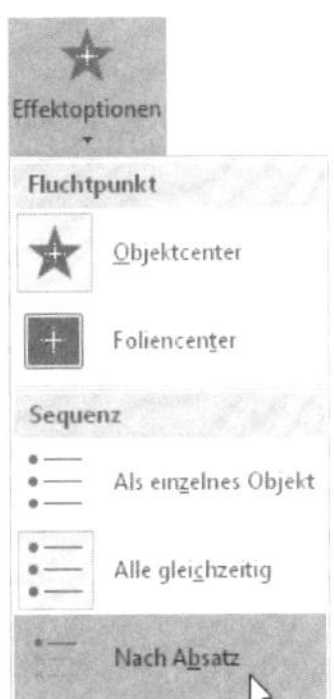

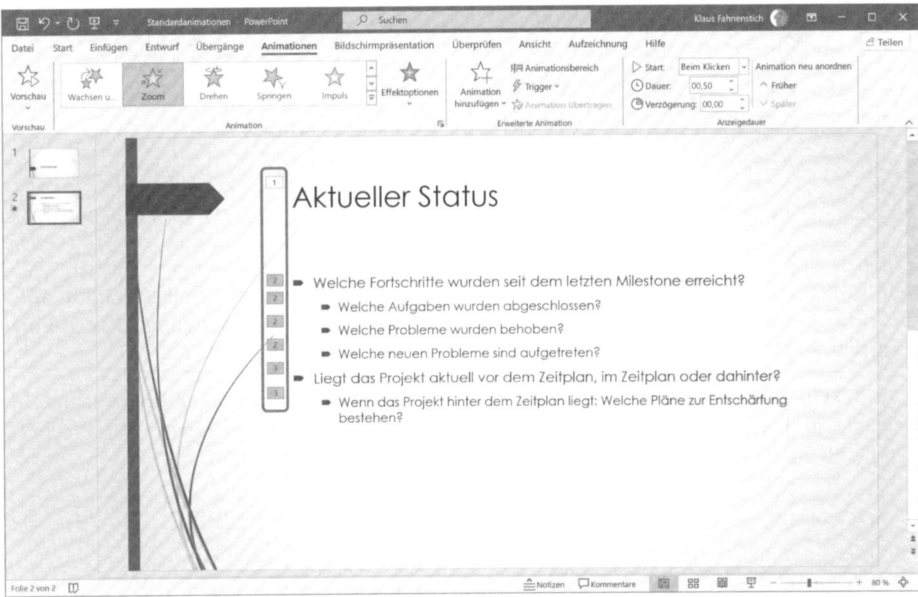

Abbildung 31.15: Anhand der Nummern lässt sich die Ablauffolge ablesen.

Sie sehen nun, dass die einzelnen Absätze der Folie mit Nummern versehen sind. Anhand dieser Zahlen lässt sich erkennen, dass der Titel sofort (also ohne extra Mausklick) erscheint und die anderen Absätze nach dem ersten bzw. zweiten Mausklick auftauchen werden.

PowerPoint

Der Aufgabenbereich für Animationen

Die volle Kontrolle über den Ablauf der verschiedenen Effekte erhalten Sie in einem speziellen Aufgabenbereich, in dem Sie die Verkettung der Effekte analysieren und ändern können. Um ihn einzublenden, klicken Sie in der Registerkarte *Animationen* auf *Animationsbereich*.

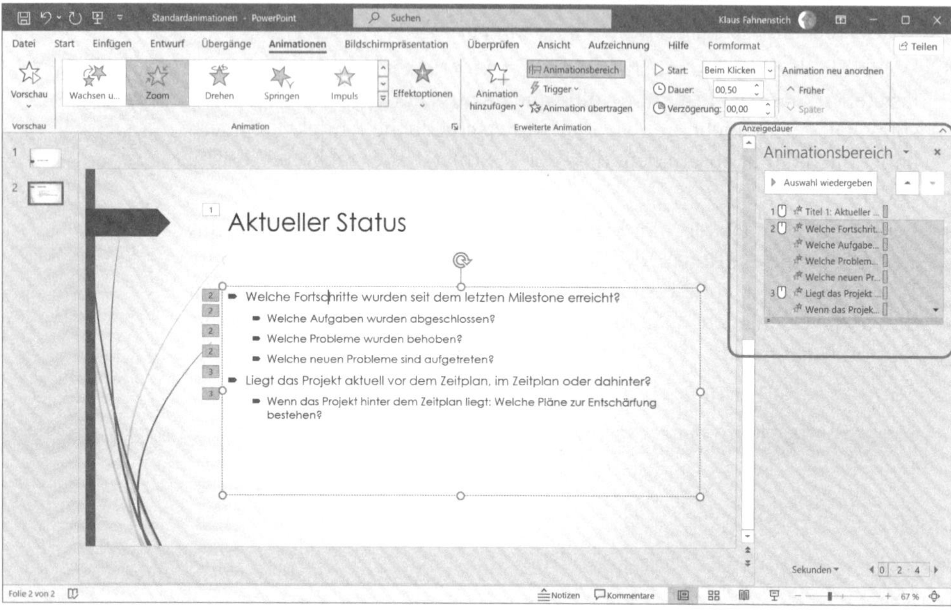

Abbildung 31.16: Im Animationsbereich lassen sich die zeitlichen Abläufe der Effekte manipulieren.

Wir wollen nun das letzte Beispiel dahingehend erweitern, dass die Spiegelpunkte automatisch eingeblendet werden und zusätzlich die eingerückten Absätze mit einer kleinen Verzögerung starten.

1. Klicken Sie im Aufgabenbereich den mit »2« nummerierten Eintrag mit der rechten Maustaste an. Dadurch erscheint ein kleines Auswahlmenü (das Sie alternativ auch rechts über die kleine Pfeilschaltfläche aufklappen können).

Abbildung 31.17: Über das Auswahlmenü lassen sich die Effekte konfigurieren.

2. Wählen Sie im Menü den Befehl *Nach vorherigem beginnen.*
3. Verfahren Sie mit dem zweiten Spiegelpunkt (»Liegt das Projekt ...«) genauso. Anschließend können Sie im Aufgabenbereich die zeitliche Abfolge der Effekte gut erkennen.

Abbildung 31.18: Mit der Schaltfläche Sekunden können Sie die Zeitachse skalieren.

4. Um nun noch die eingerückten Spiegelpunkte mit einer kleinen Verzögerung einzublenden, klicken Sie die Einträge der Reihe nach an und stellen auf der Registerkarte *Animationen* die gewünschte Zeitverzögerung ein. Dabei können Sie im Aufgabenbereich sehen, wie sich dadurch die betreffenden Zeitrahmen verschieben.

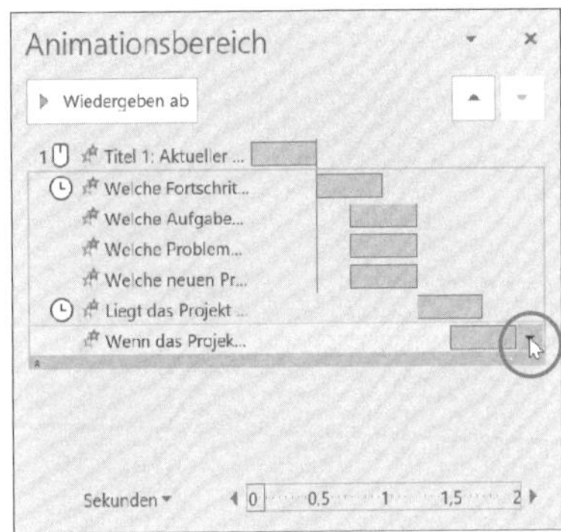

Abbildung 31.19: Die Effekte der untergeordneten Ebenen starten mit einer kurzen Verzögerung.

5. Wenn Sie einen Effekt mit einem Sound unterlegen wollen, wählen Sie im Menü des Effekts (siehe Markierung in Abbildung 31.19) den Befehl *Effektoptionen.* Dieser Befehl ruft ein Dialogfeld auf, in dem Sie die entsprechende Einstellung auf der Registerkarte *Effekt* vornehmen können.
6. Dort finden Sie auch die Option *Nach Animation,* mit der Sie steuern können, was mit dem animierten Objekt nach dem Ablauf der Animation geschehen soll. Sie haben hier folgende Möglichkeiten:
   - Sie können dem Objekt eine Farbe zuweisen.
   - Mit der Voreinstellung *Nicht abblenden* bleibt das Objekt unverändert.
   - Sie können das Objekt nach der Animation ausblenden lassen.
   - Sie können das Objekt durch den nächsten Mausklick ausblenden lassen.

Objekte mit mehreren Effekten belegen

Bei Bedarf können Sie einem Folienelement auch mehrere Effekte zuweisen. Auf diese Weise lässt sich zum Beispiel ein Element beim Anzeigen der Folie einfliegen und anschließend noch durch einen zweiten Effekt betonen.

Tipp Im Allgemeinen empfiehlt es sich, Animationen lieber sparsam einzusetzen. Wenn eine Präsentation überall zappelt, hüpft und blinkt, lenkt dies vom Inhalt eher ab, als dass es die Wirkung des Gesagten unterstützt, wie es doch eigentlich sein sollte.

Im folgenden Beispiel soll der Folientitel nach dem Einfliegen noch eine Wellenbewegung ausführen. Der Ausgangspunkt ist dabei das Beispiel aus dem letzten Abschnitt.

1. Markieren Sie den Folientitel.
2. Klicken Sie in der Registerkarte *Animationen* auf die Schaltfläche *Animation hinzufügen* und wählen Sie aus der Gruppe *Hervorhebung* den Effekt *Welle* aus. Der Aufgabenbereich *Animationsbereich* sollte anschließend wie in der folgenden Abbildung aussehen.

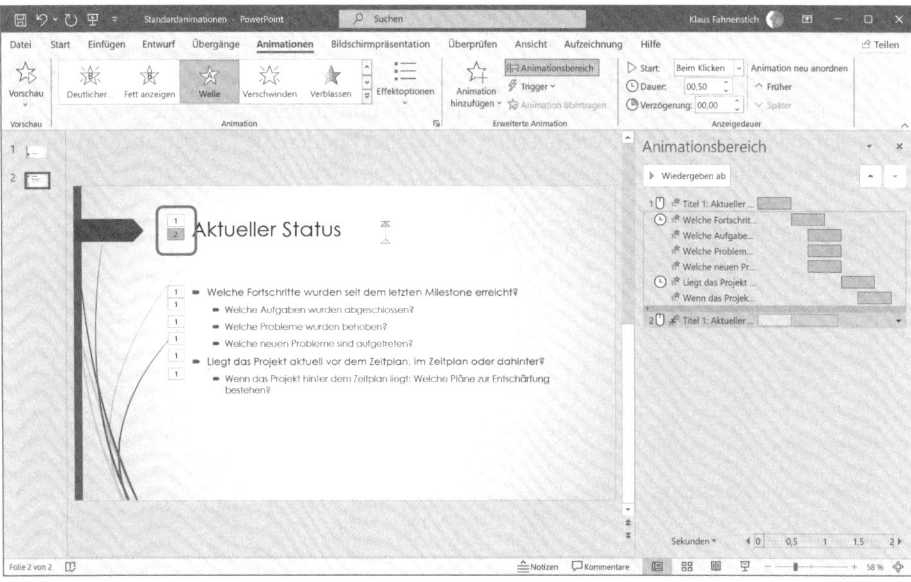

Abbildung 31.20: Der Folientitel besitzt nun zwei Effekte (siehe Markierung).

3. Jetzt muss der neue Effekt noch in die richtige zeitliche Reihenfolge gebracht werden. Ziehen Sie dazu im Aufgabenbereich den untersten Eintrag mit der Maus nach oben an die zweite Position.
4. Anschließend öffnen Sie das Menü des Eintrags und wählen dort den Befehl *Nach vorherigem beginnen.* Damit erreichen Sie, dass die Animation erst abgespielt wird, wenn die Eingangsanimation des Titels abgeschlossen ist.

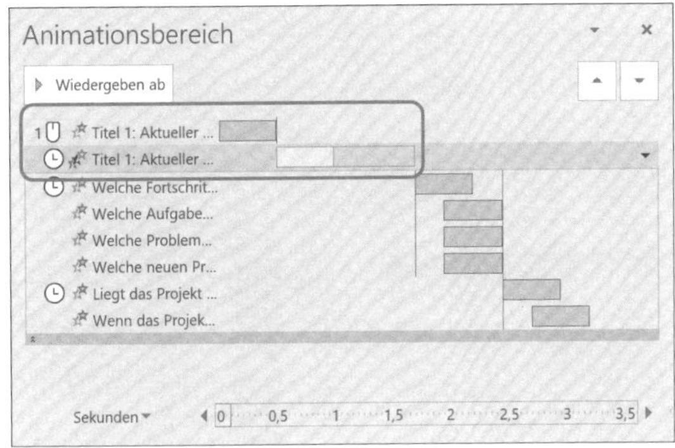

Abbildung 31.21: Die beiden Titelanimationen laufen direkt nacheinander ab.

Diagramme animieren

Für das Animieren von Diagrammen stehen Ihnen in PowerPoint zusätzliche Optionen zur Verfügung. Sie können ganz nach Wunsch Datenserien oder Kategorien nacheinander einblenden, sodass z.B. Säulendiagramme von unten nach oben wachsen oder Linien sich von links nach rechts entwickeln. So können Sie die Aussage Ihrer Diagramme durch die passende Animation noch verstärken.

1. Öffnen Sie die Übungsdatei *Diagramme animieren.* Die Präsentation enthält eine Folie, auf der sich ein Diagramm befindet. 
2. Markieren Sie das Diagramm und weisen Sie ihm einen geeigneten Effekt zu. In diesem Fall eignet sich zum Beispiel der Eingangseffekt *Einfliegen.*
3. Klicken Sie auf der Registerkarte *Animationen* auf die Schaltfläche *Effektoptionen.* Hier können Sie wie gewohnt die »Flugrichtung« und die Sequenz der Animation einstellen. Wählen Sie in diesem Fall die Richtung *Von unten* und die Sequenz *Nach Serien.*
4. Wenn Sie jetzt eine Vorschau der Animation anzeigen, werden Sie feststellen, dass nicht nur die Säulen des Diagramms animiert werden, sondern auch der Hintergrund des Diagramms. Dieses Verhalten wollen wir nun noch ändern.
5. Um das Animieren des Hintergrunds zu verhindern, müssen Sie lediglich die entsprechende Animation löschen. Klicken Sie dazu auf der Registerkarte *Animationen* auf die Schaltfläche *Animationsbereich*, um den gleichnamigen Aufgabenbereich anzuzeigen. In diesem Bereich sind alle Animationen der aktuellen Folie aufgeführt. Eventuell müssen Sie die Liste noch durch einen Klick auf den kleinen Doppelpfeil ausklappen.
6. Wenn Sie nun mit der Maus langsam über die Einträge fahren, zeigt PowerPoint in einem kleinen Fenster den Namen des zugehörigen Objekts an. Haben Sie den richtigen Eintrag gefunden (in diesem Fall ist es natürlich der erste) löschen Sie ihn, indem Sie ihn anklicken und die Taste `Entf` drücken.

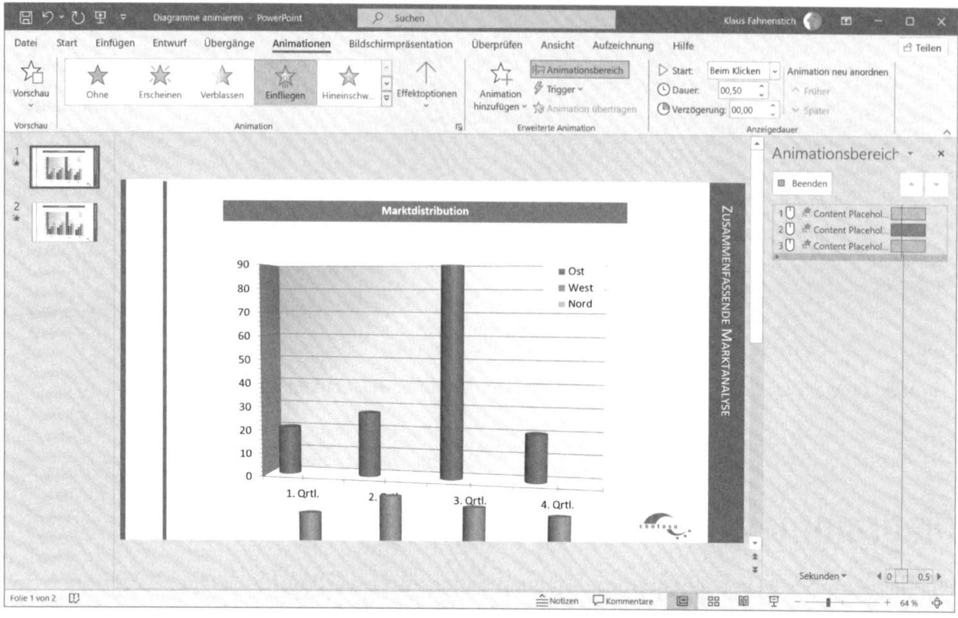

Abbildung 31.22: Die Säulen des Diagramms werden nun gebietsweise eingeblendet.

Animationspfade verwenden

Eine Besonderheit stellen Animationen entlang eines vorher definierten Pfads dar. Sie sind besonders geeignet, um Objekte die Position wechseln zu lassen, während eine Folie angezeigt wird.

1. Markieren Sie das zu animierende Objekt auf der Folie.
2. Wechseln Sie im Menüband auf die Registerkarte *Animationen* und öffnen Sie dort den Auswahlkatalog der Gruppe *Animationen.* Dort haben Sie in der Kategorie *Animationspfade* die Wahl zwischen einer Reihe vordefinierter Pfadrichtungen. Bei Bedarf erreichen Sie über den Befehl *Weitere Animationspfade* ein Dialogfeld, in dem Sie diverse Pfade vom einfachen Kreis oder Herz bis hin zu komplizierten Pfaden wie Spiralen oder einem Neutron vorfinden. In diesem Beispiel wollen wir uns mit einer einfachen Linie begnügen.
3. Der Verlauf des eingefügten Animationspfads wird zwischen einem grünen Punkt für den Beginn und einem roten Punkt für das Ende angezeigt (siehe folgende Abbildung).
4. Fassen Sie den Pfad mit der Maus, um ihn zu bewegen, oder ziehen Sie an den Anfassern, um seine Anfangs- und Endpunkte zu verschieben.
5. Testen Sie das Ergebnis mit einem Klick auf *Vorschau.*
6. Um die Richtung der Bewegung zu wechseln, klicken Sie den Animationspfad mit der rechten Maustaste an und wählen im Kontextmenü den Befehl *Pfadrichtung umkehren.*

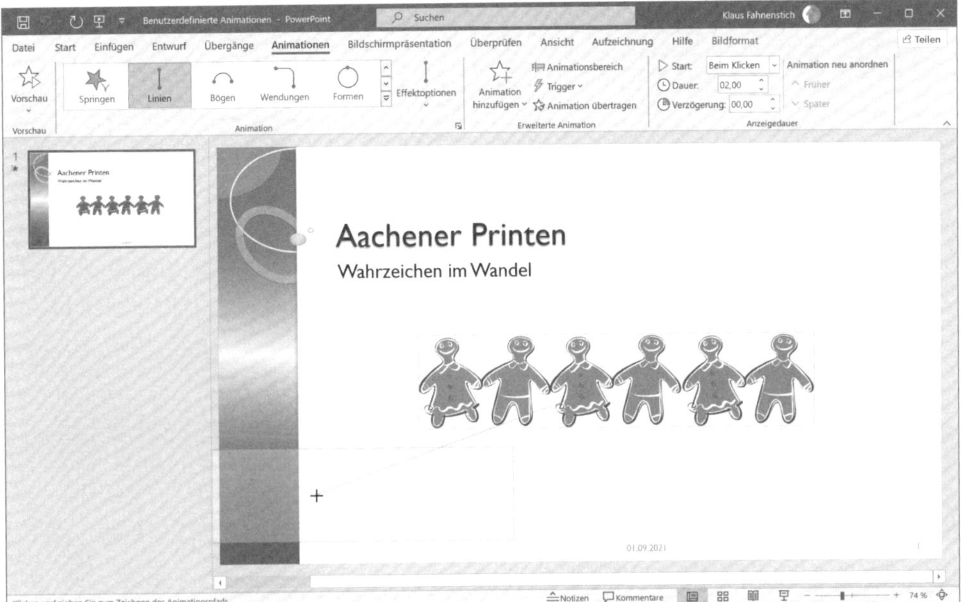

Abbildung 31.23: Verlaufspfad der Animation ändern

Das Ergebnis dieses Beispiels finden Sie in der Übungsdatei *Benutzerdefinierte Animationen* auf der ersten (und einzigen) Folie. Beachten Sie, dass Sie den Animationspfad nur dann sehen können, wenn die Registerkarte *Animationen* oder der Aufgabenbereich *Animationsbereich* sichtbar ist.

Kapitel 32

Präsentationen halten

In diesem Kapitel erfahren Sie, wie Sie Ihre fertige Präsentation vorführen. Wir zeigen Ihnen, welche Möglichkeiten Sie während der Präsentation haben, um zwischen den einzelnen Folien zu wechseln und wie Sie mit einem virtuellen Stift auf den Folien schreiben können.

Anschließend stellen wir Ihnen die so genannten *benutzerdefinierten* oder auch *zielgruppenorientierten* Präsentationen vor. Dabei handelt es sich um maßgeschneiderte Präsentationen, bei denen nur ein bestimmter Teil der Folien gezeigt wird. Auf diese Weise können Sie mehrere Fassungen einer Präsentation vorbereiten, die Sie dann passend zur aktuellen Situation bzw. dem anwesenden Publikum auswählen können.

Wenn Ihre Präsentation hingegen unbeaufsichtigt auf einem Rechner ablaufen soll – zum Beispiel auf einer Messe –, können Sie Ihre Folien mit interaktiven Schaltflächen ausstatten, die es dem Benutzer erlauben, sich innerhalb der Präsentation auf vorgegebenen Bahnen zu bewegen.

Vortragstechniken

Mit PowerPoint können Sie eine Präsentation auf unterschiedliche Arten vorführen. Je nachdem, welches technische Equipment Ihnen zur Verfügung steht und in welchem Rahmen die Präsentation stattfindet, bieten sich folgende Varianten an:

- Im einfachsten Fall führen Sie die Präsentation direkt auf Ihrem Computer vor, zum Beispiel, um sie mit ein oder zwei Kollegen kurz durchzusprechen. In diesem Fall sieht Ihr Publikum logischerweise exakt das Gleiche wie Sie. Diese Variante bietet sich natürlich auch für Online-Meetings über Microsoft Teams oder eines der diversen anderen Videokonferenzprogramme an.
- Wenn Sie Ihre Präsentation einem größeren Publikum vorführen, bietet sich die Referentenansicht von PowerPoint an. In diesem Modus werden die Folien auf einem zweiten Monitor oder über einen Beamer angezeigt, während auf Ihrem Bildschirm eine Art Kontrollzentrum läuft, das Ihnen zum Beispiel die Notizen zur aktuellen Folie zeigt und eine Vorschau auf die nächste Folie liefert. Diese Funktion erleichtert das Vortragen einer Präsentation enorm.

Wir werden Ihnen diese Techniken zunächst vorstellen und dann noch auf weiterführende Themen wie zielgruppenorientierte Präsentationen und interaktive Schaltflächen eingehen.

Präsentation am eigenen Monitor

Beim Erstellen Ihrer Folien haben Sie bestimmt schon gelegentlich eine Bildschirmpräsentation gestartet, um zum Beispiel einen Folienübergang zu begutachten. Im einfachsten Fall klicken Sie dazu in der Statusleiste auf die Schaltfläche *Bildschirmpräsentation*, die die Präsentation mit der aktuellen Folie startet. Um die Präsentation von Anfang an zu betrachten, müssen Sie bei diesem Verfahren also zunächst die erste Folie anzeigen.

Alternativ können Sie die Präsentation auch von der Registerkarte *Bildschirmpräsentation* starten. Dort finden Sie ganz links die beiden Schaltflächen *Von Beginn an* und *Ab aktueller Folie*.

Am schnellsten lässt sich eine Bildschirmpräsentation über die Tastatur starten:

- Drücken Sie F5, um die Präsentation mit der ersten Folie zu starten, oder
- drücken Sie ⇧+F5, damit die Präsentation mit der aktuellen Folie beginnt.

Zwischen den Folien wechseln

Um während einer Präsentation zur nächsten Folie zu wechseln, können Sie einfach die linke Maustaste drücken. Falls Ihre Folien Animationen enthalten (siehe Kapitel 31), löst das Drücken der Maustaste nicht zwangsweise einen Folienwechsel aus, sondern – falls vorhanden – die nächste Animation der Folie. Auf diese Weise können Sie sich ganz leicht Schritt für Schritt durch Ihre Präsentation bewegen.

Doch was machen Sie, wenn Sie auf die Frage eines Zuhörers reagieren und dazu eine Folie zurückblättern möchten? Nun in diesem Fall können Sie die integrierten Schaltflächen der Präsentation verwenden, die PowerPoint unten links auf den Folien einblendet.

Abbildung 32.1: Unten links auf dem Bildschirm blendet PowerPoint einige Navigationsschaltflächen ein, mit denen Sie die Präsentation steuern können.

In ihrer Normaldarstellung sind die Schaltflächen so blass, dass sie kaum wahrnehmbar sind. Erst wenn Sie mit dem Mauszeiger über die Schaltflächen fahren, treten sie etwas deutlicher hervor.

Die Bedeutung der einzelnen Schaltflächen können Sie der folgenden Tabelle entnehmen.

Schaltfläche	Wirkung
◁	Geht eine Folie bzw. ein Schritt (bei Animationen) zurück
▷	Geht eine Folie bzw. einen Schritt (bei Animationen) weiter
(Stift)	Zeigt das Menü zur Auswahl der Stiftfunktion an
(Folien)	Zeigt eine Übersicht aller Folien an
(Lupe)	Schaltet die Lupenfunktion ein und aus
ooo	Zeigt ein Menü mit Befehlen zur Steuerung der Präsentation an

Tabelle 32.1: Integrierte Navigationsschaltflächen für die Bildschirmpräsentation

Wollen Sie während einer Präsentation zu einer bestimmten Folie wechseln, gehen Sie so vor:

1. Klicken Sie unten links auf die vierte Schaltfläche. PowerPoint zeigt dann eine Vorschauliste aller Folien an, aus der Sie bequem die gewünschte Folie auswählen können (siehe Abbildung 32.2 auf der folgenden Seite).
2. Bei Bedarf können Sie die Größe der Vorschaubilder mit dem Regler unten rechts verändern, um die Anzahl der angezeigten Folien zu beeinflussen.
3. Falls Sie anschließend wieder zu der Folie zurückkehren möchten, die vor dem Wechsel zu sehen war, klicken Sie auf die rechte Navigationsschaltfläche und wählen im angezeigten Bildschirmmenü den Befehl *Zuletzt angesehen*.

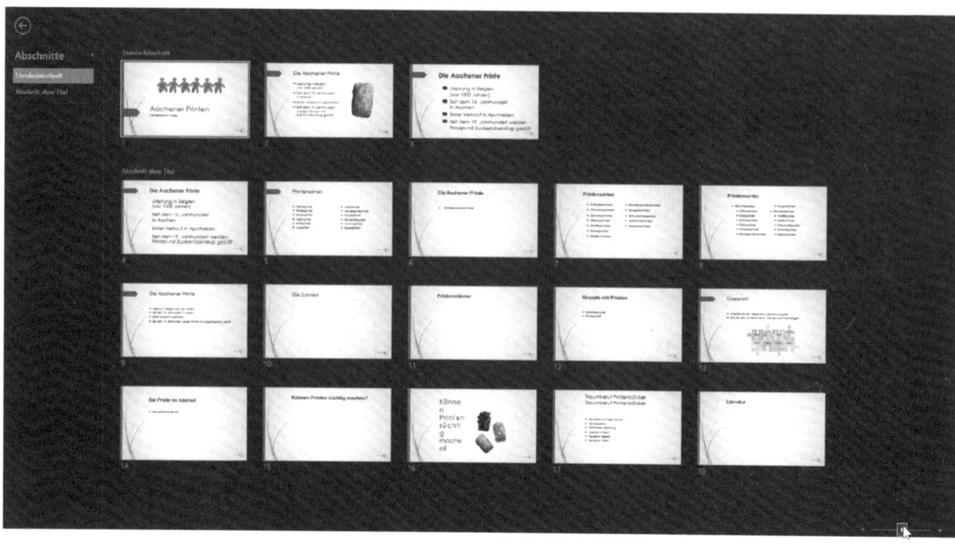

Abbildung 32.2: Liste mit Vorschaubildern aller Folien

Präsentation mit der Tastatur steuern

Die Bedienung der Präsentation mit der Maus ist in der Praxis oft unpraktisch. In der Regel werden Sie für Ihre Präsentation einen Laptop einsetzen und müssen dann stehend versuchen, mit dem Touchpad die Menübefehle anzusteuern. Wenn Sie dann etwas aufgeregt sind, haben Sie schnell den falschen Befehl erwischt oder versehentlich eine Folie weitergeschaltet.

Solche Missgeschicke können Sie vermeiden, wenn Sie die Shortcuts kennen, mit denen sich eine PowerPoint-Präsentation steuern lässt. Die wichtigsten Shortcuts haben wir für Sie in der folgenden Tabelle zusammengestellt; eine vollständige Liste erhalten Sie, wenn Sie während einer Bildschirmpräsentation F1 drücken oder im Popup-Menü den Befehl *Hilfe* aufrufen.

Schaltfläche	Wirkung
→	zur nächsten Folie/Animation
←	zur vorherigen Folie/Animation
Nummer + ↵	zur Folie mit der eingegebenen Nummer springen
B	Bildschirm schwarz schalten (ein/aus)
W	Bildschirm weiß schalten (ein/aus)
Strg + S	Dialogfeld zur Auswahl einer Folie anzeigen
Strg + T	Taskleiste einblenden
Esc	Präsentation abbrechen

Tabelle 32.2: Wichtige Shortcuts zur Steuerung einer Bildschirmpräsentation

Um zum Beispiel während des Vortrags eine bestimmte Folie ohne Verwendung der Maus anzuzeigen, gehen Sie folgendermaßen vor:

1. Drücken Sie [Strg]+[S]. PowerPoint zeigt dann ein Dialogfeld an, in dem alle Folien der aktuellen Präsentation aufgeführt sind.

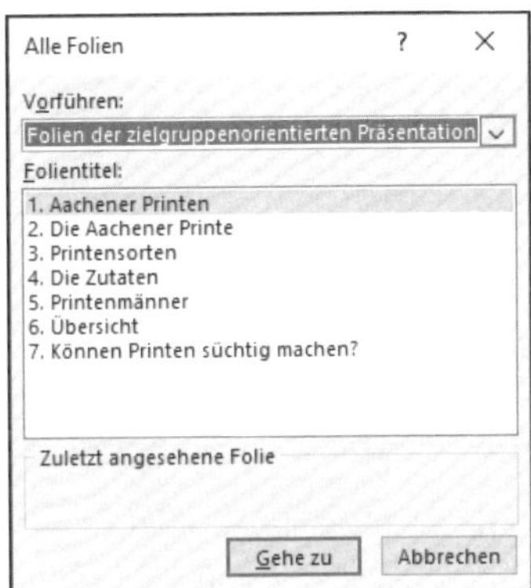

Abbildung 32.3: Mit diesem Dialogfeld können Sie direkt zu einer bestimmten Folie wechseln.

2. Falls Sie gerade eine zielgruppenorientierte Präsentation vorführen (nähere Hinweise dazu finden Sie ab Seite 583), können Sie oben im Dialogfeld wählen, ob nur die Folien der zielgruppenorientierten Präsentation oder alle in der Präsentation verfügbaren Folien angezeigt werden sollen. Auf diese Weise können Sie zu Folien wechseln, die Sie ursprünglich nicht zeigen wollten.
3. Wählen Sie die gewünschte Folie aus und drücken Sie die [↵]-Taste.

Die Referentenansicht

Um eine Präsentation im Referentenmodus anzuzeigen, muss Ihr Computer in der Lage sein, einen externen Monitor anzusteuern. Dies ist jedoch insbesondere bei Notebooks inzwischen eher die Regel als die Ausnahme. In der folgenden Beschreibung gehen wir davon aus, dass Sie die Präsentation mit einem entsprechend ausgestatteten Notebook vorführen.

1. Schließen Sie den Monitor bzw. Beamer an Ihr Notebook an.
2. Aktivieren Sie den externen Monitor, indem Sie die dafür vorgesehene Tastenkombination auf Ihrem Gerät drücken. Häufig finden Sie dazu auf der Tastatur eine spezielle Taste (z. B. [Fn]), die Sie in Kombination mit einer Funktionstaste drücken müssen. Stellen Sie den externen Monitor so ein, dass er Ihren Desktop erweitert (also nicht verdoppelt).
3. Öffnen Sie die Präsentation, zeigen Sie die Registerkarte *Bildschirmpräsentation* an und klicken Sie dort in der Gruppe *Einrichten* auf *Bildschirmpräsentation einrichten.*
4. Auf dem angezeigten Dialogfeld (siehe Abbildung 32.4 auf der folgenden Seite) können Sie unten rechts in der Gruppe *Mehrere Monitore* einstellen, auf welchem der Monitore die Präsentation angezeigt werden soll und welche Auflösung dazu benutzt wird. Außerdem muss dort die Option *Referentenansicht* eingeschaltet werden.

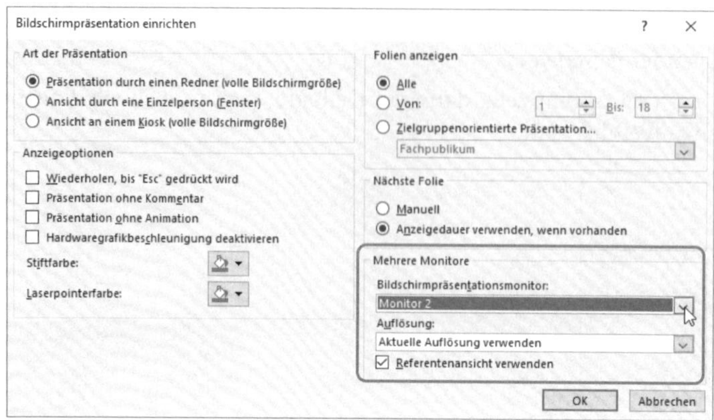

Abbildung 32.4: Bildschirmpräsentation für die Referentenansicht einrichten

5. Schließen Sie dann das Dialogfeld mit einem Klick auf *OK*.
6. Wenn Sie jetzt die Präsentation starten, erscheint auf dem externen Monitor die erste Folie der Präsentation im Vollbildmodus. Sie als Vortragender genießen hingegen einen vollständig anderen Blick auf die Präsentation:

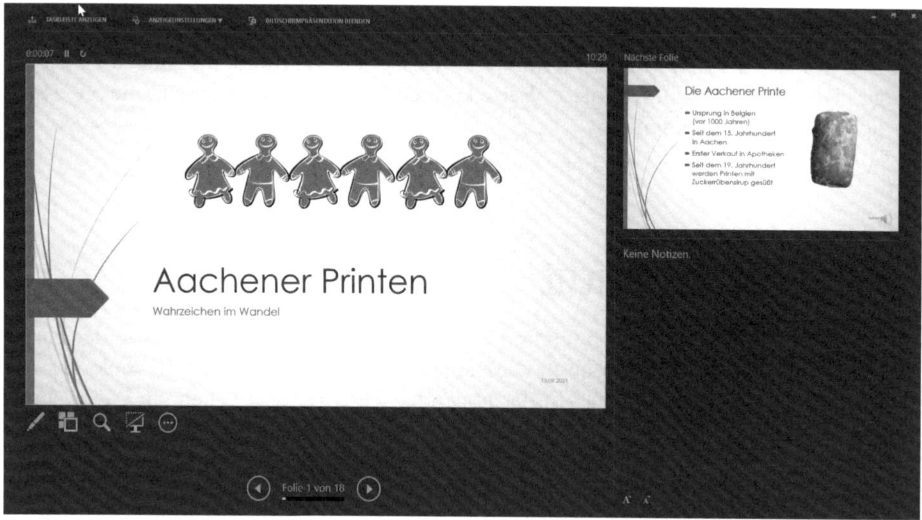

Abbildung 32.5: Das Kontrollzentrum der Referentenansicht

In dieser Ansicht stellt Ihnen PowerPoint diverse Funktionen und Informationen zur Verfügung, die Ihnen die Orientierung während Ihrer Präsentation enorm erleichtern:

- Eine Uhr, mit der Sie die Dauer Ihres Vortrags im Blick haben (oben links im Bild).
- Die aktuelle Folie, die Ihr Publikum momentan sieht.
- Eine Vorschau auf die nächste Folie. Wenn sich auf der aktuellen Folie Animationen befinden, z. B. wenn die Absätze einer Aufzählung einzeln per Mausklick angezeigt werden, sehen Sie hier den Zustand der Folie nach dem nächsten Mausklick. Sie können hier also gewissermaßen immer einen Klick weit in die Zukunft schauen.

- Die Notizen zur aktuellen Folie (sofern vorhanden).
- Wenn Sie in der Referentenansicht auf die Schaltfläche zur Anzeige der Folienübersicht klicken – das ist die zweite Schaltfläche unterhalb der aktuellen Folie – bemerkt der Zuschauer davon nichts. Sie können also bei Bedarf ohne Wissen des Zuschauers einzelne Folien überspringen oder bequem zu einer bereits gezeigten Folie zurückgehen.
- Auch das Menü der rechten Navigationsschaltfläche (der Kreis mit den drei Punkten) wird nur auf Ihrem Bildschirm angezeigt. Der Zuschauer wird also nicht unnötig von der Präsentation abgelenkt und kann sich auf die angezeigten Folien konzentrieren.
- Eine Fortschrittsanzeige, mit der Sie auf einen Blick sehen können, wie viele Folien Sie noch präsentieren müssen bzw. wollen.

Freihandlinien

Mit PowerPoint ist es auch möglich, während des Vortrags auf den Folien zu »schreiben«. Zur Auswahl stehen Ihnen dabei zwei Stifttypen:

- Stift
- Textmarker
- Außerdem können Sie noch einen »Laserpointer« nutzen, mit dem Sie Ihre Zuschauer auf eine bestimmte Stelle der Folie aufmerksam machen können. Dieses Werkzeug bietet sich zum Beispiel an, wenn Ihre Präsentation Diagramme oder Tabellen enthält. In der Praxis dürfte ein echter Laserpointer jedoch sinnvoller sein, da Sie dann mit Ihrem Publikum besser in Kontakt bleiben können und nicht ständig auf Ihren Bildschirm blicken.

Tipp Mittlerweile sind sogar Laserpointer mit integrierter Mausfunktion erhältlich. Mit diesen Geräten können Sie nicht nur einen Mausklick auslösen, sondern sogar den Mauszeiger bewegen, indem Sie den Pointer in die gewünschte Richtung schwenken. Wenn man eine ruhige Hand hat, funktioniert das sogar erstaunlich gut.

Natürlich gibt es auch einen Radierer, mit dem Sie Ihre Anmerkungen korrigieren bzw. entfernen können. Damit Ihre Markierungen bzw. Beschriftungen einigermaßen lesbar sind, sollten Sie auf jeden Fall ein Tablet oder ein Digitalisiertablett verwenden. Eine Maus oder gar das Touchpad Ihres Notebooks sind dafür nicht besonders gut geeignet.

1. Klicken Sie während der Präsentation unten links auf die Schaltfläche mit dem Stift. PowerPoint zeigt dann folgendes Popup-Menü auf dem Bildschirm an:

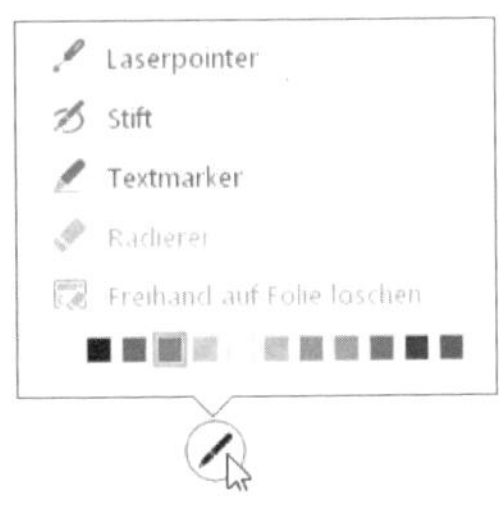

Abbildung 32.6: Einstellen von Stifttyp und -farbe

PowerPoint

2. Wählen Sie den Stifttyp aus, den Sie verwenden möchten. Zusätzlich können Sie sich unten in der Farbpalette für eine der angebotenen Farben entscheiden.
3. Nehmen Sie die gewünschte Beschriftung vor.
4. Wenn Sie den Radierer benötigen, drücken Sie den Shortcut Strg+E. Alternativ können Sie die Linien auch temporär mit Strg+M aus- und wieder einblenden.
5. Wenn Sie die Präsentation beenden, können Sie entscheiden, ob die Freihandlinien erhalten oder verworfen werden sollen.

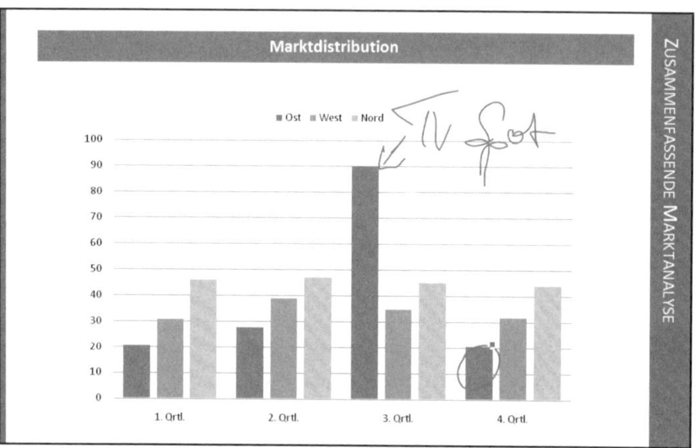

Abbildung 32.7: Folie mit Freihandlinien

Tipp

Einschalten des Laserpointers per Shortcut Wenn Sie den Laserpointer von PowerPoint nutzen wollen, ist seine Aktivierung über das Bildschirmmenü viel zu umständlich. Halten Sie stattdessen einfach Strg gedrückt, bevor (!) Sie die Maustaste drücken.

Folien ausblenden

Eine Folie, die während der Vorführung nicht gezeigt werden soll, die Sie jedoch auch nicht aus der Präsentation entfernen möchten, können Sie für die Bildschirmpräsentation ausblenden. Dazu stehen Ihnen mehrere Möglichkeiten zur Verfügung:

- Klicken Sie auf der Registerkarte *Bildschirmpräsentation* auf die Schaltfläche *Folie ausblenden*. Dies blendet die aktuelle Folie aus.
- Klicken Sie im Gliederungsbereich oder in der Foliensortierungsansicht die Folie mit der rechten Maustaste an und wählen im Kontextmenü den Befehl *Folie ausblenden*.

Eine ausgeblendete Folie erkennen Sie daran, dass im Gliederungsbereich bzw. in der Foliensortierungsansicht die Foliennummer durchgestrichen ist.

Um eine Folie wieder einzublenden, rufen Sie den Befehl *Folie ausblenden* erneut auf. Der Befehl funktioniert also wie ein Schalter.

Zielgruppenorientierte Präsentationen

Wenn Sie eine umfangreiche Präsentation erstellt haben, kommt es vielleicht vor, dass nicht alle Folien für jedes Publikum gleichermaßen interessant bzw. geeignet sind. Für solche Gelegenheiten bietet PowerPoint die Funktion an, aus einer Präsentation sogenannte *zielgruppenorientierte* Präsentationen zusammenzustellen, auf die Sie später bei verschiedenen Gelegenheiten zurückgreifen können.

Um eine zielgruppenorientierte Präsentation zu erstellen, gehen Sie folgendermaßen vor:

1. Öffnen Sie die Präsentation und zeigen Sie die Registerkarte *Bildschirmpräsentation* an.
2. Klicken Sie in der Gruppe *Bildschirmpräsentation starten* auf die Schaltfläche *Benutzerdefinierte Bildschirmpräsentation* und wählen Sie im Menü der Schaltfläche den Befehl *Zielgruppenorientierte Präsentationen*. PowerPoint zeigt dann folgendes Dialogfeld an:

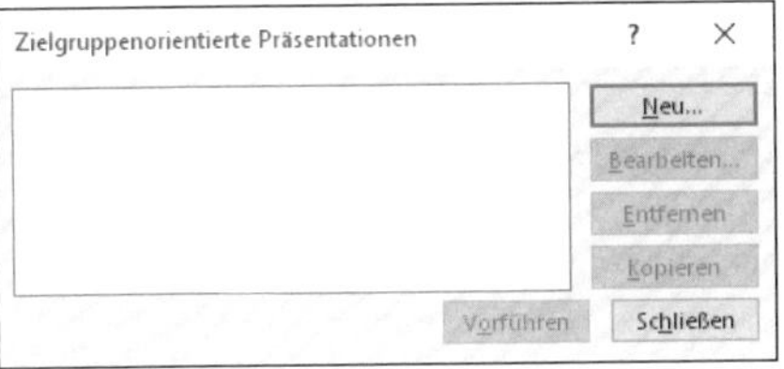

Abbildung 32.8: Es existiert noch keine benutzerdefinierte Präsentation.

3. Klicken Sie auf die Schaltfläche *Neu*. Es erscheint ein weiteres Dialogfeld auf dem Bildschirm, in dem Sie die Folien zusammenstellen können, aus denen die zielgruppenorientierte Präsentation bestehen soll.
4. Geben Sie in dem neuen Dialogfeld einen Namen für die Zielgruppe ein.

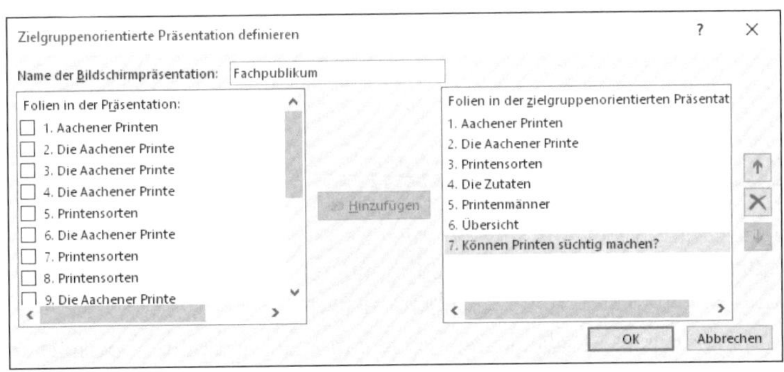

Abbildung 32.9: Hier legen Sie fest, welche Folien in die Präsentation aufgenommen werden sollen.

5. Markieren Sie links in der Liste eine oder mehrere Folien, die in der zielgruppenorientierten Präsentation enthalten sein sollen, und befördern Sie sie mit der Schaltfläche *Hinzufügen* in die rechte Liste.
6. Um die Reihenfolge der Folien in der Präsentation zu ändern, markieren Sie die gewünschten Folien und verschieben sie mit den Pfeilschaltflächen nach oben oder unten.

7. Wenn Sie fertig sind, schließen Sie das Dialogfeld mit *OK*. Sie gelangen wieder in das Dialogfeld *Zielgruppenorientierte Präsentationen,* in dem Sie weitere zielgruppenorientierte Präsentationen mit *Neu* hinzufügen oder vorhandene bearbeiten können.

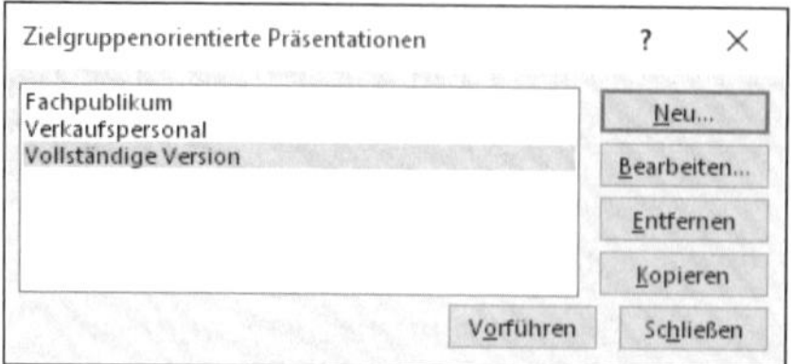

Abbildung 32.10: Sie können auch mehrere zielgruppenorientierte Präsentationen anlegen.

8. Mit *Schließen* kehren Sie in die Präsentation zurück.

Zielgruppenorientierte Präsentation vorführen

1. Klicken Sie auf der Registerkarte *Bildschirmpräsentation* auf die Schaltfläche *Benutzerdefinierte Bildschirmpräsentation.*
2. Wählen Sie die gewünschte Präsentation aus dem Menü der Schaltfläche aus.

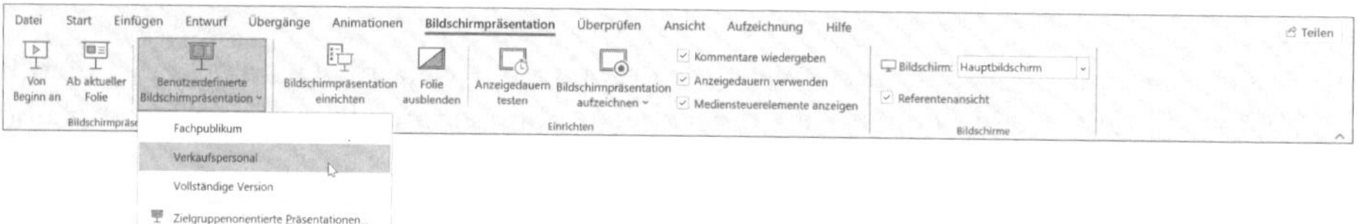

Abbildung 32.11: Auswahl einer benutzerdefinierten Präsentation

Bildschirmpräsentation einrichten

Für eine Bildschirmpräsentation, die durch eine Person vorgetragen wird, die dazu auch selbst den Beamer bedient, sind in der Regel keine besonderen Einstellungen notwendig. Es genügt, die Präsentation wie auf Seite 576 beschrieben, zu starten.

PowerPoint bietet aber noch weitere Möglichkeiten, Präsentationen vorzuführen; beispielsweise auf allein stehenden Rechnern auf Messen oder Veranstaltungen. Diese Präsentationen können entweder völlig eigenständig ablaufen oder über eingeschränkte Navigationsmöglichkeiten verfügen, mit denen sich ein Betrachter innerhalb der Präsentation bewegen kann.

Das Festlegen der gewünschten Rahmenbedingungen wird in PowerPoint als *Einrichten* der Bildschirmpräsentation bezeichnet. Dazu gehen Sie folgendermaßen vor:

1. Wechseln Sie auf die Registerkarte *Bildschirmpräsentation* und klicken Sie dort auf *Bildschirmpräsentation einrichten.* Es öffnet sich folgendes Fenster:

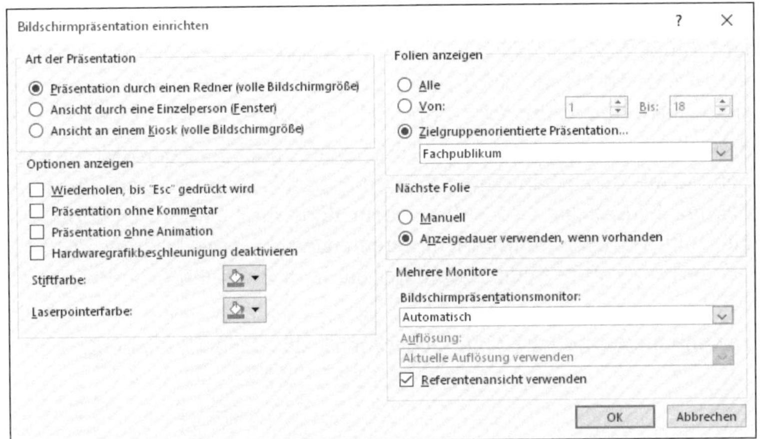

Abbildung 32.12: Konfigurieren der Bildschirmpräsentation

Sie können hier zwischen verschiedenen Arten der Präsentation auswählen:

- **Präsentation durch einen Redner (volle Bildschirmgröße)** Dies ist die häufigste Art, eine Präsentation vorzuführen. Bei dieser Option werden keine weiteren Einstellungen benötigt, optional kann eine Auswahl an Folien oder eine zielgruppenorientierte Präsentation voreingestellt werden.
- **Ansicht durch eine Einzelperson (Fenster)** Die Präsentation wird nicht unbedingt im Vollbildmodus abgespielt, sondern in dem Fenster, in dem zuvor PowerPoint angezeigt wurde. Die Steuerung erfolgt über das mit der rechten Maustaste zugängliche Kontextmenü oder die Tasten Bild↑ und Bild↓.
- **Ansicht an einem Kiosk (volle Bildschirmgröße)** Damit ist ein allein stehender Rechner gemeint, der z. B. auf Messen oder anderen Veranstaltungen frei zugänglich ist, sodass Besucher sich selbstständig informieren können. Oft sind hier weder Maus noch Tastatur vorhanden, sodass der Ablauf automatisiert werden muss. Achten Sie daher darauf, dass alle Animationen und Folienübergänge zeitgesteuert sind, sonst gibt es keine Möglichkeit, in der Präsentation weiterzublättern. Ausnahme: Wenn ein Touch-Monitor vorhanden ist, können damit interaktive Schaltflächen benutzt werden (siehe Abschnitt »Interaktive Schaltflächen« ab Seite 586).

2. Wählen Sie eine der drei Vorführungsarten aus.
3. In der Gruppe *Folien anzeigen* können Sie entscheiden, ob alle Folien der Präsentation angezeigt werden sollen oder nur eine bestimmte Gruppe. Falls Sie nur einen Teil der Folien anzeigen wollen, definieren Sie am besten eine zielgruppenorientierte Präsentation (siehe Abschnitt »Zielgruppenorientierte Präsentationen« ab Seite 583).
4. Legen Sie in der Gruppe *Optionen anzeigen* fest, ob während der Präsentation eventuell vorhandene Kommentare oder Animationen abgespielt werden.
5. Auch die Farbe des Stiftes (siehe Abschnitt »Freihandlinien« auf Seite 581) und des sogenannten Laserpointers können Sie hier voreinstellen. Der Laserpointer ist ein kleiner »Lichtfleck«, den Sie anstelle des Mauszeigers anzeigen können, indem Sie bei gedrückter Strg-Taste die linke Maustaste drücken. Dabei müssen Sie darauf achten, dass Sie erst Strg drücken und erst anschließend die Maustaste betätigen – andernfalls lösen Sie eine Animation oder einen Folienwechsel aus.

6. Wenn die Folien während der Präsentation automatisch gewechselt werden sollen, aktivieren Sie in der Gruppe *Nächste Folie* die Option *Anzeigedauer verwenden, wenn vorhanden.* In diesem Fall müssen Sie auf der Registerkarte *Übergänge* für jede Folie eine entsprechende Zeitangabe festlegen (in der Gruppe *Anzeigedauer).*
7. Falls Ihr Rechner die Verwendung von zwei (voneinander unabhängigen) Monitoren unterstützt, können Sie mit der so genannten *Referentenansicht* arbeiten. Legen Sie dann in der Gruppe *Mehrere Bildschirme* fest, auf welchem Bildschirm die Präsentation für das Publikum abläuft und welcher Monitor die Referentenansicht darstellt. Eine ausführliche Beschreibung zu diesem Feature finden Sie weiter vorne in Abschnitt »Die Referentenansicht« ab Seite 579.
8. Stellen Sie die gewünschte Auflösung ein und schließen Sie das Dialogfeld mit *OK.*

Interaktive Schaltflächen

Bei einer normalen Bildschirmpräsentation können Sie Ihre Präsentation entweder über einfache Mausklicks, mithilfe der integrierten Navigationsschaltflächen oder über das Kontextmenü steuern. Wenn die Präsentation jedoch selbstständig ablaufen soll, sollten Sie die Navigationsmöglichkeiten beschränken, damit sich ein Betrachter zwar noch innerhalb der Präsentation bewegen, aber keinen störenden Einfluss auf sie nehmen kann.

Zu diesem Zweck verwenden Sie interaktive Schaltflächen, die Sie mit den gewünschten Funktionen versehen. Im nächsten Beispiel statten wir eine leere Präsentation mit drei Schaltflächen aus, die folgende Navigation erlauben:

- Wechsel zur nächsten / vorherigen Folie
- Wechsel zur ersten Folie

Das Ergebnis dieses Beispiels finden Sie in der Übungsdatei *Schaltflächen.*

1. Erstellen Sie eine neue leere Präsentation und zeigen Sie den Folienmaster an (Registerkarte *Ansicht,* Schaltfläche *Folienmaster).* Indem wir die Schaltflächen auf dem Folienmaster platzieren, stehen sie später automatisch auf allen Folien der Präsentation zur Verfügung.
2. Wechseln Sie auf die Registerkarte *Einfügen* und klicken Sie in der Gruppe *Illustrationen* auf die Schaltfläche *Formen.* Die Formen für die interaktiven Schaltflächen befinden sich ganz unten im Ausklappmenü der Schaltfläche.

Abbildung 32.13: Die interaktiven Schaltflächen befinden sich unten im Menü der Schaltfläche Formen.

3. Klicken Sie die erste der Schaltflächen an und ziehen Sie dann ein Rechteck in der gewünschten Größe auf dem Folienmaster auf.

Abbildung 32.14: Aufziehen einer interaktiven Schaltfläche

4. Sobald Sie die Maustaste loslassen, erscheint das Dialogfeld *Aktionseinstellungen* auf dem Bildschirm. In ihm können Sie festlegen, welche Aktion ausgeführt werden soll, wenn der Benutzer die Schaltfläche anklickt.

   Die meisten der interaktiven Schaltflächen sind mit voreingestellten Aktionen verknüpft, die aus den Symbolen deutlich hervorgehen – so setzt z. B. die Schaltfläche mit dem kleinen Haus erwartungsgemäß einen Hyperlink auf die erste Folie. Im Dialogfeld *Aktionseinstellungen* ist die voreingestellte Aktion bereits ausgewählt – Sie können sie aber jederzeit ändern.

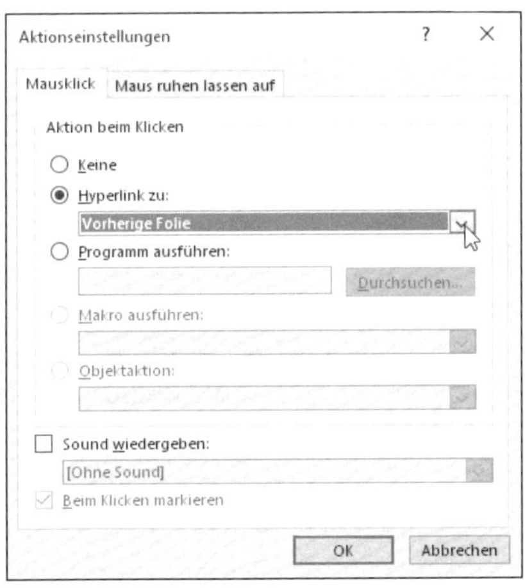

Abbildung 32.15: Auswahl der gewünschten Aktion

5. Wählen Sie aus der Auswahlliste *Hyperlink zu*, wohin bei einem Klick auf die Schaltfläche gewechselt werden soll. Zur Auswahl stehen die Folien der aktuellen Präsentation, andere Präsentationen oder auch beliebige Hyperlinks, die mit einer URL angegeben werden.

Weitere Aktionen neben dem Setzen von Hyperlinks sind:

- das Ausführen von Programmen
- das Ausführen von Makros
- Objektaktionen für eingefügte Objekte – z.B. erlaubt diese Funktion es, ein Excel-Objekt zu öffnen, um es zu bearbeiten
- das Abspielen von Sound.

6. Falls eine Aktion nicht durch Mausklick, sondern bereits durch Mausberührung ausgelöst werden soll, wechseln Sie auf die Registerkarte *Maus ruhen lassen auf* (früher *Mouseover*) und wählen die Aktion dort aus.
7. Fügen Sie auf die gleiche Art und Weise noch zwei Schaltflächen ein, mit denen Sie zur ersten bzw. zur nächsten Folie wechseln können. Anschließend sollte Ihr Folienmaster in etwa so aussehen, wie in der folgenden Abbildung.

Abbildung 32.16: Der Folienmaster enthält nun drei Schaltflächen.

Damit haben wir die gewünschte Funktionalität realisiert. Allerdings lässt das Aussehen der Schaltflächen noch etwas zu wünschen übrig. Wir werden daher in den nächsten Schritten die Größe der Schaltflächen vereinheitlichen und für eine ansprechende Optik sorgen.

8. Markieren Sie die drei Schaltflächen, indem Sie einen Rahmen um sie herum aufziehen oder sie bei gedrückter `Strg`-Taste einzeln anklicken. Achten Sie darauf, dass Sie wirklich nur die Schaltflächen und keinen der Platzhalter markieren.
9. Wechseln Sie auf die Registerkarte *Formformat* (bzw. *Zeichentools/Format*) und geben Sie dort in der Gruppe *Größe* die gewünschten Werte für die Höhe und die Breite der Schaltflächen ein.
10. Klicken Sie in der Gruppe *Anordnen* auf *Ausrichten* und wählen Sie im Menü den Befehl *Oben ausrichten*. Die Schaltflächen befinden sich nun alle auf gleicher Höhe.
11. Öffnen Sie erneut das Menü der Schaltfläche *Ausrichten* und wählen Sie nun den Befehl *Horizontal verteilen*. Dadurch erhalten die Schaltflächen einen gleichmäßigen Abstand.
12. Wenn Ihnen die Größe und Positionierung der Schaltflächen zusagt, sollten Sie sie zu einer Gruppe zusammenfassen, die Sie als Einheit auf der Folie bewegen können. Klicken Sie dazu in der Gruppe *Anordnen* auf *Gruppieren* und wählen Sie den Befehl *Gruppieren*.

Abbildung 32.17: Die Schaltflächen sind präzise ausgerichtet und zu einer Gruppe zusammengefasst.

13. Zum Schluss sollen die Schaltflächen noch etwas ansprechender gestaltet werden. Öffnen Sie dazu den Auswahlkatalog der Gruppe *Formenarten*.
14. Suchen Sie mithilfe der Livevorschau ein geeignetes Format aus und weisen es den drei Schaltflächen zu.

Eigene interaktive Schaltflächen verwenden

Falls die vordefinierten Schaltflächen nicht zu Ihrer Präsentation passen, können Sie auch eigene Schaltflächen erstellen. Sie können dazu jeder beliebigen Form oder auch einer eingefügten Grafik eine Aktion zuweisen.

1. Fügen Sie die gewünschte Grafik auf der Folie bzw. auf dem Folienmaster ein.
2. Markieren Sie sie und klicken Sie auf der Registerkarte *Einfügen* auf die Schaltfläche *Aktion*. Es erscheint das Dialogfeld aus Abbildung 32.15.
3. Wählen Sie die gewünschte Aktion aus und klicken Sie auf *OK*.
4. Wechseln Sie auf die Registerkarte *Format* und gestalten Sie das Objekt.

Abbildung 32.18: Auch Grafiken lassen sich zu Schaltflächen umfunktionieren.

Kapitel 33

Präsentationen veröffentlichen

In diesem Kapitel erfahren Sie zunächst, wie Sie Ihre Präsentationen vor unberechtigten Zugriffen bzw. Veränderungen schützen können. Anschließend zeigen wir Ihnen, wie Sie gewährleisten, dass Präsentationen, die Sie an Dritte weitergeben, keine versteckten privaten Informationen mehr enthalten. Im letzten Abschnitt dieses Kapitels lernen Sie dann, wie Sie eine fertige Präsentation zur Weitergabe vorbereiten.

Präsentationen schützen

Dem Wunsch, eine PowerPoint-Präsentation vor dem Zugriff durch andere Benutzer zu schützen, liegen in aller Regel zwei Motive zugrunde: Entweder sollen unberechtigte Benutzer erst gar keinen Zugriff auf die Daten der Präsentation erhalten oder die Präsentation soll vor Veränderungen durch nicht autorisierte Benutzer geschützt werden.

In diesem Abschnitt stellen wir Ihnen drei Verfahren zum Schutz Ihrer Präsentationen vor:

- Präsentation als final kennzeichnen
- Präsentation verschlüsseln
- Präsentation mit einem Schreibschutz versehen.

Präsentation als final kennzeichnen

Wenn Sie eine Präsentation als final kennzeichnen (in früheren Versionen von Office wurde der Vorgang als *abschließen* bezeichnet), deaktiviert PowerPoint alle Funktionen, mit denen eine Präsentation bearbeitet werden kann.

Da diese Eigenschaft jedoch nicht durch ein Kennwort abgesichert werden kann, handelt es sich dabei nicht um eine Schutzfunktion, sondern eher um eine Statusinformation. Sie dient also dazu, einem Anwender zu signalisieren, dass es sich um die endgültige Version der Präsentation handelt.

Um eine Präsentation als final zu kennzeichnen, nehmen Sie folgende Schritte vor:

1. Wechseln Sie in die Backstage-Ansicht und gehen Sie dort auf die Seite *Informationen.*
2. Klicken Sie hier auf die Schaltfläche *Präsentation schützen* und wählen Sie in ihrem Menü den Befehl *Als final kennzeichnen.*
3. Bestätigen Sie die nächste Meldung mit *OK.* Die Präsentation wird gespeichert und als final gekennzeichnet. Anschließend erscheint eine weitere Meldung mit Informationen über den neuen Status der Präsentation.

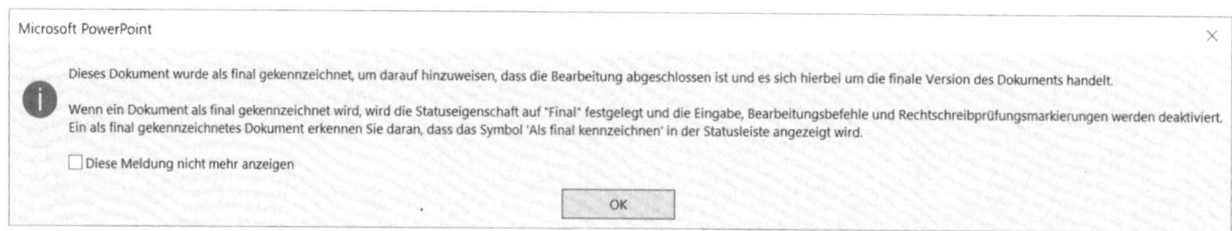

Abbildung 33.1: Die Präsentation ist als final gekennzeichnet.

4. Klicken Sie auf *OK,* um die Meldung zu schließen. Wenn Sie nicht möchten, dass diese Meldung in Zukunft erneut erscheint, schalten Sie vorher noch die Option *Diese Meldung nicht mehr anzeigen* ein.

Dass eine Präsentation als final gekennzeichnet ist, erkennen Sie an folgenden Merkmalen:

- Das Menüband ist minimiert und nahezu alle Befehle des Menübandes sind deaktiviert.
- Unterhalb des Menübands wird eine entsprechende Meldung angezeigt.
- In der Statusleiste taucht ein kleines Symbol auf.

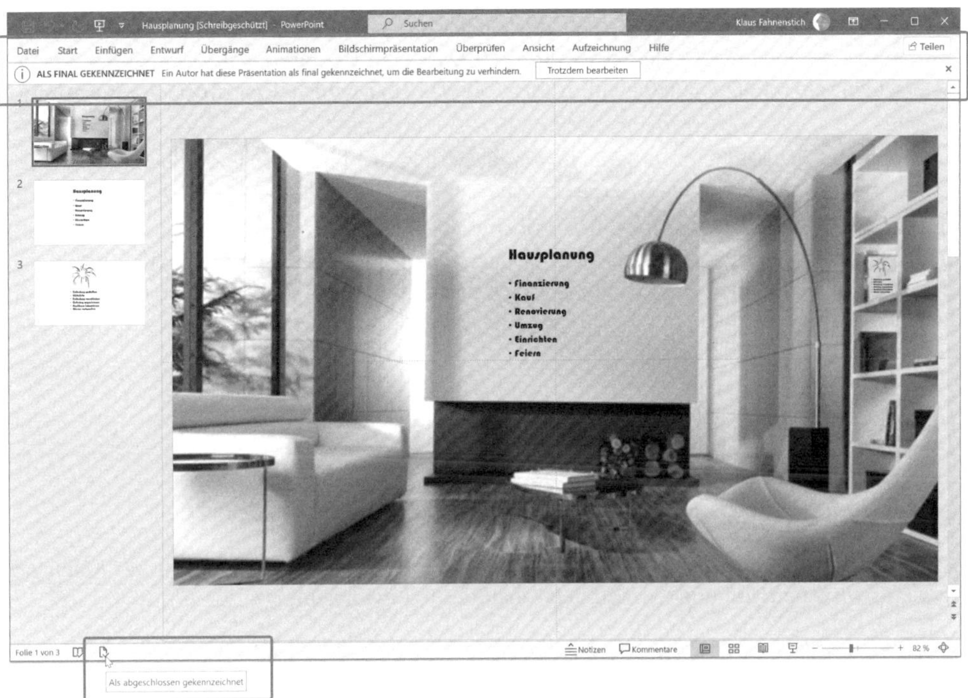

Abbildung 33.2: Als final gekennzeichnete Präsentationen können nicht mehr bearbeitet werden.

Um die Präsentation wieder bearbeiten zu können, klicken Sie entweder in der Meldung auf *Trotzdem bearbeiten* oder Sie rufen den Befehl zum Abschließen der Präsentation erneut auf.

Präsentation verschlüsseln

Die größtmögliche Sicherheit für Ihre Daten erhalten Sie, wenn Sie die Präsentation verschlüsseln. Um diesen Schutzmechanismus zu aktivieren, nehmen Sie folgende Schritte vor:

1. Wechseln Sie in der Backstage-Ansicht auf die Seite *Informationen*, klicken Sie auf *Präsentation schützen* und wählen Sie im Menü der Schaltfläche den Befehl *Mit Kennwort verschlüsseln.*
2. Es erscheint ein Dialogfeld, das Sie zur Eingabe eines Kennworts auffordert. Dieses Kennwort benötigen Sie, um die Präsentation später öffnen zu können.

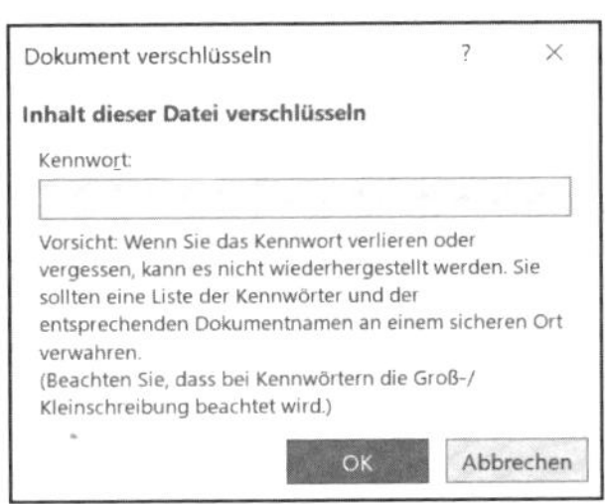

Abbildung 33.3: Kennworteingabe

3. Geben Sie ein Kennwort ein und klicken Sie auf *OK*. Beachten Sie bei der Wahl des Kennworts die Hinweise des Abschnitts »Hinweise zur Kennwortwahl« (auf Seite 595). Es erscheint ein weiteres Dialogfeld, in dem Sie das eingegebene Kennwort bestätigen müssen.
4. Tippen Sie das Kennwort erneut ein. Damit wird kontrolliert, ob Sie sich beim ersten Eingeben des Kennwortes nicht vertan haben.

Eine so gesicherte Präsentation kann nur noch von jemand geöffnet werden, der im Besitz des richtigen Kennwortes ist. (Das gilt auch für Sie persönlich – vergessen Sie Ihr Kennwort also nicht.) Zusätzlich bietet die Verschlüsselung einen weiteren Schutz gegen Datenspionage, da auch jemand, der die Datei mit einem Hex-Editor öffnet, keine lesbaren Inhalte vorfindet.

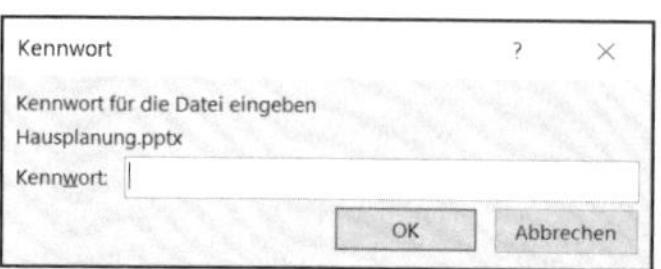

Abbildung 33.4: Öffnen einer verschlüsselten Präsentation

Wenn Sie die Verschlüsselung wieder aufheben möchten, rufen Sie den Befehl *Mit Kennwort verschlüsseln* erneut auf und löschen den Inhalt des Kennwortfeldes.

Präsentation mit einem Schreibschutz versehen

Wenn Sie zwar das Öffnen einer Präsentation ohne Kennwort zulassen wollen, jedoch andererseits verhindern möchten, dass jemand an der Präsentation Änderungen vornimmt, können Sie sie mit einem Schreibschutz versehen. Um diesen Schutzmechanismus zu aktivieren, ist es erforderlich, dass Sie das Dokument speichern:

1. Wechseln Sie in der Backstage-Ansicht auf die Seite *Speichern unter* und klicken Sie auf *Durchsuchen*. PowerPoint zeigt das dann Dialogfeld *Speichern unter* an.
2. Klicken Sie unten im Dialogfeld auf die Schaltfläche *Tools* und wählen Sie in deren Ausklappmenü den Befehl *Allgemeine Optionen*. Dadurch erscheint ein weiteres Dialogfeld.

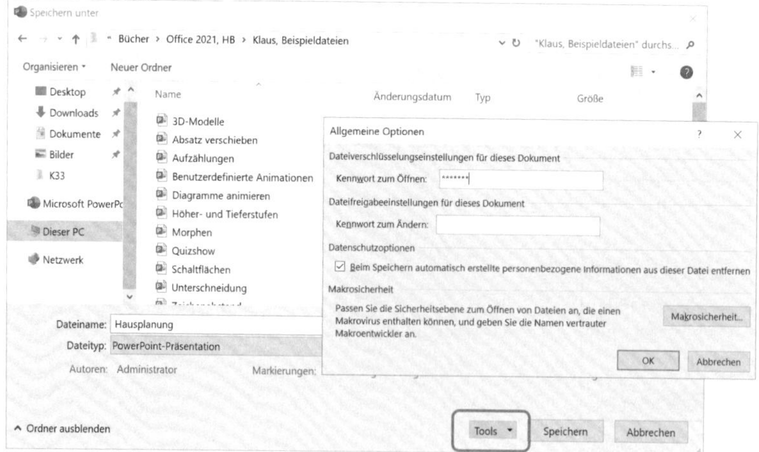

Abbildung 33.5: Präsentationen können mit einem Schreibschutz versehen werden.

Die Felder im Dialogfeld *Allgemeine Optionen* haben folgende Bedeutung:

- **Kennwort zum Öffnen** Eine Eingabe in diesem Feld hat die gleiche Wirkung wie der im letzten Abschnitt vorgestellte Befehl *Mit Kennwort verschlüsseln.*
- **Kennwort zum Ändern** Wenn Sie hier ein Kennwort eingeben, wird die Präsentation mit einem Schreibschutz versehen. Die Präsentation kann anschließend zwar ohne Kennwort geöffnet werden, jedoch nur im Schreibschutz-Modus. Benutzer, die die Präsentation ändern möchten, benötigen dazu das richtige Kennwort.
- **Datenschutzoptionen** Schalten Sie diese Option ein, wenn PowerPoint beim Speichern der Präsentation automatisch eventuell vorhandene persönliche Daten aus der Präsentation entfernen soll (siehe auch Abschnitt »Präsentation prüfen« auf Seite 596).

3. Nehmen Sie im Feld *Kennwort zum Ändern* eine Eingabe vor, um die Präsentation mit einem Schreibschutz zu versehen und klicken Sie auf *OK*.
4. Bestätigen Sie das Kennwort im nächsten Dialogfeld.
5. Klicken Sie auf *Speichern*, um den Vorgang abzuschließen.

Wenn Sie eine Präsentation öffnen wollen, die mit einem kennwortgeschützten Schreibschutz versehen ist, erscheint ein Fenster, mit dem Sie entweder den Schreibschutz per Kennworteingabe aufheben oder die Präsentation im schreibgeschützten Modus öffnen können.

Um den Schreibschutz wieder zu entfernen, rufen Sie das Dialogfeld *Allgemeine Optionen* erneut auf, löschen das Kennwort und speichern die Präsentation anschließend wieder.

Hinweise zur Kennwortwahl

Einige Schutzfunktionen müssen, andere können optional mit einem Kennwort gesichert werden. Bei der Wahl eines Kennworts sollten Sie folgende Punkte bedenken:

- PowerPoint berücksichtigt bei Kennwörtern die Groß- und Kleinschreibung. Die Kennwörter *Geheim* und *geheim* sind also verschieden.
- Apropos geheim: Vermeiden Sie Kennwörter, die leicht zu erraten sind. Dazu gehören z. B. Namen und Begriffe aus Ihrem privaten bzw. beruflichen Umfeld, Reiseziele etc. Auf der Liste der zehn international beliebtesten Kennwörter finden sich jedes Jahr – mit leichten Variationen – folgende Kandidaten: 123456, 123456789, 12345678, qwerty, 111111, 1234567890, 1234567, password, 123123, 987654321. Kein Wunder, dass so häufig E-Mail-Konten o.ä. »geknackt« werden.
- Ein gutes Kennwort sollte sich in keinem Lexikon finden lassen. Wie wäre es z. B. mit *DirdGwinnl* (»Die ich rief, die Geister, werd ich nun nicht los« aus dem Zauberlehrling)?
- Die Kennwortlänge ist wichtiger als dessen Komplexität. 8 Zeichen sind das Minimum.
- Verwenden Sie in Ihren Kennwörtern keine Umlaute oder Buchstaben mit Akzent, wenn es notwendig sein könnte, das Dokument auch auf einem Macintosh oder auf einem PC mit fremdländischer Tastatur (z. B. während eines Urlaubs) zu öffnen.
- Notieren Sie Ihre Kennwörter nach Möglichkeit nicht. Falls Sie es doch machen, dann legen Sie den Zettel bitte nicht unter die Tastatur und hängen Sie ihn auch nicht an die nächste Pinnwand! Verwenden Sie besser einen elektronischen »Password-Safe«.
- Gehen Sie nicht davon aus, dass Ihre Daten durch Vergeben eines Kennwortes hundertprozentig sicher sind. Bis jetzt ist noch jeder Kopierschutz früher oder später geknackt

worden. Allerdings muss man zur Ehrenrettung von Microsoft sagen, dass der Kennwortschutz gegenüber früheren Versionen von Office erheblich verbessert wurde.

- Auch wenn wir gerade gesagt haben, dass sich jeder Kopierschutz aushebeln lässt: Verlassen Sie sich nicht darauf! Wenn Sie wirklich einmal das Kennwort für eine Präsentation mit wichtigen Daten vergessen, würde es Sie mit Sicherheit Zeit und Geld kosten, um das Kennwort zu rekonstruieren (falls es dann im konkreten Einzelfall überhaupt möglich ist).

Präsentation prüfen

Durch das ständige Auftauchen immer neuer Viren hat das Thema Sicherheit in den letzten Jahren stark an Bedeutung gewonnen. Ein Aspekt, der dabei von vielen Anwendern oft übersehen wird, sind die vielen versteckten Informationen, die man durch das Versenden eines Office-Dokumentes ungewollt aus der Hand gibt. Zu diesen – als Metadaten bezeichneten – Informationen, gehören zum Beispiel die Namen der Personen, die das Dokument bearbeitet haben. Oft lassen sich sogar mit geeigneten Programmen noch gelöschte Texte finden.

Microsoft hat auf diese Problematik reagiert und in Office 2007 den sogenannten *Dokumentinspektor* eingeführt. Seit Office 2016 nennt sich diese Funktion etwas schlichter *Dokumentprüfung*. Dieses Tool durchsucht ein Dokument nach Metadaten sowie nach persönlichen Informationen und kann sie auf Wunsch entfernen. Wenn Sie planen, eine Präsentation weiterzugeben, sollten Sie dieses Tool auf jeden Fall anwenden.

1. Klicken Sie auf *Datei,* um in die Backstage-Ansicht zu gelangen und zeigen Sie dort die Seite *Informationen* an.
2. Betätigen Sie die Schaltfläche *Auf Probleme überprüfen* und wählen Sie in ihrem Menü den Befehl *Dokument prüfen*. PowerPoint zeigt das folgende Dialogfeld an.

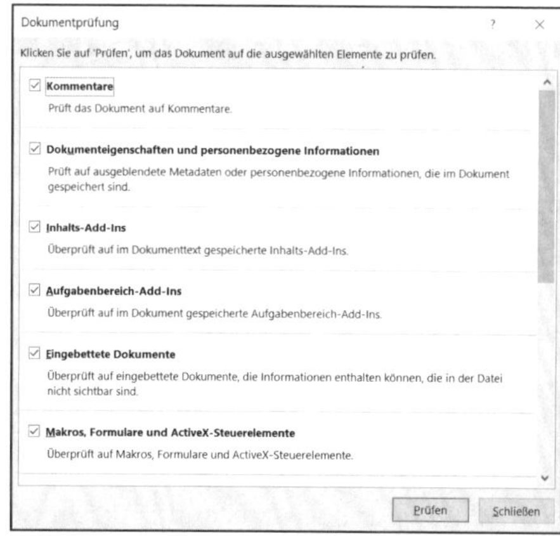

Abbildung 33.6: Die Dokumentprüfung

Wie Sie sehen, lässt sich der Umfang der Prüfung detailliert konfigurieren. Wie hoch Ihr Sicherheitsbedürfnis ist, müssen Sie letztendlich selbst einschätzen. Vielen Anwendern genügt es vielleicht schon, wenn ihre persönlichen Daten wie Name und Adresse aus den Dokumenten entfernt werden. Andere hingegen achten mit Argusaugen darauf, dass Dritte keinerlei persönliche Daten (wie z.B. Foliennotizen) erhalten.

3. Wählen Sie die zu untersuchenden Bereiche der Präsentation aus und klicken Sie auf *Prüfen,* damit PowerPoint Ihre Präsentation analysiert.

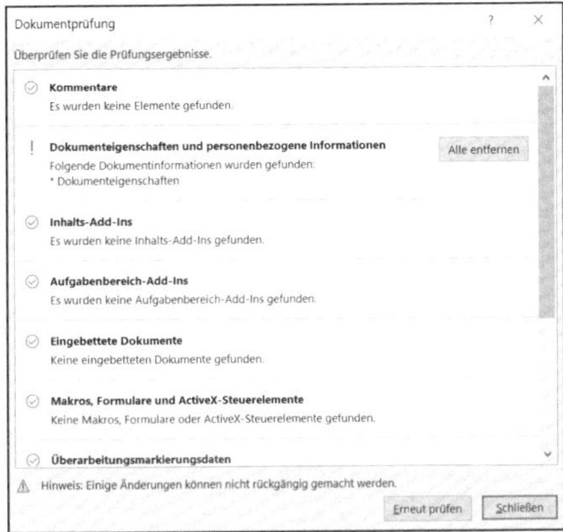

Abbildung 33.7: Bei der Prüfung wurden kritische Informationen entdeckt.

4. Klicken Sie auf *Alle entfernen*, um die kritischen Informationen zu löschen. Vorsicht: Der Löschvorgang erfolgt ohne vorherige Nachfrage!

Präsentationen für CD verpacken

Häufig wird eine Präsentation zwar am eigenen Rechner konzipiert, später jedoch mithilfe von Notebook und Beamer präsentiert. Für die Weitergabe mittels CD bietet PowerPoint ein praktisches Verfahren an: Verpacken für CD.

So gehen Sie vor, wenn Sie eine Präsentation für die Weitergabe per CD vorbereiten wollen:

1. Öffnen Sie die gewünschte Präsentation.
2. Prüfen Sie, ob die Präsentation vertrauliche Daten enthält, die Sie nicht an Dritte weitergeben wollen (Abschnitt »Präsentation prüfen« auf Seite 596).
3. Wechseln Sie in der Backstage-Ansicht auf die Seite *Exportieren* und klicken Sie dort auf *Bildschirmpräsentation für CD verpacken.* Dadurch erscheint rechts die Schaltfläche *Verpacken für CD.* Starten Sie den Vorgang, indem Sie diese Schaltfläche anklicken.
4. Eventuell taucht nun noch ein Dialogfeld mit einem Hinweis auf, dass für einige Dateien das Dateiformat aktualisiert werden muss. Bestätigen Sie diesen Hinweis mit *OK.*

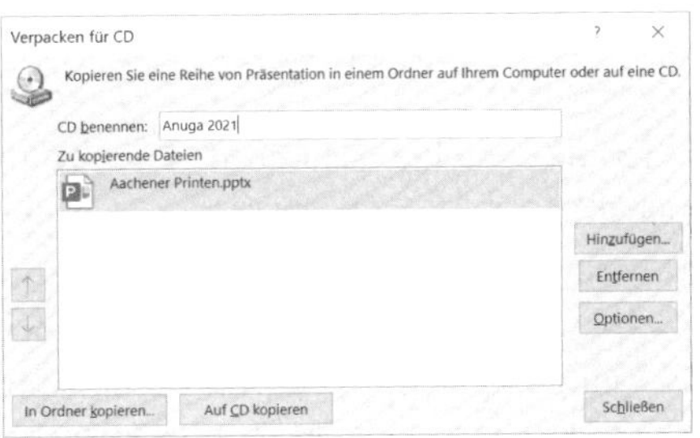

Abbildung 33.8: Geben Sie einen Namen für die CD ein.

5. Tragen Sie im Dialogfeld den Namen ein, den die CD erhalten soll.
6. Wenn auf der CD noch weitere Dateien oder Präsentationen verpackt werden sollen, klicken Sie auf *Hinzufügen* und wählen Sie die gewünschte(n) Datei(en) im gewohnten Dateidialogfeld aus. Im Dialogfeld *Verpacken für CD* erscheint dann eine Liste der ausgewählten Dateien.

Abbildung 33.9: Es wurden zwei Präsentationen ausgewählt.

7. Als Nächstes klicken Sie auf *Optionen*, um noch weitere Einstellungen vorzunehmen.

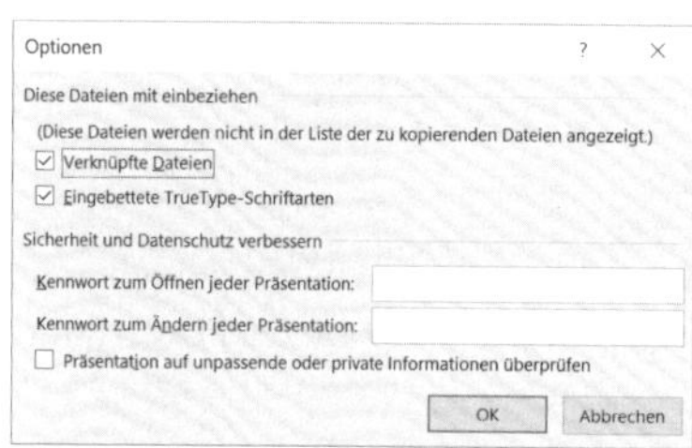

Abbildung 33.10: Einstellen weiterer Optionen

8. Wenn die Präsentationen mit externen Dateien, z.B. Grafiken, verknüpft sind, schalten Sie das Kontrollkästchen *Verknüpfte Dateien* ein.
9. Haben Sie Schriften eingebettet, aktivieren Sie die Option *Eingebettete TrueType-Schriftarten.*
10. Sollen die Präsentationen vor dem Zugriff durch Unbefugte geschützt werden, können Sie ein Passwort angeben – geben Sie es zweimal ein, um Tippfehler auszuschließen. Dadurch werden eventuell bereits vorhandene Kennwörter überschrieben! Das gilt jedoch nur für die Kopien auf der CD; die Kennwörter der Originaldateien bleiben unverändert.
11. Schließen Sie das Fenster mit *OK*. Sie gelangen wieder ins Dialogfeld *Verpacken für CD*.
12. Hier haben Sie zwei Möglichkeiten:
    - Wenn Sie einen CD-Brenner besitzen, der das direkte Schreiben auf CD unter Windows unterstützt, klicken Sie auf die Schaltfläche *Auf CD kopieren*.
    - Oder Sie wählen *In Ordner kopieren*, geben einen Ordnernamen und Speicherort an und brennen den Inhalt des Ordners mit Ihrem gewohnten Brennprogramm auf CD.
13. Schließen Sie das Dialogfeld. Auf der CD bzw. im gewählten Ordner finden Sie nun die ausgewählten Präsentationen sowie einige weitere Dateien, die eine kleine Bedieneroberfläche auf HTML-Basis erzeugen.

Gepackte Präsentation einsetzen

Die Verwendung einer CD mit gepackten Präsentationen ist denkbar einfach. Nach dem Einlegen der CD wird eine einfache HTML-Seite angezeigt, über die Sie die Präsentationen aufrufen können. Falls der Empfänger der CD keine Version von PowerPoint besitzt, kann er sich über die Schaltfläche *Viewer herunterladen* den kostenlosen PowerPoint-Viewer herunterladen.

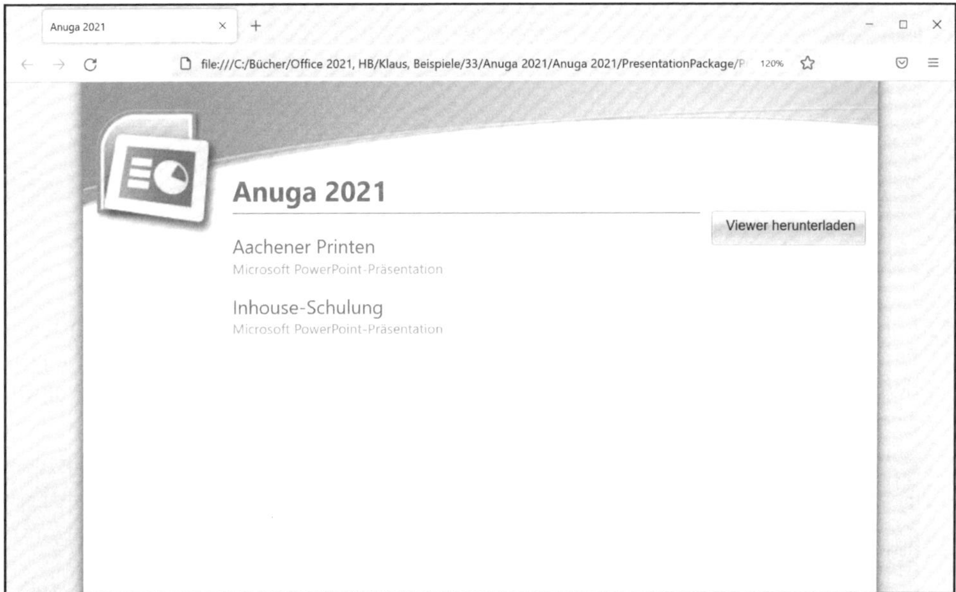

Abbildung 33.11: Bedieneroberfläche zur Auswahl der Präsentation

Präsentationen als Video abspeichern

Mit PowerPoint können Sie eine Präsentation auch in ein Video konvertieren. Die so erzeugte Datei lässt sich dann auf jedem Rechner problemlos abspielen. Die Bildqualität der Videos lässt sich kaum von einer Live-Präsentation unterscheiden. Lediglich aufwändige Folienübergänge und Animationen laufen im Video nicht ganz so flüssig wie bei einer Live-Präsentation.

Zum Konvertieren einer Präsentation nehmen Sie folgende Schritte vor:

1. Wechseln Sie in die Backstage-Ansicht und gehen Sie dort auf die Seite *Exportieren.*
2. Klicken Sie auf *Video erstellen.*
3. Wählen Sie nun auf der rechten Seite die gewünschte Bildschirmauflösung.
4. Zusätzlich müssen Sie noch entscheiden, ob die Folien nach einer festen Zeitspanne gewechselt werden oder ob PowerPoint die in der Präsentation gespeicherten Zeitabläufe verwenden soll. Diese Zeitvorgaben werden mit der Funktion *Bildschirmpräsentation aufzeichnen* erstellt, die Sie auf der Registerkarte *Bildschirmpräsentation* finden.

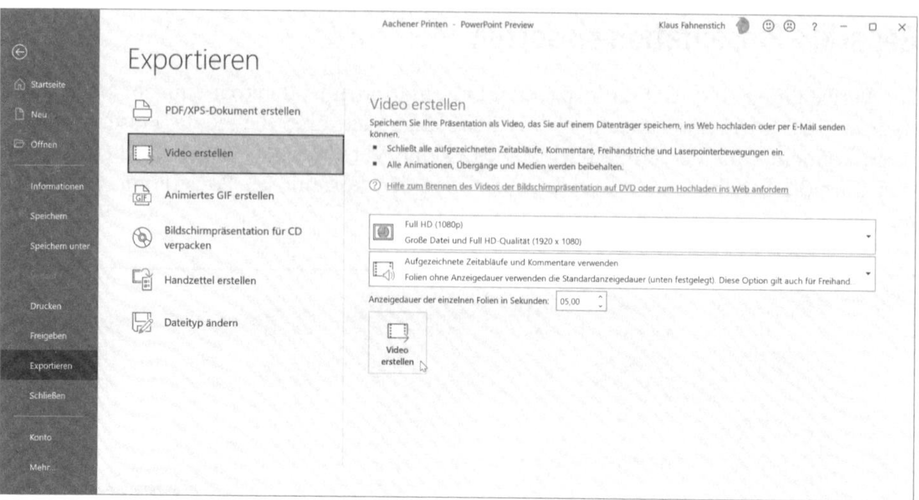

Abbildung 33.12: Einstellen der Video-Eigenschaften

5. Klicken Sie auf *Video erstellen,* um den Vorgang zu starten. Den aktuellen Status zeigt PowerPoint unten in der Statusleiste an. Seien Sie dabei nicht zu ungeduldig, die Konvertierung langer Präsentationen kann durchaus mehrere Minuten in Anspruch nehmen. Aber wie die nächste Abbildung zeigt, kann sich das Ergebnis wirklich sehen lassen.

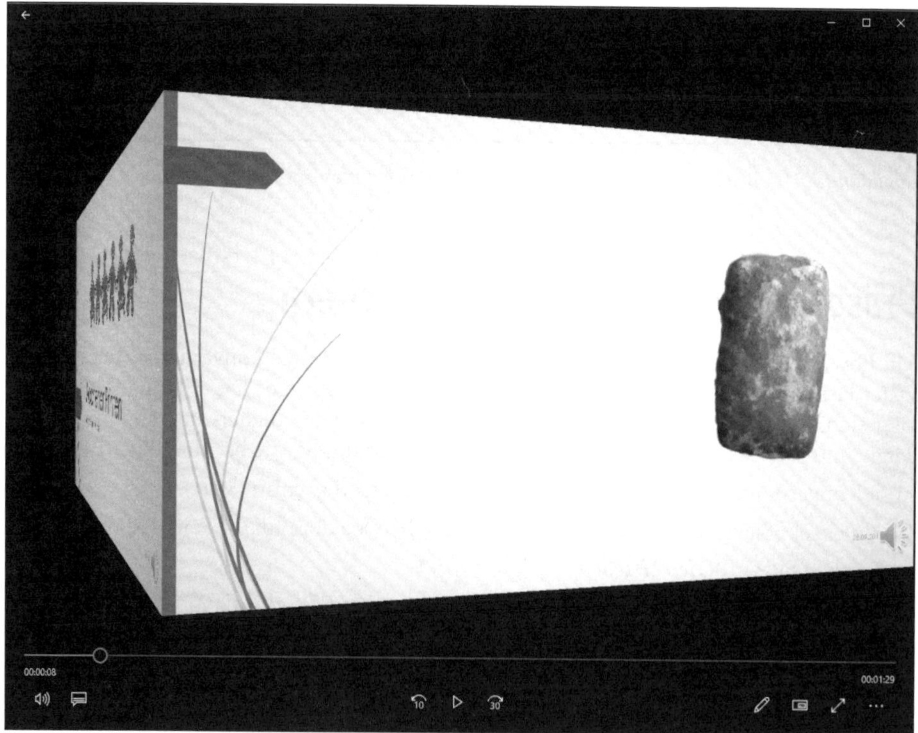

Abbildung 33.13: Auch aufwändige Übergänge werden im Video präzise dargestellt.

Teil F
Programmübergreifende Funktionen

Kapitel 34
Arbeiten mit Designs

Als die Entwickler bzw. Softwaredesigner von Microsoft das Konzept für Office 2007 entwickelt haben, floss in ihre Überlegungen unter anderem auch die Erkenntnis ein, dass die Wirkung eines Dokuments auf einen Betrachter entscheidend von der Qualität seiner grafischen Elemente abhängt. Und genau hier haben die Entwickler bei älteren Office-Versionen ein deutliches Manko entdeckt. Es waren zwar bereits leistungsfähige Grafikfunktionen vorhanden, doch ihre Bedienung war für normale Nutzer zu kompliziert, als dass sie damit ansprechende Grafiken hätten erzeugen können. Der richtige Einsatz von Licht und Schatten und die Wahl geeigneter Farben erfordern ein Maß an fachlichem Knowhow, über das ein Laie schlichtweg nicht verfügt.

Ähnliches gilt für die Wahl geeigneter Schriftarten, die großen Einfluss auf die Wirkung eines Dokuments haben. Die Wahrnehmung von Schriften erfolgt jedoch normalerweise unbewusst. Man empfindet eine Schrift als angenehm und harmonisch, kann aber nicht genau sagen, warum. Und da nur wenige Anwender mit den elementaren Regeln der Schriftkunde vertraut sind, ist ihre Schriftwahl häufig eine Frage des Zufalls.

Das Konzept der Designs

Wenn Sie schon Erfahrungen mit einer älteren Version von PowerPoint (bis einschließlich 2003) besitzen, haben Sie vermutlich bereits mit Farbschemata gearbeitet, mit denen es möglich war, allen Folien einer Präsentation eine neue Farbgebung zuzuweisen. Designs setzen auf dieses Konzept auf und erweitern es um neue Formatierungsmerkmale. Außerdem sind Designs nicht allein auf PowerPoint beschränkt, sondern liegen auch Word- und Excel-Dokumenten und sogar Datenbankformularen und -berichten zugrunde. Selbst Ihren mit Outlook erstellten E-Mails können Sie ein Design zuweisen. Designs schaffen so die Basis für eine einheitliche Gestaltung von Office-Dokumenten.

Damit Designs von so verschiedenen Programmen gemeinsam genutzt werden können, muss die in einem Design enthaltene Formatierungsinformation möglichst abstrakt und einfach gehalten werden. Zum Beispiel schreibt ein Design lediglich zwei Schriftarten vor: eine für die Überschriften und eine für den normalen Textkörper. Auch die räumlichen Effekte werden in einem Design lediglich in die drei Kategorien »schwach«, »mittel« und »stark« unterteilt. Wie die Effekte im Einzelnen aussehen, ist Sache des jeweiligen Designs. Für Sie als Anwender hat das den Vorteil, dass Sie durch die Auswahl eines Designs einmalig die Stilrichtung für die grafische Gestaltung Ihres Dokuments festlegen und dann aus einer überschaubaren Menge von aufeinander abgestimmten Farben und Effekten wählen können.

Ein Design beeinflusst folgende Formatierungsmerkmale:

- Farben
- Schriftarten
- Effekte (Linien und Füll- und Spezialeffekte; in PowerPoint auch Hintergrundeffekte).

Konkret handelt es sich dabei um zehn sogenannte *Designfarben,* zwei verschiedene Schriftarten (je eine für Überschriften und Textkörper) sowie 12 vordefinierte Effektkombinationen.

Designfarben

Ein Design enthält zehn Farben. Sie sind als Gruppe zusammengefasst und lassen sich sehr leicht durch andere Gruppen austauschen. Auf diese Weise können Sie die komplette Farbgebung eines Designs ändern, ohne die anderen Gestaltungsmerkmale zu beeinflussen.

Bei der Wahl der Farben musste u. a. berücksichtigt werden, dass in Word-Dokumenten in aller Regel ein heller (weißer) Untergrund verwendet wird, in PowerPoint-Präsentationen jedoch oft ein dunkler Folienhintergrund zum Einsatz kommt. Ein Design enthält daher vier Hintergrundfarben (die auch für den Text verwendet werden) und sechs Vordergrundfarben, die sich auf allen vier Hintergrundfarben abheben. Zusätzlich gibt es noch zwei Farben zur Darstellung von Hyperlinks bzw. besuchten Hyperlinks.

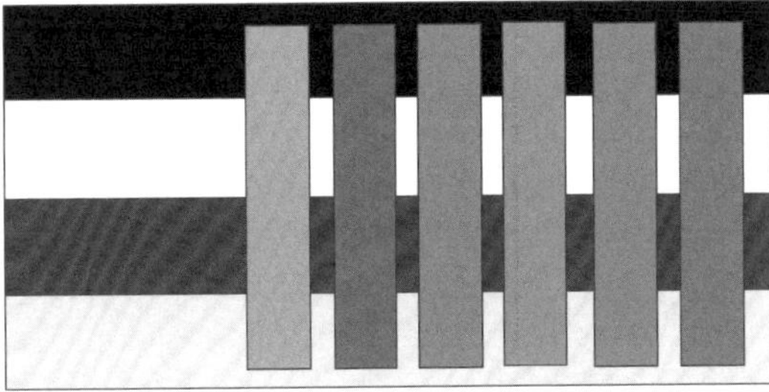

Abbildung 34.1: Aufbau eines Farbschemas aus vier Hintergrund- und sechs Vordergrundfarben

Designfarben erstellen

Wie Sie die Designfarben eines Dokuments wechseln, haben Sie bereits in Kapitel 5 erfahren. Falls Sie jedoch in der angebotenen Auswahl keine Farbkomposition vorfinden, die Ihren Vorstellungen entspricht, können Sie auch eigene Designfarben definieren.

1. Öffnen Sie die Liste der Designfarben.
   - In Word wechseln Sie auf die Registerkarte *Entwurf* und klicken in der Gruppe *Dokumentformatierung* auf die Schaltfläche *Farben.*

   - In Excel wechseln Sie auf die Registerkarte *Seitenlayout* und klicken in der Gruppe *Designs* auf die Schaltfläche *Farben.*

   - In PowerPoint wechseln Sie auf die Registerkarte *Entwurf* und öffnen den Auswahlkatalog der Gruppe *Varianten.* Dort klappen Sie das Untermenü des Befehls *Farben* auf.
2. Wählen Sie unten im Menü den Befehl *Farben anpassen.* Es erscheint das Dialogfeld aus Abbildung 34.2, in dem Sie gut erkennen können, welche Bedeutung die verschiedenen Farben in einem Design besitzen. Beachten Sie auch die Beispieldarstellung oben rechts im Dialog, die die aktuelle Farbeinstellung reflektiert.

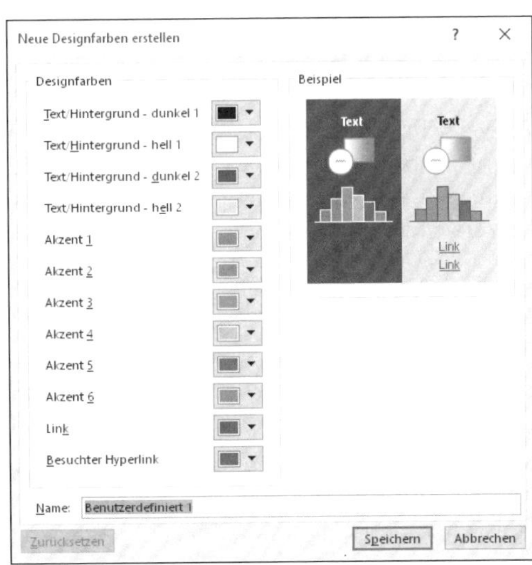

Abbildung 34.2: Wahl einer neuen Designfarbe

3. Klicken Sie nun die Schaltflächen der Farben an, die Sie ändern möchten, und weisen Sie ihnen neue Werte zu.
4. Geben Sie einen Namen für das neue Farbset ein und klicken Sie auf *Speichern.*
5. Wenn Sie jetzt erneut die Liste der Designfarben öffnen, werden Sie feststellen, dass das von Ihnen erstellte Farbset ganz oben im Menü in der Gruppe *Benutzerdefiniert* auftaucht.

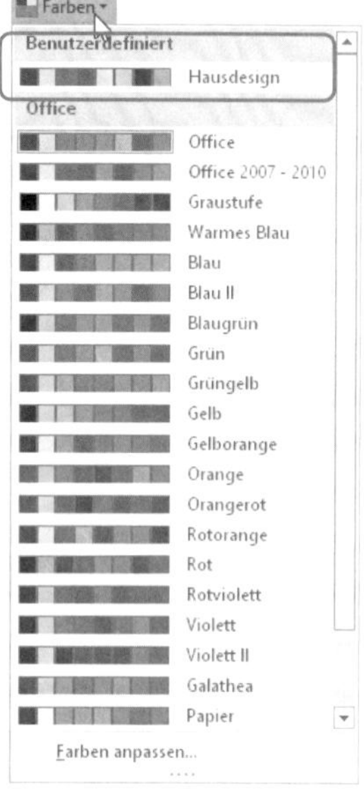

Abbildung 34.3: Das neue Farbset taucht bei der Farbauswahl ganz oben in der Liste auf.

6. Um weitere Änderungen an dem neuen Farbsatz vorzunehmen, klicken Sie ihn im Menü an und wählen im Kontextmenü den Befehl *Bearbeiten.*

Designschriftarten

Sie wissen bereits, dass ein Design lediglich zwei Schriftarten enthält: eine für die Überschriften und eine für den Textkörper. Und genau wie Sie benutzerdefinierte Designfarben erstellen können, können Sie auch eigene Designschriftarten definieren. Dieser Fall ist für die Praxis wesentlich relevanter, denn die konsequente Verwendung einer »Hausschrift« ist heute in vielen Firmen Standard.

Um eine neue Designschriftart anzulegen, gehen Sie folgendermaßen vor:

1. Öffnen Sie die Liste der Designschriftarten.
   - In Word wechseln Sie auf die Registerkarte *Entwurf* und klicken in der Gruppe *Dokumentformatierung* auf die Schaltfläche *Schriftarten.*

   - In Excel wechseln Sie auf die Registerkarte *Seitenlayout* und klicken in der Gruppe *Designs* auf die Schaltfläche *Schriftarten.*

   - In PowerPoint wechseln Sie auf die Registerkarte *Entwurf* und öffnen den Auswahlkatalog der Gruppe *Varianten.* Dort öffnen Sie das Untermenü des Befehls *Schriftarten.*

2. Wählen Sie unten im Menü den Befehl *Schriftarten anpassen*.
3. Stellen Sie die Schriftarten für die Überschriften und den Textkörper ein.

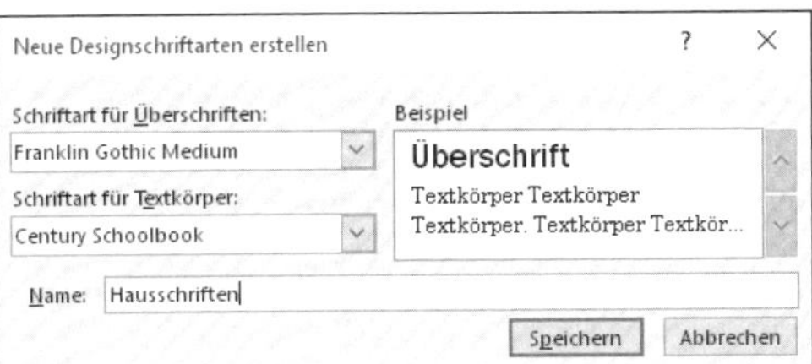

Abbildung 34.4: Einstellen einer neuen Designschriftart

4. Vergeben Sie einen Namen und klicken Sie auf *Speichern*.
5. Wenn Sie anschließend das Menü der Schaltfläche *Designschriftarten* öffnen, sehen Sie, dass im Menü die neue Gruppe *Benutzerdefiniert* auftaucht, die die neue Designschriftart enthält.

Abbildung 34.5: Die benutzerdefinierten Schriftarten erscheinen oben im Menü.

Designeffekte

Der dritte Bereich eines Designs sind die Designeffekte, mit denen u. a. die Darstellung von Formen, Diagrammen und SmartArts gesteuert wird. Im Gegensatz zu Designfarben und -schriftarten lassen sich die Effekte jedoch nicht individuell bearbeiten, sondern Sie müssen sich für eine der im aktuellen Design angebotenen Effekteinstellungen entscheiden.

Den Effekten liegt eine einfache Matrix zugrunde, die für die drei Eigenschaften Linienart, Füllung und räumliche Tiefe jeweils drei unterschiedliche Formatierungen definiert.

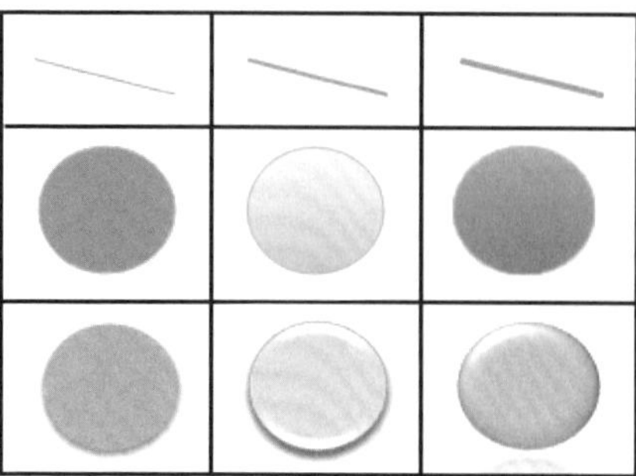

Abbildung 34.6: Matrix der Designeffekte

Um einem grafischen Element einen Effekt aus dem aktuellen Design zuzuweisen, gehen Sie so vor:

1. Öffnen Sie die Liste der Designeffekte.
   - In Word wechseln Sie Auf die Registerkarte *Entwurf* und klicken in der Gruppe *Dokumentformatierung* auf die Schaltfläche *Effekte.*

   - In Excel wechseln Sie auf die Registerkarte *Seitenlayout* und klicken in der Gruppe *Designs* auf die Schaltfläche *Effekte.*

   - In PowerPoint wechseln Sie auf die Registerkarte *Entwurf* und öffnen den Auswahlkatalog der Gruppe *Varianten.* Dort öffnen Sie das Untermenü des Befehls *Effekte.*

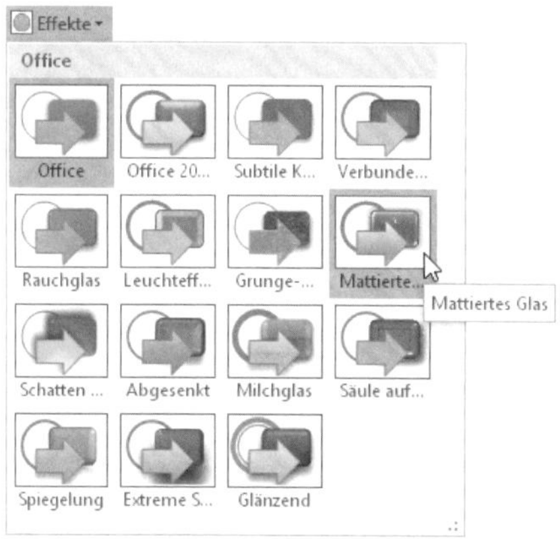

Abbildung 34.7: Designeffekte lassen sich leider nicht bearbeiten.

2. Zeigen Sie mit dem Mauszeiger auf die verschiedenen Vorschaugrafiken. Die Wirkung des gewählten Effekts wird dann live im Dokument angezeigt (natürlich nur, wenn es mindestens ein grafisches Element mit Effekten enthält).
3. Klicken Sie den gewünschten Designeffekt an, um ihn zu übernehmen.

Hintergrundformate

Neben den bisher vorgestellten Elementen enthält ein Design noch drei weitere Fülleffekte, die als Basis für die so genannten *Hintergrundformate* dienen. Ein Blick in die dem Design zugrunde liegende XML-Datei zeigt, dass diese Elemente (*bgFillStyleList*) den Design-Effekten (*fmtSchema*) untergeordnet sind.

```
C:\Users\Klaus\AppData
Webadresse suchen oder eingeben

<?xml version="1.0" encoding="ISO-8859-1"?>
- <a:theme name="Integral" xmlns:a="http://schemas.openxmlformats.org/drawingml/2006/main">
  - <a:themeElements>
    + <a:clrScheme name="Integral">
    + <a:fontScheme name="Integral">
    - <a:fmtScheme name="Integral">
      - <a:fillStyleLst>
        + <a:solidFill>
        + <a:gradFill rotWithShape="1">
        + <a:gradFill rotWithShape="1">
        </a:fillStyleLst>
      + <a:lnStyleLst>
      + <a:effectStyleLst>
      + <a:bgFillStyleLst>
      </a:fmtScheme>
    </a:themeElements>
    <a:objectDefaults/>
    <a:extraClrSchemeLst/>
  + <a:extLst>
</a:theme>
```

Abbildung 34.8: Blick in den XML-Code eines Designs

Die Formate werden jedoch lediglich von PowerPoint genutzt. Wenn Sie auf der Registerkarte *Entwurf* das Auswahlmenü der Gruppe *Varianten* öffnen und dort auf den Befehl *Hintergrundformate* zeigen, werden Sie feststellen, dass PowerPoint insgesamt 12 Hintergrundformate anbietet.

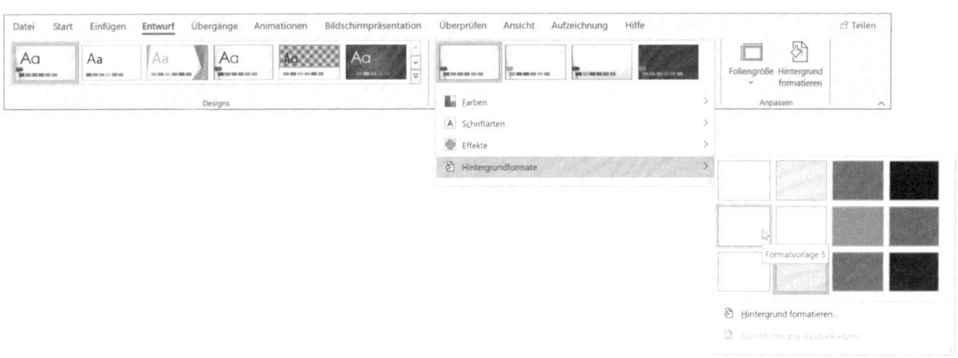

Abbildung 34.9: In PowerPoint sind zusätzlich 12 verschiedene Hintergrundformate definiert.

Diese Varianten entstehen aus der Kombination der drei Hintergrundeffekte mit den vier Hintergrundfarben des Designs. Während die Hintergründe der oberen Reihe immer aus einer einfarbigen Füllung bestehen, besitzen die unteren beiden Reihen Verläufe und/oder Strukturen.

Designs speichern und öffnen

Sie können die aktuellen Einstellungen eines Designs in einer neuen Datei abspeichern. Die so erzeugte Datei hat die Erweiterung *.thmx* und besitzt – genau wie ein Office-Dokument – ein komprimiertes Dateiformat.

1. Öffnen Sie die Liste der Designs.
   - In Word wechseln Sie Auf die Registerkarte *Entwurf* und klicken in der Gruppe *Dokumentformatierung* auf die Schaltfläche *Designs*.

   - In Excel wechseln Sie auf die Registerkarte *Seitenlayout* und klicken in der Gruppe *Designs* auf die Schaltfläche *Designs*.

   - In PowerPoint wechseln Sie auf die Registerkarte *Entwurf* und öffnen den Auswahlkatalog der Gruppe *Designs*.
2. Wählen Sie den Befehl *Aktuelles Design speichern*.

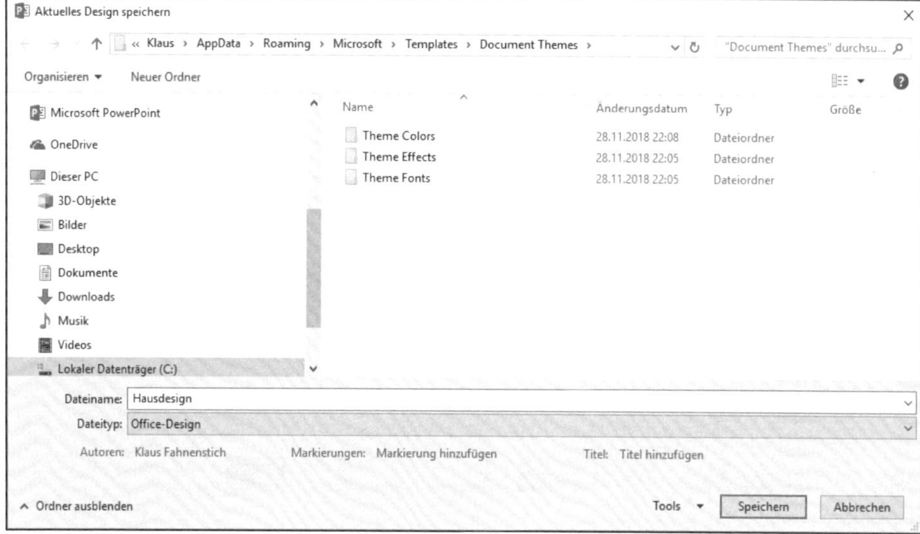

Abbildung 34.10: Speichern des aktuellen Designs

3. Vergeben Sie einen Namen und klicken Sie auf *Speichern*.

Umgekehrt ist es natürlich auch möglich, ein zuvor gespeichertes Design zu laden. Wählen Sie dazu im gleichen Menü den Befehl *Nach Designs suchen* und öffnen Sie das gewünschte Design über das angezeigte Dialogfeld.

Kapitel 35
Illustrationen einfügen und bearbeiten

Die Funktionen, die Ihnen in Office für die Bildbearbeitung zur Verfügung stehen, kann man ruhigen Gewissens als üppig bezeichnen. Wir geben Ihnen in diesem Kapitel zunächst einen Überblick, wie Sie die verschiedenen grafischen Elemente, die in Office als *Bilder* oder auch als *Illustrationen* bezeichnet werden, in ein Dokument einfügen. Im zweiten Teil des Kapitels lernen Sie dann Verfahren kennen, mit denen Sie Illustrationen bearbeiten können.

Zum Glück ist der Umgang mit Illustrationen in den verschiedenen Programmen der Office-Familie sehr einheitlich gelöst, sodass Sie die hier beschriebenen Verfahren in der Regel eins zu eins auf die Programme Word, Excel und PowerPoint übertragen können. Auf etwaige Besonderheiten weisen wir Sie explizit hin.

Überblick

Die Befehle zum Einfügen der verschiedenen grafischen Elemente finden Sie in allen Programmen auf der Registerkarte *Einfügen*. Während die dazu benötigten Schaltflächen bei Word, Excel und Outlook in der gemeinsamen Gruppe *Illustrationen* zusammengefasst sind, teilt PowerPoint die Symbole in die beiden Gruppen *Bilder* und *Illustrationen* ein.

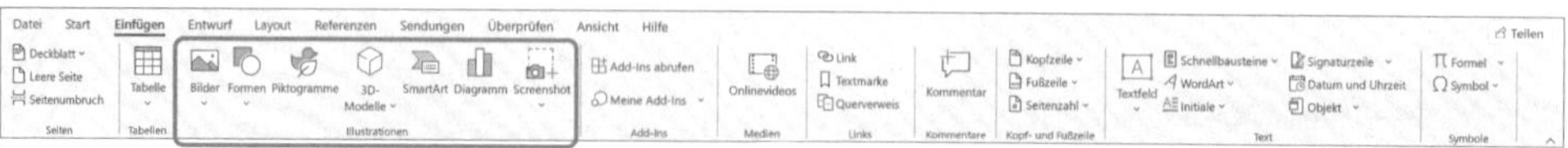

Abbildung 35.1: Über die Schaltflächen der Gruppe Illustrationen *können Sie die verschiedenen grafischen Elemente in Ihre Dokumente einfügen (hier: Word).*

PowerPoint: Einfügen in Platzhalter

In PowerPoint korrespondieren die Schaltflächen der Gruppen *Bilder* und *Illustrationen* mit den Symbolen, die sich in den Platzhaltern der Folien befinden.

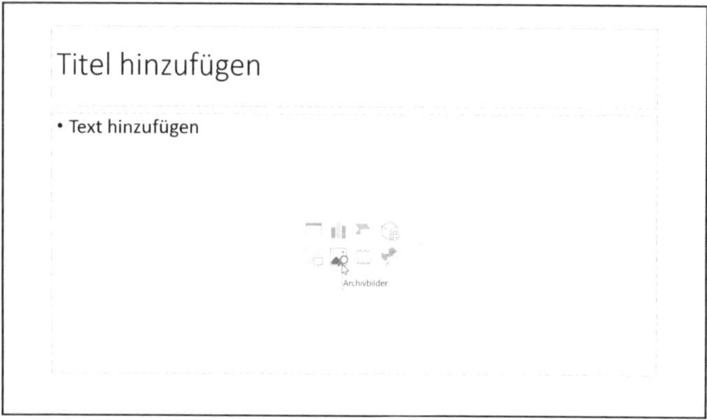

Abbildung 35.2: In PowerPoint können Sie durch Anklicken eines der Symbole die entsprechende Illustration in den Platzhalter einfügen.

Ob Sie die Schaltflächen der Registerkarte oder die eines Platzhalters verwenden, hängt davon ab, ob Sie die Illustration als eigenes Objekt (über die Registerkarte) oder als Inhalt eines Platzhalters (der die Größe und die Position der Illustration vorgibt) einfügen wollen.

Einfügeposition bestimmen

Bevor Sie eine neue Illustration in ein Dokument einfügen, müssen Sie zunächst festlegen, an welcher Position des Dokuments Sie sie aufnehmen wollen:

- **Word, Outlook** Setzen Sie die Einfügemarke an die gewünschte Position.
- **Excel** Zeigen Sie das Arbeitsblatt an, auf dem Sie die Illustration einfügen wollen.
- **PowerPoint** Zeigen Sie die Folie an, auf der Sie die Illustration einfügen wollen.

Wie Sie im weiteren Verlauf des Kapitels noch sehen werden, können Sie die Position der eingefügten Illustration in allen Programmen nachträglich verändern.

Bilder einfügen

Im einfachsten Fall liegt das Bild, das Sie einfügen wollen, bereits als Datei auf Ihrem Rechner vor. Dabei ist es völlig egal, ob Sie das Bild mit einem Zeichenprogramm selbst erstellt haben oder ob Sie es aus dem Internet herunterladen oder als E-Mail-Anhang erhalten haben. Sie müssen nur wissen, in welchem Ordner es sich befindet.

1. Legen Sie die Position fest, an der Sie das Bild einfügen möchten.
2. Wechseln Sie auf die Registerkarte *Einfügen*, klicken Sie auf die Schaltfläche *Bilder* und wählen Sie dann in ihrem Menü den Befehl *Dieses Gerät*. Das Dialogfeld *Grafik einfügen* wird angezeigt.

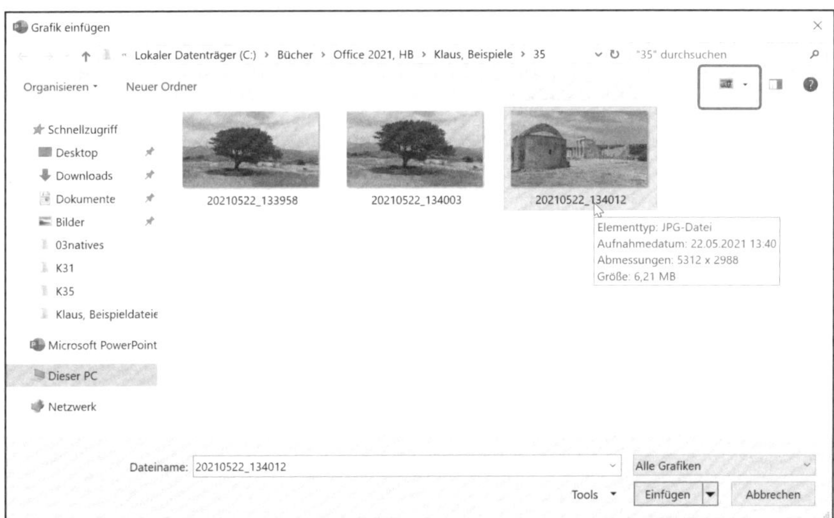

Abbildung 35.3: Auswahl der einzufügenden Grafik

3. Falls Sie nach Bildern eines bestimmten Typs suchen (z.B. TIF, BMP, GIF etc.), können Sie ihn im Dialogfeld als Dateityp voreinstellen. Das erleichtert die Suche, weil dann im Dialogfeld nur diese Dateien aufgelistet werden.
4. Lassen Sie bei Bedarf mithilfe der Schaltfläche *Ansicht ändern* Vorschaubilder (Miniaturansichten) der Grafiken im Dialogfeld anzeigen.
5. Wechseln Sie in den Ordner, in dem sich die gesuchte Datei befindet, und markieren Sie das gewünschte Bild.
6. Klicken Sie auf *Einfügen*, um das Bild im Dokument zu platzieren.

Tipp Grafiken verknüpft einfügen Wenn Sie möchten, dass sich spätere Änderungen an der Grafik automatisch auf das Dokument auswirken (z. B. bei einem Firmenlogo), müssen Sie die Grafik verknüpft einfügen. Klicken Sie dazu auf das kleine Dreieck der Schaltfläche *Einfügen* und wählen Sie dann im ausgeklappten Menü den Befehl *Mit Datei verknüpfen*.

Größe einer Grafik ändern

Beim Einfügen einer Grafik versucht Office, die Originalgröße des Bildes beizubehalten. Da das aber in den seltensten Fällen die richtige Größe sein wird, müssen Sie die Grafik in der Regel anschließend noch vergrößern oder verkleinern. Am schnellsten können Sie das mit der Maus erledigen. Dazu benutzen Sie die acht Anfasser der Grafik, die erscheinen, sobald Sie die Grafik mit der Maus anklicken.

- Mit den Anfassern an den vier Ecken des Rahmens können Sie die Größe der Grafik verändern, ohne die Grafik dabei zu verzerren. Das heißt, das Höhen-/Breitenverhältnis der Grafik bleibt erhalten.
- Wenn Sie einen der seitlichen Anfasser ziehen, können Sie die Grafik nur in der Breite bzw. der Höhe verändern. Dabei wird die Grafik verzerrt.

Zusätzlich können Sie die Größenänderung der Grafik noch durch das Drücken zweier Tasten beeinflussen:

- Wenn Sie beim Bewegen der Maus die Taste Strg festhalten, erfolgt die Größenänderung bezogen auf den Mittelpunkt der Grafik (das heißt, der Mittelpunkt der Grafik wird nicht verschoben). In Word funktioniert dies jedoch nur, wenn der Zeilenumbruch der Grafik nicht auf *Mit Text in Zeile* steht.
- Wenn Sie Alt drücken, schalten Sie die Wirkung des Rasters um. Das Raster erleichtert das Ausrichten von grafischen Elementen, indem es dafür sorgt, dass sich Objekte nicht stufenlos, sondern nur in einer voreingestellten Schrittweite bewegen lassen. Durch das Drücken von Alt schalten Sie ein aktiviertes Raster aus bzw. ein deaktiviertes Raster ein. Weitere Informationen zu diesem Thema finden Sie weiter hinten in diesem Kapitel ab Seite 629.

Wenn Sie die Größe einer Grafik exakt einstellen wollen, kommen Sie mit der Maus nicht weiter. Tragen Sie die gewünschte Größe dann besser auf der Registerkarte *Bildformat* (bzw. *Bildtools/Format*) ein, die automatisch angezeigt wird, sobald Sie die Grafik mit der Maus angeklickt (markiert) haben. Die benötigten Eingabefelder befinden sich auf der Registerkarte ganz rechts.

Onlinebilder einfügen

Mit Onlinebildern sind in Microsoft Office ganz allgemein Bilder gemeint, die Sie aus dem Internet herunterladen. Das können sowohl normale Fotos oder auch ClipArts (kleine Zeichnungen) sein. Für Sie ist zunächst entscheidend, wo genau Sie nach den Bildern suchen.

Wenn Sie sich auf die Bing-Bildersuche beschränken, sind die Bilder mit hoher Wahrscheinlichkeit lizenzgebührenfrei, also kostenlos. Die gefunden Bilder stehen laut Bing unter der Common Creatives Lizenz. Diese Lizenz gibt es in sechs Variationen, die die Rechte in Bezug auf Namensnennung, kommerzielle Nutzung, Bearbeitung und Weitergabe regelt. Weitere Hinweise zur Common Creative Lizenz finden Sie unter *http://de.creativecommons.org*.

Bei allen Bildern, die Sie im Internet finden, müssen Sie zunächst prüfen, ob Sie sie in Ihren Dokumenten bzw. Publikationen nutzen dürfen und welche Bedingungen der Ersteller in Hinblick auf Namensnennung, Bearbeitung und kommerzielle Nutzung festgelegt hat. Das ist nicht immer ganz einfach, aber denken Sie daran: Das Heer der Abmahnanwälte ist groß und Abmahngebühren bis 2000 Euro durchaus üblich.

1. Legen Sie die Position fest, an der Sie die Grafik einfügen möchten.
2. Klicken Sie auf der Registerkarte *Einfügen* auf die Schaltfläche *Bilder* und wählen Sie in ihrem Menü den Befehl *Onlinebilder*. Dadurch wird das folgende Fenster angezeigt.

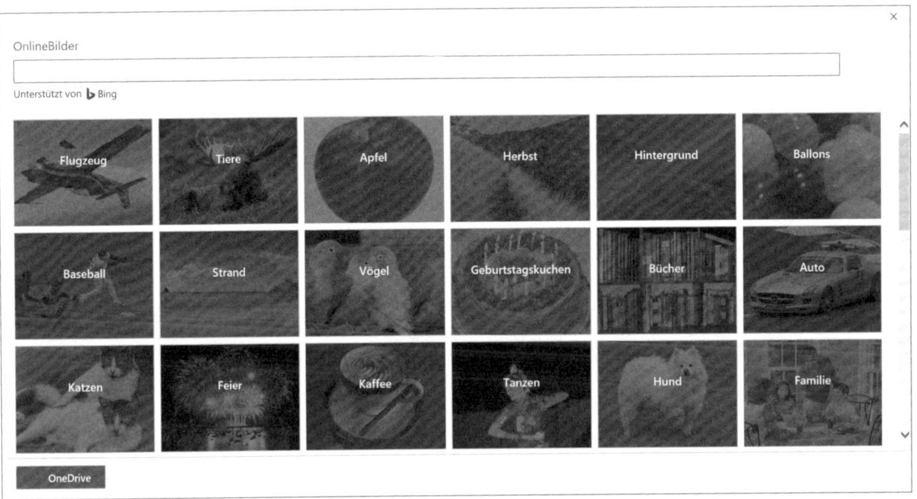

Abbildung 35.4: Hier können Sie entscheiden, wo Sie nach Bildern suchen wollen.

In diesem Fenster können Sie entweder direkt einen Suchbegriff eingeben, oder Sie wählen zunächst eine der angebotenen Themengruppen aus, um in der jeweiligen Vorauswahl zu stöbern. Alternativ können Sie natürlich auch Ihren Speicherbereich auf OneDrive nach Bildern durchsuchen.

3. Geben Sie einen Suchbegriff ein.

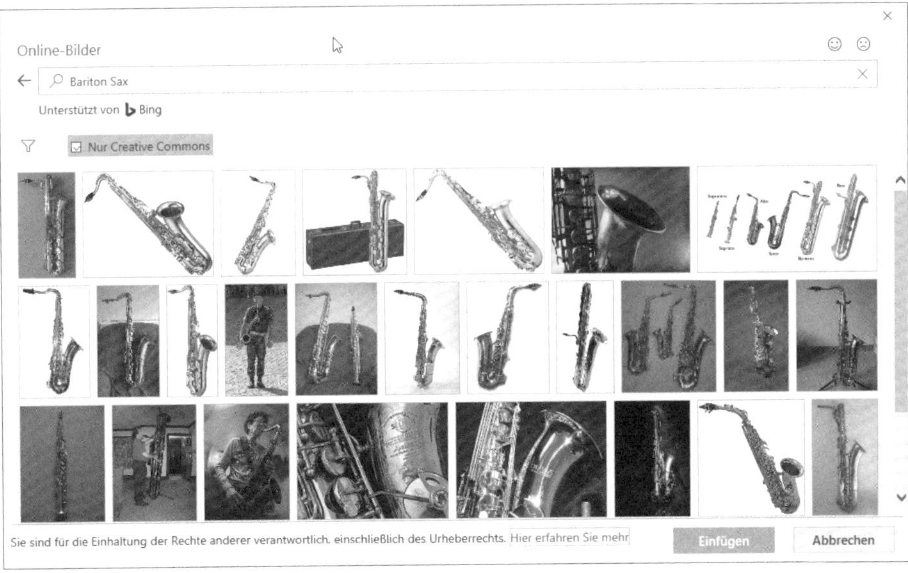

Abbildung 35.5: Ergebnis einer Bildersuche

4. Über das Trichter-Symbol können Sie eine Filterfunktion aufrufen, mit der Sie die Trefferliste auf Bilder einer bestimmten Größe, Typs oder Farbe einschränken können.

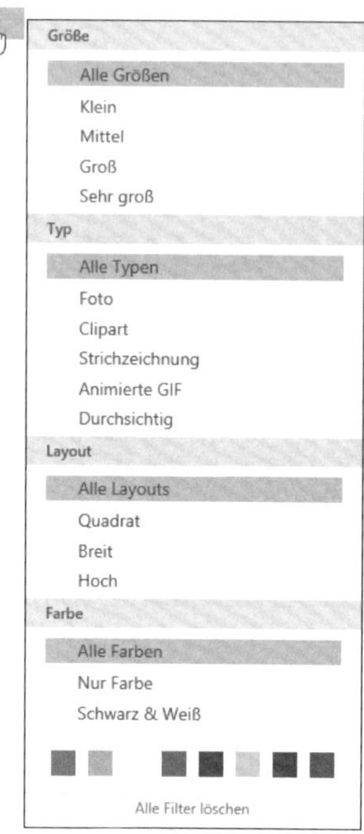

Abbildung 35.6: Die Bildersuche lässt sich über diverse Filter steuern.

5. Wenn Sie den Mauszeiger auf ein Bild bewegen, erscheint unten rechts auf dem Bild eine Schaltfläche, mit der Sie weitere Informationen zu dem betreffenden Bild abrufen können. Neben der Größe des Bildes und den zugehörigen Stichwörtern finden Sie dort auch einen Link, über den Sie das Bild in seiner Originalgröße im Browser anzeigen können.

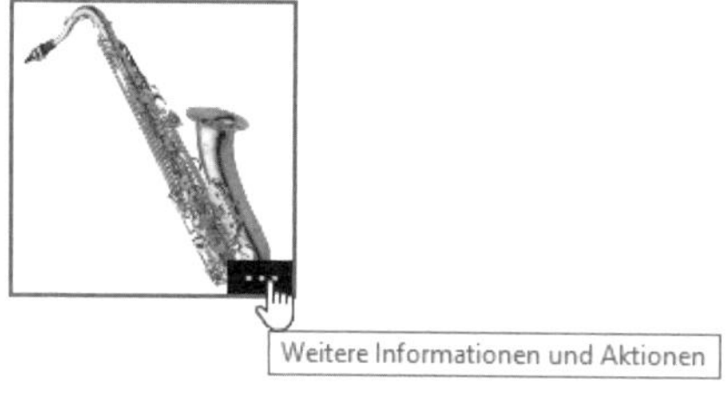

Abbildung 35.7: Über die Stichwörter lassen sich passende Bilder finden.

6. Markieren Sie das gewünschte Bild. Falls Sie mehrere Bilder gleichzeitig einfügen wollen, klicken Sie die Bilder einfach der Reihe nach an. Sie werden dann mit einem kleinen Häkchen markiert.
7. Klicken Sie auf *Einfügen,* um das gewählte Bild bzw. die gewählten Bilder herunterzuladen und in Ihr Dokument einzufügen.

Archivbilder (Stock Fotos) einfügen

Der Begriff Archivbilder ist eine etwas unglückliche Übersetzung des englischen Befehls *Stock Images*. Dahinter verbirgt sich die Bilderdatenbank *Getty Images*, eine Sammlung von professionellen Fotos und Grafiken, die aktuell ca. 80 Millionen Bilder und etwa 30.000 Stunden Filmmaterial in ihrem Angebot hat.

Während der Großteil dieses Materials kostenpflichtig ist, steht Ihnen die von Microsoft angebotene Auswahl zur freien Verfügung. Wie Sie in der nächsten Abbildung erkennen können, ist das Bildmaterial in mehrere Rubriken unterteilt: Bilder, Piktogramme, Ausgeschnittene Personen, Stickers und Illustrationen.

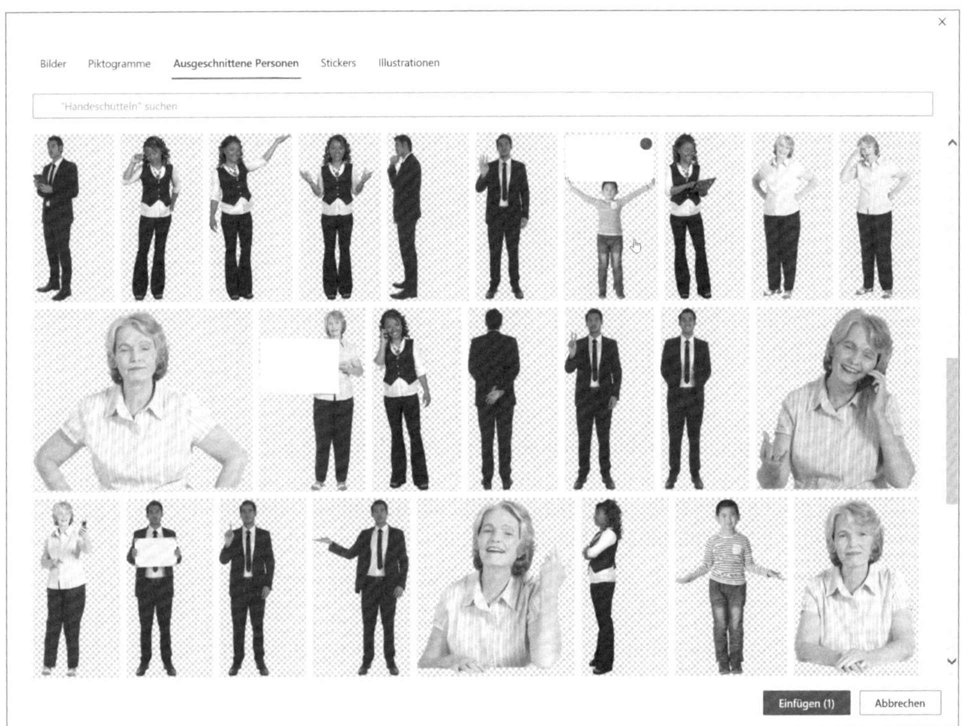

Abbildung 35.8: Die sogenannten Archivbilder entstammen der Bilddatenbank Getty Images.

Um Ihre Suche weiter einzugrenzen, können Sie innerhalb dieser Rubriken einen Suchbegriff eingeben und zwischen verschiedenen Kategorien bzw. Gruppen wählen. Wirklich reibungslos funktionieren diese Suchwerkzeuge allerdings (noch) nicht. Es bleibt zu hoffen, dass Microsoft hier noch etwas nachbessert, damit sich dieses sehr professionelle Bildmaterial noch effektiver nutzen lässt.

Zum Einfügen der Stock Fotos gehen Sie genauso vor, wie wir es für die Onlinebilder im letzten Abschnitt beschrieben haben.

Screenshots einfügen

Seit Office 2010 können Sie auch Bildschirmabbildungen direkt aus den Programmen heraus erstellen. Dabei kann es sich z. B. um eine angezeigte Webseite oder ein Dialogfeld handeln, das Sie in eine Präsentation oder eine technische Dokumentation einfügen möchten. Außerdem lassen sich auch beliebige, rechteckige Bildschirmbereiche »abfotografieren«.

Grundsätzlich können Sie von allen Fenstern, die aktuell auf dem Bildschirm zu sehen sind, einen Screenshot erstellen. Auch wenn ein Fenster nur zum Teil sichtbar ist, wird es anschließend vollständig in Ihr Dokument übernommen. Minimierte Fenster lassen sich hingegen nicht aufnehmen.

Die Vorgehensweise beim Einfügen eines Screenshots ist denkbar einfach:

1. Legen Sie die Position fest, an der Sie den Screenshot einfügen möchten.
2. Klicken Sie auf der Registerkarte *Einfügen* auf die Schaltfläche *Screenshot*. Dadurch klappt eine Liste mit Vorschaubildern aller momentan geöffneten Fenster auf – allerdings mit Ausnahme des Programms, in dem Sie sich gerade befinden. Auch Fenster, die sich regelmäßig aktualisieren, wie zum Beispiel der Taskmanager, werden nicht korrekt angezeigt. Selbst mit Browserfenstern hat die Funktion gelegentlich Schwierigkeiten.

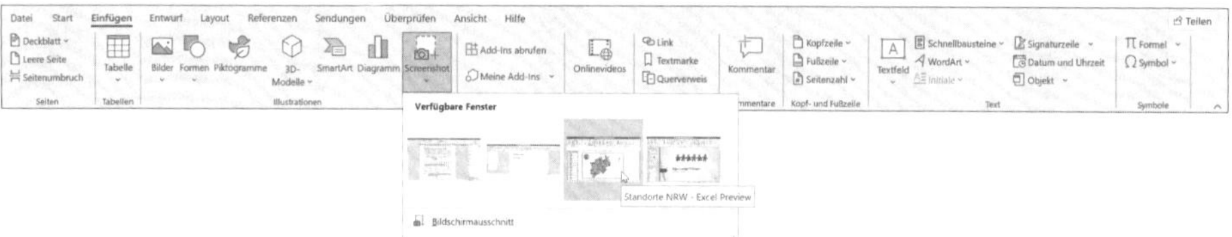

Abbildung 35.9: Zeigen Sie mit der Maus auf eines der Vorschaubilder, um den Fenstertitel anzuzeigen.

3. Wenn Sie ein Fenster nicht eindeutig identifizieren können, lassen Sie sich seinen Titel anzeigen, indem Sie mit der Maus auf das Vorschaubild zeigen.
4. Fügen Sie den Screenshot des Fensters ein, indem Sie seine Vorschau anklicken.

Falls Sie nicht das gesamte Fenster eines Programms, sondern nur einen bestimmten Ausschnitt abbilden möchten, wählen Sie im Menü der Schaltfläche *Screenshot* den Befehl *Bildschirmausschnitt*. Dadurch verschwindet das Programm, in dem Sie sich gerade befinden, vom Bildschirm, der nun eine blasse Darstellung bekommen hat. Jetzt können Sie den gewünschten (rechteckigen) Bereich mit der Maus markieren. Leider haben Sie dabei keine Möglichkeit, Ihre Auswahl nachträglich zu korrigieren: Sobald Sie die Maustaste loslassen, wird der Ausschnitt in Ihr Dokument eingefügt.

Tipp

Ein Office-Programm kann sich nicht selbst aufnehmen. Wenn Sie zum Beispiel einen Screenshot von Word erstellen möchten, müssen Sie daher den Umweg über ein anderes Programm der Office-Familie gehen.

Alternativ können Sie natürlich auch das Snipping-Tool von Windows oder ein anderes Programm Ihrer Wahl verwenden.

Ein Programm- oder Dialogfenster können Sie auch ganz bequem über die Zwischenablage einfügen: Mit `Alt`+`Druck` kopieren Sie das aktuelle Fenster in die Zwischenablage und können es dann von dort mit `Strg`+`V` in Ihr Dokument einfügen.

Formen einfügen

Wenn Sie eine kleine Skizze in Ihrem Dokument verwenden wollen, brauchen Sie nicht gleich zu einem Grafikprogramm zu greifen. Arbeiten Sie einfach mit *Formen*, die in einer verschwenderischen Fülle vorhanden sind. Formen werden, genau wie Bilder und Onlinegrafiken, über die Registerkarte *Einfügen* erstellt. Klicken Sie dazu in der Gruppe *Illustrationen* auf das Symbol *Formen*, um eine Liste der angebotenen Formen anzuzeigen.

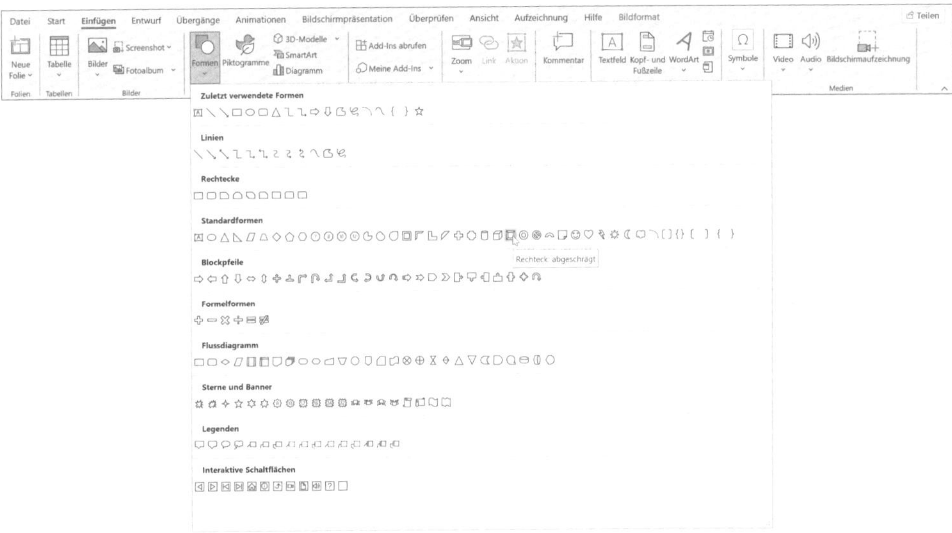

Abbildung 35.10: Die Auswahl an Formen ist überaus reichhaltig.

Um eine Form einzufügen, wählen Sie das gewünschte Symbol aus der Liste aus, klicken mit der Maus in Ihr Dokument und ziehen dann mit gedrückter Maustaste einen Rahmen in der gewünschten Größe auf.

Die Bedeutung der gelben Punkte

Viele Formen verfügen neben den normalen Anfassern noch über einen oder mehrere gelbe Punkte. Mit ihnen können Sie die Proportionen einer Form nachträglich modifizieren, indem Sie sie mit der Maus verschieben.

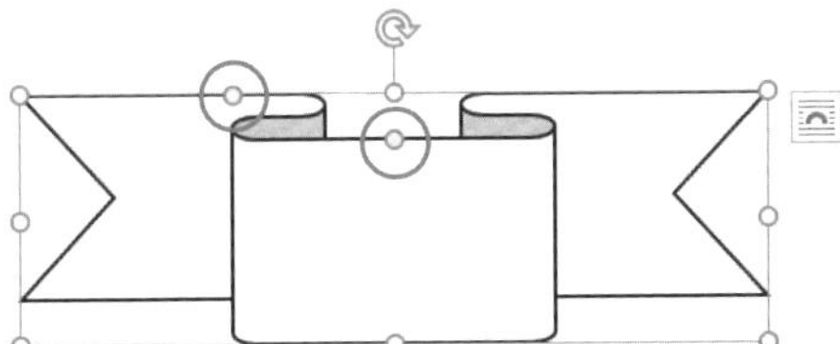

Abbildung 35.11: Mithilfe der gelben Punkte lassen sich die Formen verändern.

Drehen einer Form

Mit dem kreisförmigen Pfeil können Sie eine Form um ihren Mittelpunkt drehen. Durch gleichzeitiges Drücken der [⇧]-Taste erreichen Sie, dass die Drehung in 15°-Schritten erfolgt.

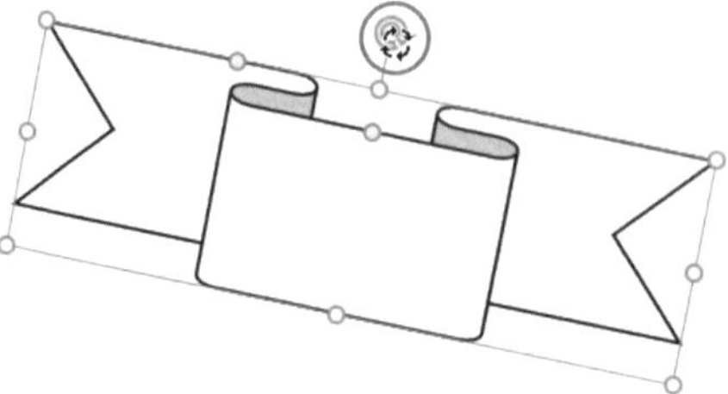

Abbildung 35.12: Drehen einer eingefügten Form

Tipp In älteren Versionen von Microsoft Word konnte man durch Drücken der Taste [Strg] erreichen, dass die Drehung nicht um den Mittelpunkt, sondern um den gegenüberliegenden Anfasser ausgeführt wurde. Dieser »Trick« funktioniert seit Office 2013 nicht mehr.

Formen mit Text füllen

Wenn Sie eine Form beschriften wollen, können Sie den betreffenden Text direkt der Form zuweisen. Dies funktioniert bei allen geschlossenen Formen (und zusätzlich bei Kurven):

1. Markieren Sie die Form und tippen Sie den gewünschten Text einfach ein. Dabei erscheint innerhalb der Form ein blinkender Cursor.
2. Anschließend können Sie den Text mit den gewohnten Werkzeugen formatieren und zum Beispiel die Größe und Auszeichnung der Schrift ändern.

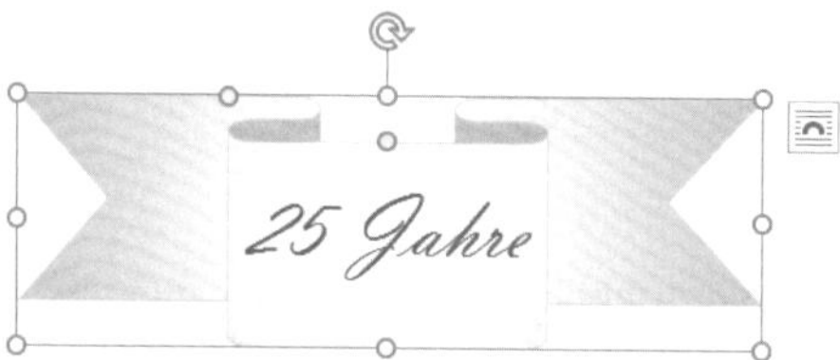

Abbildung 35.13: Eine beschriftete Form

Schnellformatvorlagen zuweisen

In der Regel werden Sie bei einer neuen Form die vorgegebene Darstellung noch verändern wollen. Dazu verwenden Sie am besten eine der Schnellformatvorlagen, mit deren Hilfe sich diese Aufgabe in wenigen Sekunden erledigen lässt:

1. Markieren Sie die gewünschte Form.
2. Zeigen Sie die Registerkarte *Formformat* (bzw. *Zeichentools/Format*) an und öffnen Sie den Auswahlkatalog der Gruppe *Formenarten*.

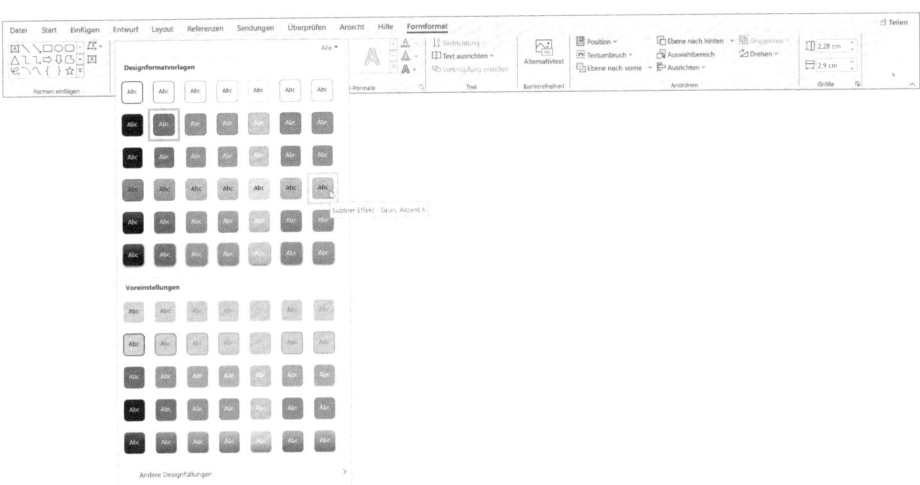

Abbildung 35.14: Zuweisen einer Schnellformatvorlage

Dieser Katalog ist seit Office 2016 in die beiden Gruppen *Designformatvorlagen* und *Voreinstellungen* unterteilt. Während die Farben bei beiden Gruppen dem aktuellen Design des Dokuments entstammen, fließen die Effekte des Designs nur in die obere Gruppe ein. Die Schnellformatvorlagen der unteren Gruppe haben im Gegensatz dazu – unabhängig vom gewählten Design – immer dieselben Effekte. Diese Effekte sind dabei betont schlicht gehalten. (Ausführliche Informationen über das Design-Konzept finden Sie in Kapitel 34.)

Wenn Sie in einem Dokument z. B. nur mit Designformatvorlagen arbeiten wollen, können Sie die Auswahl der Liste auch auf diese Gruppe beschränken. Wählen Sie dazu einfach oben rechts im Katalog die gewünschte Gruppe aus. Diese Einstellung geht jedoch beim Beenden des Programms wieder verloren.

3. Wandern Sie mit dem Mauszeiger über die Einträge des Auswahlkatalogs und begutachten Sie die Wirkung der Formatvorlagen direkt im Dokument. Übernehmen Sie die gewünschte Vorlage durch Anklicken.

Piktogramme einfügen

Mit Office 2019 hat sich das Spektrum der Illustrationen noch einmal erweitert: Sie können jetzt auch Piktogramme in Ihre Dokumente einfügen. Ähnlich wie bei Formen, steht Ihnen dazu ein thematisch sortierter Katalog zur Verfügung, aus dem Sie das gewünschte Piktogramm auswählen können. Zum Öffnen des Katalogs klicken Sie in der Registerkarte *Einfügen* auf die Schaltfläche *Piktogramme*.

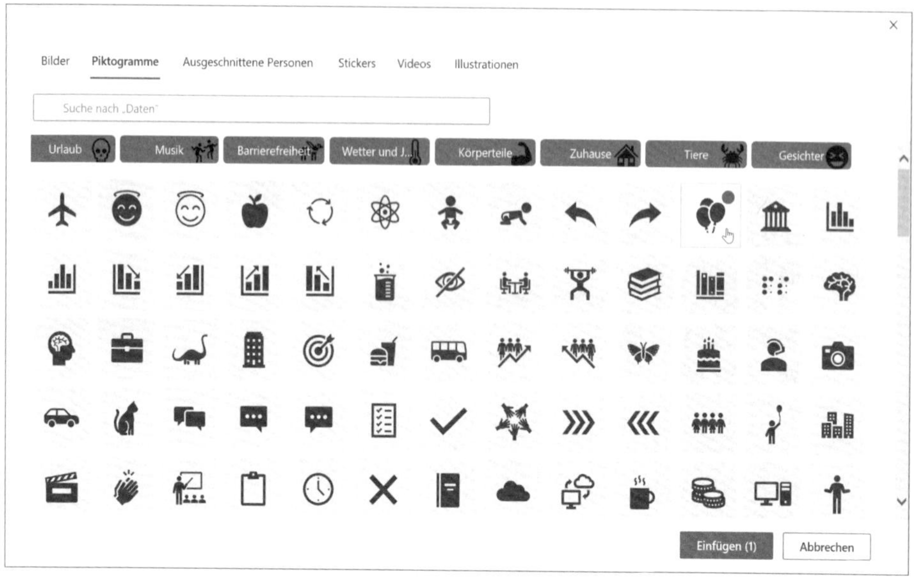

Abbildung 35.15: Die Piktogramme sind thematisch gegliedert.

Allerdings ist die Auswahl an Piktogrammen doch (noch?) recht beschränkt. So enthält z. B. die Rubrik *Sport* aktuell lediglich drei Symbole (immerhin ist ein Fußball dabei ;-)). Es ist aber durchaus vorstellbar, dass Microsoft im Laufe der Zeit weitere Piktogramme nachliefert.

Piktogramme in Zeichnungsobjekte umwandeln

Wenn Sie bereits versucht haben, ein Piktogramm zu bearbeiten, werden Sie vermutlich festgestellt haben, dass Ihnen dazu deutlich weniger Möglichkeiten zur Verfügung stehen als bei einer eingefügten Form. Besonders die Auswahl der Schnellformatvorlagen ist bei Piktogrammen erheblich eingeschränkt.

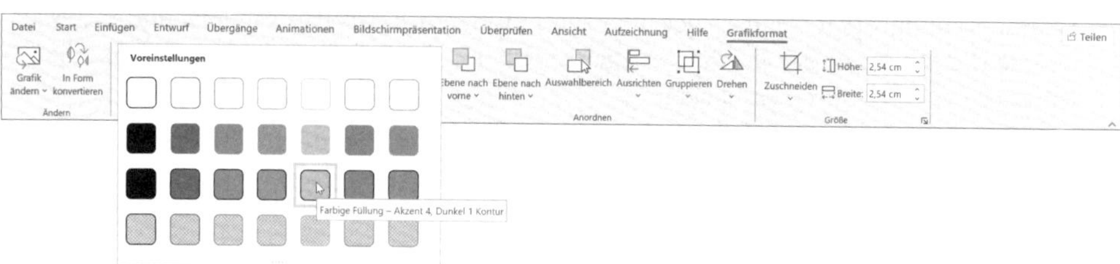

Abbildung 35.16: Für Piktogramme stehen nur wenige Schnellformatvorlagen zur Verfügung.

Dies liegt vor allem daran, dass es sich bei Piktogrammen aus Sicht von Office um Grafiken handelt, die anderen Gesetzmäßigkeiten als Formen unterliegen. Es ist jedoch zum Glück möglich, ein Piktogramm in eine Form bzw. in ein Zeichnungsobjekt umzuwandeln. Anschließend lassen sich dann zum Beispiel einzelne Teile eines Piktogramms verschieden einfärben. Wir wollen Ihnen die dazu notwendigen Schritte kurz vorstellen.

1. Fügen Sie ein Piktogramm in Ihr Dokument ein. Wählen Sie dabei ein Piktogramm, das aus mehreren Einzelteilen zusammengesetzt ist.
2. Klicken Sie das eingefügte Piktogramm mit der rechten Maustaste an und wählen Sie im Kontextmenü den Befehl *In Form konvertieren.* Die Nachfrage von Office, ob Sie die importierte Grafik in ein Zeichnungsobjekt umwandeln wollen, bestätigen Sie mit *Ja.*

   Auf den ersten Blick hat sich durch diese Konvertierung nicht allzu viel verändert. Im Menüband wird jetzt jedoch nicht mehr die Registerkarte *Grafikformat* (bzw. *Grafiktools/Format*) angezeigt, sondern die Karte *Formformat* (bzw. *Zeichentools/Format*).
3. Nun können Sie die einzelnen Bestandteile des Piktogramms markieren.

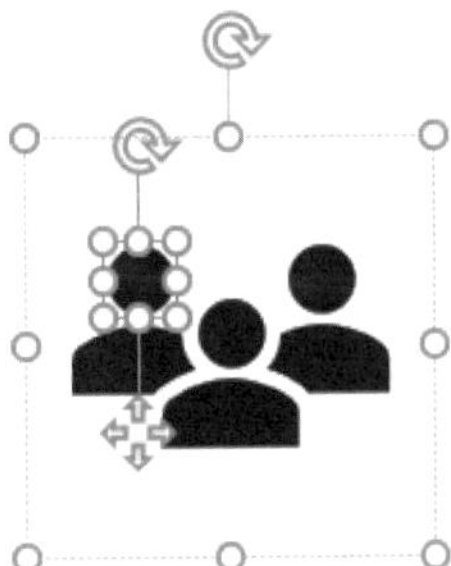

Abbildung 35.17: Das Piktogramm wurde in ein Zeichnungsobjekt umgewandelt.

4. Weisen Sie den einzelnen Elementen der Grafik verschiedene Farben und Effekte zu.

Abbildung 35.18: Mehrfarbiges Piktogramm

5. Beschriften Sie einzelne Elemente, indem Sie sie erst mit der Maus anklicken und dann den gewünschten Text eintippen.

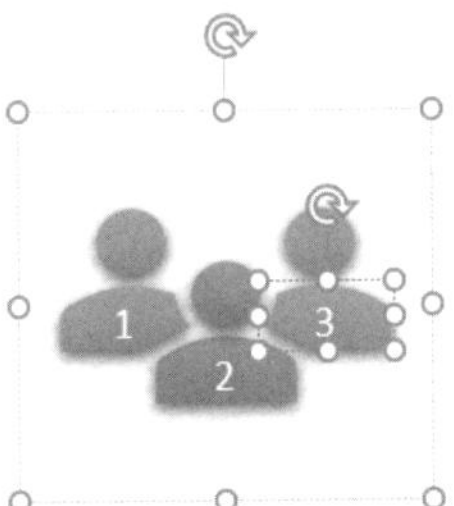

Abbildung 35.19: Beschriftetes Piktogramm

3D-Modelle einfügen

Wir kommen nun zu einer recht spektakulären Funktion von Microsoft Office: den 3D-Modellen. Vielleicht haben ja einige von Ihnen schon mit den kostenlosen 3D-Apps experimentiert, die mit dem Creators Update von Windows 10 eingeführt wurden. Mit ihnen lassen sich 3D-Modelle konstruieren, die dann über die von Microsoft betriebene Plattform *Remix 3D* anderen Nutzern zur Verfügung gestellt werden können.

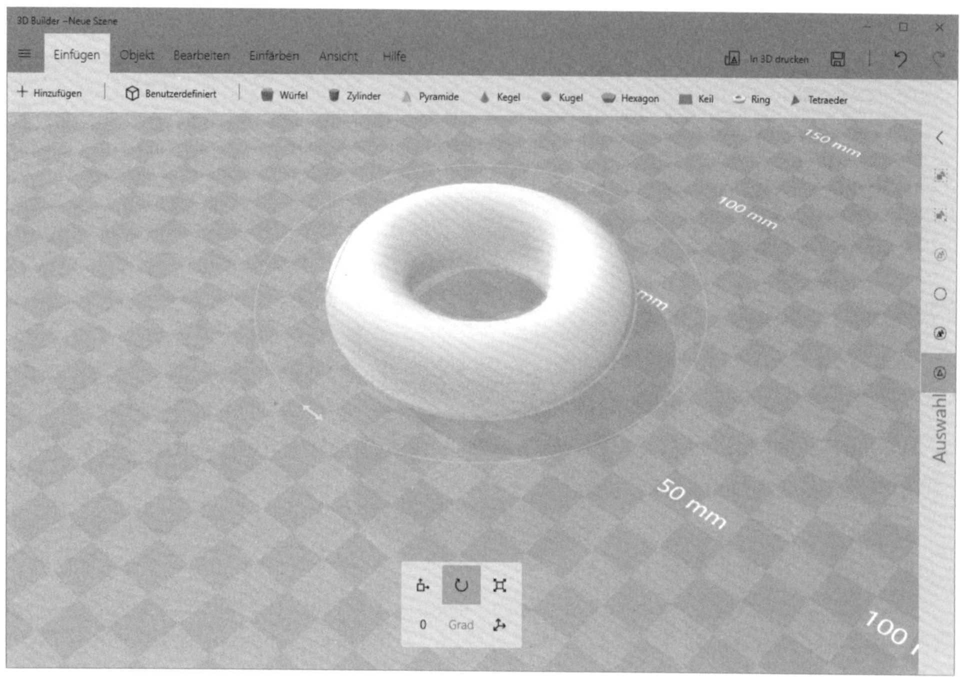

Abbildung 35.20: 3D Builder ist eine kostenlose App von Windows 10

Die Konstruktion dieser 3D-Modelle ist natürlich beliebig komplex und soll uns hier nicht weiter beschäftigen. Wenn Sie sich für dieses Thema interessieren, sollten Sie sich die Apps *Paint 3D* und *3D Builder* einmal näher ansehen. Paint 3D – der Nachfolger des legendären Malprogramms Paint – eignet sich besonders gut für die ersten Gehversuche. Mit dieser App können Sie vorhandene 3D-Modelle mit wenig Aufwand farblich verändern oder mit Stickern (wie z. B. Augen) versehen.

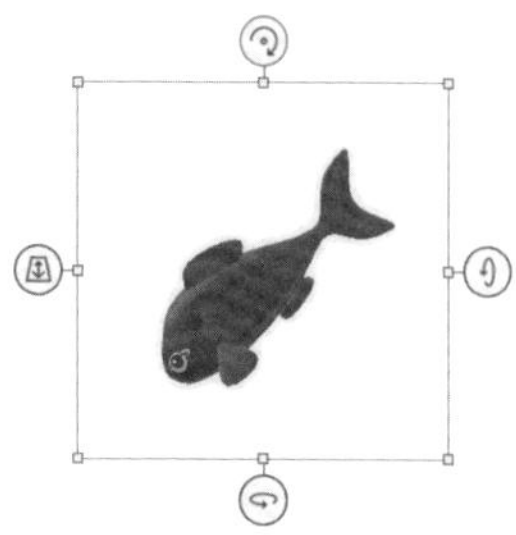

Abbildung 35.21: Mit Paint 3D lassen sich fertige 3D-Modelle bearbeiten.

Nach diesem kleinen thematischen Schlenker wollen wir Ihnen aber nun zeigen, wie sich 3D-Modelle in Office-Dokumenten einsetzen lassen.

1. Starten Sie PowerPoint und erstellen Sie eine neue leere Präsentation.
2. Wechseln Sie auf die Registerkarte *Einfügen* und klicken Sie in der Gruppe *Illustrationen* auf das Symbol *3D-Modelle*. PowerPoint zeigt dann folgenden Katalog an:

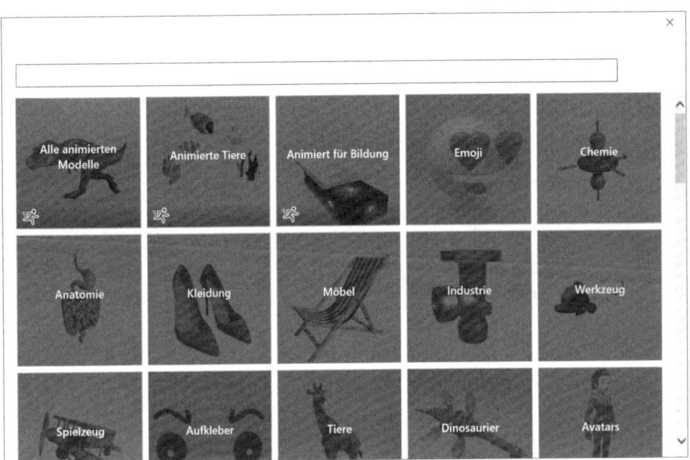

Abbildung 35.22: Auswahlkatalog der 3D-Modelle

3. Öffnen Sie eine der vorgegebenen Kategorien oder geben Sie einen Suchbegriff ein.
4. Wenn Sie ein geeignetes Modell gefunden haben, können Sie es per Doppelklick in Ihre Präsentation einfügen. Dieser Vorgang kann dabei durchaus einige Sekunden in Anspruch nehmen, da diese Modelle zum Teil sehr umfangreich sind. Das Modell der folgenden Abbildung ist zum Beispiel ca. 30 MByte groß.

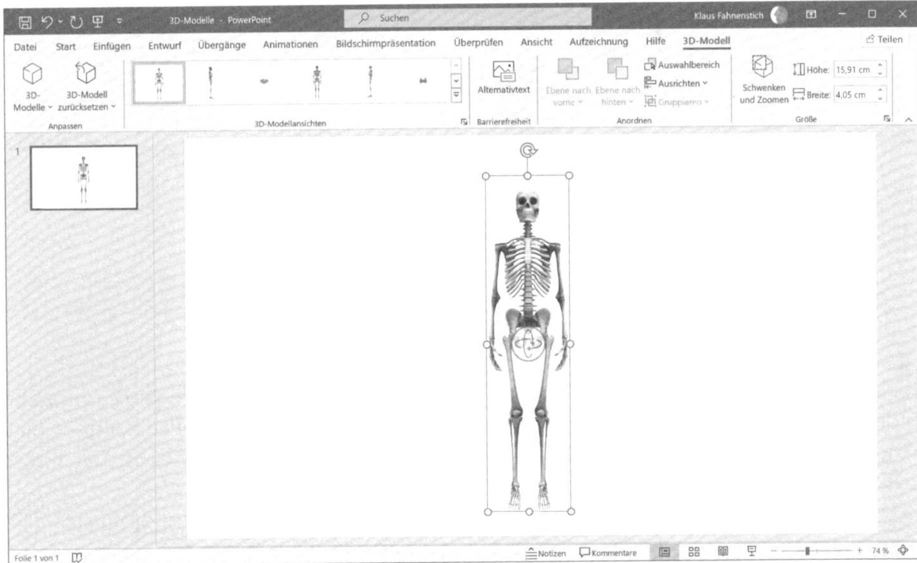

Abbildung 35.23: Das eingefügte 3D-Modell

In den nächsten Schritten wollen wir das 3D-Modell jetzt noch so verändern, dass nur seine obere Hälfte auf der Folie angezeigt wird.

5. Ziehen Sie den Rahmen des 3D-Modells in die Breite bis er in etwa quadratisch ist.
6. Wechseln Sie nun auf die Registerkarte *3D-Modell* (bzw. *3D-Modelltools/Format*) und klicken Sie in der Gruppe *Größe* auf die Schaltfläche *Schwenken und Zoomen*. Dadurch erscheint an der rechten Seite des Rahmens ein Lupensymbol.
7. Klicken Sie die Lupe an und bewegen Sie die Maus dann mit gedrückter Taste nach oben oder unten, um die gewünschte Skalierung einzustellen.
8. Verschieben Sie anschließend das Modell innerhalb des Rahmens, um den passenden Ausschnitt einzustellen. Ihre Folie sollte jetzt etwa so aussehen:

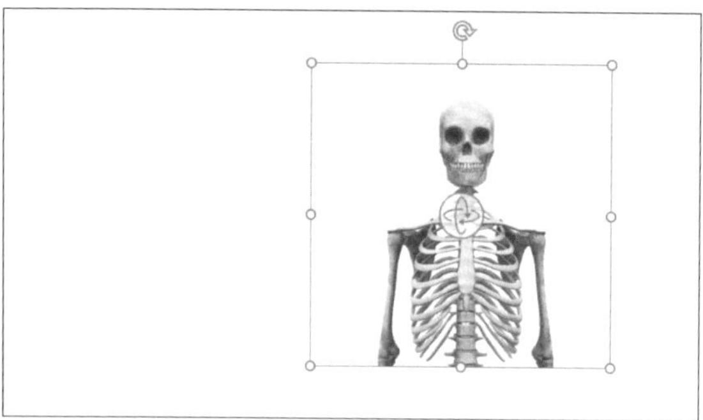

Abbildung 35.24: Nun ist nur noch der obere Teil des Models sichtbar.

9. Zum guten Schluss drehen Sie das Modell noch innerhalb des Raums, indem Sie mit der Maus auf das Drehsymbol in der Mitte zeigen und die Maus dann mit gedrückter Taste bewegen.

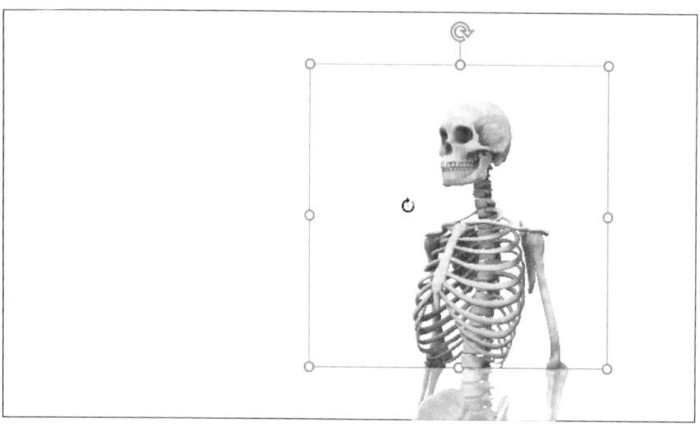

Abbildung 35.25: Drehen des Modells um seine eigene Achse

Richtig spannend wird es, wenn Sie ein 3D-Modell mit einem Morph-Übergang kombinieren. Indem Sie auf zwei Folien das gleiche 3D-Modell in unterschiedlichen Perspektiven platzieren, erreichen Sie, dass sich das Modell beim Folienübergang räumlich dreht. Der Effekt ist schon ziemlich beeindruckend, sollte aber sparsam eingesetzt werden.

In der Übungsdatei *3D-Modelle* haben wir für Sie zwei solcher Folienwechsel (Skelett und Globus) vorbereitet, mit denen Sie experimentieren können.

SmartArts einfügen

SmartArts sollen Ihnen helfen, Sachverhalte grafisch umzusetzen – frei nach dem Motto: »Ein Bild sagt mehr als tausend Worte«. Wie Sie gleich noch sehen werden, liegt die besondere Stärke von SmartArts in ihrer enormen Effektivität. Es ist mit erstaunlich wenig Aufwand möglich, professionelle Grafiken zu erstellen, die Ihre Dokumente deutlich aufwerten.

In diesem Abschnitt werden wir mithilfe von SmartArts ein Diagramm anfertigen, das den Kreislauf der Software-Entwicklung nach dem Modell des *Extreme Programming (XP)* verdeutlicht. Die erforderliche Vorgehensweise zeigt folgende Grafik, die selbst eine SmartArt ist.

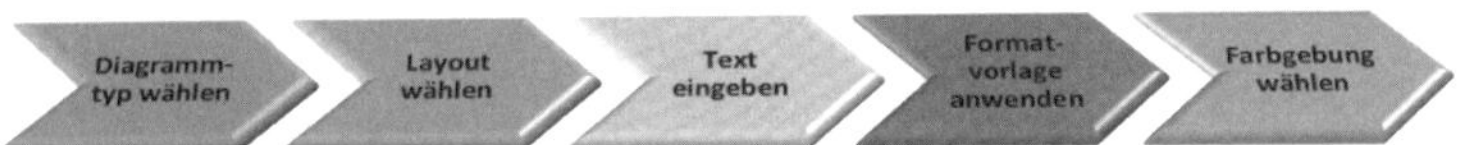

Abbildung 35.26: Entstehungsprozess einer SmartArt-Grafik

1. Legen Sie die Position fest, an der Sie die SmartArt einfügen möchten.
2. Wechseln Sie auf die Registerkarte *Einfügen* und klicken Sie dort in der Gruppe *Illustrationen* auf die Schaltfläche *SmartArt*. Es erscheint der SmartArt-Katalog, in dem die verschiedenen Layouts nach Typen geordnet aufgeführt sind.

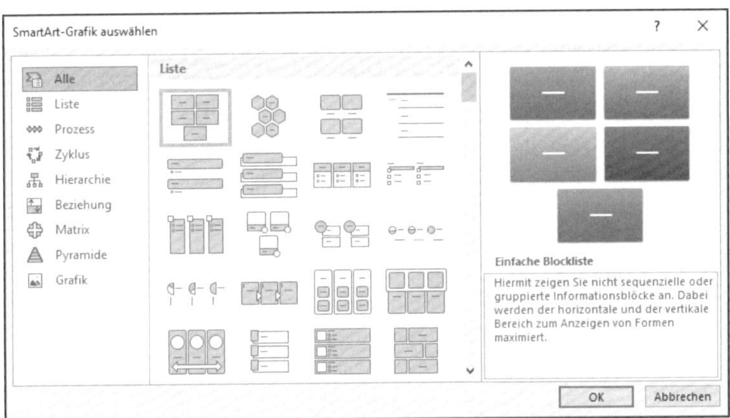

Abbildung 35.27: Der SmartArt-Katalog enthält eine reichhaltige Auswahl.

3. Wählen Sie einen Typ aus, mit dem sich die Zusammenhänge, die Sie darstellen möchten, am besten visualisieren lassen. In unserem Fall ist dies sicherlich der Typ *Zyklus*. Im Katalog werden dann nur noch die Layouts des gewählten Typs angezeigt.
4. Wenn Sie die einzelnen SmartArt-Layouts anklicken, erscheint rechts im Fenster eine kurze Erläuterung, die Hinweise zum sinnvollen Einsatz der jeweiligen Layouts liefert.
5. Übernehmen Sie das gewählte Layout mit *OK*. Dadurch wird die Rohfassung der SmartArt in das Dokument eingefügt. Außerdem tauchen im Menüband zwei Registerkarten auf, auf die wir gleich noch eingehen werden.
6. Sie könnten nun die Textplatzhalter direkt im Diagramm durch eigene Texte ersetzen. Das lässt sich jedoch komfortabler in einem speziellen Textbereich vornehmen, den Sie durch einen Klick auf den Pfeil am linken Rand des Rahmens ein- und ausschalten können.

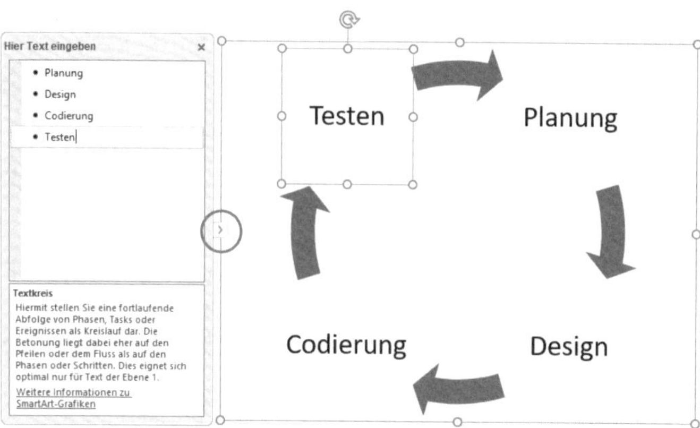

Abbildung 35.28: Im Textbereich lassen sich die Texte der SmartArt bequem editieren.

7. Geben Sie die Texte in den Textbereich ein. Beachten Sie, dass sich die Schriftgröße an die eingegebene Textmenge anpasst. Bei Bedarf können Sie nicht benötigte Listeneinträge löschen oder weitere Einträge ergänzen.
8. Wenn Sie alle Textplatzhalter ausgefüllt haben, können Sie den Textbereich über seine *Schließen*-Schaltfläche wieder ausblenden.

   Damit liegt die Struktur der SmartArt fest und Sie können nun ihre optische Gestaltung ändern. Dazu nutzen Sie am besten eine der angebotenen Formatvorlagen, auch wenn es prinzipiell möglich ist, jeden Bestandteil einer SmartArt individuell zu bearbeiten.
9. Öffnen Sie in der Registerkarte *SmartArt-Design* (bzw. *SmartArt-Tools/Entwurf*) die Auswahlliste für die *SmartArt-Formatvorlagen.* Zeigen Sie dann mit der Maus auf die verschiedenen Vorlagen, um ihre Wirkung direkt im Dokument anzuzeigen. Beachten Sie auch, dass einige Formatvorlagen einen räumlichen Effekt haben.
10. Nachdem Sie eine geeignete Formatvorlage ausgewählt haben, können Sie noch die Farbgebung der SmartArt ändern. Klicken Sie dazu auf die Schaltfläche *Farben ändern* und übernehmen Sie eine der angebotenen Varianten.

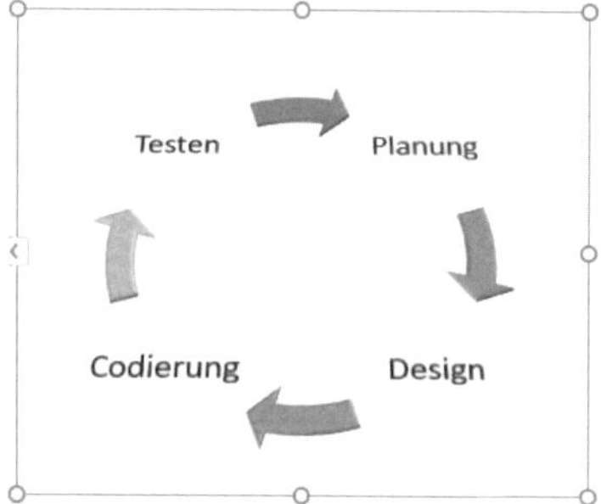

Abbildung 35.29: Die fertige SmartArt

An dieser Stelle wollen wir die Vorstellung der SmartArts beenden – auch wenn auf den beiden Registerkarten der *SmartArt-Tools* noch eine Fülle von interessanten Funktionen schlummert. Am besten probieren Sie in einer ruhigen Stunde die verschiedenen Effekte der Reihe nach aus.

Ausrichtungslinien

Seit der Version 2013 unterstützt Office die Positionierung von Grafiken und Illustrationen mithilfe der so genannten Ausrichtungslinien. Diese praktischen Linien tauchen beim Verschieben eines Objekts automatisch auf, wenn sich das Objekt einem anderen Objekt oder einer Textbegrenzung nähert.

Allerdings verhalten sich die einzelnen Programme nicht gleich: PowerPoint berücksichtigt zum Beispiel beim Verschieben einer Form auch andere Objekte, die sich auf der Folie befinden, während Word diese ignoriert und sich ausschließlich an Textbegrenzungen orientiert. Diese Inkonsistenz ist aus unserer Sicht zwar bedauerlich, lässt sich aber verschmerzen, da Formen auch auf andere Weise ausgerichtet werden können. Wir werden Ihnen diese Funktionen weiter unten im Abschnitt »Objekte aneinander ausrichten« auf Seite 634 vorstellen.

Die Handhabung der Ausrichtungslinien müssen wir Ihnen nicht groß erklären, sie ist absolut intuitiv. In den beiden folgenden Abbildungen sehen Sie jeweils ein Beispiel für Word und PowerPoint. In Word haben wir dazu das Lineal eingeblendet, damit Sie die Seitenränder gut erkennen können. Alternativ können Sie auch die Anzeige der Textbegrenzungen einschalten. Sie finden diese Einstellung in den Word-Optionen unter *Erweitert/Dokumentinhalt anzeigen.*

Beachten Sie, wie leicht es in PowerPoint ist, mehrere Objekte exakt zueinander zu positionieren. Im abgebildeten Beispiel zeigen die Ausrichtungslinien, dass der vertikale Abstand zwischen der Form 2 und 3 genauso groß ist wie der Abstand der Form 2 zum unteren Rand des Textplatzhalters.

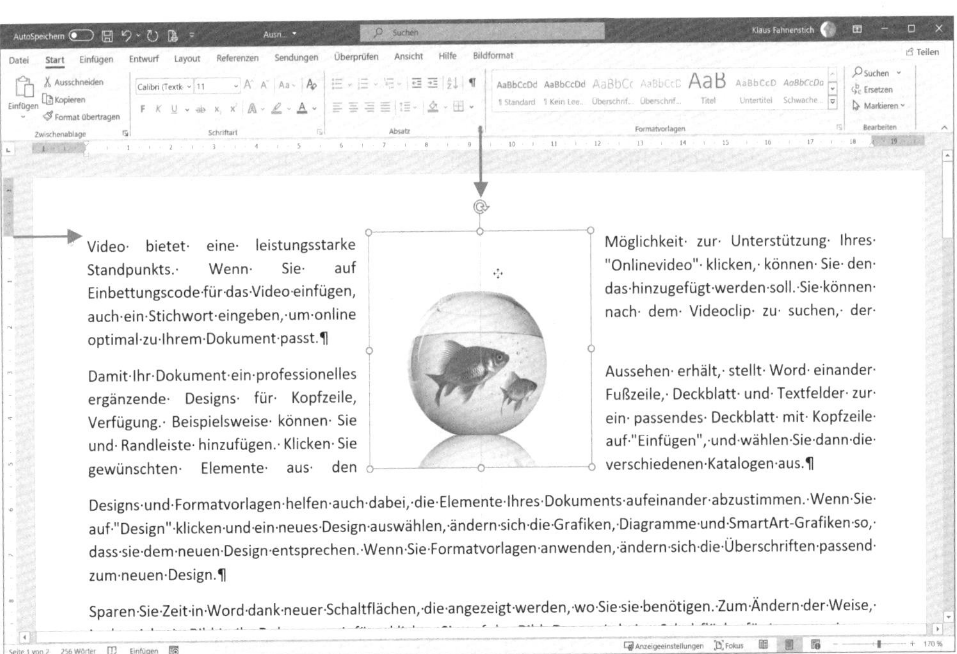

Abbildung 35.30: Ausrichtungslinien in Word orientieren sich nur an den Textbegrenzungen.

Weitere Hinweise zur Konfiguration der Ausrichtungslinien in Word finden Sie auf Seite 631.

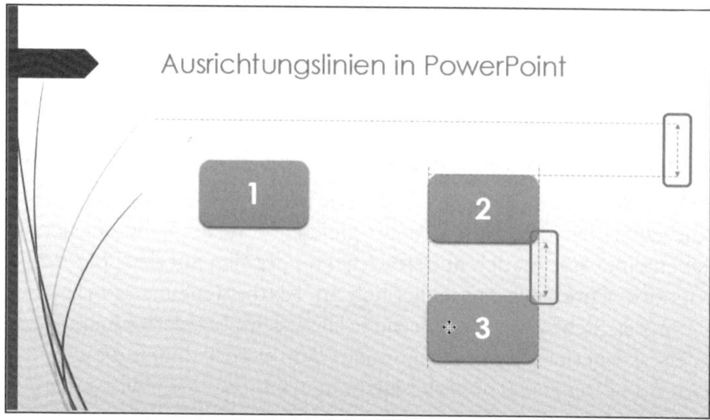

Abbildung 35.31: In PowerPoint berücksichtigen Ausrichtungslinien auch andere Objekte.

Das Zeichnungsraster

Wenn Sie eine Grafik oder eine Form verschieben, bewegt sie sich nicht gleichmäßig, sondern in kleinen kaum wahrnehmbaren Sprüngen. Die Ursache für dieses Verhalten ist das so genannte Zeichnungsraster, mit dem Office das exakte Positionieren von Grafiken und das Zeichnen von Formen unterstützt. Dieser Abschnitt beschreibt, wie Sie dieses Raster auf dem Bildschirm sichtbar machen und wie Sie seine Einstellungen verändern können.

Leider verhalten sich Excel, Word und PowerPoint in diesem Punkt etwas unterschiedlich:

- **Excel** verwendet kein spezielles Raster, sondern die Gitternetzlinien des Arbeitsblattes.
- **Word** nutzt ein Zeichnungsraster, bei dem Sie die horizontalen und vertikalen Linien unabhängig voneinander konfigurieren können.
- **PowerPoint** arbeitet mit einem quadratischen Zeichnungsraster, bei dem sich die Größe der Kästchen einstellen lässt. Zusätzlich können aber auch Führungslinien eingeblendet werden, an denen sich Objekte ebenfalls ausrichten lassen.

In allen Programmen werden die Rasterlinien zusätzlich auch als Gitternetzlinien bezeichnet (nicht zu verwechseln mit den Gitternetzlinien in Diagrammen).

Das automatische Einrasten beim Zeichnen bzw. beim Verschieben von Objekten können Sie beeinflussen, indem Sie die automatische Ausrichtung von Objekten ein- bzw. ausschalten. Sie haben dabei die Wahl zwischen einer kurzzeitigen Deaktivierung und einem dauerhaften Ausschalten.

Wenn Sie die automatische Ausrichtung nur für das Verschieben eines einzelnen Objektes umschalten wollen, drücken Sie beim Verschieben die `Alt`-Taste. Dadurch wird die Wirkung der Funktion umgekehrt: Ist die automatische Ausrichtung zurzeit aktiv, wird sie durch Drücken von `Alt` temporär deaktiviert und Sie können das Objekt frei verschieben. Im anderen Fall, also wenn die Funktion ausgeschaltet war, wird sie durch das Drücken der Taste wieder wirksam.

Konfiguration des Rasters in Excel

In Excel kann man eigentlich nicht von einem echten Zeichnungsraster sprechen. Das Raster wird hier durch die Begrenzungslinien der Zeilen und Spalten gebildet. Die Sichtbarkeit der Trennlinien steuern Sie, indem Sie auf der Registerkarte *Ansicht* in der Gruppe *Anzeigen* die Option *Gitternetzlinien* ein- bzw. ausschalten.

Um das Standardverhalten des Rasters einzustellen, gehen Sie folgendermaßen vor:

1. Markieren Sie eine Grafik, ClipArt oder Form.
2. Wechseln Sie auf die Registerkarte *Formformat* (bzw. *Bildtools/Format*).
3. Klicken Sie in der Gruppe *Anordnen* auf die Schaltfläche *Ausrichten* und wählen Sie den Befehl *Am Raster ausrichten*. Zusätzlich können Sie dort auch noch den Befehl *An Form ausrichten* aktivieren. In diesem Fall werden Objekte zusätzlich auch an den Kanten anderer Objekte ausgerichtet. Dies macht insbesondere dann Sinn, wenn Sie die Objekte eines Arbeitsblatts nicht an den Gitternetzlinien, sondern nur untereinander ausrichten möchten. Beide Befehle wirken wie ein Schalter, d. h. jeder Aufruf wechselt den aktuellen Status der Einrast-Funktion. (Hinweis: Die beiden Befehle beeinflussen sich gegenseitig.)

Beachten Sie, dass bei aktiviertem Raster alle Seiten eines Objekts einrasten können. Die Grafik in der folgenden Abbildung ist zum Beispiel sowohl an ihrer linken als auch ihrer rechten Seite eingerastet.

Abbildung 35.32: In Excel wirken die Rahmenlinien der Zellen als Raster.

Konfiguration des Rasters in Word

In Word ist das Zeichnungsraster normalerweise ausgeschaltet. Um es auf dem Bildschirm sichtbar zu machen, schalten Sie auf der Registerkarte *Ansicht* in der Gruppe *Anzeigen* die Option *Gitternetzlinien* ein. Für die Konfiguration des Rasters existiert ein eigenes Dialogfeld:

1. Wechseln Sie auf die Registerkarte *Layout*.
2. Klicken Sie in der Gruppe *Anordnen* auf die Schaltfläche *Ausrichten* und wählen Sie in ihrem Menü den Befehl *Rastereinstellungen*. Word zeigt dann das Dialogfeld *Gitternetz und Führungslinien* an (siehe Abbildung 35.33 auf der folgenden Seite).

   Wie sein Name schon andeutet, ist das Dialogfeld sowohl für die Konfiguration der Gitternetzlinien wie auch der Ausrichtungslinien verantwortlich. Dabei ist es wichtig zu wissen, dass immer nur eines der beiden Hilfsmittel genutzt werden kann: entweder die Ausrichtungslinien oder das Gitternetz.

3. In der Gruppe *Ausrichtungslinien* können Sie steuern, welche der verschiedenen Führungslinien angezeigt werden sollen. Der Sinn dieser Flexibilität erschließt sich uns auf Anhieb nicht, aber es mag durchaus Anwendungsfälle geben, in denen es praktisch ist, einzelne Linien auszuschalten.

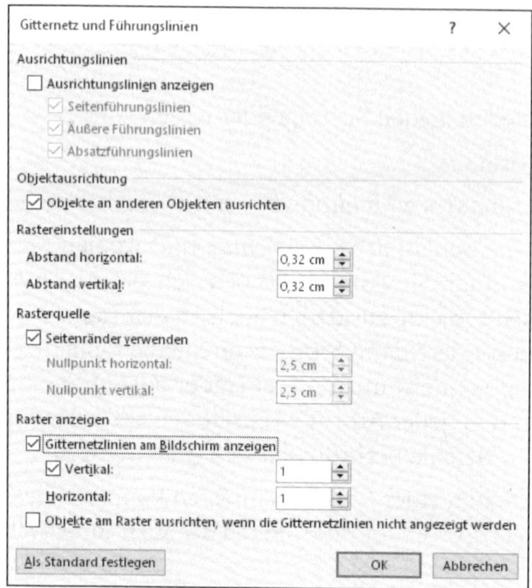

Abbildung 35.33: Konfiguration des Zeichnungsrasters und der Ausrichtungslinien in Word

Hinweis Ausrichtungslinien Beim Einschalten der Gitternetzlinien werden die Ausrichtungslinien automatisch ausgeschaltet. Wenn Sie die Ausrichtungslinien anschließend erneut nutzen möchten, müssen Sie sie explizit wieder einschalten *(Layout/Ausrichten/Ausrichtungslinien verwenden).*

4. Mit den beiden Eingabefeldern *Abstand horizontal* und *Abstand vertikal* können Sie die Weite des Rasters einstellen. Der etwas seltsam anmutende Vorgabewert von 0,32 cm kommt dadurch zustande, dass Word nicht in Zentimetern rechnet, sondern in der typographischen Maßeinheit *Punkt.* (Sie ist intern sogar noch in *Twips* unterteilt, wobei in einem Punkt 20 Twips enthalten sind.) Der Wert 0,32 cm entspricht dabei exakt 9 Punkt.
5. Normalerweise beginnt das Zeichnungsraster in der linken oberen Ecke des Textbereichs, also des Bereichs, der durch die festgelegten Seitenränder definiert ist. Sie können aber auch die Papierkanten als Referenzpunkte benutzen. Schalten Sie dann im Dialogfeld die Option *Seitenränder verwenden* aus und tragen Sie die gewünschten Maßangaben in die Felder *Nullpunkt horizontal* und *Nullpunkt vertikal* ein.
6. Um die Rasterlinien anzuzeigen, schalten Sie die Option *Gitternetzlinien am Bildschirm anzeigen* ein. Zusätzlich können Sie mit der Option *Vertikal* steuern, ob zusätzlich zu den waagerechten auch die senkrechten Linien angezeigt werden sollen. Mit den beiden Zahlenangaben der Optionen *Vertikal* und *Horizontal* legen Sie fest, ob alle Linien des Rasters angezeigt werden sollen – das entspricht der Eingabe einer 1 – oder nur jede zweite, dritte und so weiter.
7. Normalerweise rasten die Objekte beim Verschieben nur dann im Zeichnungsraster ein, wenn die Rasterlinien auf dem Bildschirm angezeigt werden. Wenn Sie das Raster jedoch dauerhaft aktivieren wollen, schalten Sie unten im Dialogfeld die Option *Objekte am Raster ausrichten, wenn die Gitternetzlinien nicht angezeigt werden* ein.

8. Wenn Sie möchten, dass die im Dialogfeld vorgenommenen Einstellungen nicht nur für das aktuelle, sondern für alle Dokumente gelten, klicken Sie auf die Schaltfläche *Als Standard festlegen* und bestätigen die anschließende Nachfrage mit *Ja*. Dieser Schritt wirkt sich jedoch nur auf die Konfiguration des Rasters aus (also auf den Rasterabstand, die Rasterquelle und die Anzahl der Rasterlinien). Die Sichtbarkeit der Rasterlinien betrifft immer alle Dokumente.

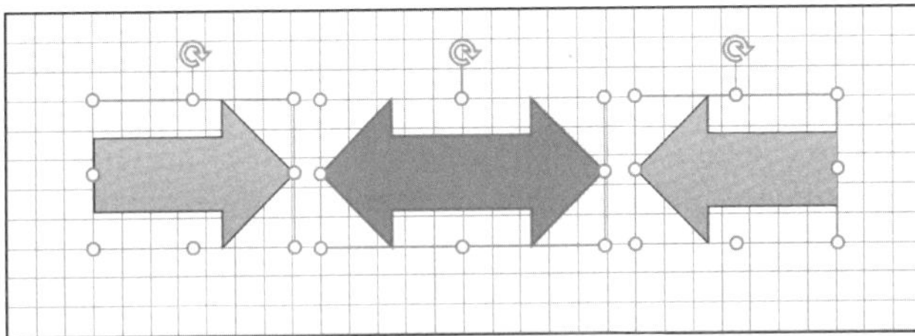

Abbildung 35.34: Word mit eingeschaltetem Zeichnungsraster. Beachten Sie, dass nicht die Ecken der Formen, sondern ihre Anfasser auf den Kreuzungspunkten der Gitternetzlinien einrasten.

Konfiguration des Rasters in PowerPoint

Das Zeichnungsraster von PowerPoint ist etwas einfacher organisiert als das von Word. Allerdings unterscheidet PowerPoint zwischen normalen und intelligenten Führungslinien. Die normalen Führungslinien sind frei verschiebbare Linien, an denen Sie die Objekte einer Folie ausrichten können (ähnlich den Hilfslinien in Adobe Photoshop und Adobe Illustrator). Bei ihren intelligenten Gegenstücken handelt es sich um die automatischen Ausrichtungslinien, die wir Ihnen bereits weiter vorne im Abschnitt »Ausrichtungslinien« (Seite 629) vorgestellt haben.

Um das Raster auf dem Bildschirm anzuzeigen, schalten Sie auf der Registerkarte *Ansicht* in der Gruppe *Anzeigen* die Option *Gitternetzlinien* ein. Alternativ können Sie auch den Shortcut ⇧+F9 nutzen.

Die Konfiguration des Rasters erfolgt über ein Dialogfeld, das Sie am einfachsten über das Kontextmenü der angezeigten Folie aufrufen. Der Befehl heißt *Raster und Führungslinien*.

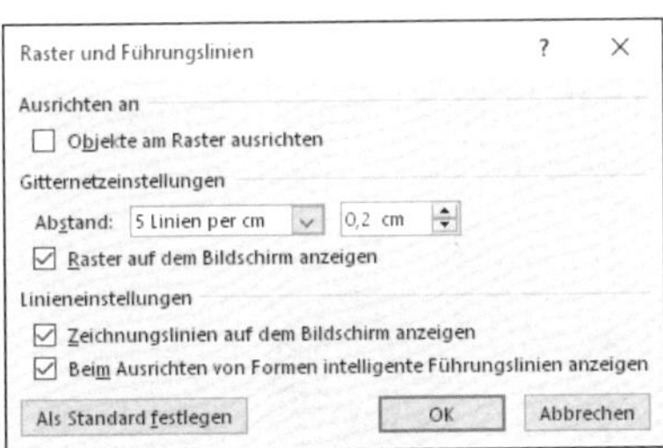

Abbildung 35.35: Konfiguration des Zeichnungsrasters in PowerPoint

Mit der ersten Option legen Sie fest, ob Objekte standardmäßig am Raster ausgerichtet werden sollen oder nicht. Im Gegensatz zu Word gibt es bei PowerPoint keine Kopplung zwischen der Einrastfunktion und der Sichtbarkeit des Rasters.

Die Rasterweite stellen Sie im Kombinationsfeld *Abstand* ein, indem Sie entweder einen Wert aus der Liste auswählen oder eine eigene Angabe eintragen. Beachten Sie, dass hier nicht zwischen dem vertikalen und horizontalen Abstand unterschieden wird.

Führungslinien

Hinter der Option *Zeichnungslinien auf dem Bildschirm anzeigen* verbergen sich die eingangs erwähnten normalen Führungslinien. Diese Linien können frei auf der Folie verschoben werden und wirken auf die Objekte »magnetisch«. Wenn Sie Ihre Objekte mithilfe dieser Linien ausrichten wollen, empfehlen wir Ihnen, dass Sie die Funktion des Rasters deaktivieren.

Standardmäßig zeigt PowerPoint nur eine senkrechte und eine waagerechte Führungslinie an. Sie können jedoch weitere Linien erzeugen, indem Sie mit der Maus auf eine bestehende Linie zeigen, die Taste Strg drücken und dann das so erzeugte Duplikat zur Seite wegziehen (siehe Abbildung 35.36). Alternativ können Sie auch das Kontextmenü der Folie aufrufen und dort den Befehl *Raster und Führungslinien/...Führungslinie hinzufügen* nutzen. Um eine Linie zu entfernen, ziehen Sie sie einfach aus der Folie hinaus.

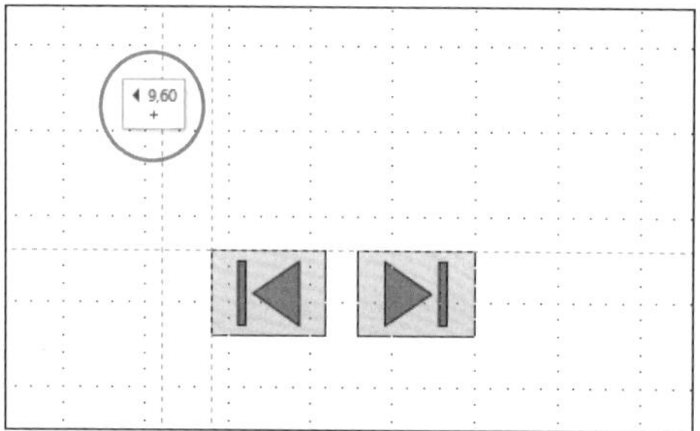

Abbildung 35.36: Bei PowerPoint wird das Raster nicht durch Linien, sondern durch Punkte dargestellt. Bei den gestrichelten Linien handelt es sich um Führungslinien (im Dialogfeld Zeichnungslinien *genannt).*

Objekte aneinander ausrichten

So praktisch die automatischen Führungslinien auch sein mögen: In einigen Situationen gehen Sie beim Ausrichten von Objekten besser anders vor. Im folgenden Beispiel sollen fünf Formen auf einer Linie positioniert werden und dabei exakt den gleichen Abstand voneinander haben. Diese Aufgabe lösen Sie am einfachsten über die Befehle der Schaltfläche *Ausrichten,* die Sie auf der Registerkarte *Formformat* (bzw. *Zeichentools/Format*) finden.

Abbildung 35.37: Die Aufgabe: Alle Kugeln sollen mit gleichmäßigen Abständen auf der Linie stehen.

1. Öffnen Sie die Übungsdatei *Ausrichten* in Word.
2. Schieben Sie die linke Kugel nach unten, bis sie die Linie berührt. Halten Sie dazu gegebenenfalls die Alt-Taste gedrückt, um ein stufenloses Bewegen zu erlauben.
3. Markieren Sie alle Kugeln. Klicken Sie dazu entweder die Kugeln nacheinander mit gedrückter Strg-Taste an (am Rand!) oder wählen Sie auf der Registerkarte *Start* ganz rechts den Befehl *Markieren/Objekte auswählen* und ziehen dann einen Rahmen um alle Kugeln auf.
4. Wechseln Sie jetzt auf die Registerkarte *Formformat* (bzw. *Zeichentools/Format*), klicken dort auf die Schaltfläche *Objekte ausrichten* und wählen in ihrem Menü den Befehl *Unten ausrichten*. Das Ergebnis sollte dann ungefähr so aussehen:

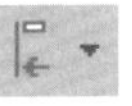

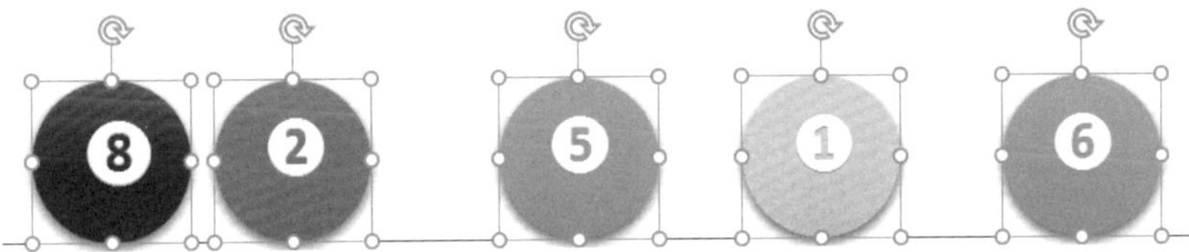

Abbildung 35.38: Sämtliche Kugeln stehen jetzt in einer Höhe auf der Linie.

5. Jetzt müssen die Kugeln nur noch gleichmäßig verteilt werden. Nichts leichter als das: Wählen Sie diesmal den Befehl *Ausrichten/Horizontal verteilen.*

6. Klicken Sie auf eine freie Stelle im Dokument oder drücken Sie Esc, um die Markierung der Kugeln aufzuheben. Dadurch verlassen Sie auch den Markierungsmodus, falls Sie ihn in Schritt 3 eingeschaltet haben.

Abbildung 35.39: Die Kugeln stehen jetzt in gleichmäßigen Abständen auf der Linie.

Objekte überlappen

Wenn ein Dokument mehrere, sich überlappende Grafiken enthält, können Sie die Art und Weise, wie sich die einzelnen Grafiken abdecken, genau einstellen:

1. Fügen Sie mehrere Formen ein und verschieben Sie sie anschließend so, dass sich die Formen teilweise überdecken.

Abbildung 35.40: Die Formen wurden in der Reihenfolge ihrer Nummern eingefügt.

2. In einem ersten Schritt soll nun die Form mit der Ziffer 3 ganz nach hinten gestellt werden. Klicken Sie dazu die betreffende Form an.
3. Wechseln Sie auf die Registerkarte *Formformat*, öffnen Sie in der Gruppe *Anordnen* das Menü der Schaltfläche *Ebene nach hinten* und wählen Sie dort *In den Hintergrund*. Die Form liegt jetzt zuunterst, d. h., sie wird von den beiden anderen Formen überdeckt.

Abbildung 35.41: Die dritte Form befindet sich nun ganz hinten.

4. Im zweiten und letzten Schritt soll nun noch die zweite Form zwischen die beiden anderen Formen gestellt werden. Markieren Sie dazu die Form mit der Ziffer 2.
5. Wählen Sie nun auf der Registerkarte *Formformat* den Befehl *Ebene nach hinten*. Dadurch rutscht die Form wie gewünscht zwischen die beiden anderen Formen.

Abbildung 35.42: Die drei Formen in umgekehrter Reihenfolge

Wenn Ihnen der Weg über die Registerkarte zu umständlich ist, können Sie zum Umstellen der Ebenen auch auf das Kontextmenü der Formen zurückgreifen. Durch die verkürzten Mauswege ist dies in der Praxis das schnellere Verfahren.

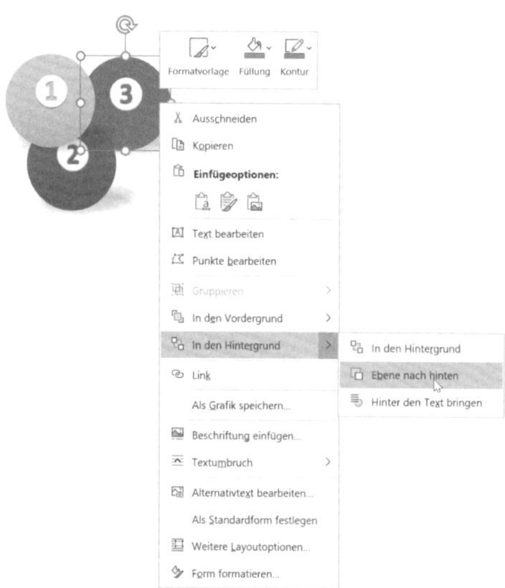

Abbildung 35.43: Die Befehle des Kontextmenüs erlauben ein schnelleres Arbeiten.

Der Aufgabenbereich »Auswahl«

Seit Office 2010 gibt es einen Aufgabenbereich, mit dem sich Objekte besonders komfortabel auswählen und anordnen lassen. Es ist sogar möglich, die Sichtbarkeit der einzelnen Objekte zu steuern. Zum Anzeigen des Bereichs wählen Sie den Befehl *Start/Markieren/Auswahlbereich.*

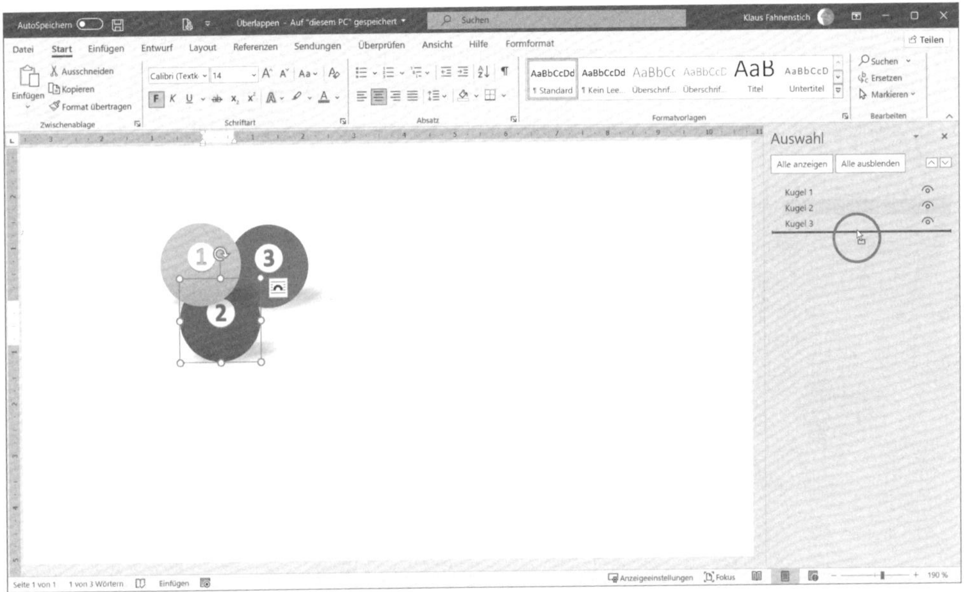

Abbildung 35.44: Der Aufgabenbereich Auswahl *zeigt die Reihenfolge der Objekte als Liste an.*

In diesem Aufgabenbereich können Sie folgende Aktionen vornehmen:

- **Markieren** Um ein Objekt auszuwählen, klicken Sie einfach seinen Namen in der Liste an. Falls ein Dokument sehr viele Objekte enthält, kann es allerdings manchmal schwierig sein, das gesuchte Objekt auf Anhieb anhand seines Namens zu identifizieren. Wenn Sie einen bereits markierten Namen in der Liste anklicken, können Sie den Eintrag ändern. Auf diese Weise haben wir in der obigen Abbildung die Namen der Objekte von *Ellipse…* in *Kugel…* umbenannt.
- **Anordnen** Wenn Sie ein Objekt nach vorne oder nach hinten schieben möchten, markieren Sie es in der Liste und bewegen den Eintrag dann mithilfe der beiden Pfeilschaltflächen nach oben bzw. nach unten. Alternativ ziehen Sie den Eintrag, wie in der Abbildung zu sehen, mit der Maus an seine gewünschte Position.
- **Ein-/Ausblenden** Indem Sie das Augensymbol eines Listeneintrags anklicken, können Sie das zugehörige Objekt ausblenden. Das betreffende Objekt wird dann nicht mehr auf dem Bildschirm angezeigt und auch nicht mit ausgedruckt. Um das Objekt wieder sichtbar zu machen, klicken Sie das Symbol, das sich dann zu einem waagerechten Strich (der wohl ein geschlossenes Auge darstellen soll) erneut an.

Objekte gruppieren

Wenn eine Figur, die Sie aus mehreren Formen zusammengestellt haben, vollendet ist, können Sie ihre Einzelteile zu einer Gruppe zusammenfassen. Die Gruppe verhält sich dann wie eine einzelne Illustration und kann dadurch leichter verschoben oder kopiert werden.

Dies ist vor allem immer dann sinnvoll, wenn ein Dokument auch mit den mobilen Versionen von Word bearbeitet werden soll. Wie bereits erwähnt, können Objekte dort nur einzeln verschoben werden. Bei zusammengehörigen Objekten ist es dann eine große Hilfe, wenn sie gemeinsam als Gruppe verschoben werden können.

Das folgende Beispiel beschreibt, wie Sie beim Gruppieren vorgehen müssen:

1. Fügen Sie mehrere Formen in ein Dokument ein oder öffnen Sie die Übungsdatei *Gruppieren*.

2. Markieren Sie die Formen, indem Sie sie bei gedrückter Strg-Taste anklicken.

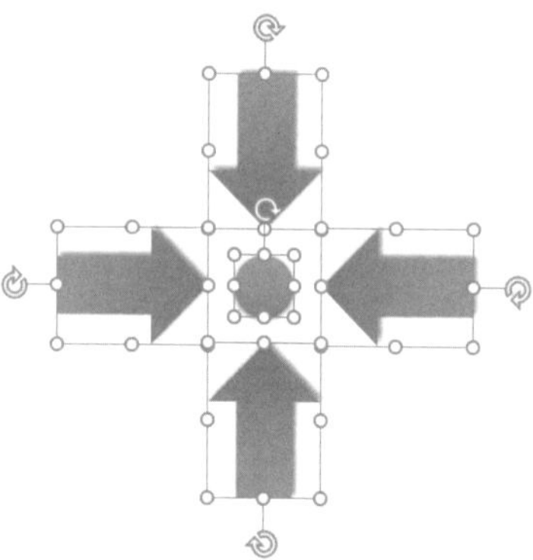

Abbildung 35.45: Die zu gruppierenden Formen wurden einzeln mit der Maus markiert.

3. Wechseln Sie dann auf die Registerkarte *Formformat* (bzw. *Zeichentools/Format*), klicken Sie in der Gruppe *Anordnen* auf die Schaltfläche *Gruppieren* und wählen Sie in deren Ausklappmenü den Befehl *Gruppieren*. Die Formen erhalten dadurch eine gemeinsame Markierung – sie sind gruppiert.

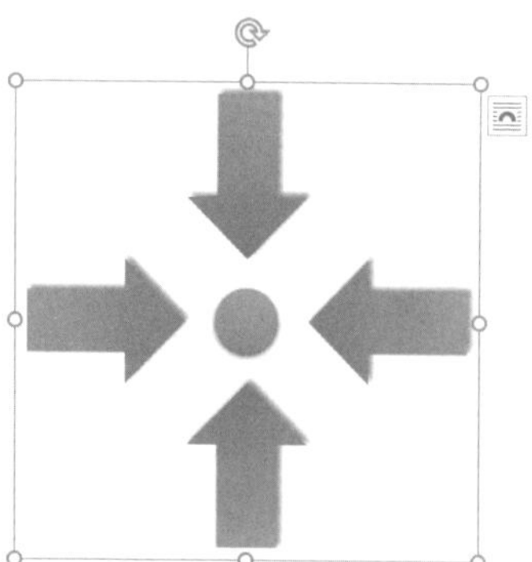

Abbildung 35.46: Die Formen sind zu einer Gruppe zusammengefasst.

Sie können die Gruppe nun als Ganzes im Dokument verschieben. Auch eine Bearbeitung der Formen ist in gewissen Grenzen möglich. Sie können z. B. der Gruppe neue Farben und Effekte zuweisen oder sie insgesamt vergrößern bzw. verkleinern. Die einzelnen Formen lassen sich ebenfalls noch separat anklicken und können so auch individuell formatiert werden.

4. Um die Gruppierung anschließend wieder zu lösen, rufen Sie den Befehl *Gruppierung aufheben* auf. Sie finden ihn sowohl in dem Ausklappmenü der Schaltfläche *Gruppieren*, als auch im Kontextmenü der gruppierten Formen.

Hinweis Gruppierung wiederherstellen Bis zur Version von Office 2007 ließ sich eine aufgehobene Gruppierung mithilfe des Befehls *Gruppierung wiederherstellen* rekonstruieren. Die einzelnen Objekte »wussten«, mit welchen Objekten sie zuvor eine Gruppe gebildet hatten. Dieser Befehl steht leider seit Office 2010 nicht mehr zur Verfügung.

Grafiken zuschneiden

Manchmal will man eine Grafik nicht komplett verwenden, sondern nur einen bestimmten Teil davon. Den notwendigen Zuschnitt müssen Sie jedoch nicht in einem Grafikprogramm vornehmen, sondern Sie können die nicht benötigten Teile der Grafik direkt im Dokument abschneiden. So können Sie sich z. B. von überflüssigen Rändern trennen oder einem Bild andere Proportionen geben.

1. Fügen Sie eine Grafik ein bzw. markieren Sie eine Grafik.
2. Wechseln Sie dann auf die Registerkarte *Bildformat* (bzw. *Bildtools/Format*) und klicken Sie in der Gruppe *Größe* auf die Schaltfläche *Zuschneiden*. Das Programm befindet sich nun im Zuschneidemodus, was Sie an dem geänderten Mauszeiger und der geänderten Bildmarkierung erkennen.

Abbildung 35.47: Grafik im Zuschneidemodus

3. Ziehen Sie an den Anfassern der Grafik, um die nicht benötigten Bildteile wegzuschneiden.

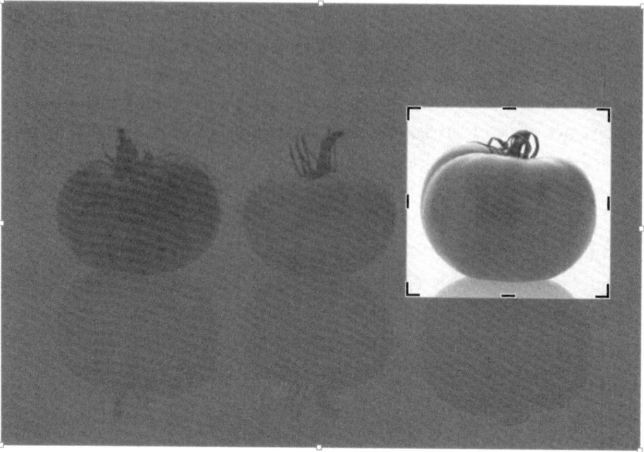

Abbildung 35.48: Der gewünschte Ausschnitt ist festgelegt.

4. Um den Zuschneidemodus zu beenden, betätigen Sie entweder erneut die Schaltfläche *Zuschneiden* oder Sie klicken außerhalb der Grafik in das Dokument.
5. Passen Sie zum Schluss noch die Größe und die Position der Grafik an.

Abbildung 35.49: Der fertige Bildausschnitt

Hinweis Es geht nichts verloren Beim Zuschneiden wird nur der sichtbare Bereich der Grafik geändert, die Grafik selbst bleibt unverändert. Sie können also den Zuschnitt nachträglich korrigieren oder sogar ganz rückgängig machen. (Dazu markieren Sie das Bild und wählen dann auf der Registerkarte *Bildformat* (bzw. *Bildtools/Format*) in der Gruppe *Anpassen* den Befehl *Bild zurücksetzen/Bild und Größe zurücksetzen.*)

Motive freistellen

Dass Office sich vor einem echten Bildbearbeitungsprogramm nicht verstecken muss, merken Sie spätestens, wenn Sie das erste Mal ein Bildmotiv mit Office freistellen. Diese Funktion wurde mit Office 2010 eingeführt und kann sich wirklich sehen lassen. Ihre zunächst etwas sperrige Handhabung ist mit Office 2019 noch einmal deutlich verbessert worden.

1. Wenn Sie das hier gezeigte Beispiel nachvollziehen möchten, öffnen Sie die Übungsdatei *Freistellen* in Word. Alternativ fügen Sie eine geeignete Grafik in ein beliebiges Dokument ein.

2. Markieren Sie die Grafik, die Sie freistellen möchten.

Abbildung 35.50: Die Person im Vordergrund soll freigestellt werden.

3. Wechseln Sie dann auf die Registerkarte *Bildformat* (bzw. *Bildtools/Format*) und klicken Sie ganz links auf *Freistellen*. Office analysiert das Bild und stellt im ersten Schritt automatisch einen Bereich des Bildes frei. Die Teile des Bildes, die Office entfernen möchte, erhalten eine violette Farbgebung.

Abbildung 35.51: Office stellt automatisch die Person in der Mitte frei, da sie den größten Kontrast hat.

4. Die automatische Erkennung hat in diesem Fall leider nicht wie gewünscht funktioniert, da Word die falsche Person freistellen will. Vermutlich, weil sie im Zentrum des Bildes steht und einen hohen Kontrast hat. Für einen zweiten Anlauf schneiden Sie das Bild zunächst so zu, dass nur noch die Person, die Sie freistellen möchten, zu sehen ist. Die dafür benötigte Funktion haben wir Ihnen im letzten Abschnitt vorgestellt. Anschließend lassen Sie den Bildausschnitt erneut freistellen.

Abbildung 35.52: Beim Freistellen wird das zugeschnittene Bild wieder vollständig angezeigt.

5. Damit sind wir unserem Ziel schon recht nahe gekommen. Um die jetzt noch fehlenden bzw. überschüssigen Bildbereiche freizustellen, müssen Sie noch etwas nacharbeiten. Dazu benötigen Sie die Schaltflächen der Registerkarte *Freistellen*, die Sie in der nächsten Abbildung sehen.

Abbildung 35.53: Mit den ersten drei Schaltflächen können Sie den freigestellten Bereich beeinflussen.

6. Klicken Sie die erste Schaltfläche an und umfahren Sie mit dem Stift-Werkzeug die Bildbereiche, die zusätzlich freigestellt werden sollen. Sie müssen dabei nicht absolut präzise arbeiten, sondern können die Bereiche relativ grob mit der Maus umfahren. Sobald Sie die Maustaste loslassen, können Sie die Wirkung beurteilen.

Abbildung 35.54: Größere Bereiche können Sie grob mit dem Stift umfahren.

7. Fehlversuche können Sie wie gewohnt mit der Rückgängig-Funktion aus der Symbolleiste für den Schnellzugriff ungeschehen machen. Alternativ klicken Sie in der Registerkarte *Freistellen* auf die Schaltfläche *Alle Änderungen verwerfen.*
8. Um einen freigestellten Bereich zu entfernen, fügen Sie mit der Schaltfläche *Zu entfernende Bereiche markieren* nach dem gleichen Prinzip »negative« Linien ein.

Abbildung 35.55: Kleinere Bereiche können mit einfachen Strichen markiert werden.

9. Wenn Sie mit dem Ergebnis zufrieden sind, klicken Sie auf *Änderungen beibehalten*.

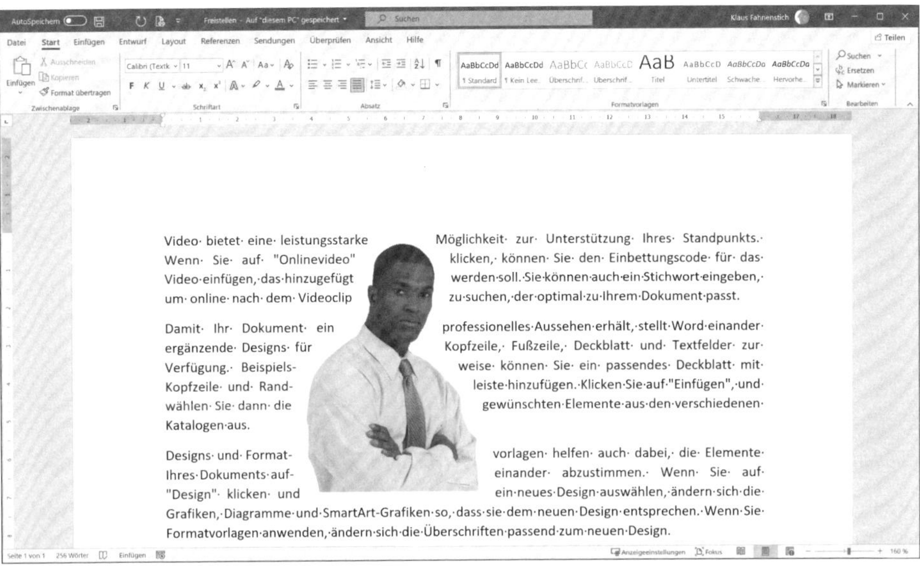

Abbildung 35.56: Das Ergebnis ist trotz minimalem Aufwand beeindruckend.

Farben einer Grafik bearbeiten

In Office können Sie auch verschiedene Farbeinstellungen einer Grafik ändern. Diese Funktionen sind zum Beispiel hilfreich, um mehrere Grafiken aufeinander abzustimmen und so einen einheitlichen Gesamteindruck zu erzeugen. Ihnen stehen dabei folgende Möglichkeiten zur Verfügung:

- Schärfen und Weichzeichnen
- Helligkeit und Kontrast einstellen
- Zwischen verschiedenen Farbmodi wählen
- Bilder neu einfärben
- Transparente Farbe definieren.

Sie finden diese Funktionen auf der Registerkarte *Bildformat* (bzw. *Bildtools/Format*) in der Gruppe *Anpassen*.

Helligkeit und Kontrast einstellen

Zum Einstellen von Helligkeit und Kontrast finden Sie auf der Registerkarte die Schaltfläche *Korrekturen*. (In früheren Versionen von Office gab es zu diesem Zweck noch zwei separate Schaltflächen.) Die Schaltfläche besitzt ein Auswahlmenü mit Vorschaubildern, über das Sie die entsprechenden Werte in 20 %-Schritten vergrößern oder verkleinern können. Diese Abstufung ist zwar recht grob, aber in der Regel ausreichend.

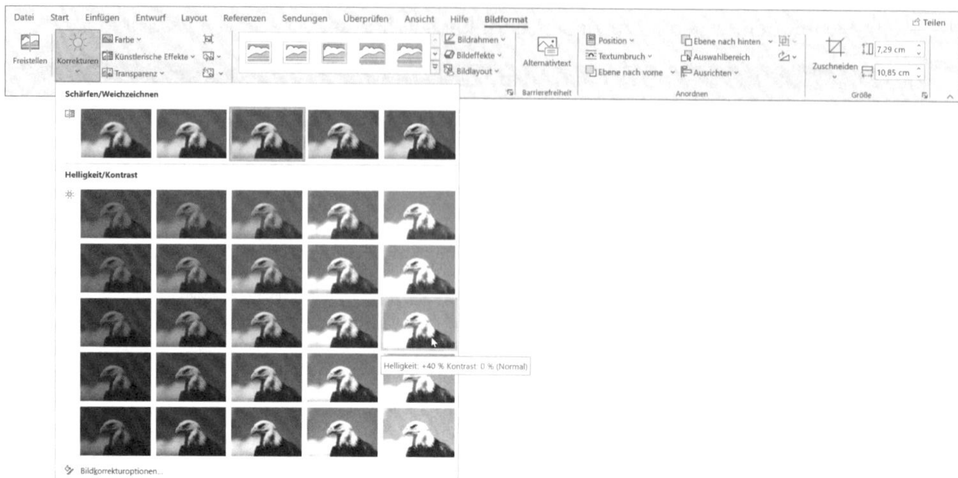

Abbildung 35.57: Über das Auswahlmenü lassen sich Helligkeit und Kontrast in 20 %-Schritten ändern.

Wenn Sie die Helligkeit oder den Kontrast einer Grafik in feineren Abstufungen verändern wollen, müssen Sie auf den Aufgabenbereich *Grafik formatieren* zurückgreifen. Dazu wählen Sie entweder den Befehl *Bildkorrekturoptionen*, der sich ganz unten im Ausklappmenü der Schaltfläche *Korrekturen* befindet, oder Sie klicken die Grafik mit der rechten Maustaste an und rufen aus ihrem Kontextmenü den Befehl *Grafik formatieren* auf.

Neu einfärben

Über die Schaltfläche *Farbe* lässt sich die Farbgebung eines Bildes beeinflussen. Sie können nicht nur die Sättigung und den Farbton einer Grafik ändern, sondern ihr auch eine neue Farbe geben. Bei diesem Vorgang wird das Bild zunächst in ein Graustufenbild umgewandelt und dann die Graustufen gegen eine andere Farbe ausgetauscht. Zudem können Sie eine Farbe des Bildes transparent machen. Dadurch kann z. B. ein hinter der Grafik liegendes Element durchscheinen.

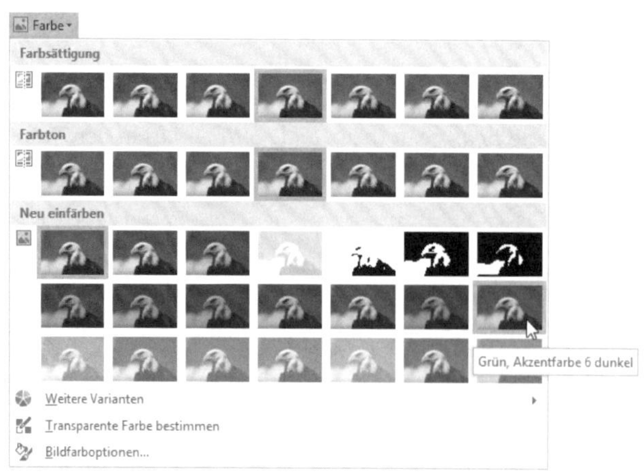

Abbildung 35.58: Über dieses Menü können Sie die Farbgebung einer Grafik modifizieren.

Auch hier gilt wieder, dass Sie für eine Feineinstellung der Werte den Aufgabenbereich *Grafik formatieren* verwenden können bzw. müssen. Sie erreichen ihn über den Menübefehl *Bildfarboptionen* oder über den Befehl *Grafik formatieren* aus dem Kontextmenü der Grafik.

Bilder verfremden

Seit der Version 2010 kann Office mit einer Funktion aufwarten, die sonst nur bei »echten« Bildbearbeitungsprogramme anzutreffen ist: Über die Schaltfläche *Künstlerische Effekte* haben Sie Zugriff auf über 20 Effekte, mit denen Sie Ihre Bilder auf interessante Weise verfremden können.

Abbildung 35.59: Office kann auch Filtereffekte auf Bilder anwenden.

Bildformatvorlagen

Neben der bereits erwähnten Einstellung von Helligkeit, Kontrast und Farbe können Sie einer Grafik auch noch Schatten-, Licht- und 3D-Effekte zuweisen oder sie mit einem Rahmen versehen, der natürlich ebenfalls in Linienart, -stärke und -farbe veränderbar ist. Diese Vielzahl an Grafikeffekten ist zwar durchaus beeindruckend, sie kann aber auch erschlagend wirken. Es stehen Ihnen damit zwar alle Möglichkeiten bei der Bildgestaltung offen, aber Sie laufen gleichzeitig Gefahr, sich beim Erstellen Ihrer Grafiken zu verzetteln und zu viel Zeit zu investieren, die Sie lieber für andere Aufgaben eingesetzt hätten.

Dieser Problematik versucht Office mit den sogenannten *Bildformatvorlagen* entgegenzutreten. Dabei handelt es sich um vorgefertigte Schablonen, mit denen Sie eine festgelegte Kombination von grafischen Effekten per Mausklick auf eine Grafik übertragen können. Dieses Konzept ist konkurrenzlos schnell und ermöglicht Ihnen zudem reproduzierbare Ergebnisse, d. h. Sie können mehrere Grafiken mit exakt den gleichen Effekten versehen.

Natürlich lassen sich Bildformatvorlagen auch als Ausgangspunkt für eigene Kreationen verwenden, die Sie dann mit einigen zusätzlichen Effekten »individualisieren« können. Genau diesen Ansatz werden wir nun verwenden, um ein Foto ins rechte Licht zu setzen.

1. Erstellen Sie ein neues leeres Dokument und fügen Sie eine Grafik Ihrer Wahl ein.
2. Klicken Sie die Grafik an, wechseln Sie auf die Registerkarte *Bildformat* und öffnen Sie dort den Katalog der Bildformatvorlagen. Bewegen Sie den Mauszeiger über die Symbole. Die jeweilige Bildformatvorlage wird der markierten Grafik direkt zugewiesen.

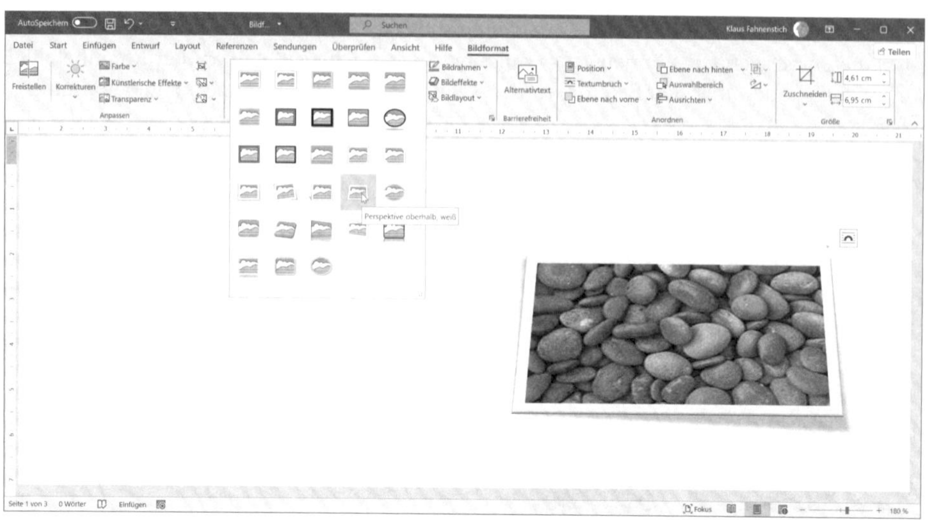

Abbildung 35.60: Die Wirkung der Bildformatvorlagen können Sie direkt im Dokument begutachten.

3. Haben Sie sich für eine Vorlagen entschieden, klicken Sie ihr Symbol an und sind fertig.

Bildform

Die im letzten Abschnitt vorgestellte Bildformatvorlage hat das Bild gedreht und mit einem Rahmen sowie einem Schattenwurf versehen. Sie können sich aber auch von der rechteckigen Form des Bildes lösen und ihm eine vollkommen andere Gestalt geben.

1. Markieren Sie die Grafik, deren Form Sie verändern möchten.
2. Wechseln Sie auf die Registerkarte *Bildformat* (bzw. *Bildtools/Format*) und klappen Sie das Auswahlfenster der Schaltfläche *Zuschneiden* auf. Dort finden Sie den Befehl *Auf Form zuschneiden*, der ebenfalls mit einem Auswahlmenü aufwarten kann.

Abbildung 35.61: Die Auswahl der Formen ist sehr reichhaltig.

Wenn Ihnen diese Auswahl bekannt vorkommt, so hat das seinen guten Grund. Es handelt sich nämlich exakt um dieselbe Auswahl an Formen, die Sie bereits weiter vorne in diesem Kapitel bei der Einführung des Befehls *Einfügen/Formen* kennen gelernt haben. In PowerPoint ist die Liste der Formen noch um die Gruppe *Interaktive Schaltflächen* erweitert, die sich aber nicht für eine Formgebung eignen.

3. Wählen Sie eine der Formen aus (leider müssen Sie hier ohne Live-Vorschau zurechtkommen). Natürlich sind nicht alle Formen gleichermaßen brauchbar, aber probieren Sie ruhig auch Formen aus, die auf den ersten Blick weniger geeignet erscheinen.

Abbildung 35.62: Bildformatvorlage kombiniert mit einer Form

Bildeffekte

Hinter dem schlichten Begriff *Bildeffekte* verbirgt sich ein halbes Dutzend grafischer Effekte, die jeweils über diverse Varianten verfügen:

- **Schatten** können in drei verschiedenen Varianten dargestellt werden: innerhalb oder außerhalb des Rahmens sowie in einer perspektivischen Form, die den Eindruck erweckt, als würde die Grafik über dem Dokument schweben. Die Farbe des Schattens kann dabei frei gewählt werden.
- **Spiegelung** erweckt den Eindruck, als würde die Grafik auf einem spiegelnden Untergrund bzw. knapp darüber in der Luft stehen.
- **Leuchteffekt** versieht den Rahmen einer Grafik mit fluoreszierendem Licht. Auch hier gilt, dass Sie die Leuchtfarbe und deren Transparenz frei einstellen können.
- **Weiche Kanten** hellt die Ränder einer Grafik auf, um so einen fließenden Übergang zur Umgebung zu schaffen.
- **Abschrägung** Versieht den Rand (bzw. den Rahmen) einer Grafik mit einem eingeprägten Profil.
- **3D-Drehung** dreht und kippt die Grafik, sodass eine räumliche Wirkung erzielt wird.
- **Allgemeine Effekte** Bei allen oben genannten Effekten können Sie zusätzlich einstellen, welche Beschaffenheit die Oberfläche des Bildes haben soll (zum Beispiel matt oder metallisch). Und auch bei der Art der Beleuchtung haben Sie die Qual der Wahl: Soll das Licht hart oder weich sein? Warm oder kalt? Und wenn Sie sich für warmes Licht entscheiden: Soll es wie am frühen Morgen, wie beim Sonnenaufgang oder eher wie beim Sonnenuntergang scheinen?

Wie Sie sehen, können Sie Ihre Kreativität hier voll entfalten. Wir wollen uns jedoch beschränken und zeigen Ihnen die Anwendung dieser Funktionen beispielhaft an einem 3D-Effekt:

1. Markieren Sie die Grafik, die Sie mit einem Bildeffekt belegen wollen.
2. Wechseln Sie auf die Registerkarte *Bildformat* (bzw. *Bildtools/Format*) und klicken Sie in der Gruppe *Bildformatvorlagen* auf die Schaltfläche *Bildeffekte*.
3. Zeigen Sie mit der Maus auf den gewünschten Effekt, hier also *3D-Drehung*.
4. Bewegen Sie die Maus über die angebotenen Varianten und prüfen Sie ihre Wirkung in der Live-Vorschau.

Abbildung 35.63: Auch 3D-Effekte lassen sich mit wenigen Mausklicks realisieren.

5. Haben Sie eine Voreinstellung übernommen, klicken Sie die Grafik mit der rechten Maustaste an und wählen im Kontextmenü den Befehl *Grafik formatieren*. Dadurch wird der Aufgabenbereich *Grafik formatieren* eingeblendet, den Sie in Abbildung 35.64 sehen.
6. Hier können Sie die Grafik mithilfe der verschiedenen Regler in allen drei Richtungen des Raumes drehen sowie die Perspektive verändern. Beachten Sie, dass Ihre Einstellungen direkt übernommen werden, da es keine Schaltfläche *Abbrechen* gibt. Bei Bedarf verwenden Sie den Befehl *Rückgängig*.

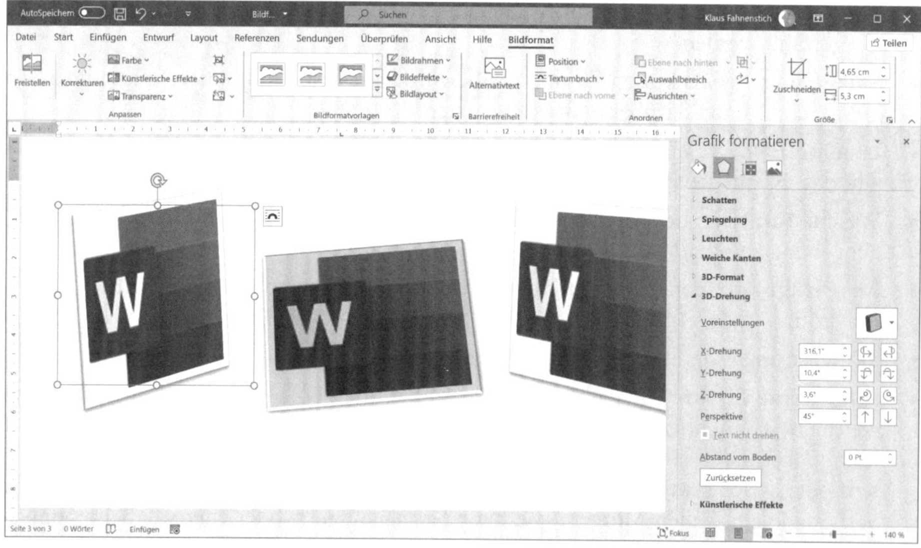

Abbildung 35.64: Für die Feineinstellung eignet sich der Aufgabenbereich Grafik formatieren/Effekte.

7. Wenn Sie Einstellungen an der Art der Beleuchtung oder der Oberflächenbeschaffenheit der Grafik vornehmen möchten, wechseln Sie im Aufgabenbereich zur Rubrik *3D-Format*.

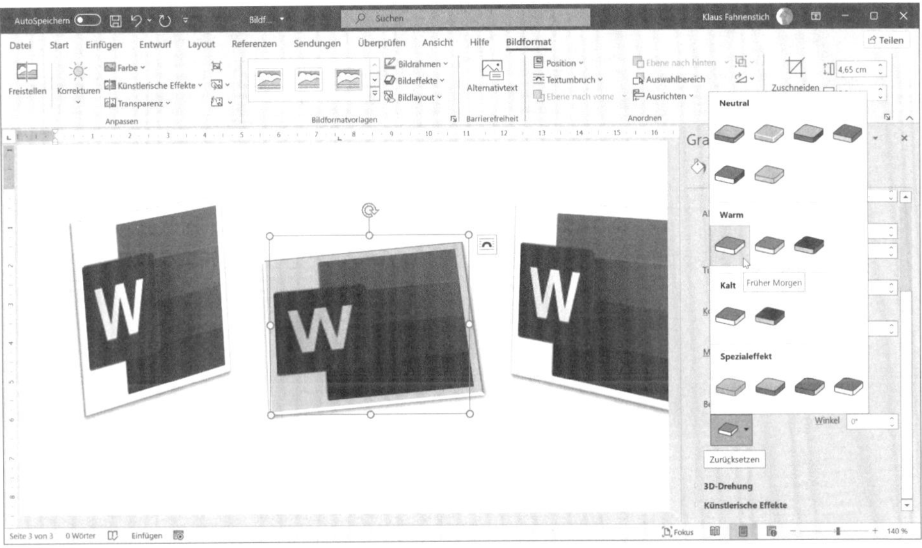

Abbildung 35.65: Einstellen der Lichteffekte (hier: Früher Morgen)

Bildeffekte übertragen

In aller Regel enthält ein Dokument mehrere Grafiken, sodass Sie häufig vor der Aufgabe stehen werden, mehrere Grafiken auf die gleiche Art und Weise zu bearbeiten. Wenn Sie sich dabei nur auf die Verwendung der Bildformatvorlagen beschränken, ist das kein großes Problem. Wie aber gehen Sie vor, wenn Sie individuelle Bildeffekte wünschen, deren Erzeugung mit einigem Aufwand verbunden ist?

Die Lösung ist mit Office verblüffend einfach:

1. Markieren Sie die Grafik, deren Bildeffekte Sie übernehmen möchten.
2. Wechseln Sie auf die Registerkarte *Start* und klicken Sie dort auf den Pinsel. (Er befindet sich vorne in der Gruppe *Zwischenablage*.) Wenn Sie ein Format auf mehrere Grafiken anwenden wollen, doppelklicken Sie auf den Pinsel. Die Funktion »rastet« dann ein und schaltet sich nicht mehr automatisch ab, sobald Sie die erste Grafik angeklickt haben.
3. Jetzt brauchen Sie nur noch mit dem Pinsel-Cursor die gewünschte(n) Grafik(en) anklicken und sind fertig!
4. Falls Sie im 2. Schritt die Pinsel-Schaltfläche doppelt angeklickt haben, drücken Sie jetzt noch die Taste Esc, um den Modus wieder zu beenden.

Kapitel 36
Tabellen in Word und PowerPoint erstellen

Mit der Tabellenfunktion von Word und PowerPoint können Sie genauso einfach und schnell einfache Zahlenkolonnen wie eine aufwendige Preisliste oder auch Tabellen erstellen, in denen andere Informationen wie z. B. Abbildungen übersichtlich dargestellt werden sollen.

Dieses Kapitel beschreibt zunächst die verschiedenen Verfahren, mit denen Sie in Word und PowerPoint eine leere Tabelle einfügen können, und geht anschließend auf die Gestaltungsmöglichkeiten ein. Hierbei erfahren Sie u. a., wie Sie die Anzahl der Spalten und Zeilen verändern und wie Sie die Tabelle mit den Tabellenformatvorlagen formatieren.

Viele Verfahren beim Arbeiten mit Tabellen sind in Word und PowerPoint identisch. Vorgehensweisen, die nur für eines der beiden Programme gelten, sind durch das Word- bzw. das PowerPoint-Symbol gekennzeichnet.

Leere Tabelle einfügen – die Varianten

Um in ein Word-Dokument oder in eine PowerPoint-Präsentation eine leere Tabelle einzufügen, stehen Ihnen verschiedene Vorgehensweisen zur Verfügung. Sie können

- in PowerPoint die Tabelle in einen Platzhalter einfügen,
- in Word und PowerPoint die Tabelle als neues Objekt einfügen,
- in Word und PowerPoint die Tabelle mit einem »Stift« zeichnen.

Während sich die beiden ersten Varianten durch ihre Geschwindigkeit auszeichnen, liegt der Vorteil beim Zeichnen einer Tabelle bei der nahezu uneingeschränkten Flexibilität.

Tabelle in PowerPoint-Platzhalter einfügen

Die meisten Folienlayouts einer Präsentation enthalten Platzhalter, die neben Texten, Diagrammen, SmartArts und Grafiken auch Tabellen aufnehmen können. Der Vorteil bei der Verwendung von Platzhaltern besteht darin, dass PowerPoint Größe und Position der auf der Folie enthaltenen Platzhalter anpasst, wenn Sie der Folie ein neues Layout zuweisen.

Bei Textplatzhaltern ist dies noch relativ unkritisch. Bei Platzhaltern, die eine Tabelle enthalten, kann es passieren, dass das Layout der Tabelle in Mitleidenschaft gezogen wird. Achten Sie daher darauf, vor dem Einfügen einer Tabelle in einen Platzhalter das gewünschte Folienlayout einzustellen, oder fügen Sie die Tabelle als neues Objekt ein, was im folgenden Abschnitt beschrieben ist.

Zurück zum Einfügen einer Tabelle in einen Platzhalter. Die Vorgehensweise ist denkbar einfach:

1. Erstellen Sie eine neue Folie mit einem Inhalts- oder Tabellenplatzhalter.

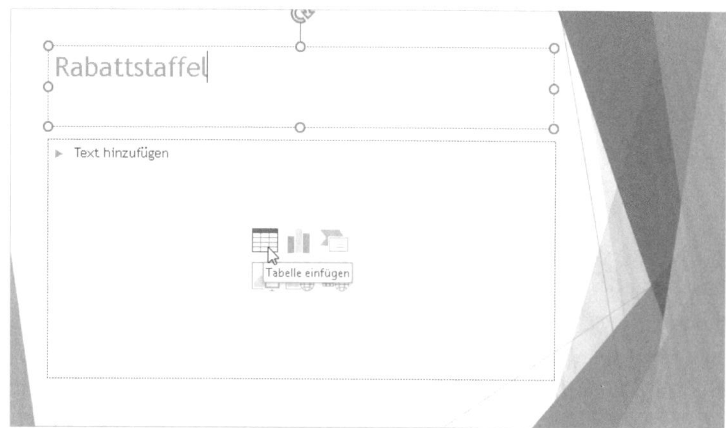

Abbildung 36.1: Platzhalter zum Einfügen der neuen Tabelle

2. Klicken Sie im Platzhalter das Tabellensymbol an. PowerPoint zeigt ein kleines Dialogfeld an, in dem Sie die Spalten- und Zeilenanzahl für die neue Tabelle eingeben können.

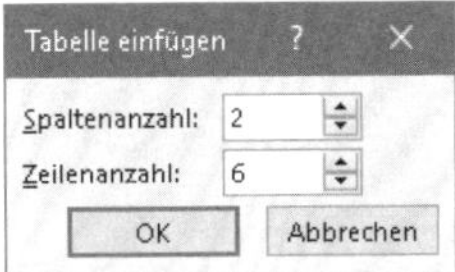

Abbildung 36.2: Größe der Tabelle festlegen

3. Nehmen Sie die gewünschten Eingaben vor und klicken Sie auf *OK*. PowerPoint fügt eine leere Tabelle mit der entsprechenden Spalten- und Zeilenanzahl ein und weist ihr die durch das Design der Folie vorgegebene Formatierung zu.

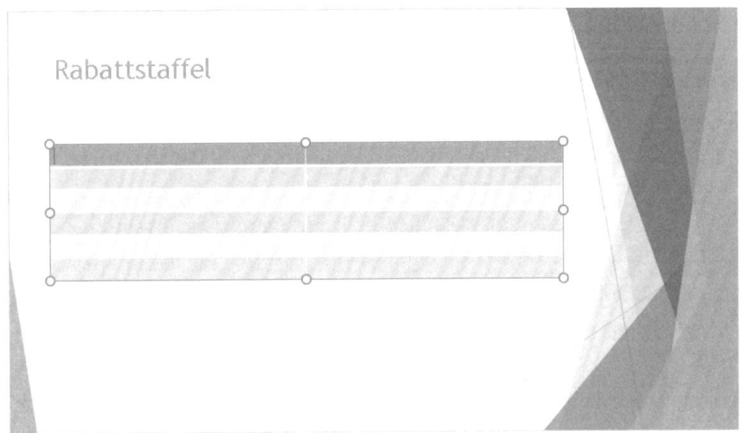

Abbildung 36.3: Die neue, noch leere Tabelle

4. Füllen Sie die Tabelle mit Inhalt.

   Um ins nächste Feld zu gelangen, drücken Sie einfach die [Tab]-Taste. Mit der Tastenkombination [Shift]+[Tab] können Sie sich in die andere Richtung bewegen.

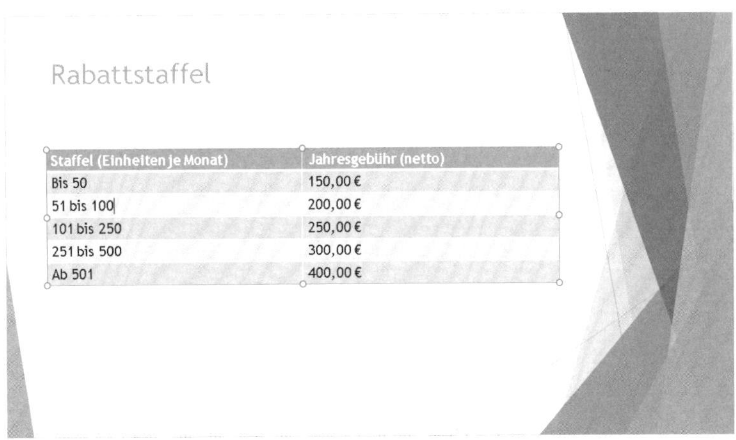

Abbildung 36.4: Die ausgefüllte Tabelle

Natürlich ist die Größe der Tabelle noch nicht optimal an ihren Inhalt angepasst. Und auch die Formatierung werden Sie vermutlich noch etwas ändern wollen. Bevor wir auf diese Themen eingehen, wollen wir Ihnen jedoch noch die beiden anderen Varianten vorstellen, mit denen Sie in Word und in PowerPoint eine Tabelle erstellen.

Leeres Tabellenobjekt einfügen

In Word und PowerPoint können Sie die Schaltfläche *Tabelle* auf der Registerkarte *Einfügen* verwenden, um ein leeres Tabellenobjekt einzufügen. In Word befindet sich die Tabelle standardmäßig in einem leeren Absatz; in PowerPoint ist die Tabelle ein frei schwebendes Objekt wie z. B. eine Grafik, die Sie beliebig auf der Folie hin und her schieben können.

1. Führen Sie eine der folgenden Aktionen durch:
   - **Word** Setzen Sie die Einfügemarke an die Stelle, an der die Tabelle eingefügt werden soll. Am besten setzen Sie die Einfügemarke in einen leeren Absatz.

     Wenn sich die Einfügemarke innerhalb eines Absatzes befindet, fügt Word nach dem Erstellen der Tabelle an der Position der Einfügemarke einen Absatzumbruch ein. Hierdurch wird der Text, der sich nach der Einfügemarke befindet, beim Einfügen der Tabelle hinter die Tabelle verschoben.

     Sie können in Word Tabellen auch verschachtelt einfügen; d. h., in einer Zelle einer bereits vorhandenen Tabelle können Sie eine weitere Tabelle erstellen lassen.
   - **PowerPoint** Zeigen Sie die gewünschte Folie in der Normalansicht an.
2. Öffnen Sie die Registerkarte *Einfügen* und klicken Sie in der Gruppe *Tabellen* auf die Schaltfläche *Tabelle*.
3. Bewegen Sie den Mauszeiger im Menü in der kleinen Tabelle auf die Stelle, die der gewünschten Anzahl der Zeilen und Spalten entspricht. Wenn die Livevorschau aktiviert ist, wird im Dokument bzw. auf der Folie eine Vorschau der Tabelle angezeigt.

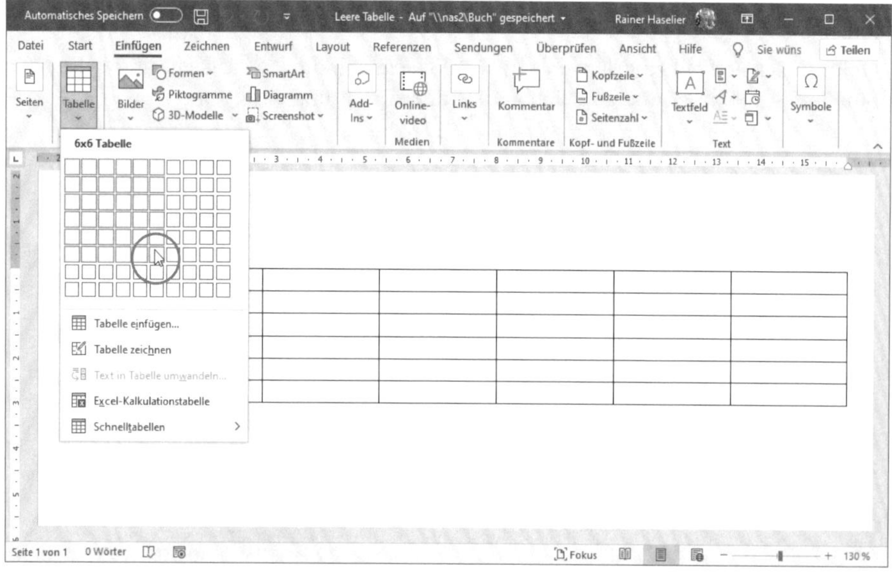

Abbildung 36.5: Eine in Word eingefügte Tabelle besitzt standardmäßig schwarze Rahmenlinien.

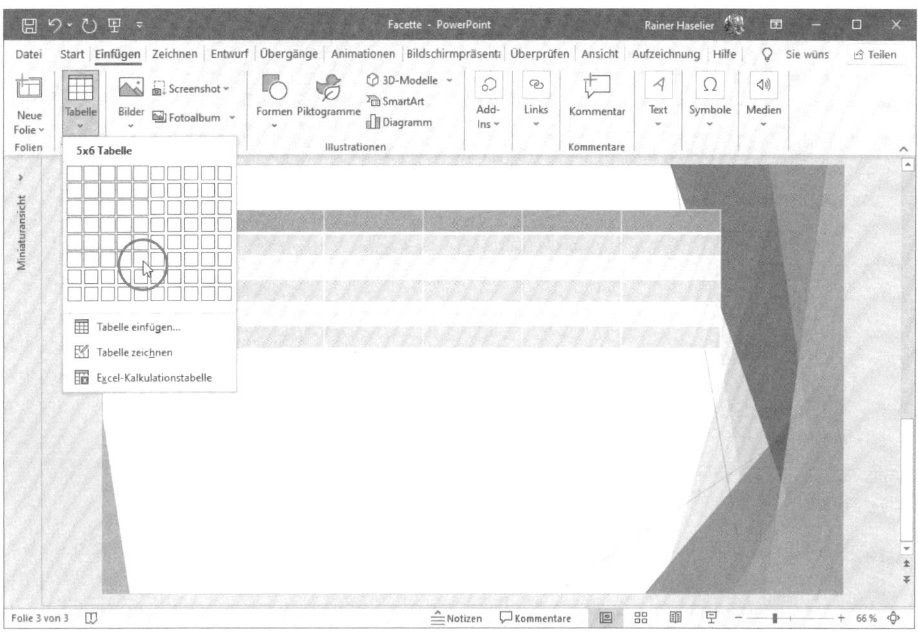

Abbildung 36.6: Die in PowerPoint eingefügte Tabelle übernimmt die Formatierung des Designs, das in der Präsentation verwendet wird.

4. Klicken Sie im Menü in der kleinen Tabelle auf die Stelle, die der Anzahl der Zeilen und Spalten entspricht, die die neue Tabelle haben soll. (Während Sie den Mauszeiger über die kleine Tabelle bewegen, wird im oberen Bereich des Menüs die aktuelle Zeilen- und Spaltenanzahl angezeigt.)

In Word werden alle Felder/Zellen der neuen Tabelle automatisch mit einem Rahmen versehen. Um die Tabelle zu formatieren, ist es am einfachsten, Tabellenformatvorlagen zu verwenden. Die PowerPoint-Tabelle wird nach dem Einfügen automatisch mit einer Tabellenformatvorlage formatiert, die dem Design entnommen wird, das der Präsentation zugrunde liegt. Weitere Informationen zur Verwendung von Tabellenformatvorlagen finden Sie im Abschnitt ab Seite 659.

Bei der PowerPoint-Tabelle handelt es sich um ein frei auf der Folie schwebendes Objekt, das Sie an jede beliebige Stelle auf der Folie verschieben können. Klicken Sie dazu auf den Rahmen des Tabellenobjekts und ziehen Sie die Tabelle an die gewünschte Position.

Wenn die Tabelle noch nicht die gewünschte Größe besitzt, können Sie ihre Größe ändern, indem Sie einen der Größenziehpunkte ziehen, die auf dem Rahmen der Tabelle angezeigt werden (siehe Abbildung 36.7). Die Größenänderung findet immer so statt, dass alle Zeilen die gleiche Höhe und alle Spalten die gleiche Breite behalten.

Staffel (Einheiten je Monat)	Jahresgebühr (netto)
Bis 50	150,00 €
51 bis 100	200,00 €
101 bis 250	250,00 €
251 bis 500	300,00 €
Ab 501	400,00 €

Abbildung 36.7: Ändern Sie die Größe der Tabelle in PowerPoint, indem Sie einen der Größenziehpunkte ziehen.

Die Word-Tabelle befindet sich standardmäßig in einem eigenen Absatz, was den Vorteil hat, dass die Tabelle »mitwandert«, wenn Sie vor der Tabelle Text einfügen oder löschen. Sie können auch in Word die Umbrucheigenschaften der Tabelle so ändern, dass sie frei auf der Seite verschoben werden kann. Verwenden Sie zuerst den Ziehpunkt, der an der rechten unteren Ecke der eingefügten Tabelle angezeigt wird. Mit diesem Ziehpunkt können Sie die Breite der Tabelle ändern. Word passt dabei die einzelnen Spalten so an, dass deren Breite nach der Größenänderung gleich bleibt.

Um die Tabelle in Word frei auf der Seite zu verschieben, verwenden Sie den Tabellenanfasser an der oberen linken Ecke der Tabelle. Der Tabellenanfasser wird automatisch eingeblendet, wenn sich die Einfügemarke irgendwo innerhalb der Tabelle befindet. Ziehen Sie den Anfasser, um die Tabelle zu verschieben. Word zeigt während des Ziehens die neue Position in Form eines gepunkteten Rahmens an.

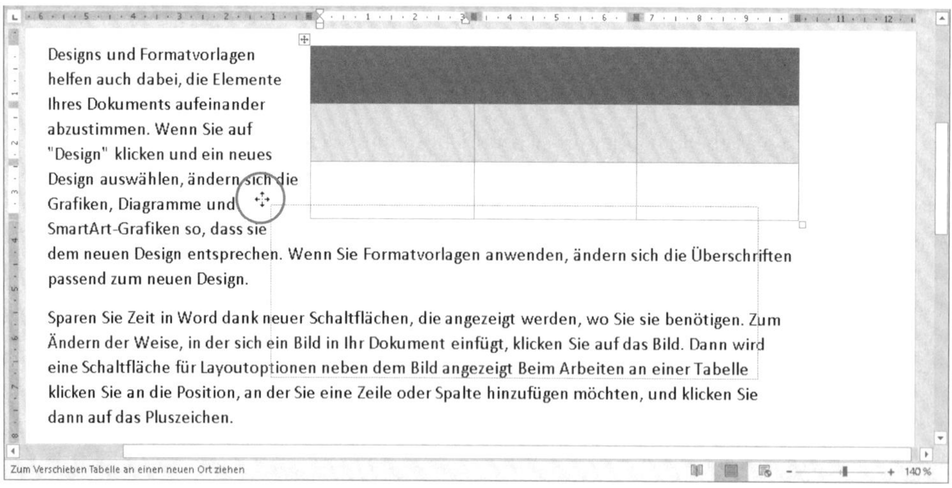

Abbildung 36.8: Verschieben Sie die Word-Tabelle an die gewünschte Position, indem Sie den Tabellenanfasser ziehen.

Durch das Ziehen des Tabellenanfassers wird automatisch die Umbruchart der Tabelle von *Ohne* auf *Umgebend* geändert: Der Text umfließt dann die Tabelle. Falls Sie die Umbruchart versehentlich geändert haben, können Sie dies einfach korrigieren:

1. Klicken Sie die Tabelle mit der rechten Maustaste an und wählen Sie dann *Tabelleneigenschaften*.
2. Öffnen Sie im Dialogfeld *Tabelleneigenschaften* die Registerkarte *Tabelle*.

Abbildung 36.9: Im Dialogfeld Tabelleneigenschaften *legen Sie u. a. die Art des Textumbruchs fest.*

3. Klicken Sie im Bereich *Textumbruch* auf *Ohne*.
4. Klicken Sie auf *OK*.

Tabelle zeichnen

Tabellen, deren Spalten und Zeilen nicht regelmäßig wie bei den Standardtabellen angeordnet sind, können Sie in Word und PowerPoint sehr flexibel per Hand erstellen. Mit diesem Verfahren können Sie die Zellen einer Tabelle nicht nur nahezu beliebig anordnen, sondern Sie können auch die Stärke und die Farbe der Linien komfortabel formatieren. Außerdem ist es beim Zeichnen einer Tabelle sogar möglich, Tabellenzellen diagonal zu unterteilen.

Tipp Sie können die Zeichenfunktion jederzeit für eine bestehende Tabelle aufrufen, um Korrekturen oder Änderungen an ihr vorzunehmen.

Das Prinzip der Zeichenfunktion ist denkbar einfach:

1. Öffnen Sie die Registerkarte *Einfügen* und klicken Sie in der Gruppe *Tabellen* auf die Schaltfläche *Tabelle*.
2. Klicken Sie auf *Tabelle zeichnen*. Word bzw. PowerPoint wechselt in den Zeichenmodus für Tabellen. Sie erkennen dies daran, dass der Mauszeiger die Form eines Stiftes erhält. 

3. Ziehen Sie mit dem Stiftmauszeiger einen Rahmen in der gewünschten Tabellengröße auf. Sobald Sie die Maustaste loslassen, wird die Tabelle eingefügt.

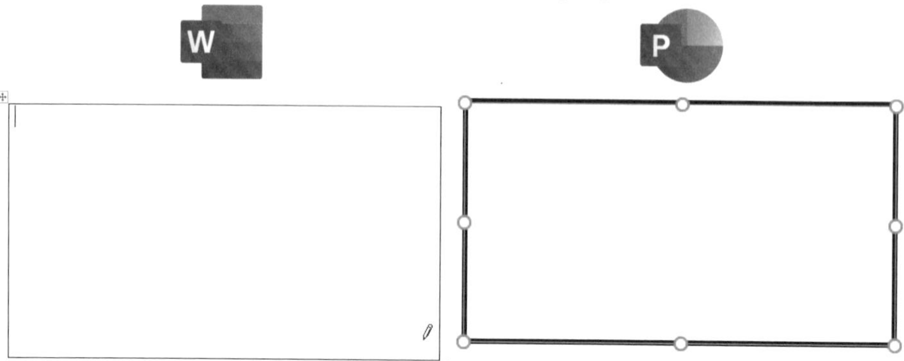

Abbildung 36.10: Von der neuen Tabelle ist zunächst nur ein leerer Rahmen zu sehen.

4. Nehmen Sie mit dem Stift weitere Unterteilungen vor, indem Sie die gewünschten Linien einfach einzeichnen. In PowerPoint müssen Sie dazu vorher auf der Registerkarte *Tabellentools/Entwurf* in der Gruppe *Rahmenlinien zeichnen* auf *Tabelle zeichnen* klicken, um den Zeichenmodus zu aktivieren. PowerPoint beendet den Zeichenmodus, nachdem Sie den ersten, äußeren Rahmen gezeichnet haben.

   Die Linienart, -stärke und -farbe können Sie in den Listenfeldern auf der Registerkarte *Tabellentools/Entwurf* in der Gruppe *Rahmen* (Word) bzw. *Rahmenlinien zeichnen* (PowerPoint) festlegen. Word und PowerPoint sorgen dabei automatisch dafür, dass die Linien richtig aneinander ansetzen.

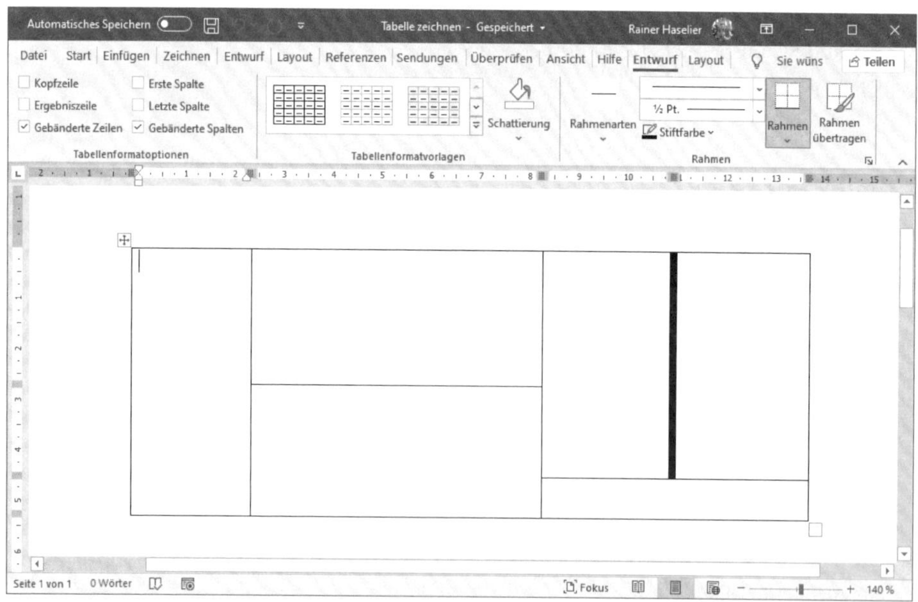

Abbildung 36.11: Weitere Linien in eine bestehende Tabelle einfügen. Die Linienart und Linienstärke können Sie in Word mit den Listenfeldern der Gruppe Rahmen *festlegen, in PowerPoint mit denen in der Gruppe* Rahmenlinien zeichnen.

5. Falsche oder nicht mehr benötigte Linien entfernen Sie mit dem Radiergummi.
   - **Word** Klicken Sie zuerst auf der Registerkarte *Tabellentools/Layout* in der Gruppe *Zeichnen* die Schaltfläche *Radierer* an und dann die Linie, die Sie entfernen wollen.
   - **PowerPoint** Klicken Sie zuerst auf der Registerkarte *Tabellentools/Entwurf* in der Gruppe *Rahmenlinien zeichnen* die Schaltfläche *Radierer* an und dann die Linie, die Sie entfernen wollen.

   Der Radierermodus bleibt so lange aktiv, bis Sie die Schaltfläche *Radierer* ein weiteres Mal anklicken.
6. Beenden Sie den Zeichenmodus mit der Taste Esc oder indem Sie die Schaltfläche *Tabelle zeichnen* anklicken. Sie finden diese hier:
   - **Word** *Tabellentools/Layout*, Gruppe *Zeichnen*
   - **PowerPoint** *Tabellentools/Entwurf*, Gruppe *Rahmenlinien zeichnen*

Formatieren mit Tabellenformatvorlagen

Nachdem Sie die Tabelle erstellt und in die einzelnen Tabellenzellen die gewünschten Informationen eingegeben haben, können Sie die Tabelle formatieren, um ihr eine ansprechende Optik zuzuweisen. Verwenden Sie hierfür am besten die Tabellenformatvorlagen, die Ihnen in Word und PowerPoint zur Verfügung stehen und mit denen das Formatieren einer Tabelle nur wenige Sekunden dauert.

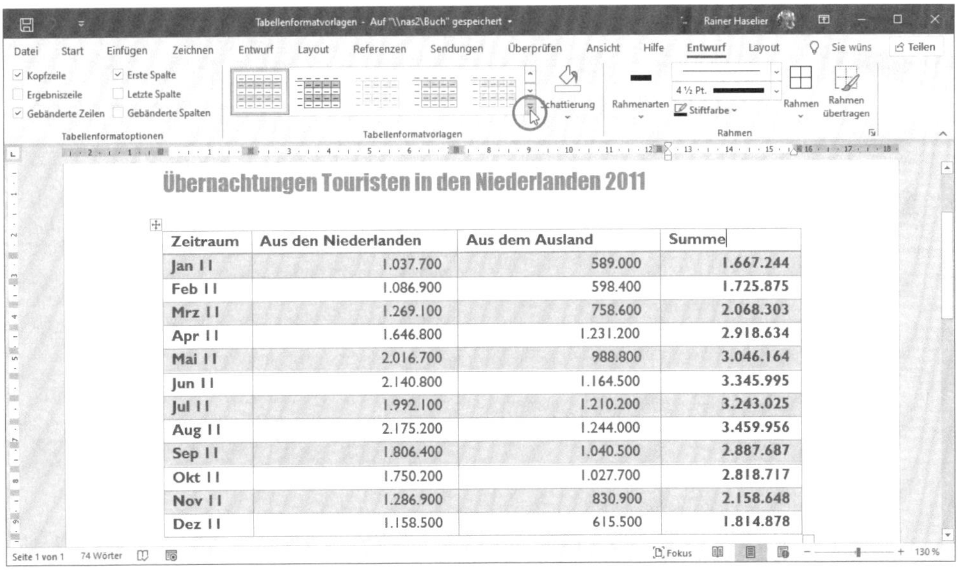

Übernachtungen Touristen in den Niederlanden 2011

Zeitraum	Aus den Niederlanden	Aus dem Ausland	Summe
Jan 11	1.037.700	589.000	1.667.244
Feb 11	1.086.900	598.400	1.725.875
Mrz 11	1.269.100	758.600	2.068.303
Apr 11	1.646.800	1.231.200	2.918.634
Mai 11	2.016.700	988.800	3.046.164
Jun 11	2.140.800	1.164.500	3.345.995
Jul 11	1.992.100	1.210.200	3.243.025
Aug 11	2.175.200	1.244.000	3.459.956
Sep 11	1.806.400	1.040.500	2.887.687
Okt 11	1.750.200	1.027.700	2.818.717
Nov 11	1.286.900	830.900	2.158.648
Dez 11	1.158.500	615.500	1.814.878

Abbildung 36.12: Mit den Tabellenformatvorlagen lässt sich eine komplette Tabelle schnell formatieren.

Tabellenformatvorlagen sind, wie auch die anderen Formatvorlagen, Bestandteil eines Designs. Wie in den Kapiteln 5 und 34 ausführlicher erläutert, ist jedes Word-Dokument und jede PowerPoint-Präsentation mit einem Design verknüpft, in dem u. a. die Designschriften und die Designfarben definiert sind. Die Tabellenformatvorlagen von Word und PowerPoint verwenden für den Text die Designschriftart für den Textkörper und die verschiedenen Farben eines Designfarbensatzes werden zur farblichen Formatierung des Textes, der Rahmenlinien und des Tabellenhintergrunds verwendet.

Solange Sie zur Formatierung von Tabellen in Word und PowerPoint Tabellenformatvorlagen, die für den Textkörper definierte Schriftart und die verschiedenen Farben des Designfarbensatzes verwenden, passen sich die Tabellen automatisch an, wenn Sie dem Dokument bzw. der Präsentation ein anderes Design zuweisen.

Das Zuweisen einer Tabellenformatvorlage ist, wie gesagt, sehr einfach:

1. Setzen Sie die Einfügemarke in die Tabelle.
2. Öffnen Sie die Registerkarte *Tabellentools/Entwurf*.
3. Klicken Sie in der Gruppe *Tabellenformatvorlagen* auf eine der Abbildungen mit den Tabellenformaten.

   Word bzw. PowerPoint weist der Tabelle die Tabellenformatvorlage zu.
4. Falls in der Gruppe *Tabellenformatvorlagen* keine Formatierung sichtbar ist, die Ihnen geeignet erscheint, klicken Sie auf die Schaltfläche *Weitere* (in Abbildung 36.12 mit einem Kreis markiert), um den Formatvorlagenkatalog zu öffnen.

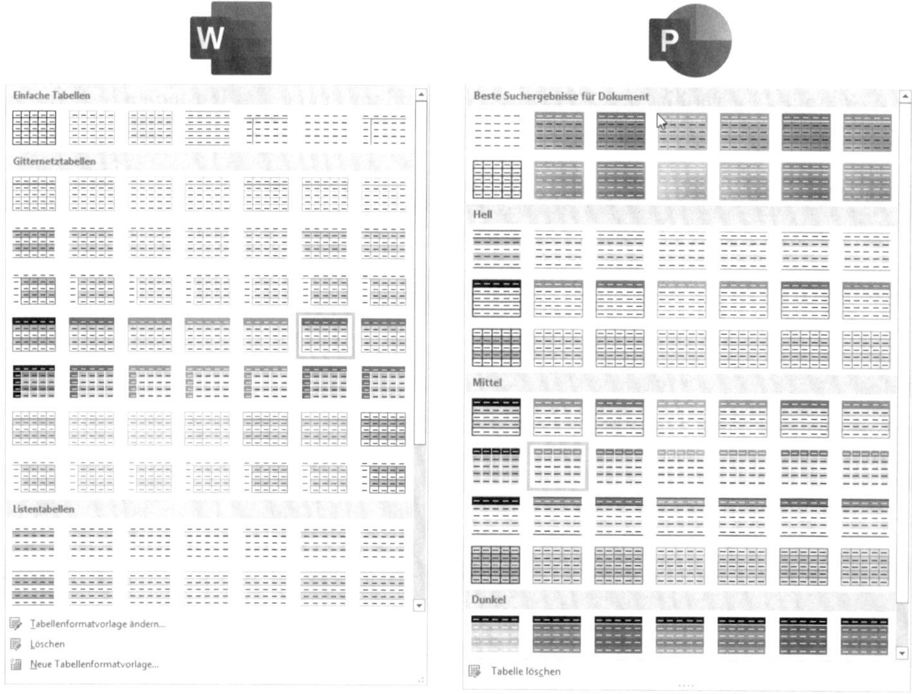

Abbildung 36.13: Im Formatvorlagenkatalog, den Sie über die Schaltfläche Weitere *öffnen, finden Sie zahlreiche weitere Tabellenformatvorlagen.*

Die Tabellenformatvorlagen in Word sind nach Funktionsgruppen geordnet (*Einfache Tabellen, Gitternetztabellen* und *Listentabellen*) und in PowerPoint nach verschiedenen Helligkeitsstufen.

5. Scrollen Sie eventuell im Katalog, bis Sie eine geeignete Formatvorlage gefunden haben, und klicken Sie diese dann an, um sie der Tabelle zuzuweisen.
6. Auf der Registerkarte *Tabellentools/Entwurf* können Sie in der Gruppe *Tabellenformatoptionen* festlegen, ob bestimmte Elemente der Tabelle besonders formatiert werden sollen.

☑ Kopfzeile	☑ Erste Spalte
☐ Ergebniszeile	☐ Letzte Spalte
☑ Gebänderte Zeilen	☐ Gebänderte Spalten

Tabellenformatoptionen

Abbildung 36.14: Mit den Kontrollkästchen der Gruppe Tabellenformatoptionen *legen Sie fest, ob bestimmte Elemente der Tabelle besonders formatiert werden sollen.*

Die Informationen zur Formatierung dieser Elemente, wie z. B. der Überschrift, sind ebenfalls in der Tabellenformatvorlage gespeichert.

Welche der Kontrollkästchen Sie einschalten, hängt davon ab, welche Informationen sich in der Tabelle befinden. Wenn Sie beispielsweise eine Tabelle erstellt haben, in der sich in der ersten Zeile die Spaltenüberschriften befinden, schalten Sie das Kontrollkästchen *Überschrift* ein. Bei Tabellenarten, bei denen in der letzten Spalte die Summe der einzelnen Zeilen angezeigt wird, bietet es sich an, das Kontrollkästchen *Letzte Spalte* einzuschalten.

Die Bedeutung der Kontrollkästchen *Gebänderte Zeilen/Gebänderte Spalten* ist auf den ersten Blick nicht so leicht ersichtlich. Hiermit erreichen Sie, dass jede zweite Zeile/Spalte anders formatiert wird, was die Lesbarkeit von Tabellen verbessert. Ein Beispiel für die Option *Gebänderte Zeilen* sehen Sie in Abbildung 36.12.

Tipp Sie können die Kontrollkästchen der Gruppe *Tabellenformatoptionen* auch ein- und ausschalten, nachdem Sie das Grundformat mittels einer Tabellenformatvorlage zugewiesen haben. Falls die Option doch nicht geeignet ist, schalten Sie das entsprechende Kontrollkästchen einfach wieder aus.

Wenn Sie eine Tabelle mit einer Formatierung versehen wollen, die so in keiner der Tabellenformatvorlagen vorhanden ist, können Sie die gesamte Tabelle oder auch einzelne Zeilen, Spalten oder Zellen manuell formatieren. Wie das geht, beschreiben die Abschnitte weiter hinten in diesem Kapitel.

In Tabellen navigieren

Für Tabellen gelten fast die gleichen Regeln wie für normalen Text – aber eben nur fast. Im Folgenden haben wir für Sie die wichtigsten Ausnahmen und Besonderheiten zusammengestellt.

Tabellenfelder und Gitternetzlinien

Jede Tabelle besteht aus einer beliebigen Anzahl von Tabellenfeldern. Um die einzelnen Felder auch dann besser erkennen zu können, wenn Sie in der Tabelle keine Rahmenlinien verwenden, schalten Sie am besten immer die Gitternetzlinien ein:

1. Setzen Sie den Mauszeiger an eine beliebige Stelle in der Tabelle. Die Registerkarten *Entwurf* und *Layout* der *Tabellentools* werden eingeblendet.
2. Öffnen Sie die Registerkarte *Tabellentools/Layout*.
3. Klicken Sie in der Gruppe *Tabelle* auf *Gitternetzlinien anzeigen*.

Diese Linien zeigen Ihnen die Ausmaße der einzelnen Tabellenfelder und erleichtern Ihnen beim Bewegen der Einfügemarke die Orientierung.

Das Zellenendezeichen

In jedem Tabellenfeld einer Word-Tabelle gibt es ein *Zellenendezeichen* ¤, mit dem das Ende der Tabellenzelle gekennzeichnet wird. Das gleiche Zeichen steht auch am Ende der Zeile. Dort heißt es *Zeilenendezeichen*. Ob es angezeigt wird, hängt davon ab, ob im Dialogfeld *Word-Optionen* in der Kategorie *Anzeigen* die Option *Absatzmarken* eingeschaltet ist oder nicht. (Weitere Informationen zu den Word-Optionen finden Sie in Kapitel 16.)

Bewegen der Einfügemarke

Wenn Sie die Einfügemarke in einer Tabelle bewegen, haben einige Pfeiltasten und die ↹-Taste eine andere Bedeutung als im normalen Text. Die folgende Tabelle informiert Sie über die Unterschiede.

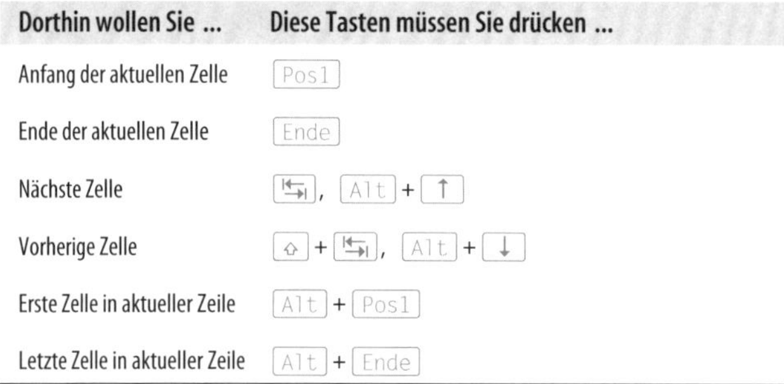

Dorthin wollen Sie ...	Diese Tasten müssen Sie drücken ...
Anfang der aktuellen Zelle	Pos1
Ende der aktuellen Zelle	Ende
Nächste Zelle	↹, Alt + ↑
Vorherige Zelle	⇧ + ↹, Alt + ↓
Erste Zelle in aktueller Zeile	Alt + Pos1
Letzte Zelle in aktueller Zeile	Alt + Ende

Tabelle 36.1: Bewegen der Einfügemarke

Hinweis Tabulatoren in Tabellen eingeben Um in normalem Text einen Tabulator einzufügen, verwenden Sie die Taste ↹. Da diese Taste innerhalb einer Tabelle eine besondere Bedeutung hat, müssen Sie die Tastenkombination Strg + ↹ verwenden, wenn Sie innerhalb einer Tabelle Tabulatoren setzen wollen.

In Tabellen markieren

Auch das Markieren funktioniert in Tabellen etwas anders als in normalem Text und ist daher etwas gewöhnungsbedürftig.

Markieren mit der Tastatur

Sie können die Kombination von ⇧+Pfeiltasten verwenden, um einzelne Zeichen innerhalb der Tabellenzellen zu markieren.

- Wenn Sie dabei das Ende eines Tabellenfeldes (in Word genauer das Zellenendezeichen) mit markieren, wird automatisch die gesamte Zelle markiert.
- Wenn Sie, nachdem eine Zelle ganz markiert wurde, die Markierung erweitern, wird die Markierung zellenweise, und nicht zeichenweise, vergrößert.

Markieren mit der Maus

Innerhalb einer Zelle gelten für das Markieren mit der Maus die gleichen Regeln wie in normalem Text. Darüber hinaus gibt es einige Besonderheiten, um bequem Zellen, Zeilen oder Spalten einer Tabelle zu markieren.

Ganze Spalte markieren

1. Setzen Sie den Mauszeiger auf die oberste Gitternetzlinie einer Spalte, bis er zu einem schwarzen Pfeil wird, der nach unten weist.

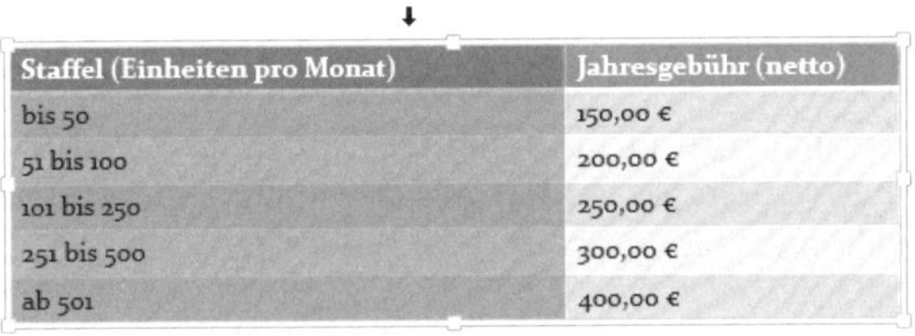

Staffel (Einheiten pro Monat)	Jahresgebühr (netto)
bis 50	150,00 €
51 bis 100	200,00 €
101 bis 250	250,00 €
251 bis 500	300,00 €
ab 501	400,00 €

Abbildung 36.15: Der Mauszeiger wird oberhalb der obersten Zeile zum Markierungspfeil.

2. Klicken Sie, um die Spalte zu markieren.

Ganze Zeile markieren

Um einzelne oder mehrere Zeilen einer Tabelle zu markieren, benutzen Sie, genau wie beim Markieren von normalen Textzeilen, die Markierungsleiste (das ist der leere Bereich links neben dem Text).

Einzelne Zelle markieren

1. Verschieben Sie den Mauszeiger an den Anfang eines Feldes, bis der Zeiger die Form eines diagonal nach oben zeigenden Pfeils annimmt.

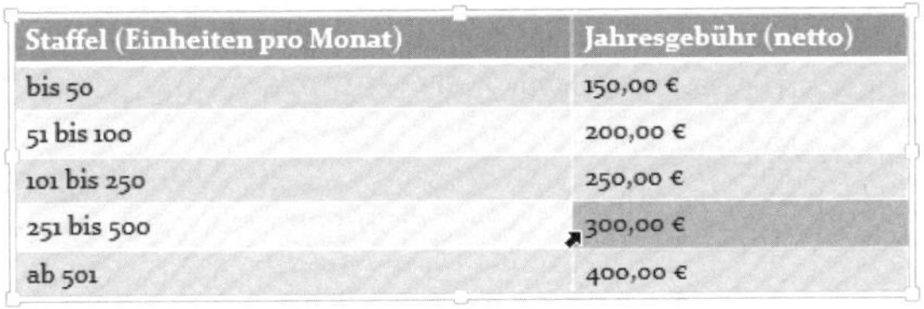

Staffel (Einheiten pro Monat)	Jahresgebühr (netto)
bis 50	150,00 €
51 bis 100	200,00 €
101 bis 250	250,00 €
251 bis 500	300,00 €
ab 501	400,00 €

Abbildung 36.16: Die Form des Mauszeigers ändert sich beim Markieren einer einzelnen Zelle.

2. Klicken Sie, um die Zelle zu markieren.

Markieren mit Befehlen im Menüband

Wenn Ihnen das Markieren mit der Maus oder der Tastatur zu umständlich ist, können Sie auch die Befehle des Menüs *Auswählen* verwenden, das Sie auf der Registerkarte *Tabellentools/Layout* in der Gruppe *Tabelle* finden. Mit den Unterpunkten des Menüs können Sie zumindest die rudimentären Markierungsaufgaben erledigen.

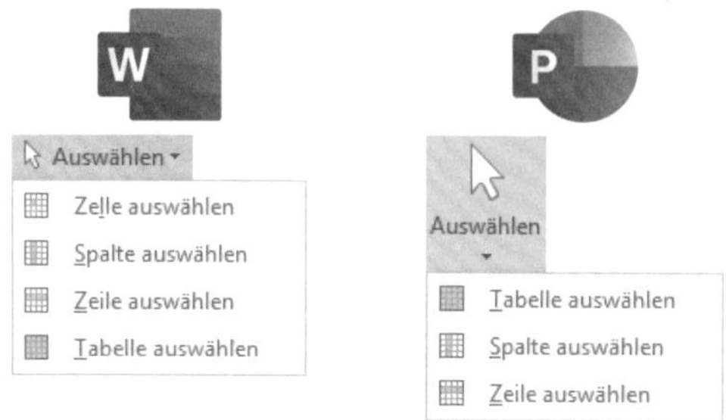

Abbildung 36.17: Über das Menü Auswählen *können Sie eine Zelle, Spalte, Zeile oder die gesamte Tabelle markieren.*

Tabellenstruktur ändern

Die erste Einteilung der Zeilen und Spalten wird nicht immer der endgültigen Version der Tabelle entsprechen. Früher oder später werden Sie vor der Aufgabe stehen, die Aufteilung einer Tabelle ändern zu müssen. Dabei können Sie

- neue Zeilen und/oder Spalten einfügen,
- nicht mehr benötigte Zeilen und/oder Spalten löschen,
- einzelne Zellen teilen oder verbinden.

Zeilen/Spalten einfügen

Die erste Einteilung der Zeilen und Spalten wird selten der endgültigen Version der Tabelle entsprechen. Früher oder später werden Sie also vor der Aufgabe stehen, die Aufteilung der Tabelle ändern zu müssen. Besonders in Word ist es seit der Version 2013 viel einfacher geworden, neue Zeilen und Spalten einzufügen.

Im einfachsten Fall werden Sie der Tabelle eine neue Zeile hinzufügen wollen. Dazu setzen Sie die Einfügemarke einfach in die letzte Zelle der Tabelle und drücken dort die [⇆]-Taste.

Wenn Sie innerhalb der Tabelle eine neue Zeile einfügen wollen, gehen Sie wie folgt vor:

1. Klicken Sie in die Zeile, über oder unter der Sie eine neue Zeile einfügen wollen.
2. Öffnen Sie die Registerkarte *Tabellentools/Layout.*
3. Klicken Sie in der Gruppe *Zeilen und Spalten* auf *Darüber einfügen* bzw. auf *Darunter einfügen.*

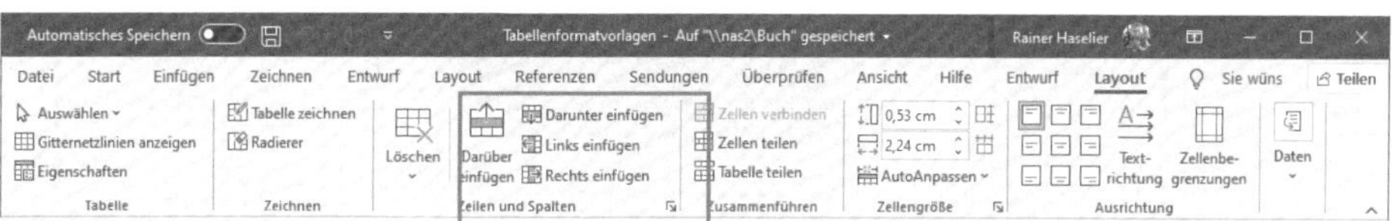

Abbildung 36.18: Die Schaltflächen zum Einfügen von Spalten und Zeilen befinden sich auf der Registerkarte Tabellentools/Layout.

Zum Einfügen neuer Spalten gehen Sie analog vor und verwenden entsprechend die Schaltflächen *Links einfügen* bzw. *Rechts einfügen.*

Zeilen/Spalten in Word einfügen

Seit Word 2013 ist das Einfügen von Zeilen und Spalten in eine Tabelle noch einfacher geworden: Wenn Sie mit der Maus links an der Tabelle auf die Trennlinie zwischen zwei Zeilen oder oben an der Tabelle auf die Trennlinie zwischen zwei Spalten zeigen, blendet Word eine Einfügemarkierung mit einer Plusschaltfläche ein. Klicken Sie auf diese Schaltfläche, um eine Zeile oder eine Spalte einzufügen.

Abbildung 36.19: Die Einfügemarkierungen in Word erleichtern das Erweitern von Tabellen.

Leider steht dieses nützliche Feature in PowerPoint nicht zur Verfügung.

Tipp

Zeilen, Spalten/Zellen mit Kontextmenü oder Minisymbolleiste einfügen Im Kontextmenü für Word-Tabellen und in der Minisymbolleiste von Word und PowerPoint finden Sie den Befehl *Einfügen*, den Sie ebenfalls verwenden können, um in eine vorhandene Tabelle weitere Spalten oder Zeilen einzufügen. Die Verwendung der Minisymbolleiste (siehe Abbildung unten) oder des Kontextmenüs (siehe Abbildung auf der nächsten Seite) erspart Ihnen die Navigation zum Menüband.

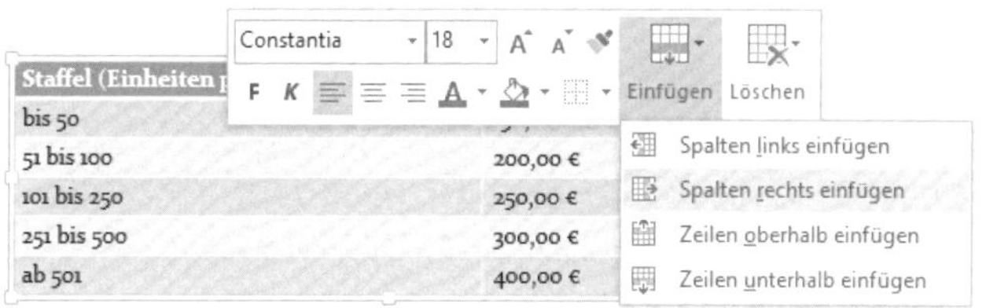

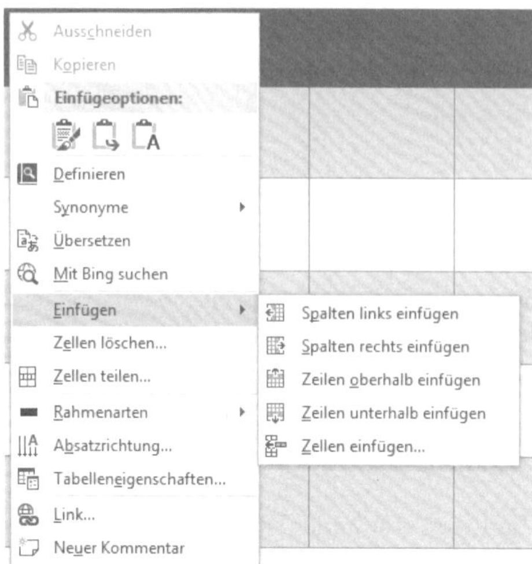

Tabelle, Zeilen/Spalten löschen

Wenn Sie überflüssige Zeilen und Spalten aus einer Tabelle entfernen wollen, können Sie diese Zellen am schnellsten mit den Befehlen der Schaltfläche *Löschen* der Minisymbolleiste entfernen (siehe Abbildung 36.20).

Diese Schaltfläche wird in der Minisymbolleiste angezeigt, wenn sich die Einfügemarke in einer Tabelle befindet. Die Befehle der Schaltfläche sind mit denen identisch, die Sie auf der Registerkarte *Tabellentools/Layout* in der Gruppe *Zeilen und Spalten* finden.

Um mehrere Zeilen oder Spalten zu löschen, müssen Sie diese vor dem Aufruf des entsprechenden Befehls markieren.

Mit dem Befehl *Tabelle löschen*, den Sie jeweils ganz unten im Menü der Schaltfläche *Löschen* finden, löschen Sie die gesamte Tabelle.

Abbildung 36.20: Löschen von Spalten und Zeilen mit den Befehlen der Schaltfläche Löschen *in der Minisymbolleiste*

Tabellenzellen verbinden und teilen

Wenn Sie beispielsweise eine Tabelle erstellen, bei der sich eine Überschrift über mehrere Spalten erstrecken soll, können Sie zwei oder mehr Tabellenzellen zu einer einzigen zusammenführen.

1. Markieren Sie die Zellen, die Sie zusammenführen wollen; dies können sowohl nebeneinander als auch untereinander stehende Zellen sein.
2. Öffnen Sie die Registerkarte *Tabellentools/Layout*.
3. Klicken Sie in der Gruppe *Zusammenführen* auf *Zellen verbinden*.

Wenn sich bereits Text in den markierten Zellen befand, wird der Text in den einzelnen Zellen in einen eigenen Absatz in der zusammengeführten Zelle übernommen.

Auch der umgekehrte Weg ist möglich, nämlich dass Sie aus einer Zelle mehrere machen:

1. Klicken Sie die Zelle an, die Sie teilen wollen. Wenn Sie mehr als eine Zelle teilen wollen, markieren Sie die betreffenden Zellen.
2. Öffnen Sie die Registerkarte *Tabellentools/Layout*.
3. Klicken Sie in der Gruppe *Zusammenführen* auf *Zellen teilen*. Das gleichnamige Dialogfeld wird angezeigt.

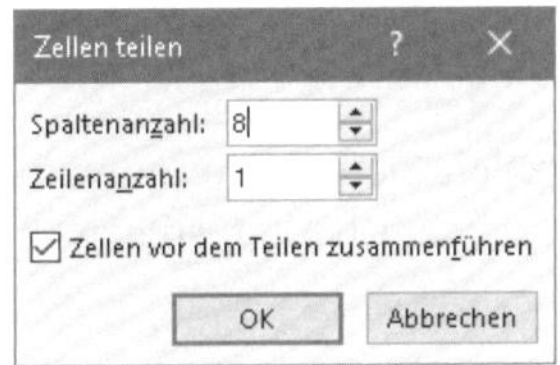

Abbildung 36.21: Hier legen Sie fest, in wie viele Spalten und Zeilen die markierte(n) Zelle(n) aufgeteilt werden soll(en).

4. Geben Sie im Dialogfeld die Anzahl der Zeilen und Spalten an, in die die markierte(n) Zelle(n) aufgeteilt werden soll(en).
5. Wenn die Zellen vor dem Teilen zuerst zusammengeführt werden sollen, schalten Sie das entsprechende Kontrollkästchen ein, bevor Sie auf *OK* klicken.

Linien formatieren

Einzelne Linien in einer Tabelle formatieren Sie am einfachsten mit der Zeichenfunktion. Auf der Registerkarte *Tabellentools/Entwurf* finden Sie in der Gruppe *Rahmen* (Word) bzw. *Rahmenlinien zeichnen* (PowerPoint) drei Elemente, mit denen Sie die Linienart, die Linienstärke und die Linienfarbe einstellen können.

1. Setzen Sie die Einfügemarke in die Tabelle.
2. Führen Sie eine der folgenden Aktionen durch:
   - **Word** Öffnen Sie die Registerkarte *Tabellentools/Layout*. Klicken Sie in der Gruppe *Zeichnen* auf *Tabelle zeichnen*, um den Zeichenmodus zu aktivieren.

- **PowerPoint** Öffnen Sie die Registerkarte *Tabellentools/Entwurf*. Klicken Sie in der Gruppe *Rahmenlinien zeichnen* auf *Tabelle zeichnen*, um den Zeichenmodus zu aktivieren.

3. Klicken Sie auf den Pfeil neben dem Feld *Stiftart*, um die Auswahlliste zu öffnen.

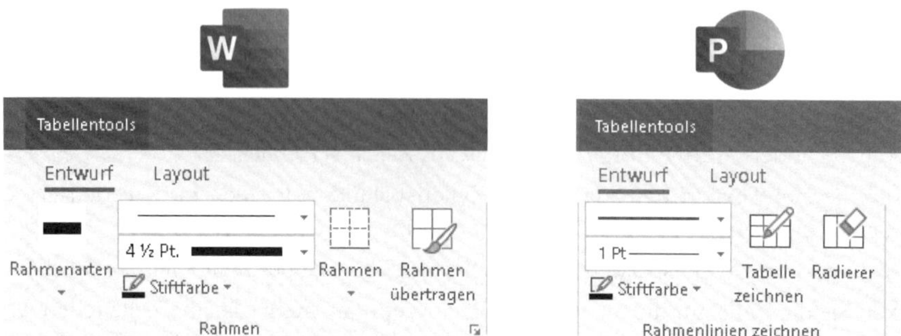

Abbildung 36.22: Mit den Schaltflächen der Gruppe Rahmen *bzw.* Rahmenlinien zeichnen *können Sie die Linienarten, Stiftstärken und Stiftfarben auswählen.*

4. Wählen Sie in der Liste eine Linienart aus.
5. Klicken Sie auf den Pfeil der Schaltfläche *Stiftfarbe* und wählen Sie die Farbe aus, die die Linie haben soll.
6. Klicken Sie auf den Pfeil neben dem Feld *Stiftstärke* und stellen Sie im Dropdownmenü die Linienstärke ein. Je nachdem, welchen Linienstil Sie ausgewählt haben, stehen Ihnen unterschiedliche Linienstärken zur Verfügung.
7. Klicken Sie nun mit dem Stift die Linien an, die Sie wie eingestellt formatieren wollen. Ändern Sie die Linieneigenschaften wie oben beschrieben, wenn Sie andere Linien der Tabelle anders formatieren möchten.
8. Klicken Sie auf die Schaltfläche *Tabelle zeichnen,* um den Zeichenmodus zu beenden.

Gesamte Tabelle mit Linien versehen

Wenn Sie die gesamte Tabelle mit Linien versehen und keine Tabellenformatvorlagen verwenden wollen, wäre es etwas mühselig, jede einzelne Linie von Hand zu zeichnen. Eine weitere Schaltfläche auf der Registerkarte *Tabellentools/Entwurf* erleichtert Ihnen hier die Arbeit.

1. Setzen Sie die Einfügemarke in die Tabelle und drücken Sie die Tastenkombination Alt+5 auf der Zehnertastatur (die Num-Taste muss dabei deaktiviert sein), um die gesamte Tabelle zu markieren. (Sie können auch auf der Registerkarte *Tabellentools/Layout* in der Gruppe *Tabelle* auf *Auswählen* und dann auf *Tabelle auswählen* klicken.)
2. Öffnen Sie die Registerkarte *Tabellentools/Entwurf.*
3. Legen Sie die Linienmerkmale fest, wie in den Schritten 4 bis 7 im vorigen Abschnitt beschrieben.
4. Führen Sie eine der folgenden Aktionen durch:
    - **Word** Klicken Sie in der Gruppe *Rahmen* auf den Pfeil neben der Schaltfläche *Rahmen,* um das Dropdownmenü zu öffnen.

- **PowerPoint** Klicken Sie in der Gruppe *Tabellenformatvorlagen* auf den Pfeil neben der Schaltfläche *Rahmen*, um das Dropdownmenü zu öffnen.

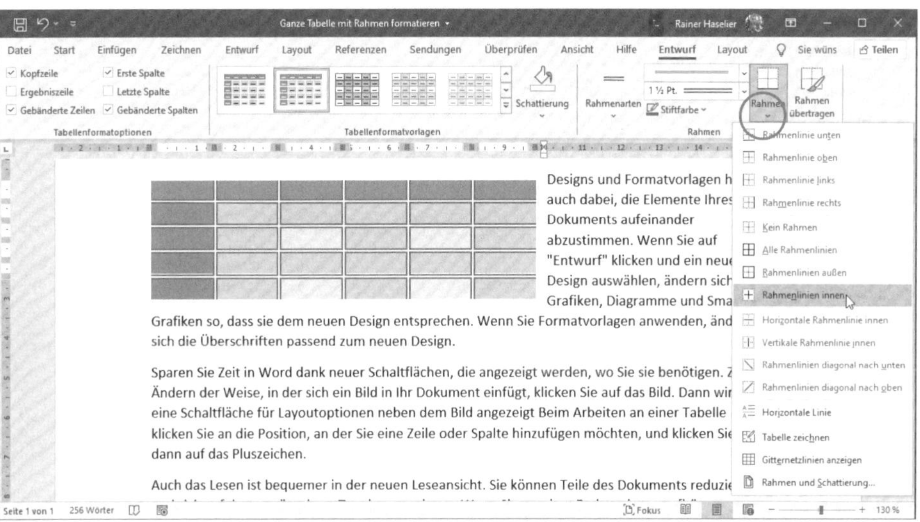

Abbildung 36.23: Das Dropdownmenü Rahmen

5. Klicken Sie auf *Alle Rahmenlinien*, um das eingestellte Format allen Rahmenlinien zuzuweisen. Oder verwenden Sie, wie in der Abbildung gezeigt, *Rahmenlinien innen*, um alle inneren Linien wie festgelegt zu formatieren.,

In dem Dropdownmenü *Rahmen* können Sie nicht nur alle Rahmenlinien der Tabelle formatieren, sondern auch nur die inneren, die äußeren oder Linien an einer bestimmten Seite der Tabelle. Was genau formatiert wird, hängt (Sie ahnen es schon) davon ab, was vorher markiert wurde.

Hintergrund der Tabellenzellen ändern

Mit einer weiteren Schaltfläche auf der Registerkarte *Tabellentools/Entwurf* legen Sie die Farbe fest, mit der die Tabellenzellen gefüllt werden sollen.

1. Markieren Sie die gewünschte(n) Zelle(n).
2. Öffnen Sie die Registerkarte *Tabellentools/Entwurf*.
3. Klicken Sie in der Gruppe *Tabellenformatvorlagen* auf die Schaltfläche *Schattierung*.
4. Wählen Sie eine der angebotenen Farben aus.

Muster für den Hintergrund verwenden

Neben der Farbe können Sie noch ein Muster festlegen, mit dem die Zelle versehen werden soll. Die Einstellungen für das Hintergrundmuster erreichen Sie über die Schaltfläche *Rahmen* in der Gruppe *Tabellenformatvorlagen:*

1. Markieren Sie die Zelle(n), die Sie formatieren wollen.
2. Öffnen Sie die Registerkarte *Tabellentools/Entwurf*.
3. Klicken Sie auf die Schaltfläche *Rahmen* und dann im Dropdownmenü auf *Rahmen und Schattierung*.
4. Wechseln Sie – falls erforderlich – im Dialogfeld *Rahmen und Schattierung* zur Registerkarte *Schattierung*.
5. Öffnen Sie die Liste *Linienart*. Die Muster befinden sich am unteren Ende der Liste.

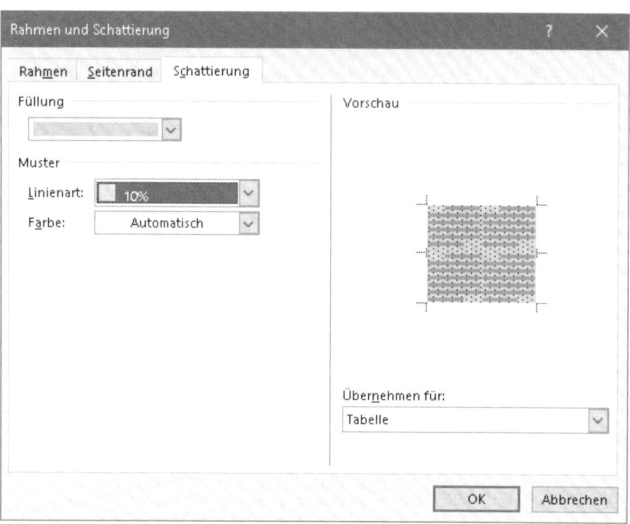

Abbildung 36.24: Auf der Registerkarte Schattierung *können Sie ein Muster für einzelne Zellen oder die gesamte Tabelle festlegen.*

6. Falls Sie die Formatierung statt für die markierte(n) Zelle(n) für die gesamte Tabelle verwenden wollen, öffnen Sie die Liste *Übernehmen für* und wählen den Eintrag *Tabelle* aus.
7. Wählen Sie anschließend noch eine Farbe aus und klicken Sie dann auf *OK*.

Spaltenbreite und/oder Zeilenhöhe ändern

Die Breite einer Spalte bzw. die Höhe einer Tabellenzeile verändern Sie am einfachsten mit der Maus:

1. Schalten Sie das Lineal ein, wenn es nicht sichtbar ist. Schalten Sie dazu auf der Registerkarte *Ansicht* in der Gruppe *Anzeigen* das Kontrollkästchen *Lineal* ein.
2. Setzen Sie den Mauszeiger auf die Trennlinie an der Zelle, die Sie verändern wollen. Der Mauszeiger verändert sich dort in einen Doppelpfeil.

Staffel (Einheiten pro Monat)	Jahresgebühr (netto)
bis 50	150,00 €
51 bis 100	200,00 €
101 bis 250	250,00 €
251 bis 500	300,00 €
ab 501	400,00 €

Abbildung 36.25: Mit der Maus lassen sich Breite und Höhe der Tabellenspalten/-zeilen einfach ändern.

3. Verschieben Sie die Trennlinie, bis die Spalte/Zeile die gewünschte Größe hat, und lassen Sie dann die Maustaste wieder los.

Tipp Gleichzeitig die Breite der Word-Tabelle ändern Wenn Sie in Word vor dem Anklicken einer Linie die ⇧-Taste drücken, und die Linie dann mit gedrückter Maustaste ziehen, können Sie gleichzeitig auch die Breite der Tabelle ändern. Die Breite der Spalte rechts von der Linie, die Sie ziehen, bleibt unverändert, die Spalte links davon wird breiter/schmaler (je nachdem, in welche Richtung Sie mit der Maus ziehen) und die Tabelle wird entsprechend breiter/schmaler.

Überschriften für mehrseitige Tabellen

Wenn sich eine Word-Tabelle über mehrere Seiten erstreckt, können Sie die erste Zeile der Tabelle als Überschrift formatieren. Diese Zeile wird dann von Word auf jeder der Folgeseiten wiederholt.

1. Setzen Sie die Einfügemarke in die erste Zeile der Tabelle. Sie können auch mehrere Zeilen als Überschrift definieren. Allerdings muss auch dann die erste Zeile Bestandteil der Überschrift sein.
2. Wechseln Sie zur Registerkarte *Tabellentools/Layout,* klicken Sie auf die Schaltfläche *Daten* und dann auf *Überschriften wiederholen.*

Zum Bearbeiten der Tabellenüberschrift ändern Sie nur die Version am Tabellenanfang. Die Änderungen werden von Word automatisch auf den nachfolgenden Seiten übernommen.

Fertige Tabelle als Word-Schnelltabelle speichern

Wenn Sie häufig ähnlich aufgebaute Tabellen verwenden, können Sie eine mit Sorgfalt erstellte Tabelle als sogenannte Schnelltabelle speichern. Eine Schnelltabelle ist so etwas wie ein Textbaustein, der aber nicht nur ein Wort enthält, sondern eben eine komplette Tabelle. Word speichert die Schnelltabellen im Schnelltabellenkatalog, und Sie können eine einmal erstellte Schnelltabelle einfach in anderen Dokumenten wiederverwenden.

Gehen Sie folgendermaßen vor, um eine Tabelle in den Schnelltabellenkatalog aufzunehmen:

1. Setzen Sie die Einfügemarke an eine beliebige Stelle in der Tabelle.
2. Nach einem kurzen Moment blendet Word in der linken oberen Ecke den Tabellenanfasser ein. Klicken Sie diesen an. Dadurch wird die gesamte Tabelle markiert.
3. Öffnen Sie die Registerkarte *Einfügen.*

4. Klicken Sie in der Gruppe *Tabellen* auf *Tabelle* und dann auf *Schnelltabellen.*
5. Klicken Sie im Untermenü ganz unten auf *Auswahl im Schnelltabellenkatalog speichern*. Das Dialogfeld *Neuen Baustein erstellen* wird angezeigt (siehe Abbildung 36.26).
6. Geben Sie in das Feld *Name* den Namen ein, unter dem die Schnelltabelle gespeichert werden soll. Den Eintrag in der Liste *Katalog* können Sie unverändert lassen.
7. Sie können Schnelltabellen jeweils einer Kategorie zuordnen. Wenn Sie nur wenige Schnelltabellen erstellen, können Sie die Kategorie *Allgemein* verwenden. Bei vielen Schnelltabellen empfiehlt es sich, neue Kategorien anzulegen. Klicken Sie dazu auf den Pfeil neben dem Feld *Kategorie* und dann auf *Neue Kategorie erstellen.* Geben Sie den Namen der Kategorie ein und klicken Sie auf *OK*. Wählen Sie dann die Kategorie aus, der Sie die Schnelltabelle zuweisen wollen.

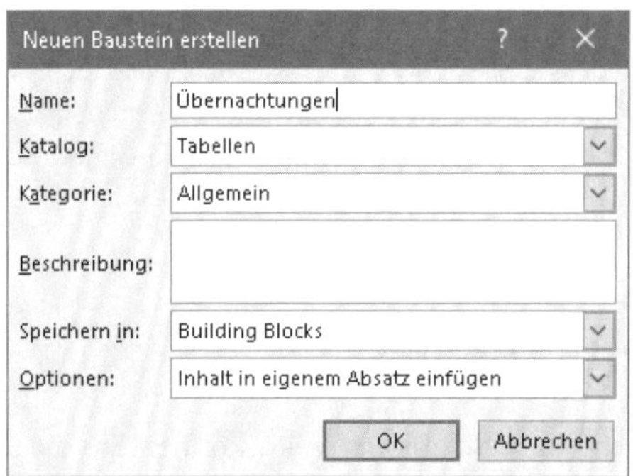

Abbildung 36.26: Hier legen Sie fest, unter welchem Namen, wo und mit welchen Optionen die Schnelltabelle gespeichert werden soll.

8. Wenn der Name nicht aussagekräftig genug ist, können Sie im Feld *Beschreibung* einen ausführlicheren erklärenden Text eingeben.
9. Im Listenfeld *Speichern in* legen Sie fest, in welcher Dokumentvorlage die Schnelltabelle gespeichert werden soll. Als eine Option wird Ihnen hier die Standarddokumentvorlage *Normal* angeboten; wenn das Dokument auf Basis einer anderen Dokumentvorlage erstellt wurde, wird deren Name hier ebenfalls angezeigt. Schnelltabellen, die Sie in unterschiedlichen Dokumenten verwenden wollen, speichern Sie am besten in der Dokumentvorlage *Normal* oder in den *Building Blocks*.
10. Im Listenfeld *Optionen* legen Sie fest, wie die Schnelltabelle später in ein Dokument eingefügt werden soll. Übernehmen Sie hier die Option *Inhalt in eigenem Absatz einfügen*.
11. Klicken Sie abschließend auf *OK*.

Word-Schnelltabelle in einem anderen Dokument verwenden

Das Einfügen einer einmal definierten Schnelltabelle ist ein einfacher Vorgang. Setzen Sie die Einfügemarke im Dokument an die Stelle, an der die Tabelle eingefügt werden soll. Wechseln Sie zur Registerkarte *Einfügen*, klicken Sie auf *Tabellen* und dann auf *Schnelltabellen.* Word zeigt alle vorhandenen Schnelltabellen in einer Liste an, die auch eine Vorschau der Tabelle enthält. Klicken Sie die Schnelltabelle an, die Sie einfügen wollen.

Kapitel 37
Links, Textmarken und Querverweise

Links, auch Hyperlinks genannt, kennen Sie aus dem Internet. Wenn Sie auf einer Webseite einen Link anklicken, zeigt der Browser entweder eine andere Stelle auf der gleichen Webseite an oder er öffnet eine neue Seite. Genauso können Sie Links in die verschiedenen Office-Dokumente einfügen, um damit ein anderes Dokument, eine Webseite oder eine andere Stelle im gleichen Dokument zu öffnen.

Die verschiedenen Stellen im Dokument werden durch Textmarken definiert. In Word stehen automatisch alle Überschriften als Linkziel zur Verfügung und Sie können für andere Bereiche neue Textmarken definieren. In Excel stehen automatisch die Namen der Arbeitsblätter zur Verfügung; weitere Textmarken definieren Sie, indem Sie für Bereiche Namen vergehen (siehe hierzu auch den Abschnitt »Namen für Zellen/Zellbereiche verwenden« in Kapitel 19). In PowerPoint können Sie als Linkziel die verschiedenen Folien verwenden; das Erstellen von benutzerdefinierten Textmarken ist in PowerPoint nicht möglich.

In Word können Sie Textmarken noch für weitere Zwecke verwenden, und zwar für das Erstellen von Querverweisen. Der einfachste Fall ist sicherlich der Verweis auf eine Seite, die eine Textstelle oder eine Abbildung enthält, auf die Sie den Leser aufmerksam machen möchten. Natürlich können Sie die Seitenzahl einfach als normalen Text eingeben, doch dann laufen Sie Gefahr, dass der Verweis nicht mehr stimmt, sobald Sie Ihren Text weiter bearbeiten. Fügen Sie die Seitenzahl hingegen als Querverweis ein, ist ihre dauerhafte Aktualität gesichert.

Links verwenden

In diesem Abschnitt lernen Sie die Schritte kennen, mit denen Sie in Word, Excel und PowerPoint Links zu einer Datei, zu einer Stelle im aktuellen Dokument und zu einer Webseite erstellen, bearbeiten und löschen.

Link zu einer Datei einfügen

Mit den folgenden Schritten erstellen Sie in den Office-Apps einen neuen Hyperlink zu einer Datei:

1. Legen Sie zuerst die Stelle fest, an der der Link eingefügt werden soll. Führen Sie dazu je nach Office-Programm eine der folgenden Aktionen durch:
   - **Word** Markieren Sie die Textstelle, die als Link dienen soll. Wenn Sie keinen Text markieren, können Sie den Text später noch definieren.
   - **Excel** Markieren Sie die Zelle, die als Link dienen soll. Sie können auch mehrere Zellen markieren, wenn alle markierten Zellen als Link funktionieren sollen. Die markierten Zellen müssen neben oder untereinander stehen. Die Mehrfachauswahl von Zellen an verschiedenen Stellen des Arbeitsblatts ist beim Einfügen von Links nicht möglich.
   - **PowerPoint** Markieren Sie den Text, der als Link dienen soll. Wenn Sie keinen Text markieren und kein anderes Element auf der Folie markiert ist, können Sie den im Link anzuzeigenden Text später festlegen.
   - **Word, Excel, PowerPoint** Sie können in allen drei Programmen auch andere Elemente als Link verwenden, z. B. Formen, Diagramme, Abbildungen usw.; markieren Sie hierzu das gewünschte Element.
2. Öffnen Sie die Registerkarte *Einfügen* und klicken Sie in der Gruppe *Links* auf den oberen Bereich der Schaltfläche *Link*.

   Das Dialogfeld *Link einfügen* wird geöffnet. Wenn die Schaltfläche *Link* nicht aktiv ist, haben Sie im Dokument ein Element markiert, das nicht als Link verwendet werden kann.
3. Geben Sie in das Feld *Anzuzeigender Text* den Text ein, der in Ihrem Dokument als Link dienen soll.
   - Wenn Sie vor dem Öffnen des Dialogfeldes bereits Text markiert haben, wird dieser hier angezeigt.
   - Wenn Sie vor dem Öffnen des Dialogfeldes in Word keinen Text oder in Excel eine leere Tabellenzelle markiert haben, ist das Feld *Anzuzeigender Text* leer.

- Wenn Sie vor dem Öffnen des Dialogfeldes ein anderes Element, wie eine Form oder eine Grafik, markiert haben, wird im Feld *Anzuzeigender Text* die Angabe <<*Auswahl in Dokument*>> angezeigt. Sie können den Text dann nicht ändern.

4. Achten Sie darauf, dass in der Leiste *Link zu* der Eintrag *Datei oder Webseite* aktiviert ist.
5. Verwenden Sie das Dropdown-Listenfeld *Suchen in,* um zu dem Ordner zu wechseln, in dem sich die Datei befindet, auf die Sie verlinken wollen.

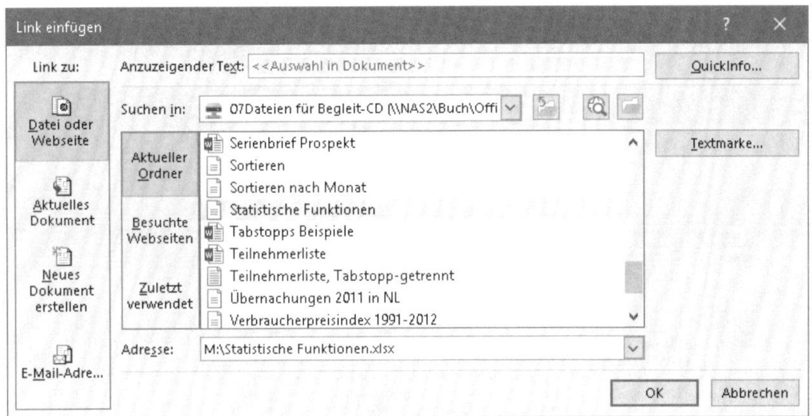

Abbildung 37.1: Das Linkziel wurde ausgewählt.

6. Markieren Sie die gewünschte Datei. Der Speicherort der Datei wird im Feld *Adresse* eingetragen.
7. Klicken Sie (optional) auf *QuickInfo*. Das Fenster *Hyperlink-Quickinfo festlegen* wird angezeigt. Geben Sie hier den Text ein, der angezeigt werden soll, wenn sich der Mauszeiger über dem Link befindet.

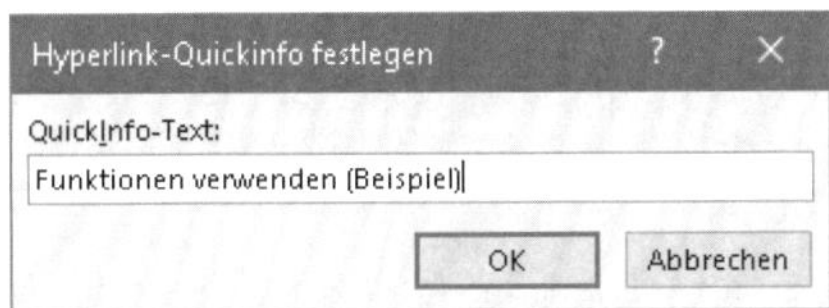

Abbildung 37.2: Legen Sie hier den optionalen QuickInfo-Text fest.

Hinweis

Damit in Word der QuickInfo-Text für Links angezeigt wird, muss das Kontrollkästchen *Dokument-QuickInfos beim Daraufzeigen anzeigen* eingeschaltet sein. Sie finden diese Einstellung im Dialogfeld *Word-Optionen*, Kategorie *Anzeige*, Abschnitt *Optionen für die Seitenanzeige*.

8. Klicken Sie auf *OK*.

   Der Link wird in das Dokument eingefügt; in Word sieht er beispielsweise so aus:

Abbildung 37.3: Der eingefügte Link in Word

Link zu einer Webseite einfügen

Mit den folgenden Schritten erstellen Sie einen neuen Link zu einer Webseite:

1. Führen Sie die Schritte 1 bis 3 durch, die im Abschnitt »Link zu einer Datei einfügen« ab Seite 674 beschrieben sind.
2. Achten Sie darauf, dass in der Leiste *Link zu* der Eintrag *Datei oder Webseite* aktiviert ist.
3. Klicken Sie in der Leiste *Suchen in* auf *Besuchte Webseiten*.

   Im Listenfeld sehen Sie dann eine Liste mit den Webseiten, die Sie zuletzt besucht haben.

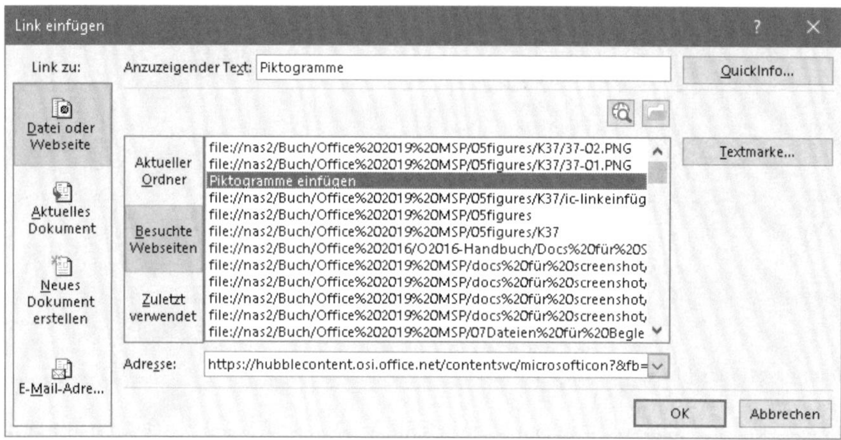

Abbildung 37.4: Das Linkziel wurde ausgewählt.

4. Führen Sie eine der folgenden Aktionen durch:
   - Wenn die gewünschte Webseite in der Liste angezeigt wird, klicken Sie den betreffenden Eintrag an. Die Adresse wird in das Feld *Adresse* übernommen.
   - Wenn die gewünschte Webseite nicht in der Liste angezeigt wird, löschen Sie den Inhalt des Feldes *Adresse* und geben dort die Adresse ein. Bitte achten Sie darauf, dass die Webseitenadresse mit **http://** bzw. mit **https://** beginnt.
5. Klicken Sie (optional) auf *QuickInfo*. Das Fenster *Hyperlink-Quickinfo festlegen* wird angezeigt. Geben Sie hier den Text ein, der angezeigt werden soll, wenn sich der Mauszeiger über dem Link befindet.
6. Klicken Sie auf *OK*.

   Der Link wird in das Dokument eingefügt; in Excel sieht er beispielsweise wie in der folgenden Abbildung gezeigt aus, wenn kein QuickInfo-Text festgelegt wurde. Excel zeigt dann die Adresse des Links an.

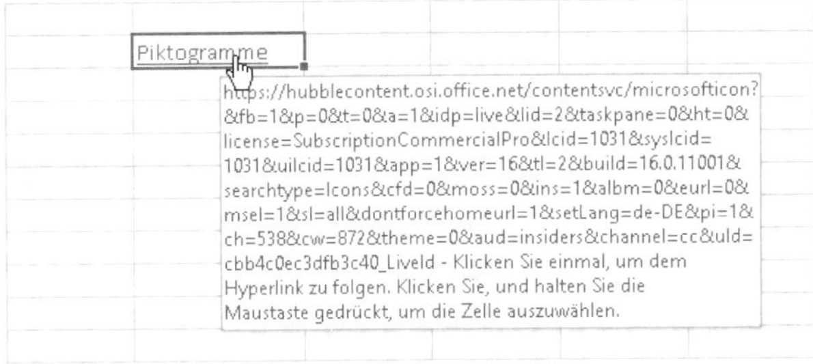

Abbildung 37.5: Der in Excel eingefügte Link

Link zu einer Stelle in der aktuellen Datei einfügen

Mit den folgenden Schritten erstellen Sie einen neuen Link zu einer Stelle in der aktuellen Datei:

1. Führen Sie die Schritte 1 bis 3 durch, die im Abschnitt »Link zu einer Datei einfügen« ab Seite 674 beschrieben sind.
2. Klicken Sie im Dialogfeld *Link einfügen* in der Leiste *Link zu* auf *Aktuelles Dokument*.

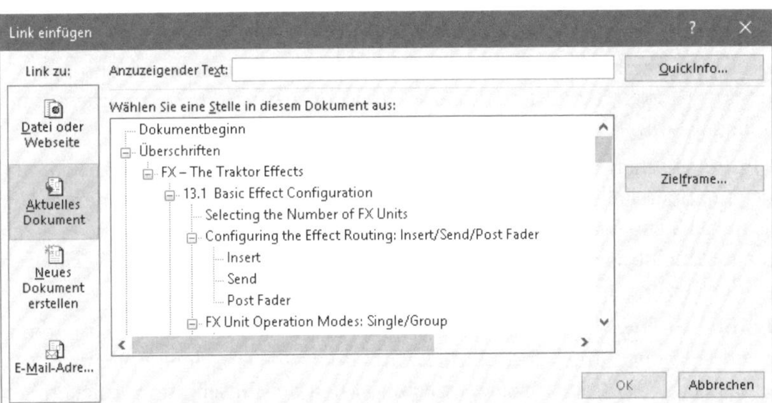

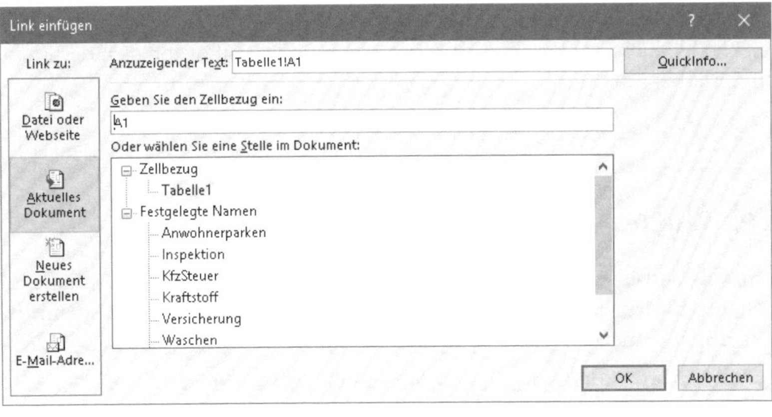

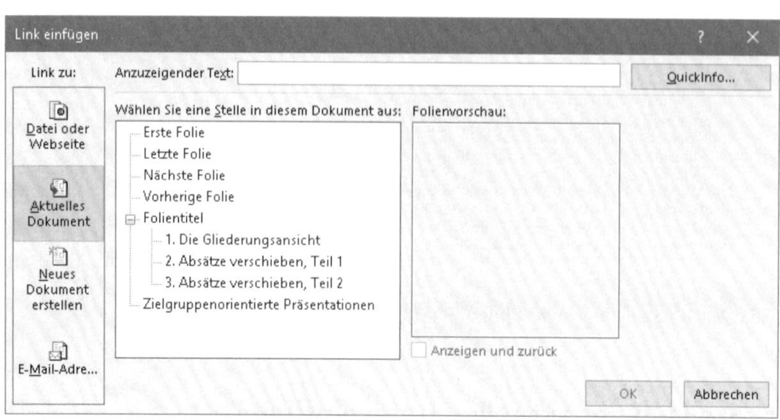

Abbildung 37.6: Beim Einfügen eines Links zum aktuellen Dokument ist die Auswahl des Linkziels bei den Programmen leicht unterschiedlich.

3. Führen Sie je nach Programm, das Sie verwenden, eine der folgenden Aktionen durch:
   - **Word** In Word wird automatisch eine Liste mit allen Überschriften des Dokuments angezeigt, vorausgesetzt, Sie haben die Überschriften mit den Formatvorlagen für Überschriften formatiert. Wenn Sie in der Liste weiter nach unten scrollen, sehen Sie außerdem eine Liste aller Textmarken, die Sie in das Dokument eingefügt haben (mehr zu Textmarken finden Sie im Abschnitt »Textmarken erstellen und ansteuern« ab Seite 680). Klicken Sie in der Liste die Überschrift bzw. die Textmarke an, die als Linkziel dienen soll.
   - **Excel** In Excel sehen Sie eine Liste mit den Namen der Arbeitsblätter in der aktuellen Arbeitsmappe. Falls Sie benannte Bereiche verwenden, werden deren Namen ebenfalls in der Liste *Oder wählen Sie eine Stelle im Dokument* aufgeführt. Wählen Sie einen der Listeneinträge aus oder geben Sie in das Feld *Geben Sie den Zellbezug ein* entweder den Bezug auf eine Zelle oder einen Zellbereich ein.
   - **PowerPoint** In PowerPoint sehen Sie im oberen Bereich der Liste Textmarken, die Sie verwenden können, um vor- und rückwärts durch die einzelnen Folien zu blättern. Darunter sehen Sie Einträge für die einzelnen Folien der Präsentation. Klicken Sie den gewünschten Eintrag an.
4. Klicken Sie (optional) auf *QuickInfo*. Das Fenster *Hyperlink-Quickinfo festlegen* wird angezeigt. Geben Sie hier den Text ein, der angezeigt werden soll, wenn sich der Mauszeiger über dem Link befindet.
5. Klicken Sie auf *OK*.

E-Mail-Link einfügen

Das Einfügen eines E-Mail-Links ist z. B. nützlich, wenn Sie aus einem Office-Dokument eine PDF-Datei erstellen und den Empfängern der Datei ermöglichen möchten, direkt mit Ihnen per Mail Kontakt aufzunehmen.

Führen Sie folgende Schritte durch, um einen E-Mail-Link zu erstellen:

1. Führen Sie die Schritte 1 bis 3 durch, die im Abschnitt »Link zu einer Datei einfügen« ab Seite 674 beschrieben sind.

2. Klicken Sie im Dialogfeld *Link einfügen* in der Leiste *Link zu* auf *E-Mail-Adresse*.

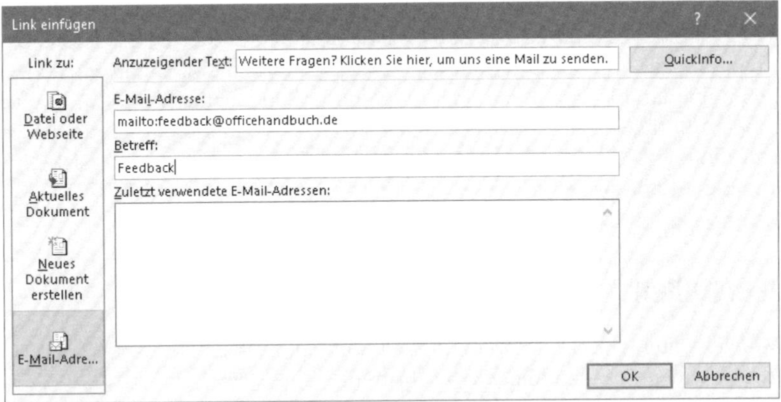

Abbildung 37.7: So fügen Sie einen E-Mail-Link in ein Office-Dokument ein.

3. Geben Sie in das Feld *Anzuzeigender Text* den Text ein, der als Link verwendet werden soll.
4. Geben Sie in das Feld *E-Mail-Adresse* die Empfängeradresse der E-Mail ein.
5. Geben Sie in das Feld *Betreff* den Betreff der E-Mail ein.
6. Klicken Sie auf *OK*.

Link bearbeiten und entfernen

Wenn Sie einen Link bearbeiten wollen, klicken Sie ihn mit der rechten Maustaste an und wählen im Kontextmenü den Befehl *Hyperlink bearbeiten*. Sie sehen dann das Dialogfeld *Hyperlink bearbeiten*, das so aufgebaut ist wie das Dialogfeld *Link einfügen*. Nehmen Sie dort die gewünschten Änderungen vor und klicken Sie auf *OK*.

Um den Link zu löschen, klicken Sie ihn mit der rechten Maustaste an und wählen im Kontextmenü den Befehl *Hyperlink entfernen*.

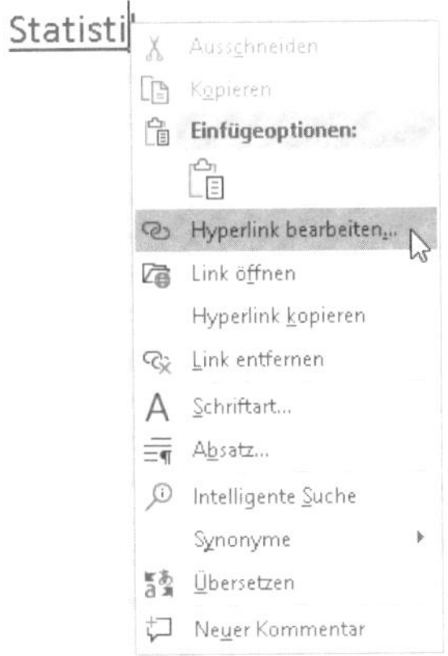

Abbildung 37.8: Im Kontextmenü des Links finden Sie Befehle zum Löschen und Bearbeiten des Links.

Textmarken erstellen und ansteuern

In Word ist eine Textmarke ein Name, den Sie einer markierten Textstelle zuweisen. Die Passage, die als Textmarke formatiert werden soll, kann ein einzelnes Zeichen, eine Grafik, eine Zeile oder auch ein umfangreicher Text sein. Textmarken können Sie beim Einfügen von Links verwenden (weiter vorn in diesem Kapitel beschrieben) und auch, wenn Sie z. B. Seitenverweise in ein Word-Dokument einfügen (siehe hierzu weiter hinten in diesem Kapitel).

Textmarken erstellen

Bevor Sie die Möglichkeiten von Textmarken nutzen können, müssen Sie zuerst Textmarken erstellen. Und das geschieht mit den folgenden Schritten:

1. Markieren Sie den Textabschnitt, dem ein Textmarkenname zugewiesen werden soll. Es kann sich hierbei um ein einzelnes oder um mehrere Zeichen, eine Zeile, einen Absatz oder eine größere Textpassage handeln.
2. Wechseln Sie zur Registerkarte *Einfügen* und klicken Sie in der Gruppe *Links* auf *Textmarke*. Das Dialogfeld *Textmarke* wird angezeigt.
3. Geben Sie in das Feld *Textmarkenname* den Namen für die Textmarke ein.

   Wenn sich in Ihrem Dokument bereits Textmarken befinden, enthält das Textfeld des Dialogfeldes eine der vorhandenen Textmarken. Überschreiben Sie den Eintrag dann einfach mit dem Namen der neuen Textmarke.

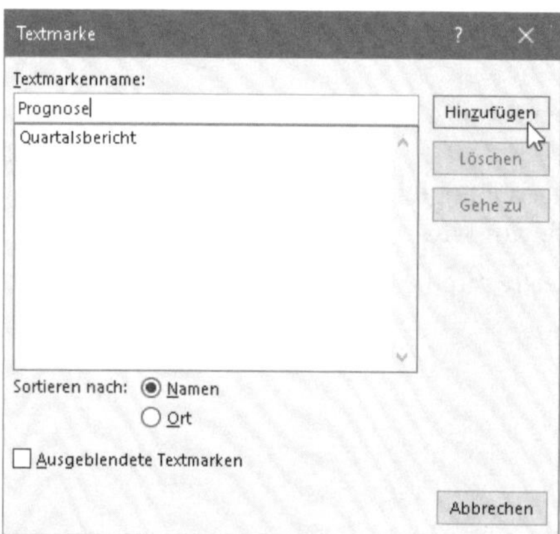

Abbildung 37.9: Dialogfeld zum Erstellen von Textmarken

4. Klicken Sie auf *Hinzufügen*, um die Textmarke zu erstellen. Das Dialogfeld verschwindet dadurch vom Bildschirm.
5. Klicken Sie ein weiteres Mal auf der Registerkarte *Einfügen* in der Gruppe *Links* auf *Textmarke* und überprüfen Sie, ob die neue Textmarke jetzt in der Liste des Dialogfeldes aufgeführt wird.

Hinweis Der Name einer Textmarke kann zwischen 1 und 40 Zeichen lang sein und darf nur aus Buchstaben und Zahlen bestehen. Das erste Zeichen muss immer ein Buchstabe sein. Zur Trennung einzelner Wörter in den Namen der Textmarken können Sie den Unterstrich (_) verwenden; Punkte und Bindestriche im Namen sind nicht erlaubt. Wenn Sie einen ungültigen Namen eingeben, wird die Beschriftung der Schaltfläche *Hinzufügen* in grauer Schrift dargestellt.

Textmarken hervorheben

Normalerweise sind auf dem Bildschirm die Stellen, denen eine Textmarke zugewiesen wurde, nicht sichtbar. So kann es schnell passieren, dass eine Textmarke aus Versehen gelöscht wurde. Sie können sich jedoch die Textmarken Ihrer Dokumente auf dem Bildschirm besonders kennzeichnen lassen:

1. Klicken Sie auf die Registerkarte *Datei* und dann auf *Optionen.*
2. Lassen Sie die Kategorie *Erweitert* anzeigen und scrollen Sie bis zum Abschnitt *Dokumentinhalt anzeigen.*
3. Schalten Sie das Kontrollkästchen *Textmarken anzeigen* ein.

   Word fasst Ihre Textmarken dann in zwei graue eckige Klammern ein. Ist einer Textmarke kein Text zugeordnet, erscheint an ihrer Position ein graues »I«.

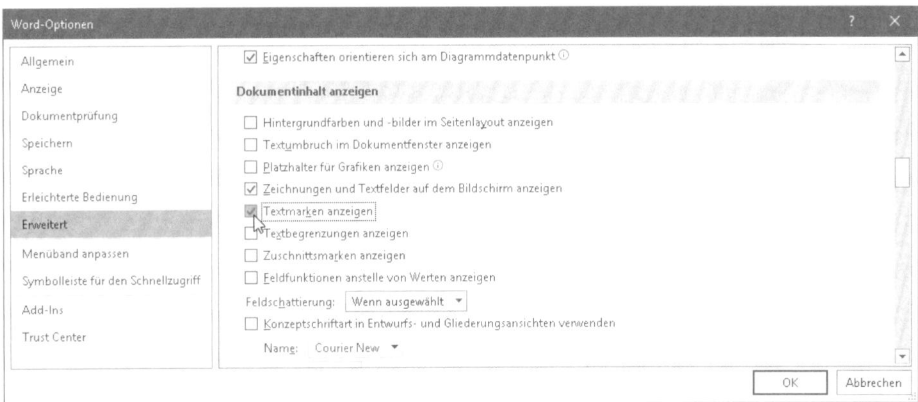

Abbildung 37.10: Hiermit können Sie die mit einer Textmarke versehenen Stellen sichtbar machen.

Doch wie heißt es so schön: Kein Licht ohne Schatten. Die Kennzeichnung der Textmarken hat auch ihre Tücken. Haben Sie zwei Textmarken definiert, deren Bereiche sich überschneiden, können die Klammern auch irreführend sein. In diesem Fall sollten Sie auf der Registerkarte *Einfügen* in der Gruppe *Links* auf *Textmarke* klicken, im Dialogfeld die Textmarke markieren und auf *Gehe zu* klicken. Word springt dann zu der unklaren Textmarke, die vollständig markiert wird.

Textmarken löschen

Wenn Sie eine Textmarke nicht mehr benötigen, können Sie sie wieder löschen:

1. Wechseln Sie zur Registerkarte *Einfügen* und klicken Sie in der Gruppe *Links* auf *Textmarke*. Das Dialogfeld *Textmarke* wird angezeigt.
2. Geben Sie im Textfeld den Namen der Textmarke ein oder wählen Sie ihn in der Liste aus.
3. Klicken Sie auf die Schaltfläche *Löschen,* um die Textmarke zu entfernen.

Wenn Sie den mit der Textmarke verbundenen Text aus Ihrem Dokument löschen, ist die Textmarke natürlich ebenfalls verschwunden.

Textmarken als Sprungziel verwenden

Nachdem Sie Textmarken festgelegt haben, können Sie diese als Ziel beim Einfügen von Links und in den Dialogfeldern *Suchen und Ersetzen/Gehe zu* und *Textmarke* als Navigationsziel verwenden. Das Prinzip ist bei beiden Befehlen das gleiche.

1. Klicken Sie auf der Registerkarte *Start* in der Gruppe *Bearbeiten* auf *Suchen* und dann auf *Gehe zu*.

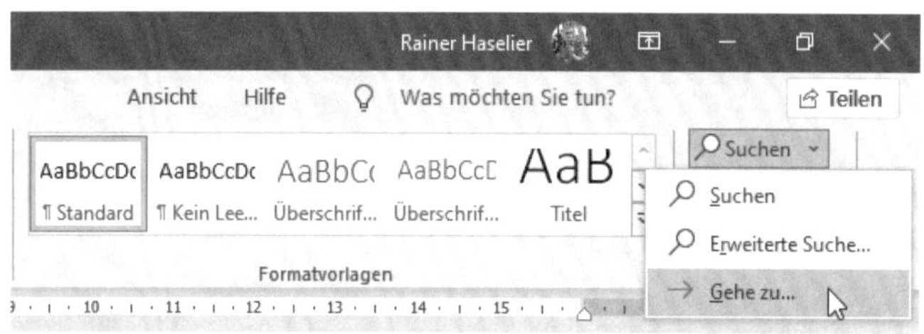

Abbildung 37.11: Der Befehl Gehe zu *ist ein wenig versteckt …*

2. Wählen Sie im linken Listenfeld den Eintrag *Textmarke.*
3. Klappen Sie dann das rechts daneben erschienene Dropdown-Listenfeld *Textmarkennamen eingeben* auf und wählen Sie die gewünschte Textmarke aus.

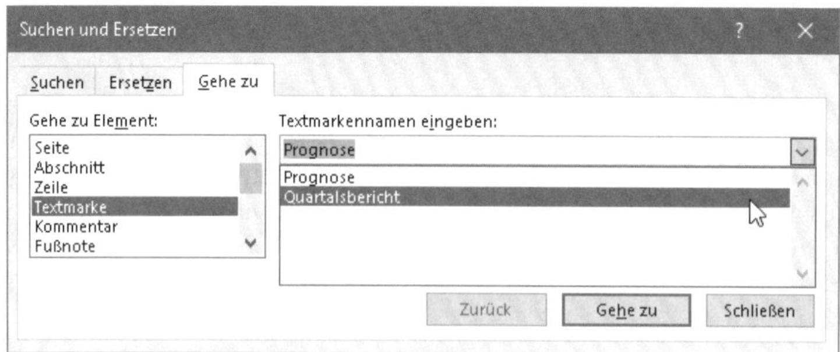

Abbildung 37.12: Über die Registerkarte Gehe zu *können Sie zu Textmarken springen.*

4. Klicken Sie auf *Gehe zu,* damit Word die zugehörige Textstelle anzeigt.
5. Springen Sie zu einer weiteren Textmarke oder schließen Sie das Dialogfeld direkt mit *Schließen.*

Mit dem Dialogfeld *Textmarke* ist das Ansteuern von Textmarken deutlich einfacher, schließlich ist dieses Dialogfeld auf diese Aufgabe spezialisiert.

1. Klicken Sie auf der Registerkarte *Einfügen* in der Gruppe *Links* auf *Textmarke.*
2. Legen Sie mit den Optionsfeldern *Namen* und *Ort* fest, ob die Textmarken alphabetisch sortiert oder in der Reihenfolge ihres Auftretens im Dokument angezeigt werden.
3. Markieren Sie die gewünschte Textmarke und klicken Sie auf *Gehe zu.* Alternativ können Sie auch auf den Namen doppelklicken.
4. Lassen Sie sich weitere Textmarken anzeigen oder schließen Sie das Dialogfeld direkt mit *Schließen.*

Der Einsatz als Lesezeichen ist jedoch nur eine der Verwendungsmöglichkeiten von Textmarken. Weitaus spannender wird es, wenn Sie sie zum automatischen Erstellen von Querverweisen einsetzen.

Querverweise erzeugen

Unter Querverweisen versteht man in Word die automatisierte Bezugnahme auf Textstellen. Der einfachste Fall ist sicherlich der Verweis auf eine Seite, die eine Textstelle oder eine Abbildung enthält, auf die Sie den Leser aufmerksam machen möchten. Natürlich können Sie die Seitenzahl einfach als normalen Text eingeben, doch dann laufen Sie Gefahr, dass der Verweis nicht mehr stimmt, sobald Sie Ihren Text weiter bearbeiten. Fügen Sie die Seitenzahl hingegen als Querverweis ein, ist ihre dauerhafte Aktualität gesichert.

Beispiel: Auf Textmarken verweisen

Am Beispiel der Textmarken wollen wir Ihnen zeigen, wie Sie auf andere Textstellen verweisen. Da das Prinzip bei allen Verweistypen gleich ist, können Sie es leicht auf andere Typen wie Bildunterschriften, Fußnoten, Überschriften usw. übertragen.

1. Öffnen Sie ein Dokument, in dem sich einige Textmarken befinden.
2. Setzen Sie die Einfügemarke an die Stelle, an der Sie einen Verweis einfügen möchten.

3. Wechseln Sie zur Registerkarte *Einfügen* und klicken Sie in der Gruppe *Links* auf *Querverweis;* das gleichnamige Dialogfeld wird angezeigt (siehe Abbildung 37.13).

   Das Dialogfeld enthält drei Listenfelder, mit denen Sie Ihre Querverweise »komponieren« können. Im Dropdown-Listenfeld *Verweistyp* sehen Sie, dass Sie nicht nur auf Textmarken, sondern auch auf viele andere Textelemente verweisen können. Um auf fortlaufend nummerierte Elemente wie Abbildungen oder Tabellen verweisen zu können, müssen Sie sie zuvor mit der Schaltfläche *Beschriftung einfügen* gekennzeichnet haben.

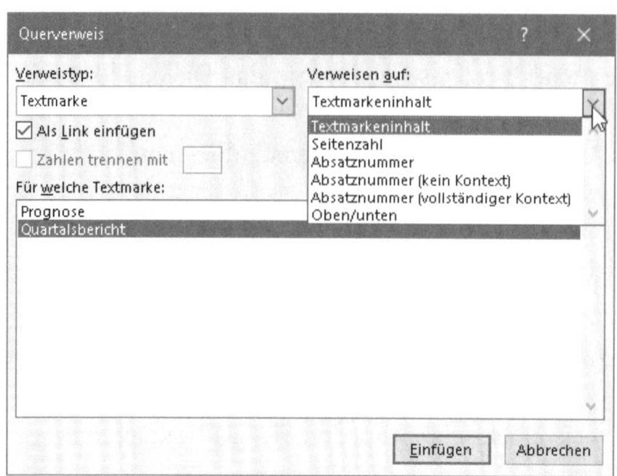

Abbildung 37.13: Einfügen von Querverweisen

4. Da wir in diesem Beispiel auf eine Textmarke verweisen wollen, markieren Sie im Dropdown-Listenfeld *Verweistyp* den Eintrag *Textmarke.*
5. Anschließend können Sie im Dropdown-Listenfeld *Verweisen auf* festlegen, ob Sie auf den Textmarkeninhalt (also den Text, dem Sie die Textmarke zugewiesen haben), auf die Seitenzahl der Textmarke oder auf ihre Absatznummer verweisen wollen. Die letzte Wahlmöglichkeit ist nur von Interesse, wenn sich die Textmarke in einem Absatz befindet, der von Word automatisch nummeriert wurde.
6. Im letzten Listenfeld wählen Sie die Textmarke, auf die Sie sich beziehen wollen.
7. Wenn Sie Ihre Wahl getroffen haben, können Sie den fertigen Querverweis mit einem Klick auf die Schaltfläche *Einfügen* in Ihr Dokument aufnehmen und das Dialogfeld mit *Schließen* verlassen.

Sie sehen nun, dass der Inhalt der gewählten Textmarke an der aktuellen Position der Einfügemarke steht. Erscheint statt des Textes eine Feldfunktion, wie z.B. *{REF Textmarke * MERGEFORMAT}* oder *{PAGEREF Textmarke},* drücken Sie Alt+F9, um zur Anzeige der Feldergebnisse umzuschalten.

Kapitel 38
Dokumente im Team bearbeiten

Office stellt Ihnen in Kombination mit dem Microsoft-Cloudspeicher OneDrive und Office Online verschiedene Features zur Verfügung, die die Dokumentbearbeitung im Team unterstützen. Auch wenn sich die Features auf den ersten Blick ähneln, gibt es doch erhebliche Unterschiede zwischen Word, Excel und PowerPoint. Dieses Kapitel beleuchtet die Gemeinsamkeiten und die Unterschiede. Sie finden daher sowohl Abschnitte, in denen die Vorgehensweisen für alle drei Anwendungen beschrieben sind, als auch solche, in denen die Besonderheiten einer Anwendung erläutert werden. Hier ein kurzer Überblick über die zentralen Inhalte dieses Kapitels:

- **Freigeben/Teilen** Wenn Sie gemeinsam mit mehreren Personen an einem Dokument, einer Arbeitsmappe oder einer Präsentation arbeiten möchten, sollten Sie die Datei auf OneDrive speichern und dann freigeben. Das Speichern auf OneDrive ist in Kapitel 4 dieses Buches beschrieben. Wenn Sie ein Dokument lieber nicht in einem Webspeicherort speichern, können Sie es mit anderen teilen, indem Sie eine Kopie des Dokuments als E-Mail-Anlage senden. Die Schritte zum Freigeben erläutert der erste Abschnitt dieses Kapitels.
- **Hervorhebungen/Zeichentools** Eine sehr einfache Möglichkeit, um in Word auf bestimmte Textstellen in einem Dokument aufmerksam zu machen, ist die farbige Hervorhebung im Stil eines Textmarkers *(Start | Schriftart | Texthervorhebungsfarbe)*. Mit diesem Werkzeug können Sie sehr schnell bestimmte Textpassagen kennzeichnen, auf die Sie den Autor oder einen anderen Leser hinweisen möchten.

  Auf der Registerkarte *Zeichnen* (Word, Excel und PowerPoint) stehen Ihnen verschiedene Zeichentools zur Verfügung, mit denen Sie Stellen markieren und hervorheben können.
- **Kommentarthreads (Word, PowerPoint)** Wenn Sie ein Dokument mit einer Bemerkung versehen wollen, ohne dabei den eigentlichen Text zu verändern, können Sie einen sogenannten *Kommentar* einfügen. Dabei handelt es sich um eine Art Sprechblase, die neben dem eigentlichen Kommentar auch Ihren Namen enthält. Kommentare werden in einem eigenen Kommentarbereich angezeigt und bearbeitet.
- **Kommentare vs. Notizen (Excel)** Bei Excel unterscheidet sich die Kommentarfunktion je nachdem, ob Sie Excel 2021 oder eine abonnierte Version von Excel verwenden. In Excel 2021 werden Kommentare zu Zellen auf dem Arbeitsblatt in kleinen gelben Fenstern dargestellt. Diese Art der Anmerkungen werden in abonnierten Excel-Versionen Notizen genannt. In Excel für Microsoft 365 werden Kommentare wie bei Word und PowerPoint als Kommentarthread dargestellt und im Kommentarbereich angezeigt und bearbeitet. Anders ausgedrückt: Kommentarthreads gibt es in Excel 2021 nicht.
- **Änderungen nachverfolgen** Beim gemeinsamen Arbeiten an einem Dokument ist es oft nützlich, nachvollziehen zu können, wer welche Überarbeitung vorgenommen hat. Dieses Feature wird *Änderungen nachverfolgen* genannt. Word protokolliert sowohl den Verlauf der Textänderungen als auch Änderungen an der Formatierung. Seit Excel 2019 und in abonnierten Excel-Versionen befinden sich die Funktionen zur Nachverfolgung nicht mehr im Menüband, da sie von Microsoft als »ältere Methode« eingestuft werden. Microsoft empfiehlt, stattdessen die gemeinsame Dokumenterstellung zu verwenden. Dies funktioniert jedoch nur mit abonnierten Excel-Versionen und Excel Online; mit Excel 2021 können Sie die gemeinsame Dokumenterstellung nicht verwenden.
- **Gemeinsame Dokumenterstellung/Gleichzeitige Bearbeitung** Ob Sie ein Office-Dokument gleichzeitig mit mehreren Personen bearbeiten können, hängt vom Dokumenttyp (Word-Dokument, Excel-Arbeitsmappe, PowerPoint-Präsentation) und davon ab, ob es mit der Desktopanwendung (entweder Office 2013 bis Office 2021 oder Office für Mac 2011/2016/2019) oder mit einer der Web-Apps auf Office Online bearbeitet wird.

  Wie beim Bearbeitungsverlauf hat auch bei der gleichzeitigen Bearbeitung Word die Nase vorn, da ein Word-Dokument gleichzeitig mit Word für Windows ab Version 2019, Word für Mac ab Version 2011 oder mit Word Online bearbeiten werden kann. Außerdem werden Sie von Word automatisch darüber informiert, wenn eine Aktualisierung vorliegt, und Sie können diese dann in Ihre Version des Dokuments integrieren. In Excel funktioniert dies nur in den abonnierten Excel-Versionen und Excel Online. Details zum gleichzeitigen Bearbeiten von Dateien finden Sie gegen Ende des Kapitels.

Dokumente teilen und freigeben

Die Office-Apps stellen Ihnen drei verschiedene Varianten zur Verfügung, um Ihre Dokumente mit anderen zu teilen und um sie für andere freizugeben:

- **Personen einladen** Laden Sie bestimmte Personen ein, das Dokument gemeinsam mit Ihnen zu nutzen. Die Einladung wird als E-Mail verschickt. Beim Freigeben legen Sie fest, ob die eingeladenen Personen das Dokument nur anzeigen oder auch bearbeiten dürfen. Wenn Sie diese Art der Freigabe nutzen, muss das Dokument in der OneDrive-Cloud gespeichert sein. Bei dieser Vorgehensweise können alle Personen, für die Sie das Dokument freigeben, immer auf die neueste Version des Dokuments zugreifen.
- **Freigabelinks erstellen** Lassen Sie von der App einen Freigabelink erstellen, den Sie dann selbst in einer E-Mail oder einer Chatnachricht versenden. Die Apps können zwei verschiedene Arten von Freigabelinks erstellen: einen Typ, mit dem das Dokument nur gelesen, und einen zweiten, mit dem das Dokument auch bearbeitet werden kann. Um Freigabelinks zu nutzen, muss das Dokument in der OneDrive-Cloud gespeichert sein. Auch bei dieser Vorgehensweise verfügen alle Personen, denen Sie einen Freigabelink zur Verfügung stellen, immer über die neueste Version des Dokuments.
- **Kopie des Dokuments als E-Mail-Anlage senden** Falls Sie das Dokument lieber nicht in der Cloud speichern wollen, können Sie eine Kopie des Dokuments als E-Mail-Anlage senden. Hierbei können Sie wählen, ob Sie das ursprüngliche Format des Office-Dokuments verwenden wollen (die Empfänger können das Dokument dann bearbeiten) oder ob Sie das Dokument lediglich zum Lesen versenden wollen und es daher beispielsweise im PDF-Format mailen.

Personen zur Bearbeitung einladen

Bevor Sie bestimmte Personen zur gemeinsamen Bearbeitung an einem Dokument einladen können, müssen Sie es zuerst auf OneDrive speichern. Das Speichern auf OneDrive und die Verwendung und Einrichtung eines Microsoft-Kontos beschreibt Kapitel 4.

Sie können in Office 2021, den Apps für Microsoft 365 oder in den Apps auf Office Online andere Personen einladen. Die Möglichkeiten, die Ihnen zur Verfügung stehen, unterscheiden sich nicht groß voneinander.

Führen Sie folgende Schritte durch, um ein Dokument mit Word, Excel oder PowerPoint oder der App auf Office Online freizugeben:

1. Klicken Sie im Menüband auf *Teilen* bzw. auf *Freigeben*. Der Aufgabenbereich *Freigeben* wird geöffnet.

2. Falls das Dokument noch nicht auf OneDrive oder an einem anderen Onlinespeicherort gespeichert wurde, werden Sie aufgefordert, das Dokument in der Cloud zu speichern. Klicken Sie auf *In der Cloud speichern* und speichern Sie das Dokument auf OneDrive.

   Der Aufgabenbereich *Freigeben* sieht in Office 2021 nun so aus, wie es die linke Seite in Abbildung 38.1 zeigt. Die rechte Seite zeigt das Fenster *Freigeben* in den Office-Apps für Microsoft 365 und in Office Online.
3. Geben Sie in das Feld für die E-Mail-Adresse die Namen bzw. E-Mail-Adressen der Personen ein, die Sie einladen wollen.

4. Geben Sie in das große Textfeld die Nachricht ein, die in der E-Mail an die eingeladenen Personen enthalten sein soll. Dieser Text ist optional.

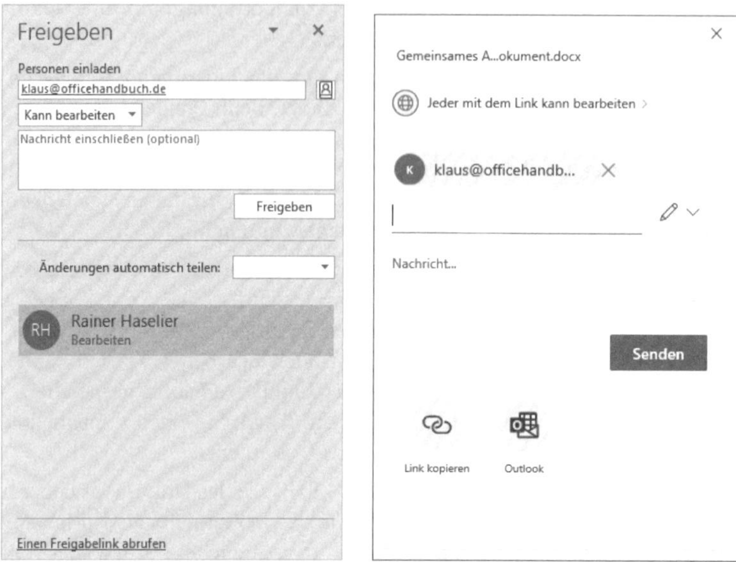

Abbildung 38.1: Der Aufgabenbereich Freigeben

5. Legen Sie fest, ob die eingeladenen Personen das Dokument nur lesen oder auch bearbeiten dürfen. Führen Sie dazu je nach Plattform eine der folgenden Aktionen durch:
   - **Office 2021** Öffnen Sie die Liste *Kann bearbeiten* und wählen Sie *Kann anzeigen*, wenn Sie nur das Lesen erlauben wollen.
   - **Office-Apps für Microsoft 365/Office Online** Klicken Sie auf *Jeder mit dem Link kann bearbeiten*. Das Fenster *Linkeinstellungen* wird geöffnet. Schalten Sie das Kontrollkästchen *Bearbeitung zulassen* aus, wenn Sie nur das Lesen erlauben wollen, und klicken Sie auf *Übernehmen*.

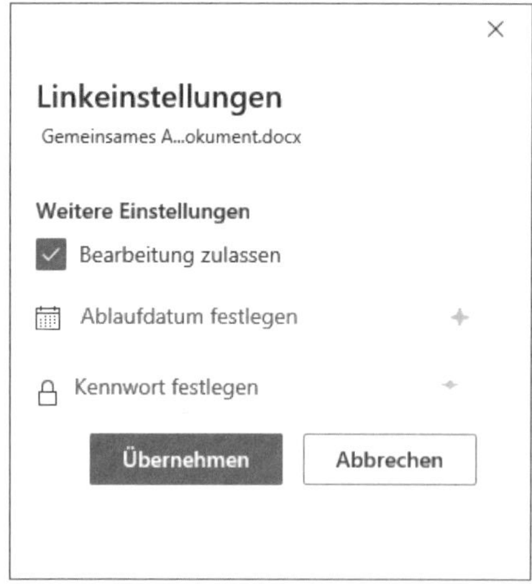

Abbildung 38.2: Das Fenster Linkeinstellungen *in den Apps für Microsoft 365 und Office Online*

6. Klicken Sie je nach Plattform, die Sie verwenden, auf *Freigeben* oder *Senden*.

Die Personen, für die Sie das Dokument freigegeben haben, erhalten nun eine E-Mail-Nachricht, die einen Link zu dem freigegebenen Dokument enthält. Die Empfänger können diesen Link anklicken, um das Dokument in Word Online, Excel Online bzw. PowerPoint Online zu öffnen. Von dort aus ist es dann möglich, das Dokument in der betreffenden Desktop-App zu öffnen und/oder zu bearbeiten.

Freigabelinks erstellen lassen

Mit den Schritten, die im vorigen Abschnitt beschrieben sind, erhalten zwar die Empfänger der E-Mail-Nachricht einen Link zu dem freigegebenen Dokument, Sie selbst kennen den Link aber nicht. Falls Sie den Link zum freigegebenen Dokument z. B. in einer Chatnachricht oder auf Ihrer persönlichen Website im firmeneigenen Intranet veröffentlichen wollen, können Sie bei OneDrive einen Freigabelink anfordern. Beim Anfordern eines Freigabelinks legen Sie fest, ob es sich um einen Anzeigelink oder einen Bearbeitungslink handelt. Mit einem Anzeigelink kann das Dokument nur gelesen und mit einem Bearbeitungslink kann es auch bearbeitet werden.

Freigabelinks in Office 2021 erstellen

1. Klicken Sie im Menüband auf *Teilen* und klicken Sie dann unten im Aufgabenbereich *Freigeben* auf *Einen Freigabelink abrufen*.

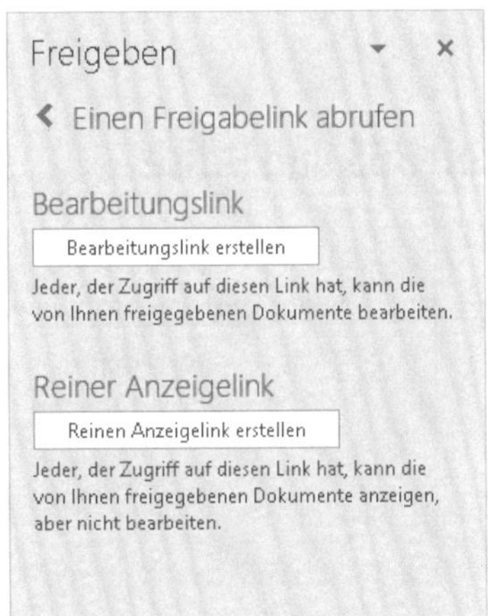

Abbildung 38.3: Im Bereich Einen Freigabelink abrufen *können Sie einen Bearbeitungslink oder einen reinen Anzeigelink erzeugen lassen.*

2. Führen Sie eine der folgenden Aktionen durch:
   - Klicken Sie auf *Bearbeitungslink erstellen*, wenn Sie einen Link erstellen wollen, mit dem andere das Dokument auch bearbeiten können.
   - Klicken Sie auf *Reinen Anzeigelink erstellen*, wenn die Empfänger des Links das Dokument nur betrachten dürfen.

3. Klicken Sie neben dem erzeugten Link auf *Kopieren*, um ihn in die Zwischenablage zu kopieren.

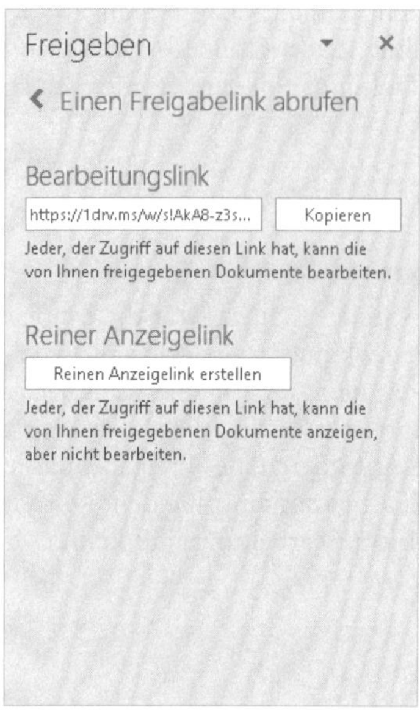

Abbildung 38.4: Kopieren Sie den Freigabelink für die weitere Verwendung.

4. Wechseln Sie zu Ihrem E-Mail-Programm oder Ihrem Chatprogramm und fügen Sie den Link in die Nachricht ein.

Freigabelinks in den Office-Apps für Microsoft 365 und Office Online erstellen

1. Klicken Sie im Menüband auf *Teilen bzw. Freigeben* und klicken Sie dann im Fenster *Teilen* auf *Link kopieren*.

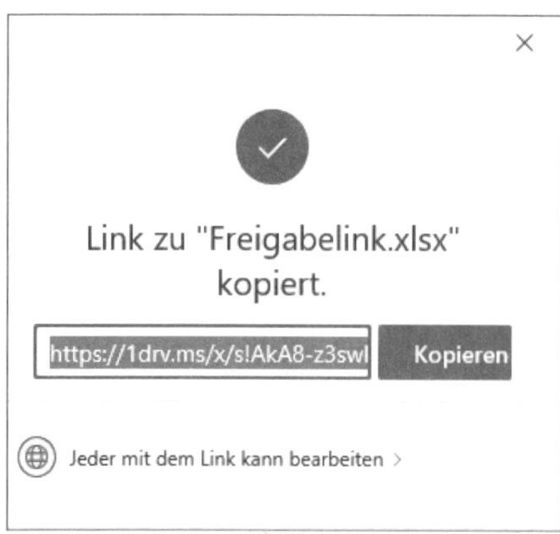

Abbildung 38.5: Sie können den erstellten Freigabelink kopieren.

2. Wenn Sie einen Bearbeitungslink erstellen wollen und Sie im Fenster die Meldung *Jeder mit dem Link kann bearbeiten* sehen, können Sie den Link sofort kopieren.

   Falls Sie einen Anzeigelink anfordern wollen, klicken Sie auf *Jeder mit dem Link kann bearbeiten*. Schalten Sie dann im Fenster *Linkeinstellungen* (siehe Abbildung 38.2) das Kontrollkästchen *Bearbeitung zulassen* aus und klicken Sie auf *Übernehmen*.
3. Klicken Sie auf *Kopieren*, um den Link zu kopieren. Er befindet sich dann in der Zwischenablage.

Freigabelinks in Office 2021 deaktivieren

Wenn Sie einen Bearbeitungslink oder einen Anzeigelink erstellt haben, können Sie diesen in Office 2021 einfach entfernen.

1. Klicken Sie im Menüband auf *Teilen bzw. Freigeben*.

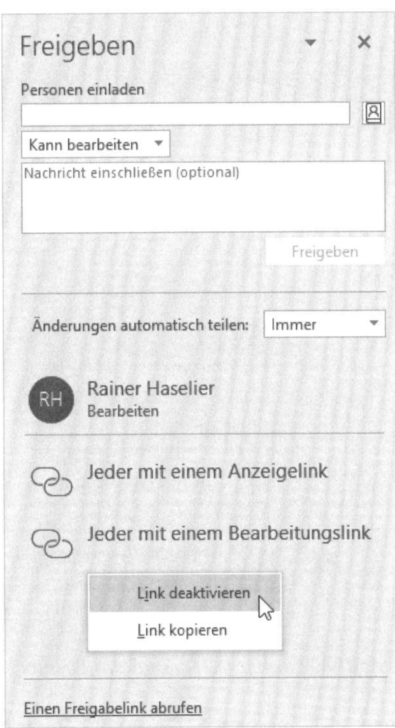

Abbildung 38.6: Freigabelink in Office 2021 entfernen

2. Klicken Sie den Link (Anzeigelink oder Bearbeitungslink), den Sie entfernen wollen, mit der rechten Maustaste an und wählen Sie im Menü den Befehl *Link deaktivieren*.

Kopie eines Office-Dokuments als E-Mail-Anlage senden

Die dritte Option zum Teilen eines Dokuments besteht darin, es als Anlage zu einer E-Mail-Nachricht zu versenden. Der Vorteil bei dieser Variante besteht darin, dass Sie das Dokument hierfür nicht an einem Webspeicherort speichern müssen. Außerdem können Sie das Dokument als PDF-Datei versenden und so gewährleisten, dass das Originaldokument unverändert bleibt. Der Nachteil beim Versand als E-Mail-Anlage ist, dass Sie lediglich eine Kopie des Dokuments versenden und daher die gleichzeitige Bearbeitung des Dokuments nicht möglich ist.

Führen Sie in Word, Excel oder PowerPoint die folgenden Schritte durch, um ein Dokument als E-Mail-Anlage zu versenden:

1. Öffnen Sie das Dokument, das Sie versenden wollen.
2. Klicken Sie auf die Registerkarte *Datei* und dann auf *Freigeben*.
3. Wenn Sie Office 2021 verwenden, klicken Sie im Navigationsbereich der Backstage-Ansicht auf *E-Mail*.
4. Führen Sie eine der folgenden Aktionen durch:
   - **Office 2021:** Klicken Sie im Bereich *E-Mail* auf *Als Anlage senden*, um das Dokument im Originalformat zu versenden. Das Dokument kann dann vom Empfänger bearbeitet werden. Oder klicken Sie auf *Als PDF senden*, um das Dokument als PDF-Datei zu versenden (siehe Abbildung 38.7).

Abbildung 38.7: Legen Sie bei Office 2021 im Bereich E-Mail *das Format fest, das für das Dokument verwendet werden soll.*

   - **Office-Apps für Microsoft 365:** Falls das Dokument auf OneDrive gespeichert ist, klicken Sie unten im Fenster *Freigeben* auf *Kopie senden*. Klicken Sie dann auf *Word-Dokument* bzw. *PDF*, um das Dokument im gewünschten Format zu senden (linke Seite von Abbildung 38.8).

     Falls das Dokument nicht auf OneDrive gespeichert wurde, sehen Sie das Fenster rechts in Abbildung 38.8. Klicken Sie dort auf *Word-Dokument* bzw. *PDF*, um das Dokument im gewünschten Format zu senden.

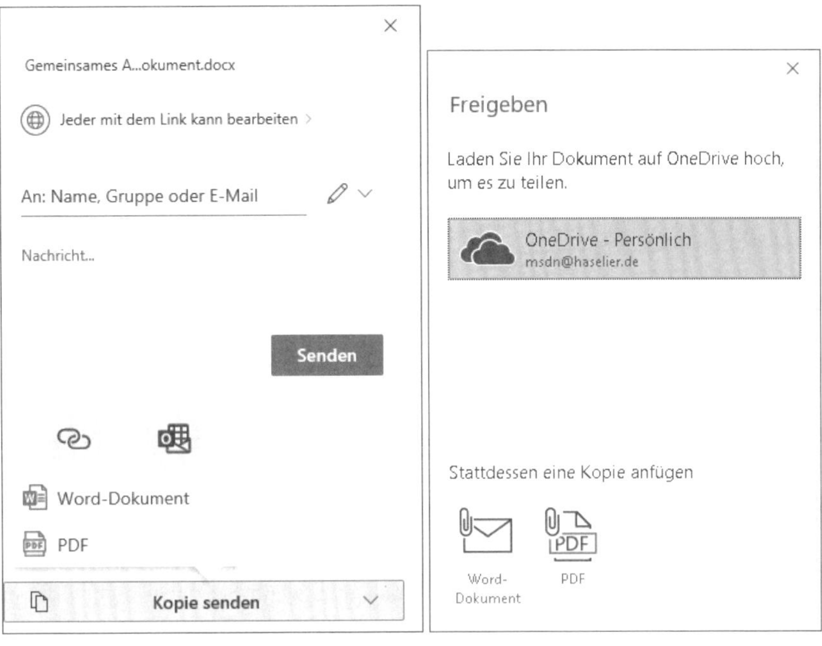

Abbildung 38.8: Bei den Office-Apps für Microsoft 365 legen Sie das Format, das für das Dokument verwendet werden soll, im Aufgabenbereich Freigeben *fest.*

5. Verwenden Sie das Nachrichtenfenster von Outlook, um die Empfänger festzulegen, die E-Mail-Nachricht fertigzustellen und dann zu versenden.

Textstellen hervorheben

Eine sehr einfache Möglichkeit, um in einem Word-Dokument oder in einer PowerPoint-Präsentation auf bestimmte Textstellen aufmerksam zu machen, ist die farbige Hervorhebung im Stil eines Textmarkers. Mit diesem Werkzeug können Sie sehr schnell bestimmte Textpassagen kennzeichnen, auf die Sie den Autor oder einen anderen Leser hinweisen möchten.

Damit lassen sich Änderungsvorschläge gewichten. Beispielsweise nach Dringlichkeit: Rot muss geändert werden, gelb sollte geändert werden und grün braucht nur geändert zu werden, wenn es der Zeitrahmen zulässt. Oder nach Fehlerklassen: Rot ist sachlich falsch, gelb ist unverständlich, aber trotzdem richtig, grün ist sprachlich unsauber.

Natürlich können Sie die Markierungen auch als Gedächtnisstütze dafür verwenden, dass Sie die entsprechenden Stellen noch bearbeiten bzw. vervollständigen müssen. Die Funktion *Hervorheben* steht Ihnen auch in Word Online zur Verfügung. Die entsprechende Schaltfläche finden Sie jeweils auf der Registerkarte *Start*. Die folgende Schritt-für-Schritt-Anleitung beschreibt die Texthervorhebung exemplarisch am Beispiel von Word.

Um eine oder mehrere Textstellen im Dokument hervorzuheben, gehen Sie so vor:

1. Wechseln Sie zur Registerkarte *Start* und öffnen Sie in der Gruppe *Schriftart* das Ausklappmenü der Schaltfläche *Texthervorhebungsfarbe*.

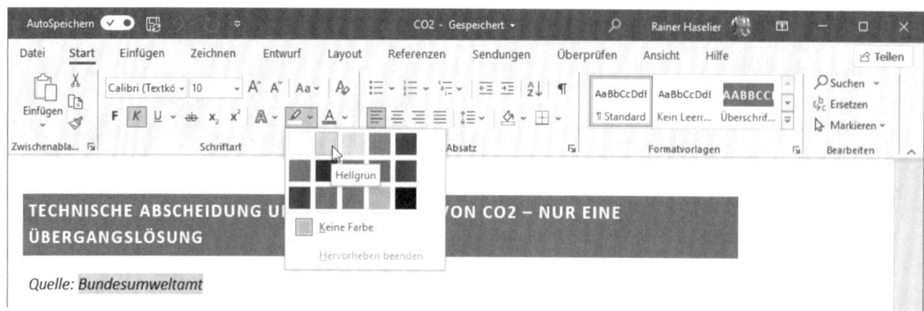

Abbildung 38.9: Die Farbpalette für Texthervorhebungen

2. Wählen Sie eine Farbe aus. Die Farbe wird auf der Schaltfläche angezeigt, damit Sie sie beim nächsten Mal direkt durch Anklicken der Schaltfläche anwählen können und nicht wieder den Umweg über die Farbpalette nehmen müssen.
3. Der Mauszeiger befindet sich jetzt im *Textmarkermodus*. Kennzeichnen Sie die gewünschte(n) Textstelle(n), indem Sie mit gedrückter Maustaste darüberfahren. Überflüssige oder falsche Markierungen können Sie entfernen, indem Sie noch einmal mit dem Stift darüberfahren. Das funktioniert jedoch nur, wenn Sie dabei nicht über einen bisher noch nicht hervorgehobenen Text streichen.
4. Wenn Sie den Modus wieder beenden wollen, klicken Sie entweder die Schaltfläche *Hervorheben* erneut an oder Sie drücken die Taste `Esc`.

Hinweis Erst markieren, dann hervorheben Sie können natürlich auch den umgekehrten Weg gehen, d. h., Sie markieren erst die gewünschte(n) Textstelle(n) mit der Maus und weisen der (Mehrfach-)Markierung anschließend die gewünschte Hervorhebungsfarbe zu.

Zur Erinnerung: Um mehrere, nicht zusammenhängende Textstellen zu markieren, müssen Sie die `Strg`-Taste drücken.

Einzelne Textstelle hervorheben

Wenn Sie nur eine einzelne Textstelle hervorheben wollen, gehen Sie besser etwas anders vor. In diesem Fall empfiehlt sich folgende Variante, bei der Sie mit deutlich kürzeren Mauswegen auskommen:

1. Markieren Sie die gewünschte Textpassage.
2. Bewegen Sie den Mauszeiger nach rechts oben aus der Markierung hinaus. Dadurch zeigt Word bzw. PowerPoint die Minisymbolleiste an.
3. Öffnen Sie das Menü der Schaltfläche *Texthervorhebungsfarbe* und wählen Sie in der Palette die gewünschte Markierungsfarbe aus.

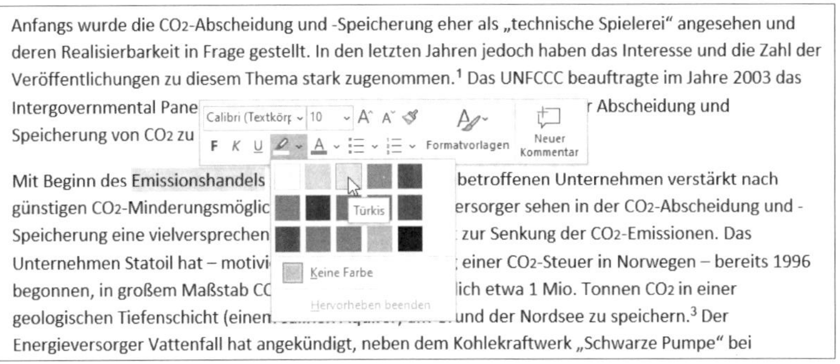

Abbildung 38.10: Einzelne Textstellen lassen sich bequemer mit der Minisymbolleiste hervorheben.

Texthervorhebung entfernen

Um eine vorhandene Hervorhebung wieder zu entfernen, müssen Sie die Hervorhebungsfarbe *Keine* wählen und mit gedrückter Maustaste über die entsprechende Textpassage streichen. Dabei brauchen Sie in der Regel nicht besonders genau zu zielen und können den umgebenden, nicht hervorgehobenen Text ruhig mit überstreichen.

Tipp Hervorhebungen lassen sich ausblenden Wenn Sie sich durch die Hervorhebungen eines Dokuments beim Lesen gestört fühlen oder wenn Sie ein Dokument ohne die vorhandenen Hervorhebungen ausdrucken möchten, können Sie die Markierungen temporär ausblenden.

Schalten Sie dazu im Dialogfeld *Word-Optionen* in der Kategorie *Anzeige* die Option *Textmarkerzeichen anzeigen* aus. Sobald Sie eine weitere Hervorhebung in Ihren Text aufnehmen, aktiviert Word die Option wieder und zeigt alle bereits vorhandenen Hervorhebungen auf dem Bildschirm an.

Beliebige Elemente mit den Zeichentools hervorheben

Die Texthervorhebung steht Ihnen in Word und PowerPoint zur Verfügung. Eine weitere Möglichkeit, um Stellen zu markieren, bieten Ihnen die Zeichentools auf der Registerkarte *Zeichnen*. Anders als bei der Texthervorhebung können Sie die Zeichentools auch in Excel verwenden, und nicht nur in Word und PowerPoint. Außerdem lässt sich mit den Zeichentools nicht nur Text hervorheben und markieren, sondern beliebige Elemente in Word-, Excel- und PowerPoint-Dateien.

1. Öffnen Sie die Registerkarte *Zeichnen*.
2. Wählen Sie in der Gruppe *Zeichentools* den gewünschten Stift aus. Wenn Sie den ausgewählten Stift ein zweites Mal anklicken, wird ein Menü geöffnet, in dem Sie weitere Optionen wie die Farbe, Linienstärke usw. einstellen können (siehe Abbildung 38.11).
3. Verwenden Sie die Maus, einen Stift oder Ihren Finger, um die gewünschten Elemente zu markieren oder hervorzuheben.

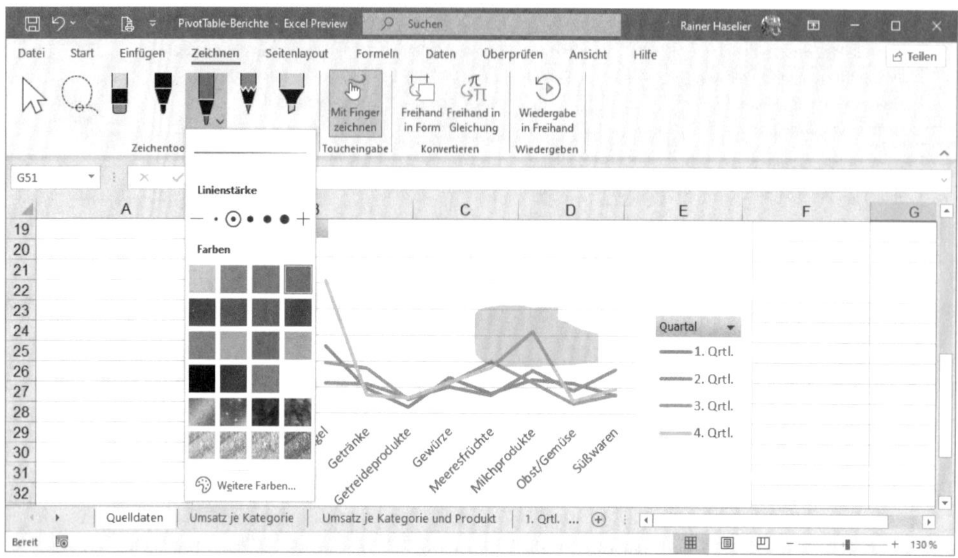

Abbildung 38.11: Mit den Zeichentools können Sie in Word, Excel und PowerPoint beliebige Elemente markieren und hervorheben.

Um eine Markierung/Hervorhebung zu entfernen, klicken Sie in der Gruppe *Zeichentools* auf den Radierer. Klicken Sie dann die Markierung an, die Sie löschen möchten.

Kommentare verwenden

Wenn Sie ein Dokument mit einer Bemerkung versehen wollen, ohne dabei den eigentlichen Text zu verändern, können Sie einen *Kommentar* einfügen. Ein Kommentar besteht aus einer Markierung, die sich an der Stelle befindet, die Sie kommentiert haben, und dem eigentlichen Kommentar, der mit dem Namen der Person versehen wird, die den Kommentar erstellt hat. Außerdem halten Word, PowerPoint und Excel Datum und Uhrzeit der Kommentarerstellung mit. Sie können die Kommentarfunktion sowohl in den Desktop-Apps als auch in Office Online verwenden.

Hinweis

Besonderheiten bei Excel: Kommentare und Notizen Je nachdem, welche Excel-Version Sie verwenden, wird mit Kommentar etwas anderes bezeichnet. In Excel 2021 sind Kommentare wie in früheren nicht abonnierten Excel-Versionen kleine gelbe Fenster, die Anmerkungen zu einer Zelle enthalten. Der Text dieser Anmerkung lässt sich formatieren; die Anmerkung kann auch Grafiken enthalten. Diese Kommentare in Excel 2021 heißen in Excel für Microsoft 365 Notizen.

In Excel für Microsoft 365 sind Kommentare Anmerkungen zu Zellen, die in einem Kommentarbereich rechts neben dem Tabellenblatt in Form eines Kommentarthreads angezeigt werden. Diese Kommentare können zwar keine Formatierungen enthalten, jedoch kann man hierbei auf Kommentare antworten und es entwickelt sich so eine Unterhaltung. Verwenden Sie am besten sowohl in Excel 2021 als auch in Excel für Microsoft 365 das Feature Kommentare, obwohl beide Versionen hiermit etwas anderes bezeichnen.

Kommentare einfügen

Um in den Desktop-Apps der betreffenden Programme einen Kommentar in ein Word-Dokument, eine Excel-Arbeitsmappe oder eine PowerPoint-Präsentation einzufügen, führen Sie folgende Schritte durch:

1. Führen Sie je nach Anwendung eine der folgenden Aktionen aus:
   - **Word** Achten Sie darauf, dass die Ansicht *Seitenlayout* aktiviert ist. In dieser Ansicht werden die Kommentare in komfortablen Sprechblasen am rechten Rand der Seiten angezeigt. Markieren Sie die Textstelle bzw. das Objekt im Dokument, die/das Sie kommentieren möchten.
   - **Excel** Markieren Sie die Zelle, für die Sie einen Kommentar erstellen möchten. In Excel sind Kommentare immer genau einer Zelle zugeordnet. Für Diagramme und andere Objekte auf einem Arbeitsblatt können Sie keine Kommentare erstellen.

     Wenn Sie vor dem Einfügen eines Kommentars einen Zellbereich markiert haben, speichert Excel den Kommentar in der Zelle der linken oberen Ecke der Markierung.
   - **PowerPoint** Setzen Sie die Einfügemarke an die Textstelle, die Sie kommentieren möchten, oder markieren Sie z.B. das Diagramm oder ein anderes Objekt auf der Folie, auf das sich der Kommentar beziehen soll.
2. Öffnen Sie die Registerkarte *Überprüfen* und klicken Sie in der Gruppe *Kommentare* auf *Neuer Kommentar*.

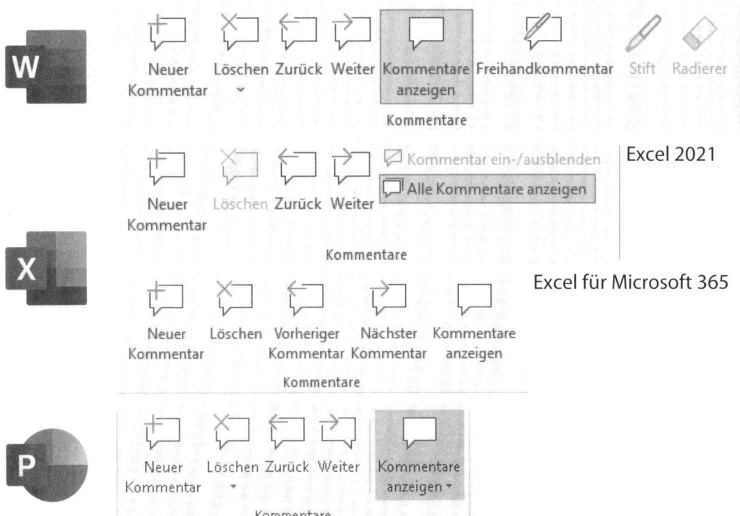

Abbildung 38.12: Die Kommentarfunktion der drei Apps steuern Sie mit den Schaltflächen der Gruppe Kommentare *auf der Registerkarte* Überprüfen. *In Excel für Microsoft 365 heißen die Excel 2021-Kommentare Notizen.*

3. Führen Sie je nach Anwendung eine der folgenden Aktionen aus:
   - **Word** Word blendet, sofern er noch nicht sichtbar ist, am rechten Rand der Seite den Kommentarbereich ein. Eine Linie verbindet die kommentierte Stelle, die ebenfalls farbig hervorgehoben wird, mit dem Kommentar. Im Kommentarbereich wird Ihr Name angezeigt. Klicken Sie dorthin und geben Sie Ihren Kommentar ein.

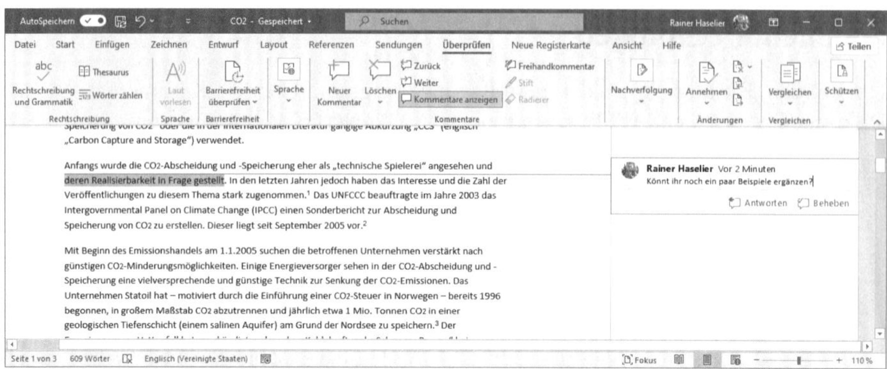

Abbildung 38.13: In Word werden Kommentare standardmäßig im Kommentarbereich rechts neben der Seite angezeigt.

Um auf einen Kommentar zu antworten, klicken Sie unterhalb des Kommentars auf die Schaltfläche *Antworten* und geben Ihre Antwort ein. Um einen Kommentar als erledigt zu markieren, klicken Sie auf *Beheben*. Der Kommentar und die Antworten bleiben weiterhin sichtbar, können nicht mehr bearbeitet werden und werden abgedunkelt dargestellt. Um die Bearbeitung des Kommentars wieder zu ermöglichen, klicken Sie auf *Erneut öffnen*.

Sie können den Text des Kommentars mit den Schaltflächen der Gruppe *Schriftart* auf der Registerkarte *Start* formatieren. Die Formatierungen werden jedoch nicht im Kommentarbereich angezeigt, sondern lediglich im Überarbeitungsbereich, den Sie mit der gleichnamigen Schaltfläche in der Gruppe *Nachverfolgung* auf der Registerkarte *Überprüfen* öffnen können.

- **Excel 2021** Excel 2021 öffnet ein gelbes Popupfenster, in dem bereits Ihr Name steht. Geben Sie Ihren Kommentar in das Fenster ein. Sie können den Kommentartext mit den Schaltflächen der Gruppe *Schriftart* auf der Registerkarte *Start* formatieren.

  Kommentierte Zellen werden in Excel 2021 mit einem kleinen Dreieck markiert. So können Sie auch dann, wenn die Kommentarfenster nicht eingeblendet sind, erkennen, dass die Zelle einen Kommentar enthält.

	A	B	C	D	E	F
1	Übernachtungen Touristen in den Niederlanden 2011					
2						
3	Zeitraum	Aus den Niederlanden	Aus dem Ausland	Gesamt	Verteilung	
4	Jan 11	1.037.700	589.000	**589.000**	*5,21%*	
5	Feb 11	1.086.900	598.400	**598.400**	*5,30%*	
6	Mrz 11	1.269.100	758.600	**758.600**	*6,71%*	
7	Apr 11	1.646.800	1.231.200	**1.231.200**	*10,90%*	
8	Mai 11	2.016.700	988.800	**988.800**		
9	Jun 11	2.140.800	1.164.500	**1.164.500**		
10	Jul 11	1.992.100	1.210.200	**1.210.200**		
11	Aug 11	2.175.200	1.244.000	**1.244.000**		
12	Sep 11	1.806.400	1.040.500	**1.040.500**		
13	Okt 11	1.750.200	1.027.700	**1.027.700**		
14	Nov 11	1.286.900	830.900	**830.900**	*7,35%*	
15	Dez 11	1.158.500	615.500	**615.500**	*5,45%*	
16	Summen	**19.367.300**	**11.299.300**			

Rainer G Haselier:
Ostern ist immer eine beliebte Reisezeit.

Abbildung 38.14: In Excel 2021 werden Kommentare in kleinen QuickInfos angezeigt, die durch eine farbige Linie mit der kommentierten Zelle verbunden sind.

- **Excel für Microsoft 365** Excel für Microsoft 365 öffnet rechts neben dem Arbeitsblatt den Kommentarbereich, der mit der Zelladresse und Ihrem Namen versehen ist; geben Sie den Kommentar in das Feld *Unterhaltung beginnen* ein und beenden Sie die Eingabe mit [↵].

  Sie können den Kommentarbereich mit der Schaltfläche *Kommentare*, die sich rechts im Menüband von Excel für Microsoft 365 befindet, öffnen und schließen.

Übernachtungen Touristen in den Niederlanden 2011

Zeitraum	Aus den Niederlanden	Aus dem Ausland	Gesamt
Jan 11	1.037.700	589.000	**1.626.700**
Feb 11	1.086.900	598.400	**1.685.300**
Mrz 11	1.269.100	758.600	**2.027.700**
Apr 11	1.646.800	1.231.200	**2.878.000**
Mai 11	2.016.700	988.800	**3.005.500**
Jun 11	2.140.800	1.164.500	**3.305.300**
Jul 11	1.992.100	1.210.200	**3.202.300**
Aug 11	2.175.200	1.244.000	**3.419.200**
Sep 11	1.806.400	1.040.500	**2.846.900**
Okt 11	1.750.200	1.027.700	**2.777.900**
Nov 11	1.286.900	830.900	**2.117.800**
Dez 11	1.158.500	615.500	**1.774.000**
Summen			

Daten

Kommentare

rainerghaselier D7

Ostern ist immer eine beliebte Reisezeit

Antworten

Bereit 120 %

Abbildung 38.15: In Excel für Microsoft 365 werden Kommentare in Form eines Threads, einer Unterhaltung, im Kommentarbereich angezeigt und bearbeitet.

- **PowerPoint** PowerPoint markiert die kommentierte Stelle mit einer kleinen Sprechblase und öffnet den Kommentarbereich, der standardmäßig rechts im Fenster angezeigt wird. Der Kommentarbereich listet alle Kommentare der aktuellen Folie auf.

  Klicken Sie in das Feld unterhalb Ihres Namens und geben Sie den Kommentar ein.

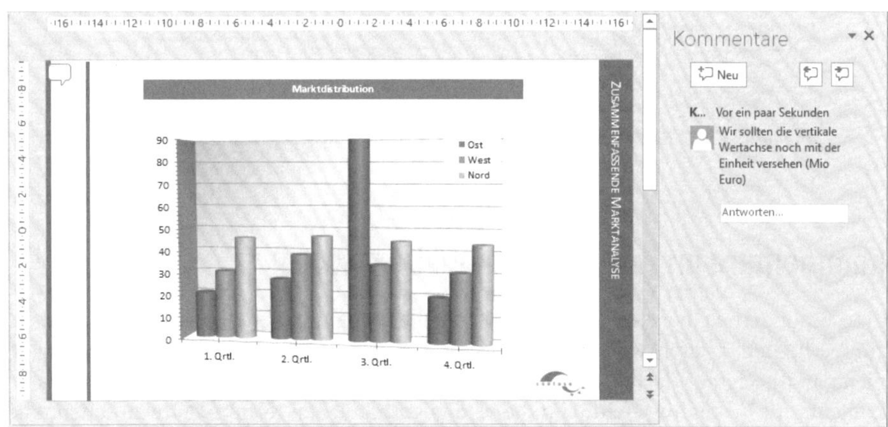

Abbildung 38.16: Bei PowerPoint werden Kommentare im Kommentarbereich bearbeitet, den Sie am rechten Fensterrand sehen.

4. Erstellen Sie bei Bedarf weitere Kommentare. Beachten Sie, dass Sie in Word, PowerPoint sowie Excel für Microsoft 365 auf bereits vorhandene Kommentare antworten können. Klicken Sie dazu neben einem vorhandenen Kommentar auf die Schaltfläche *Antworten*.

5. Wenn Sie die Kommentare wieder ausblenden wollen, können Sie dies mit weiteren Schaltflächen auf der Registerkarte *Überprüfen* tun (die Sie auch für das Einblenden der Kommentare verwenden können, sollten diese nicht sichtbar sein):
   - **Word** In Word klicken Sie auf der Registerkarte *Überprüfen* in der Gruppe *Kommentare* auf *Kommentare anzeigen*.
   - **Excel 2021** In Excel 2021 können Sie den Kommentar der markierten Zelle und auch alle Kommentare des Arbeitsblatts ein- und ausblenden. Verwenden Sie in Excel 2021 in der Gruppe *Kommentare* die Schaltfläche *Kommentar ein-/ausblenden*, um den Kommentar für die markierte Zelle dauerhaft anzuzeigen. Zwar zeigt Excel die gelbe QuickInfo an, wenn sich der Mauszeiger auf der Zelle befindet; das Fenster verschwindet jedoch wieder, wenn Sie den Mauszeiger auf eine andere Zelle bewegen. Mit der Schaltfläche *Alle Kommentare anzeigen* erreichen Sie, dass alle Kommentar-QuickInfos eingeblendet werden.
   - **Excel für Microsoft 365** In Excel für Microsoft 365 klicken Sie auf der Registerkarte *Überprüfen* in der Gruppe *Kommentare* auf *Kommentare anzeigen* oder im Menüband auf Kommentare. Bitte beachten Sie, dass in Excel für Microsoft 365 alle Kommentare im Kommentarbereich am rechten Fensterrand angezeigt werden. Die Kommentare aus Excel 2021 heißen in Excel für Microsoft 365 Notizen.
   - **PowerPoint** In PowerPoint ist das Einblenden der Kommentare am einfachsten. Im Menü der Schaltfläche *Kommentare anzeigen* finden Sie zwei Befehle: Verwenden Sie den Befehl *Kommentarbereich*, um den Kommentarbereich ein- und auszuschalten. Mit dem Befehl *Markup anzeigen* erreichen Sie, dass die Sprechblasensymbole, die auf den Folien auf einen Kommentar hinweisen, sichtbar sind oder nicht.

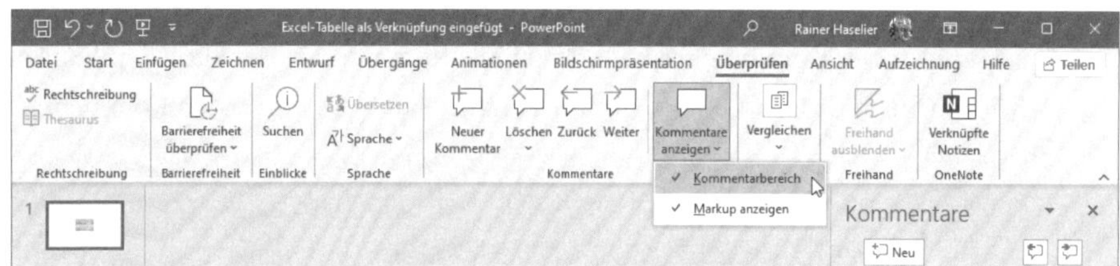

Abbildung 38.17: Ein- und Ausblenden von Kommentarbereich und Markup in PowerPoint

Kommentare im Lesemodus eingeben (Word)

Eine Besonderheit bei den Kommentaren stellt die Ansicht *Lesemodus* von Word zur Verfügung. Dieser Modus ist zum Kommentieren eines umfangreichen Dokuments gut geeignet, da Ihnen dort fast der ganze Bildschirm zur Anzeige des Dokuments zur Verfügung steht. Um die bereits vorhandenen Kommentare zu sehen, klicken Sie auf *Ansicht* und wählen *Kommentare anzeigen* (siehe Abbildung 38.18).

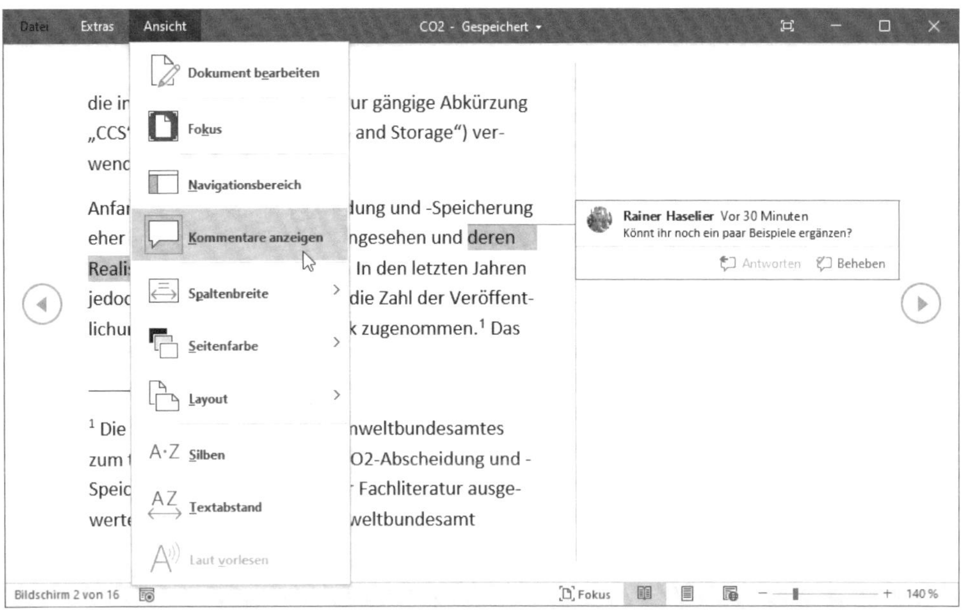

Abbildung 38.18: Der Lesemodus von Word eignet sich ebenfalls zum Kommentieren eines Dokuments.

Word blendet dann rechts neben dem Dokument den Kommentarbereich ein. Um einen neuen Kommentar einzugeben, markieren Sie zunächst die Textstelle, die Sie kommentieren wollen. Klicken Sie dann die Markierung mit der rechten Maustaste an, wählen Sie *Neuer Kommentar* und geben Sie Ihren Kommentar im Kommentarbereich ein.

Kommentare bearbeiten

Wenn Sie die Kommentare eines Dokuments noch einmal der Reihe nach prüfen bzw. korrigieren möchten, können Sie systematisch von Kommentar zu Kommentar springen, indem Sie auf der Registerkarte *Überprüfen* in der Gruppe *Kommentare* die Schaltflächen *Zurück/Weiter* anklicken (siehe Abbildung 38.12 auf Seite 697).

Eine Besonderheit weist PowerPoint in diesem Punkt auf: Dort können Sie den vorherigen und den nächsten Kommentar auch mit den beiden Schaltflächen oben rechts im Kommentarbereich erreichen (siehe Abbildung 38.16 auf Seite 699).

Kommentare anderer Benutzer ausblenden (Word)

Wenn sich in einem Word-Dokument bereits Kommentare anderer Benutzer befinden, können Sie diese bei Bedarf ausblenden:

1. Öffnen Sie die Registerkarte *Überprüfen.*
2. Klicken Sie in der Gruppe *Nachverfolgung* auf die Schaltfläche *Markup anzeigen* und zeigen Sie in dem Menü der Schaltfläche auf *Bestimmte Personen.*

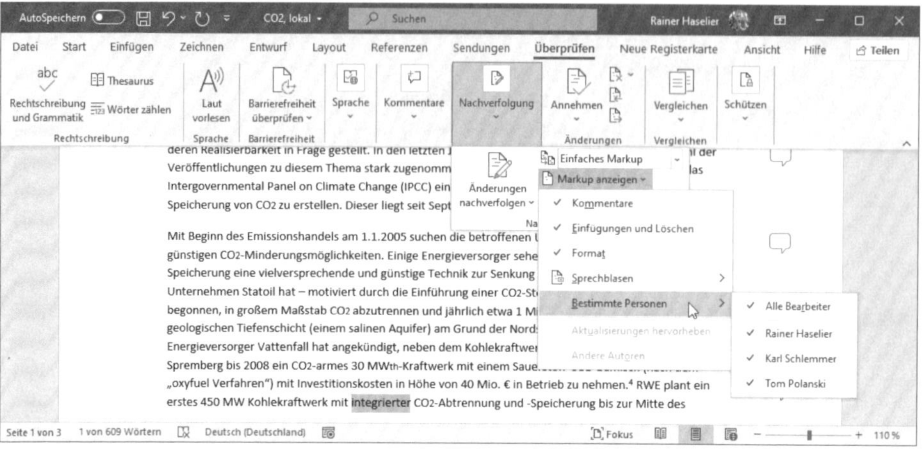

Abbildung 38.19: Kommentare anderer Benutzer können ausgeblendet werden.

3. Schalten Sie die Häkchen bei den betreffenden Bearbeitern aus.

Kommentare löschen

Um Kommentare aus dem Dokument zu entfernen, können Sie in allen drei Anwendungen den Kommentar bzw. in Excel die Zelle, auf die sich der Kommentar bezieht, markieren, und dann auf der Registerkarte *Überprüfen* in der Gruppe *Kommentare* auf die Schaltfläche *Löschen* klicken.

Abbildung 38.20: Das Menü der Schaltfläche Löschen *in Word und in PowerPoint*

In Word stehen Ihnen folgende weitere Möglichkeiten zur Verfügung:

- Sie können den Kommentar mit der rechten Maustaste anklicken und in seinem Kontextmenü den Befehl *Löschen* wählen.
- Um alle eigenen Kommentare zu löschen, blenden Sie erst die Kommentare aller anderen Bearbeiter aus, markieren dann einen beliebigen Kommentar und wählen im Menü der Schaltfläche *Löschen* den Befehl *Alle angezeigten Kommentare löschen.*
- Wollen Sie wirklich sämtliche Kommentare im Dokument löschen, markieren Sie einfach einen beliebigen Kommentar und wählen im Menü der Schaltfläche *Löschen* den Befehl *Alle Kommentare im Dokument löschen.*

In PowerPoint finden Sie im Menü der Schaltfläche neben dem Befehl *Löschen*, der den aktuellen Kommentar löscht, einen Befehl zum Löschen aller Kommentare auf der aktuellen Folie und einen weiteren, der alle Kommentare in der aktuellen Präsentation löscht.

Kommentare drucken (Word und Excel)

Beim Drucken eines Word-Dokuments oder einer Excel-Arbeitsmappe, das/die mit Kommentaren versehen ist, können bzw. müssen Sie beim Ausdrucken entscheiden, ob nur die Kommentare, nur das Dokument oder beide gemeinsam und wo die Kommentare gedruckt werden sollen.

In Word klicken Sie auf *Datei* und dann auf *Drucken*. Öffnen Sie das Listenfeld *Einstellungen* und schalten Sie bei *Dokumentinformationen* die Option *Markupliste* ein (siehe Abbildung 38.21). Hiermit erreichen Sie, dass Word nur eine Liste aller Kommentare und der im Dokument mit der Überarbeitungsfunktion (siehe Abschnitt »In Word Änderungen nachverfolgen« ab Seite 707) vorgenommenen Änderungen ausdruckt.

Wenn Sie im Bereich *Dokument* die Option *Alle Seiten drucken* oder eine der anderen Optionen auswählen, können Sie im Bereich *Dokumentinformationen* die Option *Markup drucken* ein- bzw. ausschalten (siehe Abbildung 38.21). Wenn diese Option eingeschaltet ist, druckt Word die Kommentare und die am Dokument mit der Überarbeitungsfunktion vorgenommenen Änderungen in einem Randbereich aus, ähnlich wie Sie es auf dem Bildschirm sehen. Je nach Seitenabmessungen kann dies dazu führen, dass das Dokument verkleinert ausgedruckt wird.

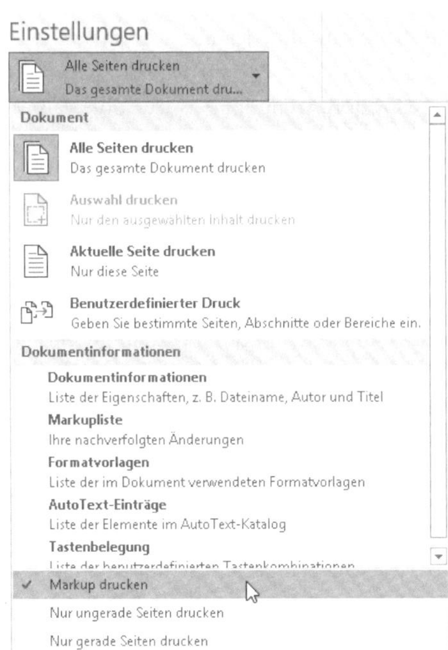

Abbildung 38.21: Hier legen Sie in Word fest, ob und wie Kommentare gedruckt werden sollen.

In Excel öffnen Sie mit *Datei/Drucken* die Backstage-Ansicht *Drucken*. Klicken Sie dort auf *Seite einrichten*, um das gleichnamige Dialogfeld zu öffnen. Wechseln Sie im Dialogfeld zur Registerkarte *Blatt*. Dort finden Sie das Listenfeld *Kommentare* mit drei Optionen.

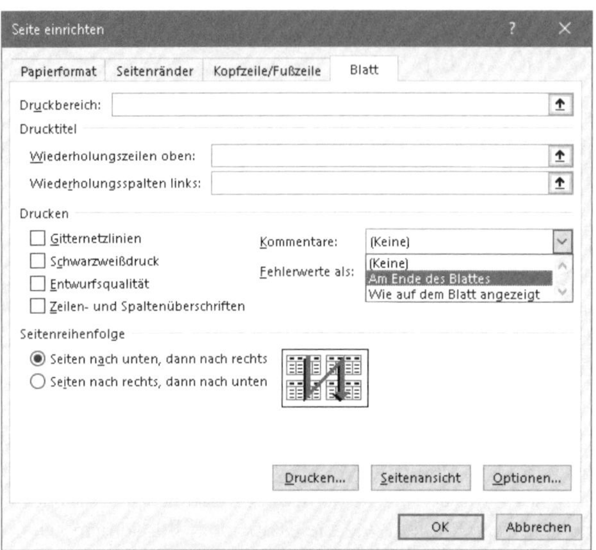

Abbildung 38.22: Hier legen Sie in Excel fest, ob und wo die Kommentare gedruckt werden sollen

- **(Keine)** Die Kommentare werden nicht gedruckt.
- **Am Ende des Blattes** Excel fügt eine weitere Seite ein, auf der alle Kommentare in Form einer Liste gedruckt werden.
- **Wie auf dem Blatt angezeigt** Wählen Sie diese Option, wenn im Ausdruck die gelben Popupfenster erscheinen sollen. Alle auf dem Blatt sichtbaren Kommentare werden gedruckt. Sie können die Sichtbarkeit der Kommentare mit den Schaltflächen in der Gruppe *Kommentare* steuern (siehe Schritt 5 auf Seite 700).

Kommentare und Office Online

Bisher haben wir uns nur mit den Möglichkeiten der Kommentarfunktion beschäftigt, wie sie in den Desktop-Apps zur Verfügung stehen. Der Funktionsumfang der Apps auf Office Online braucht einen Vergleich mit dem der Desktop-Apps nicht zu scheuen.

- **Word Online** Wie in der Desktop-App finden Sie die Befehle für die Kommentare auf der Registerkarte *Überprüfen*. Wenn Sie dort in der Gruppe *Kommentare* auf *Kommentare anzeigen* klicken, blendet Word Online an der rechten Seite des Browserfensters den Kommentarbereich ein.

  Wenn Sie im Kommentarbereich oder in der Gruppe *Kommentare* auf *Neuer Kommentar* klicken, fügen Sie wie in der Desktop-App einen neuen Kommentar ein. Sie können auch auf einen Kommentar reagieren, indem Sie im Kommentarbereich den betreffenden Kommentar markieren und dann auf *Antworten* klicken. Mit den beiden anderen Schaltflächen, die im Feld des markierten Kommentars angezeigt werden, können Sie den Kommentar als erledigt markieren oder ihn löschen.

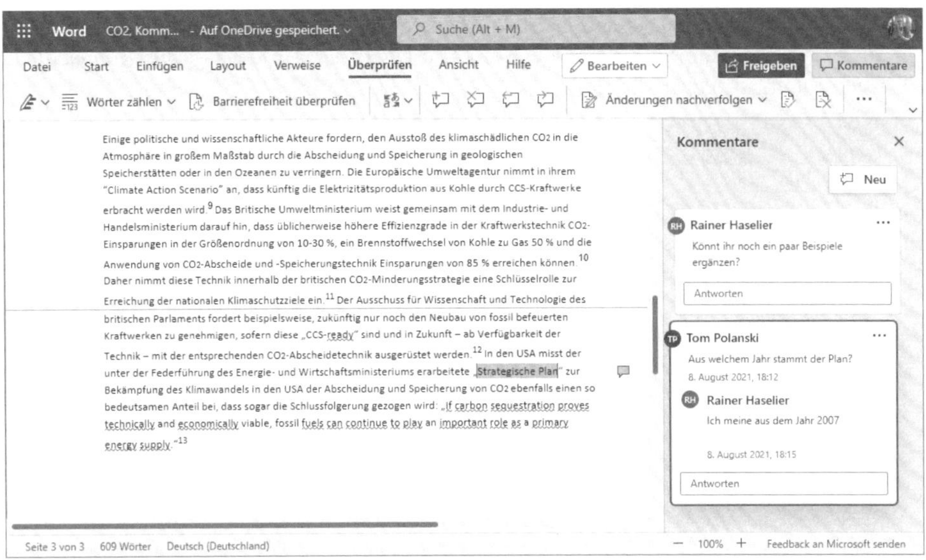

Abbildung 38.23: Im Kommentarbereich von Word Online können Sie neue Kommentare einfügen sowie vorhandene Kommentare lesen und auf diese reagieren.

- **Excel Online** Auch bei Excel Online werden die vorhandenen Kommentare im Kommentarbereich an der rechten Seite des Browserfensters angezeigt.

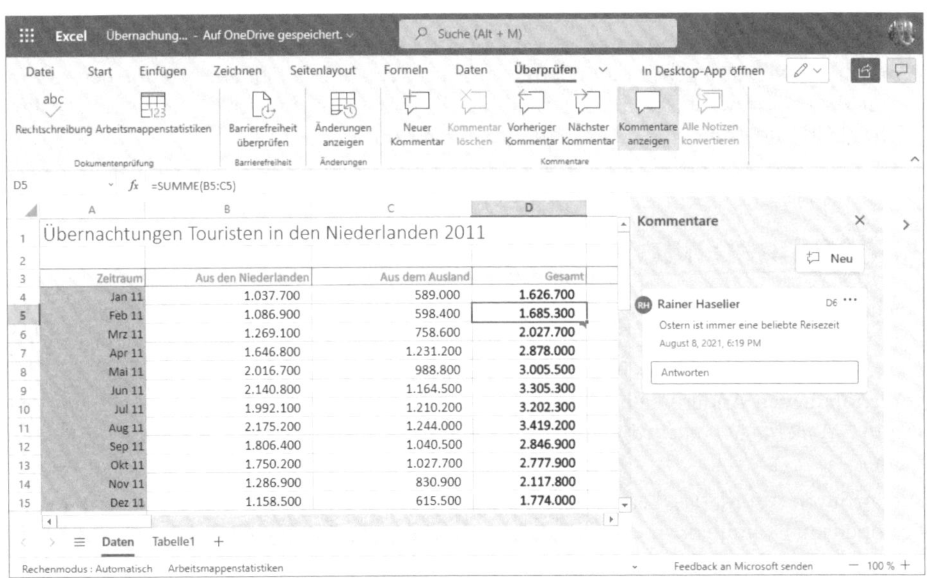

Abbildung 38.24: In Excel Online weist Sie der Kommentarindikator in der Zelle darauf hin, dass die Zelle mit einem Kommentar versehen wurde.

- **PowerPoint Online** Folien, denen bereits ein Kommentar hinzugefügt wurde, erkennen Sie in PowerPoint Online an der kleinen Sprechblase, die auf der Folie angezeigt wird. Um den Kommentar zu sehen, klicken Sie die Sprechblase an. PowerPoint Online blendet dann den Kommentarbereich rechts im Fenster ein. Den Kommentarbereich können Sie auch öffnen, indem Sie auf der Registerkarte *Überprüfen* in der Gruppe *Kommentare* auf *Kommentare anzeigen* klicken.

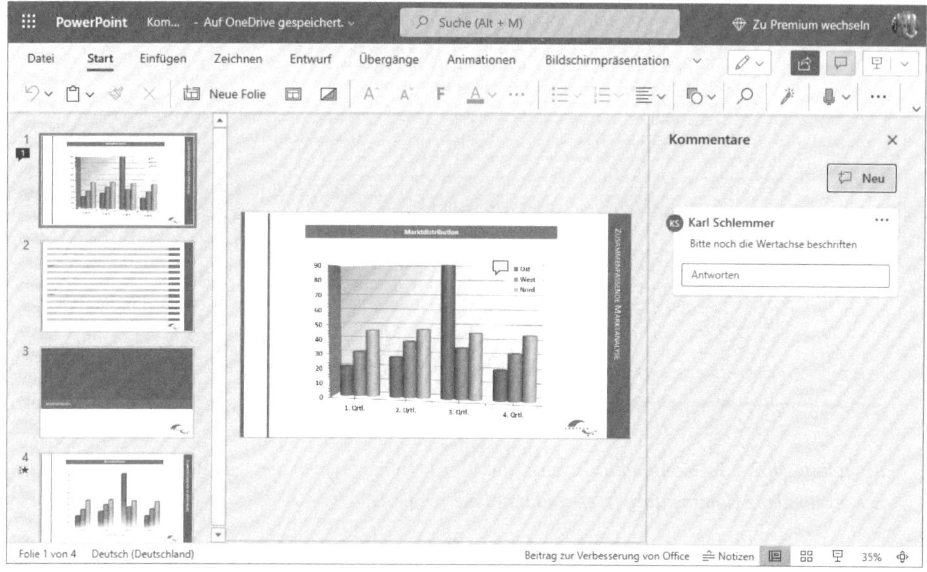

Abbildung 38.25: Die Kommentarfunktion in PowerPoint Online lässt keine Wünsche offen.

Um einen neuen Kommentar zu einer Folie zu erstellen, klicken Sie im Kommentarbereich auf *Neu* und geben dann den Kommentar ein. Um auf einen vorhandenen Kommentar zu reagieren, klicken Sie unterhalb des Kommentars, auf den Sie antworten wollen, in das Feld *Antworten* und geben dann Ihre Reaktion ein.

Änderungen nachverfolgen im Überblick

Nachdem Sie in den vorherigen Abschnitten gelernt haben, wie Sie Textstellen hervorheben und mit Kommentaren versehen, beschreibt dieser Abschnitt, wie die während der Bearbeitung eines Dokuments von unterschiedlichen Bearbeitern vorgenommenen Änderungen dokumentiert werden. In der Office-Terminologie wird dieses Feature *Änderungen nachverfolgen, Änderungen hervorheben* oder *Änderungsprotokoll* genannt.

Wenn Sie in Word das Feature *Änderungen nachverfolgen* verwenden, um mit mehreren Personen ein Dokument zu erstellen, lässt sich dieser Prozess in mehrere Phasen einteilen:

1. Der Autor erstellt ein Word-Dokument und leitet es zur Überarbeitung an Kollegen oder an externe Bearbeiter (Korrektorat, Fachlektorat o. Ä.) weiter.
2. Das Dokument wird überarbeitet. Dabei werden die vorgenommenen Änderungen protokolliert. Word kann Ergänzungen, Streichungen und Formatierungen protokollieren.

   Zusätzlich werden noch der Name des Benutzers und der Zeitpunkt der einzelnen Änderung gespeichert. Die beiden letzten Angaben werden benötigt, um die Historie der vorgenommenen Änderungen rekonstruieren zu können.

An diesem Vorgang können auch mehrere Personen beteiligt sein, die das Dokument entweder parallel oder nacheinander bearbeiten. Anschließend kehrt das Dokument zum Autor zurück.

3. Der Autor begutachtet die vorgenommenen Änderungen und entscheidet, welche der Änderung er übernehmen und welche er verwerfen will.

PowerPoint bietet keine Möglichkeit, die an einer Präsentation vorgenommenen Änderungen zu protokollieren. Sie können jedoch einige andere PowerPoint-Features verwenden, um zu einem ähnlichen Ergebnis zu kommen:

- Verwenden Sie die Kommentarfunktion (siehe vorherigen Abschnitt), um in Folien Überarbeitungskommentare einzufügen.
- Fügen Sie einen gesprochenen Kommentar in eine Folie ein. Öffnen Sie dazu die Registerkarte *Einfügen* und klicken Sie in der Gruppe *Medien* auf *Audio* und dann auf *Audioaufnahme*.
- Versenden Sie eine Präsentation zur Überarbeitung, damit andere Personen Kommentare einfügen und an ihren Kopien Änderungen an der Präsentation vornehmen können. Nachdem die Präsentation überarbeitet und an Sie zurückgesendet wurde, können Sie die überarbeiteten Fassungen vergleichen und mit der ursprünglichen Fassung der Präsentation kombinieren. Anschließend können Sie mithilfe der PowerPoint-Überarbeitungstools Änderungen aus der Überarbeitung übernehmen.

In den folgenden Abschnitten erfahren Sie, wie Sie die Überarbeitungsfunktion in Word verwenden.

In Word Änderungen nachverfolgen

Word kann alle vorgenommenen Änderungen, Ergänzungen, Streichungen und Formatierungen protokollieren. Damit die Änderungen protokolliert werden, müssen Sie vor der Überarbeitung des Dokuments den Überarbeitungsmodus aktivieren.

Wenn Sie ein im Überarbeitungsmodus bearbeitetes Word-Dokument zurückerhalten, können Sie alle durch andere Autoren vorgenommenen Änderungen ansehen und entscheiden, welche Sie in das endgültige Dokument übernehmen möchten und welche nicht.

Word-Überarbeitungsmodus einschalten

Wenn Sie Ihre Änderungen an einem fremden Dokument protokollieren wollen, ist es wichtig, dass Sie den Überarbeitungsmodus auch definitiv eingeschaltet haben, während Sie das Dokument bearbeiten. Deshalb empfehlen wir Ihnen, den Status der Überarbeitungsfunktion in der Word-Statusleiste anzeigen zu lassen. Das hat nicht nur den Vorteil, dass Sie den aktuellen Status der Funktion immer im Blick haben, sondern Sie können die Funktion auch bequem über die Statusleiste ein- und ausschalten.

Klicken Sie dazu die Statusleiste mit der rechten Maustaste an und wählen Sie im Kontextmenü den Befehl *Änderungen nachverfolgen*. In der Statusleiste wird dann entweder *Änderungen nachverfolgen: Ein* oder *Änderungen nachverfolgen: Aus* angezeigt.

Abbildung 38.26: Der Status der Überarbeitungsfunktion kann in der Word-Statusleiste angezeigt werden

Sie können den Überarbeitungsmodus mit folgenden Methoden ein- bzw. ausschalten:

- Klicken Sie in der Statusleiste auf die Statusanzeige der Funktion *Änderungen nachverfolgen.*
- Drücken Sie die Tastenkombination ⇧+Strg+E.
- Klicken Sie auf der Registerkarte *Überprüfen* in der Gruppe *Nachverfolgung* auf den oberen Teil der Schaltfläche *Änderungen nachverfolgen.* Wenn die Funktion eingeschaltet ist, bleibt die Schaltfläche hervorgehoben.

Wenn Sie jetzt das Dokument bearbeiten, speichert Word alle Änderungen und nimmt auf dem Bildschirm eine entsprechende Kennzeichnung vor. Dafür stehen verschiedene Darstellungsvarianten zur Verfügung, auf die wir gleich noch näher eingehen. Dies sind die einzigen Besonderheiten; ansonsten können Sie Ihr Dokument genauso bearbeiten wie gewohnt.

Beim Status des Überarbeitungsmodus handelt es sich übrigens um eine Dokumenteigenschaft. Das heißt, wenn Sie mit mehreren Dokumentfenstern arbeiten, können Sie ein anderes Fenster aktivieren, ohne vorher die Überarbeitungsfunktion ausschalten zu müssen.

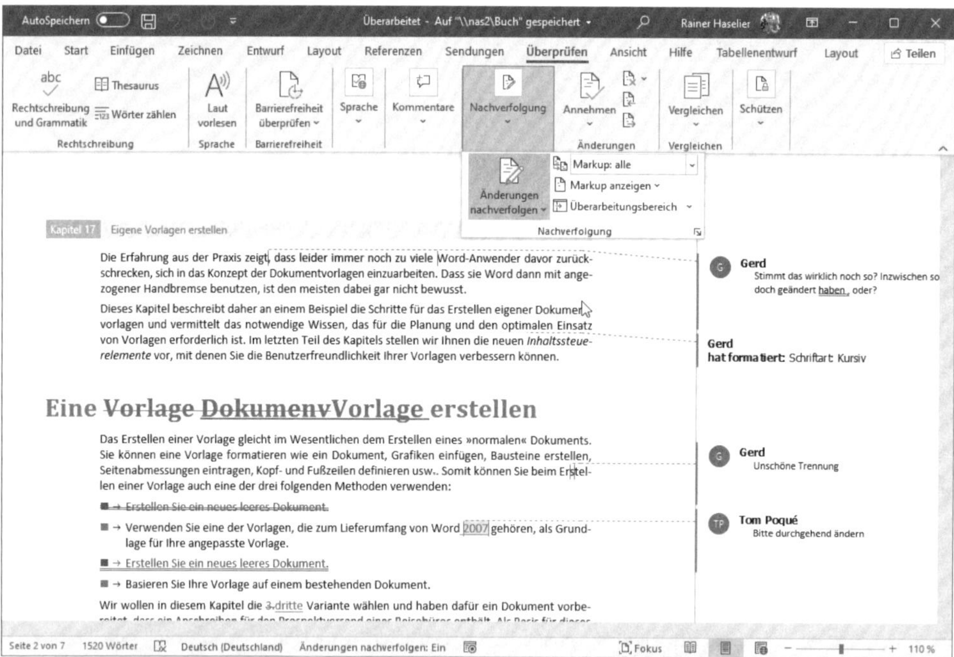

Abbildung 38.27: Word »merkt« sich alle im Dokument vorgenommenen Änderungen.

Verhindern, dass der Überarbeitungsmodus ausgeschaltet wird

Wenn Sie ein Dokument an andere Personen zur Überarbeitung senden, können Sie den Überarbeitungsmodus vor dem Versenden einschalten. Word enthält ein Feature, mit dem Sie verhindern können, dass die Bearbeiter den Überarbeitungsmodus deaktivieren. Hierzu wird der aktivierte Überarbeitungsmodus durch ein Kennwort geschützt.

Führen Sie dazu folgende Schritte durch, um das Ausschalten des Überarbeitungsmodus durch ein Kennwort zu schützen:

1. Öffnen Sie die Registerkarte *Überprüfen.*
2. Klicken Sie in der Gruppe *Nachverfolgung* auf den Pfeil der Schaltfläche *Änderungen nachverfolgen* und dann auf *Nachverfolgung sperren.* Word zeigt das Dialogfeld *Nachverfolgen sperren* an.

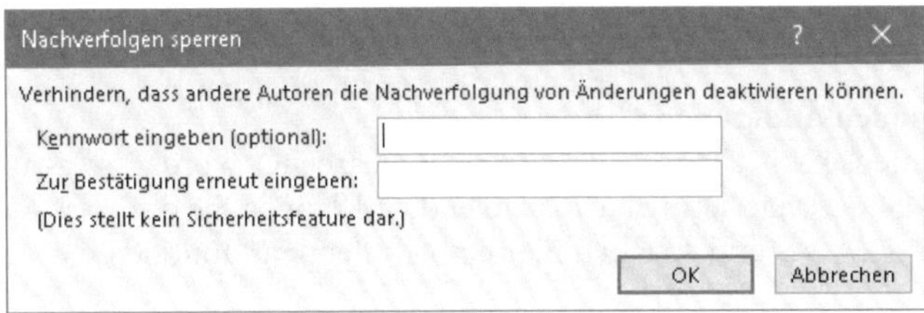

Abbildung 38.28: Sie können das Deaktivieren der Nachverfolgung von Änderungen mit einem Kennwort schützen.

3. Geben Sie ein Kennwort ein, das Sie anschließend im Feld *Zur Bestätigung erneut eingeben* wiederholen. (Merken Sie sich das Kennwort gut, damit Sie zum Annehmen oder Ablehnen der Änderungen die Sperre aufheben können.)
4. Klicken Sie auf *OK.*

Wenn die nachverfolgten Änderungen gesperrt sind, können andere die Nachverfolgung von Änderungen nicht deaktivieren und auch keine Änderungen annehmen oder ablehnen.

Klicken Sie zum Aufheben der Sperre auf den Pfeil neben *Änderungen nachverfolgen* und dann nochmals auf *Nachverfolgung sperren.* Word fordert Sie auf, Ihr Kennwort einzugeben. Klicken Sie nach dem Eingeben des Kennworts auf *OK.* Die Funktion *Änderungen nachverfolgen* ist weiter aktiviert, doch Sie können nun Änderungen annehmen und ablehnen.

Darstellung der Änderungen konfigurieren

Wie Sie in Abbildung 38.27 erkennen können, hat Word einen Teil der Änderungen – und zwar den eingefügten Text – direkt im Dokument gekennzeichnet und den anderen Teil – die Löschungen etc. – in Form von Sprechblasen angezeigt, wie sie auch für Kommentare verwendet werden.

Wenn Ihnen diese Form der Darstellung nicht zusagt, können Sie alternativ auch alle Änderungen einheitlich in Sprechblasen oder innerhalb des Textes anzeigen lassen. Wählen Sie dazu einfach die gewünschte Option im Menü *Sprechblasen* der Schaltfläche *Markup anzeigen* aus (siehe Abbildung 38.29).

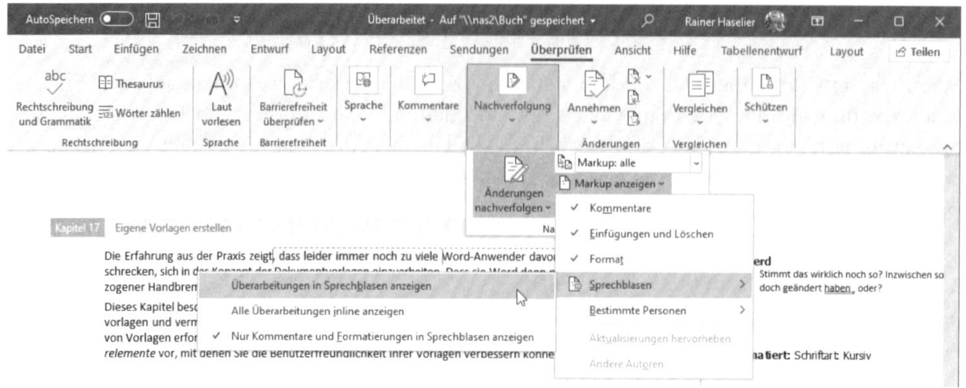

Abbildung 38.29: Verwendung der Sprechblasen steuern

Auswahl der zu kennzeichnenden Änderungen

Wenn ein Dokument sehr intensiv im Überarbeitungsmodus bearbeitet wurde, ist es unter Umständen sinnvoll, einen Teil der Markierungen auszublenden. Klappen Sie dazu das Menü der Schaltfläche *Markup anzeigen* auf und schalten Sie die betreffenden Optionen ein beziehungsweise aus.

Außerdem können Sie die Änderungen anderer Benutzer ausblenden, indem Sie in dem Menü auf den Eintrag *Bestimmte Personen* zeigen und im Untermenü des Befehls die Häkchen vor den betreffenden Benutzernamen ein- bzw. ausschalten (siehe Abbildung 38.30).

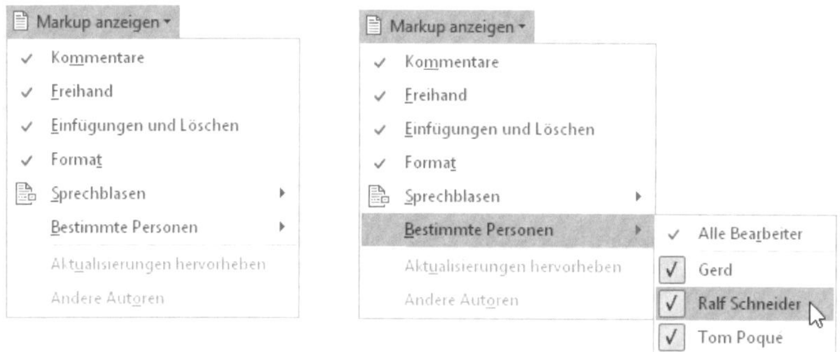

Abbildung 38.30: Auswahl der anzuzeigenden Änderungen nach Art der Änderung (links) und nach Bearbeiter (rechts)

Die vier Sichtweisen auf ein geändertes Dokument

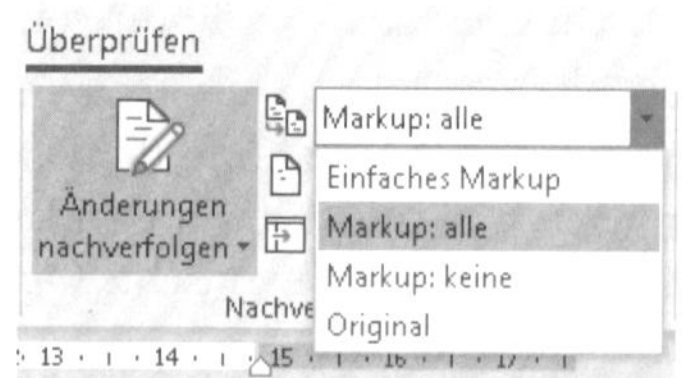

Auf der Registerkarte *Überprüfen* befindet sich das Dropdown-Listenfeld *Für Überarbeitung anzeigen,* über das Sie zwischen vier verschiedenen Sichtweisen auf das Dokument umschalten können.

Für die in der folgenden Tabelle abgebildeten Beispiele haben wir das Wort »Prospekt«, das im Originaldokument kursiv gesetzt war, zusätzlich in fetter Schrift formatiert.

Option	Beispiel	Beschreibung
Einfaches Markup	***Prospekt***	Das Dokument wird so angezeigt, als ob alle Änderungen übernommen wurden. Geänderte Absätze werden auf der linken Seite des Dokuments durch Linien gekennzeichnet.
Markup: alle	***Prospekt*** **Karl Schlemmer** **Formatiert:** Schriftart: Fett	Das Dokument wird in der Originalversion angezeigt; eingefügte Textpassagen sind im Text gekennzeichnet, Löschungen, Formatierungen etc. werden in Sprechblasen am Seitenrand ausgegeben.
Markup: keine	***Prospekt***	Das Dokument wird so angezeigt, als ob alle Änderungen übernommen worden wären.
Original	*Prospekt*	Das Dokument wird in seiner ursprünglichen Fassung angezeigt.

Tabelle 38.1: Die verschiedenen Optionen, in denen Sie die Überarbeitungen anzeigen lassen können.

Im nächsten Abschnitt lernen Sie weitere Optionen zur Nachverfolgung von Änderungen aus der Perspektive eines Autors kennen, der die Korrekturvorschläge und Anmerkungen anderer Benutzer begutachtet und entscheiden muss, ob er sie in die endgültige Fassung des Dokuments übernimmt oder nicht.

Änderungen überprüfen, annehmen und verwerfen

Wenn Sie ein Dokument erhalten, das von anderen Benutzern überarbeitet wurde, können Sie deren Änderungen bzw. Korrekturvorschläge der Reihe nach ansehen und einzeln entscheiden, ob Sie sie annehmen oder ablehnen.

Für diesen Abschnitt haben wir für Sie eine Beispieldatei vorbereitet, die Änderungen und Kommentare von drei verschiedenen Personen enthält.

1. Öffnen Sie das Beispieldokument *Kapitel 17 – überarbeitet* oder ein beliebiges anderes Dokument, das Änderungen und/oder Kommentare von anderen Benutzern enthält.
2. Zeigen Sie die Registerkarte *Überprüfen* an.
3. Falls der Überarbeitungsmodus noch aktiv sein sollte, schalten Sie ihn aus. Klicken Sie dazu in der Gruppe *Nachverfolgung* auf *Änderungen nachverfolgen*.

   Falls das Deaktivieren der Überarbeitungsfunktion gesperrt wurde, klicken Sie in der Gruppe *Nachverfolgung* auf den Pfeil der Schaltfläche *Änderungen nachverfolgen* und dann auf *Nachverfolgung sperren*. Word zeigt ein Dialogfeld an, in dem Sie das Kennwort eingeben müssen, das beim Sperren der Nachverfolgung eingegeben wurde. Erst nach Eingabe des Kennworts können Sie den Überarbeitungsmodus ausschalten.

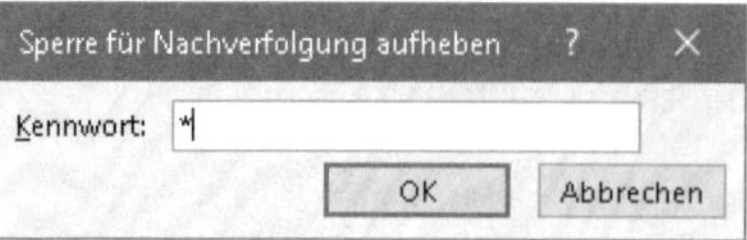

Abbildung 38.31: Wenn die Nachverfolgung gesperrt wurde, müssen Sie ein Kennwort eingeben, um die Sperre aufzuheben.

4. Zuerst sollten Sie überprüfen, welche Änderungen an dem Dokument vorgenommen wurden. Wählen Sie dazu im Listenfeld *Für Überarbeitung anzeigen* die Option *Markup: alle* aus.

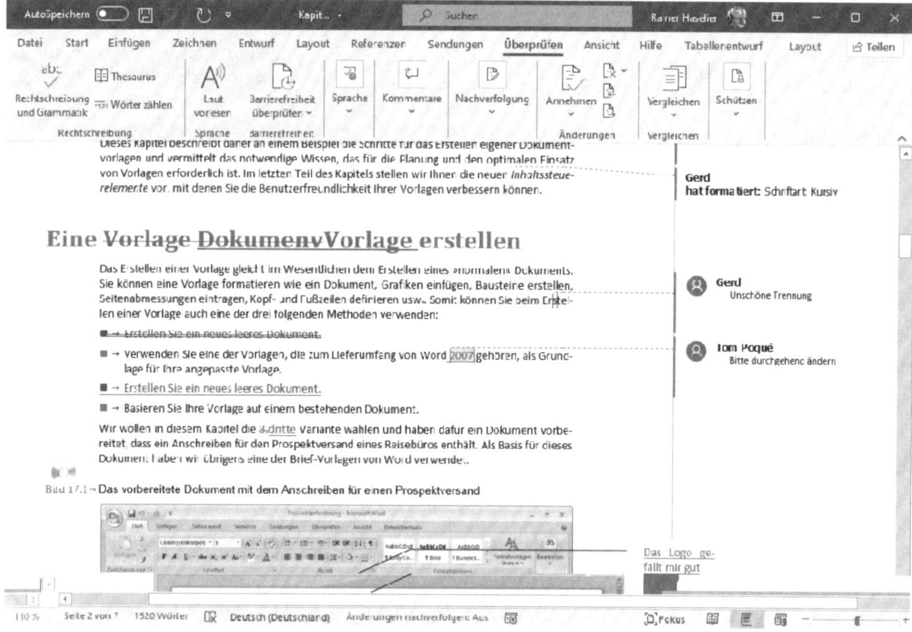

Abbildung 38.32: Ein überarbeitetes Dokument kann auf den ersten Blick sehr unübersichtlich wirken.

5. Klicken Sie dann noch auf die Schaltfläche *Markup anzeigen* und prüfen Sie, ob in ihrem Ausklappmenü alle Optionen eingeschaltet sind. Zeigen Sie auch auf den Eintrag *Bestimmte Personen* und aktivieren Sie gegebenenfalls im Untermenü die Option *Alle Bearbeiter*, falls das Dokument von mehreren Personen überarbeitet wurde.
6. Analysieren Sie das Dokument und überlegen Sie, wie Sie die Änderungen am besten einarbeiten können. Falls das Dokument von mehreren Personen korrigiert wurde, empfiehlt es sich, die individuellen Änderungen getrennt anzuzeigen.
7. Sehr hilfreich ist auch der Überarbeitungsbereich, in dem alle Änderungen und Kommentare unter Angabe des Bearbeiters und des Änderungsdatums (nur im horizontalen Überarbeitungsbereich) aufgelistet werden. Zum Einschalten des Überarbeitungsbereichs klicken Sie in der Gruppe *Nachverfolgung* auf den Pfeil an der Schaltfläche *Überarbeitungsbereich* und dann auf *Überarbeitungsbereich horizontal* oder *Überarbeitungsbereich vertikal*.

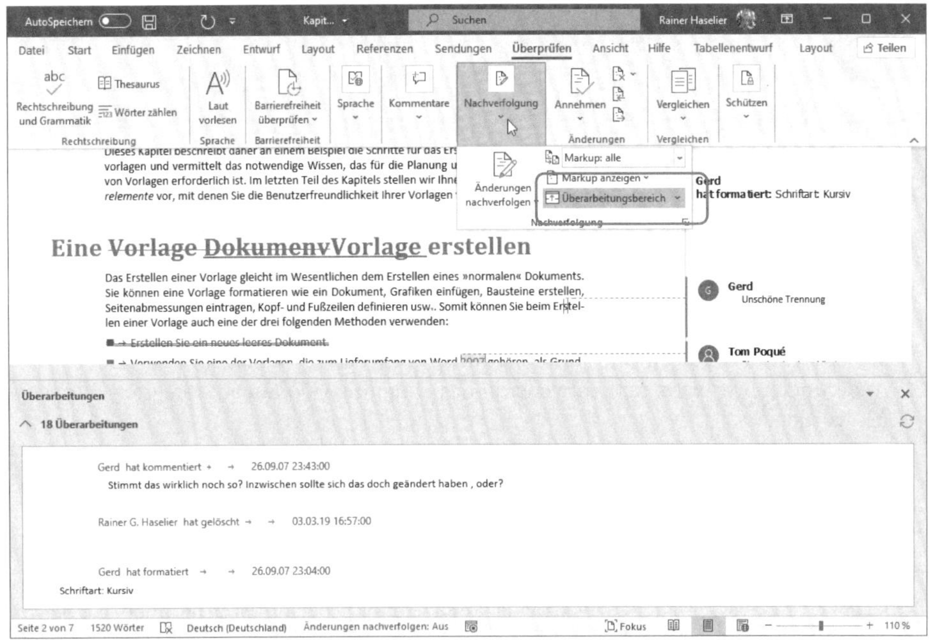

Abbildung 38.33: Im Überarbeitungsbereich wird auch die Uhrzeit der Änderung angezeigt.

Beachten Sie, dass Word die Änderungen in den verschiedenen Dokumentbereichen getrennt aufführt. Das hat seine Ursache in den sogenannten *Dokumentkomponenten* (StoryRanges), in die Word jedes Dokument unterteilt. So befindet sich z.B. der Text einer Fußzeile in einer anderen Dokumentkomponente als der normale Fließtext des Dokuments.

Änderungen annehmen und verwerfen

Nachdem Sie sich einen Überblick über den Zustand des Dokuments verschafft haben, können Sie damit beginnen, die Änderungsvorschläge zu bearbeiten:

1. Klicken Sie auf der Registerkarte *Überprüfen* in der Gruppe *Änderungen* auf *Weiter*. Word markiert die erste Änderung des Dokuments; die betreffende Textstelle und eine eventuell vorhandene Sprechblase werden markiert. Falls Sie den Überarbeitungsbereich geöffnet haben, wird die Liste automatisch mit dem Hauptfenster synchronisiert.
2. Wenn Sie den Mauszeiger auf die Markierung bewegen, werden in einem Tooltipp-Fenster der Name des Überarbeiters, das Datum, die Uhrzeit und die Art der Änderung angezeigt.
3. Bestimmen Sie mit den Schaltflächen *Annehmen* und *Ablehnen* (sie befinden sich ebenfalls in der Gruppe *Änderungen)*, ob Sie die Korrektur in Ihr Dokument übernehmen wollen oder nicht. Word springt anschließend automatisch zur nächsten Änderung.
4. Alternativ können Sie auch mit den Ausklappmenüs der Schaltflächen *Annehmen* und *Ablehnen* alle angezeigten Änderungen oder sogar alle Änderungen des Dokuments auf einen Schlag akzeptieren oder verwerfen.

Abbildung 38.34: Sie können auch mehrere Änderungen annehmen bzw. ablehnen.

5. Wiederholen Sie die obigen Schritte (eventuell in Kombination mit der Schaltfläche *Zurück*, um die vorherige Änderung anzeigen zu lassen), bis alle Änderungen bearbeitet und entweder in das endgültige Dokument integriert oder verworfen wurden.

Optionen der Überarbeitungsfunktion

In den vorherigen Abschnitten haben Sie gesehen, dass Sie die Art und Weise, wie Word die Änderungen der verschiedenen Bearbeiter kennzeichnet, beeinflussen können. Dabei haben wir uns jedoch noch auf das Ein- und Ausblenden der Sprechblasen beschränkt. Jetzt wollen wir Ihnen die verschiedenen Optionen im Detail vorstellen.

Um die Darstellung der Änderungen zu konfigurieren, rufen Sie das Dialogfeld *Erweiterte Optionen zum Nachverfolgen von Änderungen* auf, indem Sie auf der Registerkarte *Überprüfen* in der Gruppe *Nachverfolgung* auf das *Startprogramm für ein Dialogfeld* klicken. Klicken Sie anschließend im Dialogfeld *Optionen zum Nachverfolgen von Änderungen* auf *Erweiterte Optionen*. Wie Sie in Abbildung 38.35 sehen können, hat das Dialogfeld *Erweiterte Optionen zum Nachverfolgen von Änderungen* einiges zu bieten.

Markup

Mit den Listenfeldern *Einfügungen* und *Löschvorgänge* in der Gruppe *Markup* können Sie festlegen, ob bzw. wie eingefügter und gelöschter Text innerhalb des Dokuments gekennzeichnet werden soll. Zum Beispiel können Sie einstellen, dass gelöschter Text gar nicht angezeigt wird, wodurch der Text deutlich besser zu lesen ist.

Eine weitere interessante Option ist die Möglichkeit, die betreffenden Textstellen lediglich farbig zu kennzeichnen. In diesem Fall sollten Sie jedoch immer nur die Änderungen eines Bearbeiters anzeigen, da Sie sonst vermutlich mit den Farben durcheinanderkommen.

Apropos Farben: Standardmäßig weist Word jedem Bearbeiter eine eigene Farbe zu. Sie können aber auch feste Farben zuweisen und eingefügten Text z.B. immer grün und gelöschten rot anzeigen lassen.

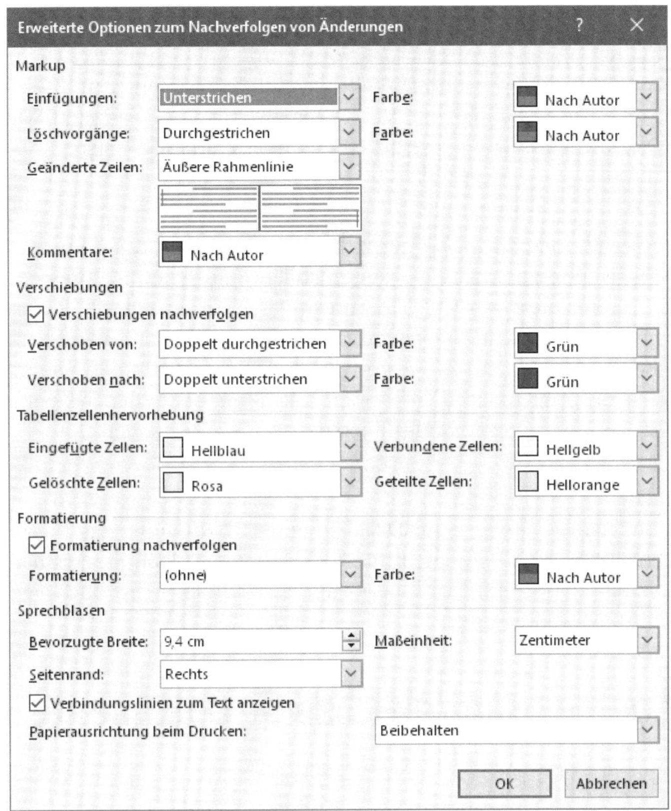

Abbildung 38.35: Das Dialogfeld zum Konfigurieren der Überarbeitungsfunktion

Mit dem Listenfeld *Geänderte Zeilen* beeinflussen Sie die Darstellung der Korrekturleisten auf dem Bildschirm und beim Ausdruck auf dem Papier. Korrekturleisten werden als vertikale Striche links oder rechts neben dem Text angezeigt. Wollen Sie auf die Korrekturleisten verzichten, wählen Sie die Einstellung *(ohne)*.

Das Listenfeld *Kommentare* steuert die Markierungsfarbe für eingefügte Kommentare. Auch hier können Sie sich zwischen einer individuellen Farbe für jeden Bearbeiter und einer fest vorgegebenen Farbe entscheiden.

Verschiebungen

Seit der Version 2010 kann Word auch Textumstellungen erkennen und durch separate Markierungsoptionen kenntlich machen. Wir halten die Voreinstellung der Optionen in dieser Gruppe für recht sinnvoll: Die grüne Farbe signalisiert, dass hier weder Text gelöscht noch eingefügt wurde und die doppelte Durch- bzw. Unterstreichung macht den Sonderstatus dieser Aktion zusätzlich deutlich.

Tabellenzellenhervorhebung

Wie Sie sehen, kann Word sogar Änderungen an Tabellen dokumentieren. Erkannt werden eingefügte, gelöschte, verbundene und geteilte Zellen. In der Voreinstellung wird diesen Aktionen jeweils eine eigene Farbe zugeordnet, wobei es sich hier um Pastelltöne handelt.

Formatierung
Auch Änderungen an der Formatierung des Textes werden von Word akribisch protokolliert, falls Sie das Kontrollkästchen *Formatierung nachverfolgen* eingeschaltet lassen. Zur Kennzeichnung stehen Ihnen die üblichen Varianten zur Verfügung, wobei uns Optionen wie *Kursiv* oder *Fett* wenig sinnvoll erscheinen, da sie ja selbst eine Formatierung darstellen.

Sprechblasen
Mit den Optionen *Bevorzugte Breite* und *Seitenrand* der Gruppe *Sprechblasen* legen Sie fest, wo und in welcher Breite die Sprechblasen angezeigt werden sollen, mit denen Sie über die Änderungen auf dem Bildschirm informiert werden. Mit Sprechblasen lassen sich die vorgenommenen Änderungen an einem Dokument übersichtlich in der Randspalte darstellen, ohne dass dabei das eigentliche Dokument zu sehr gestört wird. Außerdem können Sie bestimmen, an welchem Seitenrand die Sprechblasen erscheinen sollen und ob zu den Textstellen, auf die sich die Änderungen beziehen, Verbindungslinien gezogen werden sollen.

Papierausrichtung beim Drucken
Die letzte Option steuert die Seitenausrichtung beim Drucken eines Dokuments, das Markups enthält. Normalerweise behält Word die Ausrichtung des Dokuments bei; Sie können aber auch einstellen, dass das Dokument immer im Querformat ausgedruckt wird oder dass Word das geeignete Format selbst auswählen darf.

In Excel und Word gemeinsam/gleichzeitig Dokumente bearbeiten

Wenn Sie, wie im ersten Abschnitt dieses Kapitels beschrieben, ein Dokument auf OneDrive speichern und es freigeben, können Sie es mit anderen gleichzeitig bearbeiten. (Die gleichzeitige Bearbeitung ist auch möglich, wenn das Dokument auf einem SharePoint-Server gespeichert wurde. Jedoch darf das Dokument dann vor dem Bearbeiten nicht ausgecheckt werden, da der Auscheckvorgang exklusiven Zugriff auf das Dokument ermöglicht.)

Die Möglichkeiten der gemeinsamen Bearbeitung sind je nach Anwendung leicht unterschiedlich. Zur gleichzeitigen Bearbeitung einer Excel-Arbeitsmappe müssen Sie Excel Online oder Excel für Microsoft 365 verwenden. Mit Excel 2021 ist die gemeinsame Bearbeitung nicht möglich.

- **Excel 2021** Wenn Sie in Excel 2021 eine Arbeitsmappe auf OneDrive öffnen, die von einer anderen Person geöffnet ist, zeigt Excel 2021 eine Meldung ähnlich wie die an, die Sie in der folgenden Abbildung sehen.

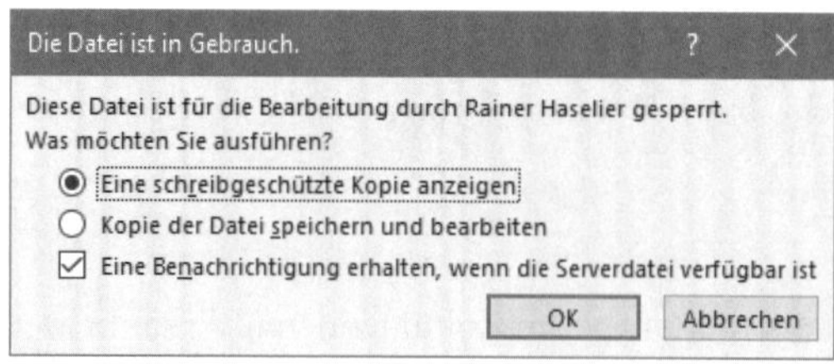

Abbildung 38.36: In der Meldung werden Sie darüber informiert, dass die Arbeitsmappe schreibgeschützt geöffnet wurde und derzeit gesperrt ist.

Klicken Sie in Excel 2021 auf *Kopie der Datei speichern und bearbeiten,* wenn Sie eine Kopie der Arbeitsmappe erstellen wollen, damit Sie in der Datei Änderungen vornehmen und speichern können. Alternativ können Sie auch das Kontrollkästchen *Eine Benachrichtigung erhalten, wenn die Serverdatei verfügbar ist* einschalten. Excel informiert Sie dann darüber, wenn die Arbeitsmappe nicht mehr gesperrt ist.

- **Excel für Microsoft 365/Excel Online** Die gemeinsame Bearbeitung einer Excel-Arbeitsmappe ist dann möglich, wenn alle Bearbeiter entweder Excel Online oder Excel für Microsoft 365 verwenden. Achten Sie bei der Verwendung von Excel für Microsoft 365 darauf, das automatische Speichern zu aktivieren: Schalten Sie dazu in der Symbolleiste für den Schnellzugriff den Schieberegler der Schaltfläche *Automatisches Speichern* ein.

Sowohl in Excel für Microsoft 365 als auch in Excel Online können Sie sehen, wer außer Ihnen welche Zelle der Arbeitsmappe bearbeitet. Zellen, die andere Bearbeiter markiert haben, werden mit dem Namenskürzel versehen (linke Seite in Abbildung 38.37). Wenn Sie auf das Namenskürzel klicken, können Sie den vollständigen Namen des anderen Bearbeiters sehen. Wenn jemand anderes eine Zelle bearbeitet, wird diese Zelle mit drei animierten Punkten markiert (rechte Seite in Abbildung 38.37).

	A	B	C
1	Monat	Versandart	Fehlzustellungen
2	Januar	Standard	60
3	Januar	3 Tage	112
4	Januar	2 Tage	220
5	Januar	Overnight	237
6	Februar	Standard	181
7	Februar	3 Tage	135
8	Februar	2 Tage	182
9	Februar	Overnight	58
10	März	Standard	76
11	März	3 Tage	148
12	März	2 Tage	230
13	März	Overnight	126
14	Ergebnis		1765

	A	B	C
1	Monat	Versandart	Fehlzustellungen
2	Januar	Standard	60
3	Januar	3 Tage	112
4	Januar	2 Tage	220
5	Januar	Overnight	237
6	Februar	Standard	181
7	Februar	3 Tage	135
8	Februar	2 Tage	182
9	Februar	Overnight	58
10	März	Standard	76
11	März	3 Tage	148
12	März	2 Tage	230
13	März	Overnight	126
14	Ergebnis		1765

Abbildung 38.37: In Excel für Microsoft 365 und Excel Online können Sie sehen, wer welche Zellen markiert hat und/oder bearbeitet.

Bei der gemeinsamen Dokumenterstellung zeigt Excel Änderungen, die von anderen Benutzern vorgenommen wurden, innerhalb von Sekunden an.

- **Word** Im Prinzip können Sie zur gleichzeitigen Bearbeitung eines Dokuments Word 2021, Word 2019, Word 2016, Word für Microsoft 365, Word Online oder eine der mobilen Apps für iOS und Android (die wir im Rahmen dieses Buches nicht vorstellen) verwenden. Microsoft empfiehlt für die gemeinsame, gleichzeitige Bearbeitung entweder die Web-App, also Word Online, oder Word für Microsoft 365 zu verwenden. Der Grund: Word 2021 »verfügt nicht über viele moderne Funktionen für die nahtlose Zusammenarbeit mit anderen Benutzern in Echtzeit« (Zitat von der Microsoft-Website).

Wenn Sie mit Word 2021 von OneDrive ein Dokument öffnen, das bereits von einem anderen Benutzer bearbeitet wird, zeigt Word 2021 eine Meldung an, wie Sie sie in Abbildung 38.38 sehen. Um Zusammenführungskonflikte zu vermeiden, sollten Sie das Dokument mit Word Online bearbeiten, und nicht mit Word 2021. Klicken Sie dazu auf *Im Browser öffnen.*

Beachten Sie, dass Word 2021 im Aufgabenbereich *Freigeben* anzeigt, wer die anderen Bearbeiter sind, die das Dokument derzeit geöffnet haben.

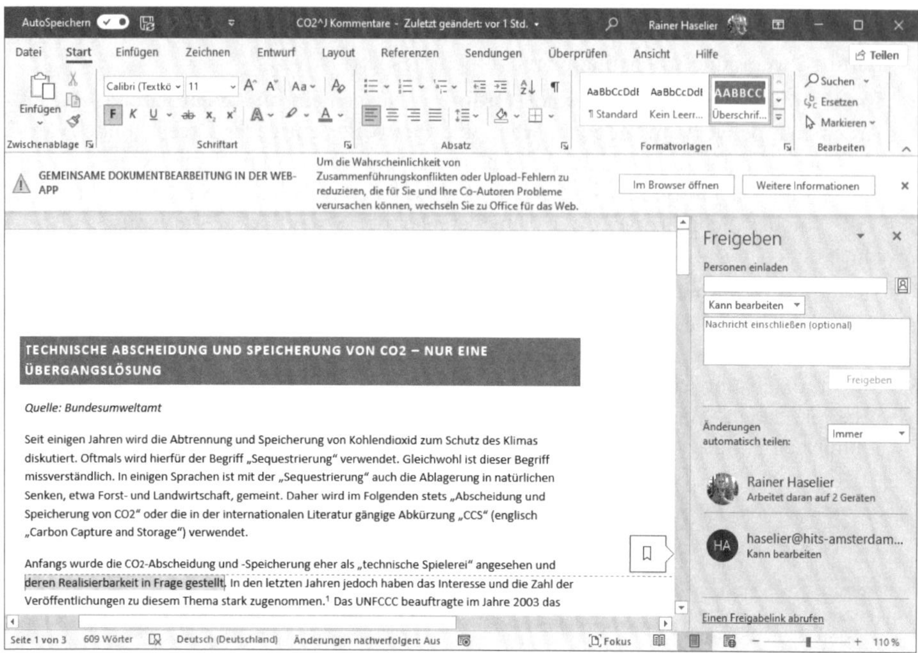

Abbildung 38.38: Word 2021 verfügt nicht über alle Features für die problemlose, gemeinsame Bearbeitung von Dokumenten.

Word Online und Word für Microsoft 365 zeigen mithilfe von farbigen Markern an, welche Person derzeit welche Stelle in welchem Absatz im Dokument bearbeitet. Dies hilft, Änderungskonflikten zuvorzukommen, die möglicherweise passieren können, wenn zwei Personen den gleichen Absatz bearbeiten.

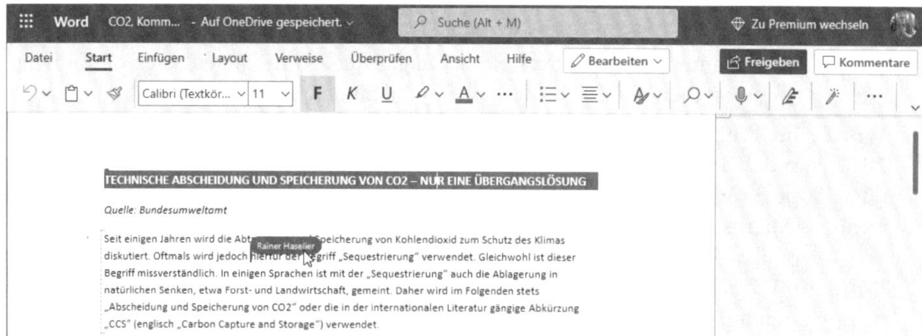

Abbildung 38.39: Word Online informiert Sie, wer derzeit einen bestimmten Absatz im Dokument bearbeitet.

Teil G

Outlook

Kapitel 39

Umsteigen von früheren Outlook-Versionen

Dieses Kapitel gibt Ihnen einen Überblick über wichtige Neuerungen und Änderungen in Outlook 2021 und Outlook für Microsoft 365. Es richtet sich an Outlook-Benutzer, die von einer der früheren Versionen auf die aktuelle Outlook-Version umsteigen, und weist auf die weiteren Kapitel in diesem Buch hin, in denen die einzelnen Features und Programmmerkmale ausführlicher beschrieben werden.

Vereinfachtes Menüband

Sie können in Outlook das sogenannte vereinfachte Menüband verwenden. Das vereinfachte Menüband enthält im oberen Bereich die Registerkarten, wie Sie sie vom klassischen Menüband her kennen. Auf jeder Registerkarte finden Sie die betreffenden Befehle, die eher wie eine Symbolleiste angeordnet sind, die daher (in der Höhe) weniger Platz auf dem Bildschirm benötigen.

Um das vereinfachte Menüband zu aktivieren, klicken Sie eine beliebige Stelle des Menübands mit der rechten Maustaste an. Klicken Sie dann im Kontextmenü auf *Vereinfachtes Menüband verwenden* (siehe Abbildung 39.1).

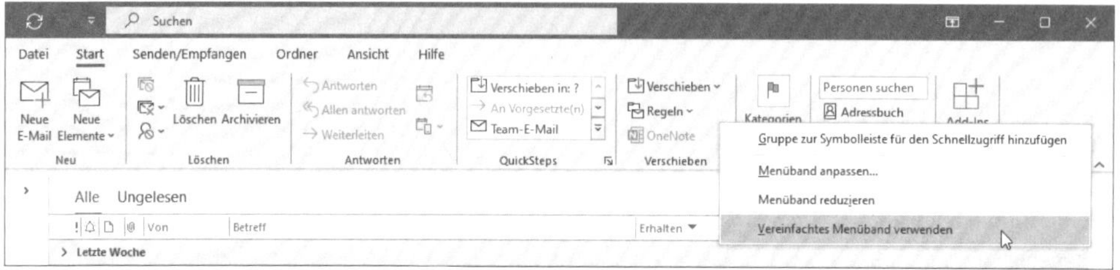

Abbildung 39.1: So aktivieren Sie das vereinfachte Menüband in Outlook.

Beim Aktivieren des vereinfachten Menübands wird nicht nur die Anzahl der Befehle einer Registerkarte reduziert, sondern es werden auch Registerkarten entfernt. So können Sie beispielsweise in Abbildung 39.2 sehen, dass dort im Unterschied zu Abbildung 39.1 die Registerkarte *Ordner* nicht mehr vorhanden ist.

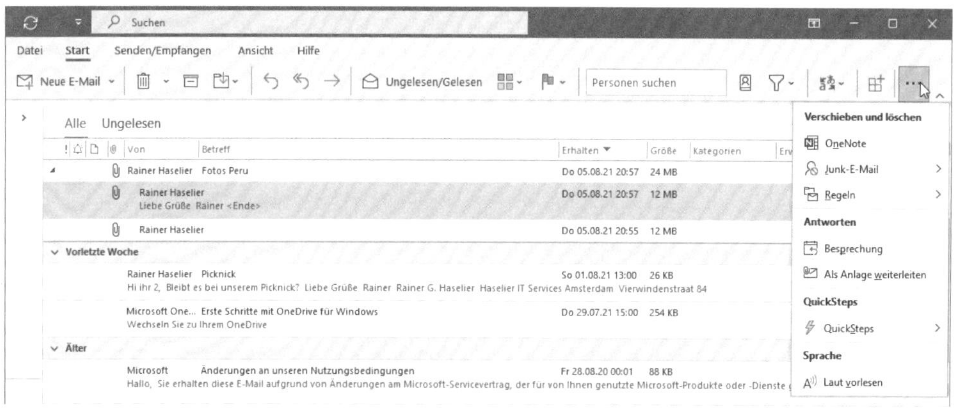

Abbildung 39.2: So sieht das vereinfachte Menüband für das Hauptfenster von Outlook aus, wenn die Komponente E-Mail geöffnet ist.

Befehle, die im vereinfachten Menüband nicht mehr direkt angeklickt werden können, finden Sie, indem Sie ganz rechts auf die Schaltfläche mit den drei Punkten klicken. Klicken Sie im Überlaufmenü, das dann geöffnet wird, den gewünschten Befehl an (siehe Abbildung 39.2).

Wenn Sie in Outlook in einem der Fenster das vereinfachte Menüband einschalten, wird dies automatisch auch in allen anderen Fenstern aktiviert. Abbildung 39.3 zeigt exemplarisch das Fenster mit einer erhaltenen E-Mail-Nachricht und geöffneter Registerkarte *Anlagen*.

Abbildung 39.3: Das Fenster zum Lesen einer erhaltenen Nachricht mit geöffneter Registerkarte Anlagen

Vereinfachtes Menüband anpassen

Falls Sie einen Befehl, den Outlook beim vereinfachten Menüband in das Überlaufmenü (das mit den drei Punkten geöffnet wird) verschoben hat, häufig verwenden, können Sie diesen an das Menüband anheften.

1. Suchen Sie im Überlaufmenü die Schaltfläche mit dem Befehl, den Sie an das Menüband anheften möchten.

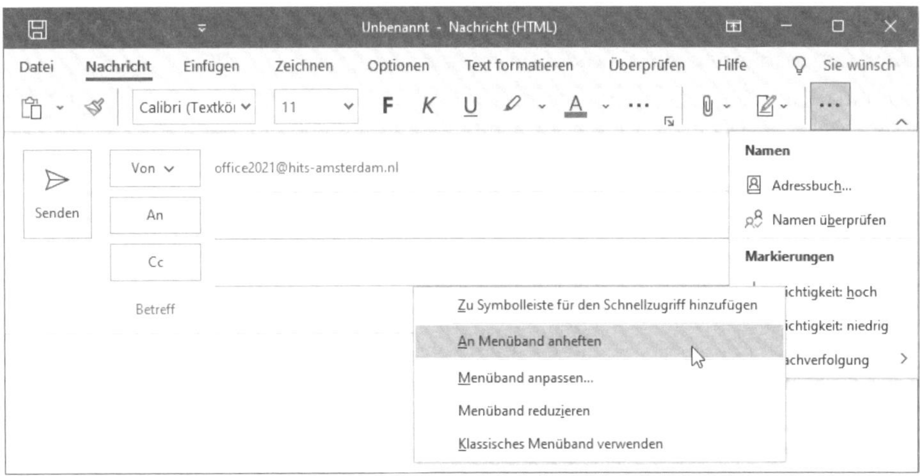

Abbildung 39.4: Befehl aus dem Überlaufmenü in das Menüband verschieben

2. Klicken Sie die gewünschte Schaltfläche mit der rechten Maustaste an und wählen Sie im Kontextmenü den Befehl *An Menüband anheften.*
3. Die Schaltfläche ist nun im Menüband sichtbar und aus den Überlaufelementen verschwunden.

Sie können auch Schaltflächen aus dem vereinfachten Menüband entfernen und in das Überlaufmenü verschieben. Dies funktioniert sowohl mit den Standardschaltflächen des vereinfachten Menübands als auch mit den Schaltflächen, die Sie an das Menüband angeheftet haben:

- Um eine der Standardschaltflächen zu entfernen, klicken Sie diese mit der rechten Maustaste an und wählen dann *Aus Menüband entfernen*.
- Um eine der selbst angehefteten Schaltflächen zu entfernen, klicken Sie diese mit der rechten Maustaste an und wählen dann *An Menüband anheften*, damit dieser Befehl aus dem vereinfachten Menüband entfernt und in den Überlaufelementen angezeigt wird.

Vereinfachtes Menüband deaktivieren

Um das vereinfachte Menüband zu deaktivieren und zum klassischen Menüband zurückzukehren, klicken Sie das vereinfachte Menüband mit der rechten Maustaste an und wählen den Befehl *Klassisches Menüband verwenden*. Wenn Sie Outlook für Microsoft 365 verwenden, können Sie alternativ auf der rechten Seite des Menübands auf den kleinen nach unten weisenden Pfeil (Einfügemarke nach unten) klicken.

Aufgabenleiste

In Outlook 2007 wurde die sogenannte Aufgabenleiste eingeführt, die standardmäßig sichtbar war und sich am rechten Rand des Fensters befand. Die Aufgabenleiste hilft dabei, den Überblick über Ihre Termine und Aufgaben zu bewahren. Mit dem Datumsnavigator im oberen Bereich können Sie einen bestimmten Tag im Kalender anzeigen lassen und im Bereich darunter sehen Sie die Termine, die für den im Datumsnavigator ausgewählten Tag im Kalender eingetragen sind.

Darunter sehen Sie die *Aufgabenliste*; dort werden zu erledigende Aufgaben und zur Nachverfolgung gekennzeichnete Outlook-Elemente angezeigt. Außerdem können Sie dort weitere Aufgaben erstellen, indem Sie die Beschreibung der Aufgabe in das Feld mit dem Text *Aufgabe hier eingeben* eintragen.

Die Aufgabenleiste ist in Outlook 2021 weiterhin vorhanden, jedoch ist sie nicht mehr standardmäßig sichtbar; sie kann jedoch auf der Registerkarte *Ansicht* in der Gruppe *Layout* mit den Befehlen des Menüs der Schaltfläche *Aufgabenleiste* eingeschaltet werden. Die Funktionalität der Aufgabenleiste finden Sie in Outlook jetzt standardmäßig in den Popupfenstern, die geöffnet werden, wenn Sie den Mauszeiger auf eine der Schaltflächen in der Navigationsleiste bewegen.

- Im Popupfenster *Kalender* werden der Datumsnavigator für den aktuellen Monat sowie die Termine für den im Navigator ausgewählten Tag angezeigt.
- Im Popupfenster *Aufgaben* sehen Sie die aktuellen Aufgaben und Nachverfolgungen sowie den Aufgabeneingabebereich, in dem Sie schnell eine neue Aufgabe erstellen können.
- Im Popupfenster *Personen* werden die Personen bzw. Kontakte angezeigt, die Sie in Ihre Favoriten eingefügt haben.

Alle drei Popupfenster enthalten in der oberen rechten Ecke die Schaltfläche *Popup anheften*. Wenn Sie diese anklicken, wird das Popupfenster am rechten Rand des Outlook-Fensters permanent eingeblendet.

Suchen

Seit der Version 2010 verwendet Outlook die gleiche Suchtechnologie, wie sie auch in Windows selbst verwendet wird. Hierbei werden die Outlook-Inhalte in eine Art Suchkatalog aufgenommen, wodurch das Suchen und Finden von Informationen schneller und komfortabler ist, als es in früheren Outlook-Versionen der Fall war.

Mit Outlook 2021 und der aktuellen Version von Outlook für Microsoft 365 wurde das Suchfeld an eine zentrale Position verschoben und befindet sich nun in der Outlook-Titelleiste. Wenn Sie beginnen, den Suchbegriff in das Suchfeld einzugeben, wird links vom Suchfeld die Dropdownliste *Suchbereich* eingeblendet, mit der Sie festlegen können, welche Ordner bzw. Postfächer durchsucht werden sollen. Der Inhalt dieser Liste passt sich daran an, welches Outlook-Modul derzeit aktiv ist. Anders als in früheren Outlook-Versionen müssen Sie die ↵-Taste drücken, um die Suche zu starten.

Abbildung 39.5: Mit der Dropdownliste Suchbereich *links vom* Suchfeld *legen Sie fest, wo Outlook suchen soll.*

Wenn die einfache Suche nicht ausreichend ist, können Sie die erweiterte Suche verwenden. Sie öffnen das Formular der erweiterten Suche, indem Sie auf den Pfeil nach unten klicken, der sich rechts neben dem Suchfeld befindet. So können Sie beispielsweise nur E-Mail-Nachrichten anzeigen lassen, an die eine Datei angehängt wurde (Anlagen: ja) oder nur erledigte oder überfällige Aufgaben.

Abbildung 39.6: So öffnen Sie am Suchfeld das Formular für die erweiterte Suche.

Das Formular zur erweiterten Suche entspricht in etwa den Schaltflächen der Gruppe *Verfeinern* auf der Registerkarte Suchen, die auch in Outlook 2021 weiterhin vorhanden ist und mit der Sie ebenfalls die Suche eingrenzen können.

Standardmäßig durchsucht die Sofortsuche nur den jeweils ausgewählten Outlook-Ordner. Diese und andere Einstellungen können Sie jedoch anpassen, indem Sie die Registerkarte *Datei* öffnen, auf *Optionen* klicken und dann im Dialogfeld *Outlook-Optionen* die Kategorie *Suchen* wählen (siehe Abbildung 39.7).

Wenn Sie im Bereich *Ergebnisse* die Option *Allen Postfächern* auswählen, sucht Outlook in allen Postfächern nach dem eingegebenen Begriff. Außerdem können Sie die Suche auf den Ordner *Gelöschte Elemente* erweitern und festlegen, ob und in welcher Farbe die Fundstellen markiert werden sollen.

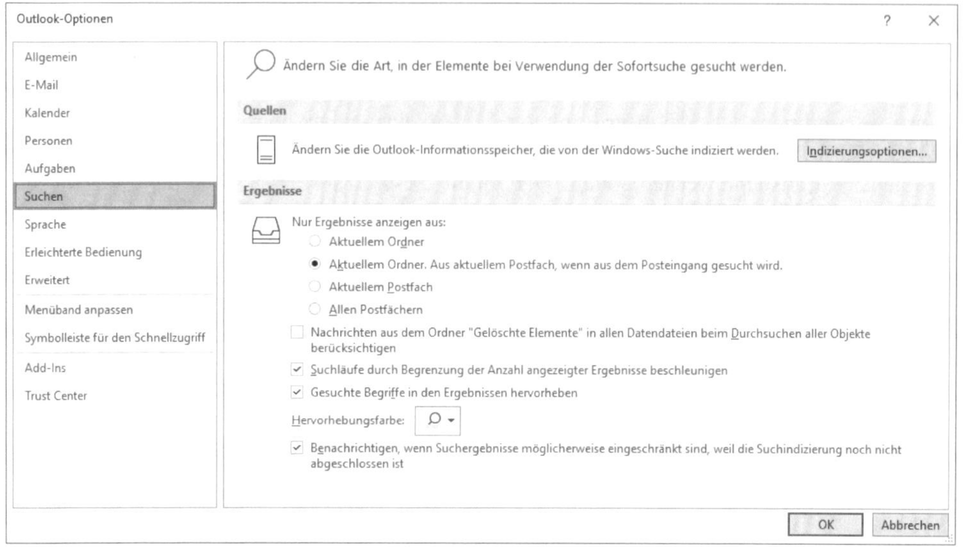

Abbildung 39.7: In den Suchoptionen können Sie festlegen, dass nicht nur der aktuell ausgewählte, sondern alle Outlook-Ordner bzw. Postfächer durchsucht werden sollen.

Hinweis Leider kann die aktuelle Outlook-Version während der Eingabe der Abfrage keine Ergebnisse mehr anzeigen, wie dies noch in früheren Versionen der Fall war.

E-Mail-Features

Neben der geänderten Fensteroptik und der neuen Benutzeroberfläche, die Sie beim Erstellen und Beantworten von E-Mail-Nachrichten verwenden, hat sich auch hinsichtlich der Features im Bereich E-Mail bei Outlook im Vergleich zu den vorherigen Versionen einiges getan.

Automatische Kontoeinrichtung (seit Outlook 2010)

Wenn Sie ein neues E-Mail-Konto zu Outlook hinzufügen möchten, werden Sie vom Assistenten zum automatischen Einrichten von Konten unterstützt. Sie brauchen lediglich Ihren Kontonamen bzw. Ihre E-Mail-Adresse und das Kennwort einzugeben; den Rest erledigt Outlook automatisch für Sie. In den seltenen Fällen, in denen die automatische Kontoeinrichtung nicht funktioniert, können Sie wie bisher alle Einstellungen auch manuell eingeben.

Outlook.com-/Hotmail-Konten (seit Outlook 2013)

Outlook unterstützt seit der Version 2013 von Hause aus Outlook.com- und Hotmail-Konten, ohne dass Sie hierfür irgendwelche Add-Ins installieren müssen, was in früheren Versionen noch erforderlich war. In der aktuellen Version von Outlook werden E-Mail-Konten auf Outlook.com und Hotmail als Exchange-Konten konfiguriert (siehe nächsten Abschnitt). Beide Kontotypen lassen sich mittels der automatischen Kontoeinrichtung mit wenigen Schritten in Outlook integrieren.

Keine manuelle Konfiguration von Exchange-Konten (seit Outlook 2016)

Bis einschließlich Outlook 2013 hatten Sie bei der Einrichtung eines Exchange-Kontos die Wahl, ob Sie das Konto manuell konfigurieren wollen oder ob die automatische Kontokonfiguration diese Aufgabe erledigen soll. Diese Wahlmöglichkeit steht seit Outlook 2016 nicht mehr zur Verfügung; Exchange-Konten können nur noch automatisch konfiguriert werden. Hierfür müssen auf dem Exchange-Server, auf dem sich Ihr E-Mail-Konto befindet, die betreffenden AutoDiscovery-Features eingerichtet und konfiguriert sein.

Anlagenvorschau (seit Outlook 2010)

Wenn Sie in der vorhergehenden Version von Outlook eine E-Mail erhalten haben, der eine Anlage beigefügt war, öffnete Outlook zur Anzeige der Anlage ein externes Programm.

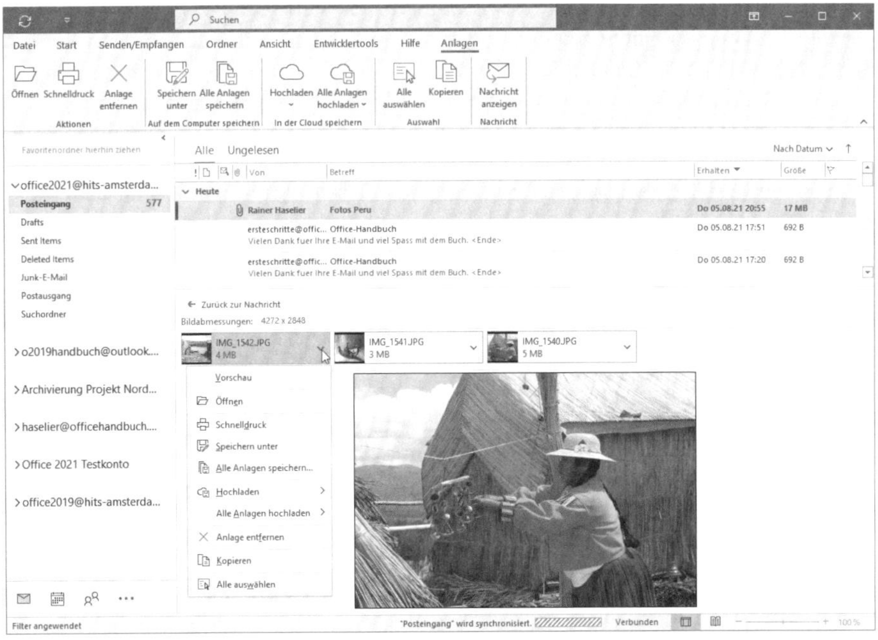

Abbildung 39.8: Anlagen zu einer E-Mail können seit Outlook 2010 im Lesebereich angezeigt werden.

Seit Outlook 2010 können Sie die Anlagen mit nur einem einzigen Klick innerhalb des Lesebereichs anzeigen lassen. Mit den Schaltflächen, wie Sie sie in Abbildung 39.8 sehen, können Sie zeitsparend zwischen den Anlagen und dem Nachrichtentext selbst hin und her schalten.

Inlinebearbeitung von E-Mail-Antworten

Um das Beantworten und/oder Weiterleiten von E-Mail-Nachrichten zu vereinfachen und zu beschleunigen, finden Sie in Outlook im oberen Bereich des Lesebereichs drei Schaltflächen, mit denen Sie die sogenannte Inlinebearbeitung starten können. Wenn Sie z. B. auf *Antworten* klicken, öffnet Outlook im Lesebereich ein einfaches Formular, in dem Sie die E-Mail beantworten können. Gleichzeitig wird die kontextbezogene Registerkarte *Nachricht* eingeblendet, auf der Sie die wichtigsten Werkzeuge für das Bearbeiten von E-Mail-Nachrichten finden. Sie können die Antwort bzw. Weiterleitung in diesem Formular erstellen oder auf *Abdocken* klicken, falls Sie die E-Mail doch lieber im Standardformular bearbeiten wollen.

Verbesserte Sicherheit

In Outlook 2010 wurden die Tools zum Schutz von persönlichen und unternehmensinternen Informationen verbessert. Eines der Tools ist das sogenannte E-Mail-Siegel. Bei den E-Mail-Siegeln von Outlook handelt es sich um eine neue Microsoft-Technologie, um Spam-E-Mails zu vermeiden. Bei dieser Technologie wird der Computer des Absenders zum Durchführen einer Berechnung oder zum Lösen eines Rätsels angewiesen. Diese Aufgabe wird der Nachricht anschließend zum Bestätigen der Zulässigkeit zugewiesen. Das Erstellen von E-Mail-Siegeln erschwert Spammern das Versenden von Massen-E-Mails und macht den Vorgang zu einem zeitaufwendigen Unterfangen, während Sie beim Versenden zulässiger E-Mail-Nachrichten keinerlei Unterschied feststellen werden. Beim Empfangen einer mit einem elektronischen Siegel versehenen E-Mail-Nachricht kann von Outlook auf einfache Weise die Gültigkeit der Nachricht festgestellt werden. Handelt es sich um ein gültiges Siegel, ist das ein Beleg dafür, dass der Computer des Absenders für das Senden der Nachricht einen gewissen Aufwand betrieben hat. Aus diesem Grund landen mit elektronischen Siegeln versehene Nachrichten auch im *Posteingang* und nicht im Ordner *Junk-E-Mail*.

Outlook verfügt seit der Version 2010 über einen verbesserten Junk-E-Mail-Filter, durch den noch mehr unerwünschte E-Mail-Nachrichten als zuvor als Junk aussortiert werden. Darüber hinaus ist ein neuer Schutz vor Phishing (Verwendung betrügerischer E-Mail-Nachrichten, die zur Weitergabe persönlicher Informationen verleiten sollen) enthalten. Verdächtige E-Mail-Nachrichten werden von Outlook nachverfolgt. Darüber hinaus werden Links in solchen Nachrichten so lange deaktiviert, bis Sie sie ausdrücklich freischalten. Innerhalb der E-Mail-Nachricht wird vor potenziell gefährlichen oder böswilligen Sites gewarnt.

Einfacheres Anfügen von Dateianlagen (seit Outlook 2016)

Die zuletzt verwendeten Dokumente lassen sich einfacher über das Menüband an eine E-Mail anhängen. Im Menü der Schaltfläche *Datei anfügen* zeigt Outlook automatisch die zuletzt verwendeten Dateien an, gleichgültig, ob sie sich auf Ihrem

Computer oder auf einem Webspeicherort befinden. Wenn Sie Dateien aus OneDrive, OneDrive for Business oder SharePoint anfügen, können Sie diese Dateien nur zum Anzeigen freigeben oder den Empfängern Berechtigungen zum Bearbeiten erteilen, sodass sie einfach an einer Kopie zusammenarbeiten können.

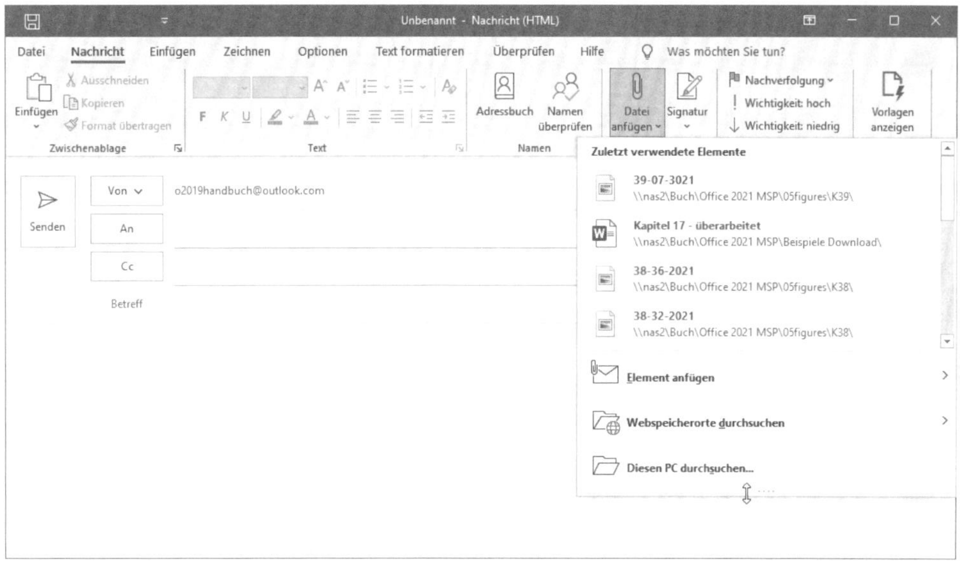

Abbildung 39.9: Beim Anfügen einer Datei zeigt Outlook die zuletzt verwendeten Dokumente an.

Falls sich die Datei, die Sie versenden wollen, nicht in der Liste befindet, klicken Sie auf *Webspeicherorte durchsuchen* oder *Diesen PC durchsuchen*, um die Datei auszuwählen.

E-Mail-Nachricht vorlesen (Outlook 2019)

Eingegangene E-Mails können Sie nicht nur lesen, sondern sich auch vorlesen lassen. Markieren Sie dazu im Posteingang die betreffende E-Mail und klicken Sie dann auf der Registerkarte *Start* in der Gruppe *Sprache* auf *Laut vorlesen*. Wenn Sie eine E-Mail per Doppelklick geöffnet haben (sie wird dann in einem eigenen Fenster angezeigt), befindet sich die Schaltfläche *Laut vorlesen* auf der Registerkarte *Nachricht* (siehe Abbildung 39.10).

Während Outlook den Text der E-Mail vorliest, wird das derzeit vorgelesene Wort hervorgehoben. Mit den Schaltflächen, die im E-Mail-Bereich angezeigt werden, können Sie das Vorlesen beenden. Falls Sie nur einen bestimmten Teil der E-Mail vorlesen lassen wollen, markieren Sie ihn, bevor Sie auf *Laut vorlesen* klicken.

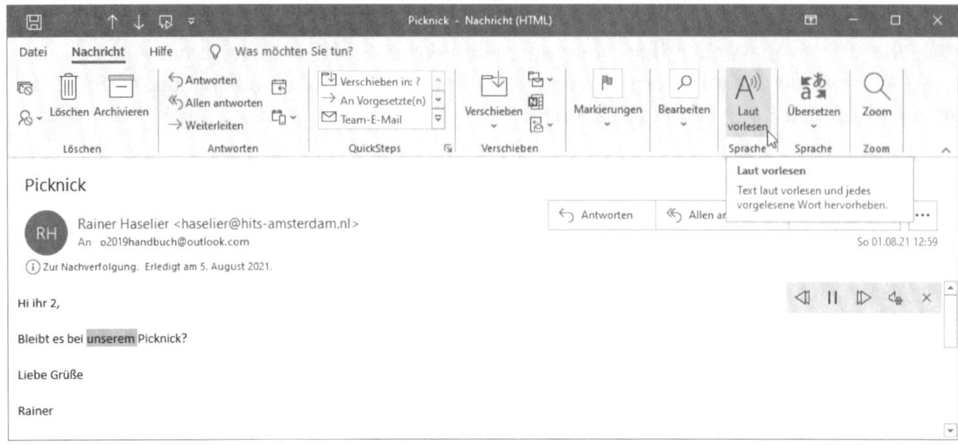

Abbildung 39.10: Outlook kann eine E-Mail-Nachricht vorlesen.

E-Mail-Nachricht übersetzen (Outlook 2021)

Mit dem integrierten Übersetzer lassen sich Nachrichten mit ein paar Mausklicks übersetzen. Markieren Sie den Teil der Nachricht, den Sie übersetzen lassen wollen. Klicken Sie die Markierung mit der rechten Maustaste an und klicken Sie auf *Übersetzen*. Der übersetzte Text wird direkt im Kontextmenü angezeigt (siehe Abbildung 39.11).

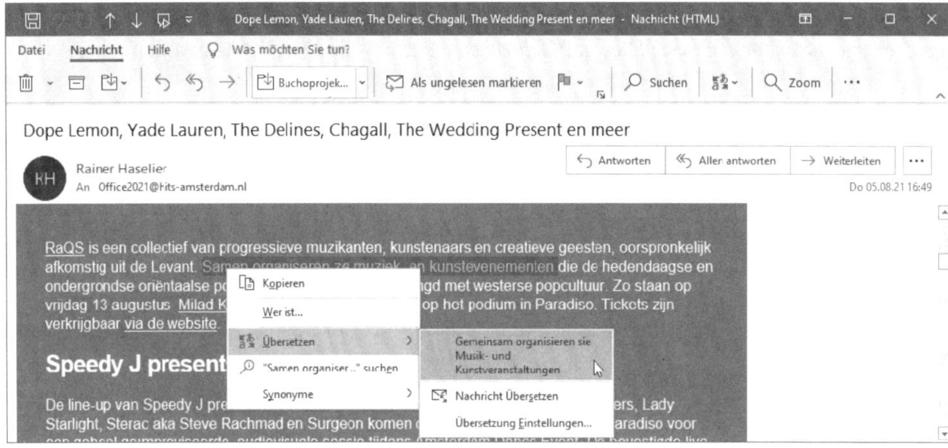

Abbildung 39.11: Der in einer E-Mail markierte Text wurde von Outlook übersetzt.

Wenn Sie die gesamte Nachricht übersetzen lassen wollen, klicken Sie im Kontextmenü auf *Nachricht übersetzen*. Oder klicken Sie auf der Registerkarte *Nachricht* auf *Übersetzen* und dann auf *Nachricht übersetzen* (siehe Abbildung 39.12).

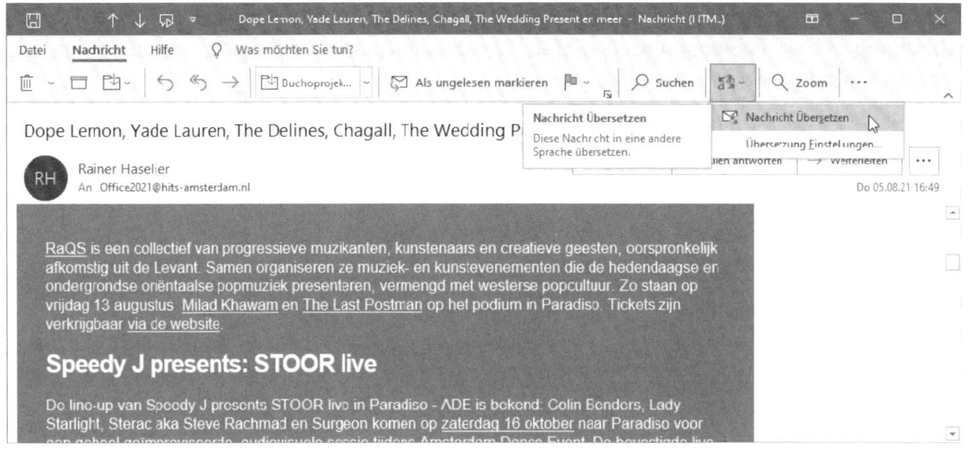

Abbildung 39.12: Die gesamte Nachricht soll übersetzt werden, die E-Mail liegt auf Niederländisch vor.

Nach der Übersetzung zeigt Outlook den übersetzten Text direkt in der Nachricht an. Oberhalb der Nachricht befindet sich jetzt der Link *Original anzeigen*. Wenn Sie ihn anklicken, wird der ursprüngliche Text angezeigt. Mit einem Klick auf *Nachricht übersetzen in Deutsch* wechseln Sie wieder zum übersetzten Text.

Abbildung 39.13: Outlook kann eine E-Mail-Nachricht übersetzen.

Posteingang mit Relevanz (Outlook 2019)

Wenn Sie in Outlook ein Exchange Server-Konto verwenden (einschließlich der E-Mail-Konten von Microsoft 365 und Outlook.com), können Sie das Feature »Posteingang mit Relevanz« verwenden.

Dieses Feature unterteilt Ihren Posteingang in die Registerkarten *Relevant* und *Sonstige* (siehe Abbildung 39.14). Die wichtigsten E-Mails befinden sich auf der Registerkarte *Relevant*. Die übrigen E-Mails finden Sie auf der Registerkarte *Sonstige* und sind dadurch nicht im Weg.

Um das Feature »Posteingang mit Relevanz« zu aktivieren, klicken Sie auf der Registerkarte *Ansicht* die Schaltfläche *Posteingang mit Relevanz anzeigen* an. Falls Sie diese Schaltfläche nicht sehen, verwenden Sie einen E-Mail-Kontentyp, der das Feature »Posteingang mit Relevanz« nicht unterstützt.

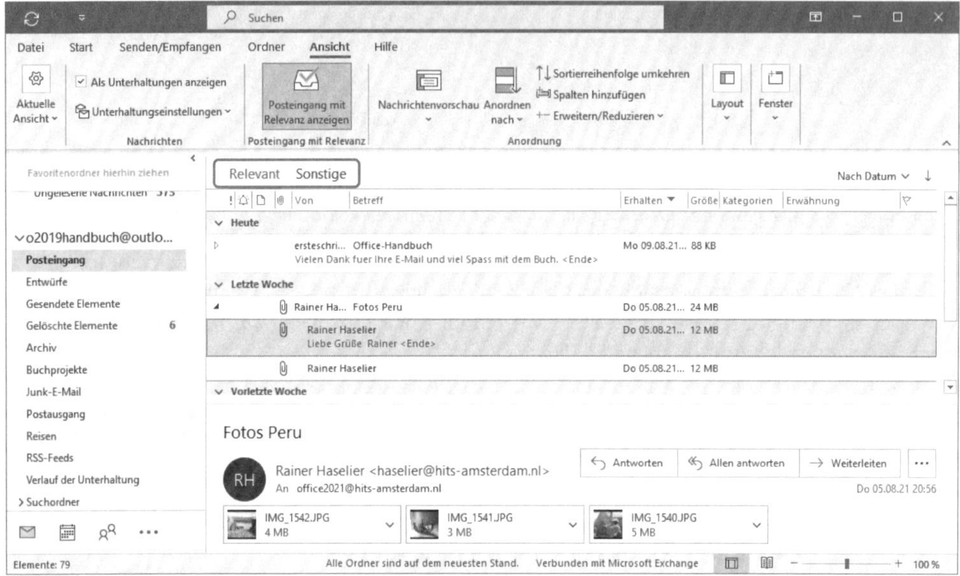

Abbildung 39.14: Outlook kann E-Mail-Nachrichten in relevante und sonstige Nachrichten unterteilen.

Wenn Sie den Posteingang mit Relevanz aktiviert haben, können Sie einfach Nachrichten von *Relevant* in *Sonstige* verschieben und umgekehrt:

- Klicken Sie dazu in der Liste mit den E-Mail-Nachrichten die betreffende E-Mail mit der rechten Maustaste an und wählen Sie im Kontextmenü *In "Sonstige" verschieben* bzw. *In "Relevant" verschieben*.
- Wenn Sie möchten, dass alle Nachrichten dieses Absenders immer in *Relevant* oder *Sonstige* erscheinen, wählen Sie im Kontextmenü *Immer in "Sonstige" verschieben* bzw. *Immer in "Relevant" verschieben* aus.

Kapitel 40

Erste Schritte mit Outlook

Während im ersten Kapitel dieses Teils vor allem Umsteiger von früheren Outlook-Versionen einen Überblick über die Änderungen an dem Programm und über die neuen Features von Outlook 2021 und Outlook für Microsoft 365 erhalten haben, richtet sich dieses Kapitel vor allem an Einsteiger, die Outlook zum ersten Mal verwenden. Sie werden beim ersten Programmstart von Outlook begleitet und erhalten einen Überblick über das Outlook-Programmfenster und die verschiedenen Module, die Ihnen in Outlook zur Planung und Überwachung Ihrer Termine und Aufgaben und zur Verwaltung Ihrer E-Mail-Nachrichten zur Verfügung stehen.

E-Mail-Konto beim ersten Programmstart einrichten

Wenn Sie Outlook neu installieren (also keine Update-Installation vornehmen), wird beim ersten Programmstart der Assistent für die Outlook-Einrichtung gestartet, mit dem Sie Ihr E-Mail-Konto konfigurieren. Falls Sie Outlook 2021 auf einem Computer installieren, auf dem sich bereits eine ältere Version von Outlook befindet, können Sie diesen Abschnitt überspringen und beim Abschnitt »Das Outlook-Programmfenster« ab Seite 737 weiterlesen.

Hinweis Die folgende Anleitung beschreibt die automatische Einrichtung eines E-Mail-Kontos. Automatisch bedeutet, dass Sie lediglich Ihre E-Mail-Adresse und Ihr Kennwort eingeben. Anhand dieser Angaben versucht Outlook, Ihr E-Mail-Konto mit all seinen Einstellungen automatisch zu konfigurieren. Sollte die automatische Einrichtung einmal nicht funktionieren, können Sie das E-Mail-Konto manuell einrichten. Ausführliche Hinweise zur manuellen Einrichtung finden Sie in Kapitel 43 im Abschnitt »E-Mail-Konto hinzufügen«.

1. Starten Sie Outlook. Falls noch kein E-Mail-Konto konfiguriert ist, zeigt Outlook das folgende Fenster an.

Abbildung 40.1: E-Mail-Adresse eingeben, die Sie für Outlook konfigurieren wollen.

2. Geben Sie in das Feld *E-Mail-Adresse* Ihre E-Mail-Adresse ein.
3. Klicken Sie auf *Verbinden*.

   Outlook versucht anhand der eingegebenen E-Mail-Adresse eine Verbindung zu Ihrem E-Mail-Server herzustellen.
4. Führen Sie je nachdem, welchen Typ von E-Mail-Server Sie verwenden, die folgenden Aktionen durch:

- **Exchange-Konto** (einschließlich Outlook.com, Office 365, Exchange Server in Ihrer Firma oder bei einem Drittanbieter) Wenn Sie ein Exchange-Konto bei einem Drittanbieter oder in Ihrer Firma verwenden zeigt Outlook das Dialogfeld an, das Sie in Abbildung 40.2 sehen. Falls Ihre E-Mail-Adresse und Ihr Benutzername/Anmeldename für den Exchange Server ***nicht*** identisch sind, geben Sie Ihren Benutzernamen ein. Geben Sie dann in das untere Feld Ihr Kennwort ein. Schalten Sie das Kontrollkästchen *Anmeldedaten speichern* ein, damit Sie Ihr Kennwort nicht bei jedem Start von Outlook erneut eingeben müssen. Klicken Sie abschließend auf *OK*.

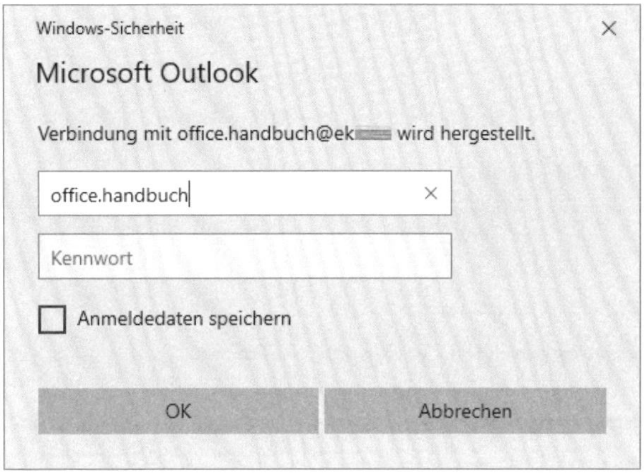

Abbildung 40.2: Eingabe des Kennworts bei einem Exchange Server eines Drittanbieters

Bei Exchange Server-Konten, die von Microsoft gehostet werden (auch bei Microsoft 365), sehen Sie das Standardfenster zur Anmeldung mit einem Microsoft-Konto (siehe Abbildung 40.3).

Abbildung 40.3: Eingabe des Kennworts bei einem von Microsoft gehosteten Exchange Server

- **POP3/IMAP-Konto** Outlook zeigt ein Fenster ähnlich wie das in Abbildung 40.4 an. Geben Sie Ihr Kennwort ein und klicken Sie auf *Verbinden*.

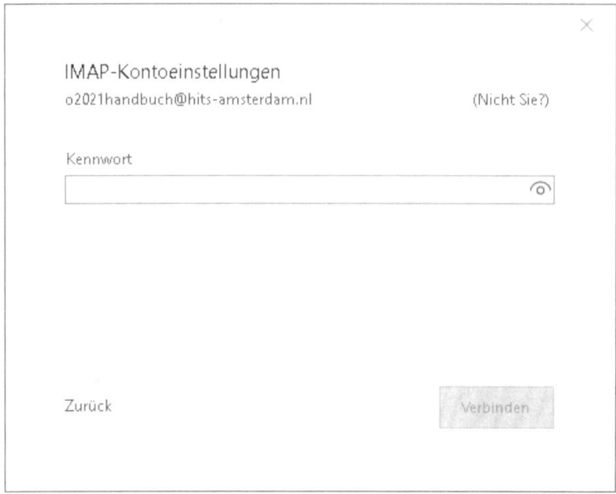

Abbildung 40.4: Eingabe des Kennworts für ein POP3/IMAP-Konto in Outlook

Outlook zeigt ein Fenster an und informiert Sie, dass das Konto erfolgreich hinzugefügt wurde (siehe Abbildung 40.5).

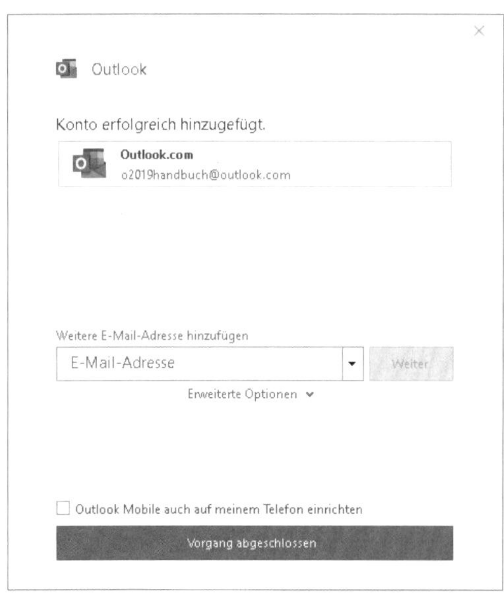

Abbildung 40.5: Das E-Mail-Konto wurde erfolgreich hinzugefügt.

5. Falls Sie Outlook Mobile nicht auf Ihrem Mobiltelefon installieren wollen, schalten Sie das Kontrollkästchen *Outlook Mobile auch auf meinem Telefon einrichten* aus.
6. Klicken Sie auf *Vorgang abgeschlossen*.

   Outlook wird gestartet, Ihr Outlook-Profil wird geladen und nach einem kurzen Moment sehen Sie das Outlook-Programmfenster.

Das Outlook-Programmfenster

Nachdem Sie Outlook gestartet (und beim ersten Programmstart den Start-Assistenten durchlaufen) haben, wird das in der folgenden Abbildung zu sehende Outlook-Fenster geöffnet.

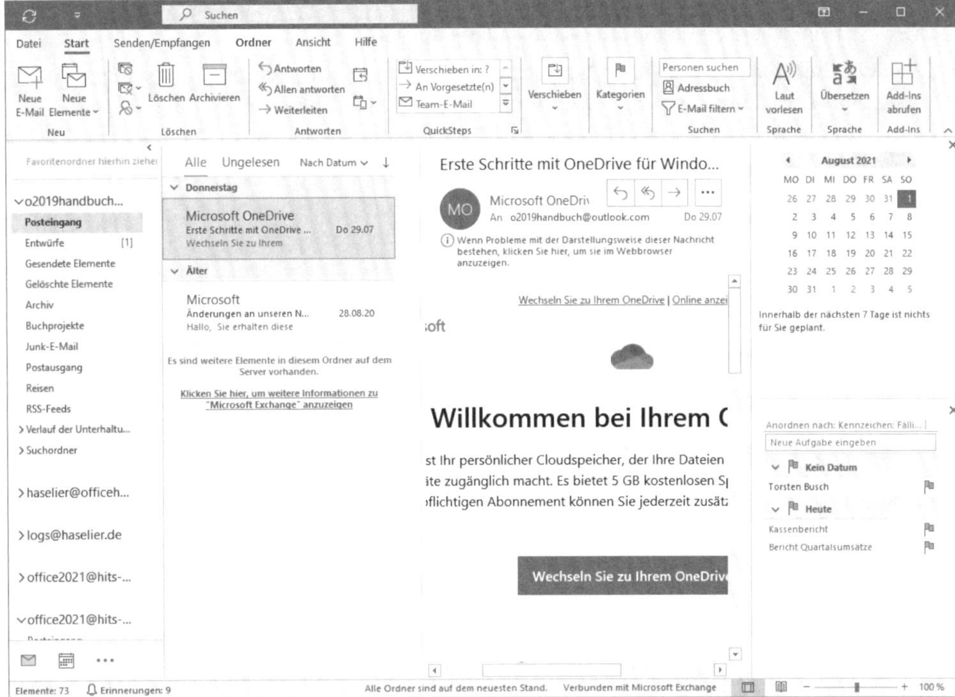

Abbildung 40.6: Das Programmfenster von Outlook mit den Hauptbereichen Ordnerbereich, Navigationsleiste, Ansichtsbereich, Lesebereich und Aufgabenleiste

Das Menüband im oberen Bereich des Outlook-Fensters kennen Sie bereits von den anderen Office-Apps. Bei Outlook finden Sie unter dem Menüband auf der linken Seite des Fensters den Ordnerbereich und unten die Navigationsleiste, in der Mitte den eigentlichen Arbeitsbereich, der auch Ansichtsbereich genannt wird, zusammen mit dem Lesebereich. Am rechten Rand des Outlook-Fensters können Sie noch die sogenannte Aufgabenleiste einblenden.

Die Statusleiste schließt das Programmfenster nach unten ab. Im Folgenden sollen die wichtigsten Elemente des Outlook-Fensters kurz vorgestellt werden.

- **Titelleiste** Am oberen Rand des Outlook-Fensters befindet sich die Titelleiste. In der Titelleiste sehen Sie das Suchenfeld, mit dem Sie nach in Outlook nach Elementen suchen können.
- **Ordnerbereich und Navigationsleiste** Auf der linken Seite des Fensters befinden sich der Ordnerbereich und darunter die Navigationsleiste. Der Ordnerbereich zeigt alle Elemente und Ordner des Outlook-Moduls an, das derzeit geöffnet ist. Wenn beispielsweise das Modul *E-Mail* geöffnet ist, sehen Sie im Ordnerbereich alle vorhandenen E-Mail-Konten und für jedes E-Mail-Konto den Posteingang, den Postausgang, die gelöschten Elemente usw.

Unterhalb des Ordnerbereichs sehen Sie die Navigationsleiste. Über diese Leiste können Sie die unterschiedlichen Module von Outlook im Ansichtsbereich anzeigen lassen. Um beispielsweise zum Kalender zu wechseln, klicken Sie in der Navigationsleiste auf die Schaltfläche *Kalender*.

Sie können konfigurieren, für welche Outlook-Module in der Navigationsleiste Schaltflächen angezeigt werden und deren Reihenfolge bestimmen; mehr hierzu im Abschnitt »Navigation zwischen den Outlook-Modulen« ab Seite 741.

- **Ansichtsbereich** Im Ansichtsbereich werden die Inhalte des derzeit aktiven Moduls angezeigt. Dies kann beispielsweise Ihr Outlook-Kalender oder Ihr Posteingang sein.

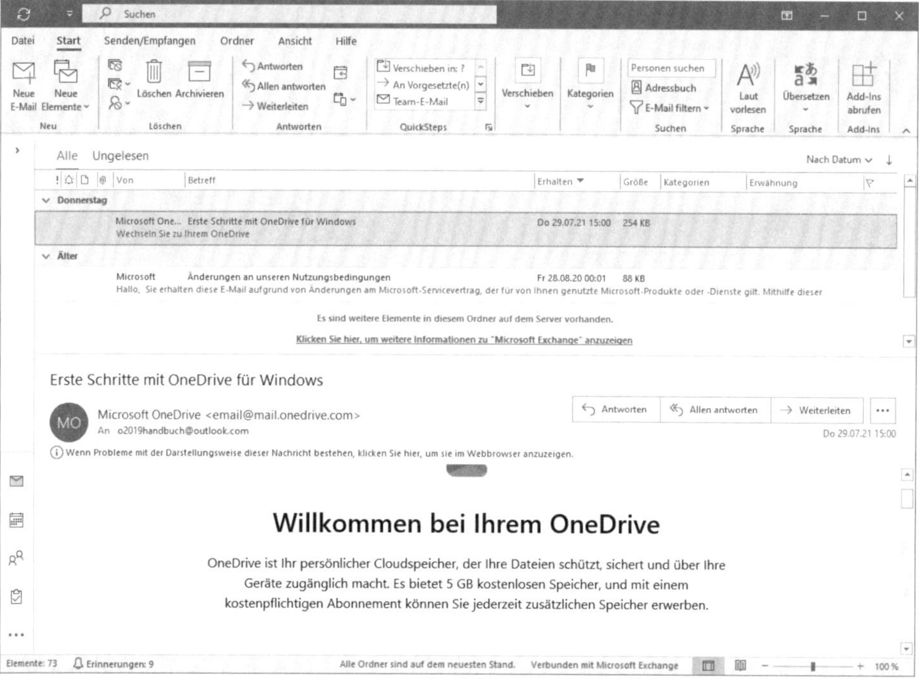

Abbildung 40.7: Für diese Abbildung wurde der Lesebereich unterhalb des Ansichtsbereichs angezeigt; außerdem wurde der Ordnerbereich mit der Navigationsleiste minimiert.

- **Lesebereich** Wenn Sie im Ansichtsbereich des Posteingangs auf eine E-Mail klicken, erscheint rechts im Lesebereich eine Vorschau auf den Inhalt dieser E-Mail. Der Lesebereich ist beispielsweise im *Kalender*-Modul standardmäßig ausgeblendet.

  Der Lesebereich lässt sich jedoch einblenden, indem Sie die Registerkarte *Ansicht* öffnen und in der Gruppe *Layout* auf *Lesebereich* und dann auf *Rechts* klicken. Wenn Sie im Menü der Schaltfläche *Lesebereich* statt auf *Rechts* auf *Unten* klicken, wird der Lesebereich unterhalb des Ansichtsbereichs angezeigt.

- **Die Aufgabenleiste** Die Aufgabenleiste war ein neues Feature in Outlook 2007. Seit Outlook 2016 finden Sie die Informationen, die früher in der Aufgabenleiste sichtbar waren, in den Popupmenüs, die Outlook anzeigt, wenn Sie den Mauszeiger auf eine der Schaltflächen in der Navigationsleiste bewegen.

Sie können die frühere Aufgabenleiste wieder anzeigen lassen, indem Sie in den Popupmenüs der Schaltflächen der Navigationsleiste auf die Schaltfläche *Popup anheften* klicken. Wenn Sie dies für *Kalender, Personen* und *Aufgaben* machen, sieht die Aufgabenleiste in Outlook so aus, wie es Abbildung 40.6 zeigt.

Den Ordnerbereich, den Ansichtsbereich und die Aufgabenleiste können Sie mit den gleichnamigen Schaltflächen in der Gruppe *Layout* auf der Registerkarte *Ansicht* ein- und ausschalten. Der Ordnerbereich kann minimiert dargestellt werden, um so mehr Platz für den Ansichtsbereich zu schaffen. Klicken Sie hierfür oben im Ordnerbereich auf die Schaltfläche *Ordnerbereich minimieren.*

Mit der Ordnerliste einen Überblick erhalten

In Outlook sind mehrere unterschiedliche Module unter einer einheitlichen Oberfläche zusammengefasst. In der Ordnerliste können Sie sich einen Überblick über die zur Auswahl stehenden Outlook-Module und die Ordner, in denen die Daten des jeweiligen Moduls gespeichert werden, verschaffen.

1. Klicken Sie ganz rechts in der Navigationsleiste auf die Schaltfläche mit den drei Punkten, um das zugehörige Menü zu öffnen.

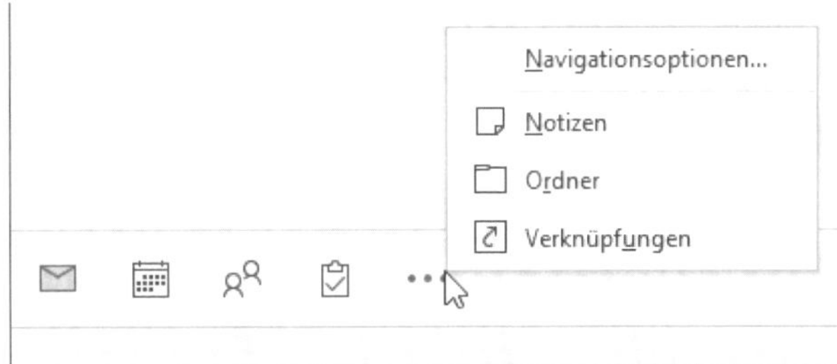

Abbildung 40.8: Im Menü der Schaltfläche mit den drei Punkten können Sie die Outlook-Module öffnen, für die derzeit in der Navigationsleiste keine Schaltfläche sichtbar ist.

2. Klicken Sie auf *Ordner.*
3. Klicken Sie auf einen der aufgeführten Ordner, um die in ihm enthaltenen Elemente im Ansichtsbereich anzeigen zu lassen (siehe Abbildung 40.9).

So sehen Sie nach einem Klick auf *Posteingang* die dort enthaltenen E-Mails und nach einem Klick auf *Kalender* die dort eingetragenen Termine. Bei der Anzeige des Kalenders erscheint standardmäßig im Bereich oberhalb der Ordnerliste eine kleine Kalenderübersicht.

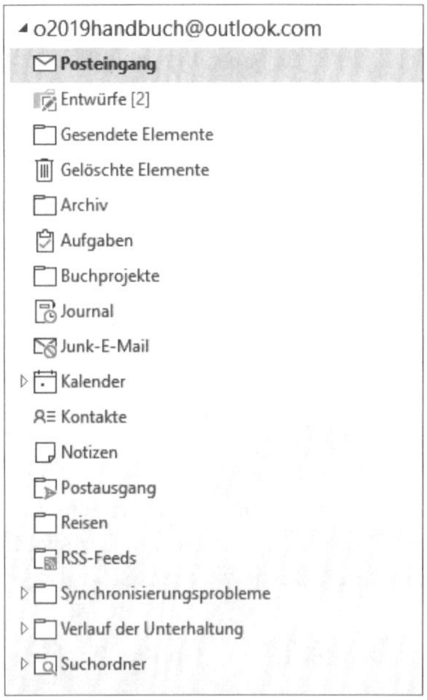

o2019handbuch@outlook.com
Posteingang
Entwürfe [2]
Gesendete Elemente
Gelöschte Elemente
Archiv
Aufgaben
Buchprojekte
Journal
Junk-E-Mail
Kalender
Kontakte
Notizen
Postausgang
Reisen
RSS-Feeds
Synchronisierungsprobleme
Verlauf der Unterhaltung
Suchordner

Abbildung 40.9: Im Ordnerbereich wird die vollständige Ordnerliste angezeigt.

Die vollständige Ordnerliste ist eine Gesamtübersicht aller Ordner, die den verschiedenen E-Mail-Konten zugeordnet sind. So sehen Sie, wenn Sie den Knoten mit dem Namen der E-Mail-Konten anklicken und erweitern, sowohl die Kontakte als auch die Kalender usw.

Wenn Sie in der Navigationsleiste auf *Kalender* klicken, filtert Outlook die vollständige Ordnerliste und zeigt nur die Kalender der verschiedenen E-Mail-Konten an. Das Gleiche gilt auch für die anderen Outlook-Module, die Sie über die Navigationsleiste öffnen können.

Hinweis Ordnerangebot hängt von der Umgebung ab, in der Sie Outlook einsetzen Wenn Sie Outlook zu Hause verwenden, stehen Ihnen die Ordner *Synchronisierungsprobleme* und *Öffentliche Ordner* nicht zur Verfügung. Beim Outlook-Einsatz im Firmennetz mit Exchange Server ermöglichen die öffentlichen Ordner beispielsweise die gemeinsame Nutzung von zentralen Kalendern oder Kontakten.

Die einzelnen Outlook-Ordner enthalten Elemente der entsprechenden Module. In der Statusleiste wird dabei die Anzahl der im Ordner enthaltenen Elemente angezeigt.

So finden sich beispielsweise im *Kalender*-Ordner für die im Kalender angezeigten Termine einzelne Terminelemente mit den jeweiligen Angaben zum Termin. Im Ansichtsbereich lassen sich die im geöffneten Ordner enthaltenen Elemente dann in unterschiedlichen Ansichten anzeigen. Im Kalender können Sie beispielsweise in der Tagesansicht gezielt nur die Elemente eines Tages anzeigen lassen, in der Monatsansicht hingegen alle Elemente eines Monats.

Hinweis Outlook-Ordner finden Sie nicht im Dateisystem Die Inhalte der Outlook-Ordner lassen sich nur mit Outlook betrachten. Outlook-Ordner können nicht wie Ordner des Dateisystems mit dem Explorer geöffnet werden. Diese Ordner befinden sich in sogenannten Datendateien. Ausführliche Informationen zu Datendateien finden Sie in Kapitel 44 dieses Buches.

Navigation zwischen den Outlook-Modulen

Im vorigen Abschnitt haben wir beschrieben, wie Sie die Ordnerliste zum Navigieren verwenden können. Das schnelle Wechseln zwischen den unterschiedlichen Modulen geht jedoch am einfachsten über die Navigationsleiste.

In der Navigationsleiste sehen Sie in der Standardeinstellung Symbole für *E-Mail*, *Kalender*, *Personen* und *Aufgaben*. Sie können in der Navigationsleiste weitere Schaltflächen und statt der Symbole auf den Schaltflächen den Namen des Moduls anzeigen lassen. Die Navigationsleiste lässt sich mit den folgenden Schritten konfigurieren:

1. Führen Sie eine der folgenden Aktionen durch:
   - Klicken Sie ganz rechts in der Navigationsleiste auf die Schaltfläche mit den drei Punkten, um das zugehörige Menü zu öffnen. Klicken Sie dort auf *Navigationsoptionen*.
   - Öffnen Sie die Registerkarte *Ansicht* und klicken Sie in der Gruppe *Layout* auf *Ordnerbereich* und dann auf *Optionen*.

   Das Dialogfeld *Navigationsoptionen* wird geöffnet.

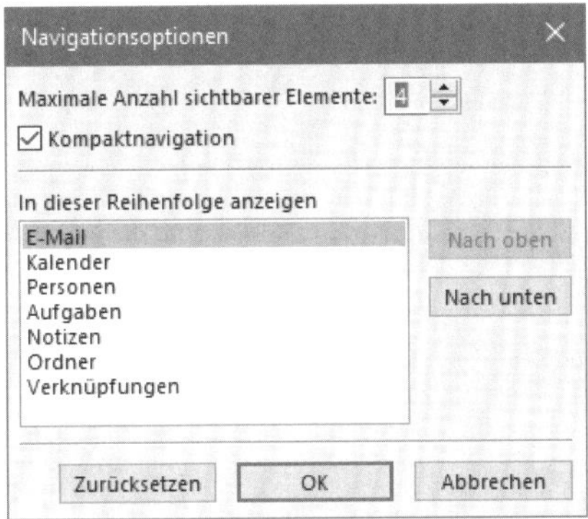

Abbildung 40.10: Im Dialogfeld Navigationsoptionen *konfigurieren Sie die Outlook-Navigationsleiste.*

2. Führen Sie eine oder mehrere der folgenden Aktionen durch:
   - Legen Sie bei *Maximale Anzahl sichtbarer Elemente* fest, wie viele Elemente in der Navigationsleiste maximal sichtbar sein sollen. Die anderen Module von Outlook können Sie immer über die Schaltfläche mit den drei Punkten erreichen.
   - Schalten Sie das Kontrollkästchen *Kompaktnavigation* aus, wenn die Schaltflächen in der Navigationsleiste beschriftet sein sollen (siehe Abbildung 40.11).
   - Verwenden Sie die Einträge im Listenfeld *In dieser Reihenfolge anzeigen* und die beiden Schaltflächen rechts davon, um die Reihenfolge festzulegen, in der die Schaltflächen in der Navigationsleiste angezeigt werden sollen.
   - Mit der Schaltfläche *Zurücksetzen* stellen Sie die Standardeinstellungen der Navigationsleiste wieder her.

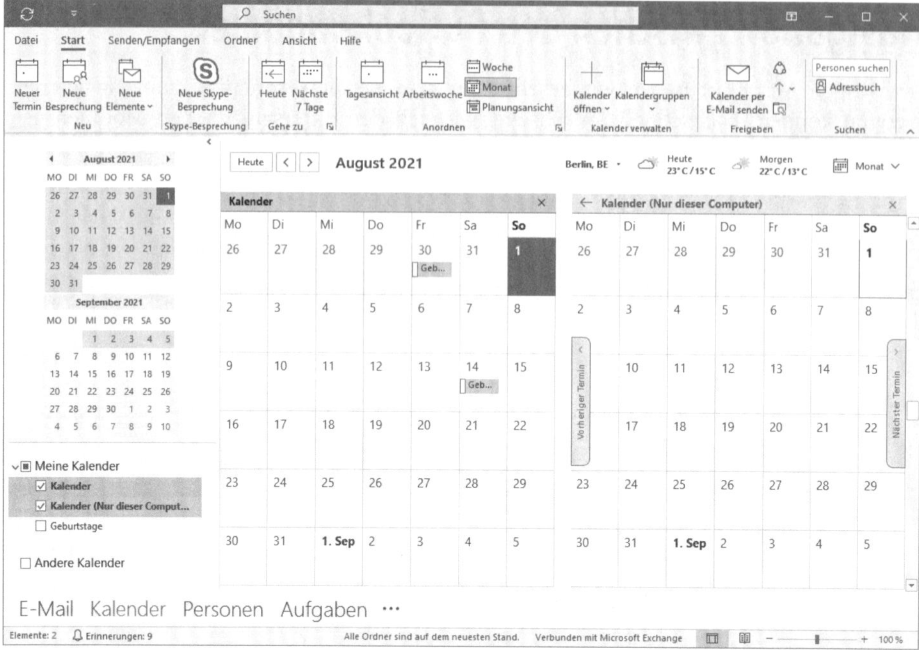

Abbildung 40.11: Die Kompaktnavigation wurde ausgeschaltet: Statt mit Symbolen sind die Schaltflächen in der Navigationsleiste nun mit Text versehen.

Navigation mit Tastenkombinationen

Sie können jederzeit auch die vordefinierten Tastenkombinationen verwenden, um ein anderes Modul zu öffnen. Die Tastenkombinationen lassen sich leicht merken, da die Zahl, die Sie gemeinsam mit Strg drücken müssen, der Reihenfolge entspricht, in der die Schaltflächen standardmäßig in der Navigationsleiste angeordnet sind.

Tastenkombination	Wechselt zu
Strg+1	E-Mail
Strg+2	Kalender
Strg+3	Personen/Kontakte
Strg+4	Aufgaben
Strg+5	Notizen
Strg+6	Ordnerliste

Tabelle 40.1: Tastenkombinationen, um zwischen den Outlook-Modulen zu wechseln

Kapitel 41
E-Mail-Grundlagen

Vermutlich ist das Modul *E-Mail* die Komponente von Outlook, die Sie am häufigsten verwenden werden. In Kapitel 40 haben Sie bei der Vorstellung des Ordnerbereichs bereits einige der Ordner gesehen, die für E-Mails verwendet werden. Wenn Sie Outlook neu installiert und wie in Kapitel 40 beschrieben den Assistenten für die Outlook-Einrichtung ausgeführt haben, ist Ihr Outlook bereits mit einem funktionierenden E-Mail-Konto konfiguriert.

Wenn Sie noch kein E-Mail-Konto eingerichtet haben, lesen Sie am besten zuerst Kapitel 43, in dem beschrieben ist, wie Sie in Outlook neue E-Mail-Konten einrichten und konfigurieren.

Der Themenbereich E-Mail wird in diesem und dem folgenden Kapitel behandelt. Dieses Kapitel stellt Ihnen die Grundfunktionen beim Einsatz von E-Mail vor, wie das Erstellen von neuen Nachrichten, das Empfangen und Lesen, das Konfigurieren des Ansichtsbereichs für E-Mails usw. Im folgenden Kapitel lernen Sie dann einige der fortgeschrittenen Einsatzmöglichkeiten kennen.

E-Mails schreiben und senden

Bevor Sie E-Mails verschicken können, muss Outlook entsprechend eingerichtet sein. An Ihrem fertig eingerichteten Outlook-Arbeitsplatz im Büro können Sie im Normalfall sofort mit dem Verschicken von E-Mails loslegen. Nutzen Sie Outlook zu Hause, benötigen Sie einen funktionierenden Internetzugang und müssen zumindest ein E-Mail-Konto in Outlook eingerichtet haben. Wie das geht, ist in Kapitel 43 beschrieben. In Outlook werden E-Mails als Nachrichten bezeichnet. Eine neue E-Mail-Nachricht versenden Sie aus dem E-Mail-Modul heraus.

Die Ordner, in denen E-Mails abgelegt werden

Um das E-Mail-Modul zu öffnen, klicken Sie in der Navigationsleiste auf die Schaltfläche *E-Mail* oder drücken Sie die Tastenkombination Strg+1.

Daraufhin werden im Ordnerbereich die Ordner angezeigt, in denen in Outlook die E-Mails verwaltet werden. Standardmäßig wird nach dem Öffnen des E-Mail-Moduls der Ordner *Posteingang* angezeigt. Im Ansichtsbereich sehen Sie eine Liste der eingegangenen E-Mails. Wenn Sie noch keine E-Mail erhalten haben, sehen Sie eine Meldung, dass keine Elemente gefunden wurden.

In der Ordnerliste für die E-Mails sehen Sie verschiedene Ordner. Falls Sie ein IMAP-Konto verwenden, kann es sein, dass Outlook die Namen der Ordner teilweise auf Englisch anzeigt. Bei einem IMAP-Konto zeigt Outlook die Namen der Ordner so an, wie sie auf dem Mailserver festgelegt sind. Die Bedeutung der wichtigsten Ordner ist nachfolgend beschrieben:

- **Posteingang** In diesem Ordner befinden sich alle Mails, die Sie erhalten haben.
- **Entwürfe/Drafts** Im Ordner *Drafts/Entwürfe* speichert Outlook die E-Mails zwischen, wenn Sie während des Erstellens einer neuen Nachricht in ein anderes Outlook-Modul wechseln.
- **Gesendete Elemente/Sent Items** In diesem Ordner befinden sich alle E-Mail-Nachrichten, die erfolgreich versendet wurden.
- **Junk-E-Mail** In diesem Ordner legt Outlook alle E-Mails ab, die vom integrierten Filter als Spam kategorisiert wurden. Mehr Informationen zu Spam und sicherem Mailen mit Outlook finden Sie in Kapitel 42.
- **Postausgang** Hier werden die von Ihnen erstellten E-Mail-Nachrichten gespeichert, bis sie versendet wurden. Nach dem Versand befinden sich die E-Mails im Ordner *Gesendete Elemente/Sent Items.*

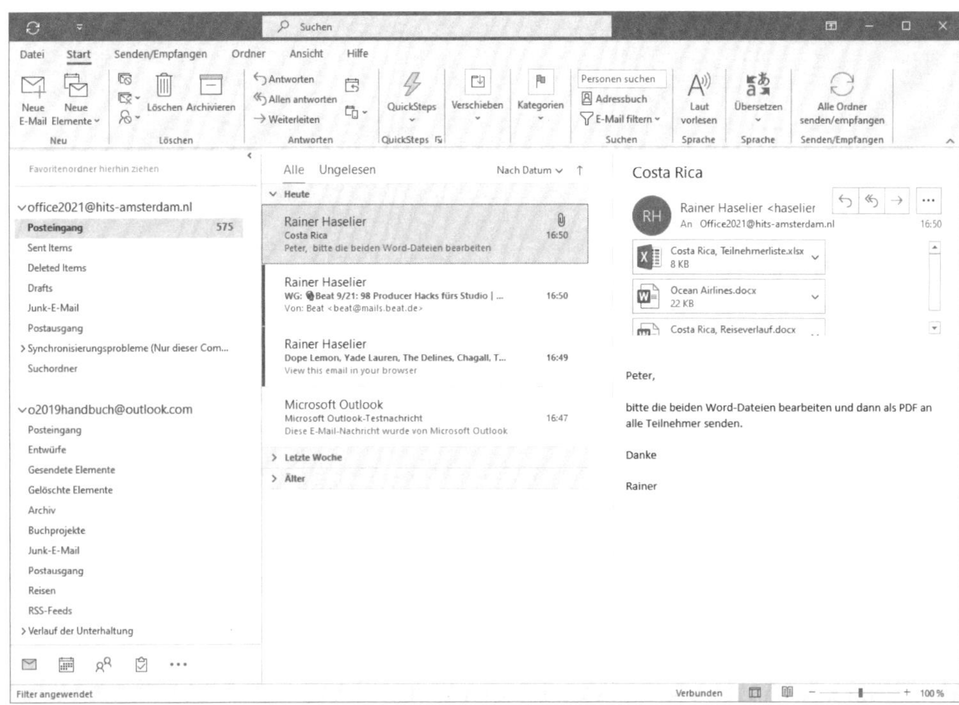

Abbildung 41.1: Wenn Sie das Modul E-Mail *öffnen, wird standardmäßig der Inhalt des Ordners* Posteingang *angezeigt.*

In der Abbildung können Sie erkennen, dass der Name des oberen Ordners *Posteingang* in Fettschrift ausgegeben wird. Dies ist der Ordner, der derzeit geöffnet ist. Falls sich in einem Ordner ungelesene Nachrichten befinden, wird die Anzahl der ungelesenen Nachrichten hinter dem Ordnernamen angezeigt.

E-Mail erstellen und versenden

Führen Sie folgende Schritte durch, um eine neue E-Mail-Nachricht zu erstellen und zu versenden:

1. Klicken Sie in der Navigationsleiste auf die Schaltfläche *E-Mail,* falls das E-Mail-Modul noch nicht geöffnet ist.
2. Öffnen Sie die Registerkarte *Start* und klicken Sie in der Gruppe *Neu* auf *Neue E-Mail.*

   Outlook öffnet das Fenster zum Erstellen einer neuen E-Mail-Nachricht, das Sie in Abbildung 41.2 sehen.

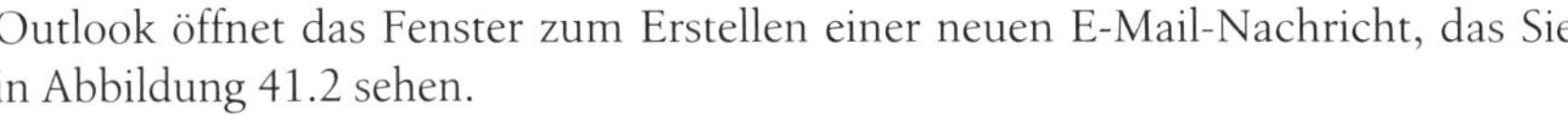

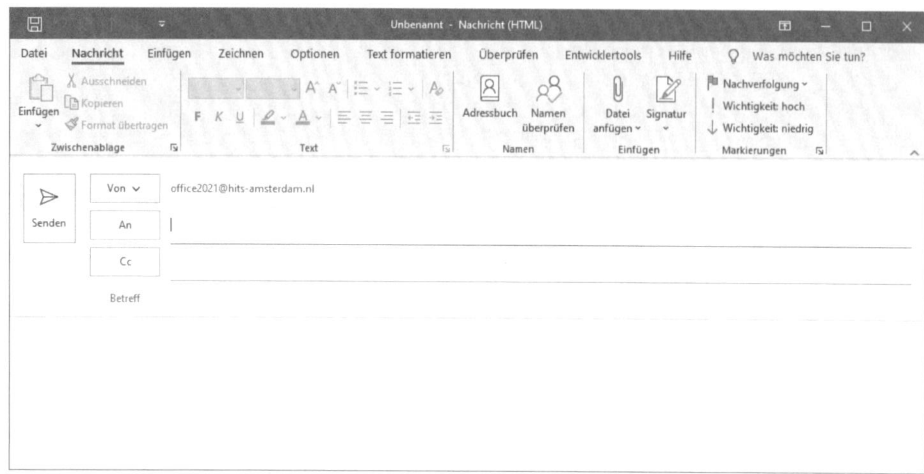

Abbildung 41.2: In diesem Fenster erstellen Sie neue E-Mail-Nachricht.

3. Tragen Sie in der *An*-Zeile die E-Mail-Adresse des Empfängers ein (das @-Zeichen geben Sie mit `AltGr`+`Q` ein).

   Zum Ausprobieren können Sie eine E-Mail an folgende E-Mail-Adresse senden: *ersteschritte@officehandbuch.de*, die wir speziell für dieses Buch so eingerichtet haben, dass Sie auch automatisch eine Antwort auf Ihre Mail erhalten.
4. Tragen Sie in die Zeile *Betreff* eine aussagekräftige Überschrift für Ihre Mail ein.
5. Geben Sie im großen Eingabefeld den Text Ihrer Nachricht ein.
6. Klicken Sie oberhalb des Feldes mit dem Nachrichtentext auf die Schaltfläche *Senden*.

   Nach dem Klick auf *Senden* wird standardmäßig eine Kopie der E-Mail im Ordner *Gesendete Elemente* abgelegt, den Sie über den Ordnerbereich anzeigen lassen können. Wenn Sie später nachschauen wollen, was Sie in einer E-Mail geschrieben haben, brauchen Sie also nur den Ordner *Gesendete Elemente* zu öffnen.

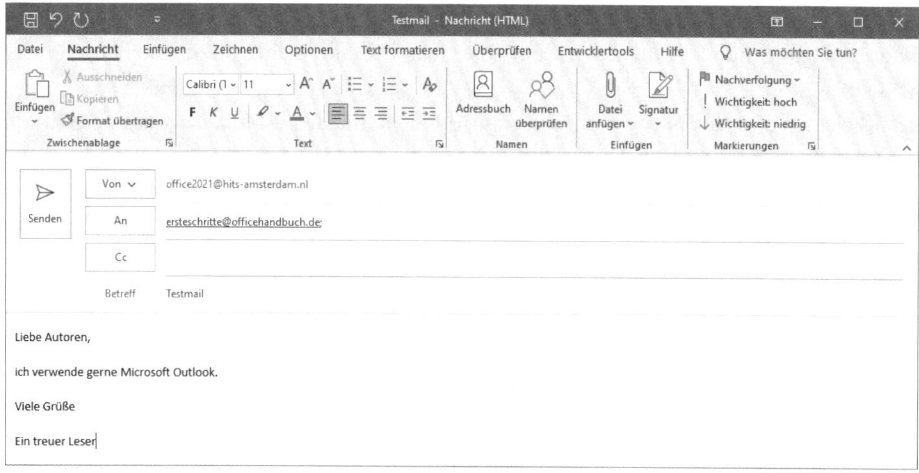

Abbildung 41.3: Die E-Mail-Nachricht ist fertiggestellt. Zum Versenden klicken Sie auf Senden.

Wenn Sie mit Outlook im vernetzten Büro arbeiten, wird die E-Mail nach dem Klick auf *Senden* im Normalfall sofort verschickt. Dabei sorgt beispielsweise der häufig in Kombination mit Outlook eingesetzte Exchange-Server für den Austausch von E-Mails zwischen den vernetzten Computern im Unternehmen und stellt die Verbindung zu E-Mail-Empfängern außerhalb des Unternehmens her. Auch wenn Sie zu Hause im Onlinebetrieb arbeiten, wird die Nachricht jetzt verschickt, sofern Outlook eine bestehende Internetverbindung erkennen kann.

E-Mails empfangen, lesen und beantworten

Ihre E-Mails landen im Posteingang, der standardmäßig direkt nach dem Starten von Outlook angezeigt wird und den Sie in der E-Mail-Komponente auswählen können. Im Ansichtsbereich von Outlook wird standardmäßig sowohl der Inhalt des geöffneten Ordners angezeigt als auch der Inhalt der E-Mail-Nachricht, die in der Nachrichtenliste derzeit markiert ist. Der Nachrichteninhalt wird im sogenannten Lesebereich angezeigt.

Lesebereich konfigurieren

In der Voreinstellung zeigt Outlook den Lesebereich rechts neben der Liste mit den E-Mail-Nachrichten an. Persönlich finde ich diese Einstellung nicht günstig, da hierdurch nur ein Teil der Liste mit den E-Mail-Nachrichten sichtbar ist. Sie können die Position des Lesebereichs ändern.

1. Achten Sie darauf, dass das E-Mail-Modul geöffnet ist; klicken Sie eventuell in der Navigationsleiste auf *E-Mail*, um das Modul zu öffnen.
2. Öffnen Sie die Registerkarte *Ansicht*.

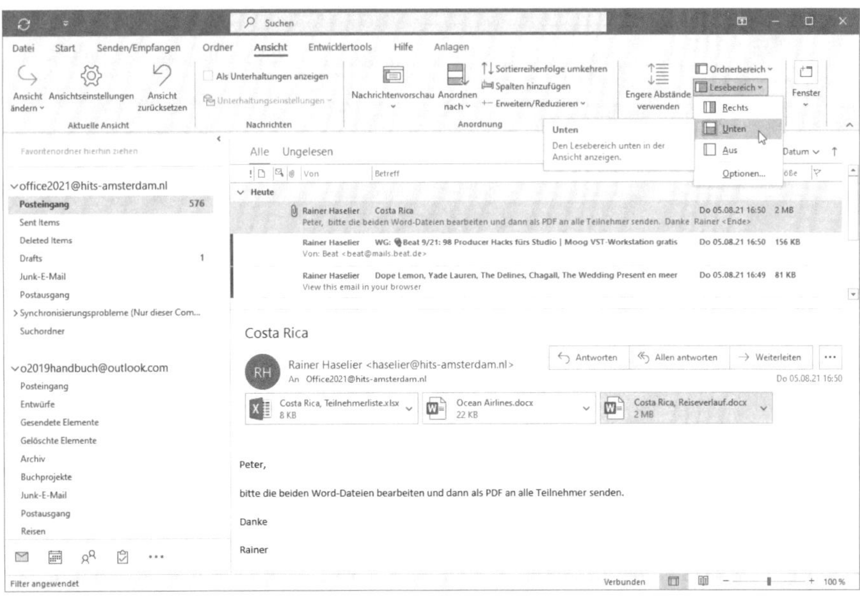

Abbildung 41.4: Der Lesebereich wird unterhalb der Nachrichtenliste angezeigt.

3. Klicken Sie in der Gruppe *Layout* auf *Lesebereich* und dann auf eine der folgenden Optionen: *Rechts, Unten* oder *Aus*.

Eingegangene E-Mail-Nachricht öffnen

Dieser Abschnitt beschreibt, wie Sie neue E-Mail-Nachrichten abrufen, eine eingegangene E-Mail-Nachricht öffnen und eine Antwort schreiben und versenden.

1. Lassen Sie im Ansichtsbereich den Posteingang anzeigen (mit der Tastenkombination Strg+1).
2. Klicken Sie in der Symbolleiste für den Schnellzugriff auf *Alle Ordner senden/empfangen* oder drücken Sie F9. 

   In der Standardeinstellung ruft Outlook in bestimmten Intervallen Ihre E-Mail-Konten ab und stellt die eingetroffenen E-Mail-Nachrichten im Posteingang bereit. Daher landen die an Sie gerichteten E-Mails normalerweise automatisch in Ihrem Posteingang, wenn Sie Outlook im Büro oder zu Hause mit einem DSL-Anschluss und einer Flatrate verwenden.

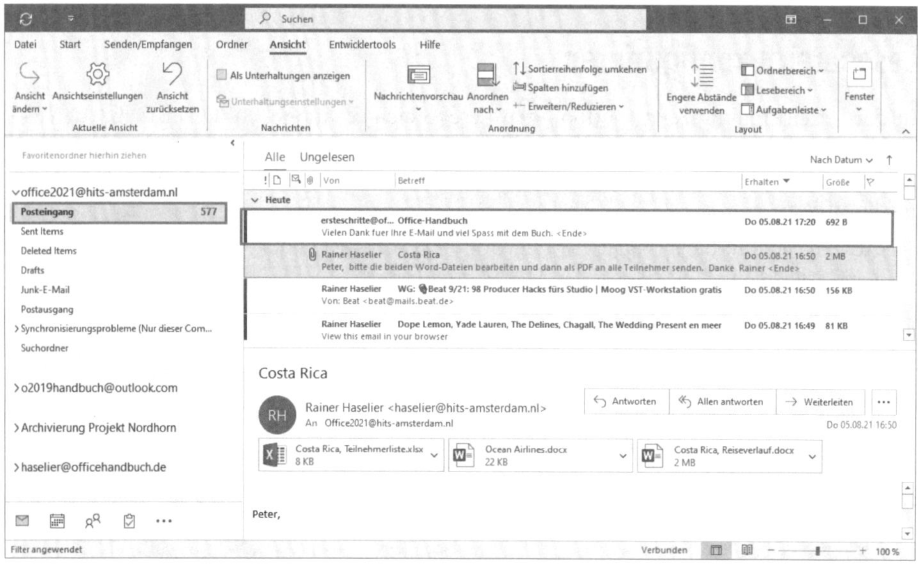

Abbildung 41.5: Der Ordner Posteingang *ist geöffnet; es gibt ungelesene E-Mails. Im Lesebereich können Sie bereits den Inhalt der in der Liste markierten E-Mail einsehen.*

   Eine noch ungelesene E-Mail wird in fetter Schrift dargestellt. Im Lesebereich erscheint eine Vorschau auf den Inhalt. (Wenn Sie wie im Abschnitt »E-Mail erstellen und versenden« beschrieben, eine E-Mail-Nachricht an *ersteschritte@officehandbuch.de* gesendet haben, erhalten Sie nach einem kurzen Moment automatisch eine Antwort.)

3. Markieren Sie in der Liste *Posteingang* im Ansichtsbereich die E-Mail, die Sie lesen möchten. Outlook zeigt den Inhalt der E-Mail im sogenannten Lesebereich an.

   Den Lesebereich sehen Sie in Abbildung 41.5 unterhalb der Liste mit dem Posteingang. Wenn der Lesebereich bei Ihnen nicht sichtbar ist, wechseln Sie zur Registerkarte *Ansicht* und klicken in der Gruppe *Layout* auf *Lesebereich*. Wählen Sie anschließend den Befehl *Rechts* oder *Unten* aus, je nachdem, wo der Lesebereich angezeigt werden soll.

4. Doppelklicken Sie in der Liste auf die eingegangene E-Mail-Nachricht, damit sie in einem eigenen Fenster geöffnet wird. In der Titelleiste des neuen Fensters zeigt Outlook neben dem Betreff auch das Format der E-Mail an (siehe hierzu Seite 757).

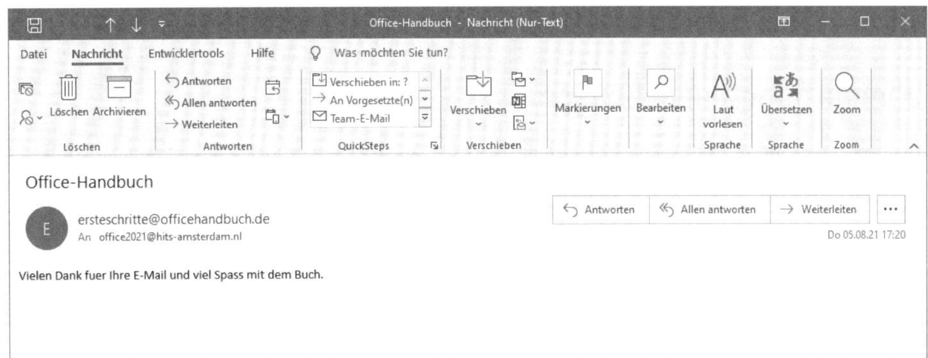

Abbildung 41.6: Die E-Mail wurde in einem eigenen Fenster geöffnet; von dort aus können Sie beispielsweise eine Antwort an den Absender erstellen.

5. Möchten Sie die E-Mail beantworten, klicken Sie in der Gruppe *Antworten* auf *Antworten*. Die Antwortmail wird geöffnet, in der automatisch der Absender der Ursprungsmail als Adressat eingetragen ist. Dem Betreff wurde *AW:* (Antwort) vorangestellt. Der Inhalt der Ursprungsmail wurde im großen Eingabefeld eingefügt.
6. Zum Beantworten einer E-Mail schreiben Sie Ihren Text gleich oberhalb des unten angefügten Ursprungstexts. Sie können den Ursprungstext ganz oder teilweise löschen.

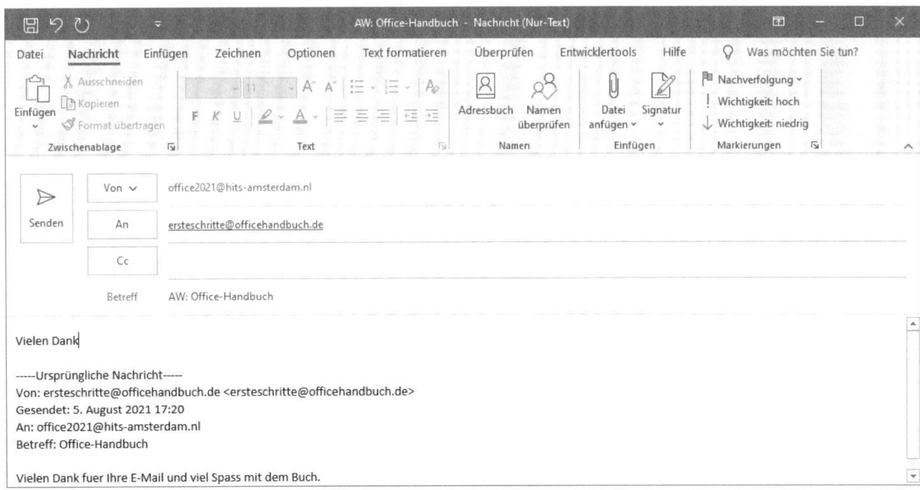

Abbildung 41.7: Eine Antwort auf eine E-Mail schreiben

7. Senden Sie die E-Mail, indem Sie auf *Senden* klicken. Im Lesebereich der eingegangenen E-Mail sehen Sie nun ein Infofeld, das Sie darüber informiert, wann Sie auf die E-Mail geantwortet haben.

Abbildung 41.8: Outlook protokolliert, wann Sie auf eine E-Mail geantwortet haben.

Übermittlungseinstellungen

Weiter vorn haben wir erwähnt, dass Outlook in der Standardeinstellung automatisch in einem bestimmten Intervall neue E-Mail-Nachrichten abruft. Dieses Intervall können Sie einstellen. Falls Sie mehrere E-Mail-Konten verwenden, werden die Übermittlungseinstellungen in sogenannten Senden-Empfangen-Gruppen festgelegt. Auch die Senden-Empfangen-Gruppen lassen sich nach Bedarf konfigurieren.

Führen Sie folgende Schritte durch, um das Intervall zum Abrufen von E-Mail-Nachrichten einzustellen:

1. Lassen Sie im Ansichtsbereich den Posteingang anzeigen (Tastenkombination Strg+1) und öffnen Sie die Registerkarte *Senden/Empfangen.*
2. Klicken Sie in der Gruppe *Senden/Empfangen* zuerst auf *Senden-Empfangen-Gruppen* und dann auf *Senden-Empfangen-Gruppen definieren.* Outlook zeigt das Dialogfeld *Senden-Empfangen-Gruppen* an.

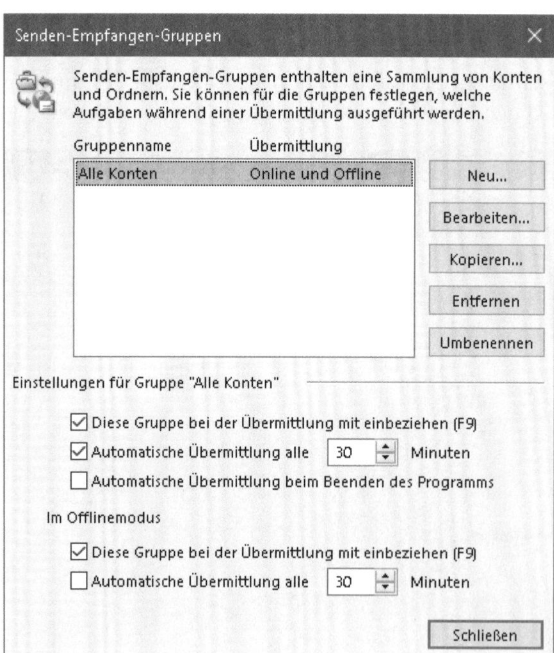

Abbildung 41.9: Einstellen des Intervalls für die automatische Übermittlung von E-Mails

Outlook fasst E-Mail-Konten zu Senden-Empfangen-Gruppen zusammen. Standardmäßig ist immer die Gruppe *Alle Konten* vorhanden, in der alle E-Mail-Konten zusammengefasst sind. Verwenden Sie den unteren Bereich des Dialogfeldes *Senden-Empfangen-Gruppen*, um die Übermittlungseinstellungen der im oberen Listenfeld markierten Gruppe zu definieren.

3. Achten Sie darauf, dass im Bereich *Einstellungen für Gruppe "Alle Konten"* das Kontrollkästchen *Automatische Übermittlung alle x Minuten* eingeschaltet ist.
4. Legen Sie im Feld vor *Minuten* das Intervall fest und klicken Sie dann auf *Schließen.*

Falls Sie mehrere E-Mail-Konten eingerichtet haben, können Sie für einzelne Konten festlegen, ob nur der Empfang, nur der Versand oder beides automatisch erfolgen soll, und es können einzelne Konten von der automatischen Übermittlung ausgeschlossen werden. Führen Sie dazu folgende Schritte durch:

1. Öffnen Sie die Registerkarte *Senden/Empfangen,* klicken Sie in der Gruppe *Senden/ Empfangen* zuerst auf *Senden-Empfangen-Gruppen* und dann auf *Senden-Empfangen-Gruppen definieren.*
2. Markieren Sie im Listenfeld oben im Dialogfeld die Senden-Empfangen-Gruppe, deren Einstellungen Sie ändern möchten.
3. Klicken Sie auf *Bearbeiten.* Das Dialogfeld *Übermittlungseinstellungen* wird geöffnet.

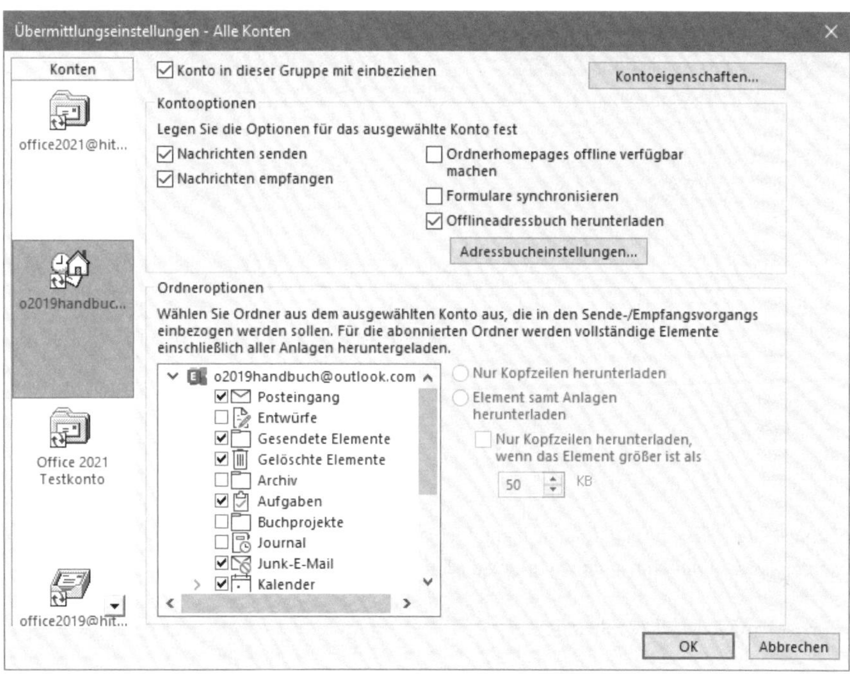

Abbildung 41.10: Übermittlungseinstellungen für einzelne Konten festlegen

Auf der linken Seite des Dialogfeldes werden alle E-Mail-Konten angezeigt, die zu der Senden-Empfangen-Gruppe gehören. Auf der rechten Seite des Dialogfeldes sehen Sie die Eigenschaften, die Sie für jedes Konto ändern können.

4. Markieren Sie jetzt in der Liste *Konten* das Konto, dessen Einstellungen Sie bearbeiten möchten.

5. Führen Sie eine oder mehrere der folgenden Aktionen durch:
   - Schalten Sie das Kontrollkästchen *Konto in dieser Gruppe mit einbeziehen* ein bzw. aus, um festzulegen, ob für das markierte Konto E-Mail-Nachrichten übertragen werden sollen oder nicht, wenn Sie den Befehl *Alle Ordner senden/empfangen* verwenden.
   - Mit den Kontrollkästchen *Nachrichten empfangen* und *Nachrichten senden* legen Sie fest, welche Übermittlung für dieses Konto durchgeführt werden soll.
6. Klicken Sie jeweils auf *OK*, um die beiden geöffneten Dialogfelder zu schließen.

Varianten beim Erstellen von E-Mails

In Outlook gibt es mehrere Möglichkeiten, eine neue E-Mail zu erstellen. Sie können eine E-Mail über die Schaltflächen *Neue E-Mail-Nachricht* und *Neue Elemente* oder per Doppelklick auf eine leere Stelle im Ansichtsbereich erstellen.

Wenn im Ansichtsbereich kein Ordner aus dem E-Mail-Modul geöffnet ist, sondern beispielsweise der Kalender angezeigt wird, können Sie wie folgt vorgehen:

1. Wechseln Sie falls erforderlich zur Registerkarte *Start*.
2. Klicken Sie in der Gruppe *Neu* auf *Neue Elemente*. Outlook zeigt das folgende Dropdownmenü an:

Abbildung 41.11: Über die Schaltfläche Neue Elemente *können Sie alle Arten von Outlook-Elementen erstellen und zwar unabhängig davon, welches Modul derzeit geöffnet ist.*

3. Klicken Sie auf *E-Mail-Nachricht.*

Vorschläge für E-Mail-Adressen

Wenn Sie in einem der Adressfelder der E-Mail eine E-Mail-Adresse eintippen, zeigt Ihnen Outlook in einem kleinen Fenster Vorschläge an. Im oberen Bereich der Auswahlliste sehen Sie E-Mail-Adressen von Personen, denen Sie bereits vorher eine E-Mail geschickt haben. Im unteren Bereich der Liste werden Vorschläge angezeigt, die aus Ihren Kontakten stammen.

1. Erstellen Sie eine neue E-Mail.
2. Geben Sie im Feld *An* die ersten Buchstaben einer E-Mail-Adresse ein, an die Sie bereits eine E-Mail verschickt haben, oder die ersten Buchstaben einer Person, die sich in Ihren Outlook-Kontakten befindet.

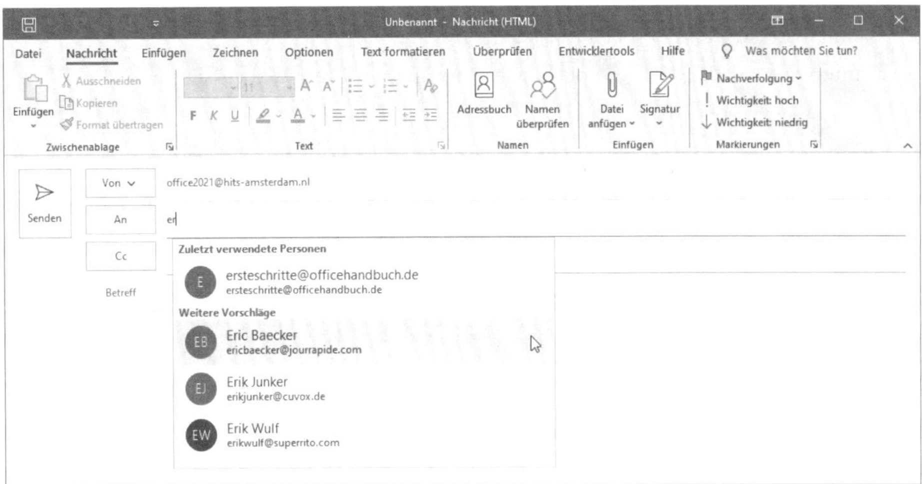

Abbildung 41.12: Outlook vervollständigt die E-Mail-Adresse oder bietet Ihnen in einer Auswahlliste mehrere Alternativen an.

Daraufhin öffnet sich eine Auswahlliste, die die E-Mail-Adressen enthält, an die Sie schon einmal eine E-Mail geschickt haben und die mit den gleichen Buchstaben beginnen. Wurde nur ein Eintrag gefunden, erscheint der Rest der Adresse direkt im Adressfeld. Außerdem werden im Abschnitt *Weitere Vorschläge* Personen und E-Mail-Adressen angezeigt, die sich in Ihren Kontakten befinden.

3. Klicken Sie in der Auswahlliste auf den gewünschten Eintrag, um ihn in das Adressfeld zu übernehmen. (Wurde nur ein Eintrag gefunden, können Sie diesen übernehmen, indem Sie die [Tab]-Taste drücken oder in die nächste Zeile klicken.)

Tipp Sie können einen Eintrag aus der Liste *Zuletzt verwendete Personen* entfernen, indem Sie neben dem Eintrag die Schaltfläche *Löschen* (das X) anklicken.

Neue E-Mail an einen Kontakt erstellen

Für einen markierten oder geöffneten Kontakt (siehe auch Kapitel 45) können Sie direkt eine an diesen adressierte E-Mail erstellen. Im nächsten Abschnitt ist beschrieben, wie Sie die E-Mail-Adresse des Kontakts direkt in der E-Mail auswählen.

1. Lassen Sie die Outlook-Kontakte im Ansichtsbereich anzeigen (Tastenkombination [Strg]+[3]).

2. Führen Sie eine der folgenden Aktionen durch:
   - Wenn Sie im Ansichtsbereich die Ansicht *Personen* verwenden, klicken Sie auf die Schaltfläche mit dem Briefsymbol, die Sie im Lesebereich finden. 
   - Wenn Sie eine der anderen Ansichten verwenden, klicken Sie mit der rechten (!) Maustaste auf einen Kontakt, für den eine E-Mail-Adresse eingetragen ist. Wählen Sie im Kontextmenü den Befehl *Erstellen/E-Mail*.

   Damit wird eine E-Mail geöffnet, die bereits an den Kontakt adressiert ist.

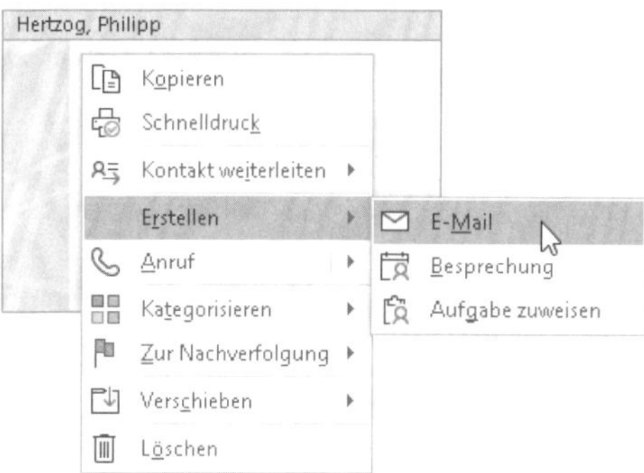

Abbildung 41.13: Über das Kontextmenü können Sie eine neue E-Mail-Nachricht aus den Kontakten heraus erstellen.

E-Mail an einen Kontakt adressieren

Der vorige Abschnitt hat gezeigt, wie Sie für einen markierten oder geöffneten Kontakt eine an diesen adressierte E-Mail erstellen. Jetzt geht es darum, wie Sie die E-Mail-Adresse des Kontakts direkt in der E-Mail auswählen.

1. Erstellen Sie eine neue E-Mail-Nachricht.
2. Klicken Sie vor dem Eingabefeld für die E-Mail-Adresse auf die Schaltfläche *An*.

   Das Dialogfeld *Namen auswählen* wird angezeigt. Hier können Sie aus Ihren Outlook-Kontakten und gegebenenfalls aus weiteren Adressbüchern den/die Empfänger für Ihre E-Mail auswählen.

Hinweis

Statt Kontakte-Adressbuch erscheint die globale Adressliste Wenn Sie in einem Büro mit Exchange Server arbeiten, werden normalerweise nicht Ihre Outlook-Kontakte angezeigt, sondern es erscheint die globale Adressliste. Hier stehen Ihnen E-Mail-Adressen für die Kommunikation innerhalb des Unternehmens zur Auswahl. Nach einem Klick auf den Pfeil der Liste *Adressbuch* können Sie gegebenenfalls ein anderes Adressbuch anzeigen lassen und statt der globalen Adressliste zu Ihren Outlook-Kontakten wechseln.

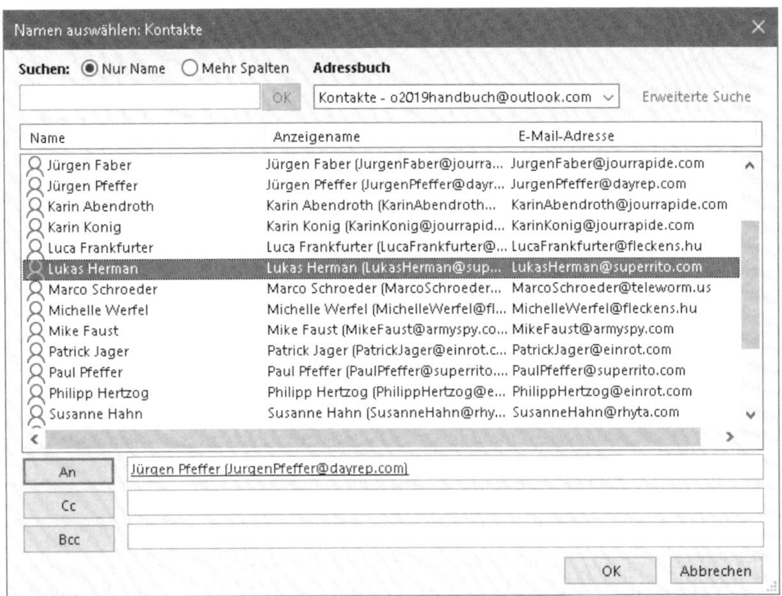

Abbildung 41.14: Wählen Sie in diesem Dialogfeld die Empfänger Ihrer E-Mail aus.

3. Wählen Sie eine Adresse aus. Sind sehr viele Adressen eingetragen, können Sie im Feld *Suchen* den betreffenden Namen eingeben. Mit gedrückter Strg-Taste lassen sich mehrere Adressen markieren.
4. Übernehmen Sie die ausgewählte(n) Adresse(n) mit einem Klick auf *An*.

   Auf dieselbe Weise können Sie Adressen in das *Cc*-Feld und das *Bcc*-Feld übernehmen (Informationen zur Verwendung dieser Felder finden Sie im nächsten Abschnitt).
5. Mit einem Klick auf *OK* übernehmen Sie die ausgewählten Adressen in die E-Mail.

Die Felder An, Cc und Bcc verwenden

Wie Sie aus dem Adressbuch E-Mail-Adressen in die einzelnen Adressfelder übernehmen, wird im vorigen Abschnitt beschrieben. Dieser Abschnitt stellt Ihnen die drei Felder vor, die Sie zur Adressierung der E-Mail-Nachricht verwenden können.

Das An-Feld

Im Normalfall tragen Sie die E-Mail-Adresse des Empfängers in das *An*-Feld der E-Mail ein. Der Empfänger kann in der erhaltenen E-Mail sehen, dass er im *An*-Feld eingetragen ist. Die folgende Abbildung zeigt, wie eine an *office2021@hits-amsterdam.nl* adressierte E-Mail beim Empfänger ankommt.

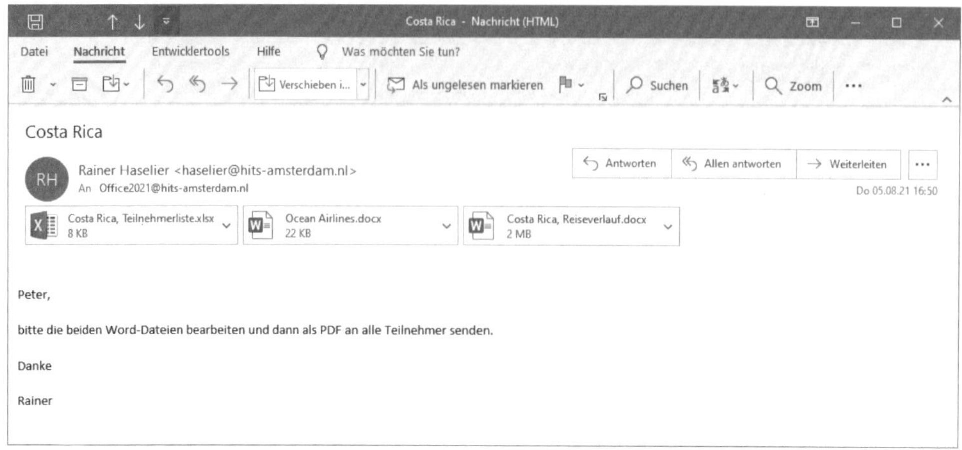

Abbildung 41.15: Eine E-Mail mit einem Empfänger im An-*Feld*

Hinweis Um Platz zu sparen, haben wir für obige Abbildung das vereinfachte Menüband verwendet.

Wenn Sie mehrere Adressen in das *An*-Feld aufgenommen haben, kann jeder Empfänger in der E-Mail, die er bekommen hat, alle im *An*-Feld eingetragenen Adressen sehen.

Das Cc-Feld

Auch alle im *Cc*-Feld eingetragenen Adressen sind von allen Empfängern zu sehen. Die in das Feld *Cc* eingetragenen E-Mail-Adressen sind damit als Kopieempfänger gekennzeichnet – *Cc* steht für »carbon copy« (Kohlekopie, Kohledurchschlag). Den eigentlichen Adressaten, den Sie auch im Mailtext ansprechen, tragen Sie im *An*-Feld ein. Die Kopieempfänger stehen im *Cc*-Feld. Alle Empfänger, die in die Felder *An* und *Cc* eingetragen sind, können die E-Mail-Adressen aller Empfänger sehen.

Hinweis Wenn Sie beim Versenden einer Mail an einen Verteiler alle Empfänger in das Feld *An* oder *Cc* eintragen, kann dies im geschäftlichen Umfeld ein Verstoß gegen das Datenschutzgesetz darstellen, da auch E-Mail-Adressen personenbezogene Daten im Sinne des Datenschutzrechts darstellen. Verwenden Sie daher bei offenen Verteilern besser das Feld *Bcc*, das nachfolgend beschrieben ist.

Das Bcc-Feld

Bcc steht für »blind carbon copy« (Blindkopie, unsichtbarer Kohledurchschlag). Alle im *Bcc*-Feld eingetragenen Adressen sind für die Empfänger der Mail nicht zu erkennen. Ob und gegebenenfalls was der Absender in das *Bcc*-Feld eingetragen hat, lässt sich in der empfangenen E-Mail nicht anzeigen. Das heißt, wenn Sie selbst eine E-Mail erhalten, bei der Sie im Feld *Bcc* eingetragen waren, erkennen Sie das nur daran, dass Ihre E-Mail-Adresse weder im *An*- noch im *Cc*-Feld auftaucht!

Tipp **Bcc-Feld im Mailformular einblenden** Wenn Sie eine E-Mail schreiben, können Sie das *Bcc*-Feld in der geöffneten E-Mail einblenden lassen, indem Sie die Registerkarte *Optionen* öffnen und in der Gruppe *Felder anzeigen* auf *Bcc* klicken.

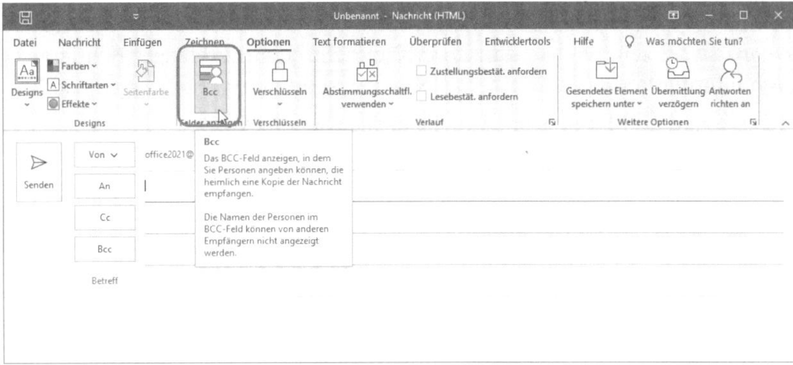

Abbildung 41.16: Das Feld Bcc *einblenden*

Das E-Mail-Format einstellen

Sie können das Standardformat ändern, in dem E-Mails verschickt werden, und außerdem das Format jeder einzelnen Mail einstellen.

Das Standardformat ändern

In Outlook können Sie ein Standardformat für Ihre E-Mails festlegen. Sie haben dabei die Auswahl zwischen drei Formaten:

- HTML
- Rich-Text
- Nur Text

Für die Nutzung im Firmennetz wird es sicherlich eine Vorgabe für die zu verwendenden Einstellungen geben (meist wird hier HTML oder Outlook Rich-Text verwendet).

Wenn Sie zu Hause einen einzelnen Rechner nutzen und von dort aus E-Mails über das Internet verschicken, ist das Format Outlook Rich-Text uninteressant.

Das HTML-Format bietet viele Gestaltungsmöglichkeiten, aber E-Mails im HTML-Format sind größer als Nur-Text-Mails und können von einigen älteren E-Mail-Programmen nicht richtig angezeigt werden. Außerdem gibt es beim Empfang von HTML-Mails gewisse Sicherheitsrisiken, sodass HTML-Mails von manchen Empfängern nicht gerne gesehen sind.

Hinweis Im Fenster, in dem Sie eine neue E-Mail erstellen, bieten Ihnen die Registerkarten *Einfügen* und *Text formatieren* sehr viele Gestaltungsmöglichkeiten für Ihre E-Mails, die denen von Word in nichts nachstehen. Wenn Sie bereits mit Word vertraut sind, werden Sie sich auf den beiden Registerkarten schnell zurechtfinden, da sie ähnlich aufgebaut sind. Und es wird Ihnen leichtfallen, auch optisch anspruchsvolle E-Mails zu gestalten.

Als Alternative bietet sich das schlanke Nur-Text-Format an, das von allen E-Mail-Programmen gelesen werden kann. Die Nachrichten haben in diesem Format eine wesentlich geringere Größe. Dafür ist es z. B. nicht möglich, Textpassagen in fetter Schrift hervorzuheben oder andere Formatierungen vorzunehmen. Zum Teil kann es auch bei der Übertragung von Umlauten zu Problemen kommen, sodass Sie »ae« statt »ä« usw. schreiben müssen, wenn Sie ganz sicher sein wollen, dass Ihre Nachricht beim Empfänger richtig ankommt. Für den puren Informationsaustausch ist das Nur-Text-Format trotzdem erste Wahl.

Um das Standardformat zu ändern, gehen Sie wie folgt vor:

1. Klicken Sie auf die Registerkarte *Datei* und dann auf *Optionen.* Wechseln Sie im Dialogfeld *Outlook-Optionen* zur Kategorie *E-Mail.*

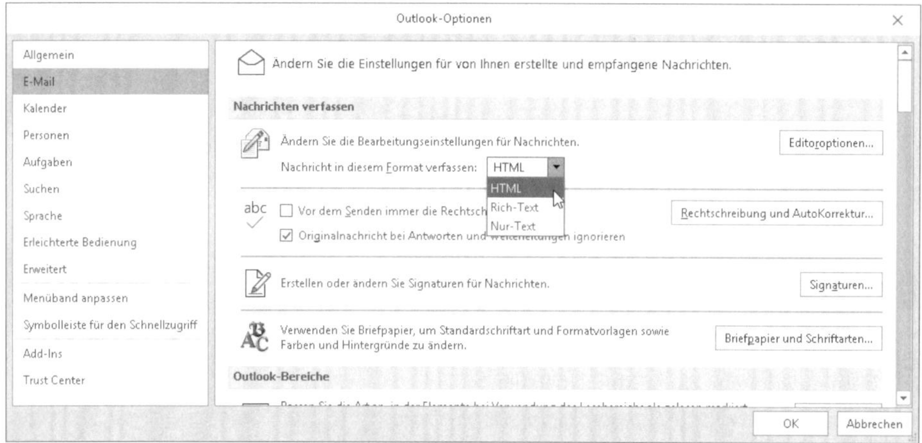

Abbildung 41.17: In diesem Dialogfeld legen Sie das Standardformat für E-Mails fest.

2. Öffnen Sie die Dropdownliste *Nachricht in diesem Format verfassen* und wählen Sie das gewünschte Format aus.
3. Übernehmen Sie die Einstellung mit *OK.*

Das Format einer einzelnen Nachricht ändern

Sie können auch für eine einzelne Nachricht ein von Ihren Standardeinstellungen abweichendes Nachrichtenformat festlegen.

1. Erstellen Sie eine neue E-Mail-Nachricht.
2. Öffnen Sie die Registerkarte *Text formatieren.*
3. Klicken Sie in der Gruppe *Format* auf *HTML, Nur Text* oder *Rich-Text,* je nachdem, welches Format Sie einstellen wollen.

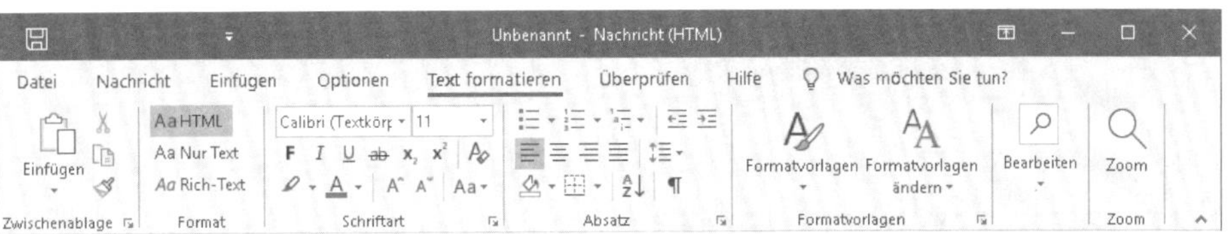

Abbildung 41.18: In der Gruppe Format *legen Sie das Nachrichtenformat für eine E-Mail fest.*

Eine E-Mail weiterleiten

Eine erhaltene E-Mail können Sie an einen anderen Empfänger weiterleiten. Dabei können Sie gegebenenfalls eine eigene Anmerkung hinzufügen.

1. Lassen Sie den Posteingang im Ansichtsbereich anzeigen, indem Sie die Tastenkombination Strg + 1 drücken.
2. Doppelklicken Sie in der Liste auf die E-Mail, die Sie weiterleiten möchten, damit das E-Mail-Fenster geöffnet wird.
3. Klicken Sie in der Gruppe *Antworten* auf *Weiterleiten.*

   Es wird eine neue E-Mail geöffnet, in der jetzt dem ursprünglichen Betreff *WG* (für »weitergeleitet«) vorangestellt ist. Der ursprüngliche Text der E-Mail ist wieder im großen Eingabefeld eingefügt.
4. Schreiben Sie gegebenenfalls ein paar einleitende Worte.
5. Tragen Sie einen Adressaten für die E-Mail ein.
6. Versenden Sie die E-Mail.
7. Schließen Sie die Ursprungsmail mit einem Klick auf die *Schließen*-Schaltfläche.

E-Mail-Versand bei mehreren Konten

Haben Sie mehrere E-Mail-Konten eingerichtet, können Sie direkt in der E-Mail einstellen, über welches Konto sie verschickt werden soll.

1. Erstellen Sie eine neue E-Mail-Nachricht.
2. Klicken Sie auf die Schaltfläche *Von* und wählen Sie das gewünschte E-Mail-Konto aus. Wenn Sie hier nichts auswählen, wird das Standardkonto verwendet.

Abbildung 41.19: Hier können Sie das Konto auswählen, über das die E-Mail versendet werden soll.

3. Nachdem Sie die E-Mail fertiggestellt haben, können Sie sie wie gewohnt versenden.

Hinweis Standard-E-Mail-Konto festlegen In Kapitel 43 ist beschrieben, wie Sie das Standard-E-Mail-Konto einstellen können.

Dateianlagen verwenden

Neben dem reinen Nachrichtentext werden Sie häufiger eine Datei, beispielsweise ein Word- oder Excel-Dokument, zu einer E-Mail hinzufügen wollen. Oder aber Sie wollen ein anderes Outlook-Element, wie einen bestimmten Termin oder eine Aufgabe, an den Empfänger der E-Mail schicken. In beiden Fällen wird die E-Mail um eine Dateianlage erweitert. Die Schritte, um dies zu tun, sind sehr ähnlich.

Datei oder Outlook-Element zu einer E-Mail hinzufügen

Führen Sie folgende Schritte durch, um eine E-Mail zu erstellen, die als Anlage eine Datei oder ein Outlook-Element enthält:

1. Erstellen Sie eine neue E-Mail-Nachricht.
2. Führen Sie eine oder beide der folgenden Aktionen durch:
   - **Datei anfügen** Klicken Sie auf der Registerkarte *Nachricht* in der Gruppe *Einfügen* auf *Datei anfügen,* wenn Sie eine Datei mit der E-Mail versenden wollen. In der Liste der Schaltfläche zeigt Outlook die zuletzt verwendeten Dokumente an. Wenn sich das Dokument, das Sie versenden wollen, in der Liste befindet, klicken Sie es an.

     Anderenfalls klicken Sie auf *Diesen PC durchsuchen*. Outlook zeigt das Dialogfeld *Datei einfügen* an. Wechseln Sie zu dem Ordner, in dem sich die Datei befindet, die Sie anfügen wollen, markieren Sie sie und klicken Sie dann auf *Einfügen.*

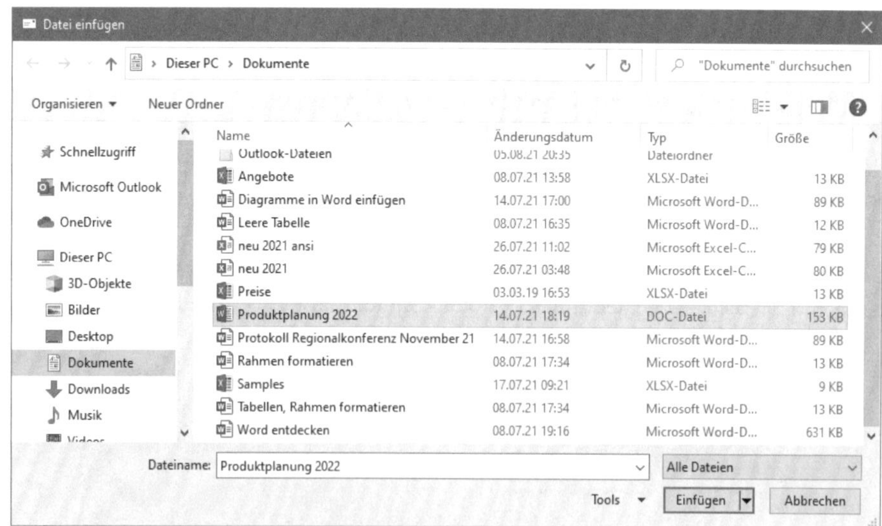

Abbildung 41.20: Wählen Sie die Datei aus, die Sie an die E-Mail anhängen wollen.

- **Outlook-Element anfügen** Klicken Sie auf der Registerkarte *Nachricht* in der Gruppe *Einfügen* auf *Element anfügen,* wenn Sie ein Outlook-Element mit der E-Mail versenden wollen.

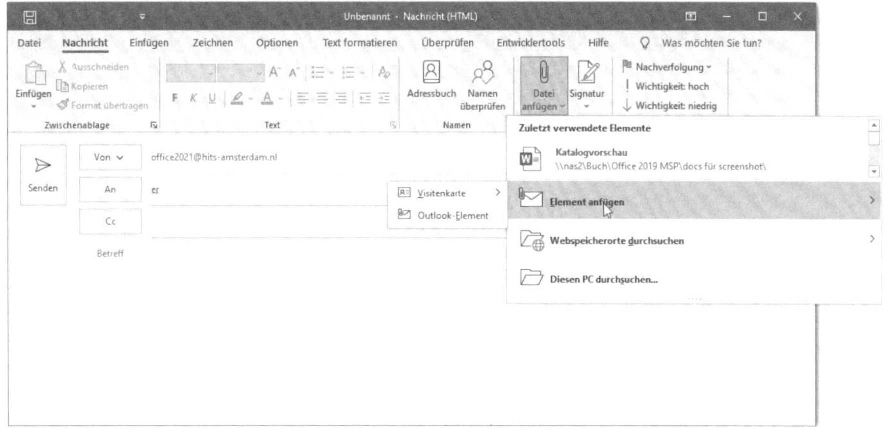

Abbildung 41.21: Festlegen, welches Outlook-Element angefügt werden soll

Wenn Sie Ihre Visitenkarte versenden wollen, klicken Sie im Dropdownmenü auf *Visitenkarte.* Um ein beliebiges anderes Outlook-Element einzufügen, klicken Sie auf *Outlook-Element.* Outlook zeigt das Dialogfeld *Element einfügen* an. Wählen Sie im Bereich *Suchen in* den Ordner aus, der das Element enthält, das Sie versenden wollen. Die im Ordner vorhandenen Elemente werden in der Liste *Elemente* angezeigt. Markieren Sie das Element, das Sie anfügen wollen, und schließen Sie dann das Dialogfeld mit *OK.*

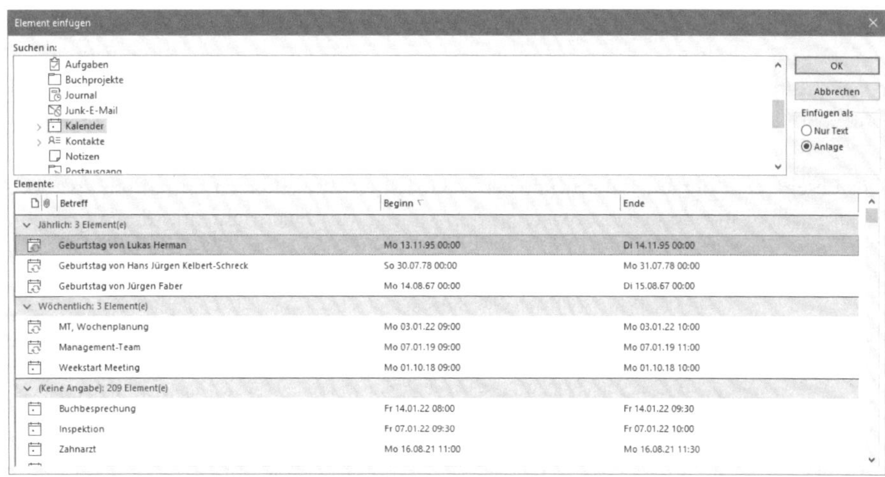

Abbildung 41.22: In diesem Dialogfeld wählen Sie das Element aus, das Sie an die E-Mail anhängen wollen. Die Liste Suchen in *entspricht vom Aufbau her der Ordnerliste, die Sie im Ordnerbereich von Outlook anzeigen lassen können.*

Outlook

Tipp **Mehrere Dateien/Outlook-Elemente anhängen** Sie können auch mehrere Dateien oder Outlook-Elemente zum Anhängen auswählen, indem Sie die Strg-Taste gedrückt halten, während Sie in den Dialogfeldern die Dateien/Elemente markieren.

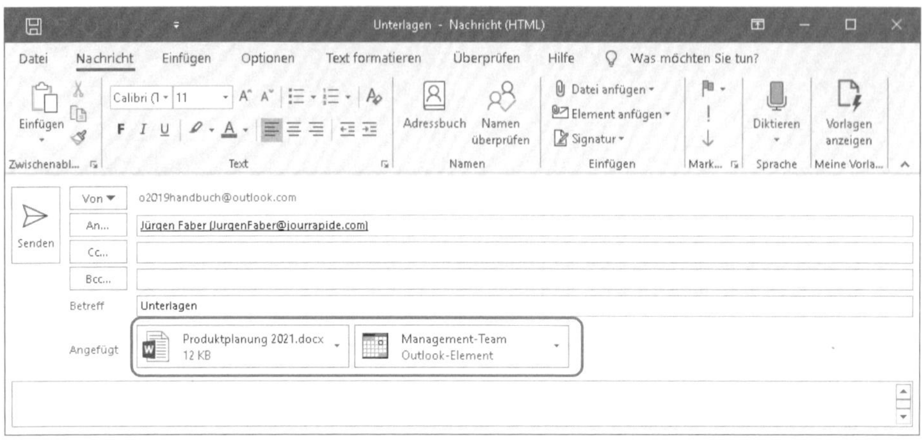

Abbildung 41.23: Die Elemente, die Sie markiert haben, werden im Feld Angefügt *des E-Mail-Formulars angezeigt.*

3. Fügen Sie wie die Empfängeradresse(n), den Betreff und Ihre Nachricht ein und klicken Sie auf *Senden,* um die E-Mail-Nachricht abzuschicken.

Erhaltene Anlagen ansehen und speichern

Wenn Sie selbst eine E-Mail erhalten, die eine Anlage enthält, können Sie dies bereits im Posteingang erkennen. Die Liste im oberen Bereich des Posteingangs enthält die Spalte *Anlage,* die durch eine Büroklammer symbolisiert wird. Wenn in einer Zeile in dieser Spalte die Büroklammer angezeigt wird, enthält diese E-Mail-Nachricht eine oder mehrere Anlagen (siehe Abbildung 41.24).

Der Lesebereich der E-Mail enthält bei Nachrichten, die Anlagen enthalten, zwei oder mehr Schaltflächen, mit denen Sie zwischen der Anzeige der Nachricht und der Anzeige einer der Anlagen umschalten können. Für Abbildung 41.24 haben wir die Schaltfläche für eine der Bildanlagen angeklickt.

Achtung E-Mail-Anlagen sind eine weitverbreitete Variante, um Viren und andere Malware zu verbreiten. Besonders häufig sind Makroviren anzutreffen, die sich in Word- oder Excel-Dateien befinden. Um sich hiergegen zu schützen, sollten Sie verschiedene Methoden einsetzen. Windows 10 enthält bereits einen eingebauten Virenschutz mit dem Namen Windows Defender; Sie können alternativ auch andere Programme installieren.

Bevor Sie eine Word- oder Excel-Datei öffnen, die Ihnen als Anlage zu einer Mail gesendet wurde, schauen Sie sich den Absender genau an. Häufig finden Sie als Absenderadresse einen Ihnen bekannten Namen; in der E-Mail-Adresse selbst tauchen aber zwei @-Zeichen auf. Falls Sie sich nicht sicher sind, ob Sie der Mail und den Anlagen vertrauen können, seien Sie besser einmal zu oft misstrauisch als einmal zu wenig.

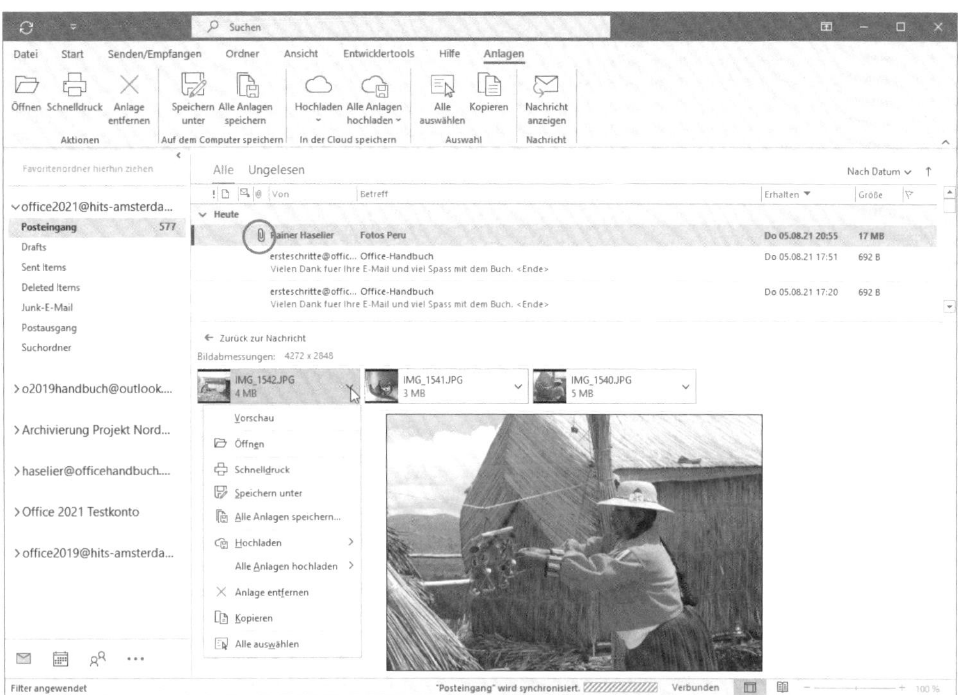

Abbildung 41.24: In der Liste des Posteingangs können Sie E-Mail-Nachrichten mit Anlagen an dem Büroklammersymbol erkennen. Im Lesebereich finden Sie Schaltflächen, mit denen Sie eine Vorschau der Anlagen betrachten können.

Wenn Sie den Mauszeiger einen Moment auf einer der Schaltflächen stehen lassen, zeigt Ihnen Outlook weitere Informationen zu der Anlage an.

Wenn Sie die Schaltfläche einer Anlage anklicken, blendet Outlook die Registerkarte *Anlagen* ein. Gleichzeitig wird eine Vorschau der Anlage angezeigt.

Mit der Schaltfläche *Speichern unter* in der Gruppe *Aktionen* können Sie die Dateianlage aus der E-Mail-Nachricht extrahieren und in einer eigenen Datei auf Ihrem Computer speichern. Wenn Sie diese Schaltfläche anklicken, wird das Dialogfeld *Anlage speichern* geöffnet. Wechseln Sie dort zu dem Ordner, in dem Sie die Datei abspeichern wollen, und klicken Sie abschließend auf *Speichern.*

Im nächsten Kapitel lernen Sie weitere Outlook-Features für E-Mails kennen.

Kapitel 42

E-Mail – fortgeschrittenere Techniken

Im vorigen Kapitel haben Sie die grundlegenden Verfahren beim Erstellen, Versenden und Empfangen von E-Mail-Nachrichten kennengelernt. Dieses Kapitel stellt Ihnen einige der fortgeschritteneren Möglichkeiten vor, die Ihnen Outlook bei der Erstellung und der Verwaltung sowie der Organisation Ihrer E-Mail-Nachrichten zur Verfügung stellt. Sie erfahren, wie Sie die verschiedenen Ansichten im Posteingang nutzen, wie Sie schnell E-Mail-Nachrichten wiederfinden und den Posteingang durch die Erstellung von weiteren Ordnern, mit den Farbkategorien und mithilfe von Regeln übersichtlich organisieren können.

Häufig sind nach dem Erhalt einer E-Mail-Nachricht Aktionen erforderlich. Diese können von einem erforderlichen Anruf, dem Vorbereiten und Erstellen einer Antwort bis zum Einplanen der Informationen aus der E-Mail für ein Meeting reichen. Damit bei der Fülle an E-Mails die zu erledigenden Schritte nicht in Vergessenheit geraten, können Sie eine E-Mail-Nachricht zur Nachverfolgung kennzeichnen, die dann in der Aufgabenliste von Outlook erscheint. Wie Sie hierbei am besten vorgehen, beschreibt dieses Kapitel ebenfalls.

Verschiedene Ansichten für E-Mails nutzen

Wenn Sie den Posteingang öffnen, werden bei einem Exchange- oder POP3-Konto die Nachrichten standardmäßig in der Ansicht *Kompakt* angezeigt. Bei IMAP-Konten ist die Ansicht *Zum Löschen markierte Nachrichten ausblenden* voreingestellt. Sie können für eines oder alle E-Mail-Konten auch die sogenannte Unterhaltungsansicht aktivieren. Dann werden die E-Mail-Nachrichten in Form eines Diskussionsfadens dargestellt. Hierzu schalten Sie auf der Registerkarte *Ansicht* in der Gruppe *Nachrichten* das Kontrollkästchen *Als Unterhaltungen anzeigen* ein. Ein Beispiel für diese Ansicht zeigt die folgende Abbildung.

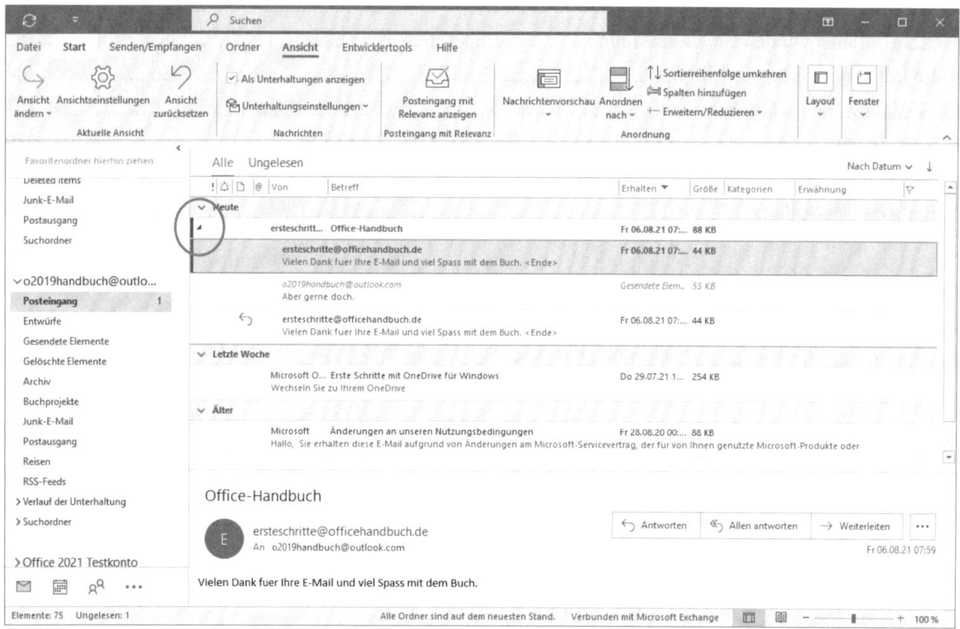

Abbildung 42.1: Die E-Mail-Nachrichten werden im Posteingang in der Unterhaltungsansicht angezeigt; gleichzeitig ist die Ansicht gruppiert.

Die Nachrichtenliste in der obigen Abbildung ist nach dem Datum gruppiert. Das Datum stellt hierbei die oberste Ebene dar. Die erste Gruppe zeigt alle E-Mail-Nachrichten an, die »Heute« eingegangen sind und die zweite Gruppe die Nachrichten von »Gestern«. Diese beschrifteten Gruppen werden von Outlook automatisch erstellt, wenn die Option *In Gruppen anzeigen* aktiviert ist. Um die Gruppierung zu aktivieren und das Kriterium festzulegen, nach dem gruppiert wird, führen Sie folgende Schritte durch:

1. Wechseln Sie zur Registerkarte *Ansicht.*
2. Klicken Sie in der Gruppe *Anordnung* auf *Anordnen nach* und wählen Sie im oberen Bereich des Menüs aus, nach welchem Kriterium die Gruppierung erfolgen soll.

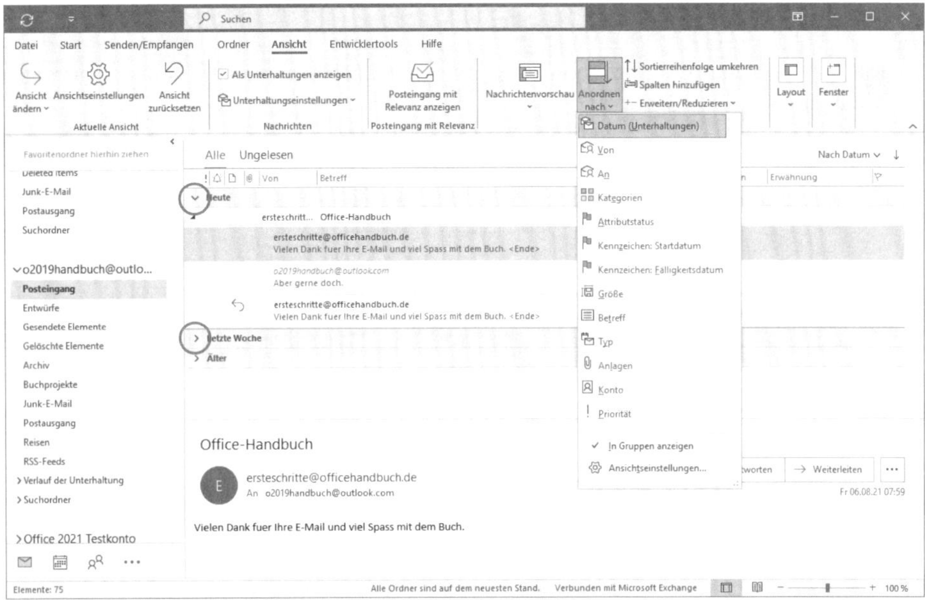

Abbildung 42.2: Auswahl des Gruppierungskriteriums und Aktivierung der Gruppierungsfunktion.

3. Klicken Sie in der Gruppe *Anordnung* auf *Anordnen nach* und überprüfen Sie, ob die Option *In Gruppen anzeigen* eingeschaltet ist; schalten Sie diese Option gegebenenfalls ein.

   Wenn diese Option ausgeschaltet ist, werden die E-Mail-Nachrichten nach dem ausgewählten Kriterium sortiert, jedoch nicht gruppiert.

Wenn Sie die Gruppierung einschalten oder das Kriterium ändern, dauert es einen kleinen Moment, bis Outlook die E-Mail-Nachrichten neu sortiert hat und anzeigen kann. Vor den beschrifteten Gruppen (wie *Heute, Gestern, Letzte Woche* usw.) befinden sich kleine Schaltflächen in Form eines schwarzen Dreiecks, mit denen Sie die Gruppe erweitern oder reduzieren können. Die obige Abbildung zeigt diese gruppierte Ansicht, wobei die Gruppe *Heute* erweitert und die Gruppe *Letzte Woche* reduziert dargestellt wird.

Die E-Mail-Nachrichten im Posteingang können schnell sortiert bzw. gruppiert werden, indem Sie in der Liste die Spaltenüberschrift anklicken, nach der sortiert werden soll. Nach dem ersten Klick auf eine der Spaltenüberschriften werden die Nachrichtenelemente aufsteigend sortiert; wenn Sie ein weiteres Mal diese Spaltenüberschrift anklicken, wird die Sortierreihenfolge umgekehrt.

Die AutoVorschau verwenden

Unabhängig davon, nach welchem Kriterium Sie die E-Mail-Nachrichten gruppieren lassen, können Sie für den Posteingang die sogenannte AutoVorschau einschalten. Wenn Sie diese

Ansicht aktiviert haben, zeigt Outlook im Posteingang die ersten Zeilen der ungelesenen E-Mail-Nachrichten an, wie Sie es in Abbildung 42.3 sehen.

Sie können die Vorschau ausschalten oder festlegen, ob ein, zwei oder drei Zeilen der E-Mail in der Vorschau angezeigt werden. Führen Sie dazu folgende Schritte durch:

1. Wechseln Sie zur Registerkarte *Ansicht.*
2. Klicken Sie in der Gruppe *Anordnung* auf *Nachrichtenvorschau.* Outlook zeigt folgendes Menü an:

Abbildung 42.3: Legen Sie hier fest, wie viele Zeilen in der Vorschau angezeigt werden sollen.

3. Wählen Sie eine der angebotenen Optionen aus, um festzulegen, wie viele Zeilen in der Vorschau angezeigt werden sollen. Klicken Sie auf *Aus,* um die Vorschau zu deaktivieren.

   Outlook zeigt folgende Meldung an:

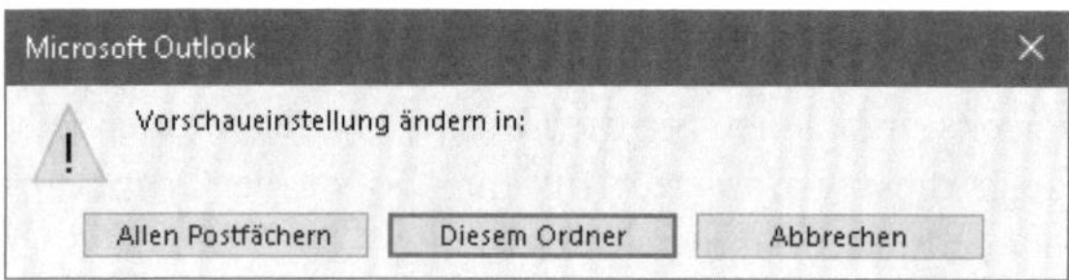

Abbildung 42.4: Die Vorschauoption kann für das aktuelle oder alle Postfächer geändert werden.

4. Klicken Sie auf *Diesem Ordner,* wenn die Vorschaueinstellung lediglich für das aktuelle Postfach geändert werden soll, oder auf *Allen Postfächern,* wenn sie für alle gelten soll.

Spalten hinzufügen und die Reihenfolge der Spalten ändern

Die Ansichten für den Posteingang sind sehr flexibel und können von Ihnen nach Bedarf angepasst werden. Wenn Sie der Liste eine Spalte hinzufügen wollen, gehen Sie folgendermaßen vor:

1. Klicken Sie eine beliebige Spaltenüberschrift mit der rechten Maustaste an, um das Kontextmenü zu öffnen, und wählen Sie den Befehl *Feldauswahl*. Die Leiste *Feldauswahl* wird angezeigt.
2. Öffnen Sie die Dropdownliste im oberen Bereich der Leiste, um die Kategorie der Felder auszuwählen, die angezeigt werden sollen.

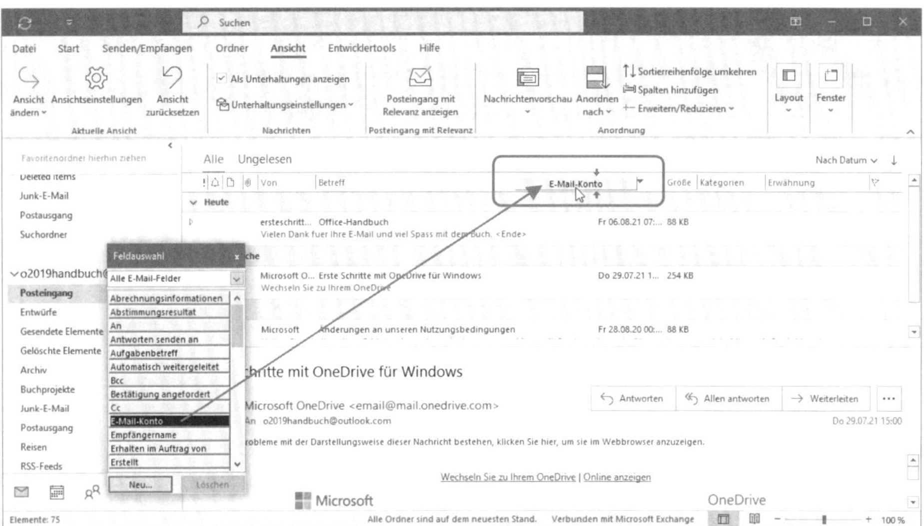

Abbildung 42.5: Mit der Maus ziehen Sie eine neue Spalte aus der Leiste Feldauswahl *an die gewünschte Position in den Spaltenüberschriften.*

3. Ziehen Sie das Feld, das Sie in die Ansicht einfügen wollen, mit gedrückter Maustaste an die gewünschte Stelle zwischen zwei Spalten. Outlook zeigt die Einfügeposition der neuen Spalte durch einen roten Pfeil an.
4. Lassen Sie die Maustaste los, um das Feld zu den Spaltenüberschriften hinzuzufügen.
5. Schließen Sie die Leiste *Feldauswahl*.

Sie können die Reihenfolge, in der die Spalten angezeigt werden, verändern, indem Sie eine Spaltenüberschrift mit gedrückter Maustaste an die gewünschte Position ziehen. Auch hierbei markiert Outlook die neue Position durch ein rotes Dreieck. Um eine Spalte aus der Ansicht zu entfernen, ziehen Sie die Spaltenüberschrift mit gedrückter Maustaste nach unten, bis das Symbol mit einem großen X durchgestrichen wird; lassen Sie dann die Maustaste los.

Ordner und Farbkategorien verwenden

Alle eingehenden E-Mail-Nachrichten werden von Outlook standardmäßig im Ordner *Posteingang* abgelegt. Wenn Sie viele E-Mails erhalten, kann der Posteingang sehr voll sein und es kann schwierig werden, den Überblick zu behalten. Im Folgenden stellen wir Ihnen einige der Möglichkeiten von Outlook vor, mit denen Sie Ihre E-Mail-Nachrichten optimal verwalten können.

Weitere Ordner anlegen

Eine Möglichkeit, um die Übersicht über die erhaltenen E-Mails zu behalten, besteht darin, weitere Ordner anzulegen, in denen Sie die E-Mail-Nachrichten beispielsweise nach Projekten oder den Firmen, mit denen Sie geschäftliche Beziehungen unterhalten, ablegen.

Um einen neuen Ordner zu erstellen, gehen Sie folgendermaßen vor:

1. Wechseln Sie zur Registerkarte *Ordner* und klicken Sie in der Gruppe *Neu* auf *Neuer Ordner*. Das Dialogfeld *Neuen Ordner erstellen* wird angezeigt.
2. Geben Sie in das Feld *Name* den Namen des neuen Ordners ein.

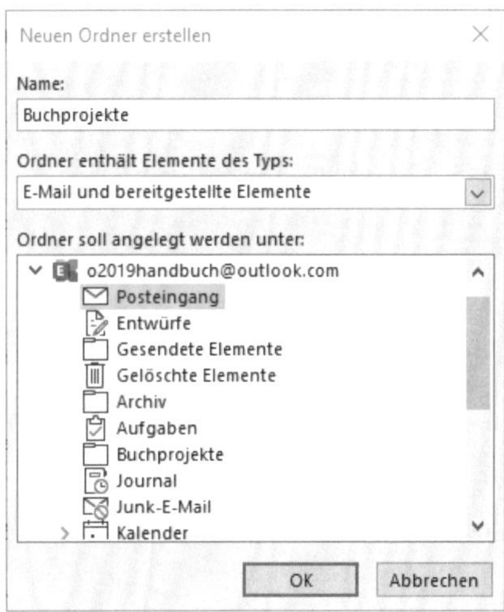

Abbildung 42.6: Sie können die Ordnerstruktur von Outlook um beliebige neue Ordner erweitern. Achten Sie darauf, den richtigen Ordnertyp auszuwählen.

3. Achten Sie darauf, dass in der Liste *Ordner enthält Elemente des Typs* die Option *E-Mail und bereitgestellte Elemente* ausgewählt ist.
4. Markieren Sie in der Liste *Ordner soll angelegt werden unter* den Ordner, unterhalb dessen der neue Ordner erstellt werden soll.
5. Schließen Sie das Dialogfeld mit *OK*. Der neue Ordner wird im Ordnerbereich angezeigt.

Nachrichten in einen anderen Ordner kopieren/verschieben

Um die neuen Ordner zum Organisieren Ihrer E-Mail-Nachrichten zu verwenden, können Sie Nachrichtenelemente in andere Ordner verschieben oder in einem anderen Ordner eine Kopie erstellen. Dies können Sie entweder manuell tun (dies wird in diesem Abschnitt beschrieben) oder automatisch von einer Outlook-Regel erledigen lassen (dies wird ab Seite 778 vorgestellt).

Nachricht per Drag & Drop verschieben bzw. kopieren

Mit der Maus verschieben Sie ein Nachrichtenelement, indem Sie es im Posteingang markieren und dann mit gedrückter Maustaste auf den Zielordner im Ordnerbereich ziehen, wie es Abbildung 42.7 zeigt.

Wenn Sie das Nachrichtenelement kopieren (und nicht verschieben) wollen, halten Sie während des Ziehens die `Strg`-Taste gedrückt.

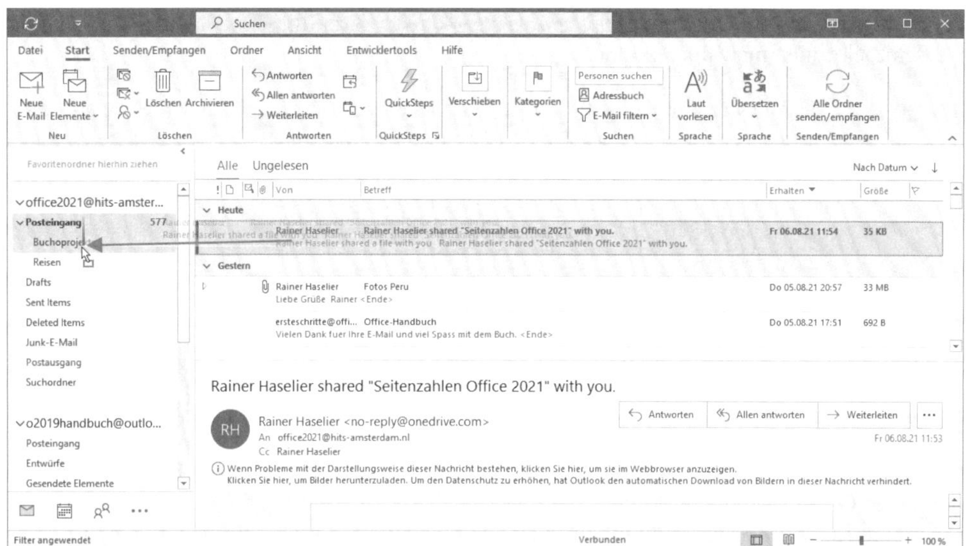

Abbildung 42.7: Ziehen Sie ein Nachrichtenelement aus dem Posteingang auf den gewünschten Ordner im Ordnerbereich, um es dorthin zu verschieben.

Nachricht vom E-Mail-Fenster aus verschieben bzw. kopieren

Wenn Sie neu eingetroffene E-Mails im Nachrichtenformular lesen, können Sie die E-Mail-Nachricht auch direkt von dort aus im gewünschten Zielordner ablegen. Klicken Sie dazu auf der Registerkarte *Nachricht* in der Gruppe *Verschieben* auf *Verschieben* und wählen Sie einen der im oberen Bereich des Menüs angezeigten Ordner aus (siehe Abbildung 42.8).

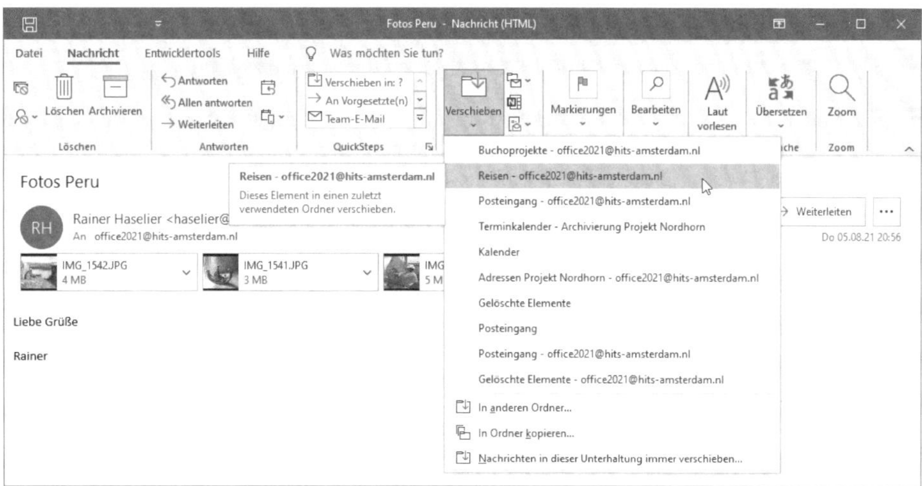

Abbildung 42.8: Bereits beim Lesen einer neuen E-Mail-Nachricht können Sie sie in den gewünschten Ordner verschieben.

Wenn der gewünschte Ordner nicht angezeigt wird, klicken Sie auf *In anderen Ordner* und legen den Zielordner im Dialogfeld *Element verschieben nach* fest.

Wenn Sie die E-Mail-Nachricht kopieren wollen, klicken Sie im Dropdownmenü der Schaltfläche *Verschieben* auf *In Ordner kopieren*. Outlook zeigt daraufhin ein Dialogfeld an, in dem Sie den Zielordner auswählen können.

Hinweis Sie können nicht nur vom Ordner *Posteingang* aus E-Mail-Nachrichten in einen anderen Ordner verschieben oder kopieren. Dies ist ebenfalls aus den Ordnern *Gesendete Elemente, Junk-E-Mail* usw. heraus möglich. Öffnen Sie dazu den Ordner, indem Sie ihn im Ordnerbereich anklicken. Markieren Sie dort die Nachricht, klicken Sie sie mit der rechten Maustaste an, wählen Sie im Kontextmenü den Befehl *In Ordner verschieben* und wählen Sie dann den Zielordner aus.

Farbkategorien zuweisen

Mit dem Erstellen von Ordnern für E-Mail-Nachrichten können Sie diesen Typ von Outlook-Element übersichtlich organisieren. Mit den Farbkategorien steht Ihnen ein Organisationsfeature zur Verfügung, das nicht nur für E-Mail-Nachrichtenelemente verwendet, sondern allen Outlook-Elementen zugewiesen werden kann. Standardmäßig stellt Ihnen Outlook sechs verschiedene Farbkategorien zur Verfügung, denen jeweils eine Farbe und ein allgemeiner Text (*Rote Kategorie, Blaue Kategorie* usw.) zugeordnet ist.

Tipp Farbkategorien und IMAP-E-Mail-Konten IMAP-Konten unterstützen von Hause aus die Kategorisierung von E-Mails nicht. Daher steht dieses Feature in der Standardkonfiguration von Outlook nicht zur Verfügung. Das Problem ist, dass die Kategorien nicht mit dem E-Mail-Server synchronisiert werden. Wenn Sie also beispielsweise in Outlook eine E-Mail kategorisieren und dann Ihr IMAP-Konto auf einem Tablet abrufen, können Sie dort die den E-Mails zugeordneten Kategorien nicht sehen. Sie können das Problem einfach lösen, indem Sie – falls möglich – Ihr E-Mail-Konto als POP3-Konto und nicht als IMAP-Konto einrichten. Bei der automatischen Konfiguration neuer E-Mail-Konten richtet Outlook das Konto standardmäßig als IMAP-Konto ein. Sie können jedoch, wie in Kapitel 43 beschrieben, die manuelle Konteneinrichtung verwenden und das Konto als POP3-Konto einrichten, damit Ihnen dann die Farbkategorien zur Verfügung stehen.

Wenn Sie eine E-Mail-Nachricht anklicken und auf der Registerkarte *Start* in der Gruppe *Kategorien* auf *Kategorisieren* klicken, wird ein Menü geöffnet, in dem Sie die Kategorie auswählen können, die Sie der E-Mail-Nachricht zuweisen wollen (siehe Abbildung 42.9).

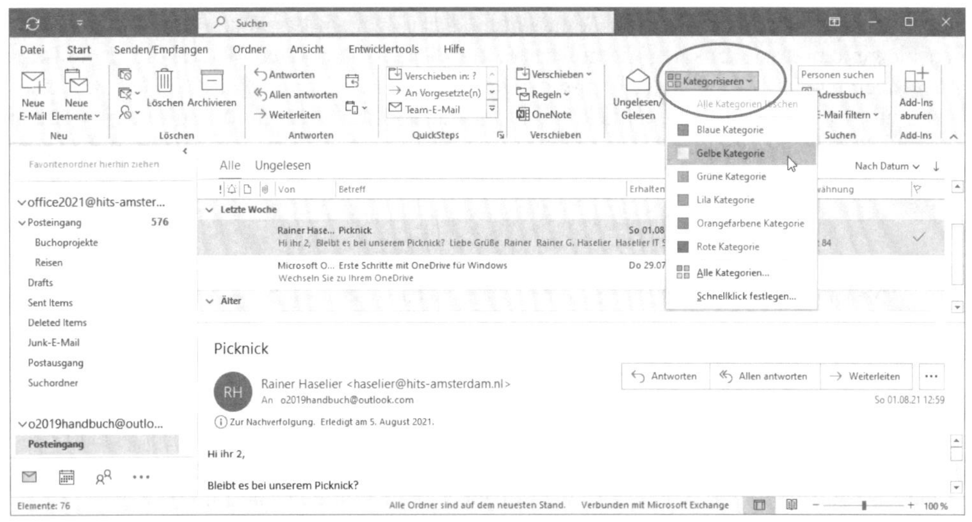

Abbildung 42.9: Über die Schaltfläche Kategorisieren *weisen Sie der markierten E-Mail eine Farbkategorie zu.*

Der Befehl *Alle Kategorien* im Menü der Schaltfläche *Kategorisieren* öffnet ein Dialogfeld, in dem Sie dem/den markierten Element(en) mehrere Farbkategorien zuweisen können, ohne dazu mehrmals das Menü öffnen zu müssen. Hier können Sie auch weitere Farbkategorien erstellen und den Text der vorhandenen Farbkategorien anpassen.

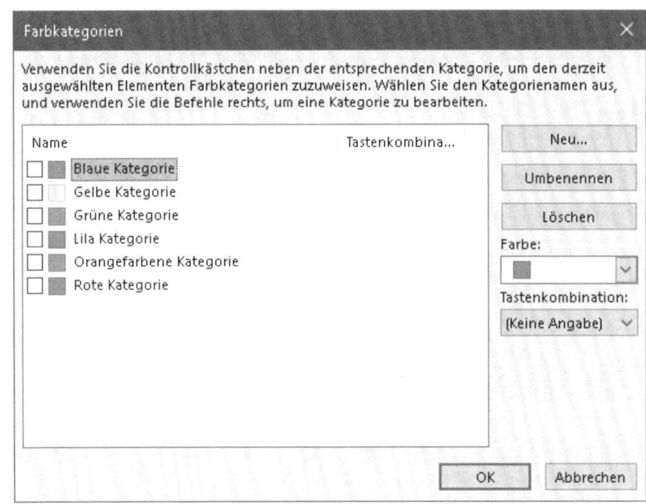

Abbildung 42.10: Farbkategorien verwalten Sie mit diesem Dialogfeld.

- Um dem/den markierten Element(en) mehrere Farbkategorien zuzuweisen, schalten Sie einfach die Kontrollkästchen vor den gewünschten Kategorien ein.
- Um den Namen einer Kategorie zu ändern, markieren Sie sie, klicken auf *Umbenennen* und geben den neuen Namen ein.
- Um eine neue Farbkategorie zu erstellen, klicken Sie auf *Neu*, geben im Dialogfeld *Neue Kategorie hinzufügen* einen Anzeigenamen ein und wählen eine Farbe aus.

Stellen Sie sich beispielsweise vor, Sie möchten allen zu einem bestimmten Projekt gehörenden Elementen eine Farbkategorie zuweisen. Da dieselbe Farbkategorie sowohl E-Mail- als auch Kalender- und Aufgabenelementen zugewiesen werden kann, sind alle Elemente eines bestimmten Projekts auf einen Blick sofort erkennbar. Sollen die Informationen zu einem späteren Zeitpunkt gefunden werden, können Sie nach Farbkategorien sortieren und suchen und so das Gesuchte schnell erkennen.

Profitipp: Schnellklicken!

Wenn Sie eine Kategorie besonders häufig verwenden, können Sie sie als Schnellklickkategorie festlegen. Es reicht dann ein einfacher Klick in die Spalte *Kategorien* im Ansichtsbereich von Outlook, um einem Element diese Kategorie zuzuweisen.

Um das Schnellklicken festzulegen, klicken Sie in der Gruppe *Kategorien* auf die Schaltfläche *Kategorisieren* und wählen dann im Menü den Befehl *Schnellklick festlegen*. Legen Sie anschließend im Dialogfeld die gewünschte Kategorie fest und klicken Sie auf *OK*.

E-Mail-Nachrichten suchen

E-Mails lassen sich am schnellsten mit der Sofortsuche finden. Damit die Suche schnell vonstattengeht, werden die Elemente der Outlook-Datendateien im Hintergrund indiziert. Die Sofortsuche greift auf diesen Index zu, um die Suchergebnisse anzuzeigen. Da hierbei nicht die Nachrichten selbst durchsucht werden müssen, ist die Suche extrem schnell.

Die Sofortsuche verwenden

Um die Sofortsuche nach E-Mail-Nachrichten zu verwenden, gehen Sie wie folgt vor:

1. Klicken Sie in der Navigationsleiste auf *E-Mail*, damit der Posteingang geöffnet wird.
2. Klicken Sie in der Outlook-Titelleiste in das Suchfeld und geben Sie dort die Begriffe ein, nach denen gesucht werden soll. Drücken Sie die ↵-Taste, um die Suche zu starten.
3. Doppelklicken Sie auf das Element, das Sie öffnen wollen.
4. Klicken Sie auf die Schaltfläche *Suche schließen* (rechts neben dem Feld für die Eingabe der Suchbegriffe), um das Suchfeld zu leeren und wieder alle Nachrichtenelemente anzeigen zu lassen.

Sofortsuche nach Details

Die Sofortsuche durchsucht standardmäßig das aktuelle Postfach. Sie können den zu durchsuchenden Bereich einschränken bzw. erweitern, indem Sie neben *Aktuelles Postfach* auf die Filterschaltfläche klicken. Outlook blendet dann das Formular für die erweiterte Suche ein (siehe Abbildung 42.11). Hier können Sie beispielsweise einen anderen Suchbereich einstellen. Wählen Sie beispielsweise die Option *Alle Postfächer*, wenn Sie mehrere E-Mail-Konten in Outlook verwenden.

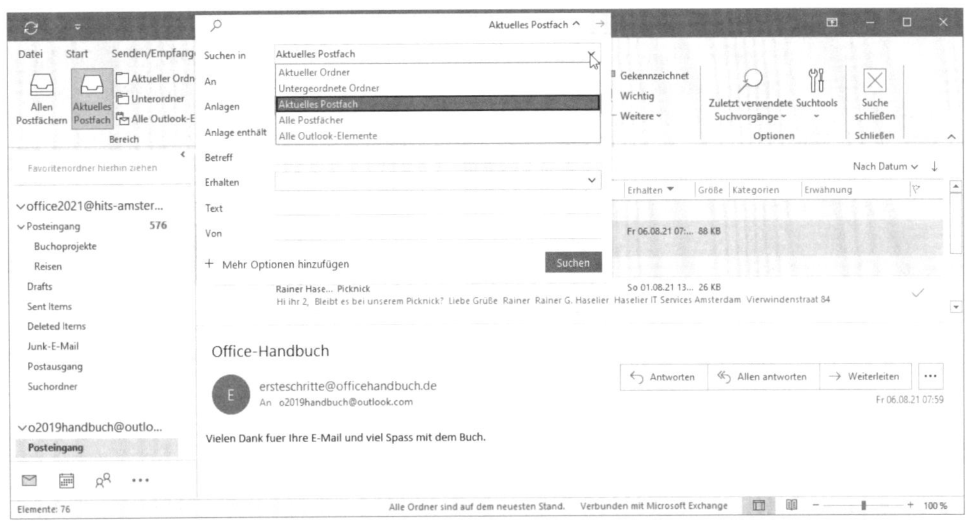

Abbildung 42.11: Legen Sie hier den zu durchsuchenden Bereich fest.

Wenn Sie die Suche verfeinern und festlegen wollen, in welchen Informationselementen der Nachrichtenelemente wonach gesucht werden soll, können Sie die Suchkriterien in das Formular zur eweiterten Suche eingeben und dann auf *Suchen* klicken. Die gleichen Möglichkeiten finden Sie auch auf der Registerkarte *Suchtools/Suchen*:

1. Klicken Sie in der Navigationsleiste auf *E-Mail*, damit der Posteingang geöffnet wird.
2. Klicken Sie in der Outlook-Titelleiste in das Suchfeld und dann auf das Menüband. Outlook blendet die Registerkarte *Suchtools/Suchen* ein.

Abbildung 42.12: Grenzen Sie die Suche mit den Schaltflächen der Gruppe Verfeinern *ein.*

Die Gruppe *Verfeinern* der Registerkarte *Suchtools/Suchen* enthält einige Schaltflächen, mit denen Sie ganz gezielt bestimmte Felder der E-Mail-Nachrichten durchsuchen können, um beispielsweise Mails zu finden, die eine Anlage oder eine hohe Priorität besitzen.

3. Führen Sie eine oder mehrere der folgenden Aktionen durch:
   - **Nach Absender suchen** Klicken Sie auf die Schaltfläche *Von,* wenn Sie nach einem bestimmten Absender suchen wollen. Outlook fügt in das Suchfeld den Text *von:(Absendername)* ein. Der Text *Absendername* ist markiert. Geben Sie den gesamten oder einen Teil des Absendernamens ein. Das Suchfeld sieht dann beispielsweise so aus: *von:(Naumann).*
   - **Nach Betreff suchen** Klicken Sie auf die Schaltfläche *Betreff,* wenn Sie E-Mail-Nachrichten suchen wollen, die einen bestimmten Betreff enthalten. Outlook fügt in das Suchfeld den Text *betreff:(Schlüsselwörter)* ein. Der Text *Schlüsselwörter* ist markiert. Geben Sie die gewünschten Suchbegriffe ein. Das Suchfeld sieht dann beispielsweise so aus: *betreff:(Word).*

- **Nach anderen Kriterien suchen** Klicken Sie eine der folgenden Schaltflächen an, um E-Mail-Nachrichten zu suchen, die Anlagen besitzen *(Hat Anlagen)*, die zur Nachverfolgung gekennzeichnet sind *(Gekennzeichnet)*, die eine hohe Priorität besitzen *(Wichtig)* oder die noch nicht gelesen wurden *(Ungelesen)*.

  Mit der Schaltfläche *Kategorisiert* suchen Sie nach bestimmten Kategorien, mit der Schaltfläche *Diese Woche* nach Mails mit einem bestimmten Datum.

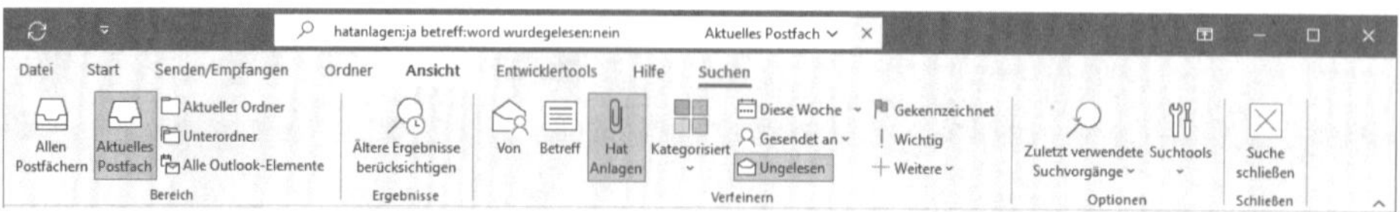

Abbildung 42.13: Beispiel für die erweiterte Suche

4. Doppelklicken Sie auf die E-Mail-Nachricht, die Sie öffnen wollen. Klicken Sie auf die Schaltfläche *Suche schließen,* um den Posteingang wieder in den ursprünglichen Zustand zu versetzen.

Suchordner verwenden und erstellen

Der Nachteil bei der Sofortsuche besteht darin, dass Sie, wenn Sie regelmäßig nach bestimmten Kriterien suchen, diese immer wieder neu eingeben müssen. Wenn Ihnen das auch etwas umständlich erscheint, können Sie die sogenannten Suchordner verwenden, die Sie sich wie eine gespeicherte Suchabfrage vorstellen können. Sie können recht einfach eigene Suchordner erstellen und dabei selbst die Kriterien festlegen, nach denen gesucht werden soll. So gehen Sie dabei vor:

1. Klicken Sie in der Navigationsleiste auf *E-Mail,* damit der *Posteingang* geöffnet wird.
2. Wechseln Sie zur Registerkarte *Ordner* und klicken Sie in der Gruppe *Neu* auf *Neuer Suchordner.* Das gleichnamige Dialogfeld wird angezeigt.

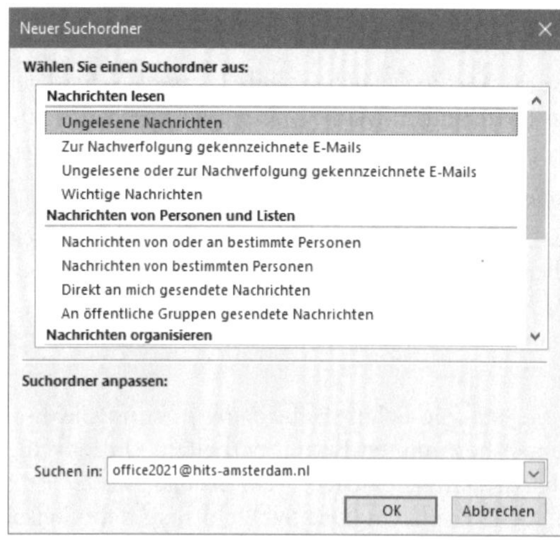

Abbildung 42.14: Wählen Sie einen der Suchordner aus und passen Sie ihn an Ihre Erfordernisse an, indem Sie im Bereich Suchordner anpassen *die gewünschten Kriterien eingeben.*

Die Liste, die Sie im Dialogfeld sehen, enthält bereits weitere vordefinierte Suchordner, die nach Aufgaben sortiert sind und von Ihnen nach Bedarf angepasst werden können.

In der Gruppe *Nachrichten von Personen und Listen* sehen Sie beispielsweise den Eintrag *Nachricht von oder an bestimmte Personen.* Wenn Sie diesen Eintrag anklicken, können Sie im Bereich *Suchordner anpassen* die Schaltfläche *Auswählen* anklicken und dann die gewünschte Person aus den Outlook-Kontakten auswählen.

Um beispielsweise alle Nachrichtenelemente zu finden, denen Sie eine bestimmte Farbkategorie zugeordnet haben, führen Sie folgende Schritte durch:

3. Scrollen Sie in der Liste nach unten, bis Sie die Gruppe *Nachrichten organisieren* sehen.
4. Markieren Sie den Eintrag *Kategorisierte E-Mail.*
5. Klicken Sie im Bereich *Suchordner anpassen* auf die Schaltfläche *Auswählen.* Das Dialogfeld *Farbkategorien* wird angezeigt.
6. Schalten Sie die Kontrollkästchen vor den Farbkategorien ein, die diesem Suchordner zugeordnet sein sollen, und klicken Sie abschließend auf *OK.*

   Ihre Auswahl wird im Bereich *Suchordner anpassen* des Dialogfeldes *Neuer Suchordner* angezeigt.
7. Schließen Sie das Dialogfeld *Neuer Suchordner* mit einem Klick auf *OK.*

Der neue Suchordner steht Ihnen sofort zur Verfügung. Um den Namen des Suchordners zu ändern, klicken Sie ihn in der Ordnerliste mit der rechten Maustaste an. Wählen Sie im Kontextmenü den Befehl *Ordner umbenennen.* Geben Sie den neuen Namen ein und drücken Sie die ↵-Taste.

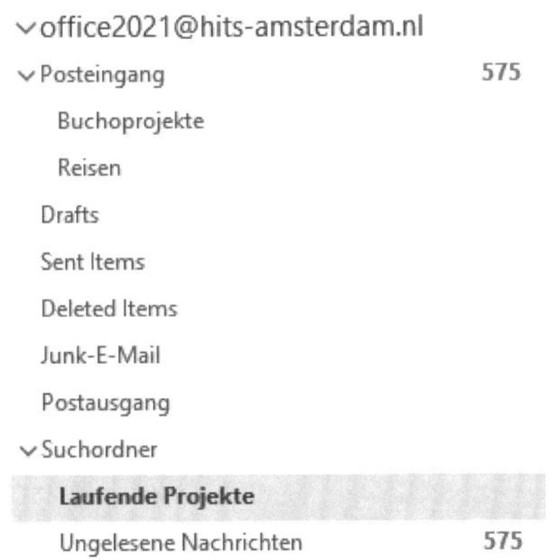

Abbildung 42.15: Der neue Suchordner wird im Ordnerbereich angezeigt.

Wenn Sie einen Suchordner nicht mehr benötigen, klicken Sie ihn mit der rechten Maustaste an und wählen im Kontextmenü den Befehl *Ordner löschen.* Bestätigen Sie die Meldung, die Outlook anzeigt, mit einem Klick auf *Ja.*

E-Mail-Regeln erstellen

Etwas weiter vorn in diesem Kapitel haben Sie gesehen, wie Sie neue Ordner erstellen und die Farbkategorien verwenden können, um Ihre E-Mail-Nachrichten besser zu verwalten. Das Verschieben in einen anderen Ordner oder das Zuweisen einer Farbkategorie haben Sie bisher immer manuell gemacht. Sie können diese Aufgabe aber auch automatisieren und von Outlook erledigen lassen. Dazu erstellen Sie eine Regel, in der festgelegt ist, welche Kriterien eine E-Mail erfüllen muss (beispielsweise von einem bestimmten Absender stammen) und was dann mit dieser E-Mail passieren soll (beispielsweise in einen Ordner verschieben oder eine Farbkategorie zuweisen).

Die von Ihnen definierten Regeln werden von Outlook entweder beim Versenden oder beim Empfangen von E-Mails ausgewertet. Treffen die von Ihnen festgelegten Kriterien zu, werden die entsprechenden Aktionen durchgeführt.

Gehen Sie folgendermaßen vor, um eine Regel zu erstellen:

1. Wechseln Sie zur Registerkarte *Start* und klicken Sie in der Gruppe *Verschieben* auf *Regeln* und dann auf *Regeln und Benachrichtigungen verwalten.* Das Dialogfeld *Regeln und Benachrichtigungen* wird angezeigt. Öffnen Sie falls nötig die Registerkarte *E-Mail-Regeln.*

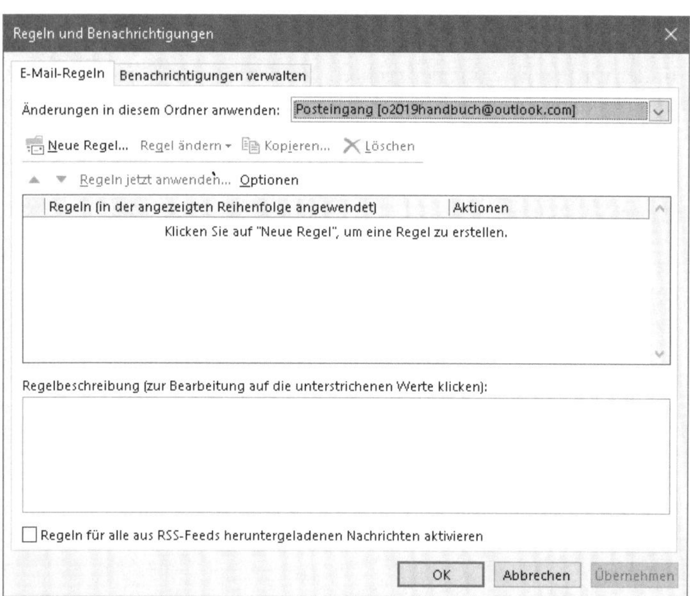

Abbildung 42.16: Auf dieser Registerkarte sehen Sie (falls vorhanden) die bereits erstellten Regeln. Außerdem können Sie hier neue Regeln erstellen und die Reihenfolge festlegen, in der die Regeln angewendet werden.

2. Klicken Sie auf die Schaltfläche *Neue Regel.* Das Dialogfeld *Regel-Assistent* wird angezeigt (siehe Abbildung 42.17).

   Das Erstellen einer E-Mail-Regel vollzieht sich in zwei Schritten, die auch im Dialogfeld *Regel-Assistent* abgebildet sind. Im ersten Schritt wählen Sie eine Regelvorlage aus, die allgemein beschreibt, welche Bedingung die Regel überprüft (beispielsweise E-Mail eines bestimmten Absenders) und welche Aktion durchgeführt werden soll (beispielsweise E-Mail in einen bestimmten Ordner verschieben).

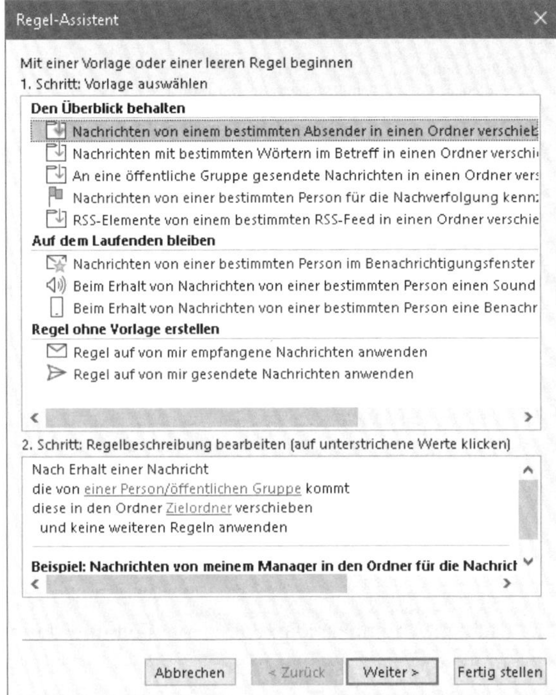

Abbildung 42.17: Der Regel-Assistent hilft Ihnen beim Erstellen von E-Mail-Regeln, die entweder beim Versand oder beim Empfang von E-Mail-Nachrichten ausgeführt werden können.

Im zweiten Schritt konkretisieren Sie die allgemeine Regelbeschreibung und legen hierbei dann beispielsweise den gewünschten Absender und bei der Aktion »In Ordner verschieben« den Zielordner fest.

Wenn Sie in den beiden Kategorien *Den Überblick behalten* und *Auf dem Laufenden bleiben* keine Vorlage finden, die Ihren Anforderungen entspricht, können Sie in der Kategorie *Regel ohne Vorlage erstellen* eine der beiden Optionen auswählen, um so eine Regel völlig neu zu erstellen, die entweder beim Empfangen oder beim Versenden von E-Mails angewendet werden soll.

Die nachfolgenden Schritte beschreiben exemplarisch das Erstellen einer Regel mit und ohne Vorlage. Die erste Regel soll E-Mails von einem bestimmten Absender in einen Ordner verschieben.

3. Markieren Sie in der Kategorie *Den Überblick behalten* den Eintrag *Nachricht von einem bestimmten Absender in einen Ordner verschieben.*
4. Klicken Sie im Feld *2. Schritt* auf den Link *einer Person/öffentlichen Gruppe.* Das Dialogfeld *Regel-Adressen* wird angezeigt (siehe Abbildung 42.18).

Outlook

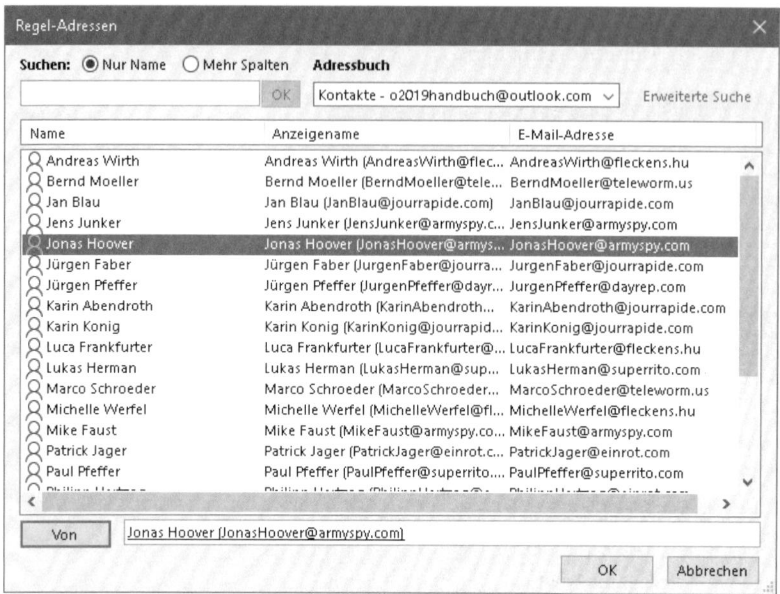

Abbildung 42.18: Wählen Sie in diesem Dialogfeld die Person bzw. die Verteilerliste aus, für die die Regel gelten soll.

5. Markieren Sie in der Liste den gewünschten Absender, klicken Sie auf *Von* und dann auf *OK*. Der ausgewählte Absender wird im Feld *2. Schritt* angezeigt.
6. Klicken Sie im Feld *2. Schritt* auf den Link *Zielordner*. Das Dialogfeld *Regeln und Benachrichtigungen* wird angezeigt.
7. Markieren Sie in der Liste den gewünschten Ordner und klicken Sie auf *OK*. Der ausgewählte Zielordner wird im Feld *2. Schritt* angezeigt.
8. Klicken Sie auf *Fertig stellen*.

Tipp Mehrere Regeln Auf der Registerkarte *E-Mail-Regeln* werden alle definierten Regeln angezeigt. Bei Regeln, die aktiviert sind, ist das Kontrollkästchen in der betreffenden Zeile eingeschaltet. Wenn Sie mehrere Regeln definiert haben, werden diese in der Reihenfolge angewendet, in der sie in der Liste aufgeführt sind. Um die Reihenfolge zu ändern, markieren Sie die Regel, die Sie verschieben wollen, und verwenden die beiden Schaltflächen oberhalb der Liste, um die Position der Regel zu verändern.

Erstellen Sie nun eine weitere Regel, die alle E-Mails, die Sie an den in Schritt 5 ausgewählten Kontakt schreiben, ebenfalls in den in Schritt 6 festgelegten Zielordner verschiebt. Auf diese Weise landet die gesamte E-Mail-Kommunikation mit dieser Person in ein und demselben Ordner.

1. Klicken Sie auf die Schaltfläche *Neue Regel*.
2. Markieren Sie in der Kategorie *Regel ohne Vorlage erstellen* den Eintrag *Regel auf von mir gesendete Nachrichten anwenden*.
3. Klicken Sie auf *Weiter*.
4. Schalten Sie das Kontrollkästchen *die an eine Person/öffentliche Gruppe gesendet wurde* ein.

5. Klicken Sie im Feld *2. Schritt* auf *eine Person/öffentliche Gruppe*. Das Dialogfeld *Regel-Adressen* wird angezeigt. Wählen Sie dort den gewünschten Kontakt aus.
6. Klicken Sie auf *Weiter*. Sie können jetzt die Aktion festlegen, die ausgeführt werden soll.

Abbildung 42.19: Wenn Sie eine Regel ohne Vorlage erstellen, wählen Sie im ersten Schritt die Bedingung aus, die von der Regel überprüft werden soll, und legen anschließend die gewünschte Aktion fest.

Tipp

Regeln mit mehreren Bedingungen und/oder mehreren Aktionen Wenn Sie eine Regel ohne Vorlage erstellen, ist es möglich, mehrere Bedingungen festzulegen. Schalten Sie dazu einfach die Kontrollkästchen vor den Bedingungen ein, die Sie auswerten lassen möchten. Damit die zugehörige Aktion durchgeführt wird, müssen alle definierten Bedingungen zutreffen. Sie können auch mehrere Aktionen festlegen, indem Sie bei allen Aktionen, die ausgeführt werden sollen, das Kontrollkästchen einschalten.

7. Schalten Sie das Kontrollkästchen *eine Kopie davon in den Ordner Zielordner verschieben* ein und klicken Sie anschließend im Feld *2. Schritt* auf *Zielordner*. Das Dialogfeld *Regel und Benachrichtigungen* wird angezeigt.
8. Markieren Sie in der Liste den Zielordner und klicken Sie dann auf *OK*.
9. Klicken Sie auf *Fertig stellen*. Im Dialogfeld *Regeln und Benachrichtigungen* werden die neu erstellten Regeln angezeigt (siehe Abbildung auf der nächsten Seite).

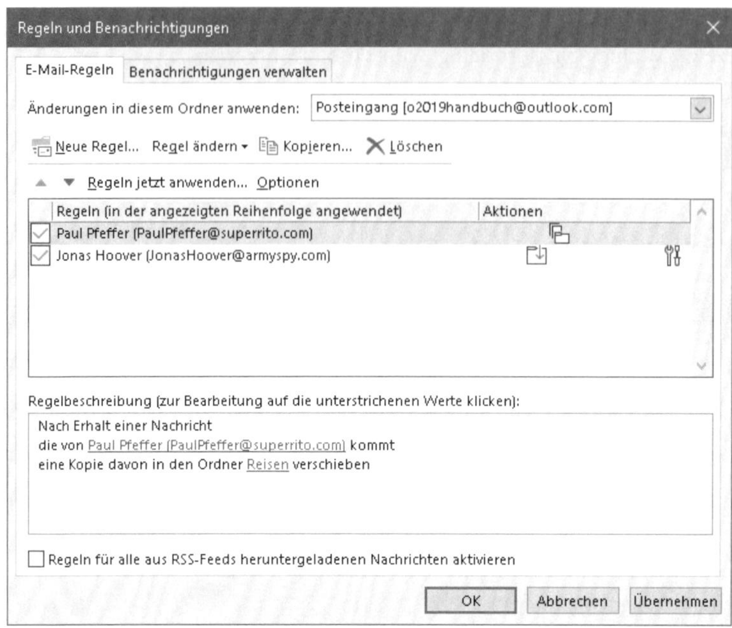

Abbildung 42.20: Die beiden neuen Regeln werden angezeigt. Die Regelbeschreibung sehen Sie im unteren Bereich des Dialogfeldes. Wenn Sie eine erstellte Regel anpassen wollen, markieren Sie die Regel und klicken auf einen der unterstrichenen Werte.

Weitere Optionen für den E-Mail-Versand

In Kapitel 41 haben Sie gesehen, wie Sie E-Mails erstellen und versenden können. Dieser Abschnitt stellt Ihnen überblicksartig drei weitere Optionen vor, die Sie beim Erstellen von E-Mail-Nachrichten verwenden können.

Priorität der E-Mail-Nachricht festlegen

Beim Erstellen einer Nachricht können Sie deren Wichtigkeit festlegen. Neben der Stufe *Standard* stehen Ihnen die Stufen *Hoch* und *Niedrig* zur Verfügung. Um die Priorität festzulegen, klicken Sie auf der Registerkarte *Nachricht* in der Gruppe *Markierungen* entweder auf *Wichtigkeit: hoch* oder auf *Wichtigkeit: niedrig*.

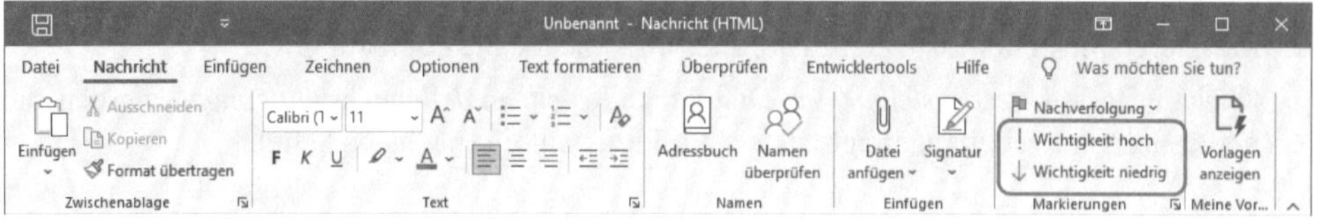

Abbildung 42.21: Mit diesen Schaltflächen legen Sie die Priorität einer Nachricht fest.

Die Priorität einer Nachricht wird von Outlook im Posteingang in einer eigenen Spalte angezeigt. Die Priorität kann außerdem beim Suchen nach Nachrichten und beim Definieren von Nachrichtenregeln verwendet werden.

Zustellungs- und Lesebestätigung anfordern

Wenn eine E-Mail-Nachricht in Ihrem Ordner *Gesendete Elemente* liegt, wissen Sie nicht, ob diese auch wirklich an den Empfänger übermittelt oder ob die Nachricht vom Empfänger gelesen wurde. Sie können bei wichtigen Nachrichten zwei Verlaufsoptionen verwenden und sowohl eine Übermittlungs- als auch eine Lesebestätigung anfordern.

Hierzu öffnen Sie beim Erstellen der E-Mail die Registerkarte *Optionen* und schalten in der Gruppe *Verlauf* das Kontrollkästchen *Zustellungsbestät. anfordern* und/oder das Kontrollkästchen *Lesebestät. anfordern* ein.

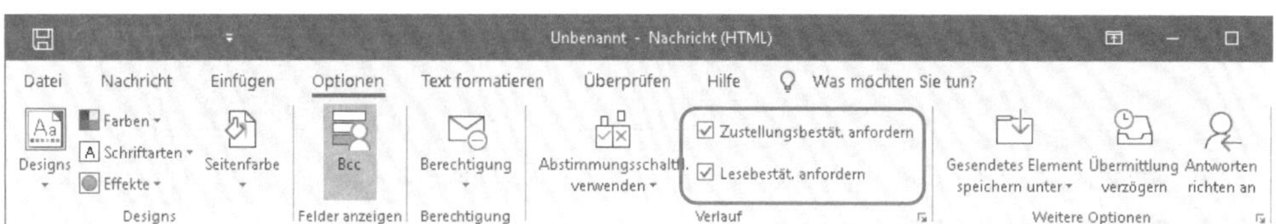

Abbildung 42.22: Mit diesen Kontrollkästchen können Sie eine Übermittlungs- und/oder Lesebestätigung für die aktuelle E-Mail-Nachricht anfordern.

Die Übermittlungsbestätigung informiert Sie lediglich darüber, dass die E-Mail im Postfach des Empfängers abgelegt wurde, aber nicht, dass der Empfänger die Nachricht geöffnet oder gelesen hat. Sie können sich nicht hundertprozentig darauf verlassen, dass Sie immer eine Lesebestätigung erhalten, da bei Microsoft Outlook und auch bei anderen E-Mail-Programmen der Nachrichtenempfänger die Möglichkeit hat, das Senden einer Lesebestätigung abzulehnen.

Verzögerte Übermittlung

Wenn Sie möchten, dass eine Nachricht nicht sofort, sondern zu einem späteren Zeitpunkt versendet wird, können Sie das Feature »verzögerte Übermittlung« verwenden.

Beachten Sie, dass Outlook gestartet sein muss, damit dieses Feature bei POP3-Konten funktioniert. Bei Verwendung eines Kontos auf einem Exchange-Server wird die E-Mail-Nachricht von Exchange zu dem festgelegten Zeitpunkt versendet und Outlook muss daher nicht gestartet bleiben.

1. Erstellen Sie, wie in Kapitel 41 beschrieben, eine neue E-Mail-Nachricht.
2. Wechseln Sie zur Registerkarte *Optionen* und klicken Sie in der Gruppe *Weitere Optionen* auf *Übermittlung verzögern*. Das Dialogfeld *Eigenschaften* wird angezeigt (siehe Abbildung 42.23).
3. Legen Sie für *Übermittlung verzögern bis* das Datum und die Uhrzeit fest, zu der die Mail versendet werden soll.
4. Schließen Sie das Dialogfeld mit einem Klick auf *Schließen*.

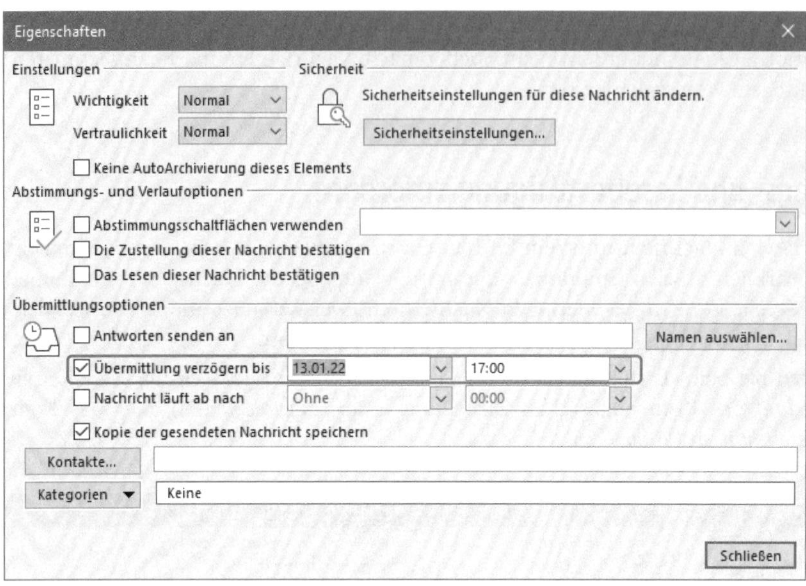

Abbildung 42.23: Legen Sie im Dialogfeld Eigenschaften *das Datum und die Uhrzeit fest, zu der die Nachricht versendet werden soll.*

5. Stellen Sie die E-Mail-Nachricht fertig und klicken Sie dann auf *Senden.*

Automatische Signatur einrichten

Sie können mit der sogenannten AutoSignatur-Funktion automatisch am Ende einer Nachricht einen beliebigen Text anhängen. Dieser Text kann beispielsweise einen freundlichen Gruß oder Absenderangaben enthalten.

Führen Sie folgende Schritte durch, um eine Signatur zu erstellen:

1. Wechseln Sie zur Registerkarte *Datei* und klicken Sie auf *Optionen.*

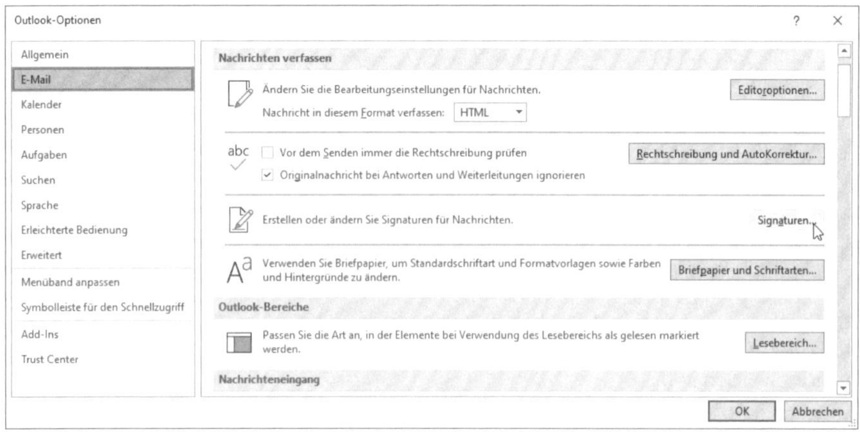

Abbildung 42.24: Hier öffnen Sie das Dialogfeld, um Signaturen zu erstellen und zu bearbeiten.

2. Wechseln Sie zur Kategorie *E-Mail* und klicken Sie auf *Signaturen*. Das Dialogfeld *Signaturen und Briefpapier* wird angezeigt.
3. Klicken Sie auf *Neu*. Das Dialogfeld *Neue Signatur* wird angezeigt.

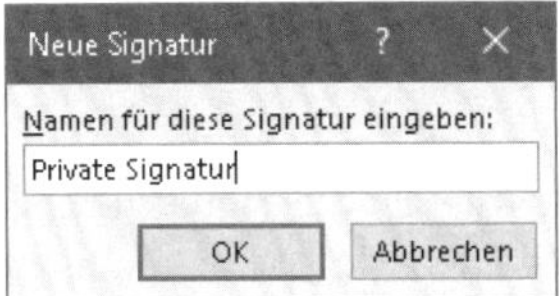

Abbildung 42.25: Legen Sie als Erstes den Namen für die Signatur fest

4. Geben Sie einen Namen für die neue Signatur ein und klicken Sie dann auf *OK*. Sie kehren zum Dialogfeld *Signaturen und Briefpapier* zurück.

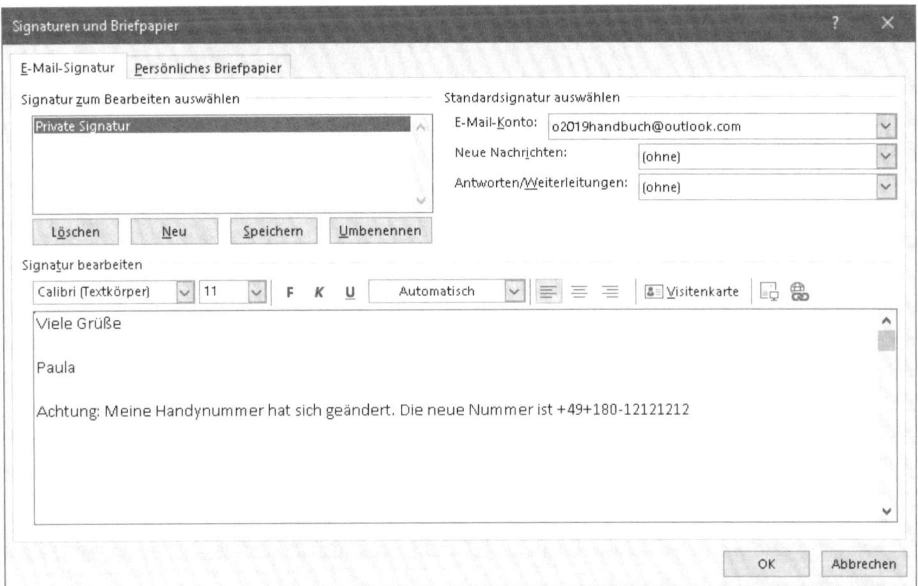

Abbildung 42.26: Auf dieser Registerkarte können Sie Ihre Signaturen erstellen und bearbeiten. Außerdem können Sie festlegen, welche Signatur für welches E-Mail-Konto verwendet werden soll und ob die Signatur nur bei neuen Nachrichten oder auch bei Antworten und Weiterleitungen angefügt werden soll.

5. Geben Sie in das Feld *Signatur bearbeiten* den Text ein, den Sie als Signatur verwenden wollen. Sie können die verschiedenen Formatierungsschaltflächen benutzen, wenn Sie andere Schriftarten oder Hervorhebungen verwenden wollen.
6. Öffnen Sie die Dropdownliste *E-Mail-Konto* und wählen Sie dort das Konto aus, für das die Signatur verwendet werden soll.

Tipp **Outlook passt Signatur automatisch an das benutzte Konto an** Wenn Sie mehrere Konten eingerichtet und für die Konten unterschiedliche Signaturen angelegt haben, reicht es nun aus, beim Versenden der E-Mail das Konto zu wechseln (siehe hierzu den Abschnitt »E-Mail-Versand bei mehreren Konten« in Kapitel 41), und Outlook ersetzt eine vorhandene Signatur durch die Standardsignatur, die dem betreffenden Konto zugeordnet ist.

7. Wählen Sie dann über die Pfeilschaltfläche neben *Neue Nachrichten* die Signatur aus, die automatisch an Ihre Nachrichten angehängt werden soll. Wollen Sie später nicht mehr, dass eine Signatur eingefügt wird, wählen Sie den Eintrag *(ohne)*.
8. Klicken Sie auf *Speichern* und dann auf *OK*, um die Einstellungen zu übernehmen.

Tipp **Keine Signatur für Antworten und Weiterleitungen** Für Antworten und Weiterleitungen ist es sinnvoll, standardmäßig keine Signatur anzuhängen. Wenn Sie möchten, können Sie aber auch hier eine Ihrer Signaturen auswählen, oder Sie erstellen eine spezielle Signatur für Antworten und Weiterleitungen, die dann knapper gehalten sein sollte.

Wenn Sie eine Signatur zu einem späteren Zeitpunkt bearbeiten wollen, öffnen Sie das Dialogfeld *Signaturen und Briefpapier* und markieren in der Liste *Signatur zum Bearbeiten auswählen* die Signatur, die Sie verändern möchten.

Signatur verwenden

Wenn Sie nun eine neue E-Mail-Nachricht erstellen, erscheint die Signatur für neue Nachrichten sofort im großen Eingabefeld. Bei der Signatur handelt es sich um ganz normalen Text, den Sie einfach ändern oder löschen können.

Auch wenn Sie keine Standardsignatur gewählt haben, können Sie eine Ihrer Signaturen gezielt einfügen, indem Sie auf der Registerkarte *Start* in der Gruppe *Einfügen* auf *Signatur* klicken und im Menü die gewünschte Signatur auswählen.

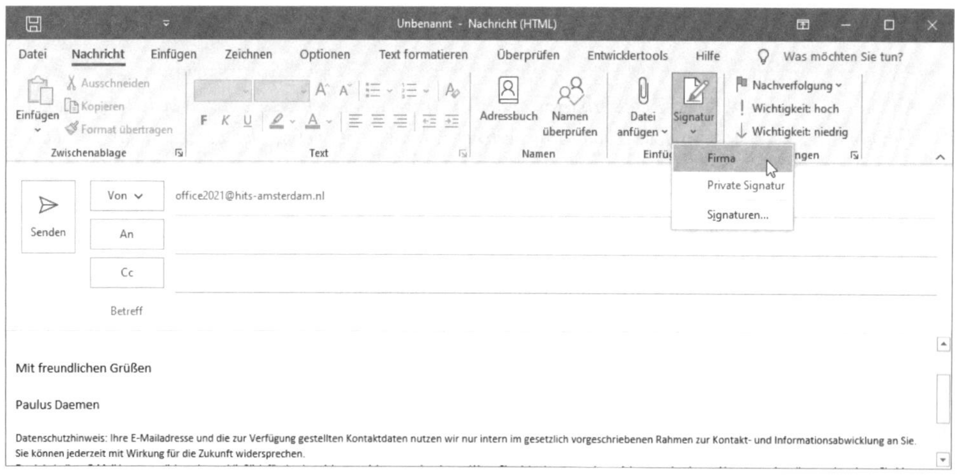

Abbildung 42.27: Auch beim Verfassen einer E-Mail-Nachricht können Sie eine Signatur auswählen.

Aus E-Mails werden Aufgaben

Wenn Sie eine E-Mail erhalten, können Sie die Outlook-Kennzeichnungen verwenden, damit Sie nicht vergessen, die Nachricht auf die eine oder andere Weise nachzuverfolgen. Outlook enthält eine Reihe von Standardkennzeichnungen mit Daten (beispielsweise *Heute, Morgen* oder *Nächste Woche*), die Sie bei Nachrichten verwenden können, die über ein POP3- oder Exchange Server-Konto eingegangen sind. Sie können den so gekennzeichneten Nachrichten auch benutzerdefinierte Daten oder Erinnerungen zuweisen. In beiden Fällen erstellt Outlook aus der Kennzeichnung eine Aufgabe, die in Ihren Kalender eingetragen wird. Bei IMAP-Konten können Sie lediglich Nachrichten kennzeichnen. Wenn Sie eine E-Mail-Nachricht gekennzeichnet haben, wird dies im Posteingang in einer eigenen Spalte angezeigt.

Eine Nachricht zur Nachverfolgung kennzeichnen

Um eine Nachricht zur Nachverfolgung zu kennzeichnen, gehen Sie folgendermaßen vor:

1. Doppelklicken Sie auf die Nachricht im Posteingang, um das Formular zum Lesen von Nachrichten zu öffnen.
2. Klicken Sie in einer geöffneten Nachricht auf der Registerkarte *Nachricht* in der Gruppe *Markierungen* auf *Nachverfolgung* bzw. *Zur Nachverfolgung.*
3. Führen Sie je nachdem, welchen Typ Ihr E-Mail-Konto besitzt, eine der folgenden Aktionen durch:
   - **IMAP** Klicken Sie auf *Nachricht kennzeichnen* (siehe Abbildung 42.28).

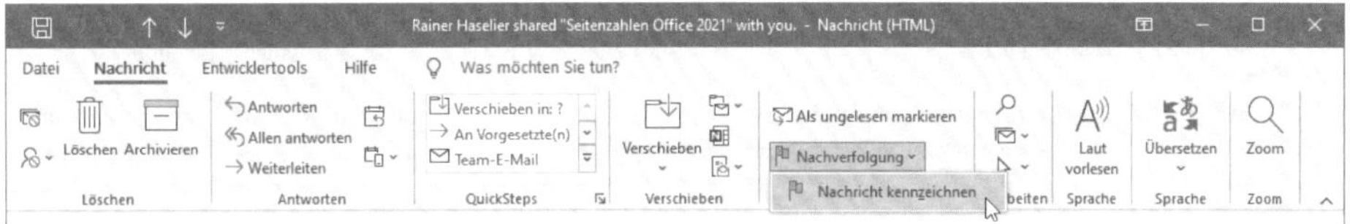

Abbildung 42.28: Bei einem IMAP-Konto können Sie die Nachricht lediglich kennzeichnen, aber aus der E-Mail-Nachricht keine Aufgabe erstellen, die im Kalender eingetragen wird.

   - **POP3, Exchange Server** Klicken Sie auf eine der Kennzeichnungen, um aus der E-Mail-Nachricht eine Aufgabe zu erstellen, die von Outlook in den Kalender eingetragen wird (siehe Abbildung 42.29 und Tabelle 42.1).
4. Schließen Sie die Nachricht.
   - Wenn Sie nun zum Kalender wechseln und dort den Zeitraum anzeigen lassen, zu dem die Nachverfolgung beginnen soll, sehen Sie für diese E-Mail-Nachricht in der täglichen Aufgabenliste einen Eintrag. Auch in der Aufgabenliste am unteren Ende der Aufgabenleiste wurde für diese Nachverfolgung ein Eintrag hinzugefügt.
   - Sie können auch in der Liste des Posteingangs eine Nachricht mit einer Kennzeichnung versehen: Klicken Sie die gewünschte Nachricht mit der rechten Maustaste an, zeigen Sie auf *Zur Nachverfolgung* und wählen Sie eine Kennzeichnung aus. Das Menü, das dort angezeigt wird, entspricht dem, das Sie in Abbildung 42.29 sehen.

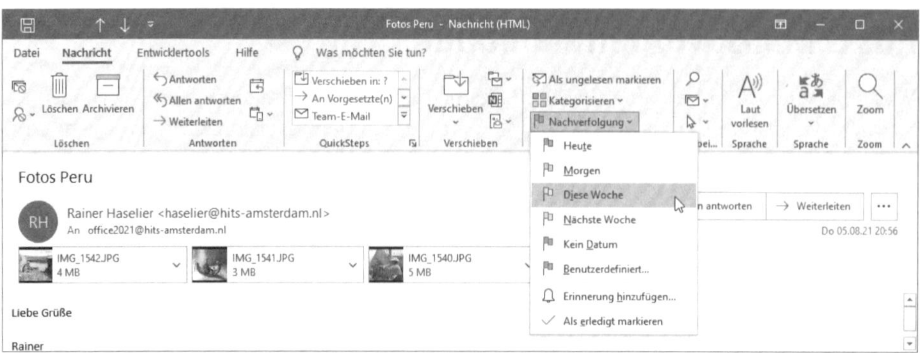

Abbildung 42.29: Bei POP3- und Exchange Server-Konten können Sie eine E-Mail-Nachricht mit einer Kennzeichnung versehen und aus der Nachricht eine Aufgabe erstellen.

Kennzeichnung	Beginnt am	Fällig am	Erinnerung
Heute	Aktuelles Datum	Aktuelles Datum	Eine Stunde vor Ende des aktuellen Arbeitstags
Morgen	Aktuelles Datum plus ein Tag	Aktuelles Datum plus ein Tag	Startzeit des aktuellen Tags plus ein Arbeitstag
Diese Woche	Aktuelles Datum plus zwei Tage, aber nicht später als der letzte Arbeitstag dieser Woche	Letzter Arbeitstag dieser Woche	Startzeit des aktuellen Tags plus zwei Arbeitstage
Nächste Woche	Erster Arbeitstag der nächsten Woche	Letzter Arbeitstag der nächsten Woche	Startzeit des ersten Arbeitstags der nächsten Woche
Kein Datum	Kein Datum	Kein Datum	Aktuelles Datum
Benutzerdefiniert	Das Dialogfeld *Benutzerdefiniert* wird angezeigt. Dort können Sie das Anfangsdatum und das Enddatum der Aufgabe festlegen sowie den Zeitpunkt der Erinnerung einstellen.		

Tabelle 42.1: Die verschiedenen Kennzeichnungen zur Nachverfolgung

Kennzeichnung entfernen oder Element als erledigt markieren

Um die Kennzeichnung zu entfernen, können Sie das Element als erledigt markieren oder die Kennzeichnung deaktivieren:

- Um die Kennzeichnung des ausgewählten Elements zu löschen, klicken Sie im Posteingang die Spalte *Kennzeichnungsstatus* mit der rechten Maustaste an und wählen den Befehl *Kennzeichnung löschen.*
- Um das ausgewählte Element als erledigt zu markieren, klicken Sie im Posteingang die Spalte *Kennzeichnungsstatus* mit der rechten Maustaste an und wählen den Befehl *Als erledigt markieren.*

QuickSteps verwenden und anpassen

Ein QuickStep hilft, wiederkehrende Aufgaben bei der Verwaltung des Postfachs zu automatisieren, da in einem QuickStep mehrere Aktionen zusammengefasst werden, die alle durch Anklicken einer einzigen Schaltfläche ausgeführt werden. Outlook enthält einige vordefinierte QuickSteps, die Sie anpassen können. Außerdem können Sie eigene QuickSteps erstellen.

Die QuickSteps stehen Ihnen im Modul *E-Mail* auf der Registerkarte *Start* in der Gruppe *QuickSteps* zur Verfügung. Wenn Sie die Schaltfläche *Weitere* anklicken, wird das Dropdownmenü mit allen QuickSteps geöffnet. Außerdem können Sie mit weiteren Befehlen des Menüs die vorhandenen QuickSteps anpassen und neue erstellen.

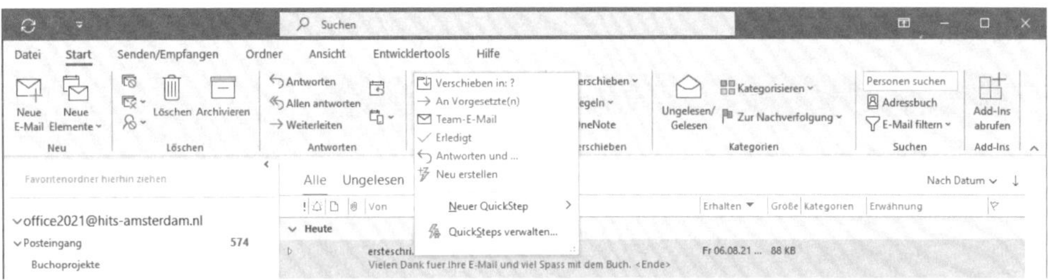

Abbildung 42.30: Das geöffnete QuickSteps-Dropdownmenü

Die folgende Tabelle enthält eine kurze Übersicht zu den vordefinierten QuickSteps.

Name	Beschreibung, Aktionen
Verschieben in	Verschiebt die ausgewählte Nachricht in einen E-Mail-Ordner; die Nachricht wird als gelesen gekennzeichnet.
An Vorgesetzte(n)	Leitet eine E-Mail-Nachricht an einen oder mehrere Empfänger weiter.
Team-E-Mail	Erstellt eine neue E-Mail-Nachricht an die Mitglieder Ihres Teams. Bei der ersten Verwendung wählen Sie die E-Mail-Empfänger aus.
Erledigt	Verschiebt die ausgewählte Nachricht in einen E-Mail-Ordner; außerdem wird die Nachricht sowohl als gelesen als auch als erledigt gekennzeichnet.
Antworten und löschen	Öffnet ein Antwortformular für die ausgewählte Nachricht; gleichzeitig wird die ursprüngliche Nachricht gelöscht.
Neu erstellen	Öffnet das Dialogfeld *QuickStep bearbeiten*. Dort können Sie einen neuen QuickStep erstellen und die gewünschten Aktionen festlegen.

Tabelle 42.2: Die vordefinierten QuickSteps

QuickStep verwenden

Führen Sie folgende Schritte durch, um einen QuickStep zu verwenden. Beachten Sie, dass bei einigen der vordefinierten QuickSteps ein Konfigurationsdialogfeld angezeigt wird, wenn Sie den QuickStep zum ersten Mal verwenden.

1. Wechseln Sie zum Modul *E-Mail* und klicken Sie auf der Registerkarte *Start* in der Gruppe *QuickSteps* auf die Schaltfläche *Weitere*.

   Das Dropdownmenü für QuickSteps wird geöffnet.

2. Klicken Sie den gewünschten QuickStep an.

   Einige der QuickSteps müssen bei der ersten Verwendung konfiguriert werden. Wenn Sie beispielsweise den QuickStep *Erledigt* anklicken, öffnet Outlook das in Abbildung 42.31 gezeigte Dialogfeld.

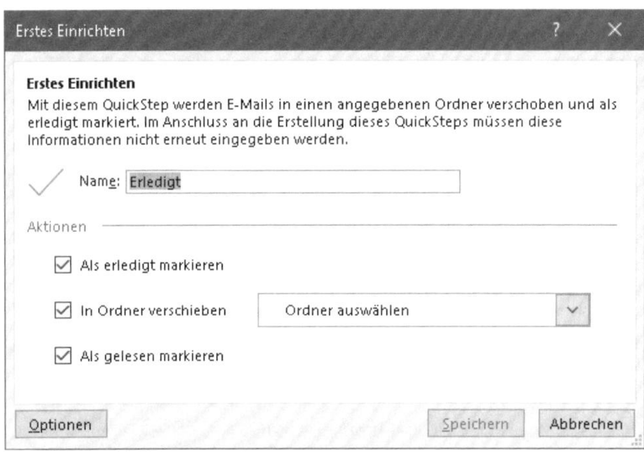

Abbildung 42.31: Einrichten des QuickSteps Erledigt

3. Geben Sie in das Feld *Name* einen Namen für den QuickStep ein, wenn Sie den vorgeschlagenen Namen ändern möchten.

   Im Bereich *Aktionen* sind die Aktionen aufgeführt, die der QuickStep ausführt.

4. Öffnen Sie das Dropdown-Listenfeld *Ordner auswählen* und wählen Sie den Ordner aus, in den die E-Mail verschoben werden soll.

5. Klicken Sie auf *Speichern*.

   Dieser QuickStep ist nun konfiguriert und Outlook führt die eingestellten Aktionen für die markierte E-Mail-Nachricht durch.

Neuen QuickStep erstellen

Führen Sie folgende Schritte durch, um einen neuen QuickStep zu erstellen:

1. Wechseln Sie zum Modul *E-Mail* und klicken Sie auf der Registerkarte *Start* in der Gruppe *QuickSteps* auf die Schaltfläche *Weitere*.

   Das Dropdownmenü für QuickSteps wird geöffnet.

2. Klicken Sie auf *Neuer QuickStep*.

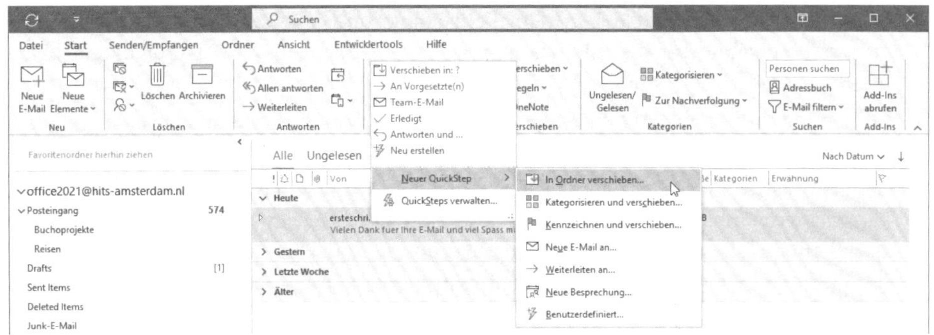

Abbildung 42.32: Basieren Sie den neuen QuickStep auf einer Standardaktion oder wählen Sie Benutzerdefiniert.

3. Wenn Sie einen QuickStep mit einer der Standardaktionen erstellen wollen, klicken Sie die gewünschte Aktion an. Anderenfalls klicken Sie auf *Benutzerdefiniert*. In beiden Fällen wird das Dialogfeld *QuickStep bearbeiten* angezeigt, in dem Sie die Aktionen einrichten können.

Abbildung 42.33: Mit diesem Dialogfeld erstellen und bearbeiten Sie QuickSteps.

4. Geben Sie in das Feld *Name* einen Namen für den QuickStep ein.

5. Klicken Sie auf das Bild neben dem Feld *Name* und wählen Sie im Dialogfeld *Symbol auswählen* ein Bild für den QuickStep aus. Dieses Bild wird in der QuickSteps-Liste auf der Registerkarte *Start* angezeigt.
6. Öffnen Sie im Bereich *Aktionen* das Dropdown-Listenfeld *Aktion auswählen*. In der Liste sind alle Aktionen aufgeführt, die mittels eines QuickSteps automatisiert werden können.
7. Bei zahlreichen Aktionen sind weitere Angaben erforderlich. Für die Aktion *Nachricht kategorisieren* muss beispielsweise noch die Kategorie ausgewählt werden. Öffnen Sie dazu das entsprechende Dropdown-Listenfeld und nehmen Sie die weiteren Angaben vor.
8. Wenn Sie durch den QuickStep weitere Aktionen ausführen lassen möchten, klicken Sie auf *Aktion hinzufügen* und wiederholen für die neue Aktion die Schritte 5 bis 7.
9. Um den QuickStep mit einer Tastenkombination aufrufen zu können, öffnen Sie das Dropdown-Listenfeld *Tastenkombination* und wählen die gewünschte Tastenkombination aus.
10. Geben Sie in das Feld *QuickInfo-Text* einen kurzen Text ein, der angezeigt werden soll, wenn der Mauszeiger auf dem QuickStep steht.
11. Klicken Sie auf *Fertig stellen*.

QuickSteps bearbeiten

Alle QuickSteps können bearbeitet werden, d. h., Sie können die zugewiesenen Aktionen ändern oder erweitern oder nicht mehr benötigte QuickSteps löschen. Klicken Sie dazu auf der Registerkarte *Start* in der Gruppe *QuickSteps* auf die Schaltfläche *Weitere* und dann auf *QuickSteps verwalten*. Outlook zeigt das gleichnamige Dialogfeld an.

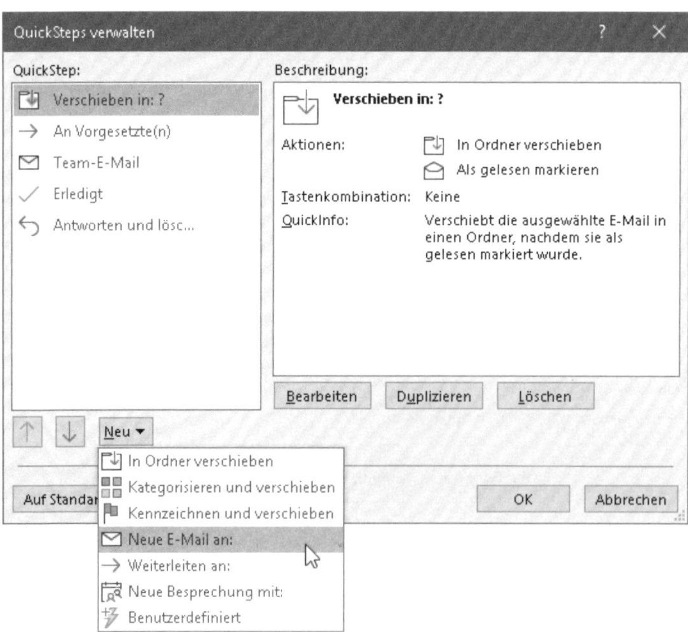

Abbildung 42.34: Alle Funktionen zum Verwalten von QuickSteps finden Sie in diesem Dialogfeld.

Führen Sie in dem Dialogfeld eine der folgenden Aktionen durch:

- Um einen QuickStep zu löschen, markieren Sie ihn in der Liste *QuickStep* und klicken dann auf *Löschen.*
- Um einen QuickStep zu bearbeiten, markieren Sie ihn in der Liste *QuickStep* und klicken dann auf *Bearbeiten.* Outlook zeigt daraufhin das Dialogfeld *QuickStep bearbeiten* an, in dem Sie die Aktionen ändern oder erweitern können.
- Verwenden Sie die Pfeilschaltflächen unterhalb der Liste *QuickStep,* um die Reihenfolge der QuickSteps zu ändern. Hierbei wird der markierte QuickStep verschoben. Die QuickSteps werden auf der Registerkarte *Start* in der hier festgelegten Reihenfolge angezeigt.
- Klicken Sie auf *Neu,* um einen neuen QuickStep zu erstellen. Wenn Sie einen QuickStep mit einer der Standardaktionen erstellen wollen, klicken Sie die gewünschte Aktion an. Anderenfalls klicken Sie auf *Benutzerdefiniert.* In beiden Fällen wird das Dialogfeld *QuickStep bearbeiten* angezeigt, in dem Sie die Aktionen einrichten können.

Junk-E-Mail filtern

Outlook bietet eine Junk-E-Mail-Funktion, die automatisch E-Mails, bei denen es sich offensichtlich um unerwünschte E-Mails handelt, in den Ordner *Junk-E-Mail* verschiebt. Dieser Filter wertet unterschiedliche Kriterien aus und ist standardmäßig auf die niedrigste Stufe eingestellt, sodass die Gefahr gering ist, dass wichtige E-Mails fälschlicherweise im Ordner *Junk-E-Mail* verschwinden.

Zusätzlich zum automatischen Junk-E-Mail-Filter können Sie

- *Absender zur Liste blockierter Absender hinzufügen*, sodass alle E-Mails, die Sie von diesen Absendern erhalten, im Ordner *Junk-E-Mail* landen,
- *Absender zur Liste sicherer Absender hinzufügen,* deren E-Mails nie als Junk klassifiziert werden, und
- *Absender zur Liste sicherer Empfänger hinzufügen;* wenn Sie mehrere E-Mail-Adressen haben, können Sie eine oder mehrere davon zu den sicheren Empfängern hinzufügen, sodass keine an diese E-Mail-Adresse gerichtete E-Mail in den Ordner *Junk-E-Mail* verschoben wird.

Um eine E-Mail entsprechend zu kennzeichnen, gehen Sie wie folgt vor:

1. Klicken Sie mit der rechten (!) Maustaste auf die E-Mail, zeigen Sie im Kontextmenü auf *Junk-E-Mail* und wählen Sie im Untermenü den gewünschten Eintrag.
2. Wenn Sie im Untermenü auf *Junk-E-Mail-Optionen* klicken, können Sie die drei oben beschriebenen Listen einsehen und gegebenenfalls ändern und außerdem die Stufe des automatischen Filters anpassen, wobei Sie im Normalfall zunächst keine höhere Stufe einstellen sollten.

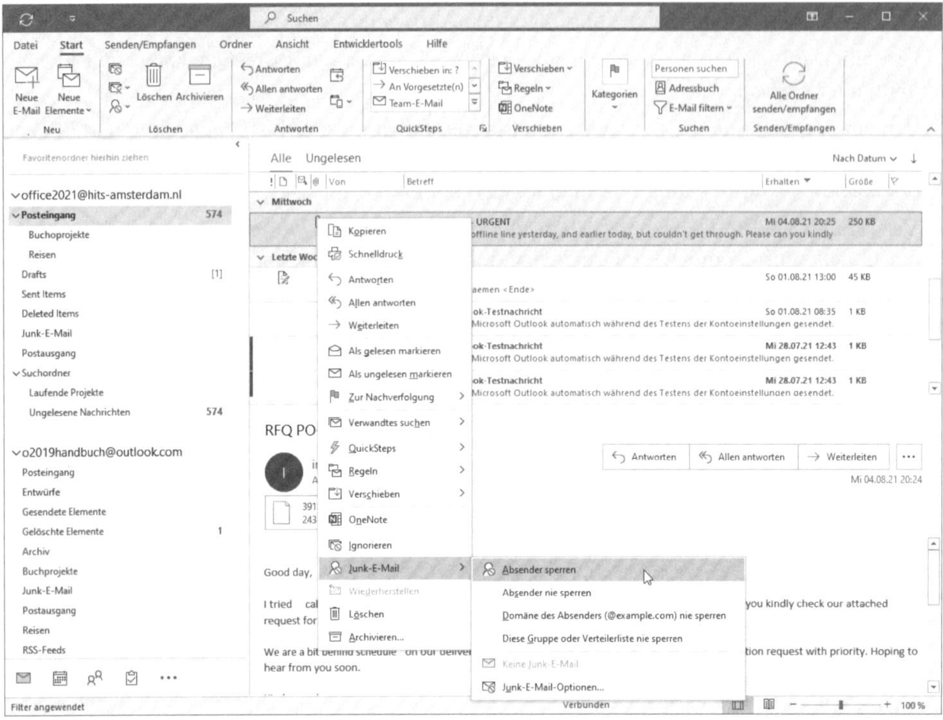

Abbildung 42.35: Über dieses Kontextmenü können Sie einen Absender in die Liste der blockierten oder in die Liste der sicheren Absender aufnehmen.

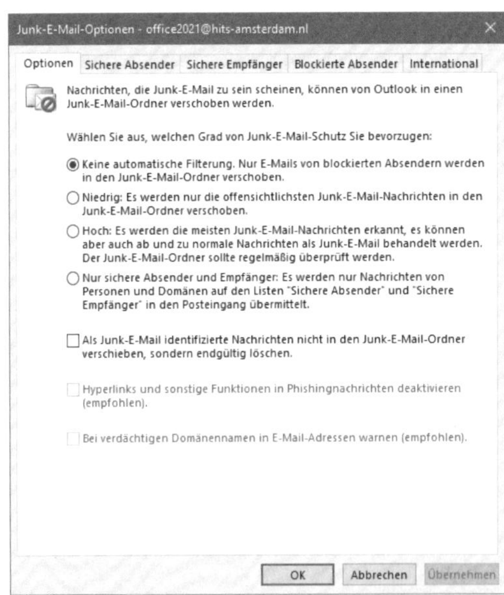

Abbildung 42.36: Auf dieser Registerkarte können Sie die Optionen für Junk-E-Mail einstellen; auf den Registerkarten Sichere Empfänger, Blockierte Absender *und* Sichere Absender *können Sie die verschiedenen Listen einsehen und bearbeiten.*

Sicherheit beim Mailen

Der Posteingang kann über das Internet zahlreichen Gefahren ausgesetzt sein, beispielsweise Spam, Viren oder Phishing.

Schutz vor Spam

Fast jeder E-Mail-Nutzer kennt die Flut an Massen-E-Mails, die oftmals den Posteingang überschwemmt. Das meiste davon fällt in die Kategorie Spam. Outlook tritt diesem Spam-Problem mittels des Junk-E-Mail-Filters entgegen, von dem eingehende Nachrichten automatisch bewertet und als Spam eingestufte Nachrichten an den Ordner *Junk-E-Mail* gesendet werden.

Outlook verfügt zudem über ein weiteres Anti-Spam-Feature. In Nachrichten im HTML-Format sind oftmals Bilder oder Sounds von externen Internetquellen enthalten. Diese Technik wird gerne von seriösen Absendern eingesetzt, die das Einbetten umfangreicher Grafiken in die Nachricht vermeiden möchten. Absender von Junk-E-Mails nutzen diese Möglichkeit jedoch oftmals als sogenanntes Webbeacon, um auf diese Weise an Ihre E-Mail-Adresse heranzukommen. Wenn Sie die Nachricht öffnen und der Inhalt automatisch heruntergeladen wird, lassen Sie den Absender unabsichtlich wissen, dass es sich bei der Adresse um eine gültige E-Mail-Adresse handelt. Ihre E-Mail-Adresse kann dann an Spammer verkauft werden, was ein noch höheres Spamaufkommen in Ihrem Postfach zur Folge hat. In Outlook ist das Blockieren des automatischen Herunterladens von Bildern deshalb standardmäßig aktiviert.

Schutz vor Phishing

Beim sogenannten Phishing handelt es sich um eine Vorgehensweise, durch die Sie zum Offenlegen privater Informationen wie Kontonummern oder Kennwörtern verleitet werden sollen. Phishingnachrichten enthalten oftmals irreführende Hyperlinks zu nicht vertrauenswürdigen Websites, auf denen Sie zum Eingeben persönlicher Informationen gedrängt werden. Ihre persönlichen Informationen werden dann von Kriminellen dazu genutzt, Ihre Identität, Ihr Geld oder gar beides zu stehlen. Wenn Sie solch eine E-Mail im Posteingang sehen, wird dort als Absender eine Sparkasse, Bank o. Ä. angezeigt.

Da das Unterscheiden zwischen Phishing-E-Mails und seriösen Nachrichten, wie sie beispielsweise von Ihrer Bank versendet werden, nicht immer einfach ist, werden alle eingehenden Nachrichten vom Junk-E-Mail-Filter ausgewertet, um festzustellen, ob eine Nachricht möglicherweise verdächtig ist, verdächtige Hyperlinks enthält oder von einer unzulässigen E-Mail-Adresse stammt. Wird die Nachricht vom Filter als verdächtig eingestuft, wird sie an den Ordner *Junk-E-Mail* gesendet und die in der Nachricht enthaltenen Hyperlinks werden deaktiviert. Damit Sie nicht versehentlich auf eine Nachricht mit gefälschter E-Mail-Adresse antworten, sind die Funktionen *Antworten* und *Allen antworten* in solchen Nachrichten deaktiviert. Zusätzlich werden alle Anlagen in der verdächtigen Nachricht blockiert.

Wenn eine E-Mail fälschlicherweise als verdächtig eingestuft wurde, können Sie die Warnmeldung mit der rechten Maustaste anklicken und den Befehl *In Posteingang verschieben* auswählen. Sie haben dann wieder vollen Zugriff auf die Nachricht.

Schutz vor Viren

Makroviren und andere Virentypen werden häufig über Anlagen versendet, die einer E-Mail-Nachricht beigefügt sind. Vor diesen Viren schützen Sie sich am besten, indem Sie eine Anti-Virus-Software installieren und darauf achten, dass Sie diese regelmäßig aktualisieren, damit Sie auch vor neuen Viren geschützt sind.

Es gibt verschiedene Anti-Virus-Software, die sich in den Datenverkehr zwischen Outlook und Ihrem E-Mail-Server einklinken und alle E-Mails bereits auf Viren untersuchen, während diese vom E-Mail-Server abgerufen werden. Viele Programme können dabei dann auch die E-Mail-Anlagen auf Viren untersuchen. Andere Programme wiederum greifen ein, wenn Sie eine E-Mail-Anlage auf Ihrem Computer speichern, da sie alle Schreib- und Lesevorgänge auf die Festplatte(n) Ihres Computers untersuchen.

Sie können auch selbst Ihren Teil dazu beitragen, sich vor Computerviren, die per E-Mail übertragen werden, zu schützen, indem Sie nur Anlagen speichern und öffnen, die von Absendern stammen, die Sie kennen und denen Sie vertrauen. Da häufig auch falsche E-Mail-Adressen als Absender verwendet werden, sollten Sie, wenn ein Rest Unsicherheit bleibt, ob die E-Mail-Nachricht von dem Absender stammt, der in der E-Mail angegeben ist, bei diesem nachfragen, ob die Mail wirklich von ihm stammt.

Kapitel 43

Profile und E-Mail-Konten

Outlook

Dieses Kapitel zeigt, wie Sie in Outlook E-Mail-Konten einrichten und wie Sie für vorhandene Konten die Kontoeinstellungen ändern können. Sie werden dabei den Setup-Assistenten für E-Mail-Konten kennenlernen, mit dem in den meisten Fällen das Hinzufügen eines neuen E-Mail-Kontos automatisch vonstattengeht. Für die Fälle, in denen die automatische Kontoeinrichtung nicht funktioniert, zeigt dieses Kapitel außerdem, wie Sie ein neues E-Mail-Konto manuell einrichten können.

Outlook-Profile im Überblick

Outlook 2021 verwendet wie die Vorgängerversionen sogenannte Profile, um Informationen zu den E-Mail-Konten, den Datendateien und dem Speicherort für E-Mails eines Benutzers zu speichern.

Folgende Informationen sind Bestandteil eines Outlook-Profils:

- **POP- oder IMAP-Konten (optional)** Sie können einem Outlook-Profil ein oder mehrere E-Mail-Konten des Typs POP oder IMAP zuweisen. Die Kontoinformationen (Anzeigename, Benutzername, Name des E-Mail-Servers und das Kennwort) werden ebenfalls im Outlook-Profil gespeichert.
- **Exchange-Postfach (optional)** Das dem Profil zugeordnete Exchange-Postfach. Seit Outlook 2010 können einem Profil auch mehrere Exchange-Konten zugewiesen werden. Die Exchange-Konten können sich in derselben oder einer anderen Domäne bzw. auf demselben oder einem anderen Server befinden. Sie verwenden automatisch diesen Kontotyp, wenn Sie ein E-Mail-Konto auf Outlook.com, Hotmail.com bzw. im Rahmen Ihres Microsoft 365-Abonnements verwenden.
- **Speicherort für E-Mails** Sie können für E-Mail-Konten festlegen, wo die eingehenden E-Mails gespeichert werden. Für Exchange-Postfächer, für Outlook.com-Konten und für IMAP-Konten ist dies standardmäßig die Offlineordnerdatei (Erweiterung *.ost*), in der die Daten gespeichert sind, die sich normalerweise auf dem Exchange-Server befinden, damit Sie auf die Daten auch dann zugreifen können, wenn Sie nicht mit dem Exchange-Server verbunden sind. Sie verwenden das Exchange-Postfach dann im Offlinemodus, daher der Name Offlineordnerdatei. Bei POP3-Konten werden die eingehenden E-Mails in einer der persönlichen Datendateien (Erweiterung *.pst*) gespeichert. Sie können im Rahmen der Konfiguration der E-Mail-Konten festlegen, in welcher Datendatei die E-Mails eines bestimmten Kontos abgelegt werden sollen. Die Vorgehensweise ist weiter hinten in diesem Kapitel ab Seite 813 beschrieben.
- **Datendateien (eine obligatorisch, weitere optional)** Jedem Outlook-Profil muss mindestens eine Datendatei zugewiesen sein, da in der Datendatei die Informationen aus allen Outlook-Modulen (*E-Mail, Personen, Aufgaben* usw.) gespeichert werden. Sie können optional für ein Outlook-Profil weitere Datendateien erstellen; wie das geht, ist in Kapitel 44 dieses Buches beschrieben.

Jedes Outlook-Profil ist einem Windows-Benutzerkonto zugeordnet. Wenn Sie sich bei Windows anmelden und Outlook starten, lädt Outlook das Benutzerprofil, das mit dem Benutzerkonto des angemeldeten Benutzers verknüpft ist. Sie benötigen dann mehrere Outlook-Profile, wenn Sie den gleichen Computer mit mehreren Personen nutzen und jeder Benutzer lediglich auf seine eigenen E-Mails und Konten zugreifen soll. Mögliche Szenarien für die Verwendung von mehreren Outlook-Profilen sind nachstehend beschrieben.

- **Mehrere Benutzer verwenden auf dem gleichen PC das gleiche Windows-Benutzerkonto** Dieses Szenario ist in der folgenden Abbildung dargestellt. Auf dem Windows-PC gibt es nur ein Benutzerkonto, dem wir hier den Namen »Tom« gegeben haben.

  Dieses Windows-Konto wiederum enthält zwei verschiedene Outlook-Profile: eines mit dem Namen »Outlook«, dem ein Google Mail-Konto zugeordnet ist, und ein weiteres Outlook-Profil mit dem Namen »Paulus«, das ein Hotmail-Konto enthält. Die Profileinstellungen von Outlook wurden so konfiguriert, dass beim Starten von Outlook ausgewählt werden kann, welches Outlook-Profil verwendet werden soll. (Wenn Sie bei dieser

Konfiguration sicherstellen wollen, dass niemand auf Ihr Outlook-Profil und die darin enthaltenen Daten zugreifen kann, sollten Sie die persönliche Ordnerdatei mit einem Kennwort schützen. Mehr hierzu finden Sie in Kapitel 44.)

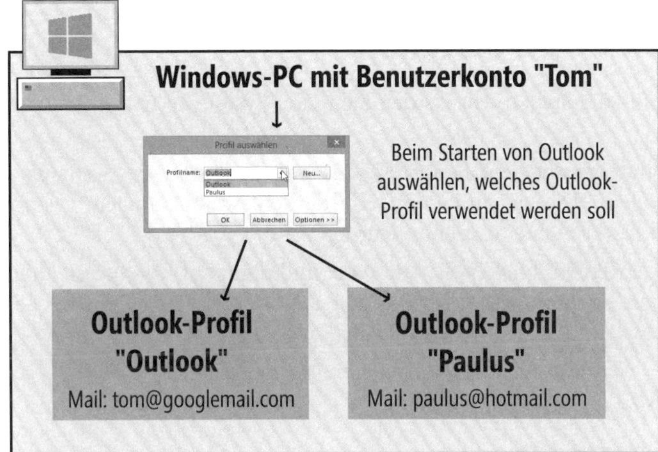

Abbildung 43.1: Dem Windows-Benutzerkonto sind zwei Outlook-Profile zugeordnet. Beim Starten von Outlook wird ausgewählt, welches Profil verwendet werden soll.

- **Mehrere Benutzer verwenden den gleichen PC und jeder Benutzer hat ein eigenes Windows-Benutzerkonto** Wenn Sie den gleichen Computer zu mehreren Personen verwenden und für jede Person ein Windows-Benutzerkonto eingerichtet haben, benötigen Sie in der Regel nur ein Outlook-Profil pro Benutzer. Dies ist in Abbildung 43.2 dargestellt. Die Informationen zum Outlook-Profil sind Bestandteil des Windows-Benutzerkontos. Nach der Windows-Anmeldung und dem Starten von Outlook wird das entsprechende Profil geladen.

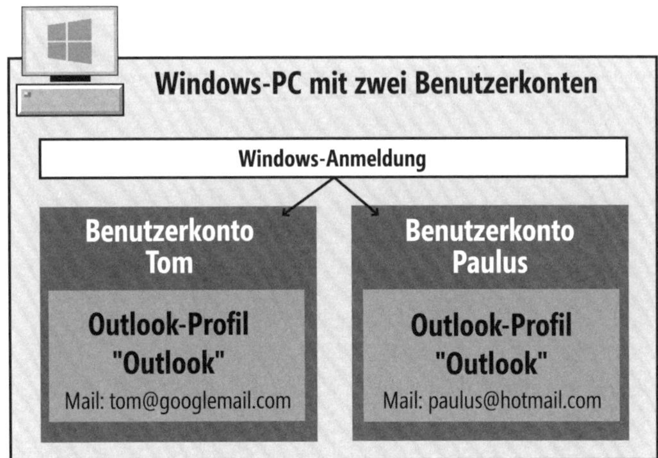

Abbildung 43.2: Jedem Windows-Benutzerkonto ist ein eigenes Outlook-Profil zugeordnet.

Wenn sich ein neuer Windows-Benutzer anmeldet und Outlook startet, wird automatisch der Assistent gestartet, der für diesen Benutzer dann ein neues Outlook-Profil einrichtet.

Der Standardname für ein Outlook-Profil lautet *Outlook*; da jedes der Profile einem anderen Windows-Benutzerkonto zugeordnet ist, stellt die Namensgleichheit der Profile kein Problem dar.

Ein neues Outlook-Profil erstellen

Um ein neues Outlook-Profil zu erstellen, verwenden Sie in der Systemsteuerung das Symbol *Mail (Microsoft Outlook)*.

1. Melden Sie sich bei Windows mit dem Benutzerkonto an, für das Sie ein weiteres Outlook-Profil erstellen wollen. (Dies ist nur dann erforderlich, wenn auf dem Computer mehrere Windows-Benutzerkonten eingerichtet wurden.)
2. Falls Outlook bereits gestartet ist, klicken Sie auf *Datei* und dann auf *Kontoeinstellungen | Profile verwalten*. Machen Sie dann bei Schritt 6 weiter. Anderenfalls fahren Sie bei Schritt 3 fort.
3. Drücken Sie Windows+R, um das Dialogfeld *Ausführen* zu öffnen.
4. Geben Sie in das Feld *Öffnen* **control** ein und klicken Sie auf *OK*.

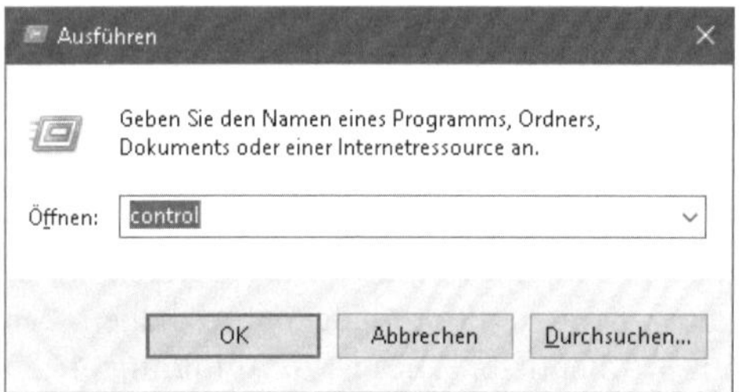

Abbildung 43.3: Starten der »alten« Systemsteuerung unter Windows 10

5. Doppelklicken Sie in der Systemsteuerung auf das Symbol *Mail (Microsoft Outlook)*.

Tipp Symbol *Mail* ist nicht sichtbar Falls das Symbol *Mail (Microsoft Outlook)* nicht sichtbar ist, öffnen Sie im Fenster *Systemsteuerung* die Dropdownliste *Anzeige* und klicken entweder auf *Große Symbole* oder auf *Kleine Symbole*.

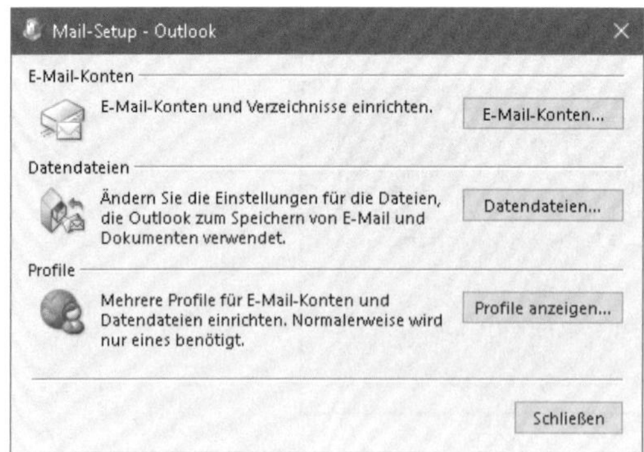

Abbildung 43.4: Mit diesem Dialogfeld lassen sich Outlook-Profile, E-Mail-Konten sowie Datendateien erstellen und bearbeiten.

6. Klicken Sie auf die Schaltfläche *Profile anzeigen*. Das Dialogfeld *E-Mail* wird geöffnet.

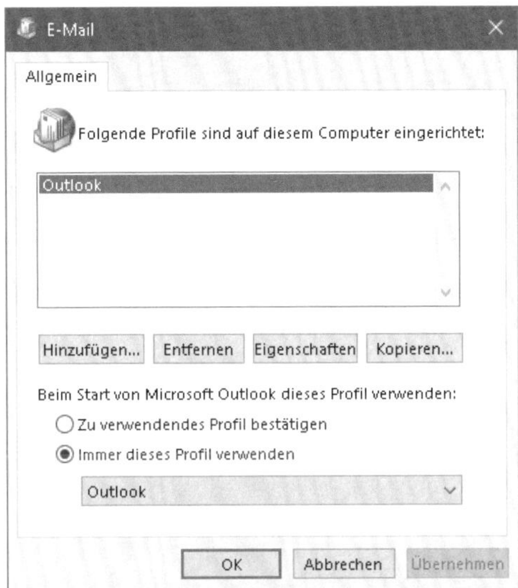

Abbildung 43.5: Im Dialogfeld E-Mail *werden alle für den aktuellen Windows-Benutzer eingerichteten Outlook-Profile angezeigt.*

7. Klicken Sie auf die Schaltfläche *Hinzufügen*. Das Dialogfeld *Neues Profil* wird geöffnet.

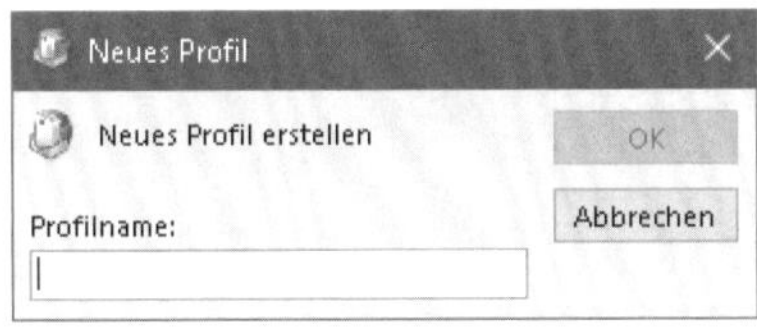

Abbildung 43.6: Das Dialogfeld Neues Profil

8. Geben Sie den Anzeigenamen für das neue Profil ein und klicken Sie dann auf *OK*.

Hinweis Profilname Bitte beachten Sie, dass Sie den Profilnamen später nicht mehr ändern können.

9. Das Dialogfeld *Konto hinzufügen* wird angezeigt (siehe Abbildung 43.7). Geben Sie dort Ihren Namen, Ihre E-Mail-Adresse und das Kennwort ein, das zum Zugriff auf das E-Mail-Konto benötigt wird. Klicken Sie anschließend auf *Weiter*.

   Der Assistent versucht nun, das neue E-Mail-Konto automatisch zu konfigurieren, und verwendet dabei eine verschlüsselte Verbindung zum Server. Sollte das Herstellen einer verschlüsselten Verbindung fehlschlagen, wird eine entsprechende Meldung angezeigt. Klicken Sie danach noch einmal auf *Weiter*. Sollte auch die automatische Konfiguration über eine unverschlüsselte Verbindung nicht gelingen, müssen Sie das Konto manuell konfigurieren. Ausführliche Informationen hierzu finden Sie ab Seite 803.

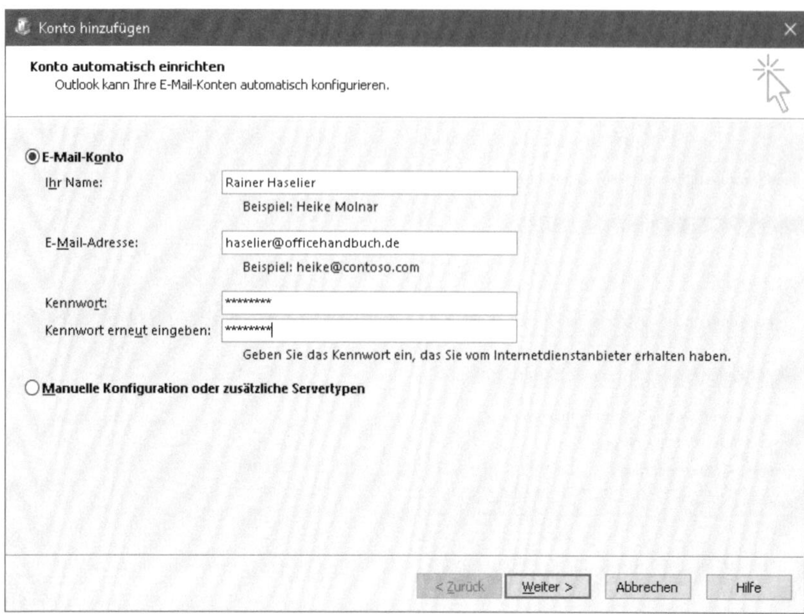

Abbildung 43.7: Beim Erstellen eines neuen Outlook-Profils wird automatisch der Assistent zum Einrichten eines neuen E-Mail-Kontos gestartet.

10. Wenn die Einrichtung des E-Mail-Kontos abgeschlossen ist, wird wieder das Dialogfeld *E-Mail* angezeigt. In der Liste sehen Sie nun außer dem Profil mit dem Namen *Outlook*, das bereits vorhanden war, den Namen des gerade erstellten Profils.

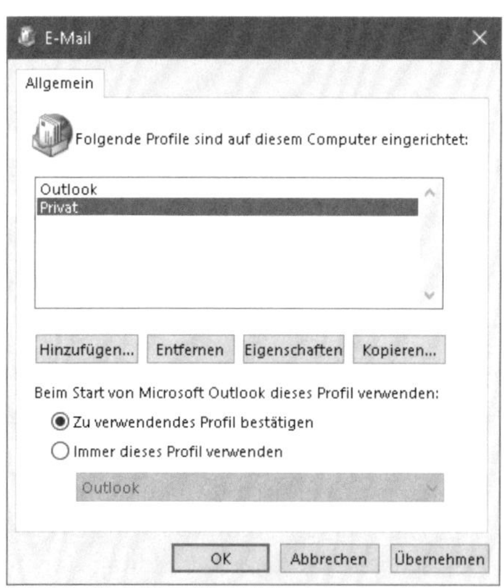

Abbildung 43.8: Das neu eingerichtete Outlook-Profil wird in der Liste aufgeführt. Im unteren Bereich des Dialogfeldes können Sie festlegen, ob Sie beim Starten von Outlook das zu verwendende Profil auswählen möchten oder ob immer ein bestimmtes Profil verwendet werden soll.

11. Wählen Sie im unteren Bereich des Dialogfeldes die Option *Zu verwendendes Profil bestätigen* aus und klicken Sie dann auf *OK*.

Auswahl des Outlook-Profils beim Starten von Outlook

Wenn Sie, wie im vorigen Abschnitt beschrieben, im Dialogfeld *E-Mail* bei *Beim Start von Microsoft Outlook dieses Profil verwenden* die Option *Zu verwendendes Profil bestätigen* ausgewählt haben, wird jedes Mal, wenn Sie Outlook starten, das Dialogfeld *Profil auswählen* angezeigt, das Sie in Abbildung 43.9 sehen.

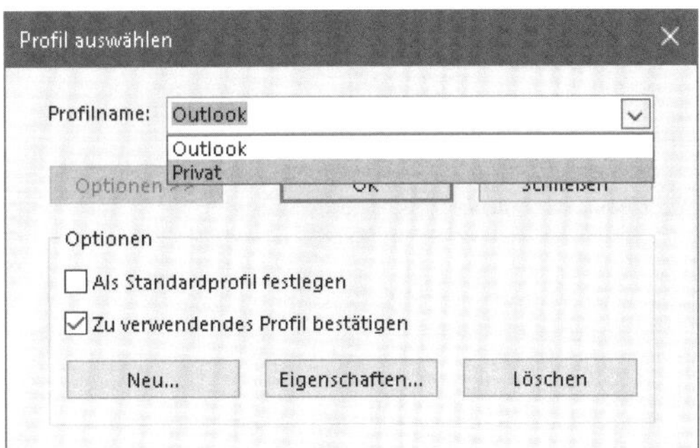

Abbildung 43.9: In diesem Dialogfeld legen Sie fest, welches Outlook-Profil für die aktuelle Sitzung verwendet werden soll.

- In der Liste *Profilname* werden die Namen aller Outlook-Profile angezeigt, die für den angemeldeten Windows-Benutzer vorhanden sind. Sie können hier dann das gewünschte Profil auswählen und mit einem Klick auf *OK* Outlook starten.
- Wenn Sie die Schaltfläche *Optionen* anklicken, wird das Kontrollkästchen *Als Standardprofil festlegen* eingeblendet. Wenn Sie es einschalten und dann auf *OK* klicken, wird das in der Liste *Profilname* ausgewählte Profil zum Standardprofil. Sie können diese Einstellung wieder rückgängig machen, indem Sie in der Systemsteuerung das Symbol *Mail (Outlook)* verwenden und dann im Dialogfeld *E-Mail* eine andere Einstellung vornehmen.
- Nach dem Anklicken von Optionen wird außerdem die Schaltfläche *Neu* eingeblendet; hiermit gelangen Sie zum Dialogfeld *Neues Profil* (siehe Schritt 6 auf Seite 801), in dem Sie ein weiteres Outlook-Profil erstellen können.

Die nächsten beiden Abschnitte beschreiben ausführlich, wie Sie einem Outlook-Profil ein weiteres E-Mail-Konto hinzufügen und wie Sie sich helfen können, wenn die automatische Kontoeinrichtung nicht funktioniert.

E-Mail-Konto hinzufügen

Eine Übersicht aller Konten und eine Schaltfläche zum Hinzufügen eines neuen Kontos stehen Ihnen im Dialogfeld *Kontoeinstellungen* zur Verfügung. Sie können dieses Dialogfeld folgendermaßen anzeigen lassen:

- Wenn Outlook nicht gestartet ist, öffnen Sie die Systemsteuerung, öffnen dort das Symbol *Mail (Outlook)* und klicken dann im Dialogfeld *Mail-Setup* auf die Schaltfläche *E-Mail-Konten.*
- Wenn Outlook gestartet ist, öffnen Sie die Registerkarte *Datei,* klicken auf *Informationen* und dann zweimal auf *Kontoeinstellungen.*

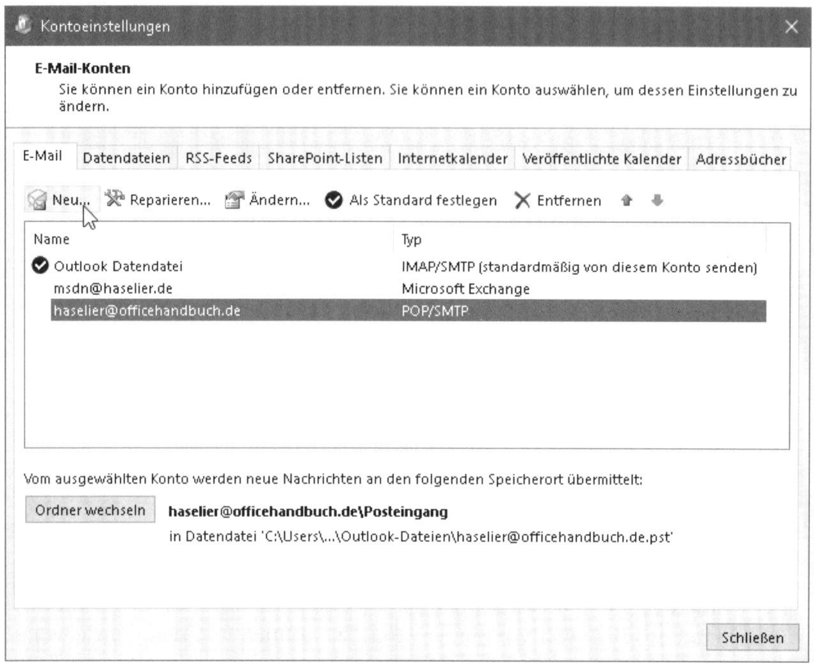

Abbildung 43.10: Die Registerkarte E-Mail *des Dialogfeldes* Kontoeinstellungen *zeigt alle für das aktuelle Outlook-Profil eingerichteten E-Mail-Konten an.*

Sie können ein neues E-Mail-Konto automatisch hinzufügen lassen oder das Konto manuell einrichten. Beide Vorgehensweisen werden in den folgenden Abschnitten beschrieben.

E-Mail-Konto automatisch hinzufügen lassen

1. Klicken Sie auf der Registerkarte *E-Mail* auf *Neu.* Das Fenster zum Hinzufügen eines neuen Kontos wird angezeigt.

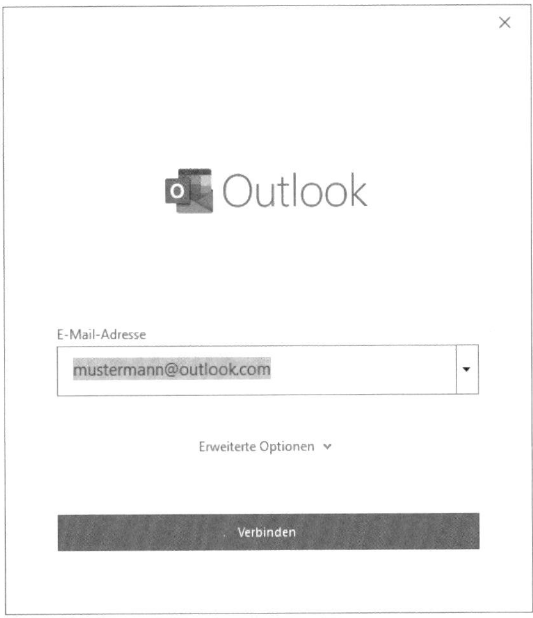

Abbildung 43.11: Ein neues E-Mail-Konto in Outlook hinzufügen

2. Geben Sie in das Feld die E-Mail-Adresse des E-Mail-Kontos ein.
3. Klicken Sie auf *Verbinden*.

   Outlook versucht, den Typ Ihres E-Mail-Kontos zu ermitteln und dann Ihr Konto automatisch zu konfigurieren.
4. Geben Sie das Kennwort für das neue E-Mail-Konto ein.

   Je nachdem, ob es sich um ein Exchange-Konto handelt (einschließlich Outlook.com und Microsoft 365) oder um ein IMAP- oder POP3-Konto, werden unterschiedliche Dialogfelder angezeigt.

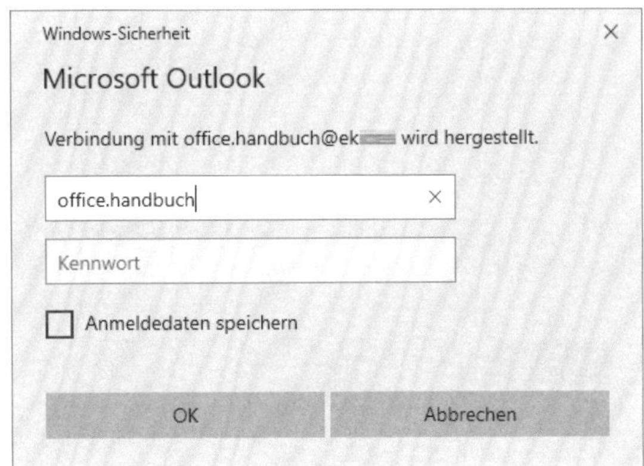

Abbildung 43.12: Eingabe des Kennworts bei einem Exchange-Konto bei einem Drittanbieter

Abbildung 43.13: Eingabe des Kennworts bei einem von Microsoft gehosteten Exchange-Konto

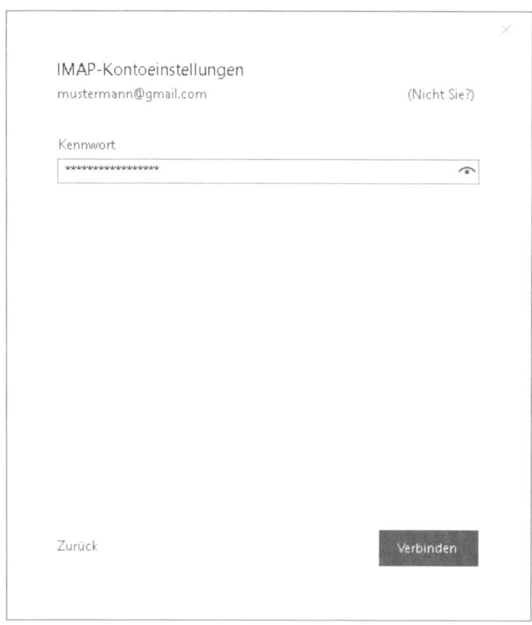

Abbildung 43.14: Eingabe des Kennworts bei einem IMAP-Konto

5. Schalten Sie bei einem Exchange-Konto eines Drittanbieters (siehe Abbildung 43.12) das Kontrollkästchen *Anmeldedaten speichern* ein, damit Sie das Kennwort nicht bei jedem Starten von Outlook erneut eingeben müssen.
6. Klicken Sie auf *Verbinden.*

Wenn Outlook das E-Mail-Konto einrichten konnte, sehen Sie ein Fenster ähnlich wie das in Abbildung 43.15. Falls Sie Outlook Mobile nicht auf Ihrem Telefon einrichten wollen, schalten Sie das betreffende Kontrollkästchen aus und klicken dann auf *Vorgang abgeschlossen.*

Falls Sie eine weitere E-Mail-Adresse konfigurieren wollen, geben Sie die Adresse in das Feld *Weitere E-Mail-Adresse hinzufügen* ein und klicken auf *Weiter.*

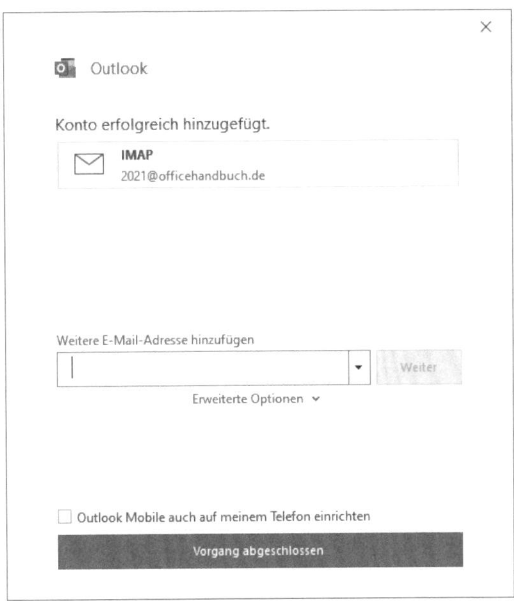

Abbildung 43.15: Das E-Mail-Konto wurde eingerichtet.

Sollten Sie eine Fehlermeldung erhalten (siehe Abbildung 43.16), dann ist der einfachste Weg, das E-Mail-Konto manuell zu konfigurieren. Klicken Sie dazu auf *Kontoeinstellungen ändern.* Outlook zeigt dann das Dialogfeld an, das im Abschnitt »E-Mail-Konto manuell einrichten« beschrieben wird.

Falls Sie versehentlich die falsche E-Mail-Adresse eingegeben haben, klicken Sie auf die Schaltfläche *Nicht [E-Mail-Adresse].* Sie kehren dann zur Startseite zurück und können dort eine andere E-Mail-Adresse eingeben.

Oder klicken Sie in der oberen rechten Ecke des Fensters mit der Fehlermeldung auf die *Schließen*-Schaltfläche (das kleine x), um die Einrichtung des E-Mail-Kontos zu beenden.

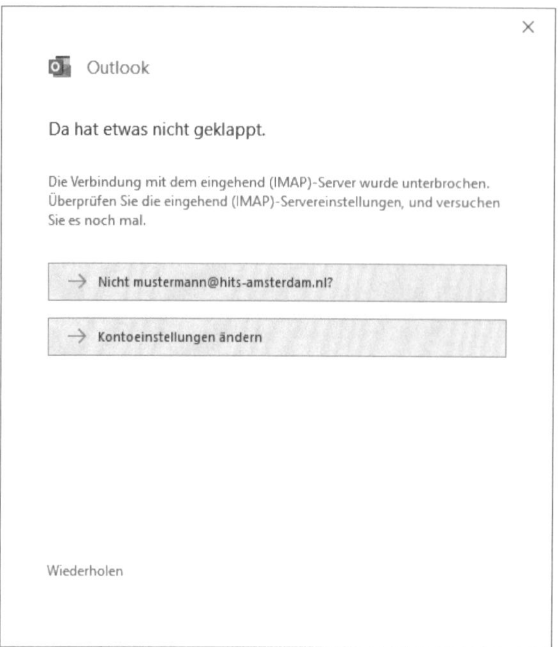

Abbildung 43.16: Probleme bei der automatischen Einrichtung des Kontos

E-Mail-Konto manuell einrichten

Bei der manuellen Einrichtung eines E-Mail-Kontos legen Sie den Kontotyp fest und die Einstellungen zu den E-Mail-Servern. Führen Sie folgende Schritte durch, um ein neues E-Mail-Konto manuell einzurichten:

1. Starten Sie Outlook, öffnen Sie die Registerkarte *Datei* und führen Sie in der Backstage-Ansicht *Informationen* eine der folgenden Aktionen durch:
   - Klicken Sie auf *Konto hinzufügen*.
   - Klicken Sie zweimal auf *Kontoeinstellungen*. Das Dialogfeld *Kontoeinstellungen* wird geöffnet. Klicken Sie auf der Registerkarte *E-Mail* auf *Neu*.

   Das Fenster zum Hinzufügen eines neuen Kontos wird angezeigt.
2. Geben Sie in das Feld die E-Mail-Adresse des E-Mail-Kontos ein.
3. Klicken Sie auf *Erweiterte Optionen* und schalten Sie das Kontrollkäschen *Ich möchte mein Konto manuell einrichten* ein (siehe Abbildung 43.17).

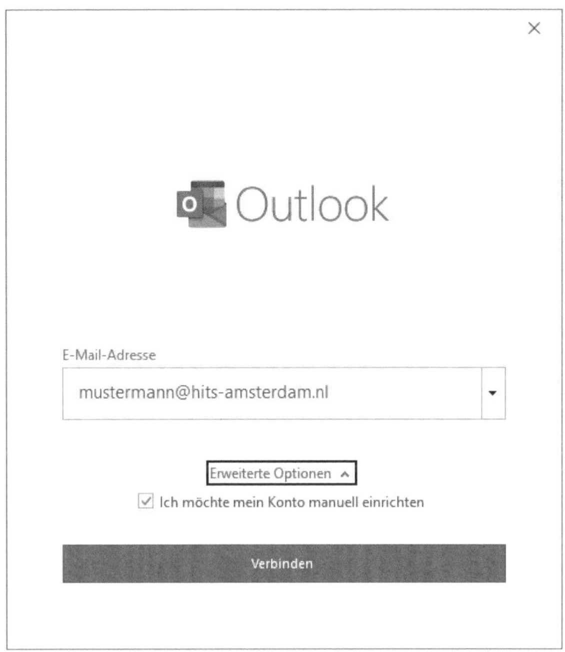

Abbildung 43.17: Aktivieren Sie die manuelle Einrichtung Ihres E-Mail-Kontos.

4. Klicken Sie auf *Verbinden*. Outlook zeigt das Fenster zur Auswahl des Kontotyps an.

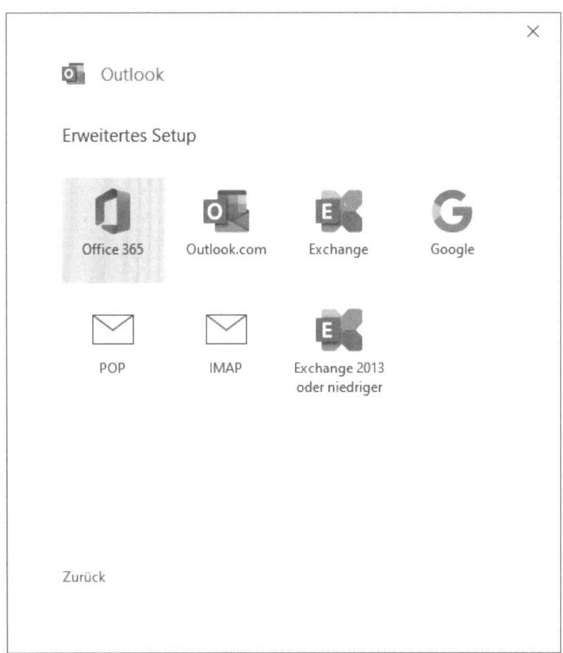

Abbildung 43.18: Wählen Sie den Kontotyp aus.

5. Klicken Sie auf den Kontotyp, den Sie verwenden.

   Falls Sie als Kontotyp *Office 365*, *Outlook.com* oder *Exchange* auswählen, können Sie den folgenden Schritt überspringen.

Wichtig Seit Outlook 2016 lassen sich Exchange Server-Konten nicht manuell konfigurieren, sondern können nur über die automatische Kontoeinrichtung hinzugefügt werden. Auch bei den Kontotypen Outlook.com und Office 365 bzw. Microsoft 365 handelt es sich um Exchange Server-Konten. Outlook verwendet für die Einrichtung die sogenannte Auto-Discovery-Technik, bei der der Provider des Exchange-Servers den Server so konfigurieren muss, dass alle zur Herstellung der Verbindung erforderlichen Informationen automatisch von Outlook von dem Server abgerufen werden können.

6. Wenn Sie als Kontotyp *POP* oder *IMAP* ausgewählt haben, wird ein Fenster angezeigt, in dem Sie das Kennwort für dieses Konto eingeben (linke Seite in Abbildung 43.19). Geben Sie das Kennwort ein und klicken Sie auf *Verbinden*.

   Wenn Sie als Kontotyp *Google* ausgewählt haben, wird ein Fenster geöffnet, mit dem Sie sich bei Ihrem Google-Konto anmelden (rechte Seite in Abbildung 43.19). Führen Sie die Anmeldung durch, indem Sie auf *Weiter* klicken.

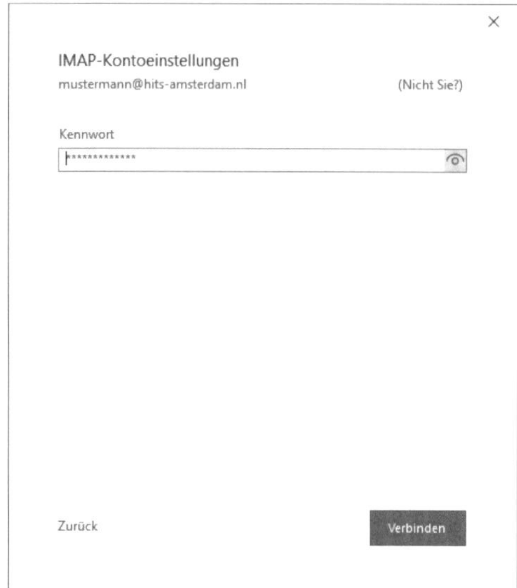

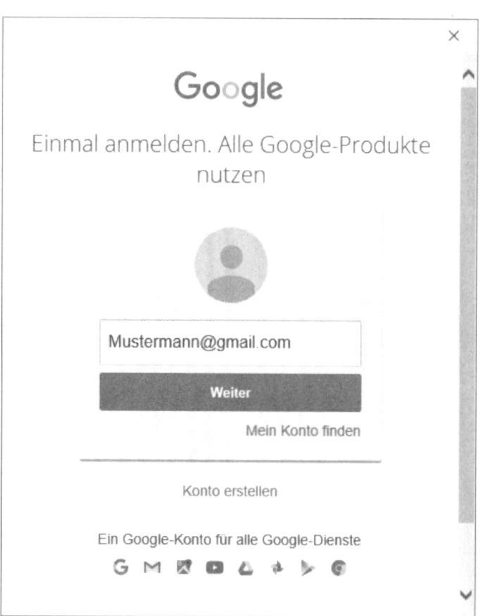

Abbildung 43.19: Anmeldung bei Ihrem E-Mail-Konto

7. Falls das Fenster *Da hat etwas nicht geklappt* angezeigt wird, klicken Sie auf *Kontoeinstellungen ändern*. Outlook zeigt das Fenster *IMAP-Kontoeinstellungen* bzw. *POP-Kontoeinstellungen* an, die Sie in der Abbildung auf der folgenden Seite sehen.

   Nehmen Sie dort die gewünschten Änderungen vor (Namen der E-Mail-Server und die Information, wie der E-Mail-Server Sie authentifiziert, wenn Sie E-Mails versenden) und klicken Sie auf *Weiter*.

Mehr Informationen über die manuelle Konfiguration der Servereinstellungen finden Sie im folgenden Abschnitt.

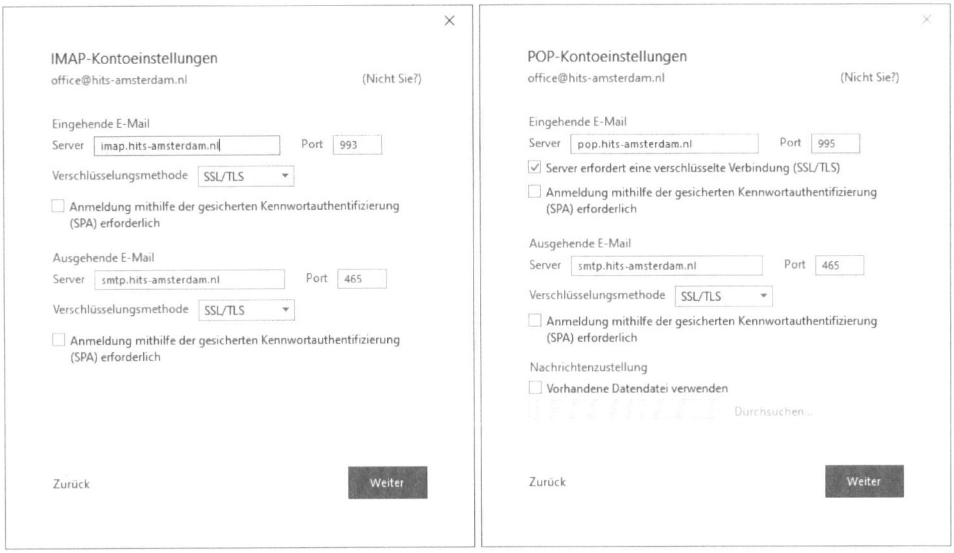

Abbildung 43.20: Erweitertes Setup für IMAP- und POP-E-Mail-Konten aus Outlook heraus

POP3- und IMAP-Einstellungen

Wenn die automatische Konfiguration der Servereinstellungen nicht funktioniert oder Sie ein E-Mail-Konto verwenden, das besondere Einstellungen erforderlich macht, nehmen Sie die Servereinstellungen manuell vor. Gehen Sie dazu so vor, wie im vorigen Abschnitt beschrieben.

Bei *POP3* und *IMAP* nimmt Outlook direkt mit den E-Mail-Servern Kontakt auf; bei *IMAP* können Sie zusätzlich mit Ordnern für den Posteingang und den Postausgang arbeiten. Wenn Sie den Kontotyp *POP3* oder *IMAP* ausgewählt haben, müssen Sie sowohl im Abschnitt *Eingehende E-Mail* als auch im Abschnitt *Ausgehende E-Mail* den jeweiligen Namen des E-Mail-Servers eintragen sowie weitere Einstellungen konfigurieren.

In den Unterlagen zu Ihrem E-Mail-Konto (oft auch in einer Bestätigungsmail, die Sie nach der Anmeldung erhalten haben) finden Sie in der Regel eine Aufstellung mit den Angaben, die Sie in die betreffenden Felder eintragen müssen. Tabelle 43.1 führt für einige E-Mail-Anbieter die Einstellungen auf, die Sie auf der Seite *POP-* bzw. *IMAP-Kontoeinstellungen* eintragen müssen.

E-Mail-Anbieter	Parameter	Beschreibung
T-Online	Benutzername	Ihre E-Mail-Adresse ohne @t-online.de
	Posteingangsserver	securepop.t-online.de (für POP3) secureimap.t-online.de (für IMAP)
	Postausgangsserver	securesmtp.t-online.de
	Kennwort	Geben Sie hier Ihr E-Mail-Passwort ein. Ihr E-Mail-Passwort müssen Sie vorher im Kundencenter selbst vergeben.
	Authentifizierung beim Versand	Schalten Sie das Kontrollkästchen *Der Postausgangsserver (SMTP) erfordert Authentifizierung* und die Option *Gleiche Einstellungen wie für Posteingangsserver verwenden* ein.

→

E-Mail-Anbieter	Parameter	Beschreibung
	Serveranschlussnummern, verschlüsselte Verbindung	Posteingangsserver (POP3): Port 995 Posteingangsserver (IMAP): Port 993 Postausgangsserver (SMTP): Port 465 Schalten Sie bei POP3-Konten für den Posteingangsserver das Kontrollkästchen *Server erfordert eine verschlüsselte Verbindung (SSL)* ein. Wählen Sie bei IMAP-Konten für den Posteingangsserver den Verschlüsselungstyp *SSL* aus. Wählen Sie bei POP3- und bei IMAP-Konten für den Postausgangsserver den Verschlüsselungstyp SSL aus.
GMX	Benutzername	Ihre komplette E-Mail-Adresse
	Posteingangsserver	pop.gmx.net (für POP3) imap.gmx.net (für IMAP)
	Postausgangsserver	mail.gmx.net
	Authentifizierung beim Versand	Schalten Sie das Kontrollkästchen *Der Postausgangsserver (SMTP) erfordert Authentifizierung* und die Option *Gleiche Einstellungen wie für Posteingangsserver verwenden* ein.
	Serveranschlussnummern, verschlüsselte Verbindung	Posteingangsserver (POP3): Port 995 Posteingangsserver (IMAP): Port 993 Postausgangsserver (SMTP): Port 587 Schalten Sie bei POP3-Konten für den Posteingangsserver das Kontrollkästchen *Server erfordert eine verschlüsselte Verbindung (SSL)* ein. Wählen Sie bei IMAP-Konten für den Posteingangsserver den Verschlüsselungstyp *SSL* aus. Wählen Sie bei POP3-Konten für den Postausgangsserver den Verschlüsselungstyp *SSL* und für IMAP-Konten den Typ *TLS* aus.
Google Mail/Gmail	Benutzername	Ihre E-Mail-Adresse ohne @gmail.com bzw. ohne googlemail.com
	Posteingangsserver	pop.gmail.com (für POP3) imap.gmail.com (für IMAP)
	Postausgangsserver	smtp.gmail.com
	Authentifizierung beim Versand	Schalten Sie das Kontrollkästchen *Der Postausgangsserver (SMTP) erfordert Authentifizierung* und die Option *Gleiche Einstellungen wie für Posteingangsserver verwenden* ein.
	Serveranschlussnummern, verschlüsselte Verbindung	Posteingangsserver POP3: Port 995 Posteingangsserver SMTP: Port 993 Postausgangsserver: Port 587 Schalten Sie bei POP3-Konten das Kontrollkästchen *Posteingangsserver erfordert eine verschlüsselte Verbindung* ein und verwenden Sie Port 995. Verwenden Sie bei IMAP-Konten Port 993 und wählen Sie als Verschlüsselung TLS. Verwenden Sie bei IMAP-Konten folgende Portnummern und Verschlüsselungen: Posteingangsserver IMAP: Port 993, Verschlüsselung SSL Postausgangsserver: Port 587, Verschlüsselung TLS
Web.de	Benutzername	Ihre E-Mail-Adresse ohne @web.de
	Posteingangsserver	pop3.web.de (für POP3) imap.web.de (für IMAP)
	Postausgangsserver	smtp.web.de
	Authentifizierung beim Versand	Schalten Sie das Kontrollkästchen *Der Postausgangsserver (SMTP) erfordert Authentifizierung* und die Option *Gleiche Einstellungen wie für Posteingangsserver verwenden* ein.

→

E-Mail-Anbieter	Parameter	Beschreibung
	Serveranschlussnummern, verschlüsselte Verbindung	Posteingangsserver POP3: Port 995 Posteingangsserver SMTP: Port 993 Postausgangsserver: Port 587 Schalten Sie bei POP3-Konten das Kontrollkästchen *Posteingangsserver erfordert eine verschlüsselte Verbindung* ein und verwenden Sie Port 995. Verwenden Sie bei IMAP-Konten Port 993 und wählen Sie als Verschlüsselung TLS. Verwenden Sie bei IMAP-Konten folgende Portnummern und Verschlüsselungen: Posteingangsserver IMAP: Port 993, Verschlüsselung SSL Postausgangsserver: Port 587, Verschlüsselung TLS

Tabelle 43.1: E-Mail-Einstellungen für einige häufig verwendete E-Mail-Anbieter

Eine weitere Option, die Sie bei manchen E-Mail-Anbietern einstellen müssen, ist, ob die Verbindung zu dem Server über eine verschlüsselte Verbindung hergestellt werden muss oder nicht. Bei einer verschlüsselten Verbindung werden die Daten, die zwischen Outlook und dem Mailserver ausgetauscht werden, verschlüsselt und können so nicht mitgelesen werden. Standardmäßig werden die Daten im Klartext, also unverschlüsselt übertragen. Um diese Option einzustellen, klicken Sie auf der Seite *POP- und IMAP-Kontoeinstellungen* die Schaltfläche *Weitere Einstellungen* an und wechseln zur Registerkarte *Erweitert.*

Um zum Posteingangsserver eine verschlüsselte Verbindung herzustellen, schalten Sie das Kontrollkästchen *Server erfordert eine verschlüsselte Verbindung (SSL)* ein. Outlook passt dann auch den Wert für die Anschlussnummer an.

Um auch für den Postausgangsserver eine verschlüsselte Verbindung zu verwenden, öffnen Sie die Liste *Verschlüsselungsmethode* und wählen dort die Art des Verschlüsselungsmechanismus aus. Diese Angabe erhalten Sie von Ihrem Dienstanbieter. Google Mail verwendet beispielsweise den Typ *TLS,* andere Anbieter den Typ *SSL.* Wenn Sie sich nicht sicher sind, können Sie auch die Einstellung *Automatisch* verwenden; sollte diese Einstellung nicht funktionieren, können Sie meist der Fehlermeldung, die Outlook beim Herstellen der Verbindung anzeigt, entnehmen, welchen Verbindungstyp der E-Mail-Server verwendet.

Datendateien: Speicherort für E-Mails

Alle Daten, mit denen Sie in Outlook arbeiten, werden in sogenannten Datendateien gespeichert, die, gemeinsam mit den Kontoinformationen, Ihr Outlook-Profil ausmachen. Wie im Abschnitt über Profile beschrieben, kann ein Profil auch mehrere Datendateien beinhalten. (In Kapitel 44 dieses Buches ist beschrieben, wie Sie weitere Datendateien erstellen.)

Wenn Sie die Registerkarte *Datei* öffnen, dann zuerst auf *Informationen* und danach zweimal auf *Kontoeinstellungen* klicken, werden auf der Registerkarte *E-Mail* alle eingerichteten E-Mail-Konten angezeigt (siehe Abbildung 43.21).

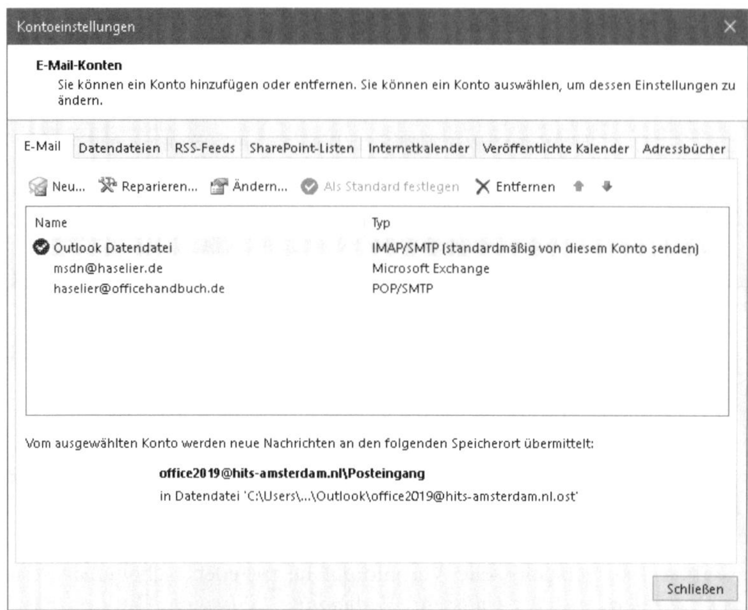

Abbildung 43.21: In der Liste werden alle eingerichteten E-Mail-Konten angezeigt. Wenn Sie einen Eintrag markieren, sehen Sie im unteren Bereich des Dialogfeldes, welche Datendatei als Speicherort für die E-Mail-Nachrichten dieses Kontos verwendet wird.

Um bei POP-Konten den Speicherort zu ändern, klicken Sie die Schaltfläche *Ordner wechseln* an und wählen dann im Dialogfeld *Neuer E-Mail-Übermittlungsort* den Ordner und die Datendatei aus, die Sie verwenden möchten.

Weitere Kontoeinstellungen vornehmen

Sie können die Einstellungen für die eingerichteten E-Mail-Konten über das Dialogfeld *Kontoeinstellungen* jederzeit ändern.

Standardkonto festlegen

Wenn Sie mehrere E-Mail-Konten eingerichtet haben, verwendet Outlook eines der Konten als Standardkonto. Wenn Sie eine neue E-Mail verfassen, wird die Mail dann automatisch über das Standardkonto versendet. (Sie können das Konto, über das eine Mail versendet wird, auch während des Erstellens der Nachricht ändern; dies ist in Kapitel 41 beschrieben.)

Um das Standardkonto zu ändern, markieren Sie auf der Registerkarte *E-Mail* das gewünschte Konto und klicken dann auf *Als Standard festlegen* (siehe Abbildung 43.21).

E-Mails auf dem Server belassen

Falls Sie ein POP3-E-Mail-Konto verwenden, auf das Sie auch über eine Website zugreifen können, kann es sinnvoll sein, die E-Mails sowohl mit Outlook abzurufen als auch auf dem Server zu belassen, damit sie auch beim Zugriff über die Website weiter zur Verfügung stehen. Standardmäßig werden die E-Mails nach dem erfolgreichen Abrufen vom E-Mail-Server gelöscht.

Damit die E-Mails auf dem Server vorhanden bleiben, gehen Sie wie folgt vor:

1. Öffnen Sie die Registerkarte *Datei*, klicken Sie dann zuerst auf *Informationen* und danach zweimal auf *Kontoeinstellungen*. Wechseln Sie zur Registerkarte *E-Mail*.
2. Markieren Sie in der Liste das E-Mail-Konto, dessen Einstellungen Sie ändern möchten.
3. Klicken Sie auf *Ändern*.
4. Führen Sie eine der folgenden Aktionen durch, je nachdem, wie Sie das Dialogfeld *Kontoeinstellungen* geöffnet haben:
   - **Direkt aus Outlook geöffnet** Machen Sie beim nächsten Schritt weiter.
   - **Aus der Systemsteuerung/Mail heraus geöffnet** Klicken Sie auf die Schaltfläche *Weitere Einstelllungen* und wechseln Sie zur Registerkarte *Erweitert*.

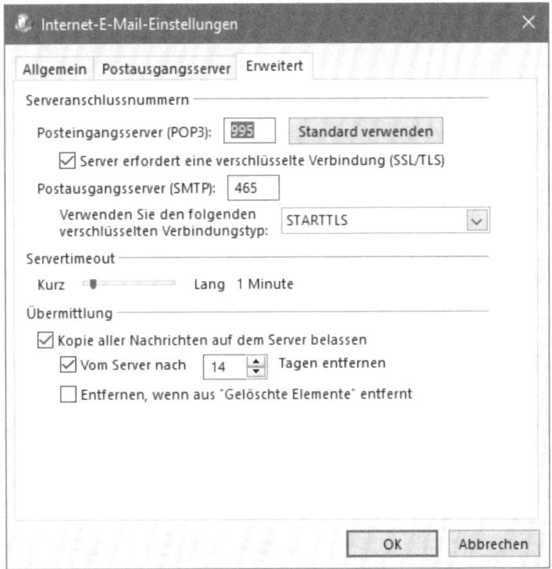

Abbildung 43.22: Die erweiterten Einstellungen für ein POP3-Konto (über Systemsteuerung geöffnet)

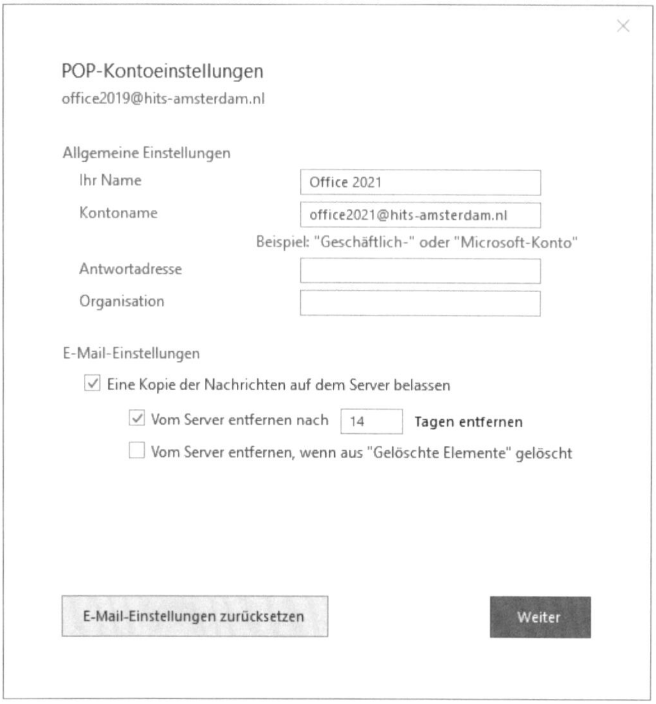

POP-Kontoeinstellungen
office2019@hits-amsterdam.nl

Allgemeine Einstellungen
Ihr Name: Office 2021
Kontoname: office2021@hits-amsterdam.nl
Beispiel: "Geschäftlich-" oder "Microsoft-Konto"
Antwortadresse
Organisation

E-Mail-Einstellungen
☑ Eine Kopie der Nachrichten auf dem Server belassen
☑ Vom Server entfernen nach 14 Tagen entfernen
☐ Vom Server entfernen, wenn aus "Gelöschte Elemente" gelöscht

E-Mail-Einstellungen zurücksetzen
Weiter

Abbildung 43.23: Die erweiterten Einstellungen für ein POP3-Konto, Variante 2 (aus Outlook heraus geöffnet)

5. Schalten Sie das Kontrollkästchen *Kopie aller Nachrichten auf dem Server belassen* bzw. *Eine Kopie der Nachrichten auf dem Server belassen* ein.
6. Wenn Sie möchten, dass die E-Mails nach einer bestimmten Zeitspanne vom Server entfernt werden, schalten Sie das Kontrollkästchen *Vom Server nach x Tagen entfernen* bzw. *Vom Server entfernen nach x Tagen* ein und legen die Zeitspanne fest.
7. Um zu erreichen, dass Elemente, die Sie in Outlook gelöscht und aus dem Ordner *Gelöschte Elemente* entfernt haben, auch vom Server entfernt werden, schalten Sie das Kontrollkästchen *Entfernen, wenn aus "Gelöschte Elemente" entfernt* bzw. *Vom Server entfernen, wenn aus "Gelöschte Elemente" gelöscht* ein.
8. Klicken Sie auf *OK* bzw. auf *Weiter*.

Kontoname, Antwortadresse und Name der Organisation

Die drei letzten Einstellungen, die wir in diesem Kapitel vorstellen wollen, befinden sich direkt im Fenster *POP-Kontoeinstellungen* (siehe Abbildung 43.23) bzw. *IMAP-Kontoeinstellungen* (siehe Abbildung 43.25).

Um diese Einstellungen zu konfigurieren, zeigen Sie das Dialogfeld *Kontoeinstellungen* an, indem Sie in Outlook auf *Datei* und dann zweimal auf *Kontoeinstellungen* klicken. Markieren Sie auf der Registerkarte *E-Mail* das E-Mail-Konto, dessen Einstellungen Sie ändern möchten. Klicken Sie auf *Ändern*.

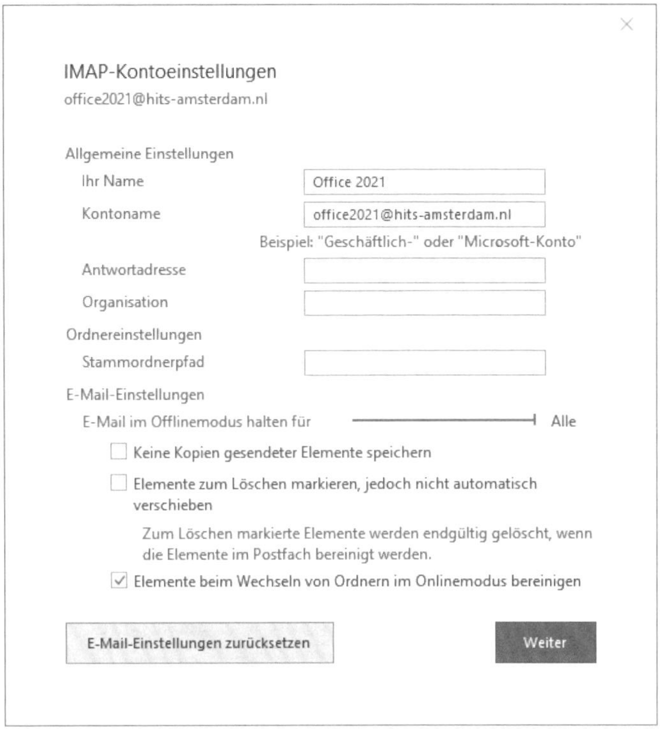

Abbildung 43.24: Erweiterte Einstellungen für IMAP-Konto (Einstellungen aus Outlook heraus geöffnet)

Wenn Sie die Outlook-Kontoeinstellungen aus der Systemsteuerung heraus öffnen, indem Sie dort auf *Mail (Microsoft Outlook)* klicken und dann im Dialogfeld *Mail-Setup* auf *E-Mail-Konten* klicken, sehen die Dialogfelder ein wenig anders aus (siehe Abbildung 43.25). Sie können dort die gleichen Einstellungen vornehmen wie direkt aus Outlook heraus, auch wenn die Beschriftungen der Eingabefelder etwas anders lauten.

- **Kontoname/E-Mail-Konto** Im Feld *Kontoname* bzw. *E-Mail-Konto* können Sie einen Anzeigenamen für das E-Mail-Konto eingeben. Der Anzeigename wird Outlook-intern verwendet. Beispielsweise wird der Anzeigename auf der Registerkarte *E-Mails* angezeigt und er wird auch verwendet, um beim Erstellen einer Mail die Auswahlliste mit den Konten zu erstellen, aus der Sie dann das Konto auswählen, über das die E-Mail versendet werden soll.
- **Organisation/Firma** In das Feld *Organisation* bzw. *Firma* können Sie den Namen Ihrer Firma oder Organisation eintragen. Diese Information wird in den Kopfzeilen der E-Mail-Nachricht (einem normalerweise nicht sichtbaren Bereich der E-Mail) an den Empfänger übertragen.

Abbildung 43.25: Auf der Registerkarte Allgemein können Sie unter anderem den Anzeigenamen des E-Mail-Kontos einstellen.

- **Antwortadresse** Wenn die Antwort auf eine E-Mail, die Sie über dieses Konto verschicken, an eine andere E-Mail-Adresse als die Absenderadresse gesendet werden soll, geben Sie diese Adresse in das Feld *Antwortadresse* ein. Wenn der Empfänger der E-Mail auf *Antworten* klickt, wird die Antwort dann an die im Feld *Antwortadresse* eingetragene E-Mail-Adresse gesendet.

Kapitel 44
Outlook-Datendateien

Wenn Sie in Outlook einen Termin, eine Aufgabe oder eine E-Mail erstellen, müssen diese Elemente irgendwo aufbewahrt werden, damit sie beim Neustart von Outlook wieder zur Verfügung stehen. Outlook verwendet hierfür einen bestimmten Dateityp, der Datendatei genannt wird. Auch wenn es wegen der vielen Ordnersymbole in der Ordnerliste von Outlook so aussieht, als ob sich diese Ordnerstruktur genauso auf der Festplatte Ihres Computers wiederfinden lässt, ist dies nicht der Fall. All diese Ordner und deren Elemente befinden sich in der Regel in einer Datei, der Datendatei. (Das »in der Regel« bezieht sich auf eine Standardinstallation von Outlook. Sie können auch mehrere Datendateien verwenden, doch dazu mehr etwas später in diesem Kapitel.)

Dieses Kapitel stellt Ihnen diese Datendateien vor, führt einige Gründe an, warum es sinnvoll sein kann, mit mehreren Datendateien zu arbeiten, und liefert Schritt-für-Schritt-Anleitungen für die wichtigsten Verfahren, die Sie bei der Verwendung von Datendateien kennen sollten.

Datendateien im Überblick

Datendateien ist der Oberbegriff für die Dateien, in denen Outlook seine Informationen abspeichert. Bei den Datendateien lassen sich zwei verschiedene Typen unterscheiden:

- **Persönliche Ordnerdatei** Die persönliche Ordnerdatei (Erweiterung *.pst)* wird verwendet, wenn Sie mit Outlook E-Mail-Konten des Typs POP3 benutzen.

  Wenn Sie mehrere POP3-Konten verwenden, erstellt Outlook beim Einrichten der Konten für jedes eine eigene persönliche Ordnerdatei. Sie können Outlook jedoch so konfigurieren, dass alle E-Mails für die verschiedenen POP3-Konten in der gleichen Datendatei landen.

  Der Hauptzweck der Datei ist also die Verwaltung des Posteingangs und des Postausgangs und sie dient damit als Speicherort für Ihren E-Mail-Verkehr. Hierfür befinden sich in der persönlichen Ordnerdatei entsprechende Ordner, in denen Elemente des Typs E-Mail abgelegt werden können. In weiteren Ordnern in dieser Datei werden Kontakte, Termine, Aufgaben usw. gespeichert.

- **Offlineordnerdatei** Wenn Sie in Outlook mit einem Microsoft Exchange-Konto (hierzu gehören die E-Mail-Dienste Outlook.com und Hotmail) oder einem IMAP-Konto arbeiten, verwendet Outlook zum Speichern der Daten eine Offlineordnerdatei (mit der Erweiterung *.ost*).

  Wenn Sie ein Exchange-Konto verwenden, befinden sich all Ihre Daten (also E-Mails, Kontakte, Termine usw.) standardmäßig auch auf dem Server, und nicht nur lokal auf Ihrem Computer. Damit Sie jedoch auch dann mit diesen Daten arbeiten können, wenn einmal keine Netzwerkverbindung zu Ihrem Server besteht, verwendet Outlook die Offlineordnerdatei, um alle Daten, die auf dem Server vorgehalten werden, zwischenzuspeichern. Wenn Sie einem Outlook-Profil ein Exchange Server-, Outlook.com- oder Hotmail-Konto hinzufügen, wird für jedes dieser Konten automatisch eine Offlineordnerdatei erstellt. Outlook synchronisiert diese Daten regelmäßig zwischen dem Server und der Offlineordnerdatei.

  Da das IMAP-Protokoll lediglich E-Mail-Nachrichten zwischen dem Mailserver und Outlook synchronisiert, befinden sich bei einem IMAP-Konto alle Aufgaben, Kontakte usw. nicht auf Ihrem Mailserver, sondern nur in der Offlineordnerdatei. Outlook zeigt Ihnen dies in der Ordnerliste an. Alle Elemente, die nicht mit dem Server synchronisiert werden können, werden dort mit der Kennzeichnung *Nur dieser Computer* versehen.

Welche Datendateien aktuell in Verwendung sind, können Sie sehen, wenn Sie die Registerkarte *Datei* öffnen und dann in der Kategorie *Informationen* zweimal auf *Kontoeinstellungen* klicken. Wechseln Sie anschließend im Dialogfeld *Kontoeinstellungen* zur Registerkarte *Datendateien*. Ein Beispiel hierfür zeigt Abbildung 44.1.

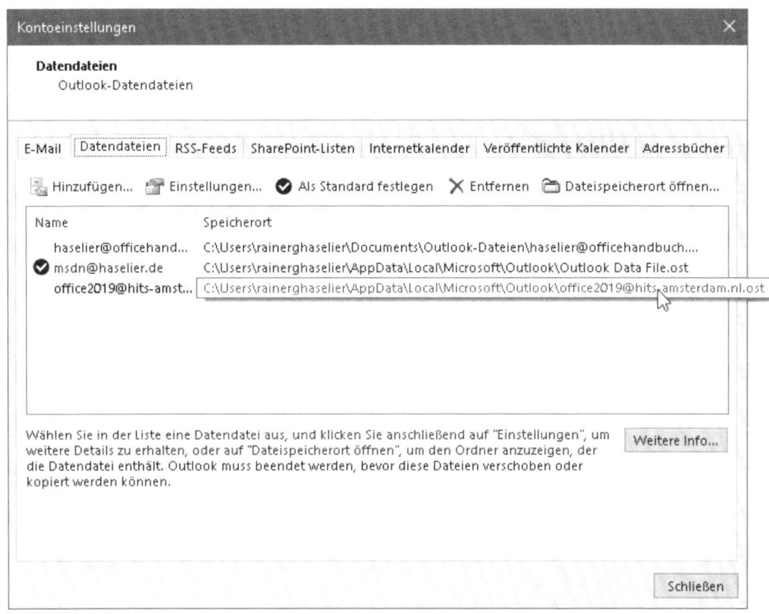

Abbildung 44.1: Die Registerkarte Datendateien *zeigt alle derzeit verwendeten Datendateien an.*

In der Spalte *Speicherort* können Sie den Dateinamen und den Ordner sehen, in dem die Datendatei gespeichert ist. In der obigen Abbildung wird eine Offlineordnerdatei verwendet (Endung *.ost),* die einem IMAP-Konto zugeordnet ist. Wenn Sie eine Offlineordnerdatei markieren und dann auf *Einstellungen* klicken, erhalten Sie weitere Informationen zur Offlineordnerdatei des IMAP-Kontos (links in Abbildung 44.2) und, falls es sich bei dem Konto um ein Exchange Server-Konto handelt, zu dem Exchange-Konto (rechts in Abbildung 44.2).

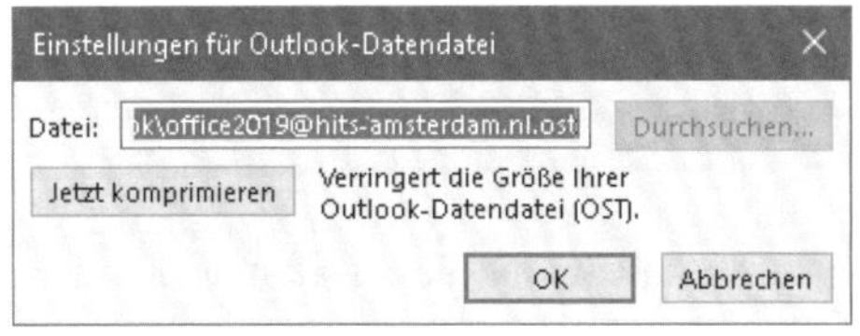

Abbildung 44.2: Das Dialogfeld zeigt weitere Informationen zur Offlinedatendatei an.

Wenn Sie einen Eintrag mit einer persönlichen Ordnerdatei markieren, die für POP3-E-Mail-Konten verwendet wird, und dann auf *Einstellungen* klicken, sehen Sie weitere Informationen zu dieser Datei.

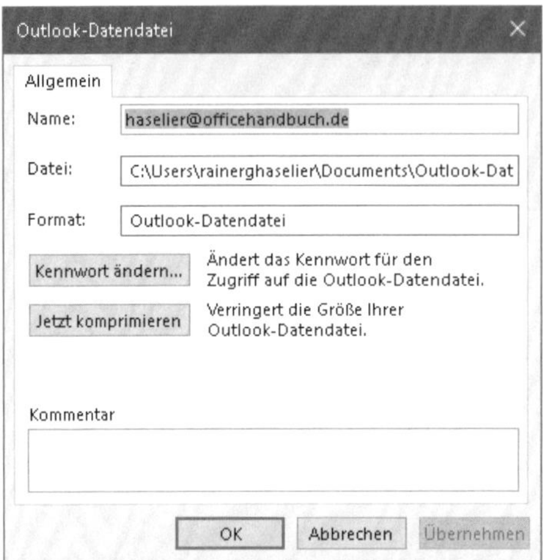

Abbildung 44.3: In diesem Dialogfeld können Sie den Speicherort, das Format und weitere Informationen zu einer persönlichen Ordnerdatei ermitteln.

Im Feld *Name* steht der Anzeigename der persönlichen Ordnerdatei, wie er an anderen Stellen innerhalb von Outlook verwendet wird. Im Feld *Datei* sehen Sie den kompletten Pfadnamen der Datei und das Feld *Format* informiert Sie darüber, welches Format die Datei besitzt (mehr über die Formate von persönlichen Ordnerdateien im folgenden Abschnitt).

Tipp

Anzeigename der Datendatei im Ordnerbereich Der Text, den Sie im Feld *Name* des Dialogfeldes *Outlook-Datendatei* sehen, wird von Outlook als Anzeigename der Datendatei im Ordnerbereich verwendet. Standardmäßig verwendet Outlook die E-Mail-Adresse. Bei Konten des Typs POP3 und IMAP können Sie den Anzeigenamen ändern, indem Sie den Eintrag im Feld *Name* bearbeiten.

Mit den Schaltflächen des Dialogfeldes können Sie das Kennwort für diese Datendatei ändern oder eines vergeben, sofern die Datei noch kein Kennwort besitzt, und die Datei komprimieren, um so Speicherplatz zu sparen oder um die Größe der Datei zu reduzieren, bevor Sie eine Sicherungskopie erstellen. Mehr zu den Themen Kennwörter, Komprimierung und Datensicherungen finden Sie im weiteren Verlauf dieses Kapitels.

Formate der Datendateien

Outlook unterstützt zwei verschiedene Formate für die persönlichen Datendateien:

- **Outlook-Datendatei** Das Format *Outlook-Datendatei* wurde bei Outlook 2003 eingeführt und ist mit dem Dateiformat, das standardmäßig von Outlook verwendet wird, identisch. Die maximale Dateigröße beträgt ca. 20 Gigabyte und es werden die Zeichensätze ANSI und Unicode unterstützt, wodurch es möglich ist, auch Elemente in Fremdsprachen, die nicht im Standard-ANSI-Zeichensatz dargestellt werden können (beispielsweise Chinesisch oder Japanisch), in der persönlichen Ordnerdatei abzuspeichern.

- **Outlook 97-2002-Datendatei** Hierbei handelt es sich um das Dateiformat, das von den Outlook-Versionen 97 bis 2002 verwendet wurde. Die maximale Dateigröße beträgt ca. 2 Gigabyte und es wird nur der ANSI-Zeichensatz unterstützt.

Wenn Sie Outlook das erste Mal starten und Ihr Profil einrichten, verwendet Outlook standardmäßig das aktuelle Format. Das Format der Datendatei wird festgelegt, wenn eine neue Datendatei erstellt wird; es kann später nicht geändert werden. Welches Format Ihre persönlichen Ordnerdateien besitzen, können Sie im Dialogfeld *Outlook-Datendatei* sehen (siehe Abbildung 44.3 auf der vorigen Seite).

Wo befinden sich die Datendateien?

Die Datendateien werden unterhalb des Ordners gespeichert, in dem sich die Daten zu Ihrem Windows-Benutzerkonto befinden. Die Offlineordnerdateien für die Exchange Server- und IMAP-Konten befinden sich standardmäßig im Ordner *C:\Users\[Benutzername]\AppData\Local\Microsoft\Outlook*. Statt *[Benutzername]* müssen Sie Ihren Windows-Anmeldenamen in den Pfad einsetzen. Die persönlichen Ordnerdateien werden standardmäßig im Ordner *C:\Users\[Benutzername]\Dokumente\Outlook-Dateien* gespeichert.

Die genaue Pfadangabe jeder einzelnen persönlichen Ordnerdatei können Sie sich ansehen, wenn Sie auf der Registerkarte *Datendateien* des Dialogfeldes *Kontoeinstellungen* die persönliche Ordnerdatei markieren und dann auf *Einstellungen* klicken. Der komplette Pfadname der Datei wird im Feld *Datei* angezeigt. Wenn Sie in dem Feld ein wenig scrollen, ist der (sehr lange) Pfadname sichtbar.

Wenn Sie den Ordner mit den persönlichen Ordnerdateien schnell öffnen wollen, ohne sich dabei durch die Ordnerstruktur der Festplatte Ihres Computers hangeln zu müssen, können Sie auf der Registerkarte *Datendateien* des Dialogfeldes *Kontoeinstellungen* die Datei markieren, deren Ordner Sie öffnen wollen, und dann auf *Datenspeicherort öffnen* klicken. Outlook öffnet daraufhin den Ordner im Explorer, wie Sie es in Abbildung 44.4 sehen.

Wie Sie in der Abbildung erkennen können, werden in dem Ordner außer der/den persönlichen Ordnerdatei(en) von Outlook zusätzliche Ordner angelegt, die weitere Konfigurationseinstellungen enthalten.

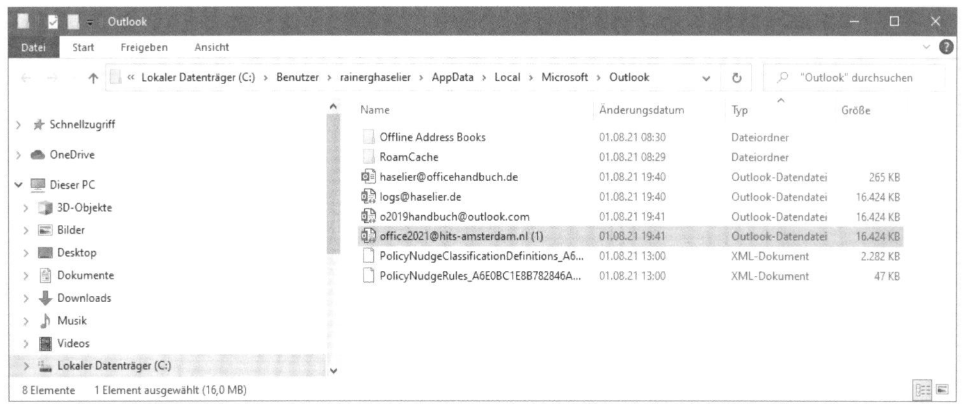

Abbildung 44.4: Der Ordner mit den Offlineordnerdateien wurde geöffnet.

Weitere Datendateien erstellen

Normalerweise reicht es aus, mit einer persönlichen Ordnerdatei zu arbeiten. Es kann jedoch auch bestimmte Einsatzszenarien geben, bei denen es zumindest eine Überlegung wert ist, ob nicht mit mehreren Datendateien gearbeitet werden sollte:

- Sie nehmen die Datensicherung der persönlichen Ordnerdatei auf einem USB-Stick vor. Die Größe der Ordnerdatei überschreitet die verfügbare Kapazität auf dem USB-Stick. Sie können Elemente, die nicht so wichtig sind (wie ältere Nachrichten oder RSS-Feeds), in einer eigenen Ordnerdatei ablegen, so die Größe der Hauptordnerdatei reduzieren und diese dann wie gewohnt auf Ihrem USB-Stick sichern.
- Sie verwenden mehrere E-Mail-Konten (beispielsweise eines für geschäftliche, ein anderes für private Zwecke) und möchten gern, dass die E-Mail-Nachrichten nach E-Mail-Konto getrennt in eigenen Ordnerdateien gespeichert werden.
- Sie wollen bestimmte sensible Daten, die Sie im Modul *Notizen* angelegt haben, in einer eigenen Ordnerdatei speichern und diese Datei mit einem Kennwort schützen.

Dies sind nur einige der Einsatzbereiche, bei denen es sinnvoll ist, eine weitere persönliche Ordnerdatei zu erstellen. Um dies zu tun, gehen Sie wie folgt vor:

1. Wechseln Sie zur Registerkarte *Datei,* klicken Sie auf *Informationen* und dann zweimal auf *Kontoeinstellungen.* Das gleichnamige Dialogfeld wird geöffnet.
2. Wechseln Sie zur Registerkarte *Datendateien.*
3. Klicken Sie auf der Registerkarte *Datendateien* auf *Hinzufügen.* Das Dialogfeld *Outlook-Datendatei erstellen oder öffnen* wird angezeigt.
4. Geben Sie in das Feld *Dateiname* einen aussagekräftigen Dateinamen ein, der den Verwendungszweck der neuen Datendatei widerspiegelt. Dieser Name wird an anderen Stellen innerhalb von Outlook verwendet und angezeigt; daher hilft ein sprechender Name später bei der Orientierung.
5. Übernehmen Sie im Listenfeld *Dateityp* die Option *Outlook-Datendateien.* (Die Option *Outlook 97-2002-Datendateien* wird nur dann benötigt, wenn Sie eine Datendatei erstellen wollen, die mit Outlook 97 bis Outlook 2002) kompatibel sein soll. Diese Anforderung kommt heute vermutlich nicht mehr vor.)

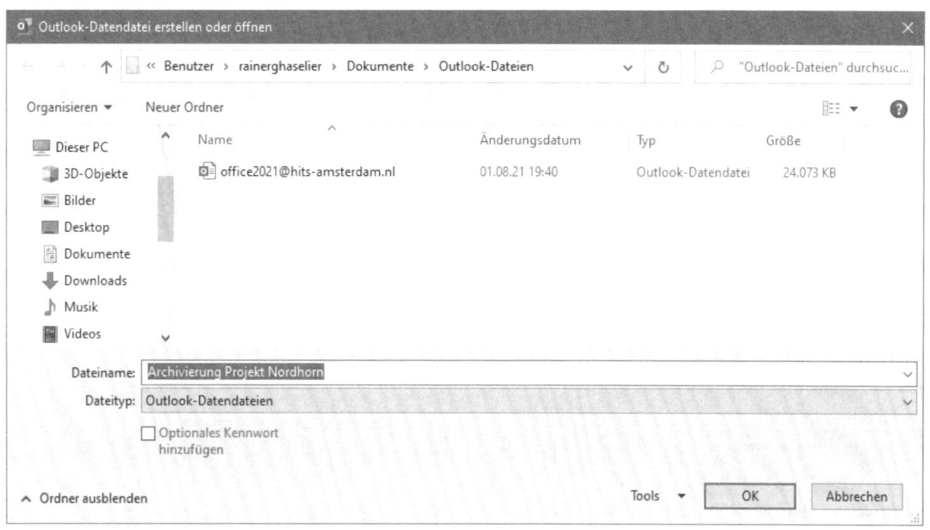

Abbildung 44.5: Legen Sie hier den Namen der neuen Datendatei fest. Verwenden Sie am besten einen Namen, der den Zweck der Datendatei gut beschreibt.

6. Wenn Sie die Datendatei durch ein Kennwort schützen wollen, schalten Sie das Kontrollkästchen *Optionales Kennwort hinzufügen* ein.
7. Klicken Sie auf *OK*.
8. Wenn Sie das Kontrollkästchen *Optionales Kennwort hinzufügen* eingeschaltet haben, wird das Dialogfeld *Outlook-Datendatei erstellen* angezeigt. Geben Sie dort das gewünschte Kennwort in die beiden Kennwortfelder ein. Das Öffnen der persönlichen Ordnerdatei ist danach nur noch durch die Eingabe des Kennworts möglich.

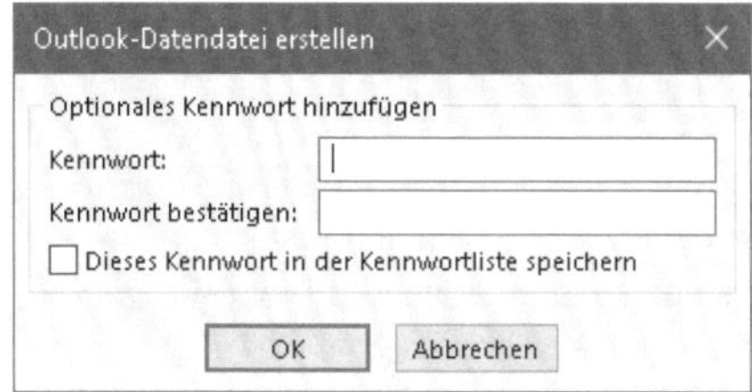

Abbildung 44.6: In diesem Dialogfeld legen Sie das Kennwort für die Outlook-Datendatei fest.

9. Wenn Sie das Kennwort nicht bei jedem Starten von Outlook eingeben wollen, schalten Sie das Kontrollkästchen *Dieses Kennwort in der Kennwortliste speichern* ein. Die Kennwortliste ist ein Teil Ihres Windows-Benutzerkontos, sie wird verschlüsselt in der Windows-Registrierung gespeichert.
10. Klicken Sie auf *OK*, um die Datendatei mit den eingestellten Optionen erstellen zu lassen.

Ordner in der neuen Datendatei erstellen

Nachdem Sie die neue Ordnerdatei erstellt haben, wird sie in der Ordnerliste angezeigt. Klicken Sie in der Navigationsleiste im Ordnerbereich auf die drei Punkte und wählen Sie *Ordner* oder drücken Sie Strg+6. Sie können die neue persönliche Ordnerdatei in der Ordnerliste an dem Anzeigenamen erkennen, den Sie beim Erstellen der Datei festgelegt haben.

Archivierung Projekt Nordhorn
Gelöschte Elemente
Suchordner

haselier@officehandbuch.de
Posteingang
Gesendete Elemente
Gelöschte Elemente
Junk-E-Mail
Postausgang
Suchordner

Abbildung 44.7: Eine neue persönliche Ordnerdatei enthält nach dem Erstellen lediglich die Ordner Gelöschte Elemente *und* Suchordner.

Wenn Sie auf das Dreieck vor dem Namen der persönlichen Ordnerdatei klicken, sehen Sie die Ordner, die in der Datei enthalten sind. Bei einer neu erstellten Datei sind dies lediglich die beiden Ordner *Gelöschte Elemente* und *Suchordner*. Legen Sie nun in der persönlichen Ordnerdatei die Ordner an, die dem Verwendungszweck der Ordnerdatei entsprechen.

1. Klicken Sie in der Ordnerliste den Anzeigenamen der Ordnerdatei an.
2. Öffnen Sie die Registerkarte *Ordner* und wählen Sie in der Gruppe *Neu* den Befehl *Neuer Ordner*. Das Dialogfeld *Neuen Ordner erstellen* wird angezeigt (siehe Abbildung auf der nächsten Seite).

Achtung Neuer Ordner bei geöffnetem E-Mail-Modul Sie können auch den Anzeigenamen der Ordnerdatei anklicken und den Befehl *Neuer Ordner* wählen. Bitte beachten Sie jedoch, dass der Kontextmenübefehl *Neuer Ordner* einen neuen Ordner des Typs *E-Mail und Bereitstellung* erstellt, wenn Sie den Befehl wählen, während das Modul E-Mail aktiv ist. Sie können dann im Ordnerbereich lediglich den Namen eintippen und nicht mehr den Ordnertyp festlegen.

3. Geben Sie in das Feld *Name* den Namen ein, den der neue Ordner erhalten soll.
4. Öffnen Sie die Liste *Ordner enthält Elemente des Typs* und legen Sie fest, welche Outlook-Elemente Sie in diesem Ordner ablegen wollen.

Abbildung 44.8: In diesem Dialogfeld legen Sie den Namen und den Elementtyp fest, der in dem neuen Ordner enthalten sein soll.

5. Klicken Sie auf *OK,* um den neuen Ordner zu erstellen.
6. Wiederholen Sie die Schritte 1 bis 4 für alle weiteren Ordner, die Sie in der neuen persönlichen Ordnerdatei erstellen wollen.

Speicherort für E-Mail-Nachrichten und POP3-Konto festlegen

Wenn Sie eine persönliche Ordnerdatei und ein POP3-Konto verwenden, um dort beispielsweise alle E-Mail-Nachrichten eines bestimmten E-Mail-Kontos aufzubewahren, müssen Sie Outlook noch mitteilen, welche Daten in welchem Speicherort abgelegt werden sollen.

Hinweis Seit Outlook 2016 kann bei Exchange Server- und Exchange ActiveSync-Konten der Speicherort nicht mehr geändert werden. In früheren Versionen war es möglich, bei diesen Konten für eingehende Nachrichten eine persönliche Ordnerdatei einzustellen; dies war nie eine empfohlene Vorgehensweise, daher wurde diese Möglichkeit entfernt.

1. Wechseln Sie zur Registerkarte *Datei,* klicken Sie auf *Informationen* und dann zweimal auf *Kontoeinstellungen.* Das gleichnamige Dialogfeld wird geöffnet.
2. Wechseln Sie zur Registerkarte *E-Mail,* wenn Sie den Speicherort für ein E-Mail-Konto festlegen wollen.
3. Markieren Sie in der Liste das E-Mail-Konto und klicken Sie dann im unteren Bereich auf die Schaltfläche *Ordner wechseln.*

   Das Dialogfeld *Neuer E-Mail-Übermittlungsort* wird geöffnet (siehe Abbildung 44.9).

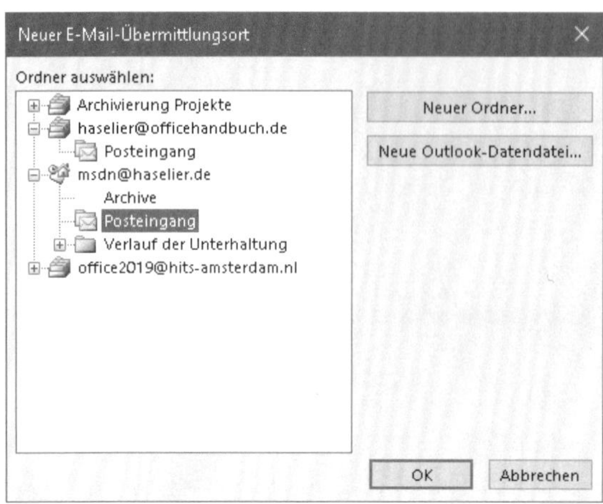

Abbildung 44.9: In diesem Dialogfeld legen Sie den Übermittlungs- und den Speicherort des ausgewählten E-Mail-Kontos fest.

4. Markieren Sie im Feld *Ordner auswählen* den Ordner, der als Speicherort dienen soll, und klicken Sie dann auf *OK*.

Tipp

Ordner *Postausgang, Gesendete Elemente* und *Junk-E-Mail* Wenn Sie eine persönliche Ordnerdatei für ein bestimmtes E-Mail-Konto erstellen wollen, reicht es aus, den Ordner *Posteingang* anzulegen und diesen als Speicherort einzustellen. Nachdem Sie die erste E-Mail über dieses Konto versendet haben, erstellt Outlook die Ordner *Postausgang, Gesendete Elemente* und *Junk-E-Mail* automatisch und weist diesen auch die Standardordnersymbole zu.

Datendateien mit Kennwort schützen

Beim Erstellen einer neuen persönlichen Ordnerdatei können Sie für die Datei ein Kennwort festlegen. Dieses Kennwort können Sie jederzeit ändern; wenn Sie beim Erstellen kein Kennwort vergeben haben, können Sie dies auch noch zu einem späteren Zeitpunkt tun.

1. Wechseln Sie zur Registerkarte *Datei*, klicken Sie auf *Informationen* und dann zweimal auf *Kontoeinstellungen*. Das gleichnamige Dialogfeld wird geöffnet.
2. Wechseln Sie zur Registerkarte *Datendateien*.
3. Markieren Sie die Datendatei, deren Kennwort Sie ändern/festlegen möchten, und klicken Sie dann auf *Einstellungen*.
4. Klicken Sie im Dialogfeld *Outlook-Datendatei* auf *Kennwort ändern*.
5. Wenn die Datei bereits ein Kennwort besitzt, geben Sie das aktuelle Kennwort in das Feld *Altes Kennwort* ein; ansonsten lassen Sie dieses Feld leer.
6. Geben Sie das gewünschte Kennwort in die Felder *Neues Kennwort* und *Kennwort bestätigen* ein.

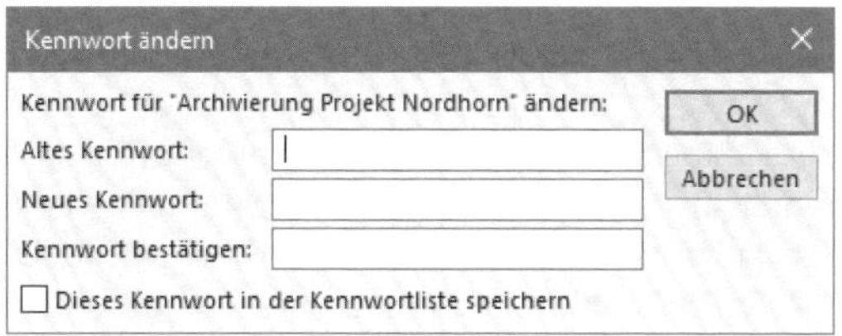

Abbildung 44.10: In diesem Dialogfeld ändern Sie das Kennwort für eine persönliche Ordnerdatei.

7. Schalten Sie das Kontrollkästchen *Dieses Kennwort in der Kennwortliste speichern* ein, wenn Sie nicht bei jedem Öffnen das Kennwort eingeben wollen, sondern das Kennwort in der Kennwortliste Ihres Windows-Benutzerkontos gespeichert werden soll.
8. Klicken Sie auf *OK* und dann auf *OK* und *Schließen*.

Datendateien komprimieren

Die Outlook-Datendateien können im Laufe der Zeit sehr groß und Outlook dadurch auch nach und nach etwas langsamer werden. Wenn Sie beispielsweise viele E-Mails mit Dateianhängen versenden oder erhalten, befinden sich die Dateianhänge ebenfalls in der Datendatei. Auch wenn Sie ein Outlook-Element löschen, wird es hierdurch nicht automatisch auch aus der Datendatei entfernt.

Sie können die Größe der Outlook-Datendatei verringern, indem Sie die Datendatei komprimieren. Dies ist kein Vorgang, den Sie täglich ausführen müssen; es ist empfehlenswert, dies ca. alle vier Wochen zu tun. Am besten löschen Sie vorher im Postein- oder Postausgang die großen E-Mails, die Sie nicht mehr benötigen und löschen danach den Inhalt des Ordners *Gelöschte Elemente*.

Zum Komprimieren der Datendatei gehen Sie wie folgt vor:

1. Wechseln Sie zur Registerkarte *Datei*, klicken Sie auf *Informationen* und dann zweimal auf *Kontoeinstellungen*.
2. Wechseln Sie zur Registerkarte *Datendateien*.
3. Markieren Sie in der Liste mit den Datendateien die Datei, die Sie komprimieren wollen. (Sie können die Schaltfläche *Ordner öffnen* verwenden, um die aktuelle Größe der Ordnerdatei anzeigen zu lassen.)
4. Klicken Sie auf die Schaltfläche *Einstellungen*. Es wird ein Dialogfeld mit dem Namen der ausgewählten Datendatei angezeigt.
5. Klicken Sie auf *Jetzt komprimieren*. Outlook komprimiert die Datendatei. Dieser Vorgang kann je nach Größe der Datendatei ein wenig dauern.

   Während des Komprimiervorgangs wird das folgende Dialogfeld angezeigt:

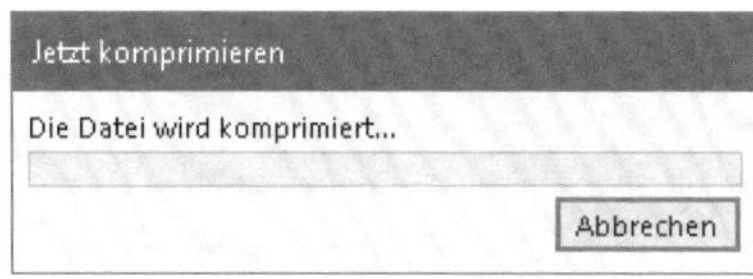

Abbildung 44.11: Diese Meldung informiert Sie über den Fortschritt der Komprimierung.

Datendateien reparieren

Wenn Outlook einmal abstürzen sollte und dabei die Datendateien nicht ordnungsgemäß geschlossen werden oder Sie eine Datendatei nicht öffnen können, kann es sein, dass die interne Struktur der Datendatei beschädigt ist. Im Lieferumfang von Outlook befindet sich das Tool ScanPST.exe, das Datendateien prüfen und reparieren kann. Dieses Tool wird standardmäßig im Ordner *C:\Programme\Microsoft Office\root\Office 16* installiert. So setzen Sie dieses Tool ein:

1. Beenden Sie Outlook, falls es derzeit gestartet ist.
2. Öffnen Sie *Dieser PC* oder *Arbeitsplatz*, wechseln Sie zum Ordner *C:\Programme\Microsoft Office\root\Office 16* und suchen Sie in diesem Ordner nach der Datei *ScanPST.exe*.
3. Doppelklicken Sie auf *ScanPST.exe*. Das folgende Fenster wird angezeigt:

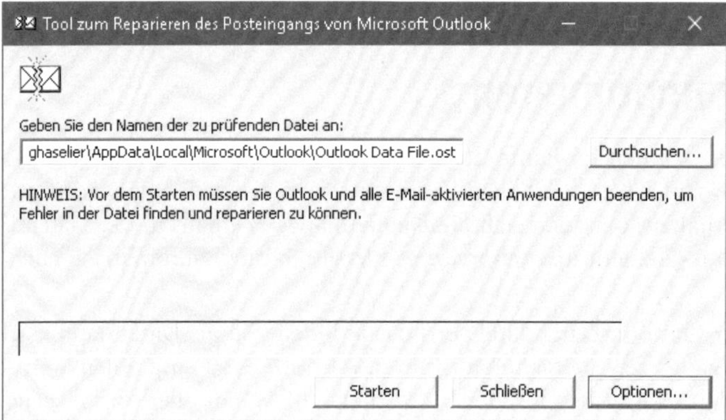

Abbildung 44.12: Wählen Sie mit einem Klick auf Durchsuchen *die Datendatei aus, die Sie prüfen und reparieren lassen wollen.*

4. Klicken Sie auf *Durchsuchen* und wählen Sie die Datendatei aus, von der Sie vermuten, dass sie beschädigt ist.
5. Klicken Sie auf *Starten*, um den Prüfvorgang zu initiieren.

   Während der Prüfung werden Sie in dem folgenden Fenster über den Fortgang informiert:

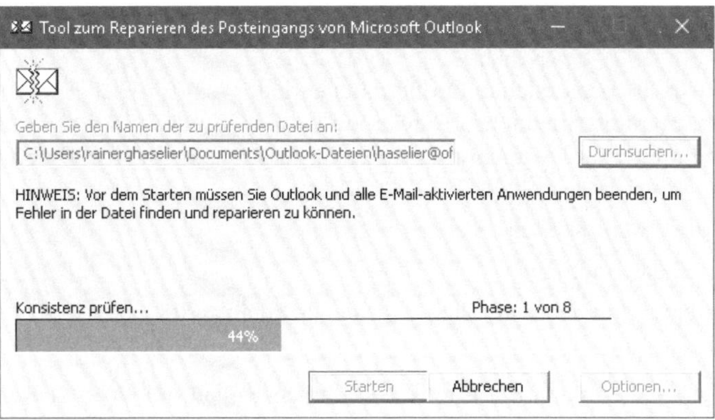

Abbildung 44.13: Die Statusanzeige im unteren Bereich des Fensters hält Sie über den Prüfvorgang auf dem Laufenden.

6. Wenn bei der Prüfung Fehler gefunden wurden, werden Sie aufgefordert, den Reparaturvorgang zu starten. Während des Reparaturvorgangs wird eine Sicherheitskopie erstellt, deren Namen Sie im Feld *Name der Sicherungsdatei eingeben* festlegen können.
7. Klicken Sie auf *Reparieren.*
8. Wenn der Reparaturvorgang abgeschlossen ist, starten Sie Outlook und öffnen im Ordnerbereich die Ordnerliste.
9. Suchen Sie nach einem Ordner mit dem Namen *Elemente ohne Zuordnung.* Dieser enthält Outlook-Elemente, die zwar wiederhergestellt, aber keinem der Module zugeordnet werden konnten. Verschieben Sie die Elemente aus dem Ordner *Elemente ohne Zuordnung* in den richtigen Ordner. Anschließend können Sie den Ordner *Elemente ohne Zuordnung* löschen.

Outlook-Daten sichern

Die Datendateien enthalten alle Daten, die Sie in Outlook eingegeben haben. Daher ist es eine gute Idee, diese Datei (oder Dateien, wenn Sie mehrere verwenden) regelmäßig zu sichern, damit bei einem eventuellen Totalabsturz oder bei Festplattenproblemen zumindest Ihre Daten noch vorhanden sind.

Sie können die Sicherung der Datendateien entweder gemeinsam mit einer Sicherung der Windows-Installation durchführen oder dies manuell vornehmen, indem Sie die Dateien beispielsweise auf eine weitere Festplatte oder einen USB-Stick kopieren. Den genauen Speicherort der einzelnen Datendateien können Sie mit dem Verfahren ermitteln, das im Abschnitt »Wo befinden sich die Datendateien?« auf Seite 823 beschrieben ist. Sie müssen Outlook beenden, damit Sie die Datendateien kopieren können.

Komplettsicherung mit Outlook Backup Assistant

Neben den Elementen, die in der persönlichen Ordnerdatei enthalten sind, speichert Outlook in verschiedenen Ordnern, in unterschiedlichen Dateien und in der Windows-Registrierungsdatenbank weitere Einstellungen und vorgenommene Konfigurationen. Zu den Daten, die nicht in der persönlichen Ordnerdatei enthalten sind, gehören

- die Einstellungen für die E-Mail-Konten,
- die erstellten Signaturen, das Briefpapier,
- Änderungen am Menüband und der Symbolleiste für den Schnellzugriff,
- die Druckereinstellungen usw.

Wenn Sie eine vollständige Sicherung von Outlook vornehmen wollen, reicht es also nicht aus, nur die persönliche Ordnerdatei zu sichern. Da das Zusammentragen der Informationen aus den verschiedenen Windows-Ordnern etwas mühsam und für einen Nichtprofi kaum machbar ist, setzen Sie hierzu eines der Tools ein, mit denen die Sicherung aller Outlook-Dateien viel einfacher möglich ist.

Die folgende Abbildung zeigt ein Fenster des Tools Outlook Backup Assistant, das alle Outlook-Daten über eine komfortable Benutzeroberfläche sichern und wiederherstellen kann. Eine eingeschränkte Testversion und weitere Informationen zu diesem Tool finden Sie auf der Website *www.outlook-backup.de*.

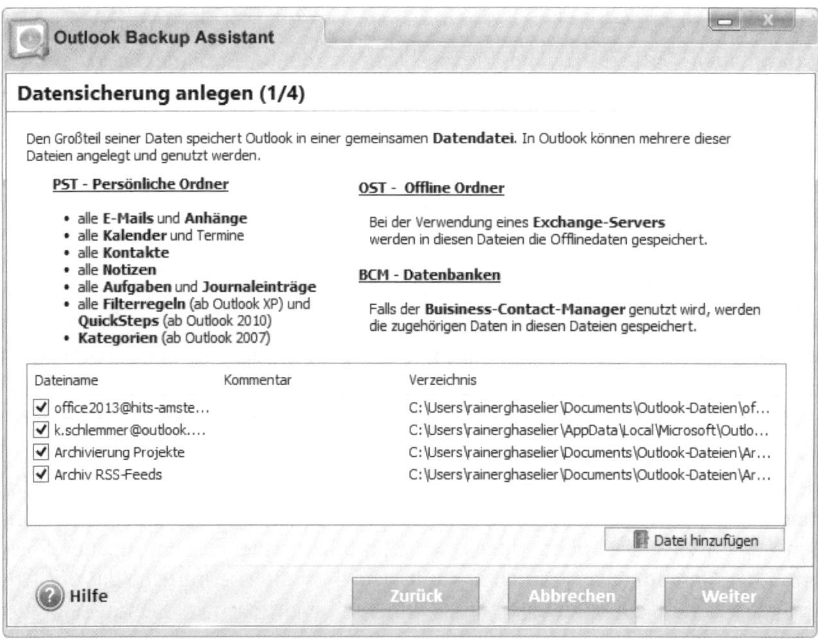

Abbildung 44.14: Outlook Backup Assistant kann mehr als nur die Ordnerdateien sichern.

Nützlich ist, dass Sie mit Outlook Backup Assistant eine Parameterdatei erstellen können, die alle Informationen über die beabsichtigte Sicherung enthält. Innerhalb von Outlook öffnen Sie dann das Add-In von Outlook Backup Assistant und wählen dort die zuvor erstellte Parameterdatei aus (siehe Abbildung 44.15). Anschließend legen Sie mit den Optionen im unteren Bereich des Dialogfeldes fest, in welchen Intervallen Outlook Backup Assistant die Outlook-Daten automatisch sichern soll.

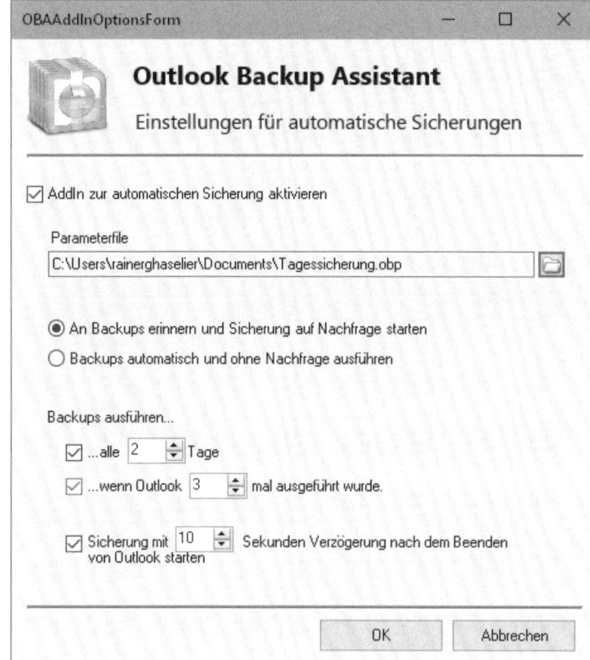

Abbildung 44.15: Erstellen Sie eine Parameterdatei mit den Informationen darüber, welche Elemente gesichert werden sollen. Verwenden Sie anschließend das Outlook-Add-In, um das Intervall der automatischen Sicherung einzustellen.

Kapitel 45

Kontakte/Personen

Hinter der Bezeichnung *Personen/Kontakte* verbirgt sich die Adressverwaltung von Outlook. Bei einem Kontakt kann es sich um eine Firma, eine Person oder eine bestimmte Person in einer Firma handeln. Outlook stellt für jeden Kontakt zahlreiche Felder zur Verfügung, in denen Sie Name, E-Mail-Adressen, Postanschriften, Rufnummern u.v.m. eintragen können.

Ein weiteres Element, das von Outlook im Ordner *Kontakte* verwaltet wird, sind die Kontaktgruppen, die in früheren Outlook-Versionen Verteilerlisten genannt wurden. Wie der Name bereits sagt, ist eine Kontaktgruppe eine Gruppe von Kontakten, die Sie selbst definieren können und die direkt als Empfänger ausgewählt werden kann, anstatt alle E-Mail-Adressen einzeln eingeben zu müssen.

Eine Kontaktadresse anlegen

Ihre Kontaktadressen können Sie im Outlook-Ordner *Kontakte* sammeln und verwalten. Es lässt sich eine Vielzahl von Angaben für einen Kontakt eintragen. Es bietet sich an, für die Erfassung der Daten das Eingabeformular zu nutzen.

1. Lassen Sie die Outlook-Kontakte im Ansichtsbereich anzeigen. Klicken Sie hierfür in der Navigationsleiste auf *Personen* oder drücken Sie die Tastenkombination [Strg]+[3].

   Sofern Sie noch keine Kontakte eingetragen haben, sehen Sie im Ansichtsbereich den Hinweis, dass keine Elemente in dieser Ansicht angezeigt werden können.

2. Führen Sie eine der folgenden Aktionen durch:

   - Doppelklicken Sie in den leeren Bereich der Kontaktansicht. Dies können Sie auch tun, wenn bereits einige Kontakte eingetragen sind. Dabei ist es dann nur wichtig, nicht auf einen der Kontakte, sondern im freien Bereich doppelzuklicken.
   - Klicken Sie auf der Registerkarte *Start* in der Gruppe *Neu* auf *Neuer Kontakt.*
   - Klicken Sie auf der Registerkarte *Start* in der Gruppe *Neu* auf *Neue Elemente* und dann auf *Kontakt.*

   Damit wird ein Eingabeformular geöffnet, in das Sie die erforderlichen Angaben zur Kontaktadresse eintragen können (siehe Abbildung 45.1).

   - In der Befehlsgruppe *Aktionen* finden Sie die Schaltflächen, um den Kontakt zu speichern und weitere Kontakte zu erstellen.
   - Die Optionen der Befehlsgruppe *Anzeigen* können Sie verwenden, um zwischen den verschiedenen Seiten des Formulars umzuschalten, auf denen Sie die zahlreichen Informationen für den Kontakt eintragen können.
   - Die Schaltflächen in der Befehlsgruppe *Kommunizieren* werden Sie meistens dann verwenden, wenn Sie mit einem bereits vorhandenen Kontakt kommunizieren möchten. Sie können damit eine E-Mail-Nachricht versenden, eine Aufgabe zuweisen, die Website des Kontakts öffnen oder sich eine Karte mit der Adresse des Kontakts anzeigen lassen.
   - Über die Befehlsgruppe *Optionen* können Sie die elektronische Visitenkarte des Kontakts bearbeiten sowie ein Bild einfügen.
   - Über die Befehlsgruppe *Kategorien* können Sie dem Kontakt eine der Farbkategorien zuweisen, ihn als privat markieren und zur Nachverfolgung kennzeichnen.

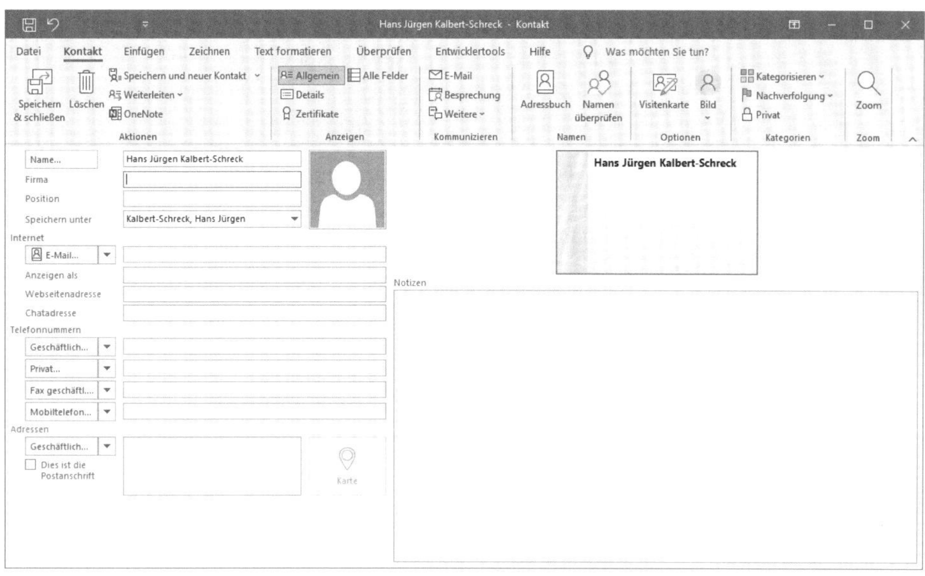

Abbildung 45.1: Das Fenster zum Erstellen eines neuen Kontakts

3. Geben Sie den Namen in das Eingabefeld neben *Name* ein. Sie können ganz normal nacheinander Vor- und Nachname schreiben. Beispielsweise *Hanna Krummteich* oder *Hans Jürgen Kelbert-Schreck*.
4. Um zu überprüfen, ob Outlook Vor- und Nachname richtig zuordnet, können Sie auf die Schaltfläche *Name* klicken.

   Das Dialogfeld *Namen überprüfen* wird angezeigt. Hier sehen Sie, wie Vor- und Nachname zugeordnet wurden. Die Zuordnung klappt selbst bei komplizierten Doppelnamen.

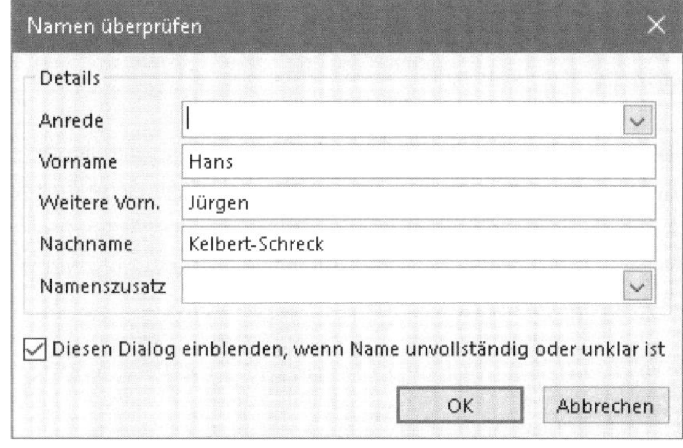

Abbildung 45.2: Das Dialogfeld Namen überprüfen *hilft Ihnen dabei, die Anrede, die Vornamen und den Nachnamen richtig zuzuordnen.*

Tipp Bei Unklarheiten Dialogfeld anzeigen lassen Wenn das Häkchen vor *Diesen Dialog einblenden, wenn Name unvollständig oder unklar ist* gesetzt ist, meldet sich Outlook automatisch mit dem Dialogfeld *Namen überprüfen*, wenn ein von Ihnen eingetragener Name nicht automatisch in Vor- und Nachname unterteilt werden konnte.

5. Schließen Sie das Dialogfeld *Namen überprüfen* mit einem Klick auf *OK*, sofern Sie dort keine Änderungen vornehmen möchten. Jetzt erscheint im Feld *Speichern unter* der Nachname gefolgt vom Vornamen als Speicherbegriff, unter dem der Kontakt abgelegt wird.

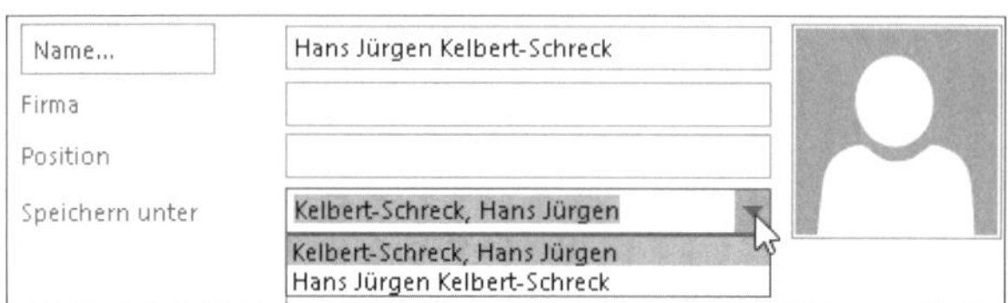

Abbildung 45.3: Im Feld Speichern unter *legen Sie fest, wie der neue Kontakt gespeichert wird. Die hier ausgewählte Option wird bei der Standardsortierung der Kontakte verwendet.*

6. Tragen Sie unter *Firma* die entsprechende Firmenbezeichnung für den Kontakt ein. Schließen Sie die Eingabe ab, indem Sie die ↵-Taste oder die ⇆-Taste drücken oder in ein anderes Feld klicken.
7. Klicken Sie in das Feld unter *Adressen* und tippen Sie Straße und Hausnummer ein. Wechseln Sie mit der ↵-Taste in die nächste Zeile. Dort schreiben Sie hintereinander Postleitzahl und Ort.

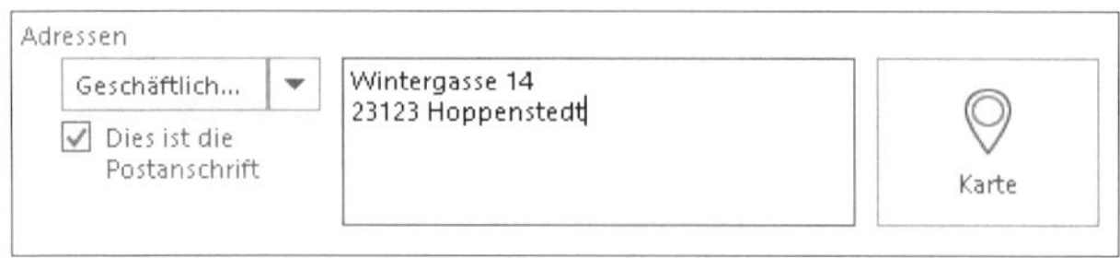

Abbildung 45.4: Geben Sie hier die Adresse des Kontakts ein.

Tipp Mehrere Adressen eingeben Im Bereich *Adressen* können Sie eine geschäftliche, eine private und eine weitere Adresse eintragen. Klicken Sie auf die Pfeilschaltfläche, um auszuwählen, welche der drei Adressen derzeit bearbeitet wird. Eine der drei Adressen kann als Postanschrift markiert werden. Die Postanschrift wird unter anderem benutzt, wenn Sie Outlook-Kontakte in Word für den Seriendruck verwenden.

8. Um zu überprüfen, ob Outlook Straße, Postleitzahl und Ort richtig zuordnet, können Sie auf die Schaltfläche *Geschäftlich* klicken.

   Das Dialogfeld *Adresse überprüfen* wird geöffnet. Hier sehen Sie, wie Straße, Postleitzahl und Ort zugeordnet wurden. Wenn das Kontrollkästchen *Diesen Dialog bei unvollständiger oder unklarer Adresse einblenden* eingeschaltet ist, meldet sich Outlook automatisch mit dem Dialogfeld *Adresse überprüfen*, wenn eine von Ihnen eingetragene Adresse nicht automatisch in Straße, Postleitzahl und Ort unterteilt werden konnte.

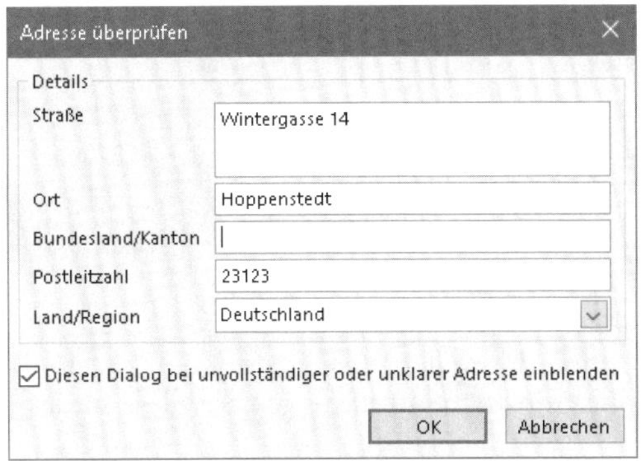

Abbildung 45.5: Im Dialogfeld Adresse überprüfen *können Sie die Zuordnung der verschiedenen Elemente der Anschrift prüfen und ändern.*

9. Schließen Sie das Dialogfeld *Adresse überprüfen* mit einem Klick auf *OK*, sofern Sie dort keine Änderungen vornehmen möchten.
10. Tragen Sie in die entsprechenden Felder Telefon- und Faxnummern ein.

    Wenn Sie die Telefonnummern einschließlich der internationalen Vorwahl erfassen wollen, geben Sie die Ortsvorwahl ohne die führende Null ein und schließen sie in runde Klammern ein.

    Klicken Sie anschließend auf die Schaltfläche links neben dem Eingabefeld, um das Dialogfeld *Telefonnummer überprüfen* zu öffnen. In der Liste *Land/Region* ist standardmäßig das Land eingetragen, das in der Systemsteuerung als Standort eingetragen ist. In der Liste *Land/Region* können Sie bei Bedarf ein anderes Land einstellen. Im Bereich *Kontaktdetails* des Dialogfeldes *Telefonnummer überprüfen* wird die Landesvorwahl richtig eingetragen und ihr ein Pluszeichen vorangestellt.

Tipp Notizen zu einer Telefonnummer Sie können direkt hinter die Telefonnummer eine kurze Anmerkung schreiben. Beispielsweise können Sie sich so daran erinnern, dass die Kontaktperson unter einer bestimmten Nummer immer erst ab einer bestimmten Uhrzeit zu erreichen ist.

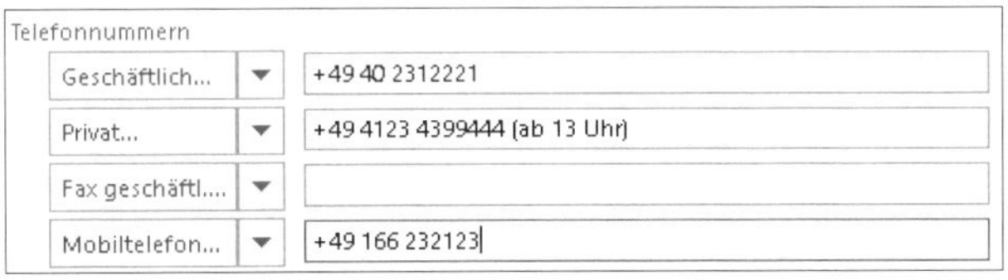

Telefonnummern
Geschäftlich... +49 40 2312221
Privat... +49 4123 4399444 (ab 13 Uhr)
Fax geschäftl....
Mobiltelefon... +49 166 232123

Abbildung 45.6: Im Bereich Telefonnummern *können Sie verschiedene Telefonnummern für einen Kontakt erfassen.*

11. Tragen Sie im Feld *E-Mail* die E-Mail-Adresse des Kontakts ein. Schließen Sie die Eingabe ab, indem Sie die ↵-Taste oder die ⇆-Taste drücken oder in ein anderes Feld klicken.

    Jetzt erscheint im Feld *Anzeigen als* ein Standardeintrag, der sich aus dem Namen und der E-Mail-Adresse zusammensetzt. Dieser Eintrag wird später verwendet, wenn Sie an den Kontakt eine E-Mail schreiben. Den vorgegebenen Standardeintrag können Sie gegebenenfalls durch eine für Sie aussagekräftigere Bezeichnung ersetzen.

Internet
E-Mail... schreck@hansatex.org
Anzeigen als schreck@hansatex.org
Webseitenadresse www.hansatex.org
Chatadresse

Abbildung 45.7: Den Standardeintrag für die Anzeige der E-Mail-Adresse im Feld Anzeigen als *können Sie bei Bedarf überschreiben.*

12. Geben Sie in das Feld *Webseitenadresse* die Adresse der Website des Kontakts ein. Sollte der Kontakt auch eine Instant Messaging-Adresse besitzen, tragen Sie diese in das Feld *Chatadresse* ein.

    Die meisten der Angaben, die Sie zu dem Kontakt eingegeben haben, werden von Outlook in die Visitenkarte des Kontakts übernommen, die Sie auf der rechten Seite des Fensters sehen. Bei unserem Beispielkontakt sind dies sehr viele Angaben. Daher wirkt die Visitenkarte sehr unübersichtlich (siehe Abbildung 45.8). Sie können aber die Visitenkarte jedes Kontakts individuell anpassen.

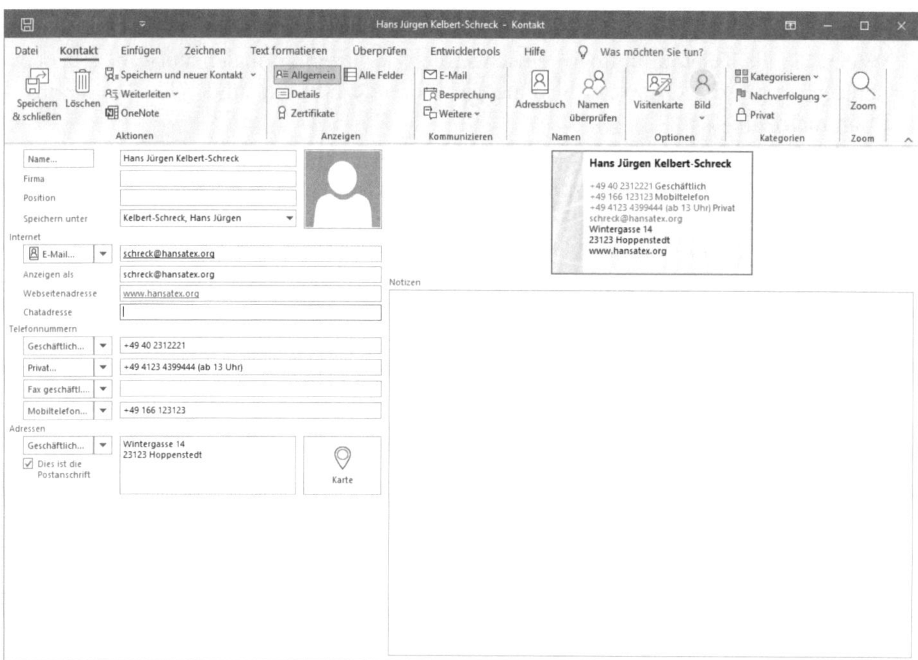

Abbildung 45.8: Outlook erstellt anhand der Informationen, die Sie eingegeben haben, die elektronische Visitenkarte für den neuen Kontakt.

13. Klicken Sie auf der Registerkarte *Kontakt* in der Gruppe *Optionen* auf *Visitenkarte.* Das Dialogfeld *Visitenkarte bearbeiten* wird angezeigt.

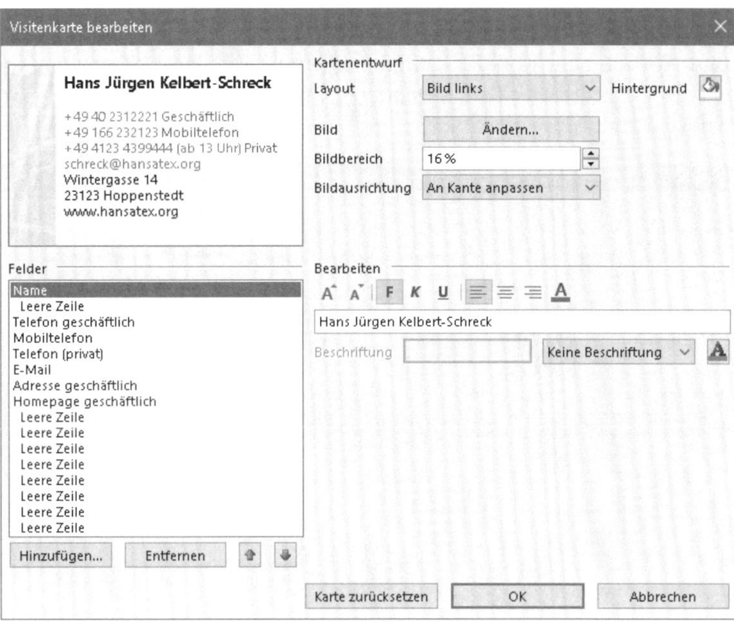

Abbildung 45.9: Mit diesem Dialogfeld können Sie die Elemente festlegen, die auf der Visitenkarte angezeigt werden sollen, und das Layout der Karte ändern.

14. Führen Sie eine oder mehrere der folgenden Aktionen durch:
    - Im Bereich *Kartenentwurf* können Sie Einstellungen für das Layout der Visitenkarte vornehmen. Klicken Sie auf die Schaltfläche *Ändern,* wenn Sie ein Bild (beispielsweise ein Foto oder das Firmenlogo) in die Visitenkarte einfügen wollen. Outlook verwendet standardmäßig eine einfache Grafik. Öffnen Sie die Liste *Layout,* wenn Sie die Position des Bildes ändern wollen. Im Feld *Bildbereich* legen Sie fest, wie viel Prozent der Gesamtbreite bzw. -höhe der Visitenkarte vom Bildbereich eingenommen werden soll.
    - Im Bereich *Felder* können Sie festlegen, welche Informationen auf der Visitenkarte angezeigt werden sollen. Um ein neues Element hinzuzufügen, klicken Sie auf *Hinzufügen* und wählen dann das Informationselement aus. Um ein Feld zu löschen, markieren Sie es in der Liste *Felder* und klicken dann auf die Schaltfläche *Entfernen.* Verwenden Sie die beiden Pfeilschaltflächen unterhalb der Liste *Felder,* um die Reihenfolge der Felder zu ändern.
    - Im Bereich *Bearbeiten* können Sie die Formatierung der Felder einzeln festlegen. Markieren Sie dazu in der Liste *Felder* zuerst das Element, das Sie formatieren wollen. Der Text wird in das Feld im Bereich *Bearbeiten* übernommen. Markieren Sie im Textfeld, was Sie formatieren möchten, und verwenden Sie dann die Schaltflächen, um die Formatierungsmerkmale festzulegen.
    - Um die Beschriftung eines Informationselements zu ändern, markieren Sie es in der Liste *Felder.* Geben Sie dann im Bereich *Bearbeiten* in das Feld *Beschriftung* den gewünschten Text ein und klicken Sie die Schaltfläche rechts davon an, um die Position der Beschriftung zu ändern.
    - Wenn Sie die Visitenkarte wieder auf die Standardwerte zurücksetzen wollen, klicken Sie die Schaltfläche *Karte zurücksetzen* an.

15. Klicken Sie auf *OK*, wenn die Visitenkarte wie gewünscht aussieht.
16. Anmerkungen und Notizen zum Kontakt schreiben Sie unten in das große Feld *Notizen*. Sie können dann die Registerkarte *Text formatieren* im Menüband verwenden, um die Notizen wie gewünscht zu formatieren.

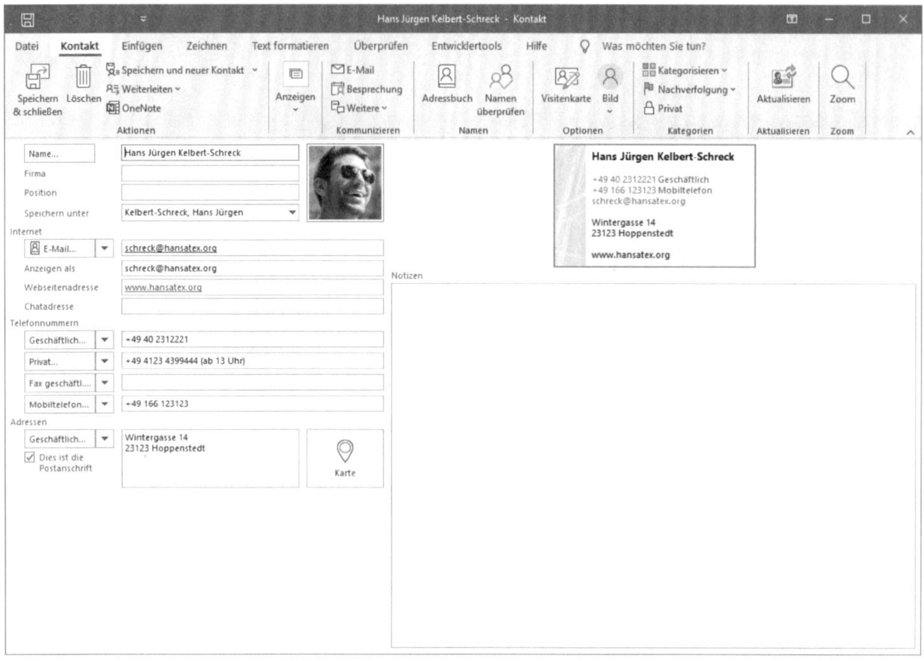

Abbildung 45.10: Alle Angaben für den neuen Kontakt sind eingetragen.

17. Beenden Sie die Eingabe der Angaben zum Kontakt mit einem Klick auf die Schaltfläche *Speichern & schließen* auf der Registerkarte *Kontakt*.

Nach dem Klick auf *Speichern & schließen* wird der Kontakt gespeichert und das Eingabeformular geschlossen.

Profitipp: Mehrere Kontaktadressen nacheinander eingeben

Möchten Sie mehrere Kontaktadressen nacheinander eintragen, sollten Sie statt *Speichern & schließen* besser die Schaltfläche *Speichern und neuer Kontakt* verwenden, denn damit steht Ihnen sofort nach dem Speichern und Schließen des aktuellen Kontakts ein neues, leeres Eingabeformular zur Verfügung.

Sollen mehrere Kontakte einer Firma eingetragen werden, können Sie auf der Registerkarte *Kontakt* auf den Pfeil der Schaltfläche *Speichern und neuer Kontakt* und dann auf *Kontakt in dieser Firma* klicken. Outlook öffnet daraufhin ein neues Kontaktformular, in dem bereits der Name der Firma, die Geschäftsadresse und die geschäftlichen Telefon- und Faxnummern eingetragen sind.

Eine Kontaktadresse finden und öffnen

Wenn Sie Ihre Outlook-Kontakte im Ansichtsbereich anzeigen lassen (Tastenkombination Strg+3), erfolgt dies standardmäßig in der Ansicht *Personen*. In dieser Ansicht werden Ihre Kontakteinträge alphabetisch sortiert.

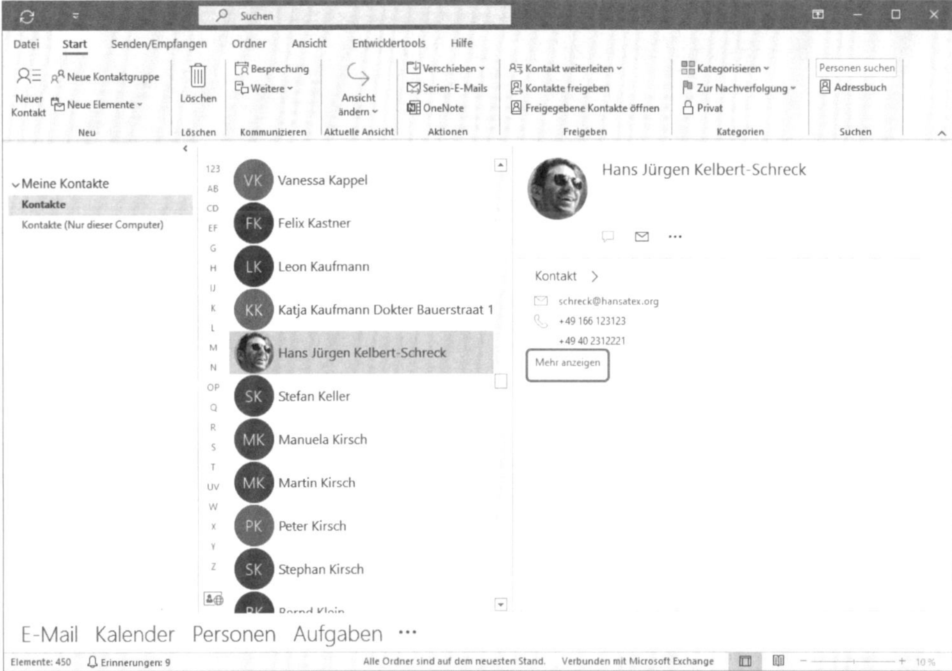

Abbildung 45.11: Die Ansicht Personen *für die Kontakte in Outlook 2021. Die Karten werden alphabetisch nach dem Text sortiert, den Sie für die Kontakte im Feld* Speichern unter *eingetragen haben.*

Wenn Sie in der Liste einen Eintrag markieren, werden auf der rechten Seite des Outlook-Fensters im Lesebereich weitere Informationen zu diesem Kontakt angezeigt. Falls Sie den Lesebereich nicht sehen, öffnen Sie die Registerkarte *Ansicht* und klicken in der Gruppe *Layout* auf *Lesebereich* und dann auf *Rechts*.

Der Lesebereich zeigt in Outlook standardmäßig nur wenige Informationen zu einem Kontakt an. Um weitere Details zu sehen, klicken Sie im Lesebereich auf den Link *Mehr anzeigen*. Um einen vorhandenen Kontakt zu bearbeiten, doppelklicken Sie in der Liste mit den Namen auf den gewünschten Eintrag. Outlook zeigt dann das gleiche Fenster an, das Sie zum Erstellen des Kontakts verwendet haben (siehe Abbildung 45.10).

Kontaktadresse über das Buchstabenregister finden

Am linken Rand des Ansichtsbereichs finden Sie ein Buchstabenregister.

1. Klicken Sie auf einen Buchstaben des Buchstabenregisters. Der erste Eintrag des ersten unter diesem Anfangsbuchstaben gespeicherten Kontakts wird markiert und angezeigt.

2. Sofern zum gewählten Buchstaben mehrere Kontakte eingetragen sind und der von Ihnen gesuchte Kontakt nicht direkt angezeigt wird, drücken Sie so oft die Taste [↓], bis Sie den richtigen Eintrag markiert haben.

Hinweis **Wenn kein passender Kontakt gefunden wird** Gibt es zu einem Buchstaben keinen Kontakt, wird der Kontakt markiert, dessen Anfangsbuchstabe im Alphabet am dichtesten auf den gesuchten Buchstaben folgt. Gibt es keinen nachfolgenden Buchstaben, weil beispielsweise nur Kontakte bis »U« eingetragen sind, aber nach »Z« gesucht wird, wird der letzte Kontakt angezeigt.

Kontaktadresse mit der Sofortsuche finden

Am einfachsten finden Sie einen Kontakt mit der Sofortsuche. Sie steht Ihnen über das Suchfeld in der Titelleiste von Outlook zur Verfügung. Outlook durchsucht standardmäßig alle Informationsfelder der Kontakte und zeigt Ihnen die Suchergebnisse in Echtzeit an, während Sie Ihre Suchabfrage eingeben.

1. Klicken Sie in der Titelleiste in das Feld *Suchen* und geben Sie den Suchbegriff ein. Drücken Sie die [↵]-Taste, um die Suche zu starten. Outlook zeigt die zum Suchbegriff passenden Einträge an.

Abbildung 45.12: Um die Sofortsuche zu verwenden, geben Sie den Suchbegriff in das Feld Suchen *ein.*

2. Klicken in den Ergebnissen auf den gewünschten Eintrag, damit er im Lesebereich angezeigt wird. Doppelklicken Sie auf den Eintrag, um ihn zu bearbeiten.

3. Wenn Sie die Suchabfrage löschen wollen, klicken Sie die Schaltfläche *Suche löschen* an (die mit dem kleinen x) oder klicken auf der Registerkarte *Suchen* in der Gruppe *Schließen* auf *Suche schließen.*

Wenn Sie in das Suchfeld klicken, blendet Outlook im Menüband automatisch die Registerkarte *Suchtools/Suchen* ein. Mit den Schaltflächen in der Gruppe *Verfeinern* können Sie festlegen, in welchen Informationselementen der Kontakte wonach gesucht werden soll.

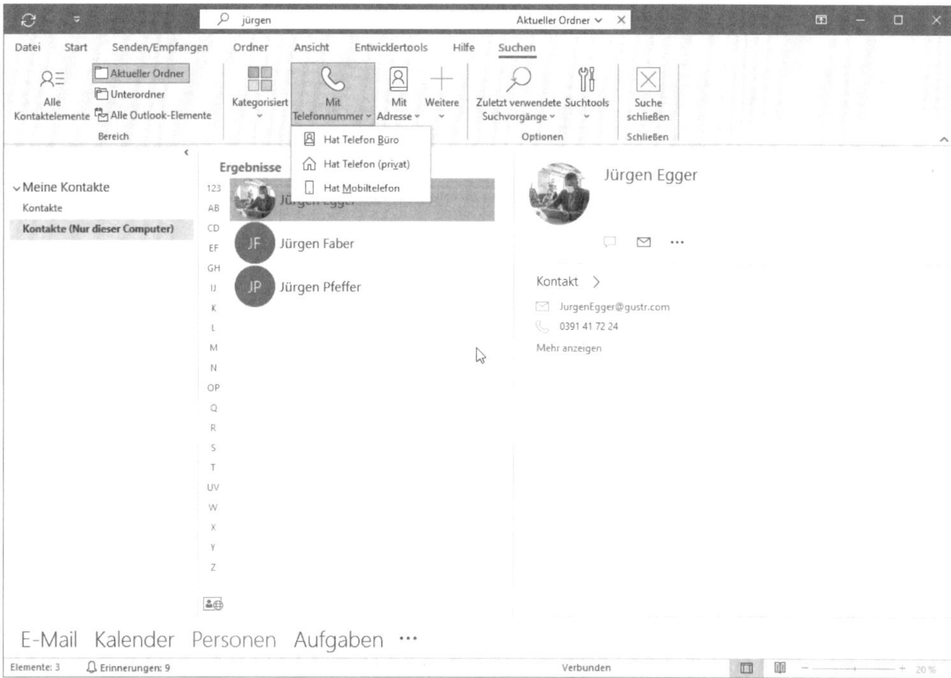

Abbildung 45.13: Mit den Schaltflächen der Gruppe Verfeinern *können Sie weitere Felder in das Suchformular einfügen.*

- Hinter der Schaltfläche *Mit Telefonnummer* verbirgt sich ein Filter. Klicken Sie diese Schaltfläche an und wählen Sie *Hat Telefon Büro, Hat Telefon privat* oder *Hat Mobiltelefon,* um nur die Kontakte anzeigen zu lassen, für die die betreffende Telefonnummer eingetragen wurde.
- Die Schaltfläche *Mit Adresse* ist ebenfalls ein Filter. Klicken Sie diese Schaltfläche an und dann auf *Hat E-Mail-Adresse, Hat Chatadresse, Hat Geschäftsadresse* oder *Hat Privatadresse,* um nur die Kontakte anzeigen zu lassen, für die die betreffende Adresse eingetragen wurde.

Sofortsuche im Popupmenü »Personen«

Eine weitere Sofortsuche finden Sie im Popupmenü der Schaltfläche *Personen* in der Navigationsleiste. Im Unterschied zur Sofortsuche im Ansichtsbereich sucht die Sofortsuche im Popupmenü *Personen* in den Namen/Firmennamen, aber nicht in den Adressdaten oder Notizen.

1. Zeigen Sie in der Navigationsleiste mit dem Mauszeiger auf die Schaltfläche *Personen*.
2. Klicken Sie in das Feld *Personen suchen* und geben Sie den Namen der Person ein, nach der Sie suchen.

   Anders als beim Suchfeld in der Titelleise zeigt Outlook bereits während Sie tippen passende Suchergebnisse an.

Abbildung 45.14: Die Sofortsuche im Popupmenü Personen

3. Zeigen Sie auf den Namen der gesuchten Person, um die wichtigsten Angaben zu dem Kontakt zu sehen. Klicken Sie den Namen mit der rechten Maustaste an und wählen Sie den Befehl *Visitenkarte öffnen*, um alle Details zu diesem Kontakt zu sehen.

Das Eingabeformular einer Kontaktadresse öffnen

Möchten Sie alle Angaben zu einem Kontakt einsehen oder Änderungen vornehmen, öffnen Sie dazu den Kontakt im gleichen Eingabeformular, das Sie zum Erstellen des Kontakts verwendet haben. Um das Formular zu öffnen, müssen Sie zuerst die Ansicht *Personen* verlassen.

1. Klicken Sie auf der Registerkarte *Start* in der Gruppe *Aktuelle Ansicht* auf *Ansicht ändern*. Wählen Sie eine andere Ansicht als die Ansicht *Personen* aus, beispielsweise die Ansicht *Visitenkarte*.

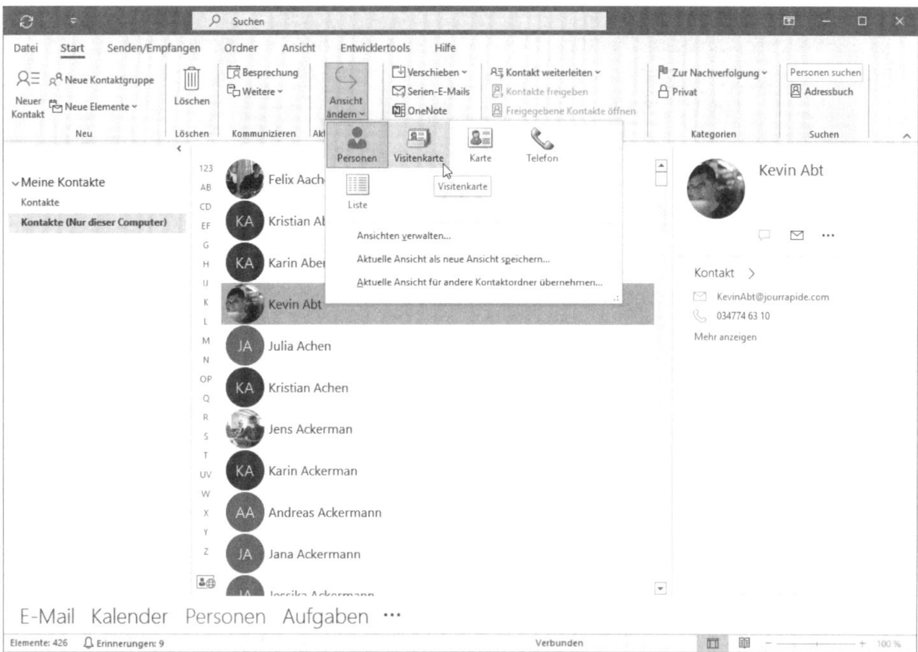

Abbildung 45.15: Verwenden Sie die Optionen des Befehls Ansicht ändern, *um die Standardansicht* Personen *zu verlassen.*

2. Suchen Sie mit einem der oben beschriebenen Verfahren den Kontakt, den Sie bearbeiten wollen.
3. Doppelklicken Sie auf den gewünschten Eintrag. Hierdurch wird der Kontakt im Eingabeformular geöffnet. Falls Sie hier Änderungen vornehmen, müssen Sie diese, wie im vorigen Abschnitt beschrieben, mit einem Klick auf *Speichern & schließen* übernehmen.

Sofern Sie nur wenige Adressen eingetragen haben, reicht es möglicherweise, einfach nur die Bildlaufleiste am rechten Rand so weit zu verschieben, bis Sie die gesuchte Adresse sehen.

Kontakt aus E-Mail heraus erstellen

Sie können den Absender einer E-Mail direkt aus der erhaltenen E-Mail heraus in Ihre Kontakte aufnehmen.

1. Öffnen Sie die E-Mail-Nachricht, deren Absender Sie in die Kontakte aufnehmen wollen.
2. Klicken Sie im Feld *Von*, *An* oder *Cc* den Namen, den Sie in die Kontaktliste aufnehmen wollen, mit der rechten (!) Maustaste an.
3. Klicken Sie auf *Zu Outlook-Kontakten hinzufügen*.

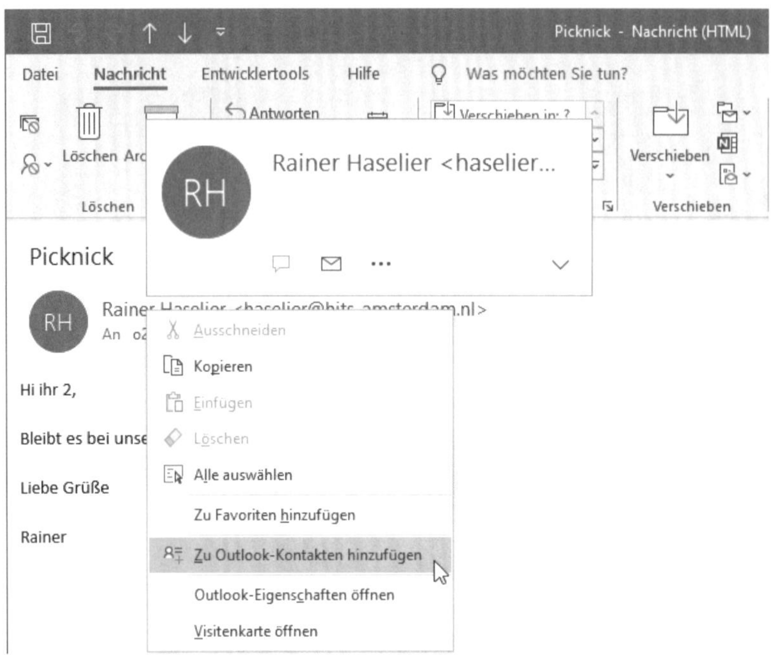

Abbildung 45.16: Über das Kontextmenü des Absenderfeldes einer erhaltenen E-Mail können Sie einen Kontakt erstellen.

Das Eingabeformular für einen neuen Kontakt wird geöffnet. Die Felder *Name* und *E-Mail* sind bereits ausgefüllt.

4. Ändern Sie gegebenenfalls den automatisch eingetragenen Namen und ergänzen Sie weitere Informationen.
5. Klicken Sie auf *Speichern & schließen*.

Kontakt als Favorit speichern

Um auf Kontakte, die Sie häufig benötigen, schnell zugreifen zu können, können Sie diese Kontakte in Ihre Favoriten einfügen. Das Hinzufügen zu den Favoriten ist nur in der Ansicht *Personen* möglich.

1. Wechseln Sie zur Ansicht *Personen*, falls diese nicht aktiv ist *(Start/Aktuelle Ansicht/ Ansicht wechseln/Personen)*.
2. Suchen Sie mit einem der oben beschriebenen Verfahren nach dem Kontakt, den Sie zu den Favoriten hinzufügen wollen.
3. Klicken Sie in der Liste den gewünschten Eintrag mit der rechten Maustaste an und wählen Sie *Zu Favoriten hinzufügen* (siehe Abbildung auf der nächsten Seite).

Abbildung 45.17: Eine Person zu den Favoriten hinzufügen

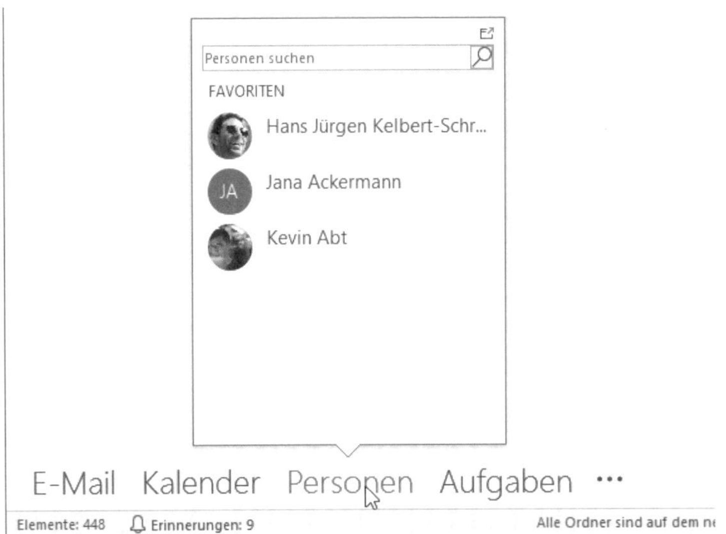

Abbildung 45.18: Personen, die Sie zu den Favoriten hinzugefügt haben, werden im Popupmenü der Schaltfläche Personen *angezeigt.*

Weitere Ansichten verwenden

Neben der Standardansicht *Personen* stehen Ihnen weitere Ansichten für Ihre Kontakte zur Verfügung. Wie die Kontakte angezeigt werden, stellen Sie auf der Registerkarte *Ansicht* ein.

1. Wechseln Sie zur Registerkarte *Ansicht*.

2. Klicken Sie in der Gruppe *Aktuelle Ansicht* auf *Ansicht ändern*, um das betreffende Dropdownmenü zu öffnen.
3. Klicken Sie den Namen einer der vordefinierten Ansichten an.

   Die Ansicht *Visitenkarte* zeigt für jeden Kontakt eine Visitenkarte der gleichen Größe an; die Ansicht *Karte* zeigt für jeden Kontakt eine Karte an, auf der alle erfassten Informationen angezeigt werden. Die Ansicht *Telefon* zeigt die Kontakte in einer Listenansicht mit den erfassten Telefonnummern an und die Ansicht *Liste* ähnelt der Ansicht *Telefon*, jedoch werden hier auch die E-Mail-Adresse und andere Adressfelder eingeblendet. Außerdem werden die Kontakte nach den Kategorien gruppiert.
4. Klicken Sie den Namen einer der vordefinierten Ansichten an.
5. Klicken Sie in der Gruppe *Anordnung* im Bereich *Anordnen nach* auf *Kategorien*, um die Kontakte nach den Kategorien zu gruppieren. Diese Option steht nur in den Listenansichten zur Verfügung. Mehr zu den Kategorien finden Sie im nächsten Abschnitt.

Kategorien für Kontakte verwenden

Unter den verschiedenen Ansichten, die Sie für die Kontakte nutzen können, bietet vor allem die Ansicht *Nach Kategorien angeordnet* einen großen praktischen Nutzen. Hier können Sie Ihre Kontakte nach unterschiedlichen Kategorien gruppiert anzeigen lassen (siehe Abbildung 45.19). Wie in den anderen Outlook-Modulen werden auch in den Kontakten für die Kategorisierung die sogenannten Farbkategorien verwendet.

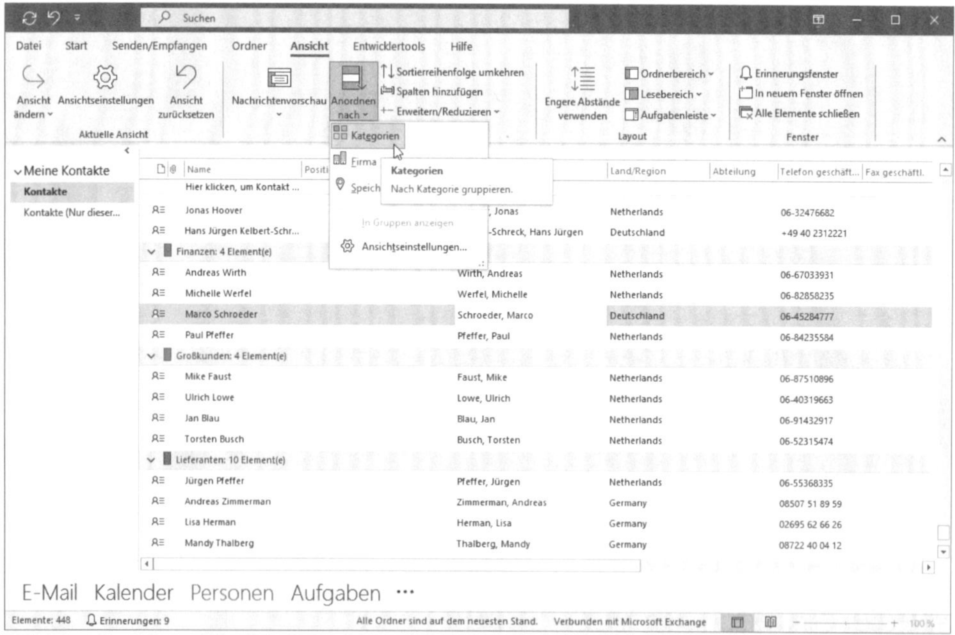

Abbildung 45.19: Ein Beispiel für die Ansicht Liste nach Kategorien angeordnet

1. Klicken Sie auf die Schaltfläche vor der Gruppierungsüberschrift der Gruppe *(Keine Angabe)*. Damit werden alle in der Gruppe enthaltenen Kontakte aufgelistet.

2. Markieren Sie mit gedrückter Strg-Taste beispielsweise alle Kontakte, mit denen Sie wegen des Sommerfests telefonieren wollen.
3. Klicken Sie mit der rechten (!) Maustaste in den markierten Bereich und wählen Sie im Kontextmenü den Eintrag *Kategorisieren/Alle Kategorien*. Das Dialogfeld *Farbkategorien* wird angezeigt.
4. Klicken Sie auf *Neu*, um eine Farbkategorie zu erstellen. Das Dialogfeld *Neue Kategorie hinzufügen* wird angezeigt.

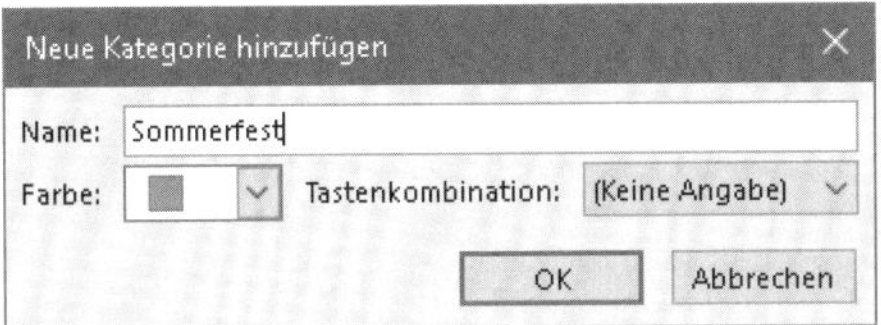

Abbildung 45.20: Geben Sie in diesem Dialogfeld den Namen einer neuen Farbkategorie ein und wählen Sie die gewünschte Farbe aus.

5. Geben Sie in das Feld *Name* einen Namen für die neue Kategorie ein und wählen Sie im Listenfeld *Farbe* einen Eintrag aus. Klicken Sie auf *OK*.

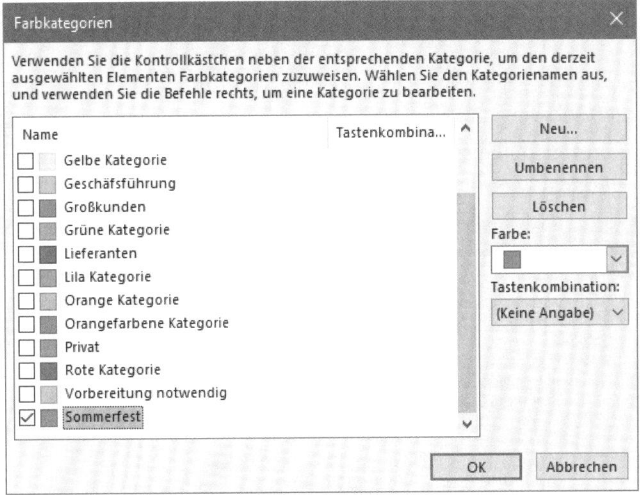

Abbildung 45.21: Dieses Dialogfeld zeigt alle vorhandenen Farbkategorien.

6. Schalten Sie im Dialogfeld *Farbkategorien* vor dem Namen der Kategorie, die Sie den markierten Kontakten zuweisen wollen, das Kontrollkästchen ein. Klicken Sie auf *OK*.

Kontaktgruppe erstellen

Wenn Sie häufig E-Mails an den gleichen Kreis von Empfängern schicken, können Sie dafür in den Kontakten eine Kontaktgruppe anlegen. Dann brauchen Sie in der E-Mail nicht mehr die einzelnen Empfänger, sondern nur noch den Namen der Kontaktgruppe anzugeben.

1. Öffnen Sie das Modul *Personen,* wechseln Sie zur Registerkarte *Start* und klicken Sie in der Gruppe *Neu* auf *Neue Kontaktgruppe.* Wenn Sie derzeit ein anderes Modul geöffnet haben, klicken Sie in der Gruppe *Neu* auf *Neue Elemente* und dann auf *Kontaktgruppe.*

   Outlook öffnet das Fenster zum Erstellen und Bearbeiten einer Kontaktgruppe, die in früheren Outlook-Versionen Verteilerliste genannt wurde.

Abbildung 45.22: Geben Sie in das Feld Name *die Bezeichnung für die neue Kontaktgruppe ein.*

2. Geben Sie im Feld *Name* eine Bezeichnung an, unter der die Kontaktgruppe später im *Kontakte*-Ordner gespeichert werden soll.
3. Klicken Sie im Menüband in der Befehlsgruppe *Mitglieder* auf *Mitglieder hinzufügen* und dann auf *Aus Outlook-Kontakten.* Das Dialogfeld *Mitglieder auswählen* wird geöffnet.

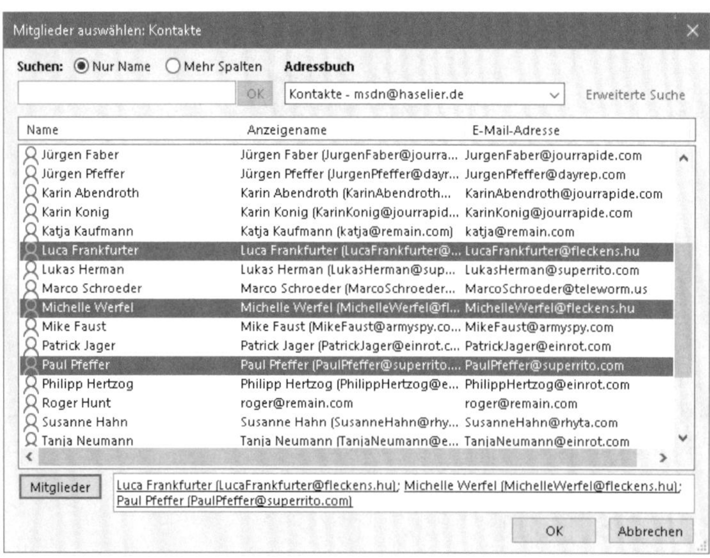

Abbildung 45.23: Wählen Sie hier die Mitglieder für die neue Kontaktgruppe aus.

4. In der Liste *Adressbuch* wählen Sie *Kontakte* oder ein anderes Adressbuch mit den E-Mail-Adressen aus, die Sie in die Kontaktgruppe aufnehmen möchten.

5. Markieren Sie in der Liste mit gedrückter Strg-Taste die gewünschten Kontakte.
6. Klicken Sie zum Übernehmen der markierten Einträge auf die Schaltfläche *Mitglieder*. Hierdurch werden die ausgewählten Kontakte im Textfeld im unteren Bereich angezeigt.
7. Schließen Sie das Dialogfeld *Mitglieder auswählen* mit *OK*.

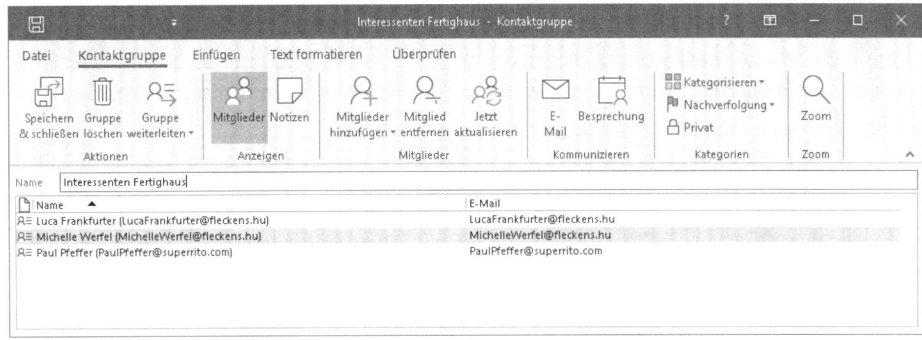

Abbildung 45.24: Die ausgewählten Kontakte werden in der Kontaktgruppe angezeigt.

8. Klicken Sie in der Befehlsgruppe *Anzeigen* auf *Notizen,* wenn Sie für die Kontaktgruppe Notizen eingeben wollen. Verwenden Sie gegebenenfalls die Registerkarte *Text formatieren,* wenn Sie Ihre Notizen formatieren wollen, und die Registerkarte *Einfügen,* wenn Sie weitere Elemente, wie Abbildungen, Tabellen etc., in die Notizen einfügen wollen.
9. Klicken Sie auf der Registerkarte *Kontaktgruppe* in der Gruppe *Aktionen* auf *Speichern & schließen.*

Die Kontaktgruppe wird jetzt unter dem angegebenen Namen in Ihren Kontakten aufgeführt. Bei der Eingabe einer Empfängeradresse in einer E-Mail können Sie die Kontaktgruppe wie eine normale Adresse auswählen.

Wichtig AutoVervollständigung für Kontaktgruppen nutzen Die in Kapitel 41 beschriebene Möglichkeit der automatischen Vervollständigung von E-Mail-Adressen funktioniert auch für die Namen von Kontaktgruppen.

Tragen Sie also in einer E-Mail den Namen der Kontaktgruppe (oder nur die ersten Buchstaben davon) in das *An-*, *Cc-* oder *Bcc-*Feld ein. Wird der Name der Kontaktgruppe unterstrichen dargestellt, nachdem Sie in ein anderes Feld geklickt haben, wurde sie sofort gefunden. Erscheint eine rote Wellenlinie unter dem eingegebenen Namen, können Sie (wie ebenfalls in Kapitel 41 beschrieben) mit der rechten (!) Maustaste auf den Eintrag klicken und die gewünschte Kontaktgruppe im Kontextmenü auswählen.

Um die Kontaktgruppe zu bearbeiten, öffnen Sie sie durch einen Doppelklick im Ansichtsbereich des Ordners *Kontakte.* Sie können einer Kontaktgruppe wie einem Kontakt eine oder mehrere Farbkategorien zuweisen, die Gruppe zur Nachverfolgung kennzeichnen oder als privat markieren.

Um einen Eintrag aus der Kontaktgruppe zu löschen, markieren Sie ihn und klicken dann auf der Registerkarte *Kontaktgruppe* in der Gruppe *Mitglieder* auf *Entfernen.* Verwenden Sie die Schaltfläche *Jetzt aktualisieren,* wenn Sie alle Mitglieder der Kontaktgruppe, die Sie aus dem Adressbuch hinzugefügt haben, mit den derzeitigen Informationen aus dem Adressbuch aktualisieren wollen.

Nachverfolgen

Eines der hilfreichsten und nützlichsten Features, die Outlook seit der Version 2007 anbietet, ist das automatische Erstellen eines Aufgabenelements, wenn ein anderes Element zur Nachverfolgung gekennzeichnet wurde, und die Verbindung zwischen den Aufgaben und dem Kalender.

Diese Funktion können Sie auch bei den Kontakten verwenden und so einen besseren Überblick darüber behalten, wann Sie mit welcher Person Kontakt aufnehmen sollten etc.

So kennzeichnen Sie einen Kontakt für die Nachverfolgung:

1. Markieren Sie im Ansichtsbereich von Outlook den Kontakt, den Sie zur Nachverfolgung kennzeichnen wollen, und wechseln Sie zur Registerkarte *Start*.
2. Klicken Sie in der Gruppe *Kategorien* auf *Zur Nachverfolgung* oder klicken Sie den Kontakt mit der rechten Maustaste an und wählen Sie im Kontextmenü *Zur Nachverfolgung*.

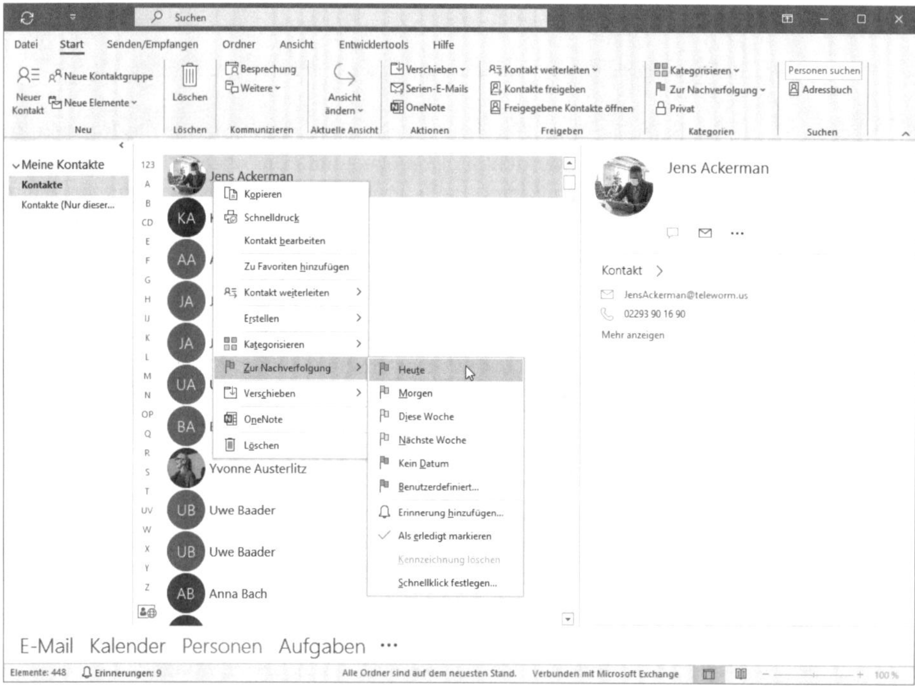

Abbildung 45.25: Im Menü Zur Nachverfolgung *stehen einige Zeitpunkte zur Auswahl, zu denen die Nachverfolgung stattfinden soll.*

3. Führen Sie eine der folgenden Aktionen durch:
   - Wählen Sie im Untermenü *Nachverfolgung* den Zeitpunkt aus, für den Sie die Aufgabe erstellen wollen. Outlook bietet die Optionen *Heute, Morgen, Diese Woche* und *Nächste Woche* an.

- Wenn die Nachverfolgung nicht mit einem bestimmten Datum verbunden sein soll, wählen Sie die Option *Kein Datum* aus.
- Wenn Sie den Zeitpunkt und weitere Optionen genauer einstellen wollen, klicken Sie auf *Benutzerdefiniert*, um das gleichnamige Dialogfeld anzeigen zu lassen.

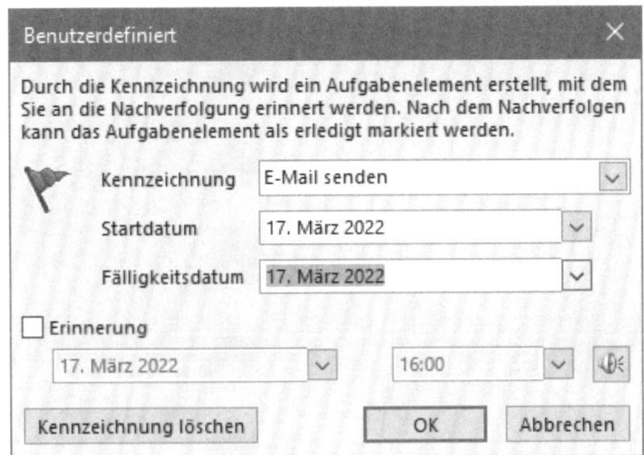

Abbildung 45.26: Die Nachverfolgung kann in diesem Dialogfeld konfiguriert werden.

Wählen Sie dann in der Liste *Kennzeichnung* einen der vorhandenen Einträge aus oder geben Sie einen eigenen Kennzeichnungstext ein. Mit den Datumswählern *Startdatum* und *Fälligkeitsdatum* können Sie das Anfangs- und das Enddatum für die Nachverfolgung einstellen. Wenn Sie zu einem bestimmten Zeitpunkt an diese Aufgabe erinnert werden wollen, wählen Sie den Zeitpunkt im Bereich *Erinnerung* aus. Schließen Sie das Dialogfeld mit *OK*.

Outlook erstellt automatisch ein neues Aufgabenelement, über das die Nachverfolgung verwaltet werden kann. Die neue Aufgabe wird in der Aufgabenleiste angezeigt (siehe Abbildung 45.27) und ist auch an den festgelegten Tagen im Aufgabenbereich des Kalenders sichtbar.

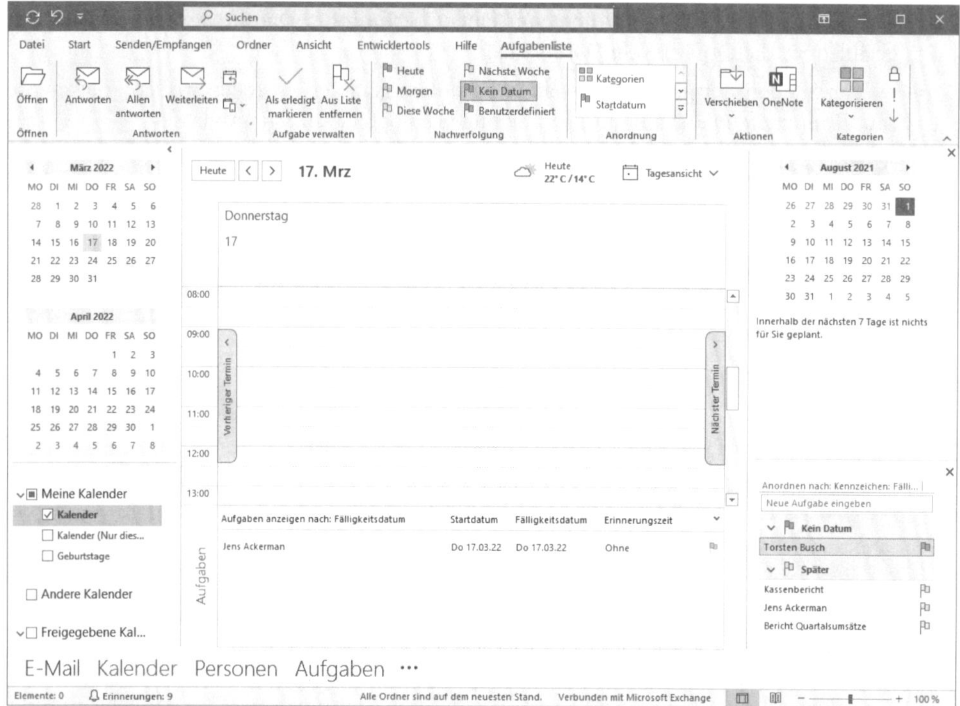

Abbildung 45.27: Zur Verwaltung der Nachverfolgung hat Outlook ein neues Aufgabenelement erstellt.

Weitere Informationen zum Kalender und zu Aufgaben finden Sie in den Kapiteln 46 und 47 dieses Buches.

Weitere Kontakte-Ordner verwenden

Standardmäßig steht Ihnen pro E-Mail-Konto, das Sie in Outlook eingerichtet haben, ein Kontakte-Ordner zur Verfügung. Jedem E-Mail-Konto ist eine Datendatei zugeordnet und in jeder dieser Datendateien legt Outlook automatisch den Kontakte-Ordner an. (Mehr Informationen zur Bedeutung der Datendateien finden Sie im vorherigen Kapitel.) Sie können in den Datendateien weitere Kontakte-Ordner erstellen, wenn Sie beispielsweise Adressen nur für ein bestimmtes Projekt benötigen oder wenn Sie private von geschäftlichen Kontakten trennen wollen.

Neuen Kontakte-Ordner erstellen

So erstellen Sie einen weiteren Kontakte-Ordner:

1. Öffnen Sie die Registerkarte *Ordner* und klicken Sie in der Gruppe *Neu* auf *Neuer Ordner*. Das Dialogfeld *Neuen Ordner erstellen* wird angezeigt.
2. Geben Sie in das Feld *Name* die Bezeichnung für den neuen Kontakte-Ordner ein.

3. Öffnen Sie die Liste *Ordner enthält Elemente des Typs* und klicken Sie auf *Kontakt*.

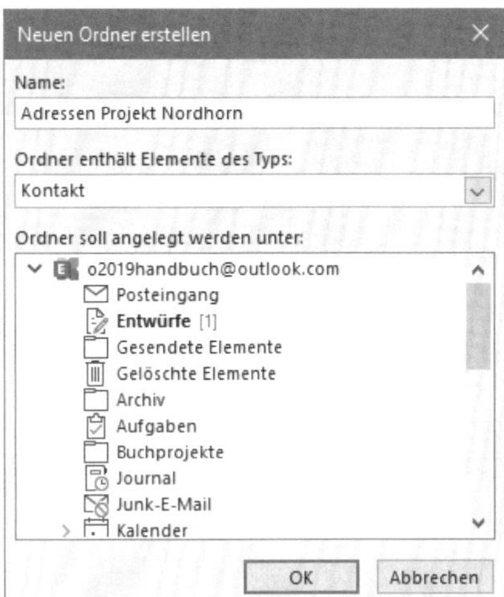

Abbildung 45.28: Über dieses Dialogfeld können Sie einen weiteren Kontakte-Ordner erstellen und so verschiedene Adressverzeichnisse verwalten.

4. Markieren Sie in der Liste *Ordner soll angelegt werden unter* das E-Mail-Konto bzw. den Namen der Datendatei, unter dem/der der neue Ordner eingeordnet werden soll.
5. Schließen Sie das Dialogfeld mit *OK*.

Der neue Ordner wird erstellt. Sie können neue Kontakte nun gezielt in einem der erstellten Ordner ablegen.

Im Ordnerbereich auf der linken Seite des Outlook-Fensters werden unterhalb von *Meine Kontakte* alle erstellten Ordner angezeigt. Um einen bestimmten Kontakte-Ordner zu öffnen, klicken Sie dessen Namen an.

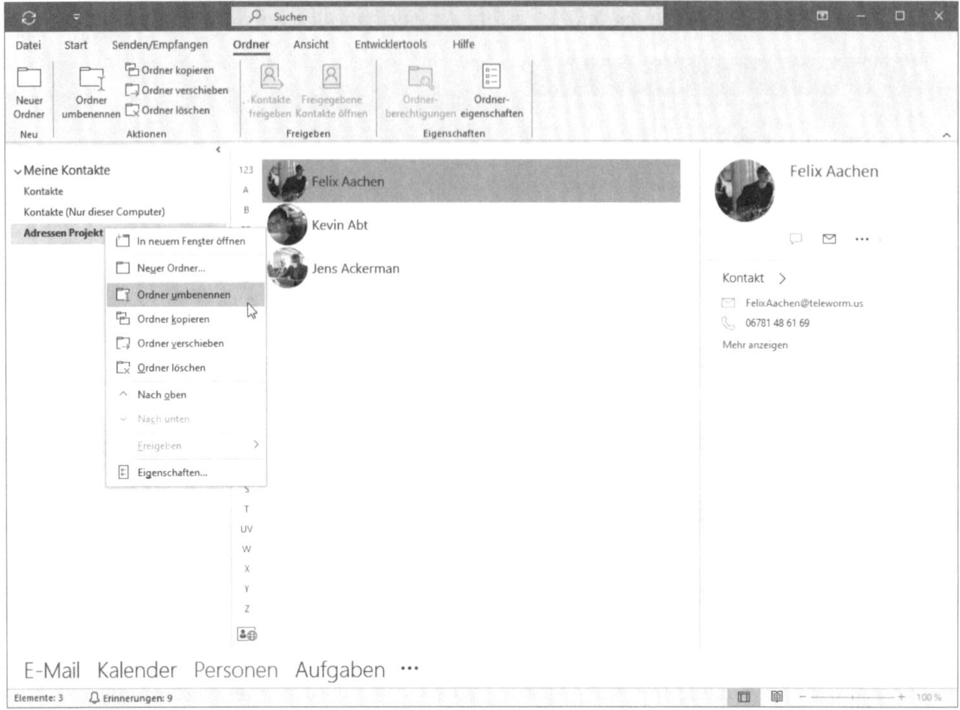

Abbildung 45.29: Im Ordnerbereich werden unterhalb von Meine Kontakte *alle vorhandenen Kontakte-Ordner angezeigt. Klicken Sie den Namen eines Ordners an, um ihn zu öffnen.*

In dem Kontextmenü, das Sie in Abbildung 45.29 sehen, stehen Ihnen Befehle zur Verfügung, um den Ordner zu verschieben, zu kopieren und umzubenennen. Nützlich ist der Befehl *In neuem Fenster öffnen*, da der angeklickte Kontakte-Ordner dann gleichzeitig mit anderen Kontakte-Ordnern auf dem Bildschirm sichtbar sein kann.

Kontakte in anderen Kontakte-Ordner verschieben

Kontakte, die sich bereits in einem Kontakte-Ordner befinden, können Sie in einen neuen Kontakte-Ordner verschieben. Führen Sie dazu folgende Schritte durch:

1. Öffnen Sie den Kontakte-Ordner, der die Kontakte enthält, die Sie verschieben wollen.

   Wenn Sie mehr als einen Kontakt verschieben wollen, klicken Sie den ersten Eintrag an. Drücken Sie dann die `Umsch`-Taste, halten Sie sie gedrückt und klicken Sie dann die weiteren Kontakte an, die verschoben werden sollen.

2. Klicken Sie den Kontakt, der verschoben werden soll, mit der rechten Maustaste an.

3. Klicken Sie im Kontextmenü zuerst auf *Verschieben* und dann auf den Namen des Kontakte-Ordners, in den der Kontakt verschoben werden soll (siehe Abbildung 45.30).

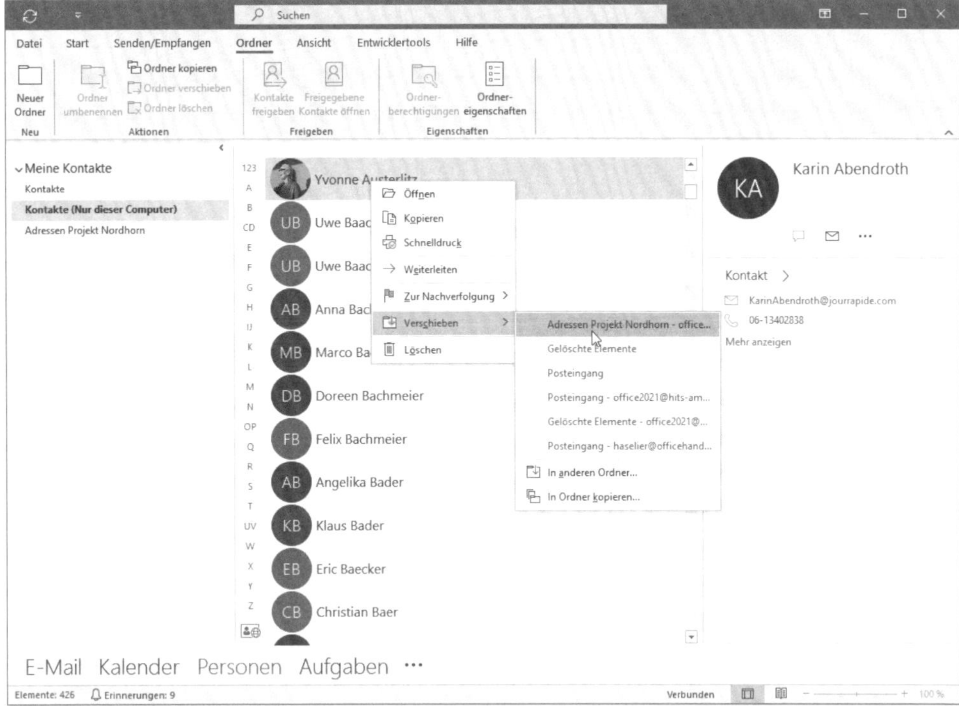

Abbildung 45.30: Verschieben eines Kontakts in einen anderen Kontakte-Ordner

Kapitel 46

Terminverwaltung mit dem Kalender

Mit dem Outlook-Kalender verwalten Sie Ihre Termine und Ihre Aufgaben. Bei einem Termin kann es sich um ein einmaliges Ereignis handeln oder um eine Terminserie, bei der die Ereignisse in regelmäßigen Intervallen wiederkehren. Außerdem können Sie sich im Kalender an Jahres- oder Geburtstage erinnern lassen, die mit einem bestimmten Eintrag im Ordner *Kontakte* von Outlook verbunden sind. Outlook stellt Ihnen verschiedene Ansichten auf Ihrem Kalender zur Verfügung. Neben der Tages- und der Wochenansicht gibt es auch die tägliche Aufgabenliste, die Sie unterhalb des Kalenders anzeigen lassen können. Dort können Sie alle Aufgaben und auch die zur Nachverfolgung gekennzeichneten Elemente sehen, die für den jeweiligen Tag eingeplant oder zur Bearbeitung vorgesehen waren.

Dieses Kapitel beschreibt die Möglichkeiten, die Ihnen im Outlook-Kalender zur Verfügung stehen. Sie werden lernen, wie Sie die verschiedenen Arten von Terminen und Ereignissen in den Kalender eintragen, wie Sie sich an Termine erinnern lassen können, wie Sie mehrere Kalender verwenden, wie die Aufgaben mit dem Kalender verknüpft sind, wie Sie Ihren Kalender als E-Mail versenden u.v.m.

Einen Termin eintragen

Wenn Sie Ihre Termine in den Outlook-Kalender eintragen, können Sie sich automatisch an sie erinnern lassen.

1. Zeigen Sie den Outlook-Kalender an (Tastenkombination Strg+2).

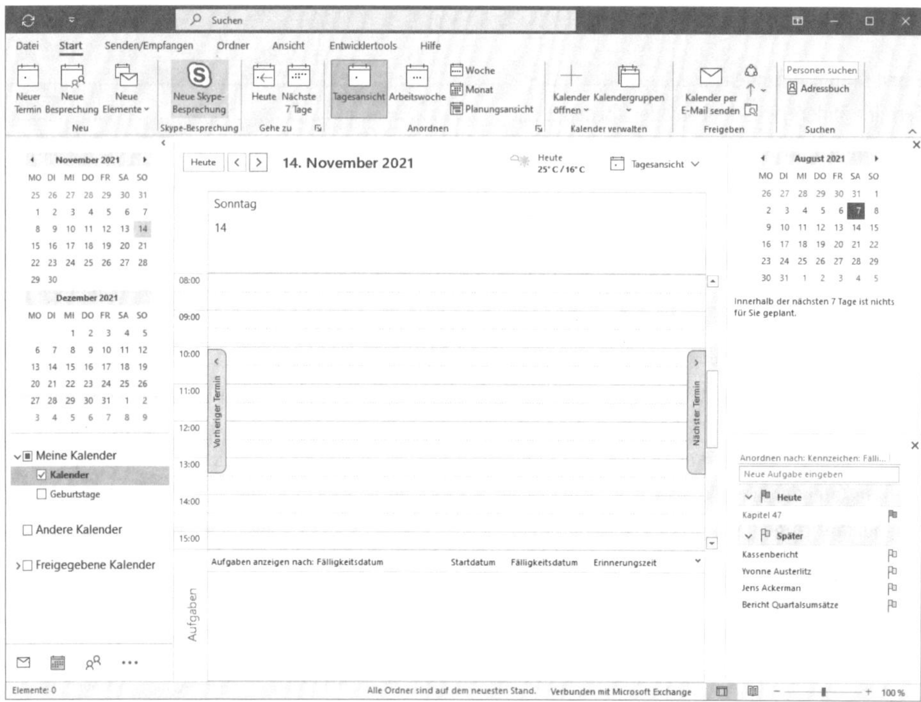

Abbildung 46.1: Der Kalender wird standardmäßig in der Tagesansicht angezeigt. Im Ordnerbereich wird der im Kalender sichtbare Bereich farbig hinterlegt; der heutige Tag ist dunkel hinterlegt.

Im Ordnerbereich an der linken Seite des Fensters sehen Sie oben einen Monatskalender. Mit diesem Kalender können Sie zu einem anderen Tag oder einem anderen Monat wechseln.

Darunter sehen Sie den Bereich *Meine Kalender*. Wenn Sie ein E-Mail-Konto verwenden, wird dort der Kalender angezeigt, der diesem E-Mail-Konto zugeordnet ist. Wenn Sie mehrere E-Mail-Konten verwenden, sehen Sie dort mehrere Kalender. Schalten Sie für den Moment dort nur das Kontrollkästchen des Kalenders ein, in dem Sie einen Termin eintragen wollen.

Hinweis Ansicht ändern Wird bei Ihnen statt der Tagesansicht ein Monatskalender oder eine Wochenansicht angezeigt, klicken Sie auf der Registerkarte *Start* in der Gruppe *Anordnen* auf *Tagesansicht*.

2. Klicken Sie im Datumswechsler oben im Ordnerbereich auf das Datum, an dem Sie einen Termin eintragen wollen.

   Mit den beiden Pfeilschaltflächen im oberen Bereich des Datumswechslers können Sie zwischen den Monaten blättern. Wenn Sie den Monatsnamen anklicken, wird ein Menü geöffnet, in dem Sie direkt einen anderen Monat auswählen können.

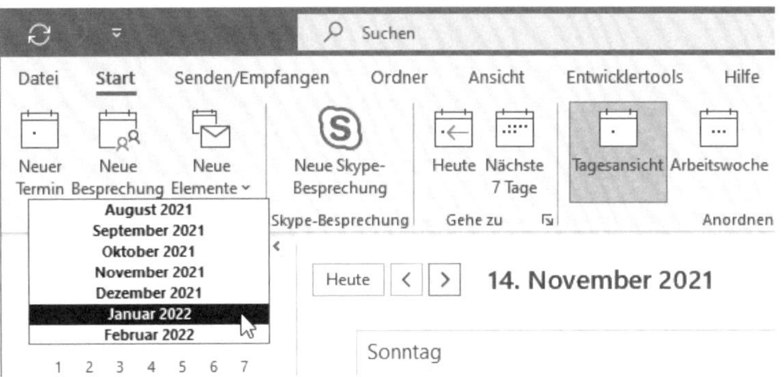

Abbildung 46.2: Der Datumswechsler

   Der gewählte Tag wird dann in der Tagesansicht angezeigt und im Datumswechsler markiert.

3. Verschieben Sie mit der vertikalen Bildlaufleiste den sichtbaren Bereich des Tages so, dass Sie auf der Zeitleiste die Uhrzeit sehen, zu der der Termin beginnen soll.
4. Klicken Sie in die Zeile neben der gewünschten Anfangszeit. Soll ein längerer Termin eingetragen werden, halten Sie die Maustaste gedrückt und ziehen die Markierung nach unten bis zum geplanten Ende des Termins.

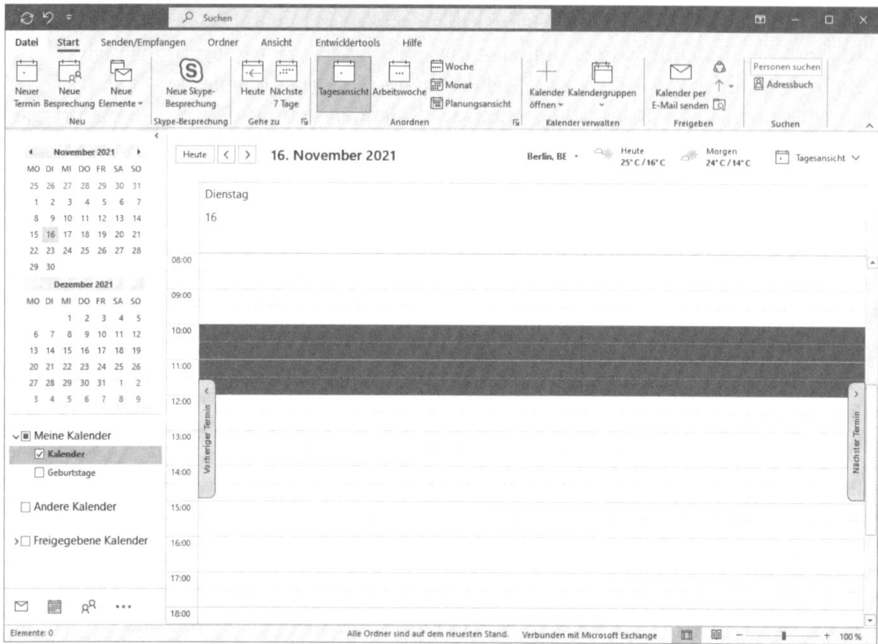

Abbildung 46.3: Die Dauer des Termins wurde im Kalender markiert.

5. Jetzt können Sie direkt den Betreff des Termins eintippen. Damit wird automatisch ein neuer Termin erstellt. An der blinkenden Einfügemarke erkennen Sie, dass Sie mit der Eingabe beginnen können.

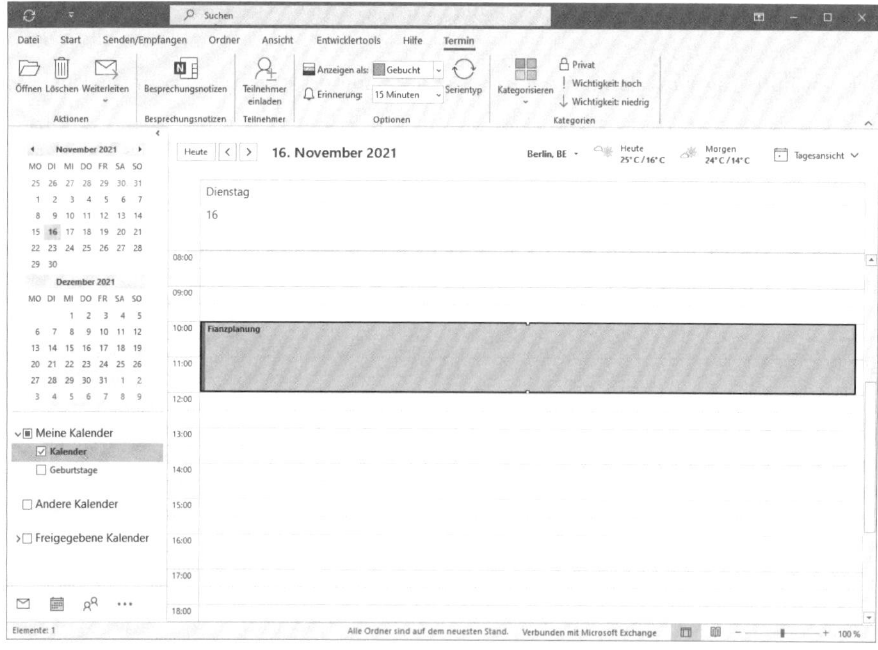

Abbildung 46.4: Der neue Termin wird eingetragen.

6. Schließen Sie Ihre Eingabe mit der [↵]-Taste ab oder klicken Sie in einen freien Bereich des Kalenders.

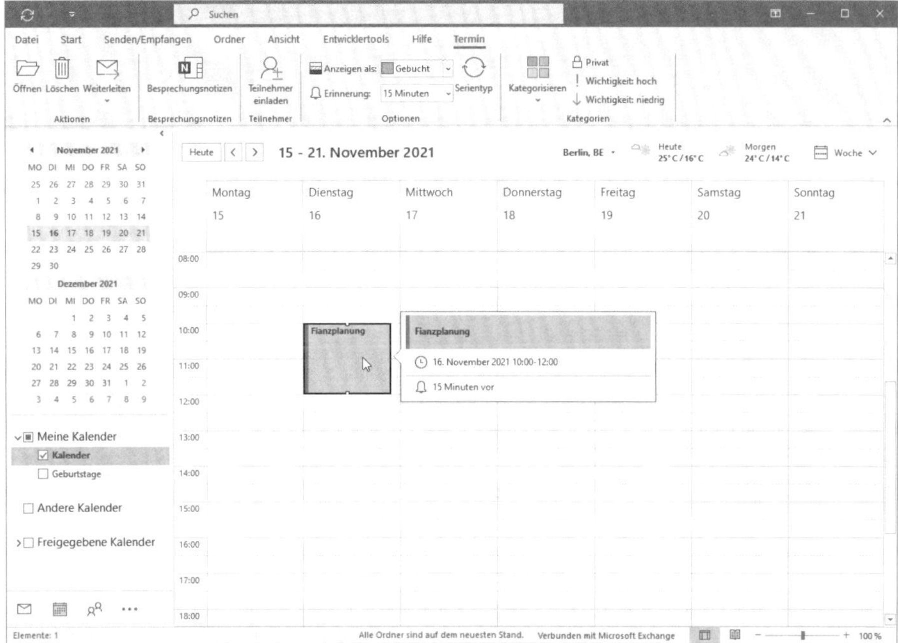

Abbildung 46.5: Der Termin wurde in den Kalender eingetragen. Wenn Sie auf den Termin zeigen, wie hier in der Wochenansicht, sehen Sie Details zu dem Termin in einer QuickInfo.

Termine ändern, verschieben oder löschen

Werden Termine abgesagt oder verschoben oder wird die Termindauer verändert, können Sie die betreffenden Termineinträge in Ihrem Outlook-Kalender ganz leicht anpassen.

Termindauer verändern

In der Tagesansicht können Sie für einen eingetragenen Termin direkt die Anfangs- oder Endzeit ändern.

1. Zeigen Sie mit dem Mauszeiger auf die obere bzw. untere Kante des Termineintrags, bis sich der Mauszeiger in einen vertikalen Doppelpfeil verwandelt (siehe Abbildung 46.6).

Abbildung 46.6: Die Dauer eines Termins kann durch Ziehen mit der Maus verändert werden.

2. Ziehen Sie mit gedrückter Maustaste die Rahmenlinie auf die gewünschte Uhrzeit und lassen Sie dort die Maustaste los.

Termin auf andere Tageszeit verschieben

Einen bereits eingetragenen Termin können Sie ganz einfach mit der Maus auf eine frühere oder spätere Uhrzeit verschieben.

1. Zeigen Sie bei dem Termin, den Sie auf eine andere Uhrzeit verschieben wollen, auf eine beliebige Stelle innerhalb seines Rahmens.

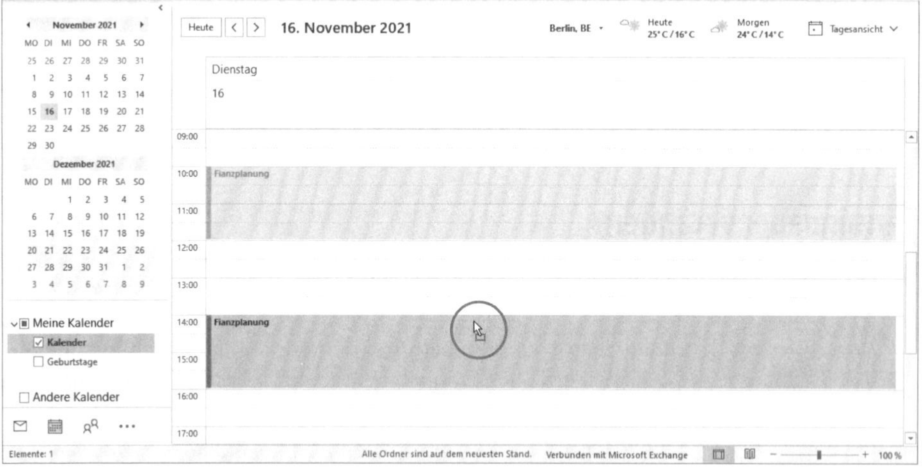

Abbildung 46.7: Ein Termin kann mit der Maus verschoben werden.

2. Ziehen Sie den Termin nun mit gedrückter Maustaste auf den gewünschten Zeitpunkt.

   Wenn Sie dabei an die Grenzen des angezeigten Tageszeitbereichs kommen, verschiebt sich der angezeigte Zeitraum automatisch.

3. Lassen Sie die Maustaste bei der gewünschten Uhrzeit los.

   Damit ist der Termin auf die neue Uhrzeit verschoben. Die Länge des Termins bleibt beim Verschieben erhalten.

Tipp Termin kopieren statt verschieben Wenn Sie beim Verschieben die Strg-Taste gedrückt halten und dann beim Einfügen zuerst die Maustaste loslassen, wird der Termin nicht verschoben, sondern kopiert.

Termin auf anderen Tag verschieben

Nach demselben Prinzip können Sie einen Termin auch auf einen anderen Tag verschieben.

1. Zeigen Sie bei dem Termin, den Sie auf einen anderen Tag verschieben wollen, auf eine beliebige Stelle innerhalb seines Rahmens.
2. Ziehen Sie den Termin mit gedrückter Maustaste in den Datumswechsler (siehe Abbildung 46.8).
3. Lassen Sie die Maustaste los, sobald Sie sehen, dass das Datum markiert ist, auf das der Termin verschoben werden soll.

   Der Termin ist damit auf den gewählten Tag verschoben. Die Uhrzeiten haben sich dadurch nicht verändert.

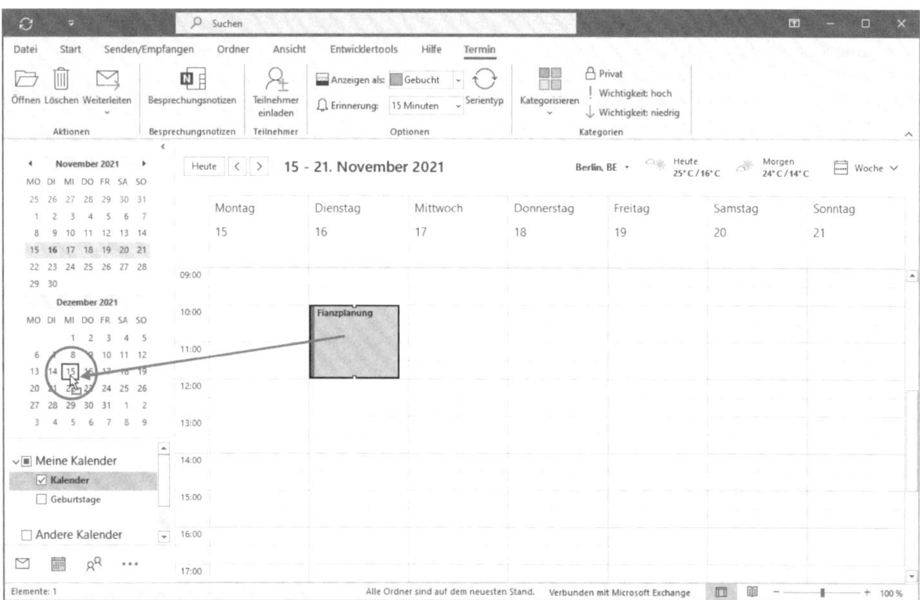

Abbildung 46.8: Um das gewählte Datum wird im Datumswechsler ein Rechteck angezeigt.

Das Verschieben eines Termins auf einen anderen Tag ist nicht nur in der Tagesansicht des Kalenders möglich, sondern auch in der Wochen- oder Monatsansicht. Verwenden Sie eine der Schaltflächen *Woche, Arbeitswoche* oder *Monat,* die auf der Registerkarte *Start* in der Gruppe *Anordnen* angezeigt werden, um die Ansicht zu wechseln.

Profitipp: Termin auf im Datumswechsler nicht sichtbaren Tag verschieben

Durch das Ziehen eines Termins in den Datumswechsler lassen sich Termine nur auf einen dort sichtbaren Tag verschieben. Sie können im Datumsnavigator auch mehrere Monate anzeigen, indem Sie die Trennlinie unterhalb des Kalenders mit der Maus nach unten ziehen. Wie viele Monate Sie auf diese Weise sehen können, hängt von dem zur Verfügung stehenden Platz ab.

Alternativ können Sie das Terminelement öffnen, indem Sie im Kalender darauf doppelklicken. Outlook zeigt Ihnen dann das Formular für Termine an, in dem Sie neben anderen Einstellungen auch den Tag des Termins verändern können. Weitere Informationen zum Formular für Termine finden Sie gleich im Anschluss im Abschnitt »Das Formular für Termine verwenden«.

Termin löschen

1. Klicken Sie auf den im Kalender eingetragenen Termin, um ihn zu markieren.
2. Drücken Sie die Taste `Entf`. Damit wird der Termin ohne weitere Warnung aus dem Kalender entfernt und in den Ordner *Gelöschte Elemente* verschoben.

Tipp Den aktuellen Tag im Kalender anzeigen lassen Wenn Sie schnell zum aktuellen Tag zurückkehren und diesen im Kalender anzeigen lassen wollen, klicken Sie auf der Registerkarte *Start* in der Gruppe *Gehe zu* auf *Heute.*

Das Formular für Termine verwenden

Wie bei den Kontakten und den Aufgaben können Sie auch einen Termin in einem eigenen Fenster erstellen und bearbeiten, dem sogenannten Formular für Termine, das Sie in der folgenden Abbildung sehen.

Um das Formular für einen bereits im Kalender eingetragenen Termin zu öffnen, doppelklicken Sie auf den Termin im Kalender. Um einen neuen Termin mithilfe des Formulars zu erstellen, klicken Sie auf der Registerkarte *Start* auf die Schaltfläche *Neuer Termin* oder Sie drücken die Tastenkombination `Strg`+`N`.

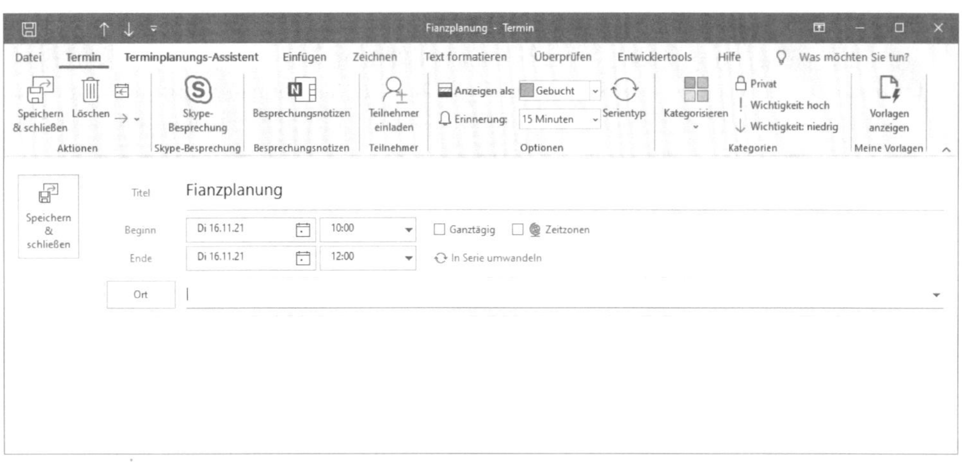

Abbildung 46.9: Auch das Formular für die Termine verwendet die Benutzeroberfläche mit dem Menüband.

Das Formular für Termine besitzt im Menüband verschiedene Registerkarten:

- **Termin** In den Befehlsgruppen der Registerkarte *Termin* können Sie verschiedene Optionen für den geöffneten Termin festlegen. Hierzu gehört das Zuweisen einer Farbkategorie, das Bearbeiten einer Terminserie, das Festlegen der Erinnerungszeit usw.
- **Einfügen** Im unteren Bereich des Terminformulars sehen Sie einen großen Bereich, in dem Sie Notizen zu dem Termin eintragen und bearbeiten können. Neben reinem Text können Sie auch andere Elemente in die Notizen einfügen wie Tabellen, Abbildungen usw. Außerdem können Sie auch Dateien oder eine elektronische Visitenkarten anfügen.

  All diese Elemente können Sie in den Termin einfügen, indem Sie die betreffenden Schaltflächen auf der Registerkarte *Einfügen* anklicken.

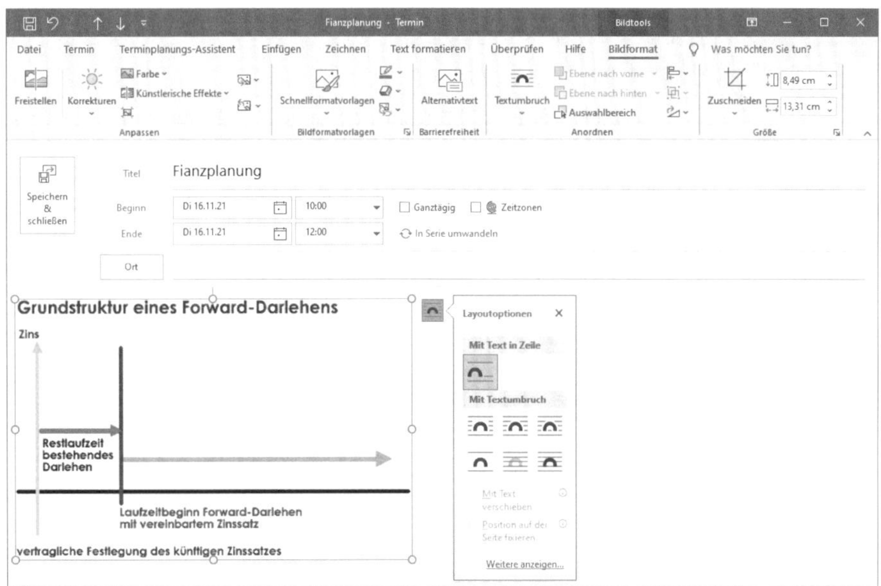

Abbildung 46.10: Mit den Schaltflächen der Registerkarte Einfügen *können Sie beispielsweise Grafiken in das Notizfeld einfügen und diese dann formatieren.*

- **Text formatieren** Die Optik und Formatierung des Notizentexts können Sie mit den Schaltflächen der Registerkarte *Text formatieren* ändern. Der Notizbereich des Terminformulars verhält sich so, wie Sie es von Word kennen; Sie können Schriftmerkmale und Absatzformatierungen verändern und zur Formatierung auch Formatvorlagen verwenden.

Wichtig Damit Sie im Notizbereich eines Termins Bilder einfügen und Text formatieren können, müssen Sie das Format des Termins auf *Rich Text* oder *HTML* umstellen. Klicken Sie dazu auf der Registerkarte *Text formatieren* in der Gruppe *Format* entweder auf *Rich Text* oder auf *HTML*.

- **Überprüfen** Auf dieser Registerkarte finden Sie die aus den anderen Office-Apps bekannten Funktionen zur Dokumentüberprüfung, mit denen Sie u. a. den Text korrigieren und übersetzen können. Auch der Thesaurus und der Aufgabenbereich zum Recherchieren lassen sich über die Schaltflächen dieser Registerkarte erreichen.

Zwischen dem Menüband und dem Notizbereich werden die allgemeinen Merkmale des Termins angezeigt: der Titel, der Ort, Anfangs- und Endzeit und ob es sich bei dem Termin um ein ganztägiges Ereignis handelt. Die folgenden Abschnitte stellen Ihnen die Verwendungsmöglichkeiten des Formulars für Termine an praktischen Beispielen vor.

Das Erinnerungsfenster verwenden

Wenn Sie in Outlook einen neuen Termin in den Kalender eintragen, wird er standardmäßig mit einer Erinnerung versehen. In der Voreinstellung macht Outlook Sie dann 15 Minuten vor dem festgelegten Beginn mit einem Erinnerungsfenster und einer kurzen Tonfolge auf den bevorstehenden Termin aufmerksam.

Hinweis Erinnerungsfenster manuell öffnen Sie können das Erinnerungsfenster manuell öffnen, indem Sie ganz rechts auf der Registerkarte *Ansicht* in der Gruppe *Fenster* auf die Schaltfläche *Erinnerungsfenster* klicken.

Es kann aber auch sein, dass gleichzeitig mehrere Erinnerungen im Erinnerungsfenster angezeigt werden. Wenn Sie beispielsweise morgens um 8:23 Uhr Outlook starten, bekommen Sie nicht nur für den Termin um 8:30 Uhr eine Erinnerung angezeigt, sondern auch für alle an diesem Tag fälligen Aufgaben. Außerdem erscheinen die von Ihnen verschobenen Erinnerungen für bereits überfällige Termine und Aufgaben.

Abbildung 46.11: Das Erinnerungsfenster von Outlook

1. Markieren Sie im Erinnerungsfenster einen oder mehrere Einträge. Um mehrere Einträge zu markieren, klicken Sie die gewünschten Einträge mit gedrückter Strg-Taste der Reihe nach an. Falls Sie einen zusammenhängenden Block markieren wollen, markieren Sie besser zuerst den obersten Eintrag und klicken dann den untersten Eintrag mit gedrückter ⇧-Taste an.
2. Für die markierten Einträge können Sie dann folgende Aktionen ausführen:
   - Durch einen Klick auf *Erneut erinnern* können Sie die Erinnerung wiederholen lassen. Standardmäßig ist hier ein Zeitraum von 5 Minuten eingestellt, Sie können jedoch auch eine andere Zeitspanne eintragen oder auswählen.
   - Durch einen Doppelklick auf eines der Elemente wird das Eingabeformular des betreffenden Elements geöffnet.
   - Um für die ausgewählten Einträge keine weitere Erinnerung zu erhalten, klicken Sie auf *Schließen*.

Hinweis Mit *Alle schließen* werden alle Erinnerungen gelöscht Wenn Sie im Erinnerungsfenster auf *Alle schließen* klicken, werden alle eingetragenen Erinnerungen gelöscht. Dabei besteht natürlich die Gefahr, versehentlich eine wichtige Erinnerung mit zu löschen.

Erinnerungszeit ändern

Sie können sowohl die Erinnerungszeit für jeden einzelnen Termin als auch die für alle neuen Termine geltende Standarderinnerung ändern.

Einzelne Erinnerung ändern

1. Erstellen Sie einen neuen Termin oder öffnen Sie einen vorhandenen Termineintrag.
2. Tragen Sie auf der Registerkarte *Termin* im Feld *Erinnerung* eine andere Zeit ein oder wählen Sie die Option *Ohne*, wenn Sie nicht an diesen Termin erinnert werden möchten.

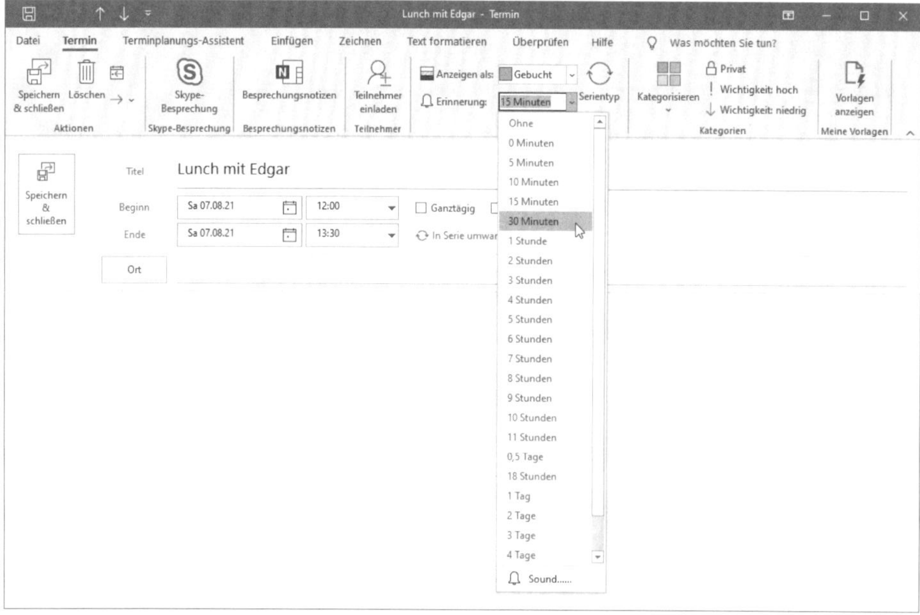

Abbildung 46.12: Auf der Registerkarte Termin *können Sie die Erinnerungszeit auswählen.*

3. Klicken Sie auf *Speichern & schließen.*

Standarderinnerung ändern

Wenn Sie die Erinnerungsfunktion von Outlook regelmäßig nutzen, die Voreinstellung der Erinnerungszeit auf 15 Minuten jedoch für Sie nicht den optimalen Wert darstellt, können Sie – anstatt die Erinnerungszeit für Terminelemente einzeln zu ändern – auch die Standarderinnerungszeit konfigurieren. Gehen Sie dazu so vor:

1. Wechseln Sie mit einem Klick auf *Datei* in die Backstage-Ansicht und wählen Sie dort den Befehl *Optionen.*
2. Zeigen Sie die Kategorie *Kalender* an.

3. Stellen Sie in der Gruppe *Kalenderoptionen* die gewünschte Zeitspanne für *Standarderinnerungen* ein. Diese gilt für alle neuen Termine.

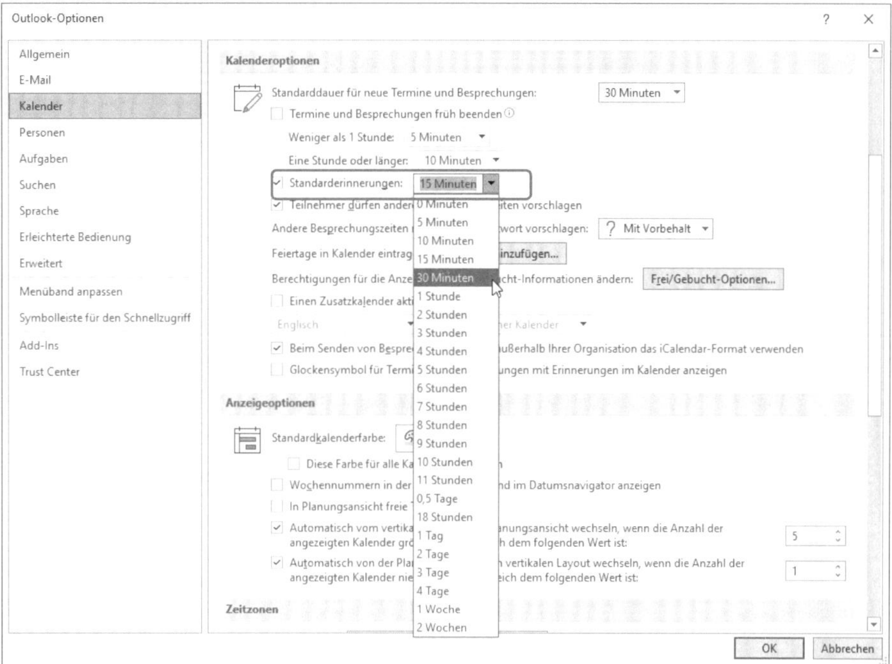

Abbildung 46.13: Hier können Sie die Standarderinnerung für Terminelemente festlegen.

4. Übernehmen Sie die Änderungen mit einem Klick auf *OK*.

Termine mit Ortsangabe eintragen

Outlook speichert die Ortsangaben der Termine in einem eigenen Feld und stellt sie in der Kalenderansicht in einer eigenen Zeile dar. Um die Ortsangabe eintragen oder ändern zu können, müssen Sie das betreffende Terminelement öffnen.

Abbildung 46.14: Anzeige der Ortsangabe für einen Termin in der Wochenansicht

1. Erstellen Sie einen neuen Termin über das Terminformular oder öffnen Sie einen bereits vorhandenen Termin, indem Sie im Kalender darauf doppelklicken.
2. Ändern Sie den Text im Feld *Ort* oder geben Sie dort eine Ortsangabe ein.
3. Klicken Sie auf der Registerkarte *Termin* auf *Speichern & schließen*.

Profitipp: Einteilung der Zeitachse ändern

Das vorgegebene Halbstundenraster der Tagesansicht können Sie ändern, indem Sie mit der rechten Maustaste auf die Zeitachse klicken und im Kontextmenü eine andere Einteilung wählen.

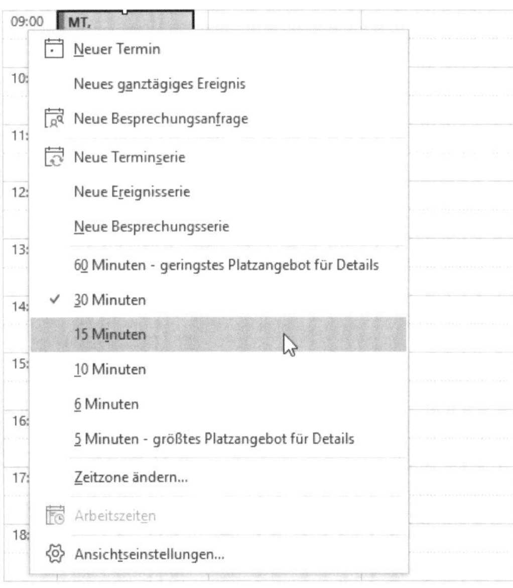

Abbildung 46.15: Das Zeitraster der Tagesansicht ändern

Termine mit »krummen« Zeiten eintragen

Um minutengenaue Zeiten für den Beginn und das Ende eines Termins einzutragen, gehen Sie so vor:

1. Erstellen Sie einen neuen Termin oder öffnen Sie einen bereits bestehenden Termineintrag.
2. Klicken Sie in das Uhrzeitfeld neben *Beginn* und ändern Sie die eingetragene Zeit.
3. Tragen Sie gegebenenfalls auch für das Ende des Termins eine andere Zeit ein.
4. Klicken Sie auf *Speichern & schließen*.

Die genaue Start- und Endzeit eines Termins mit »krummen« Zeiten können Sie sehen, wenn Sie den Mauszeiger auf das Terminelement bewegen und einen kurzen Moment warten, bis die QuickInfo angezeigt wird.

Abbildung 46.16: Exakte Zeitangaben bei einem Termin mit »krummen« Zeiten

Termine unter Vorbehalt eintragen

Möchten Sie einen Termin eintragen, der noch nicht endgültig feststeht, können Sie ihn mit dem Status *Mit Vorbehalt* versehen. Er wird dann mit einer speziellen Markierung gekennzeichnet.

1. Erstellen Sie ein neues Terminelement.
2. Wählen Sie im Eingabeformular auf der Registerkarte *Termin* in der Befehlsgruppe *Optionen* im Feld *Anzeigen als* den Eintrag *Mit Vorbehalt*. Abbildung 46.17 zeigt diese Option im vereinfachten Outlook-Menüband.

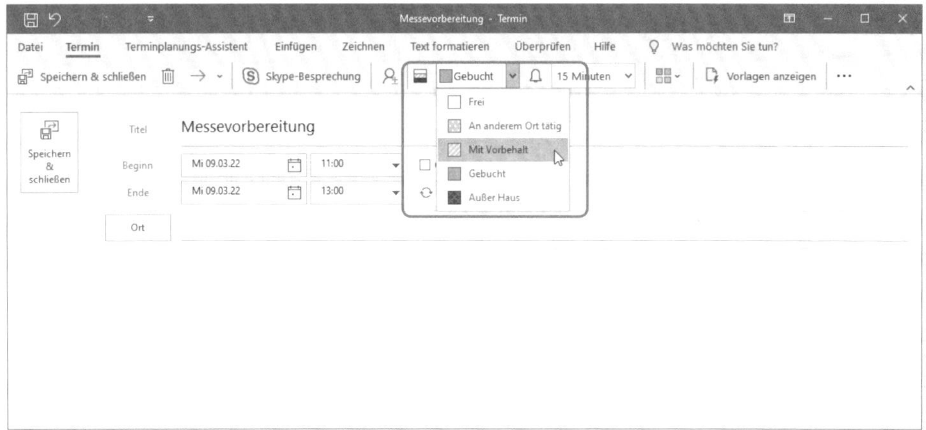

Abbildung 46.17: Hier legen Sie fest, wie der Termin im Kalender angezeigt werden soll.

3. Klicken Sie auf *Speichern & schließen*.

   Damit wird der Termin im Kalender mit einem weiß-blau gestreiften Rand angezeigt.

Tipp Fett markierte Tage im Datumsnavigator Wenn Sie für einen Termin im Feld *Anzeigen als* den Eintrag *An anderem Ort tätig*, *Mit Vorbehalt* oder *Gebucht* wählen, wird der Tag im Datumswechsler fett markiert. Bei als *Frei* gekennzeichneten Terminen ist dies nicht der Fall.

Farbkategorien für Termine verwenden

Um Termine auf den ersten Blick voneinander unterscheiden zu können, ist es in Outlook möglich, ihnen verschiedene Hintergrundfarben zu geben. Auch bei den Terminen werden hierzu die Farbkategorien verwendet, die Ihnen in den anderen Outlook-Modulen zur Verfügung stehen. Haben Sie einen Termin mit dem Status *Mit Vorbehalt* eingetragen, bleibt die Einfärbung des Randes davon unberührt (siehe auch den vorherigen Abschnitt »Termine unter Vorbehalt eintragen«).

1. Erstellen Sie einen neuen Termin oder öffnen Sie einen bereits bestehenden Termineintrag.
2. Klicken Sie auf der Registerkarte *Termin* in der Gruppe *Kategorien* auf die Schaltfläche *Kategorisieren.*
3. Wählen Sie eine der angezeigten Farbkategorien aus.

   Die zugewiesenen Kategorien werden im Formular unterhalb des Menübands angezeigt; im Kalender wird der Termin mit der gewählten Hintergrundfarbe eingetragen.

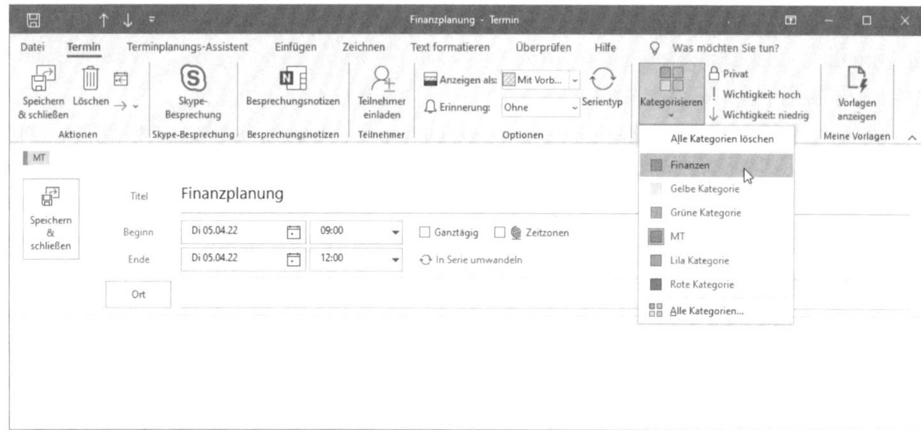

Abbildung 46.18: Über die Schaltfläche Kategorisieren *können Sie einem Terminelement eine oder mehrere Farbkategorien zuweisen.*

4. Klicken Sie auf *Speichern & schließen.*

Tipp Beschriftung der Farbkategorien ändern Wenn Sie eine Farbkategorie zum ersten Mal verwenden, fordert Outlook Sie auf, die Beschriftung der Kategorie zu ändern. Sie können dies aber auch zu einem späteren Zeitpunkt erledigen, indem Sie im Menü der Schaltfläche *Kategorisieren* den Befehl *Alle Kategorien* wählen, damit das Dialogfeld *Farbkategorien* angezeigt wird (siehe Abbildung 46.19). Markieren Sie die Kategorie, deren Namen Sie ändern möchten, klicken Sie auf *Umbenennen* und geben Sie dann den neuen Namen ein.

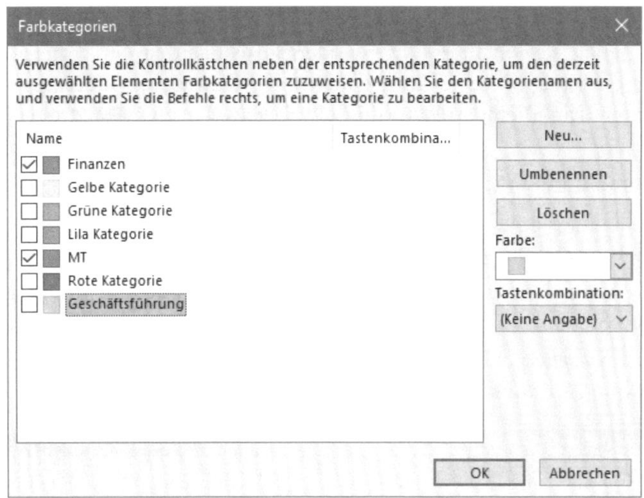

Abbildung 46.19: In diesem Dialogfeld bearbeiten Sie die Farbkategorien.

Urlaub und andere ganztägige Termine eintragen

Sie können auch ganztägige Termine eintragen, die dann als Ereignisse bezeichnet werden.

1. Erstellen Sie ein neues Terminelement.
2. Geben Sie beispielsweise als Betreff **Urlaub** ein.
3. Schalten Sie das Kontrollkästchen *Ganztägiges Ereignis* ein.

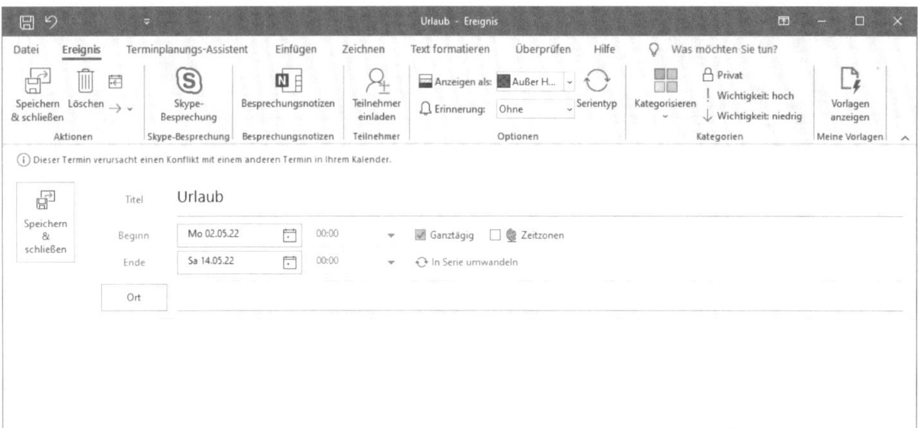

Abbildung 46.20: Ein Ereignis erstellen Sie, indem Sie das Kontrollkästchen Ganztägiges Ereignis *einschalten.*

Damit wird dieses Element nicht mehr als Termin, sondern als Ereignis bezeichnet. Die Uhrzeitfelder neben *Beginn* und *Ende* werden ausgeblendet. Im Unterschied zu einem Termin besitzt ein Ereignis keine Anfangs- und keine Endzeit, sondern es wird immer für den/die gesamten Tag(e) eingetragen. Im Feld *Anzeigen als* wird jetzt der Eintrag *Frei* angezeigt.

4. Tragen Sie Beginn und Ende des Urlaubs ein.

   Falls sich das neue Ereignis mit anderen Terminen überschneidet, weist Outlook Sie mit einer Meldung unterhalb des Menübands darauf hin.

5. Wenn Sie möchten, dass die Urlaubstage in Ihrem Kalender als belegt gekennzeichnet werden, wählen Sie im Feld *Anzeigen als* den Eintrag *Gebucht* oder *Außer Haus* aus.
6. Klicken Sie auf *Speichern & schließen*. Damit wird das Ereignis als farbiger Balken am Kopf der gewählten Urlaubstage eingetragen.

Abbildung 46.21: Beispiel für die Anzeige eines Ereignisses, hier in der Monatsansicht des Kalenders

Geburts- und Feiertage eintragen

Das Eintragen von Geburtstagen in den Kalender geht ganz einfach. Hier können Sie sich die Integration der verschiedenen Outlook-Module zunutze machen.

1. Lassen Sie die Kontakte im Ansichtsbereich anzeigen (Tastenkombination Strg+3).
2. Klicken Sie falls erforderlich auf der Registerkarte *Start* in der Gruppe *Aktuelle Ansicht* auf *Ansicht ändern* und dann auf *Visitenkarte*.

3. Suchen und öffnen Sie den Kontakt, für den Sie den Geburtstag eintragen wollen.
4. Klicken Sie auf der Registerkarte *Kontakt* in der Gruppe *Anzeigen* auf *Details.*
5. Geben Sie in das gleichnamige Feld den Geburtstag ein.

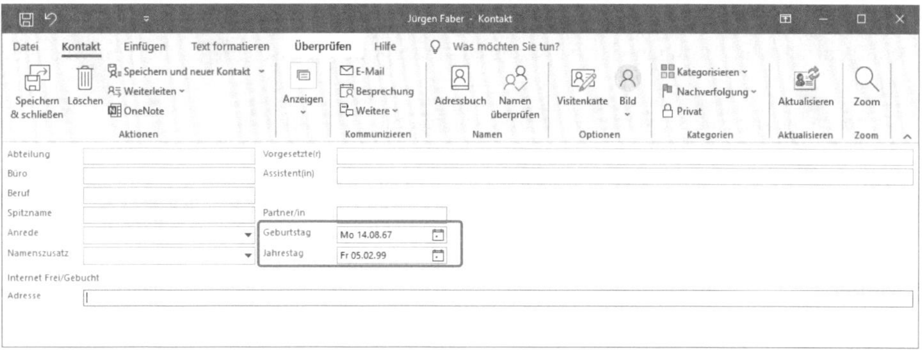

Abbildung 46.22: Auf der Seite Details *können Sie für einen Kontakt sowohl den* Geburtstag *als auch einen* Jahrestag *eintragen, aus denen Outlook im Kalender automatisch eine Terminserie erstellt.*

6. Klicken Sie auf *Speichern & schließen.*
7. Wechseln Sie zum Kalender (Tastenkombination Strg+2).
8. Wechseln Sie zum Datum des nächsten Geburtstags des Kontakts. Dazu können Sie z. B. auf der Registerkarte *Start* in der Gruppe *Gehe zu* auf die kleine Schaltfläche in der rechten unteren Ecke klicken. (Alternativ drücken Sie die Tastenkombination Strg+G.)

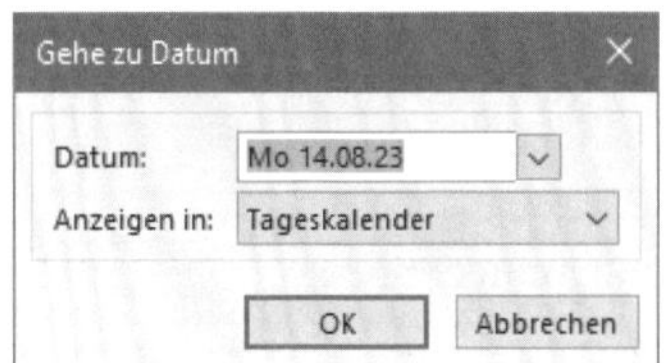

Abbildung 46.23: Im Dialogfeld Gehe zu Datum *können Sie den anzuzeigenden Tag wählen.*

9. Tragen Sie das gewünschte Datum ein oder wählen Sie es nach einem Klick auf den Listenpfeil aus dem kleinen Kalender aus. Bestätigen Sie mit *OK.* Damit wechseln Sie zum Datum des nächsten Geburtstags des Kontakts. Hier (und für die folgenden Jahre) ist der Geburtstag am Kopf des Tages als Serienereignis eingetragen.

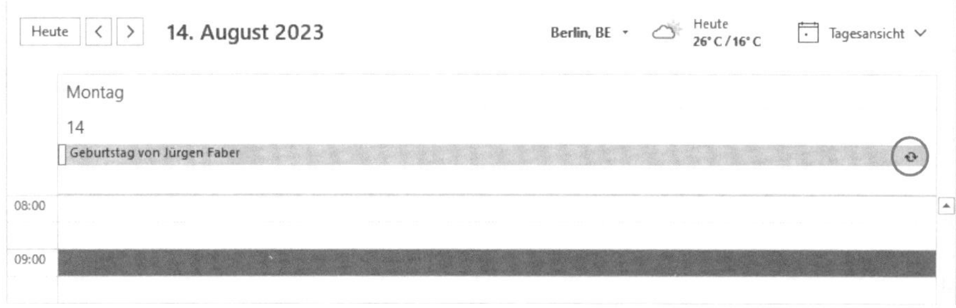

Abbildung 46.24: Der Geburtstag wird im Kalender als Terminserie angezeigt.

Feiertage eintragen

Bei der Installation von Outlook werden keine Feiertage in den Kalender eingetragen. Dies hat den Hintergrund, dass Office ein internationales Produkt ist und dem Anwender volle Flexibilität bei der Wahl der einzutragenden Feiertage gegeben werden soll.

Das nachträgliche Einfügen der Feiertage in Ihren Kalender ist eine Sache von wenigen Sekunden:

1. Öffnen Sie die Registerkarte *Datei* und klicken Sie auf *Optionen*.
2. Wechseln Sie zur Kategorie *Kalender*.
3. Klicken Sie unter *Kalenderoptionen* auf *Feiertage hinzufügen*. Das Dialogfeld *Feiertage in Kalender eintragen* wird angezeigt.
4. Schalten Sie das Kontrollkästchen vor dem Land bzw. den Ländern ein, für das/die Sie die Feiertage in den Kalender eintragen lassen wollen.

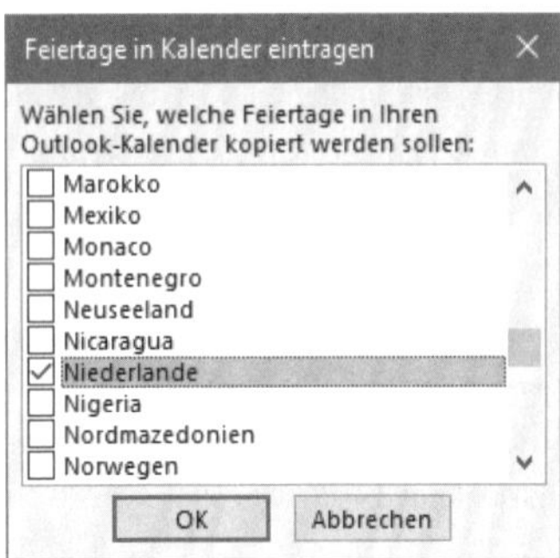

Abbildung 46.25: Im Dialogfeld Feiertage in Kalender eintragen *legen Sie fest, für welche Länder die Feiertage in den Kalender eingetragen werden sollen.*

5. Klicken Sie auf *OK*. Die Feiertage werden in Ihren Kalender eingetragen.

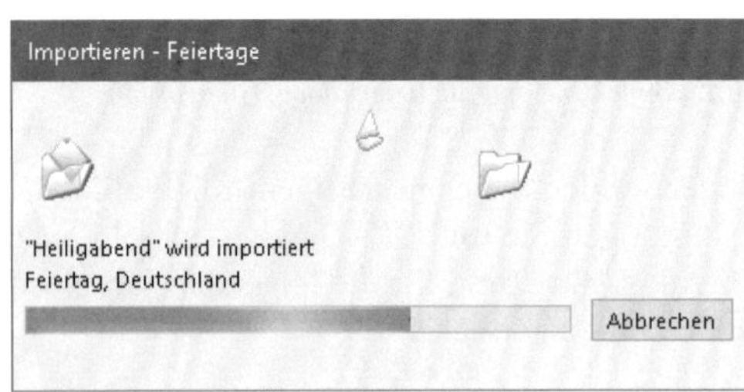

Abbildung 46.26: Die Feiertage werden automatisch eingetragen.

6. Klicken Sie in der anschließenden Bestätigungsmeldung auf *OK* und schließen Sie dann auch das Dialogfeld *Outlook-Optionen*.

Wenn Sie jetzt im Kalender nach den verschiedenen Feiertagen suchen, werden Sie feststellen, dass bestimmte Feiertage lediglich für die nächsten 10 Jahre, andere hingegen für knapp 20 Jahre eingetragen worden sind. Ab einem bestimmten Datum fehlen also einzelne Feiertage im Kalender. Dies betrifft insbesondere die Feiertage, die nicht immer am gleichen Tag stattfinden.

Termin- oder Ereignisserie erstellen

In dem Abschnitt ab Seite 878 haben Sie beim Erstellen eines Eintrags für den Geburtstag eines Kontakts bereits gesehen, dass Outlook neben einmaligen Terminen auch sogenannte Terminserien erstellen und verwalten kann, bei denen sich der gleiche Termin in regelmäßigen Intervallen wiederholt. Um eine Terminserie zu erstellen, gehen Sie so vor:

1. Klicken Sie auf der Registerkarte *Start* auf die Schaltfläche *Neuer Termin*. Outlook öffnet das Formular zum Erstellen eines neuen Termins.
2. Geben Sie einen Betreff und einen Ort ein, wie Sie es auch bei einmaligen Terminen machen. Weisen Sie eventuell eine Farbkategorie zu.
3. Schalten Sie das Kontrollkästchen *Ganztägiges Ereignis* ein, wenn sich die Terminserie immer auf einen ganzen Tag bezieht.
4. Klicken Sie auf der Registerkarte *Termin* in der Befehlsgruppe *Optionen* auf die Schaltfläche *Serientyp*. Outlook zeigt dann das Dialogfeld *Terminserie* an, in dem Sie die Eigenschaften der Serie festlegen können.

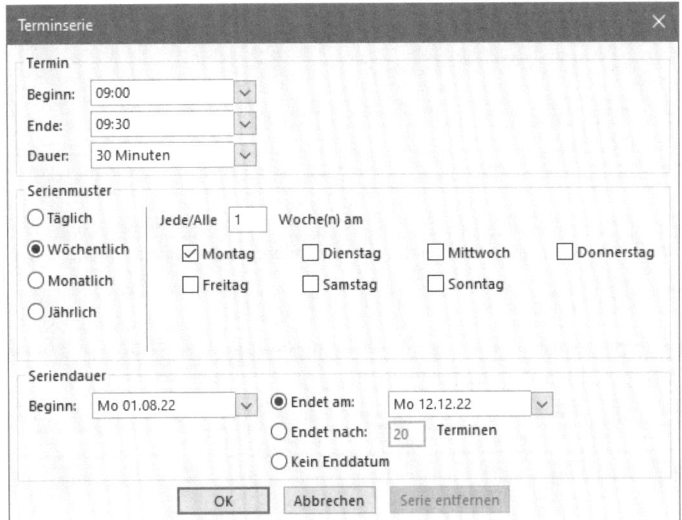

Abbildung 46.27: Die Einstellmöglichkeiten für die Wiederholung des Termins bzw. Ereignisses ändern sich, wenn Sie im Bereich Serienmuster *ein anderes Intervall auswählen.*

5. Wählen Sie im Bereich *Serienmuster* zuerst aus, ob sich der Termin täglich, wöchentlich, monatlich oder jährlich wiederholen soll. Je nachdem, welches der vier Optionsfelder Sie anklicken, ändern sich die Einstellmöglichkeiten auf der rechten Seite des Bereichs *Serienmuster:*
   - Bei der Option *Täglich* können Sie das Intervall in Tagen einstellen oder festlegen, dass der Termin an jedem Arbeitstag stattfinden soll.
   - Bei der Option *Wöchentlich* können Sie das Intervall in Wochen einstellen und den Wochentag festlegen, an dem der Termin stattfinden soll.
   - Bei der Option *Monatlich* können Sie den Tag des Monats einstellen oder festlegen, dass der Termin an einem bestimmten Wochentag in einer bestimmten Woche stattfinden soll.

- Bei der Option *Jährlich* können Sie den Tag und den Monat einstellen oder festlegen, dass die Aufgabe an einem bestimmten Wochentag in einer bestimmten Woche in einem bestimmten Monat fällig sein soll.

6. Im Bereich *Seriendauer* können Sie schließlich noch das Startdatum auswählen, indem Sie im Datumswähler *Beginn* eine Eingabe vornehmen. Außerdem können Sie das Enddatum festlegen, wenn gewünscht, und hierbei die Anzahl der Wiederholungen oder ein festes Enddatum einstellen.
7. Nachdem Sie alle Einstellungen für die Terminserie vorgenommen haben, schließen Sie das Dialogfeld *Terminserie* mit einem Klick auf *OK*.

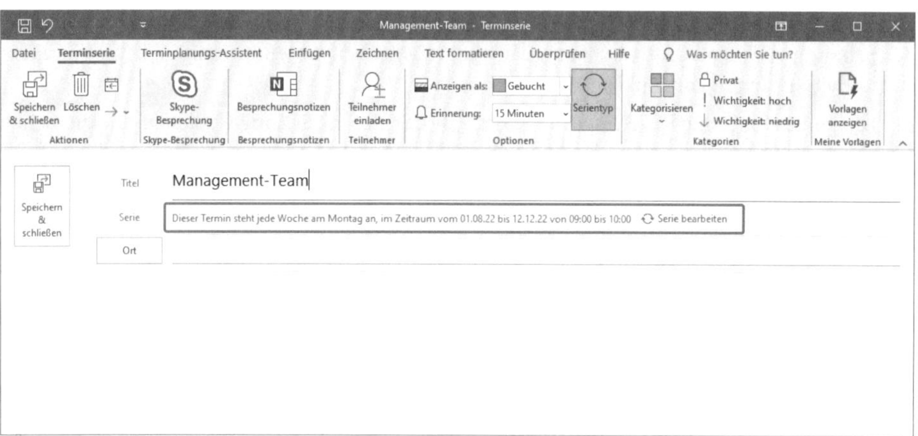

Abbildung 46.28: Bei einer Terminserie werden die aktuellen Einstellungen zur Wiederholung des Termins angezeigt.

8. Nehmen Sie dann im Terminformular die weiteren Einstellungen vor und speichern Sie die Terminserie mit einem Klick auf *Speichern & schließen*.

Abbildung 46.29: Terminserien erkennen Sie an einem Symbol aus zwei kreisförmigen Pfeilen.

Weitere Kalenderdarstellungen

In der Standardansicht des Kalenders bietet Outlook neben der Tagesansicht noch einige weitere Darstellungen an, die Sie auf der Registerkarte *Start* über die Schaltflächen der Gruppe *Anordnen* auswählen können.

Hinweis Ansicht versus Anordnung Bei der Darstellung der Kalender ist es wichtig, zwischen den Begriffen Ansicht und Anordnung genau zu unterscheiden. Mit »Ansicht« meint Outlook die grundsätzliche Darstellung der Termine und Aufgaben (z. B. in Form eines Kalenders oder als Liste). Mit »Anordnung« ist hingegen die jeweilige Ausformung einer Ansicht gemeint. Im Falle einer Liste wären dies z. B. die Auswahl der angezeigten Spalten und deren Sortierung.

Wochenkalender

Outlook kennt zwei Wochendarstellungen: die gewohnte kalendarische Woche und die Arbeitswoche. Während die kalendarische Woche wie üblich von Montag bis Sonntag dauert, umfasst die Arbeitswoche standardmäßig die Tage von Montag bis Freitag, wobei der Montag als erster Tag der Woche angezeigt wird.

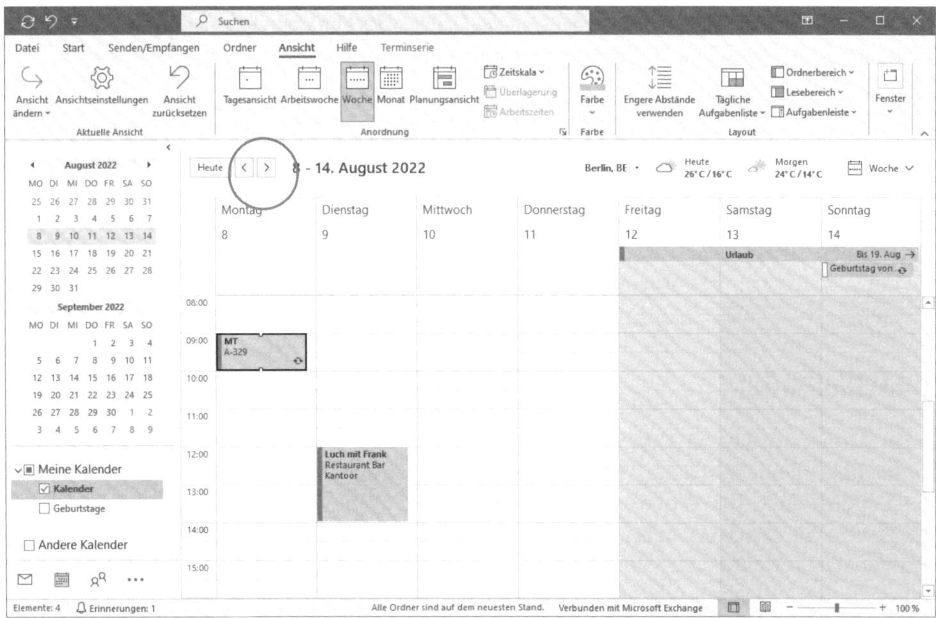

Abbildung 46.30: Die Anordnung Woche *verwendet standardmäßig den Montag als ersten Wochentag. Mit den beiden Schaltflächen im oberen Bereich können Sie wochenweise blättern.*

Verläuft Ihre Arbeitswoche nicht von Montag bis Freitag oder soll in der Wochenanordnung ein anderer Tag als Montag als Starttag angezeigt werden, klicken Sie auf der Registerkarte *Start* auf die kleine Schaltfläche in der rechten unteren Ecke der Gruppe *Anordnen*. (Alternativ wählen Sie den Befehl *Datei/Optionen* und wechseln im Dialogfeld *Outlook-Optionen* zur Kategorie *Kalender*.)

Schalten Sie dann im Bereich *Arbeitszeit* des Dialogfeldes *Outlook-Optionen* die Kontrollkästchen derjenigen Tage ein, die Ihre Arbeitswoche definieren. Die ausgewählten Tage müssen dabei nicht zusammenhängend sein. Im Listenfeld *Erster Wochentag* können Sie den Wochentag festlegen, der als erster Tag in der Wochenansicht angezeigt werden soll. Den Arbeitstag definieren Sie mit den Listenfeldern *Beginnt* und *Endet*.

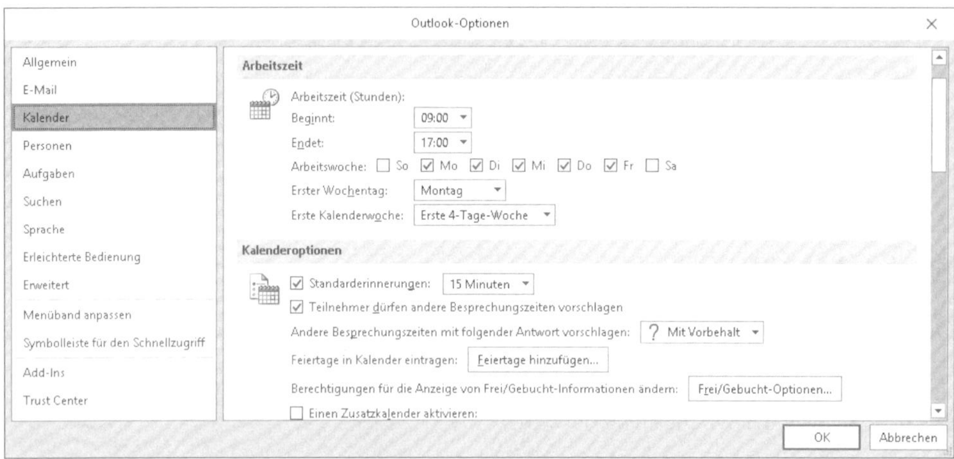

Abbildung 46.31: Im Bereich Kalender/Arbeitszeit *des Dialogfeldes* Outlook-Optionen *können Sie die Tage definieren, aus denen Ihre Arbeitswoche besteht.*

Profitipp: Beliebige Tage kombinieren

Mit einem kleinen Trick können Sie auch eine Kombination aus beliebigen Tagen als Kalender darstellen. Wählen Sie dazu einfach die Tagesansicht und klicken Sie die gewünschten Tage mit gedrückter `Strg`-Taste im Datumsnavigator an.

Monatskalender

Um die Monatsansicht zu aktivieren, klicken Sie auf der Registerkarte *Start* in der Gruppe *Anordnen* auf die Schaltfläche *Monat*. In der Monatsansicht können Sie an der linken Seite des Kalenders auch die Wochennummern anzeigen lassen, wie es die folgende Abbildung zeigt. Öffnen Sie dazu z.B. mit *Start/Optionen* das Dialogfeld *Outlook-Optionen* und schalten Sie in der Kategorie *Kalender* unter *Anzeigeoptionen* die Option *Wochennummern in der Monatsansicht und im Datumsnavigator anzeigen* ein.

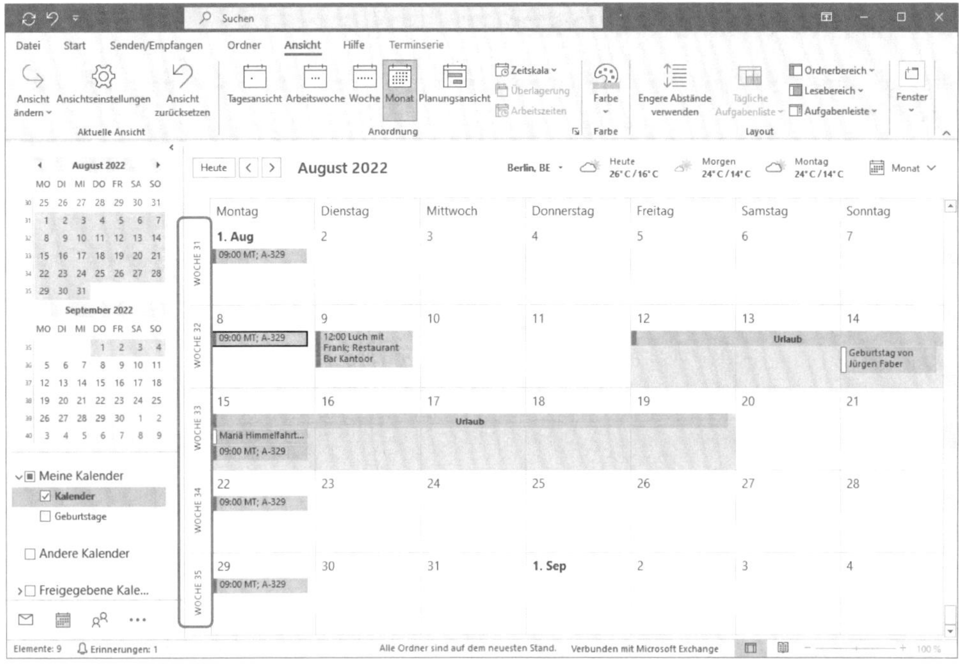

Abbildung 46.32: Der Monatskalender mit angezeigten Kalenderwochen

Wenn Sie bei minimierter oder ausgeschalteter Aufgabenleiste eine der Kalenderansichten auswählen, wird der Datumsnavigator automatisch im Ordnerbereich angezeigt; dort sind ebenfalls die Nummern der Kalenderwochen zu sehen. Möchten Sie Termine verschieben, klicken Sie sie einfach an und ziehen sie mit gedrückter Maustaste auf den gewünschten Tag.

Planungsansicht

Sie können den Kalender auch in der sogenannten *Planungsansicht* anzeigen lassen. Diese Ansicht zeigt die Termine und Ereignisse des Kalenders nebeneinander auf einem Zeitstrahl an. Diese Darstellung eignet sich sehr gut, um die Termine mehrerer Kalender miteinander abzugleichen, z. B. wenn Sie einen freien Termin für ein Meeting suchen. Wir stellen Ihnen die Planungsansicht weiter hinten in diesem Kapitel im Abschnitt »Mehrere Kalender anzeigen« ab Seite 898 vor.

Kalenderansichten und Layoutvarianten

Wie im letzten Abschnitt erwähnt, verwendet Outlook den Begriff »Ansicht« als Oberbegriff für die Darstellung von Kalenderdaten. Bisher haben Sie lediglich die Kalenderansicht kennengelernt, nun wollen wir Ihnen zusätzlich noch die Listenansicht vorstellen. Anschließend zeigen wir Ihnen dann an einem Beispiel, wie Sie in Outlook eigene Ansichten definieren, mit denen Sie z. B. Ihre Termine nach bestimmten Kriterien filtern können.

Listenansichten für den Kalender

Um die Termine als Liste darzustellen, müssen Sie die aktuelle Ansicht für den Kalender wechseln:

1. Wechseln Sie zur Registerkarte *Ansicht*.
2. Klappen Sie das Menü der Schaltfläche *Ansicht ändern* auf. Sie finden die Schaltfläche ganz vorn im Menüband in der Gruppe *Aktuelle Ansicht*. Das Menü enthält mehrere Symbole, mit denen Sie die verfügbaren Ansichten aktivieren können.

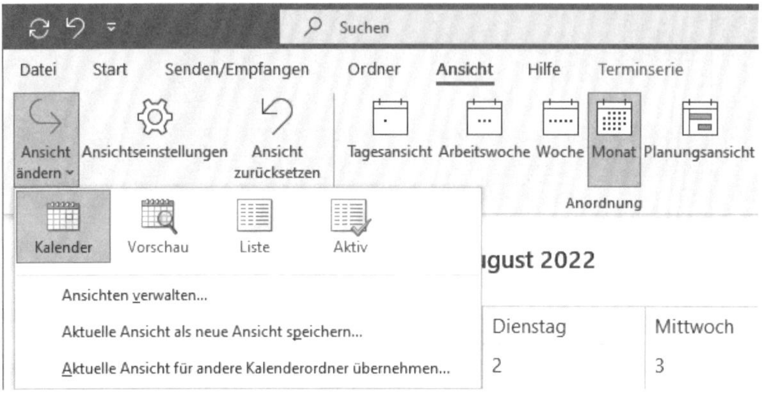

Abbildung 46.33: Outlook bietet für den Kalender vier verschiedene Ansichten an.

3. Klicken Sie auf *Liste*.

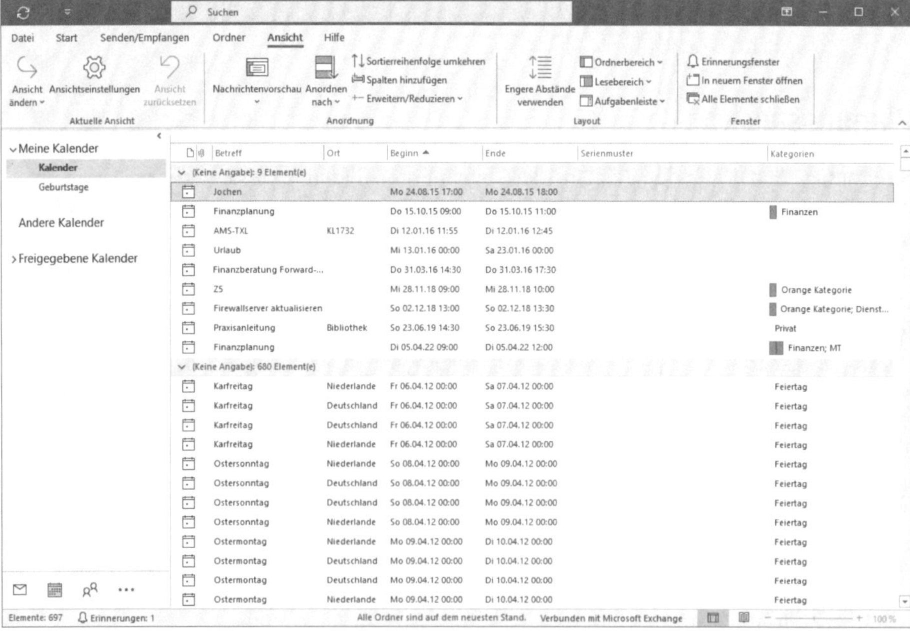

Abbildung 46.34: In der Ansicht Liste *werden alle Termine des ausgewählten Kalenders angezeigt.*

4. Bei Bedarf können Sie die Liste spaltenweise sortieren, indem Sie einfach die entsprechende Spaltenüberschrift mit der Maus anklicken. Outlook zeigt dann durch einen kleinen Pfeil an, ob die Spalte zurzeit aufsteigend oder absteigend sortiert ist.
5. Alternativ können Sie die Termine auch nach Kriterien gruppieren lassen. Die dazu notwendigen Schaltflächen finden Sie auf der Registerkarte *Ansicht* in der Gruppe *Anordnung*.

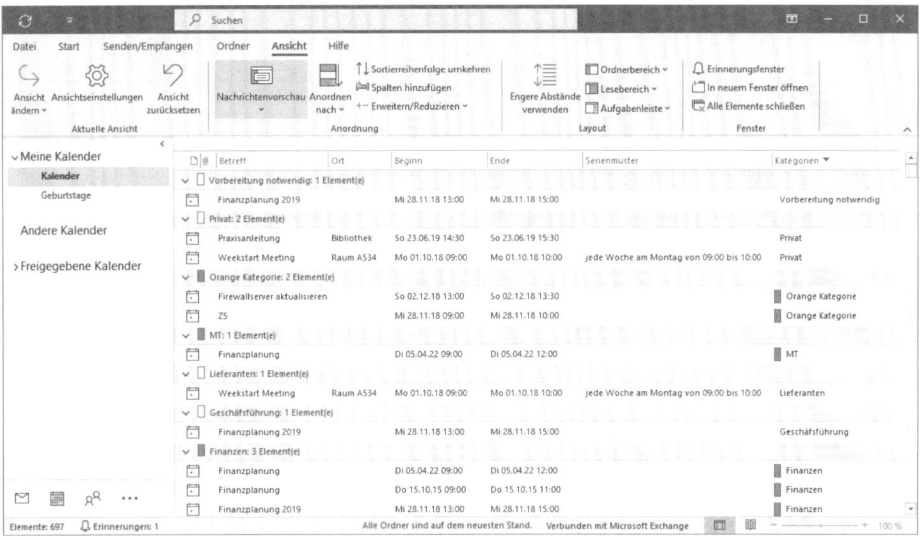

Abbildung 46.35: Die Liste ist nun nach Kategorien gruppiert.

6. Wenn Sie nicht alle, sondern lediglich die aktiven Termine als Liste anzeigen wollen, wählen Sie die Ansicht *Aktiv*. Wie Sie in Abbildung 46.36 sehen, werden dann nur noch Termine angezeigt, deren Datum nicht in der Vergangenheit liegt.

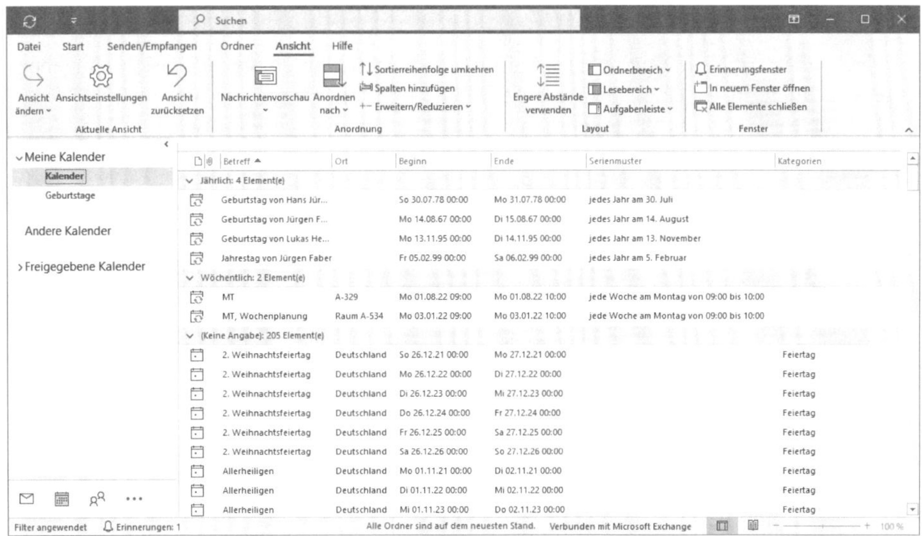

Abbildung 46.36: Die Ansicht Aktiv *zeigt nur die Termine an, die noch nicht verstrichen sind.*

Eigene Ansichten erstellen

Outlook bringt von Haus aus leider nur vier Ansichtsvarianten mit. Sie können jedoch das Portfolio jederzeit um eigene maßgeschneiderte Ansichten ergänzen, mit denen Sie nahezu beliebige Filter, Gruppierungen, Sortierungen und Formatierungen realisieren können. Im folgenden Beispiel erstellen wir eine Ansicht, die alle eingetragenen Geburtstage auflistet:

1. Öffnen Sie die Registerkarte *Ansicht* und öffnen Sie dort das Ausklappmenü der Schaltfläche *Ansicht ändern.*
2. Wählen Sie den Befehl *Ansichten verwalten.* Outlook zeigt dann das Dialogfeld *Alle Ansichten verwalten* an.

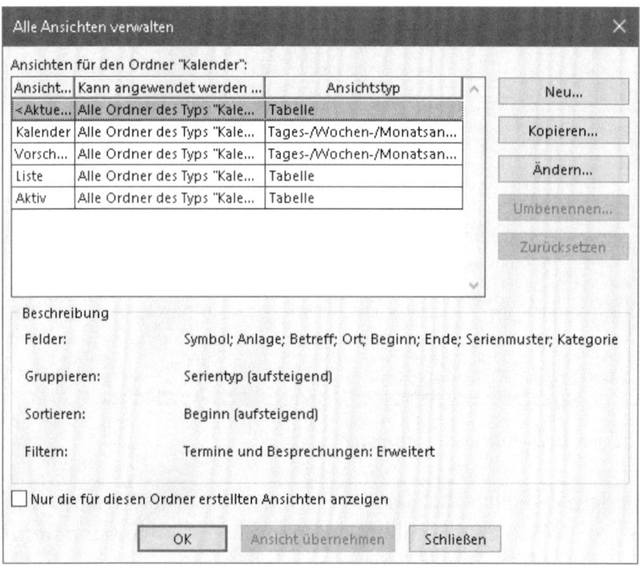

Abbildung 46.37: Das zentrale Dialogfeld zum Verwalten der Ansichten

3. Klicken Sie auf *Neu.* Nun müssen Sie zunächst einen Namen für die Ansicht eingeben und entscheiden, in welcher Form die Termine dargestellt werden sollen. Im Falle einer Geburtstagsliste kommt hier eigentlich nur der Typ *Tabelle (Liste)* infrage.

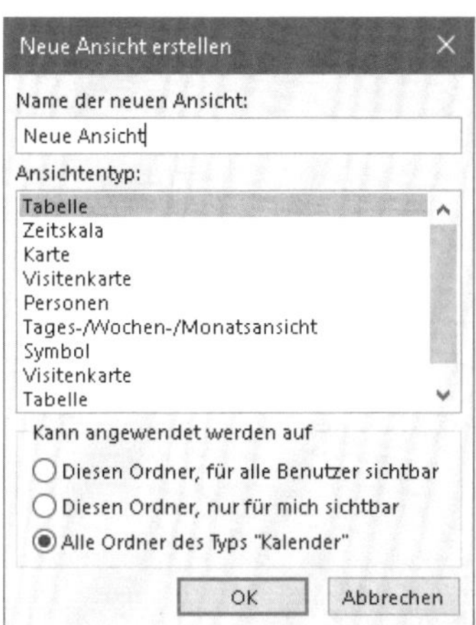

Abbildung 46.38: Der Name und der Typ der neuen Ansicht werden in diesem Dialogfeld festgelegt.

4. Nachdem Sie Ihre Eingabe mit *OK* bestätigt haben, werden Sie mit folgendem Dialogfeld konfrontiert. Von hier aus erreichen Sie die verschiedenen Einstellungsmöglichkeiten für die zu erstellende Ansicht.

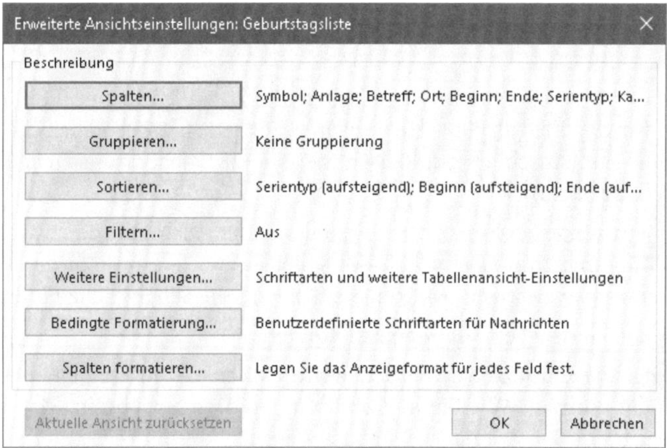

Abbildung 46.39: Zentrales Dialogfeld zum Konfigurieren einer Ansicht

5. Klicken Sie auf die Schaltfläche *Spalten*.

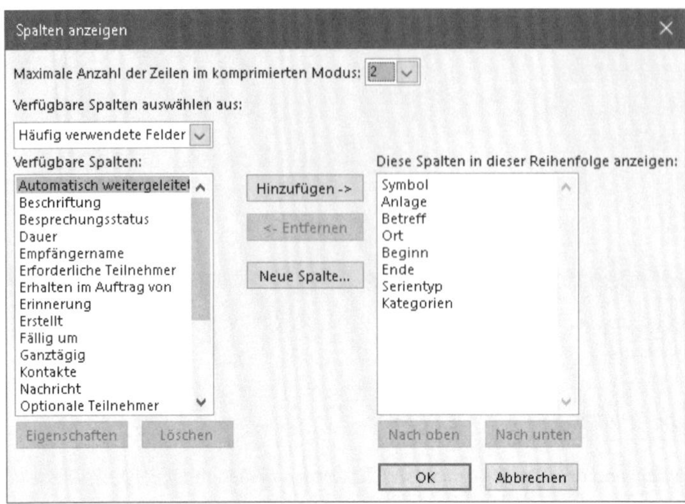

Abbildung 46.40: Auswahl der Spalten

6. Entfernen Sie im Dialogfeld *Spalten anzeigen* alle Felder aus der rechten Liste, mit Ausnahme von *Betreff* und *Beginn*, und schließen Sie das Dialogfeld dann mit *OK*. Sie gelangen dadurch wieder zum Dialogfeld *Erweiterte Ansichtseinstellungen* (siehe Abbildung 46.39).
7. Klicken Sie auf *Sortieren* und wählen Sie im angezeigten Dialogfeld im ersten Feld eine aufsteigende Sortierung für das Feld *Beginn*. Den zweiten Sortierschlüssel stellen Sie auf die Option *(keine Angabe)* ein. Anschließend kehren Sie mit *OK* wieder zum Dialogfeld *Erweiterte Ansichtseinstellungen* zurück.
8. Nun kommen wir zu einem zentralen Punkt beim Erstellen einer Ansicht, und zwar dem Schreiben einer Filterbedingung. In unserem Beispiel sollen ja nur Termine in der Liste auftauchen, die einen Geburtstag anzeigen. Klicken Sie dazu auf die Schaltfläche *Filtern*.
9. Geben Sie im Feld *Suchen nach* den Text **Geburtstag von** ein.

   Dies ist die Formulierung, die Outlook verwendet, wenn es den Geburtstag einer Kontaktperson in den Kalender einträgt. Wie Sie in Abbildung 46.41 sehen, besitzt das Dialogfeld noch weitere Registerkarten, auf denen Sie auch deutlich komplexere Filterbedingungen formulieren können. Interessant ist insbesondere die Registerkarte *Erweitert*, auf der Sie Kriterien für jedes beliebige Feld festlegen können.
10. Schließen Sie nun das Dialogfeld *Filtern* mit *OK*.

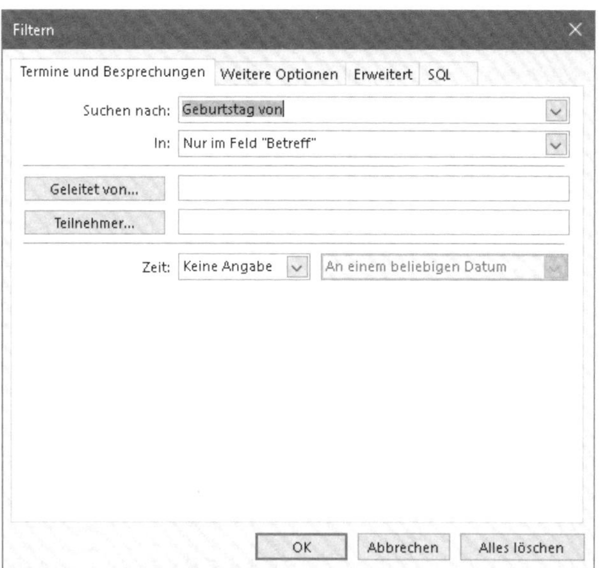

Abbildung 46.41: Die Filterbedingung

11. Im letzten Schritt sollen nun noch einige kleinere Formatierungen vorgenommen werden. Klicken Sie dazu auf *Spalten formatieren.*

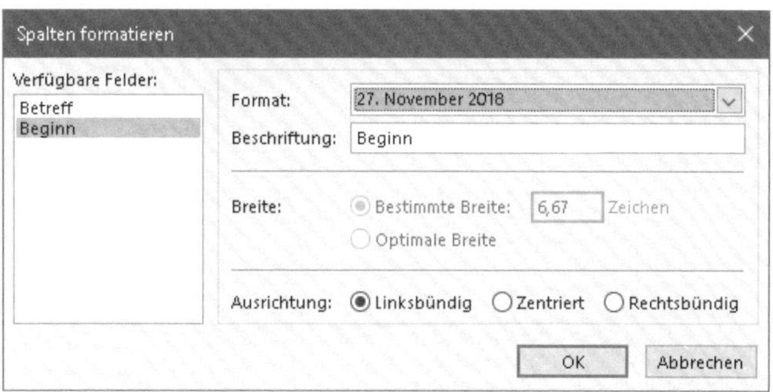

Abbildung 46.42: Formatieren der Spaltenbeschriftungen

12. Geben Sie den Spalten eine sinnvolle Beschriftung und Formatierung. Für das Datum bietet sich z. B. die zusätzliche Anzeige des Wochentags an. Anschließend kehren Sie wieder mit *OK* zum Dialogfeld *Erweiterte Ansichtseinstellungen* zurück.
13. Damit ist die Konfiguration der neuen Ansicht abgeschlossen. Schließen Sie nun auch das Dialogfeld *Erweiterte Ansichtseinstellungen* mit *OK*. Sie gelangen dann wieder zum Dialogfeld aus Abbildung 46.37, in dem nun auch die soeben erstellte Ansicht *Geburtstagsliste* aufgeführt wird. Klicken Sie auch hier auf *OK*, um den Vorgang abzuschließen.
14. Für die neue Ansicht taucht nun automatisch ein neues Symbol im Menü der Schaltfläche *Ansicht ändern* auf.

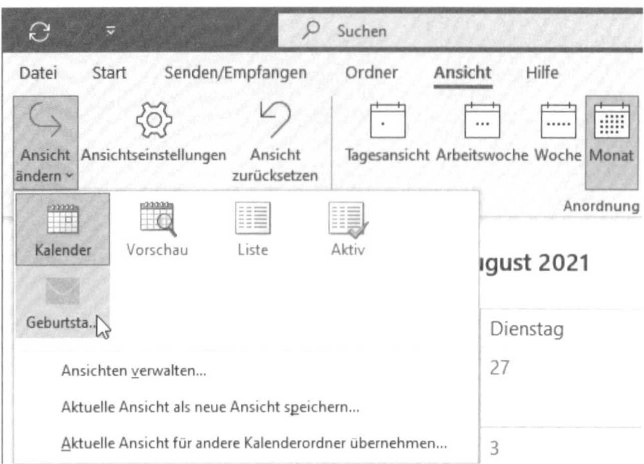

Abbildung 46.43: Die neue Ansicht erscheint im Auswahlmenü der Schaltfläche Ansicht ändern.

15. Klicken Sie das Symbol der neuen Ansicht an, um sie auf die Kalenderdaten anzuwenden. Das Ergebnis sollte anschließend in etwa so aussehen wie es die folgende Abbildung zeigt.

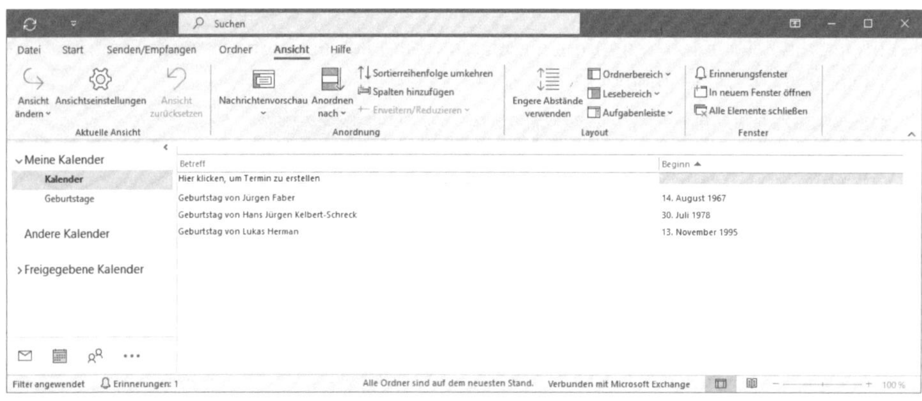

Abbildung 46.44: Die im Kalender enthaltenen Geburtstage werden als Liste ausgegeben.

Sie können eine erstellte Ansicht jederzeit nachträglich bearbeiten. Klicken Sie dazu entweder auf der Registerkarte *Ansicht* auf die Schaltfläche *Ansichtseinstellungen* oder verwenden Sie die Schaltflächen der Gruppe *Anordnung*.

Layoutvarianten des Kalenders

Unter dem Layout des Kalenders versteht Outlook die Sichtbarkeit bzw. die Darstellung von folgenden Komponenten:

- Tägliche Aufgabenliste
- Ordnerbereich
- Lesebereich
- Aufgabenleiste

Zum Ein- und Ausschalten sowie zum Konfigurieren dieser Bereiche dienen die Schaltflächen der Gruppe *Layout,* die Sie auf der Registerkarte *Ansicht* finden.

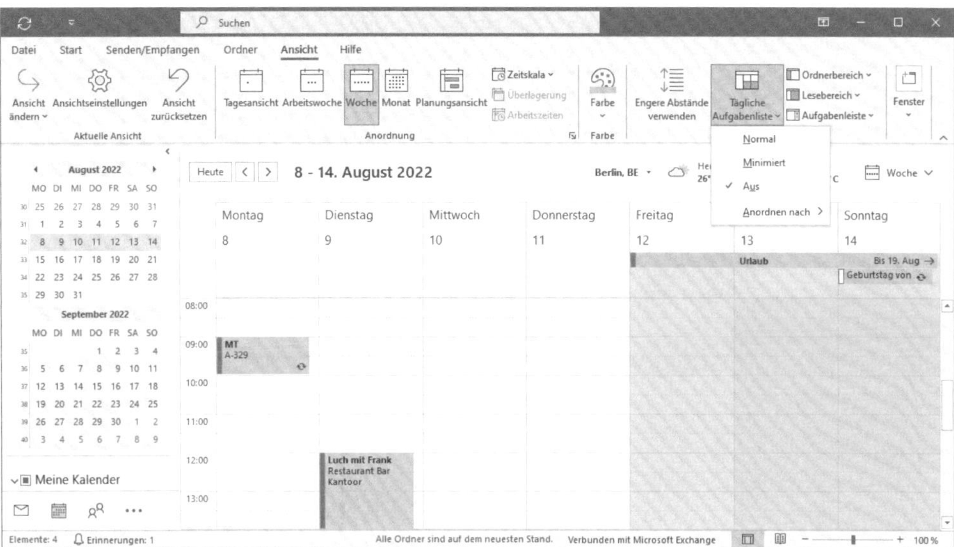

Abbildung 46.45: Konfigurieren des Kalenderlayouts (die Schaltfläche Tägliche Aufgabenliste *taucht nur auf der Registerkarte auf, wenn Sie zurzeit eine Kalenderansicht ausgewählt haben)*

Tägliche Aufgabenliste im Kalender

Eines der unserer Meinung nach besten Features, das mit Outlook 2010 eingeführt wurde, ist die hervorragende Integration von Kalender, Aufgaben und den Elementen, die zur Nachverfolgung gekennzeichnet wurden. In der Tages- und der Wochenansicht des Kalenders wird standardmäßig im unteren Bereich die tägliche Aufgabenliste angezeigt (siehe Abbildung auf der nächsten Seite). Sollte die Liste nicht sichtbar sein, zeigen Sie die Registerkarte *Ansicht* an, klicken auf *Tägliche Aufgabenliste* und legen dann fest, ob die Liste *Normal* oder *Minimiert* angezeigt werden soll (siehe Abbildung 46.45).

Sie können die kombinierte Ansicht von Kalender und täglicher Aufgabenliste hervorragend verwenden, um Zeit für die Erledigung der Aufgaben einzuplanen: Ziehen Sie eines der Elemente aus der täglichen Aufgabenliste auf den Tag und die Uhrzeit im Kalender, zu der Sie die Aufgabe erledigen wollen. So ist die Gefahr, dass Dinge unerledigt bleiben, deutlich geringer.

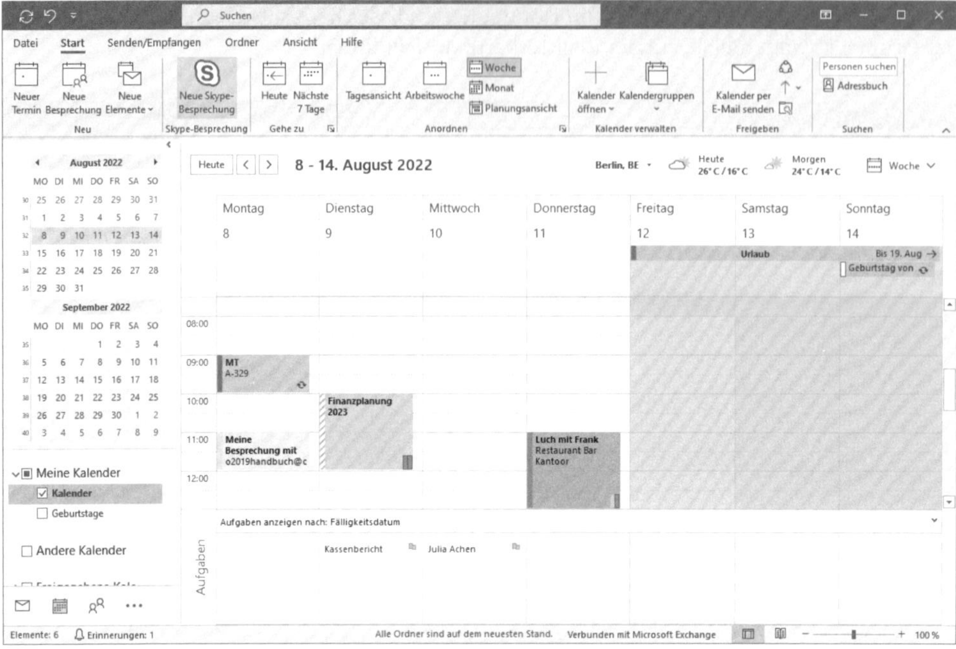

Abbildung 46.46: Die tägliche Aufgabenliste wird unter dem Kalender angezeigt.

Sie können in der täglichen Aufgabenliste auch eine neue Aufgabe erstellen. Klicken Sie unterhalb des Tages, an dem die Aufgabe begonnen oder fällig sein soll, in die tägliche Aufgabenliste und tippen Sie den Betreff der Aufgabe ein. Fertig.

Der Lesebereich

Der Lesebereich bietet eine Vorschaufunktion für das jeweils markierte Element im Kalender. Um diesen Bereich zu aktivieren, wechseln Sie zur Registerkarte *Ansicht* und schalten ihn über das Menü der Schaltfläche *Layout/Lesebereich* ein. Sie haben dabei die Wahl zwischen den Befehlen *Rechts* und *Unten* und können zusätzlich noch über den Befehl *Optionen* einige Einstellungen vornehmen. Anschließend können Sie den Lesebereich bei Bedarf noch vergrößern bzw. verkleinern, indem Sie seine Trennlinie mit der Maus verschieben.

Wenn Sie nun im Kalender einen Termin markieren, werden im Lesebereich detaillierte Informationen zum ausgewählten Terminelement angezeigt. Ein Beispiel für diese Ansicht zeigt die folgende Abbildung.

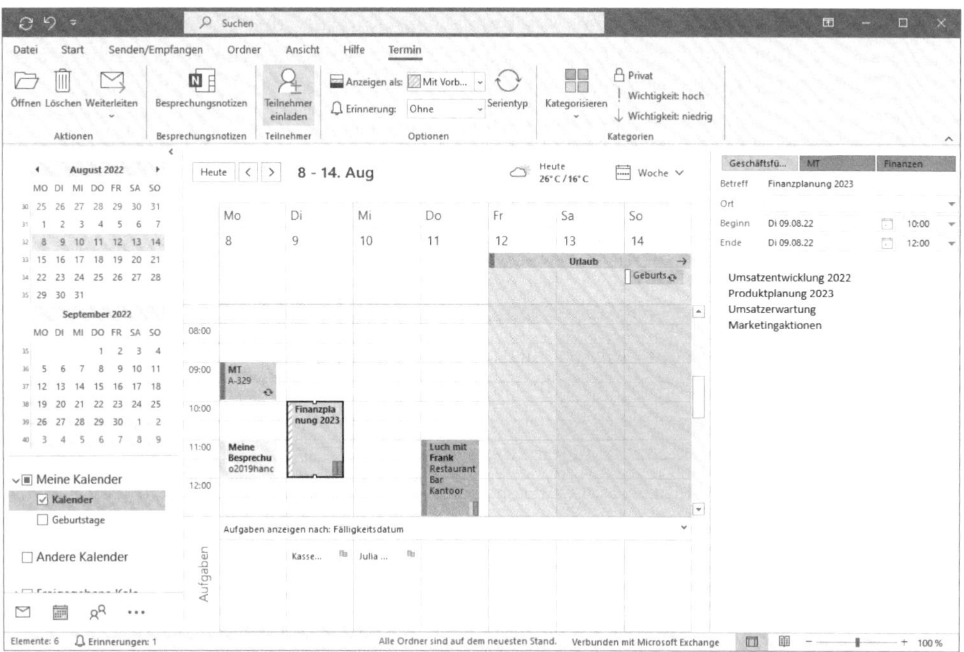

Abbildung 46.47: Wenn Sie den Lesebereich aktivieren, zeigt Outlook Detailinformationen und die Notizen zu dem Terminelement an, das Sie im Kalender markiert haben.

Kalendersnapshot per E-Mail versenden

Outlook stellt Ihnen verschiedene Möglichkeiten zur Verfügung, Ihren Kalender mit anderen zu teilen. Eine Möglichkeit besteht darin, einen Teil Ihres Kalenders per E-Mail zu versenden.

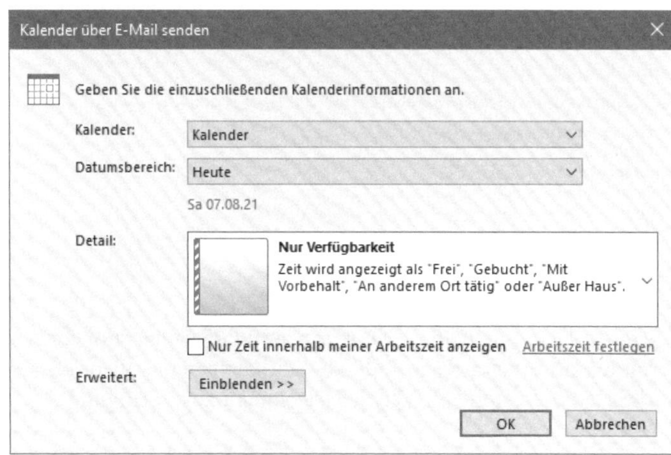

Abbildung 46.48: In diesem Dialogfeld können Sie den Datumsbereich auswählen, den Sie versenden wollen, und einstellen, wie viele Details der Empfänger sehen darf.

1. Klicken Sie im Ordnerbereich im Abschnitt *Meine Kalender* den gewünschten Kalender mit der rechten Maustaste an und wählen Sie im Kontextmenü den Befehl *Freigeben/Kalender per E-Mail senden.* Das Dialogfeld *Kalender über E-Mail senden* wird angezeigt.
2. Im Listenfeld *Kalender* können Sie den Kalender wechseln, falls Sie im Ordnerbereich versehentlich den falschen angeklickt haben.
3. Öffnen Sie die Liste *Datumsbereich* und legen Sie den Zeitraum fest, den der Kalender enthalten soll. Wenn keine der Vorgaben Ihren Anforderungen entspricht, wählen Sie die Option *Datum angeben* aus. Sie können dann den Beginn und das Ende des Bereichs tagesgenau einstellen.
4. Öffnen Sie die Liste *Detail,* um festzulegen, wie viele Informationen im Kalender enthalten sein sollen. Outlook stellt Ihnen hier drei Optionen zur Verfügung:
   - **Nur Verfügbarkeit** Bei dieser Option enthält der Kalender lediglich die Zeiten, zu denen Sie frei bzw. nicht verfügbar sind.
   - **Eingeschränkte Details** Bei dieser Option werden zusätzlich zu den Zeiten auch die Betreffs der Kalenderelemente eingeschlossen.
   - **Alle Details** Bei dieser Option werden zusätzlich zum Betreff auch die weiteren Details der Kalenderelemente in den Kalender eingefügt.
5. Klicken Sie auf die Schaltfläche *Einblenden,* um die weiteren Optionen zu sehen.

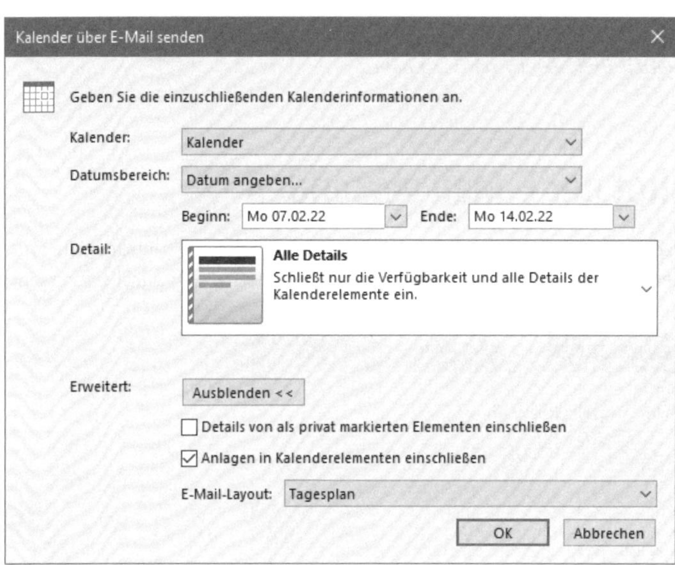

Abbildung 46.49: Dialogfeld mit eingeblendeten Optionen

6. Schalten Sie das Kontrollkästchen *Details von als privat markierten Elementen einschließen* ein, wenn auch private Termine und Ereignisse im Kalender enthalten sein sollen. Dieses Kontrollkästchen steht bei der *Detail*-Option *Nur Verfügbarkeit* nicht zur Verfügung.

Hinweis Kalenderelement als privat markieren Sie können ein Kalenderelement als privat markieren, indem Sie das Formular für Termine öffnen und auf der Registerkarte *Termin* in der Gruppe *Kategorien* die Schaltfläche *Privat* (durch ein Schloss symbolisiert) einschalten.

7. Schalten Sie das Kontrollkästchen *Anlagen in Kalenderelementen einschließen* ein, wenn die einem Termin/Ereignis zugeordneten Anlagen als Teil der E-Mail versendet werden sollen. Dieses Kontrollkästchen steht nur bei der *Detail*-Option *Alle Details* zur Verfügung.
8. Öffnen Sie die Liste *E-Mail-Layout* und legen Sie fest, ob für jeden Tag ein getrennter Plan erstellt oder lediglich die vorhandenen Termine als Liste in der E-Mail enthalten sein sollen.
9. Klicken Sie auf *OK*.

   Outlook bereitet nun die Kalenderdaten so auf, dass sie als E-Mail versendet werden können, und öffnet nach Fertigstellung ein Formular für das Versenden einer E-Mail-Nachricht, wie Sie es in der folgenden Abbildung sehen.

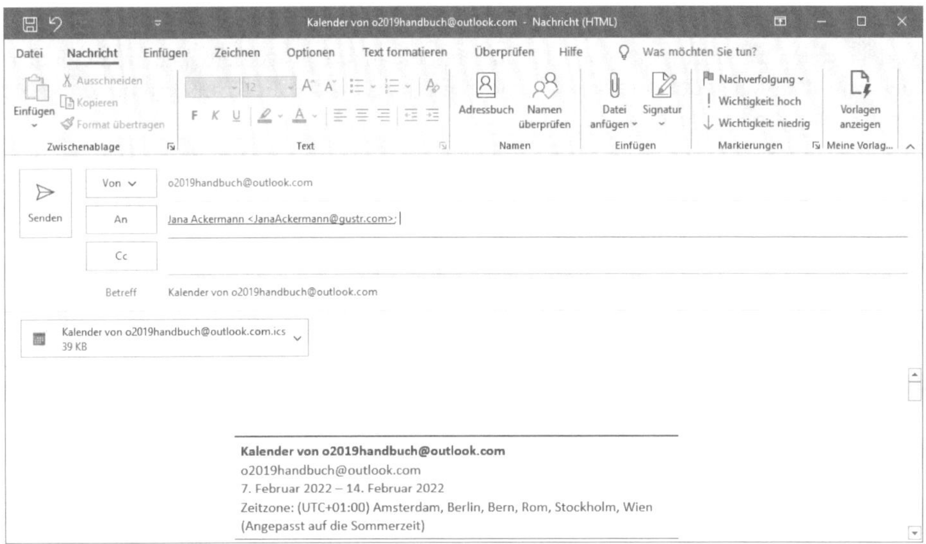

Abbildung 46.50: Outlook hat die ausgewählten Kalenderelemente für den Versand per E-Mail aufbereitet.

10. Geben Sie in die Felder *An*, *Cc* bzw. *Bcc* die gewünschten E-Mail-Empfänger ein. Überarbeiten Sie, wenn gewünscht, den Betreff der E-Mail.
11. Klicken Sie auf *Senden*.

Einen Einzeltermin per E-Mail weiterleiten

Wenn Sie nicht den gesamten Kalender, sondern lediglich einen einzelnen Termin per E-Mail weiterleiten möchten, klicken Sie das Kalenderelement mit der rechten Maustaste an und wählen anschließend im Kontextmenü den Befehl *Weiterleiten*. Outlook öffnet das Formular zum Erstellen einer neuen E-Mail-Nachricht; das Kalenderelement ist der E-Mail bereits als

Anlage beigefügt. Adressieren Sie die E-Mail und klicken Sie dann auf *Senden,* um sie zu verschicken.

Sie können einen neuen Termin auch direkt bei der Erstellung an einen oder mehrere E-Mail-Adressaten weiterleiten. Klicken Sie dazu im Formular für das Erstellen eines Termins in der Gruppe *Aktionen* auf *Weiterleiten,* um das Formular zum Erstellen einer E-Mail-Nachricht zu öffnen, und gehen Sie dann so vor, wie es oben beschrieben ist.

Der Empfänger der E-Mail kann die Anlage mit dem Kalenderelement öffnen und in der Gruppe *Aktionen* die Schaltfläche *In meinen Kalender kopieren* verwenden, um das Terminelement in den eigenen Kalender aufzunehmen.

Mehrere Kalender anzeigen

Sie können in Outlook gleichzeitig mehrere Kalender einsehen und bearbeiten. Alle Kalender, die Ihnen in Outlook zur Verfügung stehen, sehen Sie im Ordnerbereich in den Bereichen *Meine Kalender* und *Andere Kalender*, wie es in der folgenden Abbildung zu sehen ist.

Welche Kalender im Ansichtsbereich von Outlook angezeigt werden, steuern Sie, indem Sie die Kontrollkästchen der einzelnen Kalender ein- bzw. ausschalten. (Insgesamt können bis zu 30 Kalender gleichzeitig angezeigt werden.)

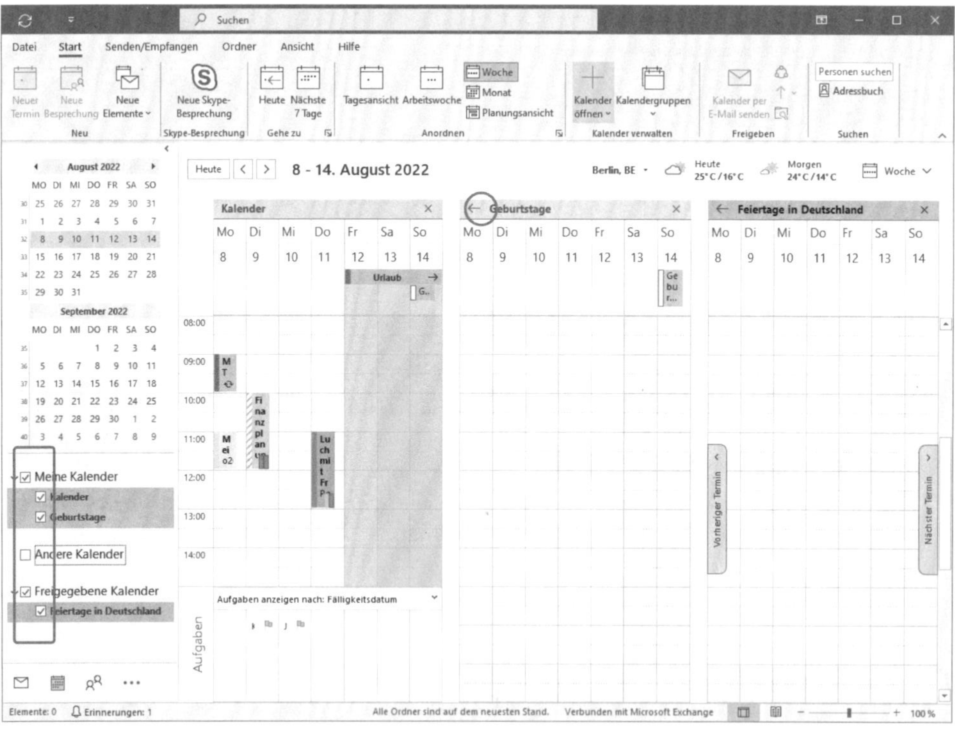

Abbildung 46.51: Die Kalender, die im Ordnerbereich eingeschaltet wurden, werden nebeneinander angezeigt. Mit den Pfeilschaltflächen der Registerkarten können die Kalender überlagert werden.

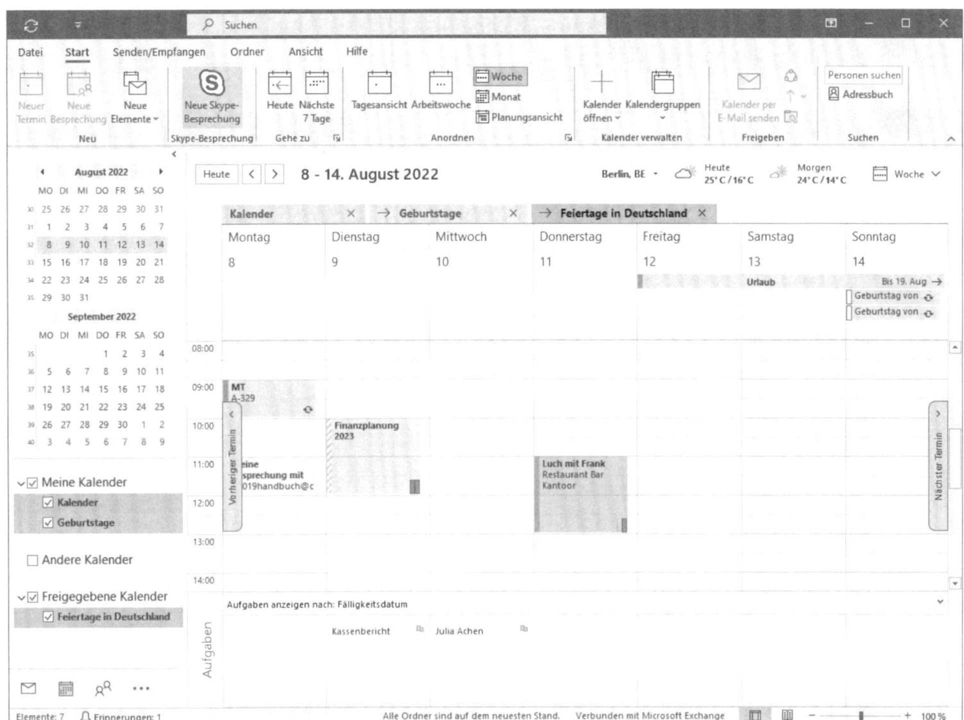

Abbildung 46.52: Mehrere Kalender werden überlagert angezeigt.

Outlook kann mehrere Kalender unterschiedlich darstellen. Die Ansicht *Nebeneinander* zeigt die Abbildung auf der vorigen Seite. Dies ist die Standardeinstellung von Outlook. Immer wenn Sie einen weiteren Kalender anzeigen lassen, wird dieser neben dem/den bereits vorhandenen Kalender/-n eingeblendet.

Jeder Kalender besitzt eine Registerkarte mit der Schaltfläche *Überlagert anzeigen* (symbolisiert durch einen Pfeil, der nach links zeigt). Wenn Sie diese Schaltfläche anklicken, wird der Kalender mit dem am weitesten links stehenden überlagert angezeigt. Um die überlagerte Anzeige zu beenden, klicken Sie auf der Registerkarte des Kalenders die Schaltfläche *Nebeneinander anzeigen* (symbolisiert durch einen Pfeil, der nach rechts zeigt) an.

Wenn Sie Kalender im Überlagerungsmodus anzeigen, werden die Termine in dem Kalender, der im Überlagerungsstapel oben liegt, in nicht transparenter Darstellung angezeigt. Die Termine in den Kalendern, die im Stapel darunter liegen, werden transparent ausgegeben. Da jeder Kalender eine eigene Farbe besitzt, lassen sich die unterschiedlichen Termine leicht voneinander unterscheiden (was wegen der Schwarz-Weiß-Abbildung leider nicht so gut zu erkennen ist).

Planungsansicht

Bei der Planungsansicht werden die Kalender in einem horizontalen Layout übereinander dargestellt. Auf diese Weise lassen sich Überschneidungen bzw. Termine besonders leicht erkennen. Der angezeigte Zeitraum richtet sich nach der zuvor gewählten Ansicht. Um beispielsweise eine bestimmte Woche in der Planungsansicht anzuzeigen, wählen Sie auf der

Registerkarte *Start* zuerst die Anordnung *Woche* und klicken dann in der Gruppe *Anordnen* auf die Schaltfläche *Planungsansicht*.

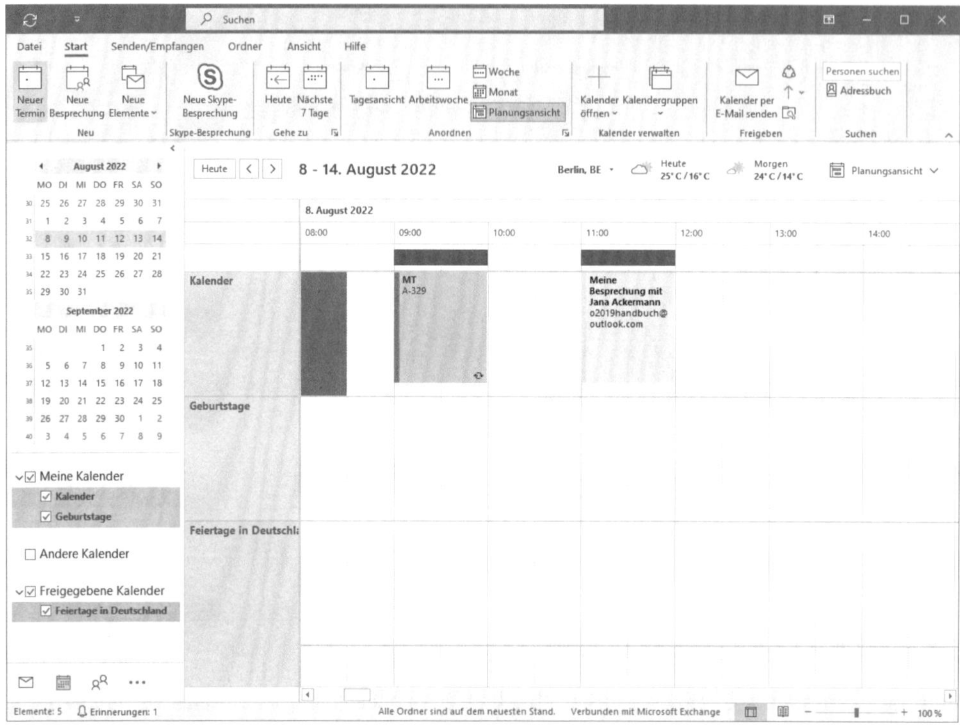

Abbildung 46.53: Mehrere Kalender in der Planungsansicht

Die Sofortsuche im Kalender

Um schnell einen Termin zu finden, verwenden Sie die Suchfunktion; sie heißt Sofortsuche und steht Ihnen über das Suchfeld in der Outlook-Titelleiste zur Verfügung.

1. Klicken Sie in das Feld *Kalender durchsuchen* und geben Sie den Suchbegriff ein.
2. Klicken Sie auf die Schaltfläche *Suchen* (die mit dem Pfeil nach recht, damit Outlook den Suchvorgang startet.

   Outlook zeigt die Suchergebnisse in einer Listendarstellung an (siehe Abbildung auf der folgenden Seite).

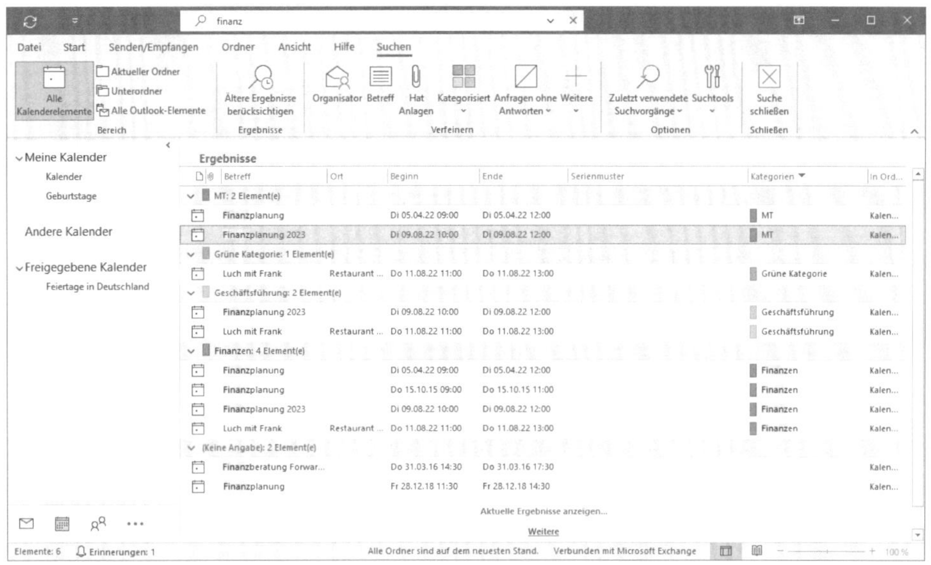

Abbildung 46.54: Die Sofortsuche im Kalender

3. Doppelklicken Sie auf den Listeneintrag des Termins, den Sie bearbeiten wollen.
4. Wenn Sie die Suchabfrage löschen wollen, klicken Sie die Schaltfläche *Suche löschen* an (die mit dem kleinen x).

Wie bei der Suche in E-Mails können Sie auch bei der Suche im Kalender die Registerkarte *Suchen* verwenden, um weitere Suchkriterien anzugeben. Verwenden Sie hierzu dazu die Gruppe *Verfeinern*, die in Abbildung 46.54 zu sehen ist.

Kapitel 47
Aufgaben

Dieses Kapitel gibt Ihnen einen Überblick darüber, wie und wo in Outlook Vorgänge und Aufgaben erstellt und verwaltet werden können. Außerdem beschreibt es die Funktion der Aufgabenleiste und zeigt, wie sich die Vorgangs- und Aufgabenverwaltung nahtlos in die anderen Outlook-Komponenten (*E-Mail, Personen, Kalender*) integriert.

Die Aufgabenleiste einblenden

Die Aufgabenleiste ist eine der Leisten in Outlook, die Sie in die Outlook-Benutzeroberfläche einblenden können. Die Aufgabenleiste zeigt bevorstehende Ereignisse im Kalender, Ihre Aufgabenliste oder bevorzugte Kontakte (sogenannte Favoriten) an. Falls die Aufgabenleiste nicht sichtbar ist, können Sie sie schnell einschalten.

1. Öffnen Sie die Registerkarte *Ansicht*.
2. Klicken Sie in der Gruppe *Layout* auf *Aufgabenleiste*, um das Menü der Schaltfläche zu öffnen.

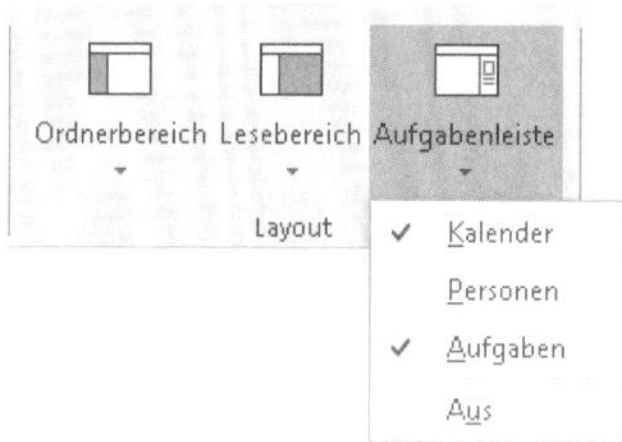

Abbildung 47.1: Auf der Registerkarte Ansicht *können Sie die Aufgabenleiste einschalten und festlegen, welche Elemente angezeigt werden sollen.*

3. Wählen Sie die Elemente aus, die in der Aufgabenleiste angezeigt werden sollen:
   - **Kalender** Mit dieser Option wird im oberen Bereich der Aufgabenleiste der *Datumsnavigator* eingeblendet, den Sie verwenden können, um im Kalender einen bestimmten Tag/eine bestimmte Woche anzeigen zu lassen. Klicken Sie hierzu einfach auf den gewünschten Tag oder verwenden Sie vorher die Pfeilschaltflächen neben der Anzeige von Monat/Jahr, wenn Sie im Datumsnavigator einen anderen Monat anzeigen lassen wollen. Gleichgültig welches Modul im Ansichtsbereich von Outlook geöffnet war, öffnet Outlook nach Anklicken eines Datums immer den Kalender.

     Unterhalb des Datumsnavigators zeigt Outlook immer die *aktuellen Termine* an, wie sie im Kalender eingetragen wurden. Jeder Termin befindet sich in einem Rahmen, dessen Farbe der Farbkategorie entspricht, die Sie dem Termin zugewiesen haben.

Hinweis In der Aufgabenleiste werden immer und auch nur die Termine des Kalenders angezeigt, der sich in der Standarddatendatei befindet. Um zu prüfen, welche Datendatei als Standard verwendet wird, klicken Sie auf *Datei* und öffnen die Backstage-Ansicht *Informationen.* Klicken Sie zweimal auf *Kontoeinstellungen*, um das gleichnamige Dialogfeld zu öffnen. Wechseln Sie zur Registerkarte *Datendateien.* Die Standarddatendatei ist in der Liste mit einem Häkchen markiert. Um eine andere Datendatei als Standarddatendatei festzulegen, markieren Sie sie und klicken auf *Als Standard festlegen.*

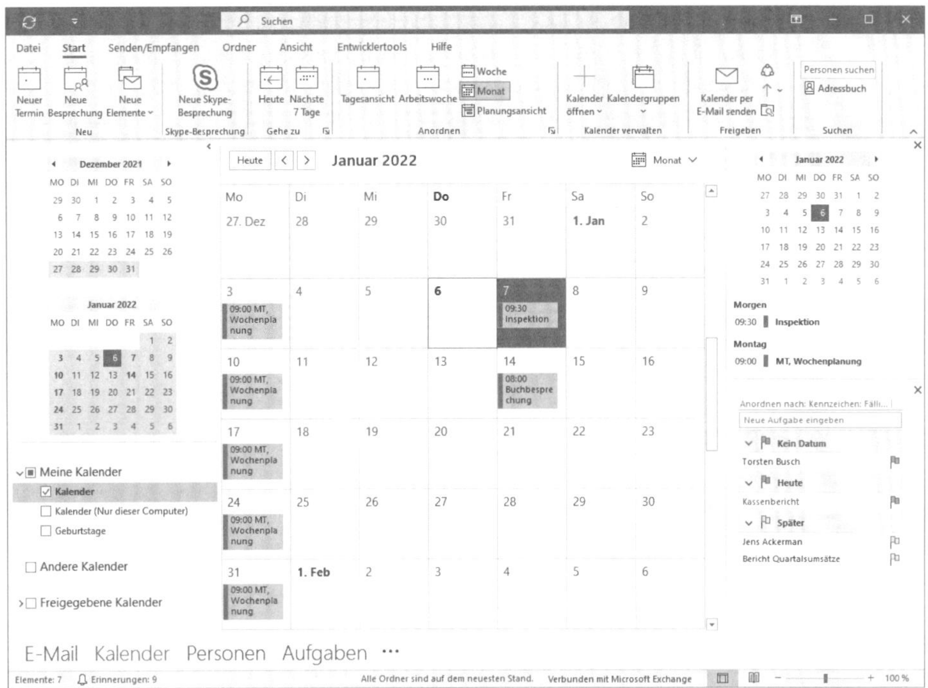

Abbildung 47.2: In der Aufgabenleiste werden sowohl Termine als auch Aufgaben und Vorgänge angezeigt.

- **Aufgaben** Klicken Sie diese Option an, um den *Aufgabeneingabebereich* anzeigen zu lassen. Im Aufgabeneingabebereich können Sie das Textfeld mit der Beschriftung *Neue Aufgabe eingeben* verwenden, um schnell eine neue Aufgabe zu erstellen, ohne dazu das Aufgaben-Modul öffnen oder die Schaltfläche *Neue Elemente* auf der Registerkarte *Start* verwenden zu müssen. Es reicht aus, einfach den Text der Aufgabe einzugeben. Wenn Sie detaillierte Informationen zur Aufgabe eintragen wollen, doppelklicken Sie auf den Aufgabeneingabebereich; Outlook zeigt dann das Formularfenster zum Erstellen einer neuen Aufgabe an, wie es auch über die Schaltfläche *Neue Aufgabe* bzw. *Neue Elemente/Aufgabe* erreicht werden kann.

  Unterhalb des Aufgabeneingabebereichs sehen Sie die *Aufgabenliste*. Dort werden alle Aufgabenelemente aufgeführt, die Sie erstellt haben. Hierbei kann es sich sowohl um »normale« Aufgaben handeln, die Sie direkt im Aufgaben-Modul erstellt haben, als auch um Aufgabenelemente, die Outlook automatisch erstellt hat, als Sie etwa eine E-Mail-Nachricht oder einen Kontakt zur Nachverfolgung gekennzeichnet haben.

- **Personen** Klicken Sie diese Option an, um den Personenbereich einzublenden. Im Personenbereich werden alle Favoriten angezeigt und Sie finden dort das Feld *Personen suchen*, mit dem Sie nach Personen suchen können.

Tipp Die drei Elemente, die Sie in der Aufgabenleiste einblenden können, werden auch dann angezeigt, wenn Sie den Mauszeiger im Navigationsbereich auf *Kalender*, *Personen* oder *Aufgaben* bewegen. In der rechten oberen Ecke der Popupfenster finden Sie die Schaltfläche *Popup anheften*. Klicken Sie sie an, um das betreffende Element in der Aufgabenleiste anzuheften.

Abbildung 47.3: Mit der Schaltfläche Popup anheften *lassen sich einzelne Elemente der Aufgabenleiste aktivieren.*

Sortierung der Aufgabenliste

Die Aufgabenliste am unteren Rand der Aufgabenleiste besitzt ein eigenes Kontextmenü, über das Sie die Anordnung der Aufgabenelemente festlegen können (siehe Abbildung 47.4). Standardmäßig werden die Aufgabenelemente nach ihrer Fälligkeit geordnet. Klicken Sie einen der anderen Einträge im Kontextmenü der Aufgabenliste an, um die Reihenfolge zu ändern.

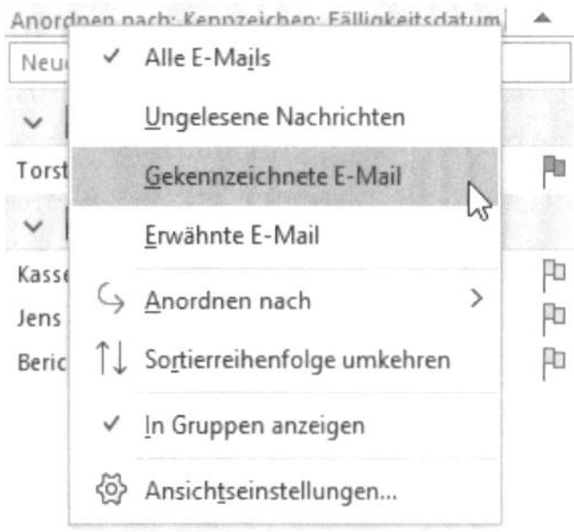

Abbildung 47.4: Wählen Sie im Kontextmenü der Aufgabenliste aus, wie die Aufgabenelemente sortiert werden sollen.

Aufgaben und Aufgabenelemente

Nachdem Sie im vorigen Abschnitt die Aufgabenleiste und das Popupfenster *Aufgaben* kennengelernt haben, werden Sie im weiteren Verlauf des Kapitels erfahren, wie Sie neue Aufgaben und Aufgabenelemente erstellen. Lassen Sie uns zuvor die Begriffe Aufgabe und Aufgabenelement etwas genauer definieren.

Outlook unterscheidet zwischen Aufgaben und Aufgabenelementen, auch wenn diese beiden Begriffe in der Benutzeroberfläche und der Onlinehilfe nicht immer konsistent verwendet werden.

- **Aufgaben** sind Outlook-Elemente, die Sie auf der Registerkarte *Start* entweder mit der Schaltfläche *Neue Aufgabe* (aus dem Modul *Aufgaben* heraus) oder mit dem Befehl *Aufgabe* der Schaltfläche *Neue Elemente* (aus allen Modulen heraus) erstellen. Sie verwenden eine Aufgabe, um deren Erledigung nachzuverfolgen. Aufgaben können einen Status, eine bestimmte Priorität und weitere Eigenschaften besitzen.
- **Aufgabenelemente** hingegen sind Outlook-Elemente, die Sie zur Nachverfolgung gekennzeichnet haben. Bei dem so gekennzeichneten Outlook-Element kann es sich wiederum um eine Aufgabe, aber auch um eine E-Mail-Nachricht oder einen Kontakt handeln.

Legt man diese Outlook-eigene Definition zugrunde, müsste der untere Bereich der Aufgabenleiste, der in der Benutzeroberfläche von Outlook Aufgabenliste genannt wird, eigentlich *Liste der Aufgabenelemente* oder auch *Vorgangsliste* heißen, da dort eben nicht nur Aufgaben, sondern alle zur Nachverfolgung gekennzeichneten Aufgabenelemente enthalten sind.

Der Unterschied zwischen Aufgaben und Aufgabenelementen ist bei der Nutzung von Outlook nicht sehr entscheidend. Er ist nur im Hinblick darauf wichtig, wie Sie ein neues Element in die Vorgangsliste eintragen können. Der nächste Abschnitt beschreibt überblicksartig, wie Sie neue Aufgabenelemente aus einem Kontakt oder einer E-Mail-Nachricht heraus erstellen. Im Rest des Kapitels wenden wir uns dann den Aufgaben zu.

Aufgabenelemente aus Kontakteintrag oder E-Mail-Nachricht heraus erstellen

Um aus einer E-Mail-Nachricht oder einem Kontakteintrag ein neues Aufgabenelement zu erstellen, gehen Sie wie folgt vor:

1. Klicken Sie das Element mit der rechten Maustaste an, um das Kontextmenü zu öffnen.
2. Klicken Sie auf *Zur Nachverfolgung*, damit das zugehörige Untermenü angezeigt wird.
3. Wählen Sie im oberen Bereich des Untermenüs das Datum aus, an dem das Aufgabenelement erledigt werden soll.

Wichtig Falls Sie in Outlook ein IMAP-Mail-Konto verwenden, können Sie für die eingegangenen E-Mails keine detaillierte Nachverfolgung einrichten, wie sie nachfolgend beschrieben ist. Bei POP3-, Exchange- und ActiveSync-Konten (beispielsweise für Outlook.com) ist dies sehr wohl möglich.

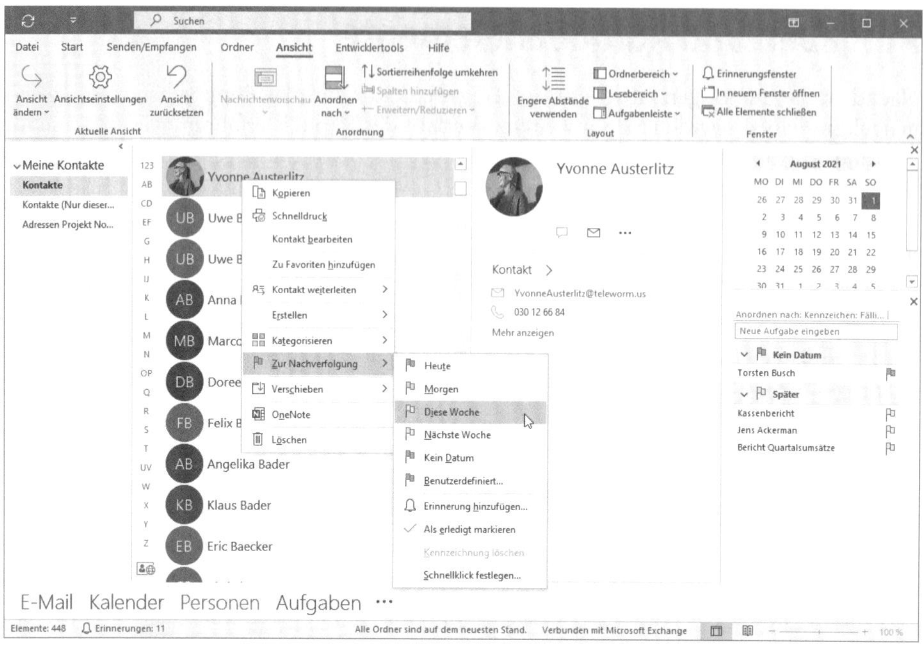

Abbildung 47.5: Erstellen Sie ein neues Aufgabenelement, indem Sie im Kontextmenü den Befehl Zur Nachverfolgung *und dann die gewünschte Fälligkeit auswählen.*

Wenn Sie das Fälligkeitsdatum genauer einstellen wollen, klicken Sie auf *Benutzerdefiniert,* um das gleichnamige Dialogfeld anzeigen zu lassen.

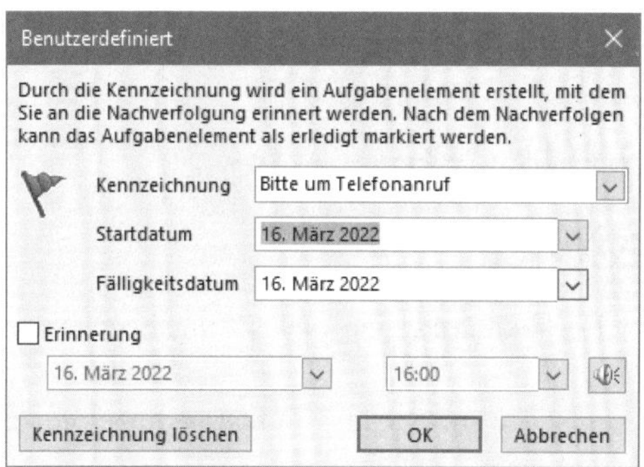

Abbildung 47.6: Im Dialogfeld Benutzerdefiniert *können Sie die Art der Kennzeichnung bestimmen und Anfangs- und Fälligkeitsdatum genauer einstellen.*

- Wählen Sie in der Liste *Kennzeichnung* einen der vordefinierten Einträge aus oder geben Sie hier einen eigenen Text ein.
- Mit den Datumswählern *Startdatum* und *Fälligkeitsdatum* stellen Sie das Anfangs- und das Fälligkeitsdatum ein.

- Wenn Sie für dieses Aufgabenelement eine Erinnerung aktivieren wollen, schalten Sie das Kontrollkästchen *Erinnerung* ein und legen dann Datum und Uhrzeit der Erinnerung fest.

4. Schließen Sie das Dialogfeld *Benutzerdefiniert* mit *OK*.

Das neue Aufgabenelement wird nun in der Aufgabenleiste, in der Vorgangsliste des Moduls *Aufgaben* und im Aufgabenbereich des Kalenders angezeigt.

Aufgabenelemente als erledigt kennzeichnen

Überall dort, wo Sie das kleine Flaggensymbol sehen, an dem Sie ein Aufgabenelement erkennen können, können Sie das Aufgabenelement als erledigt markieren. Klicken Sie dazu einfach das Flaggensymbol an.

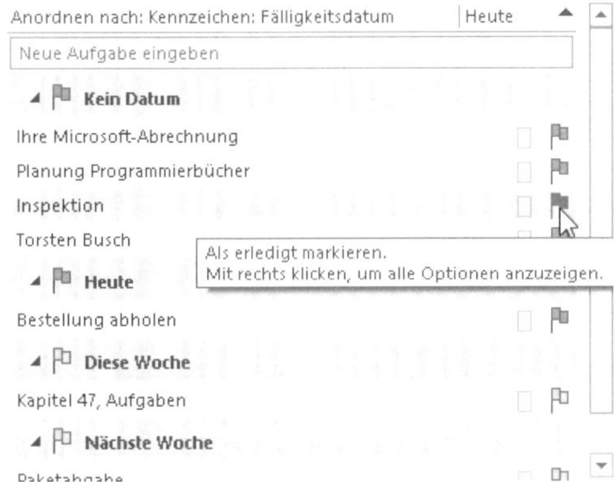

Abbildung 47.7: Klicken Sie das Flaggensymbol an, um das betreffende Aufgabenelement als erledigt zu markieren.

Nachdem Sie ein Aufgabenelement als erledigt markiert haben, wird es nicht mehr in der Aufgabenleiste angezeigt. Das Element ist zwar weiterhin vorhanden, wird jedoch aufgrund des Anzeigefilters der Aufgabenliste ausgeblendet.

Aufgabenelemente ansehen und öffnen

Alle Aufgabenelemente können Sie sehen, wenn Sie das Modul *Aufgaben* öffnen (klicken Sie dazu in der Navigationsleiste auf *Aufgaben* oder drücken Sie Strg+4), im Ordnerbereich unter *Meine Aufgaben* auf *Aufgabenliste* klicken und beispielsweise die Ansicht *Einfache Liste* auswählen, wie es die folgende Abbildung zeigt.

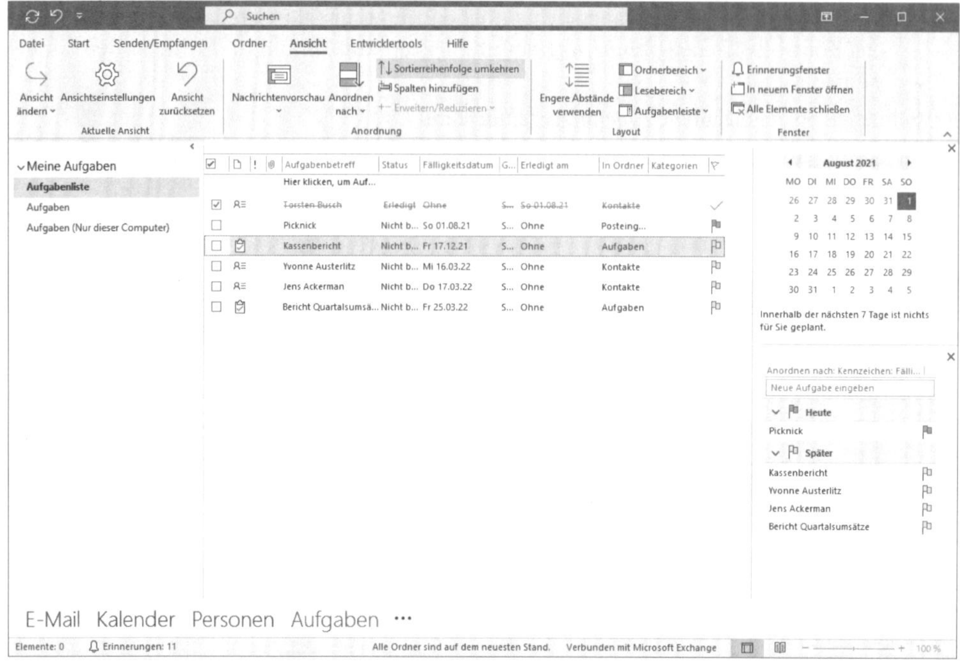

Abbildung 47.8: In der Aufgabenliste des Moduls Aufgaben *werden erledigte Aufgabenelemente durchgestrichen angezeigt.*

Die Aufgabenliste zeigt alle Aufgabenelemente an, auch diejenigen, die als erledigt markiert wurden. Wenn Sie ein Aufgabenelement wieder als unerledigt kennzeichnen wollen, schalten Sie das Kontrollkästchen in der ersten Spalte der Liste aus oder verwenden die Schaltfläche *Als erledigt markieren* in der Gruppe *Aufgabe verwalten* der Registerkarte *Start*.

Auch erledigte Aufgabenelemente bleiben, wie die anderen Outlook-Elemente, so lange erhalten, bis Sie sie löschen. Um ein Aufgabenelement zu löschen, markieren Sie es, klicken es mit der rechten Maustaste an und wählen im Kontextmenü den Befehl *Löschen*. Alternativ können Sie auch die Schaltfläche *Löschen* auf der Registerkarte *Start* verwenden.

Ansicht auswählen und Anordnung festlegen

Outlook stellt Ihnen für die Aufgaben verschiedene Ansichten zur Verfügung. Um eine Ansicht auszuwählen, führen Sie folgende Schritte durch:

1. Wechseln Sie zur Registerkarte *Ansicht*.
2. Klicken Sie in der Gruppe *Aktuelle Ansicht* auf *Ansicht ändern*.

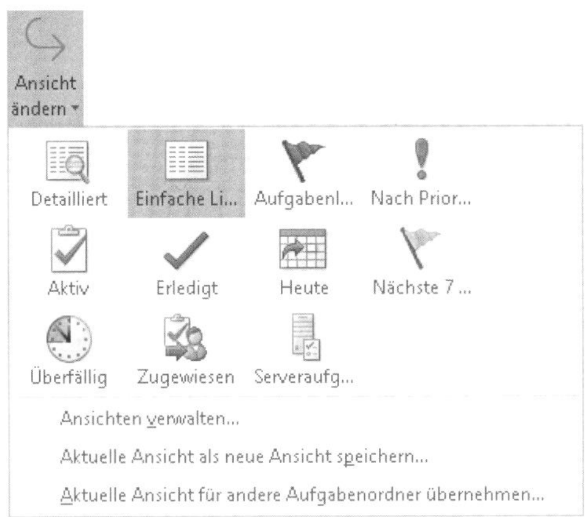

Abbildung 47.9: Auswahl der Ansicht für die Aufgaben

Die Ansicht *Aktiv* zeigt beispielsweise alle Aufgaben an, die derzeit fällig sind und erledigt werden müssen. Mit *Heute* sehen Sie alle Aufgaben, die am aktuellen Datum fällig sind, und *Überfällig* zeigt alle Aufgaben an, die aufgrund der Fälligkeit erledigt sein müssten, aber noch nicht als erledigt gekennzeichnet wurden.

3. Klicken Sie im Dropdownmenü das Symbol für die gewünschte Ansicht an.
4. Klicken Sie auf der Registerkarte *Ansicht* in der Gruppe *Anordnung* auf *Anordnen nach* und dann auf das Kriterium, nach dem die Aufgaben geordnet werden sollen.
5. Klicken Sie auf der Registerkarte *Ansicht* in der Gruppe *Anordnung* auf *Anordnen nach* und dann auf *In Gruppen anzeigen*, wenn die Aufgaben nach dem ausgewählten Kriterium in Gruppen angezeigt werden sollen.

Aufgabenelement öffnen

Um ein Aufgabenelement zu öffnen, doppelklicken Sie darauf. Dies können Sie in der Aufgabenleiste, im Aufgabenbereich des Kalenders und auch im Ansichtsbereich des Moduls *Aufgaben* machen. Welches Fenster Outlook dann öffnet, hängt von der Art des Aufgabenelements ab. Bei einem Kontakt wird das Kontaktformular geöffnet, bei einer nachverfolgten E-Mail-Nachricht die E-Mail und bei einer Aufgabe öffnet sich das Formular zum Bearbeiten von Aufgaben.

Aufgaben erstellen

Nachdem hier schon so viel von Aufgaben gesprochen wurde, zeigen die letzten Abschnitte dieses Kapitels, wie Sie Aufgaben erstellen und verwalten. Das Eintragen einer neuen Aufgabe ist denkbar einfach.

Neue Aufgabe nur mit Betreff erstellen

Wenn Sie eine neue Aufgabe erstellen und keine Fälligkeit oder andere Optionen, sondern lediglich den Betreff eingeben wollen, gehen Sie folgendermaßen vor:

1. Führen Sie eine der folgenden Aktionen durch:
   - Wenn die Aufgabenleiste sichtbar ist, klicken Sie in den Aufgabeneingabebereich, den Sie am Text *Neue Aufgabe eingeben* erkennen.
   - Wenn die Aufgabenleiste nicht sichtbar ist, zeigen Sie mit der Maus in der Navigationsleiste auf die Schaltfläche *Aufgaben*, um das Popupfenster anzeigen zu lassen. Klicken Sie in den Aufgabeneingabebereich, den Sie am Text *Neue Aufgabe eingeben* erkennen.

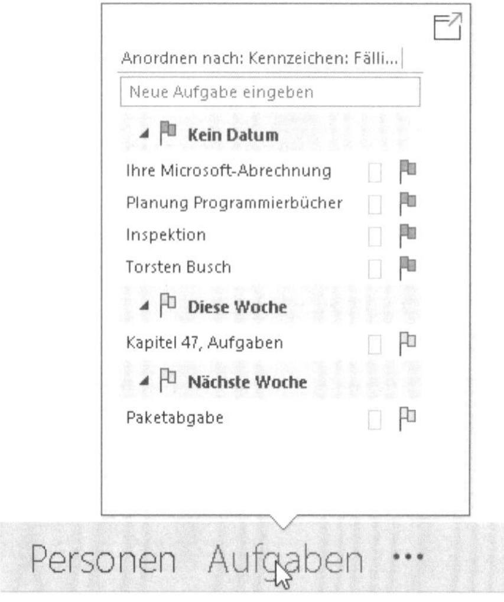

Abbildung 47.10: Am schnellsten erstellen Sie eine Aufgabe über den Aufgabeneingabebereich der Aufgabenleiste oder des Popupfensters der Navigationsschaltfläche Aufgaben.

2. Geben Sie den Betreff der Aufgabe ein und drücken Sie anschließend die ↵-Taste.

Hinweis Wenn Sie im Ansichtsbereich von Outlook das Modul *Aufgaben* geöffnet haben, sehen Sie am oberen Rand des Bereichs ebenfalls ein Eingabefeld, in das Sie den Betreff einer neuen Aufgabe eingeben können. Je nachdem, welche Ansicht Sie gerade ausgewählt haben, können Sie dort auch weitere Angaben zur Aufgabe eintragen, wie das Fälligkeitsdatum, den Status usw.

Detaillierte neue Aufgabe erstellen

Wenn Sie beim Erstellen einer neuen Aufgabe weitere Optionen und Angaben zur Aufgabe festlegen wollen, gehen Sie so vor:

1. Wechseln Sie zur Registerkarte *Start* und klicken Sie auf *Neue Aufgabe* oder auf *Neue Elemente* und dann auf *Aufgabe*.

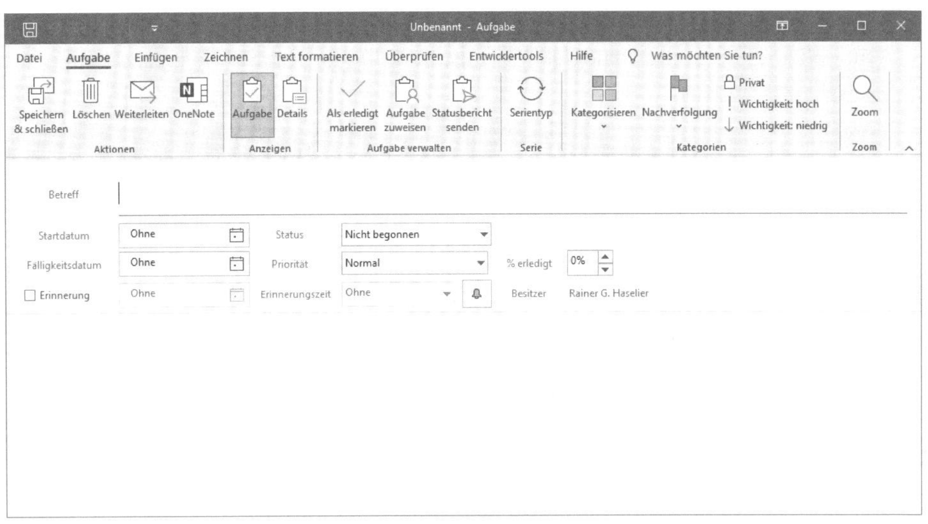

Abbildung 47.11: Mit diesem Formular können Sie Aufgaben erstellen und bearbeiten.

2. Geben Sie in das Feld *Betreff* den Text ein, der die neue Aufgabe beschreibt.
3. Klicken Sie auf das Kalendersymbol bei *Startdatum,* um das Startdatum festzulegen. Das Startdatum ist der Tag, an dem mit der Erledigung der Aufgabe begonnen werden soll.
4. Klicken Sie auf das Kalendersymbol bei *Fälligkeitsdatum,* um den Tag, an dem die Aufgabe abgeschlossen sein soll, einzustellen.
5. Wenn Sie an die Aufgabe zu einem bestimmten Zeitpunkt erinnert werden wollen, schalten Sie das Kontrollkästchen *Erinnerung* ein. Wählen Sie anschließend das Datum und die Uhrzeit aus, zu der Sie an die Aufgabe erinnert werden wollen.
6. Öffnen Sie die Dropdownliste *Priorität,* um die Priorität der Aufgabe festzulegen. Outlook stellt Ihnen hierfür die Optionen *Niedrig, Normal* und *Hoch* zur Verfügung.
7. Wenn die Aufgabe schon begonnen wurde, öffnen Sie die Liste *Status* und wählen eine der vorhandenen Optionen aus. Tragen Sie dann im Feld *% erledigt* ein, zu wie viel Prozent die Aufgabe bereits erledigt ist.
8. Im unteren Bereich des Formulars finden Sie ein großes Feld, in das Sie ausführliche Notizen zu der Aufgabe eintragen können. Verwenden Sie dann die Optionen der Registerkarte *Einfügen,* um weitere Elemente wie Tabellen oder Grafiken in die Notizen einzufügen. Verwenden Sie die Optionen der Registerkarte *Text formatieren,* um die Formatierung des Textes zu ändern.
9. Klicken Sie auf der Registerkarte *Aufgabe* auf *Speichern & schließen.*

Aufgabenserie erstellen

Neben einmalig anfallenden Aufgaben können Sie auch sogenannte Aufgabenserien erstellen, bei denen sich die gleiche Aufgabe in regelmäßigen Intervallen wiederholt.

1. Um eine Aufgabenserie zu definieren, gehen Sie zunächst so vor, wie es im vorhergehenden Abschnitt »Detaillierte neue Aufgabe erstellen« beschrieben ist.

2. Klicken Sie zusätzlich auf der Registerkarte *Aufgabe* in der Gruppe *Serie* auf *Serientyp*. Outlook zeigt dann das Dialogfeld *Aufgabenserie* an, in dem Sie die Eigenschaften der Serie festlegen können.

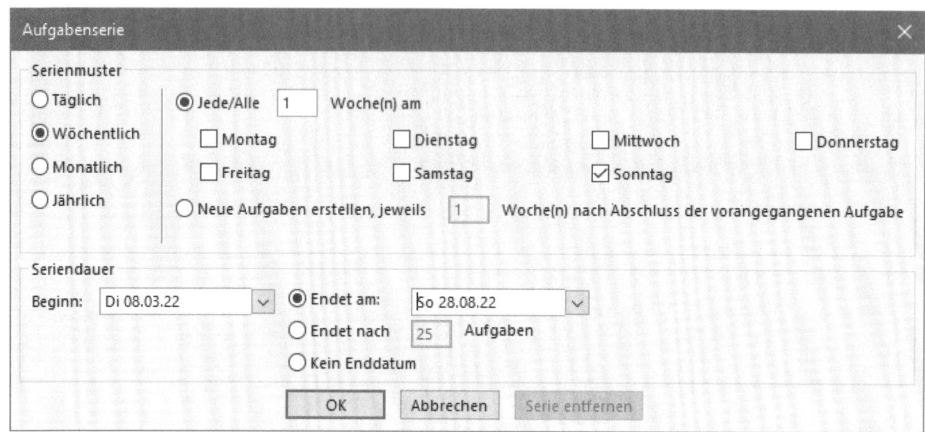

Abbildung 47.12: Die Einstellmöglichkeiten für die Wiederholung der Aufgabe ändern sich, wenn Sie im Bereich Serienmuster *ein anderes Intervall auswählen.*

3. Wählen Sie im Bereich *Serienmuster* zuerst aus, ob sich die Aufgabe täglich, wöchentlich, monatlich oder jährlich wiederholen soll. Je nachdem, welches der vier Optionsfelder Sie anklicken, ändern sich die Einstellmöglichkeiten auf der rechten Seite des Bereichs *Serienmuster:*
   - Bei der Option *Täglich* können Sie das Intervall in Tagen einstellen oder festlegen, dass die Aufgabe an jedem Arbeitstag fällig sein soll.
   - Bei der Option *Wöchentlich* können Sie das Intervall in Wochen einstellen und den Wochentag festlegen, an dem die Aufgabe fällig sein soll.
   - Bei der Option *Monatlich* können Sie den Tag des Monats einstellen oder festlegen, dass die Aufgabe an einem bestimmten Wochentag in einer bestimmten Woche fällig sein soll.
   - Bei der Option *Jährlich* können Sie den Tag und den Monat einstellen oder festlegen, dass die Aufgabe an einem bestimmten Wochentag in einer bestimmten Woche in einem bestimmten Monat fällig sein soll.
4. In allen vier Fällen haben Sie zusätzlich die Möglichkeit festzulegen, dass immer dann, wenn die Aufgabe als erledigt gekennzeichnet wurde, automatisch eine neue Aufgabe mit den vorgenommenen Einstellungen erstellt wird.
5. Im Bereich *Seriendauer* können Sie schließlich noch das Startdatum auswählen, indem Sie im Datumswähler *Beginn* eine Eingabe vornehmen. Außerdem können Sie das Enddatum festlegen, wenn gewünscht, und hierbei die Anzahl der Wiederholungen oder ein festes Enddatum einstellen.
6. Nachdem Sie alle Einstellungen für die Aufgabenserie vorgenommen haben, schließen Sie das Dialogfeld *Aufgabenserie* mit einem Klick auf *OK*.

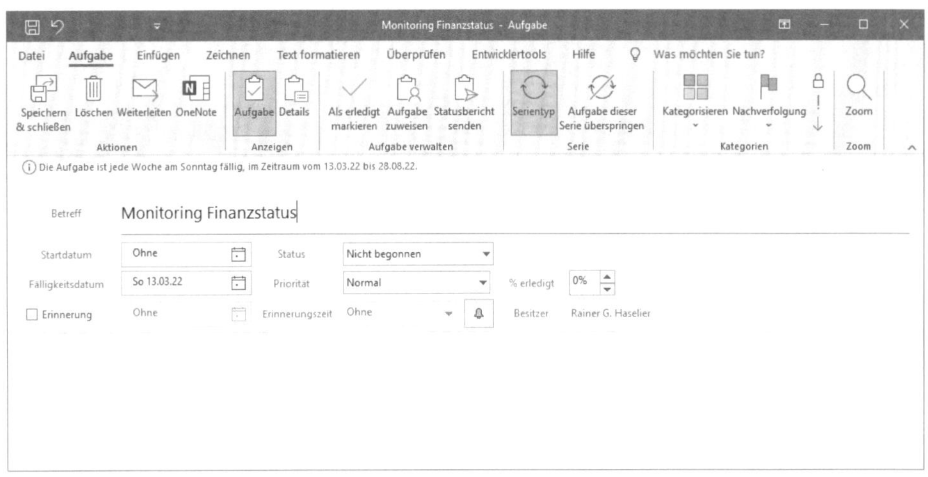

Abbildung 47.13: Bei einer Aufgabenserie werden unterhalb des Menübands die aktuellen Einstellungen zur Wiederholung der Aufgabe angezeigt.

7. Nehmen Sie dann im Aufgabenformular die weiteren Einstellungen vor und speichern Sie die Aufgabenserie mit einem Klick auf *Speichern & schließen.*

Aufgaben verwalten

Um die erstellten Aufgaben zu verwalten und einen Überblick über deren aktuellen Status zu erhalten, verwenden Sie eine der vielen vordefinierten Ansichten, die Ihnen Outlook zur Verfügung stellt.

1. Öffnen Sie das *Aufgaben*-Modul, indem Sie in der Navigationsleiste auf die Schaltfläche *Aufgaben* klicken oder Strg+4 drücken.
2. Klicken Sie im Ordnerbereich unterhalb von *Meine Aufgaben* auf *Aufgaben,* wenn Sie nur die Aufgaben sehen möchten, oder auf *Aufgabenliste,* wenn alle Aufgabenelemente angezeigt werden sollen (zum Unterschied zwischen Aufgaben und Aufgabenelementen siehe Seite 907).
3. Wechseln Sie zur Registerkarte *Ansicht,* klicken Sie in der Gruppe *Aktuelle Ansicht* auf *Ansicht ändern* und dann auf eine der Ansichtsoptionen. Hier eine Auswahl der zur Verfügung stehenden Optionen:
   - Die Ansicht *Detailliert* zeigt alle Aufgabenelemente sowie deren Status, die Fälligkeit und den Prozentsatz der Erledigung an.
   - Die Ansicht *Aktiv* zeigt alle Aufgaben an, deren Startdatum bereits erreicht ist.

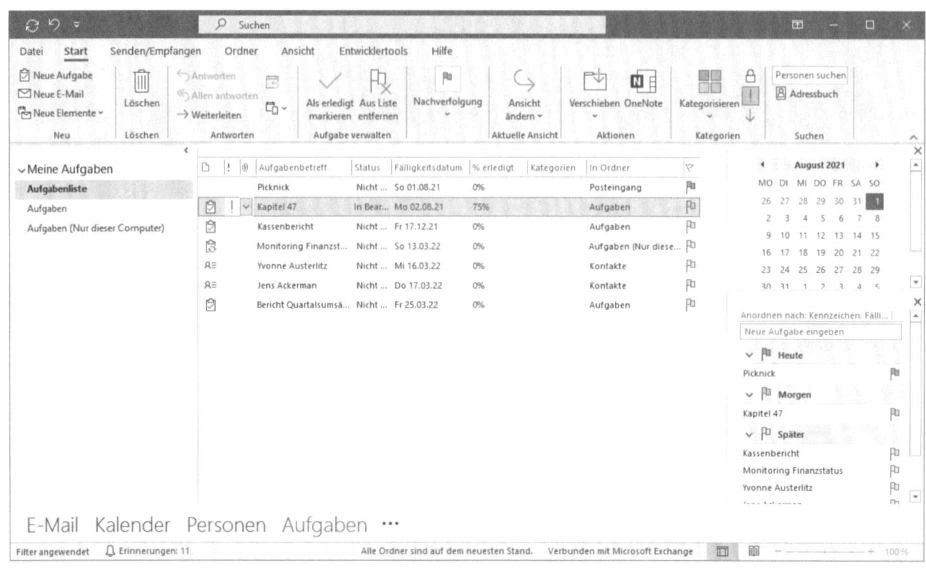

Abbildung 47.14: Die Ansicht Aktiv. *Um einen der angezeigten Werte in der Liste zu ändern, wie den Status oder den Prozentsatz der Erledigung, klicken Sie in das entsprechende Feld und nehmen dort Ihre Eingabe vor.*

- Die Ansicht *Nächste sieben Tage* zeigt alle Aufgaben an, die innerhalb der nächsten sieben Tage fällig sind.
- Die Ansicht *Überfällig* zeigt die Aufgaben an, deren Fälligkeitsdatum bereits überschritten wurde.

4. Um den Status einer der angezeigten Aufgaben zu ändern, klicken Sie in der Liste in das betreffende Feld und nehmen dort Ihre Eingabe vor.

   Wenn Sie auf einen Listeneintrag doppelklicken, wird das Formular zum Bearbeiten der Aufgabe angezeigt.

Die Filtereinstellungen, die sich hinter den verschiedenen Ansichtsoptionen verbergen, funktionieren nur dann, wenn Sie bei Änderungen der Fälligkeit, des Status oder anderen Eigenschaften der Aufgabe diese auch der Aufgabe zuordnen.

Hinweis Überfällige Aufgaben werden in roter Schrift angezeigt Wenn eine Aufgabe bereits überfällig ist (d.h., dass das Fälligkeitsdatum bereits in der Vergangenheit liegt), wird der Betreff der Aufgabe in roter Schrift angezeigt. Diesen Effekt können Sie ganz schnell überprüfen, indem Sie als Fälligkeitsdatum das Datum des gestrigen Tages eintragen.

Eine Aufgabe als erledigt kennzeichnen

Auch neben den Aufgaben in der Aufgabenleiste und in den verschiedenen Ansichten des *Aufgaben*-Moduls sehen Sie das Flaggensymbol. Wenn Sie es anklicken, wird die Aufgabe als erledigt markiert, wie es auch bei den anderen Aufgabenelementen der Fall ist.

In den Listenansichten des *Aufgaben*-Moduls ist die Spalte *Erledigt* enthalten. Sie können das Kontrollkästchen in dieser Spalte anklicken, um die Aufgabe als erledigt zu kennzeichnen. Sie wird dann durchgestrichen.

Status und Prozentsatz der Erledigung eintragen

Bei Aufgaben, deren Erledigung möglicherweise längere Zeit in Anspruch nimmt (wie beispielsweise das Erstellen eines Geschäftsberichts), können Sie das Feld *% Erledigt* verwenden, um festzuhalten, wie viel Prozent der Gesamtaufgabe bereits erledigt sind. Zusätzlich können Sie der Aufgabe noch einen Status zuweisen.

1. Doppelklicken Sie auf die Aufgabe. Das Formular dieser Aufgabe wird geöffnet.

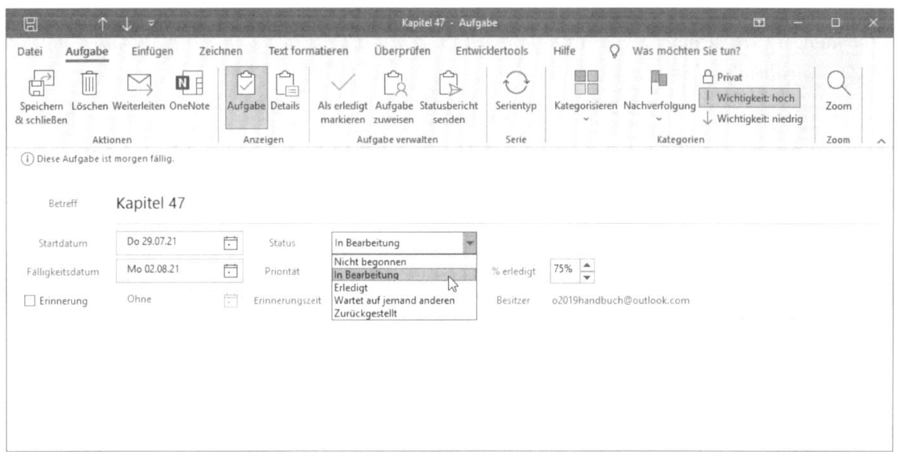

Abbildung 47.15: Sie können der Aufgabe einen Status zuweisen.

2. Öffnen Sie das Listenfeld *Status* und klicken Sie den Status an, den Sie der Aufgabe zuweisen wollen.
3. Klicken Sie in das Feld *% erledigt* und geben Sie den Prozentsatz ein, zu dem die Aufgabe erledigt ist. Beachten Sie, dass zwischen den Feldern *Status* und *% erledigt* eine Verknüpfung besteht. Wenn Sie den Wert eines Feldes ändern, ändert sich auch der Wert des anderen Feldes. Die genauen Zusammenhänge zwischen den Feldern können Sie Tabelle 47.1 entnehmen.
4. Klicken Sie auf *Speichern & schließen.*

Status	Mögliche Werte für % erledigt
Nicht begonnen	0
In Bearbeitung	1 bis 99
Erledigt	100
Wartet auf jemand anderen	0 bis 100
Zurückgestellt	0 bis 100

Tabelle 47.1: Mögliche Werte des Feldes % erledigt *in Abhängigkeit vom Wert des Feldes* Status

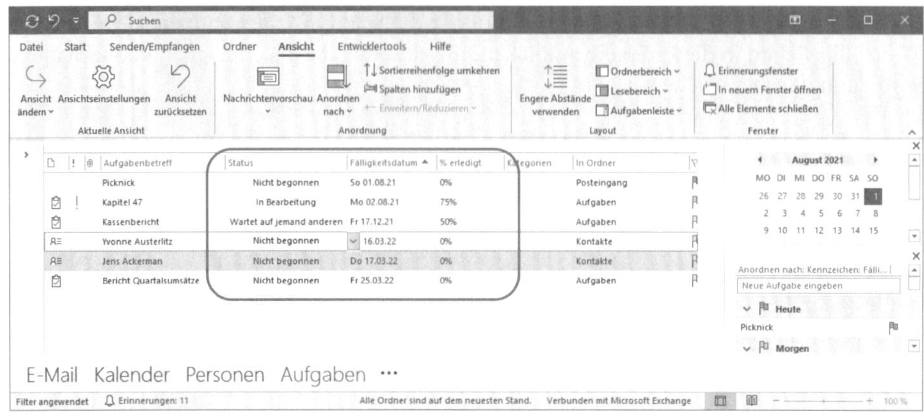

Abbildung 47.16: Den aktuellen Status und den Prozentsatz der Erledigung einer Aufgabe können Sie in der Aufgabenliste ablesen.

Eine Aufgabe wirklich löschen

Wenn Sie möchten, können Sie eine Aufgabe natürlich auch aus der Aufgabenliste löschen.

1. Öffnen Sie das *Aufgaben*-Modul, indem Sie in der Navigationsleiste auf die Schaltfläche *Aufgaben* klicken oder Strg+4 drücken.
2. Klicken Sie die Aufgabe mit der rechten Maustaste an und wählen Sie im Kontextmenü den Befehl *Löschen*.

Damit wird die Aufgabe ohne weitere Warnung aus der Aufgabenliste entfernt und in den Ordner *Gelöschte Elemente* verschoben.

Aufgaben sortieren

Wenn die Liste mit den Aufgaben länger wird, ist es sinnvoll, die Aufgaben zu sortieren. Lassen Sie dazu im *Aufgaben*-Modul eine der Listenansichten anzeigen und klicken Sie den Kopf der Spalte an, nach deren Inhalten Sie sortieren möchten. Outlook sortiert die Liste nach dieser Spalte in aufsteigender Reihenfolge. Wenn Sie den Spaltenkopf ein weiteres Mal anklicken, wird die Sortierreihenfolge umgedreht.

Teil H

Anhänge

Anhang A
Office installieren

In diesem Anhang erhalten Sie einige Informationen über die Installation von Office und erfahren, wie Sie eine beschädigte Office-Installation reparieren können.

Systemvoraussetzungen prüfen

Ob Sie Office 2021 oder die Office-Apps aus Microsoft 365 auf Ihrem Computer installieren können, hängt im Wesentlichen vom installierten Betriebssystem ab. Für die verschiedenen Office 2021-Suites (also die Dauerlizenz für Office) wird Windows 10 oder Windows Server 2019 vorausgesetzt. Die Office-Apps aus Microsoft 365 (also die Abonnementvariante von Office) können Sie auf Computern mit Windows 8.1, Windows 10 und Windows Server ab Version 2016 installieren.

Weitere Detailinformationen zu den Systemanforderungen für Office finden Sie unter *https://products.office.com/de-de/office-system-requirements*.

Installation von Office 2021 und Microsoft 365

Die Installation von Office 2021 und Microsoft 365 verläuft im Normalfall absolut unproblematisch. Nach dem Start der Installation sind von Ihrer Seite keine Eingriffe mehr notwendig – aber auch nicht möglich. Das heißt, Sie müssen Office nehmen, wie es kommt. Die Zeiten, in denen Sie einzelne Programmteile von der Installation ausschließen konnten, sind mit Office 2021 passé. Aber im Zeitalter von Terabyte-Festplatten stellt dies wohl auch kein echtes Problem dar.

Damit Sie Office 2021 und Microsoft 365 installieren können, benötigen Sie auf jeden Fall ein Microsoft-Konto. Sollten Sie noch kein solches Konto besitzen, können Sie dies in wenigen Minuten kostenlos einrichten. Für die tägliche Arbeit mit Office auf einem Computer ist die Anmeldung später nicht zwingend erforderlich, allerdings verlieren Sie dann zentrale Funktionen, wie z. B. das Speichern von Dokumenten auf OneDrive.

Mehrere Office-Versionen parallel auf einem Rechner nutzen

Wenn auf Ihrem Computer eine ältere Version einer Office-Suite installiert ist, können Sie Office 2021 unter Umständen auch parallel installieren, sodass sich anschließend zwei Versionen von Office auf dem Rechner befinden. Dies funktioniert jedoch nur, wenn es sich dabei nicht um eine Microsoft 365-Lizenz handelt. In diesem Fall wird die ältere Version bei der Installation von Office 2021 entfernt (siehe nächsten Abschnitt).

Empfehlen können wir einen Parallelbetrieb von Office jedoch nur erfahrenen Anwendern, da es immer wieder zu kleineren »Reibereien« zwischen den Versionen kommt.

Testversion von Office installieren

Wenn Sie sich noch unsicher sind, ob Sie Office 2021 oder Microsoft 365 wirklich kaufen wollen, können Sie auch eine Testversion installieren. Ihnen stehen hier zwei Optionen zur Verfügung:

- **Test der Office 2021-Suite** Suchen Sie im Internet nach *Office 2021 Testversion*. Sie finden so verschiedene Websites, von denen Sie ein Installationspaket für die verschiedenen Office 2021-Suites herunterladen können.

Bei der Installation werden Sie aufgefordert, einen Product Key einzugeben. Sie können dieses Fenster schließen und danach Office 2021 eine Zeit lang ausprobieren. Wenn Sie Office 2021 innerhalb des Testzeitraums nicht durch Eingabe eines gültigen Product Keys aktivieren, schaltet Office 2021 in den Modus *Nur Ansicht* um; die meisten Funktionen zum Bearbeiten von Dokumenten sind dann deaktiviert.

- **Test von Microsoft 365** Schließen Sie für Microsoft 365 ein Testabonnement ab; Sie können dann die Microsoft 365-Version einen Monat lang kostenlos testen. Dieses Angebot hat jedoch einen kleinen Haken: Sie müssen dazu ein Testabonnement abschließen, das sich nach einem Monat automatisch in ein kostenpflichtiges Abonnement umwandelt. Damit diese automatische Umwandlung funktioniert, müssen Sie bereits beim Abschluss des Testabonnements eine Zahlungsverbindung angeben (Kreditkarte, Lastschrift oder PayPal).

Laut Microsoft dient diese Vorgehensweise einzig allein Ihrem Komfort und soll Sie davor schützen, dass Sie nach Ablauf der 30 Tage plötzlich ungewollt ohne Lizenz dastehen. Ah ja.

Office installieren

Wenn Sie im Handel eine Office-Suite kaufen, dann liegt den Office-Paketen kein Datenträger bei. Sie enthalten lediglich eine Seriennummer, die als Product Key bezeichnet wird. Das Kärtchen, auf dem diese Nummer aufgedruckt ist, heißt dementsprechend Product Key Card. Auch wenn Sie Office 2021 als Download-Version kaufen, erhalten Sie den zur Installation benötigten Product Key zusammen mit dem Download-Link direkt beim Kauf.

Haben Sie ein Microsoft 365-Abonnement erworben, benötigen Sie keinen Product Key. Die Lizenzen werden in diesem Fall direkt über Ihr Microsoft-Konto verwaltet, von dem aus Sie die Installation auch starten können. Gehen Sie dazu folgendermaßen vor:

1. Gehen Sie auf die Website *Office.com* und melden Sie sich bei Ihrem Microsoft-Konto an.
2. Klicken Sie auf den Link *Mein Konto*. Sie gelangen dann auf folgende Seite:

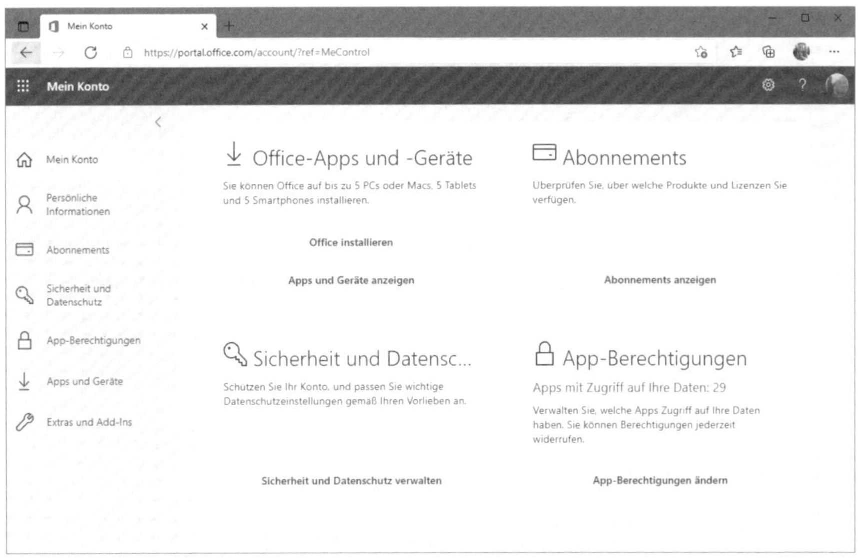

Abbildung A.1: Installation einer Microsoft 365/Office 365-Lizenz

Anhänge

3. Klicken Sie auf den Link *Office installieren* und auf der nächsten Seite erneut auf *Installieren*. Dadurch wird zunächst ein kleines Installationsprogramm heruntergeladen.

Abbildung A.2: Das Installationsprogramm kann direkt ausgeführt werden.

4. Klicken Sie auf *Ausführen* und bestätigen Sie die daraufhin angezeigte Sicherheitsabfrage mit *Ja*. Anschließend können Sie das Fenster aus Abbildung A.2 schließen. Auf dem Bildschirm taucht nun zunächst folgendes Fenster auf:

Abbildung A.3: Die Vorbereitungen laufen …

Die eigentliche Installation findet jedoch erst statt, wenn Sie dieses Fenster sehen:

Abbildung A.4: Und jetzt noch etwas Geduld mitbringen …

5. Jetzt müssen Sie je nach Geschwindigkeit Ihrer Internetverbindung und der Leistungsfähigkeit Ihres Rechners einige Zeit warten. An dem Fortschrittsbalken können Sie relativ gut ablesen, ob es sich lohnt, vor dem Bildschirm zu warten oder ob Sie in der Zwischenzeit besser etwas anderes erledigen.
6. Sobald die Installation abgeschlossen ist, sehen Sie ein Fenster mit der Schaltfläche *Schließen*.

Abbildung A.5: Office wurde erfolgreich installiert.

In Ihrem Microsoft-Konto taucht der Name Ihres Rechners nun in der Liste der bereits zugeteilten Office-Lizenzen auf. (Unter Umständen müssen Sie darauf auch einige Zeit warten.) Hier können Sie dem Rechner die Lizenz bei Bedarf auch wieder entziehen.

Office deaktivieren und erneut aktivieren

Wenn Sie eine Installation im Microsoft 365-Konto deaktivieren, wird Office nicht vom betreffenden Rechner entfernt, sondern lediglich in einen Viewer-Modus versetzt. Sie können die Programme des Office-Pakets anschließend nach wie vor starten und zum Betrachten und zum Drucken von Office-Dokumenten nutzen. Eine Bearbeitung der Dokumente ist dann natürlich nicht mehr möglich.

Sie können Office auf diesem Rechner bei Bedarf ohne vollständige Neuinstallation neu aktivieren. Dazu müssen Sie den Installationsprozess wie oben beschrieben starten. Das weitere Prozedere ist mit dem bei einer Neuinstallation identisch, läuft jedoch etwas zügiger ab.

Office-Updates konfigurieren

Nach einer Standardinstallation ist Office so konfiguriert, dass neue Updates automatisch installiert werden. Wenn Sie dies nicht möchten, z. B. weil Sie über eine kostenpflichtige Mobilfunkverbindung mit dem Internet verbunden sind, können Sie das Verhalten von Office jederzeit ändern. Gehen Sie dazu wie folgt vor:

1. Starten Sie ein Office-Programm und öffnen Sie ein Dokument.
2. Klicken Sie auf *Datei*, um zur Backstage-Ansicht zu wechseln, und klicken Sie dort auf *Konto.*
3. Klicken Sie auf die Schaltfläche *Updateoptionen.*

Abbildung A.6: Ändern der Update-Einstellungen

4. Wählen Sie den Befehl *Updates deaktivieren,* damit Office nicht mehr automatisch nach Updates sucht und diese unaufgefordert herunterlädt und installiert.

Installation von Office reparieren

Wenn sich die Office-Programme auf Ihrem Computer nicht mehr starten lassen oder einzelne Funktionen nicht mehr wie gewohnt funktionieren, können Sie mit den folgenden Schritten versuchen, Ihre Office-Installation zu reparieren.

1. Starten Sie die Windows-Einstellungen für die Apps. Klicken Sie dazu in Windows 10 das Start-Symbol mit der rechten Maustaste an. Im angezeigten Menü klicken Sie oben auf den Befehl *Apps und Features*.

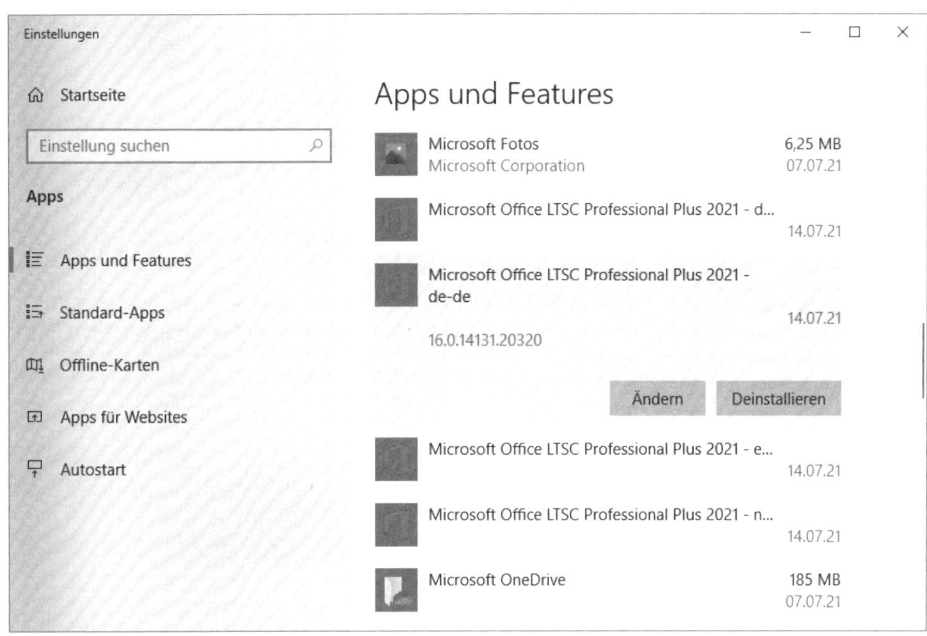

Abbildung A.7: Liste der installierten Programme unter Windows 10

2. Markieren Sie den Eintrag *Microsoft Office …* und klicken Sie auf die Schaltfläche *Ändern*. Sie haben dann die Wahl zwischen einer Schnellreparatur und einer Onlinereparatur.

Hinweis Wenn Sie in der Liste *Apps und Features* mehrere Einträge sehen, die mit *Microsoft Office* beginnen, dann haben Sie mehrere Sprachen für die Korrekturhilfen installiert (siehe Kapitel 5).

Abbildung A.8: Office bietet zwei Reparaturmodi an.

3. Wenn Sie aktuell nicht mit dem Internet verbunden sind oder wenig Zeit haben, können Sie es zunächst mit einer Schnellreparatur versuchen. Wenn Sie sichergehen wollen, dass die Reparatur Erfolg hat oder wenn eine vorherige Schnellreparatur nicht funktioniert hat, wählen Sie die Option *Onlinereparatur*. Starten Sie den Vorgang dann mit einem Klick auf *Reparieren*.

Abbildung A.9: Der Reparaturversuch läuft …

Anhang B
Office-Hilfe und Webrecherche

Neben den umfangreichen Funktionen zum Erstellen von Texten, Arbeitsblättern, Datenbanken und Präsentationen bieten Ihnen alle Office-Programme auch eine Hilfestellung zur Verwendung der einzelnen Programme an, die Sie auf dem Bildschirm lesen können. In diesem Kapitel zeigen wir Ihnen, wie Sie die Hilfe verwenden, schnell und unkompliziert Hilfe zu den Dialogfeldern bekommen und welche Unterstützung Sie – einen Internetzugang vorausgesetzt – von Microsoft Office.com erwarten dürfen.

Wir stellen Ihnen die Verwendung der Hilfe dabei exemplarisch am Beispiel von Excel vor. Sie können das Erlernte natürlich eins zu eins auf die anderen Programme der Office-Familie übertragen.

Es war einmal: Die Offlinehilfe

In früheren Versionen von Office gab es eine sogenannte Offlinehilfe, die Sie unabhängig von einer Internetverbindung nutzen konnten. Sie gehört ab sofort der Vergangenheit an, das heißt im Klartext: Wenn Sie nicht mit dem Internet verbunden sind, haben Sie von Office keinerlei Hilfe zu erwarten. Oder anders ausgedrückt: Wer nicht permanent online ist, dem ist heutzutage sowieso nicht mehr zu helfen ;)

Das ist auf der einen Seite bedauerlich, da es durchaus Situationen gibt, in denen man keine Verbindung mit dem Internet hat. Andererseits trägt diese Entwicklung natürlich auch der Tatsache Rechnung, dass Office inzwischen kein statisches Produkt mehr ist, das man – einmal auf dem heimischen oder Büro-PC installiert – über Jahre unverändert nutzt. Vielmehr geht die neue Philosophie von Office davon aus, dass Dokumente in der Cloud gespeichert werden und Sie als Anwender Ihre Dokumente auf verschiedenen Geräten bearbeiten, auf denen Sie natürlich immer die aktuelle Version von Office benutzen möchten und daher regelmäßige Updates erwarten.

Schlussendlich spielt vielleicht auch die Meinung der Marketingabteilung von Microsoft eine Rolle, dass sich die Bedienung von Office ohnehin von selbst erklärt.

Onlinehilfe: Was möchten Sie tun?

In Office 2016 hat Microsoft den Versuch gewagt, ein altes Hilfekonzept in moderner Form wiederzubeleben. Wenn Sie schon mit einer älteren Version von Office gearbeitet haben, erinnern Sie sich bestimmt noch an »Karlchen Klammer« und seine Kollegen. Diese Hilfe-Assistenten versuchten damals auf Basis Ihrer aktuellen Arbeitsschritte nützliche Ratschläge zu geben. In der Praxis scheiterten sie allerdings kläglich und wurden in Office 2007 wieder vom Bildschirm verbannt.

Der neue Ansatz, der in späteren Office-Versionen weiterentwickelt wurde, sieht vielversprechend aus und bietet bei Bedarf drei verschiedene Unterstützungsmöglichkeiten an:

- direkte Lösung eines aktuellen Problems bzw. einer aktuellen Aufgabe
- Nachschlagen des Problems in der Onlinehilfe
- Recherchieren eines Themas im Internet

Lassen Sie uns die drei Varianten an einem einfachen Beispiel vorstellen: Nehmen wir an, Sie haben in Excel eine Datentabelle eingegeben und wollen nun deren Mittelwerte bestimmen.

	A	B	C	D	E	F	G	H
1								
2		Abteilung	Kategorie	Okt	Nov	Dez	Mittelwert	
3		Obst und Gemüse	Gemüse	37.000,00 €	80.000,00 €	33.000,00 €		
4		Obst und Gemüse	Obst	10.000,00 €	40.000,00 €	40.000,00 €		
5		Backwaren	Brot	30.000,00 €	15.000,00 €	15.000,00 €		
6		Backwaren	Kuchen	25.000,00 €	80.000,00 €	120.000,00 €		
7		Feinkost	Sandwich	90.000,00 €	40.000,00 €	20.000,00 €		
8		Feinkost	Salate	90.000,00 €	35.000,00 €	25.000,00 €		
9		Fleischwaren	Rindfeisch	100.000,00 €	110.000,00 €	240.000,00 €		
10		Fleischwaren	Huhn	65.000,00 €	85.000,00 €	150.000,00 €		
11		**Ergebnis**		**447.000,00 €**	**485.000,00 €**	**643.000,00 €**		
12								

Abbildung B.1: Von den Quartalszahlen soll jeweils der Mittelwert bestimmt werden.

1. Markieren Sie die Zelle, in der Sie den ersten Mittelwert eintragen wollen (hier G3).
2. Klicken Sie im Menüband auf den Text *Sie wünschen* bzw. *Was möchten Sie tun?*
3. Geben Sie in das Textfeld einen geeigneten Suchbegriff ein, in diesem Fall **Mittelwert**. Excel macht nun zum einen konkrete Vorschläge, wie sich die Aufgabe lösen lässt, und verweist zusätzlich noch auf die Hilfefunktion und die Internetrecherche.

Abbildung B.2: Excel bietet gleich mehrere Lösungsansätze an.

4. Klappen Sie das Untermenü des Eintrags *AutoSumme* auf und wählen Sie dort den Befehl *Mittelwert.*

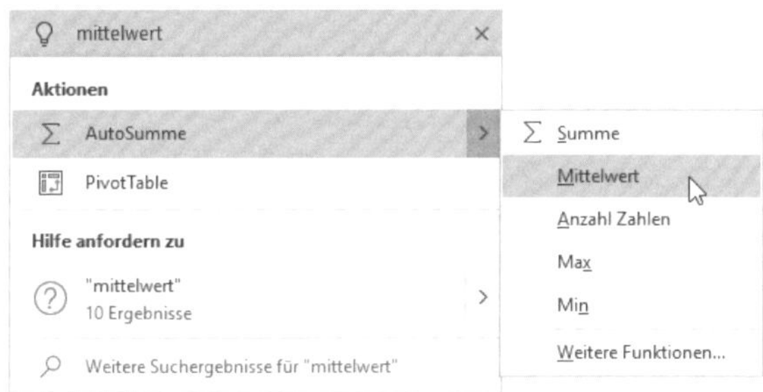

Abbildung B.3: Auswahl der Funktion Mittelwert

Excel fügt die ausgewählte Funktion in die markierte Zelle auf Ihrem Arbeitsblatt ein und trägt dabei auch direkt die korrekten Zellbezüge ein:

	A	B	C	D	E	F	G	H	I	J
1										
2		Abteilung	Kategorie	Okt	Nov	Dez	Mittelwert			
3		Obst und Gemüse	Gemüse	37.000,00 €	80.000,00 €	33.000,00 €	=MITTELWERT(Datenanalyse[@[Okt]:[Dez]])			
4		Obst und Gemüse	Obst	10.000,00 €	40.000,00 €	40.000,00 €	MITTELWERT(Zahl1; [Zahl2]; ...)			
5		Backwaren	Brot	30.000,00 €	15.000,00 €	15.000,00 €				
6		Backwaren	Kuchen	25.000,00 €	80.000,00 €	120.000,00 €				
7		Feinkost	Sandwich	90.000,00 €	40.000,00 €	20.000,00 €				
8		Feinkost	Salate	90.000,00 €	35.000,00 €	25.000,00 €				
9		Fleischwaren	Rindfeisch	100.000,00 €	110.000,00 €	240.000,00 €				
10		Fleischwaren	Huhn	65.000,00 €	85.000,00 €	150.000,00 €				
11		**Ergebnis**		**447.000,00 €**	**485.000,00 €**	**643.000,00 €**				
12										

Abbildung B.4: Excel hat die Funktion direkt in die markierte Zelle eingetragen.

5. Die Zelle ist zunächst noch im Bearbeitungsmodus, d. h., Sie können bei Bedarf noch Korrekturen oder Ergänzungen vornehmen. In diesem Fall ist das offensichtlich nicht erforderlich und Sie können sofort die Eingabetaste drücken, um den Vorschlag von Excel zu übernehmen.

Die Onlinehilfe

Wenn Sie nicht an der unmittelbaren Lösung eines Problems durch Excel interessiert sind, sondern sich über eine konkrete Funktion von Office informieren möchten, sollten Sie zunächst die Onlinehilfe von Office konsultieren. Wählen Sie dazu einfach im Auswahlmenü von *Was möchten Sie tun?* den Eintrag *Hilfe anfordern zu …* (siehe Abbildung B.2 und Abbildung B.3) und klicken Sie im Untermenü auf den gewünschten Eintrag. Für Abbildung B.5 haben wir auf den Eintrag *MITTELWERT (Funktion)* geklickt. Excel öffnet die Onlinehilfe in einem separaten Aufgabenbereich.

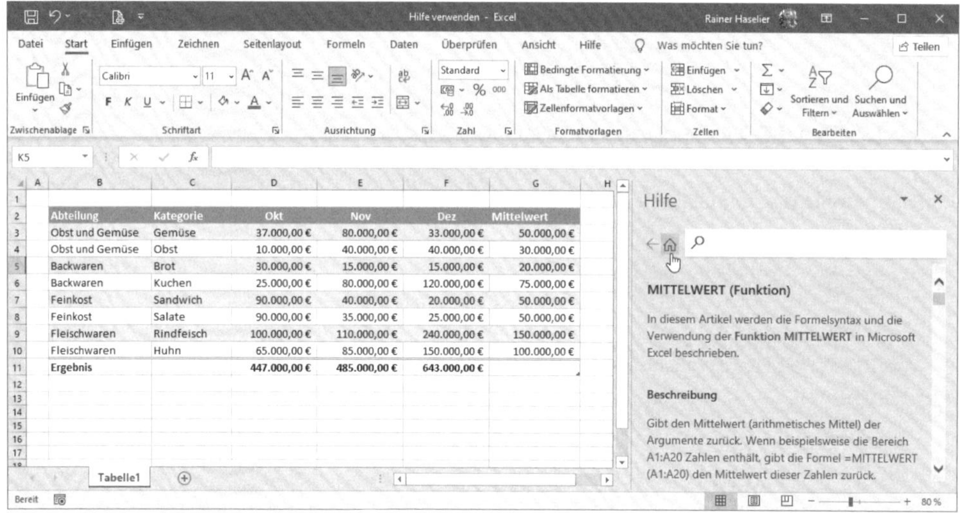

Abbildung B.5: Die Onlinehilfe wird im Aufgabenbereich Hilfe *angezeigt.*

Achtung Bitte beachten Sie, dass sich die Onlinehilfe nur dann öffnen lässt, wenn Ihr Computer eine funktionierende Internetverbindung besitzt.

Im oberen Bereich des Aufgabenbereichs *Hilfe* sehen Sie zwei Schaltflächen und ein Suchfeld. Hier stehen Ihnen folgende Möglichkeiten zur Verfügung:

- Klicken Sie auf die Schaltfläche mit dem Pfeil, um eine Seite zurückzublättern.
- Klicken Sie auf *Start* (das Haussymbol), um die Startseite der Hilfe zu öffnen (siehe Abbildung B.6).
- Klicken Sie in das Feld *Hilfe durchsuchen*, geben Sie einen Suchbegriff ein und drücken Sie die [↵]-Taste, um nach einem anderen Thema zu suchen.

Tipp Sie können den Aufgabenbereich *Hilfe* auch öffnen, indem Sie die Taste [F1] drücken.

Abbildung B.6: Die Startseite der Onlinehilfe, hier exemplarisch für Excel

Onlinehilfe im Browser

Ein Bereich, der in den letzten Jahren kontinuierlich ausgebaut wurde, ist die Support-Website zu Office, die Sie über *http://support.office.com* erreichen. Informationen von der Website können entweder ganz normal in Ihrem Webbrowser angezeigt werden oder aber auch in den Listen mit den gefundenen Hilfethemen integriert sein.

Auf dieser Website finden Sie unter anderem

- zahlreiche Artikel zu Einsatzmöglichkeiten von Office-Anwendungen,
- Kurse, die mit kleinen Demos in die Verwendung der Programme einführen,
- weitere Vorlagen, die nach dem Veröffentlichen von Office erstellt wurden und die Sie auf Ihren Computer herunterladen können.

Abbildung B.7: Das Office-Hilfecenter im Internet

Klicken Sie das Symbol der App an, zu der Sie weitere Hilfe benötigen, und klicken Sie sich dann durch die einzelnen Seiten, wählen Sie eine Kategorie aus oder verwenden Sie das Suchfeld auf der Website. Die Informationen auf der Website und die im Aufgabenbereich *Hilfe* sind weitestgehend identisch. Dennoch kann die Website nützlich sein, da sich dort die Informationen besser lesen lassen als in dem schmalen Aufgabenbereich.

Tipp Sie können die Website direkt vom Aufgabenbereich *Hilfe* aus aufrufen. Blättern Sie dazu im Aufgabenbereich *Hilfe* nach unten und klicken Sie auf den Link *Artikel im Browser lesen.*

Direkt aus den Office-Apps im Web recherchieren

Die dritte Alternative, die Excel Ihnen zur Beantwortung einer Frage anbietet, nennt sich »Intelligente Suche«. Klicken Sie dazu ganz unten im Auswahlmenü von *Was möchten Sie tun?* den Eintrag *Weitere Suchergebnisse für "[Suchbegriff]"* an (siehe Abbildung B.2). Excel zeigt dann den Aufgabenbereich *Suchen* an, den es bereits in früheren Versionen von Office in ähnlicher Form unter den Namen *Recherchieren* und *Intelligentes Nachschlagen* gab.

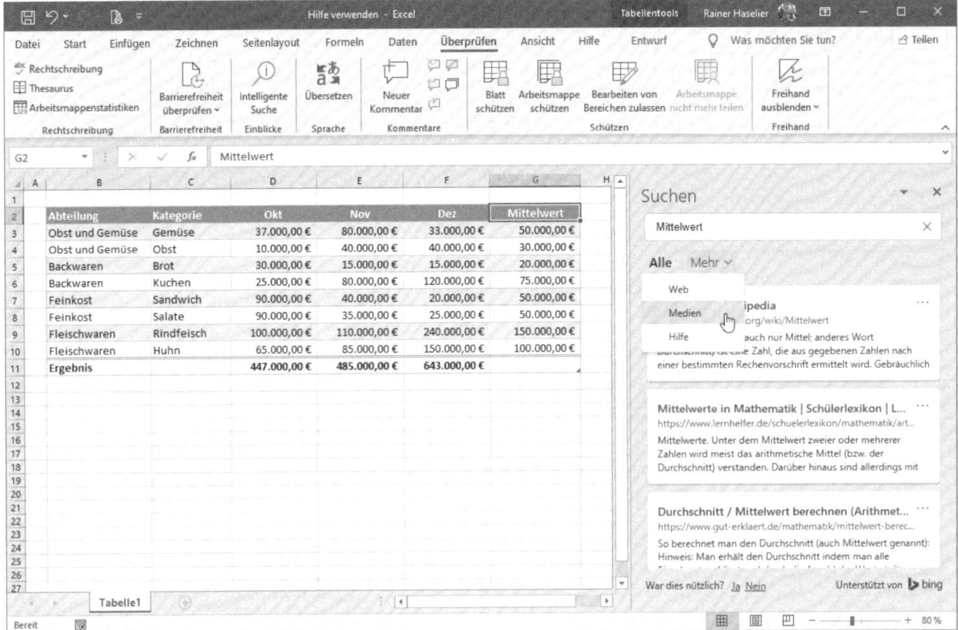

Abbildung B.8: Im Aufgabenbereich Suchen *verwenden Sie die Bing-Suche für Recherchen im Internet.*

Als Suchoption ist standardmäßig *Alle* ausgewählt. Hierdurch wird im Web, nach Medien und in der Hilfe gesucht. Wenn Sie auf *Mehr* klicken und eine Auswahl treffen, können Sie die Suche auf einen dieser Bereiche einschränken.

Alternativ können Sie den Aufgabenbereich *Suchen* auch über das Menüband einblenden:

- **Excel:** Wählen Sie auf der Registerkarte *Überprüfen* den Befehl *Recherchieren | Intelligente Suche*.
- **Word:** Wählen Sie auf der Registerkarte *Referenzen* den Befehl *Recherchieren | Suchen*.
- **PowerPoint:** Wählen Sie auf der Registerkarte *Überprüfen* den Befehl *Einblicke | Suchen*.

In allen Office-Apps können Sie die Suche auch starten, indem Sie den Suchbegriff mit der rechten Maustaste anklicken und dann im Kontextmenü den Befehl *Intelligente Suche* (Excel) bzw. *"[Suchbegriff]" suchen* (Word, PowerPoint, Outlook) verwenden. Ein Beispiel hierfür sehen Sie in der Abbildung auf der folgenden Seite.

Wenn der Suchbegriff aus mehreren Wörtern besteht, müssen Sie diese markieren und dann diese Auswahl mit der rechten Maustaste anklicken.

Diese Möglichkeit der Webrecherche ist recht nützlich, da Sie so nicht mehr zwischen der Office-App und Ihrem Webbrowser hin und her wechseln müssen.

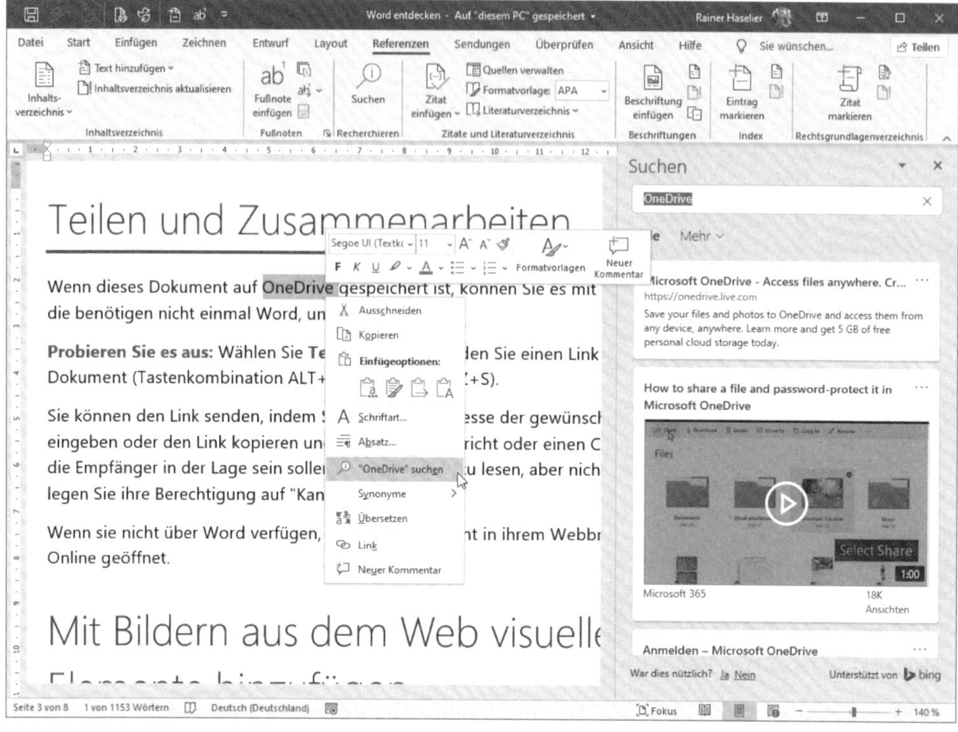

Abbildung B.9: Die Suche aus dem Kontextmenü heraus initiieren

Index

(E) Excel
(G) Gemeinsame Funktionen
(O) Outlook
(P) PowerPoint
(W) Word

@

A

B

C

D

E

F

G

H

I

J

K

L

M

N

O

P

Q

R

S

T

U

V

W

X

Z